lonely planet

Maroc

Anthony Ham

Alison Bing, Paul Clammer, Etain O'Carroll, Anthony Sattin

SAHARA OCCIDENTAL
0 100 200 km
Laâyoune
Smara
Bou Craa
Boujdour
Sahara occidental
Bir Mogrein
Sebaiera
Dakhla
Bir Anzarane
Tropique du Cancer
Mijek
MAURITANIE
Zouérat
Imlili
Aoussard
Aghoninit
Tichla
Bir-Gandouz
Sahara
Gueguarat
La Gouéra
Nouâdhibou
25°N
20°W
15°W
35°N
30°N
ALTITUDE
3000 m
2000 m
1500 m
1000 m
500 m
0
MEKNÈS (p. 241)
On ne peut que succomber au charme de ce joyau impérial que certains comparent à Versailles
CASABLANCA (p. 86)
Contrastes architecturaux et cosmopolitisme sont deux grands atouts de la capitale commerciale du pays
Casablanca
Azemmour
El-Jadida
Ligne des trains de marchandises
Settat
Oued Oum
Oualidia
OCÉAN ATLANTIQUE
MARRAKECH (p. 280)
La cités des souks et des conteurs est un rendez-vous incontournable
Safi
Benguérir
ESSAOUIRA (p. 142)
Sur les remparts de ce port atlantique souffle aussi une brise artistique
LÉGENDE
Autoroute
Route principale
Route secondaire
Route locale
Piste
0 100 km
Marrakech
Essaouira
Île de Mogador
Vallée de l'Ourika
Asni
Oukaïmeden
Parc national du Toubkal
Djebel Toubkal (4 167 m)
Tizi n' Test
Djebel Siroua (3 304 m)
Parc national de Tamri
Immouzzer des Ida Outanane
VALLÉE DES AMMELN (p. 391)
Un panorama de montagnes roses et de jolis villages, et de superbes sentiers de randonnée
Agadir
Inezgane
Taroudant
Tioute
Taliouine
Tazenakht
Parc national du Souss-Massa
Anti Atlas
Djebel Lekst (2 359 m)
Plage d'Aglou
Vallée des Ammeln
Tafraoute
Tata
Tiznit
Mirleft
Oasis d'Afella-Ighir
Ukas
Akka
Oued Drâa
Frontière
Sidi Ifni
ÎLES CANARIES (Espagne)
Lanzarote
Bouzakarne
Plage Blanche
Goulimime
Cap Drâa
Tadalt
Tan Tan Plage
Tan Tan
Tiglite
Fuerteventura
Tarfaya
Tindouf
Erg Iguidi
Sahara occidental
Al-Mahbas
Voir agrandissement
Laâyoune

ESPAGNE
MER MÉDITERRANÉE
5°W
TANGER (p. 157)
La cité qui a séduit tant d'artistes scintille encore et toujours pour ses adorateurs
ASILAH (p. 126)
Une petite ville charmante, aux murs blanchis, où la vie culturelle invite à s'attarder
CHAÎNE DU RIF (p. 182)
Se détendre à Chefchaouen ou partir à l'assaut des collines
FÈS (p. 215)
Odeurs et couleurs exquises enveloppent la médina, l'une des plus remarquables d'Afrique du Nord
VOLUBILIS (p. 253)
Une cité romaine remarquable, inscrite au Patrimoine mondial de l'humanité
HAUT ATLAS (p. 406)
Empruntez les pistes que suivaient traditionnellement caravanes et pèlerins
GORGES DE TODRA (p. 345)
Des paysages saisissants entre gorges vertigineuses, palmeraies et rivière cristalline
VALLÉE DU DRÂA (p. 330)
Oasis verdoyantes et casbahs de terre rouge
ERG CHIGAGA (p. 335)
Foulez les dunes de sable et apprivoisez la solitude du Sahara
Algeciras
Gibraltar (Roy.-Uni)
Détroit de Gibraltar
Ceuta (Spain)
Tanger
Cabo Negro
Martil
Tetouan
Réserve naturelle du Djebel Bouhachem
Asilah
Lixus
Larache
Moulay Bousselham
Chefchaouen
Parc national de Talassemtane
Parc national d'Al-Hoceima
Al-Hoceima
Melilla (Espagne)
Nador
Ras el-Mar
Saïdia
Berkane
Ahfir
Oujda
Tlemcen
Oran
Monts des Beni-Snassen
Ketama
Targuist
Djebel Tidiquin (2 448 m)
Chaîne du Rif
Ouezzane
Souk el-Arba du Rharb
Taourirt
Taza
Guercif
Gouffre du Friouato
Djebel Tazzeka (1 980 m)
Lac de Sidi Bourhaba
Plage Mehdiya
Kenitra
Sidi Kacem
Moulay Yacoub
Moulay Idriss
Volubilis
Fès
Oued Sebou
Forêt de Mamora
Salé
RABAT
Meknès
Forêt de Zaer
Sefrou
Dayet Afrou
Aïn-Benimathar
ALGÉRIE
Mohammedia
Ben Slimane
Ifrane
Azrou
Moyen Atlas
Missour
Tendrara
Aïn Sefra
Khenifra
Khouribga
Oued-Zem
Midelt
Bouarfa
Kasba-Tadla
Djebel Ayachi (3 737 m)
Imilchil
Beni Mellal
Afourer
Bin el-Ouidane
Vallée du Ziz
Figuig
Beni Ounif
Cascades d'Ouzoud
Azilal
Er-Rachidia
Béchar
Demnate
Haut Atlas
Gorges de Todra
Irhil M'Goun (4 071 m)
Tinerhir
Erfoud
Oued Ziz
Tafilalt
Gorges du Dadès
Vallée des Roses
Boumalne du Dadès
Skoura
Rissani
Erg Chebbi
Aït Benhaddou
Vallée du Dadès
Oued Dadès
Merzouga
Taouz
Taghit
Djebel Sarhro
Ouarzazate
Agdz
Tazzarine
Vallée du Drâa
Zagora
Oasis de l'Iriki
M'Hamid
Erg Chigaga
Beni Abbès
Grand Erg Occidental
Erg Er-Raoui
contestée
Tabelbala
Timimoun
ALGÉRIE
Hamada du Drâa
Tinfouchy
Adrar
Voir carte principale
MADÈRE (Portugal)
OCÉAN ATLANTIQUE
MAROC
ÎLES CANARIES (Espagne)
ALGÉRIE
Voir agrandissement
MALI
MAURITANIE

Destination Maroc

Couleurs, parfums et animations sonores composent, au Maroc, un merveilleux bouquet de sensations. Il suffit d'évoquer Fès, la médiévale, Marrakech, l'ensorceleuse, ou les captivants horizons de sable, de mer ou de montagne qui enveloppent le pays tout entier, pour que tous les sens soient à la fête.

L'atmosphère unique de ce carrefour où se rejoignent l'Europe, l'Afrique et le Moyen-Orient, est particulièrement sensible à Tanger. Principal port d'accès, cette ville au charme un peu délavé n'en finit pas de rappeler la présence européenne – créative souvent, et parfois décadente – sur les rives marocaines. Vers le sud, le long de la côte atlantique, la brise marine caresse les remparts de merveilleuses cités dont l'ambiance et les noms – Essaouira, Casablanca, Asilah, Rabat –convoquent déjà la magie de l'Afrique. Vers l'est, le long du littoral méditerranéen, les cités de Tétouan ou de Chefchaouen, ainsi que les secrètes montagnes du Rif font surgir d'autres enchantements.

Au Rif, succède le Moyen Atlas, puis les crêtes du Haut Atlas, une chaîne longue de 1 000 km qui culmine à plus de 4 000 m. Dans ces régions retirées, qui ne se parcourent qu'à pied, les randonneurs suivent de paisibles sentiers de montagne qui vont de village en village, en traversant des champs de fleurs et en croisant d'amicales tribus berbères.

Enfin, le paysage change radicalement. Des gorges vertigineuses fissurent les montagnes, les casbahs en brique sèche se colorent en rouge sang au coucher du soleil et l'on a le sentiment d'être précipité dans un conte des Mille et Une Nuits. Depuis ces forteresses rocheuses, des dunes de sable merveilleusement sculptées annoncent l'immense Sahara.

Un moment de solitude sublime viendra alors conclure en apothéose votre voyage, et vous liera indéfectiblement aux paysages colorés, mystérieux et divers, qui composent ce pays unique.

JOHN ELK

SARA-JANE CLELAND

Explorez les plus hautes montagnes d'Afrique du Nord en effectuant une randonnée dans le Haut Atlas (p. 406)

ET AUSSI ...

- Guettez les singes magots (p. 423), lors des randonnées dans le Rif
- Baladez-vous sur le boulevard de la Corniche (p. 91) de Casablanca, superbe promenade en front de mer

DUSHAN COORAY

Grimpez les ruelles escarpées de Chefchaouen (p. 189), l'une des plus jolies bourgades du Rif

Horizons grandioses

Les gorges du Todra, une profonde faille au cœur de falaises ocre (p. 345)

DAVID WALL

Casbahs et ksour (forteresses) jalonnent la route des gorges du Dadès (p. 341)

JOHN ELK III

ET AUSSI ...

- Les hautes prairies du plateau du Tichka (p. 418) constellées de fleurs sauvages au printemps
- La spectaculaire route côtière qui mène à Oued Laou (p. 197), un village assoupi avec ses petits bateaux de pêche et ses criques désertes

MARK DAFFEY

Les pics déchiquetés du djebel Toubkal (p. 414) couverts de neige en hiver

Les dunes gigantesques de l'erg Chebbi (p. 355), spectaculaires au lever ou au coucher du soleil

MARK DAFFEY

Monuments et mosquées, art et spiritualité

DOUG MCKINLAY

Le mihrab (niche de prière qui indique la direction de La Mecque), dans la médersa Ali ben Youssef (p. 289), à Marrakech

L'imposante mosquée Hassan II (p. 89), à Casablanca, une merveille architecturale

CAROL POLICH

CAROL POLICH

Témoins d'une très longue histoire, les ruines romaines de Volubilis (p. 253) datent de quelque 2 000 ans

ET AUSSI ...

- Meknès (p. 241), une minuscule cité impériale qui possède des trésors
- Parcourez à pied le chemin entre Volubilis et la ville sainte de Moulay Idriss (p. 256), un important site de pèlerinage où repose le saint homme le plus vénéré du Maroc

Vivantes médinas

OLIVIER CIRENDINI

Femmes dans le dédale de la médina de l'ancienne cité de Fès el-Bali (p. 220)

Les rues brillent d'un bleu irréel dans la fameuse médina de Chefchaouen (p. 191), où se mêlent les architecture marocaine et andalouse

ET AUSSI ...

- Une balade sur les remparts du XVIe siècle de la cité portugaise d'El-Jadida (p. 131)
- Une dégustation de tapas, suivie d'une sieste furtive dans l'enclave espagnole de Ceuta (p. 176)

Dîner sous les étoiles sur la place Djema el-Fna (287), centre de l'univers marrakechi

SARA-JANE CLELAND

Sables émouvants

VLADIMIR LIBA

Vue plongeante sur la vallée du Dadès (p. 338), parfois surnommée la “vallée des mille casbahs”

ET AUSSI ...

- Une croisière en bateau pour observer les oiseaux ou simplement les eaux bleues de la lagune dans le parc national de Merja Zerga (p. 122)
- Plaisirs du surf et du sable à Mirleft (p. 380) où l'on a l'embarras du choix entre six superbes plages

Une méharée saharienne de quelques heures, quelques jours ou quelques semaines dans les dunes de l'erg Chigaga (p. 335)

JOHN ELK III

Souks, marchés et artisans

DAMIEN SIMONIS

C'est vers le sud, du côté du Sous, que vous verrez les plus beaux bijoux berbères (p. 389)

ET AUSSI ...

- Pour acheter un tapis, testez votre capacité à marchander - mais respectez quelques règles (p. 60)
- Suivez l'itinéraire conseillé (p. 225) pour découvrir quelques belles surprises dans le labyrinthe de souks et d'échoppes de la médina de Fès

AMERENS HEDWICH

Promenez-vous dans les souks de Marrakech et allez observer toutes les médecines, poudres et potions traditionnelles sur les étals des apothicaires (p. 296) place Rahba Qedima

Ne manquez pas le jour du marché dans l'un des villages berbères de la luxuriante vallée des Aït Bouguemez (p. 335)

JANE SWEENEY

Goûts et couleurs de fête

DOUG MCKINLAY

Avant de faire provision d'épices dans les souks, prenez quelques conseils en suivant un cours de cuisine (p. 296) à Marrakech

DOUG MCKINLAY

Laissez-vous tenter par les douceurs sur les étals des souks, sauf si vous devez vous réserver pour une diffa vespérale (p. 73)

ET AUSSI ...

- À déguster impérativement : les huîtres d'Oualidia (p. 137), parmi les meilleures qui soient
- Fuyez un temps l'agitation de Marrakech pour aller passer une journée dans la superbe vallée de l'Ourika (p. 317). Vous vous attablerez devant un repas délicieux face à un paysage préservé

Rouler le couscous à la main est une opération de première importance lors d'une diffa (festin) (p. 73)

OLIVIER CIRENDINI

Sommaire

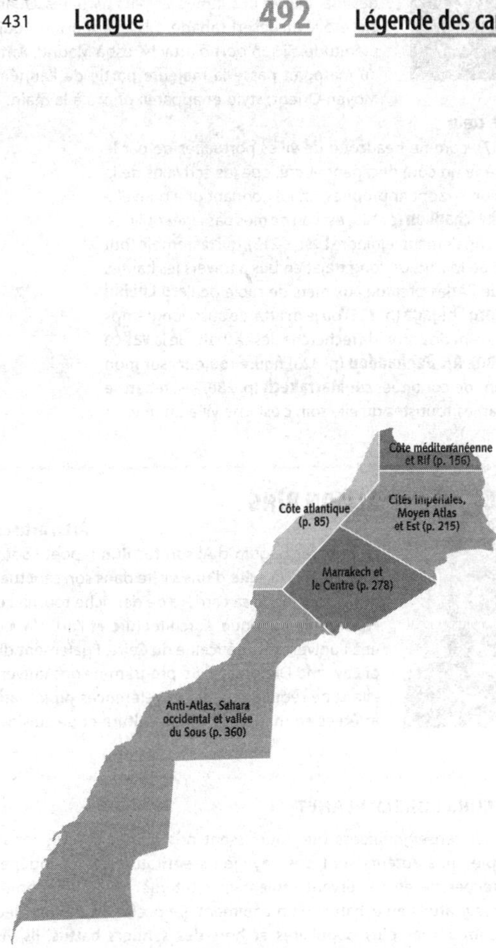
Côte méditerranéenne et Rif (p. 156)
Côte atlantique (p. 85)
Cités impériales, Moyen Atlas et Est (p. 215)
Marrakech et le Centre (p. 278)
Anti-Atlas, Sahara occidental et vallée du Sous (p. 360)

Les auteurs

ANTHONY HAM

Auteur coordinateur, Mise en route, Itinéraires, Instantané, Carnet pratique

Pour Anthony, le Maroc est une histoire d'amour. Une histoire si ancienne qu'il ne se souvient même plus à quel moment les médinas médiévales et les horizons sans fin du Sahara ont commencé à hanter ses rêves. Cette longue passion continue à l'entraîner à la recherche des secrets les mieux préservés des médinas et des dunes les plus parfaites. Quant aux feux de camp sous le ciel étoilé du désert saharien, ils lui apportent toujours le même sentiment de plénitude. Si son port d'attache est à Madrid, Anthony va très régulièrement au Maroc et passe la majeure partie de l'année à parcourir l'Afrique et le Moyen-Orient, stylo et appareil photo à la main.

Mes coups de cœur

Tanger (p. 157), comme beaucoup de villes portuaires de par le monde, possède un côté décadent et cru, que les écrivains de la Beat generation se sont appropriés, en lui donnant une nouvelle dimension. **Chefchaouen** (p. 189) est l'un de mes passages obligés, mais il me faut finalement rejoindre **Fès** (p. 215), qui rassemble tout ce que j'aime au Maroc. Un long trajet en bus à travers les hautes montagnes de l'Atlas prélude aux mers de sable de l'**erg Chebbi** (p. 355) et à l'**erg Chigaga** (p. 335) où je m'attarde aussi longtemps que possible avant de partir à la recherche des casbahs de la **vallée du Drâa** (p. 330). **Aït Benhaddou** (p. 323) figure toujours sur mon itinéraire avant de continuer sur **Marrakech** (p. 280) – si rebattue et envahie par les touristes qu'elle soit, c'est une ville unique.

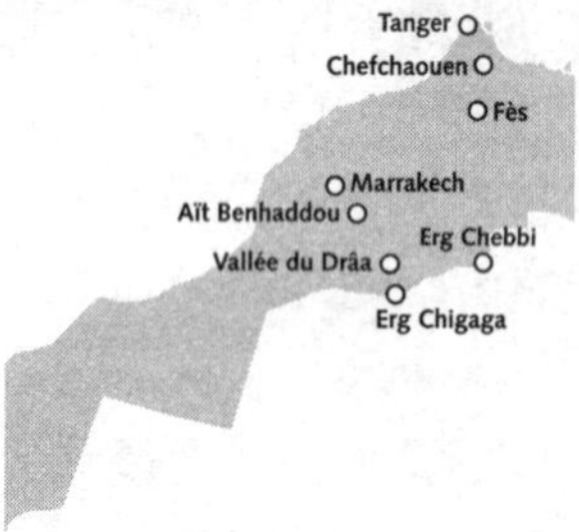

ALISON BING

Histoire, Culture, Arts, artisanat et architecture, Cuisine

Le premier béguin d'Alison fut Rûmi, poète soufi fondateur des derviches tourneurs, à la suite d'une visite dans son sanctuaire en Turquie, alors qu'elle avait cinq ans. Si sa carrière de derviche tourna court, elle étudia néanmoins l'économie politique, l'architecture et l'art islamiques au collège Bryn Mawr et à l'université américaine du Caire. Également diplômée du Fletcher School of Law and Diplomacy, un programme des université de Tufts et de Harvard, elle sape régulièrement ces références diplomatiques par ses opinions très arrêtées en matière d'art, de culture et de cuisine.

LES AUTEURS LONELY PLANET

Pourquoi les renseignements que fournissent nos guides sont-ils les plus fiables qui soient ? C'est simple : nos auteurs sont des voyageurs enthousiastes et indépendants. Ils n'effectuent pas leur recherche en se servant seulement d'Internet et du téléphone et ils n'acceptent pas d'avantages gratuits en échange d'un commentaire positif. Ils traînent leurs bottes partout, dans tous les endroits les plus populaires et hors des sentiers battus. Ils visitent personnellement des milliers d'hôtels, de restaurants, de cafés, de bars, de galeries, de palais, de musées, etc., et ils se font une fierté de noter tous les détails avec exactitude et de rendre compte des choses telles qu'elles sont.

PAUL CLAMMER

Côte méditerranéenne et Rif (y compris Randonnée dans le Rif), Cités impériales, Moyen Atlas et Est, Transports

Sa première expérience de voyageur en solitaire, Paul la fit sac au dos, alors qu'il était étudiant, en prenant le bus depuis son Angleterre natale jusqu'à Casablanca. Il fut aussitôt ensorcelé par le Maroc. Après un interlude de quelques années au cours desquelles il se forma et travailla comme biologiste moléculaire, il œuvra comme guide en conduisant des randonnées dans l'Atlas et en s'efforçant de ne laisser personne s'égarer dans la médina de Fès. Quand il ne travaille pas pour les guides Lonely Planet sur d'autres régions du monde islamique, Paul est ravi de dire à qui veut l'entendre que le jus d'orange marocain est le meilleur au monde.

ETAIN O'CARROLL

Côte atlantique

Pour son premier voyage au Maroc, Etain, qui était partie sur un simple coup de tête, débarqua du ferry à Tanger en s'attendant au pire... au lieu de quoi, elle se retrouva totalement sous le charme des parfums et des scènes pittoresques de cet incroyable pays. Depuis lors, elle a passé d'innombrables heures à boire des thés à la menthe, à marchander, à décourager des prétendants et à redonner vie à ses jambes mortes après d'interminables trajets, écrasée contre la porte d'un grand taxi. Elle a circulé en vélo, à pied et à dos de chameau pour accéder aux sites les plus reculés du pays et n'a toujours pas épuisé l'envie de repartir. Etain est écrivain et photographe free-lance pour divers éditeurs.

ANTHONY SATTIN

Marrakech et le centre du Maroc, Le Sous, l'Anti-Atlas et le Sahara occidental, Randonnée, Langues

Après une première visite à l'adolescence, Anthony choisit de passer une grande partie de sa vie adulte à sillonner l'Afrique du Nord et le Moyen-Orient, et à écrire sur ces régions. Il est l'auteur de plusieurs ouvrages sur l'Afrique et la culture de l'Égypte antique. Son dernier livre, *The Gates of Africa*, évoque les débuts de l'exploration de l'Afrique et la recherche de Tombouctou. Actuellement installé à Londres, il contribue régulièrement au *Sunday Times*. Anthony a également réalisé des émissions documentaires sur l'Égypte pour la radio et pour la télévision. Décrit par un journal britannique comme un "croisement entre Indiana Jones et un héros de John Buchan", il adore partager son temps entre Londres et les rives lointaines du Nil.

AUTRE CONTRIBUTION

Luc Paris, docteur en médecine du service de Parasitologie-Mycologie de l'hôpital de la Pitié-Salpêtrière, a collaboré à la rédaction du chapitre *Santé*.

Mise en route

Un voyage au Maroc demande plus ou moins de préparation selon les régions que vous souhaitez visiter et la façon de voyager que vous aurez choisie. Le pays récompensera largement ceux qui auront su préparer leur voyage par des lectures, et des recherches en ligne. Il ne se livrera qu'à ceux qui auront compris que le Maroc est à la fois une source de frustration et une exquise vague qui déferlera sur vos sens. Tenez compte du climat et du calendrier des fêtes musulmanes pour organiser votre voyage et choisir votre date de départ. Avant tout, prenez le temps de rêver votre voyage, d'imaginer la découverte d'un pays qui pourrait vous marquer pour la vie entière.

Si les séjours en ville ou en station balnéaire ne demandent pas d'organisation particulière, il en va tout autrement d'une randonnée dans le Haut Atlas. En effet, certaines cartes sont parfois difficiles à se procurer et les itinéraires doivent être calculés au plus juste pour pouvoir profiter au mieux de son temps sur place. Plus important encore : ne négligez pas les conditions météorologiques car le climat marocain est très changeant.

Reportez-vous à la rubrique *Climat* (p. 444) pour plus informations.

QUAND PARTIR

Le printemps (de mi-mars à mai) est la meilleure période pour visiter le Maroc. L'automne (de septembre à novembre) s'avère également agréable après les grosses chaleurs de l'été. L'hiver peut être une période

N'OUBLIEZ PAS...

- Votre passeport, votre visa si nécessaire, (p. 451), et votre police d'assurance (p. 443)
- Votre permis de conduire et, si vous partez avec votre propre véhicule, la carte grise et l'assurance du véhicule (p. 478)
- Des T-shirts de coton amples et des pantalons longs (ou des jupes longues), tant pour les hommes que pour les femmes
- Une boussole pour vous orienter dans les médinas
- Une tente, un sac de couchage chaud et de bonnes chaussures de marche si vous prévoyez de faire de la randonnée (p. 401)
- Des vêtements de pluie, en goretex, par exemple
- Une lampe électrique
- Des bouchons d'oreilles car les hôtels les moins chers sont parfois bruyants
- Une gourde et des pastilles désinfectantes ainsi qu'une trousse de secours, pour les longs séjours
- Une bonde universelle peut rendre quelques services
- Une réserve de papier toilette
- Un petit ballon de football, excellent moyen de faire connaissance avec les habitants
- Votre capacité à relativiser : les vendeurs un peu trop empressés cherchent à gagner leur vie, et peuvent être charmants dans un autre contexte
- De la patience : les horaires sont respectés, la plupart du temps, mais peuvent paraître énigmatiques au profane

idyllique dans le sud mais, dans le nord, les nuits peuvent être très froides (munissez-vous d'un sac de couchage si vous voyagez durant cette période de l'année).

Méfiez-vous des températures extrêmes, chaudes en été et froides en hiver, surtout dans le Haut Atlas : certains sommets restent couverts de neige de novembre à juillet. En hiver et au début du printemps, le temps est souvent humide et nuageux le long de la côte nord et dans les montagnes du Rif.

Voyager pendant la période de jeûne du ramadan (voir dates p. 456) peut également poser quelques difficultés : certains cafés et restaurants ferment en effet durant la journée et les heures ouvrables sont généralement réduites (pour plus de détails, voir *Fêtes et festivals*, p. 450).

COÛT DE LA VIE

Le Maroc est peut-être plus cher que vous l'imaginez. En comptant quelques pourboires ici et là, les courses en taxi, les entrées des musées, etc., vous pourrez vous en tirer pour 320 Dh (35 €) par jour et par personne, à condition de ne séjourner que dans les hôtels bon marché, de manger dans les petits cafés et d'utiliser les transports de base. Toutefois, visiter de grandes villes telles que Marrakech peut accroître considérablement votre budget en raison du prix des logements, qui tourne habituellement autour de 600 à 1 300 Dh mais peut facilement grimper à 3 000 Dh et même davantage. Dormir dans un riad de catégorie moyenne et s'autoriser quelques bons restaurants fera passer votre budget à 1 000 Dh environ par jour et par personne. En dehors des grandes villes, une chambre dans un hébergement de qualité coûte 600 Dh environ.

Un repas dans un restaurant de la catégorie la plus simple revient à 30 Dh, mais comptez jusqu'à 200 Dh dans la catégorie moyenne et pas moins de 300 Dh environ dans la catégorie supérieure, vin inclus. Dans les grandes villes comme Marrakech, l'additionpeut grimper jusqu'à 700 Dh par personne.

Si vous souhaitez vous déplacer à votre guise dans le pays en utilisant une voiture de location, comptez 500 Dh par jour pour une petite voiture (de type Renault Clio), plus 420 Dh pour un plein. Le diesel est beaucoup moins cher (environ 7 Dh le litre). La location d'un 4x4 avec chauffeur coûte environ 1 430 Dh par jour.

Il n'y a pas de grande différence de prix entre les bus et les trains (environ 25 Dh pour une centaine de kilomètres). Le billet en deuxième classe entre Casablanca et Marrakech coûte 75,50 Dh en train rapide. Ce trajet revient à 70 Dh en bus.

QUELQUES PRIX

Thé à la menthe : 5 Dh/théière

Journaux étrangers : 30-35 Dh ; journaux du week-end 70-80 Dh

Hammam : 7-10 Dh

Course en petit taxi : 5-10 Dh

Trajet en bus : 2-3 Dh

LIVRES À EMPORTER

Le Maroc a inspiré de nombreux écrivains. Paul Bowles est sans doute le plus célèbre d'entre eux.

Gens des nuages (J. M. G. et Jémia Le Clézio, Folio Gallimard). Un livre écrit par Le Clézio et sa femme qui ont partagé la vie des nomades Aroussiyine dans le Sud marocain.

La Maison de l'araignée (Paul Bowles, LGF). La ville de Fès sert de décor à ce roman qui décrit la naissance de la conscience nationale au Maroc. L'agitation quotidienne de la ville, qui sert de toile de fond au roman, est tout simplement captivante.

El Glaoui, dernier seigneur de l'Atlas (Gavin Maxwell, Fayard). La biographie captivante de Thami El Glaoui, pacha de Marrakech qui, même après la fin de la Seconde Guerre mondiale, faisait accrocher les têtes de ses ennemis sur les portes de la ville.

Le Café de la plage (Mohamed Mrabet, Bourgois). Roman singulier sur une amitié incertaine entre un jeune homme idéaliste et un vieux misanthrope. Le café existe toujours, à Tanger...

TOP 10

Fêtes et festivals

Bien que moins importantes que les grandes fêtes religieuses nationales, qui drainent toujours des foules nombreuses, les *moussems* (fêtes en l'honneur de saints locaux) qui sont organisées à travers le pays tout au long de l'année bénéficient en général d'un public aussi fidèle qu'enthousiaste. Le Maroc offre également un large choix de manifestations culturelles d'envergure internationale.

- Fête des amandiers en fleur (Tafraoute et sa région) février/mars
- Moussem de Ben Aïssa (Meknès) avril/mai
- Fête du désert (Er-Rachidia) mai
- Festival gnaoua et musiques du monde (Essaouira) juin
- Festival de musique sacrée (Fès) juin/juillet
- Festival international de Rabat juin/juillet
- Festival des arts populaires de Marrakech juillet
- Festival de Casablanca (Casablanca) juillet
- Festival culturel international (Asilah) juillet/août
- Festival du mariage (Imilchil) septembre

FILMS

De l'exotisme kitsch des productions hollywoodiennes jusqu'aux critiques sociales contemporaines, l'histoire du cinéma s'écrit aussi au Maroc.

- *La Bandera* (1937) de Julien Duvivier
- *Casablanca* (1942), de Michael Curtiz
- *L'Homme qui en savait trop* (1956) d'Alfred Hitchcock
- *El-Chergui* (1970) de Moumem Smihi
- *Le Lion et le Vent* (1975) de John Milius
- *Le Grand Voyage* (1980) d'Abd er-Rahmane Tazi
- *Le Coiffeur du quartier des pauvres* (1985) de Mohammed Reggab
- *Une porte sur le ciel* (1989) de Farida Belyazid
- *Les temps qui changent* (2005) d'André Téchiné
- *Indigènes* (2006) de Rachid Bouchareb

LIVRES

Voici une courte sélection d'ouvrages parmi les très nombreux livres consacrés au Maroc.

- *Un thé au Sahara* (1952) de Paul Bowles
- *Les Voix de Marrakech* (1967) de Elias Canetti
- *Le Pain nu* (1981) de Mohamed Choukri
- *L'Enfant de sable* (1987) de Tahar Ben Jelloun
- *Le Goût du Maroc* (1987) de Robert Carrier
- *Médinas* (1998) de Jean-Marc Tingaud et Tahar Ben Jelloun
- *Rêves de femme : une enfance au harem* (1995) de Fatima Mernissi
- *Le Maroc vu du ciel* (1995) de Yann Arthus Bertrand
- *La Cérémonie* (1999) de Yasmine Chemi Kettani
- *Marrakech, lumière d'exil* (2003) de Rajae Benchemsdi

LIVRES POUR SE DOCUMENTER

D'autres ouvrages vous permettront de garder une trace profonde et sensible des paysages, des êtres et de leur culture. De nombreuses publications sont disponibles en français. Voici quelques pistes pour élargir votre connaissance du Maroc, rêver, et pousser plus loin votre voyage.

Maroc, du Sahara à la mer de Marie Cross, préface de Paul Bowles, introduction de Tahar Ben Jelloun (Editions Abbeville, 2000)

Maroc, musique de l'ombre textes de Myam Berrada, photos d'Olivier Beytout (Editions du Regard, 2001)

Patrimoine culturel marocain de Caroline Gaultier-Kurhan (Maisonneuve & Larose, 2003).

Découverte des calligraphies arabes de Lucien-X Polastron (Dessain et Tolra, 2003).

Les Arts traditionnels marocains de Mohamed Sijelmassi (Aubanel, 2002)

Le Tourbillon des génies : au Maroc avec les Gnawa de Bertrand Hell (Flammarion, 2002).

La Mémoire du geste : La poterie domestique et féminine du Rif Marocain, de André Bazzana et Rahma Elhraiki (Maisonneuve & Larose, 2003).

SITES INTERNET

Vous trouverez sur notre site Internet (www.lonelyplanet.fr) une foule de renseignements pratiques ainsi qu'un forum sur lequel vous pourrez vous entretenir avec d'autres voyageurs.

Maghreb Arts (www.maghrebarts.ma). Excellent site, régulièrement mis à jour, qui propose de nombreuses informations sur les manifestations artistiques, les festivals et les médias au Maroc. En français.

Office national des chemins de fer (www.oncf.ma). Site officiel des chemins de fer marocains. Très pratique pour s'informer sur les horaires et les tarifs. En français.

Tourisme au Maroc (www.tourism-in-morocco.com). Clair et convivial, le site de l'office du tourisme marocain propose des visites guidées, de nombreux liens et des informations.

Itinéraires

LES GRANDS CLASSIQUES

Cet itinéraire couvre environ 500 km, et vous mène des cités impériales médiévales de l'intérieur des terres aux mégapoles du littoral et jusqu'à Marrakech, tumultueux cœur du tourisme marocain, au pied de l'Atlas. Prévoyez deux semaines, au moins.

CITÉS IMPÉRIALES

Deux semaines/de Fès à Marrakech

Creuset des grandes dynasties qui ont traversé le détroit de Gibraltar pour "civiliser" l'Europe, le Maroc est célèbre pour ses cités impériales. Fès (p. 215) est au cœur du Maroc religieux et culturel. Tradition et modernité s'entrechoquent dans le dédale de la médina. L'histoire de **Meknès** (p. 241) résonne encore dans le palais construit par le sultan Moulay Ismaïl (1672–1727). La cité antique de **Volubilis** (p. 253) témoigne de l'immensité de l'Empire romain. Poursuivez votre voyage par **Moulay Idriss** (p. 255), toute proche. La ville, qui abrite le tombeau du fondateur de la première dynastie impériale du Maroc, est d'un calme et d'une sérénité reposants, après le tourbillon des grandes villes.

Rabat (p. 103) n'a pas le prestige des autres cités marocaines, mais tout de même il s'agit, pour la troisième fois de son histoire, de la capitale impériale du pays. C'est une ville moderne, aux rues élégantes. Sa paisible médina du XIIe siècle est un vestige de la grandeur impériale passée. La dynamique **Casablanca** (p. 86), principal port du Maroc, et ville la plus prospère du pays, dégage une vitalité que l'on retrouve aussi à **Marrakech** (p. 280), emblème du Maroc contemporain. Durant des siècles les souks, les artistes de rues et l'architecture impériale ont façonné ce mélange détonnant.

ODYSSÉE MAROCAINE

Un mois/les cités impériales et le Sud

En un mois, sans vous accorder beaucoup de répit, vous aurez le temps d'achever une large boucle, de l'Atlantique jusqu'au cœur du Sahara.

De **Casablanca** (p. 86), rejoignez **Meknès** (p. 241) puis Fés (p. 215).

Mettez le cap au Sud, vers la région assez peu visitée du Moyen Atlas. Faites une escale à **Azrou** (p. 258), et prenez le temps d'observer les singes magots. Continuez jusqu'à **Ifrane** (p. 256) charmante cité d'où il est facile de randonner au cœur des montagnes, à moins que vous ne préfériez poursuivre jusqu'à la belle **Midelt** (p. 261). La route de la **vallée du Ziz** (p. 348), à travers les palmiers et les ksour est très pittoresque. Elle conduit à **Merzouga** (p. 354), au sud-ouest du pays, et vous ouvre les portes du Sahara. Au pied de dunes immenses, voici le lieu parfait pour partir à dos de dromadaire passer la nuit à la belle étoile, dans la grandiose mer de sable de l'**erg Chebbi** (p. 355).

En longeant le Haut Atlas vers le sud-ouest, vous arriverez aux vertigineuses **gorges du Todra** (p. 346). De là, traversez des vallées pierreuses et spectaculaires, domaine des nomades au printemps, pour rejoindre les **gorges du Dadès** (p. 341). Si vous avez du temps, faites une incursion à Boumalne du Dadès pour de superbes randonnées explorant le **massif du M'Goun** (p. 419) et prolongez l'escapade par **Aït Benhaddou** (p. 323), et son extraordinaire casbah.

De retour vers la côte, faites halte le plus longtemps possible dans l'un des luxueux riads de **Marrakech** (p. 280), puis faites route d'une traite jusqu'à **Essaouira** (p. 142).

Cette boucle de 1 500 km relie la cosmopolite Casablanca à l'élégante Essaouira. Un mois est nécessaire pour profiter pleinement de cet itinéraire qui explore le littoral et les quiètes vallées de montagne, en passant par les dunes du Sahara.

HORS DES SENTIERS BATTUS

MAROC MYSTÉRIEUX

Trois à quatre semaines/côte méditerranéenne et Moyen Atlas

Ce périple d'environ 900 km traverse les montagnes du Rif, longe les côtes jusqu'à la frontière algérienne, puis plonge au cœur du Moyen Atlas. Comptez au moins trois semaines d'exploration. Une semaine supplémentaire vous permettra de randonner.

Du littoral méditerranéen au plus profond du Sud marocain, découvrez un aspect authentique du pays, qu'habituellement les touristes ignorent. **Chefchaouen** (p. 189) ne vous retiendra que le temps d'organiser une randonnée passant par **Akchour** (p. 425), jusqu'au village de pêcheurs de **Bou Ahmed** (p. 425). Arrivez un jeudi pour ne pas manquer le souk hebdomadaire. Longez la côte, direction **Al-Hoceima** (p. 198) et son parc national. Détendez-vous sur les plages de sable fin, et dînez de fruits de mer. Rejoignez **Berkane** (p. 211) le temps de visiter le **massif des Beni Snassen** (p. 211) et les **gorges du Zegzel** (p. 212), d'une beauté époustouflante.

Après Meknès, plongez au Sud, au cœur du Moyen Atlas. Grimpez jusqu'à **Azrou** (p. 258). D'aucuns en profiteront pour choisir un tapis berbère. Vous pouvez partir en randonnée dans les forêts de cèdres environnantes. Les villages berbères, en particulier autour de **'Ain Leuh** (p. 260) ont conservé leur aspect d'autrefois. Plus vous descendez vers le Sud, plus la verdure s'estompe. Le paysage se teinte de nuances roses, à mesure que vous entrez dans le Haut Atlas oriental, près de **Midelt** (p. 261) et de la **casbah des Noyers** (p. 262), aux couleurs chaudes de terre. Consacrez deux jours à randonner dans le **cirque Jaffar** (p. 264), et deux autres pour escalader le sommet. Vous pouvez aussi louer une voiture pour visiter les **gorges d'Aouli** (p. 264), d'une beauté sans pareille.

TOUJOURS PLUS AU SUD

Trois semaines/Agadir et la vallée du Sous

Si vous ne souhaitez pas vous contenter de Marrakech, mettez les voiles vers le Sud, où de nombreuses activités vous attendent. Votre voyage s'agrémentera de rencontres avec les habitants, de découvertes au pas des dromadaires ou de méditations devant des paysages immenses.

Agadir n'ayant rien de paradisiaque, prenez la route vers le Sud, direction la petite ville de **Tafraoute** (p. 387) encerclée par la magnifique **vallée des Ammeln** (p. 391), toute en palmeraies luxuriantes et en maisons roses. Louez un deux-roues et campez près des Rochers peints et partez à l'assaut du **djebel Lekst** (3 jours, p. 391), ou pour une randonnée dans les **gorges d'Aït Mansour** (p. 390) où transitaient jadis les esclaves. Vous pourrez ensuite séjourner à **Tiouadou** (p. 390) avant de partir à la découverte des rochers sculptés d'**Ukas** (p. 390) et de revenir à Tafraoute.

Vous aurez alors un bon aperçu de la nature sauvage marocaine (et de sérieuses courbatures). Prenez la route de **Tata** (p. 391) et d'**Akka** (p. 391) pour y admirer de merveilleuses sculptures sur pierre. Ralliez ensuite l'**erg Chigaga** (p. 335). Laissez votre véhicule à M'Hamid et partez vers le nord à dos de dromadaire, jusqu'aux casbahs de la **vallée du Drâa** (p. 330).

Arrivé à **Ouarzazate** (p. 324), faites du quad dans un décor minéral, puis bouclez la boucle par **Taliouine** (p. 377), capitale du safran, en faisant un détour par le **plateau du Tichka** (p. 418) pour une randonnée. Terminez votre voyage par **Taroudant** (p. 372), petite Marrakech paisible, aux murs rouges sur fond de monts enneigés, puis revenez à **Agadir** (p. 361) et offrez-vous une bonne séance de hammam bien méritée.

Trois semaines sont un minimum pour découvrir les superbes sommets de l'Atlas, d'où vous dévalerez vers les paysages désertiques et les casbahs du sud. Prévoyez un véhicule, car les transports publics sont rares dans certaines régions. En arrivant à Agadir, vous aurez parcouru environ 1 000 km.

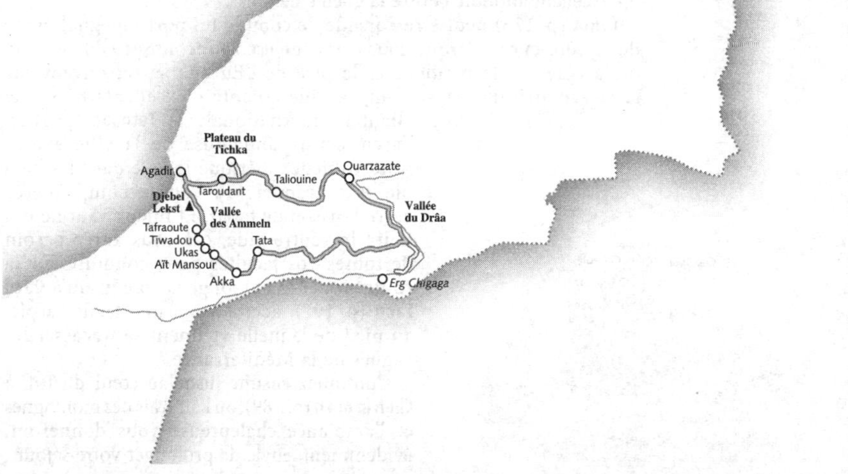

VOYAGES THÉMATIQUES

PÉRIPLE ATLANTIQUE

Le littoral atlantique du Maroc vous transportera de l'agitation des côtes septentrionales vers la quiétude des rivages du sud.

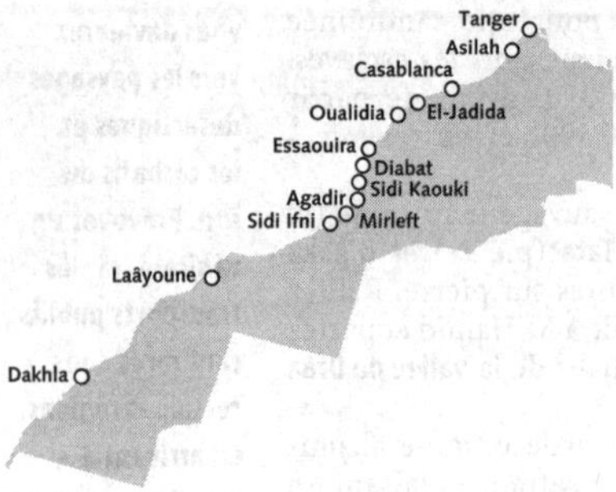

Depuis l'Espagne, prenez un ferry pour **Tanger** (p. 157), dont l'âme marocaine a pour écrin un avant-poste européen désuet, plus proche de Marseille que du Maroc. Grimpez dans un train en partance pour le sud, direction **Asilah** (p. 126), ville charmante aux murs blanchis à la chaux, puis ralliez **Casablanca** (p. 86) où s'entremêlent immeubles Art déco et gratte-ciel. Traversez la banlieue de Casablanca jusqu'à **El-Jadida** (p. 131), puis visitez **Oualidia** (p. 136), la Saint-Tropez africaine bordée d'une lagune, où vous pourrez surfer sans danger. Plus au sud, **Essaouira** (p. 142), ses remparts blancs, ses riads et son ambiance bohème possèdent un charme qui vous invite à prolonger votre séjour. Les plages de **Diabat** (p. 153) et de **Sidi Kaouki** (p. 154) sont toutes proches.

En famille, préférez les plages d'**Agadir** (p. 361) ou, pour échapper à la foule, celles de **Mirleft** (p. 380) ou bien de **Sidi Ifni** (p. 380), dernières escales avant de rejoindre le Sahara occidental. Si vous allez vers le sud et la Mauritanie (où vers d'autres destinations qui méritent également une visite dans la région), faites halte à **Laâyoune** (p. 394), la plus grande ville du Sahara, puis à **Dakhla** (p. 397).

NUITS MAROCAINES

Mettez votre tenue de soirée, et en route pour la côte méditerranéenne marocaine. Débutez par **Tanger** (p. 157) capitale marocaine de la fête, où vous irez de bars légendaires en boîtes de nuit déjantées pour y danser tout votre soûl. Admirez le coucher du soleil au **cap Spartel** (p. 174) : c'est un excellent antidote contre la gueule de bois.

Ceuta (p. 176) peut être considérée comme un port espagnol égaré de ce côté-ci du détroit, mais c'est une escale incontournable le long de la côte, où le meilleur et le pire de l'Europe se retrouvent sur le rivage africain. Et surtout, la ville compte d'excellents bars à la clientèle internationale. À **Tétouan** (p. 182), l'architecture andalouse de la ville exerce sont influence ibérique jusque dans les bars pleins à craquer, où vous accompagnerez votre boisson de tapas. Et mieux vaut ne pas boire le ventre vide, car vous aurez besoin de toutes vos facultés pour conduire sur la route sinueuse qui longe la côte jusqu'à **Oued Laou** (p. 197), accrochée à une falaise à-pic, au pied de laquelle viennent se fracasser les vagues de la Méditerranée.

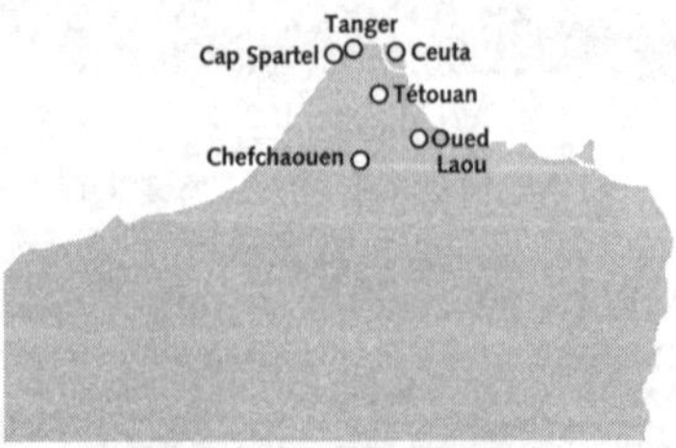

Continuez ensuite jusqu'au cœur du Rif, à **Chefchaouen** (p. 189), où l'air frais des montagnes et l'ambiance chaleureuse vous donneront, évidemment, envie de prolonger votre séjour.

PATRIMOINE MONDIAL

Le Maroc compte huit sites classés au patrimoine mondial par l'Unesco. Une visite culturelle du Maroc peut s'organiser autour de ces sites.

À Fès, le joyau du pays est une sorte d'immense musée vivant, un peu décrépit : **Fès El-Bali** (p. 220), premier site marocain à avoir été classé par l'Unesco, en 1981. La splendide **cité impériale de Meknès** (p. 244) et sa médina, ont reçu le titre convoité de "Versailles marocain". Non loin de là, la cité romaine de **Volubilis** (p. 253), aux mosaïques saisissantes, atteste que la région n'a jamais cessé d'inspirer les architectes les plus prestigieux.

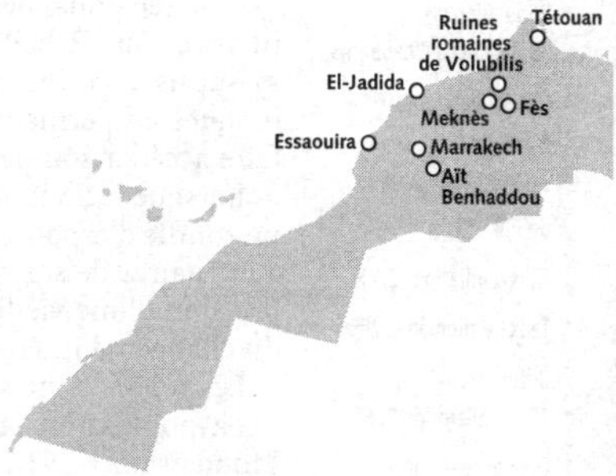

Au nord, la superbe **médina de Tétouan** (p. 183) se démarque de la classique médina marocaine par ses réminiscences andalouses. Depuis Tétouan, longez toute la côte atlantique jusqu'à Casablanca puis **El-Jadida** (p. 131) et son merveilleux port portugais qui vous réserve de nombreuses surprises. L'une des plus remarquables est la citerne souterraine, choisie par Orson Welles pour tourner certaines scènes de son grand classique *Othello* (1952). Un peu plus au sud, voici la **médina d'Essaouira** (p. 146) qui mérite tout à fait sa classification au patrimoine mondial, tout comme l'emblématique **médina de Marrakech** (p. 285). Le sud du Maroc recèle une myriade de constructions en terre crue, parmi lesquelles l'Unesco a classé le **ksar d'Aït Benhaddou** (p. 323), choix lui aussi incontestable.

MAROC GASTRONOMIQUE

Fès, capitale culinaire du Maroc, ravira tous les gourmands. Il y en a pour toutes les bourses, de la *b'sara* (soupe de haricots blancs à l'aïl) plat local servi à tous les coins de la ville (p. 233) jusqu'à l'un des somptueux restaurants gastronomiques, tel le **Laanibra** (p. 234). Vous pourrez apprendre à concocter vos plats préférés chez **Souq Cuisine** (p. 296) ou les **Chambres d'Amis** (p. 296), deux des nombreuses écoles de cuisine de la ville. Plus au sud, voici Taliouine et ses parfums safranés, bien plus qu'une simple ville productrice de safran. La **coopérative Souktana du safran** (p. 377), qui propose une dégustation, possède un musée du safran et une boutique. Le méchoui (agneau rôti à la broche) est une spécialité du Haut Atlas. Faites halte chez **Jnane Soussia** (p. 375) à Taroudant, qui en sert d'excellents. À Tamanar, à 80 km au nord d'Agadir, rendez-vous à la **coopérative Amal** (p. 371), où vous apprendrez tout sur l'huile d'argan, produite uniquement au Maroc. Plus au sud-est, les villages de la **vallée des Ammeln** (p. 391) sont renommés pour leurs festivals gastronomiques. Si vous êtes là fin février, ne manquez pas la **récolte des amandes** (p. 387) autour de Tafraoute, qui donne lieu à une superbe fête gastronomique. L'*amlou*, cette délicieuse douceur aux amandes, au miel et à l'huile d'argan, est quant à elle disponible toute l'année. Pour connaître d'autres spécialités marocaines régionales, lire l'encadré *Goûtez-moi ça !* p. 74.

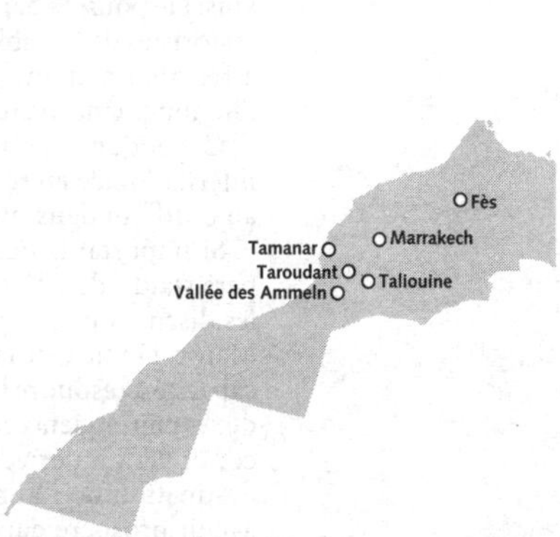

Instantané

La diversité culturelle du Maroc peut être une source de fascination et de curiosité pour les voyageurs, mais elle témoigne aussi des nombreuses lignes de faille du pays. Les tensions entre libéraux et conservateurs, séculiers et islamiques, modernes et traditionnels sont parfois source d'élan créatif. Elles sont aussi déstabilisantes pour le citoyen ordinaire.

Ces tensions pèsent sur tous les Marocains. Depuis le nomade berbère qui se bat stoïquement pour assurer le minimum nécessaire à sa subsistance jusqu'au roi dans son palais. Les yeux restent d'ailleurs braqués en permanence sur ce monarque dont l'un des objectifs est de faire accéder son pays à la modernité.

Lorsque le 23 juillet 1999 (p. 42), Mohammed VI succéda à Hassan II, un souffle d'espoir balaya le pays. Le nouveau roi marcherait-il sur les pas autoritaires de son père, ou trouverait-il au contraire l'équilibre entre la pression d'une vieille garde conservatrice et les revendications en faveur du changement émanant de la jeunesse ?

Les réponses ne se firent guère attendre.

La population féminine s'est vue encouragée par la réforme de la Moudawana (p 52), initiée par le roi et promulguée en 2004. Une réforme qui consacre le principe de l'égalité entre l'homme et la femme en matière de famille, de divorce, de propriété des biens et de responsabilité parentale. Entre-temps, le degré d'alphabétisation des femmes a progressé. Le roi a également fait de la liberté et des droits de l'homme un fer de lance de son gouvernement et même s'il reste encore beaucoup à faire en la matière, les progrès sont notables. Nombre d'anciens prisonniers politiques ont recouvré la liberté. L'expression d'opinions dissidentes en public ne relève plus de la grande bravoure comme c'était le cas naguère. Les langues berbères sont aujourd'hui enseignées dans certaines écoles et des élections municipales ont eu lieu pour la première fois au Maroc.

Sur le plan matériel, la construction de nouvelles routes, l'extension du réseau électrique, l'amélioration et le développement de l'habitat social ont largement contribué à améliorer la vie quotidienne du Marocain moyen.

Malgré tous ces signes de progrès, le soutien inconditionnel du pouvoir marocain à la lutte contre le terrorisme menée par les États-Unis est réprouvé par une bonne partie de la population. Le fait est que certains ont ainsi été poussés dans les bras des extrémistes qui ont conduit les attentats terroristes de Casablanca en 2003 et de Madrid en 2004. Le gouvernement a réagi en mettant quelque peu en sommeil la protection des droits de l'homme. Une attitude qui sonne comme un avertissement.

Cependant, le pays court aussi le risque de heurter l'opinion internationale en refusant de céder sur le problème du Sahara occidental, aujourd'hui dans une impasse.

Si importants que soient ces problèmes, c'est néanmoins la pauvreté persistante dans laquelle vivent la majorité des Marocains qui domine les discussions au quotidien et risque réellement d'influencer l'avenir du Maroc. Un tiers de la population est âgée de moins de 15 ans : c'est donc la capacité à résoudre les problèmes du chômage, qui atteint un taux élevé, et de ses conséquences, qui déterminera si la jeune génération des Marocains continuera à dériver vers un islam conservateur ou dans des bateaux à destination de l'Europe, à moins qu'elle ne soit capable d'envisager un avenir prospère dans le nouveau Maroc, promis depuis si longtemps.

QUELQUES CHIFFRES

Population : 33,2 millions d'habitants

PIB par habitant : 4 200 de $US

Taux de croissance du PIB : 1,8%

Taux d'inflation : 2,1%

Taux de chômage : 20%

Dette extérieure : 15,6 milliards de $US

Espérance de vie (à la naissance) : 69,7 ans

Taux d'alphabétisation : 50,7%

Date à laquelle les Marocaines ont obtenu le droit de vote : 1963

Nombre d'utilisateurs d'Internet : 3,5 millions

Histoire

UNE PRÉHISTOIRE ENCORE VISIBLE AUJOURD'HUI

Il suffit de regarder ses canyons stratifiés, ses riches dépôts fossiles et ses vastes déserts pour réaliser que la géographie du Maroc est un musée de la préhistoire comme il en existe peu dans le monde. Ce n'est pas un hasard si Henri Matisse, Paul Klee et Winston Churchill, entre autres, ont tous peint ce pays avec des couleurs pastel. Les terres marocaines arborent en effet des dégradés passant du doré et de l'orangé à des tons roses, rouges et violacés. Ces couleurs sont l'œuvre de dépôts minéraux préhistoriques isolés en raison de la tectonique des plaques qui a détaché le Maroc de l'actuelle Pennsylvanie. Cela expliquerait les similitudes entre les minéraux présents dans les deux régions.

Pendant la majeure partie de son histoire géologique (sur une échelle de plusieurs milliards d'années), le Maroc ne se trouvait pas sous le sable, mais sous l'eau. Les voyageurs traversant le Haut Atlas et les plaines de l'Atlantique près d'Agadir croiseront d'ailleurs certainement des marchands proposant des fossiles (pas toujours authentiques) rappelant ce passé sous-marin. Ce pays est en quelque sorte une Atlantide inversée dont les chaînes de montagne de l'Atlas, les steppes sahariennes, les plaines fertiles et les civilisations ont progressivement fait surface depuis le fond de l'océan, à la suite de quelques milliers d'années de sécheresse.

Les premières traces de présence humaine remontent entre 125 000 et 75 000 av. J.-C. À cette époque, la majorité de l'Afrique du Nord était recouverte d'une forêt luxuriante semi-tropicale. Mais les outils de pierre retrouvés sur place (des instruments sophistiqués pour l'époque) ne suffirent pas aux hommes primitifs pour maintenir leur présence pendant l'ère glaciaire. Lorsque le climat commença à s'améliorer autour de 5 000 av. J.-C., la voie était libre pour de nouveaux peuplements.

VIVRE LIBRE OU MOURIR

La fonte des glaces laissa place à des terres fertiles qui attirèrent en masse les nomades du Proche-Orient. Ces hommes, qu'on pense être des cousins éloignés des Égyptiens anciens, sont les premiers ancêtres des Berbères du Maroc (communément appelés Imazighen, pluriel d'Amazigh qui signifie "homme libre"). Autour de 2500 av. J.-C., ils furent rejoints par des pêcheurs méditerranéens et des éleveurs de chevaux du Sahara. Dans le Haut Atlas, des pétroglyphes datant de 1600 av. J.-C. (âge du bronze) représentent des hommes en train de pêcher, de chasser et de monter à cheval. Cette polyvalence et ce brassage de cultures en firent un peuple résistant doté d'un grand sens de l'adaptation. Puis les Phéniciens arrivèrent autour de 800 av. J.-C et les Africains de l'Est environ 300 ans plus tard. Lorsque les Romains envahirent la région au IVe siècle, ils eurent quelques difficultés à appréhender ce milieu multiculturel. Ils nommèrent alors le Maroc et l'ouest de l'Algérie "Maurétanie" et les autochtones "Berbères", qui signifiait "barbares" (un terme récemment revendiqué et repris par le Mouvement berbère, mais à l'époque, il s'agissait plutôt d'une insulte).

Pour en savoir plus sur l'actualité, la culture, l'histoire et la politique berbères, rendez-vous sur le site www.amazigh-voice.com, un forum berbère en ligne. De nombreux articles sont en français. Certains messages sont transcrits en tamazight (dialecte berbère).

CHRONOLOGIE

5000-2500 av. J.-C.

Des peuples du Sahara, de la Méditerranée et du Maghreb s'installent au Maroc.

800-500 av. J.-C.

Les Phéniciens, en s'établissant dans le Maghreb, contribuent au melting-pot des populations.

Avant l'arrivée de l'islam, le Maghreb était un terrain fertile pour le christianisme. Saint Augustin lui-même était d'ailleurs un Berbère nord-africain.

Pendant les siècles suivants, les Romains essuyèrent de nombreux échecs. Les Berbères rallièrent tout d'abord Hannibal et les Carthaginois à leur cause contre Rome, ce qui mena à de sanglants combats en Sicile, connus sous le nom de guerres puniques (264-202 av. J.-C.). En 49 av. J.-C., Juba Ier, roi de Numidie, soutient Pompée, un général romain, lors de son affrontement contre Jules César (ce dernier en sortit victorieux). Agacé par la désobéissance des Berbères, Caligula, le nouvel empereur romain, met fin en l'an 40 à leur autonomie au Maghreb. Caligula avait la réputation de faire respecter la loi avec violence. Il asservit des communautés entières, réorganisant l'ordre social et divisant des tribus berbères relativement égalitaires en différentes classes d'esclaves, de paysans, de soldats et d'aristocrates à la romaine. Si les Vandales et les Byzantins ne réussirent pas à chasser les Romains, les Berbères du Rif et de l'Atlas y parvinrent en menant notamment une longue guerre d'usure contre les envahisseurs (cette tactique fut ensuite utilisée à de nombreuses reprises pour contester le pouvoir de certains sultans marocains).

Finalement, Rome réussit à imposer son autorité sur la région en désignant Juba II, très apprécié par la population, roi de Maurétanie. Le jeune roi épousa la fille de Marc-Antoine et de Cléopâtre, encouragea la recherche scientifique, les arts du spectacle ainsi que des secteurs encore aujourd'hui vitaux pour le Maroc, tels que la production d'huile d'olive dans la région de Volubilis (proche de Meknès), la viticulture sur les plaines atlantiques et la pêche le long des côtes. Pendant son règne (de 25 av. J.-C. à l'an 23), Juba II transforma Volubilis, un des lieux de résidence royale, en une métropole dynamique abritant 20 000 habitants, pour la plupart berbères, ainsi qu'une des communautés juives les plus anciennes du Maroc, à en juger par les artefacts retrouvés sur place. Il est encore possible d'y voir aujourd'hui des mosaïques romaines polychromes découpées en Italie et assemblées par des artisans de Volubilis, en particulier celle représentant Ariane réveillée par Bacchus, ainsi que les motifs complexes

L'OR POURPRE

Le port d'Essaouira faisait autrefois l'objet de toutes les convoitises. La ville détenait en effet une richesse inégalable : la couleur pourpre. Strictement réservée aux empereurs romains, elle ne pouvait être fabriquée artificiellement, ce qui expliquait son prix exorbitant, de 10 à 20 fois son poids en or selon Aristote. Le colorant naturel était extrait du murex, un mollusque à la coquille hérissée d'épines que l'on trouvait sur les îles Purpuraires au large d'Essaouira.

Les Phéniciens furent les premiers à exploiter cette incroyable source de richesse. Puis au Ier siècle av. J.-C., Juba II fit construire des ateliers de fabrication de la pourpre sur la côte. La technique pour récupérer le colorant, tenue jalousement secrète, consistait à extraire la substance colorante de la veine du mollusque. Cette teinte fut un véritable succès auprès des célébrités royales de l'époque. Cléopâtre en était tellement éprise qu'elle teignit en pourpre les voiles du navire sur lequel elle navigua pour rejoindre Marc Antoine.

Mais la légende raconte aussi que Ptolémée, fils de Juba, fut assassiné par Caligula pour avoir osé porter une robe pourpre. Cette teinte éclatante ne put jamais être reproduite industriellement et les méthodes d'extraction, restées secrètes, furent, toujours selon la légende, perdues lors du siège de Constantinople en 1453. Pourtant, on trouve encore de la pourpre à Essaouira, moyennant un prix important. Les secrets de fabrication de la teinte ne sont donc pas tout à fait perdus aujourd'hui.

IVe- Iersiècle av. J.-C.

Les Romains tentent d'annexer la Maurétanie, une tentative qui durera 250 ans.

25 av. J.-C.-23

Rome envahit la Maurétanie grâce à Juba II. Elle construit des fermes, des villes et influence l'art.

d'un tapis berbère (qui ne sont que les prémices des époustouflantes œuvres en zellige (mosaïque géométrique en argile émaillée) réalisées sous les dynasties marocaines).

Mais dans les siècles suivant la mort de Juba II, la présence romaine en Maurétanie commença à décliner en raison de rebellions berbères de plus en plus organisées et des attaques menées par les Vandales, les Byzantins et les Wisigoths. Ces nouveaux envahisseurs européens ne parvinrent pas davantage à maîtriser la Maurétanie. Constamment assaillis par les guerriers du Rif, les Vandales quittèrent Tanger pour l'Algérie en 429. Les Berbères s'en prirent également à l'empereur byzantin Justinien, dont l'ambition d'étendre l'Empire romain d'Orient jusqu'à la Maurétanie en 533 fut très vite réduite à une modeste présence à Essaouira, Tanger et Salé. La tentative de Justinien de reconstituer le grand Empire romain se solda par une multitude de traités confus avec différents royaumes berbères, se servant tous, à l'occasion, de leurs relations avec l'Empire byzantin. Les Berbères usèrent de telles stratégies de ruse avec les différents envahisseurs en compétition, concluant avec eux des alliances souvent contradictoires, que la colonisation du Maroc s'avéra quasi-impossible pendant plus d'un millénaire.

Berbères, histoire et identité, (Errance, 2002) de Gabriel Camps. Cet ouvrage de référence part des temps les plus anciens, pour comprendre comment les Berbères ont subi les influences punique, romaine, africaine, arabe..., tout en restant fidèles à leurs coutumes, à leur langue, à leurs traditions.

LE POUVOIR DE LA CONVICTION

Au VIIe siècle, la majorité des Berbères du Maroc vouaient un culte à leurs propres divinités, excepté les Berbères juifs ainsi qu'une poignée de convertis au christianisme. L'histoire aurait pu continuer ainsi pendant longtemps si Mohammed ben Abu Talib, vivant à La Mecque, ne s'était pas trouvé en désaccord croissant avec les élites de cette ville de la péninsule Arabique. Cet homme fut reconnu comme le prophète Mahomet après qu'il eut reçu la révélation selon laquelle Dieu est unique et les croyants doivent tous se soumettre à sa volonté. La classe dirigeante polythéiste de La Mecque n'apprécia guère cette nouvelle religion avec laquelle elle devait à présent partager le pouvoir et qui lui retirait son propre statut semi-divin. Le Prophète fut chassé de la ville le 16 juillet 622.

Cette hégire ou exil ne fit qu'aider Mahomet à répandre sa parole encore plus loin. Lorsque le Prophète s'éteignit en 632, les califes arabes (des chefs religieux inspirés de ses enseignements) étaient en train de porter le message de l'islam vers l'Asie centrale et l'Afrique du Nord. Mais des confrontations dans cette dernière région limitèrent leur portée et ce n'est qu'en 682 que le chef omeyyade Oqba ben Nafi atteindra finalement la côte atlantique du Maroc. D'après la légende, Oqba déclara qu'il irait même porter l'islam jusque dans l'océan si Dieu le lui ordonnait. Mais la légendaire reine berbère algérienne Al-Kahina et ses guerriers le forcèrent très vite à battre en retraite jusqu'en Tunisie.

La reine Al-Kahina avait un don de divination qui pouvait lui donner un avantage face aux Omeyyades : toutefois cela ne suffit pas à entraver son destin, quand ses pouvoirs lui apprirent qu'elle périrait tuée par ses ennemis...

Les forces armées ne parvinrent pas à islamiser les Berbères, mais leur pouvoir de conviction commença bientôt à faire effet. L'accent mis par la nouvelle religion sur l'égalité sociale, le devoir, le courage et la loyauté au clan était tout à fait conforme aux mœurs des tribus locales, selon lesquelles toute personne descendant des équivalents berbères d'Adam et Ève fait partie du clan. Ainsi, nombre d'entre eux se convertirent à l'islam et empochèrent les bénéfices du commerce issu des routes

200-500
Les Wisigoths, les Vandales et les Byzantins revendiquent le Maroc. Ils seront tous repoussés par les Berbères.

662-682
Le chef omeyyade Oqba ben Nafi introduit l'islam dans le Maghreb. Les Berbères chassent les Omeyyades mais gardent le Coran.

caravanières omeyyades. Bien qu'Oqba ait été assassiné par des Berbères avant d'avoir établi une base solide au Maroc, ses successeurs purent dès le VIIIe siècle mener à bien l'islamisation du pays, majoritairement par le biais de la diplomatie.

LES ABUS DE POUVOIR

Il ne fut pas toujours question d'admiration entre les Berbères et les Arabes omeyyades, au contraire. Si ces derniers respectaient les juifs et les chrétiens en tant que croyants monothéistes, ils n'éprouvaient aucun remords à contraindre les Berbères polythéistes à payer des taxes supplémentaires et à servir de chair à canon dans l'infanterie. Ce qui n'empêchait pas pour autant les Omeyyades d'admirer les femmes berbères pour leur beauté (mais nombre d'entre eux étaient conscrits dans des harems de leur clan).

Certains des secrets de beauté que les femmes berbères ont importé dans les harems omeyyades ont toujours cours au Maroc, notamment l'huile d'argan et le gommage.

Les Berbères convertis à l'islam était également obligés de payer un tribut à leurs seigneurs arabes - un titre qui semblait d'ailleurs contraire aux enseignements de Mahomet. Le kharijisme, une branche dissidente de l'islam, critiqua alors les abus de pouvoir des Omeyyades, les considérant comme une corruption de la foi, et appela à un nouvel ordre moral. Au milieu du VIIIe siècle, des insurrections firent rage dans toute l'Afrique du Nord. Ne possédant que des frondes pour toute arme, les Berbères imposèrent malgré tout la défaite à la garde d'élite omeyyade. Peu de temps après, la tribu arabe était chassée d'Espagne et du Maroc et les nouveaux chefs locaux reprirent à leur compte le commerce extrêmement lucratif de l'argent avec le Sahara oriental, de l'or avec le Ghana et des esclaves avec l'Afrique de l'Ouest.

LES DYNASTIES MAROCAINES

Au VIIIe siècle, le règne des califes arabes s'étendait sur une grande partie de l'Europe de l'Ouest, jusqu'à Poitiers.

Ibn Khaldoun, éminent spécialiste du Maghreb médiéval, a observé que les royaumes berbères tendaient à se développer puis à disparaître selon un schéma toujours identique : la première génération, venue d'un monde austère et rural, arrive au pouvoir ; la deuxième adopte la culture de l'élite urbaine et remplit les coffres royaux, également ; enfin, la troisième génération, grisée par le pouvoir et la richesse, perd toute capacité à se défendre. La dynastie en place cède alors la place à un chef plus fort. C'est là un schéma essentiel pour comprendre l'évolution politique du Maroc, tant d'un point de vue ethnique que territorial.

La première grande dynastie marocaine appartenait à la famille des Idrissides. Idriss Ier, descendant de Fatima, fille du prophète Mahomet, fuit l'Arabie pour se réfugier au Maroc en 786 après avoir découvert que l'ambitieux calife Haroun er-Rachid avait pour objectif d'assassiner sa famille. Une fois au Maroc, Idriss Ier se fit proclamer imam par les Berbères et unifia la majorité du Maroc du Nord au nom de l'islam. Mais en 792, quelques jours seulement après s'être établi dans son nouveau capitole à Fès, il fut finalement retrouvé et empoisonné par les subordonnés d'Haroun er-Rachid. Sa mort ne fit que renforcer son influence et son corps fut retrouvé miraculeusement intact cinq siècles plus tard. Son tombeau, situé à Moulay Idriss, est l'un des sites de pèlerinage les plus fréquentés du Maroc.

Son fils, Idriss II, échappa quant à lui aux assassins et étendit le pouvoir de la dynastie dans tout le nord du Maroc ainsi qu'en Europe. À sa mort,

788-829
L'islam s'enracine au Maroc sous Idriss 1er et Idriss II. Fès est la capitale.

1062
Les Almoravides fondent Marrakech et partent à la conquête du nord-ouest de l'Afrique et de l'Espagne.

ses treize fils se partagèrent le pouvoir. Ce fut certainement la première tentative de monarchie démocratique au Maroc. Ils étendirent le contrôle de la dynastie à l'Espagne et firent ériger les fameuses mosquées de Fès : la mosquée Karaouine et la mosquée des Andalous.

LES ALMORAVIDES

Soutenu dans la gestion de son commerce par des chefs religieux et des érudits, le nord du Maroc se développa sous la dynastie des Idrissides en une véritable puissance économique, contrairement au sud du pays, qui vit l'émergence d'un prophète dissident, dans la région de Salé. Ce dernier revendiqua sa propre version berbère du Coran et établit un islam apocryphe nommé Barghaouata, qui fut suivi pendant des siècles par les Berbères de la région. Par ailleurs, les militaires chargés de contrôler les avant-postes commerciaux dans les montagnes de l'Atlas et le Sahara faisaient payer ce qu'ils appelaient des "aumônes" – une pseudo-nomenclature religieuse pour désigner une taxe qui ne trompa personne et qui provoqua la colère chez les fidèles.

Ce mécontentement entraîna le soulèvement des Sanhajas, une tribu berbère du Sahara très pieuse, qui fonda la dynastie des Almoravides. Alors que les princes idrissides se disputaient le contrôle de l'Espagne et du nord du Maroc, les Sanhajas s'engouffrèrent dans le sud du pays depuis le Sénégal et la Mauritanie actuels. Subsistant essentiellement grâce à la viande et au lait de ses troupeaux de chameaux, cette tribu portait des vêtements de laine sous le soleil brûlant du désert, ne consommait pas de vin, et interdisait la polygamie et la musique. Les Sanhajas se couvraient le visage d'un voile sombre, encore porté aujourd'hui par les Touaregs, les légendaires "hommes bleus" du désert. Lorsque ces hommes plutôt intimidants arrivèrent, sous le commandement de Yahya ibn Oumar et de son frère Abou Bakr, aux avant-postes chiites et barghaouatas, ils détruisirent les maisons closes et les instruments de musique, tout comme leurs adversaires. En 1601, après la mort de Yahya, Abou fut rappelé dans le Sahara pour régler des disputes internes à la tribu, laissant le contrôle des opérations militaires à son cousin Youssef ibn Tachfin depuis un camp qui allait devenir Marrakech la magnifique.

En guise de preuve d'amour, Abou Bakr, pour éviter à sa femme berbère Zeinab de devoir l'accompagner dans le rude désert, divorça et organisa le remariage de sa magnifique épouse avec Youssef ibn Tachfin.

Les Almoravides mirent du temps à s'habituer à leur nouvelle capitale, cernée de montagnes et de rivaux berbères et ne possédant que peu de palmiers. Ils construisirent un mur de terre de 5 m de haut et de 19 km de long autour de la ville, et réalisèrent une *khettara*, un ingénieux système d'irrigation souterrain qui alimente encore aujourd'hui la palmeraie située à l'extérieur de Marrakech. Lorsqu'en 1069, les Almoravides s'emparèrent de Fès, ils équipèrent la ville d'eau courante, de hammams, de moulins et de jardins. Les communautés juive et andalouse de Fès se mirent à prospérer sous le règne d'ibn Tachin qui s'avérait être un fin diplomate et un brillant stratège militaire. Ses alliés musulmans espagnols le supplièrent alors d'intervenir en Espagne où les princes chrétiens et musulmans s'adonnaient allégrement à l'extorsion, aux attaques et à la débauche. À 80 ans, ibn Tachfin mena ses dernières campagnes militaires afin de renforcer le contrôle almoravide de l'Andalousie jusqu'aux frontières de Barcelone.

Succéder à Youssef ibn Tachfin ne fut pas une tâche aisée. Son fils Ali, issu d'une union avec une chrétienne, se dévoua tout comme son père à la

1147
Les Almohades vainquent les Almoravides et rasent Marrakech pour la reconstruire en qualité de capitale sous Yacoub al-Mansour.

1276
Grâce à des manœuvres militaires et des mariages stratégiques, les Mérinides parviennent à chasser les Almohades.

prière et au développement urbain. Mais alors que le jeune Ali réalisait des miracles d'architecture et d'irrigation à Marrakech, les Almohades, étaient en train de s'organiser en une communauté extrêmement puissante au-delà de la ville.

13 km séparent le Maroc de l'Europe au niveau du détroit de Gibraltar.

LES ALMOHADES

D'après les historiens almohades, Ali commit deux erreurs : il laissa les femmes participer au pouvoir (il nomma son épouse parmi ses conseillers) et autorisa les chrétiens à boire de l'alcool. Si la première accusation ne semble pas fondée, la seconde l'est en revanche. Alors qu'il partait faire une retraite pour prier et jeûner, il laissa à ses conseillers et aux militaires la charge du gouvernement. Mais apparemment, les troupes almoravides chrétiennes étaient plus occupées à fréquenter les marchands de vins de Marrakech qu'à mener à bien leur mission.

Tout ceci ne fut pas pour plaire à Mohammed ibn Tumart, le chef spirituel des Almohades qui avait la réputation, notamment à Meknès et à Salé, d'être un homme violent se servant de sa canne pour détruire les tonneaux de vin, les instruments musicaux et battre les hommes et les femmes qui avaient l'audace de marcher ensemble dans la rue. Ibn Tumart fut finalement banni de Marrakech en 1120 pour avoir fait tomber la sœur d'Ali de cheval avec sa canne. Après sa mort, les Almohades ne se laissèrent pas abattre pour autant. En 1145, ils s'emparèrent de Fès après un siège de 9 mois et s'en prirent à Marrakech deux ans plus tard, rasant la ville entière et tuant ce qu'il restait de la cour royale (Ali était décédé en 1144 aussi paisiblement qu'il avait vécu). Leur premier projet consista à rebâtir la mosquée Koutoubia de Marrakech que les architectes almoravides n'avaient pas correctement alignée avec La Mecque. Ils lui ajoutèrent également un minaret de pierre pour parfaire ce modèle de géométrie sublime et des ornements d'architecture arabo-andalouse.

Une lutte sanglante pour le pouvoir s'ensuivit entre les fils d'Ibn Tumart et ceux de ses généraux. Elle ne s'acheva qu'en 1185 lorsque Abou Youssef Yacoub, le jeune fils du gouverneur musulman de Séville et de Valence conduisit ses ennemis dans le désert, au sud du Maroc. Il gagna tant de batailles contre les princes d'Espagne qu'il fut surnommé el-Mansour, ou "le Victorieux". Il fit ériger la Giralda à Séville sur le modèle du minaret de la Koutoubia et réorganisa Marrakech en une capitale almohade et en un centre d'enseignement, rivalisant ainsi avec Fès. Il fit de cette dernière la ville sans doute la plus propre de l'époque médiévale en y faisant bâtir 93 hammams, 47 usines de savon et 787 mosquées dotées de bassins dédiés aux ablutions. Yacoub el-Mansour fut également un mécène pour les grands penseurs, notamment pour Ibn Rachid, adepte d'Aristote et dont les réflexions ont aidé à faire germer la Renaissance italienne, et pour le maître soufiste Sidi Bel-Abbès. Mais son admiration pour l'éducation et l'architecture avait apparemment des limites et plusieurs synagogues furent démolies pendant son règne.

Le même état d'esprit régnait alors au XIIe siècle en Europe où la chasse aux hérétiques tournait officiellement à la torture sous l'autorité du pape nommé, comble de l'ironie, Innocent IV. L'archevêque Bernard de Tolède s'empara de la mosquée de la ville et rejoignit les rois castillans

1415
Ceuta est le premier des ports marocains conquis par les Portugais et les Espagnols.

1498
L'Inquisition pousse de nombreux musulmans et juifs européens à trouver refuge au Maroc.

d'Espagne dans une croisade contre les chefs arabes, qui n'étaient pas en condition pour pouvoir riposter et pour cause : lorsque le fils de Yacoub, âgé de 16 ans, fut nommé calife, il n'était pas en mesure d'assumer les responsabilités religieuses qui lui incombaient. Il préférait de loin s'adonner à la tauromachie, ce qui lui valut d'être blessé à mort. Le pauvre Yacoub el-Mansour dut se retourner dans sa tombe lorsque Al-Mamoun, son second fils, s'allia avec ses persécuteurs et s'en prit à son propre peuple, essayant désespérément de conserver l'empire de son père. Le jeune calife, avant de mourir prématurément, avait fini de ruiner l'honneur des Almohades après avoir annoncé depuis le minbar (la chaire) de la Koutoubia qu'Ibn Tumart n'était pas un véritable *mahdi*, ou envoyé de Dieu, et que ce titre revenait à Jésus.

LES MÉRINIDES

La défaite des Almohades fut totale lorsque les Berbères zenatas envahirent Marrakech, leur capitale, en 1269, après les avoir chassés de Meknès, de Salé, de Fès et des rivages de l'Atlantique. Les Zenatas parvinrent parallèlement à rallier à leur cause plusieurs érudits religieux en leur promettant un nouvel ordre moral sous la dynastie des Mérinides. Ils entreprirent par ailleurs de construire une médersa (école coranique) dans chacune des grandes villes qu'ils conquirent, grâce aux taxes spéciales imposées aux chrétiens et aux juifs. En échange, ils permirent à ces communautés de pratiquer des activités commerciales clés et embauchèrent des mercenaires chrétiens et des conseillers politiques juifs afin de les aider à gérer l'État.

Mais cette fois, il ne fut pas aisé pour les nouveaux dirigeants de convaincre le peuple avec des promesses de dévotion. Fès se révolta et Salé tomba aux mains des chrétiens castillans. Les Mérinides finirent par s'allier aux princes castillans contre les dirigeants arabes de Grenade afin de consolider leurs intérêts espagnols. Mais encore une fois, cette stratégie ne s'avéra pas être la bonne. Dès le XIVe siècle, l'Espagne musulmane redevenait chrétienne et le détroit de Gibraltar était confisqué aux Mérinides. Durant l'Inquisition qui suivit sous le règne chrétien, plus d'un million de musulmans et de juifs furent terrorisés et chassés d'Espagne.

Ne pouvant user de leur puissance militaire ou de leur droit religieux pour renforcer leurs titres impériaux, les Mérinides optèrent pour le mariage, méthode dont l'efficacité n'est plus à prouver. Au XIVe siècle toujours, les dirigeants mérinides parvinrent à coopter leurs ennemis en épousant les princesses de Grenade et de Tunis, pouvant ainsi récupérer Alger, Tripoli et le stratégique port méditerranéen de Ceuta. Ces mariages ne purent rien contre la grave épidémie qui se répandit à travers toute l'Afrique du Nord méditerranéenne, en 1348. C'est ainsi que la peste bubonique provoqua l'effondrement des royaumes.

La légende raconte que le Maroc méridional fut épargné de la peste grâce à la mangouste, que l'on nomme également "rat de pharaon". Ce héros local peut être encore aperçu dans la vallée du Sous, au crépuscule.

Abou Inan, fils du chef mérinide Abou Hassan, profita du fléau pour s'autoproclamer nouveau dirigeant, alors que son père était encore en vie. Abou Hassan quitta au plus vite Tripoli pour tenter de reprendre le pouvoir volé par son fils à Marrakech, en vain. Abou Inan inhuma son père dans la nécropole royale mérinide située à côté de Rabat en 1351 et l'y rejoignit cinq ans plus tard après avoir été étranglé par un de ses conseillers.

1525-49
Les Saadiens prennent le pouvoir. Le commerce prospère sous le règne d'Ahmed el-Mansour ed-Dahbi.

1578
Les Saadiens repoussent les Portugais lors de la célèbre bataille des Trois Rois.

LES JUIFS MAROCAINS

L'histoire juive et l'histoire marocaine sont liées depuis le Ier siècle. À cette époque, des communautés berbères juives étaient déjà présentes dans les villes, la culture et l'industrie marocaines. Exclus des échanges commerciaux européens, les juifs jouèrent un rôle crucial au Maroc en tant que paysans, métallurgistes, teinturiers, souffleurs de verre, relieurs et pasteurs. Souvent taxés par la dysnastie au pouvoir lorsque leurs activités étaient prospères et blâmés lorsque ce n'était pas le cas, les Juifs marocains parvinrent à se maintenir malgré les caprices des différents dirigeants.

En proie aux persécutions, à l'Inquisition et aux exécutions du XIVe au XVIe siècle en Europe, de nombreux juifs européens fuirent au Maroc. Pendant le règne des Mérinides et des Saadiens, plutôt tolérants si on les compare aux dirigeants européens de l'époque, certains accédèrent à des postes clés tels que conseiller ou confident royal. Ces dynasties offrirent par ailleurs à la communauté juive une certaine sécurité en créant les premiers quartiers juifs à Fès et à Marrakech, appelés *mellahs*, un nom dérivé du terme "sel" qui était alors une marchandise de première importance. Si cet acte de générosité n'était évidemment pas désintéressé, il témoignait néanmoins d'une ouverture d'esprit remarquable pour l'époque. Le jour, les marchands juifs étaient autorisés à vendre aux commerçants chrétiens et musulmans le sel, le sucre, l'or et les autres biens en provenance du Sahara et la nuit, ils rentraient dans leurs quartiers placés sous surveillance officielle. Cette protection fut financée à de nombreuses reprises par le biais de taxes prélevées sur les commerces juifs et chrétiens. Les Saadiens furent bien entendu les grands gagnants de cet accord. Lorsque les mellahs de Fès et de Marrakech furent surpeuplés, d'autres furent construits à Essaouira, Safi, Rabat et Meknès. L'artisanat qui se développa dans ces quartiers existe encore aujourd'hui et l'influence culinaire des mellahs est encore présente dans tout le Maroc, avec certains plats relevés, composés d'ingrédients marinés, typiques de la cuisine juive marocaine.

Du XVIIe au XIXe siècle, la politique alaouite envers les juifs marocains fut à double tranchant : d'un côté, au XIXe siècle, il était relativement aisé pour un juif de devenir commerçant, homme d'affaires, et même ambassadeur en Angleterre, en Hollande et au Danemark ; de l'autre, les taxes, la surveillance et les actes de violence étaient nombreux. Mais dans les mauvaises périodes comme dans les bonnes, les juifs marocains ne cessèrent d'être présents au Maroc. En 1948, entre 250 000 et 300 000 juifs marocains vivaient au Maroc. À la création des États marocains et israéliens, nombre d'entre eux quittèrent le pays et on estime entre 8 000 et 10 000 ceux vivant encore au Maroc, principalement à Casablanca. En 2003, un centre communautaire ainsi que des commerces juifs furent la cible de bombardements à Casablanca, au cours desquels 33 personnes furent tuées et 100 autres blessées. Mais la communauté reste intacte et connaît même actuellement sous Mohammed VI un modeste regain. Les écoles juives sont désormais financées par les fonds publics et quelques juifs expatriés ont accepté l'invitation de retour de la part du roi et contribuent à la renaissance du mellah d'Essaouira. Tout comme ses prédécesseurs alaouites, Mohammed VI compte des conseillers juifs parmi ses confidents. Si l'avenir de la population juive du Maroc, désormais vieillissante, est encore incertain, le passé permet d'affirmer que tant que cette communauté sera présente au Maroc, elle continuera à participer activement à son histoire.

"Celui qui tue par l'épée périra par l'épée". Ce proverbe devint récurrent chez les Mérinides. Afin de se couvrir, l'assassin d'Abou Inan s'adonna à un vrai massacre royal jusqu'à ce qu'Abou Salim Ibrahim rentre d'Espagne et démasque le bureaucrate meurtrier. Le conseiller tenta d'amadouer son dirigeant en lui offrant sa sœur en mariage. Mais ce n'était qu'une ruse : il décapita Abou Salim juste après les noces. Il le remplaça par un nouveau chef mérinide qu'il étrangla également. Le conseiller fut finalement tué par un autre Mérinide, et il en fut ainsi

1659-66
Les Alaouites prennent la tête du pays et construisent une nouvelle capitale à Rabat avec l'aide de nombreux travailleurs forcés.

1830
Les Français s'emparent de la côte algérienne et font pression sur le sultan marocain, pour qu'il cède le pouvoir.

pendant 40 ans, les nouveaux chefs mérinides se succédant à la vitesse des candidats parlementaires. Trop occupés par ces inlassables querelles de succession à Meknès et à Fès, ils ne purent empêcher les Portugais de s'emparer de la côte marocaine.

Histoire des peuples arabes, d'Albert Hourani (Seuil, 1993), offre un excellent aperçu de l'histoire, mais aussi de la vie sociale, culturelle et religieuse de la région à travers les siècles.

LES SAADIENS

Au XIIe siècle, la majorité du Portugal (y compris Lisbonne) ayant été sous le contrôle des Arabes, l'heure de la vengeance avait donc sonné pour les Portugais. Le minuscule royaume avait besoin de provisions pour son peuple et d'or pour asseoir son empire grandissant. En d'autres termes, le Maroc était nécessaire au Portugal. Plutôt que d'essayer de battre les Berbères à leur propre jeu, à savoir prendre le contrôle des routes du commerce sahariennes, les Portugais usèrent de leurs avantages techniques et utilisèrent leur flotte navale et des armes à feu élaborées. Ainsi en s'emparant systématiquement des ports marocains des côtes méditerranéenne et atlantique, les Portugais purent damer le pion aux Berbères se trouvant à l'intérieur du pays et s'introduire directement en Afrique de l'Ouest pour y chercher de l'or et des esclaves.

Si le sucre faisait partie de la vie quotidienne marocaine, il avait une telle valeur dans l'Europe du XVIe siècle, que la Cour n'en consommait que lors d'occasions spéciales.

Lorsque le commerce saharien commença à décliner, la situation se compliqua. Des communautés entières furent décimées à l'intérieur du pays et Marrakech, autrefois si opulente, dévastée par la famine. La tribu berbère des Beni Saad, de la vallée du Drâa, lança alors l'assaut sur les Portugais. Ils installèrent leur capitale à Marrakech en 1525 et fondèrent une nouvelle dynastie. Après plusieurs victoires successives contre leurs rivaux européens, berbères et ottomans, les Saadiens parvinrent à rétablir les échanges commerciaux et l'approvisionnement du pays en biens particulièrement convoités par les Européens, tels que l'or, les esclaves, l'ivoire, les plumes d'autruche et le sucre, comble du luxe pour les Altesses royales en Europe.

Les Saadiens assouvirent la soif de sucre des Européens à un prix qui ferait aujourd'hui pâlir les cartels de pétrole et de cocaïne. En effet, ils n'avaient aucun mal à effrayer importateurs et consommateurs en menaçant ces derniers d'invasion. Le marchand de sucre le plus dangereux fut certainement le sultan saadien Ahmed el-Mansour ed-Dahbi, qui gagna son premier surnom (le Victorieux) en terrassant ses ennemis du Portugal au Soudan, et le second (le Doré) pour son art de les entourlouper. Le sultan avait fait orner son palais el Badi de Marrakech d'or et de joyaux du sol au plafond, inspirant à son bouffon la remarque suivante : "Cela fera une belle ruine !" La remarque ne manquait pas d'intuition. Après la mort d'el-Mansour, ses successeurs désossèrent le palais jusqu'aux fondations d'argile, encore visibles aujourd'hui. Le patrimoine des Saadiens n'a pas tout à fait disparu : on peut admirer leurs tombes de marbre, à Marrakech, dorées à la feuille.

Moulay Ismaïl eut pour correspondants Jacques II d'Écosse et Louis XIV et essaya dans ses courriers de convaincre le Roi-Soleil de se convertir à l'islam.

LES ALAOUITES

L'empire saadien s'effondra au XVIIe siècle et les guerres civiles se succédèrent jusqu'à l'arrivée des Alaouites, dynastie descendant du prophète Mahomet et représentée encore aujourd'hui par le roi Mohammed VI. La nouvelle famille royale était très différente des Saadiens insouciants et de leurs successions anarchiques. Pourtant, de

1860
L'Espagne, aidée par ses alliés, parvient finalement, après 700 ans, à s'établir dans le nord du Maroc.

1906
À la suite de la conférence d'Algésiras, l'Afrique du Nord est partagée entre les puissances européennes.

LE TEMPS DES PIRATES

Durant plus de 300 ans, les pirates de Barbarie firent régner la terreur le long des côtes nord-africaines. Nombre d'entre eux étaient des Morisques, des Espagnols musulmans convertis de force au catholicisme et persécutés, ce qui les poussa par la suite à s'allier avec les Hollandais pour escroquer les Espagnols. Au XVIIe siècle, les pirates de Barbarie attaquèrent également l'Irlande, le pays de Galles, l'Islande et Terre-Neuve.

Pendant des années, ils sillonnèrent les côtes du Portugal, d'Espagne et du Maroc en tant que corsaires afin de régler leur compte aux Espagnols. Les lettres de "course" délivrées aux pirates étaient l'œuvre de la reine d'Angleterre Élisabeth Ire, qui s'était alliée avec les mercantis et les Saadiens afin de combattre son grand ennemi le roi Philippe II d'Espagne. Si Jacques Ier abolit la guerre de "course" en 1603, cela ne l'empêcha pas de tolérer que Moulay Ismaïl se rende complice des méfaits des pirates (qu'ils soient britanniques ou de Barbarie) dans les ports royaux de Rabat et de Salé.

Prélevant au début un simple pourcentage, Moulay Ismaïl finit par s'octroyer plus de la moitié des butins, avant de prendre complètement le contrôle des opérations pirates et de garder la totalité des marchandises et les captifs. Parmi ces derniers, on comptait quelques centaines de prisonniers britanniques, qui donnèrent naissance à la légende de Robinson Crusoé. L'Angleterre, éprise de vengeance, s'appropria alors Tanger sous le nez de Moulay Ismaïl. Et tandis que des Britanniques étaient détenus à Rabat, les ambassadeurs anglais et marocains se souriaient hypocritement, tout en cherchant à se rejeter la responsabilité de l'ouverture des hostilités. Les prisonniers furent relâchés lorsque l'Angleterre finit par abandonner Tanger à Moulay Ismaïl en 1684, après avoir détruit son port.

Les pirates de Barbarie capturaient généralement des prisonniers pour obtenir une rançon. Ces derniers étaient souvent relâchés après une période d'esclavage, exceptés ceux qui préféraient rejoindre les pirates ou les Marocains, un bien meilleur sort, finalement, que les galères auxquelles la France vouaient ses condamnés.

nombreux Marocains auraient sûrement préféré l'anarchie au second dirigeant alaouite, le terrifiant Moulay Ismaïl, dont le règne dura de 1672 à 1727. Ce despote avait pour distraction les éventrations publiques et aimait envoyer les courtisans un peu trop insistants chez des dentistes amateurs. Mais Moulay Ismaïl était également un homme lettré, père de centaines d'enfants et très apprécié par ses pairs européens. Il recevait ses invités dans le plus grand luxe dans son palais de Meknès, réalisé par des artisans de confession chrétienne. La rumeur raconte que lorsque les ouvriers terminèrent leur travail, certains furent emmurés vivants. Les légendes marocaines sont riches de telles histoires sur Moulay Ismaïl. Son amour pour les livres l'aurait apparemment conduit à envoyer son armée d'esclaves sénégalais à Tombouctou pour piller la bibliothèque de la ville, de renommée internationale. Finalement, cette "Garde Noire", qui regroupait entre 50 000 et 70 000 esclaves, finit par se révolter après la mort de Moulay Ismaïl. Aucun de ses enfants ne put jamais lui succéder.

Parmi ses partenaires commerciaux, le Maroc comptait une jeune nation effrontée, les États-Unis, qu'il fut le premier à reconnaître officiellement, en 1777.

La dynastie alaouite régna tant bien que mal jusqu'au XXe siècle, mais le pays fut souvent en proie à l'anarchie. Le piratage et la politique devinrent les deux mots d'ordre de l'empire aux XVIIIe et XIXe siècles. Les dirigeants politiques tout comme les truands se rendirent compte en effet qu'en contrôlant les principales zones portuaires marocaines et en montant les puissances européennes les unes contre les autres, ils

1912
Le traité de Fès fait du Maroc un protectorat français avec Rabat pour capitale. L'Espagne contrôle le nord du pays depuis Tétouan.

1921-26
Le rebelle berbère Abd el-Krim mène la résistance contre les Français et les Espagnols pendant la guerre du Rif.

pouvaient intercepter n'importe quelle marchandise passant par le détroit de Gibraltar et le long de la côte atlantique. À la fin du XVIIIe siècle, Sidi Mohammed ben Abdallah mit fin au piratage de ses prédécesseurs et se refusa à tout accord interlope avec les puissances étrangères. Sur le plan financier, les résultats furent désastreux. Parallèlement, la peste et la sécheresse sévirent sur le Maroc, dont l'avenir semblait alors sérieusement compromis.

Au XIXe siècle, les ports de Ceuta et de Melilla ainsi que l'îlot de Perejil furent arrachés des mains des pirates marocains par l'Espagne, qui administre encore aujourd'hui ces hauts lieux de contrebande.

L'INVASION EUROPÉENNE

Trop occupés politiquement avec les Européens, les Alaouites oublièrent une des règles cardinales de la diplomatie marocaine, à savoir de ne jamais négliger les alliances avec les Berbères. À la fin du XIXe siècle, le sultan Moulay Hassan tenta de récupérer le soutien des tribus du Haut Atlas mais il était déjà trop tard. Dans les années 1830, la France, qui commençait à s'intéresser activement au Maroc, s'allia avec les Berbères de toute l'Afrique du Nord afin de combattre les Ottomans. L'Espagne, quant à elle, après des siècles de guerre contre les Marocains, parvint finalement à s'accaparer des territoires dans le nord du pays en 1860, profanant tombes, mosquées et autres sites sacrés à Melilla et à Tétouan. Et, au moment même où la reine Victoria divertissait volontairement les dignitaires marocains et les invitait à des réformes législatives, ses émissaires s'occupaient de négocier des accords avec la France et l'Espagne. L'ordre devint ainsi de plus en plus dur à maintenir dans les cités marocaines et dans les bastions berbères de l'Atlas. Moulay Hassan dut mandater de puissants chefs berbères pour reprendre le contrôle de la zone. Mais certains Berbères, ayant pressenti le décès du sultan, passèrent des accords de leur propre chef avec les Européens.

Le Maghreb à l'épreuve de la colonisation, de Daniel Rivet (Hachette, 2002), retrace l'histoire de la colonisation et permet de mesurer son impact sur les sociétés marocaine, algérienne et tunisienne.

Le jeune successeur du sultan, Moulay Abdelaziz, fit alors passer des lois antidiscriminatoires historiques afin d'impressionner ses anciens alliés. Mais ce que désiraient avant tout les Européens, plus que ces lois purement protocolaires, c'était de pouvoir acheter des marchandises à bas prix. Avec les Américains, ils établirent leur propre point de vente à Tanger, qu'ils déclarèrent "zone internationale", se plaçant ainsi au-dessus des lois et hors d'atteinte des autorités fiscales. Finalement, réunies à Madrid, en 1880, les nations française, britannique, espagnole et américaine convinrent de préserver l'intégrité territoriale du Maroc, pour autant qu'ils puissent continuer à partager ses richesses sans entraves.

Mais l'Afrique du Nord s'avéra bientôt irrésistible et en 1906, la Grande-Bretagne s'appropria des territoires côtiers stratégiques en Égypte et le canal de Suez. La France étendit ses possessions de l'Algérie à l'Afrique de l'Ouest, l'Italie s'attribua la Libye, et l'Espagne, grande perdante, ne récupéra que le chaotique Rif et une partie du désert. L'Allemagne, furieuse d'avoir été laissée sur la touche, annonça son soutien au Maroc lors de sa lutte pour l'indépendance. Ces tensions s'ajoutèrent à celles, déjà existantes, qui allaient mener à la Première Guerre mondiale.

Les villes nouvelles créées à l'extérieur des médinas (centres historiques) étaient des mondes à part, abritant des écoles françaises, des églises, des villas et des grands boulevards portant le nom de généraux français.

LE PROTECTORAT FRANÇAIS

Les illusions du sultan, s'il s'imaginait encore diriger le pays, volèrent en éclats en 1906, à la conférence d'Algésiras lorsque le contrôle des banques, des douanes et de la police furent mis sous la "protection" de la

1944-53
Le parti de l'Istiqlal revendique l'indépendance et le sentiment nationaliste gagne du terrain. Le sultan Mohammed V est exilé.

1956
Le 2 mars, le Maroc accède officiellement à l'indépendance. Retour de Mohammed V, en exil à Madagascar.

Lyautey : le ciel et les sables sont grands, de Arnaud Teyssier (2004, Perrin), retrace la vie passionnante de celui que l'on considère souvent comme le constructeur du Maroc moderne.

Histoire du Maroc depuis l'indépendance (La Découverte, 2002) de Pierre Vermeren est une bonne synthèse d'un demi-siècle d'histoire marocaine (1956-2006), avec une introduction sur le Maroc de 1912 à 1956.

Dans *La Prisonnière*, (LGF Livre de Poche , 2000), Malika Oufkir confie le récit de son adoption par le roi Mohammed V et sa vie à la cour en tant qu'enfant idôlatrée, puis les 20 années d'horreur qui suivront en prison après que son père alors général eut tenté d'assassiner Hassan II. Son récit se poursuit dans *L'Étrangère* (Grasset et Fasquelle, 2006).

France. En 1912, le sultan capitulait et signait le traité de Fès, faisant du Maroc un protectorat français dans lequel le sultan ne jouait plus qu'un rôle symbolique. Plus de 100 000 colons, fonctionnaires et entrepreneurs français partirent s'installer au Maroc. Sous la conduite du résident général Louis Lyautey, les infrastructures furent modernisées pour accueillir les intérêts français : on créa à l'intérieur du pays des nouvelles villes, un réseau de routes et de lignes ferroviaires, on construisit des centrales électriques, et on développa l'irrigation. Aucun effort ne fut ménagé pour que les nouveaux arrivants se sentent "chez eux", ce qui rendit la présence française encore plus dure à supporter pour les Marocains dont les impôts servaient à payer la facture.

Lyautey avait déjà établi des comptoirs coloniaux au Vietnam, à Madagascar et en Algérie. C'est donc avec la confiance d'un chef d'entreprise qu'il arriva au Maroc, un objectif précis en tête : se débarrasser des Berbères, s'allier avec les Espagnols si nécessaire et maintenir le cap par tous les moyens. Lorsque le sultan Youssef, mis au pouvoir par la France, mourut, et que Mohammed V, son fils de 18 ans, lui succéda sur le trône, Lyautey n'avait pas imaginé les desseins nationalistes du jeune homme et encore moins les désirs d'indépendance du peuple marocain. Des grèves sévirent alors dans les mines et des syndicats s'organisèrent, menaçant le commerce colonial français le plus fructueux. Occupée à forcer les Marocains à retourner dans les mines, la puissance militaire relâcha son attention.

Les Berbères, connus pour avoir toujours résisté aux envahisseurs, ne firent pas exception avec la France. En 1921, le Rif, sous le commandement d'Ibn Abd el-Krim el-Khattabi, se souleva contre l'Espagne et la France. Il fallut cinq ans, 300 000 hommes, Espagnols et Français confondus et les efforts communs du général Franco et du maréchal Pétain pour capturer le chef rebelle et l'envoyer en exil. Si la France gagna un allié puissant lorsqu'elle nomma pacha de Marrakech le chef militaire berbère Thami el-Glaoui, elle se fit par la même occcasion de nombreux ennemis. Le titre de pacha impliquait en effet le droit à toutes les libertés, y compris les exécutions sommaires et les extorsions de fonds, les enlèvements de femmes et d'enfants qui dérangeaient ses parties de golf avec Ike Eisenhower et Winston Churchill. Il interdit également d'aborder le sujet de l'indépendance sous peine de mort, et conspira à l'exil de Mohammed V en 1953. Mais le vent finit par tourner pour El-Glaoui. Le pacha déchu termina sa vie rongé par la maladie, implorant à genoux le pardon du roi Mohammed V à son retour d'exil.

APRÈS L'INDÉPENDANCE

Alors que le Maroc sous protectorat français avait de fait été désigné comme allié de la France de Vichy et de l'Allemagne pendant la Seconde Guerre mondiale, en 1942, Casablanca accueillit les forces américaines qui prirent part à la campagne nord-africaine (cet épisode sert de contexte à *Casablanca* le fameux film de Michael Curtiz avec Humphrey Bogart). Quand en 1944, le parti marocain Istiqlal réclama l'indépendance du pays, il trouva un soutien auprès des Américains et des Britanniques. Sous la pression croissante des Marocains et des Alliés, la France finit par autoriser en 1955 le retour d'exil de Mohammed V et le Maroc parvint

1961
Mohammed V meurt et son fils, le jeune Hassan II, lui succède.

1962
Hassan II transforme le sultanat du Maroc en une monarchie constitutionnelle.

LA MARCHE VERTE

L'idée d'un "Grand Maroc" voit le jour dans les années 1950, et devient, dans les années 1970, l'explication officielle lorsque le Maroc annexe le Sahara espagnol, qui recèle de nombreuses mines de phosphate. Mais en réponse à l'annexion marocaine, le Front populaire de libération de la Saguia el Hamra et du Rio de Oro (dit le Polisario), déclare l'indépendance de la région. Hassan II décide alors de saisir la Cour internationale de justice de La Haye (CIJ), persuadé d'un verdict en faveur du Maroc. Mais contre toute attente, la CIJ accepte la demande reconventionnelle du Front Polisario pour l'indépendance et dépêche une enquête dans le Sahara espagnol.

La CIJ conclut finalement au non-fondement de l'annexion marocaine et à l'autorisation d'autodétermination du Sahara occidental. Hassan II, faisant fi du jugement, déclare à son peuple que le Maroc a eu gain de cause et organise en 1975, en guise de célébration une "marche pacifique" de Marrakech jusqu'au Sahara occidental. 350 000 Marocains y participeront, dont certains ne reviendront jamais. Cette "Marche verte" fut l'occasion pour le Maroc d'envahir la région. Des militaires furent envoyés par la suite pour consolider la présence marocaine, fortement combattue par les hommes armés du Polisario.

Aujourd'hui, la Marche verte n'est plus le symbole de fierté nationale qu'elle était autrefois. Les alliés du Maroc sont quant à eux divisés sur les revendications d'indépendance du Sahara occidental. En 2005, le contentieux mit fin à des négociations pour une zone de libre-échange nord-africaine. Les bénéfices tirés du phosphate se sont considérablement amoindris en raison de la chute des prix, des sabotages de mines et des coûts pharaoniques des opérations militaires marocaines, s'élevant à plus de 300 millions de dollars américains par an en 1981. Une trêve fut finalement établie en 1991, mais le statut du Sahara occidental n'est pas réglé pour autant.

à négocier avec succès son indépendance avec la France en 1956 et ses revendications territoriales avec l'Espagne en 1958.

Lorsque Mohammed V meurt brutalement d'une crise cardiaque en 1961, le roi Hassan II lui succède. Faisant face à un pouvoir chancelant, une économie instable et des élections divisant même les nationalistes, le nouveau souverain consolida le pouvoir en interdisant toute dissidence. Il suspendit également le parlement pendant 10 ans. La construction de barrages, le développement urbain et l'extension de la bureaucratie conduisirent à l'endettement profond du Maroc au début des années 1970. Les tentatives d'assassinat répétées sur le roi témoignaient d'une nécessité absolue de sortir de la situation, quand en 1973, l'industrie du phosphate dans le Sahara espagnol connut un véritable essor. Le Maroc revendiqua alors la région en organisant la Marche verte (voir encadré ci-dessus). Et alors que les Marocains avançaient sur le territoire, le peuple sahraoui était bien décidé à obtenir son autodétermination.

Le site www.bladi.net propose de nombreuses informations sur l'histoire et la culture marocaines.

Les témoignages de certaines victimes du non-respect des droits de l'homme par le Maroc furent diffusés à la télévision par la commission Vérité et Réconciliation en 2004-2005. L'émission battit des records d'audience.

LE MAROC AUJOURD'HUI

Outre le fossé grandissant entre riches et pauvres et les nombreux impôts nécessaires au financement de la dette militaire du pays, le silence imposé aux dissidents par Hassan II ne fit qu'attiser la colère de son peuple. Dans les années 1980, le roi était critiqué par une grande partie de la société marocaine, toutes conditions et origines confondues, qu'il s'agisse des journalistes, des syndicats, des activistes pour les droits de la femme, des marxistes, des islamistes, des travailleurs pauvres, ou des Berbères revendiquant la reconnaissance de leur culture et de leur langue.

1975

Les Nations unies concluent à l'indépendance du Sahara occidental. Hassan II conteste en ordonnant la "Marche verte".

1981

La révolte de Casablanca est écrasée par les militaires, mais les demandes de réforme ne s'arrêtent pas pour autant.

Mohammed VI a épousé Salma Bennani, ingénieur en informatique en 2002. Depuis, l'image du couple royal est devenu l'un des symboles du Maroc moderne.

La colère fut à son comble en 1981 lorsque les journaux officiels marocains annoncèrent avec désinvolture que le gouvernement avait, sur demande du FMI, augmenté les prix des aliments de base. Pour les nombreux marocains vivant avec le salaire minimum, cela impliquait de passer les deux tiers de leur revenu pour ne vivre que de sardines, de pain et de thé. Lorsque les syndicats organisèrent des manifestations contre cette mesure, les représailles gouvernementales furent rapides et violentes. Des chars furent envoyés dans les rues de Casablanca, et des centaines de personnes tuées. Il y eut un millier de blessés et environ 5 000 protestataires arrêtés à l'occasion d'une rafle balayant tout le pays.

Loin d'être dissuasive, la révolte de Casablanca galvanisa au contraire les protestataires. Les pressions constantes exercées par les activistes des droits de l'homme durant les années 1980 finirent par obtenir gain de cause en 1991. Hassan II créa la commission Vérité et Réconciliation afin d'enquêter sur les violations des droits de l'homme qui eurent lieu pendant son propre règne, un fait sans précédent pour un roi.

Les islamistes marocains : le défi à la monarchie (La Découverte, 2005) de Malika Zeghal. Un ouvrage de référence indispensable pour mieux comprendre les défis auxquels sont confrontés le royaume chérifien et son jeune monarque.

Lors de son premier discours public de souverain après le décès de son père en 1999, Mohammed VI promit à son peuple de réparer les dommages causés lors de ces années noires. Aujourd'hui, le Maroc est certainement le pays d'Afrique et du Moyen-Orient respectant le plus les droits de l'homme, bien qu'il ne soit pas irréprochable. Des mesures répressives ont à nouveau été appliquées après le 11 septembre 2001 et les attentats de Casablanca de 2003. Des coupables idéaux furent en effet arrêtés et soumis à des interrogatoires plutôt violents pendant l'enquête de la commission Vérité et Réconciliation. Malgré tout, la commission a, depuis 1999, contribué à renforcer les droits de l'homme en octroyant des réparations aux 9 280 victimes des années noires. Par ailleurs, le nouveau parlement élu en 2002 a instauré des réformes prometteuses, notamment l'organisation des premières élections municipales marocaines, l'introduction de dialectes berbères dans certaines écoles publiques, ainsi que la révision de la Moudawana (code de la famille), instaurant la protection des droits de la femme en termes de divorce et de garde d'enfants.

Le Maroc actuel est encore marqué par de profondes contradictions, qu'il a malgré tout le courage d'affronter. Il abrite aujourd'hui à la fois riches et pauvres, tradition et modernité. Ses relations avec les puissances européennes et américaines ont pour le moins évolué, le Maroc ayant signé avec elles des accords de libre-échange et obtenu le statut d'allié non-membre de l'OTAN en 2004. Le tourisme est désormais une activité florissante dans ce pays bénéficiant d'un climat tempéré et d'une situation politique favorable. Les Marocains, fidèles à leurs racines berbères de "peuple libre", font désormais entendre leurs voix dans les cafés, les pétitions, les protestations et la poésie.

1999

Mort d'Hassan II. Son fils Mohammed VI lui succède et fait souffler un vent de progès en matière de droits de l'homme.

2002-04

Le code la famille est réformé pour respecter davantage le droit des femmes.

Culture et société

Les brochures colorées sur Marrakech, les films tournés au Sahara et les légendes urbaines attachées à Tanger, sont autant de belles images qui contournent une vérité essentielle : pour comprendre le Maroc, il faut rencontrer les Marocains. Voici donc les portraits de Fatima, Driss et Amina, des personnes semblables à celles que vous pourriez rencontrer pendant votre voyage. Chacune de ces individualités représente une pièce du puzzle marocain. Sur place, vous observerez le décor dans lequel elles évoluent, et saisirez la culture marocaine dans toute sa diversité.

Fatima

Fatima a longtemps vécu et travaillé à la ferme, tout en faisant des tapis qu'elle vendait pour joindre les deux bouts. Aujourd'hui, elle perçoit un revenu régulier en ramassant des noix d'argan dans une coopérative de femmes, participant au commerce équitable, près d'Agadir. Quand elle se rend en ville, elle est surprise de la décontraction avec laquelle les jeunes s'adressent à leurs aînés. Nullement offensée, elle pense que les jeunes doivent pouvoir s'exprimer librement. Ce qui la choque, en revanche, ce sont les prix : elle s'astreint à économiser autant que possible pour participer aux frais scolaires de ces cinq petits-enfants. Ses quatre enfants sont mariés, et elle a toujours une histoire, ou des friandises en réserve pour ses petits enfants lorsqu'ils viennent la voir. Malheureusement, son arthrose commence à la gêner au travail, et elle s'inquiète pour sa famille qui dépend d'elle depuis que son mari les a quittés. Elle parle berbère à la maison, peut s'exprimer en arabe marocain, et sait dire "bonjour" et "bienvenue" en français et en anglais aux étrangers qui viennent parfois visiter la coopérative, mais elle ne sait ni lire, ni écrire. Son rêve est de faire un jour le pèlerinage à La Meque, *inch'allah* (si Dieu le veut).

Pour vous faire des amis et susciter l'intérêt de vos interlocuteurs, serrez-leur la main, de la main droite, puis portez-la à votre cœur. Les bons amis se font quatre bises pendant la poignée de main. Attention, pas de poignée de main ou de tape sur l'épaule de la main gauche, car celle-ci est réservée à la toilette.

Driss

Driss se lève à l'aube et quitte l'appartement familial en vélo pour rejoindre le riad où il travaille 6 jours par semaine comme manager assistant. Ce n'est pas un lève-tôt, mais il s'accommode de ses horaires pourvu qu'on lui offre le thé à la menthe et qu'on le laisse faire une sieste. Il connaît assez de portugais et d'italien pour expliquer le menu aux clients. Il parle couramment l'arabe marocain et le français, et s'exprime également en espagnol, en anglais et en arabe classique (grâce aux journaux télévisés d'Al-Jazira). En revanche, il ne parle plus guère sa langue berbère maternelle, le *tashelhit*. Le père de Driss possède une petite *hanout* (épicerie) et ne sait guère lire ni écrire. Pourtant, il a tenu à ce que Driss aille à l'école. Driss profite se son jour de congé pour prendre des cours d'informatique. Il donne une part de son salaire à sa famille et il économise pour s'acheter un scooter. Il n'est pas pressé de se marier, mais ses parents vont commencer à s'impatienter, car il a trente ans. Il ne veut pas épouser une fille du village. Il rêve d'avoir une petite amie travaillant comme lui dans le secteur du tourisme, et de ne pas précipiter les choses.

Amina

Amina a 22 ans. Étudiante en ingénierie informatique, elle souhaiterait travailler dans la haute administration marocaine, peut-être au ministère des Affaires étrangères. Son père est un haut fonctionnaire, et ils vivent dans un nouveau quartier résidentiel de la banlieue de Rabat. Amina n'est

AMITIÉS MAROCAINES

De nombreux voyageurs sont surpris de la rapidité avec laquelle les amitiés se créent au Maroc. Bien évidemment, les marchands de tapis ont d'autres buts que de créer des liens amicaux lorsqu'ils vous offrent le thé. De même, lorsqu'un nouvel ami vous présente son cousin célibataire, la situation peut s'avérer inconfortable. Si cela vous arrive, prétendez un rendez-vous quelque part, souriez et quittez les lieux tranquillement.

Cela dit, prenez le temps d'observer la manière dont les Marocains se comportent entre eux. Vous vous rendrez compte que les amitiés se nouent facilement et sans calcul. Quelqu'un que vous aurez rencontré, même brièvement, se souviendra de vous et vous saluera chaleureusement le jour suivant. Il est alors poli d'échanger quelques mots. Les salutations entre amis peuvent durer jusqu'à 10 minutes, chacun demandant des nouvelles de l'autre sur sa santé, sa famille, etc.

Les Marocains poussent parfois la courtoisie jusqu'à vous emmener à votre lieu de destination ou à vous inviter chez eux pour le thé ou pour dîner. Si ces marques de politesse peuvent vous paraître exagérées, ne les confondez pas avec un service. Un pourboire serait dans ce cas considéré comme une offense par votre hôte. En gage de reconnaissance, passez plutôt lui dire bonjour le lendemain ou apportez des pâtisseries pour le dîner, ces gestes seront appréciés.

encore jamais allée en France, mais des membres de sa famille y vivent et financent ses études. Elle échange avec eux des e-mails en français et en arabe marocain, et se tient au courant de l'actualité internationale en français, en arabe et en anglais grâce à Internet, et à la télévision par satellite. Le week-end, elle va au restaurant, avec un groupe d'amis. Elle-même ne boit pas d'alcool, mais ne porte pas de jugement sur ceux qui le font. Côté cœur, elle participe à des "chat" Internet, mais elle n'a pour l'instant rencontré personne avec qui correspondre sérieusement par le biais d'une webcam, comme le font certains de ses amis. Elle n'est pas encore prête à fonder un foyer, il y a tellement de chose à faire avant.

US ET COUTUMES

Valeurs familiales

Aussi différents les uns des autres qu'ils puissent sembler, Fatima, Driss et Amina partagent un attachement profond à la famille. Ils mènent des carrières et ont des idées indépendantes, mais leurs aspirations sont toujours liées à la famille, ce qui fait d'eux des Marocains dans l'âme.

À l'exception, peut-être, de la famille royale (voir *Économie* p 46), on gagne l'estime sociale non en paradant et en étalant sa richesse, mais en la partageant avec sa famille, comme le font Fatima et Driss. Même des signes extérieurs de richesses, tels que le scooter de Driss ou la télévision satellite d'Amina ne sont pas considérés comme des biens personnels de valeur, mais comme des équipements profitant à toute la famille. Cela évolue : à mesure que la classe moyenne représentée par Driss quitte le foyer familial pour s'installer dans de petits appartements de banlieue, cette communauté des biens devient moins…commune. Les liens familiaux demeurent néanmoins d'une importance capitale, et les revenus rapatriés de Marocains travaillant à l'étranger sont vitaux pour leurs familles.

Afin de ne pas encourager la déscolarisation, n'achetez qu'aux adultes, ne cédez pas aux demandes d'aumône faites par des enfants, cela les encourage à mendier et fait honte à leurs parents. Expliquez-leur l'importance de l'école, même si vous avez l'impression d'être rabat-joie.

On vous posera très certainement des questions sur votre famille au cours de la conversation : Es-tu marié ? As-tu des enfants ? Comment va ta famille ? Qu'est-ce qu'ils font ? Cela peut vous paraître un peu investigateur, ou vous sembler un moyen détourné pour découvrir qui vous êtes et ce que vous cherchez. Mais pour un Marocain, engager une conversation par des questions sur le travail ou les loisirs est étrange et inhabituel, car votre métier ou vos passe-temps en disent moins sur vous que ce que vous faites pour votre famille.

Éducation

Après la famille, l'éducation est au Maroc le plus important indicateur de statut social. Driss et Amina, tous deux citadins, savent lire et écrire, comme 55,3% de la population marocaine urbaine. Mais alors que Driss est représentatif du niveau d'éducation des hommes, Amina fait partie d'une minorité : le taux d'illettrisme chez les femmes atteignait 60% en 2003. Les petites Marocaines représentent les deux tiers du demi-million d'enfants marocains de moins de 15 ans qui travaillent au lieu d'aller à l'école. La situation s'améliore, cependant, grâce à l'impulsion sociale donnée par une nouvelle loi fixant à 14 ans l'âge de la scolarité obligatoire, faisant reculer de façon significative le travail des enfants. Aujourd'hui, avec moins de 0,25% des garçons marocains de 10 à 14 ans au travail, le Maroc fait mieux que l'Italie, et que 91 pays, selon l'Organisation internationale du travail.

D'après l'Organisation internationale du Travail, le pourcentage de femmes travaillant dans le secteur industriel au Maroc se situe au troisième rang mondial.

Normes sociales

Comme vous le remarquerez au cours de votre voyage, une attitude inacceptable dans la rue, ou en public, telle que boire de l'alcool, ou mimer un baiser vers une personne du sexe opposé, est relativement tolérée à une terrasse de restaurant, dans un riad ou un café Internet. Ainsi, la position d'Amina face à l'alcool et aux flirts sur Internet ne va pas totalement à l'encontre des usages. Sur le papier, la loi marocaine limite la vente d'alcool aux alentours des mosquées, interdit les relations sexuelles hors mariage, l'homosexualité, et punit un délit intitulé "insulte à la personne du roi". En pratique, heureusement, ces lois sont très rarement appliquées. Toutes proportions gardées, on peu considérer que la liberté, en matière de comportements, est assez grande.

Mode : le style marocain

Beaucoup de Marocains portent la djellaba, un caftan long jusqu'à la cheville avec une capuche pointue, fermé sur le devant par des boutons de soie ou une fermeture éclair. C'est un vêtement ample, confortable et censé être discret, bien que certaines djellabas de femmes, aux motifs vifs attirent autant le regard qu'une minijupe.

Beaucoup de jeunes portent également, voire exclusivement pantalons et T-shirts. Les citadins, comme Amina et Driss portent des tuniques

RECOMMANDATIONS VESTIMENTAIRES

Si vous ne souhaitez pas attirer les regards et les sourires en coin, évitez d'arborer un costume à la Lawrence d'Arabie pour visiter le Maroc. Les Marocains étant en contact avec l'Europe depuis au moins deux millénaires, ils ne s'étonnent pas vraiment des habitudes vestimentaires européennes. Si un chèche peut être une protection efficace contre les tempêtes de sable et les insolations dans le désert, il n'est absolument pas nécessaire de vous couvrir la tête comme un Touareg en ville...

Par ailleurs, la tenue vestimentaire est très importante au Maroc. Elle est en effet perçue comme un signe de respect envers soi-même, sa famille et ses hôtes. Il est probable que personne ne vous fera de remarque si vous portez des haillons, mais certains, en particulier les anciens, se sentiront embarrassés pour vous et votre famille, et vous lanceront des regards apitoyés ou chercheront même à éviter les contacts avec vous. Il est donc important de porter une tenue correcte.

Cela signifie, pour les femmes comme pour les hommes, ne pas porter de shorts ou de T-shirts à manches courtes, et cela même dans les discothèques les plus branchées, où les tenues moulantes, les minijupes, et les hauts courts ou décolletés sont plutôt mal vus. En bref, emportez des vêtements simples et corrects, tout en gardant à l'esprit que le climat marocain peut osciller entre un soleil brûlant dans le désert et des températures plutôt fraîches en montagne.

seyantes, arrivant à la taille ou une chemise sur un jean ou un pantalon, avec des babouches ou des chaussures à la mode. Les T-shirts et les survêtements de marque font fureur depuis quelque temps. Si la contrefaçon était réprimée, la population des grandes villes ne trouverait plus grand-chose à se mettre. Certaines femmes portent le hidjab, ou voile, d'autres non, selon la coutume locale et la personnalité de chacune. Les femmes de Casablanca portent plus souvent le voile (d'une couleur assortie à leur tenue) que celles de Marrakech, que vous verrez plus souvent en T-shirt et en jean que sous un voile ménageant uniquement un espace au regard. Les femmes des régions rurales travaillant dans les champs ne portent pas obligatoirement le hidjab.

ÉCONOMIE

Situation économique

Fatima, Driss, et Amina tirent bien leur épingle du jeu, dans un Maroc où les chiffres de la Banque Mondiale annoncent que 17% de la population vit sous le seuil de pauvreté, et que le taux de chômage atteint 13%. Dans un pays où 7% de la population vit avec moins de 2 $US par jour, le revenu annuel moyen s'élevant à 1 520 $US, nourrir une famille n'est pas donné à tout le monde, et encore moins payer des études, un scooter ou un accès à Internet. Si vous interrogez des Marocains sur leurs restaurants favoris, la plupart vous répondront qu'ils n'y vont pas. Le rôle de la sécurité sociale incombe à la famille, et non à l'État, et la protection des travailleurs est inexistante. Cependant, sous la pression des syndicats et des militants, certains secteurs tendent à garantir la sécurité des travailleurs.

Dans les riads ou les chambres d'hôte non accrédités, le personnel ne bénéficie pas forcément du salaire minimum de 3,20 Dh/h. Un détail à ne pas perdre de vue lorsque vous choisissez votre riad ou donnez un pourboire au personnel.

Alors que le fossé se creuse entre riches et pauvres, une classe moyenne est en train d'émerger, entre les petits fermiers et les gros bonnets de l'administration. Driss et Fatima appartiennent à cette nouvelle classe, même s'ils gagnent probablement moins en une journée que vous en une heure. Néanmoins, la classe économique qui chapeaute toutes les autres, est la famille royale, dont la fortune a récemment été estimée par un ex-membre de la famille à une somme comprise entre 4 et 20 milliards de $US. En réponse, un magazine royalement approuvé a publié le salaire du roi : environ 45 000 $US par mois, soit "moins que le salaire d'un PDG occidental". L'histoire ne précise pas si ce salaire est brut ou net.

Production et prévisions

Driss, Amina et Fatima tirent leurs revenus du commerce international, du tourisme, du rapatriement des revenus de parents vivant à l'étranger et de la sueur de leur front, ce qui est assez représentatif de la situation du Maroc. Sous l'impulsion du tourisme et de la classe moyenne en développement rapide, le secteur des services est celui qui connaît la plus forte croissance de l'économie marocaine, pesant 42% du PIB en 2004. Le secteur industriel compte pour 15% du PIB et comprend la maroquinerie, le textile, l'industrie agro-alimentaire et surtout, l'extraction du phosphate, au Sahara occidental (lire *La Marche verte* p. 41). L'agriculture représente 40% du PIB, principalement grâce à l'exportation d'agrumes. La pêche n'est plus le pilier économique qu'elle a été, car le poisson se raréfie en Méditerranée. Le cannabis reste une importante source de revenus, malgré les régulières descentes de police qui en font une culture à haut risque, exclusivement réservée à l'exportation.

En 2004, les dépenses ménagères du roi Mohammed VI étaient 18 fois supérieures à celles de la reine Élisabeth II.

Qu'est-ce que l'avenir économique réserve aux Marocains, mis à part l'agriculture et le tourisme ? Les forages pétroliers au large du Sahara occidental se sont révélés coûteux et polluants, et le Maroc se tourne désormais vers les énergies renouvelables. Ce pays pionnier s'est déjà engagé dans l'énergie éolienne dans le Rif et a conclu des partenariats avec British Petroleum pour fournir de l'énergie solaire à 20 000 foyers dans des villages de la région de Marrakech.

En ce qui concerne la distribution de l'eau, la situation est plus épineuse. Du fait de la demande croissante des villes, les nappes des réserves marocaines n'ont jamais été aussi basses, et l'eau pourrait bientôt être acheminée vers les zones urbaines, laissant de côté les fermiers de l'Atlas pratiquant une agriculture de subsistance. Selon le Centre de recherches sur les écosystèmes, le Maroc fait partie des 25 pays connaissant le plus fort stress hydrique, devant le Soudan et le Mexique.

Il y a peut-être un avenir pour les fermiers et leurs mules, cependant. En effet, le Maroc est le premier exportateur de ce que l'on appelle pudiquement par euphémisme "l'engrais brut". Rediriger les efforts vers la collecte intensive des excréments permettrait d'abandonner progressivement la dangereuse industrie de l'extraction et de la transformation des phosphates en engrais chimiques.

Acheter de l'huile d'argan ou d'autres produits auprès de coopératives fonctionnant selon les principes du commerce équitable permet aux travailleurs comme Fatima de recevoir un revenu stable, et de ne pas dépendre des caprices du propriétaire des terres, de l'exportateur ou d'autres intermédiaires.

POPULATION

Pour une civilisation plusieurs fois millénaire, la population marocaine ne fait pas son âge. Et pour cause : outre les hammams et autres gommages qui rajeunissent la peau, presque un tiers de la population marocaine a moins de 15 ans. En 1971, le taux de mortalité infantile était élevé, l'espérance de vie courte et le taux de fécondité s'élevait à 7,8 enfants par femme. Aujourd'hui, les soins médicaux deviennent accessibles et les jeunes, comme Driss et Amina, repoussent l'âge du mariage pour privilégier carrières et flirts. La natalité marocaine est donc en chute libre. Le nombre d'enfants par femme dépasse à peine 2,7 et la croissance démographique a plongé sous les 1,6%. Moins de 5% des 33 millions de Marocains ont plus de 65 ans, et la plupart sont des femmes, souvent des veuves qui travaillent, comme Fatima.

Si Fatima vit à la campagne, ses petits enfants sont citadins. Chez les jeunes de moins de 25 ans, le taux de chômage atteint 19%. Les jeunes ayant grandi à la campagne partent en ville pour trouver un emploi ou suivre des études. En l'absence d'initiatives dans le domaine de l'éducation publique et du développement agricole, l'exode devrait continuer.

La plupart des Marocains que vous rencontrerez sont d'origine arabe ou berbère, mais vous croiserez sans doute également quelques uns des 100 000, voire plus, résidents étrangers. La majorité sont français, et beaucoup travaillent dans le tourisme, notamment à Marrakech, première destination touristique du Maroc, qui a même supplanté Tanger comme ville d'adoption pour de nombreux expatriés.

Afin d'aider les Marocains à conserver leurs ressources en eau, optez pour un hammam plutôt qu'une longue douche, choisissez un riad avec une petite piscine plutôt qu'une grande.
Évitez les cours de golf trop gourmands en eau et les parcs aquatiques.

RELIGION

Comme près de 99% des Marocains aujourd'hui, Driss, Fatima et Amina sont musulmans. Le Maroc compte des communautés chrétiennes et juives depuis 1 700 ans, mais leur nombre s'est réduit comme peau de chagrin ces dernières années. Outre quelques protestants et hindous, le Maroc abrite environ 23 000 catholiques et 65 prêtres, principalement dans les grandes villes. L'émigration vers la France, Israël et les États-Unis a réduit la communauté juive, autrefois nombreuse, à environ 7 000 ou 7 500 membres, et les communautés juives qui animaient autrefois les historiques *mellahs* (quartiers juifs) de Fès, de Marrakech, de Safi, d'Essaouira ou de Meknès sont toutes parties pour Casablanca (voir l'encadré *Les juifs marocains* p. 36.)

FIERTÉ BERBÈRE CONTRE PRÉJUGÉS

Depuis au moins 5 000 ans, vit au Maroc un peuple d'origine saharienne, méditerranéenne et subsaharienne appelé les Amazighs, ou "peuple libre". Faisant honneur à leur nom, ils ont su repousser les vagues successives d'envahisseurs voulant s'accaparer leur territoire. Les Romains ne furent pas les derniers à tenter leur chance, ce qu'ils firent pendant près de 250 ans. Lorsqu'ils essuyaient une défaite, ils calomniaient leurs adversaires, les traitant de barbares, ou Berbères.

Le nom leur est resté : les envahisseurs arabes omeyyades le reprirent, avant d'être eux aussi mis en déroute par la reine de guerre amazighe Al-Kahina et son armée, qui a bouté les Omeyyades hors de la quasi-totalité du Maghreb. Si l'on ne peut les vaincre, il faut joindre leurs rangs : telle fut la leçon retenue par toutes les grandes dynasties marocaines qui succédèrent aux Omeyyades (lire le chapitre *Histoire* p. 29). Les dirigeants ont souvent accédé au pouvoir par la force et par conviction religieuse. S'ils y sont restés, ce fut grâce à leurs alliances avec les chefs amazighs, aux unions avec des princesses amazighes et à leur adoption des coutumes amazighes.

Certains préjugés persistent néanmoins. Malgré une longue tradition poétique, musicale et artistique qui remonte à 5 000 ans avant J.-C., les Amazighs sont souvent taxés d'ignorance par ceux qui les connaissent mal, car aucune convention n'a jamais standardisé et harmonisé l'écriture de leurs nombreux dialectes. Le Coran étant écrit en arabe, l'enseignement religieux au Maroc s'effectuait en arabe. Un sabir arabe marocain (darija) est apparu dans les villes de façon à pouvoir communiquer entre locuteurs de dialectes berbères différents. Le protectorat hissa le français au rang de langue officielle du Maroc de façon à faciliter (et surtout contrôler) les transactions commerciales et les affaires d'État. Le symbolisme subtil de l'art amazigh ainsi que la médecine traditionnelle furent relégués au rang de superstitions, par des gens parfaitement étrangers aux traditions orales éclairant ces pratiques, et les classes instruites furent encouragées à couper les ponts avec leurs racines berbères. Après l'indépendance, l'arabe devint la langue officielle, même si le français est toujours parlé par l'élite marocaine.

Cependant, les langues et les traditions amazighes prévalent au Maroc, et le mouvement culturel Berbère a demandé récemment l'emploi du terme "berbère" comme référence générique. Plus de 60% des Marocains revendiquent désormais leurs racines amazighes ou berbères. Les langues berbères sont parlées par 12 ou 15 millions de Marocains. Le *tashelhit*, la langue berbère la plus répandue, domine au centre du Maroc. Vous pourrez également entendre parler *tarifit* le long du Rif, *tamazight* dans le Moyen Atlas et *touareg* au Sahara. Il n'en reste pas moins que des locuteurs berbères vivant dans une vallée peuvent ne pas comprendre les berbères de la vallée voisine, mais de gros efforts sont réalisés pour enseigner et développer l'usage d'un dialecte berbère du Nord standardisé (le *tamazight*).

Grâce au soutien du roi Mohammed VI, lui-même d'origine berbère, l'ancien alphabet *tifinagh* a récemment été réhabilité, et se voit désormais enseigné dans certaines écoles. Dans les prochaines décennies, le berbère sera au programme des écoles publiques marocaines, tout comme la nouvelle langue universelle du commerce et du tourisme : l'anglais.

Quelques mots sur l'islam

Pendant le ramadan, les croyants doivent s'abstenir de toute relation sexuelle, et ne doivent rien porter à leurs lèvres du lever au coucher du soleil, pas même une cigarette.

Les minarets se détachant sur l'horizon, les mosaïques irisées, l'entrelacement des calligraphies, l'appel psalmodié du muezzin à la prière : beaucoup des attraits du Maroc d'aujourd'hui doivent leur existence à la foi profonde et éternelle des Marocains dans l'islam. Tout commença en l'an 610, lorsqu'un marchand de La Mecque, qui prit en tant que prophète le nom de Mahomet, parla de la révélation qui s'était imposée à lui : il n'existe qu'un seul Dieu, et ses fidèles partagent la responsabilité d'accomplir Sa volonté (pour situer le contexte, lire *Le pouvoir de la conviction* p. 31). Fondée sur les enseignements de l'Ancien et du Nouveau Testament, la nouvelle religion reposerait sur cinq piliers : *Shahada*, l'affirmation de sa foi en Dieu et en Mahomet son prophète ; *salat*, ou prière, renouvelée si possible cinq fois par jour ; *zakat* ou charité, l'obligation morale de donner à ceux qui en ont besoin ; *saoum*, le jeûne du mois de ramadan ; et *hadj*, le pèlerinage à La Mecque, point culminant de la vie d'un musulman pratiquant.

Si tous les musulmans s'accordent sur ces préceptes légués par le prophète Mahomet, de nombreuses discordes sont apparues après sa mort. Les Omeyyades dénièrent à son gendre Ali sa légitimité en tant que calife, donc guide des fidèles. Malgré la forte influence et le pouvoir militaire des Omeyyades, certains musulmans continuèrent à ne reconnaître que les successeurs d'Ali comme légitimes : ce sont les Chiites. L'histoire semble avoir pris le parti du califat omeyyade, dont l'islam sunnite est le courant dominant aujourd'hui.

La *zaouïa* de Moulay Ismaïl dans l'Atlas, vers Marrakech, est réputée pour augmenter la fertilité des femmes qui s'y rendent.

L'ISLAM AU MAROC

Comme beaucoup de pays musulmans, le Maroc est majoritairement sunnite. Le courant sunnite compte quatre grandes écoles privilégiant chacune différents aspects du dogme. La plus populaire au Maroc aujourd'hui est l'école des Maliki. Historiquement, cette école est la moins stricte, les *caïdats* malikis (juges) appliquant la *charia* dans le respect des coutumes locales, plutôt qu'à la lettre.

Au fil des siècles, l'islam marocain vit émerger une tradition locale : celle des *marabouts*, ou saints. Les marabouts sont des musulmans très pieux, dont les actes de dévotion et les professions de foi sont si profonds que leur simple présence apporte la *baraka* (la grâce), même après leur mort. Les Marocains se rendent sur les tombes des marabouts et visitent leurs *zaouïas* (tombeaux). Beaucoup considèrent qu'un tel pèlerinage agit comme un hammam pour l'âme, et peut tout soigner, du chagrin d'amour à l'arthrose.

Ce culte des marabouts trouve plus d'écho dans les anciennes croyances berbères et le soufisme que dans l'islam orthodoxe, qui condamne généralement tout ce qui peut ressembler à un culte des idoles. (Pour plus d'informations sur l'Islam au Maroc, voir *Les abus de pouvoir* p. 32). Mais visiter les zaouïas n'est pas ce qui importe pour de nombreux musulmans pratiquants qui, comme Fatima, consacrent leur vie entière à réaliser un jour le *hadj*. Les Marocains ne voient pas forcément de contradiction entre la *baraka* et le dogme, ni entre leurs coutumes locales et l'universalité de l'islam.

Record à battre : l'aventurière suisse Isabelle Eberhardt se déguisa en homme berbère, entra dans une secte soufie, fuma du kif, servit comme agent triple, épousa un rebelle algérien, fut bannie d'Afrique du Nord par les Français et rédigea ses mémoires, le tout avant 30 ans.

SPORTS

Football

Inutile d'aller bien loin pour une partie de *koura* (football) : au Maroc, des joueurs occupent la moindre parcelle de piste pour un match improvisé. Les occasions de taquiner le ballon ne manquent pas dans les jardins publics, mais attention aux cactus ! Et ne roulez pas trop les mécaniques si vous vous retrouvez face à un gamin maigrichon en survêtement. Ce survêtement pourrait bien être un signe avant-coureur de votre déconfiture imminente, à moins d'être vous-même surentraîné !

Si vous préférez voir les autres courir, joignez-vous aux supporters marocains dans l'un des 320 stades du pays. Le billet ne vous coûtera que quelques dirhams, ce qui vous laissera de quoi vous offrir un sachet de graines de tournesol ou de courge grillées, que les spectateurs surexcités mâchonnent à longueur de match. Proposez-en à votre voisin, il vous expliquera peut-être ce que le public crie à l'arbitre. Probablement "*Sir al mouk !*" que l'on traduira poliment par "Comment peux-tu regarder ta mère en face ?"

Le comportement des supporters marocains est généralement très correct, même s'il vaut toujours mieux soutenir la même équipe que ses voisins de tribune. Pour les matchs internationaux, ce sera bien sûr

Après avoir perdu son offre pour l'organisation de la Coupe du monde 2006 au profit de l'Allemagne, le Maroc a joué de malchance : les Lions de l'Atlas n'ont même pas pu y participer après une défaite en match de qualification contre… la Tunisie.

l'équipe marocaine des "Lions de l'Atlas", qui se qualifie souvent pour la Coupe du monde. Quand ils ne jouent pas, soutenez n'importe quelle équipe sauf la Tunisie, l'ennemi juré du Maroc, au football bien sûr. Parmi les équipes locales, vous pourrez voir jouer le Kawkab de Marrakech, le Raja Casablanca, le MAS Fez et le Fath de Rabat. Les meilleurs joueurs de ces équipes sont souvent sélectionnés pour les Lions, ou recrutés par des clubs français, espagnols ou allemands.

Athlétisme

Votre jogging quotidien vous épuise ? Comparez-le à ce que font les marathoniens marocains. Tous les ans, au mois d'avril, se tient le Marathon des sables : les coureurs parcourent en sept jours 250 km au cœur du Sahara, dont 80 km d'une traite. Après cet échauffement, ils se lancent en mai dans le Marathon berbère de haute altitude, à travers l'Atlas.

Avec un tel entraînement, il est aisé de comprendre pourquoi les coureurs de fond kenyans tiennent les Marocains à l'œil lors des rencontres internationales. La Marocaine Nawal el-Moutawakel est devenue la première femme arabe à remporter l'or olympique en 1984, lorsqu'elle gagna le 400 m haies. Hicham el-Guerrouj, coureur de demi-fond, a été le premier à détenir, en 1999, les records du monde du mille et du 1 500 m. Il fut hissé au rang de héros national au Maroc lorsqu'il rapporta l'or olympique à la fois pour le 1 500 m et le 5 000 m, gagnés lors des Jeux de 2004.

Même sans être el-Moutawakel ou el-Guerrouj, vous pourrez tout de même passer un bon moment à courir au Maroc. Tous les ans, en janvier, le Marathon de Marrakech propose aux sportifs de faire le tour des remparts de la ville puis de traverser la palmeraie avant de revenir en sens inverse. Les autres pourront se contenter de les encourager depuis la terrasse d'un café de la place Djemaa el-Fna, en sirotant un jus d'orange fraîchement pressé.

Golf

Au Maroc, les cours de golf sont un luxe royal, autant qu'un fléau tout aussi royal, et pas seulement à cause de leurs bunkers de sable inextricables. Le plus grand parcours du Maroc, le Royal Golf Club, a été aménagé dans les années 1920 à la sortie de Marrakech par le célèbre Pacha Glaoui, et a coûté une fortune aux contribuables. (Pour plus d'informations sur le golf de Pacha et sur d'autres parcours plus ordinaires, lire *Le protectorat français*, p. 39). La Fédération royale marocaine de Golf a été fondée sous Hassan II, qui a fait construire pour son usage personnel le golf royal Dar es-Salam près de Rabat, là encore sur les deniers publics. Deux grands parcours privés ont récemment été construits à proximité de Marrakech, d'après les plans d'architectes de golf très en vue : le Palmeraie Golf Palace, au relief épineux, de Robert Trent Jones et le golf d'Amelkis, de CB Robinson. Tous deux sont truffés d'obstacles aquatiques, au point qu'on en oublierait que les villages environnants souffrent de la sécheresse.

Un nouveau terrain est sur le point de puiser dans les réserves d'eau, déjà limitées, destinées à approvisionner les environs d'Essaouira, ce qui pose au golfeur moderne un cas de conscience : étant donné la quantité astronomique d'eau nécessaire à l'entretien d'un green en plein désert, est-il possible de faire rimer golf avec décence ? De plus en plus de complexes touristiques parient sur votre absence d'état d'âme, mais désormais, comme pourrait le dire un caddie à un joueur devant rattraper un double bogey, la balle est dans votre camp.

ÉMIGRATION ET IMMIGRATION

Avec le battagemédiatique fait autour du sujet, (voir *Le marché du rêve*, ci-dessous), vous avez certainement entendu parler des Marocains qui tentent de traverser le détroit de Gibraltar à la nage pour trouver du travail en Espagne. Et il ne s'agit là que d'une infime partie de l'émigration marocaine. Au sein d'une grande partie de la population marocaine atteignant aujourd'hui l'adolescence, la compétition fait rage, plus que jamais, pour entrer dans les universités d'État, très convoitées. Ceux qui y parviennent, une fois diplômés, sont confrontés au fort taux de chômage, qui atteint 20% chez les jeunes de moins de 25 ans.

Étant donné le manque de moyens dont dispose l'État pour remédier à cette situation, les Marocains se tournent vers leur famille pour demander de l'aide. En France, en Allemagne, en Espagne ou aux États-Unis, les Marocains résidents ou naturalisés, dont le rapatriement des revenus représente 20% du PIB marocain, soutiennent de plus en plus leur famille pour l'aider à payer des études ou faire carrière à l'étranger. Devant la raréfaction de leur main-d'œuvre et le vieillissement de leur population, les États-Unis ouvrent de plus en plus leurs frontières aux jeunes talents marocains. Entre 2003 et 2005, le Maroc s'est placé dans les dix premiers pays en terme d'attribution de cartes vertes.

Demandez toujours un reçu pour vos grosses dépenses : riads, hôtels ou repas dans un grand restaurant. Ils vous garantissent que les propriétaires sont en règle fiscalement. Or, les impôts servent à la construction des écoles et des hôpitaux. De cette façon, tous les Marocains profiteront de votre contribution à l'économie locale.

Cependant, tous ceux qui partent à l'étranger pour rejoindre leur famille, étudier ou travailler, n'y restent pas. Les mesures liées à la lutte contre le terrorisme et la suspicion à leur encontre aux États-Unis ou en Europe poussent certains expatriés marocains à retourner au pays, où ils bénéficient souvent d'une situation privilégiée. Ils sont de plus en plus nombreux à revenir au Maroc pour prendre leur retraite ou monter une entreprise et sont en train de créer une classe moyenne supérieure. En effet, leurs euros ou leurs dollars représentent bien plus de pouvoir d'achat que les dirhams, non transférables.

LE MARCHÉ DU RÊVE

L'idée de spéculer sur l'espoir d'une vie meilleure à l'étranger n'est pas neuve au Maroc. Elle fut mise en pratique il y a plus d'un siècle, par Felix Matthews, consul américain notoirement corruptible, qui fit fructifier à Tanger un commerce officieux de documents d'immigration pour les États-Unis, avant d'être limogé, en 1877. Le centre névralgique du commerce de l'émigration s'est depuis déplacé de Tanger à Ceuta et Melilla, deux enclaves espagnoles sur le territoire marocain.

Grâce à des fonds européens, ces deux villes donnant sur le détroit de Gibraltar ont récemment érigé deux barrières de barbelés qui, malgré leur coût exorbitant, se sont révélées inefficaces. Les îles inhabitées au large du Maroc servent depuis longtemps de plateforme au commerce international du kif marocain et de la cocaïne en transit entre l'Amérique du Sud et l'Europe, où elle entre souvent par une île espagnole, la Isla del Perejil (on l'appelle Leila, au Maroc). Et bien désormais, les passeurs clandestins gagnent autant que ces trafiquants, voire plus, en conduisant des émigrés sans papiers aux portes de l'Europe. L'aventure est pourtant des plus hasardeuses. En effet, les candidats au paradis doivent souvent nager sur des kilomètres dans des eaux tumultueuses, d'autres sont purement et simplement abandonnés au milieu du détroit.

Pour de tels services, un passeur demande entre 300 et 3 500 euros, soit trois fois le revenu moyen annuel d'un Marocain. Mais le coût humain se révèle plus lourd encore. Selon un récent rapport sur les droits de l'homme, en cinq ans, 4 000 émigrants nord-africains ont péri en tentant d'atteindre les côtes espagnoles. Les autorités espagnoles et marocaines ont instauré des mesures drastiques pour limiter l'immigration, et vont jusqu'à ouvrir le feu sur des immigrants non armés, ou les déporter dans le désert. Mais étant donné le taux de chômage élevé, l'accès limité aux études et la nécessité de venir en aide à leur famille, de nombreux jeunes Marocains continuent à courir le risque, certains de n'avoir plus rien à perdre, à part la vie.

Les Européens et les Américains qui vivent au Maroc et travaillent dans le tourisme, jouissent eux aussi d'un avantage économique considérable, qui génère du ressentiment : on leur reproche de ne pas payer assez d'impôts. Certains expatriés n'hésitent pas à leur tour à taxer les habitants d'étroitesse d'esprit. Évitez de prendre pour argent comptant les remarques que vous entendrez, d'où qu'elles viennent.

Aucune différence culturelle n'est pourtant insurmontable : les couples mixtes que vous rencontrerez à la tête des riads, restaurants et autres établissements marocains en sont la preuve. Le commerce international, qui caractérise le Maroc depuis des millénaires, n'est pas près de dépérir, et les échanges culturels qui en résultent continueront de façonner le paysage culturel, comme le vent façonne la dune.

Médecins Sans Frontières et Amnesty International offrent leurs services et leur soutien aux immigrants marocains, écartelés entre deux pays, sans famille, sans argent et sans protection légale. Pour plus d'informations, consultez leurs sites www.amnesty.fr et www.msf.fr.

LES FEMMES AU MAROC

Il y a quelques décennies, vous n'auriez pas pu rencontrer Fatima ou Amina. Vous auriez croisé une population essentiellement masculine, en ville, dans les commerces et les souks, et à la sortie des écoles. Pilier du foyer marocain, les femmes remplissaient les tâches ménagères les plus ingrates. Dans les campagnes, les femmes étaient chargées de l'élevage du bétail et des cultures. Elles s'occupaient en outre des enfants, de la cuisine, et se voyaient chargées des corvées de l'eau et du bois. Dans les foyers urbains plus favorisés, on embauchait des fillettes de 10 ans comme servantes. Même après le mariage, les femmes n'étaient pas à l'abri : une femme abandonnée par son mari pouvait perdre sa maison, et être livrée à elle-même pour trouver de quoi survivre, pour elle et ses enfants.

Mais grâce aux efforts courageux de pionnières et de pionniers , des femmes comme Fatima et Amina peuvent désormais faire des choix de vie qui auraient été impensables il y a quelques années. Depuis 2004, le code marocain de la famille, la Moudawana, garantit aux femmes le droit au divorce, mais aussi à la garde des enfants, à la pension alimentaire et à la propriété privée, entre autres aménagements de la loi. L'évolution positive des mentalités a pratiquement éradiqué l'emploi de fillettes de moins de 14 ans comme servantes, et les efforts visant à faire reculer l'illettrisme donnent aux jeunes filles un meilleur départ dans la vie. Les femmes ont également affirmé leurs droits dans le monde du travail en se syndiquant ou en créant des coopératives agricoles (comme la coopérative Amal, p. 371). La première femme marocaine a été élue au Parlement en 1993, et les femmes sont nombreuses à participer aux élections municipales.

Le film de Farida belyazid *Une porte sur le ciel*, retrace l'histoire d'une émigrée de retour au Maroc et ses hésitations, entre modernisme et tradition.

Désormais, l'horizon des Marocaines semble aller bien plus loin que le pas de leur porte, surtout pour les citadines et les femmes de la classe moyenne qui ont accès à la télévision par satellite, aux téléphones portables et à Internet. Les voyageuses pourront rencontrer des citadines marocaines désireuses d'échanger, de comparer leur vie et leurs idées. Pour les hommes, il sera plus difficile de discuter avec des Marocaines, car les relations hommes-femmes sont freinées par les conventions sociales. Malgré les coutumes, qui ne permettent guère les rencontres sinon au sein de grands groupes de personnes, vous remarquerez certainement des couples qui se retrouvent dans les parcs, les cafés, ou qui se parlent par l'intermédiaire d'une webcam.

Selon des données récentes de l'Unesco, de tout le monde arabe, le Maroc est le pays qui compte le plus grand pourcentage de femmes utilisant Internet.

Les Marocaines sillonnant les rues en scooter, tuniques et voiles au vent, ou sortant le soir pour une promenade romantique, vous feront une forte impression, même si vous n'avez pas toujours l'occasion d'engager la conversation avec elles. Leur avenir reste incertain, mais une chose est sûre : les Marocaines sont là, et elle le font savoir.

Arts, artisanat et architecture

Quiconque est allé au Maroc connaît ce phénomène étonnant : il suffit de fermer les yeux pour que la journée repasse dans notre tête, image par image. Ce pays est une invitation au regard, et incite à observer de près une infinité de détails fascinants. Il paraît que l'on n'utilise que 10% de notre cerveau ; au Maroc, les 90% restants sont sollicités en permanence.

ARTS

LITTÉRATURE

Faute de documents imprimés, la tradition littéraire marocaine n'a été reconnue que très tardivement. La poésie et les histoires sont transmises par les conteurs et les chanteurs, ou par le biais de manuscrits. La tradition orale a permis à la population, majoritairement illettrée ou trop pauvre pour acquérir des livres, de conserver vivantes des légendes et des histoires personnelles. Les conteurs, les chanteurs et les scribes de Djemaa el-Fna, à Marrakech, illustrent à merveille la manière dont la tradition littéraire marocaine a su demeurer essentielle et résister aux assauts de la censure.

L'influence de la Beat generation

C'est dans les années 1950 et 1960 que l'actualité littéraire marocaine a pris une dimension internationale. À cette époque, Paul et Jane Bowles, écrivains de la Beat generation, s'établirent à Tanger et firent découvrir des auteurs Marocains. C'est ainsi que Larbi Layachi publia *Une vie pleine de trous* (sous le pseudonyme de Driss ben Hamed Charhadi) et Mohammed Mrabet *L'Amour pour quelques cheveux*. Dans la veine de la littérature beat, ces œuvres d'une grande poésie ne manquent pas d'allusions au sexe et à la drogue, mais elles sont délurées, drôles et touchantes.

Un souffle nouveau

Sous l'impulsion des auteurs "tangérois," un poète marocain, Abdellatif Laâbi, fonda en 1966 *Anfas/Souffles*, un magazine poétique, non dans la zone internationale de Tanger, mais en plein cœur de la capitale royale de Rabat. Ce qui commença comme une revue devint rapidement un mouvement relayé par des écrivains, peintres et réalisateurs derrière la dénonciation de la censure par Laâbi : "À la poubelle poème/À la poubelle rythme/À la poubelle silence". *Anfas/Souffles* publia 21 autres numéros, jusqu'à ce que les censeurs interdisent la revue en 1972 et condamnent Laâbi à huit ans de prison pour "crime d'opinion".

En dépit de la censure gouvernementale, l'ensemble des textes d'*Anfas/Souffles* est disponible en ligne sur http ://clicnet.swarthmore.edu/souffles/sommaire.html.

La création littéraire, que le magazine qualifiait de "respiration", ne s'est pas tarie pour autant. En 1975, Mohammed Khaïr-Eddine, co-fondateur d'*Anfas/Souffles* et "guérillero de la linguistique" selon ses propres mots, publiait une anthologie d'écrits révolutionnaires sous le titre *Ce Maroc !* Berbère originaire du Sous, Khaïr-Eddine réclamait aussi la reconnaissance de l'identité et de la culture berbères dans *Légende et vie d'Agoun'chich*, dont se réclame aujourd'hui le Mouvement culturel amazigh (www.amazigh-voice.com, site en partie en français).

> Dans *Maroc en mouvement*, de Maati Kabbal, Nicole de Poncharat (Maisonneuve et Larose, 1999), vingt-deux auteurs venus d'horizons différents (plasticiens, romanciers, hommes de théâtre et de cinéma) parlent de la création contemporaine au Maroc.

Conteurs des temps modernes

Des auteurs marocains plus novateurs encore ont émergé au cours des vingt dernières années, aussi bien dans leur pays qu'à l'étranger. Parmi les œuvres les plus célèbres publiées au Maroc figurent *Rêves de femmes : Une enfance au harem* (disponible en Poche LGF, 1998) et *Le Harem politique : le Prophète et les femmes* (Albin Michel, 1987) de Fatima Mernissi, féministe déclarée et professeur à l'université de Rabat. Dans *L'Année de l'éléphant*, de Leila Abouzeid, écrivain originaire de Rabat, la tentative d'une femme de retrouver une vie après son divorce est la métaphore de la quête d'indépendance du Maroc au lendemain de l'époque coloniale. Ce roman, le premier écrit en arabe par une marocaine, a été ensuite traduit en français (L'Harmattan, 2005). Dans la veine d'*Anfas/Souffles*, l'écrivain expatrié Tahar Ben Jelloun, né à Fès, mêle son expérience de psychothérapeute et des ressorts poétiques dans son roman *L'Enfant de sable* (Seuil). Acclamé par la critique, il relate l'histoire d'une fillette élevée comme un garçon par son père à Marrakech. Le prix Goncourt a salué en 1987 un autre de ses romans, *La Nuit sacrée* (Seuil).

Ces dernières années, des auteurs marocains ont attiré l'attention par leurs positions contestataires, signe d'ouverture sous le règne du roi Mohammed VI, mais également réaction positive à la guerre contre le terrorisme qui semble ne rien épargner. Plusieurs romans récents ont exploré le thème de l'émigration ; notons par exemple le déchirant *Cannibales*, de Mahi Binebine et *Hope and Other Dangerous Pursuits* (Espoir et autres activités dangereuses), de Laila Lalami, qui a remporté un grand succès. Gageons que ce roman publié en anglais – l'auteur vit à Portland (Oregon)– sera bientôt traduit. À la dernière page du roman, Murad, personnage marocain, se rappelle des histoire qu'il a entendues : "Il songeait à son père, qui avait raconté à ses enfants des histoires presque oubliées aujourd'hui."

> Pour tout savoir de l'actualité littéraire au Maroc et au Moyen-Orient, consultez le blog de l'écrivain Laila Lalami sur www.moorishgirl.com, actualisé quotidiennement.

CINÉMA ET TV

Encore récemment, le Maroc était considéré comme un vaste plateau de cinéma, servant principalement les besoins de réalisations aussi diverses que *Alexandre* (Oliver Stone, 2005), *Ishtar* (Elaine May, 1987), *Marrakech Express* (Gillies Mackinnon, 1998), *Frères du désert* (Shekhar Kapur,

SALLES OBSCURES

Voici quelques établissements de choix, pour découvrir le cinéma à la marocaine :

- La cinémathèque de Tanger a fait renaître le Cinéma Rif (superbe cinéma des années 1930). Cette institution emblématique, à but non lucratif, diffuse des films indépendants et des documentaires internationaux, organise des rencontres entre réalisateurs et promet des projections en plein air dans le Grand Socco.
- Au cinéma Eden (Marrakech), le public entièrement masculin reprend les chansons des films de Bollywood – à côté, le *Rocky Horror Picture Show* vous semblera presque morne.
- Megarama (Casablanca), premier multiplexe du pays, diffuse des films d'Hollywood, de Bollywood et des créations marocaines sur 14 écrans. D'autres multiplexes devraient rapidement voir le jour à Agadir et Marrakech.
- Le Colisée (Marrakech), l'un des rares cinémas du pays à projeter régulièrement des films indépendants marocains ou étrangers en V.O., a eu la fierté d'accueillir le Festival international du film de Marrakech (voir encadré ci-contre).

TOUTES LES ÉTOILES DE MARRAKECH

À la veille de sa sixième édition, le Festival international du film de Marrakech s'est vaillamment élevé au rang des grands festivals d'Europe et d'Amérique. Sont ainsi présentés des films indépendants internationaux et des films réalisés au Maroc, traitant du Maroc ou jetant un regard sur l'époque post-coloniale. Les portes du festival sont aussi ouvertes à la jet-set et aux personnalités hollywoodiennes susceptibles d'attirer l'attention internationale : on y a ainsi croisé David Lynch, Martin Scorsese, Francis Ford Coppola et Colin Farrell.

Les organisateurs semblent décidés à garder l'esprit ouvert, et les récompenses sont toujours précédées de suspense. En 2004, le festival a ainsi célébré *Sideways* d'Alexander Payne : un film sur le vin peut donc être un succès dans un pays musulman… L'année précédente, l'Étoile d'Or a été décernée à *Gori Vatra* de Pjer Zalica. Son film traitait d'une ville bosniaque s'efforçant de prendre des poses démocratiques pour la visite de Bill Clinton ; en 2005, elle a été décernée à *Saratan*, farce signée Ernest Abdyshaparov, originaire du Kirghizistan, sur la bureaucratie post-soviétique.

Mais la préférence du public va toujours aux films projetés en plein air dans le périmètre de Djemâa el-Fna. Avis aux réalisateurs en difficulté : vos tragi-comédies à relents politiques pourraient bien faire un succès auprès des cracheurs de feu et des charmeurs de serpents de Marrakech.

2003), *La Momie* (Stephen Sommers, 1999), *Troie* (Wolfgang Petersen, 2004) et *Sahara* (Breck Eisner, 2005). Si cette filmographie ne manque pas de productions à l'eau de rose, le pays est également à l'honneur dans *L'Homme qui en savait trop* (Hitchcock, 1956), *Othello*, (Orson Welles, 1952) et *Lawrence d'Arabie* (David Lean, 1962). Le Maroc a aussi su s'adapter aux exigences de certains grands réalisateurs : c'est ainsi que Ridley Scott l'a choisi pour incarner la Somalie dans *La Chute du faucon noir* (2001) et Martin Scorsese y a tourné *Kundun* (1997), situé au Tibet. Les paysages ont même volé la vedette à John Malkovich dans *Un Thé au Sahara* (1990) de Bernardo Bertolucci. Le Maroc accueille en fait plus de 1 000 tournages français, allemands et italiens chaque année.

Aucune scène de *Casablanca*, classique de 1942, n'a été tournée à Casablanca. Le film a été réalisé dans une cour à Hollywood ; le Café Américain de Rick était inspiré de l'hôtel El-Minzah à Tanger (voir p. 168). Autant pour la légende.

Les films qui y sont réalisés ne sont toutefois pas destinés en priorité aux Marocains. En 2005, plus d'un tiers des films projetés sur les 105 écrans du pays étaient en fait des productions de Bollywood. Principale raison pour laquelle les salles marocaines choisissent des grosses productions étrangères aux dépens des films indépendants ou réalisés en Afrique : le distributeur en Afrique francophone, African American Films (AFRAM), cède les grosses productions contre un pourcentage sur les entrées ; pour les autres films, un prix fixe de location doit être acquitté.

Or, depuis peu, le public a la possibilité de voir des films tournés au Maroc, sur le Maroc et par des Marocains. Grâce au soutien de la France, des films indépendants sont diffusés dans certains cinémas et sur la TV satellite, et les productions franco-marocaines participent à des festivals. En 2005, la réalisatrice franco-marocaine Leila Marrakchi a ainsi reçu le prix "Un certain regard" à Cannes pour son premier film, *Marock*. Plusieurs films néo-réalistes acclamés ont été présentés dans les festivals, dont *Mémoire en détention*, de Jilali Ferhati (2004), dans lequel un ancien détenu tente de reconstituer les souvenirs d'un compagnon de cellule qui a perdu la mémoire durant sa longue détention ; dans *Les Yeux secs*, film controversé de Narjiss Nejjar (2004), une ancienne prostituée retourne dans son village berbère pour protéger sa fille.

Pour impressionner vos amis, emmenez-les au cinéma (inutile de leur dire que le billet coûte moins de 2 €).

Le gouvernement marocain n'est pas en reste. Dans les années 1970, les ciné-clubs marocains accueillaient des débats qui n'étaient pas toujours du goût du gouvernement ; pour les réalisateurs, les purges étaient plus courantes que les financements. Dans les années 1980, la plupart firent profil bas, à l'exception notable d'*Amok*, film anti-apartheid du Marocain Souheil Ben Barka (qui avait travaillé comme assistant de Pasolini), en 1980. Les temps et les rois ont changé : l'un des plus virulents critiques des années 1970, le réalisateur marocain Noureddine Saïl, ancien de Canal Plus, est récemment retourné dans son pays pour diriger le Centre cinématographique marocain et 2M, la chaîne marocaine grand public.

Tous les programmes de télévision du Maroc sont sur www.2M.tv.

Sous cette nouvelle impulsion, les réalisateurs marocains ont tourné 20 films et 30 courts métrages au Maroc en 2005, et la télévision marocaine a radicalement changé sa programmation, et relégué les sempiternelles comédies égyptiennes, les feuilletons syriens et les émissions musicales type MTV. En 2004 et 2005, la décision sans précédent fut prise de diffuser le témoignage des prisonniers politiques des "années noires" du Maroc, sous Hassan II (voir *Après l'indépendance*, p. 40). Les taux d'audience ont battu tous les records de l'histoire de la télévision marocaine.

MUSIQUE

Au Maroc, les rythmes sont partout : les femmes entrechoquant les verres à thé sur leurs plateaux en cuivre, les marchands ambulants vantant d'une voix chantante leurs faux Armani sur fond d'*azan* (appel à la prière), les "balek !" des conducteurs de charrettes à âne vous exhortant à dégager le passage… Dans les boutiques, ne vous offusquez pas si les doigts du vendeur tambourinent : un air entendu au souk doit lui trotter dans la tête. Passons maintenant en revue la grande diversité des genres musicaux qui viendront à un moment ou à un autre surprendre vos oreilles.

Musiques du Maroc, de Ahmed Aydoun (Autres Temps, 2005) dresse un panorama général de la diversité musicale du Maroc. Cet ouvrage contient des informations techniques et analytiques, qui intéresseront plus particulièrement les musiciens.

Musique classique arabo-andalouse

Sans revenir sur la question épineuse de son origine exacte (nous ne voudrions pas raviver des siècles de désaccord entre l'Espagne et le Maroc), cette musique combine des accords de style flamenco, les accents émouvants de la musique populaire espagnole, les sons subtils des instruments à cordes, les rythmes complexes des percussions et les demi-tons ensorcelants de la musique classique arabe. Ajoutez-y une touche de poésie et un bon chanteur, et vous sentirez rapidement l'émotion vous submerger. Vous pouvez assister à des représentations à l'occasion de festivals de musique classique ou de concerts au quatre coins du Maroc, et dans des restaurants haut de gamme ; Abdelkrim Rais et Amina Alaoui sont deux interprètes populaires hautement recommandables.

Musique gnaoua

Impossible de résister aux rythmes hypnotiques de la musique gnaoua, née à Marrakech et Essaouira. Cette musique était à l'origine pratiquée par les esclaves, au moment de recouvrer leur liberté. Au cours de leur rituel saluant la volonté divine, les musiciens font virevolter leurs fez, se livrent à des acrobaties et finissent dans un état proche de la transe. Qui sait ? Vous vous laisserez peut-être entraîner …

Les *Gnaoua du Maroc*, de Abdelhafid Chlyeh (La Pensée Sauvage, 1997) et *Le Tourbillon des génies : au Maroc avec les Gnaoua* de Bernard Hell (Flammarion, 2002). Deux ouvrages qui invitent à plonger dans l'univers musical et les rites de possession de la confrérie des Gnaoua.

Mêlez-vous aux foules qui fréquentent la Djemaa el-Fna, à Marrakech, le Festival gnaoua et musiques du monde d'Essaouira, et quelques autres grands festivals musicaux. Vous pouvez aussi explorer le label Real World de Peter Gabriel. Citons quelques *maâlems* (maîtres musiciens) gnaoua : Abdeslam Alikkane et son Tyour Gnaoua, Hassan Hakmoun renommé pour sa musique métissée, Nass Marrakech, avec ses accents indiens, et Omar Hayat, inspiré par le reggae. Le gnaoua est historiquement une confrérie masculine ; de fait, il existe peu de musiciennes gnaoua. Cela pourrait bien changer, cependant, au fur et à mesure que certaines chanteuses marocaines s'enhardissent à visiter ce genre.

FESTIVALS DE MUSIQUE AU MAROC

Les dates et les lieux varient parfois ; renseignez-vous sur www.maghrebarts.ma/musique.html

- Janvier : Festival de musique andalouse à Fès
- Avril : Jazzablanca (Casablanca)
- Mai : Festival du désert (Errachidia), Jazz aux Oudaïas (Rabat), Tanjazz (Tanger)
- Juin : Festival de musique sacrée (Fès), Gnaoua et Festival des musiques du monde (Essaouira)
- Juillet : Festival des arts populaires de Marrakech
- Août : Festival du mariage (Imilchil)
- Septembre : Festival des Andalousies atlantiques (Essaouira)

Musique berbère

À côté de la musique gnaoua, l'ancienne tradition berbère consistant à transmettre les chants et les poésies d'une génération à l'autre a contribué à la richesse du patrimoine musical marocain. Vous pourrez le constater dans les *moussems* (festivals en l'honneur d'un saint local) de villages, au Festival des arts populaires de Marrakech et au Festival du mariage à Imilchil, ainsi que dans toutes les célébrations familiales.

Le groupe de musique berbère le plus renommé, les Master Musicians of Joujouka, inspira notamment les Rolling Stones, Led Zeppelin et William S. Burroughs, qui produisirent avec leur collaboration des morceaux de pur métissage expérimental. Depuis peu, les grands noms de la musique berbère sont des femmes : le groupe B'net Marrakech, exclusivement féminin, et l'intrépide Najat Aatabou, qui milite en berbère contre le rôle secondaire traditionnellement dévolu aux femmes.

Malgré les apparences, ce n'est pas une version musicale de la mêlée au rugby : l'*ahidous* est une danse complexe tournant en cercle autour de musiciens. Elle célèbre souvent la moisson.

Raï

D'origine algérienne, le raï a été adopté et adapté par les Marocains. Né dans les années 1960 de la fusion entre musique algérienne, jazz et guitare électrique, et malgré une tendance à forcer sur les effets de synthé dans les années 1980, le raï a retrouvé son ressort en intégrant des sons empruntés à la musique gnaoua, au hip-hop et même au rap. Au Maroc, les artistes de raï les plus connus sont Cheb Mimoun et Chaba Zahouniacan.

Musique pop

Comme le reste du monde arabe, les Marocains sont férus de musique égyptienne, mais la pop marocaine gagne du terrain, emmenée par des *boys bands* comme Sawt al-Atlas, ou Spice Ray, l'équivalent marocain des Spice Girls. Une génération de DJ aux noms impertinents comme Ramadan Special et DJ Al Intifada s'adonnent à la technique du remix. Quelques-uns des artistes les plus originaux apparus ces dernières années : U-Cef, Anglo-Marocain mêlant pop arabe, hip-hop et gnaoua pour créer des effets électro ; la chanteuse Aisha Kandisha, qui puise aussi bien dans le rock, la soul et les rythmes marocains ; et le groupe Ganga Fusion, qui balance entre salsa, musique populaire marocaine, reggae et jazz.

Retrouvez les derniers tubes marocains sur le site de Radio Casablanca : www.maroc.net/newrc.

THÉÂTRE ET DANSE

La célèbre phrase de Shakespeare, “Le monde est un théâtre” s'applique parfaitement au Maroc. Chaque place, chaque souk, chaque trottoir est une scène : étudiants susurrant dans les téléphones portables, marchands vantant leurs marchandises, flâneurs s'arrêtant pour reprendre un refrain sortant à plein volume d'une chaîne hi-fi… On retrouve tout cela et plus encore dans la principale forme de théâtre de rue marocain : la *halqa*.

Les conteurs côtoient les acteurs dramatiques, les scènes de bataille dignes de Don Quichotte succèdent aux pyramides humaines de danseurs et aux acrobates tandis que, dans la lumière du soleil couchant, des travestis se lancent dans une danse du ventre…

Pour assister au spectacle, il suffit de vous rendre le week-end, à la tombée du jour, par une chaude soirée d'été, sur la place principale de n'importe quelle ville de moyenne importance ; toutefois, c'est à Marrakech, sur la légendaire Djemaa el-Fna, que le spectacle est le plus grandiose. Cet espace culturel vieux de mille ans, reçut de l'Unesco, en 2001, le titre de site du patrimoine oral et immatériel de l'humanité. Des représentations plus formelles sont à chercher du côté des centres culturels et des théâtres ; désormais, Fès concurrence chaque année Marrakech avec son nouveau Festival populaire de l'art de la halqa en avril.

Si vous vous intéressez à l'art marocain, *L'Orientalisme* d'Edward Said (Seuil, 2005), est un ouvrage incontournable analysant la manière dont les artistes européens ont représenté le Moyen-Orient, et l'influence de ces idées sur la perception du Moyen-Orient par lui-même.

Dîner-théâtre

Les soirées organisées ne rivalisent pas avec les spectacles nocturnes improvisés sur la Djemaa el-Fna, en particulier les fantasias, spectacles folkloriques présentés par des restaurants et consistant en une série de charges équestres sans maestria, de saluts tonitruants au mousquet et autres spectacles déjouant toute tentative de digérer votre viande froide. Les "dîners-spectacles" proposés par certains restaurants présentent aussi des danseuses du ventre (cette tradition est venue de Turquie), des artistes gnaoua tâchant vainement de couvrir le bruit des couverts, et des "danseurs aux bougies" qui balancent des plateaux en cuivre couverts de bougies allumées sur leurs têtes. Cependant, les meilleurs spectacles se jouent dehors : par une belle soirée, rien ne vaut une terrasse de café ou de restaurant donnant sur la grand-place – pensez à faire le plein de pièces de monnaie dont vous gratifierez les artistes les plus talentueux.

ARTS VISUELS

Au Maroc, la hiérarchie habituelle entre arts et artisanat est inversée : la tradition artisanale est aussi ancienne que respectée, et les arts visuels constituent une sorte de développement mineur et plus récent. On prêtait aux décorations des vertus spirituelles et esthétiques ; au contraire, les objets non fonctionnels et les images figuratives étaient peu considérés, ou même suspectés, comme c'est le cas dans les traditions juives et de nombreuses cultures musulmanes comme source de vanité et d'idolâtrie. Vous apercevrez certainement dans certaines vitrines des peintures de femmes voilées excessivement maquillées ou des figurines en céramique de grands gaillards en turban et à l'air revêche, mais ce ne sont là que des vestiges de la vieille tradition orientaliste française, destinés principalement à l'exportation – et ce n'est pas ce que le Maroc fait de mieux…

Amazigh de Carlos Freire et Driss Benzekri (Hazan, 2006). Photos noir et blanc et poèmes traditionnels berbères, pour aller à la rencontre des populations des plateaux de l'Atlas, du Rif et du Moyen Atlas marocains.

Dans les années 1950 et 1960, les artistes populaires d'Essaouira et de Tanger s'approprièrent la peinture et la sculpture en y incorporant des symboles berbères et des matériaux locaux. La peinture de paysage, qui exprimait la fierté de vivre à Essaouira ou à Asilah, connut un véritable engouement, et la peinture abstraite constitua un moyen d'expression poétique à Rabat et Casablanca. La photographie n'eut pas le même succès, et demeure confinée à des fonctions documentaires (à l'exception de photos du roi – retouchées de façon très kitsch – que l'on voit partout). Les installations artistiques sont un prolongement naturel de l'architecture intérieure marocaine, et mettent à profit les espaces des centres culturels et des salles d'expositions.

Calligraphie

Pratiquée et perfectionnée dans les médersas (écoles coraniques) marocaines depuis mille ans, la calligraphie est un art visuel de premier plan au Maroc. On comprend aisément pourquoi le Coran célèbre la rédaction au *qalam* : ce fin pinceau en roseau, qui exige un tracé régulier et une main légère, produit un résultat magnifique. Les lettres sont parfois si savamment entrelacées que même les Marocains les plus érudits ne peuvent les lire ; généralement, elles forment un *aya*, un vers coranique.

Observez les corans antiques exposés dans les musées : vous constaterez qu'un même texte change du tout au tout selon les variations calligraphiques. Un calligraphe tracera un mot sur une page entière, tandis qu'un autre en fera une fleur ou pliera et tordra les lettres en motifs, à la manière d'un origami. Le style le plus courant adopté pour le Coran est appelé *naskh*. Cette écriture cursive penchée a été introduite par les Omeyyades (voir p. 31). La forme ou le motif composé de lettres cursives ingénieusement entrelacées est caractéristique du style *thuluth*, et ce saisissant lettrage est hérité du style coufique venu d'Irak. Les trois types principaux de calligraphie coufique existent au Maroc : les lettres qui semblent avoir été attachées par des marins relèvent du style coufique noué ; celles qui éclosent comme des fleurs indiquent le coufique feuillé, et les plus angulaires, le coufique carré.

Quelques notions de calligraphie islamique : les lignes verticales représentent généralement des consonnes, les petits signes au-dessus, des voyelles, et cette grande lettre qui rappelle le "l" est l'*alif*, la première lettre de "Allah".

Au Maroc, la calligraphie ne se limite pas au Coran : on la retrouve sur les murs carrelés, sur les arches en stuc et dans les menuiseries, mais aussi dans les plats, sur les bijoux et les plateaux à thé : il s'agit généralement d'invocations religieuses qui apportent la baraka (bénédiction) à ceux qui les voient. La mode actuelle consiste à peindre une calligraphie au henné sur un cuir, un candélabre ou un abat-jour. Sachez cependant que les musulmans ne voient pas toujours d'un bon œil que des non-musulmans arborent des inscriptions religieuses – et c'est également valable pour les véritables tatouages. Jetez plutôt votre dévolu sur des céramiques, des bijoux, du carrelage ou d'autres objets transformés en objets d'art par la magie de la calligraphie marocaine…

ARTISANAT

Chaque objet est pour l'artisan marocain une occasion de combiner l'utilitaire à l'esthétique – et les créations font des cadeaux d'anniversaire parfaits. Les artisans élaborent devant vos yeux de somptueux objets sans modèle informatique, ni même équipement électrique. Leurs seuls outils : l'imagination, le sens de la couleur et de la forme, et une habileté quasi-chirurgicale. La plupart de ceux que vous croiserez dans les souks sont des hommes, mais vous rencontrerez peut-être des femmes *maâlems* (maîtres artisans), penchées sur les nœuds d'un tapis dans les villages du Moyen Atlas, tissant des étoffes sur la côte sud ou peignant des céramiques à Fès, Salé et Safi.

D'une patience d'ange (mais non dépourvue de malice, si l'occasion s'y prête), les *maâlems* vous inviteront parfois à vous essayer à leur art – vous vous rendrez vite compte que vos doigts terriblement malhabiles ne sont pas adaptés à la stupéfiante coordination des gestes requise par le travail du métier à tisser, du poinçon à cuir ou du burin. Après cette tentative, vous voudrez sans doute rapporter un petit souvenir… N'oubliez pas pour autant de marchander (voir quelques astuces dans le *Carnet pratique* p. 435).

ZELLIGE

Les amateurs de bricolage le savent mieux que personne : entre les coins, les calculs savants et le ciment qui goutte, il n'est pas toujours facile de carreler une salle de bains. Essayez donc le zellige, ou mosaïque marocaine. Chaque carreau de zellige est taillé individuellement dans une forme géométrique précise à l'aide d'un petit marteau et d'un burin de la taille d'un tournevis ; un glissement du marteau ou un faux angle sur le burin suffit pour gâcher une étoile aux proportions parfaites. Tous les carreaux doivent présenter une couleur et une forme identiques pour être disposés par centaines ou par milliers et ainsi créer un motif à l'échelle d'un mur, d'un sol ou d'une fontaine. Un véritable casse-tête.

À défaut de rapporter une fontaine, offrez-vous un miroir, un cadre ou un petit dessus de table ; le prix demandé dépend de la qualité de l'ouvrage. Les plus beaux zelliges sont faits de petites pièces si parfaitement assemblées que le ciment est à peine visible dans les interstices, et que la surface semble lisse. Les objets comportant diverses formes sont plus chers. Un authentique *zellij maâlem* peut créer 360 formes différentes, dont la maîtrise exige des semaines ou même des mois d'études.

Dans l'art du zellige, les artisans de Fès sont considérés comme les plus doués du Maroc, suivis par ceux de Marrakech et Meknès. Certaines formes, les arrondis ou les fines languettes, sont particulièrement délicates : imaginez donc le travail requis par ces minces bandes de calligraphie exécutées entièrement en zellige, telles qu'on peut les admirer dans la médersa Ali Ben Youssef (p. 289) à Marrakech. Les pièces vernissées de certains zelliges les plus recherchés semblent lustrées, comme dorées par le coucher du soleil ou la lumière des bougies. Les Saadiens en firent décorer leurs tombes à Marrakech (voir p. 291). Les *maâlems* de Marrakech profitent de l'actuel regain d'intérêt pour les riads, tandis que les artisans des autres villes se cantonnent à la restauration historique. À Meknès, les fabricants de zelliges vous rappelleront avec fierté que la tradition marocaine de la mosaïque est née à proximité, dans la ville berbère/romaine de Volubilis (pour en savoir plus, voir *Histoire* p. 29). Certains considèrent toutefois le zellige emblématique de Fès, vert, noir et blanc, comme le summum du raffinement. On s'en convainc aisément en visitant les médersas de la médina (p. 221).

TAPIS

Des millions de moutons marocains fournissent environ 12 000 tonnes de laine par an, transformées en tapis et autres textiles.

Si vous trouvez le moyen de rentrer chez vous sans rapporter de tapis, bravo : vous comptez parmi les rares touristes à avoir résisté aux vendeurs les plus rusés de la planète. Mais vous avez aussi raté l'occasion de remplacer votre carpette en acrylique par un magnifique tapis unique en son genre…

Comment résister aux tapis marocains ? Il y en a pour tous les goûts, ou presque : il suffit de trouver celui qui vous convient. Traditionnellement, les femmes de la campagne réalisaient des tapis qui constituaient une partie de leur dot : leur personnalité s'exprimait par le choix de couleurs et de motifs qui symbolisaient leurs vœux de santé et de prospérité. Aujourd'hui, les tapis constituent surtout un revenu supplémentaire pour les ménages, et sont vendus à des intermédiaires qui les revendent en prenant une importante commission. Mieux vaut acheter directement auprès d'une coopérative ou aux étals sur le bord de la route : la productrice touchera ainsi un meilleur bénéfice, vous ferez une meilleure affaire et vous rencontrerez peut-être même l'artisan qui a tissé “votre” tapis.

En examinant les tapis (ne dévoilez pas trop vite vos intentions), on repère au premier coup d'œil quelques grandes catégories :

- Les tapis de Rabat, à poils épais, aux tons profonds, présentant un motif central auquel répondent des bords délicatement ornés. Les motifs, qui rappellent ceux d'un jardin à la française, sont parfois agrémentés d'animaux ou de formes abstraites modernes. Les tapis de Rabat sont très recherchés, et peuvent coûter 2 000 Dh par m^2.
- Les *hanbels*, ou kilims, sont des tapis plats et sans poils. Ceux de Chichaoua sont parmi les plus étonnants, avec leurs formes en zigzag, en diamant et leurs rayures horizontales jaunes, noires et blanches sur fond rouge (environ 700 Dh par m^2). Dans le tissage de certains *hanbels* apparaissent des lettres berbères et des symboles porte-bonheur comme l'œil, la Croix du Sud ou la *fibule* berbère. Demandez au vendeur de vous les expliquer : que ce soit vrai ou faux, vous aurez droit à une belle histoire.
- Les *zanafi*, ou *glaoua*, mélangent kilim et tapis à poils longs. Leur charme réside dans ce contraste. Compter généralement entre 1 000 Dh et 1 750 Dh par m^2.
- Les *shedwi* sont des tapis plats arborant des formes simples de laine noire et banche. Le tout est si naturel que vous sentirez encore la lanoline entre vos doigts si vous les frottez dessus. Au prix de 400 Dh pour un petit article, c'est une excellente affaire.

TEXTILES

Les Marocains ont une passion pour les textiles tissés, cousus ou brodés. Les femmes, *maâlems* anonymes, ont donné naissance à une tradition qui attire au Maroc des couturiers et autres marques internationales, comme Custo Barcelona. Un tiers des Marocaines sont aujourd'hui employées dans l'industrie vestimentaire. Mais si vous cherchez des articles plus artisanaux, voici quelques indications :

- La "soie végétale", en fibres de cactus tissées avec des fils de coton (ou synthétiques) d'une autre couleur, est un textile d'aspect empesé, d'une brillance remarquable. Dans le sud, les foulards, les taies d'oreillers, les nappes et les dessus-de-lit en soie naturelle sont si prisés qu'on les produit à la chaîne. La soie tissée à la main est plus raide, plus serrée

QUELQUES CONSEILS AVANT D'ACHETER VOTRE TAPIS

Quelques trucs pour vous éviter des regrets ou des déconvenues :

- Soyez conscient de vos limites : vérifiez l'espace disponible sur vos murs et vos sols, le poids de bagages autorisé dans l'avion, le prix de l'envoi et des douanes (voir *Carnet pratique* p. 458), et décidez combien vous êtes prêt à dépenser pour rapporter un tapis.
- Soyez prudent avec les tapis antiques ; leur prix est bien plus élevé, mais distinguer une authentique antiquité d'un tapis sale ne va pas de soi.
- Examinez les nœuds. Plus les nœuds sont nombreux au cm^2, plus le tapis est cher ; il vous faut donc observer l'envers du tapis et chercher des espaces entre les nœuds. Certains articles sont lavés à l'eau chaude pour resserrer la laine (rappelez-vous ce pull en cachemire que vous avez un jour mis dans le séche-linge…), mais ces tapis "rétrécis" présentent des bords irréguliers.
- Les tapis en laine colorés à l'aide de pigments végétaux et non synthétiques (qui ont davantage tendance à passer) sont plus coûteux ; on les distingue à leurs tons sourds, et le vendeur devrait pouvoir vous indiquer les plantes utilisées.
- Amusez-vous. Discutez et plaisantez avant de commencer les négociations, revenez le lendemain, savourez le thé à la menthe saturé de sucre : outre les bons souvenirs, vous finirez sans doute par trouver le tapis qui vous convient.

VÊTEMENTS MAROCAINS

Voici quelques vêtements populaires, que vous voudrez sans doute essayer au hasard de vos promenades dans les souks et pourquoi pas, rapporter dans vos valises :

- *Caftan* – la preuve qu'une robe taille unique peut être glamour : les manches sont amples, col et poignets sont brodés et de minuscules boutons sont brodés sur le devant.
- *Djellaba* – ces grandes capes à capuche pointue vont aussi bien aux hommes qu'aux femmes.
- *Hendira* – croyez-le ou non, un doudou en laine peut faire office de vêtement.
- *Burnous* – veste courte alliant la capuche pointue de la djellaba et l'adaptabilité de la *hendira*.

et ses bords sont légèrement irréguliers. Compter de 400 Dh à 600 Dh pour un dessus-de-lit, selon sa taille.

- Les broderies varient des simples motifs berbères aux *terz el fassi*, dont les détails minuscules, inspirés de la nature, sont brodés en bleu sur le linge que les femmes de Fès préparent pour leur dot… Ces années de patience les initient-elles finalement à l'art très subtil du mariage ? Les femmes de Salé se sont fait une spécialité de superbes toiles blanches dont les bords sont finement brodés d'une ou deux couleurs. Serviettes de table et mouchoirs sont de véritables chefs-d'œuvre. Vous pouvez également rapporter d'adorables taies d'oreiller ou des chemins de table.
- Teinte, bouillie puis battue, la laine trouve maints usages : chapeaux en feutre, pantoufles, manteaux, enveloppes d'oreillers ou revêtement de sol… Ni tissé ni cousu, le feutre est moulé sur une forme avant d'être mis à sécher. Les fabricants de feutre sont souvent rassemblés dans le souk à la laine des grandes villes. Pour un fez ou une calotte, vous débourserez de 100 Dh à 200 Dh.

MAROQUINERIE

La demande de selles de dromadaires ayant considérablement baissé, les maroquiniers se sont reconvertis dans les sacs à la mode. Une chose n'a toutefois pas changé : ils travaillent toujours à la main, comme ils le font depuis des siècles, à l'aide d'instruments mystérieux et archaïques. Dans leurs minuscules boutiques qui bordent les dédales de ruelles des souks de maroquiniers, le cuir, fraîchement tanné et teint, devient sous vos yeux un pouf carré (ottomans, 200 Dh à 450 Dh ou plus, selon la taille, la forme et la qualité), un pompon jaune délicatement attaché à une paire de gants en chevreau fuchsia (150 Dh à 200 Dh), ou, teint en argent, des pantoufles d'intérieur très rock'n'roll (80 Dh à 150 Dh, selon la décoration). Si vous êtes en ville pour quelques jours, vous pouvez même commander à un artisan une veste en cuir d'agneau ou des jodhpurs sur mesure…

Plus authentique, les babouches, que d'aucuns se plaisent également à appeler "Adidas berbères", sont des pantoufles pointues pour hommes dont les semelles sont taillées dans des pneus (50 Dh à 100 Dh). Les babouches pour femmes existent dans un très large éventail de couleurs et de formes (et de prix, également : comptez 200 Dh pour une jolie paire).

Dans les tanneries de Fès, on peut voir les cuves de colorants. Si elles font de superbes photos, les tanneries dégagent cependant une odeur pestilentielle que seuls les drogués à la colle que l'on rencontre dans ces quartiers sont capables de supporter. Vous voilà prévenu.

CÉRAMIQUES

Gageons que la céramique marocaine vous convaincra de renoncer à vos boîtes en plastique. Les poteries bleu et blanc de Fès rivaliseraient presque avec le service préféré de votre grand-mère. Malgré leurs allures de vase Ming, leur prix est tout à fait abordable : un plat à tajine décoratif vous coûtera 150 Dh à 400 Dh, selon la taille et la décoration. Comme toujours, les antiquités ont leur propre ordre de prix, et il est difficile de distinguer une fausse d'une vraie.

Les simples plats à tajine, en terre cuite supportent la chaleur du four et le mijotage, et coûtent moins de 100 Dh.

Aux différentes régions correspondent différents schémas de couleurs : les céramiques de Meknès sont souvent vertes, celles de Salé, majoritairement jaune et turquoise, celles de Safi polychromes. Une petite assiette assez simple coûte 20 Dh, mais les pièces plus larges et très décorées peuvent coûter 150 Dh et jusqu'à 500 Dh. Marrakech ne s'est pas fait une spécialité de la céramique, mais affectionne les monochromes et les formes géométriques aux décors sophistiqués. Les céramiques modernes de Salé arborent des motifs géométriques novateurs ; les assiettes en pointillés feraient pâlir un peintre impressionniste.

LAITON, CUIVRE ET ARGENT

Au Maroc, l'heure du thé donne parfois l'occasion d'un vrai spectacle où les accessoires jouent un rôle prépondérant : les théières luisantes (200 Dh ou plus) et les plateaux en cuivre (à partir de 500 Dh) sont martelés à la main pour refléter la lumière, et ornés de calligraphies censées apporter la baraka aux convives. Des lampes ajourées en cuivre (à partir de 150 Dh) et des lanternes en fer blanc (entre 50 Dh et 100 Dh) font merveille pour créer une ambiance intime. Ceux qui ne veulent pas s'encombrer outre mesure, choisiront aussi bien une dague antique qui pourra servir à couper le gâteau à la fin du dîner. Effet garanti.

La plupart des services à thé en "argent" sont en fait en argentan : le prix devrait alors osciller entre 50 Dh et 200 Dh pour la théière, et davantage pour le plateau (selon sa taille et ses motifs). L'argenterie doit être marquée du chiffre 925, et son prix est souvent fonction de son poids. Renseignez-vous d'abord sur le cours mondial de l'argent, surveillez la balance et faites vos calculs.

BIJOUTERIE

Tout ce qui brille n'est pas d'or au Maroc, d'autant que les Berbères considèrent ce métal comme peu bénéfique. On voit parfois des bijoutiers munis de verres grossissants travailler de l'or, mais la plupart des bijoux vendus dans les souks sont importés d'Inde et de Bali. Les mines du Maroc extraient davantage de phosphate et de pétrole que de pierres précieuses ; en revanche, vous trouverez des pierres semi-précieuses, comme le corail, l'agate, la cornaline et l'ambre.

Pour répondre à toutes vos questions sur les méthodes artisanales, rendez-vous à l'Ensemble artisanal, organisme public situé à Marrakech, où l'on peut observer les *maâlems* à l'œuvre et acheter leurs travaux à prix fixes (à défaut d'être bon marché).

Souvent incrustés de pierres, gravés de formules porte-bonheur ou moulés dans des formes simples et ravissantes, les bijoux en argent sont une grande spécialité des bijoutiers marocains. Les fibules (broches), au style moderne minimaliste, sont vendues sur la côte atlantique sud, en particulier à Tiznit. Mais les *maâlems* marocains savent se passer des matériaux précieux : entre des mains habiles, d'anciens fossiles se transforment en pendentifs, et du fil de soie enroulé autour d'un fil de cuivre fait un ravissant collier.

TRAVAIL DU BOIS

Le quartier du souk le plus agréable pour les narines délicates est celui des ébénistes : des effluves d'oranger, de cèdre, de citronnier et de pin s'élèvent des copeaux qui tapissent le sol des ateliers de maîtres sculpteurs, ces mêmes *maâlems* qui réalisent d'admirables portes ciselées et plantées de clous en cuivre. Ce sont également les auteurs des chevrons et des dômes *mukarnas* (ajourés) en cèdre, sculptés de motifs sohistiqués, que l'on retrouve dans les palais et médersas marocains. Tétouan, Meknès et Fès possèdent une excellente réputation pour les sculptures ornementales, mais la plupart des médinas du pays recèlent de superbes pièces d'ébénisterie.

L'"ambre" qu'on vous propose dans les souks n'est souvent que du plastique. L'ambre véritable dégage un léger parfum d'encens si vous l'approchez d'une flamme, et la matière rappelle la cire.

À défaut de rapporter tout un édifice, vous pouvez dénicher des petits trésors d'ébénisterie, récupérés à Bab el-Khemis à Marrakech. Offrez par exemple à vos amis gourmets des cuillères à *harira*, dotées d'un long manche et sculptées dans du bois d'oranger (5 Dh à 8 Dh). Le cèdre se retrouve partout, des boîtes à bijoux et encadrements aux lourds coffres sculptés qui protègeront vos vêtements des mites (le prix est fonction de la taille et de la décoration). L'essence la plus appréciée est le bois de thuya, qui se distingue par son allure noueuse, son grain délicat et sa riche couleur caramel. Il provient de la racine d'un arbre indigène de la région d'Essaouira, aujourd'hui menacé d'extinction. Préférez les collectifs d'artisans qui garantissent un choix responsable et militent pour la reforestation.

ARCHITECTURE

Au Maroc, les amateurs d'architecture s'en donnent à cœur joie et passent leurs journées le nez en l'air. Certains édifices sont plus remarquables que d'autres et le Maroc possède aussi son lot de logements de fortune et de blocs de béton. Mais l'éventail architectural est fascinant et maintient votre curiosité en éveil de façon permanente. Voici quelques pistes.

CENTRES IMPÉRIAUX

Aussi chaotiques que vous semblent les anciennes cités impériales, leur plan répond à une certaine logique que l'on peut discerner, aujourd'hui encore, à Fès, Meknès et Marrakech. Au centre de la médina (vieille ville) se dressent des mosquées monumentales et des souks inextricables, symboles indissociables des aspirations divines et des ambitions commerciales du pouvoir en place. Les *zaouïas* (sanctuaires dédiés à des saints et interdits aux non-musulmans), les places publiques, les hammams coiffés de dômes, les fontaines et les fours communaux sont tous rassemblés dans ce quartier, satisfaisant tous les besoins spirituels, sociaux et physiques des habitants et des marchands.

L'Architecture de terre au Maroc, de Selma Zerhouni, Élie Mouyal, Hubert Guillaud. Photos de Michel Lebrun (ACR, coll. Architecture et Arts décoratifs, 2001). Les constructions en terre crue constituent un patrimoine à conserver et à perpétuer. C'est le message des ksour et les casbahs magnifiques du Sud marocain.

Au beau milieu des souks, les *fondouks* (cours-entrepôts) comprennent les ateliers au rez-de-chaussée et les logements au premier étage. À l'époque médiévale, ces édifices multifonctionnels en briques de terre abritaient les industries de la ville et leurs ouvriers. Toutefois, les domaines d'activité qui empestaient, en particulier les tanneries et l'élevage, étaient généralement relégués à l'extérieur de la ville.

Bien entendu, les plus beaux quartiers étaient réservés au domaine royal et à sa casbah fortifiée. Le palais était construit à l'abri des remparts et entouré de jardins verdoyants, à mille lieues de l'animation des souks. Le mellah, quartier juif, n'était jamais loin de la casbah, sous la surveillance vigilante du gouvernement. À proximité du palais étaient édifiés les plus somptueux riads de la ville, où les membres de la famille royale, les conseillers et les riches commerçants passaient leurs journées à bavarder, installés dans des *bhous* (sièges) autour de la cour décorée de zelliges, tandis que des oiseaux pépiaient dans les arbres fruitiers. Ce cadre enchanteur est aujourd'hui accessible aux clients des nombreuses pensions occupant des riads à Marrakech et Fès.

Lorsque les colons prirent le contrôle des cités impériales et du reste du Maroc, de nouveaux quartiers, dotés d'infrastructures modernes, virent le jour à l'extérieur de l'enceinte de la médina, imposant un nouvel ordre visuel. Imaginez la stupéfaction des Marocains lorsque les Français et les Espagnols construisirent des boulevards bordés d'arbres, des immeubles à plusieurs étages, avec arcades et toits mansardés, il y a de cela un siècle… surtout pour les contribuables marocains, qui finançaient ces constructions mais se trouvaient exclus de ces "nouvelles villes" et de leurs structures administratives. Aujourd'hui, ces cités coloniales offrent un contraste frappant avec les médinas marocaines ; les façades néoclassiques françaises et les villas espagnoles à toits rouges semblent déplacées et ostentatoires, voire franchement kitsch.

La seule mosquée ouverte aux non-musulmans est la mosquée d'Hassan II à Casablanca (voir p. 89). Il s'agit de la troisième plus grande mosquée du monde.

Casablanca constitue l'exception : les caractéristiques architecturales locales se combinèrent aux édifices européens aux murs blancs pour créer un style hybride, à mi-chemin entre géométrie islamique et Art déco. On peut encore admirer des mélanges réussis d'influences culturelles et architecturales un peu partout dans le pays ; l'architecture illustre ainsi l'effort concédé par les Marocains pour concilier leurs traditions et les apports extérieurs.

Médinas du Maroc, de Steven Ware, Cécile Tréa, Jean-Michel Ruiz, Arthaud, 2001), recense toutes les beautés picturales et architecturales de Marrakech, Fès, Tanger, Rabat, et Essaouira.

OASIS

À l'image du *hamsin* (vent chaud du désert) qui souffle du Sahara, les *ksour* (châteaux) sont de purs produits du désert. Majestueux et spectaculaires, ils sont généralement situés sur un sommet inexpugnable, adossés à une falaise rocheuse ou dressés au-dessus d'une vallée d'oasis. Se découpant dans le bleu profond du ciel du désert, les fortifications de terre sont renforcées par de la paille et hérissées de défenses crénelées. Des siècles après leur construction, le message est toujours aussi clair : on ne passe pas. Ces solides structures renferment des habitations. Quant aux tours, laissées vides en prévision d'hypothétiques menuiseries, elles font le bonheur des oiseaux.

Le Maroc est entré de plain-pied dans la modernité, comme en témoignent l'élégant magazine bimensuel *Architecture du Maroc* et son site Internet www.archimedia.ma (avec les incontournables offres immobilières).

Le centre-ville de Ouarzazate possède ainsi un *ksar* entretenu avec soin et qui accueille fréquemment des tournages ; pour prendre toute la mesure de ce genre architectural, dans son cadre naturel, visitez le ksar de la vallée désolée du Drâa ou celui de la vallée du Dadès (parfois appelée "vallée des mille casbahs"). Comme des générations de marchands du désert, vous passerez les hautes portes en bois et découvrirez, derrière les étables, un dédale de souks et de magasins, ainsi que le *fondouk* local, sorte de cour-entrepôt où les voyageurs passaient la nuit (mieux vaut cependant opter pour les sites de camping dans le désert ou les hôtels caravansérails). Les fontaines publiques et les robinets sont une preuve de l'ingéniosité du système d'irrigation souterrain qui assurait la survie des populations durant les sièges d'armées ou de clans rivaux.

En raison de son allure majestueuse malgré des proportions qui ne sont jamais démesurées, le ksar s'entent à troubler notre sens de l'échelle et des distances en mélangeant grandeur et intimité. Lorsque les yeux fixent l'horizon du haut des remparts du ksar ou des tours de garde de l'oasis, Tombouctou semble toute proche ; difficile de croire que la cité se trouve à 52 jours de dromadaire, comme l'affirme le célèbre panneau de Zagora ! Cette proximité n'est pas tout à fait une coïncidence : l'élégante architecture en terre du Mali et du Sénégal est apparentée à celle des ksour marocains.

VILLES CÔTIÈRES

Du haut des terrasses des médinas où souffle une délicieuse brise marine, à Essaouira, Tanger, Asilah ou Rabat, le profil de la ville découpe dans l'horizon une succession de toits en terrasse, de dômes et de minarets en pierre. Les murs d'un blanc éclatant, les portes bleues et les porches voûtés en forme de serrure qui caractérisent les villes côtières, fascinent les artistes et les architectes depuis des siècles. Les médinas de la côte vous sembleront peut-être d'une étonnante modernité, mais détrompez-vous : bien au contraire, c'est l'Afrique du Nord méditerranéenne qui inspira le style international du Corbusier et le mouvement moderniste qui en surgit.

Jemâa el Fna, de Mohammed El Faïz (La Croisée des Chemins, 2003) est un ouvrage somptueux sur la célèbre place de Marrakech que l'Unesco a inscrite au patrimoine oral de l'Humanité.

L'apparence de nombreuses villes portuaires fortifiées du Maroc s'explique par leur histoire. Situées stratégiquement sur les routes maritimes empruntées en Méditerranée et dans l'Atlantique par les navires remplis d'or, d'esclaves et de sucre à destination de l'Europe, les villes côtières du Maroc ont été convoitées par différentes puissances durant des millénaires : c'est ce qui explique l'épaisseur des murailles défendues par des canons, et les remparts crénelés qui rappellent les châteaux médiévaux. Romains, Vandales, Wisigoths, Portugais, Espagnols et Français laissèrent tous des traces de leur passage sur les côtes du Maroc, et l'Espagne possède toujours les villes côtières de Ceuta et Melilla. Pour les Marocains, il s'agit là d'un sujet sensible, et l'architecture locale, mélange d'éléments andalous et de vestiges du règne des Almohades, ne fait qu'alimenter les arguments des deux camps (pour en savoir plus, reportez-vous au chapitre *Histoire*, p. 29). À défaut de satisfaire les militants, l'architecture côtière en pierre a su remarquablement s'adapter au climat local, résistant bien mieux à l'air salé que le béton ou le bois.

VILLAGES DE MONTAGNES

Les villages établis sur les pentes du Rif et des montagnes de l'Atlas sont des modèles de résistance. Surgissant au détour d'une route zigzaguant entre les cols montagneux, ces bourgades, grappes de maisons basses et d'étables aux murs de terre, semblent sans âge : les jours de marché ou de *moussem*, guidés par les rubans de fumée s'échappant des cheminées et des fours communaux, les fermiers des collines environnantes se réunissent sur la plaza. Des gravures rupestres préhistoriques et d'autres vestiges archéologiques démontrent la présence de populations berbères au pied du Rif et dans le Haut Atlas dans des hameaux semblables à ceux-ci, en dépit des difficultés extrêmes de l'élevage en altitude et des cultures en terrasses.

Maisons et riads du Maroc, de Corinne Verner, Cécile Tréal, Jean-Michel Ruiz (Aubanel,2004) propose une balade à travers quelques-unes des habitations les plus représentatives, mais aussi les plus surprenantes du Maroc.

Ces villages de montagnes semblent modestes et isolés, mais ne vous y trompez pas : pendant des siècles, les *zaouïas* voisins ont attiré les pèlerins, et les caravanes de marchands traversaient la région chargés de marchandises à destination des cités impériales. Les villages occupant des emplacements stratégiques près des cols servaient de places fortes dans les combats menés par les Berbères contre l'emprise des puissances impériales et coloniales (voir p. 39).

Prenons par exemple le redoutable col de Tizi-n-Telouet, qui mène à la vallée du Drâa : on se rend mieux compte de la témérité qu'il fallait à des places fortes telles que Tamdaght ou la jolie Aït Benhaddou. Quant aux bâtiments de la casbah du Glaoui, à Télouet, ils symbolisent bien la vanité des ambitions humaines, mais leurs murs adossés aux montagnes immuables de l'Atlas, feraient un décor de choix pour un drame shakespearien…

Cuisine

La gastronomie marocaine, pétrie de mythes et de rituels, n'est pas le moindre des plaisirs à espérer de votre voyage – même si, parfois, déchiffrer un menu peut vous plonger dans une totale perplexité. Les descriptions des plats sur les cartes, même rédigées en français, découragent parfois les néophytes et beaucoup sont tentés de se cantonner à ce qu'ils connaissent déjà : couscous (voir *Les règles de l'art*, p. 72) et tajines. Pour vous aider à explorer toute la subtilité et la richesse de la cuisine marocaine, nous tentons ci-dessous de vous familiariser avec certains mets délicieux figurant aux menus du petit-déjeuner, du déjeuner ou du dîner.

Goûtez en toute confiance plats, sauces et accompagnements. Ne refusez pas les salades, dont les légumes sont le plus souvent cuits ou épluchés, et qui comptent parmi les valeurs sûres de la gastronomie locale. Les plats décrits comme "épicés" ne doivent pas vous effaroucher : ils sont le plus souvent délicatement relevés d'un peu de safran ou de cannelle. Laissez-vous tenter par les desserts, tels ces délicieux feuilletés aux fruits secs parfumés à la fleur d'oranger. Bref, laissez-vous aller aux plaisirs de la bouche !

Seriez-vous prêt à tuer pour une sauce à base de poissons ? Les Romains le firent : des légions entières furent expédiées le long des côtes marocaines, autour de Tanger, pour garantir l'approvisionnement en *garum*, une sauce à base de poissons en saumure très prisée à l'époque.

Fruits et légumes frais

La cuisine marocaine utilise généralement des produits frais, cultivés sur place et préparés à la maison, plutôt que des produits d'importation ou des plats congelés réchauffés au micro-ondes. Les modes de culture restent le plus souvent traditionnels : les fermes sont en général petites et le travail s'effectue manuellement. Aussi la plupart des produits vendus sur les marchés sont-ils exempts de tout pesticide chimique et de tout OGM.

Sur les marchés marocains, la fraîcheur et le goût savoureux des produits se devinent au premier regard. Les fruits et primeurs sont généralement cueillis à maturité, et vendus directement dans les souks par les petits producteurs. Voici, selon les saisons, quelques fruits et légumes que vous trouverez mûrs à souhait, et donc particulièrement savoureux, sur les marchés et sur les menus :

Printemps : abricots, cerises, fraises, kiwis, pêches.
Été : pastèques et melons d'eau, artichauts sauvages, tomates.
Automne : figues, grenades, raisin.
Hiver : oranges, mandarines, oignons, betteraves, carottes, pommes de terre et autres tubercules.
Toute l'année : amandes, noix, bananes, courgettes, citrouilles, fèves, haricots verts, lentilles, aubergines, poivrons, citrons (frais et confits).

L'eau du robinet est souvent potable, mais pas vraiment recommandée aux visiteurs de passage car leur estomac n'a pas eu le temps de s'adapter. Pour boire et se laver les dents, mieux vaut s'en tenir à l'eau minérale en bouteille. Les meilleures marques d'eaux marocaines sont Sidi Ali et Oulmes (pétillante), les autres ayant un arrière-goût calcaire.

Veillez toutefois à éplucher, cuire ou laver abondamment, les fruits et légumes avant de les consommer. Ce sont des précautions d'hygiène dont vous saura gré votre appareil digestif.

Essayez les spécialités ...

Si le Maroc est incroyablement riche en produits frais, en viandes et en poissons, les difficultés et les coûts de transport font que certains produits et mets figurant au menu varient beaucoup selon la saison, mais aussi selon la région. S'il y a un type d'aliment ou de mets que vous adorez ou que vous détestez, peut-être serez-vous tenté d'en tenir compte au moment d'établir votre périple.

Les huîtres de Oualidia ne se consomment que sur place. Ne rêvez pas d'en trouver à Ouarzazate, et les cerises de Sefrou peuvent être difficiles à trouver à Tiznit. Si vous voulez inclure des festins de fruits de mer dans votre plan de vacances, fréquentez le littoral, tandis que les végétariens qui se rendent dans les régions désertiques auront tout intérêt à apprécier les dattes à haute dose (Vous trouverez ci-dessous quelques indices sur les différentes spécialités locales).

...Et savourez lentement

Dernier et important conseil : ménagez vos forces. Les repas marocains peuvent être d'une lenteur et d'une richesse déconcertantes. Prenez votre temps et buvez beaucoup d'eau tout au long du repas. C'est une nécessité quand le climat est sec, également si vous buvez du vin. Donc, hydratez-vous pour ne pas avoir le sentiment d'étouffer avant la fin du repas. Ceci dit, pourquoi ne pas clore en beauté un déjeuner avec une pastilla, un feuilleté aux amandes grillées, à la crème et à la cannelle ?

Si, quand vous n'avez plus faim, vos hôtes marocains vous pressent énergiquement d'accepter encore quelque chose, laissez parler votre instinct et abandonnez la partie avec un "*al hamdu lillah!*" ("Merci mon Dieu !") venu du fond du cœur.

QUE CHOISIR AU PETIT-DÉJEUNER (AL-FTOUR) ?

Au Maroc, de nombreux aliments passent pour avoir des vertus curatives ou aphrodisiaques : le cumin pour calmer les douleurs d'estomac, le gingembre pour éviter le mal des transports quand on fait une longue méharée, le galanga (gingembre rouge) pour renforcer les ardeurs amoureuses...

Même si vous vous contentez d'habitude d'un café le matin, ce serait un crime de ne pas prendre de petit-déjeuner au Maroc. Que vous le dégustiez en déambulant dans les souks ou confortablement attablé, cela peut être un grand moment. Dans les hôtels et maisons d'hôte, les petits-déjeuners sont rarement servis avant 9h. Les lève-tôt qui ont besoin de leur petit noir pour émerger iront le prendre dans un café ou dans les souks.

Petit-déjeuner dans la rue

Cafés et *snaks* avec terrasse revisitent à la mode locale le petit-déjeuner continental en proposant gâteaux et beignets marocains, viennoiseries, café et thé à la menthe. Dans le souk, laissez-vous guider par votre intuition pour découvrir des olives piquantes et des *jiben* locaux (fromages de chèvre ou de vache frais) à dévorer avec du *khoubz* frais, une sorte de pain pita à la marocaine cuit dans un four à bois jusqu'à ce qu'il soit parfaitement croustillant à l'extérieur, mais moelleux et léger à l'intérieur. On trouve des *khoubz*, enveloppés dans du papier, dans n'importe quel *hanout* (échoppe de la taille d'un placard qu'on trouve dans tous les quartiers).

PRODUCTIONS RÉGIONALES

Agadir : oranges, citrons, huile d'argan.

Casablanca : figues de Barbarie.

Dadès : boutons de rose , eau de rose.

Doukkala : melons.

Erfoud : dattes.

Essaouira : poisson, huile d'argan.

Fès : artichauts sauvages, huile d'olive, oranges, eau de fleur d'oranger, citrons.

Marrakech : grenades.

Meknès : menthe, olives, huile d'olive.

Oualidia : huîtres.

Rif : noix, châtaignes, agrumes, fromage de chèvre.

Safi : fruits de mer.

Sebou : alose, œufs d'alose.

Sefrou : cerises.

Sous : amandes, mouton, dattes.

Tagoundaft : miel.

SAVEURS MÉTISSÉES

La cuisine marocaine a intégré avec talent les apports culinaires étrangers. Selon les régions visitées vous noterez les diverses particularités qui ont modifié recettes et saveurs :

Essaouira : influences portugaise et juive.

Fès : influences andalouse et perse.

Marrakech : influences sénégalaise, française, berbère et italienne.

Tétouan : influences andalouse et turque.

Dans les souks, impossible de résister aux petits vendeurs qui vantent les mérites de leurs fruits disposés en impressionnantes pyramides sur leurs carrioles. Ils ont raison : jamais vous n'auriez pu soupçonner la saveur d'un *asir limun* (jus d'orange) frais pressé avant de goûter celui d'un petit vendeur ambulant marocain. Faites-vous servir, si possible, dans un verre jetable ou dans votre propre bouteille d'eau. Les verres du vendeur sont simplement rincés à l'eau avant de resservir des dizaines de fois.

Un autre mets consommé au petit-déjeuner dans le Sud mérite qu'on y goûte : la *b'ssara*, une soupe de fèves servie fumante, avec un filet d'huile d'olive et une pincée de paprika, particulièrement savoureuse si on la sauce avec du *khoubz* sorti tout chaud du four commun un peu plus loin dans la rue. Goûtez un *rghaif*, une sorte de croissant aplati à base de pâte feuilletée assez dense, généralement servi avec de la confiture d'abricot ou du miel chaud. Les amateurs de protéines apprécieront le *rghaif* fourré aux *khlii*, des lamelles de bœuf épicé et séché au soleil. Les plus audacieux pourront commencer la journée par un roboratif ragoût de tête de mouton ou de pieds de veau, servi à la louche dans un bol en émail depuis un énorme chaudron en équilibre précaire sur un réchaud à gaz de fortune.

Petit-déjeuner de pacha

Si vous êtes invité dans un foyer marocain, on vous offrira ce qu'il y a de mieux dans tous les domaines. Dans les meilleures maisons d'hôte, qui respectent scrupuleusement les traditions, le petit-déjeuner consistera en un assortiment de mets et boissons puisés dans la liste ci-dessous :

Ahwa (café) - outre le café, on peut aussi vous servir du café au lait, *thé b'na na,* (thé à la menthe) ou du *thé oua hleb* (thé au lait), *oua* (avec) ou *bla* (sans) *sukur* (sucre).

Asir limun - jus d'orange, citronnade.

Baïd (œufs) - en omelettes, cuits avec une pincée de *kamun* (cumin frais moulu) ou de *zataar* (cumin avec des graines de sésame).

Baghir - petites crêpes, servies avec du miel ou de la confiture.

Viennoiseries - croissants, pains au chocolat etc.

Khoubz - généralement servi avec du beurre et de la confiture ou avec de l'huile d'olive et du *zataar*.

Rghaif - pâtisserie marocaine au beurre.

Fruits de saison (Voir *Fruits et légumes frais*, p. 67).

Sfenj - beignets marocains.

ALLONS DÉJEUNER (EL-GHDA)

Au Maroc, le principal repas de la journée est traditionnellement le déjeuner, suivi d'une sieste durant les heures chaudes. L'horaire du déjeuner s'étire sur 3 à 4 heures, de 12h à 15h30 ou 16h. La plupart des boutiques et des services sont alors fermés, sauf ceux qui s'adressent à une clientèle de touristes.

HONNEUR AUX DADAS !

Si dans un foyer marocain ou dans une maison d'hôte votre petit-déjeuner se révèle bien meilleur que dans un grand hôtel, cela tient sans doute à la *dada* (cuisinière) qui règne sur les fourneaux. Les *dadas* travaillent traditionnellement toute leur vie au service de la même famille marocaine. Autrefois les cuisinières qui officiaient dans les familles royales venaient du Mali ou du Sénégal et quittaient rarement le palais. Mais depuis que les maisons d'hôte et une nouvelle classe moyenne se livrent à une concurrence accrue pour s'attacher leurs services, ces *dadas* sont devenues des employées libres qui exigent respect, gages élevés et possibilité de donner libre cours à leur créativité.

Aux heures des repas, il est possible de les apercevoir en train de mitonner un festin de roi avec les ingrédients les meilleurs et les plus frais trouvés sur le marché le matin même. Généralement elles cuisinent uniquement à l'intuition, sans recette ni balance. Si ces figues pochées dans de l'eau de fleur d'oranger et du miel qu'on vous a servies le matin vous ont littéralement ravi, demandez à remercier personnellement la *dada*, c'est l'occasion de rafraîchir vos idées en matière de grande gastronomie.

Si vous avez l'habitude de déjeuner sur le pouce, vous risquez de trouver la formule peu pratique, mais en été, en particulier, mieux vaut suivre la coutume locale et profiter de l'heure du déjeuner pour faire une pause précieuse. C'est le moment d'attaquer un tajine, servi à la carte avec du pain croustillant, ou intégré dans un menu à prix fixe, comportant trois plats, dans un restaurant chic. Ensuite, vous serez beaucoup plus sensible à l'attrait d'un thé à la menthe et d'une sieste.

Inonder son tajine de harissa (purée de piments) n'est pas une habitude marocaine; c'est en effet une pratique plus répandue en Tunisie, principale rivale du Maroc en matière de cuisine et de football.

Tous au snak !

Si vous avez pris un plantureux petit-déjeuner dans votre maison d'hôte, vous aurez peut-être envie d'un plat simple pour déjeuner, pris dans l'un des nombreux *snaks* et petits restaurants des souks et des rues. C'est une pratique courante pour de nombreux Marocains qui travaillent dur et n'ont pas le temps d'aller faire la sieste. La règle d'or, avant de tenter une expérience culinaire de ce genre, consiste à suivre la foule. Les habitués ont certainement une bonne raison de préférer une échoppe à une autre. Un débit important est un gage de fraîcheur et de propreté, deux critères de la plus haute importance pour les Marocains.

Voilà ce que vous pouvez espérer trouver dans un *snak* :

Brochettes - roulés dans les épices, les kebabs sont grillés à la broche et servis avec du cumin, de la harissa (sauce pimentée) et du *koubtz*. Les brochettes les plus prisées sont composées de mouton, de poulet ou de *kefta* (boulettes de mouton et/ou de bœuf hachés et épicés) ainsi que les brochettes "mixtes" au goût très prononcé (composées de mouton ou de bœuf, avec cœur et foie).

Merguez - délicieuses saucisses de mouton pimentées maison, à ne pas confondre avec les *teïhan* (rate farcie), les merguez sont généralement rouges. Les *teïhan* sont de couleur pâle.

Pizza - on en trouve aujourd'hui dans les *snaks* haut de gamme. Privilégiez les *snaks* qui ont un four à bois et goûtez les savoureuses pizzas locales avec olives, oignons, tomates et anchois.

Chawarma - mouton ou poulet parfumé aux épices rôti à la broche puis servi avec du *tahina* (sauce au sésame) ou du yaourt, avec en option des oignons, de la salade, de la harissa et une pincée de *sumac* (une épice violacée au goût acidulé, vivement recommandée).

Tajine - célèbre ragoût marocain cuit à l'étouffée dans un plat en terre à couvercle conique qui fait une viande moelleuse et fondante. Les tajines de base servis dans les *snaks* en bord de route sont généralement préparés avec seulement quelques ingrédients, servis directement au sortir d'un four de camping ou d'un *kanoun* (brasero en terre) et posés sans douceur sur une table pliante plus ou moins bringuebalante. Ne vous laissez pas rebuter pour autant : ce sont parfois les meilleurs tajines que l'on puisse savourer au Maroc. Prenez un tabouret et allez puiser dans le plat en vous servant de votre *khoubz* comme d'une cuillère.

Déjeuner d'affaires à la marocaine

Certains restaurants marocains haut de gamme qui servent une *diffa* (festin) le soir aux touristes, proposent au déjeuner un menu qui est une version plus modeste du dîner, avec un personnel plus détendu, un tarif bien inférieur et une clientèle plus locale. Vous manquerez peut-être les musiciens et les inévitables danses orientales qui auraient accompagné le souper, mais pas forcément. Un repas de trois plats peut vous sembler trop copieux au déjeuner, mais en général, cela équivaut à un délicieux assortiment de minuscules plats de légumes suivi par un couscous aérien et/ou une viande ou un tajine de poulet. Le tout se conclut par l'incontournable thé à la menthe.

MEZZE (HORS-D'ŒUVRES ET SALADES)

L'assortiment de mezze, servi avec du pain frais, constitue une aubaine pour les végétariens : il consiste en trois à cinq petits plats tels que betteraves au citron et à la ciboulette, pommes de terre aux herbes, pois chiches au cumin, tomates rôties aux oignons caramélisés, purée de citrouille à la cannelle ou caviar d'aubergine.

PLAT PRINCIPAL

Le plat principal est généralement un tajine ou un couscous - une expérience à ne pas manquer (voir *Les règles de l'art* p. 72). Parmi les tajines les plus courants, citons le *djuj mkalli bil hamd markd oua zitoun*, du poulet aux citrons confits et aux olives, fondant et très parfumé ; les *kefta bil maticha oua baïd*, des boulettes de viande épicées, légèrement pimentées, sur lesquelles on pose un œuf frit ; et le *lehem bil berkouk oua louz*, du mouton aux pruneaux et aux amandes où l'on sert la viande qui se détache de l'os dans une sauce à l'oignon safranée.

Au bout d'un certain temps au Maroc, on risque de se lasser des tajines jusqu'à ce que l'on découvre une variante régionale qui fait saisir toute la subtilité du tajine aux citrons et aux olives et tout l'intérêt d'en goûter les variantes. C'est-à-dire quand on passe au stade de véritable connaisseur en tajines et qu'on se met à apprécier les débats passionnés entre Marocains sur l'épaisseur idéale de l'écorce de citron et le degré de salaison des olives. Chaque région, ville, restaurant ou foyer a des opinions bien arrêtées sur la question. Vous en retrouverez la saveur dans votre tajine.

Aucun restaurant marocain qui se respecte n'oserait vous servir un tajine filandreux, insipide ou trop cuit.

Les végétariens peuvent parfois demander un tajine aux légumes, mais ce n'est pas toujours possible, car il faut déjà que le cuisinier qui achète ses légumes frais tous les jours par petite quantité, en ait suffisamment à sa disposition pour satisfaire la demande.

SAVEURS EXQUISES

À quoi tient la saveur exquise d'un plat ? Probablement à l'un des quatre assaisonnements principaux de la cuisine marocaine, qui se distinguent par leur couleur :

- jaune pâle : le *mkalli* est à base d'huile, de gingembre et de safran
- doré : le *mcharmal* est constitué de safran, de gingembre et d'un peu de poivre.
- orange ou rouge : le *mhammar* inclut du beurre, du paprika, et du cumin
- beige : le *kadra* est un mélange de beurre clarifié, de bouillon de légumes, de pois chiches et d'amandes.

LES RÈGLES DE L'ART

Appelé *seksou* par les berbères, le couscous passe aux yeux de certains critiques gastronomiques pour l'un des meilleurs plats au monde. Rien à voir toutefois avec la semoule précuite achetée en paquet et qu'il suffit de laisser gonfler trois minutes dans un peu d'eau bouillante... Le couscous est une semoule de blé dur. Ses fins granulés sont roulés à la main et cuits à la vapeur, au-dessus d'un bouillon parfumé, juste le temps nécessaire pour devenir succulents et légers. On le sert accompagné d'une sélection de légumes et/ou de viandes ou de poissons délicatement parfumés par une réduction de bouillon et d'épices.

Servi généralement en plat principal, le couscous présente de nombreuses variantes : couscous aux sept légumes à Casablanca, au mouton et aux légumes à Fès, aux tomates, au poisson et aux herbes fraîches à Essaouira, au potiron à Marrakech ou au simple et savoureux ragoût d'oignons dans le Haut Atlas. Les végétariens devront se renseigner à l'avance pour vérifier qu'il n'y a pas eu de viande pour préparer le bouillon de base. Un plat de couscous peut, à l'occasion, se commander à la carte, mais c'est plutôt le plat de résistance d'un déjeuner complet ou d'une *diffa*... si le couscous a été préparé dans les règles de l'art, vous le comprendrez dès la première bouchée.

MÉCHOUI

Plat de fête, le méchoui est un agneau ou un veau entier, farci de coucous et d'un mélange d'amandes (ou autres oléagineux) et de pruneaux (ou autres fruits secs), enduit de beurre, d'ail, de cumin et de paprika que l'on fait rôtir lentement à la broche jusqu'à ce que sa chair devienne fondante. On le sert parfois accompagné de kebabs ou de *koua*, des brochettes de foie aromatisées au cumin et au paprika. Après un tel festin, inutile d'espérer entreprendre le tour des musées, vous serez juste bon pour un thé à la menthe et un petit somme.

Les *majun* sont des petits gâteaux ronds, roulés dans des graines de sésame et fourrés de fruits secs, qui comportent aussi parfois du kif, ou marijuana. Bon à savoir pour éviter de se retrouver menottes aux mains et privé de dessert.

DESSERTS

Pour terminer le déjeuner, on sert généralement du thé à la menthe sucré accompagné de petits gâteaux aux amandes. Même si vous pensez n'avoir plus faim, il vous suffira de grignoter un petit bout de *kaab el-ghazal* (corne de gazelle), petits croissants de pâte d'amande délicatement parfumés à la fleur d'oranger, pour vous convaincre du contraire.

UN CREUX DANS L'APRÈS-MIDI (5-ISH)

Faute de méchoui, votre nez et votre estomac pourront vous guider vers des vendeurs ambulants qui proposent d'autres petits délices :

- maïs grillé
- pois chiches grillés avec sel et cumin
- amandes grillées sucrées ou salées
- graines de tournesol et de citrouille grillées
- œufs durs au cumin
- sandwichs de brochettes ou de merguez au cumin, servis avec sel et harissa.
- savoureux bouillon chaud d'escargots, servi à la louche dans une tasse ou dans un bol en étain.

Outre le café ou le thé à la menthe, la fin d'après-midi peut être l'occasion de déguster une glace dans un café ou un gâteau chez le pâtissier local.

LE DÎNER TARDIF (L'ASHA)

Au Maroc, le dîner ne commence guère avant 21h, après le travail et éventuellement une petite promenade au coucher du soleil. Les Marocains dînent le plus souvent chez eux (voir *Situation économique*, p. 46), hormis quelques jeunes qui sortent des bureaux, des étudiants et des célibataires qui vont avaler un plat rapide dans les *snaks* ou pizzerias du coin. L'hiver, vous verrez des vendeurs ouvrir des bacs de *harira* fumante. Cette soupe généreuse à base de tomates, d'oignons, de safran et de coriandre fraîche, est souvent enrichie de boulettes de mouton, de lentilles ou de pois chiches. À la maison, le dîner consiste souvent en une *harira* accompagnée des restes du déjeuner, à l'exception de la période du ramadan et des autres fêtes religieuses (voir l'encadré ci-dessous).

Réservé aux grandes occasions, le *smen* vieux est un beurre clarifié épicé qui a au moins un an d'âge. On le garde pour en faire une riche et savoureuse *kadra* (sauce) pour la viande et les légumes.

La diffa, repas de fête

Si vous en avez les moyens, vous aurez peut-être envie de dîner dans l'un de ces restaurants marocains huppés, voués à la clientèle touristique. Leur *diffa* (festin), à prix fixe, bénéficie en général d'un cadre prestigieux. Un spectacle de danse orientale et des musiciens accompagnent souvent ce dîner que l'on peut arroser de vin ou de bière. Tentez au moins une fois cette expérience digne des *Mille et Une Nuits* en choisissant, par exemple, parmi les plus beaux restaurants dont nous communiquons les coordonnées.

Dans ces restaurants ornés d'une profusion de miroirs, de lanternes, de draperies et de coussins, il y a toujours le risque que le décor d'apparat soit plus convaincant que la cuisine. Cette dernière varie du meilleur au pire, des spécialités régionales délicieusement cuisinées à la plus médiocre des tambouilles de cantine. En règle générale, si le restaurant paraît immense et si la scène est préparée pour un spectacle éclairé au laser, inutile d'espérer un service personnalisé et une authentique cuisine marocaine.

Dans les restaurants marocains, service et taxes sont généralement inclus dans l'addition. Vous pouvez néanmoins laisser 5 à 10% de pourboire, si vous êtes satisfait du service.

Que vous soyez invité à une *diffa* dans un foyer marocain (c'est une chance !) ou que vous en fassiez l'expérience dans un restaurant, votre repas comprendra un certain nombre des mets recensés ci-après :

Mezze - assortiment de cinq petits hors-d'œuvres, voire sept ou neuf, comme dans les plus extravagants restaurants-palais de Marrakech et de Fès.

Briouats - des petits pâtés feuilletés triangulaires ou en forme de cigare, farcis de viande hachée, de fromage de chèvre, ou d'œuf, et d'herbes, puis frits ou cuits au four.

Pastilla - réputé à juste titre, ce feuilleté sucré-salé est fait d'une superposition de *ouarka* (feuilles

EN PÉRIODE DE RAMADAN

Durant le ramadan, la plupart des Marocains observent le jeûne pendant la journée, ne mangeant qu'avant le lever du soleil et après son coucher. Le dîner se prend plus tard que d'habitude, vers 23 h, et beaucoup de gens se lèvent plus tôt pour avaler un copieux petit-déjeuner avant l'aube. Une autre pratique très répandue consiste à rester éveillé la majeure partie de la nuit, puis à dormir ensuite le plus tard possible. Si vous vous adaptez au rythme local, vous serez mieux à même de profiter des festivités qui se déroulent tard dans la nuit et de l'ambiance qui règne durant les fêtes du ramadan. Bien qu'on n'attende pas de vous que vous respectiez le jeûne, il est assez mal vu de manger en public. D'où la fermeture de nombreux restaurants durant la journée. Avec un tantinet d'organisation, vous pourrez facilement résoudre le problème : faire le plein d'en-cas au marché et vous isoler pour les consommer. Vous pouvez également demander qu'on vous serve un repas dans l'intimité de votre maison d'hôte. Sortez pour le dîner, en vous renseignant sur les meilleurs endroits à fréquenter pour l'*Iftar*.

L'*Iftar* s'accompagne de tous les mets traditionnels du ramadan : *harira* (soupe à la tomate et aux oignons, parfumée au safran et à la coriandre fraîche, souvent accompagnée de boulettes de viande de mouton et de lentilles ou de pois chiches), dattes, lait, *chebbakia* (gâteaux frits dans l'huile et enrobés de miel), et harcha (pain beurré à base de semoule et frit). parfois la *harira* est offerte, y compris dans les MacDonald's marocains où cela fait partie du "Ramadan Happy Meal". Pour plus de détails sur le ramadan et les autres fêtes religieuses, voir p. 456.

GOUTEZ-MOI ÇA !

Si vous traversez le Maroc, faites aussi voyager vos papilles en leur faisant goûter ces délicieuses spécialités régionales :

Casablanca : *seksou bidaoui* (couscous aux sept légumes).

Chefchaouen : *djaj bil berkouk* (poulet aux pruneaux).

Essaouira : *hout mkalli* (tajine de poisson aux citrons confits, safran et gingembre).

Fès : *kennaria* (ragoût de chardon/artichauts sauvages, avec ou sans viande), *hout bu'etob* (alose farcie de dattes fourrées aux amandes et cuite au four).

Haut Atlas : méchoui (mouton farci et lentement rôti à la broche).

Marrakech : *b'ssara* (fèves assaisonnées avec sel, huile d'olive, paprika et cumin), *tangia* (ragoût de mouton aux légumes et aux oignons, cuit pendant huit à douze heures dans un récipient en terre dans un hammam).

Meknès : *Kamama* (ragoût de mouton mijoté avec du gingembre, du *smen*, du safran, de la cannelle et des oignons doux).

Côte sud : *Amlou* (pâte d'amande au miel et à l'huile d'argan).

Tanger : versions locales de la paella et des tapas espagnoles.

de pâtes extrêmement fines) garnies de viande de pigeon ou de poulet, d'oignons caramélisés, d'amandes sucrées grillées, de citrons et d'œufs, puis saupoudré de cannelle et de sucre.

Couscous - préparé dans les règles de l'art (voir p. 72).

Tajine - souvent à choisir entre deux variétés.

Méchoui - et/ou quelque spécialité régionale (voir p. 68).

Desserts - une pastilla avec de la crème fraîche et des fruits secs grillés, des *briouat bil luz* (*briouats* garni de pâte d'amande), de la *seffa* (semoule sucrée avec cannelle et fruits secs, servie avec de la crème) ou des *kaab el-ghazal* (cornes de gazelle)

Si vous êtes invité dans un foyer marocain, la politesse veut que vous vous déchaussiez à l'entrée, que vous n'utilisiez que la main droite pour dire bonjour et pour porter la nourriture à votre bouche et que vous goûtiez au moins un petit peu de chaque plat.

FINISSEZ VOTRE VERRE

Dans les médinas et à proximité des mosquées, il est souvent mal vu de servir de l'alcool. En outre, la licence pour la vente de boissons alcoolisées atteint 20 000 Dh, un prix décourageant pour de nombreux commerçants. De nombreux restaurants et pensions contournent cet écueil et proposent mezzo voce des boissons alcoolisées qu'ils ne sont pas censés vendre. Si vous avez envie d'une bière sans qu'elle figure sur la carte, vous pouvez demander discrètement au serveur s'il peut vous en servir.

La meilleure bière locale est la Casa, suivie de la Flag,au léger goût d'herbe. Parmi les vins blancs marocains à recommander, citons le Coquillages et le Sémillant Blanc, et parmi les rouges, le Président, le Beauvallon, le Médaillon (cabernet) et le "S" de Siroura (syrah).

Le soir, comme dans la journée, n'oubliez pas de boire beaucoup d'eau minérale en bouteille. Si vous êtes tentés par les vendeurs de jus d'orange ou par les vendeurs d'eau, faites-vous servir de préférence dans un gobelet jetable ou directement dans votre bouteille d'eau.

Si on vous invite à boire un thé à la menthe, rappelez-vous que cette tradition d'hospitalité donne lieu à un véritable rituel, et ne peut s'expédier en quelques minutes. On prend le temps de s'asseoir et la cérémonie dure à peu près une demi-heure. S'il vous revient l'honneur de verser le thé, reversez la première tasse dans la théière pour rafraîchir la boisson et dissoudre le sucre. Puis versez le thé à la ronde en partant de la droite et en tenant la théière le plus haut possible au-dessus du verre. Bien entendu, il faut éviter de faire des éclaboussures. Votre hôte sera très impressionné.

Outre le thé à la menthe omniprésent, on peut aussi boire du café au Maroc, qui ressemble généralement à l'expresso français.

À RAPPORTER DU MAROC

Si vous avez envie de faire des fêtes marocaines chez vous, songez à suivre des cours de cuisine (les meilleurs ont lieu à Marrakech ; pour plus de détails voir p. 296) et à rapporter quelques-uns des ustensiles suivants pour donner à votre cuisine un petit air marocain :

Pot à harira - soupière en céramique avec un couvercle.
Pilon et mortier - pour écraser l'ail, les herbes et les épices.
Tajine slaoui - plat à tajine en terre, tout simple (ceux qui sont peints sont purement décoratifs).
Tbika - corbeille à pain et à gâteaux avec un couvercle en pointe.

Les Carnets de cuisine marocaine de Bouchra, de Valérie Lhomme, Bouchra Derraqui et Akiko Ida (Solar, 2006). Des recettes simples, savoureuses et authentiques, avec des conseils et tours de main indispensables pour les réussir. À vous les briourats, les pastillas, et la graine de couscous légère comme là-bas....

LES MOTS À LA BOUCHE

Vous ne faites pas la différence entre harissa et *harira*, *kefta* et *kesra* ? Ce petit guide vous permettra de vous familiariser avec le vocabulaire culinaire. Reportez-vous p. 492 pour les questions de phonétique.

Phrases utiles

Une table pour…, je vous prie.
tabla dyâl… 'afâk
Pourrais-je voir la carte s'il vous plaît ?
nakdar na'raf lmâkla lli 'andkoum ?
Je suis végétarien(ne).
makanakûlch llham
Que recommandez-vous ?
chnou tansaani nakoul?
Je vais essayer le même plat qu'elle.
gha nzharrab chnou kâtakoul hïa
Je voudrais boire quelque chose
bghît chi hâzha nachroubha
Je n'ai pas commandé cela.
tlabtch hâd chchi
Pouvez-vous m'apporter… ?
llâ ykhallîk zhîb li…

de l'eau	*chouïa dyâl lmâ*
du sel	*chouïa dyâl lmalha*
du poivre	*chouïa dyâl libzâr*
du pain	*chouïa dyâl lkhoubz*
une serviette	*mandîl*
une bière	*birra*

un verre/une bouteille de vin rouge/blanc/rosé
kaas/kar'a dyal hmar/bïad/rouzi chchrab

Sans..., s'il vous plaît. *bla..., 'afak*

C'est... *Had chchi...*

parfait	*ldid bezzef!*
brûlé	*mahrouka*
froid	*barda*
pas assez cuit	*ma taïbach mazïan*

À votre santé !
bsaha!
La note, s'il vous plaît.
lansâb, 'afâk
Puis-je payer par carte bancaire ?
wach nkder nkhelles bel kârt kredî ?
Merci. *choukran*

Décoder la carte

amlou – mélange d'huile d'argan, de pâte d'amande et de miel
baghrir – crêpe légère à base de semoule fine et de farine, servie au petit-déjeuner
briouat – gâteau en forme de cigare ou de triangle enveloppé de pâte fine
charbat billouz – lait aux amandes
djaj mcharmal – tajine de poulet aux olives et aux citrons confits
harira – soupe épaisse et copieuse contenant pois chiches, lentilles, viande et coriandre. Plat de rupture du jeûne (*iftar*), pendant le mois de ramadan
kaab el-ghazal – pâtisserie à la pâte d'amande, délicatement parfumée, et enrobée de sucre glace (corne de gazelle)
kefta – boulette de viande d'agneau hachée et assaisonnée
kefta mkaouara – tajine de *kefta* avec tomates et œufs
kesra – pain cuit dans un four à bois
mkalli – sauce safranée, à l'huile et au gingembre
mourouzia – savoureux tajine sucré, contenant de l'agneau, des raisins secs, des amandes et quantité d'épices
pastilla – superposition de feuilles de pâte garnies de viande de pigeon ou de poulet, d'amandes, d'épices et d'une sauce onctueuse et citronnée aux œufs
m'hancha – ruban de pâte farci aux amandes, saupoudré de sucre glace et de cannelle
seffa – semoule sucrée, additionnée de cannelle et de lait
seksou – couscous, plat traditionnel composé de semoule, garni de légumes et de viande
seksou bidawi – couscous aux sept légumes
sidi ali – marque d'eau minérale employée comme un nom commun
tajine – ragoût cuit dans le plat du même nom
tangia – tajine de Marrakech cuit dans le four du hammam

Glossaire

VIANDES

begrî – bœuf
farûj/djaj – poulet
kebda – foie
kelawi – rognons
lehem – viande
lehem ghenmî – agneau
lehem jemil – dromadaire

POISSON

hout – poisson
lângos – homard
lamûri – morue
merla – merlan
kaimrûn – crevette
serdîn – sardine
chton – anchois
sol – sole
ton – thon

LÉGUMES

a'des – lentilles
batatas – pommes de terre
besla – oignon
fasûliya – haricots blancs
fegg'a – champignon
khess – laitue
khiâr – concombre
lbdandjâl – aubergine
loubïa – haricots verts
mataicha tamatim – tomate
kûk – artichaut
tûma – ail
khûdar – légumes
zîtoun – olives
zelbana bisila – pois

FRUITS

'eineb – raisin
banan/moz – banane
dellah – pastèque
fakïa – fruit
kermûs – figues
lîmûn – orange, citron
mechmach – abricot
remman – grenade
teffah – pomme
tmer – dattes

AUTRES

baïd – œufs
chorba – soupe
filfil/lebzâr – piment/poivre
fromaj – fromage
khoubz – pain
melha – sel
ships – frites
sukur – sucre
zabadî/laban/danûn – yaourt
zebda – beurre
zit – huile

Environnement

GÉOGRAPHIE

Magnifique symbiose de la pierre, du sable et de la mer, la topographie marocaine est aussi l'une des plus variées d'Afrique du Nord. Les paysages – certains sont d'une beauté à couper le souffle – inhérents à la diversité des climats, des altitudes et des écosystèmes marocains, émerveillent les voyageurs. Mais ce qu'ils découvrent en même temps, c'est l'incroyable synergie qui relie la terre à ses habitants. Une alliance profonde où se marient harmonieusement les nuits étoilées de l'Atlas, les rythmes du folklore et les rites traditionnels. Près de 55% des Marocains vivent en effet en zone rurale, et il est impossible de dissocier les paysages de la population qui les anime.

Les côtes du Maroc s'étirent sur 1 835 km, ce qui est presque aussi long que ses frontières terrestres (2 017,9 km)

Littoral et cours d'eau

L'identité marocaine est largement façonnée par la géographie du pays, en particulier par son littoral, qui s'étend de la côte méditerranéenne, relativement calme avec ses criques protégées, à l'océan Atlantique, et ses immenses plages ouvertes aux vents et au commerce. L'agitation qui règne sur la côte marocaine, de la Méditerranée à Agadir, en passant par les plages rocailleuses d'Asilah et les criques d'Essaouira, tranche avec la majesté des montagnes et la sérénité du désert. Faire face à la mer a poussé depuis des siècles les Marocains à explorer ce qui se cache au-delà de leurs côtes. Cela les a également aidés à développer une ouverture d'esprit envers les étrangers et leur commerce.

Dans la région d'Agadir, les chèvres montent dans les arganiers pour manger les fruits, et les paysans récupèrent les noyaux dans les excréments. L'huile d'argan est produite à partir de ces noyaux.

Le climat du littoral est doux, avec une tendance à devenir plus frais et humide dans le Nord. Les températures moyennes diurnes oscillent entre 12°C en hiver et 25°C en été, mais l'humidité est telle qu'il est souvent presque impossible de faire sécher du linge. Le sud de la côte atlantique et l'est de la côte méditerranéenne sont plus secs.

Les fleuves et rivières, notamment le superbe Sebou, au sud de Fès et l'Oum er-Rbia, au nord-est de Kenitra, font le bonheur des randonneurs, et constituent une ressource d'eau essentielle pour les habitants.

Montagnes

À travers l'histoire du Maroc, les montagnes de l'intérieur ont toujours servi d'abri aux Berbères ainsi qu'à d'autres résistants ou rebelles face aux envahisseurs. Au nord, la chaîne du Rif forme un arc de cercle composé de montagnes de calcaire et de grès difficiles à pénétrer, qui culminent à quelque 2 200 m d'altitude et plongent abruptement dans la Méditerranée. Les paysages verdoyants qui accueillent les voyageurs venus d'Espagne surprennent souvent ceux qui s'attendaient à trouver des dunes à perte de vue. La région est principalement peuplée de Berbères, qui pratiquent notamment la culture du kif (haschisch). Toujours dans ces collines, la région de Taza se distingue par ses nombreuses grottes et cavernes inexplorées (p. 268), qui raviront les amateurs d'aventure. Le climat peut être assez imprévisible ; les étés sont agréables et ensoleillés, mais, dès octobre, les températures baissent sérieusement, et vers avril-mai la fin de l'hiver cède la place à une saison des pluies particulièrement humide.

Cœur même du Maroc, le Moyen Atlas est un patchwork de champs parcouru par des petites routes. Il s'étire du nord-est au sud-ouest du Rif et culmine à 3 340 m. Bien que la majeure partie des terres soient consacrées à l'agriculture, il suffit d'une escapade dans les montagnes pour découvrir des sites naturels étonnants, comme la magnifique cascade d'Ouzoud (p. 314) et les forêts alentour.

Les collines que l'on rencontre à l'est d'Agadir s'élèvent par paliers successifs jusqu'à former le Haut Atlas. Point culminant du Maghreb, le djebel Toubkal (p. 414) domine du haut de ses 4 167 m les villages aux environs de Marrakech. Ces pics, sur lesquels poussent du blé, des noisetiers et des amandiers, fournissent peu d'ombre pour se protéger des redoutables rayons du soleil. La chaleur est étouffante en été et dépasse fréquemment 40°C. Au sud-est, le Haut Atlas cède la place à des gorges profondes et sinueuses menant au Sahara.

Plus au sud, les pentes de l'Anti-Atlas cèdent la place aux terrains arides du Sahara et protègent la vallée du Sous des incessants vents du désert.

Désert

Au sud de l'Anti-Atlas, les flancs désolés des montagnes – creusés de nombreuses gorges – mènent jusqu'au désert de pierres du Sahara occidental, une région très rude à la population clairsemée, bordée à l'est et au sud par l'Algérie et la Mauritanie.

Franchir la crête du Moyen Atlas dans la région de Zagora permet de rejoindre les dunes de Tinfou et de l'erg Chigaga, en passant parmi les palmiers de la vallée du Drâa (p. 330). Au sud-est, dans la province d'Er-Rachidia, les dunes dorées de Merzouga invitent les visiteurs à les gravir pour contempler l'horizon sous le soleil du Sahara. Au sommet, les voyageurs ressentent l'impression de découvrir l'éternité du Sahara.

L'Exploration du Sahara, de Jean-Marc Durou, préface de Théodore Monod (Actes Sud, 2004), retrace l'histoire de ce territoire immense passionnément convoité.

Même en hiver, les températures dépassent 30°C en journée, mais la sécheresse de l'atmosphère les fait rapidement chuter en soirée et il n'est pas rare qu'il gèle la nuit. Ces brusques changements de température nécessitent un équipement adéquat et une certaine résistance physique, mais la beauté de l'expérience fait rapidement oublier ces difficultés.

Ici aussi, l'environnement sauvage du désert impose sa loi aux êtres vivants. Le rythme de la vie est plus lent et les conversations moins volubiles. Chaque activité tient compte de la chaleur du jour et du besoin de se rassembler la nuit autour du feu.

Faune et flore

Dieu a créé les êtres vivants à partir de l'eau.
Certains rampent sur le ventre,
Certains marchent sur deux pattes,
Et d'autres sur quatre.
Dieu crée ce qu'Il veut.
Dieu est tout-puissant.

Coran, sourate XXIV, verset 45

Le Maroc possède une des biodiversités les plus riches du bassin méditerranéen. Plus de 40 écosystèmes différents – abritant de nombreuses espèces endémiques – s'y répartissent en trois grandes zones écologiques : le littoral, les montagnes et le désert. Malheureusement, l'accroissement des zones urbaines et l'industrialisation menacent la plupart de la faune et de la flore marocaines.

Animaux

Si la campagne marocaine fourmille de vie, il vous faudra malgré tout sortir des sentiers battus pour entrapercevoir des scènes de vie sauvage. Pour plus d'informations sur l'observation des oiseaux, voir p. 439.

LITTORAL

La faune et la flore de la côte méditerranéenne du Maroc ont succombé en grande partie à la présence croissante de l'homme et au trafic maritime, quand elles n'ont pas migré vers d'autres lieux. En revanche, la côte atlantique, moins peuplée et moins soumise à l'activité intensive de l'homme, abrite encore des marsouins et des dauphins, ainsi que de nombreux oiseaux. Les goélands à iris blanc, les cormorans marocains et les sternes caugek, que l'on trouve sur les plages, font partie des espèces les plus représentées.

Les dromadaires possèdent trois paupières qui protègent leurs yeux lors des tempêtes de sable.

DÉSERT

Aussi inhospitalier qu'il puisse paraître, le désert héberge de nombreux animaux, dont le chacal doré, le fennec et l'outarde houbara, une espèce presque éteinte. Les scinques et les vipères des sables s'y nourrissent de rongeurs comme la gerboise et la gerbille. Les déserts rocailleux abritent lézards fouette-queues, vipères à cornes et hyènes rayées. Bien qu'il n'en reste que quelques spécimens au Maroc, le fennec est l'une des espèces emblématiques du Sahara, avec ses coussinets recouverts de fourrure le protégeant des sables brûlants et ses immenses oreilles. En raison de la chaleur, ces espèces ne s'activent qu'entre le crépuscule et l'aube.

RÉGIONS MONTAGNEUSES

Sociable et joueur, le singe magot (de la famille des macaques) se rencontre fréquemment dans les forêts de la région d'Azrou. Les autres mammifères sont généralement plus discrets, à l'instar de la gazelle des montagnes, du léopard, du renard roux et du lynx. Le splendide aigle royal éclipse un peu les autres oiseaux, mais vous apercevrez peut-être quelques spécimens de bec-croisé des sapins, d'alouette hausse-col, d'aigle botté, de vautour percnoptère, de milan noir et de milan royal. Les papillons, tels que le cardinal écarlate et le cléopâtre jaune vif, abondent au printemps.

ESPÈCES MENACÉES

Comme la plupart des pays du Maghreb, le Maroc n'a jamais fait de la protection des espèces menacées sa priorité. On compte actuellement 18 espèces de mammifères (soit 15% de la totalité des espèces) et 11 espèces d'oiseaux en voie d'extinction.

SANG FROID ET BOUCHE COUSUE

C'est sans doute au souk que vous ferez votre première rencontre avec les reptiles marocains : charmeurs de serpents, vendeurs de reptiles (ou de morceaux de reptiles, ingrédients de la médecine traditionnelle), marchands de carapaces de tortues devenues soufflets ou instruments de musique pour touristes... vous n'y échapperez pas !

En observant de près les serpents "charmés", on constate que leur bouche est cousue. Seul un petit espace est maintenu pour leur permettre de sortir la langue. Cette opération entraîne de graves infections buccales chez les pauvres reptiles qui, incapables de s'alimenter, meurent rapidement avant d'être remplacés. Victime du succès des charmeurs de serpents auprès des touristes, la population de cobras d'Égypte a gravement diminué.

Aujourd'hui, on estime à 10 000 le nombre de tortues massacrées chaque année pour les besoins de l'activité touristique. Lorsque l'on sait, en outre, que les tortues marocaines (*Testudo graeca graeca*) ne trouvent quasiment plus de lieu où nicher au Maroc, on comprend pourquoi cette espèce figure sur la liste onusienne de la Convention sur le commerce international des espèces en danger. La législation actuelle n'interdit pas leur vente (ni celle de leur carapace) dans le pays, mais les personnes qui tentent d'en exporter sont passibles de fortes amendes.

LE ROI DE L'ARÈNE

Le lion de l'Atlas, qui faisait des carnages dans les amphithéâtres romains, était une espèce endémique au Maroc. Le dernier représentant de l'espèce est mort en captivité dans les années 1960, trente ans après le dernier spécimen sauvage.

La légende dit que les opposants au roi du Maroc ont connu le supplice de la fosse aux lions jusqu'en 1914. Le dernier dissident à subir ce sort se serait vu offrir un bref sursis par le roi, mais il aurait rétorqué : "Mieux vaut être mangé par les lions que mordu par un chien." Sur ce, il fut jeté dans la fosse.

Le Parc zoologique national de Rabat a mis au point un programme de reproduction pour les descendants de ces mangeurs d'hommes, dont le génome conserve 80% de celui des lions de l'Atlas. Il est question de les lâcher dans la nature, mais il est peu probable que la population marocaine apprécie cette éventualité.

Le long du littoral, sur une bande de terre fertile située dans la lagune d'Oued Massa entre Agadir et Tiznit, la dernière colonie d'ibis chauves, vénérés dans l'Antiquité par les Égyptiens, mène une vie précaire, menacée par le développement de grands complexes touristiques.

Pour prendre des nouvelles du lion de l'Atlas, ainsi que d'autres espèces en voie de disparition, vous pouvez consulter le site de l'Association de protection des espèces menacées à travers le monde, Aves France : www.aves.asso.fr

Il ne reste également que quelques léopards d'Arabie (les derniers spécimens du Maghreb), réfugiés dans les régions montagneuses les plus reculées.

Dans les régions désertiques, l'addax, une antilope extrêmement sauvage, est en voie de disparition, malgré sa capacité incroyable de survie dans ce climat aride (elle peut se passer d'eau toute sa vie si nécessaire). De même, les jours de l'outarde houbara, décimée par la chasse, sont comptés.

Parmi les autres espèces en voie de disparition, on compte la gerbille occidentale, les tortues, la hyène et le cerf de Barbarie, l'aigle ibérique, le phoque moine de Méditerranée, la gazelle de Cuvier et la gazelle dama.

L'oryx du Sahara (une antilope blanche qui a inspiré la légende de la licorne) et le bubale roux ont subi le même sort que le dodo. Quant au magnifique lion de l'Atlas, il a été vu (et abattu) pour la dernière fois dans les montagnes de l'Atlas en 1922.

Malgré ces constats d'échec, des programmes de protection ont permis de sauver quelques espèces, comme la gazelle dorcas et le mouflon à manchettes.

Plantes

Près de 182 espèces végétales marocaines sont en voie de disparition, victimes de l'érosion et de la déforestation.

Le Maroc se pare d'une multitude de couleurs entre avril et mai (avant la canicule de l'été), avec la floraison des iris, du thym, des orchidées et des géraniums. À moyenne altitude, vous pourrez admirer des forêts de cèdres, de chênes verts, de thuyas et de pins d'Alep. Le genévrier pousse à une altitude supérieure, mais il est de plus en plus rare.

Le Maroc produit des fruits et des légumes savoureux, notamment le sud du pays où règne un climat semi-tropical. Les environs d'Agadir se caractérisent par leurs orangeraies, ceux de Marrakech par leurs noyers, ceux de Ouarzazate par leurs amandiers et ceux de Zagora par leurs dattiers. Grenadiers et figuiers poussent dans tout le pays.

PARCS NATIONAUX

Les autorités marocaines ont placé certaines régions sous protection afin d'enrayer l'érosion de la biodiversité. Aujourd'hui, le Maroc possède 12 parcs nationaux, 35 réserves naturelles, réserves forestières et autres zones protégées, supervisés par la direction des Eaux et Forêts marocaines. Le premier parc national fut créé en 1942 dans les montagnes de l'Atlas, autour du pic Toubkal. Le parc national et réserve biologique de Sous-Massa, à proximité d'Agadir, inauguré en 1991, est sans doute le parc le plus remarquable du pays.

Les parcs nationaux marocains ont permis de sauver le singe magot, le hibou du Cap, la proserpine ainsi que le sapin et le chêne-liège.

Quatre nouvelles zones sont protégées depuis 2004 : le parc de Talassemtane (58 950 ha) dans le Rif, le parc d'Al-Hoceima (48 460 ha) qui protège l'habitat côtier et maritime sur la côte méditerranéenne (ainsi qu'un des derniers refuges du balbuzard), le parc d'Ifrane (51 800 ha) dans le Moyen Atlas, qui abrite des cèdres et des singes magots et enfin, le parc national du Haut Atlas de l'est (52 252 ha). Le parc national de Tazekka a également été agrandi.

Les efforts de la direction des Eaux et Forêts du Maroc ont permis de sauver plus d'une douzaine d'espèces en voie d'extinction, parmi lesquelles l'ibis du Cap, le singe magot, le hibou du Cap et le papillon proserpine chez les animaux, ainsi que le sapin et le chêne-liège pour

LES PRINCIPAUX PARCS NATIONAUX

Parc national	Localisation	Caractéristiques	Activités	Meilleure époque
Parc national du Toubkal (p. 408)	Environs de Marrakech	Sommet le plus élevé d'Afrique du Nord	Randonnée, alpinisme	mai-juin
Parc national de Sous-Massa (p. 368)	Sud d'Agadir	Estuaires côtiers abritant 275 espèces, mammifères, oiseaux, espèces menacées dont l'ibis du Cap	Randonnée, ornithologie	mars-octobre
Lac de Sidi Bourhaba Mehdlya (p. 121)	Lacs, marais	200 espèces d'oiseaux migrateurs dont la sarcelle marbrée, le hibou du Cap et le flamant rose	Baignade, randonnée et ornithologie	mai-octobre
Parc national de Merja (p. 122)	Moulay Bousselham	Lagons abritant 190 espèces d'oiseaux aquatiques, dont le zerga (hibou du Cap), le goéland d'Audouin et le foulque à crête	Observation de la nature	décembre-janvier
Parc national de Talassemtane (p. 427)	Chefchaouen	Forêts de cèdres peuplées de macaques, renards, chacals et chauves-souris	Randonnée et observation de la nature	juin-septembre
Réserve animale de Bouarfa (p. 275)	Bouarfa	Désert de rocaille rouge	Randonnée, alpinisme	avril-octobre
Parc national de Tazzeka (p. 268)	Près de Taza	Forêts de chênes et cascades	Randonnée	juin-septembre

les végétaux. Dans le cadre de ces projets, la recherche scientifique s'est développée et des études ont été lancées pour analyser les causes de la disparition de certaines espèces animales et végétales. La communauté internationale s'implique de plus en plus et et envoie sur les sites des spécialistes désireux de mener leurs propres recherches.

Il faut bien sûr se garder de tout emballement : à l'heure actuelle, seul 0,05% du territoire marocain est considéré comme zone protégée.

Les efforts pour créer de nouveaux parcs ne font pas l'unanimité. La population locale est tiraillée entre l'espoir que le tourisme engendre de nouveaux revenus et la frustration de voir les terres morcellées et le désintérêt des autorités face aux pénuries d'eau ou à la médiocrité des services médicaux. Même si les missions des parcs nationaux ne sont pas remises en cause, les priorités du gouvernement sont critiquées en coulisses. Pour apaiser les mécontentements, les ministères du Tourisme et de l'Agriculture ont affirmé que les programmes environnementaux seront financés grâce aux profits du tourisme.

Maisons du Sahara : Habiter le désert (Hazan, 2006) de J.L. Le Quellec, C. Tréal et J.-M. Ruiz. Le regard d'un ethnologue passionné sur l'habitat du plus grand désert du monde.

Malgré tout, les parcs nationaux marocains sont désormais un atout touristique précieux pour le Maroc, parce qu'ils permettent de pratiquer de nombreuses activités tout en découvrant de superbes endroits sauvages.

C'est le cas du parc national du Toubkal, qui abrite la chaîne montagneuse la plus élevée d'Afrique du Nord (le djebel Toubkal culmine à 4 167 m) et offre de nombreuses possibilités pour camper, randonner et gravir des sommets en jouissant du panorama sur l'arrière-pays de Marrakech. Conscient de l'intérêt croissant des voyageurs pour l'écotourisme, le gouvernement marocain prévoit de rentabiliser certains parcs en instaurant des droits d'entrée.

Les projets visant la promotion du tourisme rural et les chemins de randonnée des parcs d'Al-Hoceima et de Talassemtane témoignent de cette volonté d'intégrer la protection de la nature au tourisme. Parallèlement, les parcs travaillent avec les communautés locales afin de les aider à régler leurs problèmes et à prendre conscience que l'activité des parcs peut être une excellente alternative à la culture du kif.

ÉCOLOGIE

L'interdépendance des habitants et de la terre contribue aux dilemmes environnementaux auxquels les Marocains sont confrontés en permanence. L'agriculture est aussi essentielle pour l'économie nationale (elle représente entre 21 et 30% des revenus) que pour la population marocaine. Pourtant, l'équilibre est de plus en plus précaire. Chaque année, les agriculteurs se trouvent toujours plus à la merci de températures extrêmement élevées et de variations climatiques imprévisibles pouvant détruire toute une saison de labeur. Le réchauffement planétaire est particulièrement lourd de conséquences puisque la raréfaction des chutes de neige dans les régions montagneuses ne permet plus l'alimentation normale des cours d'eau. Dans le Sud, la plupart des fleuves et rivières sont asséchés depuis au moins dix ans, occasionnant des dégâts presque irréparables aux plantations de dattiers et d'amandiers. La population, prise à la gorge, est poussée à pratiquer l'agriculture intensive, la déforestation et le surpâturage, ne faisant qu'accélérer la désertification. Les cultures se retrouvent souvent vulnérables face aux tempêtes de sable et aux inondations. Au final, les villages touchés doivent faire face à des crises de pénurie alimentaire et à des problèmes d'approvisionnement en eau, qui, à leur tour, provoquent des difficultés sanitaires.

En visitant le site www.geos-nature.org vous trouverez de multiples liens pour vous informer sur les luttes engagées pour la sauvegarde des animaux sauvages et des écosystèmes au Maroc.

La savane qui s'étendait à perte de vue autrefois a progressivement disparu. L'absence de réglementation en matière de chasse est à l'origine

ÉCOTOURISME HORS PISTES

Les voyageurs qui désirent se lancer hors des pistes en 4x4 doivent réfléchir aux conséquences écologiques de ces périples. Depuis que les 4x4 ont pris la place des dromadaires, le nombre des tempêtes de sable a augmenté au Sahara. Les roues larges craquèlent la terre du désert, qui est ensuite emportée par les rafales de vent. On estime que la production de poussière a augmenté de 1 000% au Maghreb en 50 ans. Les tempêtes de poussière sont une des causes de la sécheresse plus qu'une de ses conséquences, puisqu'elles empêchent la lumière du soleil d'atteindre la surface de la terre et préviennent la formation de nuages.

Les conséquences de ce tourisme saharien peu écologique vont bien au-delà du Maroc et de ses communautés locales. La poussière soulevée contribue non seulement au changement climatique, mais elle menace également la santé de la population, les barrières de coraux et le plancton à la surface de l'océan. Les tempêtes de sable sont devenues de plus en plus courantes dans des villes comme Madrid et risquent de transformer à terme 90% de la région méditerranéenne espagnole en désert. Une fois le processus de désertification amorcé en Europe, il sera extrêmement difficile et onéreux d'y remédier. La poussière atteint déjà le Groenland, où elle fait fondre les icebergs plus rapidement.

Avant de monter dans un 4x4, vérifiez donc qu'il n'existe aucun autre moyen de transport.

de catastrophes écologiques. Ainsi, la disparition d'espèces prédatrices comme le lion de l'Atlas a entraîné une surpopulation des troupeaux herbivores, dangereuse pour la végétation. Dans le sud du pays la désertification gagne : sans protection naturelle, les oasis ne peuvent résister aux tempêtes de sable qui soufflent sur la région. Pour ne rien arranger, certaines pratiques du département des Eaux et Forêts ont eu des résultats désastreux. Ainsi, dans la forêt de Mamora, non loin de Rabat, l'arrachage des genêts sous les chênes-lièges a favorisé l'érosion et provoqué la mort des arbres par déshydratation. Les écosystèmes fragiles du désert sont en péril. Le Sahara gagne du terrain et les oasis, sans protection naturelle, sont menacées d'être avalées par le désert.

Pour remédier à ces désastres, les autorités ont lancé des programmes de reforestation, en partie financés par l'aide internationale. Tous les ans, deux millions d'arbres sont distribués pour tenter de reconstituer les palmeraies. Le plan national de reboisement (PNR) prévoyait de fournir dès 2000 la totalité du bois de construction nécessaire aux industries nationales ; mais l'opération se solda par un échec, car elle se contenta de planter des essences à croissance rapide, sans tenir compte de leur adaptabilité au climat marocain.

Sur le site de la Convention Ramsar sur les zones humides (ramsar.org/profile/profiles_morocco.htm), vous pourrez découvrir une liste (en anglais) des marais marocains les plus importants et les plus menacés.

Autre problème d'importance : la pollution industrielle de la mer, des sols et des cours d'eau, et donc des ressources en eau destinées à la consommation et l'irrigation. Les zones urbaines produisent 2,4 millions de tonnes de déchets solides par an. La baisse des ressources en eau utilisées pour l'irrigation et l'augmentation de la demande ont également contribué à l'assèchement des marais côtiers, habitat d'espèces menacées.

La situation reste donc préoccupante. Un tiers des écosystèmes du Maroc risque de disparaître et 10% de la population vertébrée est en danger. Chaque année, 25 000 ha de forêts sont rayés de la carte. Il n'existe déjà plus de forêts de pistachiers atlantiques et d'oliviers sauvages. Les pins du Maroc, les thuyas et les cèdres de l'Atlas sont menacés d'extinction. Arganiers, genévriers, chênes verts, chênes zéens et chênes tauzins connaissent une situation critique. Du fait de la construction de barrages destinés à l'irrigation, le niveau des nappes phréatiques a baissé et de nombreux écosystèmes ne sont plus en mesure de subvenir aux besoins de leur faune.

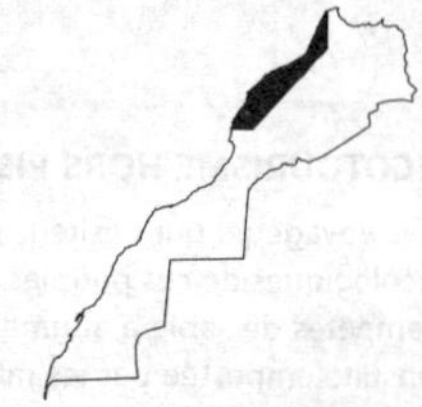

Côte atlantique

شاطىء الأطلنطي

Des centaines de kilomètres de plages magnifiques, ponctuées de petits villages de pêcheurs, de ports historiques et de villes fortifiées, s'étirent en ondulant le long de la côte atlantique, l'une des régions les plus faciles à visiter du Maroc. À travers les âges, le contrôle des ports a été un enjeu commercial essentiel pour les envahisseurs comme pour les tribus locales. Ainsi, Phéniciens, Romains, Portugais et Français ont tour à tour dominé cette région, laissant leur empreinte en maints endroits.

Aux longues plages battues par l'océan s'opposent les villes tentaculaires de Rabat et de Casablanca, respectivement capitale politique et capitale économique du pays. Une grande partie de la population se concentre dans cette région à mille lieues du Maroc traditionnel.

Au nord et au sud, vous découvrirez des villes fortifiées, et parfois fondées, par des puissances européennes, de discrètes petites stations balnéaires et plusieurs réserves naturelles qui abritent des nuées d'oiseaux. Les hauts lieux touristiques de la région sont les villes portugaises d'Asilah et d'Essaouira, où règne une ambiance décontractée et qui attirent chaque année un nombre croissant de visiteurs pour leurs festivals internationaux en plein essor. Entre ces cités s'étendent des centaines de kilomètres de plages, souvent désertes, et plusieurs breaks de surf appréciés des connaisseurs.

À NE PAS MANQUER

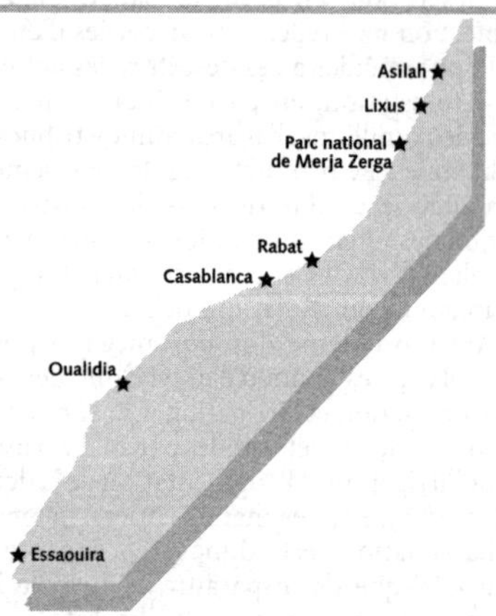

- La promenade des remparts et les agapes de poisson frais à **Essaouira** (p. 142)
- La **mosquée Hassan II** (p. 89), à Casablanca, sidérante par sa taille et par l'habileté des artisans qui l'ont construite
- La nécropole mérinide de **Chellah** (p. 107), à Rabat et sa colonie de cigognes
- Les remparts d'**Asilah** (p. 127), édifiés par les Portugais
- Un festin d'huîtres au bord de la baie en forme de croissant d'**Oualidia** (p. 136)
- Un bain de tranquillité dans les mystérieuses ruines romaines de **Lixus** (p. 125) envahies par la végétation
- Le glissement silencieux du bateau qui vous emmène au fil de l'eau observer les milliers de flamants roses du **parc national de Merja Zerga** (p. 122)
- À Casablanca, une flânerie au milieu de la foule branchée du **boulevard de la Corniche** (p. 91)

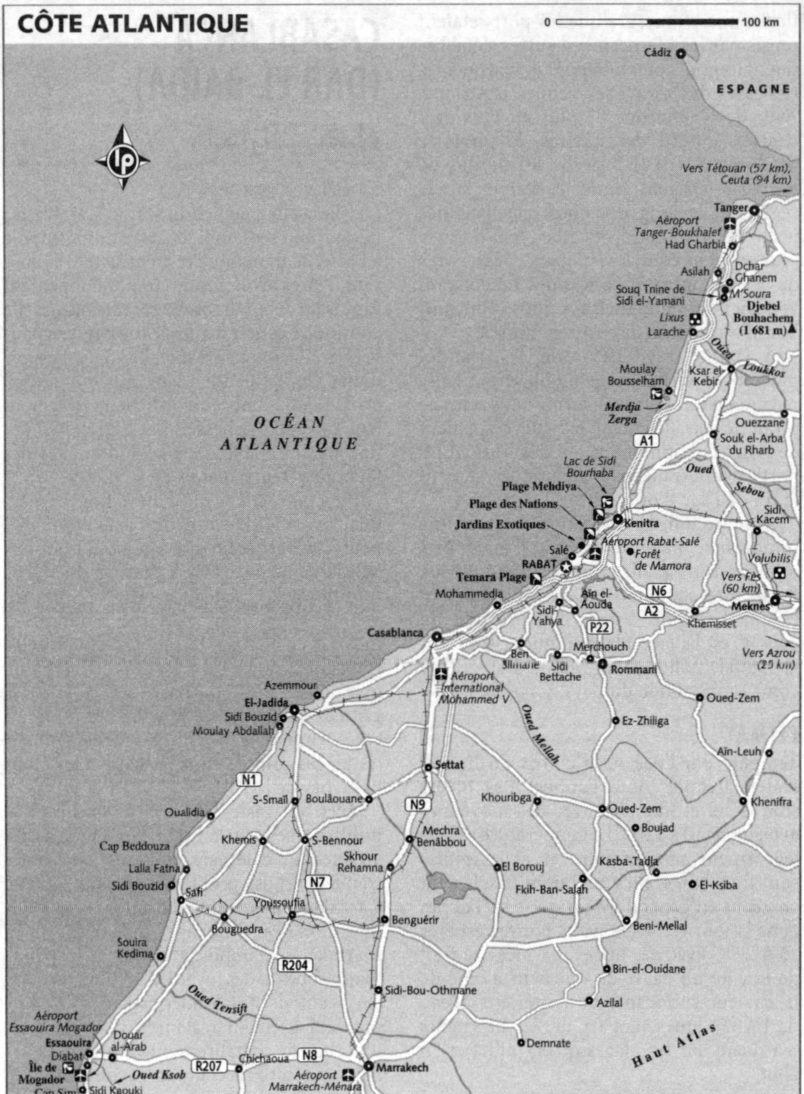

HISTOIRE

Le littoral atlantique a joué un rôle de premier plan au cours de la riche histoire du Maroc, grâce au commerce maritime. Pendant des siècles, les marins phéniciens sillonnèrent la côte où ils s'établirent à Lixus, à Essaouira et à Chellah entre le Xe et le VIIe siècle av. J.-C. Tombées aux mains des Carthaginois au cours du VIe siècle av. J.-C., leurs colonies devinrent pour certaines, comme Lixus, des avant-postes de l'Empire romain.

Au tournant des XVe et XVIe siècles, l'établissement par les Portugais de comptoirs commerciaux entre Asilah et Agadir bouleversa la région et généra une activité florissante. À mesure que les ports étaient repris par les Marocains, d'autres s'établissaient toujours plus loin pour embarquer les richesses des caravanes venues d'Afrique. Avec des cargaisons de plus en plus précieuses à bord des navires, la piraterie fit florès. Au XVIIIe siècle, les pirates de Barbarie faisaient régner la terreur sur la région et le long des côtes européennes jusqu'à celles des Cornouailles, leur butin le plus précieux étant les équipages des navires qu'ils échangeaient contre des rançons ou vendaient comme esclaves. Plus d'un million d'Européens disparurent ainsi.

À la fin du XVIIIe siècle, les grandes puissances européennes mobilisèrent leurs marines pour mettre un terme à ces actes de piraterie. Parallèlement, elles développaient de nouveaux itinéraires qui délaissaient les ports méditerranéens et atlantiques, signant la fin de l'âge d'or du littoral marocain.

Aujourd'hui, la navigation a repris une importance majeure et, grâce aux ports industriels d'Agadir et de Safi ainsi qu'aux florissantes stations balnéaires qui jalonnent la côte, la région reste la plus prospère du pays. C'est là, face à la mer, que se trouvent la capitale politique du Maroc, Rabat, et le cœur économique du pays, Casablanca.

CLIMAT

Tempéré par l'océan, le climat du littoral reste agréable toute l'année. Les hivers sont doux et humides avec des moyennes avoisinant 10 à 12°C. La température s'élève légèrement au printemps et, si les pluies sont fréquentes, elles ne durent pas, le vent chassant en général les nuages vers l'océan dans la journée. L'été, vous pouvez espérer 25 à 27°C avec des brises marines qui font de la côte un havre de fraîcheur à côté de la chaleur suffocante de l'intérieur. L'eau de l'Atlantique étant froide, les baigneurs n'affluent sur les plages qu'en juillet et en août.

DEPUIS/VERS LA CÔTE ATLANTIQUE

Casablanca et Rabat constituent les plaques tournantes des transports dans la région. Les deux villes se situent sur la ligne ferroviaire nationale qui les relie directement à Tanger, Oujda, Fès, Meknès et Marrakech. Toutes deux sont dotées d'aéroports internationaux, mais les vols sont beaucoup plus nombreux sur Casablanca.

CASABLANCA (DAR EL-BAÏDA)

الدارالبيضاء

3,8 millions d'habitants

La ville la plus peuplée du Maroc, Casablanca (Casa, pour ses familiers), est une métropole à l'activité frénétique et au caractère exubérant. Après avoir connu un développement rapide au début du protectorat français, elle continue d'attirer des foules de paysans pauvres qui viennent s'y installer dans l'espoir d'une vie meilleure. Ceux qui ont réussi, et ils sont nombreux, affichent fièrement leur nouvelle richesse,. Les autres mènent une vie misérable dans les bidonvilles des faubourgs tentaculaires de la ville.

Bien que dépourvue d'attractions remarquables, cette ville aux contrastes étonnants peut s'avérer fascinante pour ceux qui ont déjà largement goûté aux charmes du Maroc traditionnel. Casablanca offre en effet un aperçu unique sur le Maroc moderne et incarne, en bien des façons, les espoirs et les rêves du pays. La vie y est plus cosmopolite que dans le reste du pays : ici les lunettes griffées ont remplacé le voile, les hommes et les femmes se mêlent plus facilement sur les plages comme dans les bars et les clubs branchés de la ville

Avec ses vastes boulevards, ses jardins publics, ses fontaines, son étonnante architecture coloniale, mais aussi son trafic trépidant et ses problèmes sociaux latents, Casablanca ressemble davantage aux villes méridionales d'Europe qu'à Fès ou à Marrakech. D'imposants édifices hispano-mauresques et des joyaux d'architecture Art déco et moderne jalonnent ses rues, certains merveilleusement restaurés, d'autres dans un état de délabrement avancé. Leurs façades décaties accentuent le contraste avec le monument contemporain, symbole de Casablanca : la gigantesque et somptueuse mosquée Hassan II.

HISTOIRE

Si les Phéniciens, qui cabotaient le long de la côte, commercèrent sans doute avec la région de l'actuelle Casablanca, les premières populations connues à s'établir dans la région furent les Berghaouata, une tribu berbère. L'État indépendant qu'ils fondèrent au VIIe siècle à Anfa (aujourd'hui une banlieue de Casablanca) fut conquis par les Almohades en 1188 avant de passer aux mains des Mérinides 70 ans plus tard.

Profitant de l'affaiblissement de la dynastie mérinide au début du XVe siècle, les tribus locales reprirent le contrôle de la région et firent du port un repaire pour la piraterie. Durant la seconde moitié du XVe siècle, les pirates d'Anfa représentaient une menace si sérieuse pour les Portugais que Lisbonne lança une expédition de 10 000 hommes et de 50 navires pour mater les Barbaresques. Anfa fut mise à sac et laissée en ruines. Loin de se laisser impressionner, les tribus locales continuèrent de semer la terreur sur les routes commerciales, provoquant l'envoi d'une seconde expédition portugaise en 1515. Soixante ans plus tard, les Portugais parvinrent à s'installer dans le port qu'ils entourèrent de fortifications et rebaptisèrent Casa Branca (Maison blanche).

En 1755, un séisme dévasta Lisbonne et causa de graves dommages à Casa Branca, obligeant les Portugais à abandonner la colonie. Par la suite, le sultan Sidi Mohammed ben Abdallah entreprit le repeuplement et la fortification de la cité, qui ne retrouva pas la même importance. En 1830, elle se réduisait à un village de 600 habitants.

Au milieu du XIXe siècle, l'Europe en plein essor se tourna vers le Maroc, notamment vers les plaines fertiles des environs de Casablanca, pour satisfaire ses besoins accrus en laine et en céréales. Afin d'assurer cet approvisionnement, des agents et des marchands européens affluèrent dans la ville que des négociants espagnols rebaptisèrent Casablanca. Et, au début du XXe siècle, les Français obtinrent la permission d'y construire un port artificiel.

La région prospéra grâce au commerce, mais les activités et l'influence des Européens suscitèrent un profond ressentiment au sein de la population. Des violences éclatèrent en 1907, quand les Européens entreprirent de faire passer une voie ferrée, desservant une carrière, à travers un cimetière musulman. Les Français, partisans de la colonisation, saisirent l'occasion pour envoyer leur armée mettre un terme aux troubles : un navire de guerre et des artilleurs arrivèrent bientôt et bombardèrent la ville.

De violents affrontements pour le contrôle de Casablanca opposèrent les troupes françaises aux tribus de l'intérieur et aux habitants de la ville. Les Français prirent le dessus et entamèrent la colonisation progressive du pays, en déposant le sultan avant d'instaurer un protectorat en 1912.

Commença alors un essor rapide de la ville. Le premier résident général français, Louis Hubert Lyautey, engagea un ambitieux programme destiné à faire de Casablanca le centre économique du protectorat. Encore aujourd'hui, le plan de la ville témoigne de cette époque et confère à Casablanca un caractère foncièrement différent de celui des cités impériales. Cependant dépassée par son succès, l'agglomération s'est développée bien au-delà du schéma d'urbanisme initial. Dès la fin de la Seconde Guerre mondiale, elle comptait 700 000 habitants et les bidonvilles se multipliaient autour de ses banlieues.

Les écarts de richesse sont considérables à Casablanca, il n'est pour en juger que de voir les bidonvilles (voir l'encadré, p. 94) en prenant le train qui mène de l'aéroport. Chaque jour, on voit affluer de nouveaux migrants : pour un qui réussit, nombreux sont ceux qui doivent lutter pour survivre.

CASABLANCA EN...

24 heures

Commencez la journée par un petit déjeuner en terrasse dans un café du centre pour observer le va-et-vient et le sérieux des Casablancais à l'ouvrage. Visitez la **mosquée Hassan II** (p. 89) et revenez en ville en passant par la **médina** pour déjeuner au **Café Maure** (p. 98) sur les remparts. Suivez la **promenade à pied** (p. 92), qui vous fait découvrir les plus beaux spécimens d'architecture Art déco de Casa, avant d'aller dans le **quartier des Habbous** (p. 91) pour faire des emplettes et déguster des gâteaux d'inspiration franco-marocaine. Après quoi, offrez-vous un panorama sublime sur l'océan en dînant dans l'un des **restaurants perchés sur la falaise** près du phare d'El-Hank (p. 98) avant de rejoindre la jeunesse dorée de la ville dans les bars et les clubs qui jalonnent le **boulevard de la Corniche** (p. 91).

ORIENTATION

Casablanca est une gigantesque métropole moderne. Située au nord de la ville et à proximité du port, la médina, partie ancienne de Casa, est d'assez petite taille. Au sud de la médina, la place des Nations Unies constitue le cœur de la cité.

De ce gigantesque rond-point partent les principales artères : l'avenue des Forces Armées Royales (av. des FAR), l'avenue Moulay Hassan Ier, le boulevard Mohammed V et le boulevard Houphouët Boigny. L'avenue Hassan II aboutit à la place Mohammed V, reconnaissable à ses majestueux bâtiments administratifs Art déco.

Au sud-est s'étend le quartier des Habbous, ou Nouvelle Médina, et à l'ouest Aïn Diab, le faubourg en bordure de mer où se trouvent les grands hôtels et les discothèques.

La gare routière CTM et la gare ferroviaire Casa Port se situent dans le centre-ville. La gare ferroviaire Casa Voyageurs se trouve à 2 km à l'est intra-muros et l'aéroport à 30 km au sud-est de la ville. Pour plus de détails, voir la rubrique *Depuis/vers Casablanca* (p. 101).

Noms des rues

Les noms de rues français sont progressivement remplacés par des noms marocains. Cependant, le changement s'effectue lentement et l'on voit souvent plusieurs noms pour une même rue. Tenez-en compte si vous demandez votre direction à une personne âgée ou si vous consultez un plan local pas forcément mis à jour.

RENSEIGNEMENTS

Accès Internet

EuroNet (carte p. 96 ; ☎ 022 265921 ; 51 rue Tata ; 10 Dh/h ; 🕑 8h30-23h)

Fairnet (carte p. 90 ; ☎ 022 482631 ; 25 rue Zair Mers Sultan ; 8 Dh/h ; 🕑 8h-23h)

Gig@net (carte p. 90 ; ☎ 022 484810 ; 140 bd Mohammed Zerktouni ; 10 Dh/h ; 🕑 24h/24)

Agences de voyages

Carlson Wagonlit (carte p. 96 ; ☎ 022 203051 ; www.carlsonwagonlit.com ; 60-62 rue el-Araibi Jilali). Un organisme réputé avec de nombreuses agences.

Supratours (carte p. 90 ; ☎ 022 404289 ; gare ferroviaire Casa Voyageurs). Cette agence se charge des liaisons train-bus.

Voyages Wasteels (carte p. 90 ; ☎ 022 314060 ; www.wasteels.fr ; 26 rue Léon l'Africain). Voyages bon marché sur les lignes ferroviaires internationales.

Argent

Les banques équipées de DAB et de bureaux de change ne manquent pas à Casablanca.

BMCE (carte p. 96 ; Hyatt Regency Hotel ; 🕑 9h-21h). Très utile en dehors des heures de bureau et le week-end.

Crédit du Maroc (carte p. 96 ; ☎ 022 477255 ; 48 bd Mohammed V).Central, le bureau de change encaisse les chèques de voyage American Express (Amex) sans frais.

Voyages Schwartz (carte p. 96 ; ☎ 022 222947 ; schwartz@mbox.azure.net ; 112 rue Prince Moulay Abdallah). Ne traite pas les chèques de voyage.

Wafa Cash (carte p. 96 ; ☎ 022 208080 ; 15 rue Idriss Lahrizi ; 🕑 8h-20h lun-sam). Cette banque ferme plus tard que les autres et change les chèques de voyage. DAB.

Centres culturels

Dar America (carte p. 90 ; ☎ 022 221460 ; 10 place Bel Air ; 🕑 8h-17h lun-ven). Il s'agit d'une bibliothèque et du service d'information des États-Unis. Munissez-vous d'une pièce d'identité.

Goethe Institut (carte p. 96 ; ☎ 022 200445 ; www.goethe.de, en allemand ; 11 place du 16 Novembre ; 🕑 10h-12h et 15h-18h mar-sam). Il propose des cours d'allemand et organise occasionnellement des projections de films et des expositions.

Institut français (carte p. 90 ; ☎ 022 259870 ; www.ambafrance-ma.org ; 121 bd Mohammed Zerktouni ; 🕑 9h-14h30 mar-sam). Il abrite une riche bibliothèque et propose, entre autres, des projections de films et des conférences.

Instituto Cervantes (Centro Cultural Español ; carte p. 96 ; ☎ 022 267337 ; www.cervantes.es, en espagnol ; 31 rue d'Alger ; 🕑 10h-12h et 15h-18h mar-sam). Il comporte une bibliothèque, projette des films et organise des manifestations culturelles.

Librairies

Gauthier Livres (carte p. 90 ; ☎ 022 264426 ; 12 rue Moussa ben Nousseir). Des ouvrages d'auteurs français ou marocains et des cartes routières.

Librairie Livre Service (carte p. 96 ; rue Tata). Modestement pourvue, mais centrale.

Offices du tourisme

Même si leur personnel est courtois, les offices du tourisme de Casablanca s'avèrent peu utiles sur le plan pratique. Renseignez-vous plutôt en consultant le site www.visitcasablanca.ma, avant votre départ, ou en vous adressant à la réception de votre hôtel, sur place.

Office national marocain du tourisme (ONMT ; carte p. 96 ; ☎ 022 271177 ; 55 rue Omar Slaoui ; 🕒 8h30-16h30 lun-ven)

Syndicat d'initiative (carte p. 96 ; ☎ 022 221524 ; 98 bd Mohammed V ; 🕒 8h30-16h30 lun-sam, 9h-12h30 dim)

Poste

Poste du marché central (carte p. 96 ; angle bd Mohammed V et rue Chaouia)

FedEx (☎ 022 541212 ; 313 bd Mohammed V)

Poste principale (carte p. 96 ; angle bd de Paris et av. Hassan II)

Poste de la médina (carte p. 96 ; place Ahmed el-Bidaoui). Proche de l'auberge de jeunesse.

Services médicaux

CHU Averroès (Hôpital Ibn Rochd ; ☎ 022 224109)

Pharmacie de nuit (carte p. 90 ; angle place Oued al-Makhazine et bd d'Anfa ; 🕒 24h/24)

Urgences

Service d'Aide Médicale Urgente (SAMU ; ☎ 022 252525). Ambulances privées.

SOS Médecins (☎ 022 444444 ; déplacement 310 Dh ; 🕒 24h/24). Organisme privé de consultations à domicile.

DANGERS ET DÉSAGRÉMENTS

Casablanca est une ville relativement sûre pour les touristes. Mais vu les gigantesques écarts de richesse, mieux vaut rester vigilant – comme dans n'importe quelle grande ville. Les voyageurs qui circulent à pied à la nuit tombée feront attention dans le centre-ville et resteront aux aguets dans la vieille médina et alentour. Pour rentrer tard d'un bar ou d'un club, mieux vaut prendre un taxi.

À VOIR

Plaque tournante du Maroc sur le plan commercial, Casablanca est plus intéressée par le grand business international que par les dollars des touristes. Malgré son importance, elle compte peu de sites touristiques. Son charme réside surtout dans sa vie quotidienne. Abstraction faite de l'exceptionnelle mosquée Hassan II, elle s'offre aux flâneurs qui découvriront au hasard de leurs déambulations la beauté des différents quartiers : le style Art déco du centre-ville, l'opulence du quartier commerçant des Habbous et la vue sur la mer depuis la Corniche. Vous apprécierez surtout Casablanca après avoir visité d'autres régions du Maroc, quand vous serez en mesure de comparer ses mœurs beaucoup plus libérales avec celles qui règnent dans le reste du pays.

Mosquée Hassan II

Voulu par le roi Hassan II, ce monument colossal est la réalisation la plus spectaculaire de son règne. La troisième plus grande mosquée du monde a été construite pour les 60 ans du roi et a été inaugurée en 1993, donnant à Casablanca le symbole qui lui faisait défaut.

La mosquée (carte p. 90) s'élève au-dessus de l'océan, sur une petite proéminence rocheuse, incarnant le verset du Coran qui affirme que le trône de Dieu repose sur les flots. Cette mosquée extraordinaire peut accueillir 25 000 fidèles à l'intérieur, et 80 000 autres sur ses esplanades.

Conçue par l'architecte français Michel Pinseau, elle est dominée par un minaret de 210 m d'où, la nuit, jaillissent des rayons laser en direction de La Mecque pour l'appel à la prière. De conception très high-tech, la mosquée est équipée d'un sol chauffant, de portes électriques, d'un toit coulissant et, sur une partie, d'un sol en verre qui permet aux croyants de regarder les vagues battre les rochers.

Le principal élément de l'édifice est son immense salle de prière à la décoration d'une incroyable finesse. Elle serait, dit-on, assez grande pour contenir Notre-Dame de Paris ou la basilique Saint-Pierre. Sculptures sur bois, céramiques (zelliges) et stucs recouvrent ses murs. Une équipe d'artisans marocains talentueux a été constituée pour donner forme au bois de cèdre du Moyen Atlas, au marbre d'Agadir et au granit de Tafraoute. Plus de 6 000 artisans ont ainsi été mis à contribution lors de la construction de la mosquée.

Ce projet a coûté près d'un demi-milliard d'euros et a été amplement financé par souscription publique. Dans l'ensemble, les Marocains sont très fiers de leur mosquée dernier cri (surtout les habitants de Casablanca), mais certains auraient préféré que l'argent soit dépensé à des fins plus utiles. Le ressentiment est très fort parmi les habitants des anciens bidonvilles qui se trouvaient là et qui ont été déplacés sans ménagement.

La mosquée Hassan II est ouverte aux non-musulmans. On n'y pénètre toutefois que dans le cadre d'une **visite guidée** (☎ 022 482886 ; adulte/étudiant/enfant 120/60/30 Dh ; 🕒 9h, 10h, 11h et 14h sam-jeu), et à condition d'être décemment vêtu. À l'intérieur, on vous demandera de vous déchausser. Les visites

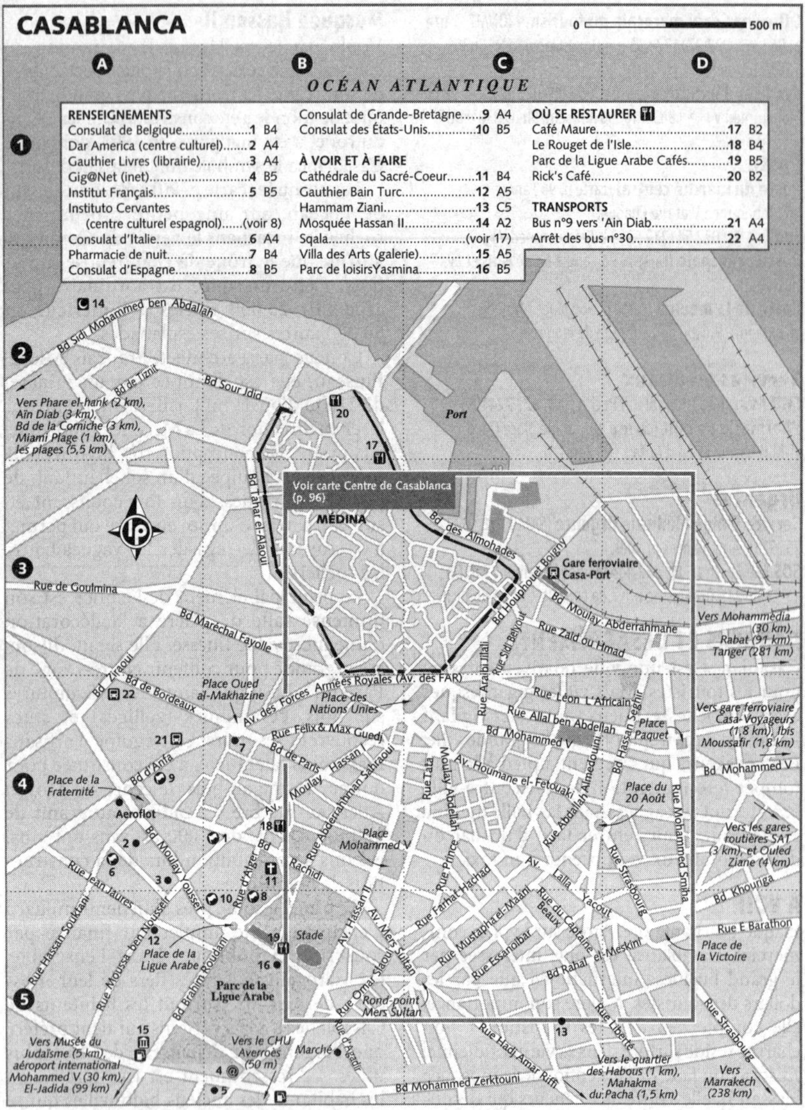

d'une heure se déroulent en français, en anglais, en allemand et en espagnol. Vous pourrez voir la salle de prière, les salles d'ablutions et le hammam, qui devrait ouvrir au public (non-musulmans inclus) à une date encore indéterminée.

Il est possible de s'y rendre à pied en 20 min environ depuis la gare ferroviaire de Casa-Port, mais la route qui y mène est envahie par la circulation et manque d'espaces piétonniers. Quelques rares agressions ont même été signalées dans la zone. Depuis le centre-ville, le mieux est de prendre un petit taxi (environ 10 Dh). Vous pouvez aussi prendre le bus n°15 sur la place Oued al-Makhazine (3,50 Dh).

Ancienne médina

La modeste **médina** (carte p. 96) donne une idée de la petitesse de la ville avant le grand programme d'urbanisme lancé par les Français. Bien que ce soit la partie la plus ancienne de Casablanca, la plupart de ses bâtiments ne datent que du XIXe siècle et n'ont pas ce cachet médiéval qui fait tout le charme des autres médinas.

Entrez par l'angle nord-est de la place des Nations Unies, près de la **tour de l'horloge** (carte p. 96) restaurée. Les ruelles étroites à l'est regorgent de chaussures bon marché, de sous-vêtements synthétiques et d'articles en tout genre pour la maison, tandis que le reste de la médina est surtout résidentiel. Principale mosquée du vendredi de la vieille ville, la **mosquée Chleuh** (carte p. 96) se trouve dans la rue Chakab Arsalane.

Au nord de la médina, face au port, subsistent d'anciennes fortifications du XVIIIe siècle, la **skala**, ou forteresse, qui offre une vue panoramique sur l'océan.

Quartier des Habbous (nouvelle médina)

Le quartier des Habbous – ce qui signifie "quartier des saints hommes" – est aussi connu sous le nom de nouvelle médina. Il fut construit par les Français dans les années 1930 pour remédier à la pénurie de logements. Les architectes français se sont efforcés d'allier le meilleur de l'architecture traditionnelle marocaine au confort et à la technique modernes. Il en résulte une version stéréotypée mais plaisante de la médina marocaine.

Ceux qui apprécient l'animation désordonnée des marchés traditionnels estimeront peut-être que le quartier est trop aseptisé et pas vraiment authentique. Mais si vous cherchez un souk marocain policé, vous trouverez là une honnête sélection de bazars, de boutiques d'artisanat, de boulangeries et de cafés.

Au nord du quartier des Habbous, se trouve le **palais royal** (fermé au public) tandis qu'au sud se tient l'ancienne **Mahakma du Pacha** (tribunal et hall ; gratuit ; ⌚ 8h-12h et 14h-18h lun-sam), pourvue d'une soixantaine de salles ornées de plafonds en bois sculpté, de stucs, de sols en pierre et en faïence et de grilles en fer forgé.

Le quartier des Habbous s'étend à environ 1 km au sud-est de la ville. Pour vous y rendre, prenez le bus n°4 ou n°40 sur le boulevard de Paris, en face de la poste.

Musée du Judaïsme

Installé dans une belle villa entourée d'un jardin luxuriant, ce **musée** (☎ 022994940 ; 81 rue Chasseur Jules Gros, Oasis ; 20 Dh, visite guidée 30 Dh ; ⌚ 10h-17h lun-ven) est exceptionnel à plus d'un titre. Unique musée de Casablanca, c'est aussi le seul musée du judaïsme du monde islamique. Il retrace l'histoire de la communauté juive, jadis nombreuse, et décrit son rôle dans la société marocaine moderne.

La collection comporte diverses pièces anciennes : documents, vêtements traditionnels, objets du culte, etc., et une importante collection de photographies de synagogues, de quartiers juifs (mellahs) et d'autres sites témoignant de la présence bimillénaire du judaïsme dans la région.

Le musée se trouve à Oasis, une banlieue de Casa. Comptez 15 minutes (20 Dh) en taxi depuis le centre-ville.

Villa des Arts

Magnifique bâtiment Art déco proche du parc de la Ligue Arabe, la **Villa des Arts** (carte p. 90 ; ☎ 022 295087 ; 30 bd Brahim Roudani ; 10 Dh ; ⌚ 9h-19h mar-sam) abrite une galerie qui présente des expositions temporaires d'art contemporain marocain et international.

Aïn Diab

Dans cette banlieue huppée de l'ouest de Casablanca, le **boulevard de la Corniche** longe le littoral d'un côté et, de l'autre, quantité d'hôtels quatre-étoiles, de restaurants élégants, de bars, de cafés et de discothèques. C'est le lieu le plus animé de la ville, où viennent parader les jeunes Casablancais à la réussite professionnelle arrogante.

Néanmoins la promenade, bondée de flâneurs et de joggeurs, est criblée de nids-de-poule et, entre les clubs de plage très animés, la vue est gâchée par les terrains à l'abandon et les piscines en béton remplies de décombres.

La plage reste cependant extrêmement populaire. Pour dénicher une petite bande de sable libre où étaler sa serviette, mieux vaut souvent aller dans l'un des clubs. Le **Miami Plage** (☎ 022 797133 ; adulte/enfant lun-ven 55/20 Dh, sam-dim 60/30 Dh ; ⌚ 9h-19h30), est le plus grand d'entre eux. Vous y trouverez des terrains de basket, des parasols (15 Dh), une piscine, un restaurant et un bar.

Le bus n°9 se rend à Aïn Diab au départ de la place Oued al-Makhazine. En taxi, comptez 25 Dh depuis le centre-ville (50 Dh le soir).

À FAIRE

Hammam

D'une propreté étincelante et résolument moderne, le **Hammam Ziani** (carte p. 90 ; ☎ 022 319695 ; 59 rue Abou Rakrak ; lun-ven 40 Dh, sam-dim 50 Dh ; 🕑 7h-22h) propose des massages, un jacuzzi et un bar à jus de fruits en plus de la salle d'étuve et du gommage de peau traditionnels.

Flambant neuf, le **Bain turc Gauthier** (carte p. 90 ; ☎ 061 145926 ; 25 rue Jean Jaurès ; lun-ven 50 Dh, sam-dim 60 Dh ; 🕑 7h-22h) offre des prestations similaires moyennant environ 20 Dh pour le gommage et 100 Dh pour un massage de 30 minutes.

Pour une expérience plus traditionnelle, le **hammam de l'ancienne médina** (carte p. 96 ; place Ahmed el-Bidaoui ; entrée 7,50 Dh ; 🕑 hommes 6h-12h, femmes 13h-22h) se situe à proximité de l'auberge de jeunesse.

PROMENADE À PIED

Il faut savoir faire abstraction du trafic automobile, des gaz d'échappement et du chaos général pour découvrir l'héritage architectural du centre de Casablanca. Il s'agit notamment des bâtiments mauresques, un style développé par les Français à partir des traditions marocaines. Apparu dans les années 1930, il est très influencé par l'Art déco et se caractérise par des détails ornementaux tels que frises sculptées, carreaux de céramique et balcons en fer forgé. Si quelques joyaux ont été restaurés, d'autres sont encore dans un état déplorable. Ce circuit vous fait découvrir les plus beaux spécimens d'architecture mauresque et quelques autres trésors de Casa.

Notre point de départ est à la lisière nord-ouest du parc de la Ligue Arabe : la **cathédrale du Sacré-Cœur** (**1**), est une imposante église blanche qui mêle avec grâce le style européen et l'influence marocaine. Conçue par Paul Tournon en 1930, elle a servi d'école, de théâtre et de centre culturel. Il est prévu de la restaurer et son intérieur délabré n'est ouvert que pour certaines manifestations.

De là, longez deux pâtés de maisons vers l'est jusqu'à la place Mohammed V, cœur du plan de rénovation urbaine français. Il s'agit d'une vaste place entourée d'une majestueuse rangée de bâtiments administratifs, pour la plupart signés Joseph Marrast et Henri Prost. Le sud de la place est dominé par l'**ancienne préfecture** (**2**), construite en 1930 et coiffée d'un clocher moderne.

Le **palais de justice** (**3**) tout proche date de 1925. Sa porte et son entrée monumentales s'inspirent de l'iwan perse, une salle voûtée qui donne généralement dans le patio central de la médersa (école coranique) d'une mosquée.

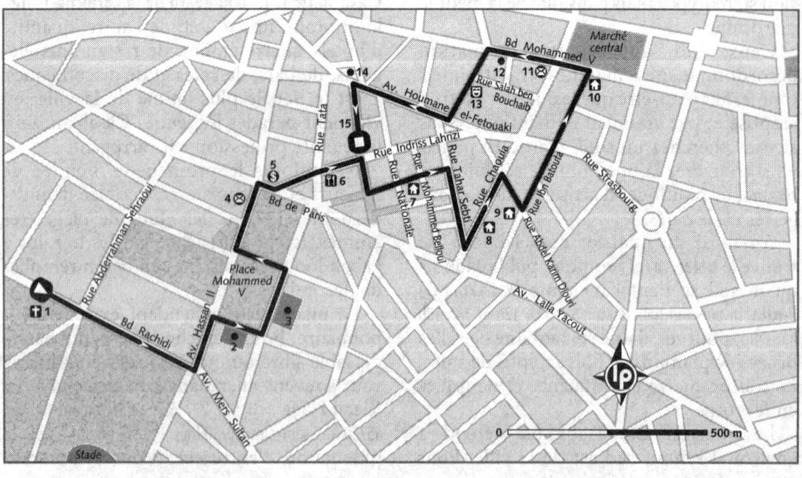

Traversez la place pour admirer la **grande poste (4)**. Érigé en 1918, ce magnifique bâtiment possède une façade ornée d'arcs, de piliers en pierre et de mosaïques aux tons audacieux. De style traditionnel marocain plus marqué, la **banque al-Maghrib (5)** à la façade travaillée se trouve sur le boulevard de Paris. C'est le plus récent des édifices de la place.

De là, suivez vers l'est la rue Indriss Lahrizi, bordée de part et d'autre d'imposantes façades. Arrêtez-vous pour contempler le **salon de thé La Princière (6)**, reconnaissable à son énorme couronne en pierre surmontant le toit. Prenez à droite dans la rue Mohammed Belloul pour voir l'**Hôtel Guynemer (7** ; p. 95), aux lambris Art déco. Puis continuez vers l'est sur un bloc de maisons et tournez à droite dans la rue Tahar Sebti, bordée de bâtiments coloniaux.

Bifurquez à gauche dans la rue Chaouia pour admirer l'**Hôtel Transatlantique (8** ; p. 95), qui date de 1922 et a été superbement restauré. Après le carrefour suivant, les propriétaires du Transatlantique sont en train de restaurer un autre joyau, l'**Hôtel Volubilis (9)**.

Prenez sur la gauche la rue Ibn Batouta jusqu'à l'angle du boulevard Mohammed V. Sur la droite apparaît la carcasse vide de l'**Hôtel Lincoln (10)**, chef-d'œuvre Art déco construit en 1916, dont la restauration annoncée se fait toujours attendre.

En prenant sur la gauche le boulevard Mohammed V, vous verrez une série de merveilleuses façades le long du côté sud de la rue. Deux des plus impressionnantes sont celles de la **poste (11)**, avec ses délicats motifs sculptés, et celle du journal **Le Matin/Maroc Soir (12)** de style classique.

Au bout de ce pâté de maisons, tournez à gauche dans la rue Mohammed el-Qory pour découvrir le **Cinéma Rialto (13** ; p. 101), un bâtiment purement Art déco avec quelques détails éblouissants. Continuez vers le sud jusqu'à l'avenue Houmane el-Fetouaki que vous prendrez sur la droite pour rejoindre la **place du 16 Novembre (14)**, bordée d'un ensemble de bâtiments Art déco. Enfin, continuez vers le sud dans la rue **Prince Moulay Abdellah (15)**, piétonnière, où vous observerez d'intéressantes façades avec de belles portes et éléments en fer forgé.

Pour prolonger la promenade et en savoir plus sur le patrimoine architectural de la ville, il est possible de se procurer deux ouvrages : *Casablanca, mythes et figures d'une aventure urbaine*, de Jean-Louis Cohen et Monique Eleb (Hazan, 1998), ainsi que *Casablanca – Portrait d'une ville*, de Jean- Michel Zurfluh (Actes Sud, 2001).

DONNÉES PRATIQUES

Départ Parc de la Ligue Arabe, bd Rachidi

Arrivée Rue Prince Moulay Abdellah

Distance 3 km

Durée 45 minutes

COURS DE LANGUES

Centre international d'étude de langues (CIEL ; carte p. 96 ; ☎ 022 441959 ; ciel@menara.ma ; 5e ét., 8 bd Khouribya, place de la Victoire). De nombreux cours de langues, notamment d'arabe classique.

École Assimil-Formation (carte p. 96 ; ☎ 022 312567 ; 71 rue Allal ben Abdellah). Cours privés d'arabe.

SPÉCIAL ENFANTS

Malgré le bruit, la circulation et la saleté, les enfants peuvent trouver leur bonheur à Casablanca à condition de fuir le centre-ville et de se réfugier près des plages d'Aïn Diab (p. 91). Ils apprécieront en particulier les **clubs de plage** dotés de piscines, de toboggans, de terrains de jeux et de quantité d'autres équipements récréatifs. Si vous logez dans un hôtel le long de la Corniche, vous bénéficierez sans doute d'une piscine sur place et serez à proximité des autres distractions.

Dans la ville même, le plus grand espace vert est le **parc de la Ligue Arabe**. Parfait pour jouer et gambader librement, il abrite un petit nombre de cafés ainsi que le **parc d'attractions Yasmina** (carte p. 90 ; 150 Dh ; 🕓 10h-19h), destiné aux jeunes enfants.

CIRCUITS ORGANISÉS

Les deux offices du tourisme (p. 88) proposent une visite à pied de la ville. D'une durée de 3 heures (450 Dh, à partir de 3 pers), elle est modulable en fonction de vos centres d'intérêt.

FÊTES ET FESTIVALS

Le **Festival de Casablanca**, qui a eu lieu pour la première fois en juillet 2005, durant une semaine, a été réédité en 2006 et devrait devenir une manifestation annuelle. Il a pour ambition de réunir des personnalités du monde des arts, de la culture, de l'économie et de la politique pour promouvoir le développement culturel de la ville, à travers une large sélection de musiques, de films, de spectacles de rue et d'œuvres d'art.

OÙ SE LOGER

La plupart des hôtels se trouvent dans le centre, à l'exception de l'auberge de jeunesse, située dans la médina, et des grands hôtels qui jalonnent le boulevard de la Corniche. Les chambres étant prises d'assaut en été, en particulier en août, mieux vaut réserver.

Petits budgets

Les hôtels petits budgets de Casablanca sont vraiment sommaires, ceux de la médina étant en outre peu engageants et relativement plus chers que leurs concurrents de la ville nouvelle.

Auberge de jeunesse (carte p. 96 ; ☎ 022 220551 ; fax 022 227677 ; 6 place Ahmed el-Bidaoui ; dort/d/tr petit-déj inclus 45/120/180 Dh, draps 5 Dh ; 8-10h et 12h-23h ;). Regroupées autour d'un salon central lumineux, les chambres hautes plafond sont sommaires et sentent l'humidité en hiver, mais elles sont bien tenues. L'ambiance est tranquille et vous passerez une bonne nuit avant de prendre une excellente douche chaude le matin. Une petite cuisine est à la disposition des résidents.

Hôtel Galia (carte p. 96 ; ☎ 022 481694 ; 19 rue Ibn Batouta ; s/d/tr 150/220/300 Dh, avec douche 170/250/330 Dh). Tenu par une équipe efficace et sympathique, c'est la crème des hôtels économiques. Sa situation très pratique et son excellent rapport qualité/prix font oublier la décoration discutable de ses chambres carrelées, ornées de fleurs en plastique, de rideaux à glands dorés et de dessus-de-lit assortis.

Hôtel Astrid (carte p. 96 ; ☎ 022 277803 ; hotelastrid@hotmail.com ; 12 rue du 6 Novembre ; s/d/tr 256/309/405 Dh). Niché dans une rue tranquille du sud de la ville, l'Astrid offre l'une des choses les plus rares pour un hôtel économique de

LES HORIZONS TRISTES DE SIDI MOUMEN

En mai 2003, Casablanca a été ébranlée par une série d'attentats qui ont fait 45 victimes. Les enquêteurs ont mis en cause la Salafia Jihadia, un groupe islamique radical faiblement structuré dont les membres fondateurs ont été formés en Afghanistan. Cependant, les porteurs d'explosifs étaient tous de jeunes Marocains, souvent originaires de Sidi Moumen, un quartier misérable de la banlieue de Casablanca.

L'un des bidonvilles les plus tristement célèbres de Casa, Sidi Moumen , regroupe plus de 290 000 personnes pour qui chômage et pauvreté sont le lot quotidien. Un tiers de la population de la ville vivrait, selon les estimations, dans des quartiers similaires qui prolifèrent illégalement à la périphérie : des ruraux venus chercher fortune à Casablanca occupent des baraques de fortune faites de cartons, de bois et de tôles rouillées.

Les conditions de vie sont épouvantables : les quartiers les plus pauvres n'ont ni électricité, ni eau courante, ni système d'égout. Marqués par la détresse sociale, ces habitants sont méprisés par les autres Marocains et ignorés par le système. Privés de transports publics, peu alphabétisés, ils n'ont aucun espoir de trouver un travail. Les jeunes en perte d'identité qui ne pourront jamais s'offrir les biens matériels dont les publicités en ville leur vantent les mérites, constituent un public très réceptif aux litanies du fondamentalisme islamique.

Publiquement, personne ne soutient les fondamentalistes. Les Casablancais de tous les quartiers s'emploient à expliquer qu'ils condamnent les attentats de 2003 et que leur ville est l'une des plus tolérantes du monde islamique. Depuis ces atrocités, plusieurs organisations bénévoles s'activent dans les quartiers pauvres pour développer l'alphabétisation, enseigner des rudiments d'informatique et tenter d'améliorer les conditions de vie.

Les autorités ont aussi essayé d'atténuer le problème en relogeant certains habitants des bidonvilles dans des appartements, mais ceux-ci se plaignent du prix élevé et de l'exiguïté de ces nouveaux logements pour les familles nombreuses. Beaucoup de Marocains y voient un geste symbolique qui ne résoudra rien tant que le pouvoir ne s'attaquera pas aux problèmes sous-jacents. Mais tout le monde espère qu'il le fera avant que la colère et la frustration ne menacent la stabilité du pays.

Casa : la possibilité de passer une bonne nuit de sommeil, à l'abri du bruit de la circulation. Agrémentées d'un décor à fanfreluches, les chambres, toutes dotées de sdb , TV et tél, sont parfaitement entretenues. Un café accueillant se trouve au rez-de-chaussée.

Hôtel Noailles (carte p. 96 ; ☎ 022 202554 ; fax 022 220589 ; 22 bd du 11 Janvier ; s/d 250/299 Dh). Outre un café-bar raffiné au premier étage, cet hôtel d'une propreté impeccable possède des chambres correctes, mais sans caractère. Toutes disposent d'une sdb et de la TV, mais l'équipement et l'ameublement datent vraiment. Pour échapper au bruit de la rue, demandez une chambre sur cour.

Hôtel Oued-Dahab (carte p. 96 ; ☎ 022 223866 ; oueddahab@yahoo.com ; 17 rue Mohamed Belloul ; s/d 100/140 Dh, avec sdb 120/180 Dh). Un peu défraîchies mais bon marché et propres, ces grandes chambres fonctionnelles se trouvent en plein centre. Tenu par la même famille que le Guynemer, c'est un endroit sympathique. Demandez une chambre donnant sur l'intérieur pour une nuit tranquille.

Hôtel du Palais (carte p. 96 ; ☎ 022 276191 ; 68 rue Farhat Hachad ; s/d 80/120 Dh, avec sdb 140/240 Dh). Même s'il est le moins cher de sa catégorie, cet hôtel propose des chambres propres, spacieuses, aux grandes fenêtres. Rénové depuis peu, il reste spartiate et parfois bruyant. La douche chaude coûte 10 Dh.

Hôtel des Négociants (carte p. 96 ; ☎ /fax 022 314023 ; 116 rue Allal ben Abdellah ; s/d 105/145 Dh, avec sdb 168/207). Cette autre adresse correcte dans le centre dispose de diverses chambres propres et claires réparties sur 4 étages. Il n'a guère de charme et ses sdb sont rudimentaires, mais les prix sont très bas.

Hôtel Rialto (carte p. 96 ; ☎ 022 275122 ; 9 rue Salah ben Bouchaib ; s/d 100/120 Dh, avec sdb 140/160 Dh). On accède à la cour centrale lumineuse de cet hôtel bien situé par un majestueux escalier. Ses chambres ont dû connaître des jours meilleurs et ses sdb sont vétustes, mais l'ensemble n'a pas perdu tout son lustre.

Hôtel Foucauld (carte p. 96 ; ☎ 022 222666 ; 52 rue el-Oraïbi Jilai ; s/d 80/120 Dh, avec sdb 130/160 Dh). Un incroyable décor de stuc orne le hall de cet hôtel du centre, mais les chambres sont beaucoup moins grandioses et souvent bruyantes. Toutefois, elles sont plus spacieuses que la moyenne et possèdent un charme qui manque à bien des hôtels plus récents.

Hôtel du Centre (carte p. 96 ; ☎ 022 446180 ; 1 rue Sidi Balyout ; s/d 168/204 Dh). Bonne solution de repli, cet hôtel, très bien situé, offre des chambres avec sdb vieillottes et décor éclectique. Propreté impeccable. Le vieil ascenseur et la balustrade de l'escalier apportent une touche Art déco à l'ensemble.

Catégorie moyenne

Casablanca offre un large choix d'hébergements de catégorie moyenne disséminés dans le centre-ville. Une agréable alternative consiste à loger sur le bd de la Corniche pour profiter de la vue sur l'océan et de la proximité de la plage.

Hôtel Transatlantique (carte p. 96 ; ☎ 022 294551 ; www.transatcasa.com ; 79 rue Chaouia ; s/d 620/740 Dh ; ❄). Construit en 1922, cet hôtel est l'un des joyaux de l'architecture Art déco de Casa. Avec son majestueux escalier, son décor de staff et de fer forgé et son mélange disparate de tableaux, de lampes et de babioles, le Transatlantique dégage un parfum de décadence coloniale mâtiné de fragrances des années 1970. Il comprend une terrassse en plein air et les chambres sont confortables quoique moins originales. Évitez le 1er étage où l'on entend beaucoup le bruit du piano-bar et du nightclub, très fréquentés.

Al-Mounia Hôtel (carte p. 96 ; ☎ 022 203211 ; al.mounia.hotel@menara.ma ; 24 bd de Paris ; s/d 512/600 Dh ;

LE CHOIX DE L'AUTEUR

Hôtel Guynemer (carte p. 96 ; ☎ 022 275764 ; www.geocities.com/guynemerhotel ; 2 rue Mohammed Belloul ; s/d/tr 372/538/676 Dh petit-déj inclus ; 💻). Un petit bijou dans son genre : tenu par une famille d'une gentillesse sincère et d'une incroyable obligeance, cet hôtel offre le meilleur rapport qualité/prix dans sa catégorie. Rénovées récemment, ses 29 chambres sont décorées avec goût dans des couleurs pimpantes. Fleurs fraîches, TV, sdb refaites à neuf, lits fermes et confortables : un rêve pour le prix ! D'autant que le service est largement au-dessus de la moyenne. Transport depuis l'aéroport (200 Dh), visite de la ville, accès wi-fi dans le hall et PC à disposition des clients : tout est conçu pour vous faciliter la vie et on s'empressera de répondre à vos demandes avec le sourire. Le petit restaurant sert de délicieuses spécialités marocaines. Un musicien vient y jouer de l'oud (luth) tous les soirs.

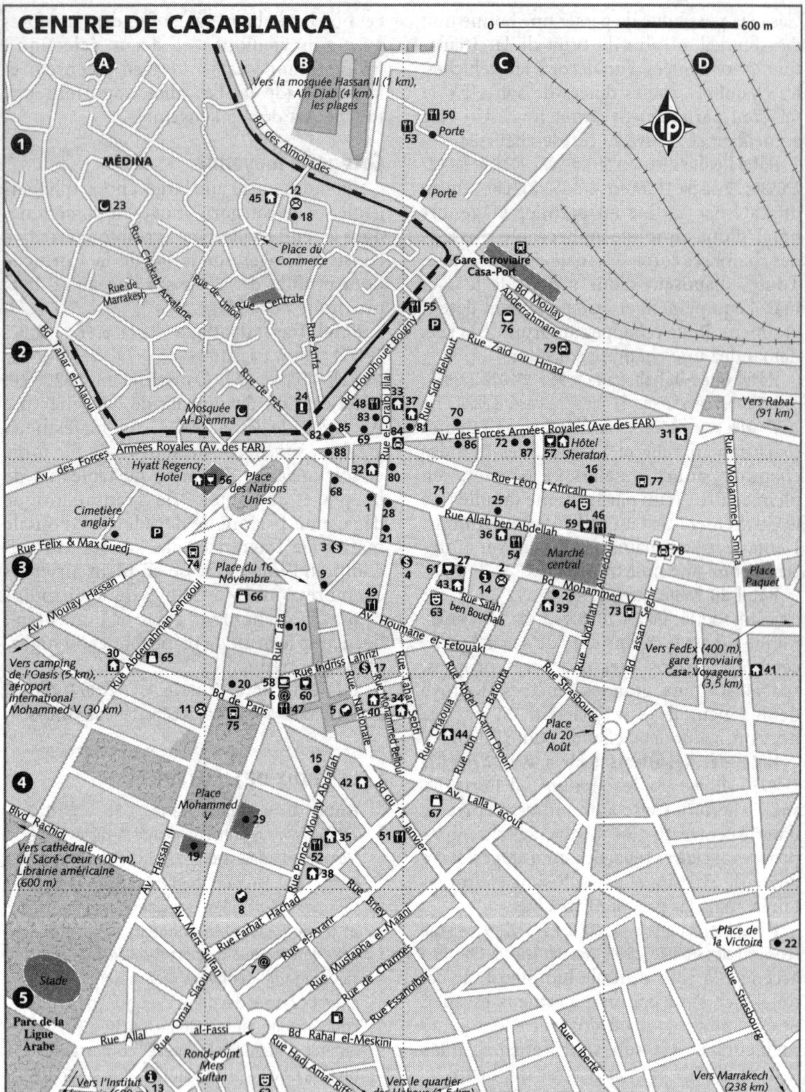

). Le confort à prix raisonnable constitue le principal attrait de ce quatre-étoiles de style international qui pourrait se trouver n'importe où dans le monde. Les chambres modernes, spacieuses et décorées avec goût dans des tons neutres sont très prisées des hommes d'affaires qui fréquentent le restaurant, le bar et le night-club de l'hôtel.

Hôtel Métropole (carte p. 96 ; ☎ 022 301213 ; fax 022 305801 ; 89 rue Mohammed Smiha ; s/d 329/405 Dh). Associant velours rouge profond, brocart doré et profusion de pompons, le décor des chambres n'est pas du goût de chacun et la situation de l'hôtel n'est pas idéale. Néanmoins, ce trois-étoiles reste une valeur sûre avec ses chambres spacieuses au

RENSEIGNEMENTS
BMCE.....(voir 56)
Carlson Wagonlit.....1 B3
Bureau de poste du marché central.....2 C3
Crédit du Maroc.....3 B3
Crédit du Maroc.....4 C3
Ambassade des Pays-Bas.....5 B4
EuroNet.....6 B4
Fairnet.....7 B5
Consulat de France.....8 B5
Goethe Institut.....9 B3
Librairie Livre service.....10 B3
Bureau de poste principal.....11 A4
Bureau de poste de la médina...12 B1
Mondial Net.....(voir 71)
ONMT.....13 A5
Syndicat d'Initiative.....14 C3
Voyages Schwartz.....15 B4
Voyages Wasteels.....16 C3
Wafa Cash.....17 B3

À VOIR ET À FAIRE
Hammam de l'ancienne médina.18 B1
Ancienne Préfecture.....19 A4
Banque al-Maghrib.....20 B4
Location de voitures.....21 B3
Centre International d'Etude de Langues.....22 D5
Mosquée Chleuh.....23 A1
Tour de l'horloge.....24 B2
École Assimil-Formation.....25 C3
Hôtel Lincoln.....26 C3
Le Matin/Maroc Soir.....27 C3
Olive Branch Tours.....28 B3
Palais de Justice.....29 B4

OÙ SE LOGER
Al-Mounia Hôtel.....30 A3
Hotel Farah.....31 D2
Hotel Foucauld.....32 B3
Hotel les Saisons.....33 B2
Hotel Oued-Dahab.....34 B4
Hôtel Astrid.....35 B4
Hôtel des Négociants.....36 C3
Hôtel du Centre.....37 C2
Hôtel du Palais.....38 B4
Hôtel Galia.....39 C3
Hôtel Guynemer.....40 B4
Hôtel Métropole.....41 D3
Hôtel Noailles.....42 B4
Hôtel Rialto.....43 C3
Hôtel Transatlantique.....44 C4
Auberge de jeunesse.....45 B1

OÙ SE RESTAURER
Brasserie La Bavaroise.....46 C3
Epsom.....47 B4
Golden China.....48 B2
La Petite Perle.....49 B3
Ostréa.....50 C1
Pâtisserie de l'Opéra.....51 B4
Restaurant al-Mounia.....52 B4
Restaurant du Port de Pêche....53 C1
Rôtisseries.....54 C3
Snack Amine.....(voir 54)
Taverne du Dauphin.....55 C2

OÙ PRENDRE UN VERRE
Black House.....56 B3
Caesar.....57 C2
Café Alba.....58 B4
La Bodéga.....59 C3
Salon de thé La Princière.....60 B4
Petit Poucet.....61 C3

OÙ SORTIR
Cinéma Lynx.....62 B5
Cinéma Rialto.....63 C3
Complexe Culturel Sidi Belyout..64 C3

ACHATS
Disques GAM.....65 A3
Exposition Nationale d'Artisinat.....66 B3
Le Comptoir Marocain de Distribution de Disques.....67 C4

TRANSPORTS
Air Algérie.....68 B3
Air France.....69 B2
Alitalia.....(voir 87)
Avis.....70 C2
British Airways.....71 C3
Budget.....72 C2
Bus n°10 vers la gare routière Ouled Ziane.....73 D3
Bus n°31 vers le camping de l'Oasis.....74 A3
Bus n°4 et 40 vers la Nouvelle Medina.....75 B4
Bus et grands taxis vers Mohammedia.....76 C2
Arrêt des bus CTM.....77 D3
Egypt Air.....(voir 87)
Europcar.....(voir 87)
Station des grands taxis.....78 D3
Grands Taxis vers Mohammedia.....79 C2
Gulf Air.....(voir 71)
Hertz.....80 B3
Iberia.....81 C2
KLM.....82 B2
Lufthansa.....(voir 87)
National.....83 B2
Petits Taxis.....84 B2
Regional Airlines.....(voir 70)
Royal Air Maroc.....85 B2
Royal Air Moroc.....86 C2
Tour des Habous.....87 C2
Tunis Air.....88 B2

mobilier correct, dotées de sdb et de TV, à des prix raisonnables.

Ibis Moussafir (☎ 022 401984 ; www.ibishotel.com ; bd Bahmad, place de la gare Casa-voyageurs ; s/d 420/440 Dh ;). Si le confort des chambres et la qualité générale des prestations vous importent plus que le pittoresque, l'Ibis constitue un bon compromis. Ses chambres sont modernes et claires, bien qu'un peu exiguës, et son emplacement s'avère pratique quand on arrive par un train de nuit tardif.

Hôtel Bellerive (☎ 022 797504 ; www.bellerive.com ; 38 bd de la Corniche, Aïn Diab ; s/d 471/620 Dh ;). Ravissante terrasse, piscine et jardin compensent les petites chambres un peu banales et défraîchies. Nombre d'entre elles bénéficient de la vue sur l'océan à des prix inférieurs à ceux habituellement pratiqués par les hôtels du front de mer. Les familles apprécieront l'espace environnant et le terrain de jeux.

Hôtel de la Corniche (☎ 022 798181 ; fax 022 797467 ; bd de la Corniche, Aïn Diab ; s/d 632/784 Dh ;). Autrefois lumineuses, modernes et adaptées à une clientèle d'affaires, ces chambres aujourd'hui fanées paraissent un peu surévaluées. L'hôtel offre néanmoins un excellent accès à la plage et dispose d'une superbe terrasse avec vue sur la mer.

Hôtel le Littoral (☎ 022 797373 ; fax 022 797374 ; www.hotel-littoral.ma ; bd de l'Océan Atlantique, Aïn Diab ; s/d 699/850 Dh ;). Imposant et bien tenu, cet hôtel plutôt sombre abrite des chambres qui paraissent terriblement démodées. Cependant, depuis les vastes balcons, les clients profitent d'une vue merveilleuse sur le front de mer.

Catégorie supérieure

Casablanca compte de nombreux hôtels de catégorie supérieure, toutes les grandes chaînes internationales étant représentées. Ces hôtels se situent sur l'avenue des FAR et, plus rarement, sur la Corniche. Si vous cherchez un établissement moins anonyme, essayez l'une des adresses suivantes :

Hôtel les Saisons (carte p. 96 ; ☎ 022 490901 ; www.hotellessaisonsmaroc.ma ; 19 rue el Oraïbi Jilali ; s/d 950/1 200 Dh ;). L'un des moins chers de sa catégorie, ce petit hôtel offre des chambres tranquilles, très confortables avec toutes les prestations habituelles : coffre-fort, minibar, TV par sat et tél. Plus intime que les grands hôtels internationaux, il présente un bon rapport qualité/prix.

Hôtel Farah (carte p. 96 ; ☎ 022 311212 ; www.goldentulipfarahcasablanca.com ; 160 av. des FAR ; ch 1 600 Dh ;). À l'occasion de sa rénovation, ce gigantesque quatre-étoiles a changé de nom et surtout d'image. Il offre désormais des équipements et des services de grande qualité. Ses chambres spacieuses sont décorées avec goût. Le style contemporain se marie agréablement à quelques touches traditionnelles telles que les têtes de lit ou les rideaux à bouillons. L'hôtel possède restaurants, bar, centre de fitness et spa. Les touristes occidentaux y sont rares.

Hôtel Riad Salam (☎ 022 391313 ; fax 022 391345 ; ch 2 325 Dh ;). Moins chic qu'autrefois et soumis à un service plutôt aléatoire, le Riad Salam reste pourtant la plus belle adresse du front de mer. Ses chambres non-fumeurs de style marocain, avec divan bas, tapis tissés et carreaux décoratifs, se répartissent autour de deux piscines et d'une terrasse paysagère. L'hôtel regroupe un centre de thalassothérapie, un club fitness et des courts de tennis. Remises importantes hors saison.

LE CHOIX DE L'AUTEUR

Café Maure (carte p. 90 ; ☎ 022 260960 ; bd des Almohades ; plats 60-90 Dh ; 10h-24h, jusqu'à 18h en hiver). Niché au creux des murs ocre de la *skala*, une forteresse du XVIIIe siècle, ce merveilleux restaurant offre un havre de paix à l'abri de l'agitation de la ville. Que vous optiez pour l'intérieur rustique ou pour le ravissant jardin entouré de treillages fleuris, vous apprécierez son ambiance paisible et l'amabilité de son service. La carte fait la part belle aux produits de la mer et aux salades, plutôt qu'aux viandes. Quant aux jus de fruits exotiques, ils sont tout simplement sublimes.

OÙ SE RESTAURER

Restaurants

Casablanca compte une grande variété de restaurants, où vous pourrez déguster aussi bien un délicieux tajine que du pâté français ou des boulettes thaïlandaises. Ne manquez pas *la* spécialité locale : les produits de la mer, à déguster sur le port ou dans un bel établissement d'Aïn Diab.

CENTRE DE CASABLANCA

Taverne du Dauphin (carte p. 96 ; ☎ 022 221200 ; 115 bd Houphouët Boigny ; menu 110 Dh, plats 70-90 Dh ; lun-sam). Une femme marin française a créé ce restaurant provençal en 1958 (son petit-fils a aujourd'hui repris les rênes). Cette véritable institution, qui fait aussi bar, sert des fruits de mer comme au premier jour. Ne vous fiez pas à l'apparence modeste des lieux : les repas à base de poissons grillés, de calamars frits ou de crevettes royales sont succulents.

Restaurant al-Mounia (carte p. 96 ; ☎ 022 222669 ; 95 rue Prince Moulay Abdallah ; plats 110-140 Dh). Dans le cadre somptueux de ce merveilleux restaurant traditionnel, vous dégusterez une exquise cuisine marocaine soit dans l'élégant salon, soit sous les ombrages du jardin. Au menu, un choix impressionnant de salades (avis aux végétariens) et des plats plus typiques comme la pastilla au poulet ou le pigeon aux raisins.

Brasserie la Bavaroise (carte p. 96 ; ☎ 022 311760 ; 129 rue Allah ben Abdellah ; plats 100-140 Dh). Réputée pour sa cuisine française, cette brasserie chic est le lieu de rendez-vous des Casablancais qui souhaitent se montrer. Outre une riche sélection de poissons exquis, elle sert des plats classiques français tels que le veau, le steak ou le faisan cuisinés à la perfection.

Restaurant du Port de Pêche (carte p. 96 ; ☎ 022 318561 ; Le Port de Pêche ; plats 80-140 Dh). Avec sa décoration nautique, la salle rustique et enfumée est bondée au déjeuner comme au dîner de joyeux amateurs de poisson frais, servi grillé ou sous forme de paella épicée. L'un des meilleures adresses de la ville.

Ostréa (carte p. 96 ; ☎ 022 441390 ; 12 huîtres 74 Dh, plats 90-150 Dh ; 11h-23h). En face du précédent, ce restaurant de poisson plus raffiné est spécialisé dans les huîtres d'Oualidia et le homard.

Rick's Cafe (carte p. 96 ; ☎ 022 274207 ; 248 bd Sour Jdid ; plats 60-150 Dh ; 12h-15h30, 18h30-1h30). Hommage aux grandes heures d'Hollywood, ce bar-restaurant sert des petits-déjeuners américains, des côtelettes d'agneau, du chili et des hamburgers. Il y a aussi un pianiste maison, des sessions de jazz le dimanche, l'accès wi-fi et même des T-shirts et des mugs souvenirs. En somme, pas grand-chose de marocain, mais une bonne adresse pour prendre un dernier verre.

Le Rouget de l'Isle (carte p. 90 ; ☎ 022 294740 ; 16 rue Rouget de l'Isle ; plats 110-130 Dh ; 🕑 fermé sam déj et dim). Dans un cadre élégant et épuré, vous retrouverez une cuisine française simple mais délicieuse. Posée dans un joli jardin, cette villa des années 1930 est décorée de meubles d'époque et d'œuvres d'art contemporaines. C'est l'un des restaurants les plus chic de Casa. Cuisine impeccable et prix raisonnables. Réservez.

Golden China (carte p. 96 ; ☎ 022 273526 ; 12 rue el-Oraibi Jilali ; plats 45-90 Dh). Pour faire une infidélité aux tajines, voici le meilleur restaurant chinois de Casa. Il séduira aussi les végétariens par son abondance de plats sans viande.

AÏN DIAB

Les meilleurs restaurants de cette banlieue huppée sont perchés sur la falaise près du phare d'El-Hank, avec vue imprenable sur les vagues qui se brisent contre les rochers.

La Fibule (☎ 022 360641 ; bd de la Corniche, phare El-Hank ; repas environ 250 Dh). Éclairages subtils, couleurs chaudes et décor traditionnel contribuent à l'ambiance chaleureuse du lieu. Mitonnée avec amour, la cuisine marocaine et libanaise est servie sur des tables basses surplombant l'océan.

La Mer (☎ 022 363315 ; bd de la Corniche, phare El-Hank ; repas environ 250 Dh). À côté de La Fibule et tenu par la même équipe, ce restaurant de poisson joue l'élégance plutôt que le pittoresque : nappe blanche, vaisselle en porcelaine, carte et service stylé à la française. Ambiance parfois un peu guindée, mais cuisine divine.

Mystic Garden (☎ 022 798877 ; 33 bd de la Corniche, Aïn Diab ; plats 60-140 Dh ; 🕑 12h-15h, 19h-2h). Inondé de lumière grâce à ses gigantesques baies vitrées, ce restaurant-bar au décor moderne et élégant est un lieu de rendez-vous de la jeunesse dorée de Casablanca. Son menu fusion franco-asiatique mérite néanmoins le détour. Le dîner se déroule sur fond de musique douce qui cède la place à des rythmes disco plus tard dans la soirée. C'est l'un des rares endroits de la Corniche où la bière n'atteint pas des prix astronomiques.

Thai Gardens (☎ 022 797579 ; av. de la Côte d'Émeraude, Anfa ; repas 200 Dh). Un peu en dehors de la ville, dans le riche faubourg d'Anfa, ce restaurant haut de gamme prépare une excellente cuisine thaïlandaise. Le vaste choix de mets classiques ravira ceux qui ont envie de varier leurs menus et les végétariens.

À Ma Bretagne (☎ 022 362112 ; Sidi Abderrahman, bd de la Corniche ; repas environ 500 Dh ; 🕑 dîner uniquement). Élu par les Casablancais meilleur restaurant d'Afrique et conscient de son succès, cet établissement allie architecture moderne et cuisine gastronomique. Si les poissons et fruits de mer font rapidement monter l'addition, vous pouvez aussi opter pour d'autres délices concoctés par le chef français, André Halbert.

Cafés, pâtisseries et glaciers

Pâtisserie de l'Opéra (carte p. 96 ; 50 bd du 11 Janvier ; 🕑 6h-18h lun-ven et 6h-13h30 sam-dim). À l'heure du petit-déj, il est impossible de résister aux gourmandises de ce café-boulangerie. C'est un endroit merveilleusement reposant avec une discrète salle sur l'arrière.

Pâtisserie Bennis Habous (☎ 022 303025 ; 2 rue Fkih el-Gabbas ; 🕑 8h-20h). Située dans le quartier des Habbous, l'une des meilleures pâtisseries de Casa pour toutes sortes de douceurs marocaines et pour ses pastillas sur commande.

Palais des Glaces (☎ 022 798013 ; bd de la Corniche, Aïn Diab ; 🕑 7h-21h). Ce glacier d'Aïn Diab, l'un des plus anciens et des plus renommés de Casa, fabrique de délicieuses glaces et sorbets depuis 125 ans. Situé face à la plage, il offre une merveilleuse position de repli par une belle journée.

Hédiard (☎ 022 797232 ; O'Gallery, angle bd Lido et bd de l'Océan Atlantique, Aïn Diab). À l'image de la maison mère parisienne, ce nouveau café, très prisé de la jeunesse dorée, sert tout un choix de somptueux gâteaux (12 à 28 Dh) ainsi que des repas légers (45 à 60 Dh) et des petits sandwichs façon traiteur (30 à 50 Dh).

En-cas

Pour se restaurer à peu de frais, il n'y a pas mieux que la rue Chaouia, en face du marché central : elle est jalonnée de rôtisseries, d'étals et de restaurants qui servent du poulet rôti, des brochettes et des sandwichs (20 à 30 Dh). Fermeture vers 2h du matin.

La Petite Perle (carte p. 96 ; ☎ 022 272849 ; 17-19 av. Houmane el-Fetouaki ; plats 22-45 Dh ; 🕑 11h30-15h, 18h-23h). Très fréquenté par les jeunes employés, ce café moderne, d'une propreté impeccable, sert un assortiment de sandwichs, de crêpes, de pâtes et de pizzas ainsi qu'un appréciable choix de petits-déj. Les femmes qui voyagent seules pourront y faire une pause tranquille.

Epsom (carte p. 96 ; ☎ 022 220746 ; angle rues Tata et Mouftakar ; plats 22-60 Dh). Presque toujours bondé, y compris en terrasse, ce café sympathique propose un assortiment de grillades et de brochettes à petits prix. C'est un endroit décontracté à la clientèle très mélangée, où les femmes peuvent s'attabler sans être importunées.

Snack Amine (carte p. 96 ; ☎ 022 541331 ; rue Chaouia ; plats 25-45 Dh ; 🕑 12h-2h). Niché au milieu des rôtisseries qui bordent le marché central, le Snack Amine sert de grandes assiettes de poisson frit, simple et savoureux, dans un cadre lumineux et assez impersonnel.

Faire ses courses

Si vous avez envie de pique-niquer sur la plage, l'idéal est de faire vos courses au **marché central** (carte p. 96), entre le boulevard Mohammed V et la rue Allah ben Abdellah. C'est un plaisir d'y déambuler : outre les produits frais, superbes, vous trouverez là un ou deux excellents traiteurs.

OÙ PRENDRE UN VERRE

Dans le centre-ville, les cafés à la française abondent, mais ils demeurent généralement le domaine des hommes ; les femmes risquent de s'y sentir mal à l'aise.

Cafés

Café Alba (carte p. 96 ; ☎ 022 227154 ; 59-61 rue Indriss Lahrizi ; 🕑 8h-1h). De hauts plafonds, un élégant mobilier moderne et un éclairage subtil distinguent ce lieu des autres cafés traditionnels enfumés de la ville. C'est un merveilleux poste d'observation où même les femmes peuvent s'arrêter sans être importunées.

Café Maure (carte p. 90 ; ☎ 022 260960 ; bd des Almohades ; plats 60-80 Dh ; 🕑 11h-1h). Également fréquenté par les deux sexes, ce joli café se trouve derrière la *skala* (forteresse) dans l'enceinte de la médina. C'est un bonheur de siroter un café ou un délicieux jus de fruit dans ce jardin fleuri, qui reste tranquille tout l'après-midi.

Bars

Souvent peu reluisants, les bars de Casablanca attirent une clientèle masculine et des prostituées. Les bars des grands hôtels offrent un cadre plus raffiné pour aller prendre un verre, surtout pour les femmes.

La Bodéga (carte p. 96 ; ☎ 022 541842 ; 129 rue Allah ben Abdellah ; 🕑 12h30-15h et 19h-24h). Ce bar à tapas branché est l'un des lieux de prédilection des Casablancais fortunés, tous âges confondus. La musique (de la salsa au raï) est bruyante et l'alcool coule à flots dans une ambiance joyeuse et très animée. Les danseurs se pressent sur la piste après 22h.

Petit Poucet (carte p. 96 ; bd Mohammed V ; 🕑 9h-22h). Relique de la France des années 1920, ce bar discret, accessible uniquement aux hommes, reste un témoignage authentique sur la vie du vieux Casa : à l'époque, Saint-Exupéry aimait y faire escale entre deux vols de l'Aéropostale au-dessus du Sahara.

La Petite Roche (☎ 022 395748 ; bd de la Corniche, phare El-Hank ; 🕑 12h30-15h et 19h-24h). Autre lieu très prisé, La Petite Roche bénéficie d'une superbe vue sur la mosquée Hassan II. Ses sièges bas couverts de coussins et ses bougies créent une atmosphère pittoresque et décontractée. La clientèle ne se veut pas aussi branchée, voire délirante, qu'à La Bodéga. Le restaurant du rez-de-chaussée sert de savoureuses tapas et paellas ainsi que des fruits de mer.

OÙ SORTIR

Clubs et discothèques

C'est dans la banlieue chic d'Aïn Diab, en bord de mer, que le beau monde de Casablanca va faire la fête, danser ou boire un dernier verre. L'entrée des établissements coûte cher (comptez au moins 100 Dh et autant pour la boisson) et des videurs sévères filtrent l'accès sans ménagement : inutile d'espérer entrer si vous n'avez pas le look voulu.

Les discothèques qui jalonnent le front de mer vont du bar-restaurant, style cabaret, comme le **Balcon 33** (33 bd de la Corniche) au genre pop couleur pastel tel le **Candy Bar** (55 bd de la Corniche) en passant par le style fourre-tout comme le **VIP club** (rue des Dunes). **Joya** (10 rue La Mer Jaune) et **Le Village** (11 bd de la Corniche) sont également très populaires, ce dernier étant le seul établissement qui accueille volontiers la clientèle gay.

En dehors d'Aïn Diab, les seules autres vraies possibilités de sorties restent les clubs des grands hôtels internationaux. Sans surprise et sans ambiance extraordinaire, ils attirent un flux continu d'hommes d'affaires et de touristes. Vous pouvez essayer le **Caesar** (carte p. 96 ; Hôtel Sheraton, 100 av. des FAR) ou le **Black House** (carte p. 96 ; Hyatt Regency, place des Nations Unies). Des prostituées sont présentes dans tous ces clubs, où les hommes sont toujours censés payer les consommations et où les femmes seules ne peuvent espérer prendre un verre sans être importunées.

Théâtres

Complexe culturel Sidi Belyout (carte p. 96 ; 28 rue Léon l'Africain ; représentation 21h). Ce théâtre de 200 places accueille des pièces (généralement en arabe) et, à l'occasion, des récitals ou des spectacles de danse. Un petit espace est réservé aux expositions de peinture.

Cinémas

Megarama (090 102020 ; www.megarama.info ; bd de la Corniche ; séance après-midi/soir 35/45 Dh). Cinéma le plus luxueux de la ville, ce gigantesque et nouveau complexe d'Aïn Diab regroupe quatre salles confortables généralement bondées.

Cinéma Lynx (carte p. 96 ; 022 220229 ; 50 av. Mers Sultan ; orchestre/balcon/club 30/35/55 Dh). Spacieux, confortable et doté d'un son d'excellente qualité, le Lynx demeure une bonne alternative si vous n'avez pas envie d'aller jusqu'à Aïn Diab.

Cinéma Rialto (carte p. 96 ; 022 487040 ; rue Salah ben Bouchaib ; lun-ven 25 Dh, sam-dim 30 Dh). Ce grand cinéma classique de style Art déco abrite une salle unique.

ACHATS

Casablanca n'est pas un centre artisanal mais on y trouve un large choix de produits traditionnels de toutes les régions du Maroc. L'endroit le plus agréable pour faire ses emplettes est le quartier des Habbous (p. 91), au sud de la ville. Le cadre est pittoresque et les marchands n'insistent pas outre mesure auprès des chalands pour les forcer à acheter. Vérifiez toutefois la qualité, parfois inégale, et marchandez sérieusement.

Si vous préférez éviter tout marchandage, rendez-vous à l'**Exposition nationale d'artisanat** (carte p. 96 ; 022 267064 ; 3 av. Hassan II ; 8h30-12h30 et 14h30-20h) où vous trouverez trois étages d'objets de grande qualité, à des prix fixes. Pour une bonne sélection de musique arabe et berbère, faites un tour aux **Disques GAM** (carte p. 96 ; 022 268954 ; 99 rue Abderrahman Sehraoui) ou allez voir **Le Comptoir marocain de distribution de disques** (carte p. 96 ; 022 369153 ; 26 av. Lalla Yacout).

DEPUIS/VERS CASABLANCA

Avion

L'**aéroport international Mohammed V** (022 539040) se situe sur la route de Marrakech, à 30 km au sud-est de Casa. Des vols réguliers desservent l'Algérie, la Tunisie, l'Égypte et la plupart des pays d'Europe occidentale, d'Afrique de l'Ouest, du Moyen-Orient et d'Amérique du Nord.

La grande majorité des vols intérieurs de la Royal Air Maroc (RAM) faisant escale à Casablanca, vous pourrez rejoindre directement d'autres destinations du pays. Il existe, par exemple, 3 à 5 départs quotidiens pour Agadir, Tanger et Ouarzazate. Pour plus de détails sur les vols, consultez le chapitre *Transports* (p. 464).

Bus

La **gare routière CTM** (carte p. 96 ; 022 541010 ; 23 rue Léon l'Africain) se trouve derrière l'hôtel Farah. Correctement organisée, elle dispose d'un café et d'une **consigne** (5 Dh/24h ; 6h-23h30). Voici la liste des destinations desservies quotidiennement :

Destination	Prix (Dh)	Durée (h)	Nombre de départs
Agadir	160	9	10
El-Jadida	27	1h30	6
Essaouira	120	7	3
Fès	90	5	12
Laayoune	300	24	3
Marrakech	70	4	9
Meknès	70	4	11
Rabat	25	1	11
Tanger	120	6	6
Taza	120	7h30	6
Tétouan	120	7	3

En outre, des bus de nuit rallient Ouarzazate (135 Dh) et Er Rachidia (150 Dh) *via* Tinerhir. Une ou deux fois par jour, des bus partent pour Oujda (170 Dh), Al Hoceima (150 Dh), Nador (160 Dh), Taroudant (150 Dh) et Dakhla (480 Dh). La CTM assure aussi des liaisons vers la France, la Belgique, l'Allemagne, l'Italie et l'Espagne depuis Casablanca (voir p. 469).

Moderne, la **gare routière Ouled Ziane** (☎ 022 444470), 4 km au sud-est du centre-ville, regroupe tous les services de bus autres que ceux de la CTM. Notamment les bus pour Ouezzane (50 Dh, 9/j) et pour Chefchaouen (65 Dh, 2/j) qui ne sont pas desservis par la CTM. Un taxi jusqu'à la gare routière coûte environ 15 Dh, sinon on peut s'y rendre par le bus n°10 qui se prend boulevard Mohammed V, près du marché.

Toujours sur la route de Ouled Ziane, à 3 km du centre-ville, la **gare routière de la compagnie SAT** (☎ 022 444470) assure les mêmes liaisons nationales et internationales que la CTM, avec des bus semblables, mais à des tarifs un peu inférieurs.

Voiture

Les sociétés de location de voitures abondent à Casablanca, la plupart ayant des agences aux alentours de l'avenue des FAR, du boulevard Mohammed V et à l'aéroport.

Avis Casablanca (☎ 022 312424 ; 19 av. des FAR) Aéroport international Mohammed V (☎ 022 539072)

Budget Casablanca (☎ 022 313124 ; tour des Habbous, av. des FAR) Aéroport international Mohammed V (☎ 022 339157)

Europcar Casablanca (☎ 022 313737 ; tour des Habbous, av. des FAR) Aéroport international Mohammed V (☎ 022 539161)

Hertz Casablanca (☎ 022 484710 ; 25 rue el-Oraïbi Jilali) Aéroport international Mohammed V (☎ 022 339181)

National Casablanca (☎ 022 277141 ; 12 rue el-Oraïbi Jilali) Aéroport international Mohammed V (☎ 022 539716)

Casablanca souffre d'un terrible problème de stationnement : entre 8h et 18h, il est quasiment impossible de trouver une place en centre-ville. Il y a un parc de stationnement gardé près du cimetière britannique (20 Dh par jour/nuit) et un autre juste à côté de la rue Tata (4 Dh/h).

Au centre-ville, une place avec parcmètre vous coûtera 2 Dh l'heure (durée maximale de 2 heures). Ces places sont payantes de 8h à 12h et de 14h à 19h, tous les jours, sauf le dimanche et les jours fériés. Où que vous vous gariez (sauf chez des particuliers), un "gardien" vous demandera une rétribution pour surveiller votre véhicule. Il est de coutume de lui donner quelques dirhams.

Taxi

Les grands taxis pour Rabat (30 Dh) et Fès (50 à 60 Dh), partent du bd Hassan Seghir, près de la gare routière CTM. Le train, pratique et confortable, leur est préférable.

Train

Si votre destination se trouve sur une ligne ferroviaire, le train est la meilleure manière de voyager. Sur les cinq gares ferroviaires de Casablanca, deux présentent un intérêt pour les voyageurs.

La plupart des trains grande distance et des liaisons pour l'aéroport Mohammed V partent de la **gare Casa-voyageurs** (☎ 022 243818), à 4 km à l'est du centre-ville. Pour la rejoindre, prenez un taxi (10 Dh) ou le bus n°30 qui longe le bd Mohammed V (3,50 Dh).

Les destinations desservies comprennent Marrakech (75,50 Dh, 3 heures, 9/j), Fès (97 Dh, 4 heures 30, 9/j) *via* Meknès (81 Dh, 3 heures 30), Oujda (200 Dh, 10 heures, 3/j) *via* Taza (132,50 Dh, 7 heures), Tanger (117 Dh, 5 heures 45, 3/j) et El-Jadida (30 Dh, 1 heure 30, 5/j). Pour Safi (85,50 Dh, 4 heures 30, 2/j), changez à Benguérir.

La **gare ferroviaire Casa-port** (carte p. 96 ; ☎ 022 223011) se trouve à quelques centaines de mètres au nord-est de la place des Nations Unies. Bien que plus pratique, ses trains ne desservent que Rabat (29,50 Dh, 1 heure) et Kenitra (45 Dh).

TRANSPORTS LOCAUX

Depuis/vers l'aéroport

Pour rejoindre Casablanca depuis l'aéroport international Mohammed V; il est facile de prendre le train (30 Dh, 2e classe, 35 min). Confortable et fiable, il part toutes les heures, de 7h à minuit. Le quai se trouve sous le terminal de l'aéroport. Il est possible de poursuivre jusqu'à Rabat (55 Dh) ou Kenitra (70 Dh), mais avec un changement probable à Casa-Voyageurs ou à Aïn Sebaa.

Dans le sens inverse, les trains quittent la gare Casa-voyageurs pour l'aéroport toutes les heures, de 5h à 22h. Quelques trains partent également de Casa-port.

En grand taxi, le trajet de l'aéroport au centre-ville coûte 250 Dh, parfois 300 Dh si la course a lieu à une heure inhabituelle. Certains taxis faisant les rabatteurs pour des hôtels, mieux vaut connaître votre destination avant de monter et vous y tenir.

BUS

Le réseau de bus locaux reste insuffisant et surpeuplé. À moins de voyager seul avec un budget restreint, il est plus pratique de se déplacer en petit taxi. Les bus coûtent 3,50 Dh et s'arrêtent à des stations précises. Le système de bus locaux étant sur le point d'être restructuré par la RATP française, les lignes indiquées ci-dessous risquent de changer de numéro et d'itinéraire.

N°2 De la gare ferroviaire Casa-Voyageurs au bd Mohammed V.

N°4 Longe le bd de Paris puis l'av. Lalla Yacout jusqu'à la nouvelle médina.

N°9 Du bd d'Anfa à Aïn Diab et ses plages.

N°10 De la place de la Concorde au bd Mohammed V et à la gare routière Ouled Ziane.

N°15 Dans le sens nord : de la place Oued al-Makhazine à la mosquée Hassan II.

N°30 Du bd Ziraoui à la gare ferroviaire Casa-voyageurs *via* l'av. des FAR et le bd Mohammed V.

Taxi

Les petits taxis rouges de Casa ne reviennent pas cher et sont plus rapides que les bus. On peut les héler n'importe où. Sinon, il y a une station de petits taxis sur l'av. des FAR. La course minimale est de 7 Dh, mais comptez 10 Dh pour une course dans le centre-ville. Les taxis utilisent normalement le compteur, mais en cas de refus, quittez le véhicule. Une majoration de 50% s'applique à partir de 20h.

NORD DE CASABLANCA

RABAT الرباط

1,7 million d'habitants

Très européenne, Rabat, la capitale du pays, est tout aussi cosmopolite que Casa, sa grande rivale économique, mais elle est plus soignée et il y règne une atmosphère moins fébrile, beaucoup plus détendue. Ses élégantes avenues bordées d'arbres et ses édifices administratifs dégagent un charme distingué évoquant les quartiers diplomatiques. C'est une ville agréable à visiter, même si les zones piétonnières sont rares.

Ici, nulle trace de l'agitation et des sollicitations incessantes des grands centres touristiques du pays, pas même dans les souks. On peut découvrir la riche histoire de la ville à son rythme en toute liberté.

Même si Rabat n'a été choisie comme capitale politique et administrative du protectorat français qu'en 1912, avant de devenir la capitale de l'État indépendant marocain en 1956, c'était déjà une importante cité à l'époque des Phéniciens, des Romains, des Almohades puis des Mérinides. De plus, elle a été, quoique brièvement, cité impériale à deux reprises. La ville recèle donc une foule de vestiges architecturaux intéressants, ainsi que quelques monuments et musées. De l'autre côté de l'estuaire se dressent les murs blancs d'une autre ville chargée d'histoire, Salé.

Histoire

Les plaines fertiles qui s'étendent dans l'arrière-pays de Rabat recèlent des traces d'une implantation humaine qui remonterait au VIIIe siècle av J.-C. Néanmoins, ce sont les Phéniciens et les Romains qui prirent le contrôle du littoral, et y établirent les avant-postes de leurs empires.

Une colonie romaine, baptisée Sala Colonia, fut installée au bord du fleuve du même nom (l'actuel oued Bou Regreg, dont le cours a dévié). Comme Volubilis, la cité perdura après la chute de l'Empire romain, puis devint le centre d'un royaume berbère indépendant. Les premières dynasties marocaines, les Idrissides et les Almoravides, négligèrent Sala Colonia, tandis que l'ensablement de son port fluvial contribuait à son déclin.

Vers le Xe siècle, la nouvelle ville de Salé vit le jour sur la rive nord du fleuve. Ses habitants, de la tribu Zenata, édifièrent un *ribat* (monastère fortifié), sur le site actuel de la casbah de Rabat, pour combattre une tribu rivale du sud du fleuve. Certaines sources ont attribué la création de Salé aux habitants de la moribonde Sala Colonia.

Au XIIe siècle, les Almohades mirent fin à ces dissensions. Ils érigèrent une casbah sur le site du ribat pour en faire la base arrière de leurs campagnes en Espagne, contre la Reconquista chrétienne.

Sous Yacoub el-Mansour (le Victorieux), Rabat connut une brève période de gloire. Le succès des campagnes en Espagne fit de Ribat el-Fatah (la forteresse de la victoire) la capitale impériale. El-Mansour fit élever

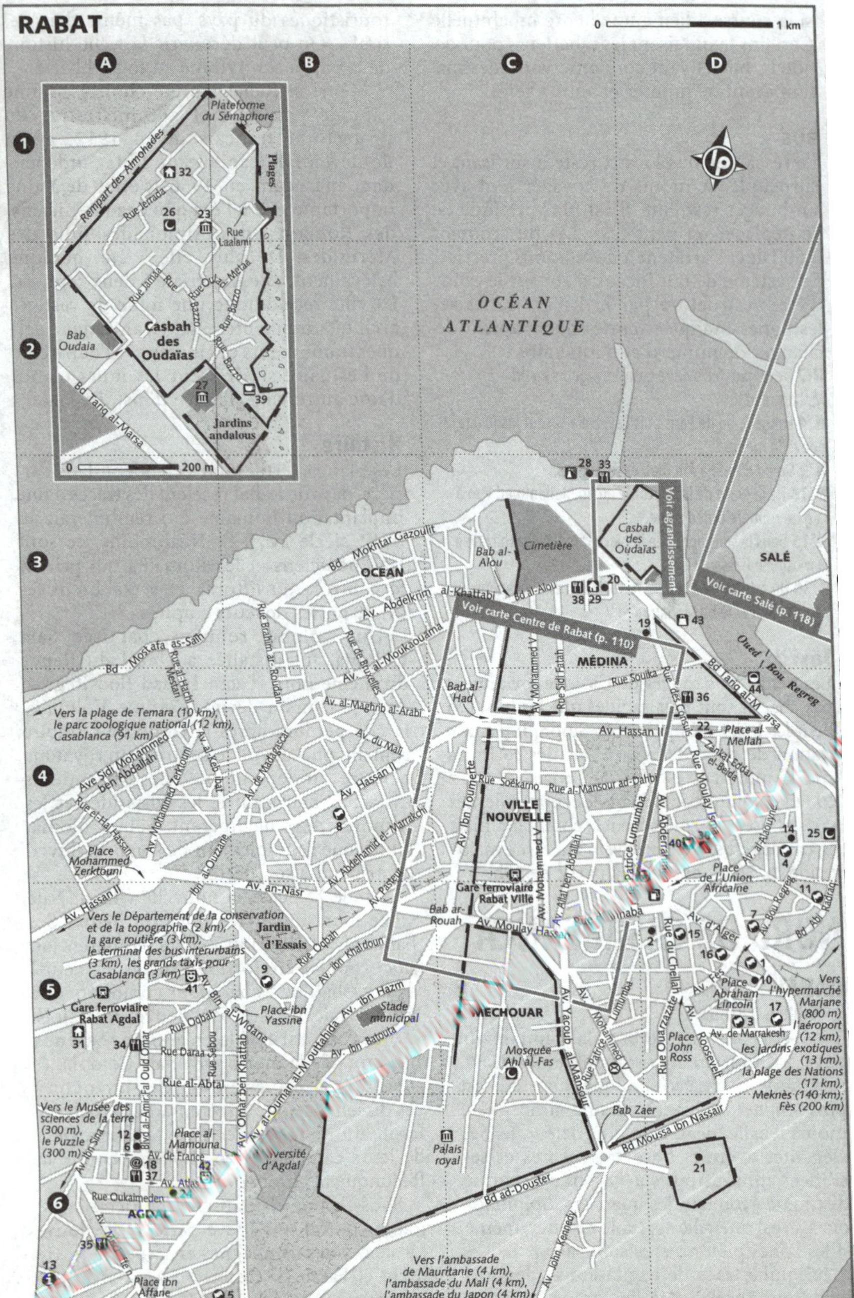
RABAT
0 1 km
A
B
C
D
1
2
3
4
5
6
Plateforme du Sémaphore
Rempart des Almohades
Plages
32
Rue Jemâa
26
23
Rue Laalami
Rue Jamâa
Rue Bazzo
Rue Oued el Metaa
Bab Oudaia
Casbah des Oudaïas
27
39
Bd Tariq al-Marsa
Jardins andalous
0 200 m
OCÉAN ATLANTIQUE
28
33
Voir agrandissement
Casbah des Oudaïas
Cimetière
Bab al-Alou
Bd Al-Alou
SALÉ
Voir carte Salé (p. 118)
Bd Mokhtar Gazoulit
OCEAN
Av. Abdelkrim al-Khattabi
38
29
20
Voir carte Centre de Rabat (p. 110)
19
43
Oued Bou Regreg
MÉDINA
Bd Mostafa as-Sah
Rue Brahim ar-Roudani
Rue de Bruxelles
Av. al-Moukaouama
Rue al-Hachi Mestari
Av. Mohammed V
Rue Sidi Fatah
Rue Souika
Rue des Consuls
Bd Tariq al-Marsa
44
36
Av. al-Maghrib al-Arabi
Bab al-Had
Vers la plage de Temara (10 km), le parc zoologique national (12 km), Casablanca (91 km)
Av. du Mali
Av. Hassan II
22
Place al Mellah
Ave Sidi Mohammed ben Abdallah
Av. al-Kob ibat
Av. de Madagascar
Zankat Eddar el-Beida
Rue Soekarno
Rue al-Mansour ad-Dahbi
Rue Moulay Ismail
Av. Hassan II
Rue el-Hal Hassan
Av. Mohammed Zerktouni
8
VILLE NOUVELLE
Av. Ibn Toumerte
Av. Abdelhamid el-Marrakchi
Av. Mohammed V
Av. Allal ben Abdallah
Av. Patrice Lumumba
Av. Abderrahmane
40
39
14
25
Av. al-Alaouyine
4
Place Mohammed Zerktouni
Ibn al-Ouzzane
Av. an-Nasr
Av. Pasteur
Gare ferroviaire Rabat Ville
Place de l'Union Africaine
11
Av. Hassan II
Vers le Département de la conservation et de la topographie (2 km), la gare routière (3 km), le terminal des bus interurbains (3 km), les grands taxis pour Casablanca (3 km)
Jardin d'Essais
Bab ar-Rouah
Av. Moulay Hassan
Av. Moulay Hassan
7
Av. Bou Regreg
Bd Abi Radraq
Rue Oqbah
Av. Ibn Khaldoun
2
15
Rue du Chellah
Av. d'Alger
16
1
10
Vers l'hypermarché Marjane (800 m) l'aéroport (12 km), les jardins exotiques (13 km), la plage des Nations (17 km), Meknès (140 km), Fès (200 km)
41
9
Gare ferroviaire Rabat Agdal
Av. Bin al-Widane
Place ibn Yassine
Av. Ibn Hazm
Stade municipal
MECHOUAR
Av. Yacoub al-Mansour
Place Abraham Lincoln
17
3
Av. de Marrakesh
31
34
Rue Oqbah
Rue Daraa
Rue Sebou
Av. Ibn Batouta
Av. al-Mouttahida
Mosquée Ahl al-Fas
Rue Patrice Lumumba
Av. Mohammed V
Place John Ross
Rue Ouarzazate
Av. Roosevelt
Rue al-Abtal
Av. Omar ben Khattab
Av. al-Ouman
Vers le Musée des sciences de la terre (300 m), le Puzzle (300 m)
Av. Ibn Sina
Blvd al-Amir Fal Ould Omar
12
6
18
37
Place al-Mamouna
Av. de France
42
Av. Atlas
Université d'Agdal
Bab Zaer
Palais royal
Bd Moussa ibn Nassair
21
Rue Oukaimeden
24
AGDAL
Bd ad-Douster
35
13
Place ibn Affane
5
Vers l'ambassade de Mauritanie (4 km), l'ambassade du Mali (4 km), l'ambassade du Japon (4 km)
Av. John Kennedy

RENSEIGNEMENTS
- Ambassade d'Algérie ... **1** D5
- Librairie américaine ... **2** D5
- Ambassade de Belgique ... **3** D5
- Ambassade de Grande-Bretagne ... **4** D4
- Ambassade du Canada ... **5** A6
- DHL ... **6** A6
- Ambassade des Pays-bas ... **7** D5
- Consulat de France ... **8** B4
- Ambassade de France ... **9** B5
- Instituto Italiano di Cultura ... **10** D5
- Ambassade d'Italie ... **11** D5
- Laverie Automatique ... **12** A6
- ONMT ... **13** A6
- Polyclinique de Rabat ... **14** D4
- Consulat d'Espagne ... **15** D5
- Ambassade de Tunisie ... **16** D5
- Ambassade des États-Unis ... **17** D5
- Zerrad Net ... **18** A6

À VOIR ET À FAIRE
- Souk des tapis ... **19** D3
- Centre d'échange culturel ... **20** C3
- Chellah ... **21** D6
- Marché aux puces ... **22** D4
- Galerie d'Art Nouiga ... **23** A1
- Institute for Language & Communication Studies (ICLS) ... **24** A6
- Tour Hassan ... (voir 25)
- Mausolée de Mohammed V ... **25** D4
- Mosquée ... **26** A1
- Musée des Oudaïas ... **27** A2
- Oudayas Surf Club ... **28** C3
- Sala Colonia ... (voir 21)

OÙ SE LOGER
- Dar Al Batoul ... **29** C3
- Hôtel Yasmine ... **30** D4
- Ibis Moussafir ... **31** A5
- Riad Kasbah ... **32** A1

OÙ SE RESTAURER
- Borj Eddar ... **33** C3
- Galapagos Café ... **34** A5
- Le Fuji ... **35** A6
- Le Ziryab ... **36** D4
- L'Entrecôte ... **37** A6
- Restaurant de la Plage ... (voir 33)
- Restaurant Dinarjat ... **38** C3

OÙ PRENDRE UN VERRE
- Café Maure ... **39** B2
- Le Purple ... **40** D4

OÙ SORTIR
- 5th Avenue ... **41** A5
- XVIe ... **42** A6

ACHATS
- Ensemble Artisanal ... **43** D3

TRANSPORTS
- Barques pour Salé ... **44** D4

de longues murailles et percer la porte Bab Oudaïa dans les remparts de la casbah. Il entreprit alors d'édifier la plus grande mosquée de tout l'ouest musulman, voire du monde islamique.

Sa mort, en 1199, mit un terme à ce projet grandiose, laissant la grande mosquée Hassan (la tour Hassan) inachevée. Peu après la ville déclina pour ne retrouver son essor qu'à partir du XVIIe siècle.

Alors, l'arrivée des réfugiés musulmans fuyant l'Espagne s'accompagna de celle de renégats chrétiens, de pirates maures, de flibustiers et aventuriers de différentes nationalités qui vinrent grossir la population de Rabat et de Salé. Les deux cités prospérèrent à la faveur d'intenses campagnes de piraterie.

Les corsaires s'aventurèrent jusqu'aux côtes américaines pour s'emparer de l'or espagnol, et jusque dans les Cornouailles, au sud de l'Angleterre, capturant des chrétiens qu'ils réduisaient en esclavage. Bien que les premiers sultans alaouites aient réduit leur activité, aucun ne réussit jamais à maîtriser les corsaires qui continuèrent à piller les navires européens jusqu'à une période avancée du XIXe siècle.

À la fin du XVIIIe siècle, le sultan Mohammed ben Abdallah fit brièvement de Rabat sa capitale, sans grand impact sur la ville. Plus tard, la France décida de transférer la capitale du protectorat de Fès à Rabat. Ville côtière, la nouvelle capitale était facile à ravitailler et à défendre, tout en étant à l'abri des intrigues politiques et de l'instabilité potentielle de Fès et de Marrakech. Depuis l'indépendance, en 1956, Rabat demeure le siège du gouvernement et de la monarchie.

Orientation

La médina est séparée de la ville nouvelle par l'avenue Hassan II, large et animée, qui longe les remparts jusqu'à l'oued Bou Regreg. Ce fleuve marque la frontière entre Rabat et sa jumelle, Salé.

Tous les bâtiments administratifs importants et de nombreux hôtels se trouvent sur la vaste avenue Mohammed V (ou aux alentours), artère principale plantée de palmiers. Les ambassades sont surtout regroupées à l'est, autour de la place Abraham Lincoln et de l'avenue de Fès (les adresses des consulats figurent dans le *Carnet pratique*, p. 440). La gare ferroviaire de Rabat-Ville est située au sud de l'avenue Mohammed V.

CARTES

Rabat est l'un des rares endroits où l'on puisse se procurer une série de cartes topographiques du Maroc et des plans de villes, en s'adressant au bureau de vente de la division cartographique du **Département de la conservation et de la topographie** (037708935 ; www.acfcc.gov.ma ; av. Hassan II ; 9h-11h30 et 14h30-17h30 lun-jeu, 9h-11h et 15h-17h30 ven). Le personnel rechigne malheureusement à vendre certaines cartes (voir p. 400).

Ce bureau de vente se trouve dans un immense complexe administratif, à 4 km au sud-ouest du centre-ville. Pour vous y rendre, prenez le bus n°52 sur l'avenue Moulay Hassan en direction de la gare routière et descendez au Centre de transfusion sanguine. Tournez à droite 100 m après le centre, puis à gauche 100 m plus loin. Le bâtiment de la Direction du cadastre et de la cartographie se trouve 30 m plus loin sur la droite. Les cartes sont en vente dans la salle "Espace Carto".

Renseignements

ACCÈS INTERNET

Librairie Livre Service (carte p. 110 ; ☎ 037 724495 ; 46 av. Allal ben Abdallah ; 7 Dh/h ; 🕑 9h-12h et 15h-20h lun-sam)

Zerrad Net (carte p. 104 ; ☎ 037 686723 ; 68 bd al-Amir Fal Ould Omar, Agdal ; 8 Dh/h ; 🕑 8h-24h)

AGENCES DE VOYAGES

CAP Tours (carte p. 110 ; ☎ 037 733571 ; fax 037 731878 ; 7 rue de Damas). Une bonne agence pour les vols bon marché vers des destinations africaines. Elle réserve aussi les places de ferry.

Carlson Wagonlit (carte p. 110 ; ☎ 037 709625 ; cwtrab@atlasnet.net.ma ; 1 av. Moulay Abdallah)

ARGENT

Un grand nombre de banques (avec DAB) jalonnent l'avenue Mohammed V et l'avenue Allal ben Abdallah, parallèle, dont la Banque Populaire.

BMCE (carte p. 110 ; av. Mohammed V ; 🕑 8h-20h lun-ven)

CENTRES CULTURELS

British Council (carte p. 110 ; ☎ 037 760836 ; www.britishcouncil.org.ma ; 36 rue de Tanger ; 🕑 14h-18h lun, 9h30-12h15 et 14h30-18h mar-ven, 9h30-13h45 sam). Grande bibliothèque, conférences et expositions.

Goethe Institut (carte p. 110 ; ☎ 037 732650 ; www.goethe.de ; 7 rue Sana'a ; ☎ 10h-19h lun-ven). Une bibliothèque, des expositions d'art et de photographie et le sympathique Café Weimar (voir p. 113).

Instituto Cervantes (carte p. 110 ; ☎ 037 708738 ; 5 Zankat Madnine ; 🕑 9h-13h et 15h-18h lun-ven)

Institut français (carte p. 110 ; ☎ 037 689650 ; direction@ifrabat.ma ; 1 rue Abou Inane ; 🕑 10h-18h30 mar-mer et ven-sam, 12h-18h30 jeu). L'Institut français a déménagé dans de nouveaux locaux avec une médiathèque flambant neuve. Au 2 rue al-Yanboua se trouvent encore la cinémathèque et différents services.

Instituto Italiano di Cultura (carte p. 104 ; ☎ 037 766826 ; www.iicrabat.esteri.it ; 2 av. Ahmed el-Yazidi ; 🕑 9h-12h lun, mer, ven)

LAVERIE

Laverie automatique (carte p. 104 ; ☎ 037 721869 ; 70 bd Fal Ould Ouemir ; lavage/séchage 27/18 Dh pour 7 kg ; 🕑 9h30-19h30)

LIBRAIRIES

Librairie Kalila Wa Dimma (carte p. 110 ; ☎ 037 723106 ; 334 av. Mohammed V). Guides de randonnée.

Librairie Livre Service (carte p. 110 ; ☎ 037 724495 ; 46 av. Allal ben Abdallah ; 🕑 9h-12h et 15h-20h lun-sam). Une des meilleures librairies pour les francophones.

OFFICE DU TOURISME

Office national marocain du tourisme (ONMT ; carte p. 104 ; ☎ 037 673756 ; visitmorocco@onmt.org.ma ; angle rues Oued El Makhazine et Zalaka, Agdal ; 🕑 8h30-12h et 15h-18h30 lun-ven). Mêmes sourires et mêmes brochures que dans les autres offices du tourisme du pays. Celui-ci se trouve en face de la piscine Belle Vue. Pour venir, prenez le bus n°3 à la gare ferroviaire ou un taxi.

POSTE

DHL (carte p. 104 ; ☎ 037 779934 ; av. de France, Agdal)

Poste principale (carte p. 110 ; angle rue Soekarno et av. Mohammed V)

SERVICES MÉDICAUX

Pharmacie de nuit (carte p. 110 ; rue Moulay Rachid ; 🕑 21h30-7h30). D'autres pharmacies effectuent des gardes à tour de rôle. La liste figure en français sur les vitrines de toutes les officines.

Polyclinique de Rabat (☎ 037 206161 ; 8 rue de Tunis, Agdal)

URGENCES

SAMU (☎ 037 737373). Ambulances privées.

SOS Médecins (☎ 037 202020 ; déplacement 310 Dh ; 🕑 24h/24). Consultations à domicile.

À voir

MÉDINA

Construite au XVIIe siècle selon un plan bien ordonné, cette médina (carte p. 110) fortifiée n'est pas aussi pittoresque que les médinas plus anciennes de l'intérieur du pays. En revanche, c'est un plaisir de déambuler dans ses rues étroites car les vendeurs y sont moins agressifs et les touristes moins nombreux. Une profusion d'épices, de tapis, d'objets artisanaux côtoient des chaussures bon marché et des DVD piratés.

Une promenade dans la médina peut débuter à l'angle de la rue Sidi Fatah et se poursuivre vers le nord-est en empruntant la rue Souika, bordée de boutiques d'alimentation et d'épices. La **Grande Mosquée** se dresse à environ 500 m sur la droite. Ensuite débute le souk des bijoux ou **Souk as-Sebbat**, qui s'étend jusqu'à la rue des Consuls (les diplomates étrangers y résidèrent jusqu'en 1912).

Après avoir passé la rue des Consuls, vous arriverez à un **marché aux puces**, puis au bord du fleuve. Si vous remontez la rue des Consuls vers le nord, vous vous retrouverez entouré de tapis colorés, d'articles en maroquinerie, de babouches et d'objets en cuivre. C'est l'une des parties les plus intéressantes de la médina pour ses nombreuses résidences diplomatiques qui sont restées intactes. Après le **souk des tapis** (carte p. 104), la rue débouche sur une place, bordée de boutiques d'artisanat, où se tenait le marché aux esclaves au temps des pirates barbaresques. De là, vous pouvez grimper la colline pour rejoindre la casbah.

CASBAH DES OUDAÏAS

Perchée sur un promontoire, la **casbah** (carte p. 104) occupe la partie la plus ancienne de la ville, l'emplacement du ribat. Elle surplombe l'oued Bou Regreg et l'Atlantique depuis ce site stratégique qui offrait un poste d'observation sur les alentours. Essentiellement résidentielle, la casbah constitue un lieu de promenade paisible et pittoresque au milieu des venelles bordées de maisons blanchies à la chaux, pour la plupart construites par les réfugiés venus d'Espagne. Ne prêtez pas attention aux faux guides (la visite ne nécessite pas de guide) et à ceux qui prétendent que la casbah est "interdite".

L'entrée la plus spectaculaire est l'énorme porte almohade, **Bab Oudaïa**, érigée en 1195. On peut admirer la riche décoration de l'archivolte qui se prolonge jusqu'au sommet du mur. Placée à la sortie de l'ancien palais, face au cœur de la cité, elle jouait un rôle plus cérémoniel que défensif.

Passé la porte, la voie principale, la rue Jamaa, s'enfonce à travers la casbah. Après 200 m, vous apercevrez sur votre gauche la doyenne des **mosquées** de Rabat, construite au XIIe siècle et restaurée au XVIIIe siècle. Le long de la rue, se trouvent quelques boutiques pour touristes et deux galeries d'art, dont la Galerie d'art Nouiga.

Enfin, la rue Jamaa débouche sur la **plate-forme du Sémaphore**, d'où l'on découvre une vue spectaculaire sur l'estuaire et, au-delà, sur Salé. Cette situation élevée constituait une excellente défense contre les attaquants qui arrivaient par la mer et devaient naviguer au milieu des bancs de sable.

En quittant la plate-forme, tournez à gauche dans la rue Bazzo, une ruelle

qui descend vers le très prisé Café
de ui descend vers une entrée latérale
soleil).14) et vers du lever au coucher du
périodndalous (les Français pendant la
appréciéar ils sont particulièrement
chats, et ofocaines, des enfants et des
chaudes journ refuge ombragé par les

Leur principté.

somptueux palais tre d'intérêt est le au XVIIe siècle, plupar Moulay Ismail médersa. Il abrite aujod transformé en **Oudaïas** (carte p. 104 ; ☎ 03'hui le **musée des** 9h-12h et 15h-17h oct-avr, ju537 ; entrée 10 Dh ; 18h mai-sept) qui expose des instruments de musique, des costumes, des céramiques et des bijoux traditionnels. Les collections sont présentées dans les salles de réception entourant la cour centrale, mais vous pouvez aussi visiter la mosquée et le hammam du palais d'origine.

TOUR HASSAN ET MAUSOLÉE DE MOHAMMED V

Monument le plus célèbre de Rabat, la **tour Hassan** (carte p. 104) domine le pont qui enjambe l'oued Bou Regreg pour relier Rabat à Salé. La construction de ce gigantesque minaret, qui devait être le plus haut et le plus grand du monde islamique, fut entreprise par le sultan almohade Yacoub el-Mansour en 1195, puis abandonnée à sa mort, quatre ans plus tard. La tour devait culminer à 60 m, mais n'atteignit que 44 m. Elle se dresse aujourd'hui au milieu des vestiges de la mosquée, presque entièrement détruite par le tremblement de terre de 1755. Seule une forêt de colonnes brisées témoigne de l'ambitieux projet d'el-Mansour.

Le site accueille également le superbe **mausolée en marbre de Mohammed V** (carte p. 104 ; gratuit ; du lever au coucher du soleil), où reposent le grand-père et le père (Hassan II) du roi actuel. De style marocain traditionnel, décoré du sol au plafond de délicats zelliges, le tombeau des rois occupe une pièce à demi-enterrée. Les visiteurs peuvent voir les tombes situées en contrebas depuis une galerie. Une tenue correcte est exigée.

CHELLAH

Délaissées, délabrées et envahies par la végétation, l'ancienne cité romaine de **Sala Colonia** et la nécropole mérinide de **Chellah** (carte p. 104 ; angle av. Yacoub el-Mansour et bd Moussa

ibn Nassair ; adulte/enfant 10/3 Dh ; ons-
tituent l'un des secteurs le mants
et les plus tranquilles de premiers à
Si les Phéniciens fur dominant la
s'établir sur les pentes urtout après sa
rivière, la ville se dév omains vers l'an
prise de contrôle par s avant-postes de
40. Ce fut l'un des mains des Berbères.
l'Empire à tombe e en 1154 au profit de
La cité fut aband ècle, le sultan mérinide
Salé mais, au X li fit bâtir une nécropole
Abou el-Hass n et l'entoura de murailles
sur le site ro
encore visi s aujourd'hui.

Les rui es de la cité romaine disparaissent sous les arbres fruitiers et les fleurs sauvages. De l'entrée principale, un chemin bordé de figuiers, d'oliviers, d'orangers et de bananiers odorants oblique vers une **plate-forme** surplombant les vestiges de Sala Colonia. D'autres sentiers mènent aux ruines de l'arc de triomphe, en passant devant le temple de Jupiter (sur la gauche). Le forum s'étend au bout de la rue principale. Le bassin des Nymphes octogonal faisait partie d'un système d'adduction ; il fut un temps où des statues de marbre en ornaient chaque niche. Il faut une certaine imagination pour se représenter l'ensemble, mais le mystère contribue à la magie des lieux.

Plus faciles à voir, les restes de l'**ensemble architectural islamique** comprennent un minaret dont le sommet accueille un nid de cigognes. Si vous venez au printemps, la colonie de cigognes est importante, et votre promenade s'agrémentera d'une étonnante bande son : les claquements de bec des couples énamourés.

À proximité du minaret se trouve le tombeau d'Abou el-Hassan Ali et de son épouse, orné de zelliges. Dans la petite médersa voisine, on distingue encore des piliers, des cellules d'étudiants, des bassins et le mihrab obstrué.

En quittant la mosquée, on aperçoit à l'extrême droite des **tombes** de saints. Le "bassin aux anguilles" attire toujours les femmes stériles ; en guise d'offrandes, elles jettent des œufs cuits aux anguilles qui hantent les eaux troubles.

MUSÉE ARCHÉOLOGIQUE

Poussiéreux, chichement financé et souvent fermé pour rénovation, le **Musée archéologique** (carte p. 110 ; ☎ 037 701919 ; 23 rue al-Brihi Parent ; entrée 10 Dh ; 9h-16h30 mer-lun) n'en retrace pas moins de façon passionnante le lointain passé marocain.

Les objets exposés datent notamment des premières civilisations, certaines remontant à l'âge de la pierre (350 000 ans). Pièce maîtresse du musée, la **salle des bronzes** renferme des céramiques, des statues et des objets provenant des sites romains de Volubilis, Lixus et Chellah. Ne manquez pas la magnifique tête de Juba II ni le buste de Caton le Jeune d'un réalisme impitoyable, tous deux trouvés à Volubilis.

MUSÉE DES SCIENCES DE LA TERRE

Aménagé au sein des bâtiments d'un ministère, le **musée des Sciences de la Terre** (☎ 037 688705 ; ministère de l'Énergie et des Mines, rue Abou Marouane, Agdal ; entrée libre ; 8h-12h et 14h30-18h30 lun-ven), qui présente l'histoire géologique de la Terre, est remarquable pour sa reconstitution du squelette d'un dinosaure géant découvert dans le Haut Atlas en 1979 : un *Atlasaurus imelakei* (lézard géant de l'Atlas), long de 15 m, qui vivait sur notre planète il y a environ 165 millions d'années.

À faire

SURF

Face aux déferlantes de l'Atlantique, le **Club de surf des Oudaïas** (carte p. 104 ; ☎ 037 260683 ; fax 037 260684 ; 3 plage des Oudaïas ; 90/120 Dh le cours de 90 min de surf/bodyboard, assurance 70 Dh) occupe une bâtisse moderne, entre la casbah et le phare. Le roi Mohammed VI est l'un des membres fondateurs de cette école de surf et de bodyboard (surf horizontal). Le prix des cours inclut le matériel, mais il est possible de louer une planche sans prendre de leçon.

Même si les vagues en face du club sont intéressantes, les cours et autres activités se déroulent près de **Témara Plage**, à 13 km au sud de Rabat, pour les plus expérimentés.

Cours de langue

Les nombreuses écoles de langue de Rabat n'offrent souvent que des cours semestriels. Quelques-une proposent des cours d'une durée plus limitée, accessibles aux voyageurs de passage.

Le **Center for Cross-Cultural Learning** (CCCL ; carte p. 104 ; ☎ 037 202365 ; www.cccl-ma.com ; av. Laalou, 11 Zankat Hassani) propose des cours d'arabe classique, d'arabe marocain et (théoriquement) de tamazight (berbère du Moyen Atlas) de 3, 6 et 12 semaines. Il organise aussi des programmes spéciaux pour enfants. Accueil en français.

L'**Institute for Language & Communication Studies** (carte p. 104 ; ☎ 037 675968 ; www.ilcs.ac.ma ; 29 rue Oukaimeden, Agdal) offre des formations intensives de 60 heures ainsi que des cours privés d'arabe classique et dialectal.

Fêtes et festivals

Rabat accueille plusieurs festivals et manifestations annuelles, notamment le **Concours international de musique du Maroc**, en mars et le populaire **Festival jazz aux Oudaïas**, le dernier week-end de mai. Plus grande manifestation de l'année, le **Festival international de Rabat** attire chaque été, durant deux semaines, des foules d'amateurs de musique et de passionnés de cinéma. La ville voit affluer de tout le continent les grands noms de la musique africaine fin juin et début juillet. Rabat organise aussi des spectacles de théâtre traditionnel ainsi qu'un festival de cinéma annuel.

Spécial enfants

L'impressionnante casbah et le calme dont on jouit dans les souks rendent agréable la visite de Rabat avec des enfants. Rares sont toutefois les attractions spécifiquement adaptées aux petits, à moins de les emmener au Parc zoologique national (p. 120) ou aux Jardins exotiques (p. 119) situés en dehors de la ville.

Où se loger

Hormis une kyrielle de petites adresses bon marché et deux ou trois riads haut de gamme situés dans la vieille médina, la plupart des hébergements sont regroupés dans la ville nouvelle entre l'av. Mohammed V et l'av. Abderrahman. Vu l'importance de la clientèle d'affaires, la ville compte une forte proportion d'hôtels de catégorie supérieure.

PETITS BUDGETS

La majorité des hôtels pour petits budgets de la médina n'ont même pas de douches. Nous vous indiquons quelques exceptions, mais il vaut mieux payer un peu plus cher pour loger dans la ville nouvelle.

Hôtel Splendid (carte p. 110 ; ☎ 037 723283 ; 8 rue Ghazza ; s/d 104/159 Dh, avec sdb 128/187 Dh). En plein cœur de la ville, cet hôtel est aménagé autour d'une paisible cour intérieure sur laquelle donnent les chambres. Spacieuses et lumineuses, avec leurs hauts plafonds et leurs grandes fenêtres, elles sont décorées de simples meubles en bois et de couleurs chaleureuses. Certaines disposent de sdb modernes, d'autres de lavabos avec eau chaude.

Hôtel Majestic (carte p. 110 ; ☎ 037 722997 ; 121 av. Hassan II ; s/d 239/279 Dh). Derrière ce nom pompeux se cache un autre petit hôtel, également plaisant et moderne. Ses chambres claires bénéficient d'un équipement et d'un mobilier récents et impeccables, sans place perdue. Si vous craignez le bruit, évitez celles qui donnent sur la médina, celles de l'arrière étant plus calmes.

Hôtel d'Orsay (carte p. 110 ; ☎ 037 701319 ; fax 037 708208 ; 11 av. Moulay Youssef ; s/d 211/264 Dh). Cet hôtel sympathique, situé juste à côté de la gare, abrite 30 chambres confortables et lumineuses, décorées d'affiches touristiques un peu fanées. Toutes possèdent une sdb, la TV et le tél. Celles de l'étage supérieur bénéficient en outre d'un balcon mais donnent sur une rue bruyante.

Hôtel Dorhmi (carte p. 110 ; ☎ 037 723898 ; 313 av. Mohammed V ; s/d 80/120 Dh, douche chaude 10 Dh). Impeccablement tenu, cet hôtel familial à l'ambiance très sympathique et aux prix serrés, constitue la meilleure adresse de la médina. Les chambres simples, lumineuses et propres, donnent sur une cour centrale, au-dessus de la Banque Populaire.

Hôtel al-Maghrib al-Jadid (carte p. 110 ; ☎ 037 732207 ; 2 rue Sebbahi ; s/d 60/100 Dh, douche chaude 7,50 Dh). Les chambres sont petites et spartiates, mais d'une propreté irréprochable et leurs fenêtres à volets laissent entrer la lumière à flots. Les murs rose vif, pas forcément du goût de tout le monde, contribuent au caractère un peu original du lieu qui ressemble en tout point à l'**Hôtel Marrakech** (carte p. 110 ; ☎ 037 727703 ; 10 rue Sebbahi), un peu plus loin dans la rue, tenu par les mêmes propriétaires.

Hôtel la Paix (carte p. 110 ; %037 732031 ; 2 rue Ghazza ; s/d/tr 150/200/230 Dh). Les chambres à haut plafond et fenêtres à volets rappellent un peu la grandeur de l'époque coloniale. Mais elles sont aujourd'hui défraîchies. Les sdb réclament une remise en état.

Hôtel Central (carte p. 110 ; ☎ 037 707356 ; 2 rue Al-Basra ; s/d 90/130 Dh, avec sdb 120/170 Dh, douche chaude 10 Dh). En plein cœur de la ville, face

CENTRE DE RABAT
0
300 m
Échelle approximative
Certaines rues secondaires ne sont pas indiquées
Vers la casbah des Oudaïas (800 m)
MEDINA
Mosquée
Rue Sidi Fateh
Rue Souika
Rue Sebbahi
Grande Mosquée
Rue Bab Chellah
Vers la Tour Hassan (1,3 km), Salé (3 km)
Bab Chellah
Av. de l'Égypte
Av. Mohammed V
Rue Souk Semara
Marché des fruits et légumes
Marché municipal
Bab el-Bouiba
Av. Hassan II
Bab al-Had
Av. al-Mahgrib al-Arabi
Av. Hassan II
Vers le quartier de l'Agdal (400 m)
Rue al-Abdari
Av. Ibn Toumerte
Rue de Beyrouth
Rue Ghazza
Rue Jeddah
Rue Damiate Halab
Rue Yougoslavia
Rue de Monastir
Ammane
Jardins Triangle de Vue
Rue al-Mansourad-Dahbi
Rue Chandi
Rue Moulay Rachid
Rue Soékarno
Rue ibn Haouhal
Av. Jean Jaurès
Rue al-Kahira
Rue Patrice Lumum
Rue Moulay Slimane
Av. Pasteur
Rue Damas
Rue Tanta
Av. Allal ben Abdallah
Av. Moulay Abdallah
Chambre des représentants
VILLE NOUVELLE
Rue Raoul Marc
Place du Joulane
Cathédrale Saint-Pierre
Place des Alaouites
Gare ferroviaire de Rabat-Ville
Rue Zahla
Rue Abou Faris al-Marini
Vers la préfecture de police (200 m)
Rue de Bagdad
Rue de Benghazi
Rue Tessa
Av. Moulay Youssef
Rue Hatim
Rue al-Yamama
Rue al-Khalil
Rue al-Yanboua
Av. Moulay Hassan
(Av. Urbain Blanc)
Rue al-Brihi Parent
Rue Moulay Abdel Aziz
Rue Berthelot
Bab at-Rouah
Av. Moulay Hassan
Av. an-Nasr
Place an-Nasr
Av. Ibn Khaldoun
Vers le terminal des bus interurbains (5 km), Casablanca (91 km)
Mosquée Sunna
MECHOUAR
Av. Yacoub al-Mansour
Av. Mohammed V
Vers Chellah (1 km)

RENSEIGNEMENTS
Banque Populaire....(voir 21)
BMCE (DAB)....1 B3
British Council....2 D6
CAP Tours....3 C4
Carlson Wagonlit....4 C4
Librairie anglaise....5 B5
Consulat-général de France....6 C5
Ambassades d'Allemagne et d'Espagne....7 C4
Goethe Institut....8 B5
Institut Français....9 B5
Instituto Cervantes....(voir 7)
Librairie Kalila Wa Dimma....10 B3
Librairie Livre service....11 C3
Bureau de poste principal....12 B3
Pharmacie de nuit....13 D3

À VOIR ET À FAIRE
Musée d'archéologie....14 D6
Souk as-Sebbat....15 D1

OÙ SE LOGER
Hôtel al-Maghrib al-Jadid....16 B2
Hôtel Balima....17 C4
Hôtel Bélère....18 B5
Hotel Bouregreg....19 D2
Hotel Central....20 C4
Hôtel Dorhmi....21 B2
Hôtel d'Orsay....22 C5
Hôtel la Paix....23 C3
Hôtel Majestic....24 B2
Hotel Marrakech....25 B2
Hôtel Royal....26 C3
Hôtel Splendid....27 B3
Riad Oudaya....28 B1
Auberge de jeunesse....29 A2

OÙ SE RESTAURER
Café de la Jeunesse....30 B2
Café Weimar....(voir 8)
Caféteria du 7eme Art....(voir 44)
Hôtel Balima2....(voir 17)
La Dolche Vita....31 C4
La Mamma....32 C4
Le Petit Beur - Dar Tajine....33 C4
Le Grand Comptoir....34 C3
Pâtisserie Lina....35 C4
Pâtisserie Majestic....36 C3
Restaurant de la Libération....37 B2
Restaurant el-Bahia....38 B2
Riad Oudaya....(voir 28)
Tagine wa Tanja....39 B5

OÙ PRENDRE UN VERRE
Bar de L'Alsace....40 B3
Henry's Bar....41 C5
Pachanga....42 C5

OÙ SORTIR
Amnesia Nightclub....43 C2
Cinéma du 7eme Art....44 C3
Cinéma Renaissance....45 B3
Théâtre Mohammed V....46 D3

TRANSPORTS
Air France....47 C4
Avis....48 C5
Budget....49 C4
Bus n°3 vers Agdal....50 B5
Bus n°17 et 30 vers terminal interurbain....51 A2
Arrêt des bus (n°16 et 28)....52 D5
Europcar....53 D3
Grands taxis pour Salé....54 D2
Hertz....55 C5
National....56 C3
Arrêt des petits taxis....57 B2
Royal Air Maroc....58 C4
Royal Air Maroc....(voir 48)
Supratours....(voir 49)

à l'imposant Balima, le Central offre une gamme de chambres simples d'un bon rapport qualité/prix. L'ensemble est un peu vieillot mais sympathique, et l'emplacement très pratique.

Auberge de jeunesse (carte p. 110 ; ☎ 037 725769 ; 43 rue Marassa ; dort membres Hi/non-membres 45/50 Dh, douche chaude 5 Dh ; 8h-22h30, fermé 10h-12h et 15h-18h30 oct-avr). Dans cette auberge de jeunesse de 48 lits, aménagée autour d'une cour traditionnelle lumineuse, le cachet rustique compense le confort plus que rudimentaire : dortoirs décatis et sombres, toilettes mal entretenues, eau chaude par intermittence.

CAMPING

Camping de la Plage (carte p. 118 ; camping adulte/enfant de moins de 12 ans 15/8 Dh, 18/15/30 Dh de plus par petite tente/voiture/camping-car, électricité et eau 15 Dh). Près de la plage de Salé, de l'autre côté de l'estuaire, ce camping offre des équipements basiques et peu d'ombre, mais il est fermé et gardé 24h/24. La douche chaude coûte 10 Dh. Suivez les panneaux après avoir franchi le pont sur l'oued Bou Regreg.

CATÉGORIE MOYENNE

En nombre limité, les hôtels de cette catégorie se situent pour la plupart sur l'avenue Mohammed V ou à proximité immédiate.

Hôtel Royal (carte p. 110 ; ☎ 037 721171 ; royalhotel@mtds.com ; 1 rue Jeddah Ammane ; s/d 350/400 Dh). L'un des meilleurs de la catégorie. Rénovées avec goût, ses chambres s'avèrent très confortables avec leur mobilier en bois ciré et leurs sdb flambant neuves. Chaque balcon donne sur le parc ou sur la rue. Remarquez l'ancien standard téléphonique à la réception.

Hôtel Yasmine (carte p. 110 ; ☎ 037 722018 ; fax 037 722100 ; angle Zankat Marinyne et Mekka ; s/d 359/467 Dh). Un hôtel dans le style traditionnel marocain très apprécié des hommes d'affaires locaux. Les élégantes parties communes sont ornées de sols en marbre, de zelliges et de meubles en cuir. Les chambres sont plus banales, mais confortables et meublées avec goût.

Hôtel Bouregreg (carte p. 110 ; ☎ 037 720445 ; fax 037 734002 ; angle rue Nador et av. Hassan II ; s/d 355/523 Dh ;). Les chambres sont soit rénovées dans un style vieux jeu soit très kitsch. Mais si vous n'avez rien contre les tissus brillants, les motifs floraux et les rideaux à bouillons, elles sont finalement avantageuses car elles sont vastes et confortables. Dans les plus anciennes, les sdb réclament une remise en état.

Hôtel Balima (carte p. 110 ; ☎ 037 707755 ; fax 037 707450 ; av. Mohammed V ; s/d 418/536 Dh). La grande dame des hôtels de Rabat a connu des jours meilleurs, mais ses chambres sont peu à peu rénovées. Demandez une des chambres nouvelles si vous ne voulez pas vous retrouver avec un mobilier et des tissus usés par les ans. L'hôtel possède un restaurant et un night-club convenables, et une magnifique terrasse ombragée sur l'avenue Mohammed V.

Hôtel Bélère (carte p. 110 ; ☎ 037 203301 ; fax 037 709801 ; 33 av. Moulay Youssef ; s/d 674/882 Dh ; ❄ 💻 ♿). Un cran au-dessus des autres établissements de cette catégorie, ce quatre-étoiles offre des chambres (non-fumeurs) petites mais très confortables et décorées avec goût. Il abrite un bar-restaurant raffiné et son emplacement est pratique par rapport à la gare ferroviaire.

Ibis Moussafir (carte p. 104 ; ☎ 037 774919 ; fax 037 774903 ; 32-34 rue Abderrahmanne El Ghafiki, place de la Gare, Agdal ; s/d 474/548 Dh ; ❄). À retenir en cas de besoin, l'Ibis dispose de petites chambres modernes avec sdb et TV sat. Certes il n'a pas beaucoup de caractère, mais il ne faillit jamais à ses critères de qualité et le service y est aimable.

CATÉGORIE SUPÉRIEURE

Toutes les grandes chaînes internationales sont représentées à Rabat. Si vous recherchez des adresses plus typiques, voici quelques établissements sélectionnés tant pour leur style que pour leur service. Vous goûterez ainsi au charme mythique du vieux Rabat.

Riad Oudaya (carte p. 110 ; ☎ 037 702392 ; www.riadoudaya.com ; 46 rue Sidi Fateh ; ch/ste 1 350/1 650 Dh). Niché dans une ruelle de la médina, ce magnifique riad, aménagé en maison d'hôte, allie le confort occidental à un merveilleux décor marocain. Éclairage subtil, cheminées, balcons et patio traditionnel où murmure une fontaine : c'est un bijou au charme romantique. La cuisine est divine (voir ci-contre).

Dar Al Batoul (carte p. 104 ; ☎ 037 727250 ; albatoul@menara.ma ; 7 Derb Jirari ; Bed & Breakfast d 1 100 Dh). Aménagé dans une maison de marchand du XVIIIe siècle, ce somptueux petit hôtel abrite seulement 8 chambres, disposées autour d'un patio bordé d'une colonnade, toutes décorées dans un style différent et toutes ravissantes. De nombreux détails (vitraux, subtils motifs de céramique) et de fabuleuses associations d'étoffes, contribuent à en faire un lieu enchanteur.

Riad Kasbah (carte p. 104 ; ☎ 037 705247 ; www.riadoudaya.com ; 49 rue Zirara ; s/d petit-déj inclus 880/980 Dh). Moins luxueuse que le Riad Oudaya, qui appartient au même propriétaire, mais néanmoins superbe, cette maison d'hôte délicieusement paisible se niche au cœur de la casbah, à l'écart de l'agitation de la ville. Derrière de belles portes en bois sculpté, les six chambres sont décorées dans le style traditionnel.

Où se restaurer

En matière de restaurants, vous aurez l'embarras du choix à Rabat, depuis les estaminets, minuscules et chaleureux, où l'on sert tajines et couscous traditionnels jusqu'aux prestigieuses tables gastronomiques fréquentées par la ribambelle compassée des hommes politiques, des dignitaires et des personnalités en visite dans la capitale. Les restaurants les plus onéreux se situent dans les riches faubourgs de la ville.

RESTAURANTS

Médina

Restaurant el-Bahia (carte p. 110 ; ☎ 037 734504 ; av. Hassan II ; plats 40-70 Dh ; 🕑 6h-24h, 22h30 en hiver). Aménagé dans les remparts extérieurs de la médina, ce restaurant décontracté offre une vue agréable sur les allées et venues des habitants. On peut s'asseoir en terrasse sur le trottoir, dans la cour ombragée ou dans le salon traditionnel à l'étage, pour se délecter, comme les gens du pays, de copieux plats marocains.

Restaurant de la Libération (carte p. 110 ; 256 av. Mohammed V ; plats 29 Dh). Adresse chaleureuse, bon marché et un cran au-dessus (avec ses nappes et ses menus plastifiés) des autres restaurants populaires qui jalonnent l'avenue. Le menu hebdomadaire propose des plats traditionnels. Le vendredi, jour du couscous, on se presse autour de gigantesques assiettes fumantes.

Café de la Jeunesse (carte p. 110 ; 305 av. Mohammed V ; repas 20-30 Dh). Non loin du précédent, l'endroit est parfait pour les tajines, les brochettes et les sandwichs.

Le Ziryab (carte p. 104 ; ☎ 037 733636 ; 10 Zankat Ennajar ; plats 90-140 Dh). Ce restaurant marocain chicoccupe un magnifique bâtiment juste à côté de la rue des Consuls. Il allie un cachet ancien et un élégant design contemporain. Sur l'excellent menu figurent des variations sur le tajine, le couscous, la pastilla et les viandes et poissons grillés.

Riad Oudaya (carte p. 110 ; ☎ 037 702392 ; 46 rue Sidi Fateh ; déj/dîner 220/330 Dh). Ce ravissant restaurant, caché derrière une lourde porte en bois dans les profondeurs de la médina, justifie à lui seul une visite à Rabat. Situé dans un fabuleux riad (voir p. 112), on y sert un menu gastronomique de cinq plats incluant tajines savoureux, pastillas et calamars farcis.

Restaurant Dinarjat (carte p. 104 ; ☎ 037 724239 ; 6 rue Belgnaoui ; plat environ 150 Dh, bouteille de vin 80 Dh). Fréquenté ausi bien par des habitués que par une clientèle de passage, ce restaurant loge dans une demeure du XVIIe siècle au cœur de la médina. Dans un exubérant décor de palais digne d'al-Andalus, vous dégusterez des mets traditionnels, notamment des pastillas, en regardant des danseuses orientales évoluer sur des tapis précieux. Réservez.

Ville nouvelle

La Mamma (carte p. 110 ; ☎ 037 707329 ; 6 rue Tanta ; plats 78-100 Dh). Difficile de deviner de l'extérieur que ce modeste restaurant sert des pizzas et des pâtes qui sont peut-être les meilleures de la ville. Le charme romantique des poutres en bois et des tables éclairées à la bougie se conjugue aux bonnes odeurs qui s'échappent du four à pizza et des grils pour vous convier à prendre vos aises.

Tajine wa Tanja (carte p. 110 ; ☎ 037 729797 ; 9 rue de Baghdad ; plats 60-90 Dh ; fermé dim). Ce petit restaurant sympathique, proche de la gare, a pour spécialités les grillades au feu de bois et les tajines traditionnels. Le vendredi, c'est le jour du couscous. Grandiose. C'est un endroit tranquille où les femmes seules se sentiront à l'aise.

Le Grand Comptoir (carte p. 110 ; ☎ 037 201514 ; 279 av. Mohammed V ; plats 95-135 Dh). Ce nouveau bar-restaurant se donne l'allure d'une vieille brasserie parisienne. Décor élégant et suave et carte française classique. Palmiers géants, candélabres et miroirs dorés ornent la grande salle où un pianiste distille la musique de fond. Les steaks sont succulents, de même que l'andouillette et les rognons de veau.

Le Petit Beur – Dar Tajine (carte p. 110 ; ☎ 037 731322 ; 8 rue de Damas ; tajines 84 Dh, pastilla 66 Dh ; fermé dim). Réputé pour son excellente cuisine marocaine, ce restaurant propose notamment de succulents tajines, et des pastillas célèbres dans toute la ville. Un peu triste au déjeuner, l'endroit s'anime le soir quand les serveurs troquent leur plateau pour un oud (luth).

Hors du centre

Le Fuji (carte p. 104 ; ☎ 037 673583 ; 2 av. Mischliffen, Agdal ; plats 80-120 Dh ; fermé mar et mer déj). Un décor simple et dépouillé et d'authentiques plats japonais font de ce lieu tranquille un havre bienvenu qui change du décorum et de la cuisine traditionnelle des autres restaurants de Rabat. Allez-y pour les délicieux sushis, sashimis et tempuras ou pour un bento, une boîte-repas colorée. L'adresse plaira aux végétariens.

L'Entrecôte (carte p. 104 ; ☎ 037 671108 ; 74 bd al-Amir Fal Ould Omar, Agdal ; plats environ 130 Dh). Très français dans son service et dans sa carte, ce restaurant chic d'Agdal a pour spécialités le steak, le poisson et le gibier. Mais son décor de bois sombre et de plâtre rugueux rappelle davantage la Bavière que Bordeaux. Le soir, l'ambiance vire plutôt au jazz ou à la musique espagnole.

Restaurant de la Plage (carte p. 104 ; ☎ 037 202928 ; plats à partir de 110 Dh). Ce restaurant, qui surplombe la vaste plage de sable en contrebas de la casbah, est spécialisé dans les poissons grillés et les fruits de mer, tout frais pêchés.

Borj Eddar (carte p. 104 ; ☎ 037 701500 ; plats à partir de 110 Dh ; fermé oct-avr). Juste à côté, et très semblable à l'adresse précédente, Borj Eddar propose également un menu à base de fruits de mer et de poissons grillés. Sa terrasse vitrée domine aussi l'océan.

Cafés, pâtisseries et glaciers

Café Weimar (carte p. 110 ; ☎ 037 732650 ; 7 rue Sana'a ; pizza 55 Dh). Dans ce café branché du Goethe Institut, la jeunesse insouciante se retrouve autour d'un café et d'un gâteau. Il offre aussi un menu méditerranéen simple ainsi qu'un brunch agréable le dimanche.

Pâtisserie Lina (carte p. 110 ; ☎ 037 707291 ; 45 av. Allal ben Abdallah ; 6h30-21h25). Les énormes gâteaux présentés dans cette pâtisserie française sont si appétissants qu'après y avoir pris son petit-déjeuner, on peut être tenté d'y succomber à nouveau l'après-midi.

Pâtisserie Majestic (carte p. 110 ; angle rue Jeddah Ammane et av. Allal ben Abdallah). Un peu moins tape-à-l'œil que Lina, cette pâtisserie fait d'aussi bons gâteaux et se trouve très bien située, au centre-ville.

La Dolce Vita (carte p. 110 ; ☎ 037 707329 ; rue Tanta ; cornet/petit pot 7/12 Dh ; 7h30-1h). Les propriétaires italiens du restaurant La Mamma, dans la ville nouvelle, ont élargi leur empire à ce minuscule mais ô combien délectable glacier. Les *gelati* maison existent en 40 parfums.

Galapagos Café (carte p. 104 ; ☎ 037 686879 ; 14 bd al-Amir Fal Ould Omar ; en-cas 25-45 Dh). Ce café étincelant – lambris de bois sombre, mobilier contemporain et grandes baies vitrées – permet une halte agréable à Agdal en observant la rue. Les jeunes qui travaillent dans les environs adorent ses glaces, ses crêpes, ses paninis et ses pizzas.

EN-CAS

Pour faire un repas rapide à peu de frais, rendez-vous avenue Mohammed V, dans la médina, près de la porte d'entrée. Une foule d'échoppes proposent tajines, brochettes, salades et frites pour trois fois rien. Vous reconnaîtrez les meilleurs au nombre d'habitués qui font patiemment la queue.

Autre zone propice pour se sustenter prestement, la rue Tanta dans la ville nouvelle, autour de laquelle vous trouverez une sélection de boutiques de restauration rapide servant aussi bien des burgers et des brochettes que des pizzas ou des paninis.

FAIRE SON MARCHÉ

Pour faire ses courses, il n'y a pas mieux que la médina. Le **marché couvert aux fruits et légumes** (carte p. 110 ; av. Hassan II) offre un choix fabuleux de produits frais et de fruits secs. Pour le reste, vous trouverez tout ce dont vous aurez besoin (boissons alcoolisées comprises) le long de la rue Souika ou à proximité, et près de Bab el-Bouiba.

Pour les produits alimentaires occidentaux, rendez-vous à l'**Hypermarché Marjane** (🕒 7h-19h) sur la route de Salé.

Où prendre un verre

CAFÉS

Café Maure (carte p. 104 ; Kasbah des Oudaïas ; 🕒 9h-17h30). Goûtez un moment de détente en contemplant l'estuaire et la vue sur Salé depuis ce petit café en terrasse voisin des Jardins andalous. Assis au frais, on y sirote du thé à la menthe servi avec des biscuits aux amandes sur un plateau d'argent. Voilà un lieu idéal pour passer un moment à écrire ses cartes postales et où les femmes se sentiront à l'aise.

Cafétéria du 7e Art (carte p. 110 ; ☎ 037 733887 ; av. Allal ben Abdallah). Attenant à un cinéma (p. 115), ce café en plein air ombragé attire une clientèle nombreuse et de tous âges. L'ambiance y est décontractée, mais moins tranquille qu'au Café Maure à cause du trafic des voitures.

BARS

La plupart des bars de Rabat sont peu engageants pour les femmes. Les plus modernes et les plus fréquentés sont les plus sûrs pour celles qui voyagent seules.

Le Purple (carte p. 104 ; ☎ 037 733680 ; 14 rue Mekka ; 🕒 19h30-1h). Un style contemporain, des meubles design et des couleurs lumineuses et sensuelles contribuent à faire de ce bar branché l'un des lieux les plus vivants du centre-ville. C'est le rendez-vous de la jeunesse oisive. Soirée karaoké très animée le dimanche.

Le Puzzle (☎ 037 670030 ; 79 av. ibn Sina, Agdal ; bouteille de bière 35 Dh ; 🕒 19h30-1h, fermé dim déj). Autre lieu branché, ce bar-restaurant d'Agdal, qui réussit curieusement à mêler le style traditionnel et le design contemporain, est l'un des repaires favoris des habitants des banlieues fortunées. Le karaoké, la musique live et la bière à moitié prix assurent également son succès.

Pachanga (carte p. 110 ; ☎ 037 262931 ; 10 place des Alaouites ; plats 80-100 Dh, bouteille de bière 40-50 Dh ; 🕒 19h30-1h). Très populaire avec son décor de cabaret où domine le jaune canari, ce bar-restaurant attire la clientèle branchée de Rabat. Le mardi, jeudi et dimanche soirs, l'ambiance tourne davantage au karaoké.

Hôtel Balima (carte p. 110 ; ☎ 037 707755 ; av. Mohammed V ; 🕒 8h-23h). Moins intimidante que les bars huppés, la terrasse verdoyante du Balima offre une vue imprenable sur l'animation de la rue. C'est un endroit idéal pour voir et se faire voir et pour prendre un verre au frais, les nuits d'été. Les femmes s'y sentiront à l'aise.

Si vous recherchez les vieux bars faisant couleur locale, moins aseptisés que les lieux à la mode, faites un tour au **Henry's Bar** (carte p. 110 ; place des Alaouites) ou au **Bar de L'Alsace** (carte p. 110 ; av. Mohammed V), deux adresses classiques, exclusivement réservées aux hommes, où la fumée est dense et où l'on boit sec. Ils ouvrent toute la journée, mais ferment vers 22h.

Où sortir

La jeunesse, l'aisance et le niveau d'instruction d'une bonne partie de la population de Rabat ainsi que l'importante présence étrangère expliquent le nombre de distractions qu'offre habituellement la ville. Vous en trouverez la liste dans les journaux en langue française.

CLUBS ET DISCOTHÈQUES

Même si la vie nocturne est beaucoup plus limitée et plus sage qu'à Casablanca, Rabat offre un certain choix de discothèques. Outre celles des grands hôtels, qui se ressemblent entre elles, il existe quelques clubs qui tentent de louables efforts de déco. Pour entrer, comptez environ 100 Dh (prévoyez la même somme pour les consommations) et soignez votre tenue, sinon, vous ne passerez pas la porte.

Amnesia (carte p. 110 ; ☎ 037 701860 ; 18 rue de Monastir ; lun-ven 80 Dh, sam-dim 100 Dh, gratuit pour les femmes). Boîte la plus en vogue du centre de Rabat, ce club de style américain (avec même une arrière-salle dans le style "diner") est très animé presque tous les soirs de la semaine. La musique tourne essentiellement autour de succès internationaux qui font les délices des jeunes mondains.

XVIe (carte p. 104 ; ☎ 037 774844 ; 12 av. Atlas, Agdal ; entrée 100-150 Dh). Plus chic et plus cher, ce club raffiné d'Agdal n'est accessible que sur réservation. Le gratin se retrouve ici derrière le rempart des videurs. Habillez-vous chic et passez par la case DAB avant de rejoindre la file d'attente.

5th Avenue (carte p. 104 ; ☎ 037 775254 ; 4 rue Bin al-Widane, Agdal ; entrée 100 Dh ; 🕓 sam-dim jusqu'à 5h). Autre adresse aménagée sur le thème américain. La déco évoque un New York de rêve et la musique, intéressante, va du hip-hop au raï en passant par la techno.

CINÉMAS ET THÉÂTRES

Cinéma Renaissance (carte p. 110 ; ☎ 037 722168 ; av. Mohammed V ; orchestre/balcon 25/30 Dh). Ce vaste complexe, situé sur la principale artère, programme les grands films hollywoodiens.

Cinéma du 7e Art (carte p. 110 ; ☎ 037 733887 ; av. Allal ben Abdallah ; 15 Dh). Ce cinéma doit son succès à sa riche sélection de films d'art et d'essai marocains, moyen-orientaux et européens.

Théâtre Mohammed V (carte p. 110 ; ☎ 037 707300 ; rue Moulay Rachid). Principal théâtre de la ville, il accueille toutes sortes de représentations, de la musique classique à la danse, en passant par les pièces de boulevard (généralement en arabe).

Achats

Un des grands plaisirs de Rabat tient au fait que les marchands vous laissent relativement tranquille quand vous déambulez au milieu des étals. Vous pouvez ainsi prendre votre temps pour regarder sans vous sentir harcelé comme dans les villes plus touristiques. En revanche, cela signifie aussi que la marge de négociation sur les prix est moins importante.

Rabat est depuis toujours un centre artisanal, d'où le vaste choix d'objets de qualité encore fabriqués sur place. En remontant la rue des Consuls, dans la médina, puis le boulevard Tariq al-Marsa en direction de la casbah, vous verrez aussi bien des bijoux, des soies et des poteries que des zelliges et des meubles en bois sculpté.

Centre traditionnel de tissage, Rabat reste spécialisée dans le style islamique le plus formel (voir p. 60). Les mardi et jeudi matins, les femmes descendent des villages pour vendre leurs tapis aux commerçants. Les transactions se déroulent dans le souk des tapis, qui donne dans la rue des Consuls, et les touristes ne sont généralement pas autorisés à y assister. Mais si vous réussissez à entamer une négociation, vous ferez sans doute une affaire.

Dans un genre plus formel, l'**Ensemble artisanal** (carte p. 104 ; ☎ 037 730507 ; bd Tariq al-Marsa ; 🕓 9h-12h et 14h30-18h30) propose tout un choix de tapis, de poteries et de meubles à prix fixes. Pour les céramiques, le mieux consiste à traverser l'oued vers Salé pour faire ses achats au Complexe des potiers (p. 119).

Depuis/vers Rabat

AVION

Le minuscule **aéroport de Rabat Salé** (☎ 037 808090), 10 km au nord-est de la ville, dessert directement Paris par les vols de **Royal Air Maroc** (RAM ; carte p. 110 ; ☎ 037 709766 ; fax 037 723516 ; av. Mohammed V) et d'**Air France** (carte p. 110 ; ☎ 037 707066 ; av. Mohammed V). Un grand taxi jusqu'à l'aéroport coûte environ 100 Dh.

BUS

Rabat possède deux gares routières : la **gare routière** (☎ 037 795816) principale, terminus de la plupart des bus, qui abrite une **consigne** (5 Dh/jour par bagage ; 🕓 6h-23h) ; et la **gare CTM** (☎ 037 281488), moins chaotique. Toutes deux se trouvent à environ 5 km au sud-ouest du centre-ville, sur la route de Casablanca, ce qui n'est guère pratique. Pour rejoindre le centre depuis l'une ou l'autre de ces gares, il faut prendre le bus n°30 (3 Dh) ou un petit taxi (15 Dh).

Si vous arrivez du nord du pays en bus, il se peut que vous passiez par le centre de Rabat. En ce cas, mieux vaut demander que l'on vous dépose en ville. Sinon, vous gagnerez du temps en descendant à Salé et en prenant un bus local (3 Dh) ou un grand taxi (3,50 Dh) vers le centre de Rabat.

Les bus CTM desservent les villes suivantes :

Destination	Prix (Dh)	Durée (h)	Nombre de bus/jour
Agadir	170	12	3
Casablanca	25	1h30	8
El-Jadida	52	3h30	3
Er-Rachidia	125	10	1
Essaouira	15	8	3
Fès	58	3h30	7
Marrakech	100	5	3
Nador	130	9h30	1
Oujda	130	9h30	1
Safi	100	5h30	3
Tanger	80	4h30	5
Taroudant	180	10	1
Tétouan	80	5	1
Tiznit	186	10h30	2

La principale gare routière possède 13 guichets de vente de billets distincts, sur lesquels sont clairement indiquées les destinations. Un rabatteur vous indiquera sans doute quelle compagnie a le départ le plus imminent, bien avant que vous ne l'ayez repéré par vous-même : contentez-vous alors de le suivre jusqu'au guichet et d'acheter votre billet.

Il y a 6 départs par jour pour Casablanca (18 Dh) et pour Tanger (60 Dh), et 9 pour Fès (50 Dh). Parmi les nombreuses autres destinations desservies figurent Agadir (120 Dh), Asilah (50 Dh), Chefchaouen (45 Dh), El-Jadida (42 Dh), Marrakech (70 Dh) et Tétouan (60 Dh). Il existe même des services internationaux jusqu'à Madrid (645 Dh), Barcelone (1 070 Dh) et Paris (1 220 Dh).

VOITURE

À Rabat, les sociétés de location locales ne manquent pas et offrent, pour la plupart, des tarifs plus avantageux que les agences internationales suivantes :

Avis (carte p. 110 ; ☎ 037 769759 ; 7 rue Abou Faris al-Marini)
Budget (carte p. 110 ; ☎ 037 705789 ; gare ferroviaire Rabat-Ville, av. Mohammed V)
Europcar (carte p. 110 ; ☎ 037 722328 ; 25 rue Patrice Lumumba)
Hertz (carte p. 110 ; ☎ 037 709227 ; 46 av. Mohammed V)
National (carte p. 110 ; ☎ 037 722731 ; angle rue al Kahira et rue Ghandi)

Les restrictions de stationnement dans le centre-ville s'appliquent du lundi au samedi, de 8h à 12h et de 14h à 19h. Les tickets de parcmètres coûtent 2 Dh pour 48 minutes et 10 Dh pour 4 heures (durée maximale de stationnement).

Vous trouverez un parking pratique à la lisière de la médina, près du croisement des avenues Hassan II et Mohammed V.

GRANDS TAXIS

Les grands taxis partent pour Casablanca (27 Dh) de la gare routière interurbaine. Les taxis pour Fès (55 Dh), Meknès (40 Dh) et Salé (3,50 Dh) stationnent derrière l'Hôtel Bouregreg, non loin de l'avenue Hassan II.

TRAIN

Il s'agit du moyen le plus commode pour rejoindre Rabat, du fait de la situation centrale de la **gare ferroviaire Rabat-Ville** (carte p. 110 ; ☎ 037 736060). Ne confondez pas avec la gare Rabat-Agdal, à l'ouest de la ville. La gare abrite un café, une **consigne** (10 Dh/jour par bagage ; 🕑 7h-22h30), un bureau de change et un DAB. **Budget** (☎ 037 705789) et **Supratours** (☎ 037 208062 ; 🕑 9h-12h30 et 15h-19h lun-sam) ont des comptoirs sur place.

Des trains circulent toutes les 30 min de 6h à 22h30 entre la gare Rabat-Ville et celles de Casa-Port (30 Dh) et Kenitra (13,50 Dh, 30 min). Pour relier Rabat et l'aéroport Mohammed V (55 Dh) de Casablanca, il faut changer de train à Casa-voyageurs ou à Aïn Sebaa.

Sur tous les trajets longue distance, il existe des services rapides et un train ordinaire de nuit. Voici quelques tarifs en 2e classe sur train rapide : Fès (72 Dh, 3 heures 30, 8/j) *via* Meknès (56 Dh, 2 heures 30), Oujda (177 Dh, 10 heures, 3/j) *via* Taza (108 Dh, 6 heures), Tanger (90 Dh, 4 heures 30, 7/j) et Marrakech (101 Dh, 4 heures 30, 8/j).

Transports locaux

BUS

Voici une liste d'itinéraires utiles (3 Dh) :

N°2 et n°4 De l'av. Moulay Hassan à Bab Zaer, pour rejoindre Chellah.

N°3 De la gare Rabat-Ville à Agdal.

N°16 De l'av. Moulay Hassan à Salé (descendez après le pont ferroviaire).

N°17 et n°30 Des abords de Bab al-Had à la gare routière interurbaine de Rabat, *via* le Département de la Conservation et de la Topographie ; le n°17 passe par le zoo et la plage de Témara.

N°37 et n°52 De la gare routière interurbaine au centre-ville.

TAXI

Les petits taxis bleus de Rabat sont très nombreux, rapides et bon marché. Une course dans le centre-ville revient autour de 10 Dh. Il y a une station de petits taxis sur l'avenue Hassan II, près de l'entrée de la médina.

SALÉ سلا

400 000 habitants

Juste de l'autre côté de l'estuaire de l'oued Bou Regreg s'ouvre un autre monde : une ville aux murs blanchis à la chaux qui, derrière ses remparts, semble inchangée depuis des siècles. Face à la modernité de Rabat, Salé paraît oubliée par le temps. Les mentalités même n'y ont guère changé, comme en témoigne l'attitude vis-à-vis des femmes, beaucoup moins libérale que dans la capitale. Pourtant, à l'extérieur des remparts de la vieille cité, la ville moderne de Salé prolifère, mais ce n'est qu'une cité-dortoir, sans attrait pour le voyageur.

Histoire

Sans doute fondée au Xe siècle, Salé s'agrandit à mesure que les habitants de l'antique Sala Colonia traversaient la rivière pour venir s'installer dans cette nouvelle cité. Au XIIe siècle, les Almohades prirent le contrôle de la région en mettant fin aux conflits locaux avant de faire de Rabat la base de leurs expéditions contre l'Espagne.

Suite à une attaque de flibustiers espagnols en 1260, les Mérinides fortifièrent Salé en l'entourant de remparts et creusèrent un canal jusqu'à Bab Mrisa pour faciliter le chargement des navires en toute sécurité. Salé entama alors une période florissante et développa des relations commerciales avec Venise, Gênes, Londres et les Pays-Bas.

Au XVIe siècle, Salé et Rabat devinrent des repaires de corsaires (voir la rubrique *Histoire* sous *Rabat*, p. 103), attirés par l'intense trafic qui longeait la côte atlantique. Les deux villes tirèrent parti des activités de piraterie ainsi que de l'afflux de réfugiés musulmans d'Espagne au XVIIe siècle.

La piraterie cessa au XIXe siècle, puis Rabat devint la capitale du Maroc tandis que Salé sombrait plus ou moins dans l'oubli.

Orientation et renseignements

Salé se visite en une demi-journée depuis Rabat. Bab Bou Haja, la principale porte de la médina, se trouve au sud-ouest de celle-ci. Elle donne sur la place Bab Khebaz d'où l'on gagne rapidement les souks, au nord-ouest. En continuant sur 500 m dans la même direction, le long de la rue Ras ash-Shajara (ou rue de la Grande Mosquée), vous atteindrez la Grande Mosquée. Néanmoins, vous risquez de vous égarer dans le dédale de ruelles avant d'atteindre la rue Ras ash-Shajara et il est peut-être préférable d'emprunter l'itinéraire qui longe l'intérieur de l'enceinte en passant devant Bab Bou Haja et Bab Malka.

Vous trouverez quelques banques dans la rue Fondouk Abd el-Handi. Bab Mrisa, au sud, était autrefois reliée à l'océan par un canal qui permettait aux bateaux d'accéder jusque dans la ville. C'est par là que Robinson Crusoé est amené en ville dans le roman de Daniel Defoe. Le Complexe des potiers se situe au sud-est de la médina, sur la route d'Oulja.

À voir et à faire

GRANDE MOSQUÉE ET MÉDERSA

Cœur de cette ville pieuse, la Grande Mosquée et la médersa comptent parmi les plus anciens édifices religieux du pays et constituent de superbes exemples de l'art mérinide. Elles furent construites en 1333 par le sultan almohade Abou el-Hassan Ali. Les non-musulmans n'ont pas accès à la mosquée, mais la **médersa** (entrée 10 Dh ; 9h-12h et 14h30-18h) abrite un musée ouvert à tous. Semblable à celles de Fès ou et Meknès, elle est formée d'une petite cour intérieure entourée d'une galerie. Les murs sont couverts de motifs décoratifs très élaborés depuis les zelliges à la base jusqu'aux stucs et aux bois de cèdre finement travaillés.

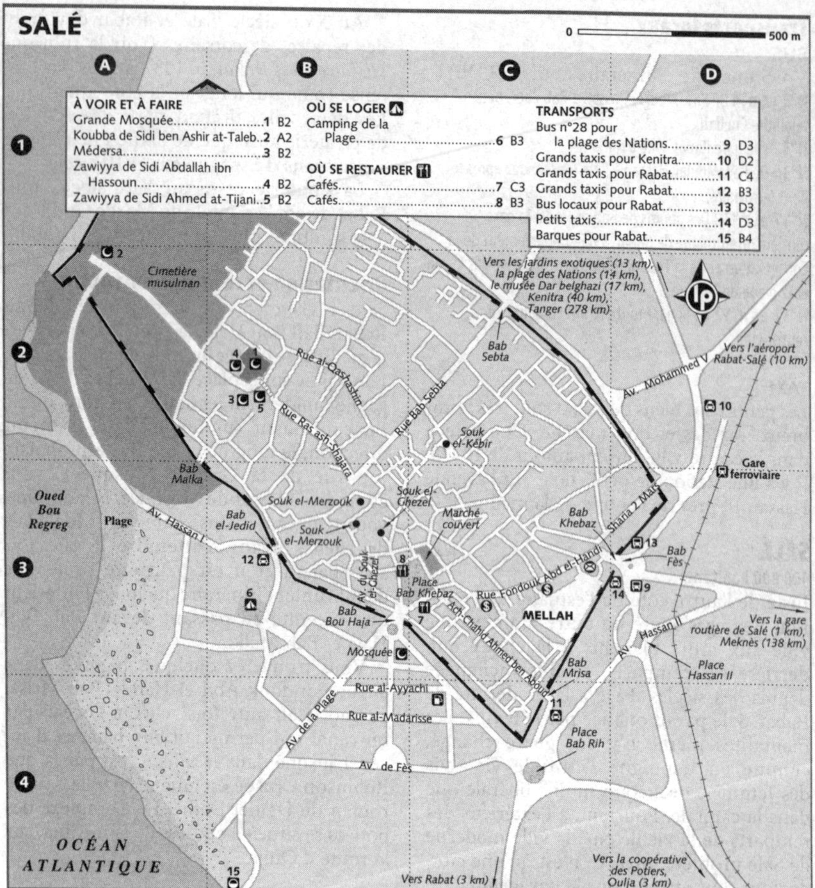

Des étudiants occupaient jadis les petites cellules alignées le long de la galerie à l'étage, d'où l'on peut accéder au toit qui offre une vue superbe sur Salé et Rabat. Le gardien qui vous guidera s'attend à un petit pourboire.

SANCTUAIRES

La **zaouïa de Sidi Abdallah ibn Hassoun,** le saint patron de Salé, se dresse derrière la Grande Mosquée. Vénéré par les voyageurs (à l'instar de St Christophe), ce soufi très respecté mourut en 1604.

Lors d'un pèlerinage annuel, une procession en son honneur se déroule dans les rues de Salé la veille du Mouloud (jour de la naissance du Prophète, généralement à la fin du printemps). Ce jour-là, les pêcheurs revêtent des costumes de corsaires tandis que les autres fidèles portent des sculptures en cire et marchent en procession jusqu'au tombeau du saint.

Il existe deux autres sanctuaires à Salé : la **zaouïa de Sidi Ahmed at-Tijani**, dans la ruelle qui sépare la mosquée de la médersa, et la **koubba de Sidi ben Ashir at-Taleb** (l'étudiant), toute blanche, dans le cimetière situé au nord-ouest de la mosquée.

SOUKS

Depuis la Grande Mosquée, on rejoint les souks par la rue Ras ash-Shajara, bordée de maisons édifiées par de riches marchands. À l'ombre des arbres, le **souk el-Ghezel** (souk de la laine), inchangé depuis des siècles, justifie une halte pour voir la vieille balance suspendue à un grand trépied : on y pèse la laine brute tandis qu'hommes et femmes débattent du prix.

Au **souk el-Merzouk**, tout proche, on fabrique et on vend des tissus, des paniers et des bijoux. Moins intéressant pour les voyageurs, le **souk el-Kebir** est le marché des vêtements d'occasion et des ustensiles de cuisine.

Où se loger et se restaurer

À moins de vous installer au camping (voir p. 111), rien ne justifie de loger à Salé sachant que Rabat offre un bien meilleur choix d'hébergements. Vous trouverez une kyrielle de petits cafés sans prétention dans les souks et les rues environnantes ainsi qu'au sud de la place Bab Khebaz.

Depuis/vers Salé

BATEAU

La manière la plus pittoresque de gagner Salé consiste à traverser l'oued Bou Regreg sur l'une des petites barques (1 Dh/pers) qui partent d'un embarcadère situé en contrebas du mellah. Elles circulent toute la journée et partent lorsqu'elles sont pleines.

BUS

La principale gare routière de Salé se situe à 1 km à l'est de la médina. Si vous venez de Rabat, prenez le bus n°16 (3 Dh) et descendez après le pont ferroviaire. De là, marchez vers l'ouest en direction de Bab Fès et de la médina. Dans l'autre sens, le n°16 passe devant Bab Fès, comme le n°28.

TAXI

Le plus simple pour rejoindre la médina de Salé consiste à prendre un taxi à Rabat, près de l'hôtel Bouregreg, sur l'avenue Hassan II. Indiquez au chauffeur que vous descendez à Bab Bou Haja. De Salé, des taxis partent de Bab el-Jedid et de Bab Mrisa (3 Dh l'aller). Notez que les petits taxis beiges de Salé ne sont pas autorisés à entrer dans Rabat. Ils sont nombreux et une station se trouve à Bab Fès. Les grands taxis pour Kenitra partent du nord de la gare ferroviaire (11 Dh).

TRAIN

Des trains relient Rabat à Salé, mais il est plus simple de prendre le bus ou un grand taxi. Des trains partent toutes les 30 min pour Kenitra (13,50 Dh), au nord.

ENVIRONS DE RABAT ET SALÉ

Complexe des potiers مُجمّع الفخاريات

Pour acheter des céramiques, voir les potiers à l'œuvre ou simplement pour vous faire une idée de la production, il faut visiter le **Complexe des potiers** (coopérative de poterie ; du lever au coucher du soleil) dans le village d'Oulja, à 3 km au sud-est de Salé. Ce centre artisanal moderne produit une très grande variété de céramiques dont des tajines de diverses tailles et couleurs, des lampes, des vases et des services de table en porcelaine.

Les potiers travaillent à l'arrière du complexe avec de l'argile extraite des collines alentour (à gauche en arrivant). Ils façonnent la terre sur des tours actionnés au pied. Après avoir verni les pièces, ils les mettent à cuire dans des fours énormes. La cuisson dure 15 heures à une température qui atteint 900°C. Pour les poteries les plus rustiques, les fours sont encore chauffés avec les feuilles et les branches des forêts d'eucalyptus voisines.

Les pièces plus fines sont cuites dans des fours à gaz afin d'avoir une cuisson plus régulière et de réduire l'impact sur l'environnement.

Le centre artisanal abrite aussi un café et quelques ateliers utilisés par des vanniers et des forgerons. Pour venir depuis Salé, prenez un petit taxi (environ 12 Dh) ou le bus n°35 ou n°53 (3 Dh).

Jardins exotiques الحدائق الغريبة

Rêves d'un homme, les **Jardins exotiques** (adulte/enfant 5/3 Dh ; 8h-17h30) sont une superbe composition végétale réalisée par un horticulteur français, Marcel François, dont la devise est affichée près de l'entrée : "C'est la poésie qui recrée les Paradis perdus, la science et la technique seules en sont incapables."

Hommage vivant à cet idéal, ces jardins thématiques très élaborés furent créés en 1951. Laissés à l'abandon durant des années, ils sont en train de retrouver leur magnificence originelle. Des sentiers balisés de couleurs différentes serpentent à travers l'exubérante forêt tropicale brésilienne, la jungle polynésienne, les jardins d'agrément japonais et le jardin andalou. Pièces d'eau, pont, flore exotique et autres délicatesses qui se dévoilent au fur et à mesure en font un lieu enchanteur pour les amoureux et les enfants.

Les Jardins exotiques se trouvent à 13 km au nord de Rabat, sur la route de Kenitra. Pour vous y rendre, prenez le bus n°28 dans l'avenue Moulay Hassan à Rabat, ou devant Bab Fès, la principale porte de la médina de Salé.

Musée Dar Belghazi متحف دار بلغازي

Aménagé dans une demeure ancienne, le **musée Dar Belghazi** (☎ 037 822178 ; belghazi@maghrebnet.net.ma ; 40 Dh ; ⌚ 8h30-18h) présente une vaste collection d'art et d'artisanat andalou, juif marocain et islamique, amassée durant trois générations par la famille Belghazi.

Parmi les pièces exposées figurent des tapis du XVIIe siècle, des minbars (chaires de mosquée) en bois merveilleusement sculptés, des portes et des plafonds datant du Xe siècle, des bijoux en or et en argent finement travaillés, des poteries et des broderies exceptionnelles de Fès et des corans miniatures.

Le musée se situe à 17 km de Salé sur la route de Kenitra. Prenez le bus n°28 depuis l'avenue Moulay Hassan à Rabat ou depuis la porte principale de la médina de Salé.

Plages

Les habitants de la région vont souvent passer la journée sur la **plage des Nations**, 17 km au nord de Rabat, dont ils apprécient le sable propre. Les vagues sont propices au surf mais les courants sont dangereux pour les nageurs. Surplombant la plage, l'**Hôtel Firdaous** (☎ 037 822131 ; fax 037 822143 ; s/d 460/600 Dh ; 🅟), au décor immuable depuis les années 1970, dispose de chambres confortables avec vue sur l'océan et sdb rénovées. Il est indispensable de réserver en été.

Pour accéder à cette plage, dirigez-vous vers le nord jusqu'au musée Dar Belghazi, puis prenez sur la gauche une voie appelée Sidi Bouknadel. De Rabat ou Salé, le bus n°28 vous déposera à la hauteur de cet embranchement. Ill faut encore marcher 2 km pour rejoindre la plage.

On trouve d'autres belles plages plus près de Rabat. Ainsi les étendues sauvages et sablonneuses de **Témara Plage**, 13 km au sud de la ville, très fréquentées par les amateurs de surf et de bronzage. Prenez le bus n°17 depuis Bab al-Had à Rabat.

Parc zoologique national حديقة الحيوانات الوطنية

Couvrant plus de 50 ha, cet imposant **zoo** (adulte/enfant 10/5 Dh, parking 3 Dh ; ⌚ 9h30-18h lun-sam, 9h-18h dim) héberge une assez belle colonie d'animaux et mène des programmes d'élevage en captivité. La plupart des enclos sont spacieux et propres. Les hôtes vedettes sont les félins, en particulier les lions de l'Atlas (l'espèce a disparu à l'état sauvage dans les années 1920 et n'a survécu que grâce aux fauveries royales). Le zoo fera l'objet d'une sortie agréable avec des enfants.

Il se trouve à 9 km au sud de Rabat sur la route de Témara. Le bus n°17 qui part devant Bab al-Had vous y mène en 20 min environ. Il faut descendre juste après le stade Prince Moulay Abdallah puis marcher quelques centaines de mètres vers l'est.

Forêt de Zaer

Si vous êtes motorisé, il est possible d'effectuer un beau parcours à travers la pittoresque forêt de Zaer, au sud de Rabat. Bien que dégradée et manquant d'entretien, elle compte de nombreux chênes-lièges et eucalyptus.

Prenez la P 22 à 30 km au sud de Rabat, jusqu'au petit village d'**Aïn el-Aouda**. Poursuivez ensuite sur 10 km jusqu'à la minuscule route S 216 pour gagner **Merchouch**, indiqué sur la droite. À Merchouch, prenez la S 106 sur la droite pour rejoindre **Sidi Bettache** et **Ben Slimane** en traversant des vallées verdoyantes et d'impressionnantes gorges. Depuis Sidi Bettache, vous pouvez aussi prendre la S208 vers le nord jusqu'à **Sidi-Yahya**, une région bien connue des ornithologues.

KENITRA القنيطرة

374 000 habitants

Bien qu'elle ne présente pas d'intérêt particulier, la ville portuaire de Kenitra dégage une atmosphère détendue et constitue un bon point de départ pour visiter d'autres sites des environs : la plage et la casbah de Mehdiya et le lac de Sidi Bourhaba.

L'artère principale de la ville est l'avenue Mohammed V, qui rassemble tous les commerces, les banques et les cafés Internet.

Si vous devez passer la nuit à Kenitra, essayez d'abord l'**Hôtel d'Europe** (☎ 037 371450 ; 63 av. Mohammed Diouri ; s/d 208/245 Dh). Propres et simples, ses chambres avec sdb offrent un bon rapport qualité/prix. Plus huppé, l'**Hôtel**

Mamora (☎ 037 371775 ; fax 037 371446 ; av. Hassan II ; s/d 322/391 Dh ;), possède des chambres plus grandes, dignes d'un établissement pour hommes d'affaires.

Pour déjeuner, l'**El-Dorado** (64 av. Mohammed Diouri ; burgers à partir de 22 Dh, steak-frites 46 Dh), l'établissement le plus couru de la ville, sert des en-cas d'inspiration américaine. Autres possibilités : le **Cactus** (☎ 037 377242 ; 44 av. Mohammed Diouri ; plats 30-60 Dh), plus moderne, prépare des pizzas, des pâtes et des sandwichs, et **La Sangria** (☎ 037 371450 ; 63 av. Mohammed Diouri ; plats 22-40 Dh) un choix de plats italo-marocains.

Kenitra se trouve sur la ligne ferroviaire nord-sud. Des trains rejoignent fréquemment Rabat (13,50 Dh), Casablanca (40,50 Dh), Fès (60,50 Dh) et Meknès (44 Dh), ainsi que (moins souvent) Tanger (78 Dh) et Asilah (65 Dh). Vous trouverez la gare de Kenitra sur l'avenue Mohammed Diouri, environ 500 m au sud de la rue principale. C'est là qu'il faut descendre, et non à Kenitra Médina.

La principale gare routière est située à l'extrémité est de l'avenue Mohammed V ; la **CTM** (☎ 037 376238) possède une autre gare dans le centre-ville. Il y a des départs pour Souk el-Arba du Rharb (15 Dh), Larache (30 Dh), Chefchaouen (38 Dh), Tanger (50 Dh) et Tétouan (48 Dh) depuis les deux gares.

Les grands taxis pour Souk el-Arba du Rharb (20 Dh) partent de la gare de bus, et ceux pour Rabat (12 Dh) stationnent à un bloc au sud du McDonald's.

ENVIRONS DE KENITRA

Plage de Mehdiya شط المهدية

Battue par les vents, cette plage à 7 km à l'ouest de Kenitra attire les amateurs de surf, de bodyboard et de farniente, en particulier l'été. Le reste de l'année, elle est déserte. L'endroit est également connu pour son impressionnante **casbah**, perchée sur un promontoire qui domine la mer. Ses ruines paisibles remontent à l'époque de Moulay Ismaïl. Elles furent maintes fois conquises, depuis les Carthaginois jusqu'aux Marines américains. On peut s'y promener, et les terrasses supérieures offrent une belle vue. Immédiatement au nord de la casbah, un sentier conduit à la route côtière et au **marché au poisson** (quotidien).

Parmi les logements rudimentaires de Mehdiya figurent une **auberge de jeunesse** (☎ 037 388212 ; Villa N°6, lotissement Amria ; dort 30 Dh), le **Camping international** (☎ 060 663125 ; 15 Dh par pers, plus 10/10/20 Dh par tente/voiture/caravane), correct, et quelques bungalows dans le **complexe touristique** (bungalow petit-déj inclus 500 Dh ;). Ils n'ouvrent qu'en été.

Vous trouverez des bars-grills et des cafés bon marché le long de la plage. Pour un repas plus consistant, essayez **L'Étoile du Gharb** (☎ 037 388035 ; plats 70-90 Dh ; 7h-22h sept-mai, 24h/24 juin-août), où vous dégusterez un choix de fruits de mer et de grillades dans un décor luxueux, ou, plus simple, le **café-restaurant Belle Vue** (☎ 037 388953 ; plats 50-80 Dh), surplombant le port.

Depuis Kenitra, prendre le bus n°9, qui rejoint le village de Mehdiya et la casbah, ou le n°15, qui emprunte la route de la plage. Ces deux bus (3 Dh) et les grands taxis (4 Dh) partent de l'angle de la rue du Souk el-Baladia et de l'avenue Mohammed Diouri.

Lac de Sidi Bourhaba بحيرة سيدي بورهابة

Situé à l'intérieur des terres, non loin de la plage de Mehdiya, le superbe lac de Sidi Bourhaba est une réserve naturelle protégée. Entouré de collines boisées parcourues de chemins de randonnée, le lac est surtout célèbre pour les milliers d'oiseaux qui y font halte au cours de leur migration entre l'Europe et l'Afrique subsaharienne.

Le lac, avec les marais et les broussailles qui l'entourent, forme l'un des sites marocains les plus propices à l'observation des oiseaux, en particulier entre octobre et mars. Plus de 200 espèces y ont été répertoriées. Nombre d'entre elles viennent ici pour hiberner ou nidifier. Certaines sont rares ou en voie de disparition. Ce site est l'un des derniers au monde où l'on peut observer des sarcelles marbrées (reconnaissables à leurs taches sombres autour des yeux). On y aperçoit aussi le hibou du Cap, généralement au crépuscule, la foulque à crête, l'élanion d'Australie et le flamant rose.

Sur la rive nord, l'utile petit **Centre d'information** (☎ 037 747209, 060 383331 ; www.spana.org.ma ; 12h-16h sam-dim) est rarement ouvert.

Suivre les panneaux depuis la route de la plage de Mehdiya, 300 m après le café-restaurant Belle Vue. Si vous êtes à pied, une agréable marche de 3,3 km rejoint le lac depuis l'embranchement.

MOULAY BOUSSELHAM مولاي بوسلهام

Ce paisible village de pêcheurs respire la tranquillité. Il possède une vue magnifique, une superbe plage et une réserve ornithologique de réputation internationale, et ses habitants sont d'une rare gentillesse. Idéal pour quelques jours de détente.

En dehors de la saison touristique estivale, où le village se transforme en station balnéaire décontractée, l'endroit est pratiquement désert. Les vagues et les courants, s'ils satisfont les apprentis surfeurs, peuvent être dangereux pour les nageurs.

Moulay Bousselham porte le nom d'un saint égyptien du Xe siècle que célèbre l'un des *koubbas* (sanctuaires) qui bordent la route de la mer. La rue du village comprend une banque, une poste, une pharmacie et quelques cafés Internet (8 Dh/heure).

À voir et à faire

PARC NATIONAL DE MERJA ZERGA

Ne manquez pas l'un des grands plaisirs de Moulay Bousselham (même pour les moins férus d'ornithologie) : une promenade en bateau sur la Merja Zerga (lagune bleue). Ce parc national de 7 000 ha, l'un des sites ornithologiques les plus importants du pays, accueille des milliers d'oiseaux migrateurs, dont des échassiers et des flamants.

Si les oiseaux sont présents en grand nombre de décembre à janvier, hérons, flamants, ibis, spatules blanches, pluviers et aigrettes sont visibles jusqu'en mars ou avril. La paisible lagune est également peuplée de goélands railleurs et d'Andouin, et de hiboux du Cap. Le tadorne de Belon, la sarcelle d'hiver et l'hirondelle de mer font de fréquentes apparitions, de même que le busard des roseaux et le faucon pèlerin.

Pour organiser une sortie en bateau afin d'observer les flamants roses et autres oiseaux, il suffit de se promener sur la petite plage où sont amarrés les bateaux. Le prix dépend de la distance (prévoir 150 à 250 Dh). La solution la moins chère : embarquer avec un pêcheur qui connaît la lagune et sait où emmener les touristes. Vous pouvez aussi vous adresser à l'agence **Mansoury el Boukhary**, tenue par Khalil (☎ 063 095358) et Mansour (☎ 063 093794).

Au Café Milano, vous pourrez prendre contact avec **Hassan Dalil** (☎ 068 434110 ; 200 Dh/demi-journée, bateau à moteur 50 Dh/h), un guide local respecté et compétent. Hassan sait où nichent les différentes espèces. Le Café Milano tient un registre mis à jour par des ornithologues du monde entier. La Maison des Oiseaux et Villanora (voir ci-dessous) organisent également des excursions.

Généralement, les bateaux peuvent prendre 5 personnes et la sortie a lieu de l'aube à midi ou de 15h au crépuscule. C'est juste après l'aube que l'on profite le mieux du spectacle des oiseaux sur la lagune.

Les passionnés exploreront peut-être aussi le ravissant lac **Merja Khaloufa**, à quelque 8 km à l'est de Moulay Bousselham, où se regroupent diverses espèces d'oiseaux sauvages en hiver.

Où se loger et se restaurer

Villanora (☎ 037 432071 ; s/d petit-déj inclus 200/400 Dh). Deux Britanniques, frère et sœur, tiennent cette charmante maison d'hôte, face à l'océan, à l'extrémité nord du village, à environ 2 km de la rue principale. Les chambres sont petites et confortables, et la sdb est commune. L'établissement organise aussi des sorties en bateau sur la lagune pour observer les oiseaux (100 Dh/pers la demi-journée). Il est impératif de réserver.

La Maison des Oiseaux (☎ 037 432543 ; http://moulay.bousselham.free.fr ; demi-pension 300 Dh par pers). Cette petite pension accueillante est entourée d'un adorable jardin et comprend huit chambres simples mais décorées avec goût. Une salle de réunion, à l'étage, accueille les groupes scolaires, et l'établissement propose des excursions ornithologiques (200 à 250 Dh pour 2 heures 30). La pension est dissimulée dans un labyrinthe de sentiers sableux, à gauche en entrant en ville. Demandez votre chemin.

Hôtel Le Lagon (☎ 037 432650 ; fax 037 432649 ; d 250 Dh ; P). Les grandes terrasses offrent une vue magnifique sur la lagune et compensent l'allure défraîchie des chambres par ailleurs grandes, claires et propres. Une rénovation serait la bienvenue.

La ville compte deux campings : le **Camping Flamants-Loisirs** (☎ 037 432539 ; http://flamants-loisirs.ifrance.com ; 15 Dh/pers, plus 50 Dh par caravane/voiture/tente, bungalow 240-330 Dh ; P), vaste mais vieillot, et le **Camping Caravaning International** (☎ 037 777226 ; 12/6 Dh par adulte/enfant plus 10/20/30 Dh par tente/voiture/caravane), mal entretenu mais qui occupe un site magnifique.

La route qui descend au rivage est bordée de cafés et de restaurants qui préparent du poisson grillé et des tajines (45 à 60 Dh). Le modeste **Restaurant l'Océan** (☎ 037 432256) est l'un des préférés des habitants des environs. Le personnel, extrêmement serviable, vous propose des **appartements** (sept-mai 200 Dh, juin-août 300-500 Dh) rudimentaires à louer, pour un maximum de six personnes. En été, mieux vaut réserver par téléphone.

Depuis/vers Moulay Bousselham

Moulay Bousselham est situé à environ 40 km au sud de Larache. Pour s'y rendre en transports en commun, il faut d'abord rejoindre la petite ville de Souk el-Arba du Rharb, puis prendre un des grands taxis (13 Dh) qui en partent fréquemment, ou l'un des rares bus (8 Dh). Vous pouvez gagner Souk el-Arba du Rharb depuis Kenitra ou Larache (25 Dh) et Rabat (35 Dh) en grand taxi. La ville possède aussi une gare ferroviaire, desservie dans les deux sens.

LARACHE العرائش

Discrète et accueillante, Larache est malheureusement largement ignorée des touristes alors qu'elle dégage un charme irrésistible. Le principal centre d'intérêt est le site archéologique voisin de Lixus, au nord, mais la médina délabrée, l'architecture espagnole et l'ambiance détendue donnent à la ville un attrait certain.

Larache fut occupée par les Espagnols pendant la majeure partie du XVIIe siècle et devint le principal port du protectorat espagnol en 1911. Aujourd'hui, la ville est essentiellement composée de maisons aux murs blanchis à la chaux et aux portes et fenêtres bleues ; au centre, la place de la Libération présente un bel exemple d'urbanisme colonial espagnol. Cette influence se retrouve dans l'église, le marché, les hôtels et les bars. Moins pittoresque qu'Asilah, la ville est aussi beaucoup moins touristique et plus paisible.

Le soir, les rues s'animent au rythme du *paseo*, la promenade du soir, les habitants s'installent et sirotent leur café en jouant aux cartes ou en discutant des nouvelles du jour. Vers 22h, les rues se vident.

Renseignements

Plusieurs banques sont regroupées à l'extrémité nord du boulevard Mohammed V. La plupart acceptent les devises et les chèques de voyage et possèdent des DAB. Les internautes peuvent essayer le **Cyber Space** (☎ 039 914141 ; rue du 2 mars ; 5-8 Dh/heure ; 🕑 24h/24) ou le **Marnet** (☎ 039 916884 ; av. Mohammed ben Abdallah ; 8 Dh/heure ; 🕑 10h-24h sam-jeu, 15h-24h ven)

À voir

MUSÉE ARCHÉOLOGIQUE

Occupant un ancien palais mérinide, ce minuscule **Musée archéologique** (entrée 10 Dh ; 🕑 10h-12h et 15h30-17h30 mar-sam) abrite une collection petite mais intéressante, notamment de pièces issues des ruines de Lixus (p. 125). Vous y verrez ainsi des céramiques et des ustensiles de l'époque phénicienne et romaine. Les armes de Charles Quint sont visibles au-dessus de la porte principale.

VIEILLE VILLE

Perchées sur une falaise, les ruines délabrées d'une **casbah** (Qebibat), forteresse édifiée par les Portugais au XVIe siècle, dominent l'océan. De là, en allant vers le sud, on gagne la vieille **médina** pavée, à laquelle on accède par la **Bab al-Khemis**, une vaste arche hispano-mauresque sur la place de la Libération. Vous accédez directement au **Zoco de la Alcaiceria**, place à colonnades construite par les Espagnols au cours de leur première occupation de Larache au XVIIe siècle. Elle accueille aujourd'hui un marché. Au sud de la place, en traversant la médina, on atteint la **casbah de la Cigogne**, érigée au XVIIe siècle, sous Philippe III, par les Espagnols. L'édifice est malheureusement fermé aux visiteurs.

À l'ouest de la ville, dans l'ancien cimetière espagnol, repose Jean Genet (1910-1986). Si le porche est fermé, sonnez à droite : le gardien vous ouvrira et vous montrera la tombe contre un petit pourboire.

PLAGES

Larache recèle une petite étendue de sable, mais la plus belle plage est à 7 km au nord, de l'autre côté de l'estuaire de Loukkos. Prendre le bus n°4 (5 Dh ; toutes les heures, de juin à août). Hors saison, le bus n°5 vous dépose à un embranchement immédiatement avant Lixus (3 Dh) : une marche de 3 km vous sépare de la plage. Pour les deux bus, l'arrêt est devant la casbah de la Cigogne.

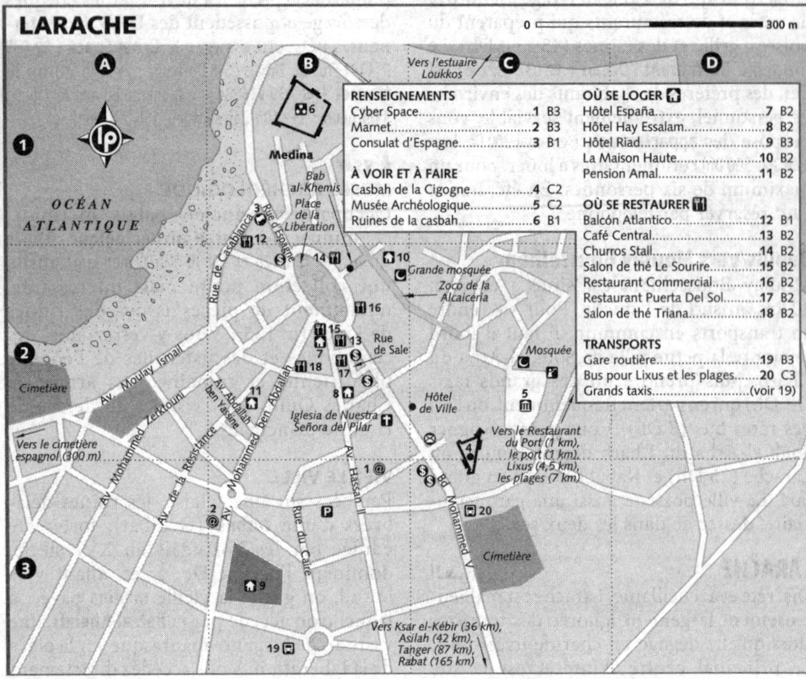

Où se loger

Larache propose un choix d'hébergements corrects, essentiellement situés au sud de la place de la Libération.

Pension Amal (☎ 039 912788 ; 10 rue Abdallah ben Yassine ; s 40 Dh, d 60-70 Dh). Cette petite pension chaleureuse, tenue avec soin, propose des chambres rudimentaires à un prix dérisoire. Sdb communes et douche chaude à 6 Dh. Le soir, les mélomanes seront sans doute gratifiés d'un concert de guitare improvisé par le propriétaire.

Hôtel Hay Essalam (☎ 039 916822 ; 9 av. Hassan II ; s/d 90/140 Dh, avec sdb 116/166 Dh). Les chambres grandes, claires, fonctionnelles avec sdb neuves offrent un bon rapport qualité/prix. Elles sont propres (mais un peu humides) et équipées de TV sat et de mobilier en bois. En revanche, le personnel est peu sympathique.

Hôtel España (☎ 039 913195 ; hotelespana2@yahoo.fr ; 6 av. Hassan II ; s/d 204/243 Dh). Relique de l'époque coloniale, cet hôtel jadis somptueux a perdu de sa grandeur. Dans les chambres, propres mais défraîchies, le décor et les sdb sont vieux et les bruits de la rue envahissants. Les chambres du deuxième étage donnent sur la place.

Hôtel Riad (☎ 039 912626 ; av. Mohammed ben Abdallah ; s/d petit-déj inclus 239/314 Dh ;). Au sud de la ville, cette ancienne demeure datant du XIXe siècle se dresse dans des jardins paysagers. Elle offre des chambres confortables et de nombreuses activités pour les enfants. L'établissement, quelque peu vieillot mais plaisant, comporte des courts de tennis, une piscine, une pizzeria et loue des vélos.

La Maison Haute (☎ 065 344888 ; www.lamaisonhaute.com ; 6 Derb ben Thami ; ch mars-juin et sept-nov 320-430 Dh, juil-sept et jours fériés 370-520 Dh). Les meilleures chambres de Larache se trouvent dans cette maison hispano-mauresque superbement restaurée. Elles sont au nombre de six, toutes dotées de sdb modernes. Couleurs vives, vitraux et sols en mosaïque confèrent à cet établissement un charme particulier. Sur le toit, la terrasse offre une vue magnifique sur l'océan et la place du marché.

Où se restaurer

De nombreuses adresses permettent de manger copieusement sans se ruiner. La plupart sont regroupées autour de la place de la Libération et du Zoco de la Alcaiceria. L'influence espagnole n'a pas disparu, comme en témoignent les échoppes de *churros* (beignets), sur la place principale.

Restaurant Commercial (☎ 061 682420 ; place de la Libération ; plats 20 Dh ; ⏰ 12h-21h30). Sans doute le plus populaire de la ville, ce modeste restaurant sur la place centrale sert des soupes, des brochettes et du poisson. Les plats sont très bon marché, et les tables prises d'assaut par une clientèle enjouée.

Restaurant du port (☎ 039417463 ; port de Larache ; plats 40 Dh ; ⏰ 10h-17h et 19h-23h). En dehors de la ville, près du port, ce restaurant un peu plus haut de gamme mérite un détour pour ses poissons frais préparés simplement et toujours délicieux.

Restaurant Puerta Del Sol (☎ 039 913641 ; rue de Salé ; plats 20-30 Dh ; ⏰ 12h-21h). Fruits de mer et sélection de plats marocains. Très fréquenté, mais un peu moins bruyant que le Commercial.

Balcón Atlantico (☎ 039 910110 ; rue de Casablanca ; pizza 30-40 Dh, crêpes 10-15 Dh ; ⏰ 6h-22h). Surplombant la plage, ce café est parfait pour un petit-déj ou un déjeuner détendu. Tables en plein air et pizzas correctes.

En été, le **Salon de thé Triana** (☎ 039 500913 ; av. Mohammed ben Abdallah) sert les meilleurs petits-déj et glaces de Larache, ainsi que des pizzas (26 à 40 Dh). Ceux du **Salon de thé Le Sourire** (av. Hassan II ; ⏰ 6h-22h), près de la place de la Libération, sont aussi très bien. Le **Café Central** (place de la Libération ; ⏰ 6h-24h), vestige de l'époque coloniale espagnole, reçoit une clientèle exclusivement masculine.

Depuis/vers Larache

La gare routière se trouve au sud de la ville, dans la rue du Caire.

Les bus CTM desservent Casablanca (100 Dh, 4 heures, 3/j) *via* Kenitra (40 Dh, 2 heures) et Rabat (70 Dh, 3 heures) ; Fès (65 Dh, 4 heures, 3/j) *via* Meknès (45 Dh, 3 heures) ; Tanger (25 Dh, 2 heures 30, 4/j) ; Tiznit (272 Dh) *via* Marrakech (152 Dh, 8 heures) et Agadir (200 Dh, 12 heures).

Moins chers et généralement plus fréquents, les autres bus relient, outre ces destinations, Ouezzane (20 Dh), Tétouan (20 Dh) et Kenitra (30 Dh).

Les grands taxis partent à l'extérieur de la gare routière pour Ksar el-Kebir (12 Dh) et parfois Asilah (15 Dh) et Tanger (30 Dh).

LIXUS الاوكوس

Perchées sur une colline dominant l'estuaire de Loukkos, les ruines de la ville romaine de **Lixus** (entrée libre) exhalent un charme mystérieux. Elles occupent l'un des plus vieux sites de peuplement du pays. Seul un quart de l'ancienne cité a été mis au jour, mais les vestiges visibles, malgré leur état de dégradation et les mauvaises herbes qui envahissent le site, sont impressionnants. Les ruines n'ont pas la grandeur de celles de Volubilis (voir p. 253), mais le cadre, superbe, est serein. Il suffit d'un peu d'imagination pour se représenter la cité dans toute sa splendeur.

Le site n'est pas clôturé et l'on s'y promène librement. Les touristes sont rares en dehors de la période estivale. En hiver, le vent et les chèvres seront vos uniques compagnons. Des jeunes gens désœuvrés offriront peut-être de vous guider, mais leur connaissance du site est souvent médiocre.

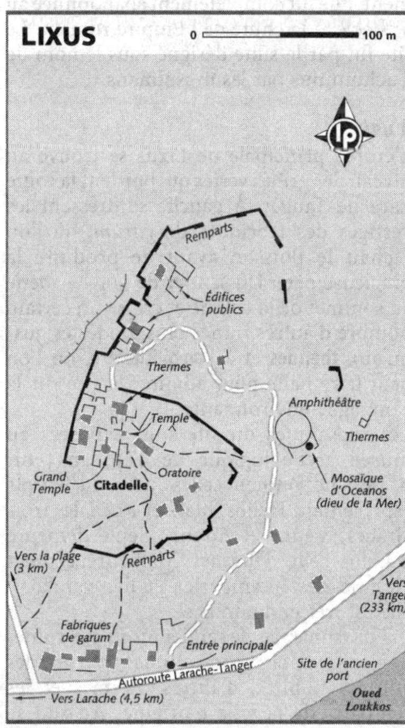

Histoire

Des mégalithes découverts dans les environs de Lixus suggèrent que le site était occupé à l'origine par un peuple qui rendait un culte au soleil et possédait des notions d'astronomie et de mathématiques. On n'en sait pas plus sur cette société préhistorique qui habitait la région bien avant l'établissement par les Phéniciens de la colonie de Liks, en 1000 av. J.-C environ. Selon Pline l'Ancien, Hercule aurait accompli ici le onzième de ses travaux : voler les pommes d'or du jardin des Hespérides.

Les colonies phéniciennes atlantiques tombèrent aux mains des Carthaginois au VIe siècle av. J.-C. Lixus demeura un comptoir spécialisé dans le commerce de l'or, de l'ivoire et des esclaves, et dès 42, elle fut intégrée à l'Empire romain. Ses exportations furent réorientées vers le sel, les olives, le vin et le *garum* (une pâte à base de poisson). Les animaux sauvages destinés aux arènes de l'Empire permirent également aux marchands de s'enrichir.

Sous Dioclétien, les Romains se retirèrent d'Afrique du Nord et Lixus déclina rapidement. Elle fut complètement abandonnée au Ve siècle, à la chute de l'Empire romain. Le site fut par la suite désigné sous le nom de Tuchummus par les musulmans.

À voir

L'entrée principale de Lixus se trouve au niveau des grilles vertes qui bordent la route Larache-Tanger. À gauche se dressent les vestiges des fabriques de *garum*, où l'on séchait le poisson avant de produire la précieuse pâte. Un sentier de gravier mène au sommet de la colline et croise un certain nombre d'autres ruines plus modestes, jusqu'aux **thermes** et à l'**amphithéâtre**, où l'on peut faire halte pour admirer la vue sur la campagne environnante.

Les mosaïques du site sont exposées au musée archéologique de Tétouan (voir p. 185), notamment celles du Grand Temple représentant Hélios, Mars et Rhéa, les trois Grâces, Vénus et Adonis. Seule demeure à Lixus celle d'**Océanos**. Malheureusement victime des intempéries et des vandales, elle est très endommagée.

Poursuivez sur le sentier jusqu'aux ruines qui coiffent la colline. Vous y verrez des édifices publics, d'autres thermes et les remparts de la ville d'origine. Au sud se trouve la citadelle, amas de ruines dressé vers le ciel. Malgré leur état de délabrement, on peut encore deviner les restes du temple principal et de ses sanctuaires, de l'oratoire, d'autres bains publics et des murailles de la cité. D'ici, la vue sur l'estuaire de Loukkos et les marais salants est magnifique.

Depuis/vers Lixus

Lixus est située à 4,5 km au nord de Larache, sur la route de Tanger. Pour s'y rendre, prendre le bus n°4 ou n°5 devant la casbah de la Cigogne (3 Dh). Comptez 20 Dh l'aller simple en petit taxi.

ASILAH أصيلا

L'adorable station balnéaire d'Asilah est aujourd'hui une destination incontournable de la côte atlantique nord. La ville permet une prise de contact en douceur avec le pays, surtout si vous descendez directement du bateau depuis Tanger, et s'appréhende beaucoup plus facilement que cette dernière. Elle comporte un bon choix d'hôtels, de restaurants, de nombreuses galeries d'art et un festival culturel international.

La petite médina s'embourgeoise avec l'afflux de riches Marocains et Européens, et ses rues étroites sont désormais soignées. Une véritable industrie touristique a envahi les rues alentour. Durant l'été, la ville et les plages sont envahies de vacanciers, attirant une foule de rabatteurs. Pour apprécier le charme désuet de cette ville et de ses maisons blanchies à la chaux, mieux vaut venir hors saison.

Histoire

Ses modestes dimensions n'ont pas empêché la ville portuaire de connaître une histoire tumultueuse. Asilah fut d'abord colonisée par les Carthaginois, et baptisée Zilis. Durant les guerres puniques, la population prit le parti de Carthage. Après leur victoire, les Romains déportèrent les habitants en Espagne et repeuplèrent la ville avec des Ibères. Ce fut le début d'une longue histoire commune entre Asilah et l'Espagne, ponctuée de nombreuses batailles.

La ville ressentit les contrecoups des victoires chrétiennes contre l'islam dans la péninsule Ibérique aux XIVe et XVe siècles. En 1471, elle tomba entre les mains des Portugais, auxquels la médina doit ses remparts actuels.

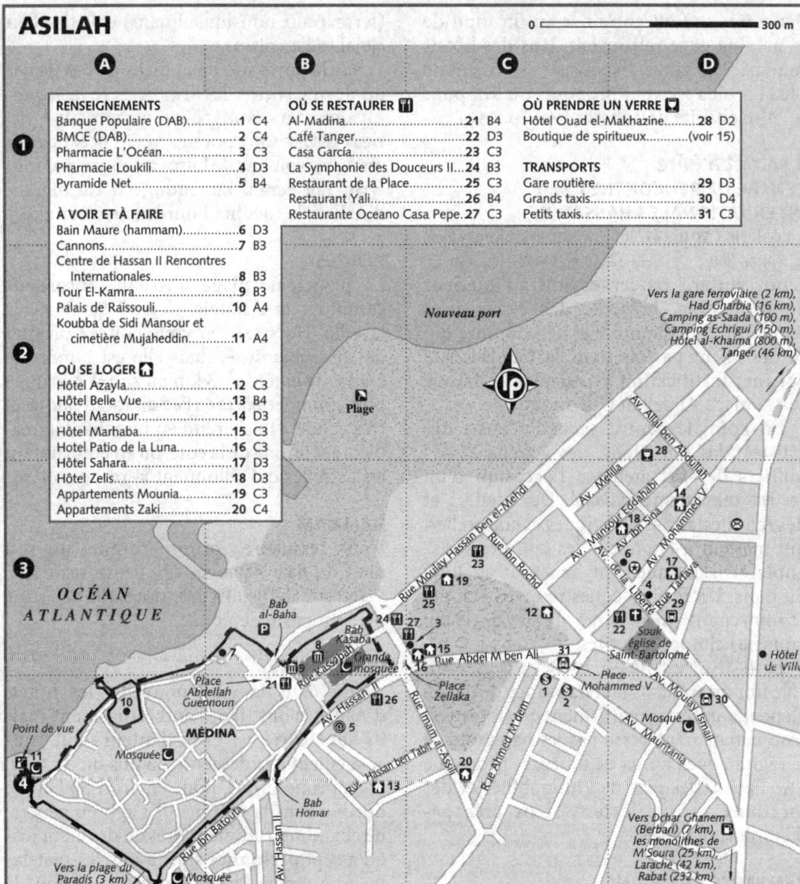

En 1578, Sébastien, roi du Portugal, partit d'Asilah pour la croisade contre les Maures qui lui fut fatale. Ensuite, le Portugal (et ses possessions marocaines) passa sous contrôle espagnol.

Asilah fut conquise neuf ans plus tard par les Marocains, puis reprise par les Espagnols, et de nouveau par Moulay Ismaïl en 1691.

Au XIXe siècle, ripostant aux attaques depirates contre leurs navires, l'Autriche puis l'Espagne firent bombarder la ville par leurs vaisseaux. Au début du XXe siècle, Asilah servait de repaire à er-Raissouli (p. 130), célèbre hors-la-loi et l'un des plus redoutables bandits du Rif, qui devint la bête noire des puissances européennes lorsque l'Espagne prit le contrôle d'Asilah dans le cadre de son protectorat, en 1911.

Renseignements

Pour Internet, essayez **Pyramide Net** (av. Hassan II ; 8 Dh/h ; 9h-24h). En ville, vous verrez quelques officines, dont la **Pharmacie l'Océan** (place Zellaka) et la **Pharmacie Loukili** (av. Mohammed V), plusieurs banques sur la place Mohammed V, dont la BMCE et la Banque Populaire, qui ont des DAB, et acceptent les devises et les chèques de voyage.

Dangers et désagréments

Avec le tourisme sont apparus de nombreux rabatteurs à Asilah. Les voyageurs, appâtés par la promesse de chambres de luxe à prix dérisoires se font entraîner au fin fond de la médina et se retrouvent dans des hôtels miteux. Plus grave, les touristes se voient de plus en plus souvent proposer du kif, pour se faire ensuite détrousser (voir p. 446).

À voir et à faire

CENTRE DE RENCONTRES INTERNATIONALES HASSAN II

La **galerie** (☎ 039 417065 ; foundationdassilah@yahoo.fr ; entrée libre ; 🕒 8h30-12h30 et 14h30-19h) de ce centre culturel moderne, situé à l'intérieur de la médina, présente des expositions temporaires de peinture et de sculpture qui se déroulent parfois dans la **tour El-Kamra** voisine, fortification portugaise restaurée sur la place Abdellah Guennoun.

En août, le centre accueille aussi des artistes, des musiciens, des acteurs et des milliers de spectateurs à l'occasion d'un **Festival culturel international**. Des ateliers et des manifestations artistiques et culturelles, qui mettent à l'honneur les cultures espagnole et islamique, ont lieu tout au long du mois. Un festival équestre de trois jours (comprenant une charge de cavalerie ou fantasia) clôt les festivités.

Le festival est né en 1978, et a joué un rôle important dans la renaissance d'Asilah. Cependant, certains affirment que le festival trop élitiste n'intéresse pas les habitants de la région, que l'afflux de touristes provoque une hausse des prix de l'immobilier et des locations, et que le festival ne crée pas d'emplois durables.

REMPARTS ET MÉDINA

De solides fortifications de pierre, érigées par les Portugais au XVe siècle, encerclent la médina. Elles constituent l'emblème de la ville.

Restaurés ces dernières années, les remparts et la médina méritent une visite. Il est agréable de se promener dans les ruelles qui serpentent entre les maisons blanchies à la chaux de cette médina très résidentielle. Si certains la trouvent trop aseptisée, les fenêtres ornées de fer forgé et les fresques colorées (réalisées durant le festival) en font un site des plus photogéniques. Artisans et artistes invitent les passants à visiter leurs ateliers qui bordent les rues.

L'accès aux remparts est restreint. Le bastion sud-ouest offre la meilleure vue sur l'océan, surtout au coucher du soleil. Il donne également sur la **koubba de Sidi Mansour** (fermée aux non-musulmans) et le **cimetière Mujaheddin** voisins.

Sur la porte sud de la médina, **Bab Homar**, on devine encore les armoiries royales portugaises. Au sommet des remparts, quelques **vieux canons** sont pointés vers l'océan, mais on ne les voit que de loin, car un second mur épais fait écran. Le jeudi, jour du marché d'Asilah, la médina bourdonne d'activité.

PLAGES

La principale plage d'Asilah, bordée de campings et d'hôtels, s'étend au nord de la ville. Hors saison, vous pouvez profiter de son sable doré, mais elle est bondée et bruyante en été. À 3 km au sud d'Asilah, la bien nommée **plage du Paradis** est idyllique et très calme. On s'y rend en marchant agréablement le long de la côte, ou en empruntant les calèches qui sillonnent la route côtière.

HAMMAM

Vous ressortirez propre comme un sou neuf du **Bain Maure** (av. de la Liberté ; entrée 6 Dh ; 🕒 hommes 5h-11h et 19h-24h, femmes 11h-19h), situé près du poste de police.

Où se loger

Situés dans la ville nouvelle, les hôtels d'Asilah n'ont rien d'enthousiasmant mais ils sont corrects. Les rabatteurs qui vous accueillent à la descente du bus ou du train vous proposeront, pour environ 50 Dh, de dormir dans la médina. Il s'agit en général de chambres rudimentaires où dorment jusqu'à sept personnes sur de minces matelas posés à même le sol. En saison (durant la semaine de Pâques et de juillet à septembre), les visiteurs affluent et la réservation est indispensable.

PETITS BUDGETS

Le choix est restreint, et la plupart des établissements sont assez défraîchis.

Hôtel Sahara (☎ 039 417185 ; 9 rue Tarfaya ; s/d 98/126 Dh, douche chaude 5 Dh). Excellente adresse pour petits budgets, cet hôtel soigné vous accueille dans une belle entrée carrelée et décorée de plantes. Les chambres, spartiates et exiguës, sont confortables et disposées autour d'une cour. Certaines fenêtres sont minuscules : demandez à voir plusieurs chambres. Les sdb communes sont flamblant neuves.

Hôtel Belle Vue (☎ 039 417747 ; rue Hassan ben Tabit ; d basse/haute saison 100/200 Dh). Petit hôtel sympathique, dont les chambres sans charme sont bien tenues et les sdb communes très propres. Quelques chambres disposent de leur propre sdb (supplément de 50 Dh) et de balcons.

Hôtel Marhaba (☎ 039 417144 ; place Zellaka ; s/d 60/80 Dh, juil-août 80/150 Dh). En plein centre-ville, cette adresse accueillante, quoique délabrée, offre des chambres propres, au décor et au mobilier élimés. Les sdb sont à l'image du reste mais la terrasse sur le toit domine agréablement la médina.

Plusieurs campings bordent la plage au nord de la ville. Les installations sanitaires y sont rudimentaires :

Camping Echrigui (☎ 039 417182 ; 15 Dh/pers, plus 10/10/20/20 Dh par tente/voiture/caravane/camping-car, ch basse/haute saison 100/200 Dh)

Camping as-Saada (☎ 039 417317 ; 15 Dh/pers, plus 10/10/20/20 Dh par tente/voiture/caravane/camping-car, électricité 15 Dh, ch basse/haute saison 100/120 Dh)

CATÉGORIES MOYENNE ET SUPÉRIEURE

Hôtel Patio de la Luna (☎ 039 416074 ; 12 place Zellaka ; s/d 300/450 Dh). Dans la rue principale, une porte discrète ouvre sur la seule adresse de charme d'Asilah : une pension intimiste, tenue par des Espagnols. Elle propose des chambres simples et rustiques avec mobilier de bois, couvertures tissées et sdb carrelées, entourant un patio luxuriant. L'endroit est souvent complet, mieux vaut réserver.

Hôtel Azayla (☎ 039 416717 ; e-elhaddad@menara.ma ; 20 rue ibn Rochd ; s/d 296/346 Dh, juil-sept 380/380 Dh). Chambres vastes, lumineuses et bien équipées, sdb neuves, décoration de bon goût… L'endroit manque de cachet, mais n'est pas dépourvu d'atouts. Les chambres les plus grandes disposent d'un salon pouvant loger jusqu'à trois personnes.

Berbari (☎ 062 588013 ; www.berbari.com ; Dchar Ghanem, Cercle de Tnine Sidi El Yamani ; d/ste mai-oct 260-300/480 Dh, juin et sept 270-480/600 Dh, juil-août 300-600/700 Dh). Au bout d'une piste de terre, à 7 km d'Asilah, cette adorable résidence offre quelques chambres simples, chacune dans un style différent, qui ont toutes du cachet. La décoration combine avec originalité tradition marocaine et élégance européenne : tons chauds, meubles éclectiques, artisanat marocain créent une ambiance agréable. Réserver.

Hôtel Zelis (☎ 039 417069 ; fax 039 417098 ; 10 av. Mansour Eddahabi ; s/d 400/483 Dh, juil-sept 521/604 Dh ; ⊠ ⊠ ⊠). Bondé en été, désert le reste de l'année, ce grand établissement sans charme comprend des chambres modernes et confortables au décor agréable, avec TV et réfrigérateur. Le restaurant traditionnel marocain, où l'on prend son repas sur des tables basses, est assorti d'une cafétéria plus anonyme. Belle piscine et salle de jeux pour les enfants.

Hôtel Mansour (☎ 039417390 ; 56 av. Mohammed V ; s/d 180/220 Dh). Situé dans la partie nord-est de la ville, ce petit hôtel offre des espaces communs carrelés agréables, et des chambres sans charme aux sdb minuscules. Les tarifs sont certes corrects mais préférez les chambres avec balcon et vue sur la mer.

Hôtel al-Khaima (☎ 039 417428 ; fax 039 417566 ; rue Tanger ; s/d 364/439 Dh, juil-sept 474/549 Dh ; ⊠). Au nord de la ville, près de la plage, cet immense complexe trois-étoiles comprend 110 chambres, des courts de tennis, un minigolf et une discothèque. Les chambres sont vastes, confortables et ornées de meubles de bois et de sols carrelés (sans TV). Préférez celles donnant sur la piscine, plus calmes.

Maisons et appartements

De nombreuses propriétés de la médina ont été acquises par des étrangers ou de riches Marocains, puis transformées en luxueuses résidences secondaires. Vous pouvez ainsi louer de superbes demeures comprenant trois ou quatre chambres. Le décor est ravissant et les maisons sont bien équipées. Prévoir entre 4 000 Dh par semaine en basse saison et 15 000 Dh en haute saison. Une recherche sur Internet donnera sûrement des résultats intéressants (voir par exemple le site www.abritel.fr).

Quelques agences proposent aussi des locations d'appartements dans la ville nouvelle. Ils sont souvent spacieux et propres, mais assez défraîchis et dotés de cuisines rudimentaires.

Mounia Appartements (☎ 039 417815 ; 14 rue Moulay Hassan ben el-Mehdi ; app 2/4 pers 250/350 Dh, juil-août 450/600 Dh)

Zaki Appartements (☎ 039 417497 ; 14 rue Imam al-Assili ; app 2/4/7 pers 250/400/500 Dh)

Où se restaurer et prendre un verre

Les restaurants sont rassemblés autour de Bab Kasaba et de l'avenue Hassan II. La rue Ahmed M'dem près de la place Mohammed V compte quelques tables bon marché.

ER-RAISSOULI

Bandit redouté et kidnappeur, Moulay Ahmed ben Mohammed er-Raissouli (ou Raisouni) marqua l'histoire d'Asilah. Il débuta sa carrière comme petit brigand de montagne. Du vol, il passa au meurtre et sa réputation de criminel sanguinaire se répandit rapidement dans toute la région.

Er-Raissouli acquit également une certaine célébrité à l'étranger en enlevant des Occidentaux. Lui et ses acolytes kidnappèrent plusieurs personnalités, dont le milliardaire gréco-américain Ion Perdicaris, qui fut libéré contre une rançon de 70 000 dollars en 1904.

Pour amadouer ce fauteur de troubles, les sultans lui confièrent divers postes politiques, comme celui de gouverneur d'Asilah, puis de Tanger. Er-Raissouli ne s'assagit pas pour autant et amassa une fortune considérable. Dans l'espoir de faire régner l'ordre dans les montagnes (il conservait une grande influence sur les tribus du Rif), les Espagnols lui fournirent des armes qu'er-Raissouli retourna souvent contre ses bienfaiteurs.

Les Espagnols finirent par le chasser d'Asilah après la Première Guerre mondiale, mais il ne cessa ses exactions dans le Rif qu'en 1925, lorsque le rebelle Abd al-Krim, également originaire du Rif, l'arrêta et l'accusa de liens avec l'Espagne.

Dans Asilah, le **palais de Raissouli** (connu sous le nom de palais de la culture) témoigne de l'opulence dans laquelle vivait le bandit. L'édifice comprend une salle de réception principale dont la terrasse couverte d'une verrière domine la mer. C'est de là qu'er-Raissouli contraignait les assassins à se jeter sur les rochers situés 30 m plus bas. Le palais ouvre ses portes uniquement pour accueillir des manifestations culturelles ou des ateliers. Si vous trouvez le gardien, vous pourrez peut-être le convaincre de vous laisser jeter un coup d'œil.

Casa García (☎ 039 417465 ; 51 rue Moulay Hassan ben el-Mehdi ; plats 80 Dh). Ce petit restaurant face à la plage concocte des spécialités de la mer d'inspiration espagnole. Savoureux poissons grillés et menu avec poulpes, anguilles, crevettes et bernacles.

Restaurant de la Place (☎ 039 417326 ; 7 av. Moulay Hassan ben el-Mehdi ; plats 40-80 Dh). Agréable, moins guindé que ses voisins, ce restaurant offre aussi un choix plus varié de plats marocains en plus des incontournables fruits de mer. Le tajine de poisson est délicieux.

Restaurant Yali (☎ 071 043277 ; av. Hassan II ; plats 25-50 Dh). Pour des raisons obscures, Yali est le plus fréquenté de tous les établissements des remparts de la médina. Poissons, fruits de mer et plats traditionnels marocains.

Restaurante Oceano Casa Pepe (☎ 039 417395 ; 8 place Zellaka ; plats 80-100 Dh). Les fruits de mer et les poissons sont à l'honneur. Lumières tamisées, musique douce, vins espagnols et serveurs endimanchés contribuent au raffinement du lieu.

Al-Madina (place Abdellah Guennoun ; plats 30-45 Dh). L'intérêt de ce petit café de la médina tient à sa terrasse ensoleillée, en face de la tour El-Kamra. On pourra y prendre un café mais aussi un en-cas choisi dans son menu marocain.

La Symphonie des Douceurs II (☎ 039 416633 ; 26 place Zellaka). Les gourmands s'offriront un petit-déj ou un goûter dans cette pâtisserie française. Gâteaux et glaces se dégustent dans un cadre raffiné, apprécié des jeunes couples et des touristes.

Café Tanger (52 av. Mohammed V). Au nord de la place, ce café attire une clientèle plus masculine.

Pour prendre un verre, vous n'avez guère d'autre choix que le bar de l'Hôtel Ouad el-Makhazine (avenue Melilla), à moins d'opter pour le petit magasin de spiritueux attenant à l'Hôtel Marhaba, près de Bab Kasaba.

Depuis/vers Asilah

BUS

Asilah est située à 46 km au sud de Tanger. La ville est bien desservie depuis la plupart des grandes villes du pays. La minuscule gare routière se trouve sur l'avenue de la Liberté, où la CTM possède un guichet. Les prix baissent d'environ 10% en basse saison.

La CTM propose des liaisons pour Casablanca (70 Dh, 4 heures 30) *via* Rabat (60 Dh, 3 heures 30), Fès (65 Dh, 4 heures 30) *via* Meknès (55 Dh, 3 heures 30), Nador (190 Dh), Oujda (190 Dh), Tanger

(10 Dh, 1 heure) et Tiznit (300 Dh) *via* Marrakech (200 Dh, 9 heures) et Agadir (275 Dh, 13 heures). Pour les trajets longue distance, il faut réserver.

D'autres compagnies moins chères assurent des départs pour Tanger et Casablanca, environ toutes les demi-heures, de 6h30 à 20h, ainsi que de nombreuses liaisons avec Meknès, Fès, Tétouan et Ouezzane. Il suffit d'attendre qu'un bus pour l'une de ces destinations arrive, avec une place de libre.

VOITURE

Vous trouverez un **parking surveillé** (10 Dh/nuit, 15 Dh/24h) devant Bab al-Bahar (porte de la mer), près du port.

TAXI

Les grands taxis pour Tanger (15 Dh) et Larache (15 Dh) partent, lorsqu'ils sont pleins, de l'avenue Moulay Ismail, en face de la mosquée. L'aéroport de Tanger n'étant qu'à 26 km au nord d'Asilah, vous gagnerez du temps et de l'énergie en prenant un taxi (160 Dh) pour vous y rendre. Les petits taxis s'arrêtent sur la place Mohammed V.

TRAIN

La gare ferroviaire est située à 2 km au nord d'Asilah. À l'arrivée du train, un bus (3 Dh) attend les voyageurs pour les emmener place Mohammed V ou à Bab Homar. Il y a trois départs quotidiens pour Rabat (77 Dh, 3 heures 30) et Casablanca (101 Dh, 4 heures 30), un pour Meknès (66 Dh, 3 heures) et Fès (81 Dh, 4 heures), et six pour Tanger (14 Dh, 45 min). Un train de nuit rallie directement Marrakech (174 Dh, 9 heures), mais pensez à acheter votre place à l'avance car il arrive (presque plein) de Tanger.

ENVIRONS D'ASILAH

La visite des énigmatiques **monolithes de M'Soura** constitue une excursion d'une demi-journée depuis Asilah. Ce site préhistorique comprend 175 pierres disposées en cercle (ou plutôt en ellipse). Elles auraient à l'origine entouré un tumulus. La plupart des pierres ont été brisées, mais le site dégage une certaine majesté renforcée par son isolement. La plus haute pierre, surnommée El-Uted ("celle qui pointe"), atteint 5,5 m.

Un véhicule résistant est indispensable pour parcourir les 25 km qui séparent Asilah du site, au sud-est. Prendre la direction du village de Souq Tnine de Sidi el-Yamani, accessible par la R417, qui bifurque de la principale route Tanger-Rabat vers l'est. Tournez à gauche dans le village, et empruntez une mauvaise piste sur 6 km qui vous conduira, en direction du nord, jusqu'au site. Demandez votre chemin dans le village, ou louez les services d'un guide.

Depuis Asilah, vous pouvez aussi vous rendre au marché du dimanche dans le village de **Had Gharbia**, à 16 km au nord-est de la ville, en quittant la route de Tanger.

SUD DE CASABLANCA

EL-JADIDA الجديدة

144 000 habitants

Vieillotte et accueillante, El-Jadida est prise d'assaut, l'été, par des vacanciers marocains séduits par sa plage de sable, ses boulevards bordés d'arbres et son ambiance. Le reste de l'année, l'endroit respire la tranquillité, et les habitants sont charmants.

Attrait principal de la ville, la cité portugaise, avec ses ruelles enchevêtrées et ses murailles du XVIe siècle, a été parfaitement préservée. Connue sous le nom de Mazagan, la ville était alors le principal port portugais du littoral, et jouait, avec les autres forteresses, un rôle important sur la route des Indes qu'empruntaient les lourdes caravelles.

Rebaptisée El-Jadida ("la nouvelle") au XIXe siècle, elle perdit alors ses dernières activités portuaires au profit de Casablanca et de Safi. Aujourd'hui, El-Jadida attend encore les fonds qui permettront de restaurer ses bâtiments historiques et de remanier son front de mer pour renforcer son attrait touristique.

Histoire

En 1513, les Portugais fondèrent Mazagan, sur le site d'une ancienne forteresse almohade, qui devint rapidement le principal centre commercial du pays. Ils parvinrent à en garder le contrôle jusqu'en 1769, lorsque, assiégés par le sultan Sidi Mohammed ben Abdallah, ils durent évacuer le fort. Avant de partir, ils minèrent les remparts, détruisant le fort et provoquant d'importantes pertes parmi les assaillants.

La forteresse fut reconstruite en 1820 par le sultan Moulay Abd ar-Rahman, mais les nouveaux arrivants préférèrent s'installer hors des remparts, créant ainsi de nouveaux quartiers. La médina fut délaissée jusqu'au milieu du XIXe siècle, lorsque les marchands portugais investirent ses ruelles étroites. Une importante communauté juive s'y établit et s'enrichit grâce au commerce avec l'intérieur du pays. Contrairement à une pratique courante au Maroc, la ville ne comprenait pas de mellah et les juifs se mêlèrent à la population. Un climat de tolérance régnait dans la ville.

Le tourisme, la pêche à la sardine et une agriculture vivace dans l'arrière-pays font aujourd'hui d'El-Jadida un pôle commercial en plein essor.

Orientation

El-Jadida repose sur le flanc oriental d'un vaste promontoire qui s'avance dans l'Atlantique, vers le nord. (Si la carte vous semble mal orientée, c'est précisément parce que la ville est placée sur ce promontoire.)

Le centre névralgique de la ville est la place Mohammed V, près de laquelle se tiennent la poste, les banques, l'office du tourisme et plusieurs hôtels. La cité portugaise et la principale zone commerçante se trouvent à deux pas de là, plus au nord.

La gare routière se situe à 1 km environ au sud de l'avenue Mohammed V ; 3 km plus loin, on parvient à la gare ferroviaire, sur la route de Marrakech.

Renseignements

ACCÈS INTERNET

@Kiltec (☎ 023 350487 ; 1er ét., 62 place Hansali ; 6 Dh/heure ; 🕑 9h-23h, fermé ven midi pour la prière)

Internet du Centre (26 av. Mohammed VI ; 5 Dh/heure ; 🕑 8h-23h lun-sam, 10h30-17h dim). Plus petit, avec moins d'ordinateurs.

ARGENT

Plusieurs banques, telles la BMCE, la BMCI et la Bank al-Maghrib, ont des agences dans le centre-ville. La plupart disposent de DAB.

OFFICE DU TOURISME

Syndicat d'initiative (33 place Mohammed V ; 🕑 9h-12h et 15-18h, fermé mer). Accueillant, efficace et bien renseigné, cet office du tourisme est une rareté. Même s'il ne dispose ni de carte ni de brochure, le personnel répondra à toutes vos questions et peut vous réserver un appartement à louer.

POSTE

Poste principale (place Mohammed V ; 🕑 8h30-12h et 14h30-18h30 lun-jeu, 8h30-11h et 15h-18h30 ven)

SERVICES MÉDICAUX

Clinique Les Palmiers (☎ 023 393939 ; rte de Casablanca). La clinique assure un service d'urgences 24h/24.

Pharmacie de nuit (près de l'av. Mohammed VI ; 🕑 8h-12h et 14h30-23h)

À voir

Avec son labyrinthe de ruelles tortueuses et ses remparts d'un brun ocre, la **cité portugaise** constitue le principal attrait d'El-Jadida. L'entrée principale de la forteresse est située près de la place Mohammed ben Abdallah et donne dans la rue Mohammed Ahchemi Bahbai. Tout de suite à gauche, se dresse l'**église de l'Assomption**. Construite par les Portugais, elle est aujourd'hui fermée au public. Juste à côté, se profile la **grande mosquée** avec son minaret de forme pentagonale, qui était autrefois le phare d'El-Jadida. Vous pouvez conclure la visite par la **synagogue** (une ancienne prison) désaffectée, au nord de la cité. On distingue clairement l'étoile de David sur sa façade.

Dans la rue principale, après les boutiques de souvenirs, est creusée l'incroyable **citerne portugaise** (rue Mohammed Ahchemi Bahbai ; entrée 10 Dh ; 🕑 9h-13h et 15h-18h30), souterraine, qu'illumine la lumière tombée d'un unique conduit. Il y règne un calme saisissant, et l'on peut admirer, se reflétant dans la mince pellicule d'eau qui recouvre le sol, les voûtes du plafond et les élégantes colonnes qui les soutiennent. Destinée à l'origine à recueillir l'eau, elle a servi de décor à la fameuse scène d'émeute de l'*Othello* (1952 ; voir p. 147) d'Orson Welles.

En sortant de la citerne, vous verrez dans le hall des maquettes représentant la cité portugaise au faîte de sa gloire. Descendez ensuite la rue Mohammed Ahchemi Bahbai jusqu'aux remparts. Immédiatement en face de vous se dresse la **porte de la mer**, où les navires débarquaient jadis leurs cargaisons et par laquelle les Portugais quittèrent la ville. À gauche de la porte, de l'autre côté de l'arche, se trouve l'une des boulangeries publiques où les femmes font cuire leur pain.

à savourer les spécialités locales. Située au bord d'une lagune paradisiaque en forme de croissant, bordée de plages de sable doré et épargnée par les lames de l'Atlantique, cette petite station est un véritable joyau. Les habitants sont accueillants, l'hébergement est de bonne qualité, la cuisine somptueuse et l'atmosphère détendue.

Malheureusement, la sérénité du lieu si appréciable hors saison laisse place à un tohu-bohu insupportable lorsque débarque un flot de touristes durant les mois d'été. En outre, la beauté du site d'Oualida est menacée par la construction de nouveaux immeubles et hôtels.

Orientation et renseignements

Le village, qui s'étend de part et d'autre de la rue principale, est perché sur un escarpement dominant la lagune. La plupart des hôtels et restaurants bordent la route qui mène à la plage (1 km) : suivez les panneaux près du bureau de poste. Oualidia compte une banque, une agence CTM et un **café Internet** (5 Dh/h ; ⌚ 8h-24h). Le samedi se tient un souk où les habitants des villages voisins viennent vendre leurs productions.

À voir et à faire

La ville doit son nom au sultan saadien el-Oulalid : c'est lui qui, en 1634, édifia la **casbah**, aujourd'hui en ruine, sur un promontoire dominant la lagune. Elle servait alors à défendre le port, et offre une vue superbe sur la lagune et l'océan. Le paysage séduisit aussi la famille royale marocaine et la grande villa qui se dresse au bord de l'eau était jadis le **palais d'été** de Mohammed V.

Les eaux calmes de la lagune conviennent à la **baignade**, à la **voile** et à la **pêche**. Sur les plages de sable qui bordent les deux côtés du cordon littoral, on peut s'adonner à la **planche à voile** et au surf. Indiqué à gauche, sur la route de la plage, **Surfland** (☎ 023 366110 ; ⌚ avr à mi-nov) est une école de surf bien organisée pour les enfants (200 Dh) et les adultes (250 Dh). En basse saison, elle dispense aussi des leçons de **kitesurf**.

Oualidia est connue des gourmets pour ses **parcs à huîtres**, qui produisent environ 200 tonnes de coquillages par an. Pour visiter la ferme n°7 et découvrir le mode de production, adressez-vous à la Maison de l'Ostréa II (voir p. 138).

Il est possible d'explorer la campagne environnante en louant un VTT (100 Dh la demi-journée) ou un scooter (200 Dh la demi-journée) auprès d'**Oualidia Maroc Adventure** (☎ 061 157743), dans la rue principale. Au sud d'Oualidia, la route côtière traverse des paysages fabuleux faits de prairies verdoyantes et de falaises vertigineuses. Des étendues de sable désertes bordent cette portion du littoral, comme les magnifiques plages du cap Beddouza, à 33 km d'Oualidia.

Où se loger et se restaurer

Oualidia possède un large choix d'hébergements et de nombreux restaurants de qualité. Tous les hôtels ont leur propre restaurant et la route de la plage est bordée de tables légèrement moins onéreuses. Pour se nourrir à bon marché, il faut opter pour les restaurants de la rue principale du village. Une expérience plus originale consiste à flâner sur la plage après 16h, lorsque les pêcheurs ramènent leurs bateaux et mettent leurs prises à griller. Comptez environ 30 Dh pour un gros poisson et 50 Dh pour un crabe.

Hôtel Thalassa (☎ 023 366050 ; ch 100-150 Dh, juin-sept 150-200 Dh). Le seul hôtel de la rue principale recèle des chambres claires et vastes, meublées avec goût. Les sdb sont un peu défraîchies, mais les groupes peuvent opter pour une grande chambre avec salon (où logeront aisément trois pers). Le restaurant prépare un choix correct de plats traditionnels et de pizzas (plats 35-60 Dh).

Camping Les Sables d'Or (☎ 066 122932 ; emplacement à partir de 25 Dh plus 3,50 Dh/pers). Bien entretenu, ce camping est situé sur la route qui descend à la plage. Les emplacements sont tout près du rivage, mais les espaces ombragés font cruellement défaut. Douche chaude 6 Dh.

Hôtel-restaurant L'Initiale (☎ 023 366246 ; linitiale@menara.ma ; s/d 300/400 Dh, juin-sept 400/500 Dh). L'enthousiasme des nouveaux propriétaires, le site et les chambres ravissantes font de ce petit hôtel une véritable trouvaille. Les murs orange, l'ameublement et l'équipement récemment refaits, les sdb impeccables et les minuscules balcons rendent les chambres agréables. Le restaurant, qui fait aussi bar, est l'un des meilleurs de la ville. Menus à partir de 90 Dh.

Surfland (☎ 022 276324 ; fax 022 265054 ; enfant/adulte en pension complète 220/270 Dh). L'hébergement se fait sous de grandes tentes marocaines, envahies par des groupes d'enfants l'été. Des modèles plus petits sont aussi disponibles pour deux personnes et les repas sont pris dans la tente principale (où règne une certaine pagaille en cas d'affluence). Douches et toilettes impeccables.

Motel À l'Araignée Gourmande (☎ 023 366447 ; fax 023 366144 ; s/d 200/300 Dh, juin-sept 246/280 Dh). Spacieuses et confortables, les chambres de cet hôtel quelque peu défraîchi mais accueillant offrent un bon rapport qualité/prix. Les sdb exigeraient d'être rénovées et les serviettes sont rêches, mais les chambres à l'arrière disposent de grands balcons offrant une vue imprenable sur la lagune. Au-dessous, le restaurant concocte de superbes plats de fruits de mer. Menus de 110 Dh à 250 Dh.

Maison de l'Ostréa II (☎ 023 366324 ; www.ilovecasablanca.com/ostrea ; parc à huîtres n°7 ; d 600-750 Dh). Situé au bord de la lagune près des parcs à huîtres, cet hôtel moderne comprend cinq chambres rutilantes et bien équipées, mais sans charme. Avec sa jolie terrasse donnant sur la lagune, le restaurant mérite sa popularité et attire une clientèle aisée (repas vin compris 200 DH à 250 Dh). Vous pouvez aussi prendre du pain et du citron en ville, acheter vos huîtres (de 30 Dh à 85 Dh la douzaine) au petit étal et vous installer sur l'un des bancs ombragés pour les déguster.

Lorsque vous lirez ces lignes, un hôtel de charme cinq-étoiles aura ouvert ses portes à Oualidia : **La Sultana** (☎ 024 388008 ; www.lasultanaoualidia.com ; parc à huîtres n°3 ; d 2 100-4 200 Dh, ste 3 800-4 750 Dh ; fermé mi-jan à mi-fév ;). Les 21 chambres et suites avec jacuzzis privés et terrasses donnent sur la lagune. Les trois restaurants (menus 200 Dh à 350 Dh), la piscine demi-couverte et le centre de beauté, sont entourés de jardins paysagers.

Si vous souhaitez passer plus de temps en ville, des **appartements** et des villas sont proposés à la location sur www.oualidia.net (studios à partir de 300 Dh par nuit). Le propriétaire de L'Initiale loue un appartement pour 6 pers (800 Dh à 1 200 Dh par nuit).

Depuis/vers Oualidia

Des bus locaux et des grands taxis rejoignent à des horaires variables El-Jadida (bus/taxi 16/25 Dh) ou Safi (bus/taxi 16/20 Dh). Ils stationnent près de la poste sur la grand-rue. La CTM dispose d'une agence au même endroit et ses bus (17 Dh) desservent également ces deux villes.

SAFI آسفي

415 000 habitants

Port et centre industriel prospère, Safi est une ville assez agréable si l'on parvient à faire abstraction de l'immense usine de phosphate qui masque le front de mer. On appréciera son atmosphère détendue et la succession de boulevards arborés et de maisons blanches. Relativement ignorée des touristes étrangers, Safi rassemble un imposant fort portugais, une médina fortifiée et les fameux ateliers de potiers qui occupent tout un quartier. Autre centre d'intérêt, les plages de sable qui s'étendent au nord de la ville. Elles recèleraient certaines des plus belles vagues du monde selont les amateurs de surf. C'est là que s'est déroulé le Billabong Challenge 2006. Au sud, l'environnement principalement industriel, présente peu d'intérêt pour le visiteur.

Histoire

Le port naturel de Safi était déjà connu des Phéniciens et des Romains, mais ce sont les Almohades qui y installèrent les premiers une colonie permanente au XIIe siècle. La cité devint un important pôle religieux et culturel. Après y avoir établi un comptoir commercial en 1481, les Portugais prirent le contrôle de la cité en 1508. Ils y édifièrent la monumentale forteresse Qasr al-Bahr, mais n'en profitèrent que peu de temps : elle fut abandonnée 33 ans plus tard.

Au XVIe siècle, Safi s'enrichit grâce au commerce du cuivre et du sucre, et devint le principal débouché portuaire de Marrakech. Des commerçants et des agents européens investirent la ville. Toutefois, après la reconstruction du port d'Essaouira au XVIIIe siècle, Safi perdit de son importance.

La ville ne connut un véritable renouveau qu'au XXe siècle, avec le développement de la flotte de pêche et la construction d'immenses complexes capables de traiter les 30 000 tonnes de sardines pêchées chaque année. L'usine de phosphate, au sud de la ville, a également contribué à la rapide croissance de Safi, qui est aujourd'hui l'un des ports les plus importants du pays.

Orientation

Safi se compose d'une ville basse, où sont rassemblés la forteresse, la médina et la plupart des hôtels et restaurants bon marché de la ville (sur la place de l'Indépendance et aux abords), et d'une ville nouvelle située sur la colline, à l'est. C'est là que se trouvent les bâtiments administratifs et les hôtels et cafés plus haut de gamme. Au centre de ce quartier, sur la place Mohammed V, trône un immense plat à tajine, on ne sait pour quelle raison.

Les gares routière et ferroviaire de Safi se situent à environ 1 km au sud du centre-ville.

Renseignements

ACCÈS INTERNET

Club Salma (rue de R'bat ; 5 Dh/h ; 9h-12h30 et 14h30-20h). Connexion lente et musique insupportable.

Cyber Club Lascala (av. Sidi Mohammed Abdallah ; 5 Dh/h ; ⌚ 8h-24h). Jeux d'arcade, billards (5 Dh la partie) et étudiants.

ARGENT

Vous trouverez quantité de banques et de DAB autour de la place de l'Indépendance et de la place Driss Ben Nacer.

OFFICE DU TOURISME

Syndicat d'initiative (rue de la Liberté ; ⌚ 9h-12h et 15-19h). Brochures poussiéreuses et personnel rarement présent : consultez plutôt le site www.safi-ville.com.

POSTE

Poste principale (av. Sidi Mohammed Abdallah)

Bureau de poste (place de l'Indépendance)

À voir

QASR AL-BAHR ET MÉDINA

Restaurée en 1963 et dans un état parfait, la forteresse **Qasr al-Bahr** (entrée 10 Dh ; ⌚ 8h30-12h et 14h30-18h), ou "château de la mer" domine l'océan et le front de mer rocheux. Elle fut érigée par les Portugais pour asseoir leur contrôle, accueillir la résidence du gouverneur et protéger le port.

Depuis la cour centrale, où sont disposés d'anciens canons espagnols et hollandais du début du XVIIe siècle, on accède par une rampe au bastion sud-ouest, où l'on découvre une jolie vue sur la côte. À droite de l'entrée se dresse la tour de la prison ; les prisonniers attendaient au sous-sol d'être exécutés ou déportés en esclavage. Du sommet, on domine toute la médina. À gauche, une tombe rend hommage au soldat portugais qui se sacrifia en faisant exploser le fort pour permettre la retraite de ses compatriotes.

L'accès à la forteresse se fait par un passage souterrain face à l'Hôtel Majestic. Une lampe électrique sera utile pour visiter certaines parties.

La **médina** fortifiée s'étend en face du Qasr al-Bahr. La rue du Souk, son artère principale, la traverse en direction du nord-est depuis Bab Lamaasa. Vous trouverez la plupart des souks, des étals, des bijoutiers, des magasins alimentaires ou de vêtements à proximité.

À droite de cette rue, il faut suivre les méandres d'une allée pour atteindre les restes de la **cathédrale portugaise** (entrée 10 Dh ; ⌚ 8h-12h et 14h30-18h). Les Portugais n'eurent que le temps d'en construire le chœur avant d'être contraints de quitter la ville, et c'est lui que l'on peut aujourd'hui admirer.

L'extrémité orientale de la médina est dominée par la Kechla, une structure défensive dotée de passerelles, de plates-formes pour l'artillerie et de quartiers d'habitation. Elle servit de prison jusqu'en 1990, et abrite aujourd'hui le **musée national de la Céramique** (entrée 10 Dh ; ⌚ 8h30-18h mer-lun), récemment restauré. Des poteries de Safi, Fès et Meknès y sont exposées, ainsi que les œuvres d'artistes locaux contemporains. Le toit offre une vue magnifique sur la médina.

COLLINE DES POTIERS

Hors de la médina, au-delà de la porte de Bab Chaba, se profilent les fours et les cheminées de la **colline des potiers**. Vous pouvez déambuler dans les coopératives où vous verrez les fours à bois ancestraux et les artisans appliquer leurs techniques traditionnelles : travail de l'argile, peinture à la main d'arabesques et glacis. Certains potiers se spécialisent dans les tuiles vertes utilisées sur la toiture de nombreux bâtiments importants du pays. Des ateliers fabriquent des bols, des plats, des vases et d'autres objets décoratifs en céramique. Si un potier vous invite dans son atelier pour une démonstration, il s'attend à ce que vous laissiez un pourboire ou achetiez un ou deux objets de sa boutique.

Cours

Si vous avez entre 18 et 30 ans et souhaitez étudier l'arabe marocain, **Jeunesse des chantiers marocains** (☎ 024 621090 ; http://perso.menara.ma/youthcamps ; internationalcamps@yahoo.com), basé à Safi, propose des stages de trois à quatre semaines comprenant 18 heures de cours par semaine. Cette association (anglophone) a pour but d'encourager le tourisme culturel ; les participants vivent dans des familles de la région et participent à des manifestations culturelles, découvrent la cuisine, la culture et la musique traditionnelles. Le centre organise aussi des cours de poterie et de peinture sur pot d'une semaine.

Où se loger

Les hôtels bon marché sont rares à Safi. Les moins chers sont rassemblés vers l'extrémité de la rue du Souk, côté port, et le long de la rue de R'bat. Les femmes seules les éviteront. Safi est très appréciée des touristes marocains et les hôtels sont souvent pleins en août. Mieux vaut réserver.

PETITS BUDGETS

Hôtel Majestic (☎ 024 464011 ; fax 024 462490 ; place de l'Indépendance ; s/d/tr 40/80/120 Dh). Malgré une façade peu engageante, cet établissement bon marché est le meilleur de la médina, si l'on ne craint pas le bruit. Les chambres sont simples, les sdb communes (douche chaude 5 Dh), mais l'endroit est propre et bien tenu, et certaines fenêtres donnent sur l'océan.

Hôtel Anis (☎ 024 463078 ; fax 024 462329 ; rue de R'bat ; s/d 135/159 Dh ; app 2/4 personnes 304/488 Dh). S'il est le plus cher de sa catégorie, l'Anis n'est pas le plus confortable. Les fleurs en plastique et les photos de vaches qui vous accueillent ont de quoi laisser perplexe. À côté, les chambres, décorées de lampes en cuivre et de couvre-lits en velours rouge, semblent presque sobres. Les sdb sont vieillottes mais propres, et il y a quelques places de parking (10 Dh).

Hôtel L'Honneur (☎ 061 709436 ; rue du Souk ; s/d 30/60 Dh). Cet établissement familial à l'entrée de la médina comprend des chambres simples entourant une cour carrelée. Les tarifs dérisoires excusent les sdb communes (douche chaude 5 Dh) et l'absence de charme.

Camping Caravaning International (☎ 024 463816 ; 15 Dh/pers, plus 10/10 Dh par tente/voiture ; 🏊). Ce camping municipal correct, à 2 km au nord de la ville, dispose d'une piscine et de salles d'eau (douche chaude 10 Dh). Prenez un taxi avec compteur (autour de 10 Dh) depuis le centre-ville, ou le bus n°4 (2,50 Dh) dans la rue Driss Ben Nacer.

CATÉGORIES MOYENNE ET SUPÉRIEURE

Hôtel Assif (☎ 024 622311 ; www.hotel-assif.ma ; rue de la Liberté ; s/d avec douche 185/237 Dh, avec baignoire 237/290 Dh ; ❄). Un trois-étoiles sérieux, qui propose des chambres spacieuses et confortables mais un peu défraîchies. Elles ont des petits balcons et des sdb avec douche ou baignoire (mais le supplément ne vous apporte pas grand-chose). Malgré son manque de caractère, l'hôtel est beaucoup plus agréable que l'Anis.

Hôtel Farah (☎ 024 464299 ; www.goldentulipfarahsafi.com ; av. Zerktouni ; s/d/ste 514/728/1 500 Dh ; ❄ 🏊). Rénové il y a peu, le Farah offre le meilleur confort et le meilleur rapport qualité/prix de la ville (voire du pays). Les vastes chambres, décorées avec goût dans des tons pastel, sont équipées de sdb flambant neuves, de couettes antiallergéniques et de minibars bien remplis. Le personnel est attentif et, de la piscine, on jouit de l'une des plus belles vues de la ville. En outre, l'hôtel dispose d'une salle de gym, d'un hammam, de deux restaurants (menu 170 Dh), d'une pizzeria et d'une discothèque.

Où se restaurer

RESTAURANTS

Restaurant Gégène (☎ 024 463369 ; 11 rue de la Marne ; plats 60-80 Dh ; 🕒 fermé dim). L'établissement se distingue par sa musique douce, son éclairage tamisé, son décor de bon goût et son superbe menu : tajine d'agneau, huîtres d'Oualidia et pizzas. On peut même y prendre un verre.

Restaurant La Trattoria (☎ 024 620959 ; 2 rue l'Aouinate ; repas 200 Dh, poisson 150 Dh ; 🕒 fermé dim). Gérée par la même équipe que Gégène, mais plus haut de gamme, La Trattoria est également agréable. On est surpris par la qualité de ses plats italiens, notamment les nombreuses pizzas et pâtes, mais aussi les poissons et fruits de mer.

Restaurant de Safi (rue de la Maraine ; repas 30 Dh). Bon marché et idéal pour se remplir l'estomac de plats marocains. Les brochettes, le tajine et les poissons sont servis avec des frites, de la salade et du pain. Goûtez aussi la *harira*, une soupe roborative.

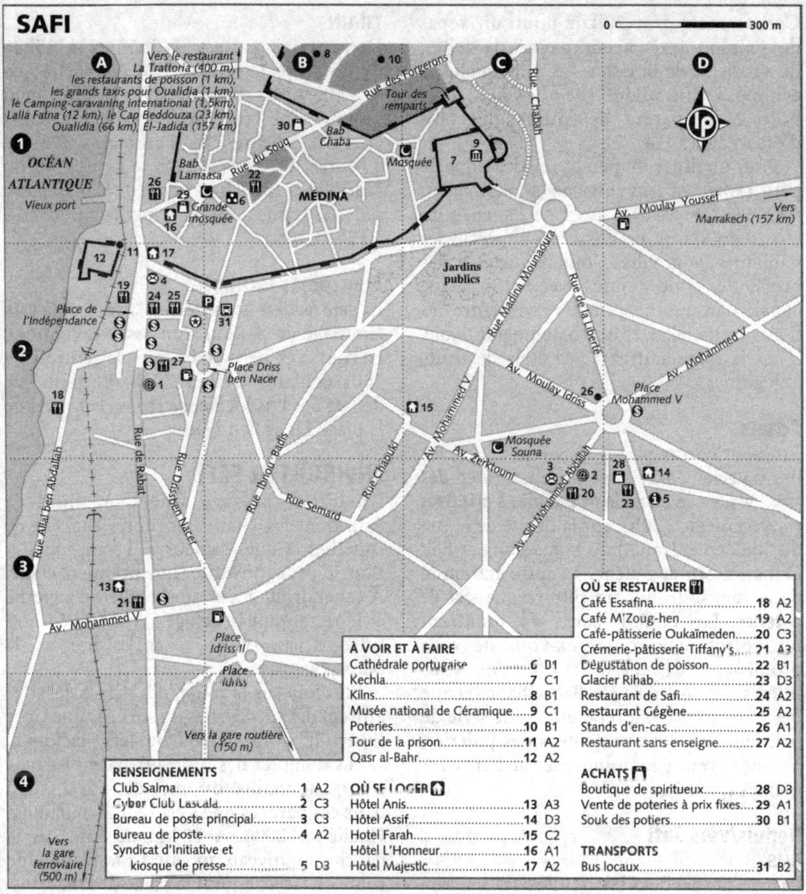

CAFÉS, PÂTISSERIES ET GLACIERS

Les meilleurs cafés se trouvent dans la nouvelle ville. Pour le petit-déj, rendez-vous au **café-pâtisserie Oukaïmeden** (av. Sidi Mohammed Abdallah), un lieu calme essentiellement fréquenté par des femmes. Les gâteaux sont excellents. Le **Glacier Rihab** (rue de la Liberté), près de la place Mohammed V, saura satisfaire toutes vos envies de crèmes glacées.

Dans la vieille ville, les buveurs de café se retrouvent sur la place de l'Indépendance. Le **Café M'Zoug-hen** (place de l'Indépendance) y propose des petits-déj corrects. Le **Café Essafina** (rue Allal ben Abdallah), accessible à pied en longeant les falaises vers le sud-ouest, permet d'admirer le coucher du soleil sur l'océan – et le site industriel ! Les gourmands préfèreront la **crémerie-pâtisserie Tiffany's** (rue de R'bat).

EN-CAS

Pour vous régaler avec les spécialités locales, poissons (en particulier la sardine) et fruits de mer, essayez les **restaurants de poisson en plein air** au rond-point de Sidi Bouzid, sur la colline. Avant de commander, vérifiez le prix de votre poisson, vendu au poids. Vous pouvez aussi opter pour le menu spécial, assiette de poisson servi avec du pain et de la sauce tomate épicée pour 35 Dh. Un petit taxi pour vous y rendre vous coûtera 10 Dh.

Autre possibilité en ville, les **restaurants de poisson**près de la cathédrale portugaise.

Compter environ 20 Dh pour un repas de poisson frais accompagné de frites, de salade et de boisson. Le soir, quelques échoppes s'installent rue du Souk, côté port, et préparent de minuscules bols d'escargots (5 Dh).

Pour un dîner un peu moins rustique, le petit **restaurant sans enseigne** (av. Moulay Idriss ; repas 35 Dh ; 10h-tard), près de l'agence du Crédit du Maroc, est aussi très apprécié des habitants de la ville. Vous dégusterez des brochettes et des tajines avec frites, salade et pain dans un surprenant décor, entre des fleurs artificielles et une baleine gonflable. Vous le reconnaîtrez à ses étals de fruits et légumes.

Achats

Profitez de votre passage à Safi pour acheter des poteries. Pour vous faire une idée des prix, visitez le **magasin de poteries à prix fixes** (ouvert de 9h à 20h), sur la droite de la rue du Souk en entrant dans la médina par Bab Lamaasa. Sur la gauche, à l'autre extrémité de la rue, se trouve un pittoresque **souk de poteries**. Les commerçants s'y montrent plus pressants : contentez-vous de vous promener et de repérer les objets qui vous intéressent. Au-delà de Bab Chaba, la rue des Forgerons comprend aussi une série de boutiques où sont présentées des poteries, à visiter avant de rejoindre les ateliers eux-mêmes (p. 139).

Depuis/vers Safi

BUS

La majorité des bus **CTM** (☎ 024 622140) qui partent de Safi arrivent d'ailleurs, aussi pensez à réserver au moins un jour à l'avance.

La CTM dessert Agadir (90 Dh, 5 heures, 1/j), Casablanca (75 Dh, 4 heures, 7/j), El-Jadida (45 Dh, 2 heures, 4/j) et Essaouira (41 Dh, 2 heures, 2/j).

D'autres compagnies assurent des liaisons quotidiennes vers ces destinations, ainsi que vers Oualidia (20 Dh, 1 heure, 1/j) et Tiznit (90 Dh, 6 heures, 1/j).

TAXI

Les grands taxis pour Marrakech (50 Dh) et Essaouira (50 Dh), entre autres, partent du parking qui jouxte la gare routière. Les taxis pour Oualidia (20 Dh) et El-Jadida (45 Dh) stationnent à un bon kilomètre au nord de Safi, sur la route d'El-Jadida.

TRAIN

Deux trains partent à 5h50 et à 15h30 de la **gare ferroviaire** (☎ 024 462176 ; rue de R'bat) pour Benguérir, où l'on peut prendre une correspondance pour Rabat (104 Dh, 5 heures 30), Casablanca (75 Dh, 4 heures 30), Fès (172 Dh, 8 heures 30) ou Marrakech (55 Dh, 3 heures). Dans l'autre sens, les trains quittent Benguérir pour Safi à 12h et 20h.

Transports locaux

La **gare routière** (av. du Président Kennedy) et la **gare ferroviaire** (rue de R'bat) sont assez excentrées. La course en petit taxi depuis le centre-ville vous coûtera environ 7 Dh. Le point de départ des bus locaux se trouve au nord de la place Driss ben Nacer.

ENVIRONS DE SAFI

Un littoral sauvage s'étend au nord de Safi, dont les falaises abruptes cachent de superbes criques sableuses. Le cap de Sidi Bouzid peut constituer une première étape. À cet endroit, la vue sur la ville est superbe et le restaurant **Le Refuge** (☎ 024 464354 ; route Sidi Bouzid ; menu 150 Dh ; fermé lun) prépare de bons poissons.

Plus loin sur la route, des plages désertes attirent des spécialistes du surf comme Gary Elkerton, Tom Carroll ou Jeff Hackman, venus dompter des rouleaux parmi les plus impressionnants du monde. C'est aussi dans ces parages que s'est tenu le Billabong Challenge 2006. À 12 km de Safi, sur la gauche, au niveau du café Lalla Fatna, une route en lacets rejoint la plage de **Lalla Fatna**, l'une des plus jolies de cette portion de côte. La route mène ensuite au **cap Beddouza** (23 km), connu pour son phare et sa longue plage de sable.

L'été (de mai à septembre), le bus n°15 emprunte cette route depuis la rue Driss ben Nacer.

ESSAOUIRA الصويرة

69 000 habitants

Son ambiance nonchalante, ses remparts photogéniques et son climat plaisant font d'Essaouira une étape incontournable de votre voyage. Son charme gagne les cœurs des voyageurs les plus blasés.

Avec ses remparts, ses tourelles en pierre et sa médina labyrinthique presque intacte, Essaouira jouit d'une notoriété à faire pâlir d'envie les autres villes du littoral atlantique. Nombre d'artistes, de musiciens, d'artisans et de réalisateurs sont tombés sous le charme de la cité, où tout n'est que lumière et enchantement, venelles enchevêtrées, maisons blanchies à la chaux, minuscules ateliers d'artisans, galeries d'art et riads restaurés. En outre, l'alizé, un puissant vent marin, souffle presque toute l'année, faisant d'Essaouira l'éden marocain des véliplanchistes.

Cependant, Essaouira a le mérite d'être plus qu'une simple station balnéaire. Voilà des siècles que le port bourdonne de l'activité des pêcheurs et des constructeurs de bateaux. Essaouira est enchanteresse en hiver, et reste l'une des villes les plus captivantes du Maroc tout au long de l'année. En été, les touristes déambulant entre les échoppes d'épices, d'art naïf et de bols en bois vous empêcheront peut-être d'apprécier le charme subtil de la ville. En juillet et en août, réservez longtemps à l'avance.

Histoire

Si les fortifications que l'on observe aujourd'hui à Essaouira datent du XVIIIe siècle, le port lui-même est beaucoup plus ancien.

Les Phéniciens établirent ici la colonie de *Migdol* ("tour de garde") au VIIe siècle av. J.-C. et l'archipel rocheux au large de la côte accueillit bientôt une importante population vivant de la pêche du murex, un mollusque dont était extraite la fameuse pourpre.

Vers la fin du XVe siècle, les Portugais rasèrent la ville avant d'établir un comptoir commercial et militaire qu'ils rebaptisèrent Mogador. En 1541, cédant devant les Saadiens, ils abandonnèrent le port, qui déclina, éclipsé par Agadir. Mogador reprit de l'importance lorsque le pouvoir politique passa aux mains des Alaouites, mais ne recouvra jamais son ancien rayonnement.

En 1765, afin de tirer au mieux parti du port, le sultan Sidi Mohammed ben Abdallah demanda à l'architecte français Théodore Cornut de créer une cité adaptée au commerce avec l'étranger. Le projet qui alliait styles marocain et européen satisfit le sultan, qui renomma la ville Essaouira, qui signifie "la bien conçue". Le port devint rapidement un carrefour commercial essentiel entre Tombouctou et l'Europe, où s'échangeaient l'or, le sel, l'ivoire et les plumes d'autruche, sous le contrôle des 2 000 soldats impériaux en garnison derrière les remparts et pour le plus grand profit du Maroc qui taxait les transactions.

Lors de l'instauration du protectorat français en 1912, la ville reprit le nom de Mogador et perdit de son importance au profit des cités portuaires émergentes de Casablanca, Tanger et Agadir. Après l'indépendance, en 1956, la bourgade assoupie fut renommée Essaouira.

La ville connut un bref épisode hippie, au tournant des années 1960 et 1970, à la suite d'une visite très médiatisée de Jimi Hendrix. Mais ce sont les dix dernières années qui ont vu les plus grands changements. Aux industries traditionnelles de la pêche et de l'artisanat a succédé le commerce très lucratif, du tourisme.

Dangers et désagréments

La ville est sereine et sûre, mais restez prudent le soir, dans les ruelles de la mellah.. Ce quartier fut le repaire des dealers et des toxicomanes, et demeure l'un des plus mal famés de la ville, malgré une récente mise en ordre. Il s'étend à l'est du Riad Lunétoile et au nord de l'avenue Zerktouni.

Orientation

Les principales infrastructures se trouvent dans la vieille ville fortifiée, dans les environs du port et le long du front de mer, une zone peu étendue où l'on se repère aisément.

Artère principale de la ville fortifiée, l'avenue de l'Istiqlal part de la place Moulay Hassan, au sud-ouest, et devient l'avenue Zerktouni avant d'atteindre Bab Doukkala au nord-est. De l'autre côté de la place Moulay Hassan, on découvre le port, le marché aux poissons et la *skala* du port.

Perpendiculaire à l'avenue de l'Istiqlal, la rue Mohammed el-Qory relie Bab Marrakech, au sud-est, à Bab al-Bahr, au nord-ouest, et change son nom en rue Abdelaziz el-Fechtaly puis devient rue d'Oujda en cours de route. Autre rue animée et parallèle à la précédente, la rue Lattarine devient la rue Laâlouj.

La gare routière et des grands taxis sont à 1 km au nord-est du centre, dans un quartier peu engageant.

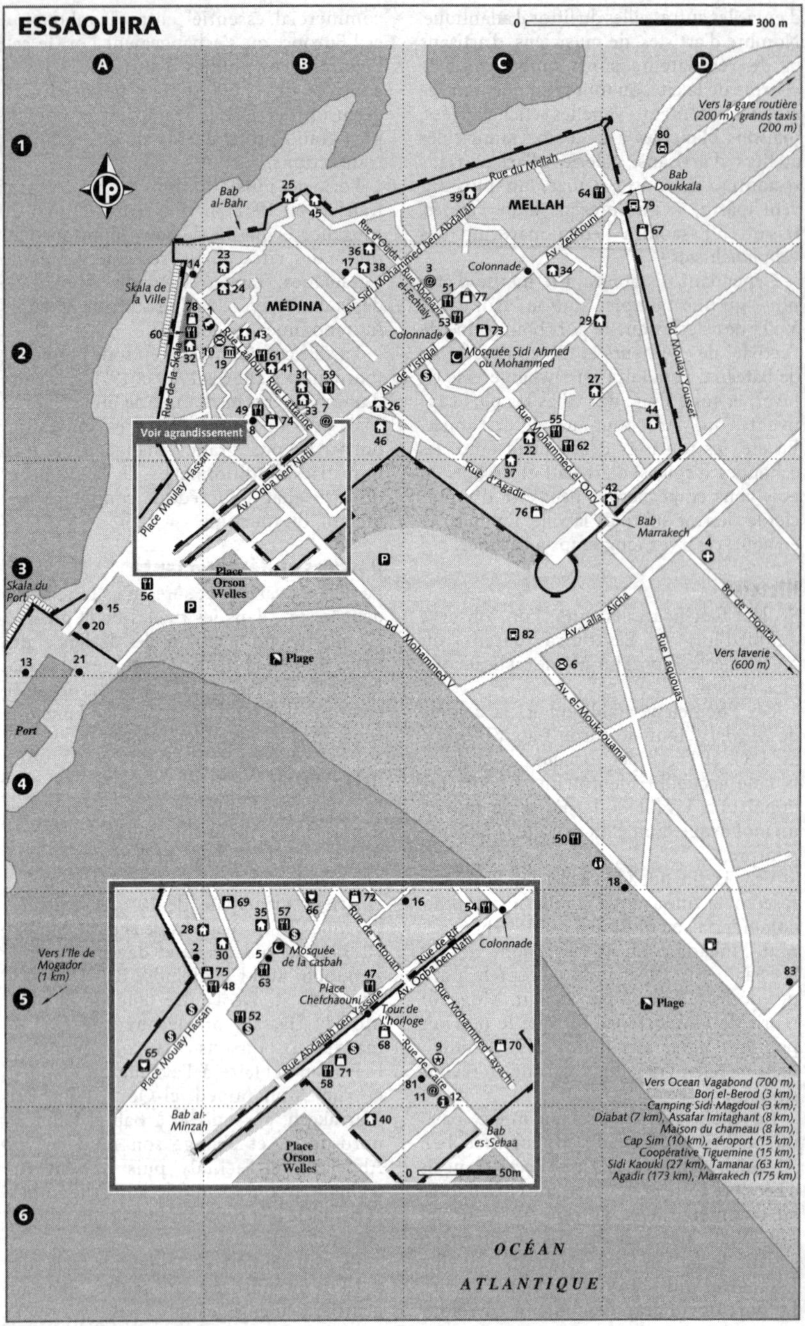

ESSAOUIRA
0
300 m
A
B
C
D
1
2
3
4
5
6
Vers la gare routière (200 m), grands taxis (200 m)
Rue du Mellah
MELLAH
Bab Doukkala
Bab al-Bahr
Skala de la Ville
MÉDINA
Rue d'Oujda
Av. Sidi Mohammed ben Abdallah
Rue Abdelaziz el-Fechtaly
Colonnade
Av. Zerktouni
Mosquée Sidi Ahmed ou Mohammed
Rue Laalouj
Rue Lattarine
Rue de la Skala
Av. de l'Istiqlal
Bd Moulay Youssef
Rue Mohammed el-Qory
Rue d'Agadir
Voir agrandissement
Place Moulay Hassan
Av. Oqba ben Nafii
Place Orson Welles
Bab Marrakech
Skala du Port
Port
Plage
Bd Mohammed V
Av. Lalla Aïcha
Rue Laqouas
Bd de l'Hôpital
Vers laverie (600 m)
Av. el-Moukaouama
Vers l'île de Mogador (1 km)
Mosquée de la casbah
Place Chefchaouni
Rue de Tetouan
Rue de Rif
Tour de l'horloge
Rue Abdallah ben Yassine
Rue Mohammed Layachi
Rue de Caire
Bab al-Minzah
Bab es-Sebaa
0
50m
Vers Ocean Vagabond (700 m), Borj el-Berod (3 km), Camping Sidi Magdoul (3 km), Diabat (7 km), Assafar Imitaghant (8 km), Maison du chameau (8 km), Cap Sim (10 km), aéroport (15 km), Coopérative Tiguemine (15 km), Sidi Kaouki (27 km), Tamanar (63 km), Agadir (173 km), Marrakech (175 km)
OCÉAN ATLANTIQUE

RENSEIGNEMENTS
Alliance Franco-Marocaine.......... 1 B2
Galerie Aida.......... 2 A5
Hicham Net.......... 3 C2
Hôpital.......... 4 D3
Jack's Kiosk.......... 5 B5
Poste principale.......... 6 C3
Mogador Informatique.......... 7 B2
Pharmacie La Kasbah.......... 8 B2
Poste de police.......... 9 C5
Bureau de poste.......... 10 B2
Salsabil News.......... 11 C5
Syndicat d'Initiative.......... 12 C5

À VOIR ET À FAIRE
Location de bateaux.......... 13 A3
Entrée des remparts.......... 14 A2
Marché aux poissons.......... 15 A3
Hammam de la casbah (réservé aux femmes).......... 16 C5
Hammam Lalla Mira.......... (voir 37)
Hammam Mounia.......... 17 B2
Magic Fun Afrika.......... 18 D4
Musée.......... 19 B2
Capitainerie.......... 20 A3
Promenade en mer.......... 21 A3

OÙ SE LOGER
Casa Lila.......... 22 C2
Dar Adul.......... 23 B2
Dar Afram.......... 24 B2
Dar Al-Bahar.......... 25 B1
Dar el-Qdima.......... 26 B2
Dar Liouba.......... 27 C2
Dar Loulema.......... 28 A5
Dar Nafoura.......... 29 C2
Dar Ness.......... 30 B5
Hôtel Les Matins Bleus.......... 31 B2
Hôtel Smara.......... 32 A2
Hôtel Souiri.......... 33 B2
Hôtel Villa Bagdad.......... 34 C2
Appartements Jack's.......... (voir 5)
Karimo.......... 35 B5
La Casa del Mar.......... 36 B2
Lalla Mira.......... 37 C3
Le Grand Large.......... 38 B2
L'Lunètoile.......... 39 C1
Madada Mogador.......... 40 B6
Maison Mounia.......... 41 B2
Palais Heure Bleue.......... 42 D3
Résidence Hôtel Al-Arboussas.......... 43 B2
Riad Émeraude.......... 44 D2
Riad Mimouna.......... 45 B1
Riad Nakhla.......... 46 B2

OÙ SE RESTAURER
Café de l'Horloge.......... 47 B5
Café Faid.......... 48 B5
Chez Françoise.......... 49 B2
Côtè Plage.......... 50 C4
Souk des poissonniers.......... 51 C2
Gelateria Dolce Freddo.......... 52 B5
Grills.......... 53 C2
Le 5.......... (voir 40)
Les Trois Portes.......... 54 C5
Mareblù.......... 55 C2
Grills de poisson.......... 56 A3
Pâtisserie Driss.......... 57 B5
Restaurant El-Minzah.......... 58 B5
Restaurant Ferdaous.......... 59 B2
Restaurant Les Alizés.......... 60 A2
Restaurant Les Chandeliers.......... 61 B2
Riad Al-Baraka.......... 62 C2
Sandwichs.......... 63 B5
Snacks.......... 64 C1
Taros Café.......... (voir 48)

OÙ PRENDRE UN VERRE
Café Restaurant Bab Laachour.......... 65 A5
Le Patio.......... 66 B5
Riad Al-Baraka.......... (voir 62)
Taros Café.......... (voir 48)

ACHATS
Boutique de spiritueux.......... 67 D1
Association Tilal des Arts Plastiques.......... 68 B5
Coopérative artisanale des Marqueteurs.......... 69 B5
Espace Othello.......... 70 C5
Galeries Damgaard.......... 71 B5
Gipsy Surfer.......... 72 B5
Souk des bijoutiers.......... 73 C2
Boutique No Work Team.......... 74 B2
Boutique No Work Team.......... 75 B5
Artisanat de rafia.......... 76 C3
Souk aux épices.......... 77 C2
Ateliers de sculpture.......... 78 A2

TRANSPORTS
Calèches.......... (voir 80)
Bus locaux.......... 79 D1
Petits taxis.......... 80 D1
Résidence Hôtel Al-Arboussas.......... (voir 43)
Residence Shahrazed.......... 81 C5
Supratours.......... 82 C3
Wind Car.......... 83 D5

CARTES

L'office du tourisme vend une bonne carte de la ville (15 Dh), ainsi qu'un guide, *Essaouira la séductrice* (35 Dh), aussi intéressant que complet sur l'histoire et les arts de la ville, la musique traditionnelle, les festivals, l'architecture… Un autre ouvrage à se procurer (pas toujours facile à dénicher), *Essaouira de bab en bab* (Publiday-Multidia, 2002), de Hammad Berrada, propose huit promenades, avec descriptions, photographies et plans détaillés.

Renseignements

ACCÈS INTERNET

Les nombreux cafés Internet ouvrent de 9h à 23h et demandent 10 Dh/heure.

Hicham Net (5 rue Abdelaziz el-Fechtaly)
Mogador Informatique (5 av. de l'Istiqlal)
Salsabil News (8 rue du Caire)

ARGENT

Les banques avec DAB sont autour de la place Moulay Hassan et le long de la rue principale qui mène à Bab Doukkala. La plupart font bureau de change et fournissent des dirhams sur présentation d'une carte de crédit.

CENTRE CULTUREL

Alliance franco-marocaine (☎ 024 472593 ; afme@menara.ma ; Derb Lâalaouj, 9 rue Mohammed Diouri ; 🕓 9h-12h30 et 14h30-18h30 lun-ven). Dispense des cours d'arabe (huit semaines). Organise régulièrement des projections et des manifestations culturelles.

LAVERIE

Laverie Automatique (av. al-Aqaba, ville nouvelle ; lessive/séchage 25/15 Dh ; 🕓 9h-19h). Suivez le bd de l'Hôpital vers le sud-est sur 300 m, puis tournez à gauche dans l'av. al-Aqaba. La laverie se trouve 400 m plus loin.

LIBRAIRIES

Galerie Aida (☎ 024 476290 ; 2 rue de la Skala). Une sélection de livres en diverses langues européennes.

Jack's Kiosk (☎ 024 475538 ; 1 place Moulay Hassan). Vend des journaux et des magazines étrangers ainsi que des ouvrages en français, en anglais et en allemand. Propose également des appartements en location (p. 150).

OFFICE DU TOURISME

Syndicat d'initiative (☎ 024 783532 ; www.essaouira.com ; 10 rue du Caire ; 9h-12h et 15h-18h30 lun-ven). Le personnel délivre une foule de renseignements et de conseils. Des panneaux d'affichage recensent les manifestations et les activités proposées en ville.

POSTE

Poste principale (av. el-Moukaouama ; 8h30-12h15 et 14h30-18h30 lun-jeu, 8h30-11h30 et 15h-18h30 ven, 8h30-11h30 sam)

Bureau de poste (rue Laâlouj ; 8h30-12h15 et 14h30-18h30 lun-jeu, 8h30-11h30 et 15h-18h30 ven)

SERVICES MÉDICAUX

Hôpital (☎ 024 475716 ; bd de l'Hôpital)

Pharmacie la Kasbah (☎ 024 475151 ; 12-14 rue Allal ben Abdellah)

URGENCES

Urgences médicales (☎ 024 475716)

Police (☎ 024 784880 ; rue du Caire)

À voir

Essaouira possède peu de sites à proprement parler, mais sa médina, ses souks, ses remparts, le port et la plage se prêtent à la flânerie et aux pauses déjeuner, café ou gourmandise.

MÉDINA ET PORT

La médina fortifiée d'Essaouira a été inscrite en 2001 par l'Unesco au patrimoine mondial de l'humanité. Ses murailles de la fin du XVIIIe siècle, bien conservées, constituent un brillant exemple d'architecture militaire européenne en Afrique du Nord. Le dédale de ruelles bordées de boutiques colorées, de maisons blanchies à la chaux et de porches en bois massif permet des promenades reposantes.

Les remparts battus par les vagues qui entourent la médina, dominent le lacis de rues. C'est là qu'Orson Welles a tourné la fameuse scène qui ouvre son *Othello* : un panoramique saisissant des murs ; au sommet une cage, où est enfermé Iago, est accrochée au-dessus des rochers et des flots. Pour y accéder, le plus simple est de passer par la **skala de la ville**, un impressionnant bastion érigé le long des falaises. Des canons européens en cuivre des XVIIIe et XIXe siècles sont alignés sur le chemin de ronde, qui offre une vue magnifique sur l'océan, notamment au coucher du soleil.

Près du port, la **skala** (adulte/enfant 10/3 Dh ; 8h30-12h et 14h30-18h) où sont placés d'autres canons, jouit d'une vue sublime sur le port de pêche et l'île de Mogador. Il suffit de se retourner pour apercevoir la médina et les mouettes, scène mille fois reprise dans les brochures touristiques.

Le port connaît une activité incessante toute la journée. Le va-et-vient des bateaux, les pêcheurs reprisant leurs filets ou déchargeant leurs prises, les embarcations traditionnelles en construction, autant de scènes qui sollicitent le regard. La **criée** (15h-17h lun-sam) a lieu dans la halle, à l'extérieur du port.

ÎLES DE MOGADOR ET FAUCONS D'ÉLÉONORE

Connues à l'époque phénicienne et romaine pour la production de la pourpre, à laquelle elles devaient leur nom d'îles Purpuraires, les îles de Mogador réunissent deux îles et plusieurs îlots minuscules. De ce qui était jadis une puissante colonie, ne demeurent que les solides fortifications, une mosquée et les restes d'une prison. Les îles abandonnées sont devenues un refuge naturel pour les faucons d'Éléonore.

Ces élégants rapaces viennent s'accoupler d'avril à octobre avant d'entreprendre leur incroyable périple vers Madagascar. À la jumelle, on peut voir les volatiles depuis la plage d'Essaouira, de préférence en début de soirée. Un autre point d'observation (déconseillé le soir si vous êtes seul) se trouve au sud de la ville, à environ 1 km du phare, près de l'embouchure de la rivière.

L'accès aux îles est interdit durant la période de reproduction. Le reste de l'année, on peut s'y rendre en bateau. Il est nécessaire d'obtenir un permis (gratuit) au bureau du port avant de chercher un pêcheur disposé à vous y emmener et de négocier le prix (il ne devrait pas vous en coûter plus de 300 Dh).

La **promenade en mer** (☎ 024 474618 ; port de pêche ; adulte/enfant 80/40 Dh ; 10h30, 11h30, 15h, 16h15, 17h30), un circuit organisé autour des îles, a mauvaise réputation. En effet, les conditions de navigation difficiles retardent souvent le départ du bateau ou l'empêchent de regagner le port, et durant toute l'attente vous devez supporter une musique folklorique incessante !

MUSÉE

Le **musée** (☎ 024 475300 ; rue Laâouj ; adulte/enfant 10/3 Dh ; ⌚ 8h30-12h et 14h30-18h30 mer-lun) d'Essaouira, récemment rénové, présente une collection modeste mais intéressante de bijoux, de costumes, d'armes, d'instruments de musique et de tapis de la région. Une section est consacrée à l'explication des signes et des symboles utilisés par les artisans locaux et contient d'intéressantes photos de la ville, prises au début du XXe siècle.

À faire

PLAGES ET SPORTS NAUTIQUES

Les vents et les courants violents rendent la baignade dangereuse à Essaouira, mais la superbe plage de sable est propice aux promenades. L'extrémité de la plage, côté ville, est le royaume des footballeurs, des véliplanchistes et des amateurs de kitesurf, laissant la place, plus loin, aux propriétaires de chevaux et de dromadaires. Si vous souhaitez recourir à leurs services, il vous faudra marchander. Sinon, repoussez leurs sollicitations avec fermeté.

Vous pouvez prolonger votre promenade au sud, au-delà du Ksob (impossible à traverser par marée haute), jusqu'aux ruines de Borj el-Berod, comprenant une ancienne forteresse et un pavillon à moitié ensablés. Elles auraient, selon la légende locale, inspiré à Jimi Hendrix son titre *Castles Made of Sand* (la chanson a pourtant été enregistrée un an avant son voyage). Tournez ensuite le dos à la mer, et marchez jusqu'au village de Diabat (p. 153), ou continuez le long du rivage jusqu'aux dunes de sable du cap Sim, à 8 km de là.

Plusieurs boutiques le long de la plage louent des équipements sportifs et proposent des cours. **Magic Fun Afrika** (☎ 024 473856 ; www.magicfunafrika.com ; bd Mohammed V ; ⌚ 9h-18h tlj mars-déc) loue des planches à voile (150 Dh/heure) et des planches de surf (60 Dh/heure). Vous pourrez aussi vous adonner au kitesurf (à partir de 250 Dh/heure) et au kayak (100 Dh/heure, 330 Dh/jour). Pour six heures de cours de surf, compter 1 100 Dh, et 2 300 Dh pour 10 heures de cours de kitesurf.

Plus loin sur la plage, **Océan Vagabond** (☎ 024 783934 ; www.oceanvagabond.com) loue des planches de surf (trois jours 500 Dh) et dispense des cours de deux heures (350 Dh). Vous pouvez aussi vous initier au kitesurf (6 heures, 1 850 Dh) ou à la planche à voile (1 heure/6 heures 500/1 200 dh) ou en louer, pour respectivement 1 200 Dh pour trois jours et 50 Dh/heure.

HAMMAMS

La ville compte plusieurs petits hammams. Récemment restauré, le **hammam Lalla Mira** (☎ 024 475046 ; www.lallamira.ma ; 14 rue d'Algérie ; hammam 15 Dh, gommage 60 Dh ; ⌚ 8h30-22h) est l'un des plus anciens. Chauffé à l'énergie solaire, l'endroit est ravissant mais surtout fréquenté par des touristes.

Un autre établissement plaisant est le **hammam Mounia** (☎ 024 784247 ; rue Oum Rabii ; gommage 65 Dh ; ⌚ 12h30-18h15 femmes, 18h30-22h30 hommes), près de l'avenue Sidi Mohammed

L'OTHELLO D'ORSON WELLES

Récemment, de nombreux producteurs de cinéma ont choisi Essaouira comme lieu de tournage. Cela a été le cas pour Ridley Scott avec *Kingdom of Heaven* (2005) et pour Oliver Stone avec *Alexandre* (2004). Orson Welles fut cependant le premier, plusieurs dizaines d'années auparavant, à déceler les qualités photogéniques du petit port. C'est en effet ici qu'il filma la majeure partie de son adaptation de la pièce de Shakespeare, *Othello* (1952), souvent considérée comme son œuvre la plus remarquable. Certaines scènes furent également tournées à Safi et El-Jadida – dont on voit la superbe citerne portugaise (voir p. 132).

La réalisation du film fut émaillée de problèmes et prit trois ans. À court d'argent, Welles quittait fréquemment le tournage pour se rendre en Europe et solliciter les financiers. En outre, il recruta successivement quatre Desdémone (dont sa propre fiancée, qui eut ensuite une liaison avec un membre de l'équipe). Ces difficultés n'empêchèrent pas *Othello* de remporter le Grand Prix (aujourd'hui Palme d'or) à Cannes en 1952.

À sa mort, c'était le seul film que Welles possédait encore. Il fut restauré par sa fille en 1992 et à nouveau salué par le public. À l'issue d'une projection en plein air du film à Essaouira, une place du front de mer a été rebaptisée place Orson Welles.

LE CHOIX DE L'AUTEUR

Riad Nakhla (☎ /fax 024 474940 ; www.essaouiranet.com/riad-nakhla ; 2 rue d'Agadir ; s/d 200/300 Dh). Pour les voyageurs contraints par leurs petits budgets de choisir des hôtels très modestes, le Riad Nakhla est une divine surprise. La cour bordée de colonnes de pierre et animée par le bruissement des fontaines donne l'impression de pénétrer dans un hôtel beaucoup plus cher. Les chambres sont simples mais impeccablement tenues. Les fenêtres à volets, les dessus-de-lit colorés et les superbes sdb leur confèrent un charme particulier. Vous pouvez même avoir la TV. Les petits-déjeuners, sur la terrasse sur le toit, valent eux aussi bien plus qu'ils ne coûtent.

ben Abdallah. Pour une expérience plus dépaysante, le **hammam de la kasbah** (7 rue de Marrakech ; entrée 5 Dh) est réservé aux femmes.

ÉQUITATION

Si les promenades sur la plage à cheval ou en chameau ne vous tentent pas, plusieurs agences organisent des circuits équestres sur mesure d'un ou plusieurs jours dans la campagne autour d'Essaouira. S'adresser au Ranch de Diabat (p. 154), qui propose aussi des cours d'équitation pour adultes ou enfants. **Abouda Safar** (☎ 028 271258, 062 743497 ; www.abouda-safar.com) organise une randonnée de huit jours dans la région, ou des promenades d'une demi-journée ou d'une journée dans les environs (250/400 Dh).

Les amateurs de dromadaires essayeront la **Maison du Chameau** (☎ 024 785962 ; maisonduchameau@yahoo.fr ; Douar Al Arab ; ch en basse saison/haute saison 270/320 Dh). Les huit méharis (dromadaires blancs du Soudan) de cette pension isolée vous attendent pour des excursions d'une semaine ou plus courtes. Les chambres aux couleurs éclatantes, rose fuchsia et bleu électrique, jouissent d'un calme bienfaisant.

Fêtes et festivals

Essaouira compte trois festivals importants, à l'occasion desquels la ville est envahie par les artistes et les spectateurs.

Printemps musical des Alizés (mai). Petit festival de musique classique et d'opéra.

Festival gnaoua et musiques du monde (3e week-end de juin). Quatre jours d'expositions artistiques et de débauche musicale par des artistes internationaux, nationaux et locaux.

Festival des Andalousies atlantiques (fin sept). Mélange éclectique de musique andalouse, d'art et de danse par des artistes locaux et internationaux.

Où se loger

Essaouira offre un grand choix d'hébergements, mais les prix sont relativement élevés. La plupart d'entre eux se trouvent dans la médina. En été, réservez, ou arrivez en début de journée pour espérer trouver une chambre.

PETITS BUDGETS

Dans cette catégorie, la qualité est très supérieure à ce qu'elle est dans le reste du pays : les sdb ne sont pas repoussantes, et vous aurez peut-être une jolie chambre avec terrasse.

Le Grand Large (☎ 024 472866 ; www.riadlegrandlarge.com ; 2 rue Oum-Rabia ; s/d/t 290/390/490 Dh). Les murs du Grand Large sont peints en couleurs vives : rose, vert et bleu. Dans les chambres, les lits sont en fer forgé et les sdb originales. Accueillant et sympathique, l'établissement comprend un excellent restaurant (plats 65 Dh à 140 Dh) servant des steaks et des pâtes ou des pizzas maison (45 Dh à 70 Dh).

Maison Mounia (☎ 024 472988 ; www.maisonmounia.com ; 2 rue Laâlouj ; d/ste 400/600 Dh petit-déj inclus). En plein centre de la médina, cette large demeure comprend des chambres ornées de meubles en bois gravé ou marqueté, équipées de superbes sdb carrelées, certaines avec des baignoires somptueuses, et dotées, pour la plupart, de cheminées. Elles sont néanmoins de qualité inégale : demandez à en voir plusieurs.

Hôtel Les Matins Bleus (☎ 024 785363 ; www.les-matins-bleus.com ; 22 rue de Drâa ; s/d/ste 250/380/660 Dh, juin-sept 270/420/840 Dh). Dissimulé dans un cul-de-sac, cet hôtel clair est organisé autour d'une cour blanche rehaussée de couleurs gaies. Dans les chambres aussi le blanc domine et met en valeur les tissus colorés. Les sdb sont impeccables. Le petit-déjeuner est servi sur la terrasse ombragée qui donne sur la médina.

Hôtel Souiri (☎ /fax 024 475339 ; souiri@menara.ma ; 37 rue Lattarine ; B&B s/d 120/150 Dh, avec sdb à partir de 180/250 Dh, app 4 lits 450 Dh). Idéalement situé et bien tenu, cet hôtel compte des chambres de tailles variées, depuis les petites avec un lit simple, peintes dans des couleurs extravagantes, jusqu'à l'appartement sur le toit avec cuisine, salon et terrasse.

Dar Afram (☎ 024 785657 ; www.dar-afram.com ; 10 rue Sidi Magdoul ; s/d 100/200-300 Dh, juin-sept 150/300-400 Dh). Les chambres de cette pension extrêmement sympathique sont simples et très propres, avec sdb communes. Les propriétaires australo-marocains sont des musiciens et le dîner du soir, qui réunit tous les hôtes, s'achève souvent sur un concert improvisé. La pension possède aussi un adorable petit hammam carrelé, et un bar-restaurant devrait voir le jour sur le toit.

Riad Lunétoile (☎ /fax 024 474689 ; www.riad-lunetoile.com ; 191 av. Sidi Mohammed ben Abdallah ; B&B s/d 300-550/300-650 Dh). Restauré avec soin et décoré d'étoiles et de lunes, ce riad intimiste, vieux de 200 ans, compte deux chambres par étage. Elles sont claires et simples, dotées de jolies sdb. Cuisine commune à chaque étage, et superbe terrasse sur le toit pour admirer l'océan.

Dar el-Qdima (☎ 024 473858 ; www.essaouiranet.com/dar-el-qdima/index.htm ; 4 rue Malek Ben Rahal ; s/d 200/350 Dh, juin-sept 250/450 Dh). Les salles communes de cette adorable vieille demeure située dans la médina sont pleines de caractère et de détails originaux. Les chambres aux murs blancs, plus simples mais un peu sombres, sont meublées de manière fonctionnelle et dotées de sdb décorées de mosaïques.

Hôtel Smara (☎ 024 475655 ; 26 rue de la Skala ; s/d 66/96 Dh, d avec vue sur la mer 156 Dh). Apprécié pour ses tarifs, le Smara n'a pas le cachet d'autres établissements bon marché d'Essaouira. Ses chambres sont correctes mais banales, et les sdb communes. En hiver, mieux vaut payer le supplément et choisir une chambre avec vue, les autres sont froides et humides. La terrasse sur le toit dominant l'océan offre une des plus belles vues de la ville. Réservez ou présentez-vous tôt.

Résidence Hôtel Al-Arboussas (☎ 024 472610 ; arboussas@hotmail.com ; 24 rue Laâlouj ; B&B s/d 250/350 Dh). Les neuf chambres sobres où dominent le jaune et le bleu encadrent la cour de cet hôtel simple mais confortable, situé dans le centre de la vieille ville. Les meubles en fer forgé et les plantes en pot lui donnent un petit plus.

Camping Sidi Magdoul (☎ 024 472196 ; par pers/tente/voiture/empl 12/15/10/20 Dh, par caravane/électricité 15/15 Dh). À environ 3 km de la ville, près du phare sur la route d'Agadir, ce camping bien tenu possède des sanitaires rudimentaires et des douches chaudes (5 Dh).

CATÉGORIE MOYENNE

Dans cette catégorie, les établissements sont légion, plus charmants les uns que les autres et offrent un asile bienvenu après une journée passée à arpenter les souks et les marchés.

Lalla Mira (☎ 024 475046 ; 14 rue d'Algérie ; www.lallamira.ma ; s/d/ste 436/692/920 Dh ; 💻). Premier "hôtel bio" du pays, cet adorable petit établissement comprend des chambres toutes différents, simples, aux murs en *tadelakt* (enduit poli, à base de chaux) ocre, des meubles en fer forgé, des tissus en coton naturel et un chauffage au sol fonctionnant à l'énergie solaire. Vous y trouverez des lits antiallergéniques, un hammam (voir p. 147) et un joyeux restaurant (plats 90 Dh à 120 Dh) qui offre un bon choix de plats végétariens.

La Casa del Mar (☎ 024 475091 ; www.lacasa-delmar.com ; 35 rue d'Oujda ; B&B s/d 650/750 Dh). La Casa del Mar mêle inspiration contemporaine et style traditionnel, créant une atmosphère propice à la détente et aux rencontres. Repas marocain ou paella espagnole sont dégustés en commun (150 Dh). Vous pouvez vous faire masser ou appliquer du henné, ou vous installer sur la terrasse, face à la mer, pour admirer le coucher du soleil.

Hôtel Villa Bagdad (☎ 024 472023 ; www.villa-bagdad.com ; 12-14 rue de Bagdad ; B&B d/ste 550-650/1 000 Dh). Le décor imposant, les vastes salons, les stucs, le carrelage et la collection de vieilles photos, de masques, de peaux d'animaux et de sacoches de selles confèrent à cet ancien palais de caïd (magistrat) un air de cabinet de curiosités. Les chambres, moins extravagantes, sont une excellente affaire, même si le service laisse parfois à désirer. La nuit, le quartier est déconseillé aux femmes seules.

Casa Lila (☎ 024 475525 ; www.riad-casalila.com ; 94 rue Mohammed el-Qory ; d/ste 750/1 200 Dh). Véritable havre de calme, ce magnifique petit hôtel occupe un riad tout en teintes pastel et matériaux naturels (bois sculpté, carrelage et fer forgé). Dans les sdb en *tadelakt* trônent des baignoires en chrome ou en cuivre, et le linge est d'une infinie douceur.

Dar Adul (☎ 024 473910 ; www.dar-adul.com ; 63 rue Touahen ; s/d 500-700/550-750 Dh). Restaurée avec soin, cette demeure offre un choix de chambres douillettes à l'éclairage subtil, meublées avec raffinement, peintes dans des couleurs douces. Une foule de petites attentions et la gentillesse du personnel vous feraient presque oublier que vous êtes dans un hôtel.

Dar Liouba (☎ 024 476297 ; www.darliouba.com ; 28 impasse Moulay Ismail ; s/d 500-1 200/600-1 300 Dh, juin-sept 700-1 500 Dh). Dar Liouba occupe une superbe ancienne demeure d'imam, baignée de lumière. Les chambres raffinées sont disposées autour d'un atrium octogonal. Décorées d'arches outrepassées, de paravents en bois de cèdre et d'ornements en stuc, elles dégagent une grande sérénité. Les superbes étoffes ajoutent une pointe de couleur dans chaque chambre aux murs blanchis à la chaux, et les sdb sont neuves et carrelées.

Dar Loulema (☎ 024 475346 ; www.darloulema.com ; 2 rue Souss ; d/ste 750/1 100 Dh). Riad aux murs blancs, datant du XVIIIe siècle, orné d'étoffes marocaines. Son décor raffiné est très apprécié et mieux vaut réserver. Les chambres simples, à mi-chemin entre décadence mauresque et minimalisme contemporain, paisibles et luxueuses, conviennent à une étape romantique.

Dar Ness (☎ 024 476804 ; www.darness-essaouira.com ; 1 rue Khalid ben Oualid ; B&B s/d 550/590-690 Dh). Toutes luxueuses, spacieuses et élégantes, les neuf chambres de ce riad de charme occupent chacune tout un pan de la demeure. Le décor traditionnel reste sobre : seules touches de couleur, les tapis, les meubles et les superbes sdb en *tadelakt* tranchent avec le blanc des murs.

Hôtel Émeraude (☎ 024 473494 ; www.essaouirahotel.com ; 228 rue Chbanate ; s/d B&B 340/440 Dh). Après avoir traversé une superbe cour au sol carrelé, on découvre ce splendide petit riad et ses 12 chambres ravissantes, baignées de lumière. D'une élégance minimaliste et dotées de draps blancs que mettent en valeur des touches de bleu et de jaune, les chambres offrent un excellent rapport qualité/prix.

Dar Al-Bahar (☎ 024 476831 ; www.daralbahar.com ; 1 rue Touahen ; d 450-550 Dh). D'une sobre élégance, les chambres immaculées sont ornées d'œuvres d'art locales, et de fer forgé. Quelques touches de couleur viennent égayer les couvre-lits et les rideaux traditionnels. La terrasse dominant l'océan offre une vue inoubliable.

Dar Nafoura (☎ 024 472855 ; www.darnafoura.com ; 30 rue Ibn Khaldoun ; s/d/ste 380/490/630 Dh). Joli riad dont les chambres blanchies sont rehaussées de tissus orange, bleu ou pourpre. Les meubles sont sobres et les sdb ravissantes. Moins distingué que les précédents, il est cependant d'un bon rapport qualité/prix.

Appartements et riads

Essaouira possède un excellent choix d'appartements et de riads à louer, en général impeccablement refaits, qui conviennent tout particulièrement à ceux qui voyagent en famille ou en groupe. Compter un minimum de 500 Dh par nuit pour un appartement à un lit, mais pour louer l'ancienne demeure du consul britannique (trois chambres), les tarifs atteignent 3 000 Dh par nuit.

Les meilleures agences spécialisées dans la location sont **Jack's Apartments** (☎ 024 475538 ; www.essaouira.com/apartments) et **Karimo** (☎ 024 474500 ; www.karimo.net ; place Moulay Hassan). Vous pouvez aussi consulter www.riadselection.com ou www.villasetvisagesdumaroc.com, ou trouver sur Internet des offres de particuliers. Il est indispensable de réserver, même plusieurs mois à l'avance si vous venez durant la haute saison.

CATÉGORIE SUPÉRIEURE

Riad Mimouna (☎ 024 785753 ; www.riad-mimouna.com ; 62 rue d'Oujda ; s 700-1 050 Dh, d 850-1 200 Dh, ste 1 500-1 900 Dh ; 💻). Ce nouvel hôtel est superbe et offre un excellent rapport qualité/prix dans la catégorie. Le décor d'inspiration mauresque est somptueux, les plafonds arborent des sculptures en thuya, les tapis sont moelleux, la vue sur la mer fabuleuse, et l'on est enveloppé d'un nuage d'encens en entrant dans sa chambre. Sur le toit, la terrasse est magnifique. L'établissement comprend un hammam et un restaurant intimiste (menu 160 Dh).

Madada (☎ 024 475512 ; www.madada.com ; 5 rue Youssef el-Fassi ; 1 000-1 500 Dh ; ❄). Huppée et élégante, cette maison traditionnelle comprend de luxueuses chambres de style contemporain. Les revêtements *tadelakt* couleur ivoire et sable, le minimalisme de la décoration, les meubles de designers, autant d'éléments qui donnent un sentiment de quiétude. Les chambres spacieuses et lumineuses sont dotées de lavabos en cuivre, de terrasses privées et de meubles en bois de rose.

Palais Heure Bleue (☎ 024 474222 ; www.heure-bleue.com ; 2 rue Ibn Batouta ; d/ste 2 200/3 900 Dh ;). Le calme règne derrière la porte de cet hôtel de luxe. Pourtant, il a tout pour vous distraire : piscine sur le toit, cinéma privé et salle de billard. Dans le salon à la décoration exubérante, trône un magnifique piano au milieu des trophées de chasse. Les chambres sont conçues dans le même esprit avec leurs imprimés zébrés, leur bois sombre et leur comptoir en marbre.

Où se restaurer

RESTAURANTS

Essaouira regorge de cafés et de restaurants, mais la qualité varie considérablement d'un endroit à l'autre. Outre les adresses suivantes, la plupart des hôtels et pensions ont des restaurants corrects.

MÉDINA

Chez Françoise (☎ 086 164087 ; 1 rue Hommane el-Fatouaki ; menu déj 60 Dh ; fermé dim). Idéal si vous avez envie d'un repas léger et sain : il suffit de choisir parmi les tartes salées servies avec trois salades. La cuisine est simple mais de bonne qualité, et repose l'estomac après des jours de tajine et de *kefta*.

Restaurant Les Chandeliers (☎ 024 476450 ; 14 rue Laâlouj ; plats 60-90 Dh). Face au musée, joliment installé dans une demeure historique, ce restaurant propose un menu original conciliant cuisines française et marocaine. On s'attable à la lumière des chandelles, devant un magret de canard ou une pizza.

Riad Al-Baraka (☎ 024 473561 ; 113 rue Mohammed el-Qory ; plats 45-95 Dh, 90-130 Dh ; 12h-15h et 18h30-tard lun-sam). Occupant une ancienne école juive, cet établissement huppé comprend plusieurs salles et un bar disposé autour d'une vaste cour à l'ombre d'un immense figuier. Les plats, principalement marocains, empruntent aussi à la cuisine juive et moyen-orientale. Concerts de groupes locaux le week-end.

Le 5 (☎ 024 784726 ; 5 rue Youssef el-Fassi ; menu 150 Dh ; 19h-23h mer-lun et 12h-15h sam-dim). Cet établissement récent décoré de fauteuils pourpres, d'arches de pierre et d'abat-jour géants a su s'imposer, et le "Tout-Essaouira" vient s'y montrer. Bon choix de plats internationaux et marocains.

Restaurant Ferdaous (☎ 024 473655 ; 27 rue Abdesslam Lebadi ; plats 50 Dh, menu 75 Dh). Situé dans une rue lugubre, le Ferdaous concocte pourtant la meilleure cuisine marocaine de la ville. Le menu de saison offre une relecture intéressante des recettes traditionnelles. Les repas se prennent à la marocaine, sur des tables basses.

Les Trois Portes (☎ 068 864963 ; 34 rue Lattarine ; plats 40-60 Dh). L'afflux de clients fidèles sous les arches de pierre des Trois Portes, qui viennent s'asseoir devant les tables carrelées, en font l'un des restaurants les plus animés de la ville. Les sœurs qui gère les lieux préparent avec jovialité tout un choix de pizzas et de pâtes.

Restaurant Les Alizés (☎ 024 476819 ; 26 rue de la Skala ; menu 75 Dh). Touristes et habitués viennent déguster une cuisine marocaine typique assis à des tables basses. Le décor de céramiques, l'éclairage aux bougies sous la voûte et la cuisine aux portions généreuses vous séduiront tout autant que les prix.

Restaurant El-Minzah (☎ 024 475308 ; 3 av. Oqba ben Nafii ; plats 50-120 Dh, menus à partir de 95 Dh). Face aux remparts, vous pourrez choisir entre la terrasse extérieure et l'élégante salle à manger pour déguster un choix appréciable de plats internationaux. Concerts de musique gnaoua le samedi soir.

Front de mer

Océan Vagabond (☎ 024 783934 ; bd Mohammed V ; plats 60-80 Dh). Relativement éloigné du centre, ce modeste petit café est l'un des meilleurs établissements du front de mer. Au menu : sandwichs, pizzas, pâtes et salades. Des sièges confortables sont à votre disposition, les pieds dans le sable.

Côté Plage (☎ 024 479000 ; bd Mohammed V ; plats 150 Dh). Dépendant du Sofitel qui lui fait face, ce café dispose d'un agréable espace abrité par des parasols blancs. L'après-midi, on grignote des tapas (35 Dh) devant l'océan. Journée "barbecue" le dimanche.

CAFÉS, PÂTISSERIES ET GLACIERS

Taros Café (☎ 024 476407 ; 2 rue de la Skala ; 8h-23h lun-sam). Sur le toit, éclairé par d'immenses lampes marocaines, la terrasse convient idéalement pour le thé de cinq heures ou pour l'apéritif. Les salons de cette demeure superbement restaurée sont ornés d'œuvres d'art. Si la cuisine du restaurant (plats de 70 Dh à 120 Dh) laisse un peu à désirer, des concerts et des représentations de danse du ventre se déroulent presque tous les soirs.

Café de l'Horloge (place Chefchaouni). Donnant sur une jolie place dominée par une tour supportant une horloge, ce café populaire sert de l'*amlou* (à base d'huile d'argan, d'amandes et de miel), à tartiner sur des crêpes ou du pain (25 Dh) au petit-déjeuner. Ignoré par les flots de touristes, il est recommandé pour une pause café.

Gelateria Dolce Freddo (place Moulay Hassan). D'authentiques glaces italiennes – les meilleures de la ville – déclinées en 30 parfums : difficile de résister à la tentation ! D'autant que la boule ne coûte que 5 Dh.

Vous trouverez croissants et viennoiseries à la **pâtisserie Driss** (on peut consommer sur place) et au **café Faid**, tous deux proches de la place Moulay Hassan.

EN-CAS

Ne quittez pas Essaouira sans avoir goûté aux poissons des **grills en plein air** qui bordent la place Moulay Hassan, côté port. Avant de choisir, admirez les étals de poisson frais, puis convenez d'un prix (comptez environ 40 Dh au déjeuner), et regardez votre poisson griller avant de le déguster.

Vous pouvez aussi vous rendre au **souk au poisson**, tout proche de l'avenue de l'Istiqlal, acheter un poisson pêché du jour et l'apporter à l'un des stands de grillades à l'angle, au sud. Il vous sera servi accompagné de pain et de salade pour 25 Dh.

Pour vous nourrir à peu de frais, parcourez l'avenue Sidi Mohammed ben Abdallah, l'avenue Zerktouni et les abords de Bab Doukkala. Sur la place Moulay Hassan, trois stands de sandwichs vendent d'excellentes baguettes garnies pour 15 Dh.

Au déjeuner, essayez aussi le **Mareblù** (☎ 067 646438 ; 2 rue Sidi Ali Ben Abdellah ; repas 30 Dh ; 🕑 9h-15h, fermé mer). Les tables sont rarement libres, l'endroit est petit, mais les pâtes à l'italienne, servies au bol, sont délicieuses.

Où prendre un verre

Malgré l'afflux de touristes, Essaouira n'a rien d'un paradis pour noctambules. Vous pouvez néanmoins acheter votre apéritif préféré au magasin de spiritueux près de Bab Doukkala, et le siroter à la terrasse de votre hôtel en admirant le coucher du soleil. La terrasse du **café-restaurant Bab Laachour** (place Moulay Hassan) est aussi agréable.

BARS

L'une des plus belles terrasses de la ville appartient au **Taros Café** (☎ 024 476407 ; 2 rue de la Skala ; 🕑 8h-23h lun-sam). On peut y boire un verre sous des lampes marocaines géantes, mais gare au vent.

Plus avenant, le bar-restaurant **Le Patio** (☎ 024 474166 ; 28 rue Moulay Rachid ; 🕑 17h30-23h mar-dim) arbore un décor branché, des meubles rouge sang et une boule à facettes. L'apéritif est servi avec des tapas (35 Dh), mais vous vous laisserez peut-être tenter par les effluves de poisson grillé émanant du restaurant (plats 85 Dh à 150 Dh).

Dans une atmosphère détendue, le **Riad al-Baraka** (☎ 024 473561 ; 113 rue Mohammed el-Qory ; 🕑 18h30-tard lun-sam) accueille chaque week-end les meilleurs groupes de la région pour des concerts mémorables.

Achats

Essaouira est renommée pour le travail du bois. Vous pouvez visiter les **ateliers de gravure sur bois** près de la *skala* de la ville. Les ravissants ouvrages de marqueterie sont réalisés en bois de thuya odorant – un arbre menacé. Même si les objets sont superbes et bon marché, l'achat d'une pièce en thuya compromet la survie des arbres et encourage l'abattage frauduleux. Préférez les objets faits dans d'autres essences.

La **coopérative artisanale des marqueteurs** (6 rue Khalid ibn Oualid) vend des objets à prix fixes.

Autre grande spécialité d'Essaouira, les articles en raphia (fibres extraites du palmier doum). Les plus jolis sont exposés chez **Rafia Craft** (☎ 024 783632 ; 82 rue d'Agadir), qui exporte une partie de ses marchandises en Europe. Vous trouverez partout en ville des boutiques de tapis, de lampes en peau, de bijoux et de cuivres. Les marchands de tapis sont regroupés autour de la place Chefchaouni et de la place Moulay Hassan.

Aphrodisiaques naturels, baume à lèvres berbère, remèdes contre la calvitie, épices exotiques, etc., le **souk aux épices** est une véritable caverne d'Ali Baba. Les commerçants essaieront de vous vendre les produits les plus extravagants ; contentez-vous de rapporter des mélanges épicés pour le tajine, le poisson et le poulet. Vous trouverez aussi des produits à base d'huile d'argan et de l'*amlou* traditionnel (environ 40 Dh la bouteille). Près de là, le souk au poisson fera l'objet d'une intéressante promenade et, de l'autre côté de l'avenue de l'Istiqlal, le petit **souk des bijoutiers** propose toutes sortes d'ornements, des lourdes perles berbères aux bijoux en or.

La ville abrite aussi toute une communauté d'artistes, dont les travaux sont vendus dans les galeries de la ville. Vous aurez l'embarras du choix, mais on rencontre le pire comme le meilleur. La **galerie Damgaard** (☎ 024 784446 ; rue Oqba ben Nafi) est l'une des plus renommées de la ville. L'**Association Tilal des arts plastiques** (☎ 024 475424 ; 4 rue du Caire ; entrée libre) et l'**Espace Othello** (☎ 024 475095 ; 9 rue Mohammed Layachi ; 🕑 9h-13h et 15h-20h) présentent les artistes à la mode. Vous pouvez aussi tenter votre chance au **Taros Café** (p. 151) qui accueille des expositions et vend de l'artisanat.

Les surfeurs pourront s'approvisionner en cire, shorts ou T-shirts chez **Gipsy Surfer** (☎ 024 153295 ; rue de Tétouan) ou chez **No Work Team** (☎ 024 475272 ; 2 rue de la Skala et 7 bis rue Houman el-Fatouaki).

Depuis/vers Essaouira

AVION

Des vols directs rejoignent Casablanca et Paris depuis l'**aéroport de Mogador** (☎ 024 476709 ; route d'Agadir), à 15 km au sud de la ville, à des horaires parfois fantaisistes.

BUS

La **gare routière** (☎ 024 781764) se situe à environ 400 m au nord-est de la médina. Il est facile de s'y rendre à pied, mais optez pour un petit taxi (6 Dh) si vous arrivez ou partez tard le soir. La **consigne** (5 Dh par bagage) reste ouverte 24h/24.

Deux bus CTM partent chaque jour pour Safi (40 Dh, 2 heures 30), El-Jadida (78 Dh, 4 heures) et Casablanca (110 Dh, 6 heures), et un pour Marrakech (50 Dh, 2 heures 30). Le bus pour Agadir (60 Dh, 3 heures) poursuit sa route jusqu'à Inezgane (65 Dh). Pour les bus longue distance, mieux vaut réserver la veille.

D'autres compagnies desservent à moindre coût et plus fréquemment les destinations précédentes ainsi que Taroudant (60 Dh, 6 heures), Tan-Tan (110 Dh, 6 heures) et Rabat (80 Dh, 6 heures).

Supratours (☎ 024 475317), la compagnie de l'ONCF, rallie la gare ferroviaire de Marrakech (60 Dh, 2 heures 30, 4/j) pour assurer la correspondance avec les trains à destination de Casablanca. Il est recommandé de réserver plusieurs jours à l'avance, surtout en été.

Le bus local n°5 pour Diabat (4 Dh) et Sidi Kaouki (6 Dh) démarre du boulevard Moulay Youssef, devant Bab Doukkala. Il effectue environ 8 liaisons quotidiennes.

TAXI

Les grands taxis stationnent juste à l'ouest de la gare routière. Comptez 75 Dh pour vous rendre à Agadir (ou à Inezgane).

Transports locaux

Pour vous rendre à l'aéroport, prenez le bus n°5 (6 Dh, 15 min) ou un petit taxi (100 Dh). Les petits taxis bleus sont également pratiques depuis/vers la gare routière (6 Dh), mais ils ne peuvent pas entrer dans la médina. Si vous souhaitez marcher sans vous encombrer de vos bagages, une foule de jeunes gens munis de chariots vous les apporteront directement à l'hôtel (environ 20 Dh).

Pour découvrir la ville sous un angle pittoresque (et touristique), montez dans une des calèches qui attendent devant Bab Doukkala (60 Dh/heure).

La **Résidence Shahrazed** (☎ 024 472977 ; 1 rue Youssef el-Fassi) et la **Résidence Hôtel Al-Arboussas** (☎ 024 472610 ; 24 rue Laâlouj) louent des vélos pour 80 Dh par jour.

Vous pouvez aussi louer une voiture chez **Wind Car** (☎ /fax 024 472804 ; rue Princesse Lalla Amina) pour environ 400 Dh par jour. **Avis** (☎ 024 474926) a un bureau à l'aéroport.

ENVIRONS D'ESSAOUIRA

Si vous êtes motorisé, visitez l'une des petites coopératives aux alentours d'Essaouira : les femmes qui les gèrent vendent des produits à base d'argan, des produits cosmétiques naturels et des aliments. **Assafar Imitaghant** (☎ 061 553586) est à 8 km de la ville sur la route de Marrakech et la **coopérative Tiguemine** (☎ 024 790110) 7 km plus loin. L'office du tourisme vous donnera une liste complète. Plus au sud, dans le village de Tamanar, la **coopérative Amal** (voir encadré p. 371) permet de découvrir toutes les étapes de transformation des produits.

Diabat الديابات

Situé au sud d'Essaouira, le village berbère de Diabat, rendu célèbre par la visite de

Jimi Hendrix au début des années 1970, fut jadis un paradis des amateurs de substances opiacées. Il a retrouvé sa sérénité, même si l'on projette de construire un complexe touristique sur la plage.

Les visiteurs viennent à Diabat pour les randonnées à cheval, organisées par exemple par le **Ranch de Diabat** (☎ 062 297203 ; www.ranchdediabat.com). Vous avez le choix entre des cours, une promenade sur la plage ou une excursion de plusieurs jours dans la campagne environnante (3 jours/6 jours 3 500/6 000 Dh).

Si vous souhaitez passer la nuit à Diabat, essayez l'**Auberge Tangaro** (☎ 024 784784 ; www.auberge-tangaro.com ; d demi-pension 700-900 Dh/pers), une vieille maison rustique isolée dans un cadre superbe. Les chambres, élégantes mais spartiates, disposent de cheminées et sont éclairées à la chandelle, faute d'électricité. Les dîners pris en commun à la lumière des bougies sont aussi savoureux que copieux.

En venant d'Essaouira, suivre la route côtière vers le sud en direction d'Agadir, et tourner à droite immédiatement après le pont, à 7 km environ de la ville. Le bus local n°5 dessert Diabat au départ de Bab Marrakech (4 Dh, toutes les deux heures).

Sidi Kaouki سيدي كاوكي

Les bourrasques qui assaillent constamment la ville, la plage déserte et l'hébergement correct sont en passe de transformer Sidi Kaouki en l'un des plus importants rendez-vous de véliplanchistes et de surfeurs du pays. Attention néanmoins : il faut être en bonne condition physique pour venir pratiquer une activité ici et les courants sont trop dangereux pour les surfeurs novices.

Quelques pensions et de petites échoppes proposant tajines, fruits de mer et en-cas bordent le rivage. Vous pouvez louer un cheval (demi-heure/heure 70/120 Dh) et vous lancer au galop sur la plage, ou encore vous essayer au "monogliding" (cycle doté d'une roue et d'une selle ; 90 Dh/heure) chez **VHM** (Village Hôtel Meziane ; ☎ 024 475035 ; 🕐 10h-18h) au bout de la plage. Le centre comprend aussi un restaurant (plats de 30 Dh à 55 Dh).

L'**Auberge de la Plage** (☎ 024 476600 ; www.kaouki.com ; B&B d 260-390 Dh, avec sdb 360-540 Dh) offre des chambres vastes et lumineuses, dont les murs blancs mettent en valeur les tissus aux tons naturels, mais aussi rouge, bleu et vert. La terrasse, sur le toit, cst magnifique. Repas à la demande (supplément demi-pension 100 Dh).

Il est également possible de louer un bel appartement auprès de **Windy Kaouki** (☎ 024 472279 ; www.wind-y-kaouki.com ; app 650-1 050 Dh). Dans un bâtiment sans attrait vu de l'extérieur, ils sont superbes, avec cheminée et balcon donnant sur la mer. La décoration intérieure est de style marocain rehaussé de touches modernes. Les appartements peuvent accueillir deux ou quatre personnes. Un restaurant sert des plats traditionnels et des pizzas cuites au feu de bois.

Sidi Kaouki est situé à environ 27 km au sud d'Essaouira. Le bus n°5 (6 Dh), qui part de Bab Marrakech toutes les deux heures, vous y conduit.

Côte méditerranéenne et le Rif

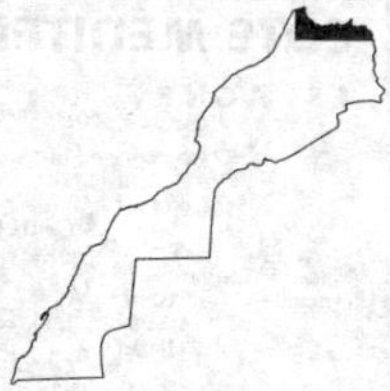

شاطىء البحر المتوسط والريف البحري

Protégé par les escarpements rougeâtres des montagnes du Rif et par les flots de la Méditerranée, le nord du Maroc demeure l'une des régions les moins visitées du pays.

La foule cosmopolite de Tanger, où se mêlent depuis des décennies curieux, voleurs et artistes, a depuis toujours fait office de passerelle entre l'Afrique et l'Europe. Plus à l'est, la côte est une succession de superbes falaises rocheuses ponctuées de criques sableuses et de jolis ports de pêche. Ceuta et Melilla, derniers vestiges de l'Empire espagnol, furent intégrées au protectorat espagnol qui engloba toute la région du Rif, à l'exception de Tanger et de la zone frontalière algérienne, de 1912 à 1956. Encore aujourd'hui, l'influence ibérique imprégne profondément la cuisine, l'architecture et la langue de la région.

À l'intérieur des terres, Tétouan, l'ancienne capitale du protectorat, et la paisible Chefchaouen n'ont pendant longtemps reçu la visite que de rares voyageurs avertis. Désormais, un flot grandissant de touristes sort la région de son anonymat.

Le Rif est un domaine extraordinaire pour les randonneurs, et même les moins expérimentés pourront affronter les crêtes les plus accessibles. Longtemps ignorée du gouvernement de Rabat, la région est aussi le centre de la culture du kif (haschisch). Ces montagnes sont le domaine des rudes tribus berbères, dont l'esprit d'indépendance découragea les Espagnols. En revanche, le voyageur appréciera leur sens proverbial de l'hospitalité.

À NE PAS MANQUER

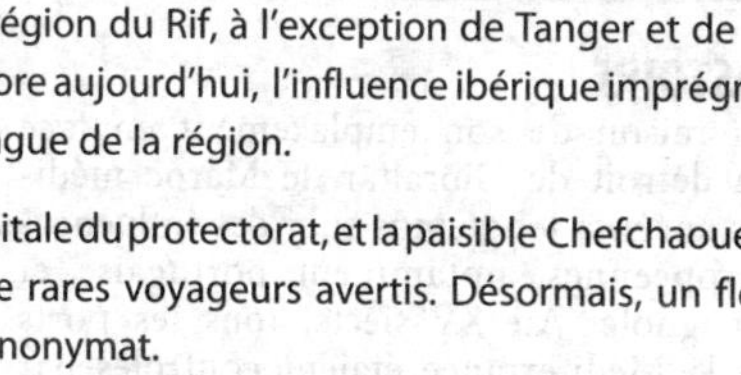

- Les traces d'Henri Matisse, de Paul Bowles et de William Burroughs dans **Tanger** (p. 157) la cosmopolite
- La médina bleue de **Chefchaouen** (p. 191).
- Une randonnée dans le **Rif** (p. 192) pour découvrir ses plus beaux villages
- La médina andalouse de **Tétouan** (p. 183).
  Le soleil au-dessus de l'océan Atlantique, au **cap Spartel** (p. 174)
- Quelques jours au rythme particulier de l'enclave espagnole de **Ceuta** (p. 176)
- Les vergers et les champs de fleurs sauvages des **gorges du Zegzel** (p. 212), dans les monts de Beni-Snassen
- La route côtière jusqu'à l'**Oued Laou** (p. 197), située au sommet d'imposantes falaises qui se jettent directement dans la mer

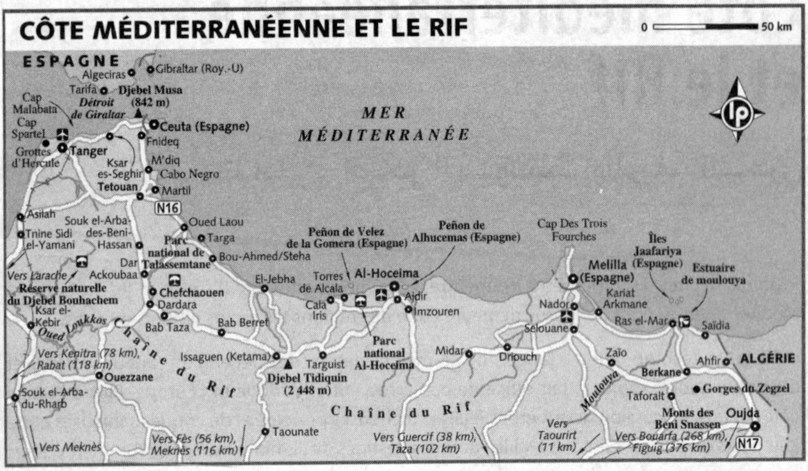

HISTOIRE

En raison de son emplacement en face du détroit de Gibraltar, le Maroc méditerranéen a longtemps subi des influences européennes, notamment portugaise et espagnole. Au XVe siècle, tous les ports de la Méditerranée étaient contrôlés par les Portugais, excepté Melilla, qui était espagnole. Les occupants ibériques furent chassés du Maroc au XVIe siècle, mais pas définitivement.

Au début du XXe siècle, le Maroc fut à nouveau partagé par les puissances européennes, et l'Espagne envoya 90 000 soldats à Melilla. La France et l'Espagne s'accordèrent sur une division territoriale et administrative du Maroc, qui amena à la création d'un protectorat espagnol le long de la côte septentrionale avec, pour capitale, Tétouan. Quant à Tanger, elle devint une zone spéciale sous contrôle international.

Il fallut peu de temps avant que des rébellions tribales ne s'opposent au gouvernement colonial. Durant la guerre du Rif (1921-1926), Abd el-Krim fomenta une révolte berbère, qui s'empara des fortifications espagnoles et faillit expulser les occupants de la région nord. Une action conjointe des forces françaises et espagnoles étouffa la rébellion, mais les Européens ne réussirent jamais à assujettir complètement les fières populations du Rif.

L'Espagne quitta le nord du Maroc en 1956, après des années de mouvements indépendantistes et de soulèvements nationalistes. Les exceptions sont bien sûr les enclaves de Ceuta et de Melilla, sur lesquelles l'Espagne prétend avoir un droit historique. Quoi qu'il en soit, l'ensemble de la région conserve une forte atmosphère espagnole, comme le révèlent les préférences linguistiques (on parle plus fréquemment espagnol que français) les influences culinaires, et l'affluence des touristes espagnols, chaque été.

CLIMAT

Dans cette région côtière montagneuse, le climat est généralement doux, avec une tendance fraîche et humide. La moyenne des températures diurnes varie entre 12°C en hiver et 25°C en été. Il pleut beaucoup plus ici que dans d'autres parties du pays. Le temps peut être couvert et pluvieux pendant des jours et des jours, quand les nuages sont retenus par les montagnes. Seuls les mois d'été – surtout juillet et août – sont secs.

Depuis/vers la côte méditerranéenne

Tanger est, de loin, l'accès le plus commode à cette région, la ville étant reliée à l'Europe par de nombreux ferries. Plusieurs villes de la côte, dont Ceuta, Melilla, Nador et Al-Hoceima, proposent aussi des liaisons en ferry avec l'Espagne. En provenance du sud, Chefchaouen est accessible par la route depuis Fès, Meknès et Rabat.

Comment circuler

Il est relativement difficile de se déplacer le long de la côte méditerranéenne et dans l'arrière-pays. Cette partie du Maroc dispose d'une seule voie ferrée qui relie Tanger aux villes de la côte atlantique. Les routes, qui manquent cruellement d'entretien, serpentent à travers un relief accidenté, et les itinéraires sont toujours plus longs qu'il n'y paraît sur une carte. Pour gagner certaines petites stations balnéaires, il vous faudra patienter jusqu'à ce que les grands taxis qui font la route soient pleins. Vous pouvez aussi louer un véhicule.

OUEST DE LA CÔTE MÉDITERRANÉENNE

شاطىء البحر المتوسط

TANGER طنجة

650 000 habitants

Plus que toute autre ville, Tanger a représenté durant des siècles le point de contact entre le Maroc et le reste du monde. Une multitude d'empires et de royaumes, convoitant sa position stratégique au bord du mince détroit qui sépare l'Afrique de l'Europe, s'en sont tour à tour emparés. Phéniciens, Romains, Wisigoths, Portugais, Britanniques et Espagnols : Tanger les a tous vus venir puis repartir, absorbant un peu de chacun, avant de retourner à ses premières amours, le commerce. Pendant la première moitié du XXe siècle, jusqu'à l'indépendance, elle fut contrôlée conjointement par les puissances occidentales, par le biais d'un conseil international qui favorisa toutes sortes de trafics douteux. Aujourd'hui, Tanger ressemble à une vieille dame désabusée.

Tanger, tant qu'elle jouissait de son statut international, était à la fois une station pour millionnaires et un repaire où se mêlaient artistes, spéculateurs, marginaux et prostituées. D'Elizabeth Taylor à l'écrivain William Burroughs, tous succombaient à l'atmosphère permissive de cette ville où l'argent pouvait tout acheter – et tout le monde.

Lors de son rattachement au Maroc indépendant, la ville connut une mise au pas qui en détourna les non-conformistes et les affairistes, et perdit de son rayonnement. Négligée par le gouvernement, elle devint bientôt un port sinistre livré au trafic de migrants et de drogue. Les quelques touristes qui se risquaient encore à traverser le détroit depuis l'Espagne se heurtaient à des colonies d'escrocs et quittaient précipitamment la ville.

Depuis quelques années, Tanger connaît un renouveau. Le gouvernement de Rabat a consacré des fonds considérables à la relance économique de la région tandis que l'Union européenne finançait d'importantes infrastructures. Les échanges avec l'Europe sont en pleine expansion, et la banlieue de Tanger ressemble de plus en plus à une immense zone industrielle.

Les visiteurs s'aperçoivent rapidement que le commerce est le nerf de la ville. Tout le monde, même le moindre petit vendeur de cigarettes, est en effervescence. Une grande partie des rabatteurs qui ont fait la mauvaise réputation de Tanger ont été chassés, mais la ville n'en est pas encore débarrassée. Ceux qui arrivent en ferry depuis l'Espagne ne doivent pas oublier qu'ils ont changé de continent. Ne vous fiez pas à aux airs cosmopolites qu'affiche Tanger : vous avez bien quitté l'Europe.

Des voyageurs écourtent leur séjour : pourtant, Tanger est une cité agréable à condition de prendre le temps de la découvrir. Les rues sont trépidantes et la vie culturelle animée. Ni marocaine ni européenne, pas même africaine, Tanger défie toutes les classifications : c'est ce qui fait son charme.

Histoire

Emplacement stratégique commandant l'accès au détroit de Gibraltar, le site de Tanger fut convoité pendant des millénaires et son port fut l'un des plus disputés de la Méditerranée. Les Phéniciens et les Grecs y établirent un comptoir de commerce.

Les débuts de la ville se perdent dans les mythes. Le paradis terrestre, le jardin des Hespérides, est censé se trouver à proximité. C'est là, d'après la légende, qu'Hercule étouffa le géant Antée et conçut un enfant, Sophax, avec sa veuve, Tinga, qui donna le nom originel de la ville, Tingis.

On sait peu de choses de l'histoire antique de Tanger. Elle fut un temps la capitale de la province romaine de Maurétanie (sous le nom de Tingitana), avant d'être attaquée, en 429, par les Vandales venus d'Espagne. Aucun témoignage ne permet de dire si ces derniers l'occupèrent ou non. Les Byzantins

PAUL BOWLES À TANGER

Paul Bowles est certainement le plus célèbre des auteurs étrangers à avoir habité au Maroc et à l'avoir décrit. Américain d'origine, cet auteur respecté est mort à Tanger en 1999 à l'âge de 88 ans. Plus que quiconque, il a contribué à faire connaître les écrivains marocains aux lecteurs anglophones.

Né à New York en 1910, Bowles quitte l'école sans projet particulier. Il commence par voyager en Europe où il rencontre des artistes et des intellectuels influents. En 1931, il séjourne brièvement à Tanger – voyage dont l'impact s'avérera considérable par la suite. Bowles consacre les 15 années suivantes à la composition musicale et à la critique. En 1938, il épouse Jane Sydney Auer, avec qui il ne formera jamais un couple conventionnel – lui bisexuel, elle, lesbienne militante.

Après la Seconde Guerre mondiale, Paul retourne avec Jane à Tanger, qu'il appelera désormais sa maison jusqu'à la fin de sa vie. Ici, il se retrouve au centre d'un cercle de créateurs actifs, dont Allen Ginsberg et William Burroughs. Il se remet à l'écriture.

Pendant les années 1950, Bowles entreprend d'enregistrer, de transcrire et de traduire des écrivains marocains, en particulier Driss ben Hamed Charhaki (également connu sous le pseudonyme de Larbi Layachi) et Mohammed Mrabet. Très tôt, il enregistre aussi la musique traditionnelle marocaine.

Porté à l'écran par Bernardo Bertolucci en 1990, son roman le plus célèbre, *Un thé au Sahara* (1949), raconte l'histoire triste et émouvante d'un couple d'Américains à la dérive qui débarque en Afrique du Nord à la fin de la Seconde Guerre mondiale et tente de se réconcilier. Parmi ses autres œuvres, *Après toi le déluge* (1952), prend Tanger pour décor ; *La Maison de l'araignée*, se déroule à Fès dans les années 1950 ; quant à *Leurs mains sont bleues* (1963) et *Des aires du temps* (1982), ils rassemblent de passionnants récits de voyage.

L'écriture de Bowles prend souvent une tournure sombre, parfois même brutale. Son autobiographie, *Journal tangérois*, fait la lumière sur certains passages obscurs de sa vie.

s'intéressèrent à son port mais lui préférèrent le site de Ceuta, qu'ils fortifièrent.

Les Arabes arrivèrent en 705. Une fois leur suprématie établie sur les tribus berbères locales, Tanger passa de main en main pour tomber, finalement, dans celles des Almohades, en 1149.

C'est seulement en 1471, après un premier échec, que les Portugais s'emparèrent de Tanger, qu'ils cédèrent aux Britanniques 200 ans plus tard comme cadeau de mariage à Charles II. Le chroniqueur anglais Samuel Pepys y travailla brièvement et qualifia Tanger d'"excroissance de la terre", expression devenue célèbre.

Moulay Ismaïl assiégea la cité en 1679, contraignant les Britanniques à l'abandonner, non sans avoir au préalable détruit le port et une grande partie de l'agglomération. Les Marocains gardèrent le contrôle de Tanger jusqu'au milieu du XIXe siècle.

À cette époque, l'Afrique du Nord intéressa à nouveau les puissances européennes qui finirent par s'emparer du Maroc au début du XXe siècle. Tandis que le reste du pays était partagé entre la France et l'Espagne, la position stratégique de Tanger entraîna d'âpres négociations et la ville fut finalement déclarée "zone internationale". Officiellement gouvernée par un représentant du sultan du Maroc, la ville était en fait contrôlée par des représentants diplomatiques de France, d'Espagne, d'Angleterre, du Portugal, de Suède, de Hollande, de Belgique, d'Italie et des États-Unis.

Chacun des pays présents à Tanger avait son propre système bancaire et postal, ainsi que sa propre devise. Les banques, en particulier, firent fortune en spéculant sur les marchés des changes. Seul le contrôle de la police de la ville était commun aux puissances étrangères.

Ce statut particulier attira à Tanger un flot de contrebandiers, d'hédonistes, d'exilés, de pédophiles, et d'homosexuels séduits par la liberté des mœurs. L'afflux de riches Occidentaux en fit l'une des stations les plus en vue de la Méditerranée, et artistes et écrivains vinrent y chercher inspiration et drogues bon marché.

Les écrivains américains de la Beat generation restent ainsi associés à Tanger. Allen Ginsberg et Jack Kerouac s'y rendirent, et William Burroughs, qui y vécut l'essentiel des années 1950, baptisa "Interzone" cette ville où tout était permis. De même, Paul Bowles fut l'un des plus célèbres résidents étrangers de Tanger (voir encadré, ci-contre).

Tanger ne resta une zone internationale que quelques mois après l'indépendance du Maroc, en 1956, lorsqu'elle fut réunifiée au reste du pays. Elle garda certains de ses avantages durant quelques années, puis, dans les années 1960, les autorités marocaines fermèrent brutalement les maisons closes et les bars gays. Dans le port industriel qu'est Tanger aujourd'hui demeurent quelques traces de ce passé sulfureux.

Orientation

La petite médina de Tanger occupe la colline au nord-est de la ville, alors que la ville nouvelle s'étend vers l'ouest, le sud et le sud-est. La place du Grand Socco (officiellement rebaptisée place du 9 avril 1947) fait le lien entre la médina et la ville nouvelle. La rue as-Siaghin part du nord-est du Grand Socco, pour mener à une modeste place de la médina, le Petit Socco (également connue sous le nom de Socco Chico et officiellement appelée place Souk ad-Dakhil).

Depuis le Petit Socco, en quittant la médina par la porte sud, on arrive près de l'extrémité de l'avenue d'Espagne. La gare des bus CTM se trouve à proximité, près de l'entrée du port. Le terminal du ferry est situé 500 m plus loin.

À 300 mètres au sud du Grand Socco, la place de France, le boulevard Pasteur et l'extrémité nord du boulevard Mohammed V forment le cœur de la ville nouvelle, où sont regroupés la poste principale, les banques et nombre de restaurants, bars et hôtels. La gare routière et la station des grands taxis sont à 1,5 km plus au sud, sur la place

EN QUÊTE D'UNE VIE MEILLEURE

Chaque année, les autorités espagnoles interceptent plus de 20 000 immigrés clandestins tentant de gagner l'Espagne par la mer. Beaucoup sont marocains, mais la plupart arrivent du sud du Sahara, dans l'espoir de se rendre en Europe. Les Marocains appréhendés sont en général reconduits dans leur pays mais ce n'est pas toujours le cas des autres candidats à l'immigration. Lorsque ni leur nationalité ni leur identité ne peuvent être prouvées, les autorités espagnoles sont obligées de les relâcher et ils vont grossir les rangs des travailleurs non déclarés.

Désormais, trouver une chambre dans les hôtels les moins chers de Tanger, Casablanca et Rabat relève du parcours du combattant parce qu'ils sont occupés la plupart du temps par des immigrés d'Afrique de l'Ouest qui attendent une opportunité pour partir en Europe, leur Terre promise.

La traversée du détroit de Gibraltar s'effectue le plus souvent dans de puissants zodiacs. Il s'agit alors de couper l'une des routes maritimes les plus fréquentées au monde, avec les risques que l'on imagine. Sous la pression espagnole, les autorités marocaines ont presque rendu impossible cette traversée. De nombreux Africains de l'Ouest ont alors tourné leurs espoirs vers les vulnérables enclaves de Ceuta et Melilla. Fin 2005, plusieurs centaines d'entre eux ont pris d'assaut les clôtures qui entourent ces enclaves. Les soldats marocains chargés de la surveillance de ces frontières sont intervenus avec une rare violence (il y eut plusieurs morts) et ont arrêté quelque 500 migrants qui ont été abandonnés aux portes du désert. Depuis, les clôtures ont été renforcées et surélevées (elles atteignent désormais 6 m).

La forte volonté des autorités marocaines de ne plus tolérer le passage sur son territoire des candidats à l'immigration, a conduit ces derniers à changer leur plan pour gagner l'Europe. Maintenant, c'est sur des pirogues surchargées qu'ils tentent de rallier les Canaries à partir de la Mauritanie. Près d'un millier d'entre eux se seraient déjà noyés lors de ce périlleux voyage.

Le trafic d'êtres humains est aujourd'hui une activité des plus lucratives qui ne marque aucun signe d'essoufflement. Du Petit Socco, au cœur de Tanger, à Nouâdhibou en Mauritanie, ils sont encore des milliers à placer leurs espoirs dans cette dangereuse traversée. Beaucoup sont dans l'incapacité de réunir les sommes que les trafiquants exigent pour leur faire gagner l'Europe. Ils acceptent donc, pour payer leur dette, d'être réduit à une condition qui ressemble fort à celle d'esclave, une fois arrivés à bon port. En raison de la crise profonde que connaissent les pays subsahariens depuis des années, une partie de la population ne parvient plus à placer d'espoir ailleurs que dans la fuite, et la situation risque de ne pas s'améliorer de sitôt.

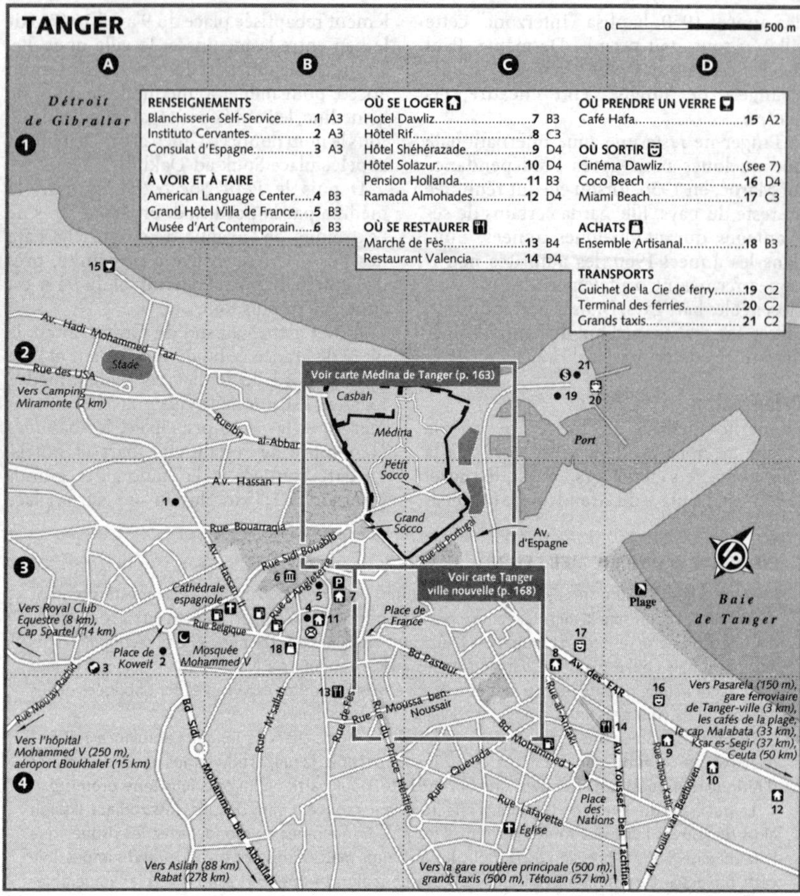

Jamia el-Arabia, à l'intersection de la rue du Prince Héritier et de l'avenue Louis van Beethoven.

L'avenue des FAR s'étire le long de la côte depuis la médina en direction du sud-est. Des hôtels, des cafés et des discothèques jalonnent ce parcours qui domine la baie de Tanger. La gare Tanger Ville est située à proximité de cette rue, vers le sud-est.

Renseignements

ACCÈS INTERNET

Cyber Café Adam (carte p. 168 ; rue ibn Rochd ; 10 Dh/h ; 9h30-3h30). En plus des ordinateurs, on sert ici des boissons fraîches ou chaudes.

Espace Net (carte p. 168 ; 16 av. du Mexique ; 10 Dh/h ; 9h30-24h)

Maroc Telecom Internet (carte p. 168 ; angle bd Pasteur et rue du Prince Moulay Abdallah ; 10 Dh/h ; 9h-24h). Internet à l'étage.

Pigier Internet (carte p. 168 ; angle rue Khalid ibn Qualid et bd Pasteur ; 10 Dh/h ; 10h-22h)

AGENCES DE VOYAGES

Toutes ces agences vendent des billets de ferry ou d'avion.

Carlson Wagonlit (carte p. 168 ; ☎ 039 331024 ; 91 rue de la Liberté)

Hispamaroc (carte p. 168 ; ☎ 039 932178 ; hispamaroc@mamnet.net.ma ; 2 rue el-Jabha el-Ouatania)

Med Travel (carte p. 168 ; ☎ 039 935875 ; fax 039 932118 ; 3 rue ibn Rochd)

Voyages Schwartz (carte p. 168 ; ☎ 039 374837 ; fax 039 930159 ; 54 bd Pasteur). Agent Amex.

ARGENT

Quantité de banques avec DAB et bureaux de change jalonnent les boulevards Pasteur et Mohammed V. En dehors des heures d'ouverture, essayez les bureaux de change des grands hôtels.

Banque marocaine du commerce extérieur (BMCE ; carte p. 168 ; bd Pasteur ; 9h-13h et 15h-19h lun-ven, 10h-13h et 16h-19h sam-dim). Une parmi beaucoup d'autres sur cette partie du boulevard.

CENTRES CULTURELS

Galerie Delacroix (carte p. 168 ; 86 rue de la Liberté ; gratuit ; 10h-13h et 16h-21h mar-dim). Galerie d'art contemporain gérée par l'Institut français.

Institut français (carte p. 168 ; 039 941054 ; info@iftanger.ma ; 41 rue Hassan ibn Ouazzane ; 8h30-12h et 14h30-19h mar-sam). Il programme films, concerts, pièces de théâtre et autres événements culturels.

Instituto Cervantes (carte p. 160 ; 039 932001 ; www.tanger.cervantes.es en arabe et espagnol ; 99 bd Sidi Mohammed ben Abdallah ; 10h-13h et 15h-19h30 lun-ven, 10h-13h sam). Bibliothèque espagnole dotée d'un fonds de documents sur Tanger.

CONSIGNE

Consigne (carte p. 163 ; angle rue Dar Dhagh et rue du Portugal). Pratique pour laisser vos bagages toute la journée. À l'entrée sud-est de la médina.

LAVERIES

Blanchisserie Self-Service (carte p. 160 ; 99 av. Hassan II)

Pressing Détroit (carte p. 168 ; 10 rue el-Jarraoui)

LIBRAIRIE

Librairie des Colonnes (carte p. 168 ; 039 936955 ; 54 bd Pasteur). La meilleure librairie de Tanger propose des livres dans différentes langues.

OFFICES DU TOURISME

ONMT (Délégation régionale du tourisme ; carte p. 168 ; 039 948050 ; fax 039 948661 ; 29 bd Pasteur ; 8h30-12h et 14h30-18h30 lun-ven)

POSTE

Bureau de poste principal (carte p. 168 ; bd Mohammed V). Adressez-vous au guichet le plus à droite pour la poste restante. L'entrée du service des colis est située sur le côté sud du bâtiment.

SERVICES MÉDICAUX

Clinique du Croissant Rouge (carte p. 168 ; 039 946976 ; 6 rue al-Mansour Dahabi)

Hôpital Mohammed V (039 930856 ; rue du Val Fleuri). Sur la route de l'aéroport.

Pharmacie Anegax (carte p. 163 ; rue as-Siaghin)

Pharmacie El Yousr (carte p. 163 ; av. Mohammed V)

URGENCES

Service des urgences (039 373737 ; 24h/24)

Dangers et désagréments

Tanger est moins dangereuse qu'à l'époque de l'Interzone, mais de trop nombreux escrocs et voleurs à la tire alimentent encore la mauvaise réputation de la ville. Rabatteurs et faux guides, pressés de soutirer leur argent aux touristes venus en excursion depuis l'Espagne, peuvent se montrer insistants. La situation s'est améliorée ces dernières années, mais mieux vaut demeurer sur ses gardes. Les femmes seules se font souvent importuner après 22h et doivent éviter le quartier du port après le coucher du soleil. Quant aux hommes, ils se verront peut-être proposer du haschisch par de jeunes gens à la mine patibulaire. En cas de problème avec un marchand, un faux guide ou tout autre individu, contactez la **brigade touristique** (carte p. 163 ; av. des FAR, port de Tanger).

ARRIVÉE EN BATEAU

Les hordes de rabatteurs qui fondaient sur les voyageurs dans le port de Tanger ont plus ou moins disparu, mais attendez-vous à être accueilli par des "guides" polyglottes qui vous sembleront pénibles si c'est votre première visite au Maroc (ou hors d'Europe). La meilleure façon de s'en débarrasser est de prendre un air blasé et de décliner poliment l'offre en prétendant déjà connaître la ville. L'opération sera facilitée si vous connaissez votre destination exacte : vous pourrez ainsi sauter dans un taxi. Le trajet jusqu'au centre-ville coûte environ 10 Dh en petit taxi et 30 Dh en grand taxi (à diviser par le nombre de passagers). Pensez à changer de l'argent sur le bateau pour pouvoir payer la course. Débarquer dans un endroit inconnu lorsqu'il fait nuit pose toujours davantage de difficultés. Essayez par conséquent d'arriver dans la journée et, surtout, muni d'une bonne dose d'humour.

DÉPART EN BATEAU

Si vous vous rendez au port à pied pour prendre le ferry, vous serez abordé par une nuée de rabatteurs cherchant à vous attirer vers l'une ou l'autre des nombreuses billetteries et agences de voyagess de l'avenue d'Espagne. Pour limiter les désagréments, achetez votre billet à l'avance ou prenez un taxi jusqu'au bâtiment d'accès au port. Surtout, n'oubliez pas de demander un formulaire de sortie du territoire en même temps que votre billet. Les scribes qui les distribuent au port attendent un pourboire pour leur "aide" à remplir ce formulaire. Comptez au moins 90 min avant le départ du bateau pour prendre vos billets et franchir le contrôle des passeports.

ESCROQUERIE

L'imagination des escrocs de Tanger est inépuisable. Vous serez peut-être interpellé par des Marocains affirmant vous avoir déjà rencontré la veille à Algésiras ou sur le ferry. Leur but est généralement de vous attirer dans la boutique ou l'hôtel de leur cousin. La tactique est la même dans le train en provenance de Tanger : des prétendus étudiants tentent de vous vendre une nuit d'hôtel à Fès ou Marrakech. Dans le train, des voyageurs ont aussi été victimes d'escroqueries impliquant plusieurs complices. Un homme, amical et bien vêtu, vous tire d'un mauvais pas avec un inconnu agressif. En fait, ils travaillent ensemble : ayant gagné votre confiance, votre "sauveur" essaie de vous attirer dans son village authentique, dans une fête berbère ou dans un hôtel bon marché. N'acceptez en aucun cas de descendre du train à Asilah, qui est très souvent leur point de chute.

À voir

MÉDINA

On accède à la **médina** (carte p. 163) par le **Grand Socco**. Il fut un temps où l'endroit était aussi bruissant d'activité que la place Djemaa el-Fna à Marrakech. Son nom officiel de place du 9 avril 1947 commémore le ralliement de Mohammed V à la cause de l'indépendance du Maroc. Au moment de la rédaction de ce guide, la place était en reconstruction, et en voie d'embourgeoisement. Il est difficile de savoir à quoi elle ressemblera demain. Nous espérons que les travaux auront au moins le mérite de réguler la circulation anarchique.

De là, on emprunte la rue Semmarine qui entre dans la médina par une porte où se pressent des vendeuses de fruits et de légumes originaires du Rif. Vous voilà dans la rue as-Siaghin. Jadis se tenait ici le principal marché de l'or de Tanger (il reste encore quelques bijoutiers). Au sud se trouvait le mellah (l'ancien quartier juif).

En descendant la colline, vous verrez sur votre droite l'**église de l'Immaculée Conception**, construite en 1880 par les Espagnols, à l'époque où ils représentaient un cinquième de la population de la ville. Quelques portes plus loin, au n°41, se dresse l'ancienne **résidence du représentant du sultan** (*naib*), qui, jusqu'en 1923, servit d'intermédiaire entre le chef marocain et les légations européennes. Le bâtiment dissimule une petite cour plantée d'orangers. Autre vestige de l'époque de la "zone internationale", un mur à proximité arbore une immense plaque où est inscrit "British Bank of West Africa". Continuez à descendre en direction du Petit Socco.

Le temps n'est plus où William S. Burroughs pouvait décrire avec délectation les activités interlopes des jeunes gens autour du **Petit Socco**. Désormais, cette petite place animée est idéale pour se prélasser devant un thé à la menthe, observer la foule et imaginer le passé truculent de la cité. Mais encore aujourd'hui, il n'est pas rare que l'on vous susurre à l'oreille : "Quelque chose de spécial, mon ami ?", et plusieurs des pensions bon marché donnant sur la place font aussi fonction de maisons de passe.

Du Petit Socco, la rue Jemaa el-Kebir (ex-rue de la Marine) se dirige vers l'est au-delà de la **grande mosquée**. Elle fut construite, dit-on, sur un emplacement occupé par un temple romain puis par une église portugaise. Un peu plus loin, vous atteignez un **point de vue panoramique** sur le port.

De retour au Petit Socco, la rue des Almohades (ancienne rue des Chrétiens) vous fait passer devant d'actifs boutiquiers, et vous conduit vers le nord, jusqu'à la rue M. Torres. De là, empruntez les artères plus larges et continuez à monter pour accéder au petit édifice à coupole blanche contenant le **tombeau de Sidi Hosni**. Non loin se trouve le **palais Sidi Hosni**.

CASBAH

La **casbah** (carte p. 163) se cache sur les hauteurs de la ville, derrière de solides murailles. En venant de la médina, on y pénètre par Bab el-Aassa, la porte sud-est, qui débouche sur le **musée Dar el-Makhzen** (☎ 039 932097 ;

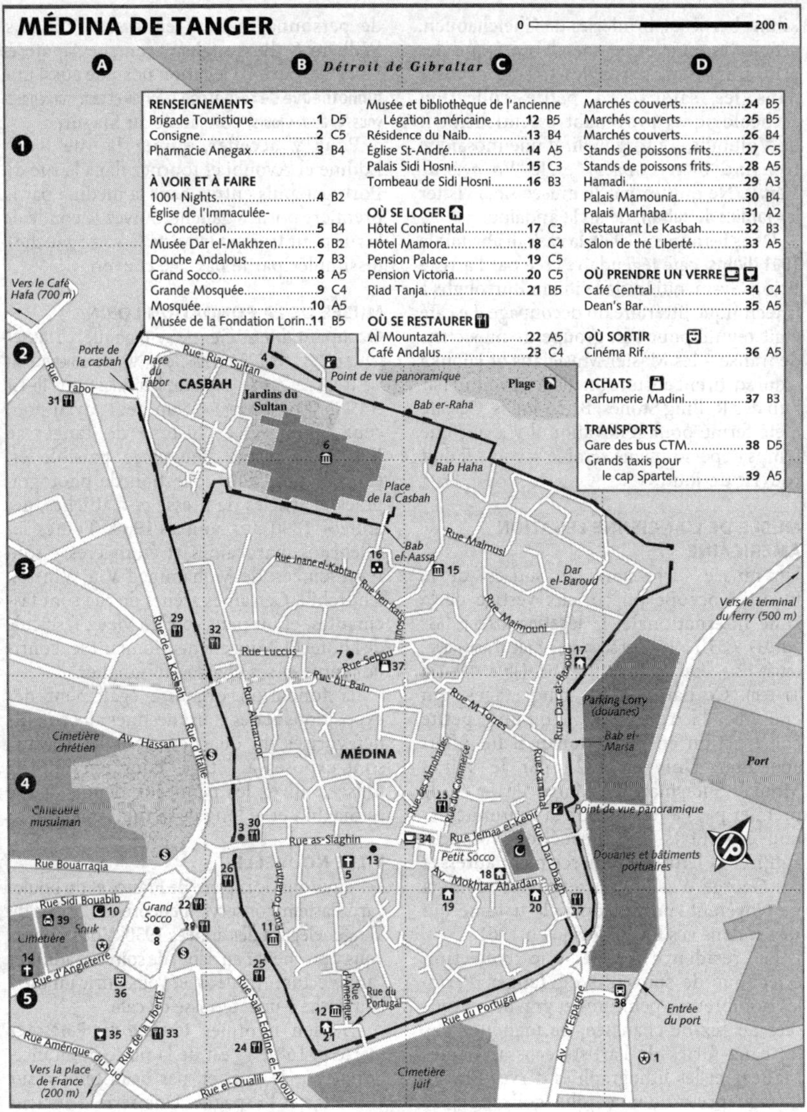

10 Dh ; 9h-12h30 et 15h-17h30 mer-lun, fermé ven après-midi), qui occupe l'ancien palais du sultan. Ses collections intéressantes sont consacrées aux arts marocains.

Construit par Moulay Ismaïl au XVIIe siècle, le palais fut agrandi par ses successeurs, dont Moulay Hafid, qui y vécut jusqu'en 1912 en compagnie de ses quatre épouses et de 40 concubines. Les appartements privés, qui s'ouvrent sur un patio, sont superbement décorés – plafonds et portes en bois sculpté et murs couverts de zelliges (carreaux de céramique) et de muqarnas (stucs).

Des objets artisanaux marocains, tels qu'instruments de musique, poteries de Fès, kilims berbères, broderies de Chefchaouen, articles en cuir et en métal, ainsi que des armes, figurent parmi les trésors exposés dans les salons. La petite collection archéologique, provenant essentiellement de Volubilis, s'enorgueillit d'une mosaïque romaine bien conservée, le *Voyage de Vénus*. Ne quittez pas le musée sans visiter les **jardins du sultan**, de style andalou.

Dans les années 1950, la casbah abritait le **1001 Nights**, café légendaire créé par l'artiste Brion Gysin, qui initia William Burroughs à la technique littéraire du découpage. Le café était réputé pour son groupe de musiciens de transe – les Master Musicians of Jajouka – qui sortirent ensuite un disque produit par l'un des Rolling Stones, Brian Jones. Ce café a été fermé pour rénovation il y a quelque temps et personne ne semble savoir s'il doit rouvrir un jour.

MUSÉE DE L'ANCIENNE LÉGATION AMÉRICAINE

Un musée surprenant, au sud-est de la médina, occupe un curieux vestige de la zone internationale, la **légation** (carte p. 163 ; ☎ 039 935317 ; www.legation.org ; 8 rue d'Amérique ; entrée libre, dons bienvenus ; 🕑 10h-13h et 15h-17h lun-ven). Ce bâtiment de cinq étages, qui enjambe la rue, n'était qu'une petite construction en pierre lorsqu'il fut offert aux États-Unis en 1821 par le sultan Moulay Suleyman. Le Maroc ayant été le premier pays à reconnaître la légitimité des nouveaux États-Unis d'Amérique (on peut admirer la lettre de remerciement adressée par George Washington au sultan), ceux-ci y envoyèrent une mission diplomatique, qui siégea dans ces locaux jusqu'en 1961.

La résidence recèle une collection éclectique de souvenirs de Tanger. Parmi les nombreuses peintures et gravures exposées au rez-de-chaussée, ne manquez pas les eaux-fortes de l'artiste écossais James McBeay et les lithographies d'Yves Brayer. L'étage présente une jolie collection de vieilles cartes et quelques curiosités : dans une lettre hilarante, le consul des États-Unis raconte avoir reçu pour cadeau, en 1839, un lion de la part du sultan ; dans une autre, tragique, il demande à tous les consuls étrangers de mettre leur drapeau en berne après l'assassinat d'Abraham Lincoln.

Une salle consacrée à Paul Bowles et à la Beat generation présente des photos de personnages tels Tennessee Williams, William S. Burroughs, Truman Capote et Noel Coward. La légation possède aussi une **bibliothèque de recherche** (🕑 jeu et sam, sur rendez-vous les autres jours) consacrée au Maghreb.

Pour y accéder, suivez la rue Salah Eddine el-Ayoubi et tournez dans la rue du Portugal, puis entrez dans la médina par la première porte à gauche. Suivez le coude de la rue pour trouver la porte (à votre gauche), dissimulée par le passage couvert.

MUSÉE DE LA FONDATION LORIN

Occupant une ancienne synagogue, ce **musée** (carte p. 163 ; ☎ 039 930306 ; lorin@wanadoo.net.ma ; 44 rue Touahine ; entrée libre, dons bienvenus ; 🕑 11h-13h et 15h30-19h30 dim-ven) est un petit joyau pour ceux qu'intéresse l'histoire de Tanger au XXe siècle. Dans une pièce paisible est exposée une belle collection de photographies, d'articles de presse et d'affiches, des années 1890 aux années 1960. Toutes les célébrités marocaines et étrangères y sont représentées, de Mohammed V à Winston Churchill. Certaines scènes de rue sont fascinantes, et on peut voir un vieux fascicule de l'hôtel El-Minzah mentionnant ses courts de tennis et ses chasses au sanglier.

La fondation organise également des expositions et des cours destinés aux enfants défavorisés du quartier, dont les travaux sont exposés à l'étage. Pour rejoindre le musée, suivez les panneaux depuis la rue as-Siaghin et le long de la rue Touahine.

VILLE NOUVELLE

Les environs de la place de France et du boulevard Pasteur conservent encore des bribes du Tanger élégant des années 1930. Vous pouvez vous y promener en début de soirée et admirer l'architecture Art déco, et vous offrir un thé à la menthe à une terrasse de café.

La bien nommée **terrasse des Paresseux** (carte p. 168), à l'est de la place de France, donne sur le port et, par beau temps, sur Gibraltar et l'Espagne. Une série d'anciens canons postés face à la baie décourage symboliquement les envahisseurs.

Plus bas, dans une rue transversale partant de la rue Salah Eddine el-Ayoubi, se dresse le **Gran Teatro de Cervantes** (carte p. 168), témoignage de l'époque où les Espagnols constituaient la plus importante communauté étrangère à Tanger. Inauguré en 1913, il fit les belles heures de l'entre-deux-guerres. Vous apprécierez son étonnante façade Art déco, mais le bâtiment en lui-même a connu des jours meilleurs.

Au nord de la place de France, en bas de la rue de la Liberté, vous découvrirez le **Grand Hôtel Villa de France** (carte p. 160), désaffecté et fort délabré. Lorsque le peintre Eugène Delacroix y séjourna, en 1832, il s'agissait d'un véritable palace. Son compatriote Henri Matisse (voir l'encadré ci-dessous) y résida également au début des années 1900.

ÉGLISE ST ANDREW

Tanger comptait déjà une petite église anglaise dans les années 1660, lorsque les Anglais occupèrent la cité, durant une vingtaine d'années. L'actuelle église **St Andrew** (carte p. 163 ; rue d'Angleterre ; entrée libre, dons bienvenus ; 9h30-12h30 et 14h30-18h ; messes 8h30 mer et dim, 11h dim) fut édifiée en 1894 sur un terrain donné par le sultan Moulay al-Hassan et consacrée en 1905. Vous vous remémorerez peut-être en la voyant le tableau qu'en fit Matisse (dont une copie est exposée à l'intérieur). L'église est un superbe édifice blanc anglo-mauresque, doté d'un plafond en cèdre sculpté. Un *Notre Père* est inscrit en arabe autour de l'arche du chœur. Le gardien devra peut-être vous ouvrir la porte ; il assure aussi une visite guidée pleine d'enthousiasme.

D'après la légende, la grande mosquée de Tanger aurait été bâtie après qu'un riche cheikh arabe qui naviguait au large de la ville, eut été choqué de voir la flèche de St Andrew dépasser tous les minarets. La flèche est donc aujourd'hui moins haute que le nouveau minaret.

MUSÉE D'ART CONTEMPORAIN

Occupant l'ancien consulat britannique, ce **musée d'Art contemporain** (carte p. 160 ; 2 rue d'Angleterre ; 10 Dh ; 9h-11h30 et 15h-18h mer-lun) présente des exemples d'art marocain, principalement des années 1980 et du début des années 1990. L'islam prohibe l'art figuratif, si bien que les œuvres sont majoritairement abstraites. Les œuvres chatoyantes de Fatima Hassan et celles d'inspiration africaine de Mohammed Hamid sont particulièrement intéressantes.

PLAGES

Les plages de Tanger conviennent pour une promenade en bord de mer ou un apéritif vespéral, mais non pour nager ou pratiquer le surf. Si vous commencez à vous lasser de la frénésie de Tanger, vous pourrez ici vous décontracter. Le sable, propre malgré la proximité de la ville, attire les bronzeurs, les jeunes amateurs de football et les amoureux. Les week-ends et en soirée, les plages se transforment souvent en terrains de football. Les bars qui jalonnent le bord de mer peuvent s'avérer distrayants. Derrière sont installées des cabines pour se changer, des douches et des chaises longues. La population homosexuelle européenne, aujourd'hui très réduite, fréquente toujours certains bars. Il est déconseillé aux femmes de se dévêtir pour prendre le soleil. En outre, des promeneurs ont été victimes d'agressions après la tombée de la nuit.

LE PARADIS DU PEINTRE

Henri Matisse (1869-1954), chef de file du mouvement des fauves initié au début du XXe siècle, est sans doute le plus célèbre des nombreux artistes ayant séjourné à Tanger. Ses deux visites, au printemps 1912 et l'hiver suivant, eurent sur son travail un profond impact et il qualifia d'ailleurs la ville de "paradis du peintre".

Inspiré par la luminosité de l'Afrique du Nord, la couleur et l'harmonie de l'art populaire marocain, Matisse réalisa sur place une vingtaine de toiles et des dizaines d'esquisses où s'exprime le style de sa maturité : lignes franches et abstraites, formes en deux dimensions, couleurs primaires et expressives sans souci de réalisme.

L'observation de la médina lui fournit des thèmes de tableaux. Il produisit ainsi plusieurs portraits marquants de Zohra, une prostituée locale, et une superbe peinture représentant une robuste femme du Rif assise en tailleur sur fond de ciel d'azur.

Les paysages tangérois constituent cependant son œuvre maîtresse, en particulier la *Vue sur la baie de Tanger* et *La Porte de la casbah*, assez sobres sur le plan chromatique. Un bleu méditerranéen éclatant domine toutefois le *Paysage vu d'une fenêtre* (celle de la chambre de l'artiste au Grand Hôtel Villa de France), qui embrasse l'église St Andrew, avec son clocher carré, et la casbah au-delà.

À faire

HAMMAMS

Douche Andalous (carte p. 163 ; rue Sebou ; 8 Dh ; 9h-23h). Hammam traditionnel réservé aux femmes.

El Minzah Wellness (carte p. 168 ; ☎ 039 935885 ; www.elminzah.com ; 85 rue de la Liberté ; 150 Dh). Établissement thermal de luxe proposant également salles de gym, sauna et jacuzzi, ainsi que divers massages et soins thérapeutiques.

ÉQUITATION

Sur la route menant au cap Spartel, le **Royal Club Équestre** (☎ 039 934384 ; rte Boubana Tanger ; 110 Dh/h ; 8h-12h et 14h-18h, fermé lun) s'étend au milieu de collines boisées qu'il fait bon explorer à cheval. Les cavaliers doivent tous être accompagnés d'un guide (ses services sont inclus dans le prix de location d'un cheval).

Cours

Institut français (carte p. 168 ; ☎ 039 941054 ; www.iftanger.ma ; 41 rue Hassan ibn Ouazzane). Cours de langue pouvant durer un semestre.

Fêtes et festivals

Le journal *Les Nouvelles du Nord* ainsi que le site www.maghrebarts.ma répertorient les sorties.

Salon du livre (carte p. 168 ; ☎ 039 941054 ; Institut français, 41 rue Hassan ibn Ouazzane). En janvier, avec la participation d'écrivains marocains, et d'auteurs étrangers ayant écrit sur le Maroc.

Festival international de théâtre amateur (☎ 039 930306). Au mois de mai, des troupes arabophones et francophones se produisent pendant toute une semaine au Cinéma Rif (carte p. 163), dans le Grand Socco.

TANJAzz (☎ 039 930306 ; www.tanjazz.com). Ce festival, organisé généralement la dernière semaine de mai, jouit d'une immense popularité. Il accueille des musiciens de jazz renommés.

Où se loger

Vous aurez l'embarras du choix. La plupart des établissements à petits prix sont regroupés autour de la médina et près de l'entrée du port. Visitez-en plusieurs avant de choisir car si tous sont peu chers, certains sont plus accueillants que d'autres. Outre les adresses mentionnées ci-dessous, vous trouverez de nombreuses pensions dans les rues autour de l'avenue Mokhtar Ahardan et les ruelles qui montent de l'Hôtel Biarritz. Les hôtels haut de gamme pratiquent souvent des réductions en dehors des mois d'été.

MÉDINA

Petits budgets

À quelques exceptions près, les hôtels de la médina sont extrêmement rudimentaires, et ne proposent guère mieux qu'un lit et une sdb commune (toilettes à la turque), parfois avec eau chaude en supplément.

Hôtel Continental (carte p. 163 ; ☎ 039 931024 ; hcontinental@iam.net.ma ; 36 rue Dar el-Baroud ; s/d petit-déj inclus 310/396 Dh). L'Hôtel Continental est une véritable institution, et vous ne trouverez pas mieux dans la médina. Dominant le port, dans un décor délicieusement excentrique, les chambres de bonne taille comportent sdb et TV. L'hôtel étant bondé l'été, il faut réserver. Malgré le prix prohibitif des boissons, la terrasse offre une vue superbe. On se croirait dans un roman de Paul Bowles (certaines scènes de *Un thé au Sahara* ont été tournées ici).

Pension Victoria (carte p. 163 ; ☎ 039 931299 ; 22 av. Mokhtar Ahardan ; s/d 50/100 Dh). L'endroit est poussiéreux et défraîchi, mais convenable pour le prix. La plupart des chambres donnent sur une cour intérieure calme. Quelques-unes ont vue sur la mer, ce qui est encore mieux. Douche chaude 10 Dh. L'hôtel jouxte un restaurant correct.

Hôtel Mamora (carte p. 163 ; ☎ 039 934105 ; 19 av. Mokhtar Ahardan ; s/d à partir de 225/255 Dh). Les sdb privatives et les chambres de bonne qualité de cet établissement bien tenu offrent un certain confort. Si la vue des chambres surplombant le toit de tuiles vertes de la grande mosquée est séduisante, n'oubliez pas que le muezzin est matinal.

Pension Palace (carte p. 163 ; ☎ 039 936128 ; 2 av. Mokhtar Aharden ; s/d 50/100 Dh, d avec douche 120 Dh). Près du Petit Socco, cette pension n'a rien d'un palace. Les chambres sont sommaires, des douches chaudes devraient faire leur apparition, mais les sièges des toilettes laissent à désirer. La cour verdoyante lui confère un petit cachet.

VILLE NOUVELLE

Petits budgets

Les hôtels et pensions de la rue Salah Eddine el-Ayoubi et de l'avenue d'Espagne offrent un confort supérieur à celui des établissements bon marché de la médina. Le quartier est parfois mal fréquenté la nuit ; évitez de vous y promener si vous êtes seule.

Hôtel Biarritz (carte p. 168 ; ☎ 039 932473 ; 102-104 av. d'Espagne ; s/d 150/200 Dh). Malgré leur âge, les chambres (certaines avec balcon) sont toutes assez confortables, équipées de douches et joliment meublées. L'escalier carrelé de 1940, le bar et le restaurant ajoutent un certain charme.

Hôtel el-Muniria (carte p. 168 ; ☎ 039 935337 ; 1 rue Magellan ; s/d 130/150 Dh). Lieu de pèlerinage pour les fans de la Beat generation, el-Murinia a hébergé Ginsberg, Kerouac et Burroughs, qui y aurait écrit *Le Festin nu*, son œuvre sans doute la plus aboutie. Les chambres sont propres quoiqu'un peu fatiguées, et la direction ne semble porter aucun intérêt à sa clientèle. Les chambres sur la mer sont moins étouffantes.

Auberge de jeunesse (carte p. 168 ; ☎ 039 946127 ; 8 rue al-Antaki ; dort avec/sans carte HI 30/40 Dh ; 8h-10h, 12h-15h et 18-23h). L'auberge de jeunesse de Tanger se trouve tout près de l'avenue d'Espagne, à proximité d'un quartier connu pour ses innombrables bars. Comparé aux établissements du même type au Maroc, celui-ci est propre bien qu'un peu défraîchi. Douche chaude 5 Dh.

Hôtel ibn Batouta (carte p. 168 ; ☎ 039 939311 ; www.ibn-batouta.com ; 8 rue Magellan ; s/d 150/200 Dh, avec sdb 200/250 Dh). Autre vestige de l'époque Interzone au sommet d'une ruelle pentue face à l'el-Muniria. Les chambres du bâtiment principal ont des sdb. Celles qui entourent la terrasse n'en ont pas mais ont vue sur la mer et sont plus agréables, sauf durant les jours de canicule. Le café sur le toit est sympathique.

Hôtel de Paris (carte p. 168 ; ☎ 039 931877 ; 42 bd Pasteur ; s/d 160/220 Dh, haute saison 331/371 Dh). Situé au cœur de la ville nouvelle, cet hôtel vous accueille dans un hall élégant. Les chambres ont des douches mais pas de toilettes, et sont propres et modernes. Celles donnant sur le boulevard Pasteur sont parfois bruyantes. La direction est sympathique et attentionnée.

Pension Hollanda (carte p. 160 ; ☎ 039 937838 ; 139 rue de Hollande ; s/d 100/150 Dh). Cette chaleureuse pension est dissimulée dans une rue tranquille proche de la place de France. Elle propose des chambres impeccables avec lavabos ; les doubles ont des douches. Pour obtenir de l'eau chaude, prévenir la direction à l'avance.

Hôtel el-Djenina (carte p. 168 ; ☎ 039 922244 ; eldjenina_hotel@caramail.com ; 8 rue al-Antaki ; s/d à partir de 271/318 Dh). Hôtel de catégorie moyenne à petit prix. Claires, propres et fonctionnelles, les chambres ont sdb et TV. Certaines disposent d'un balcon donnant sur la mer. Restaurant et bar.

Camping Miramonte (☎ 039937133 ; adulte/enfant 20/15 Dh, plus 20/15/25 Dh par tente/voiture/caravane ;). Situé à 2 km (à pied ou en taxi) à l'ouest du centre-ville, ce camping à flanc de colline, entouré de jardins verdoyants, semble bien loin de la frénésie tangéroise. Bien équipé (douche chaude 10 Dh, électricité 10 Dh), il comprend un petit café-restaurant dominant la baie.

Catégorie moyenne

Vous trouverez des hôtels moins rudimentaires avenue des FAR : ils offrent une vue splendide sur la baie de Tanger et sont proches de tous les sites intéressants. Certains sont même en plein centre.

Hôtel Rembrandt (carte p. 168 ; ☎ 039 937870 ; rembrandt@menara.ma ; bd Mohammed V ; s/d 427/564 Dh ;). Une adresse sûre au cœur de la ville nouvelle. Les chambres sont confortables et modernes ; seule note discordante : le marbre en plastique des sdb. Le service est efficace et vous pourrez vous détendre au café, dans le jardin verdoyant.

Hôtel Dawliz (carte p. 160 ; ☎ 039 333337 ; www.ledawliz.com , 42 rue de Hollande ; s/d 570/780 Dh, haute saison 710/910 Dh ;). Digne d'un quatre-étoiles, le complexe offre en outre une vue superbe sur la médina et la baie de Tanger. Autant d'avantages qui compensent le décor sans charme. Les chambres confortables disposent aussi d'un frigo, très bienvenu. Vous trouverez dans le complexe plusieurs boutiques et restaurants, ainsi qu'un DAB.

LE CHOIX DE L'AUTEUR

Riad Tanja (carte p. 163 ; ☎ 039 333538 ; www.riadtanja.com ; rue du Portugal, escalier américain ; ch 800-1 000 Dh ;). À l'extrême sud de la Médina, le Tanja allie le style moderne espagnol à celui d'un riad traditionnel. Les chambres d'un grand confort sont décorées de toiles et affiches qui évoquent le passé artistique de Tanger. Certaines donnent sur la ville tandis que de la terrasse, où se trouve un excellent restaurant (qui sert de l'alcool), on aperçoit l'Espagne au-delà du détroit. Le riad est très bien indiqué depuis la porte qui donne sur la rue du Portugal dans la Médina.

CÔTE MÉDITERRANÉENNE ET LE RIF

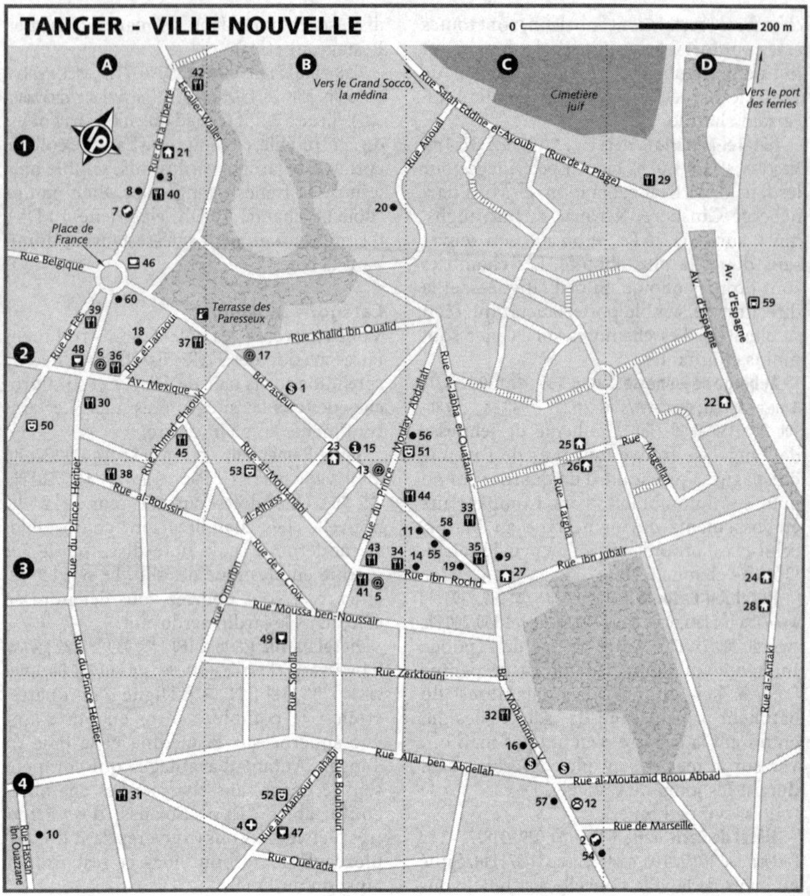

Hôtel Shéhérazade (carte p. 160 ; ☎ 039 940803 ; fax 039 940801 ; av. des FAR ; s/d 536/618 Dh ;). Surpasse ses concurrents pour le panorama. Les chambres avec TV sat et tél. sont confortables, sans plus.

Ramada Almohades (carte p. 160 ; ☎ 039 940755 ; www.ramadahotels.com ; 43 av. des FAR ; s/d 659/808 Dh, haute saison 780/1 010 Dh ;). Cet hôtel appartient à une chaîne internationale offrant les prestations habituelles et sans surprise. Les chambres sont bien équipées, spacieuses et confortables. Le principal intérêt de cette adresse : la vue sur la baie, magnifique.

Hôtel Solazur (carte p. 160 ; ☎ 039 940164 ; fax 039 945286 ; av. des FAR ; s/d 642/774 Dh ;). Semblable au Ramada, sans les prestations d'une chaîne occidentale. Les chambres, sans caractère mais confortables, disposent de tout le confort d'un quatre-étoiles et offrent une vue magnifique sur l'océan. Le hall arbore un escalier en trompe-l'œil du plus bel effet.

Catégorie supérieure

El-Minzah (carte p. 168 ; ☎ 039 935885 ; www.elminzah.com ; 85 rue de la Liberté ; s/d petit-déj inclus à partir de 1 200/1 500 Dh, haute saison à partir de 1 500/1 800 Dh ;). Hôtel cinq-étoiles le plus chic de Tanger, ce magnifique édifice des années 1930, superbement entretenu, propose des chambres somptueuses. Pendant la Seconde Guerre mondiale, le Caid's Bar (voir p. 171) voyait passer une foule d'agents secrets et de mercenaires se livrant à tous les

RENSEIGNEMENTS
- BMCE (DAB) 1 B2
- Consulats anglais et belge 2 C4
- Carlson Wagonlit 3 A1
- Clinique du Croissant Rouge 4 B4
- Cyber Café Adam 5 B3
- Espace Net 6 A2
- Consulat de France 7 A1
- Galerie Delacroix 8 A1
- Hispamaroc 9 C3
- Institut Français 10 A4
- Librairie des Colonnes 11 C3
- Poste principale 12 C4
- Maroc Telecom Internet 13 B3
- Med Travel 14 C3
- ONMT 15 B2
- Pharmacie El Yousr 16 C4
- Pigier Internet 17 B2
- Pressing Déroit 18 A2
- Voyages Schwartz 19 C3

À VOIR ET À FAIRE
- El-Minzah Wellness .... (voir 21)
- Gran Teatro de Cervantes 20 B1

OÙ SE LOGER
- El-Minzah 21 A1
- Hôtel Biarritz 22 D2
- Hotel de Paris 23 B2
- Hôtel el-Djenina 24 D3
- Hôtel el-Muniria 25 C2
- Hôtel ibn Batouta 26 C3
- Hôtel Rembrandt 27 C3
- Auberge de jeunesse 28 D3

OÙ SE RESTAURER
- Africa 29 D1
- Agadir 30 A2
- Anna e Paolo 31 A4
- Café Champs Élysées 32 C4
- Casa de España 33 C3
- Casa Pepé 34 B3
- Dolcys Café 35 C3
- Fast Food Brahim Abdelmalik 36 A2
- La Giralda 37 A2
- Le Pagode 38 A3
- Mix Max 39 A2
- Pâtisserie La Española 40 A1
- Porte du Nord 41 B3
- Restaurant el-Korsan .... (voir 21)
- Restaurant Populaire Saveur 42 A1
- Rubis Grill 43 B3
- Safarine 44 C3
- San Remo 45 A2

OÙ PRENDRE UN VERRE
- Café de Paris 46 A2
- Caid's Bar .... (voir 21)
- London's Pub 47 B4
- Negresco 48 A2
- Tanger Inn .... (voir 25)
- The Pub 49 B3

OÙ SORTIR
- Cinéma Paris 50 A2
- Morocco Palace 51 C2
- Regine's 52 B4
- Scotts Nightclub 53 B3

TRANSPORTS
- Amine Car 54 C4
- Avis 55 C3
- Budget 56 C2
- Hertz 57 C4
- Iberia 58 C3
- Bus locaux pour la gare ferroviaire 59 D2
- Royal Air Maroc 60 A2

trafics. L'atmosphère s'est assagie, et l'hôtel comprend aujourd'hui un club de sport, un spa, de beaux jardins et un service de garde d'enfants. Les espions doivent se retourner dans leur tombe.

Hôtel Rif (carte p. 160 ; ☎ 039 941766 ; av. d'Espagne ; ch à partir de 1 000 Dh). Ce magnifique édifice, qui domine le front de mer tangérois depuis longtemps (Churchill l'adorait), s'était lentement détérioré. Lors de notre visite, des travaux de rénovation prometteurs étaient en cours. Au programme : élégants intérieurs contemporains avec vue sur la mer, bar et restaurant, et piscine abritée dans une grotte.

Où se restaurer

RESTAURANTS

Médina

Marhaba Palace (carte p. 163 ; ☎ 039 937927 ; rue de la Casbah ; repas à partir de 120 Dh). Malgré sa petite taille, la médina de Tanger recèle des plusieurs restaurants de haut standing dont celui-ci, décoré avec goût et entouré d'un jardin. Les repas sont servis sur fond de musique et de spectacle folklorique. Le menu inclut traditionnellement soupe, salade, tajine ou couscous et dessert.

Hamadi (carte p. 163 ; ☎ 039 934514 ; 2 rue de la Casbah ; plats 40-60 Dh). Situé dans un cadre somptueux, juste à l'extérieur des murs de la médina, ce restaurant aux allures traditionnelles sert des repas marocains (essayez la pastilla). À l'heure du déjeuner, les tables sont prises d'assaut par des groupes. Préférez le dîner, vous apprécierez d'autant mieux l'orchestre. Ajoutez 10% de taxes.

Mamounia Palace (carte p. 163 ; ☎ 039 935099 ; 4 rue as-Siaghin ; menu 100 Dh ; 9h-22h). Près de l'entrée du Grand Socco, dans la médina. Si le salon est décoré en pur style marocain, ce restaurant n'a rien d'un "palace". Vous dégusterez le menu accompagné par des musiciens traditionnels. Sachez que 15% sont ajoutés à l'addition pour le service.

Café Andalus (carte p. 163 ; 7 rue du Commerce ; salade 5 Dh, plat à partir de 25 Dh). Ce minuscule restaurant sert dans une atmosphère beaucoup plus authentique de savoureux plats de poisson, des brochettes et des soupes.

Restaurant La Kasbah (carte p. 163 ; ☎ 067 118847 ; 7 rue Gzenaya ; menus 40-80 Dh ; 11h-22h). Agréable et sans prétention. Soupes, tajines, brochettes et poissons sont servis en portions généreuses.

Ville Nouvelle

Casa de España (carte p. 168 ; ☎ 039 947359 ; 11 rue el-Jebha el-Ouatania ; plats à partir de 60 Dh, menu déj 60 Dh). Restaurant animé, fréquenté par des expatriés espagnols, des hommes d'affaires et des touristes. Les serveurs bien mis proposent des plats espagnols et quelques succulentes spécialités, comme l'agneau aux fruits d'été. Même avec une bouteille de vin et les taxes, l'addition reste douce.

Restaurant Valencia (carte p. 160 ; ☎ 039 945146 ; 6 av. Youssef ben Tachfine ; plats 50-70 Dh ; fermé mar). Immédiatement en retrait du front de mer et jouissant d'une excellente réputation, l'endroit semble continuellement bondé. Le décor est d'inspiration nautique, et les fruits de mer sont à l'honneur. En entrant, repérez la prise du jour dans la vitrine réfrigérée, puis commandez une bière glacée en attendant votre commande.

Agadir (carte p. 168 ; ☎ 068 827696 ; 21 rue du Prince Héritier ; plats 32-40 Dh, menu 48 Dh). Si l'intérieur ne paie pas de mine, les nappes à carreaux, le vin rouge et la musique confèrent à ce restaurant des airs de bistrot français. Les plats et les tajines, relevés d'herbes fraîches, sont plus savoureux que la moyenne. Prévoir un supplément de 10% sur les prix indiqués.

Restaurant el-Korsan (carte p. 168 ; ☎ 039 935885 ; El-Minzah, 85 rue de la Liberté ; plats environ 130 Dh). Ce restaurant d'hôtel est l'un des meilleurs de Tanger et aussi l'un des plus chic (un petit effort vestimentaire sera le bienvenu). Vous dégusterez de la cuisine marocaine préparée avec soin, sur fond de musique douce. En fin de soirée, les musiciens laissent souvent la place à des danseurs traditionnels. La note est élevée mais c'est justifié.

Anna e Paolo (carte p. 168 ; ☎ 039 944617 ; 77 rue du Prince-héritier ; plats à partir de 65 Dh). Les bougies, l'ambiance romantique, les nappes à carreaux rouges, les spécialités de la *mamma* avec un verre de *rosso* : on se croirait à Rome !

San Remo (carte p. 168 ; ☎ 039 938451 ; 15 rue Ahmed Chaouki ; pizza environ 50 Dh, plat environ 100 Dh). Bonne cuisine italienne avec des touches espagnoles et françaises.

LE CHOIX DE L'AUTEUR

Restaurant populaire Les Saveurs (carte p. 168 ; ☎ 039 336326 ; 2 escalier Waller ; menu 150 Dh ; fermé ven). Ce restaurant de poisson accueillant est situé en bas des escaliers, en contrebas de la rue de la Liberté. La décoration rustique est faite d'objets pittoresques et d'outils en bois. Surtout, les plats sont délicieux, que ce soit la soupe de poisson fumé ou les innombrables poissons grillés. Et en dessert, il y a du couscous à la façon seffa, servi avec un délicieux cocktail de jus de fruit maison. Une expérience inoubliable.

La Pagode (carte p. 168 ; ☎ 039 938086 ; rue al-Boussiri ; plats à partir de 70 Dh). Si vous êtes soudain pris d'un accès de nostalgie et que le traiteur chinois de votre quartier vous manque, vous retrouverez à La Pagode les mêmes saveurs. L'ambiance laisse toutefois un peu à désirer.

Africa (carte p. 168 ; 83 rue Salah Eddine el-Ayoubi ; soupe 10 Dh, plats à partir de 35 Dh, menu 50 Dh ; 10h-23h). Situé dans une rue menant au Grand Socco, ce restaurant sans prétention sert de l'alcool et vous prépare en un rien de temps de bons plats marocains.

Rubis Grill (carte p. 168 ; ☎ 039 931443 ; 3 rue ibn Rochd ; plats 70-80 Dh). Ce grill-bar sert de généreuses assiettes de viande et de poisson. Vous pouvez aussi grignoter des tapas en sirotant une bière glacée au bar.

CAFÉS, PÂTISSERIES ET GLACIERS

Dolcy's Café (carte p. 168 ; bd Pasteur ; petit-déj à partir de 15 Dh ; 6h-22h ;). Au sud du boulevard Pasteur, ce vaste café au décor moderne attire une clientèle mixte. Le service est sympathique et la terrasse convient parfaitement au petit-déjeuner, avant que la chaleur ne devienne insoutenable.

Pâtisserie La Española (carte p. 168 ; 97 rue de la Liberté; 8h-22h). Salon de thé décoré de miroirs, à la fois paisible et délicat : difficile de résister à l'arrangement de gâteaux et de viennoiseries dans la vitrine. Tout le monde s'y retrouve : étrangers et autochtones, hommes d'affaires et couples d'amoureux.

Al Mountazah (carte p. 163 ; Grand Socco ; 7h-22h). La terrasse perchée sur le toit offre une vue incomparable sur l'animation du Grand Socco : idéal pour savourer votre café du matin. L'établissement était en travaux lors de notre visite.

La Giralda (carte p. 168 ; 5 bd Pasteur, 1er ét. ; petit-déj à partir de 12 Dh ; 6h-22h ;). Les immenses fenêtres offrent une vue imprenable sur la terrasse des Paresseux et sur la mer, tout en protégeant l'intérieur du vacarme de la rue, conférant à la salle une ambiance feutrée. Les meubles et le plafond sculpté ajoutent à l'impression de luxe qu'affectionne une clientèle de riches et jeunes Tangéroises.

Salon de thé Liberté (carte p. 163 ; 47 rue de la Liberté ; 6h30-22h). Tout de bois sombre et adossé à un jardin, ce salon se double d'un restaurant qui sert des plats marocains et internationaux. Mais c'est surtout la partie café, avec ses larges baies vitrées, qui mérite le détour.

Porte du Nord (carte p. 168 ; angle rue ibn Rochd et rue du Prince Moulay Abdallah ; petit-déj à partir de 18 Dh ; 6h30-22h). Pâtisserie élégante, idéale pour un thé à la menthe et un gâteau exquis.

Café Champs-Élysées (carte p. 168 ; 6 bd Mohammed V ; petit-déj à partir de 18 Dh ; 6h-22h). Dans ce cadre somptueux, qu'ornent chandeliers et velours rouge, aucun effort vestimentaire n'est exigé. Les pâtisseries savoureuses sont très sucrées.

EN-CAS

Dans la médina, il suffit de se promener autour du Petit Socco et de l'avenue Mokhtar Ahardan pour trouver quantité de grillades et sandwichs qui combleront les petits creux. Dans la ville nouvelle, les rues au sud de la place de France sont bordées de fast-foods, de sandwicheries et de marchands de poisson grillé.

Échoppes de poissons frits (carte p. 163 ; rue Salah Eddine el-Ayoubi ; soupe 3 Dh, poisson à partir de 15 Dh). Face au Grand Socco, plusieurs échoppes aussi minuscules que rudimentaires servent de généreuses portions de sardines ou d'autres poissons frits avec un filet de citron, accompagnés de frites, de salade et de pain. Le tout est rapide, nourrissant et très savoureux. Des échoppes semblables sont installées près des marches, rue Dar Dbagh.

Safarine (carte p. 168 ; bd Pasteur ; sandwichs 17-22 Dh, pizzas 35-70 Dh). Fast-food propre et lumineux apprécié des couples. Les pizzas et le *shawarma* sont bons, de même que les lasagnes et les pâtes.

Fast Food Brahim Abdelmalik (carte p. 168 ; 16 av. du Mexique ; sandwichs 15-18 Dh). Pour manger sur le pouce une demi-baguette fourrée au *kefta* (émincé d'agneau) et à la salade.

Mix Max (carte p. 168 ; 6 av. du Prince-héritier ; repas 20-45 Dh ; 12h-23h). Ce fast-food récent, haut de gamme, propose burgers et sandwichs généreusement accompagnés de frites et de salade.

FAIRE SON MARCHÉ

Pour trouver des produits frais, rendez-vous aux marchés couverts (carte p. 163) installés au sud du Grand Socco : des rifaines en chapeaux traditionnels y vendent des fruits, des légumes et des fromages de chèvre délicieusement crémeux. Vous trouverez des fromages et autres douceurs au marché de Fès (carte p. 160), à l'ouest.

Casa Pépé (carte p. 168 ; 9 rue ibn Rochd ; 8h-22h30). L'un des nombreux bazars du quartier. Bons produits de traiteur, fruits secs et spiritueux.

Où prendre un verre

CAFÉS

La vie intellectuelle de Tanger ne serait pas la même sans ses cafés, où les artistes, les poètes et les philosophes (amateurs ou professionnels) ont trouvé l'inspiration durant des décennies. Les adresses indiquées ci-dessous servent essentiellement du café noir. Si vous cherchez un endroit où grignoter, reportez-vous à la rubrique *Où se restaurer* (p. 169).

Café de Paris (carte p. 168 ; place de France ; 6h-23h). Débordant sur le trottoir de la place de France, ce café est à la fois le doyen et le plus célèbre des établissements du boulevard Pasteur. Une clientèle essentiellement masculine de Marocains et d'expatriés vient ici discuter des nouvelles du jour devant un café ou un thé à la menthe.

Café Hafa (carte p. 160 ; av. Mohammed Tazi ; ☎ 10h-20h). Difficile de quitter la terrasse ombragée du Café Hafa. Paul Bowles et les Rolling Stones venaient là fumer du haschisch, et aujourd'hui les Tangérois profitent de la vue pour faire une partie de backgammon.

Café Central (carte p. 163 ; Petit Socco ; 6h-23h). Ce petit café sans prétention est idéal pour regarder passer la foule du Petit Socco. Si l'inspiration vous vient, déclamez un sonnet en hommage à William Burroughs dont c'était l'un des cafés préférés. Les voyageuses auront peut-être le sentiment d'attirer tous les regards.

BARS

L'épisode hédoniste de la zone internationale de Tanger a laissé des traces, que révèle la présence de nombreux bars. Ils servent une clientèle masculine, à l'exception de quelques établissements plus occidentalisés où les femmes sont les bienvenues.

Caid's Bar (carte p. 168 ; El-Minzah, 85 rue de la Liberté ; vin à partir de 20 Dh ; 10h-24h). Ce bar, longtemps fréquenté par l'élite tangéroise, est un vestige de l'époque glorieuse de la ville, comme en témoignent les photos de célébrités sur les murs. L'endroit est douillet et vous pourrez grignoter des amuse-gueules en buvant un verre de vin, d'alcool ou de bière. Les clientes sont très bien accueillies.

Dean's Bar (carte p. 163 ; 2 rue d'Amérique du Sud ; 9h-23h). Une étape incontournable pour les Occidentaux de passage. Depuis sa création en 1937, l'établissement a vieilli, mais les ventilateurs et les photos en noir et blanc rappellent la période de l'Interzone. La clientèle est désormais 100% marocaine, et les visiteurs nostalgiques n'y passent pas inaperçus.

Tanger Inn (carte p. 168 ; Hôtel el-Muniria, 1 rue Magellan ; bière 10 Dh ; 22h30-1h, jusqu'à 3h ven-sam). Ce minuscule pub à la déco kitsch est l'un des derniers survivants de l'époque internationale. Les fantômes de Ginsberg et de Burroughs hantent les lieux. Reste à savoir s'ils apprécient le rap à plein volume que le barman affectionne. Mieux vaut venir tard, mais prudence : le quartier n'est pas sûr le soir.

Negresco (carte p. 168 ; 20 av. du Mexique ; 11h-15h et 19h-23h). Dans un style plus européen que la plupart des bars de la ville, ce pub attire une clientèle locale et étrangère. Le restaurant adjacent prépare quelques plats à déguster avec une pression ou un verre d'alcool.

London's Pub (carte p. 168 ; ☎ 039 942094 ; 15 rue al-Mansour Dahabi ; pression à partir de 20 Dh ; 18h30-1h). Tout y est : le long bar en bois et en cuivre, le chanteur et un choix de bières tout ce qu'il y a de plus anglais.

The Pub (carte p. 168 ; ☎ 039 934789 ; 2 rue Sorolla ; bière 18 Dh ; 19h-00h30 lun-sam). Comme l'indique son nom, le décor est dominé par les cuivres et les détails anglais. Le confort est aussi très britannique. Le bar sert quelques plats corrects.

Où sortir

CLUBS ET DISCOTHÈQUES

La vie nocturne est surtout animée pendant l'été, lorsque débarquent les touristes européens désireux de danser jusqu'au petit matin. Durant cette période, il vous en coûtera 100 Dh pour entrer dans une boîte, et les boissons sont trois fois plus chères qu'en temps normal.

Regine's (carte p. 168 ; 8 rue al-Mansour Dahabi ; 23h30-3h lun-sam). Vaste boîte de nuit fréquentée par les jeunes Tangérois branchés. Le choix musical éclectique comprend notamment raï, europop et house.

Pasarela (av. des FAR ; 20h-3h lun-sam, happy hour 20h-23h sept-juin). Situé près de la mer, ce vaste complexe dirigé par des Canadiens comprend plusieurs bars, un joli jardin et une piscine en plein air. La musique, principalement occidentale, est relativement au goût du jour, et des groupes viennent parfois jouer durant l'été.

Morocco Palace (carte p. 168 ; rue du Prince Moulay Abdallah ; 21h-4h lun-sam). Discothèque version marocaine, avec décor traditionnel et pop arabe. Les danseurs marocains proposent des spectacles entraînants et parfois un peu kitsch, mais la clientèle adore, et l'on s'amuse parfois comme des fous.

SCÈNE GAY

Autrefois rendez-vous des homosexuels européens, Tanger n'est plus ce qu'elle était depuis les lois de 1967. **Scotts Nightclub** (carte p. 168 ; rue al-Moutanabi ; 100 Dh ; 23h-2h) est l'une des dernières boîtes homosexuelles de la ville, avec le Tanger Inn (ci-contre) le week-end. Les deux s'animent tard le soir.

Comme le savent tous les lecteurs de William Burroughs, les cafés près du Petit Socco, en particulier le Café Central, étaient connus lors de la période de l'Interzone comme des repaires homosexuels. De nos jours, les bars qui bordent la plage, tels le Miami Beach et le Coco Beach (carte p. 160) leur ont succédé, surtout l'été.

CINÉMAS

Cinéma Dawliz (carte p. 160 ; ☎ 039 333151 ; 42 rue de Hollande ; 20 Dh ;). Mélange de films américains et indiens projetés dans deux salles de bonne qualité. Essayez aussi le **Cinéma Paris** (carte p. 168 ; rue de Fès ; 15 Dh).

Achats

La circonspection est de mise : de nombreuses boutiques proposent des produits bas de gamme à prix prohibitifs à l'intention des touristes venus d'Espagne. Mieux vaut s'éloigner des rues principales de la médina. Votre règle d'or : comparez et marchandez patiemment.

Ensemble artisanal (carte p. 160 ; angle rue de Belgique et rue M'sallah ; 8h30-12h et 14h30-19h). Pour vous faire une bonne idée des produits et des prix, passez par ce centre artisanal étatique. Vous pouvez observer sans contrainte les artisans à l'œuvre. Les tarifs sont fixes.

Parfumerie Madini (carte p. 163 ; 14 rue Sebou ; 5 bd Pasteur ; fermé ven). La famille Madini distille des huiles essentielles depuis 14 générations. La parfumerie se targue de pouvoir reproduire n'importe quel parfum, à condition d'avoir le temps. Dans les boutiques, le choix fait littéralement tourner la tête.

Depuis/vers Tanger

AVION

Royal Air Maroc (RAM ; carte p. 168 ; ☎ 039 379503 ; fax 039 932681 ; 1 place de France) assure deux vols par jour de Tanger à Casablanca (1 145 Dh, 50 min), un vol direct pour Málaga (Espagne), et deux vols directs par semaine pour Londres Heathrow et Paris Orly. Il n'y a qu'un vol par semaine pour Amsterdam.

British Airways (☎ 039 935877 ; 83 rue de la Liberté) rallie Londres Heathrow au moins deux fois par semaine, et **Iberia** (carte p. 168 ; ☎ 039 936178 ; 33 bd Pasteur) rejoint Madrid quotidiennement. Pour plus d'informations sur les vols internationaux, voir p. 464.

BATEAU

Pour vous rendre en Espagne ou à Gibraltar en bateau, vous pouvez acheter vos billets au guichet d'une compagnie, en bas de l'embarcadère pour le ferry (carte p. 160), dans le bâtiment de la gare maritime ou dans presque toutes les agences de voyages de la ville. La principale destination est le port espagnol d'Algésiras. Il existe aussi des bateaux moins fréquents reliant Tarifa et Málaga (Espagne), Gibraltar et Sète (France). Pour plus de détails, reportez-vous à la p. 471.

Vous verrez plusieurs guichets de change et des DAB à l'extérieur du port, et un arrêt de grands taxis. Une consigne (p. 161) se trouve à l'entrée du port.

BUS – CTM

La **gare CTM** (carte p. 163 ; ☎ 039 931172) se situe tout près de l'entrée du port. Vous trouverez là l'ensemble des bus CTM internationaux ainsi que des bus longue distance.

CTM assure quatre départs quotidiens pour Casablanca (120 Dh, 6 heures), entre 11h et 24h. Ces bus s'arrêtent à Rabat (90 Dh, 4 heures 30), et certains passent par Kenitra (67 Dh, 3 heures 30). Le bus pour Marrakech (175 Dh, 10 heures) poursuit sa route jusqu'à Agadir (245 Dh, 14 heures) et Tiznit (275 Dh, 15 heures 30). Parmi les quatre bus pour Fès (95 Dh, 6 heures), certains desservent Asilah (16 Dh, 1 heure), Larache (30 Dh, 2 heures 30) et Meknès (80 Dh, 5 heures) ; un autre relie Ouezzane (50 Dh, 4 heures) *via* Tétouan (15 Dh, 1 heure) et Chefchaouen (35 Dh, 3 heures). Le soir, il existe un départ pour Oujda (180 Dh, 11 heures).

IBN BATTUTA

Marco Polo est peut-être le plus célèbre de ces deux explorateurs hors du commun, mais ses voyages font pâle figure comparés à ceux de son rival marocain. Il est en effet acquis qu'Ibn Battuta fut le plus grand voyageur de l'époque médiévale, parcourant l'ensemble des terres et des mers connues à l'époque et, à la différence de ce qui se passe avec le Vénitien, la réalité de ses voyages n'est pas mise en doute.

Né en 1304 dans la trépidante cité portuaire de Tanger, Ibn Battuta, fils d'un juge, passa 30 ans à sillonner d'un bout à l'autre le monde musulman. "J'ai quitté Tanger, ma ville natale, le 2 Rajab en l'an 725 (le 14 juin 1325)… laissant mes amis et amies derrière moi, abandonnant mon foyer comme les oiseaux leur nid…" Alors Ibn Battuta entreprit son premier voyage en Égypte.

Au cours de ce voyage, après avoir traversé l'Afrique du Nord et séjourné en Syrie, il effectua son premier pèlerinage à La Mecque en 1326. Il y retourna l'année suivante, après avoir exploré Mossoul, en Irak, et Ispahan, Shiraz et Tabriz en Iran.

Plus tard, il partit à la découverte de la côte orientale de l'Égypte, des côtes de la péninsule Arabique et du Golfe, avant de se diriger vers Constantinople et de faire le tour de la mer Noire. Il s'attarda sept ans à la cour du sultan de Delhi, puis partit vers le sud en 1342, aux Maldives et vers l'est à Sumatra. Il aurait ensuite gagné Pékin (Beijing) mais rien n'est moins sûr. Lors de ses autres voyages, il découvrit le Soudan, le Niger, le Mali et l'Espagne musulmane.

Enfin, et heureusement, à la fin de sa vie Ibn Battuta fit rédiger ses aventures, manuscrit dont la Bibliothèque nationale de France est aujourd'hui dépositaire.

C'est peut-être Ibn Battuta qui inspira le dicton oriental, selon lequel celui qui voyage beaucoup accumule un plus grand savoir que celui qui vit longtemps. Il a certainement incité des générations de voyageurs intrépides à vérifier cet axiome.

BUS – AUTRES COMPAGNIES

Les bus des autres compagnies reviennent moins cher. Ils partent de la **principale gare routière** (☎ 039 946928 ; place Jamia el-Arabia), à quelque 2 km au sud du centre-ville : vous la repérerez aux minarets voisins, à l'allure peu orthodoxe. Des bus partent régulièrement pour les villes mentionnées ci-dessus, ainsi que pour Al-Hoceima (85 Dh, 10 heures), quelques villes des environs et Fnideq (20 Dh, 1 heure 30), petite ville à 3 km de l'enclave de Ceuta.

On vous importunera rarement à la gare routière, plutôt animée. Elle possède une **consigne** (5 Dh/jour pour chaque bagage ; 🕒 5h30-24h). Un petit taxi depuis/vers le centre-ville revient à environ 8 Dh.

VOITURE

Voici quelques-unes des agences de location de voitures de Tanger :

Amine Car (carte p. 168 ; ☎ 039 944050 ; fax 039 325835 ; 43 bd Mohammed V)
Avis (carte p. 168 ; ☎ 039 933031 ; 54 bd Pasteur)
Budget (carte p. 168 ; ☎ /fax 039 948060 ; 7 rue du Prince Moulay Abdallah)
Hertz (carte p. 168 ; ☎ 039 322210 ; fax 039 322165 ; 36 bd Mohammed V)

Un **parking** (carte p. 160 ; 42 rue de Hollande ; 2 Dh/h, 15 Dh/nuit, 25 Dh/24h) assez sûr et commode se trouve près de l'Hôtel Dawliz.

TAXI

Les grands taxis partent d'un parking jouxtant la principale gare routière. Ils desservent Tétouan (30 Dh, 1 heure), Asilah (15 Dh, 30 min), Larache (30 Dh, 1 heure). Pour Ceuta, gagnez Fnideq (30 Dh, 1 heure), à 3 km de la frontière. Aucun taxi ne rejoint directement la frontière (Bab Sebta) depuis Tanger.

Des grands taxis à destination de Tétouan attendent fréquemment à l'arrivée des trains à la gare Tanger Ville.

TRAIN

Tanger-Ville, la superbe nouvelle gare ferroviaire située à 3 km du centre-ville en direction du sud-est, est paisible, mais soyez vigilant à bord du train (voir la rubrique *Dangers et désagréments*, p. 161). La **consigne** (10 Dh/bagage ; 🕒 7h-13h et 14h-21h30) n'accepte que les sacs cadenassés. Le trajet en petit taxi depuis/vers le centre de Tanger revient à environ 10 Dh.

Quatre trains partent chaque jour. Le matin et l'après-midi, les services rallient Casa-Voyageurs à Casablanca (117 Dh, 5 heures 30). Un train part vers midi pour Fès (96 Dh, 5 heures) *via* Meknès (80 Dh, 4 heures), et un autre la nuit (avec couchettes) rejoint Marrakech. Tous passent par Sidi Kacem, où il y a des correspondances pour le sud jusqu'à Marrakech, ou pour l'est jusqu'à Oujda.

Le train de nuit pour Marrakech met quelque 10 heures (274/193 Dh en 1re/2e classe avec couchette et 213/143 Dh sans couchette). Dans l'autre sens, il arrive à Tanger suffisamment tôt pour vous permettre d'embarquer de bonne heure à destination de l'Espagne, si vous n'avez pas l'intention de séjourner en ville. Pour plus de sûreté, achetez votre billet à l'avance.

Transports locaux

DEPUIS/VERS L'AÉROPORT

Le minuscule **aéroport Boukhalef** (☎ 039 393720) se trouve à 15 km au sud-est de la ville, dans le secteur d'Ibn Batouta. Aucun bus direct ne fait la navette entre l'aéroport et le centre-ville : il faut emprunter un grand taxi couleur crème (70 Dh). Si vous venez du sud, la route principale entre Asilah et Tanger passe près de l'aéroport.

BUS

Pour l'essentiel, il n'est pas nécessaire d'emprunter le bus dans Tanger, mais certaines lignes peuvent s'avérer utiles (gérées par la société Autasa).

Le bus n°13 part de la gare et rejoint l'entrée du port *via* l'avenue des FAR. Le bus n°17 relie la gare ferroviaire et la principale gare routière. Un ticket coûte 3 Dh.

PETITS TAXIS

Les petits taxis se distinguent par leur couleur bleu marine et par leur bande latérale jaune. Un trajet moyen dans la ville coûte de 7 à 10 Dh. Les tarifs augmentent de 50% la nuit.

ENVIRONS DE TANGER

Cap Spartel رأس سبارطيل

Situé à 14 km à l'ouest de Tanger, le cap Spartel marque l'extrémité nord-ouest du littoral atlantique de l'Afrique. Là se dressent un phare et un restaurant de poisson. La route depuis Tanger, spectaculaire, traverse

La Montagne, banlieue huppée ponctuée de palais royaux et de villas, puis surplombe les pinèdes qui couvrent le cap. Les plages qui s'étendent au sud sont propres et calmes en dehors de la période estivale.

Si l'ornithologie vous intéresse, la région du cap Spartel est le lieu idéal pour observer les nuées d'oiseaux migrateurs qui volent vers l'Europe fin mars et début avril, ou qui retournent en Afrique en octobre. Parmi les quelque 200 espèces, citons les grands rapaces, tels le milan noir et l'aigle botté, toujours impressionnants, ou encore les cigognes blanches.

Au pied du cap Spartel, la **plage Robinson** qui s'étend vers le sud, offre l'occasion d'une promenade vivifiante. Cinq kilomètres plus loin apparaissent les **grottes d'Hercule** (10 Dh), à côté de l'hôtel Le Mirage. Selon la légende, c'est ici que vivait Hercule quand il sépara l'Europe de l'Afrique. Ces grottes furent exploitées dès les années 1920 comme carrière de pierres à meule. Elles furent aussi utilisées par les prostituées, puis par les célébrités de Tanger, qui y organisaient des soirées. Moyennant un droit d'entrée, minime, vous profiterez de la vue sur l'Atlantique par l'une des ouvertures. Le site ,très prisé des touristes, accueille aussi de nombreux stands de souvenirs et des cafés-restaurants,proposant des tajines de poisson bon marché.

OÙ SE LOGER ET SE RESTAURER

Le Mirage (☎ 039 333332 ; www.lemirage-tanger.com ; d à partir de 1 380 Dh, mai-nov à partir de 1 800 Dh ;). Perché sur une falaise, près des grottes d'Hercule, c'est l'un des plus beaux hôtels de la région de Tanger. Depuis la terrasse ensoleillée, des pelouses soignées mènent en pente douce à une plage privée. Les chambres ont le standing que laisse deviner leur prix. Le restaurant raffiné est ouvert aux visiteurs extérieurs (repas à partir de 200 Dh).

Robinson Plage (☎ 039 338152 ; www.robinson-tanger.com ; bungalow 2/4 personnes 330/520 Dh, mai-nov 380/600 Dh ;). Dans une catégorie moyenne, ces bungalows quelque peu surannés offrent des tarifs plus accessibles. Vous pourrez passer toutes vos journées à la plage de sable toute proche, ou à admirer le superbe panorama sur l'Atlantique.

Camping Achakkar (☎ 039 333840 ; 20 Dh/pers, plus 20/10/45 Dh par tente/voiture/caravane). Plus éloigné de la mer, ce camping ombragé possède des sanitaires propres, mais pas d'eau chaude (électricité 25 Dh). Son café prépare des repas simples, et la boutique fournit les produits de base.

Restaurant Cap Spartel (☎ 039 933722 ; route du cap Spartel ; salades 40-60 Dh, plats à partir de 70 Dh). Bon restaurant de fruits de mer à côté du phare. Il n'y en a pas d'autres dans les environs.

DEPUIS/VERS LE CAP SPARTEL

Les grands taxis constituent le meilleur moyen de se rendre au cap Spartel. Un trajet coûte environ 50 Dh pour l'aller simple ; compter un peu plus du double pour un aller-retour, attente comprise. Les taxis stationnent devant l'église St Andrew à Tanger. Les petits taxis rechignent à faire l'aller simple, et le tarif est similaire à celui d'un grand taxi.

Cap Malabata et Ksar es-Seghir رأس ملاباطا والقصر الصغير

Au cap Malabata, à 8 km au nord-est de Tanger, vous découvrirez de plus belles plages, une curieuse extravagance gothique, le **château de Malabata** (fermé au public), et un **phare**. La vue magnifique sur Tanger et le détroit méritent le déplacement. Pour venir ici, prenez le bus n°15 ou n°16 depuis Tanger (4 Dh, 20 min).

Situé 25 km plus loin le long de la côte, le petit port de pêche de Ksar es-Seghir, entouré de remparts portugais, est dominé par les vestiges d'un château. Les plages préservées de cette petite bourgade pittoresque attirent beaucoup de Marocains en été, et la ville fait un joli but d'excursion d'une journée. À proximité de la plage se tiennent quelques cafés-restaurants corrects. Deux bus (10 Dh, 45 min) s'y rendent quotidiennement depuis la principale gare routière de Tanger.

Route de Ceuta

Si vous êtes motorisé et désirez gagner Tétouan et Chefchaouen depuis Tanger, vous pouvez emprunter, depuis Ksar es-Seghir, la route du littoral, sauvage et escarpée, passant par Fnideq et Ceuta. Ce trajet superbe rallonge cependant le voyage de quelques heures.

La route monte vers le djebel Musa. Comme au cap Spartel, plus à l'ouest, au printemps et à l'automne, des milliers d'oiseaux migrateurs profitent des courants ascendants au-dessus du djebel Musa et du rocher de Gibraltar pour gagner de la hauteur, avant d'entreprendre la traversée du détroit.

CEUTA (SEBTA) سبتة

75 000 habitants

S'élançant vers l'est dans la Méditerranée, la péninsule de Ceuta (20 km²) appartient à l'Espagne depuis 1640. Il faut donc franchir une frontière pour s'y rendre. Si vous venez du Maroc, vous serez sans doute surpris par le contraste qu'offre Ceuta : le centre-ville, agréable et détendu, compte quantité de bars et de cafés, et vous rappelle que vous êtes ici en Andalousie.

Néanmoins, et bien qu'elle appartienne officiellement à l'UE, Ceuta demeure également africaine. Entre un quart et un tiers de sa population provient des tribus berbères du Rif. Ce mélange ibéro-africain est parfois source de tensions, ce qui a été le cas récemment, à la suite des attentats de Madrid en 2004. Au printemps 2006, des jeunes ont incendié plusieurs mosquées de Ceuta, après l'arrestation en Espagne de musulmans nés à Ceuta soupçonnés d'appartenir à des réseaux terroristes.

L'armée espagnole est omniprésente sur la péninsule, dont l'activité tourne essentiellement autour des boutiques de produits détaxés et toutes sortes de trafics plus ou moins licites. Même si les Espagnols bénéficient d'avantages fiscaux considérables en résidant à Ceuta (ou à Melilla), les incertitudes économiques planant sur l'avenir du territoire ont incité une partie d'entre eux à regagner le continent européen. On ne sait en effet quelles seront les conséquences de l'accord de libre-échange de l'UE (selon lequel les barrières commerciales seront abolies en 2012) sur la viabilité de Ceuta, une fois supprimés les commerces clandestins. Des sommes considérables sont toujours investies sur place, en particulier par les compagnies maritimes espagnoles qui, aujourd'hui, utilisent des catamarans rapides pour traverser le détroit.

UN PEU D'ESPAGNOL

Bonjour/Au revoir	*¡Hola!/¡Adiós!*
Oui/Non	*Sí/No*
S'il vous plaît/Merci	*Por favor/Gracias*
Où se trouve ...?	*¿Dónde está ...?*
hôtel	*hotel*
pension	*pensión*
camping	*camping*
Avez-vous des chambres disponibles ?	*¿Tiene habitaciones libres?*
une chambre simple	*una habitación individual*
une chambre double	*una habitación doble*
Combien est-ce ?	*¿Cuánto cuesta?*
À quelle heure arrive/part le prochain...?	*¿A qué hora sale/llega el próximo ...?*
bateau	*barco*
bus	*autobús*
J'aimerais un ...	*Quisiera un ...*
... aller simple	*billete sencillo*
...billet aller-retour	*billete de ida y vuelta*
bière	*cerveza*
sandwich	*bocadillo*

Beaucoup voient Ceuta comme une porte d'accès au Maroc sans le stress de Tanger (et en profitent pour acheter des produits détaxés), mais la ville n'est pas dénuée de charme. Sachez que les prix sont à l'heure européenne.

Histoire

Deux héros de la mythologie grecque, Hercule et Ulysse, sont supposés avoir honoré Ceuta de leur présence. Plus sûrement, le site servit de base à l'Empire romain. Le nom arabe de la cité, Sebta, vient du latin *Septem*.

Après un bref épisode de domination byzantine, en 931, la cité fut conquise par les Arabes Omeyyades, qui régnaient alors sur l'Espagne musulmane – d'où la revendication par l'Espagne de droits historiques sur ce territoire.

Pendant les cinq siècles qui suivirent, cette ville à l'extrémité de l'Afrique fut une possession convoitée, conquise et dominée successivement par des princes espagnols, des sultans marocains et des rois portugais. Les choses commencèrent à se calmer quand le Portugal et l'Espagne se réunirent sous la même couronne, en 1580. Lors de la séparation des deux pays, en 1640, Ceuta resta espagnole et ce, jusqu'à aujourd'hui.

Curieusement, le Maroc a peu revendiqué son droit sur cette enclave, si l'on exclut un incident survenu en 2002 (voir l'encadré p. 179). Mais le désir de conserver de bonnes relations avec l'Espagne, partenaire commercial dont l'importance ne cesse de croître, semble l'emporter sur l'intérêt des Marocains pour Ceuta.

Orientation

La plupart des hôtels, des restaurants et certains autres centres d'intérêt sont groupés au sein d'un isthme étroit reliant la presqu'île à la terre. La Plaza de Africa, dont vous ne pouvez manquer la cathédrale géante, domine le centre-ville. Le port et la gare maritime sont à quelques minutes à pied en direction du nord-ouest. La frontière se trouve à 2 km vers le sud, le long de l'Avenida Martinez Catena.

Renseignements

Pour appeler Ceuta d'un autre pays que l'Espagne, composez le ☎ 0034. N'oubliez pas que Ceuta présente un décalage horaire avec le Maroc (+2h en été et +1h le reste de l'année). La plupart des magasins sont fermés le dimanche.

ACCÈS INTERNET

Cyber Ceuta (☎ 956 512303 ; Paseo Colón ; 2,50 €/h ; 🕑 11h-14h et 17h-22h lun-sam, 17h-23h dim).
Indy Net Café (6 Calle Isabel Cabral 3 €/h ; 🕑 10h-22h).

AGENCES DE VOYAGES

L'Avenida Muelle Cañonero Dato et le début de l'estación marítima sont bordées d'agences qui vendent des billets de ferry pour Algésiras.
Viajes Eideres (☎ /fax 956 524656 ; eideres@teleline.es ; Plaza de Africa)

ARGENT

En dehors des heures ouvrables des banques, beaucoup d'agences de voyages et d'hôtels haut de gamme changent de l'argent. De chaque côté de la frontière, les changeurs non officiels se révèlent utiles s'il vous reste quelques dirhams ou euros. Sinon, du côté marocain, la banque BMCE et la Banque Populaire acceptent uniquement les espèces. Sachez qu'il est interdit de faire sortir des dirhams du Maroc. À Ceuta, la monnaie utilisée est l'euro.
Banco Unicaja (Plaza Ruiz ; 🕑 8h30-14h)
Caja Madrid (angle Calle Real et Plaza de los Reyes ; 🕑 8h30-14h)

OFFICES DU TOURISME

Office du tourisme (www.ceuta.es, en espagnol). Avenida Muelle Cañonero Dato (☎ 956 501401 ; fax 956 507746 ; 🕑 9h-15h lun-ven).Personnel courtois et efficace, bonnes cartes et brochures. Terminal des ferries (☎ 956 506275 ; 🕑 9h-21h). Plaza de Africa (☎ 956 528146 ; 🕑 9h-21h lun-ven, 10h-14h et 17h-19h sam-dim)

POSTE

Bureau de poste principal (correos y telégrafos ; Plaza de España ; 🕑 8h30-20h30 lun-ven, 9h30-14h sam)

SERVICES MÉDICAUX

Hôpital de la Cruz Roja (☎ 956 528400 ; 🕑 24h/24). À l'est du port de pêche.

Désagréments et dangers

Nombre de visiteurs entrent au Maroc *via* Ceuta pour éviter les rabatteurs de Tanger. Cependant, la frontière attire aussi quelques aigrefins, dont certains viennent exprès de

CEUTA (SEBTA)

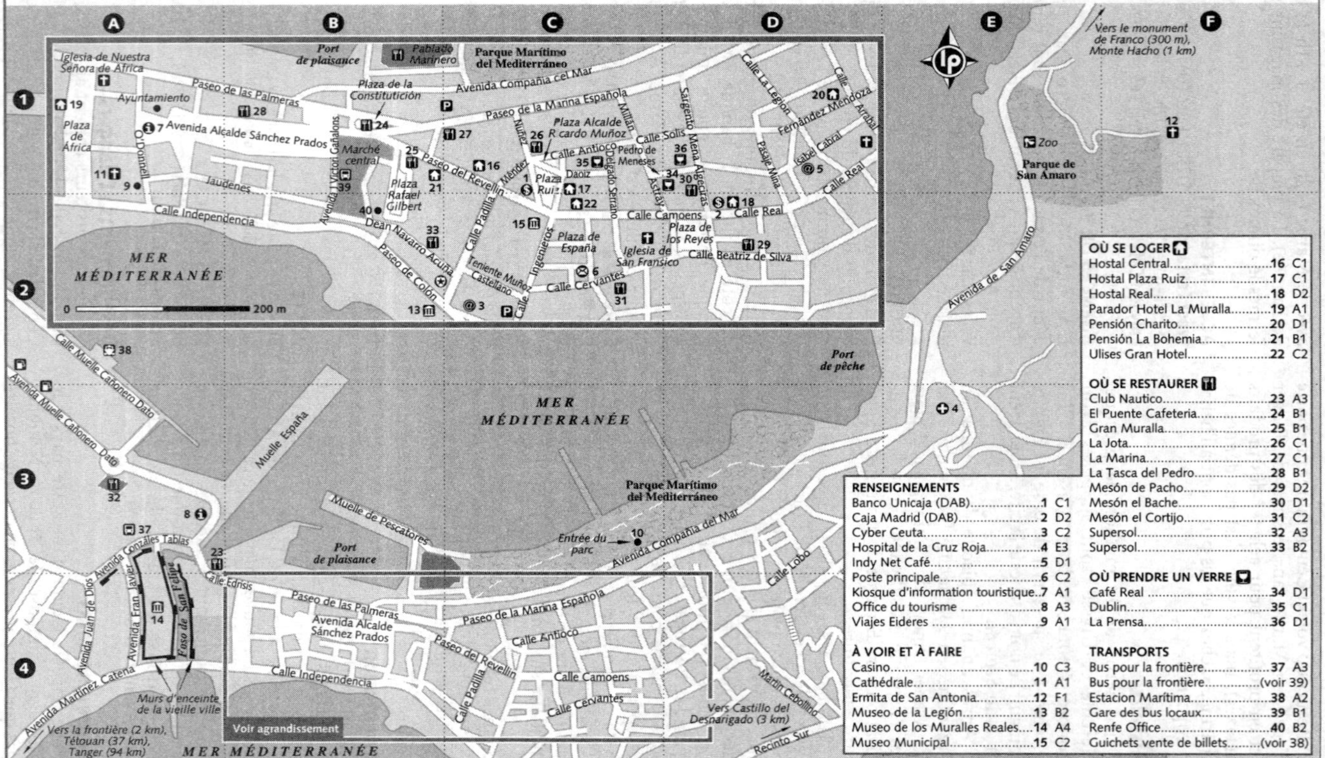

RENSEIGNEMENTS

- Banco Unicaja (DAB) 1 C1
- Caja Madrid (DAB) 2 D2
- Cyber Ceuta 3 C2
- Hospital de la Cruz Roja 4 E3
- Indy Net Café 5 D1
- Poste principale 6 C2
- Kiosque d'information touristique 7 A1
- Office du tourisme 8 A3
- Viajes Eideres 9 A1

À VOIR ET À FAIRE

- Casino 10 C3
- Cathédrale 11 A1
- Ermita de San Antonia 12 F1
- Museo de la Legión 13 B2
- Museo de los Muralles Reales 14 A4
- Museo Municipal 15 C2

OÙ SE LOGER

- Hostal Central 16 C1
- Hostal Plaza Ruiz 17 C1
- Hostal Real 18 D2
- Parador Hotel La Muralla 19 A1
- Pensión Charito 20 D1
- Pensión La Bohemia 21 B1
- Ulises Gran Hotel 22 C2

OÙ SE RESTAURER

- Club Nautico 23 A3
- El Puente Cafeteria 24 B1
- Gran Muralla 25 B1
- La Jota 26 C1
- La Marina 27 C1
- La Tasca del Pedro 28 B1
- Mesón de Pacho 29 D2
- Mesón el Bache 30 D1
- Mesón el Cortijo 31 C2
- Supersol 32 A3
- Supersol 33 B2

OÙ PRENDRE UN VERRE

- Café Real 34 D1
- Dublin 35 C1
- La Prensa 36 D1

TRANSPORTS

- Bus pour la frontière 37 A3
- Bus pour la frontière .... (voir 39)
- Estacion Marítima 38 A2
- Gare des bus locaux 39 B1
- Renfe Office 40 B2
- Guichets vente de billets .... (voir 38)

POUR UN PETIT MORCEAU DE ROCHER

C'est la guerre la plus bizarre qui ait éclaté depuis longtemps. En juillet 2002, une demi-douzaine de soldats marocains firent flotter le drapeau de leur pays sur un morceau de rocher inhabité, de souveraineté espagnole, situé à moins de 200 m de la côte marocaine. Six jours après, ils furent chassés par les militaires espagnols. Le Maroc se plaignit aussitôt d'un fait de guerre.

Grâce à la forte pression des États-Unis, la situation ne se détériora pas, et les deux parties acceptèrent de retourner au *statu quo* initial.

L'île, que les Espagnols appellent l'Illa de Perejil (l'île du Persil) et les Marocains Leïla, a longtemps constitué une pomme de discorde entre les deux pays. Sous domination espagnole depuis le XVIIe siècle, un traité franco-espagnol de 1912 définissant les limites du protectorat espagnol omit de mentionner l'île – d'où la tension un siècle plus tard.

Le rocher, à peine plus grand qu'un terrain de football, a cristallisé les querelles qui opposent le Maroc et l'Espagne. Elles concernent les droits de pêche, le trafic de marijuana et la prospection pétrolière au large des îles Canaries ; s'ajoute à cela le problème endémique des immigrés africains cherchant à rejoindre clandestinement l'Europe *via* le Maroc. L'initiative de l'Illa de Perejil suivait de peu la tenue de négociations entre le Royaume-Uni et l'Espagne sur l'avenir de Gibraltar, et c'est peut-être ce qui avait incité Rabat à rappeler au monde l'existence de Ceuta et Melilla.

Heureusement, les relations bilatérales ont depuis lors pris un tour moins belliqueux. Au lendemain des attentats de Casablanca en 2003 et de ceux de Madrid l'année suivante, les deux voisins ont pris conscience de l'intérêt d'une collaboration constructive.

Tétouan accueillir les nouveaux arrivants. Méfiez-vous également des passagers de ferry un peu trop sympathiques.

À voir et à faire

Pour découvrir l'histoire de Ceuta, repérez les **Ruta Monumenta**, série de panneaux d'information bien faits, en anglais et en espagnol, placés à l'extérieur des édifices et monuments.

REMPARTS DE LA CITÉ

Les impressionnants vestiges des **remparts de la cité** (☎ 956 511770 ; Avenida González Tablas ; entrée libre galerie comprise ; 🕑 10h-14h et 17h-20h) constituent sans doute le site historique le plus intéressant de Ceuta. Magnifiquement restaurés, ils ont retrouvé leur grandeur du XVIe siècle. Des panneaux d'information en anglais relatent la passionnante histoire du siège, marqué par la peste et la famine, auquel Moulay Ismaïl soumit Ceuta à partir de 1694, durant 33 ans, en vain. Les remparts abritent le **Museo de los Muralles Reales** où se tiennent des expositions temporaires d'art. Composant avec l'architecture austère du fort, cet espace admirablement conçu vaut en soi la visite.

MUSEO MUNICIPAL

Le principal **musée** (☎ 956 517398 ; 30 Paseo del Revellín ; entrée libre ; 🕑 10h-14h et 17h-20h lun-ven, 10h-14h sam mi-sept à mai, 10h-14h et 19h-21h lun-ven, 10h-14h sam juin à mi-sept) de Ceuta expose une petite collection d'objets illustrant l'histoire de la péninsule de l'âge de pierre à l'arrivée des Espagnols au XVIe siècle. Particulièrement intéressantes, les périodes phénicienne et romaine sont représentées par des céramiques et des amphores. Malheureusement, toutes les informations sont en espagnol.

MUSEO DE LA LEGIÓN

Ce **musée** (☎ 606 733566 ; Paseo de Colón ; entrée libre, dons bienvenus ; 🕑 10h-13h30 et 16-18h lun-ven, 16-18h sam-dim) singulier est consacré à la Légion espagnole, et administré par celle-ci. Cette unité de l'armée, créée en 1920, joua un rôle central dans l'armée de Franco, au début de la guerre civile espagnole, mais aussi dans la guerre du Rif qui opposa Espagnols et Français aux Berbères. Les objets exposés témoignent de différentes campagnes jusqu'à la guerre de Bosnie. Visites guidées.

PÉNINSULE

Une promenade autour de la péninsule dévoile un peu l'histoire et les mystères qui ont fait Ceuta. La péninsule, au nord-est de la ville, est dominée par le Monte Hacho, que certains identifient à la colonne méridionale d'Hercule (d'autres disent que c'est plutôt le djebel Musa, à l'ouest de Ceuta ; la colonne septentrionale étant le rocher de Gibraltar). Couronnant le sommet, la Fortaleza de Hacho est une forteresse édifiée à l'origine par les Byzantins, puis modifiée par les Marocains, les Portugais et les Espagnols. Elle est encore occupée par l'armée et n'est pas accessible au public.

Sur le versant nord du Monte Hacho se dresse le bâtiment jaune et blanc de l'**Ermita de San Antonio**. Fondé au XVIIe siècle et reconstruit dans les années 1960, cet ermitage accueille, tous les 13 juin, une grande fête en l'honneur de saint Antoine. La vue sur Ceuta et le nord de Gibraltar est splendide. Pour l'atteindre, suivez, dans le sens des aiguilles d'une montre, la route principale qui fait le tour de la presqu'île. Après 2,5 km, vous arriverez au Parque de San Amaro et à un petit zoo. Empruntez l'un des sentiers qui montent en pente raide le long de la cuvette entre les collines, et maintenez le cap à l'est ; vous déboucherez sur le chemin en contrebas de l'ermitage.

De retour sur la route principale, ceux qui le souhaitent rejoindront, à 1 km au nord-est, le **monument en l'honneur de Franco** et du soulèvement de 1936 qui a marqué le début de la guerre civile espagnole.

Le **Castillo del Desnarigado** (☎ 956 511770 ; gratuit ; ⏲ 11h-14h sam-dim) est une petite forteresse à l'extrémité sud-est de la péninsule. Il abrite aujourd'hui un petit musée militaire.

PARQUE MARÍTIMO DEL MEDITERRÁNEO

Conçu par l'architecte catalan César Manrique, le **Parque Marítimo del Mediterráneo** (parc maritime ; ☎ 956 517742 ; adulte/enfant haute saison 6/3 € ; ⏲ 11h-20h et 21h-1h) est un grand complexe sur le front de mer. Ouvert en 1995, il compte une plage artificielle, des piscines et des cascades, des ponts, des sculptures et même un château. Un lieu idéal pour qui voyage avec des enfants. Le site compte plusieurs restaurants et bars, et un **casino** (⏲ 21h-4h dim-jeu, 21h-6h ven-sam).

Où se loger

Il n'est pas simple de se loger à Ceuta. Si vous prévoyez d'arriver tard dans la journée, pensez à réserver.

PETITS BUDGETS

La plupart des établissements de cette catégorie sont des *pensiones* ou des *casas de huéspedes* (pensions), dont certaines sont reconnaissables à leur grande plaque "CH" bleu et blanc.

Pensión La Bohemia (☎ 956 510615 ; 16 Paseo de Revellín ; ch 30 €). Établissement charmant et impeccable au-dessus d'une galerie commerçante, orné de plantes en pots, de carrelages pimpants et d'un excès d'images de Marilyn Monroe. Les sdb sont communes et l'eau chaude est abondante. Les chambres sont également fraîches et propres.

Hostal Real (☎ 956 511449 ; fax 956 512166 ; 1 Calle Real ; ch 30 € ; ❄). Chambres agréables et bien tenues, un peu moins coquettes qu'à La Bohemia. Cette pension offre les services d'un coin laverie, ainsi qu'une machine à pop-corn dans le hall.

Pensión Charito (☎ 956 513982 ; pcharito@terra.es ; 5 Calle Arrabal, 1er ét. ; s/d 15/20 €). L'établissement est mal indiqué : repérez le bâtiment vert et crème portant une plaque presque effacée annonçant "CH". Un peu défraîchie, cette pension propre et accueillante, met à votre disposition des douches chaudes et une petite cuisine bien équipée.

CATÉGORIES MOYENNE ET SUPÉRIEURE

Hostal Central (☎ 956 516716 ; www.hostalesceuta.com ; 15 Paseo del Revellín ; s/d 40/56 € ; ❄). Situé près du centre, cet hôtel deux-étoiles, plus haut de gamme qu'une pension, offre un bon rapport qualité/prix et reste chaleureux. Les chambres lumineuses, petites mais impeccables, ont sdb et réfrigérateur. En basse saison, les prix réduits conviendront aux petits budgets.

Hostal Plaza Ruiz (☎ 956 516733 ; www.hostalesceuta.com ; 3 Plaza Ruiz ; s/d à partir de 40/56 € ; ❄). Partageant la même direction que le Central, cet hôtel est tout aussi accueillant. Les chambres sont claires (certaines donnent sur la plaza), joliment meublées en pin et dotées de sdb et réfrigérateur. Importantes réductions hors saison.

Ulises Gran Hotel (☎ 956 514540 ; fax 956 514546 ; 5 Calle Camoens ; s/d petit-déj inclus 52/83 € ; ❄ 🏊). Pas tout à fait à la hauteur de ses ambitions de quatre-étoiles, malgré son hall récemment rénové, l'Ulises est néanmoins sympathique et bien tenu. Les chambres avec balcon donnent sur la mer.

Parador Hotel La Muralla (☎ 956 514940 ; ceuta@parador.es ; 15 Plaza de Africa ; s/d à partir de 65/90 € ; ❄ 🏊). Situé sur la place principale, ce prestigieux hôtel quatre-étoiles est le plus chic de Ceuta. Il occupe pour l'essentiel un bâtiment des années 1970, même si quelques chambres sont aménagées dans un ancien entrepôt de munitions, le long du Foso de San Felipe. Spacieuses et confortables, elles pâtissent d'un décor un peu défraîchi. Les balcons surplombent un joli jardin orné de palmiers.

Où se restaurer

RESTAURANTS

Outre les tables indiquées ici, vous trouverez dans le Poblado Marinero ("village des marins"), près du port de plaisance, plusieurs restaurants, corrects à défaut d'être remarquables, qui proposent aussi bien des hamburgers que de la cuisine italienne.

La Marina (☎ 956 514007 ; 1 Alférez Bayton ; plats 10-12 €, menu 8 € ; fermé dim). Table élégante et accueillante, souvent prise d'assaut au déjeuner. Spécialisée dans le poisson, elle affiche aussi un menu bon marché entrée-plat-dessert avec poulet ou poisson-frites.

Gran Muralla (☎ 956 517625 ; Plaza de la Constitution ; plats à partir de 5 €). Un restaurant chinois convenable, pour ceux qui en ressentiraient l'envie. Le menu comprend un large éventail de plats traditionnels chinois, et les portions sont généreuses. Les tables près de la fenêtre donnent sur la place et la mer.

La Tasca del Pedro (☎ 956 510473 ; 3 Avenida Alcalde Sánchez Prados ; plats 5-10 € ; fermé dim). Petite table sympathique prisée par les habitants de la ville pour ses plats simples de fruits de mer et ses recettes espagnoles et italiennes.

Club Nautico (☎ 956 514440 ; Calle Edrisis ; menus à partir de 7 €). Cet établissement sans prétention domine le port de plaisance. Le *menú del diá* (menu du jour), comprenant entrée-plat-dessert, constitue un bon choix. Les plats appétissants à base de poisson reviennent aussi cher qu'un menu.

CAFÉS ET GLACIERS

La Jota (6 Calle Méndez Nuñez ; petit-déj 1,80 €, tapas 0,60 €). Délicieux assortiment de gâteaux et de glaces, et tapas correctes. Le restaurant attenant sert des repas complets. Idéal pour attaquer la journée – ou la finir.

El Puente Cafeteria (Plaza de la Constitution ; petit-déj/sandwichs à partir de 1,50 €). Donnant sur une place, ce café-bar branché et moderne concocte de succulents sandwichs, et convient idéalement pour le petit-déjeuner. L'affluence est parfois telle que le service est un peu lent.

BARS À TAPAS

Les meilleurs bars à tapas sont regroupés pour l'essentiel derrière la poste et autour de Millán Astray, au nord de la Calle Camoens. Outre des tapas, ils préparent tous des *raciones* (version plus copieuse des tapas) et des *bocadillos* (sandwichs).

Mesón el Bache (☎ 956 516642 ; Sargento Mena Algeciras ; tapas 1,20 €, bocadillos 3 € ; dîner). La salle est immense et il n'y a pas d'ardoise avec les tapas du jour, mais celles qui figurent sur le menu fixe sont correctes.

Mesón de Pacho (☎ 956 513138 ; 7 Calle Beatriz de Silva ; tapas 0,75 €, raciones à partir de 5 € ; dîner). Chaque verre est servi avec une assiette de tapas. L'établissement est très accueillant, mais souvent plein à craquer. On peut également commander d'autres plats, comme des hamburgers ou des omelettes.

Mesón el Cortijo (☎ 956 511983 ; 14 Calle Cervantes ; tapas à partir de 1 €, sandwichs à partir de 2,75 €, raciones à partir de 3 € ; dîner). Un peu plus haut de gamme mais très accueillant, l'endroit se distingue par son tentant buffet de tapas.

FAIRE SES COURSES

Vous trouverez les produits alimentaires de base et des friandises au **supermarché Supersol** (Avenida Muelle Cañonero Dato). Une filiale plus petite se trouve dans le centre-ville le long de Dean Navarro Acuña.

Où prendre un verre

Tous les bars à tapas et cafés mentionnés plus haut sont de bonnes adresses où boire un verre, mais les suivants sont essentiellement des bars. Ils n'ont rien des cafés marocains à dominante masculine.

Café Real (☎ 956 510393 ; Millán Astray ; 15h30-4h). Ce bar sophistiqué avec une touche Art déco est idéal pour déguster un café, un brandy ou une glace (ou les trois) à toute heure du jour ou de la nuit. Les sièges sont confortables et la musique douce.

Dublin (Delgado Serrano ; bière à partir de 2,50 € ; 15h-3h). Pub sombre et bruyant au décor de taverne irlandaise. Vous pouvez toutefois vous réfugier aux tables installées sur la petite place à l'extérieur.

La Prensa (Pedro de Meneses ; bière 2 € ; 22h-3h jeu-sam). Le plus populaire des petits bars qui débordent sur la rue piétonne. La population locale y afflue jusqu'à l'aube.

Depuis/vers Ceuta

MAROC

Du côté marocain de la frontière, il faut remplir une carte jaune au guichet des passeports. Si vous circulez en voiture, il faut également présenter une carte verte au guichet de l'immatriculation (ignorez les escrocs qui tentent de vous vendre ces cartes, elles sont gratuites). S'il s'agit d'une voiture de location, il faudra fournir une autorisation de sortie du territoire.

Vous trouverez une station de grands taxis près du poste-frontière marocain. Les départs pour Tétouan (30 Dh, 40 min), où vous trouverez des correspondances, sont réguliers. Les taxis pour Chefchaouen ou Tanger sont rares, et il faudra sans doute négocier ferme pour louer les services d'un véhicule (Chefchaouen 300 Dh, 90 min ; Tanger 180 Dh, 1 heure). Une meilleure solution consiste à emprunter un grand taxi pour Fnideq (5 Dh, 10 min), au sud après la frontière, d'où vous gagnerez plus facilement Tanger (30 Dh, 1 heure).

Dans l'autre sens, des bus et quelques grands taxis terminent leur trajet à Fnideq : assurez-vous que votre véhicule se rend bien à la frontière, à Bab Sebta, ou faites-vous déposer au carrefour (à 1 km de là). La frontière est ouverte 24h/24, mais les transports publics sont rares entre 19h et 5h.

ESPAGNE CONTINENTALE

L'**estación marítima** (gare maritime ; Calle Muelle Cañonero Dato) se situe à l'ouest du centre-ville. De là, des ferries rapides partent régulièrement pour Algésiras (p. 472). Autre possibilité, plus tape-à-l'œil et beaucoup plus coûteuse : faire le trajet entre Ceuta et l'aéroport de Málaga en hélicoptère avec **Helicopteros del Sureste** (aéroport de Málaga ; ☎ 95204 870 ; www.helisureste.com).

Il est possible d'acheter des billets de train pour des destinations européennes à l'**agence Renfe** (☎ 956 511317 ; 17 Plaza Rafael Gilbert), ou dans une agence de voyages. Certaines au sein de la gare maritime vendent également des billets de bus Enatcar (la principale compagnie de bus espagnole).

Transports locaux

Le bus n°7 dessert la frontière (*frontera*) toutes les 10 min environ depuis la Plaza de la Constitución (0,60 €). Si vous arrivez en ferry et souhaitez rallier directement la frontière, un arrêt de bus se tient sur l'Avenida González Tablas, en face de l'entrée des remparts. Vous verrez aussi une station de taxis devant le bâtiment du terminal.

Si vous êtes en voiture, n'oubliez pas que, dans la journée, vous ne pouvez vous garer dans la rue que deux heures (1 €) au maximum. Si vous restez plus longtemps, utilisez le commode **parking** (0,50 €/h, 4 €/12h) de la Calle Ingenieros ou celui à proximité du Poblado Marinero.

MONTAGNES DU RIF جبل اريف

TÉTOUAN تطوان

320 000 habitants

Tétouan n'a pas d'équivalent dans le Rif, ni même dans le pays. La cité musulmane s'est développée au XIVe siècle, comme poste avancé dans la lutte contre la reconquête chrétienne et a par la suite accueilli plusieurs vagues de musulmans chassés d'Andalousie. C'est à eux que la superbe médina, classée au patrimoine de l'humanité par l'Unesco, doit son style. Elle est adossée au quartier espagnol moderne, d'architecture hispano-mauresque, qui fut bâti lorsque Tétouan était capitale du protectorat espagnol (1912-1956). Les montagnes du Rif, toile de fond omniprésente de la ville, feraient presque oublier la proximité de la côte.

Tétouan est appréciée des touristes espagnols venus de Tanger et l'histoire de la ville explique que ses habitants sont plus hispanophones que francophones. Ainsi, les adresses se réfèrent à une *calle* ou une *avenida*, et non à une *rue*. Malheureusement, les visiteurs d'une journée attirent les escrocs et opportunistes, qui peuplent la gare routière, souterraine et mal éclairée. Arriver par là n'est guère engageant mais ne vous découragez pas : Tétouan est une ville accueillante et décontractée.

Histoire

L'ancêtre de Tétouan fut la cité maurétanienne de Tamuda, fondée au IIIe siècle av. J.-C. Les Romains, après l'avoir rasée au Ier siècle suite à une révolte locale, érigèrent ici un camp fortifié dont les vestiges, sans grand intérêt, subsistent à 5 km de la ville moderne.

Au XIVe siècle, les Mérinides bâtirent la ville de Tétouan, pour contrôler les tribus rebelles du Rif. La cité fut toutefois détruite par Henri III de Castille, en 1399.

Aux XVe et XVIe siècles, des réfugiés musulmans et juifs de Grenade, dirigés au début par Sidi Ali al-Mandari, repeuplèrent cette région entre mer et montagnes. Tétouan prospéra, en partie grâce aux techniques apportées par les nouveaux arrivants, mais aussi grâce à l'activité des pirates, à laquelle les Espagnols mirent fin en bloquant Martil, le port de la ville. La piraterie cessa, mais le commerce légal en pâtit lui aussi.

Protégée par les remparts construits par Moulay Ismaïl au XVIIe siècle, la cité renforça ses liens commerciaux avec l'Espagne. Au tournant du XXe siècle, les forces espagnoles occupèrent Tétouan pendant trois ans, lors d'une expédition punitive contre les tribus du Rif visant, disait-on, à protéger Ceuta. Cet épisode présageait les événements à venir. En 1913, les Espagnols firent de Tétouan la capitale de leur protectorat, ce qu'elle resta jusqu'à l'indépendance du Maroc, en 1956.

Orientation

La ville nouvelle se concentre autour de la place Moulay el-Mehdi et du tronçon piétonnier de l'avenue Mohammed V, qui part vers l'est jusqu'à la grande place Hassan II. C'est dans ce secteur que vous trouverez les hôtels et les banques, la majorité des restaurants et cafés, ainsi que la gare routière. On accède à la médina non loin de la grande place Hassan II, flanquée du palais royal au nord. Depuis le centre-ville, assez compact, l'agglomération s'étend à flanc de colline et dans la vallée.

Renseignements

ACCÈS INTERNET

Cyber Primo (☎ 039 963271 ; 1er ét., 6 pl. Moulay el-Mehdi ; 10 Dh/h ; 🕒 9h-23h)

Remote Studios (☎ 039 711172 ; 13 av. Mohammed V ; 9 Dh/h ; 🕒 24h/24)

AGENCES DE VOYAGES

Royal Air Maroc (RAM ; ☎ 039 961577 ; 5 av. Mohammed V)

Voyages Hispamaroc (☎ 039 964224 ; fax 039 963821 ; av. Mohammed V)

ARGENT

Plusieurs banques avec DAB bordent l'avenue Mohammed V.

Bureau de change de la BMCE (pl. Moulay el-Mehdi ; 🕒 10h-14h et 16h-20h). Cette agence accepte le liquide et les chèques de voyage et reste ouverte en dehors des heures habituelles.

CENTRE CULTUREL

Institut français (☎ 039 961212 ; institutfrancais@iftetouan.ma ; 13 rue Chakib Arsalane ; 🕒 8h-12h et 15h-18h mar-ven). Propose films, concerts et expositions, et possède une bibliothèque et un café.

LIBRAIRIES

Papeterie Générale Alcaraz (av. Mohammed V). Quelques ouvrages en français et en espagnol sur le Maroc, ainsi que le meilleur choix en matière de presse étrangère.

OFFICE DU TOURISME

ONMT (Délégation régionale du tourisme ; ☎ 039 961915 ; fax 039 961914 ; 30 av. Mohammed V ; 🕒 8h30-12h et 14h30-18h30 lun-jeu, 8h30-11h et 15h-18h30 ven)

POSTE

Bureau de poste (pl. Moulay el-Mehdi)

SERVICES MÉDICAUX

Clinique du Croissant Rouge (☎ 039 962020 ; pl. al-Hamama, Quartier scolaire).

Dépôt de médicaments d'urgence (☎ 039 965902 ; 7 av. al-Wamda ; 🕒 22h-9h). Pharmacie de nuit.

Hôpital principal (☎ 039 972430 ; route de Martil). À environ 2 km de la ville.

À voir

MÉDINA

Entourée de trois mosquées et de quatre minarets modernes, sans parler du palais royal, la place Hassan II relie la médina à la ville nouvelle. Cœur de la vieille ville, cette place sert de lieu de rendez-vous. Elle est bordée de petits cafés qui constituent des postes d'observation idéals. La principale entrée de la médina est Bab er-Rouah (porte des Vents), située au-delà du coin sud-est de la place.

La médina, très animée, diffère des grandes médinas plus méridionales, les Arabes d'Andalousie réfugiés ici au XVIe siècle ayant largement contribué à son architecture. Parmi eux, une population

CÔTE MÉDITERRANÉENNE ET LE RIF

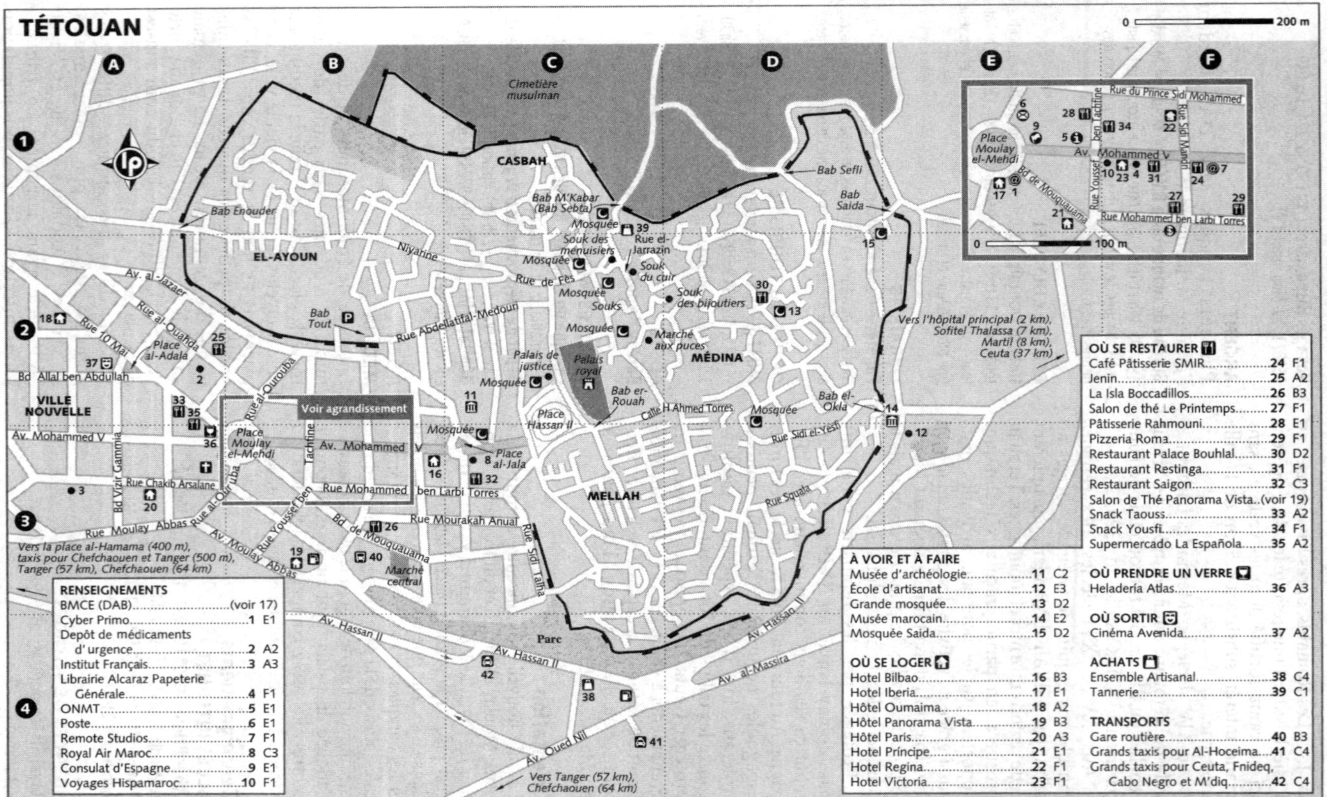
TÉTOUAN
0 200 m
A B C D E F
1 2 3 4
Cimetière musulman
CASBAH
EL-AYOUN
MÉDINA
MELLAH
VILLE NOUVELLE
Bab Enouder
Bab M'Kabar (Bab Sebta)
Bab Sefli
Bab Saida
Bab Tout
Bab er-Rouah
Bab el-Okla
Niyarine
Rue de Fès
Rue el-Jarrazin
Souk des menuisiers
Souk du cuir
Souk des bijoutiers
Marché aux puces
Souks
Mosquée
Palais de justice
Palais royal
Place Hassan II
Calle H Ahmed Torres
Rue Sidi el-Yesfi
Rue Squala
Rue Abdellatif-al-Medouri
Av. al-Jazaer
Rue al-Ouahda
Place al-Adala
Rue 10 Mai
Bd Allal ben Abdullah
Av. Mohammed V
Rue al-Ourouba
Voir agrandissement
Place Moulay el-Mehdi
Tachfine
Av. Mohammed V
Rue Mohammed ben Larbi Torres
Place al-Jala
Bd Vizir Gammia
Rue Chakib Arsalane
Rue Moulay Abbas
Av. Moulay Abbas
Rue Youssef ben Tachfine
Bd de Mouquauama
Rue Mourakah Anual
Rue Sidi Talha
Marché central
Parc
Av. Hassan II
Av. al-Massira
Av. Oued Nil
Vers la place al-Hamama (400 m), taxis pour Chefchaouen et Tanger (500 m), Tanger (57 km), Chefchaouen (64 km)
Vers l'hôpital principal (2 km), Sofitel Thalassa (7 km), Martil (8 km), Ceuta (37 km)
Vers Tanger (57 km), Chefchaouen (64 km)
Rue du Prince Sidi Mohammed
Rue Sidi Mandri
Rue Youssef ben Tachfine
Av. Mohammed V
Place Moulay el-Mehdi
Bd de Mouquauama
Rue Mohammed ben Larbi Torres
0 100 m
RENSEIGNEMENTS
BMCE (DAB) (voir 17)
Cyber Primo 1 E1
Depôt de médicaments d'urgence 2 A2
Institut Français 3 A3
Librairie Alcaraz Papeterie Générale 4 F1
ONMT 5 E1
Poste 6 E1
Remote Studios 7 F1
Royal Air Maroc 8 C3
Consulat d'Espagne 9 E1
Voyages Hispamaroc 10 F1
À VOIR ET À FAIRE
Musée d'archéologie 11 C2
École d'artisanat 12 E3
Grande mosquée 13 D2
Musée marocain 14 E2
Mosquée Saida 15 D2
OÙ SE LOGER
Hotel Bilbao 16 B3
Hotel Iberia 17 E1
Hôtel Oumaima 18 A2
Hôtel Panorama Vista 19 B3
Hôtel Paris 20 A3
Hotel Principe 21 E1
Hotel Regina 22 F1
Hotel Victoria 23 F1
OÙ SE RESTAURER
Café Pâtisserie SMIR 24 F1
Jenin 25 A2
La Isla Boccadillos 26 B3
Salon de thé Le Printemps 27 F1
Pâtisserie Rahmouni 28 E1
Pizzeria Roma 29 F1
Restaurant Palace Bouhlal 30 D2
Restaurant Restinga 31 F1
Restaurant Saigon 32 C3
Salon de Thé Panorama Vista (voir 19)
Snack Taouss 33 A2
Snack Yousfi 34 F1
Supermercado La Española 35 A2
OÙ PRENDRE UN VERRE
Heladería Atlas 36 A3
OÙ SORTIR
Cinéma Avenida 37 A2
ACHATS
Ensemble Artisanal 38 C4
Tannerie 39 C1
TRANSPORTS
Gare routière 40 B3
Grands taxis pour Al-Hoceima 41 C4
Grands taxis pour Ceuta, Fnideq, Cabo Negro et M'diq 42 C4

juive nombreuse construisit la mellah, au sud de la place Hassan II.

La médina compte dans son enceinte une quarantaine de mosquées, dont les plus imposantes sont la **grande mosquée** et la **mosquée Saïdi**, au nord-ouest de la place Hassan II. Comme ailleurs, les non-musulmans ne sont pas autorisés à y pénétrer.

Bab el-Okla est la porte la plus ancienne. Elle donne sur le quartier nord-est de la médina, qui devint la partie la plus huppée de la ville au XIXe siècle. On y voit encore quelques belles demeures édifiées alors, parfois transformées en magasins de tapis.

MUSÉE MAROCAIN

Ce **Musée ethnographique** (10 Dh ; 9h30-12h et 15h30-18h30 lun-ven), près de la Calle Garnata, mérite une visite, ne serait-ce que pour admirer le bastion qui l'accueille. Des canons trônent toujours dans le jardin, et la terrasse est parfois ouverte, offrant une vue magnifique sur les montagnes du Rif. Hélas, le musée ferme souvent hors saison.

Vous découvrirez d'intéressantes collections de costumes traditionnels, d'instruments de musique, de bijoux, de tapis, d'armes et d'ustensiles domestiques. Ne ratez pas les robes de mariées juives, brodées de fil d'or, ni les heurtoirs et les serrures sophistiquées en fer forgé. Les explications sont en français et en arabe.

Pour vous y rendre, suivez la ruelle qui va vers le sud depuis Bab el-Okla et prenez la première à gauche. L'entrée se trouve juste sur votre gauche.

ÉCOLE D'ARTISANAT

En face de Bab el-Okla, l'**école d'artisanat** (☎ 039 972721 ; 10 Dh ; 8h-12h et 14h30-17h30 lun-jeu et sam) enseigne aux enfants les savoir-faire traditionnels. Elle est réservée aux garçons, qui apprennent l'art difficile du stuc, le travail du bronze et la fabrication des zelliges.

L'école, fondée en 1928 par les Espagnols pour préserver l'artisanat traditionnel marocain, accueille environ 40 élèves entre l'âge de huit et seize ans. La maîtrise des techniques nécessaires peut prendre jusqu'à huit ans ; avant même de toucher aux mosaïques, les étudiants en zelliges passent leurs premières années à étudier et dessiner les motifs complexes qui les ornent.

Les visites comprennent les salles de classe, la magnifique salle où sont exposés les travaux (qui ne sont pas à vendre) des apprentis et de leurs professeurs, ainsi que le jardin, très agréable.

MUSÉE D'ARCHÉOLOGIE

Tétouan possède un **musée d'Archéologie** (av. al-Jazaer ; 10 Dh ; 8h30-12h et 14h30-18h30 lun-ven) très intéressant. On y découvre la culture andalouse grâce à des mosaïques et des pierres tombales, mais c'est surtout la collection romaine des ruines de Lixus (p. 125), sur la côte atlantique, qui mérite le détour.

Dans l'entrée, vous serez accueilli par une étonnante mosaïque représentant les trois Grâces, provenant de Lixus. Au rez-de-chaussée, une salle recèle d'autres objets de Lixus, dont une riche collection de monnaies romaines, quelques statuettes en bronze et deux mosaïques, l'une montrant Vénus et Adonis, l'autre Mars et Rhéa (la mère de Romulus et Rémus).

Où se loger

Tétouan possède un choix convenable de pensions simples et bon marché, mais peu d'établissements de catégorie moyenne ou supérieure. La plupart se situent autour de la place Moulay el-Mehdi ou à proximité de l'avenue Mohammed V.

PETITS BUDGETS

Hôtel Regina (☎ 039 962113 ; 8 rue Sidi Mandri ; s/d 145/168 Dh). L'un des plus grands dans cette catégorie. Même s'il semble terne au premier abord, ses murs blanchis à la chaux et son décor des années 1970 le rendent finalement avenant. Les sdb sont un peu vétustes mais l'eau chaude coule en abondance.

Hôtel Victoria (☎ 039 965015 ; 23 av. Mohamme V ; s/d/tr 50/80/120 Dh). Petit mais bien conçu, le Victoria assure un accueil chaleureux. Les chambres avec sdb impeccables, allient simplicité et confort. Il y a peu de lits, aussi mieux vaut réserver.

Hôtel Bilbao (☎ 039 964114 ; 7 av. Mohammed V ; s/d 55/70 Dh). À peine en retrait de la place al-Jala, cette adresse bon marché dispose de chambres immenses avec douches. Certaines ont des balcons en fer forgé. Évitez de contrarier les femmes de chambre, qui gouvernent l'établissement d'une poigne de fer.

Hôtel Iberia (☎ 039 963679 ; 5 place Moulay el-Mehdi ; s/d/tr 50/80/120 Dh). Au-dessus de la banque BMCE, cette pension compte quelques chambres monacales mais propres avec sdb communes (douche chaude 10 Dh). L'ambiance est amicale, mais les lieux sont parfois assez bruyants.

Hôtel Príncipe (☎ 066 553820 ; 20 rue Youssef ben Tachfine ; s/d 60/70 Dh, avec douche 70/100 Dh). On loue ici des chambres propres mais très rudimentaires, réparties sur plusieurs étages, au-dessus d'un café tapageur et fréquenté par une clientèle masculine. Les meubles sont usés, la peinture s'écaille mais le personnel est obligeant. Les chambres avec douche valent bien le supplément de prix.

Le camping le plus proche est à Martil, à environ 8 km au nord-est de Tétouan (p. 188). D'autres terrains s'égrènent aussi sur la côte entre Martil et la frontière de Ceuta.

CATÉGORIE MOYENNE

Hôtel Panorama Vista (☎ 039 964970 ; rue Moulay Abbas ; s/d petit-déj inclus à partir de 236/322 Dh ;). Cet élégant hôtel trois-étoiles est le seul de ce standing au centre de Tétouan. Les chambres sont impeccables, et les meilleures offrent une vue superbe sur les montagnes du Rif. Le café au 1er étage est très prisé des jeunes couples et des hommes d'affaires.

Hôtel Oumaima (☎ 039 943473 ; 10 rue du 10 Mai ; s/d 205/260 Dh). Un peu plus haut que la place al-Adala, ce deux-étoiles est défraîchi, mais les chambres de taille honorable possèdent un mobilier correct, des sdb et la TV sat. En bas, le café propose un petit-déj (32 Dh).

Hôtel Paris (☎ 039 966750 ; 31 rue Chakib Arsalane ; s/d 205/246 Dh). Hôtel fiable quoique morne et sans charme. Les chambres sont propres, mais les sdb petites.

CATÉGORIE SUPÉRIEURE

Sofitel Thalassa (☎ 039 971234 ; www.accorhotels.com ; Marina Smir, route de Sebta ; ch à partir de 1 400 Dh, haute saison 2 600 Dh ;). Le meilleur hôtel de Tétouan et des environs, sur une plage de sable privée, éclatant de blancheur dans un style colonial espagnol. Les chambres dominent la Méditerranée et disposent de balcons et de tout le confort digne d'une chaîne internationale.

Où se restaurer

RESTAURANTS

Tétouan manque singulièrement de bons restaurants.

Restaurant Restinga (21 av. Mohammed V ; plat de poisson à partir de 40 Dh ; 12h-14h30 et 19h-21h30). De loin la meilleure table de la ville. Dans la cour recouverte de vigne, vous dégusterez un superbe choix de poissons et de fruits de mer qui vous rappelleront que vous n'êtes pas si loin de la côte. C'est aussi l'un des rares établissements à servir de l'alcool, ce qui lui assure un succès dont la direction tire profit en ajoutant 10% de service à la note. En cas de mauvais temps, on peut se replier dans une petite salle à l'intérieur.

Restaurant Palace Bouhlal (☎ 039 998797 ; 48 amaa Kebir ; menu 100 Dh ; 10h-16h). L'unique restaurant de luxe de Tétouan est apprécié des groupes de touristes espagnols. N'oubliez pas de réserver. L'endroit est somptueux, avec ses tapis moelleux, ses fontaines, ses pétales de roses et son orchestre. Le repas classique marocain est constitué de quatre plats (soupe, salade, brochettes, couscous ou tajines). Empruntez la rue contournant la grande mosquée et suivez les panneaux qui vous mènent dans une allée minuscule. N'hésitez pas à demander votre chemin.

Pizzeria Roma (☎ 039 713140 ; 8 rue Mohammed ben Larbi Torres ; pizzas à partir de 35 Dh, burgers 20 Dh, salades 15-25 Dh). Devant cette pizzeria à l'intérieur clair, dans le style fast-food, des scooters attendent de partir en livraison. La cuisine est savoureuse et compte quelques recettes végétariennes.

Restaurant Saigon (2 rue Mohammed ben Larbi Torres ; plats de poisson 22-55 Dh). Inutile de chercher des spécialités vietnamiennes. Au menu : poisson grillé et quelques plats traditionnels marocains. La cuisine, succulente, attire de nombreux gourmands au déjeuner ; en cas d'affluence, grimpez à l'étage.

CAFÉS ET PÂTISSERIES

Café-pâtisserie SMIR (☎ 039 961734 ; 17 av. Mohammed V ; 5h-22h). À l'un des angles de la rue piétonne, SMIR est apprécié pour son café et ses pâtisseries. On les déguste soit à l'une des tables disposées sur le trottoir soit dans la salle à l'étage, plus tranquille, et fréquentée par les femmes en groupe.

Salon de thé Le Printemps (☎ 039 710016 ; 16 rue Sidi Mandri ; 6h-22h). Ses vastes salles et son atmosphère assez distinguée en font un bon choix pour déguster un petit-déj en parcourant les journaux.

Salon de thé Panorama Vista (☎ 039 964970 ; fax 039 964969 ; Hôtel Panorama Vista, av. Moulay Abbas). Le café le plus branché de Tétouan offre une vue magnifique sur les montagnes du Rif. Même si vous ne pouvez pas vous asseoir près de la fenêtre (l'endroit est pris d'assaut), le salon est très agréable. Il est parfois difficile de se faire servir.

Pâtisserie Rahmouni (10 rue Youssef ben Tachfine ; 6h-22h). Tous les habitants de la ville vous le diront : c'est ici que l'on mange les meilleures pâtisseries. Les douceurs que prépare la famille Rahmouni lui valent un grand prestige, comme en témoigne la file d'attente devant la boutique, à l'heure du petit-déjeuner. Si vous êtes pressé, commandez un jus ou un café à emporter avec votre croissant au comptoir, à l'arrière.

Jenin (☎ 039 962246 ; 8 rue al-Ouahda ; 5h30-21h). Le décor élégant et moderne attire les amoureux et les jeunes femmes en groupe, à la différence des cafés enfumés emplis d'hommes dans la même rue.

EN-CAS

Si vous souhaitez un sandwich, vous opterez sans doute pour un *bocadillo* espagnol.

Snack Yousfi (rue Youseff ben Tachfine ; sandwichs à partir de 16 Dh ; 10h-24h). Le sandwich du déjeuner vous rassasiera à coup sûr. Les baguettes débordent de différentes garnitures, de salade et d'une poignée de frites. Excellent rapport qualité/prix.

La Isla Boccadillos (19 rue Mourakah Anual ; sandwichs à partir de 12 Dh ; 10h-22h). L'un des snacks les moins chers de la ville, juste à côté de la gare routière. Choix de sandwichs, de *kofta* (viande hachée et épicée grillée en brochette) et de salades de riz.

Snack Taouss (3 rue du 10 Mai ; burgers 12-25 Dh ; 7h-22h). Réputé pour ses burgers et ses frites, ce petit snack prépare aussi, entre autres, des pizzas, des salades, de la *harira* (soupe de lentilles) correctes et bon marché. À l'étage, une petite salle vous permet de vous asseoir

FAIRE SES COURSES

Vous trouverez quantité de fruits et légumes frais dans la médina, entre Bab er-Rouah et Bab el-Okla. Le marché central (fermé vendredi) près de la gare routière dispose de jolis étals, et le poisson qui y est vendu vient de la côte. Le **Supermercado La Española** (rue du 10 Mai), près de la Heladería Atlas, vend de l'alcool et d'autres produits.

Où prendre un verre

Comme partout au Maroc, les bars de Tétouan accueillent presque exclusivement une clientèle masculine.

Les cafés les plus accueillants sont répertoriés dans la rubrique *Où se restaurer* (p. 186). Pour une expérience plus authentique, essayez les bars sombres et enfumés de la rue du 10 Mai, au nord-ouest de la place Moulay el-Mehdi. Le restaurant Restinga sert aussi de l'alcool dans une atmosphère plus cordiale.

Heladería Atlas (rue du 10 Mai ; jus 4-18 Dh) offre un choix de jus frais idéals pour faire le plein de vitamines. Il n'y a pas de siège : les jus sont à emporter.

Où sortir

Le soir, la seule distraction consiste à aller voir un film (généralement en espagnol) au **Cinéma Avenida** (place al-Adala ; 15-30 Dh).

Achats

L'**Ensemble artisanal** (av. Hassan II) de Tétouan est le plus ancien du genre. Il s'agit d'une coopérative subventionnée par le gouvernement, fondée en 1970, qui regroupe aujourd'hui 60 artisans. Dans cette ruche, tisserands, maroquiniers, bijoutiers et menuisiers exercent leur métier, tout en faisant volontiers la démonstration de leurs techniques. Les prix sont fixes.

La médina de Tétouan est une véritable mine pour les chasseurs de souvenirs. Les spécialités locales sont la menuiserie et la maroquinerie. Pour cette dernière, rendez-vous directement à la source, dans la petite **tannerie** (Bab M'Kabar) au nord de la médina. Les fascinants *mendils* (tissus à rayures de couleurs vives et tissés à la main), portés par les fermiers du Rif, font l'objet d'un intense commerce sur une petite place au nord-est de Bab er-Rouah, où les femmes de la région se rassemblent pour les vendre.

Depuis/vers Tétouan

BUS

Les bus partent de la **gare routière** (angle rue Sidi Mandri et rue Moulay Abbas), sombre, peu engageante, mais facile d'accès. Elle possède une **consigne** (5 Dh/bagage ; 24h/24).

La **CTM** (☎ 039961688) dessert Tanger (15 Dh, 1 heure 15, 1/j), Casablanca (110 Dh, 6-7 heures, 2/j) *via* Rabat (85 Dh, 4-5 heures), et Chefchaouen (20 Dh, 1 heure 30, 3/j). Certains bus pour Chefchaouen poursuivent jusqu'à Fès (80 Dh, 5 heures 30) *via* Ouezzane (36 Dh, 3 heures). Les bus pour Nador (110 Dh, 11 heures, 2/j) traversent Al-Hoceima (78 Dh, 7 heures).

D'autres compagnies relient aussi ces villes, ainsi que Oujda (145 Dh, 11 heures), Larache (30 Dh, 2 heures), Meknès (62 Dh, 5 heures) et Marrakech (145 Dh, 11 heures).

Les bus pour Martil (4 Dh, 25 min), M'diq (8 Dh, 1 heure), Fnideq (10 Dh, 1 heure 15) et autres destinations locales partent aussi de la gare routière.

TAXI

Les grands taxis à destination de Fnideq (et donc Ceuta ; 28 Dh, 30 min), Martil (4 Dh, 15 min), Cabo Negro et M'diq (5 Dh, 20 min) stationnent dans l'avenue Hassan II, au sud-est de la gare routière. Les quelques grands taxis pour Al-Hoceima (150 Dh, 5 heures) attendent sur une aire poussiéreuse, 100 m plus à l'est, derrière un bâtiment vert et blanc (une ancienne gare ferroviaire).

La station de la place al-Hamama, à 2 km à l'ouest du centre-ville, regroupe les grands taxis pour Chefchaouen (30 Dh, 1 heure) et Tanger (25 Dh, 1 heure). Si vous arrivez de l'une ou l'autre de ces deux villes, le chauffeur peut éventuellement vous déposer plus près du centre-ville.

Transports locaux

Les petits taxis jaune canari n'ont pas de compteur, mais une course en ville devrait coûter 8 à 10 Dh. Si vous êtes en voiture, sa surveillance sera assurée dans le **parking** (Bab Tout ; 8 Dh/4h pendant la journée, 8 Dh/nuit).

ENVIRONS DE TÉTOUAN

Martil مارتيل

La petite cité balnéaire de Martil est située à environ 8 km au nord-est de Tétouan, au point où les montagnes du Rif plongent dans la mer. Son port était jadis un repaire de corsaires, dont les méfaits faisaient la fortune de Tétouan.

Aujourd'hui, la paisible bourgade attire des foules de touristes en juillet et en août : sa corniche et ses nombreux cafés en bord de mer sont alors surpeuplés.

OÙ SE LOGER ET SE RESTAURER

Du fait de sa proximité avec Tétouan, les offres d'hébergement sont rares. Il existe cependant quelques lieux corrects, surtout si vous disposez d'une tente ou d'un camping-car.

Camping al-Boustane (☎ 039 688822 ; fax 039 689682 ; Corniche ; 10 Dh/pers, plus 10/10/20 Dh par tente/voiture/camping-car). Remarquablement équipé pour sa taille (électricité 10 Dh) : quelques moutons ont même la garde de la pelouse. Le site est bien indiqué, à 200 m de la Corniche, tout à fait à l'ouest de la ville.

Hôtel Estrella del Mar (☎ 039 979058 ; av. Moulay al-Hassan ; s/d 240/310 Dh). Immanquable avec sa façade blanche et ses fenêtres bleues, l'Estrella est le meilleur hôtel de Martil. Les chambres sont confortables, surtout celles avec balcon donnant sur la mer. En dehors de l'été, les prix chutent de 30%.

Vous trouverez quantité d'échoppes autour de la gare routière. Pour un repas plus conséquent, essayez le **Restaurant Scampis** (☎ 039 979120 ; av. de Rabat ; plats 40-80 Dh), une rue en retrait de la Corniche : il prépare de bons plats de poisson dans un cadre bistrot et sert de l'alcool. **La Vitamine de la Mer** (☎ 062 865544 ; av. Miramar ; repas à partir de 100 Dh) affirme préparer les meilleurs fruits de mer de la région.

DEPUIS/VERS MARTIL

Les bus locaux pour Tétouan (4 Dh, 25 min) partent de la gare routière proche du château d'eau, à l'extrémité sud de la plage. Les grands taxis (4 Dh, 15 min) stationnent près de la nouvelle et imposante mosquée.

Cabo Negro et M'diq الرأس الاسود و مضيق

Le promontoire de Cabo Negro (ou Ras Aswad en arabe), visible depuis Martil dont il est distant de 5 km, s'avance dans la Méditerranée. Le petit port de M'diq, niché à l'abri de sa côte nord, vit essentiellement de la pêche. La vie s'écoule ici à un rythme paisible et personne ne vous importunera.

La Corniche, dont l'extrémité orientale s'orne d'une vieille église espagnole, est appréciée des promeneurs. Toute la zone était en restauration au moment de notre visite ; de nombreuses autres rues seront ainsi réservées aux piétons. La plage, où l'on compte plus d'éclats de coquillages que de grains de sable, s'étend vers le nord, où elle est bordée d'une succession de discothèques et de bars au niveau de la station balnéaire de Restinga-Smir.

OÙ SE LOGER ET SE RESTAURER

L'hébergement à M'diq est conçu pour les touristes en été et n'offre pas de solution bon marché. En dehors de la période estivale, renseignez-vous sur les réductions. Le front de mer est ponctué de cafés et de restaurants abordables.

Hôtel Narijiss (☎ 039 975841 ; av. Lalla Nezha ; s/d 150/250 Dh ; ❄). Un hôtel correct à 200 m du rivage en gravissant la colline vers la route de Tétouan. Assez terne, il comprend néanmoins des chambres avec sdb et TV sat. Vous trouverez un café à l'extérieur.

Hôtel Playa (☎ 039 975166 ; 24 route de Sebta ; ch petit-déj inclus 250 Dh ; ❄). Face au front de mer, le Playa dispose de chambres modernes et confortables. Un restaurant au 1er étage sert de bons fruits de mer (et un petit-déj le matin).

La Sirena Restaurant (produits de la mer à partir de 35 Dh). Cette adresse pieds-dans-l'eau, propose un bon choix de poissons, que l'on choisira de déguster sur le sable ou au 1er étage, selon la météo.

Royal Yachting Club de M'diq (☎ 039 663887 ; repas à partir de 90 Dh, boissons alcoolisées). Ce club élégant est privé : demandez poliment s'il est possible de déjeuner, ou dîner. A priori, on vous répondra oui.

DEPUIS/VERS M'DIQ

Les grands taxis et les bus reliant Tétouan et Fnideq (à 3 km de la frontière avec Ceuta) traversent le bourg. Les grands taxis pour Tétouan (5 Dh, 20 min) partent d'une station près de l'Hôtel Narijiss. Les véhicules desservant la frontière (10 Dh) se tiennent du côté nord de la ville, aux abords de la Banque Populaire.

CHEFCHAOUEN شفشاون

45 000 habitants

Dominée par les sommets saisissants du Rif, Chefchaouen a su depuis longtemps séduire les voyageurs. Sa vieille médina, splendeur mêlant influences marocaine et andalouse, avec ses toits en tuiles rouges, ses bâtiments bleu vif et ses ruelles convergeant sur une magnifique place, en fait l'une des plus jolies villes du pays. Chefchaouen, qu'affectionnaient surtout les voyageurs en sac à dos, venus chercher du kif, compte nombre d'hébergements pour petits budgets. Mais la ville commence aujourd'hui à voir affluer des visiteurs plus aisés et les hôtels de charme, sur le modèle des riads de Marrakech et de Fès, se développent.

Le temps passe vite à Chefchaouen, et l'on y reste souvent plus longtemps que prévu. L'air est frais et pur, et les possibilités de randonnées dans les montagnes sont innombrables – à condition de quitter les cafés.

Histoire

Les habitudes ont la vie dure, aussi, les résidents appellent souvent Chefchaouen par son nom d'origine : Chaouen, qui signifie "sommets", en référence aux montagnes du Rif qui l'encerclent. Sous l'occupation espagnole, l'orthographe fut transformée en Xauen, avant que le nom Chefchaouen ("regarde les pics") soit adopté en 1975. Aujourd'hui, l'un et l'autre nom ont cours.

Fondée en 1471 par Moulay Ali ben Rachid, comme base des tribus berbères du Rif, pour lancer des attaques contre les Portugais de Ceuta, Chefchaouen prit son essor à l'arrivée des réfugiés musulmans et juifs fuyant Grenade et les persécutions, après 1494. Ils bâtirent des maisons blanchies à la chaux, qui donnent au bourg son allure espagnole, avec leurs minuscules balcons, leurs toits de tuiles et leurs patios, au milieu desquels pousse généralement un citronnier. Le bleu pâle recouvrant les habitations, si typique aujourd'hui, fut introduit dans les années 1930 par la population juive. Cette couche devait remplacer le vert des fenêtres et des portes, couleur traditionnelle de l'islam.

La petite ville vécut recluse jusqu'à son occupation par les troupes espagnoles en 1920. Auparavant, les chrétiens étaient interdits d'accès, sous peine de mort. Deux d'entre eux réussirent toutefois à pénétrer dans le bourg : l'explorateur et religieux français Charles de Foucauld en 1883 et, cinq ans plus tard, le journaliste et voyageur anglais Walter Harris (déguisé en juif).

À leur arrivée, les Espagnols furent surpris d'entendre les habitants juifs parler une variante du castillan médiéval. Ils furent un temps chassés de Chefchaouen par Abd el-Krim, durant la rébellion rifaine des années 1920, puis y revinrent jusqu'à l'indépendance, en 1956.

Orientation

Même si la médina conserve un air de village de montagne, Chefchaouen est aujourd'hui une ville moderne. La médina, dont le centre

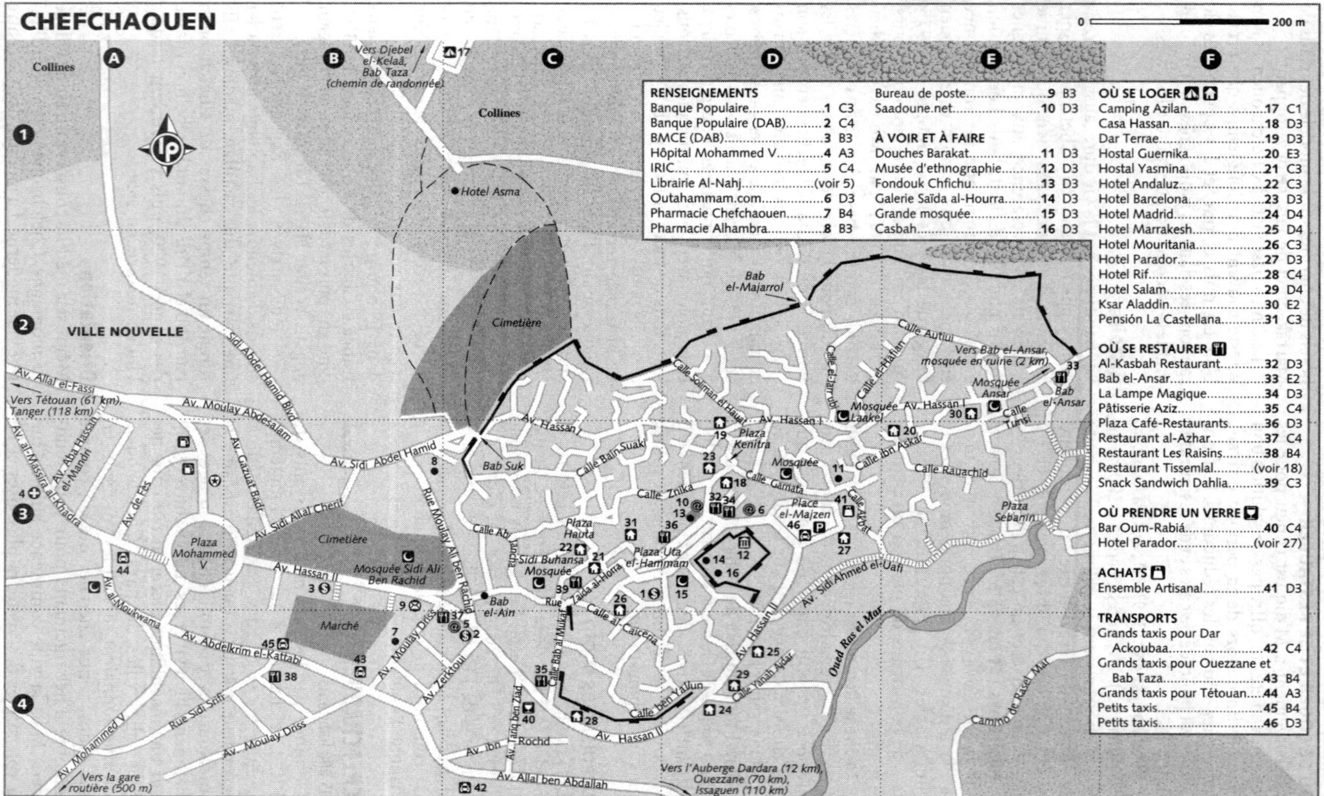
CHEFCHAOUEN
0 200 m
Collines
VILLE NOUVELLE
RENSEIGNEMENTS
Banque Populaire....1 C3
Banque Populaire (DAB)....2 C4
BMCE (DAB)....3 B3
Hôpital Mohammed V....4 A3
IRIC....5 C4
Librairie Al-Nahj....(voir 5)
Outahammam.com....6 D3
Pharmacie Chefchaouen....7 B4
Pharmacie Alhambra....8 B3
Bureau de poste....9 B3
Saadoune.net....10 D3
À VOIR ET À FAIRE
Douches Barakat....11 D3
Musée d'ethnographie....12 D3
Fondouk Chfichu....13 D3
Galerie Saïda al-Hourra....14 D3
Grande mosquée....15 D3
Casbah....16 D3
OÙ SE LOGER
Camping Azilan....17 C1
Casa Hassan....18 D3
Dar Terrae....19 D3
Hostal Guernika....20 E3
Hostal Yasmina....21 C3
Hotel Andaluz....22 C3
Hotel Barcelona....23 D3
Hotel Madrid....24 D4
Hotel Marrakesh....25 D4
Hotel Mouritania....26 C3
Hotel Parador....27 D3
Hotel Rif....28 C4
Hotel Salam....29 D4
Ksar Aladdin....30 E2
Pensión La Castellana....31 C3
OÙ SE RESTAURER
Al-Kasbah Restaurant....32 D3
Bab el-Ansar....33 E2
La Lampe Magique....34 D3
Pâtisserie Aziz....35 C4
Plaza Café-Restaurants....36 D3
Restaurant al-Azhar....37 C4
Restaurant Les Raisins....38 B4
Restaurant Tissemlal....(voir 18)
Snack Sandwich Dahlia....39 C3
OÙ PRENDRE UN VERRE
Bar Oum-Rabiá....40 C4
Hotel Parador....(voir 27)
ACHATS
Ensemble Artisanal....41 D3
TRANSPORTS
Grands taxis pour Dar Ackoubaa....42 C4
Grands taxis pour Ouezzane et Bab Taza....43 B4
Grands taxis pour Tétouan....44 A3
Petits taxis....45 B4
Petits taxis....46 D3
Vers Djebel el-Kelaâ, Bab Taza (chemin de randonnée)
Hotel Asma
Cimetière
Bab el-Majarrol
Vers Bab el-Ansar, mosquée en ruine (2 km)
Vers Tétouan (61 km), Tanger (118 km)
Vers la gare routière (500 m)
Vers l'Auberge Dardara (12 km), Ouezzane (70 km), Issaguen (110 km)
Plaza Mohammed V
Marché
Mosquée Sidi Ali Ben Rachid
Oued Ras el Mar
Plaza Uta el-Hammam
Place el-Majzen
Plaza Sebanin
Bab Suk
Bab el-Ain
Bab el-Ansar

névralgique est la Plaza Uta el-Hammam, occupe la moitié orientale du centre-ville. Son entrée principale, Bab el-Ain, se trouve à l'ouest. De là, l'avenue Hassan II, grande artère de la ville nouvelle, s'étire vers l'ouest jusqu'à la place Mohammed V. La médina concentre la majorité des hôtels et des restaurants, alors que les administrations et autres services se trouvent dans la ville nouvelle. La gare routière se situe à 1 km de marche au sud-ouest du centre-ville.

Renseignements

ACCÈS INTERNET

Institut Raouachid pour l'information et le commerce (IRIC ; av. Hassan II ; 10 Dh/h ; 9h-24h)
Outahammam.com (Plaza Uta el-Hammam ; 10 Dh/h ; 9h-24h)
Saadoune.net (place el-Majzen ; 10 Dh/h ; 10h-24h)

ARGENT

Il n'y a pas de DAB dans la médina.
Banque Populaire médina (Plaza Uta el-Hammam ; 9h30-13h et 15h30-21h). Cette agence ne respecte pas ses horaires ; ville nouvelle (av. Hassan II)
BMCE (av. Hassan II)

LIBRAIRIE

Librairie Al-Nahj (☎ 039 986945 ; av. Hassan II). Propose une sélection de la presse étrangère.

POSTE

Bureau de poste (av. Hassan II).

SERVICES MÉDICAUX

Hôpital Mohammed V (☎ 039 986228 ; av. al-Massira al-Khadra)
Pharmacie Alhambra (rue Moulay Ali ben Rachid)
Pharmacie Chefchaouen (av. Moulay Driss)

À voir et à faire

MÉDINA

La médina de Chefchaouen compte parmi les plus jolies du Maroc : petite et peu fréquentée, elle est parcourue de passages tortueux qui vous permettent de l'explorer, sans vraiment vous perdre. Le rez-de-chaussée des édifices est peint d'un bleu lumineux, ce qui crée une atmosphère propre et fraîche, à laquelle les tuiles en terre cuite ajoutent une touche andalouse.

La place principale de la médina, la **Plaza Uta el-Hammam**, ombragée et pavée, est dominée par les remparts rouges de la casbah (à droite) et par l'étonnante grande mosquée. Remarquable par sa tour octogonale, la **grande mosquée** fut construite au XVe siècle par le fils du fondateur de la cité, Ali ben Rachid. Les non-musulmans n'y ont pas accès. Le toit de la mosquée est couvert de tuiles rouges visibles du haut de la tour de la casbah.

La place est entourée de cafés où se détendre après une journée de randonnée (ou d'achats) et observer la vie des habitants suivre son cours. Non loin de l'angle nord-est, le **Fondouk Chfichu** servait à la fois d'hébergement et d'écurie aux pèlerins et aux voyageurs. Aujourd'hui encore, la foule s'y presse les jours de marché.

CASBAH

La **casbah** (☎ 039 986343 ; entrée musée et galerie compris 10 Dh ; 9h-13h et 15h-18h30 mer-lun) a été édifiée par Moulay Ali ben Rachid. Au XVIIe siècle, Moulay Ismaïl la restaura afin de protéger la cité des tribus berbères dissidentes et des étrangers, dont les Espagnols. Dans les années 1920, Abd al-Krim y installa pour un temps son quartier général.

Les murailles dissimulent un jardin de fleurs. À gauche, un modeste **Musée ethnographique** présente une collection d'armes anciennes, d'instruments de musique, de tapis et quelques photographies de rifains en tenue traditionnelle. Les vues de la Plaza Uta el-Hammam prises dans les années 1920 et de la casbah avant sa restauration sont fascinantes.

À droite se trouve la lugubre prison (aux chaînes rouillées) et la tour de la casbah. Cette dernière, restaurée, offre une vue superbe sur la ville. C'est aussi là que se trouve la **galerie Saïda al-Hourra**, qui accueille des expositions temporaires d'art.

MOSQUÉE EN RUINE

Au nord-est de la place el-Majzen, plusieurs rues mènent à Bab el-Ansar, la porte orientale de la médina, au pied de laquelle coulent les eaux vives du Ras el-Maa provenant des montagnes. Les femmes s'y rassemblent pour laver leur linge. De là, une marche de 2 km mène à la mosquée en ruine qui domine la ville. Construite par les Espagnols, puis abandonnée pendant la guerre du Rif dans les années 1920, elle offre une vue superbe sur Chefchaouen. Les habitants viennent y pique-niquer le vendredi, et les jeunes gens y fumer du kif : leurs sollicitations irriteront peut-être les voyageuses seules.

HAMMAM

Douches Barakat (douche 6 Dh, hammam 8 Dh ; ⌚ hommes 8h-12h, femmes 12h-20h) est un hammam traditionnel, peu fréquenté par les touristes.

RANDONNÉES

Bien qu'elles ne dépassent que rarement 1 800 m, les montagnes du Rif, qui bordent la côte marocaine sur près de 200 km, sont les plus hautes du nord du pays. Leurs contreforts verdoyants se révèlent magnifiques. Les cèdres dominent ceux qui jouxtent Chefchaouen, tandis que des forêts de pins et de chênes recouvrent les versants plus élevés. Le choix abonde en matière de randonnées, et même les voyageurs les plus blasés n'hésiteront pas à quitter les terrasses de café de la ville pour partir en balade. Pour plus d'informations, reportez-vous à la p. 423.

Une journée suffit à gravir le pic de **Djebel el-Kelaâ** (1 616 m) qui s'élève au-dessus de Chefchaouen. Voir l'encadré ci-dessous.

Circuits

En l'absence d'un office du tourisme local, le dynamique président de l'**Association des guides du tourisme** (⌚ 062 113917 ; guiderando@yahoo.fr ; 120 Dh le circuit d'une demi-journée), Abdeslam Mouden, propose des visites guidées de la médina et des conseils pour les randonnées. Vous pouvez aussi le contacter par l'intermédiaire de l'Hôtel Parador.

Fêtes et festivals

L'association culturelle **Rif el-Andalus** (☎ 039 986800) organise, entre autres, une grande exposition d'art en plein air au mois de juillet. Des artistes locaux exposent à cette occasion leurs œuvres en ville, notamment à la galerie Saïda al-Hourra dans la casbah. Chaque mois de juin se tient un petit festival de musique andalouse.

Où se loger

Chefchaouen dispose d'un large choix d'hébergements. En revanche, il n'existe quasiment pas d'établissements haut de gamme. De nouvelles adresses ouvrent leurs portes mais, en dehors des mois d'hiver, mieux vaut réserver.

En hiver, il fait parfois très froid et peu d'hôtels disposent de chauffage. Pensez à emporter un sac de couchage ou demandez des couvertures supplémentaires.

MÉDINA

Petits budgets

La plupart des adresses de cette catégorie sont situées dans la médina. Les meilleures sont ornées de faïences, ont des cours intérieures et de magnifiques terrasses sur le toit. Les sdb sont généralement communes avec des sanitaires à l'occidentale, et les douches chaudes sont souvent comprises.

Hôtel Mouritania (☎ 039 986184 ; 15 rue Qadi Alami ; s/d 45/70 Dh). Le meilleur rapport qualité/prix de la ville. Les chambres sont spartiates, mais

L'ASCENSION DU DJEBEL EL-KELAÂ

Dominant Chefchaouen du haut de ses 1 616 m, le Djebel el-Kelaâ semble démesurément haut, mais il suffit de partir de bonne heure et de se munir de provisions pour en venir à bout dans la journée (à condition d'être en bonne condition physique).

La marche débute derrière le camping Azilane et emprunte le sentier de 4x4 qui mène au hameau d'Aïn Tissimlane. Les bandes jaunes et blanches peintes sur les rochers vous indiquent que vous êtes sur la bonne route. La première heure de marche est difficile. Elle vous mène au-dessus des arbres d'où vous aurez une première vue sur Chefchaouen. Vous vous engagez alors sur une piste montagneuse. Vous atteindrez Aïn Tissimlane deux heures après votre départ. De là, le sentier serpente entre de gros blocs rocheux pendant presque une heure, jusqu'à un col. Suivez le chemin vers l'ouest jusqu'à l'encolure de la montagne, d'où une dernière ascension vous permettra de gagner le sommet. Un sentier est vaguement dessiné, mais il vous faudra vous aider de vos mains à certains endroits. Le pic apparaît bientôt, et vos efforts sont récompensés par la vue sublimesur cette partie du Rif.

Vous pouvez redescendre droit au village par le même chemin, ou obliquer au nord en arrivant à l'encolure, d'où un sentier vous conduira à des villages de l'autre côté de la montagne. L'un d'eux, El-Kelaâ, possède des silos à grain du XVIe siècle et une mosquée dont le minaret penche. De là, de nombreux sentiers vous ramèneront à Chefchaouen en quelques heures.

le toit est aménagé en terrasse et la cour, confortable, favorise les rencontres avec les autres voyageurs. Le personnel est serviable et les petits-déjeuners (15 Dh) délicieux.

Hostal Yasmina (☎ 039 883118 ; yasmina45@hotmail.com ; 12 rue Zaida al-Horra ; ch 60 Dh/pers). Des chambres claires et propres, des douches où l'eau chaude est abondante et une superbe terrasse sur le toit. Que rêver de mieux à ce prix ? Les chambres, peu nombreuses se remplissent vite.

Pensión La Castellana (☎ 039 986295 ; 4 Sidi el-Bouhali ; ch 75 DH/pers). Bien que populaires auprès des voyageurs, les chambres sont étroites et leur confort sommaire. La belle terrasse et les douches chaudes expliquent peut-être ce succès.

Hôtel Barcelona (☎ 039 988506 ; 12 rue Targui ; ch 50 Dh/pers, d avec sdb 300 Dh). Une adresse accueillante, peinte dans le bleu caractéristique de la ville. Les installations et la décoration sont rudimentaires, mais les travaux de rénovation en cours lors de notre visite pourraient bien faire de cette auberge, dotée d'une superbe terrasse sur le toit, une excellente affaire.

Hostal Guernika (☎ 039 987434 ; 49 Calle Ibn Askar ; ch 140 Dh, avec douche 180 Dh). Difficile de dire si ce petit hôtel situé à l'est de la place principale est la propriété de l'aimable couple espagnol qui vous reçoit ou des chiens et chats qui s'y prélassent. Certaines des chambres, décorées simplement, ont une sdb (les installations communes sont impeccables). Le toit est aménagé en terrasse.

Hôtel Andaluz (☎ 039 986034 ; 1 rue Sidi Salem ; ch 50 Dh/pers). Apprécié des voyageurs au budget limité, l'Andaluz dispose de chambres réparties autour d'une cour mais parfois sombres en raison de l'absence de fenêtres extérieures. En hiver, choisissez un roman parmi les livres à votre disposition et installez-vous devant le feu de bois.

Catégories moyenne et supérieure

Ksar Aladdin (☎ 065 406464 ; rue Rauachid ; ch 450 Dh ; ⊠). Cette maison d'hôte récente est d'un niveau supérieur à la moyenne. Dans les chambres luxueuses, le bois sombre et les couleurs vives contrastent avec les murs peints. Même les sdb sont originales. Choisissez l'une des chambres romantiques donnant sur la médina et les collines.

Dar Terrae (☎ 039 987598 ; darterrae@hotmail.com ; av. Hassan I ; ch petit-déj inclus 250-450 Dh). Disséminées dans un labyrinthe d'escaliers et de couloirs, les chambres, peintes dans des tons gais, sont toutes différentes et disposent chacune d'une sdb et d'une cheminée. Trois terrasses constituent autant de recoins où se détendre. Les propriétaires italiens concoctent chaque matin un petit-déjeuner somptueux et d'autres repas sur demande. L'endroit est mal indiqué ; demandez l'"Hôtel Italiano".

Casa Hassan (☎ 039 986153 ; www.casahassan.com ; 22 rue Targui ; s/d/tr demi-pension à partir de 450/600/750 Dh ; ⊠). Déjà ancienne, cette pension haut de gamme évoque un palais arabe. Toutes différentes, les chambres sont décorées avec des portes en bois sculpté, des alcôves, des tapis, et des carrelages colorés dans les sdb. L'élégance et le confort sont de rigueur. Le restaurant Tissemlal offre un cadre douillet et la terrasse invite au délassement.

Hôtel Parador (☎ 039 986136 ; parador@iam.net.ma ; place el-Majzen ; s/d 349/436 Dh, mai-sept 398/498 Dh ; ⊠). Ce quatre-étoiles vieillissant (une brochure des années 1930 est encadrée dans le hall) comprend des chambres confortables et sans surprise. Certaines sont plutôt exiguës, mais le restaurant est de bonne qualité et le Parador abrite l'un des rares bars de Chefchaouen.

ENVIRONS DE LA MÉDINA

Petits budgets

D'autres hôtels bon marché se concentrent le long de l'avenue Hassan II, qui part vers le sud depuis la médina en longeant les vieux remparts. Un peu plus haut de gamme que les pensions de la médina, ils disposent généralement de sdb privatives et de restaurants. Les chambres placées du bon côté bénéficient de vues magnifiques sur le Rif.

Hôtel Rif (☎ 039 986982 ; hotelrif@caramail.com ; 29 av. Hassan II ; s/d petit-déj inclus 150/180 Dh, avec sdb et petit-déj 180/240 Dh ; ⊠). Juste sous les remparts de la médina, cet hôtel dispose de bonnes chambres avec une vue magnifique ; les autres chambres sont correctes. Sans charme particulier, l'endroit est pourtant apprécié des groupes de touristes : réservez. Le restaurant sert de l'alcool.

Hôtel Marrakech (☎ 039 987774 ; av. Hassan II ; s/d 140/250 Dh, avec douche 200/300 Dh). Le Marrakech dégage un certain caractère. Les chambres bleu vif sont aérées et la terrasse sur le toit donne sur la vallée. Petit-déjeuner et dîner possibles au restaurant voisin.

Hôtel Salam (☎ 039 986239 ; 39 av. Hassan II ; s/d/tr 80/120/180 Dh). Autre possibilité hors de la médina, malgré le manque de charme. Sdb communes correctes et, petit plus, lavabos dans les chambres. Le café au rez-de-chaussée ouvre sur une agréable terrasse.

Camping Azilane (☎ 039 986979 ; 15 Dh par adulte, plus 15/20/35 Dh par tente/voiture/camping-car). Ce camping ombragé et idéalement situé se trouve à 20 min de marche de la médina. Un petit restaurant ouvre en été, et une boutique vend des produits de base. Pour le reste, les infrastructures sont minimales (douche chaude 10 Dh).

Catégories moyenne et supérieure

Auberge Dardara (☎ 061 150503 ; www.dardara.com ; rte nationale 2 ; s/lits jum/d lun-ven 330/440/540 Dh, sam-dim 370/490/590 Dh ;). Au carrefour de Dardara, à 11 km au sud-ouest de Chefchaouen, cette adorable pension entièrement restaurée, installée au milieu de luxuriants jardins, ne séduira que les voyageurs motorisés. Les chambres au décor traditionnel, avec sdb et cheminée, sont splendides. La décoration comprend quelques peintures d'artistes locaux, et du miel et de l'huile d'olive sont en vente à la réception. Le restaurant est excellent et l'hôtel organise des randonnées à cheval (100 Dh pour 3 heures).

Hôtel Madrid (☎ 039 987497 ; av. Hassan II ; s/d à partir de 253/380 Dh ;). L'odeur de renfermé et le décor d'inspiration florale, mi-européen mi-marocain, tranchent avec les chambres : les lits à baldaquin en fer forgé et les sdb bien équipées, sont tout à fait douillettes.

Où se restaurer

RESTAURANTS

Cafés-restaurants de la Plaza (Plaza Uta el-Hamman ; petit-déj à partir de 15 Dh, plats à partir de 25 Dh ; 8h-23h). Très appréciés des habitants de la ville, la dizaine de cafés-restaurants de la place principale proposent des menus quasiment identiques : petit-déjeuner continental, soupes et salades, tajines et fruits de mer. La qualité est au rendez-vous, et les tables valent surtout pour leur ambiance.

La Lampe Magique (☎ 065 406464 ; rue Targui ; plats à partir de 45 Dh, menu 75 Dh). Dominant la Plaza Uta el-Hammam, la Lampe Magique sert de succulents plats marocains dans un cadre somptueux. Un salon détendu, une salle à manger plus formelle et une terrasse sur le toit occupent les trois niveaux. Les murs sont peints dans le même bleu que la médina, le sol en brique et les tables en bois sombre renforcent le caractère pittoresque des lieux. La cuisine est délicieuse, par exemple le tajine d'agneau aux pruneaux ou les salades, mais vous vous souviendrez surtout de l'atmosphère.

Restaurant Tissemlal (☎ 039 986153 ; 22 rue Targui ; menu 60 Dh). Le restaurant de l'hôtel Casa Hassan, propose des plats savoureux dans une ambiance chaleureuse. Il fait bon s'y détendre, notamment lorsque dehors le froid se fait mordant et que la cheminée est allumée. La cuisine ouverte permet aux clients d'observer le travail des chefs. La carte affiche des spécialités marocaines parfois modernisées. Ne manquez pas la salade au fromage de chèvre frais, spécialité du Rif.

Al-Kasbah Restaurant (près de la Plaza Uta el-Hammam ; menu 60 Dh). La salle à manger centrale est entourée d'alcôves décorées comme des tentes berbères. Le menu du jour comprend des plats marocains traditionnels préparés avec soin (quelques plats à la carte), ou une paella pour laquelle vous ne regretterez pas d'avoir attendu. Sinon, le service est expéditif.

Restaurant al-Azhar (av. Moulay Driss ; plats à partir de 25 Dh ; 8h-21h). Près des marches qui descendent depuis la poste, ce restaurant attire en rangs serrés des employés et des familles. Même si les tajines et autres plats marocains sont corrects, mieux vaut commander une immense portion de fruits de mer (50 Dh) au comptoir extérieur.

Restaurant Les Raisins (☎ 039 988641 ; 7 rue Sidi Sifri ; tajines 20 Dh, menu à partir de 40 Dh ; 7h-21h). Un peu à l'écart dans la ville nouvelle, cette table régale depuis longtemps habitués et touristes. Le couscous est particulièrement apprécié. Il est plaisant de faire durer le déjeuner à l'ombre de la grande terrasse.

CAFÉS, PÂTISSERIES ET GLACIERS

Installez-vous dans l'un des cafés de la Plaza Uta el-Hammam pour siroter un jus de fruit ou un thé à la menthe. Dès le milieu de l'après-midi, des vendeurs ambulants font la tournée des cafés avec des plateaux couverts de gâteaux gorgés de miel. Dans les salles à l'arrière, les habitants du coin jouent aux cartes et fument du kif. S'il peut être intéressant d'y jeter un œil, les femmes seules préfèreront ne pas s'attarder.

Bab el-Ansar Café (Bab el-Ansar). Ce café superbement situé domine l'oued Ras el-Maa et donne sur la médina. Les trois terrasses en escalier défient l'endurance des serveurs. La vue est superbe, en particulier en fin d'après-midi, lorsque le soleil illumine les montagnes.

Pâtisserie Aziz (av. Hassan II). Superbe choix de pâtisseries, que vous accompagnerez au petit-déjeuner d'un jus fraîchement pressé et d'un bon café.

Snack Sandwich Dahlia (rue Jarrazin ; repas léger 10 Dh). Pour un déjeuner sur le pouce, rendez-vous sur la minuscule place près de l'Hôtel Andaluz : le Dahlia vous servira un hamburger ou une omelette avec de la salade et du pain chaud, à déguster à l'ombre des vignes.

FAIRE SES COURSES

Le marché proche de l'avenue Hassan II est excellent pour se ravitailler en poisson, viande, fruits et légumes frais, notamment le lundi et le jeudi, lorsque les paysans des environs de Chefchaouen affluent pour vendre leurs produits.

Ne manquez pas les spécialités locales : le miel de montagne, très parfumé, et le fromage doux de brebis, que l'on sert habituellement au petit-déjeuner. Ajoutez une bonne miche de *dial makla* (pain), et vous voilà prêt pour un succulent pique-nique.

Où prendre un verre

Chefchaouen est au cœur de la principale région productrice de kif, aussi y boit-on peu. Le seul bar de la ville, le **Bar Oum-Rabia** (av. Hassan II ; 🕒 10h-22h) est fréquenté par une clientèle masculine. L'**Hôtel Parador Bar** (🕒 14h-23h) est cher et sans charme ; vous pouvez aussi essayer le restaurant de l'Hôtel Rif.

Achats

Chefchaouen a toujours été un centre artisanal, et l'endroit idéal où acheter, entre autres, des tapis et des couvertures tissées de couleurs vives. Dans les boutiques, vous verrez fréquemment des tisserands au travail. Autrefois, la soie fournissait un matériau de choix : les mûriers de la Plaza Uta el-Hammam sont un héritage de cette époque. Aujourd'hui, les tisserands travaillent principalement avec de la laine, l'une des principales productions de la région.

De nombreuses boutiques pour touristes sont installées sur les lieux stratégiques que sont les places Uta el-Hammam et el-Majzen. L'**Ensemble artisanal** (place el-Majzen) mérite aussi une visite, ne serait-ce que pour comparer.

Depuis/vers Chefchaouen

BUS

De nombreux bus ont déjà fait le plein de passagers dans d'autres localités avant de desservir Chefchaouen. Mieux vaut acheter son ticket la veille pour être sûr d'avoir une place assise. La gare routière se trouve à environ 1 km au sud-ouest de la ville, tout à fait au bout de l'avenue Mohammed V (10 Dh en petit taxi depuis la place el-Majzen). Les bus CTM et autres partent de là.

La **CTM** (☎ 039 988769) assure quatre services passant par Chefchaouen. Deux bus partent l'après-midi pour Fès (60 Dh, 4 heures) *via* Ouezzane (20 Dh, 1 heure 30). Un bus relie Tanger l'après-midi (35 Dh, 3 heures) *via* Tétouan (20 Dh, 1 heure 30). Un service très matinal dessert Nador (100 Dh, 9 heures) *via* Al-Hoceima (65 Dh, 6 heures).

D'autres compagnies moins chères desservent Chefchaouen. Il existe des liaisons fréquentes avec Tétouan (15 Dh, 1 heure 30), dont certaines continuent jusqu'à Tanger (27 Dh, 3 heures). Des bus partent aussi pour Casablanca (70 Dh, 6 heures) *via* Rabat (55 Dh, 5 heures). Pour Meknès (50 Dh, 5 heures), les bus en provenance de Tétouan s'arrêtent à Chefchaouen. Tous les bus en direction du sud passent par Ouezzane (18 Dh, 1 heure 30). Il y a un bus quotidien pour Oued Laou (18 Dh, 2 heures).

TAXI

Les grands taxis à destination du nord attendent juste en dessous de la place Mohammed V. La plupart se rendent à Tétouan (30 Dh, 1 heure), où vous pouvez prendre une correspondance pour Tanger ou Ceuta ; les taxis directs sont rares. Depuis l'avenue Allal ben Abdallah, les grands taxis rejoignent Dar Ackoubaa (15 Dh, 20 min), l'embranchement pour Oued Laou.

Les grands taxis en direction du sud attendent en bas du marché central. Prenez-en un pour Ouezzane (30 Dh, 1 heure 15), d'où

LE KIF DU RIF

Fumer le kif est une tradition très ancienne dans le nord du Maroc. Le mot provient d'un terme arabe signifiant "plaisir". Dans les montagnes du Rif, entre Chefchaouen et Ketama et au-delà, sa culture est intensive (certains villages ne font rien pousser d'autre).

Le haschisch, élaboré à partir de kif compressé, est un produit plus fort mis au point dans les années 1960 et destiné à l'exportation. Si le montagnard âgé sort sa pipe de kif pour bavarder un instant avec vous, les jeunes Rifains, occidentalisés, préfèrent le haschisch.

Le Rif constitue l'une des régions les plus défavorisées du pays, et la culture du kif y est devenue la principale activité économique, grâce à l'approbation silencieuse des autorités. Ces dernières années, sous la pression des États-Unis et surtout de l'UE, principal partenaire commercial du Maroc, l'attitude des autorités s'est durcie vis-à-vis de cette activité illicite. Les programmes d'aide internationale souhaitent miser sur le tourisme écologique et culturel afin de favoriser le développement. Toutefois, il suffit d'emprunter les mauvaises routes qui parcourent les montagnes pour se faire une idée des investissements nécessaires à la réfection des infrastructures locales, aujourd'hui presque inexistantes.

En 2004, la production de kif a été interdite, et depuis, ceux qui le cultivent peuvent être inculpés. En pratique, seules quelques poursuites ont été engagées, et la possession et la consommation discrète de kif sont tolérées. Certains voyageurs en achètent de petites quantités pour leur usage personnel, mais évitez de voyager en possession de kif, et ne faites jamais confiance aux vendeurs, qui travaillent souvent avec la police.

vous pourrez continuer sur Fès et Meknès. Les transports sont rares en direction de la côte est. Mieux vaut prendre un grand taxi jusqu'au carrefour de Dardara (8 Dh, 15 min) ou Bab Taza (15 Dh, 30 min) et se débrouiller après.

Comment circuler

De petits taxis bleus sans compteur se regroupent place el-Majzen et près du marché. Une course coûte généralement moins de 10 Dh. Sûr et commode, le **parking** de l'Hôtel Parador (place el-Majzen ; 10 Dh/nuit) n'est pas réservé aux clients.

OUEZZANE وزان

53 000 habitants

Située dans les collines qui ondulent en bordure méridionale du Rif, Ouezzane a, comme d'autres bourgades, connu l'afflux de réfugiés andalous, en grande partie juifs, au XVe siècle. Ceux-ci ont marqué la physionomie de la ville, même si Ouezzane, moderne et animée, ne possède pas le charme de Chefchaouen. L'économie repose essentiellement sur le commerce de la laine et de l'huile d'olive, et la ville accueille un grand marché chaque jeudi.

Le commerce n'exclut pas le sacré. Une *zaouïya* (communauté entourant le mausolée d'un saint) se consacre à la mémoire de Moulay Abdallah ben Brahim, chef soufi qui vivait au XVIIIe siècle, descendant du prophète Mahomet, et ancêtre de l'actuel chérif d'Ouezzane. Un *moussem* (fête votive) a lieu en son honneur fin mars. Autre célèbre descendant, le chérif Si Absellam scandalisa la bonne société à la fin du XIXe siècle en divorçant de ses femmes pour épouser une Anglaise, Emily Keane (enterrée à l'église St Andrew à Tanger – voir p. 165).

Les juifs effectuent un pèlerinage annuel (début mai), sur la tombe de Rabbi Amrane ben Diwan, "faiseur de miracles" andalou qui mourut vers 1780. Sa tombe se trouve à 9 km au nord-ouest d'Ouezzane, près de la route de Rabat, dans le cimetière juif d'Azdjem.

Orientation

Le centre-ville est formé par la place de l'Indépendance, grande aire triangulaire entre la médina, au sud et à l'ouest, et la ville nouvelle, au nord et à l'est. Bien visibles au sud de la place, s'élèvent les minarets de la mosquée de la zaouïya (ou mosquée verte) et, au-delà, la mosquée Moulay Abdallah Chérif.

Où se loger et se restaurer

Ouezzane possède peu de lieux d'hébergement. Vous avez le choix entre deux hôtels, rudimentaires mais très corrects, et quelques autres moins convenables.

Hôtel Bouhlal (☎ 037 907154 ; quartier Hay el-Haddadine ; s/d/tr 80/94/126 Dh). Ce petit hôtel situé dans une rue étroite au nord-est de la mosquée de la zaouïa est de loin le meilleur de la ville. Il possède un toit en terrasse, des chambres propres et sobres, et des toilettes à la turque. Prévenu à l'avance, le personnel peut vous préparer un petit-déj convenable.

Grand Hôtel (☎ 037 907096 ; place de l'Indépendance ; s/d/tr 60/70/100 Dh). Contrairement à l'extérieur peu engageant, les chambres basiques sont correctes. Dans les sdb communes, les douches sont froides et les toilettes à la turque. Sur la terrasse, un petit café sert du thé et des grillades.

La place de l'Indépendance rassemble quelques hôtels douteux pour les moins fortunés et les plus téméraires.

Vous trouverez des cafés et quelques snacks dans la partie sud-ouest de la place. Il est possible d'acheter des sandwichs et des brochettes bon marché à la gare routière. Les hommes d'Ouezzane se retrouvent au **Restaurant des Négociants** (place de l'Indépendance) dans la partie ouest de la place, pour boire un verre et grignoter.

Depuis/vers Ouezzane

BUS

Dans la rue de la Marche Verte, à 50 m au nord-ouest de la place centrale, deux parkings poussiéreux, voisins, font office de gare routière et de station de grands taxis. Si vous quittez Ouezzane, mieux vaut arriver de bonne heure, car les bus se font rares après 17h.

La CTM assure deux liaisons quotidiennes avec Fès (40 Dh, 2 heures) et une avec Tétouan (35 Dh, 3 heures) *via* Chefchaouen (20 Dh, 1 heure 30). Avant 17h, d'autres compagnies desservent régulièrement Meknès (30 Dh), Fès (30 Dh), Tétouan (30 Dh), Chefchaouen (15 Dh), Kenitra (23 Dh, 2 heures 30), Casablanca (50 Dh, 5 heures) et Tanger (45 Dh, 4 heures). Hormis ceux de la CTM, la plupart des bus à destination de Chefchaouen s'arrêtent en réalité à Dardara, sur la route principale. Il faut prendre un grand taxi (8 Dh) pour parcourir les 10 km restants.

TAXI

Les grands taxis se rendent régulièrement à Chefchaouen (30 Dh, 1 heure 15) et Fès (60 Dh, 2 heures 30). Pour les longues distances (comme Rabat ou Tanger), prenez un taxi pour Souk el-Arba-du-Rharb (20 Dh, 45 min) ou Ksar el-Kebir (25 Dh, 1 heure), et changez.

NORD ET EST DE CHEFCHAOUEN

Oued Laou واد لاو

Avec ses allures de grand village de pêcheurs, Oued Laou s'étend paresseusement le long d'une large plage de sable paradisiaque (une rareté sur cette partie de la côte) sans être pourtant loin des montagnes.

La bourgade ne présente aucun intérêt particulier, en dehors de ses paysages et de ses bateaux de pêcheurs, mais le site est propice au repos.

OÙ SE LOGER ET SE RESTAURER

Hôtel Restaurant Oued Laou (☎ 039 972855 ; bd Massira ; d à partir de 120 Dh). Le bourg ne possède qu'un hôtel correct, à 200 m au nord de la mosquée octogonale, sur la plage. Les chambres sont claires et propres, et les douches chaudes. Le restaurant est le meilleur d'Oued Laou et sert de savoureux poissons et fruits de mer.

Camping Oued Laou (☎ 039 670895 ; 15 Dh/pers, plus 10/15/30 Dh par tente/voiture/caravane). Tout à côté de la mosquée, un camping s'est installé. Le site est sûr, mais l'équipement des plus spartiates, n'est pas suffisamment bien entretenu.

DEPUIS/VERS OUED LAOU

En voiture depuis Chefchaouen, quittez la route principale de Tétouan à Dar Ackoubaa, 11 km au nord de Chefchaouen. Vous passerez à côté d'un barrage hydroélectrique et traverserez de douces collines ainsi que l'étonnante gorge du Laou. Depuis Tétouan, la S608 longe la côte, spectaculaire, sur 140 km jusqu'à El-Jebha.

Trois bus relient chaque jour Tétouan et Oued Laou (21 Dh, 2 heures). Un autre arrive de Chefchaouen (18 Dh, 1 heure 30), et continue par la côte jusqu'à El-Jebha (25 Dh, 5 heures) ; le véhicule du retour quitte El-Jebha tôt le matin. À Oued Laou, les bus vous déposent près du souk, à 45 min de marche de la ville (5 Dh en grand taxi).

Les grands taxis qui stationnent à côté de la mosquée d'Oued Laou vont à Tétouan (30 Dh, 1 heure) *via* Dar Ackoubaa (15 Dh, 20 min), d'où un taxi de passage vous conduira à Chefchaouen.

De Targa à El-Jebha

Cette côte superbe est à l'écart des sentiers battus. Les touristes sont rarissimes dans cette région, à la lisière du pays du kif.

À 17 km au sud-est d'Oued Laou, **Targa** est un modeste village qui s'illustra autrefois comme repaire de pirates. Surplombant un escarpement de roche noire, un fort édifié sous le protectorat espagnol domine le village. La mosquée du XIIIe siècle, consacrée à un saint local, témoigne de traditions plus anciennes.

Environ 18 km plus au sud-est, dans la grande vallée de l'oued Bouchia, se trouvent les deux villages de **Steha** (centre administratif) et de **Bou-Ahmed**. En retrait de la côte, ce dernier constitue le point d'arrivée d'une longue randonnée au départ de Chefchaouen (voir p. 424). Un souk intéressant se tient chaque mardi.

De là, la route longe le rivage et traverse de superbes paysages en montagnes russes jusqu'à la ville bleue et blanche d'**El-Jebha**, à 52 km au sud-est. La côte accidentée est ponctuée de quantités de baies de toute beauté que vous pouvez explorer à condition d'être motorisé. Tous les mardis, le souk local attire les fermiers rifains des villages voisins. El-Jebha est la dernière halte avant l'ascension du Rif jusqu'à Issaguen.

Issaguen (Ketama) دازكان

5 000 habitants

En partant de Chefchaouen vers le sud-est, la N2 pénètre au cœur du Rif, et continue sur 150 km le long de la chaîne de montagnes. Durant les premiers kilomètres, elle traverse des forêts de chênes-lièges et de pins majestueux. La petite ville de Bab Berret marque la frontière officieuse du pays du kif – sur les marchés sont vendus de nombreux produits destinés à sa culture.

Issaguen, que les habitants (et certaines cartes) appellent Ketama, surgit soudain au milieu d'une forêt de pins. Ville carrefour, elle exhale une atmosphère trouble qui s'explique sans doute par son statut de capitale de la culture et du trafic de kif.

Au sud-est, le djebel Tidiquin (ou Tidighine, 2 448 m), le plus haut sommet du Rif, domine le paysage.

DÉSAGRÉMENTS ET DANGERS

La Ketama est l'une des plus grosses régions productrices de haschisch au monde. Les champs de cannabis recouvrent des versants entiers, notamment dans le nord, vers la côte. Vous croiserez de nombreux barrages de police, mais en dépit des efforts de Rabat, les gendarmes ferment souvent les yeux sur le trafic qui se déroule presque au grand jour. Contrairement à autrefois, les contrôles ne visent plus que rarement les étrangers. Facilement repérables, ceux-ci doivent être vigilants si on leur propose du kif.

Les routes sont dans un état qui trahit des années de négligence à l'égard de cette région démunie. Les virages n'en finissent pas et rendent les trajets particulièrement longs. Les stations-service sont rares.

OÙ SE LOGER ET SE RESTAURER

Issaguen n'est pas le meilleur endroit où passer la nuit. En cas de nécessité, optez pour l'**Hôtel Tidighine** (☎ 067 255171 ; s/d 223/252 Dh), près de la route principale, à côté de la station-service CMH. Toutefois, l'établissement est médiocre et trop cher.

Sur la route principale, quelques cafés proposent aussi des chambres sordides à l'arrière.

DEPUIS/VERS ISSAGUEN

À défaut de gare routière, les bus de passage s'arrêtent sur la grande route près du carrefour en T (où se tient également une station-service). Ils desservent Tétouan (44 Dh, 5 heures, environ 6/j) *via* Chefchaouen (38 Dh, 3 heures), Al-Hoceima (36 Dh, 3 heures, au moins 9/j) et Fès (42 Dh, 4 heures, 7/j).

La plupart des grands taxis n'effectuent que des courses locales. Quelques-uns partent pour Al-Hoceima (45 Dh) et Tétouan (75 Dh). Sinon il vous faudra en louer un.

AL-HOCEIMA الحسيمة

113 000 habitants

La pittoresque Al-Hoceima surplombe une baie en l'un des rares points de la côte méditerranéenne où le Rif ne se jette pas directement dans la mer, laissant la place à des plages. Fondée par les Espagnols et baptisée Villa Sanjuro, la ville offre un visage relativement moderne, et les larges boulevards contrastent avec les routes du Rif criblées de nids-de-poule. En été, elle attire des vacanciers marocains et des Espagnols qui arrivent en ferry depuis Almería et Málaga

La ville était à l'origine une garnison chargée de surveiller les turbulents Berbères après les rébellions dans le Rif au début du XXe siècle. Le fait que, durant les années 1920, le rebelle rifain Abd el-Krim ait établi l'une de ses principales bases à seulement 10 km de là, à Ajdir, montre le peu d'emprise des Espagnols sur cette partie de leur protectorat.

Après l'indépendance du Maroc, la ville prit le nom d'Al-Hoceima, mais l'influence espagnole reste marquée dans la langue, l'architecture et le commerce. Les nombreux émigrés d'Al-Hoceima investissent dans les immeubles d'habitation et font construire d'élégantes villas qui confèrent à la ville des airs de ville champignon.

Orientation

La ville est construite autour d'une baie tranquille, que borde la plage Quemado, dominée par l'Hôtel Quemado. À l'intérieur des terres, la place de la Marche Verte constitue le cœur de la ville. De là, le bd Mohammed V part vers le sud et regroupe banques, hôtels et restaurants. À l'est de ce boulevard et au sud de la plage, vous verrez les vestiges de l'ancien centre-ville espagnol. On trouve des hôtels et restaurants à prix doux, ainsi que les moyens de transport, autour de la place du Rif. Le port de pêche et le port commercial se situent à 300 m au nord-est du centre-ville.

Outre la plage Quemado, quelques plages plus tranquilles bordent la côte à l'est. Certains points permettent de voir le Peñon de Alhucemas, charmant îlot espagnol qui servit longtemps de prison et de base militaire.

Renseignements

ACCÈS INTERNET

Cyber Club On-line (103 bd Mohammed V ; 8 Dh/h ; ⌚ 10h-14h et 16h-24h)

Internet al-Kods (place de la Marche Verte ; 6 Dh/h ; ⌚ 12h-24h)

AGENCES DE VOYAGES

Toutes ces agences vendent des tickets pour les ferries au départ d'Al-Hoceima en saison, et de Nador toute l'année.

Chafarinas Tours (☎ 039 840202 ; 109 bd Mohammed V)

Ketama Voyages (☎ /fax 039 982772 ; 146 bd Mohammed V)

ARGENT

Parmi les banques qui bordent le boulevard Mohammed V, on trouve la BMCE, la BMCI et la Banque Populaire.

OFFICE DU TOURISME

ONMT (Délégation régionale du tourisme ; ☎ 039 981185 ; av. Tariq ibn Ziad ; ⌚ 8h30-12h et 14h30-18h30 lun-jeu, 8h30-11h30 et 15h-18h30 ven)

POSTE

Bureau de poste (Calle Moulay Idriss Alkbar)

SERVICES MÉDICAUX

Pharmacie nouvelle (Calle Moulay Idriss Alkbar)

À voir et à faire

PLAGES

La **plage Quemado** est nichée dans une jolie baie, bordée de falaises. Elle est assez propre, mais la présence du port au nord et de grands immeubles qui se dressent sur les falaises, au sud, ne permettent pas de l'apprécier.

Des plages de sable mieux préservées s'étendent à 5 km au sud de la ville : la **Cala Bonita**, la **plage Isly** et la **plage Asfiha**. Le moyen le plus pratique pour s'y rendre consiste à prendre un grand taxi. Si vous louez tout le taxi, comptez environ 49 Dh jusqu'à Cala Bonita et 72 Dh jusqu'à Asfiha. Les bus locaux pour Ajdir et Imzouren passent non loin de ces plages (2 à 3 Dh). Ils attendent près de la station-service Mobil, à l'extrémité sud du bd Mohammed V.

PETITS BUDGETS

Les hôtels très bon marché abondent aux abords de la place du Rif et du souk. Certains sont plutôt sinistres, mieux vaut comparer avant de vous décider.

Hôtel Etoile du Rif (☎ 039 840848 ; place du Rif ; s/d/tr 159/185/239 Dh). Ce curieux immeuble Art déco est sans aucun doute l'adresse la plus intéressante d'Al-Hoceima. Les chambres impeccables ont des sdb et la TV sat, ainsi que des balcons (pour la plupart). Les clients peuvent profiter du café au rez-de-chaussée, et les bus s'arrêtent au pied de l'hôtel.

Hôtel Marrakech (☎ 068 105918 ; 106 bd Mohammed V ; s/d 170/195 Dh). Situé sur la rue principale, étrangement agencé, l'hôtel propose des chambres très inégales. Au mieux, elles sont pratiques, avec sdb, et confortables quoiqu'un peu défraîchies.

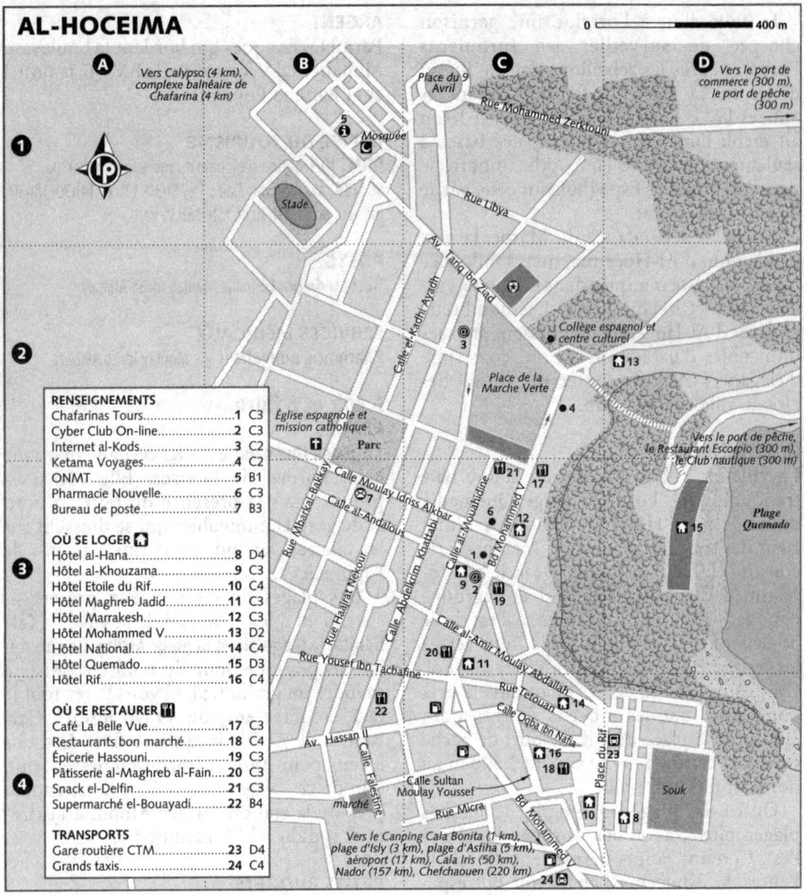

Hôtel al-Hana (☎ 039 981642 ; 17 Calle Imzouren ; s/d/tr 50/60/75 Dh). Cet hôtel rudimentaire mais bien tenu pratique des prix imbattables. Il est dissimulé dans l'une des minuscules ruelles à l'est de la place du Rif. Sdb (douche chaude 10 Dh) et W.-C. à la turque sont communs. Le restaurant est correct.

Hôtel Rif (☎ 039 982268 ; 13 rue Moulay Youssef ; s/d 40/80 Dh). Repaire pour routards fauchés (les voyageuses seules l'évitent). Les sdb sont communes (douche froide et toilettes à la turque), mais les chambres ont des lavabos.

Camping Cala Bonita (☎ 064 006492 ; emplacement 50 Dh). Joliment installé au bord de la baie à environ 1 km au sud de la ville, ce camping est indiqué sur la route Nador. Les équipements sont un peu vétustes et se résument à des douches froides. Chaque emplacement peut accueillir jusqu'à quatre personnes.

CATÉGORIES MOYENNE ET SUPÉRIEURE

Hôtel al-Khouzama (☎/fax 039 985669 ; Calle al-Andalous ; s/d 265/325 Dh ; ❄). Juste à côté du bd Mohammed V, ce trois-étoiles, depuis longtemps prisé des voyageurs d'affaires, est confortable et comporte des chambres spacieuses (celles qui ne donnent pas sur la rue sont un peu obscures), avec sdb et TV sat. Le personnel de la réception est accueillant et attentif.

Hôtel National (☎ 039 982681 ; fax 039 981123 ; 23 rue de Tétouan ; s/d 265/325 Dh ; ❄). La direction est la même que celle de l'al-Khouzama, aussi l'hôtel offre plus ou moins les mêmes services. L'atmosphère est plus moderne et le décor plus agréable.

Hôtel Maghreb Jadid (☎ 039 982504 ; fax 039 982505 ; 56 bd Mohammed V ; s/d 264/333 Dh ; ❄). Si les autres hôtels de cette catégorie affichent complet, vous pouvez opter pour celui-ci. Certes les chambres sont un peu décevantes comparé au hall somptueux mais elles sont spacieuses et ont pour la plupart des balcons. Les sdb auraient besoin d'une rénovation complète.

Hôtel Mohammed V (☎ 039 982233 ;fax 039 983314 ; près de la place de la Marche Verte ; s/d 352/466 Dh ; ❄). Autrefois luxueux, les lieux se composent d'une série de bâtiments bas en béton sans attrait, sur les hauteurs qui dominent la plage Quemado. Les chambres sont assez confortables et disposent de balcons offrant une jolie vue sur la baie. Le restaurant, le bar et la terrasse du complexe profitent du même panorama.

Hôtel Quemado (☎ 039 982233 ; fax 039 983314 ; plage Quemado ; s/d 411/457 Dh). Ouvert uniquement l'été, géré par la même équipe que l'Hôtel Mohammed V, cet établissement balnéaire donne directement sur la plage. Les chambres claires sentent bon l'air du large et sont bien équipées, avec sdb carrelées et TV.

Où se restaurer

RESTAURANTS

Beaucoup de petits restaurants installés autour de la place du Rif servent des tajines, des brochettes et des fruits de mer aux clients de la gare routière pour environ 25 Dh par personne.

Restaurant Escorpio (☎ 039 984410 ; port d'Al-Hoceima ; plat de poisson 60-90 Dh). L'une des deux meilleures tables situées dans l'enceinte du port. Elle propose des poissons pêchés du jour que l'on mangera si possible sur la terrasse à l'étage, pour jouir de la vue panoramique sur l'activité portuaire.

Club Nautique (☎ 039 981461 ; port d'Al-Hoceima ; plat de poisson 60-90 Dh). En longeant le front de mer, juste avant l'entrée du port, vous ne pouvez manquer ce club. Il sert un bon choix de poissons tout frais pêchés, que l'on peut déguster avec un verre de vin.

Snack el-Delfin (angle place de la Marche Verte ; sandwichs à partir de 17 Dh, pizzas à partir de 35 Dh). Un snack moderne et rutilant, avec quelques tables, même si l'essentiel des produits proposés sont à emporter. Les sandwichs sont immenses et les salades délicieuses.

CAFÉS ET PÂTISSERIES

Café La Belle Vue (bd Mohammed V). Ce café doit son nom à sa terrasse, à l'arrière, dominant la baie. Les femmes choisiront la terrasse à l'étage, plus tranquille. Ce tronçon du boulevard Mohammed V compte d'autres cafés similaires offrant une vue superbe.

Pâtisserie al-Maghreb al-Fain (bd Mohammed V). Le meilleur choix de pâtisseries du quartier. L'intérieur est un peu investi par les hommes, mais l'établissement possède aussi des tables à l'extérieur.

FAIRE SES COURSES

Vous trouverez en ville une multitude de magasins d'alimentation : l'**épicerie Hassouni** (bd Mohammed V) et le **supermarché el-Bouayadi** (Calle Abdelkrim Khattabi), entre autres.

Où prendre un verre

Les cafés mentionnés dans la rubrique précédente servent des pâtisseries et des en-cas mais les habitants viennent aussi y siroter leur thé à la menthe.

Hôtel Mohammed V (☎ 039 982233 ; fax 039 983314 ; près de la place de la Marche Verte). Le bar de cet hôtel est accueillant et sa terrasse offre une vue magnifique sur la plage Quemado. Une bière vous coûtera 20 Dh.

Club Nautique (port d'Al-Hoceima ; bière 15 Dh). Plus animé, le club attire une clientèle nombreuse.

Où sortir

Calypso (☎ 039 841601 ; plage Tala Youssef ; entrée 80 Dh). Située dans la station balnéaire de Chafarina, à 4 km au nord d'Al-Hoceima, cette discothèque est la seule de la ville, et s'anime surtout l'été.

Depuis/vers Al-Hoceima

AVION

RAM assure un vol par semaine pour Amsterdam (mercredi) mais bizarrement aucun pour Casablanca. Un taxi jusqu'à l'aéroport, à 17 km au sud-est de la ville, coûte 100 Dh.

BATEAU

De juin à septembre, Trasmediterránea et Comanav programment un ferry quotidien

GRONDEMENTS DE COLÈRE

Le 24 février 2004, l'activité laborieuse et la tranquillité d'Al-Hoceima furent violemment interrompues, quand un terrible tremblement de terre ébranla les environs. Atteignant 6,4 sur l'échelle de Richter, le séisme fut plus puissant et plus tragique que celui qu'avait connu la région en 1994. Bien que la ville elle-même n'ait pas subi de véritables dommages physiques, de nombreux villages des alentours furent dévastés. Les constructions en terre dénuées de fondations ne résistèrent pas au choc et s'effondrèrent sur leurs occupants. Le séisme fit 564 victimes, laissant des milliers de personnes sans abri. La place de la Marche Verte à Al-Hoceima se transforma en campement pour les survivants.

Le séisme a mis en lumière les problèmes dont souffre cette région : les victimes étaient principalement des fermiers du Rif d'origine berbère, l'une des communautés les plus défavorisées du pays. La région fait en effet figure de mal-aimée du pouvoir central. Sous le protectorat espagnol, les habitants du Rif menèrent une longue campagne pour gagner leur indépendance, obligeant les occidentaux à quitter les montagnes pendant les années 1920. Durant la lutte pour l'indépendance, ils parvinrent à nouveau à chasser l'occupant mais furent exclus du gouvernement au moment de la victoire. Depuis la rébellion de 1958, la région est considérée par Rabat comme une province reculée et sauvage.

Du fait du sous-développement du Rif, la culture locale du kif a pris l'ampleur que l'on sait. Le gouvernement a bien dû, quoique tardivement, reconnaître ses torts – pointés du doigt pendant les émeutes qui éclatèrent en réaction à la lenteur des secours apportés aux victimes du séisme de 2004. Mohammed VI (dont la mère est berbère) s'intéresse de plus près à la région, et l'UE a apporté son soutien au développement d'infrastructures afin de briser l'isolement de la région. Le coup d'envoi a été donné à de vastes programmes de construction d'écoles et de développement agricole, même si la région demeure sous-représentée politiquement. Lorsque l'on traverse le Rif sur des routes bosselées (les pires du pays), on comprend mieux le sentiment de frustration et l'impatience des populations locales.

depuis Almería, en Espagne. Compter environ 320 Dh l'aller simple (5 heures). Hors saison, le mieux est d'emprunter le ferry entre Almería et Nador (à 157 km à l'est d'Al-Hoceima).

BUS

Toutes les compagnies de bus ont leurs bureaux autour de la place du Rif. Deux bus de la **CTM** (☎ 039 982273) desservent chaque jour Nador (40 Dh, 3 heures) et quatre Tétouan (78 Dh, 7 heures) *via* Chefchaouen (65 Dh, 6 heures). Un autre bus part le soir pour Casablanca (160 Dh, 11 heures 30) *via* Taza (60 Dh, 4 heures), Fès (90 Dh, 6 heures), Meknès (105 Dh, 7 heures 30) et Rabat (140 Dh, 10 heures). Il arrive à Taza à temps pour la correspondance avec le train de nuit à destination de Marrakech.

Plusieurs petites compagnies desservent également ces destinations. Au moins trois bus relient chaque jour Tétouan et Tanger (80 Dh, 9 heures). Ils ne s'arrêtent à Chefchaouen que s'il y a suffisamment de demandes. Sinon, ils vous déposeront sur la route principale de Dardara, d'où un grand taxi vous conduira à Chefchaouen (8 Dh, 15 min). En direction de l'est, deux bus se rendent chaque jour à Nador (39 Dh, 3 heures) et Oujda (58 Dh, 7 heures).

TAXI

Une file de grands taxis attend le long de la route à l'extrémité sud du bd Mohammed V. Parmi les destinations les plus fréquentes figurent Taza (60 Dh, 2 heures 30) et Nador (55 Dh, 2 heures 30), mais quelques taxis se rendent parfois à Fès (120 Dh).

ENVIRONS D'AL-HOCEIMA

Cala Iris et Torres de Alcala كالا إيريس و نهر الكالا

Une des plus belles plages de cette côte, Cala Iris se situe à 50 km à l'ouest d'Al-Hoceima. La route qui y mène à travers les contreforts rouges du Rif est superbe. La plage blanche, de sable fin, est vide la majeure partie de l'année.

Cala Iris se résume à un petit port de pêche. On trouve quelques magasins très rudimentaires à Torres de Alcala, à 5 km à l'est. Trois tours espagnoles à demi en ruine montent la garde au-dessus de ce village, à côté d'une plage de galets encadrée de deux promontoires rocheux.

Cinq cents mètres avant le port, le **camping Cala Iris** (☎ 039 808064 ; 50-60 Dh, bungalows à partir de 300 Dh) est bien tenu mais manque d'ombre. Le prix des emplacements varie selon la proximité avec la mer. Les quelques bungalows sommaires sont souvent loués pour l'année par des résidents de longue durée. Le camping possède des douches froides et un restaurant ouvert l'été.

Le **Restaurant du Port** (repas 45-50 Dh), juste à l'extérieur de l'enceinte du port, ouvre également l'été. Sur la plage de Torres, quelques cafés servent des boissons et des repas simples. Vous pouvez aussi camper ici.

Si vous n'êtes pas motorisé, il faut louer un grand taxi à Al-Hoceima pour rejoindre Cala Iris. En été, vous trouverez sans doute d'autres voyageurs pour le partager ; sinon, comptez 130 Dh l'aller.

EST DE LA CÔTE MÉDITERRANÉENNE

MELILLA مليلية

65 000 habitants

Melilla est la plus petite des deux enclaves qui constituent les derniers vestiges de l'empire africain de l'Espagne. Moins populaire que Ceuta, Melilla compte parmi sa population un tiers de Berbères du Rif, et d'importantes communautés juive et hindoue. Cette mixité lui confère une atmosphère particulière, à mi-chemin entre Afrique et Europe. Le centre-ville, avec son architecture moderniste et ses jardins, est charmant.

Melilla s'est efforcée de séduire les touristes espagnols, mais à ce jour, son économie est surtout liée aux accords de libre-échange avec le Maroc (qui viendront à échéance en 2012). Ils occasionnent un intense flux de marchandises, officiel ou non, entre les deux pays. La présence d'une importante garnison espagnole injecte aussi des fonds dans l'économie locale.

Les relations entre la population musulmane (la plus touchée par le chômage) et les autres habitants sont tendues. Le sentiment de malaise s'est traduit par de violentes manifestations dans les années 1980, lorsque les nouvelles lois sur la citoyenneté menacèrent de laisser quantité de musulmans sans papiers, dans un vide juridique.

La communauté espagnole craint d'être dépassée en nombre par les musulmans, et aussi que Rabat ne réclame la restitution de l'enclave. Ce scénario est peu vraisemblable : les Berbères de Melilla sont historiquement peu liés à la couronne marocaine, et préfèrent les avantages concrets que leur confère la citoyenneté européenne. Ils demeurent cependant politiquement marginalisés car le gouvernement autonome de Melilla, historiquement de sensibilité franquiste, est encore résolument à droite (de même que son représentant au parlement à Madrid).

Histoire

Le port et la péninsule de Melilla sont habités depuis plus de 2 000 ans. Les Phéniciens et les Romains avaient installé un comptoir à Melilla qui s'appelait alors Russadir. Après le départ des Romains, la cité tomba dans l'oubli jusqu'à ce que Abd ar-Rahman III de Cordoue s'en empare.

En 1496, elle fut conquise par les Espagnols lors de l'une de leurs expéditions. Les rebelles d'Abd el-Krim ne réussirent pas à la reprendre pendant la guerre du Rif, en 1921. C'est de Melilla que Franco déclencha la guerre civile espagnole en 1936.

La forteresse médiévale, très bien conservée, donne à la ville un caractère inoubliable. Jusqu'à la fin du XIXe siècle, presque toute l'agglomération était enclose dans ces murailles massives.

Orientation

La vieille ville, Melilla la Vieja, fut bâtie sur une petite péninsule qui se jette dans la Méditerranée. La gare maritime (passagers) se trouve à l'est, alors que la ville nouvelle s'étend à l'ouest.

La Plaza de España est au cœur de la partie récente de la ville. La plupart des hôtels, des banques et des restaurants se trouvent à l'intérieur du réseau de rues situé au nord-ouest de la plaza. La frontière avec le Maroc est à 4 km vers le sud, au-delà d'un petit cours d'eau appelé le Río de Oro.

Renseignements

Pour appeler Melilla d'un autre pays que l'Espagne, composez le ☎ 0034.

La ville vit à l'heure espagnole, soit deux heures de plus que l'heure marocaine en été

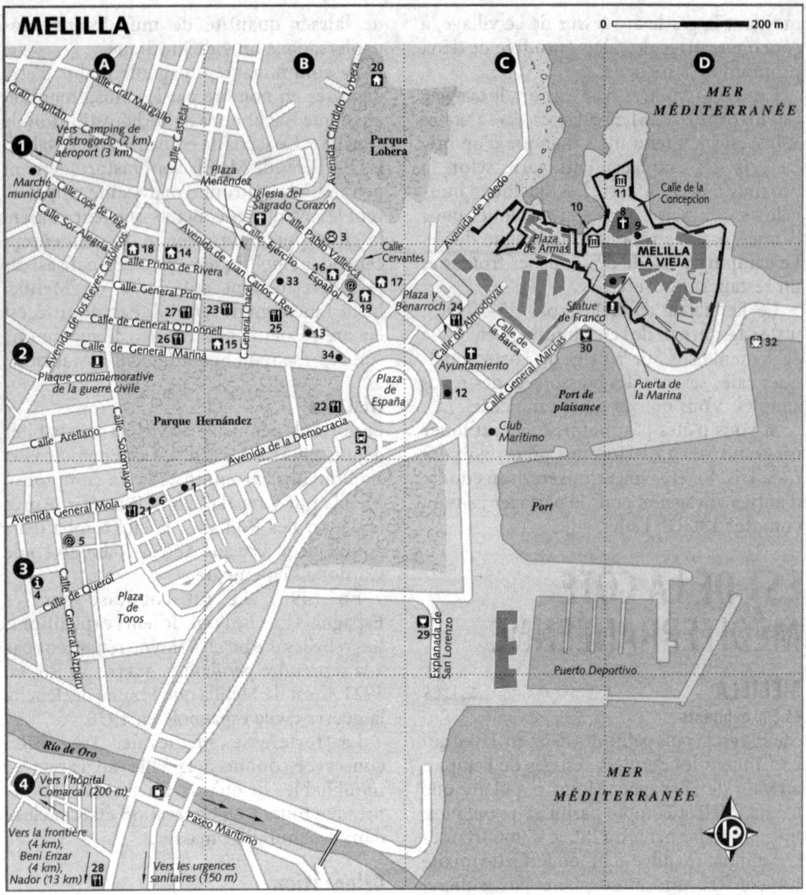

et une heure de plus le reste de l'année. De nombreux magasins et bureaux sont fermés le dimanche.

ACCÈS INTERNET

Fon-Net (Calle Ejército Español ; 1,50 €/h ; 🕓 9h-14h et 17h-22h)

Telefonica (Calle General Aizpuru ; 1,50 €/h ; 🕓 9h-14h15 et 16h-23h)

AGENCES DE VOYAGES

Les agences suivantes vendent billets d'avion et de ferry.

Andalucía Travel (☎ 956 670730 ; fax 956 676598 ; 11 Avenida de la Democracia)

Viajes Melisur (☎ 956 673595 ; fax 956 673678 ; 13 Avenida de la Democracia)

ARGENT

Comme en Espagne continentale, Melilla utilise l'euro. Si vous souhaitez retirer de l'argent, vous trouverez plusieurs banques (avec DAB) sur (ou à proximité de) l'Avenida de Juan Carlos I Rey. L'achat et la vente de dirhams sont proposés à un taux légèrement inférieur à celui pratiqué au Maroc – mais vous pouvez tout aussi bien recourir à l'un des changeurs marocains qui hantent la gare maritime.

Du côté marocain, vous pouvez changer de l'argent au Crédit du Maroc. La Banque Populaire, 200 m plus loin, dispose d'un DAB (marchez tout droit jusqu'au carrefour ; l'agence se tient sur la gauche, sur la route du port).

RENSEIGNEMENTS	Palacia de la Asamblea............**12** C2	Café Rossy...............................**23** B2
Andalucia Travel........................**1** A3	Statue Grand Libre....................**13** B2	Café Toga.................................**24** C2
Fon-Net....................................**2** B2		Cafetería Nuevo California........**25** B2
Poste principale.........................**3** B1	**OÙ SE LOGER**	La Cervecería............................**26** A2
Office du tourisme......................**4** A3	Hostal Residencia Cazaza..........**14** A2	La Onubense.............................**27** A2
Telefonica.................................**5** A3	Hostal Residencia Parque...........**15** B2	Supersol...................................**28** A4
Viajes Melisur............................**6** A3	Hostal Residencia Rioja...........................**16** B2	
À VOIR ET À FAIRE	Hotel Anfora..............................**17** B2	**OÙ PRENDRE UN VERRE**
Aljibes de las Peñuelas...............**7** D2	Hotel Nacional............................**18** A2	El Galeón..................................**29** C3
Iglesia de la Concepción..............**8** D1	Hotel Rusadir.............................**19** B2	La Pérgola.................................**30** C2
Las Cuevas del Conventico...........................**9** D1	Parador de Melilla.......................**20** B1	**TRANSPORTS**
Museo de Arqueologia e Historia de Melilla...............**10** C1	**OÙ SE RESTAURER**	Bus pour la frontière..................**31** B2
Museo Militar...........................**11** D1	Antony Pizza Factory...................**21** A3	Estación Marítima......................**32** D2
	Café Central...............................**22** B2	Iberia..**33** B2
		Trasmediterránea.......................**34** B2

CÔTE MÉDITERRANÉENNE ET LE RIF

OFFICES DU TOURISME

Oficina del Turismo (☎ 956 675444 ; www.melillaturismo.com ; 21 Calle Fortuny, Palicio de Congresos y Exposiciones ; 8h-14h45 et 16h30-20h30 lun-ven). De nombreux hôtels distribuent aussi la brochure touristique "Melilla", qui contient une carte et des informations sur la ville.

POSTE

Bureau de poste principal (Correos y telégrafos ; Calle Pablo Vallescá ; 8h30-20h30 lun-ven, 9h30-13h sam)

SERVICES MÉDICAUX

Urgencias Sanitarias (☎ 956 674400 ; 40 Alvaro de Bazan ; 17h-9h lun-sam, 24h/24 dim et jours fériés). Pharmacie de nuit.

Hospital Comarcal (☎ 956 670000). Au sud du Río de Oro.

À voir et à faire

MELILLA LA VIEJA (VIEILLE VILLE)

Dominant la Méditerranée, Melilla la Vieja est un parfait exemple des forteresses construites par les Portugais et (dans le cas présent) les Espagnols sur le littoral marocain aux XVIe et XVIIe siècles. Elle a été restaurée en grande partie ces dernières années. L'accès principal à la citadelle est la **Puerta de la Marina** (Calle General Macías). Une statue de Franco se dresse devant la porte.

On arrive ensuite sur une place close, dont le mur nord abrite les **Aljibes de las Peñuelas** (1,20 € ; 10h-14h et 17h-21h30 mar-sam, 10h-14h dim avr-sept, 10h-14h et 16h30-20h30 mar-sam, 10h-14h dim oct-mars), deux citernes du XVe siècle. Le billet donne aussi accès à Las Cuevas del Conventico.

Le petit **Museo de Arqueología e Historia de Melilla** (☎ 952 681339 ; Plaza Pedro de Estopiñán ; gratuit ; 10h-13h30 et 16h-20h30 mar-sam, 10h-14h dim) renferme une collection composée de dessins historiques et d'architecture, de céramiques et de pièces phéniciennes et romaines, quantité de maquettes et de découvertes archéologiques. La terrasse mérite une visite à elle seule, pour les splendides perspectives qu'elle offre sur la ville.

La Calle de la Concepción continue jusqu'à la baroque **Iglesia de la Concepción** (fermée au public) et, juste en dessous, à l'entrée des **Cuevas del Conventico** (☎ 952 680929 ; 1,20 € ; 10h30-13h30 et 16h30-20h mar-sam, 10h30-14h dim). Un petit film et une visite guidée (en espagnol) racontent l'histoire des grottes et des galeries (creusées, dit-on, par les Phéniciens), qui débouchent sur la paroi de la falaise. Les occupants successifs de Melilla développèrent par la suite le réseau de galeries qui occupe actuellement trois niveaux. L'ensemble est méticuleusement entretenu et bien éclairé, ce qui lui ôte une grande part de son mystère.

À proximité de l'Iglesia de la Concepción, le **Museo Militar** (gratuit ; 10h-14h mar-dim) surplombe la Méditerranée. Ses deux petites salles recèlent des témoignages de la présence des militaires espagnols à Melilla : étendards, médailles, une collection d'armes et l'inévitable buste de Franco.

VILLE NOUVELLE

La construction de cette partie plus récente de la ville, à l'ouest de la forteresse, a commencé à la fin du XIXe siècle. Dessinée par Don Enrique Nieto, disciple de Gaudí, elle devait faire de Melilla la "deuxième ville moderniste" d'Espagne, après Barcelone. Principal attrait de la ville, la Plaza de España comprend la jolie façade du **Palacio de la Asamblea**, face au Parque Hernández.

Le rôle joué par Melilla dans l'histoire espagnole moderne n'a pas été oublié : la **Statue Grande Libre** (Avenida de Juan Carlos I Rey) célèbre le 7 juillet 1936, jour où Franco lança sa campagne contre le gouvernement de Madrid. Arborant un soldat et un lion adossés à un aigle fasciste, la statue célèbre un passé assez douteux.

Où se loger

PETITS BUDGETS

Si vous venez du Maroc, vous saurez dès votre arrivée que vous êtes en territoire espagnol : impossible d'obtenir des réductions dans les hôtels, qui affichent rapidement complet. Leurs tarifs augmentent de 15% en haute saison.

Hostal Residencia Cazaza (☎ 956 684648 ; 6 Calle Primo de Rivera ; s/d 23/35 €). Pension aux tarifs raisonnables, la Cazaza propose onze petites chambres à hauts plafonds, avec TV, baignoires et balcons. La direction est sympathique.

Hostal Residencia Parque (☎ 956 682143 ; 15 Calle de Marina ; s/d 20/40 €). Cette pension populaire surplombe le Parque Hernández. Les chambres sont petites mais propres et claires, et équipées de TV et de sdb. Réservez.

Hostal Residencia Rioja (☎ 956 682709 ; 10 Calle Ejército Español ; s/d 19/22 €). Ne vous laissez pas rebuter par l'entrée sinistre : les chambres, un peu défraîchies mais bien tenues, comportent des lavabos et partagent un W.-C. et une douche.

Camping de Rostrogordo (☎ 956 685262 ; 4 €/adulte, plus 4/5/6 € par tente/voiture/camping-car). Vu l'étroitesse des rues de Melilla, ce camping à 2 km au nord de la ville est pratique si vous êtes motorisé. Bien entretenu et bien équipé, il augmente ses tarifs de 15% en été.

CATÉGORIES MOYENNE ET SUPÉRIEURE

Parador de Melilla (☎ 956 684940 ; Avenida Cándido Lobera ; ch 97 € ; ❄ ⛟). Cet hôtel, le meilleur de Melilla, occupe un bâtiment très moderne. Les chambres, vastes et élégantes, arborent quantité de marbre, et certaines ont des balcons donnant sur la mer.

Hôtel Rusadir (☎ 956 681240 ; hotelrusadir@wanadoo.es ; 5 Calle Pablo Vallescá ; s/d petit-déj inclus 65/81 € ; ❄). Ce trois-étoiles ne paie pas de mine, mais l'intérieur est assez luxueux. Les chambres, bien conçues, sont dotées de TV, de minibars et balcons. Le restaurant, dont les buffets au petit-déjeuner sont extraordinaires, propose une carte impressionnante.

Hôtel Nacional (☎ 956 684540 ; fax 956 684481 ; 10 Calle Primo de Rivera ; s/d 32/51 € ; ❄). Plus cher et moins intimiste, le Nacional propose des prestations similaires aux pensions Parque et Cazaza. Les chambres petites, décorées de jolis meubles en fer et dotées de sdb modernes, sont douillettes lorsqu'elles donnent sur la rue, mais celles orientées vers l'intérieur sont sombres et tristes.

Hôtel Anfora (☎ 956 683340 ; fax 956 683344 ; 8 Calle Pablo Vallescá ; s/d petit-déj inclus 37/59 € ; Ⓟ ❄). Ce deux-étoiles plutôt conventionnel loue des chambres ordinaires avec TV, réfrigérateur et balcon. Un atout certain : son toit en terrasse, bénéficiant d'une vue sur Melilla la Vieja et, plus loin, la mer.

Où se restaurer

Les restaurants de Melilla sont souvent intégrés à des hôtels (essayez celui du Rusadir ou du Parador), mais les bars et les cafés abondent autour de l'Avenida de Juan Carlos I Rey. D'autres adresses sont situées plus loin, le long du Paseo Marítimo.

RESTAURANTS

Antony Pizza Factory (☎ 956 684320 ; Avenida de la Democracia ; pizzas 4-6 €, pâtes à partir de 5,50 €). Ici le personnel ne s'arrête jamais, concoctant et servant des pizzas et des pâtes en sauce. Apprécié des jeunes de Melilla, l'établissement comporte aussi un espace confortable où l'on peut dîner en toute tranquillité.

Cafetería Nuevo California (11 Avenida de Juan Carlos I Rey ; plats 2-5 € ; 🕒 7h-2h lun-sam). Sur la petite terrasse extérieure, le personnel sympathique de cette cafétéria moderne vous proposera un menu varié – excellente occasion de revoir vos rudiments d'espagnol. Les sandwichs et les pâtes sont particulièrement savoureux, à déguster avec une bière fraîche.

CAFÉS

Café Central (Plaza de España ; petit-déj à partir de 2 €, sandwichs à partir de 1,50 € ; 🕒 7h-13h et 16h-22h).

Situé à proximité du parc, le Central attire une clientèle nombreuse au petit-déjeuner, séduite par l'excellent café, les pâtisseries et les plats. L'intérieur est parfois enfumé, mais il y a une agréable terrasse.

Café Rossy (5 Calle General Prim ; sandwichs à partir de 1,50 € ; 7h-13h et 16h30-22h). Autre table fiable pour manger sur le pouce ou s'attarder avec un livre et un café. Les *bocadillos* sont parfaits pour un déjeuner léger.

Café Toga (Plaza y Benarroch ; sandwichs 1,80 €). Ce petit bar à l'ombre d'une grande église sert des *cañas*, des tapas et des sandwichs à toute heure de la journée.

BARS À TAPAS

La Onubense (5 Calle Pareja ; tapas à partir de 0,75 € ; 12h-15h et 19h-24h lun-sam). Avec son mobilier en bois brut et son décor minimal, c'est le type même du bar à tapas. Vous essayerez les *bollitos de Pringá* (boulettes de viande épicées), entre autres spécialités de la maison.

La Cervecería (Calle de General O'Donnell ; tapas à partir de 1 € ; 12h30-16h et 20h30-24h). Plus huppé que l'Onubense qui lui fait face, La Cervecería a été conçu dans le style de Gaudí par l'architecte Carlos Baeza, originaire de Melilla.

FAIRE SES COURSES

Les rues autour du Parque Hernández comptent beaucoup de petites épiceries. Sur la route menant à la frontière, vous trouverez un véritable supermarché : **Supersol** (Calle General Polavieja ; 10h-22h, fermé dim).

Où prendre un verre

La Pérgola (Calle General Marcías ; 15h-23h). Voilà un bon endroit, dans le port de plaisance, pour boire un verre en fin d'après-midi en profitant de sa grande terrasse ensoleillée sur le front de mer.

El Galeón (☎ 952 695525 ; Hôtel Melilla Puerto, Explanada de San Lorenzo ; 17h-24h). Avec son long comptoir en bois et ses installations en cuivre, ce bar élégant du port de Melilla décline le même décor nautique que l'hôtel. Le soir, il fait bon savourer des tapas et prendre un verre dans ce lieu haut de gamme mais décontracté.

Depuis/vers Melilla

AVION

Iberia (☎ 902 400500 ; 2 Calle Cándido Lobera) assure des vols directs à destination de Grenade, Málaga, Madrid et Almería (voir p. 464). L'aéroport est à 3 km de la ville (comptez 6,50 € en taxi).

VOITURE

Melilla étant une zone exempte de taxes, faites le plein d'essence si vous êtes motorisé. Son prix est inférieur d'un tiers à celui pratiqué au Maroc ou en Espagne.

Maroc

Le bus local n°2 (marqué "Aforos") circule toutes les demi-heures entre la Plaza de España et le poste-frontière de Beni-Enzar (0,60 €), de 7h30 à 23h. Depuis l'arrêt du bus, il reste 150 m à parcourir pour atteindre la douane espagnole et 200 m de plus pour la douane marocaine.

Avant d'entrer au Maroc, remplissez le formulaire blanc et faites tamponner votre passeport au guichet. Ne vous laissez pas impressionner par les escrocs qui essaieront de vous faire payer ces formulaires. Si vous entrez au Maroc avec votre véhicule, conservez votre carte de douane verte, que vous présenterez lorsque vous quitterez le pays. À l'entrée, attendez-vous à de longues files d'attente en voiture ; la procédure est rapide et sans difficulté pour les piétons.

Du côté marocain, le bus n°19 (généralement sans indication de destination) part toutes les heures pour Nador (23 Dh, 25 min). Les grands taxis (5 Dh, 15 min), fréquents à destination de Nador, stationnent sur un parking à droite de ce carrefour.

En venant du Maroc, remplissez le formulaire jaune, et faites tamponner votre passeport. Si vous n'êtes pas contrôlé ici, vous le serez certainement pour entrer en Espagne continentale. Le bus n°43 se rend à la Plaza de España (0,60 €).

AUTRES DESTINATIONS

Trasmediterránea (☎ 956 690902 ; Plaza de España ; 9h-13h et 17h-19h lun-ven, 9h-12h sam) assure la traversée en ferry ou en hydroptère. Vous pouvez acheter votre billet à l'agence ou à l'**estación marítima** (gare maritime ; ☎ 956 681633). Il y a des ferries quotidiens depuis/vers Málaga et Almería (voir p. 464).

Transports locaux

Il est facile de se déplacer à pied dans le centre de Melilla. Des bus relient la Plaza de España à la frontière. Les **taxis locaux**

CÔTE MÉDITERRANÉENNE ET LE RIF

(☎ 956 683621) sont pratiques. Comptez 8 € pour une course entre la ville et l'aéroport ou la frontière.

NADOR الناظور

120 000 habitants

À 13 km de Melilla, sur la côte, Nador est une ville tentaculaire qui s'étend le long de la lagune de Sebkha Bou Areq. Surtout intéressante comme étape sur la route de Melilla et de l'Espagne, Nador est une ville détendue où l'influence espagnole est forte, et constitue une bonne introduction au Maroc si vous venez d'Espagne.

Le commerce est l'âme de Nador, qui vit des échanges transfrontaliers, officiels ou non. Seconde activité, la pêche fait de la ville une excellente halte pour les amateurs de produits de la mer.

Orientation

Le centre de Nador s'organise suivant un strict plan en damier. L'axe central nord-sud est l'avenue Hassan II, avec la principale gare routière et la station de taxis à son extrémité sud. Elle coupe l'avenue Mohammed V, qui court d'est en ouest entre le front de mer et l'hôtel de ville. Le minaret de la grande mosquée constitue un repère pratique.

Renseignements

Crédit du Maroc (64 av. Mohammed V). L'une des nombreuses banques sur cette avenue disposant d'un bureau de change et d'un DAB.

Ketama Voyages (☎ 036 606191 ; ketama-nador@iam.net.ma ; 56 av. Mohammed). Vend des billets de ferry pour Almería.

Navigation Net (av. Mohammed V ; 8 Dh/h ; 🕑 15h-23h). Cybercafé.

Office du tourisme (☎ 356 330348 ; 88 rue ibn Rochd ; 🕑 8h30-12h et 14h30-18h30 lun-ven)

Pharmacie al-Farabi (av. Mohammed V)

Où se loger

Les hôtels de toutes catégories ne manquent pas à Nador. Les moins chers se situent près de la gare routière et de la station de grands taxis.

Hôtel Méditerranée (☎ 036 606495 ; fax 036 606611 ; av. Youssef ibn Tachfine ; s/d 229/280 Dh). Avec ses meubles en bois, ses sdb bien équipées et la proximité de la mer, cet hôtel confortable offre l'un des meilleurs rapports qualité/prix de Nador. Le restaurant mérite une visite, même si vous ne logez pas à l'hôtel (ci-dessous).

Hôtel Ismail (☎ 036 332653 ; 34 av. Sidi Mohammed ; s/d 224/281 Dh). Proche de l'agence Supratours. Les chambres avec sdb sont confortables. Il y a un café au niveau de l'entrée où, la plupart du temps, vaque un membre du personnel.

Hôtel Ryad (☎ 036 607717 ; hotelryad@hotmail.com ; av. Mohammed V ; s/d 360/480 Dh ; ❄). Récemment rénové (les peintures n'étaient pas encore sèches lors de notre visite), ce trois-étoiles conserve quelques touches marocaines dans son décor, même si les chambres sont modernes et luxueuses. Celles du dernier étage donnent sur la lagune. Le bar de l'hôtel est le meilleur de la ville.

Hôtel Rif (☎ 036 606535 ; fax 036 333384 ; av. Youssef ibn Tachfine ; s/d 554/778 Dh ; ❄ 🏊). Un vaste édifice bleu et blanc qui fait figure d'institution à Nador. Les chambres sont aérées et lumineuses quoiqu'un peu vieillottes, et l'établissement est bien tenu et accueillant.

Hôtel Mansour Ed-Dahabi (☎ 036 606583 ; 105 rue de Marrakech ; s/d 360/420 Dh). Agréablement situé au centre-ville, ce trois-étoiles jouit d'une atmosphère paisible. Un peu dénuées de charme, les chambres sont confortables et bien équipées. Les réductions hors saison sont parfois très intéressantes.

Hôtel Geranio (☎ 036 602828 ; 16 rue n°20 ; s/d 160/188 Dh). En retrait de la gare routière, les chambres sur rue peuvent néanmoins se révéler bruyantes, mais toutes sont propres et dotées d'étroites sdb. Les voyageurs peuvent se rassasier à la cafétéria.

Hôtel ibn Khaldoun (☎ 036 607042 ; 91 rue ibn Rochd ; s/d 58/75 Dh, avec sdb 78/95 Dh). Basique mais sans mauvaise surprise, cet établissement bon marché loue des chambres propres et fonctionnelles. Préférez celles avec sdb, les sanitaires communs sont douteux.

Hôtel Nador (☎ 036 606071 ; 49 rue n°22 ; s/d 50/70 Dh). Pour le prix, cet hôtel situé dans une paisible ruelle à proximité de la gare routière est convenable.

Où se restaurer et prendre un verre

Les restaurants de Nador servent surtout du poisson.

Restaurant Méditerranée (☎ 036 609494 ; av. Youssef ibn Tachfine ; plats à partir de 65 Dh ; 🕑 12h-15h, 19h-22h). Il s'agit du restaurant de l'hôtel du même nom. Dans une élégante salle à

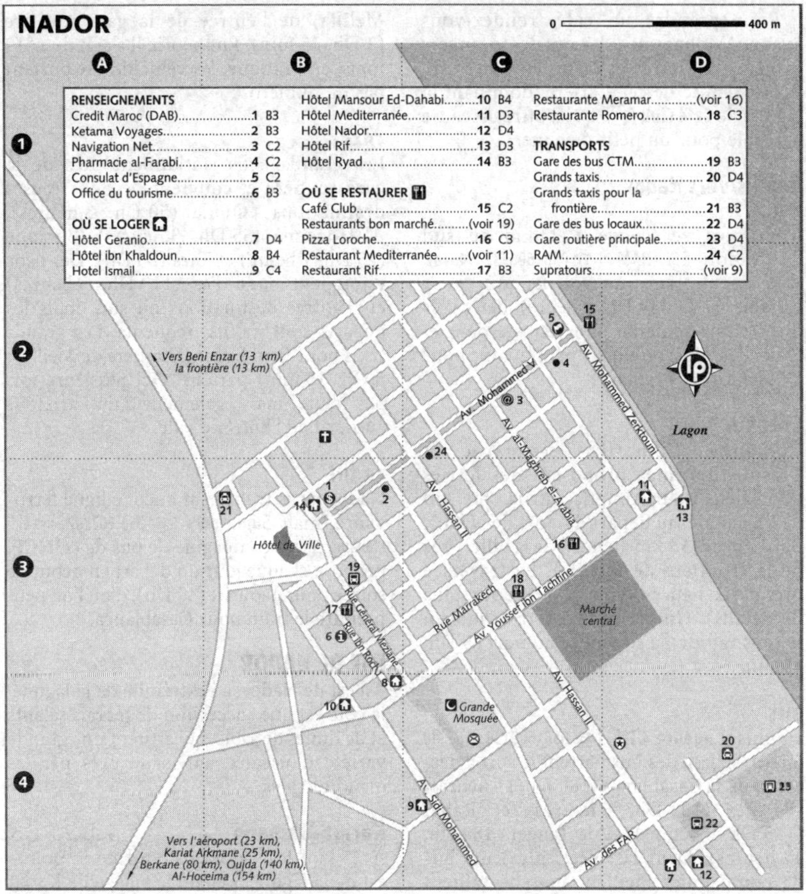

manger, vous dégusterez des produits de la mer : savoureuses grillades ou crevettes au pili-pili. Le service est diligent.

Restaurante Meramar (☎ 061 148282 ; 29 rue de Marrakech ; repas environ 100 Dh ; ⌚ 12h-22h). Les immenses plateaux de produits de la mer servis par le Meramar comprennent tout ce que vous pouvez imaginer depuis les moules et les calamars jusqu'aux poissons, et sont servis avec de la salade, une boisson et un dessert (100 Dh). Une seule portion suffit pour deux.

Restaurante Romero (☎ 036 332777 ; 50 av. Youssef ibn Tachfine ; repas environ 60 Dh). Menu similaire à celui du Meramar. Vous avez la possibilité de choisir votre poisson dans la vitrine réfrigérée à l'entrée.

Restaurant Rif (☎ 036 322315 ; 45 rue ibn Rochd ; repas 100 Dh). Décoré dans le style bistrot, ce restaurant pimpant vous ravira par ses copieux menus de poisson ou de viande, préparés à base de produits frais et joliment présentés. À côté, le snack-bar sert toute la journée (8h-23h) sandwichs (5 Dh à 10 Dh) et en-cas.

Pizza Loroche (☎ 066 055605 ; 30 av. Al Maghreb el-Arabia ; pizzas 20-36 Dh ; h10h-22h). Les pizzas à la pâte fine et croustillante, garnies des ingrédients habituels, vous offriront l'occasion de varier vos menus. Vous sont aussi proposés burgers, spaghettis et lasagnes.

Les environs de la gare routière CTM comptent d'innombrables petits restaurants bon marché où manger sur le pouce des brochettes, des sandwichs et des tajines.

Pour prendre un café, rendez-vous avenue Mohammed V, où des orangers protègent les terrasses des ardeurs du soleil. À l'extrémité de cette artère, dominant la lagune, le **Café Club** (6h-23h) offre un cadre agréable pour un petit-déjeuner.

Depuis/vers Nador

AVION

L'aéroport se trouve à 23 km au sud de Nador. La **RAM** (☎ 056 606337 ; 45 av. Mohammed V) assure un vol par jour pour Casablanca (1 344 Dh, 1 heure), deux vols directs par semaine pour Amsterdam et Bruxelles, ainsi qu'un vol par semaine pour Düsseldorf et Francfort.

BATEAU

Comanav, Comarit, Ferrimaroc et Trasmediterránea proposent des ferries quotidiens pour Almería, sur la côte sud de l'Espagne, au départ du port de Nador, Beni Enzar (13 km au nord de la ville, près de la frontière de Melilla). La traversée prend six heures (voir p. 471 pour plus de détails). Un grand taxi sera le moyen le plus rapide de se rendre au port (5 Dh, 15 min).

BUS

Depuis l'**agence CTM** (☎ 056 600136 ; rue du Genéral Meziane), des bus partent le soir à destination de Casablanca (180 Dh, 11 heures) *via* Fès (100 Dh, 6 heures) et Rabat (155 Dh, 9 heures), et de Tanger (180 Dh, 12 heures). Dans la soirée, plusieurs bus de compagnies meilleur marché rallient Casablanca depuis le même endroit.

La principale gare routière se trouve au sud-est du centre-ville. Les liaisons avec Tétouan (130 Dh, 10 heures) sont fréquentes entre 9h et 21h. Certaines passent par Chefchaouen (130 Dh, 9 heures). Des bus relient Oujda (25 Dh, 3 heures) toutes les heures *via* Berkane (16 Dh, 1 heure) entre 6h et 17h. D'autres se rendent à Al-Hoceima (35 Dh, 3 heures) toutes les deux heures pendant la journée. Un départ pour Fès (74 Dh, 7 heures) a lieu environ toutes les 30 min le matin.

Parmi les autres destinations utiles, citons : Ras el-Ma (15 Dh, 2 heures), trois fois par jour, et Saïdia (22 Dh, 2 heures). Des bus partent toutes les heures, de 7h à 19h, pour Beni Enzar (la frontière avec Melilla) de l'entrée de la gare routière (3 Dh, 25 min). En théorie il s'agit du n°19 mais, en pratique, les véhicules ne portent pas de numéro.

TAXI

Les grands taxis stationnent près de la gare routière et couvrent de nombreuses destinations : Oujda (50 Dh, 3 heures), Al-Hoceima (55 Dh, 3 heures), Berkane (25 Dh, 1 heure) et Taza (55 Dh). Des taxis rejoignent aussi Fès (110 Dh, 5 heures) et d'autres destinations au sud, mais les départs sont moins fréquents. Les grands taxis pour Beni Enzar (frontière de Melilla ; 5 Dh, 15 min) partent d'ici plusieurs fois par heure, mais également d'un carrefour au nord de l'hôtel de ville.

TRAIN

Nador ne se trouve sur aucune ligne ferroviaire, mais **Supratours** (☎ 056 607262 ; av. Sidi Mohammed), la compagnie de bus de l'ONCF, propose chaque jour un départ en début de soirée pour Taourirt (40 Dh), d'où l'on peut prendre le train pour Casablanca.

EST DE NADOR

À l'est de Nador, à l'extrémité de la lagune, la côte est une succession de marais salants et de dunes de sable, qui attirent une grande variété d'oiseaux, suivis de près par les ornithologues.

Kariat Arkmane قرية أركمانه

À 25 km de Nador, au bord de la pointe est de la lagune, s'étend le village de Kariat Arkmane. Il présente peu d'attrait, mais la lagune et les marais salants avoisinants attirent divers oiseaux de mer et des échassiers. Vous pourrez observer des flamants, des hirondelles de mer et différentes sortes de mouettes.

Un **terrain de camping** (☎ 036 360241 ; empl. 50 Dh ; été seulement) très rudimentaire se tient sur la plage à 2 km au nord-est de Kariat Arkmane. Abstraction faite des détritus, la plage n'est pas trop vilaine et il y a quelques cafés et restaurants aux alentours (la plupart ouverts seulement en été).

Les **bus** (5 Dh) en provenance de Nador, qui passent devant l'embranchement pour la plage à peu près toutes les heures, vous déposeront à 1 km de marche. Sinon, prenez un grand taxi (36 Dh), mais précisez bien que vous souhaitez vous rendre à la plage proprement dite.

Ras el-Ma (cap de l'Eau) رأس الماء

Plus à l'ouest, Ras el-Ma bénéficie d'une grande plage qui attire en été les familles marocaines et des touristes qui viennent pour la journée depuis Melilla. Si vous vous promenez jusqu'au phare sur le promontoire, vous apercevrez les îles espagnoles Jafariya. Toutes proches de la côte, mais inaccessibles depuis le Maroc, ces îlots accueilleraient la plus grande colonie d'oiseaux de toute la Méditerranée et quelques spécimens de phoques moines, une espèce très menacée. Les goélands d'Audouin viennent s'y reproduire et les balbuzards pêcheurs – très impressionnants en vol – nichent dans les falaises avoisinantes. Encore plus à l'ouest s'étend l'estuaire de la Moulouya, un autre repaire d'oiseaux.

Le petit village de pêcheurs de Ras el-Mar possède une plage agréable et s'anime les week-ends. Les possibilités d'hébergement se réduisent au **Camping Ras el Mar** (emplacement 50 Dh). Dans le port, quantité de restaurants bon marché servent de bonnes grillades de poisson.

Pour vous y rendre, prenez le bus depuis Nador (15 Dh, 20 min) ou un grand taxi depuis Berkane (10 Dh, 15 min).

BERKANE بركان

80 000 habitants

Berkane est une grande ville moderne, à environ 80 km au sud-est de Nador, sur la route d'Oujda. Pour les voyageurs, la ville constitue surtout une base pour des excursions d'une journée dans les montagnes de Beni-Snassen.

On se repère facilement dans la ville. Elle s'étend le long du boulevard Mohammed V, qui aboutit à la grande mosquée vert et blanc, à l'ouest, après un grand rond-point (identifiable à son oranger stylisé au centre), près d'un kilomètre plus loin. Vous y trouverez la poste et quantité de DAB. À mi-chemin, la grand-place accueille l'agréable Café du Jardin, une gare CTM au sud, et une station-service CMH en face.

Où se loger et se restaurer

Le boulevard Mohammed V et les rues environnantes rassemblent les restaurants et cafés, en particulier autour des arrêts de bus et de grands taxis, ainsi que les hôtels.

Hôtel Zaki (☎ 036 613743 ; 27 route d'Oujda ; s/d petit-déj inclus 340/413 Dh ; ❄). À 400 m à l'est du grand carrefour, ce trois-étoiles propose de jolies chambres toutes décorées dans un style différent, et dotées de sdb et de TV. L'hôtel comprend un bon café et un excellent restaurant-pizzeria.

Hôtel Mounir (☎ 036 611867 ; 54 bd Mohammed V ; ch/pers 50-70 Dh). Bon marché et convenable, situé près de la grande mosquée. Pour le prix, vous aurez une chambre propre, une douche chaude et un réveil matinal par le muezzin.

Restaurant el-Guerrouj (☎ 061 854332 ; repas 20-25 Dh ; 🕑 11h-22h). Les tajines y sont succulents. Son propriétaire, Hassan, est le frère du coureur de demi-fond Hicham el-Guerrouj, médaille d'or à Athènes sur 1 500 et 5 000 m.

Café du Jardin (bd Mohammed V). Sur la grande place, une adresse idéale pour se rafraîchir.

Depuis/vers Berkane

Les stations de bus et de taxis sont éparpillées à travers la ville. L'**agence CTM** (☎ 056 613992) jouxte le Café Laetizia, du côté ouest de la place principale. Il n'existe qu'un seul bus CTM en début de soirée pour Fès (100 Dh, 6 heures), Meknès (115 Dh, 7 heures 30), Rabat (155 Dh, 10 heures) et Casablanca (180 Dh, 11 heures).

La plupart des autres bus longue distance se concentrent dans les rues derrière la station-service CMH. Outre les destinations précédentes, ils desservent Oujda (11 Dh, 1 heure) toutes les heures. Un autre bus pratique part tôt le matin pour Beni Mellal (155 Dh, 12 heures) *via* Ifrane (95 Dh, 7 heures) et Azrou (110 Dh, 11 heures). Des bus à destination de Nador (18 Dh, 1 heure) démarrent toutes les heures jusqu'au milieu de l'après-midi, juste derrière la station-service.

Des bus locaux pour Taforalt (8 Dh, 30 min) quittent les abords de l'Hôtel Mounir deux fois par jour. Les grands taxis pour Taforalt (10 Dh, 25 min) et Nador (25 Dh, 1 heure) attendent sur le parking, de l'autre côté de la route, entre la station-service Shell et le pont.

Les grands taxis pour Oujda (17 Dh, 1 heure) stationnent autour de la principale gare routière. Si vous allez à Saïdia (8 Dh) ou à Ras el-Ma (8 Dh), rendez-vous à la station située près du grand carrefour, à l'extrémité est du bd Mohammed V.

ENVIRONS DE BERKANE

Au sud de Berkane, les spectaculaires montagnes de Beni-Snassen forment un prolongement du Rif. **Taforalt** (Tafoughat), petit village perché, à 20 km au sud-ouest de Berkane, en constitue l'unique agglomération. La S403 traverse le massif depuis l'ouest de Nador jusqu'à Taforalt et rejoint la route principale Taza-Oujda. Quantité de moyens de transport l'empruntent mais, pour explorer le cœur de la région, il vous faudra du temps ou un véhicule personnel.

Les merveilleuses **gorges du Zegzel** débutent à 10 km au nord-est de Taforalt. Une route serpente au fond des gorges parmi les vergers, les rosiers sauvages et les lauriers roses jusqu'à l'extrémité abrupte du massif montagneux, quelque 5 km au nord de Berkane. C'est l'un des plus beaux sites de la région.

Sur le chemin des gorges, à 10 km de Taforalt, ne manquez pas l'entrée de la **grotte du Chameau**. Pour des raisons de sécurité, ce vaste réseau de cavernes, truffé de stalagmites (dont une en forme de chameau), de stalactites et de sources chaudes, ne se visite plus – à moins que vous ne mettiez la main sur le gardien et le persuadiez de vous ouvrir la porte.

Poursuivez votre descente dans la gorge. La source du **Charaâ** mérite le détour. Suivez les indications jusqu'au minuscule hameau de Zegzel, à 2 km en remontant une petite route. Au bout, un lieu de pique-nique populaire jouxte l'endroit où le cours d'eau jaillit des rochers. Non loin, une impressionnante route de crête se dirige vers l'est jusqu'à Oujda. Elle nécessite un 4x4, une bonne carte et un départ aux aurores.

L'excursion aux gorges, très agréable, prend une demi-journée depuis Berkane. Si vous n'avez pas de véhicule, le mieux est d'effectuer l'aller-retour en grand taxi mais tous n'accepteront pas la course, du fait de l'état déplorable de la route. Comptez au moins 200 Dh pour deux heures.

Une solution plus économique consiste à s'y rendre à pied. Montez dans un bus ou un grand taxi à destination de Taforalt, et demandez à ce qu'on vous dépose à l'embranchement qui y conduit. Chaque matin, deux bus relient Berkane à Taforalt (8 Dh, 30 min) et reviennent l'après-midi. Les grands taxis, plus fréquents les jours de marché (mercredi et dimanche), coûtent 10 Dh.

SAÏDIA السعيدية

3 000 habitants

La large plage de Saïdia marque la limite de la côte marocaine : au-delà, c'est l'Algérie qui commence (mais la frontière est fermée). La ville, qui attire les vacanciers marocains pendant l'été et les week-ends, est plus calme (voire désertée) le reste de l'année. Les longues marches sur la plage et les produits de la mer sont les principaux plaisirs qu'elle a à offrir. Un petit **Ensemble artisanal** (av. Moulay Rachid) propose aux touristes la production artisanale locale.

Où se loger et se restaurer

Voici quelques adresses ouvertes toute l'année. Durant la haute saison (mi-juin à début septembre), mieux vaut réserver.

Hôtel Hannour (☎ 036 625115 ; place du 20 Août ; s/d 150/200 Dh ; ⊠). Une adresse convenable à un prix modique. Les chambres sont confortables et certaines permettent d'entrevoir la mer, au-delà de la place. Vous pouvez vous restaurer au café du rez-de-chaussée.

Hôtel Atlal (☎ 036 625021 ; atlalben@menara.ma ; 44 bd Hassan II ; s/d 341/415 Dh ; ⊠). Chambres bien aménagées, spacieuses et confortables, dotées de vastes sdb. La meilleure option dans la catégorie moyenne. La carte des vins du restaurant plutôt huppé, est tout à fait correcte.

Hôtel Titanic (☎ 036 624071 ; bd Mohammed V ; s/d 300/350 Dh). Ce bâtiment bleu et crème sur le front de mer, offre une vue incomparable. Les chambres, certaines avec balcon, sont fraîches et claires. Pour lézarder, rendez-vous au café en façade.

Hôtel Paco (☎ 036 625110 ; bd Hassan II ; s/d 150/200 Dh). Bon marché et correct, l'hôtel comprend des chambres basiques avec de petites sdb. Le bar, à côté de la réception, est animé.

Camping Inter (☎ 036 624182 ; empl. 35 Dh, plus 5 Dh/adulte). Ombragé, doté de bonnes installations parfaitement entretenues, ce camping très central (à une rue de la mer)

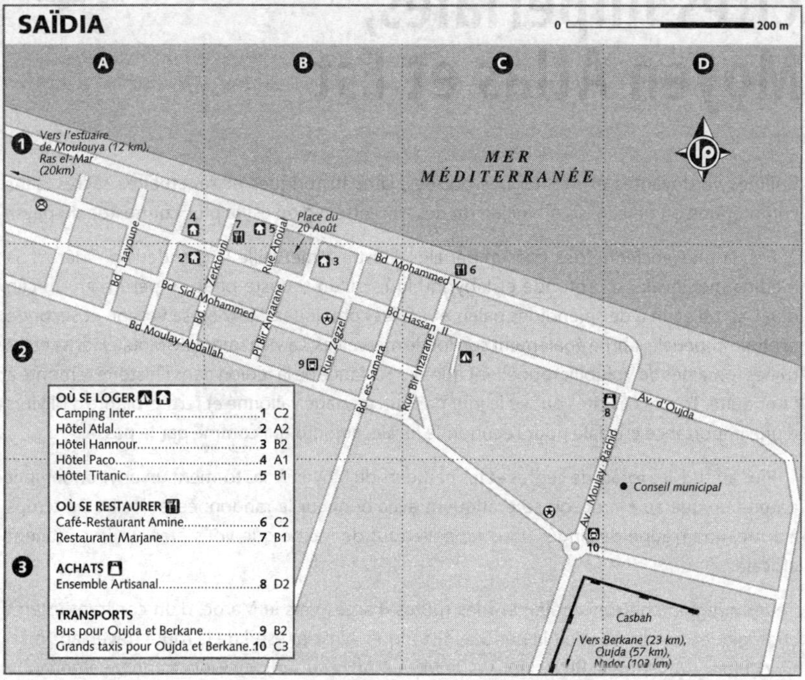

est la solution idéale pour ceux qui tiennent à ménager leur budget. Ouvert toute l'année.

En été, restaurants de poisson et pizzerias jalonnent le front de mer. Le reste de l'année, le **Café Restaurant Amine** (bd Mohammed V ; plats à partir de 30 Dh) et le **Restaurant Marjane** (2 bd Zerktouni ; plats 40-80 Dh) ainsi que le restaurant de l'Hôtel Atlal, sont tout à fait corrects.

Depuis/vers Saïdia

Vous atteindrez facilement Saïdia en prenant un grand taxi depuis Berkane (8 Dh, 15 min) ou Oujda (22 Dh, 1 heure). Il existe également des taxis peu fréquents depuis Nador (22 Dh). En dehors de l'été, les bus sont rares et espacés. Il y a deux départs chaque jour pour Oujda (12 Dh) et un pour Nador (16 Dh). Tous les bus passent par Berkane.

Cités impériales, Moyen Atlas et Est

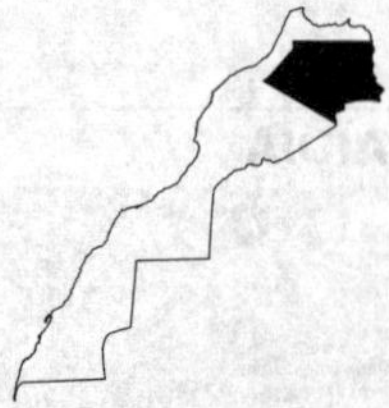

Collines verdoyantes et montagnes boisées, cités historiques et sanctuaires sacrés, sans compter une ou deux oasis au milieu du désert : cette région est la plus contrastée du pays.

Fès, la plus ancienne des cités impériales, illustre à merveille la grandeur du Maroc. Sa médina médiévale, si profonde et labyrinthique qu'un touriste peut s'y perdre en un clin d'œil, sert d'écrin à de splendides palais et écoles coraniques. Meknès, sa voisine et seconde capitale impériale, abrite également son lot de merveilles. La ville sainte de Moulay Idriss et les ruines romaines de Volubilis rappellent que l'importance de la région dans l'histoire remonte à l'Antiquité. Toutes ces cités ont vu le jour dans un paysage vallonné et fertile, planté d'oliviers d'une importance cruciale pour l'économie locale, aujourd'hui comme par le passé.

Plus au sud, les forêts de cèdres et les hauteurs du Moyen Atlas forment un environnement naturel unique au Maroc, où se pratiquent avec bonheur la randonnée et le ski. De temps à autre, une troupe de singes vous rappelle tout de même que vous êtes sur le continent africain.

Cette région contrôle également les routes d'accès vers le Maroc, d'un constant intérêt stratégique , qu'elle que soit la période historique. Ainsi en est-il de la route traversant Taza. Ce couloir situé entre le Rif au nord et le Moyen Atlas au sud, rejoint la frontière algérienne (aujourd'hui fermée en raison de troubles politiques). Vers le sud, le paysage devient de plus en plus sec jusqu'à ce qu'on rejoigne la frontière à Figuig, une oasis perdue au milieu des sables où la route vient s'échouer, littéralement.

À NE PAS MANQUER

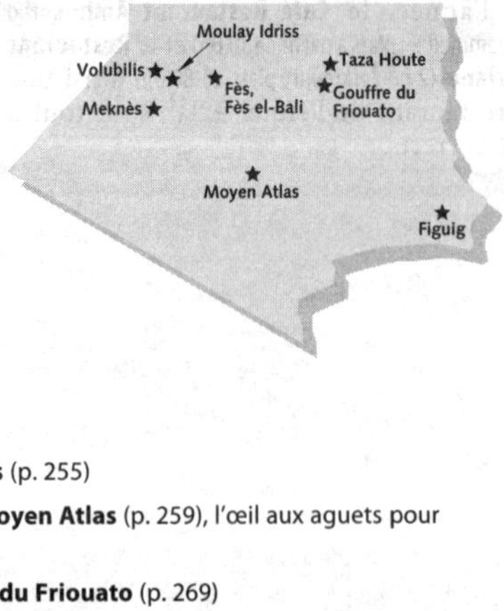

- La médina labyrinthique de **Fès el-Bali** (p. 220)
- Le marchandage avec les potiers, les tanneurs et les marchands de tapis de **Fès** (ci-contre)
- Les mosaïques romaines des ruines de l'antique **Volubilis** (p. 253)
- Une sortie en calèche dans les rues de **Meknès** (p. 241) jusqu'au mausolée de Moulay Ismaïl, le plus grand souverain du Maroc
- Un pèlerinage à la ville sainte de **Moulay Idriss** (p. 255)
- Une randonnée dans les forêts de cèdres du **Moyen Atlas** (p. 259), l'œil aux aguets pour apercevoir des singes magots
- Une plongée dans les profondeurs du **gouffre du Friouato** (p. 269)
- La traversée du désert jusqu'à l'oasis de **Figuig** (p. 275)

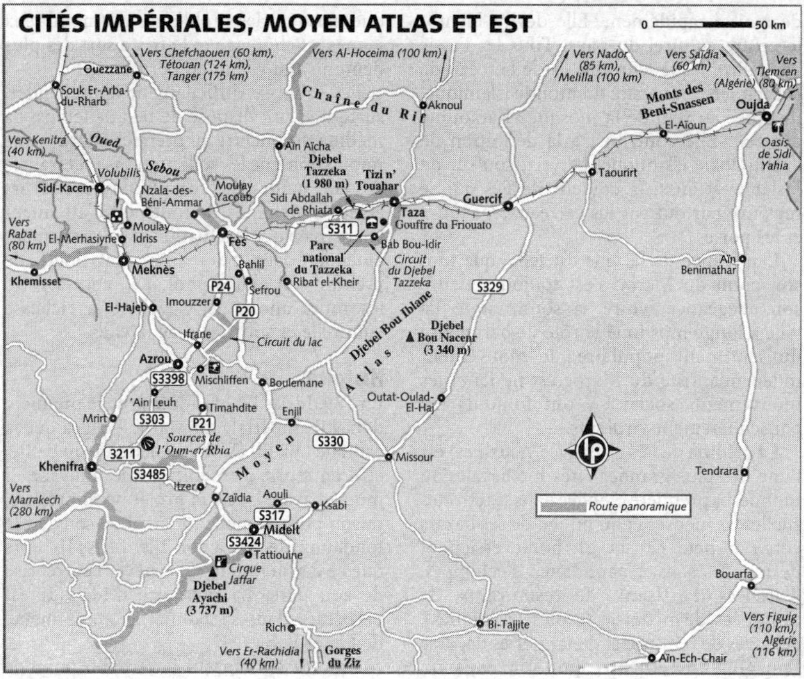

CLIMAT

Les variations climatiques sont importantes entre la zone montagneuse du Sud et les terres sèches de la vallée du Nord Est. Dans les régions de Fès, Meknès et de l'Est, les étés sont très chauds, avec des températures moyennes de 30°C en juillet-août. La pluviométrie estivale est similaire à celle du désert qui s'étend plus au sud. Le temps est plus clément le reste de l'année. L'hiver et le printemps sont agréables, avec juste assez de pluie pour rendre le paysage verdoyant.

Le climat du Moyen Atlas est typiquement montagnard. Les hivers sont froids et neigeux, les étés frais et agréables. Les habitants de Fès et de Meknès viennent pour skier en hiver ou pour échapper aux grandes chaleurs en été. Le printemps est fleuri, quoique généralement humide, et la neige couvre les sommets souvent jusqu'à la fin du mois de juin.

COMMENT S'Y RENDRE

Une ligne ferroviaire dessert les principales villes de la région depuis la côte et assure une liaison directe avec Tanger, Rabat et Casablanca. Il existe également des vols directs avec l'Europe, principalement entre Paris et Fès ou Oujda.

COMMENT CIRCULER

Le train circule de l'ouest vers l'est *via* Meknès, Fès et Taza pour rejoindre Oujda. En revanche, les régions montagneuses du Moyen Atlas ne peuvent se visiter qu'en bus ou en grand taxi.

CITÉS IMPÉRIALES

FÈS فاس

1 million d'habitants

Fès, la plus ancienne des cités impériales, constitue le cœur symbolique du pays. Fondée peu après l'expansion des Arabes en Afrique du Nord et en Espagne, elle devint rapidement le centre religieux et culturel du pays. Fortement marquée par chacune des grandes dynasties, elle reçut également les influences de l'Espagne musulmane et des Arabes du Levant. La riche campagne alentour permit à la ville de croître rapidement. Elle devint bientôt le centre culturel du pays. Tous les Fassis vous diront que leur ville est le berceau de la première université du monde islamique, instituée au sein de la mosquée Karaouine dès 862. Elle contribua à la définition de l'orthodoxie islamique. Le vert, couleur de l'islam, est aussi la couleur de Fès qui se retrouve partout sur les carreaux, les tuiles et les portes.

L'influence de la ville est telle, que tout souverain du Maroc s'est toujours assuré son allégeance, voire sa soumission. La ville a longtemps joué le rôle de baromètre du sentiment populaire : le mouvement indépendantiste du Maroc est né ici et les mouvements sociaux y ont toujours été particulièrement virulents.

La médina de Fès el-Bali (le vieux Fès) est l'une des plus grandes cités médiévales au monde. La première plongée dans ses étroites ruelles tortueuses et au milieu de ses bazars couverts peut causer un bouleversement de tous les sens. L'abondance d'échoppes, d'ateliers d'artisans, de restaurants, de mosquées, de médersas (écoles coraniques), de cuves de teinture et de tanneries dépasse l'imagination et vous emporte dans un tourbillon de couleurs, de formes, de sons et d'odeurs. Les ânes et les mules restent le principal mode de transport et s'il n'y avait pas les téléphones mobiles et les antennes satellites sur les toits, vous vous demanderiez si le temps n'est pas revenu un siècle en arrière.

Mais le Fès du XXIe siècle étouffe dans ces vestiges du IXe siècle qui, par endroits, tombent en ruines. Malgré son inscription au patrimoine mondial par l'Unesco, les investissements se font attendre. Tandis que le gouvernement marocain adoptait des mesures pour inciter les entreprises et les intérêts privés à investir dans la médina, afin d'en préserver la richesse historique et artistique, les instances municipales discutaient en 2006 de projets d'implantation d'un téléphérique touristique depuis les collines voisines et d'un monorail jusqu'à Bab Boujeloud– ce qui est loin de répondre aux besoins les plus pressants d'une ville où beaucoup d'habitants ne disposent pas encore de l'eau courante. La ville nouvelle et ses élégantes avenues bordées de cafés offrent un contraste étonnant avec la médina. Mais les lumières de la ville ne font que masquer les problèmes des nombreux jeunes au chômage et le triste sort des plus démunis qui vivent en périphérie.

Fès se laisse difficilement appréhender, surtout si l'on dispose de peu de temps. La médina déconcerte au premier abord – une impression que les sollicitations incessantes des faux guides, des enfants, des revendeurs et des marchands de tout poil n'atténuent guère (bien que la situation se soit nettement améliorée dans ce domaine). Mais il suffit de prendre son temps pour que, petit à petit, les murs anonymes révèlent la richesse culturelle et spirituelle de la ville.

Histoire

En 789, Idriss Ier – fondateur de la première dynastie impériale du Maroc – jugea que la capitale Oualili (Volubilis) était trop petite, et il entreprit d'en édifier une nouvelle. Il mourut avant que son projet ne soit réalisé, raison pour laquelle on attribue souvent la fondation de Fès à son fils, Idriss II, alors que ce dernier ne fit qu'achever l'entreprise de son père. La mémoire d'Idriss II est perpétuée dans sa zaouïa, au cœur même de Fès el-Bali.

L'année 809 marque le véritable point de départ de la ville. On pense qu'elle doit son nom au mot arabe signifiant "pioche". Une légende raconte d'ailleurs qu'une pioche en or fut découverte sur place au début des travaux.

Modeste ville berbère à ses débuts, la ville grandit rapidement avec l'arrivée de 8 000 familles fuyant Al-Andalus, qui s'installèrent sur la rive est de l'oued Fès. Elles furent rejointes par des familles arabes de Kairouan (Qayrawan), aujourd'hui en Tunisie, qui investirent la rive ouest et donnèrent naissance au quartier des Kairouanais. Ces nouvelles populations apportèrent leur patrimoine religieux, culturel et architectural. Les héritiers d'Idriss II divisèrent le royaume, mais Fès continua de prospérer jusqu'au Xe siècle.

Les siècles suivants, le destin de la ville fut étroitement lié à celui des dynasties au pouvoir. La guerre civile et la famine qui résultèrent des invasions berbères ne prirent fin qu'avec l'arrivée au pouvoir des Almoravides, en 1070. Chassés de la ville en 1154, ces derniers détruisirent ses remparts en représailles. Ils ne furent remplacés que lorsque la nouvelle dynastie, les Almohades, se fut assurée de la loyauté du peuple de Fès. Une grande partie des murailles que l'on voit aujourd'hui remonte à cette époque.

Fès resta un carrefour stratégique même si elle perdit son statut de capitale. Grâce à l'importance de la mosquée Karaouine et de l'université, elle devint le centre de l'enseignement et de la culture de cet empire, qui s'étendait de l'Espagne au Sénégal. La ville ne retrouva son importance politique que bien plus tard, à l'avènement de la dynastie des Mérinides, vers 1250.

L'héritage archéologique de ces derniers est encore bien visible aujourd'hui, notamment dans leurs médersas et dans la construction de Fès el-Jédid (la nouvelle Fès). Quand les Mérinides tombèrent à leur tour, les dynasties qui leur succédèrent ne réussirent jamais à garder le pouvoir très longtemps. Fès ne perdit cependant pas son importance et plusieurs sultans y résidèrent afin d'asseoir leur mainmise sur le Nord.

Au XIXe siècle, à mesure que le pouvoir central s'effondrait et que l'ingérence européenne se renforçait, la distinction entre Fès et Marrakech s'estompa. Toutes deux jouaient le rôle de capitale dans ce pays divisé. Fès garda cependant son statut de capitale "morale". C'est là que fut signée la convention instaurant les protectorats français et espagnol sur le Maroc, le 30 mars 1912. Dès le 17 avril, trois jours d'émeutes et de révolte contre les nouveaux maîtres français confirmèrent la réputation turbulente de la ville.

Bien que les Français aient déplacé la capitale à Rabat, Fès est restée une circonscription majeure jusqu'à nos jours. C'est là que fut fondé le parti de l'Istiqlal (indépendance) d'Allal el-Fassi, et c'est de la ville que partirent les diverses tentatives d'expulsion des Français. Dans les années 1980, Fès fut de nouveau le théâtre de violentes émeutes et de grèves.

Figurant parmi les villes les plus traditionnelles du Maroc, elle inspire au reste du pays un respect dans lequel semble poindre une note de jalousie. Peut-être parce qu'une grande partie de l'élite intellectuelle et économique du Maroc est originaire de cette cité impériale et qu'il est généralement admis (notamment par les Fassis) que toute personne née dans la médina de Fès est plus pieuse, plus cultivée, plus artiste et plus raffinée que les autres…

Élégantes et excellentes cuisinières :les qualités qui ont fait la réputation des femmes fassies, en font des partis recherchés. Aussi, personne ne fut surpris lorsqu'on apprit que la nouvelle épouse de Mohammed VI venait de Fès.

Orientation

L'agglomération de Fès comporte trois parties bien distinctes : Fès el-Bali (le cœur de la médina) à l'est, Fès el-Jédid (qui abrite le quartier juif et le palais royal) au centre, et la ville nouvelle (le centre administratif construit par les Français) au sud-ouest. Aujourd'hui, la population a largement débordé au-delà de la ville nouvelle et annexé en arc de cercle les collines au nord et au sud de la ville.

Fès el-Bali est la partie la plus intéressante à visiter. Bab Boujeloud, dans l'angle nord-ouest, est la porte principale. La ville nouvelle est bâtie dans le plus pur style colonial, avec de larges avenues bordées d'arbres, de vastes places et des parcs. Le boulevard Mohammed V s'étire du nord au sud et coupe l'artère principale, l'avenue Hassan II. La plupart des restaurants et des hôtels de catégorie moyenne, la poste, les banques et la gare ferroviaire sont installés le long de ces axes.

Des services de bus locaux fréquents relient la ville nouvelle à la médina (10 min, 3 Dh) en passant par l'avenue de la Liberté. Les lignes se séparent au niveau des anciens remparts : l'une va vers le nord et passe par Bab el-Mahrouk, l'autre va vers le sud et passe par Bab el-Jédid. Il est aussi possible de faire le trajet à pied, en 30 min environ : de la place de Florence, prenez l'avenue Hassan II puis le boulevard Moulay Youssef qui vous fait passer par le mellah et le palais royal (Dar el-Makhzen) pour rejoindre Bab Boujeloud.

CARTES

Fès de Bab en Bab : promenades dans la médina, de Hammad Berrada (Medi-text, 2002), est un excellent guide qui recense 11 promenades dans la médina de Fès, permettant au lecteur de découvrir des coins secrets qu'il n'aurait jamais dénichés par lui-même. *Fès : guide des circuits touristiques thématiques* est conçu pour accompagner les promeneurs qui suivent les itinéraires balisés dans la médina.

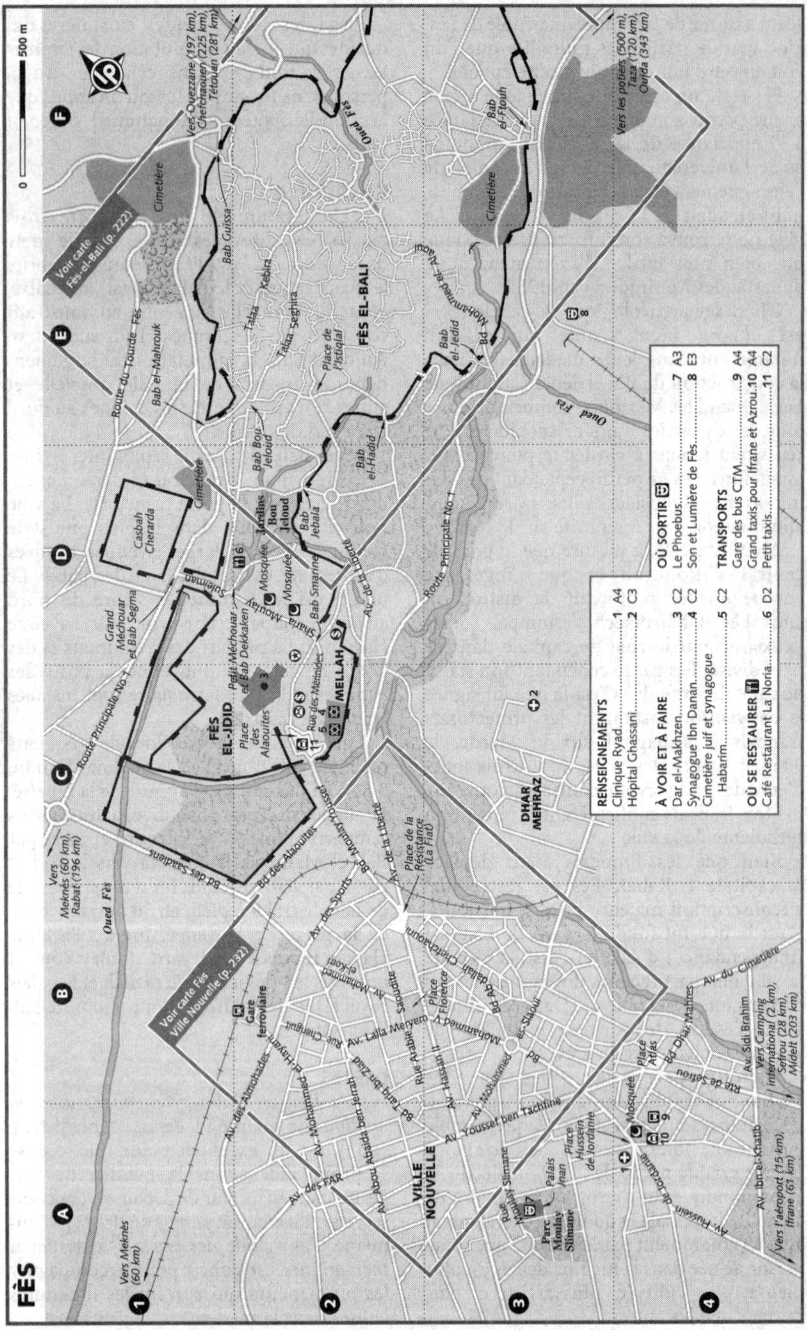
FÈS
0
500 m
Voir carte Fès-el-Bali (p. 222)
Voir carte Fès Ville Nouvelle (p. 232)
Vers Meknès (60 km)
Vers Meknès (60 km), Rabat (196 km)
Vers Ouezzane (197 km), Chefchaouen (225 km), Tétouan (281 km)
Vers les potiers (500 m), Taza (120 km), Oujda (343 km)
Vers l'aéroport (15 km), Ifrane (61 km)
Vers Camping international (2 km), Sefrou (28 km), Midelt (203 km)
FÈS EL-BALI
FÈS EL-JDID
MELLAH
VILLE NOUVELLE
DHAR MEHRAZ
Casbah Cherarda
Cimetière
Oued Fès
Route du Tour de Fès
Route Principale No 1
Bab el-Mahrouk
Bab Guissa
Bab el-Ftouh
Bab el-Jedid
Bab el-Hadid
Bab Bou Jeloud
Bab Jebala
Bab Smarine
Jardins Bou Jeloud
Talaa Kebira
Talaa Seghira
Place de l'Istiqlal
Bd Mohammed el-Alaoui
Grand Méchouar et Bab Segma
Petit Méchouar et Bab Dekkaken
Place des Alaouites
Rue des Mérinides
Sharia Moulay Suleiman
Mosquée
Av. de la Liberté
Bd Moulay Youssef
Bd des Alaouites
Bd des Saadiens
Place de la Résistance (La Fiat)
Av. des Sports
Av. Mohammed el-Kori
Bd Abdallah Chefchaouni
Gare ferroviaire
Av. des Almohades
Av. Mohammed el-Hayani
Av. Lalla Meryem
Rue Chenguit
Rue Arabie Saoudite
Place Florence
Bd Mohammed es-Slaoui
Av. Abou Obaïda ben Jerrah
Bd Tariq ibn Ziad
Av. Hassan II
Av. Mohammed V
Av. Youssef ben Tachfine
Av. des FAR
Rue Moulay Slimane
Palais Jnan
Parc Moulay Slimane
Place Hussein de Jordanie
Av. Hussein de Jordanie
Place Atlas
Bd Dhar Mahres
Rte de Sefrou
Av. du Cimetière
Av. Sidi Brahim
Av. Ibn el-Khatib
RENSEIGNEMENTS
Clinique Ryad 1 A4
Hôpital Ghassani 2 C3
À VOIR ET À FAIRE
Dar el-Makhzen 3 C2
Synagogue Ibn Danan 4 C2
Cimetière juif et synagogue Habarim 5 C2
OÙ SE RESTAURER
Café Restaurant La Noria 6 D2
OÙ SORTIR
Le Phoebus 7 A3
Son et Lumière de Fès 8 E3
TRANSPORTS
Gare des bus CTM 9 A4
Grand taxis pour Ifrane et Azrou 10 A4
Petit taxis 11 C2

Renseignements

ACCÈS INTERNET

Cyber Club (carte p. 232 ; bd Mohammed V ; 6 Dh/h ; 9h-22h)

London Cyber (carte p. 222 ; av. de la Liberté ; 10 Dh/h; 10h-22h)

Téléboutique Cyber Club (carte p. 232 ; bd Mohammed V ; 7 Dh/h; 9h-23h). Au-dessus de la téléboutique, à l'angle de la rue.

AGENCE DE VOYAGES

Carlson Wagonlit (carte p. 232 ; 035 622958 ; fax 035 624436). Derrière le marché central. Pratique pour réserver un avion ou un ferry.

ARGENT

De très nombreuses banques, disposant d'un DAB et presque toujours d'un bureau de change, jalonnent le boulevard Mohammed V, dans la ville nouvelle. Dans la médina, elles sont plus rares :

Société Générale (carte p. 222 ; av. des Français ; 8h45-12h et 14h45-18h lun-jeu, 8h45-11h ven, 8h45-12h sam). Située immédiatement à l'extérieur de Bab Boujeloud. Change du liquide et des chèques de voyage.

CENTRE CULTUREL

Institut français (carte p. 232 ; 035 623921 ; inst.francais.fes@casanet.net.ma ; 33 rue Loukili). Organise des projections de films, des concerts, des expositions et des pièces de théâtre. La bibliothèque renferme une bonne collection de livres sur Fès.

LAVERIE

Laverie (carte p. 222 ; place de l'Istiqlal)

LIBRAIRIES

Librairie Fikr al-Moasser (carte p. 232 ; 15 rue du 16 Novembre). Petit rayon de livres étrangers, notamment des guides de voyage et des beaux livres.

OFFICES DU TOURISME

Syndicat d'initiative (carte p. 232 ; 035 623460 ; fax 035 654370 ; place Mohammed V)

Office du tourisme (carte p. 232 ; 035 623460 ; fax 035 654370 ; place de la Résistance ; 8h30-12h et 14h30-18h30 lun-jeu, 8h30-11h30 et 15h-18h30 ven)

POSTES

Poste principale (carte p. 232 ; angle av. Hassan II et bd Mohammed V). La poste restante est à l'extrême gauche. Le service des colis est accessible par une porte séparée.

Poste (carte p. 222 ; place de l'Istiqlal). À l'intérieur de la médina.

SERVICES MÉDICAUX

Clinique Ryad (carte p. 218 ; 035 960000 ; 2 rue Benzakour, place Hussein de Jordanie)

Hôpital Ghassani (carte p. 218 ; 035 622777). L'un des plus grands hôpitaux de Fès. À l'est de la ville nouvelle, dans le quartier de Dhar Mehraz.

Pharmacie de nuit (carte p. 232 ; 035 623493 ; bd Moulay Youssef ; 21h-6h). Au nord de la ville nouvelle. Vous y trouverez un médecin et un pharmacien.

Désagréments et dangers

Fès a longtemps été réputée pour ses "faux guides" et ses vendeurs de tapis aux pratiques douteuses. Concentrés surtout autour de Bab Boujeloud, principale entrée occidentale de la médina, ces faux guides font de l'accès par cette porte un parcours du combattant d'autant que s'y ajoutent les rabatteurs des hôtels et restaurants. Une fois à l'intérieur, la situation s'améliore. Depuis la création de la brigade touristique, constituée de policiers en civil qui patrouillent dans la médina, le nombre de faux guides a diminué, mais le taux de chômage élevé encourage encore un certain nombre de Fassis à prendre le risque de pratiquer cette activité (voir l'entretien avec un faux guide en encadré p. 220).

En outre, même les guides touristiques officiels incitent leurs clients à transformer leur visite en tournée des boutiques. La pression pour vous faire acheter étant considérable, mieux vaut ne pas passer le seuil de la boutique si vous ne souhaitez rien acheter. Les marchands de tapis en particulier sont de redoutables vendeurs : dès qu'ils commencent à dérouler leurs tapis, ils sont capables de convaincre d'acheter le plus réticent des touristes (méfiez-vous notamment s'ils vous suggèrent que vous pourriez toujours revendre le tapis par la suite sur e-bay en réalisant un excellent profit, rien n'est moins sûr). N'oubliez pas non plus que dès que vous entrez dans une boutique avec un guide, les prix montent pour inclure la commission que le marchand lui reverse. Faire des achats à Fès ne tourne pas forcément au pugilat, mais pour y prendre plaisir mieux vaut savoir ce qui vous attend.

Les rabatteurs qui attendaient les clients aux abords de la gare de Fès n'hésitent pas maintenant à monter les chercher dans les trains, souvent à la jonction de Sidi Kacem.

Les jeunes gens qui se disent étudiants ou professeurs de retour à Fès et font assaut de sympathie à votre égard ont souvent des "frères" qui possèdent des hôtels, des boutiques de tapis ou autre dans la ville ! Ne soyez pas être trop crédule.

À voir

FÈS EL-BALI (VIEUX FÈS)

Grâce à la présence des cimetières alentour et à l'implantation judicieuse de la ville nouvelle, les remparts de Fès el-Bali sont restés dégagés et aucune construction n'est venue les défigurer. Il n'est pas facile de s'orienter mais se perdre fait partie du charme de la médina, où une surprise vous attend à chaque coin de rue. Un bon moyen pour retrouver son chemin consiste à repérer les rues principales qui vous mèneront tôt ou tard à une porte ou à un monument : il suffit de suivre celles où il y a le plus grand flux de monde. Pour demander la direction, adressez-vous aux marchands ou rabattez-vous sur les jeunes garçons ravis de voler au secours des étrangers, moyennant un ou deux dirhams.

De Bab Boujeloud, la porte d'accès principale à la vieille ville, deux rues principales s'enfoncent dans le cœur de la médina : Talaa Kebira (grande pente), sur la gauche, et Talaa Seghira (petite pente) sur la droite. Toutes deux convergent vers la place an-Nejjarine pour continuer jusqu'à la mosquée Karaouine. De là, il faut monter pour rejoindre les portes nord.

Si intéressantes que soient les mosquées et médersas décrites plus bas, elles ne comptent que pour une petite part dans le charme de la vieille ville. Pour l'apprécier pleinement, flânez au hasard, tous les sens en éveil. Ici, vous verrez des têtes de dromadaires accrochées pour indiquer l'échoppe d'un boucher spécialisé, là, des femmes qui remplissent des bouteilles d'eau à la fontaine. Votre odorat vous mènera chez le boulanger voisin où des enfants apportent sur des plateaux des miches de pain à cuire ou dans un café où l'on boit dans des verres du café berbère épicé. Attention toutefois à ne pas être trop tête en l'air, vous risqueriez d'être tiré de votre rêverie par un "*Balek !*" (Attention !) crié par un conducteur de mule approchant avec son animal lourdement chargé. Dans la médina, les sabots des mules sont munis de sortes de chaussures en pneu pour éviter de glisser et les toits-terrasses sont festonnés d'antennes satellites, mais la vie n'a guère changé depuis des centaines d'années.

Mosquée Karaouine

Si Fès est la capitale spirituelle du Maroc, cette mosquée (carte p. 222) en est vraiment le cœur. Édifiée en 859 par des réfugiés venus

UNE VIE DE "FAUX GUIDE"

Anas a 17 ans. Il est l'aîné d'une famille de quatre enfants. Jusqu'à l'âge de 13 ans, il travaillait bien à l'école et espérait accéder plus tard à l'université. Son univers a basculé le jour où son père est mort brutalement et où il s'est retrouvé à la tête de sa maisonnée. Pour aider sa mère et ses frères et sœurs, il a quitté l'école et tenté de trouver du travail auprès des touristes qui visitent la médina de Fès.

Comme d'autres avant lui, Anas hantait les abords de Bab Boujeloud à l'affût de touristes qu'il pourrait guider vers les boutiques de tapis et d'artisanat, dans l'espoir de toucher une petite commission, en leur indiquant en chemin les noms des rues et des fontaines. Les bons jours, il lui arrivait de gagner jusqu'à 100 Dh, mais il lui fallait sans cesse se méfier de la police. À la différence de nombre de ses amis "faux guides", il n'a jamais passé une nuit en prison, mais il ne compte plus le nombre de fois où il s'est fait taper sur les doigts et confisquer les gains de la journée.

En basse saison, Anas a tenté de travailler dans les tanneries, mais la tâche consistant à transporter de lourdes peaux détrempées était rude pour un si jeune garçon et ne lui rapportait même pas 40 Dh par jour. Après quelques mois, il a arrêté de peur aussi que les produits chimiques utilisés dans les cuves pour les teintures n'affectent sa santé.

Anas est maintenant parti pour Chefchaouen, où il fait office de rabatteur pour plusieurs boutiques d'artisanat et où, à l'occasion, il vend du kif aux routards. Il gagne moins qu'à Fès mais préfère rester là, car la police ne le harcèle plus. Il aimerait bien retourner à l'école un jour, mais dans l'immédiat sa priorité est de gagner de l'argent pour soutenir sa famille.

de Tunisie, puis reconstruite au XIIe siècle, elle peut accueillir 20 000 fidèles pour la prière. Les non-musulmans n'y ont pas accès. Elle est en outre tellement masquée de l'extérieur par les autres édifices qui ont été érigés au fil des siècles qu'on ne peut en voir qu'une toute petite partie de l'extérieur. On prendra toutefois la mesure de sa taille en observant par l'une des portes, donnant sur Talaa Kebira et sur la place as-Seffarine, les colonnades qui s'alignent à l'infini à l'intérieur. Ou, mieux encore, depuis l'un des points de vue qui dominent le vieux Fès d'où son immense toit pyramidal et son minaret, repères infaillibles pour les fidèles, sont immanquables.

Médersa Bou Inania

Située à 150 m à l'est de Bab Boujeloud, la **médersa Bou Inania** (carte p. 222 ; 10 Dh ; 🕑 8h-17h), qui fut érigée par le sultan Bou Inan entre 1350 et 1357, est considérée comme le plus beau collège de théologie jamais construit à Fès par les Mérinides. Les zelliges, les décorations en *muqarnas* (stuc) et le travail de bois sculpté sont magnifiques. La vue depuis le toit mérite l'ascension.

La particularité de cette médersa tient au fait qu'elle abrite une véritable mosquée avec minaret. Toutes les médersas comportent généralement ce que nous appelons une salle de prière, le *masjid* (mosquée), mais d'ordinaire elles sont de dimensions modestes avec un *mihrab* (niche indiquant la direction de La Mecque) simple. La présence de cette véritable mosquée à l'intérieur de la médersa Bou Inania est sans doute due à l'absence de mosquée proche au moment de son édification. La médersa est fermée aux heures de prière.

Malheureusement, la médersa est actuellement fermée pour rénovation.

Médersa el-Attarine

Construite en 1325 par Abou Saïd en plein cœur de la médina, la **médersa el-Attarine** (carte p. 222 ; 10 Dh ; 🕑 8h30-13h et 14h30-17h) fut conçue comme une annexe de la mosquée Karaouine. La cour intérieure est bordée de salles de cours et d'un modeste *masjid*. Les zelliges à la base des murs, le stuc et le cèdre sculpté en haut des murs et au plafond répondent aux canons traditionnels de l'artisanat mérinide, et n'ont rien à envier à l'élégance de la médersa Bou Inania.

Musée Nejjarine des arts et métiers du bois

Inauguré en 1998, ce **musée** (carte p. 222 ; ☎ 035 740580 ; place an-Nejjarine ; 20 Dh ; 🕑 10h-17h ; photos interdites) occupe un fondouk (ou caravansérail) restauré. Très bien présentées dans les pièces qui entourent la cour intérieure, les collections d'objets traditionnels sont très variées : outils d'artisans, chapelets, ferronneries berbères, coffres et instruments de musique. L'édifice lui-même est remarquable et vous pourrez admirer la médina depuis le café sur le toit-terrasse.

Musée Dar Batha

Installé dans un palais hispano-mauresque, le **musée Dar Batha** (musée d'Art et d'Artisanat marocains ; carte p. 222 ; ☎ 035 634116 ; place de l'Istiqlal ; 10 Dh ; 🕑 8h30-12h et 14h30-18h mer-lun) contient une belle collection d'art et d'artisanat marocains, notamment des sculptures sur bois remarquables, des zelliges et des stucs ciselés récupérés dans des médersas en ruine ou en mauvais état. Sont également présentés de somptueuses broderies fassies, des tapis berbères colorés et des instruments anciens.

La merveille du musée reste cependant sa collection de céramiques qui va du XIVe siècle à aujourd'hui. Elle comprend certains des plus beaux exemples du pays de la célèbre poterie bleue de Fès. Le vernis bleu cobalt est le fruit d'une technique découverte au Xe siècle. Les explications sont rédigées en arabe et en français.

Avant de vous replonger dans l'animation de la médina, accordez-vous un moment de calme dans le jardin andalou du musée.

Musée Belghazi

Établissement privé, le **musée Belghazi** (carte p. 222 ; ☎ 035 741178 ; 19 Derb Elgorba ; 20 Dh ; 🕑 9h-18h30), qui appartient à la famille du même nom, expose une collection qui rivalise presque avec celle du musée Dar Batha. Le palais du XVIIe siècle qui héberge le musée constitue un cadre idéal pour les splendides tapis, bijoux, armes et coffres de mariage présentés. La plupart des objets peuvent être achetés si l'on y met le prix.

Le palais abrite en outre une cour ombragée dotée d'un café, ainsi qu'un restaurant plus touristique. Perdu dans le dédale de la médina, le musée est cependant

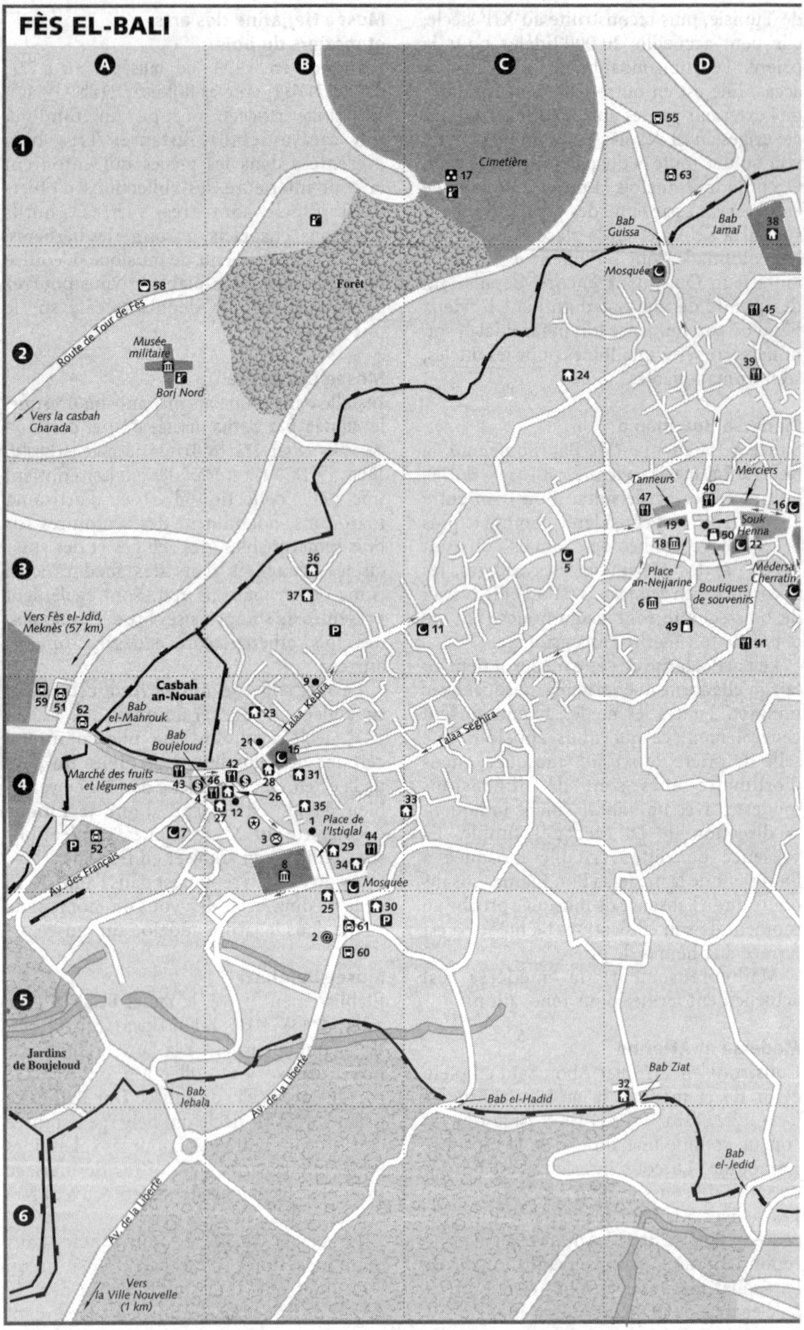
FÈS EL-BALI
A
B
C
D
1
2
3
4
5
6
Cimetière
Forêt
Route de Tour de Fès
Musée militaire
Borj Nord
Vers la casbah Charada
Bab Guissa
Bab Jamaï
Mosquée
Tanneurs
Merciers
Souk Henna
Place an-Nejjarine
Boutiques de souvenirs
Médersa Cherratine
Vers Fès el-Jdid, Meknès (57 km)
Casbah an-Nouar
Bab el-Mahrouk
Bab Boujeloud
Talaa Kebira
Talaa Seghira
Marché des fruits et légumes
Place de l'Istiqlal
Mosquée
Av. des Français
Jardins de Boujeloud
Bab Jebala
Av. de la Liberté
Bab el-Hadid
Bab Ziat
Bab el-Jedid
Av. de la Liberté
Vers la Ville Nouvelle (1 km)
1 2 3 4 5 6 7 8 9 11 12 15 16 17 18 19 21 22 23 24 25 26 27 28 29 30 31 32 33 34 35 36 37 38 39 40 41 42 43 44 45 46 47 49 50 51 52 55 58 59 60 61 62 63

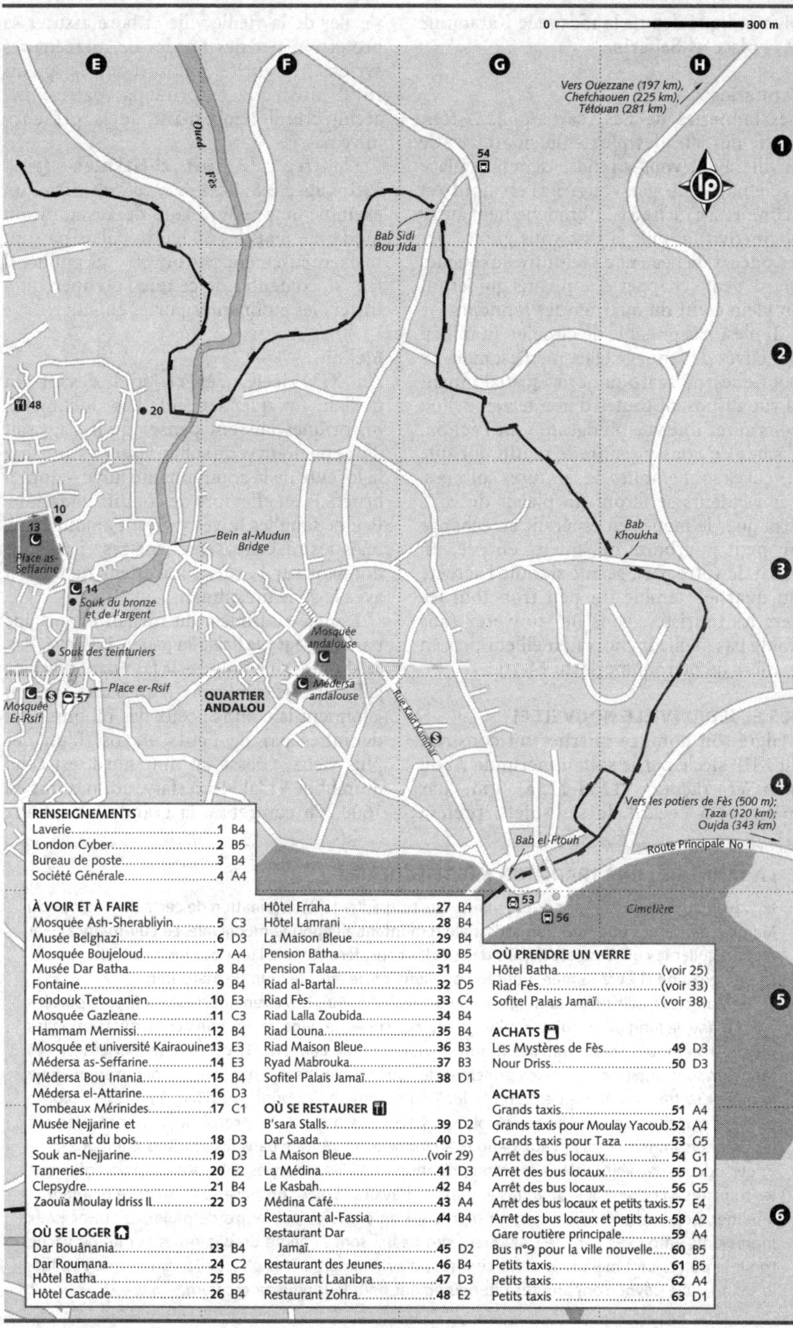

RENSEIGNEMENTS

Laverie.......1 B4
London Cyber.......2 B5
Bureau de poste.......3 B4
Société Générale.......4 A4

À VOIR ET À FAIRE

Mosquée Ash-Sherabliyin.......5 C3
Musée Belghazi.......6 D3
Mosquée Boujeloud.......7 A4
Musée Dar Batha.......8 B4
Fontaine.......9 B4
Fondouk Tetouanien.......10 E3
Mosquée Gazleane.......11 C3
Hammam Mernissi.......12 B4
Mosquée et université Kairaouine.......13 E3
Médersa as-Seffarine.......14 E3
Médersa Bou Inania.......15 B4
Médersa el-Attarine.......16 D3
Tombeaux Mérinides.......17 C1
Musée Nejjarine et artisanat du bois.......18 D3
Souk an-Nejjarine.......19 D3
Tanneries.......20 E2
Clepsydre.......21 B4
Zaouïa Moulay Idriss II.......22 D3

OÙ SE LOGER

Dar Bouânania.......23 B4
Dar Roumana.......24 C2
Hôtel Batha.......25 B5
Hôtel Cascade.......26 B4
Hôtel Erraha.......27 B4
Hôtel Lamrani.......28 B4
La Maison Bleue.......29 B4
Pension Batha.......30 B5
Pension Talaa.......31 B4
Riad al-Bartal.......32 D5
Riad Fès.......33 C4
Riad Lalla Zoubida.......34 B4
Riad Louna.......35 B4
Riad Maison Bleue.......36 B3
Ryad Mabrouka.......37 B3
Sofitel Palais Jamaï.......38 D1

OÙ SE RESTAURER

B'sara Stalls.......39 D2
Dar Saada.......40 D3
La Maison Bleue.......(voir 29)
La Médina.......41 D3
Le Kasbah.......42 B4
Médina Café.......43 A4
Restaurant al-Fassia.......44 B4
Restaurant Dar Jamaï.......45 D2
Restaurant des Jeunes.......46 B4
Restaurant Laanibra.......47 D3
Restaurant Zohra.......48 E2

OÙ PRENDRE UN VERRE

Hôtel Batha.......(voir 25)
Riad Fès.......(voir 33)
Sofitel Palais Jamaï.......(voir 38)

ACHATS

Les Mystères de Fès.......49 D3
Nour Driss.......50 D3

ACHATS

Grands taxis.......51 A4
Grands taxis pour Moulay Yacoub.......52 A4
Grands taxis pour Taza.......53 G5
Arrêt des bus locaux.......54 G1
Arrêt des bus locaux.......55 D1
Arrêt des bus locaux.......56 G5
Arrêt des bus locaux et petits taxis.......57 E4
Arrêt des bus locaux et petits taxis.......58 A2
Gare routière principale.......59 A4
Bus n°9 pour la ville nouvelle.......60 B5
Petits taxis.......61 B5
Petits taxis.......62 A4
Petits taxis.......63 D1

bien indiqué depuis la mosquée Karaouine et la place as-Seffarine.

Tanneries

Les tanneries de Fès (carte p. 222) font partie des sites les plus emblématiques de la ville. Pour vous y rendre depuis la place as-Seffarine, dirigez-vous vers l'est/nord-est et prenez à gauche à l'embranchement après 50 m environ, puis laissez-vous guider par les odeurs de peau et de teinture auxquelles on ne peut échapper et qui vous guideront en plein cœur du quartier des tanneurs.

Il n'est pas possible de circuler au milieu des cuves de tannage elles-mêmes, mais les boutiques de maroquinerie qui jalonnent la rue disposent toutes d'une terrasse d'où vous aurez une vue plongeante sur l'action. Tâchez de vous y rendre le matin, lorsque les cuves sont emplies de teintures colorées. Les vendeurs se feront un plaisir de vous expliquer le métier en espérant en échange un petit pourboire ou, mieux encore, un achat de votre part. Même si toute l'activité du quartier semble un peu trop tournée vers les touristes, vous ne trouverez sans doute pas meilleur choix ni meilleur prix en matière de maroquinerie au Maroc.

FÈS EL-JEDID (VILLE NOUVELLE)

Malgré son nom, ce quartier fut construit au XIIIe siècle par le sultan mérinide Abou Youssef Yacoub (1258-1286) qui, par méfiance à l'égard de ses sujets, préféra s'isoler de la vieille ville et faire assurer sa protection par des hordes de mercenaires syriens. Il abrite aujourd'hui le palais royal ainsi que le principal patrimoine architectural témoignant de la présence juive passée.

L'entrée du **Dar el-Makhzen** (palais royal ; carte p. 218 ; place des Alaouites) offre un exemple impressionnant de restauration moderne, mais les 80 ha du palais ne sont malheureusement pas ouverts au public. Il faut se contenter de ce que l'on aperçoit à travers les étonnantes portes en cuivre.

Mellah

Au XIVe siècle, Fès el-Jédid devint un mellah, un quartier juif. Les documents historiques laissent penser qu'il s'agissait d'une manœuvre du sultan visant à s'attacher la loyauté de la communauté juive – dont il bénéficia en effet lors de conflits ultérieurs. Peu de familles juives y vivent aujourd'hui, mais les maisons, avec fenêtres et balcons donnant sur la rue, contrastent nettement avec le style musulman.

L'angle sud-ouest du mellah est occupé par la **synagogue Habarim** (carte p. 218 ; entrée libre, dons bienvenus ; 🕒 7h-19h) et le fascinant **cimetière juif**, dont les tombeaux d'un blanc éclatant jalonnent la colline ; ceux des rabbins sont délimités par de petits enclos. L'un des plus vieux, adossé au mur nord, est celui du rabbin Vidal Hasserfaty, qui mourut en 1600. En contrebas, la grande tombe aux

LA TANNERIE : UNE TRADITION MULTISÉCULAIRE

Le travail du cuir illustre sans doute mieux que tout autre la détermination de certaines régions du Maroc à perpétuer une tradition artisanale remontant à l'époque médiévale. Le cuir marocain, et en particulier le cuir fassi, est depuis des siècles considéré comme l'un des plus beaux du monde. La fine peau de chèvre tannée, utilisée en reliure, porte ainsi le nom de maroquin.

Au Maroc, la tradition du tannage n'a guère évolué depuis le Moyen Âge. Les peaux sont portées à dos d'âne, le long des étroites ruelles, jusqu'aux cuves de teinture, toujours construites selon les mêmes techniques traditionnelles (hormis l'utilisation de carreaux de céramique modernes). Les tanneurs sont organisés selon les principes des guildes d'autrefois, qui veulent, par exemple, que le métier se transmette de père en fils. Malheureusement, les principes d'hygiène et de sécurité relèvent également d'une époque révolue et il n'est pas rare que des problèmes de santé affectent les tanneurs immergés jusqu'aux genoux à longueur de journée dans les produits chimiques.

Les odeurs nauséabondes sont omniprésentes dans les tanneries. Elles sont si puissantes que les touristes à l'odorat délicat venus admirer le travail se voient proposer une branche de menthe à humer, pour supporter la puanteur (particulièrement forte par temps de pluie). Les principaux ingrédients employés dans le traitement des peaux sont la fiente de pigeon et l'urine de vache (pour le potassium) mélangés à des cendres ; d'autres ingrédients plus délicats, tels que l'indigo, le safran ou le pavot, sont ajoutés ultérieurement pour leur pouvoir colorant.

MELLAH

Le mot mellah (de l'arabe "sel") se réfère à la partie de Fès el-Jédid dans laquelle la population juive fut transférée sous les Mérinides. Certains racontent qu'elle était arrosée par un affluent saumâtre de l'oued Fès ; d'autres la décrivent plutôt comme une sorte de marais salant. Plus vraisemblablement, le mot renvoie au rôle prépondérant que tenaient les juifs dans le commerce du sel. Quoi qu'il en soit, ce terme finit par prendre au Maroc le même sens que celui de "ghetto" en Europe : le quartier juif.

ornementations vertes est celle de la martyre Solica, une jeune fille de 14 ans qui eut la gorge tranchée en 1834 pour avoir refusé de se convertir à l'islam et repoussé les avances du gouverneur de Tanger.

Aujourd'hui transformée en musée, la synagogue Habarim présente une variété hétéroclite d'objets abandonnés par les juifs au moment de leur départ, ainsi que des photos et des cartes postales émouvantes. Des registres détaillés de familles juives ont été rassemblés ici à l'attention des intéressés. Le gardien vous ouvrira le musée s'il est fermé.

Il pourra aussi vous conduire à la **synagogue Ibn Danan** (carte p. 218 ; entrée gratuite, dons bienvenus), non loin. Elle fut restaurée en 1999 avec l'aide de l'Unesco. Il n'y a pas d'horaires d'ouverture fixes mais, en général, il y a toujours quelqu'un pour vous faire entrer et vous en montrer les principales caractéristiques, notamment le *mikveh* (bassin rituel) au sous-sol. La **rue des Mérinides** (carte p. 218) est bordée de maisons aux balcons en bois et en fer forgé et aux ornements en stuc.

NORD DE LA MÉDINA

Vus des collines environnantes, les immeubles de Fès sont d'un blanc immaculé, ponctué çà et là par le vert des tuiles des mosquées et des médersas. Le **Borj Nord** (carte p. 222) offre l'un des plus beaux panoramas de la ville. À l'instar de son jumeau au sud de la ville (Borj Sud), le Borj Nord fut construit par le sultan saadien Ahmed el-Mansour à la fin du XVIe siècle, afin de garder un œil sur la population de Fès, toujours prête à la révolte.

Un peu plus haut, les **tombeaux des Mérinides** (carte p. 222), en ruine, ont perdu une grande partie de leurs magnifiques décors d'origine. L'ascension est tout de même intéressante car, de là, on découvre une vue étonnante sur Fès. Remarquez en particulier les fumées noires dans la partie sud de la ville où est situé le quartier des potiers. La promenade est très poétique au crépuscule quand s'allument les lumières et que les appels à la prière des muezzins se propagent à travers toute la vallée. Il est déconseillé de s'aventurer seul dans ce quartier dès qu'il fait sombre.

À faire

HAMMAMS

Les hammams abondent dans la médina. Le **hammam Mernissi** (carte p. 222 ; Talaa Seghira ; entrée/massage 7/30 Dh ; femmes 11h-20h30, hommes 20h30-1h) est à la fois pratique et accueillant pour les étrangers.

Promenade à pied : Au cœur de la médina

Cet itinéraire vous conduit de Bab Boujeloud à la mosquée Karaouine, puis bifurque vers le nord jusqu'au Sofitel Palais Jamaï. Selon le nombre de haltes effectuées, la promenade peut durer de quelques heures à une journée entière.

À la différence des murailles et des autres portes de la cité, l'entrée principale, **Bab Boujeloud (1)**, est assez récente puisqu'elle date de 1913. Dès que l'on franchit cette porte, on découvre une activité trépidante. Il fait bon paresser dans les petits cafés qui se trouvent là, en observant le va-et-vient de la rue (ne vous laissez pas dissuader par la présence des rabatteurs).

Prenez à gauche devant le restaurant Kasbah, puis à droite en descendant vers Talaa Kebira et le minaret de la **médersa Bou Inania (2)**, qui illustre parfaitement le style architectural mérinide.

En face de l'entrée, une célèbre **clepsydre (3)** du XIVe siècle, œuvre d'un horloger magicien à ses heures, est cachée derrière une bâche pour une restauration qui dure déjà depuis plusieurs années. Continuez sur 150 m environ dans Talaa Kebira pour

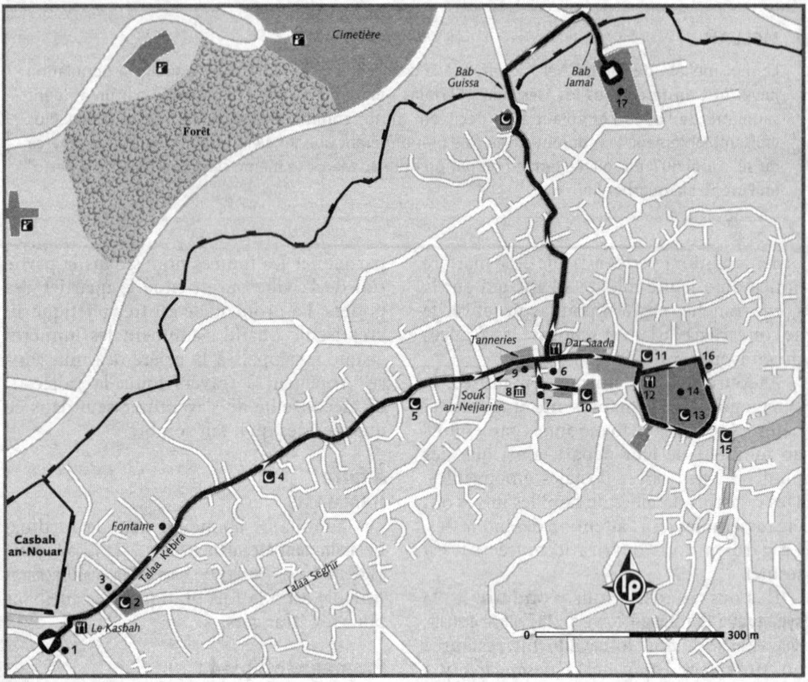

EN BREF
Départ Bab Boujeloud
Arrivée Palais Jamaï
Distance 3 km
Durée 2 à 3 heures

atteindre une fontaine nichée dans un angle sur votre gauche, puis la **mosquée Gazleane (4)**, l'une des 350 que compte la médina.

À 400 m environ de la médersa Bou Inania, en empruntant un virage en épingle à cheveux que vous ne pouvez manquer, vous apercevrez juste devant vous le joli minaret couvert de tuiles vertes de la **mosquée Ash-Sherabliyin (5)**, qui porte le nom d'un fabricant de chaussons, toujours en activité non loin de là.

Continuez à descendre. Après les vendeurs de chaussures et quelques tanneurs, à environ 230 m de la mosquée Gazleane, cherchez une rue sur la droite et un panneau indiquant l'entrée du **souk au henné (6)** (voir *Tatouages berbères*, p. 339). (Si vous arrivez devant le restaurant Dar Saada, c'est que vous êtes allé trop loin.) De nos jours, vous trouverez davantage d'étals vendant de la poterie bleue de Fès que du henné, traditionnellement utilisé par les Marocaines pour décorer leurs mains et leurs pieds lors d'événements importants, comme les mariages.

En sortant du souk au henné, poursuivez votre chemin vers le sud en laissant derrière vous le restaurant Dar Saada. À 50 m environ, une bifurcation sur la droite vous conduit à une place plus grande, la **place an-Nejjarine (7)**, dominée par l'une des plus belles fontaines de la ville et par un impressionnant fondouk (caravansérail) : superbement restauré, il accueille désormais le **musée Nejjarine des arts et métiers du bois (8)**. Les ruelles qui partent immédiatement au nord du musée composent le **souk an-Nejjarine (9)** (souk des charpentiers). Vous y verrez des artisans mettre la touche finale à des trônes scintillants destinés à des cérémonies de mariage.

De la place an-Nejjarine, continuez vers le sud, puis tournez presque immédiatement à gauche dans une ruelle. Glissez-vous sous la barrière empêchant le passage des mules et des ânes. Vous vous retrouverez au milieu d'étals où s'empilent bougies et autres offrandes. Poursuivez jusqu'à l'entrée de la **zaouïa Moulay Idriss II (10)**, dont vous pouvez admirer le magnifique intérieur carrelé et joliment éclairé, bien que l'entrée soit interdite. Moulay Idriss II, cœur même de la ville pour les Fassis, est un endroit révéré.

Le plus simple consiste ensuite à revenir sur vos pas jusqu'au restaurant Dar Saada, sur Talaa Kebira. Suivez la rue vers l'est – elle passe un petit monticule et longe des étals de merciers –, jusqu'à son extrémité 100 m plus loin, une intersection en T où se dresse la **médersa el-Attarine (11)**.

En sortant de la médersa, tournez à gauche (vers le sud). Après la **pâtisserie Kortouba (12)** – idéale pour faire une pause –, les boutiques laissent place aux murs de la grande **mosquée Kairaouine** (ou Qaraouiyine) et de son **université (13)**. Cette dernière est une des plus anciennes au monde et le premier centre d'enseignement de l'islam après Al-Azhar au Caire. Parmi les nombreuses sommités qui la fréquentèrent figure le grand historien Ibn Khaldoun.

Continuez à suivre l'enceinte de l'université dans le sens inverse des aiguilles d'une montre. Le bruit des enclumes vous conduit à la jolie **place as-Seffarine (14)**. Ce sont les dinandiers que l'on entend marteler le cuivre jaune. Remarquez les énormes casseroles et autres ustensiles qui sont loués pour les mariages. Les murs de l'université et l'entrée de la bibliothèque étant toujours sur votre gauche, vous verrez sur le côté est de la place une porte en cèdre cloutée, qui marque l'entrée de la petite **médersa as-Seffarine (15)**. Construite en 1280, c'est la plus ancienne de Fès, mais elle est dans un état de décrépitude avancée.

Toujours en suivant l'enceinte de la mosquée dans le même sens (vous montez maintenant vers le nord), guettez sur la droite le **fondouk tétouanien (16)** du XIVe siècle, avec ses galeries en bois délabrées. À l'origine chasse gardée des hommes d'affaires de Tétouan, il a ensuite servi pendant des siècles d'hôtel et d'entrepôt aux marchands en déplacement.

Poursuivez le long de la mosquée et dépassez son entrée nord, une porte richement décorée, pour retrouver votre point de départ (à côté de la pâtisserie) et Bab Boujeloud.

Il est également possible de s'arrêter à Dar Saada, puis de bifurquer jusqu'à Bab Guissa, dans le nord de la médina. Empruntez les rues principales et vous arriverez à une petite place bordée par un cinéma à l'abandon au nord. Prenez la ruelle qui va vers le nord-ouest en continuant à monter et en passant devant une multitude d'ânes chargés des sacs de ciment du marchand local.

En approchant de Bab Guissa, vous repérerez facilement le **Sofitel Palais Jamaï (17)**, qui occupe un palais construit à la fin

LES FONTAINES DE FÈS

Comme pour toute civilisation vivant dans le désert, l'eau est une denrée de grande valeur au Maroc. Dans le passé, des travaux d'ingénierie complexes furent entrepris pour assurer l'approvisionnement en eau. Aujourd'hui encore, la vie tourne souvent autour de la fontaine ou du puits du village.

Ce sont surtout les dynasties almoravide (1061-1147) et almohade (1147-1248) qui réalisèrent des prouesses hydrauliques. Pour acheminer l'eau dans leurs villes, elles détournèrent des cours d'eau, créèrent des lacs et bâtirent d'immenses réseaux de canaux. À Marrakech, des canaux souterrains construits à cette époque continuent d'approvisionner les mosquées, les maisons et des dizaines de fontaines.

La construction de fontaines connut son âge d'or à l'époque où Fès était la capitale du pays. On dit que la médina renferme plus de 60 fontaines publiques. Elles coulent dans les hammams, mais aussi à proximité des mosquées. Nombre d'entre elles furent financées par des princes et des marchands aisés.

Certaines de ces fontaines ne sont que de simples bassins adossés à un mur. La majorité sont au centre de magnifiques structures décoratives, ornées de faïences colorées, souvent surmontées d'une voûte en bois finement ciselée. L'une des plus belles est la fontaine an-Nejjarine. Construite au XVIIIe siècle, elle arbore des zelliges et stucs aussi finement travaillés que de la dentelle. La fontaine de Dar Jamaï, à Meknès, en est un autre spécimen splendide.

FESTIVAL DE MUSIQUE SACRÉE DE FÈS

Chaque année, en juin, le **Festival de musique sacrée de Fès** (☎ 035 740535 ; www.fesfestival.com) réunit des artistes venus des quatre coins de la planète. Il s'est affirmé comme l'un des grands événements parmi les festivals de musique du monde. Ce festival qui rend hommage aux divers courants du soufisme marocain, attire régulièrement de prestigieuses vedettes internationales telles que Ravi Shankar, Youssou N'Dour et Salif Keita. Les concerts se déroulent dans différents lieux, notamment au musée Batha, sur la place devant Bab Boujeloud et à Volubilis. Au-delà des grands noms qui attirent les foules, ce festival accueille aussi des concerts plus intimes mais non moins fascinants donnés par divers *turuk* – (ordres soufis ; *tarika*, au singulier) marocains. En parallèle ont lieu des expositions artistiques, des projections de films, des débats dans des cafés littéraires. En 2001, les Nations Unies ont félicité ce festival pour le rôle majeur qu'il joue dans la promotion du dialogue entre les civilisations.

du XIXe siècle par le grand vizir de Moulay el-Hassan Ier, Sidi Mohammed ben Arib al-Jamaï. Au cœur de jardins luxuriants, c'est un endroit merveilleux pour admirer la vue. De là, vous pouvez prendre un petit taxi, ou le bus local n°10 (pour la ville nouvelle) ou n°12 (pour Bab Boujeloud).

Cours

Chez **DMG Arabophon** (☎ 035 603475 ; www.arabicstudy.com ; stage intensif d'un mois 3 600 Dh), chaque programme intensif est constitué de 60 heures de cours d'arabe moderne standard, tous niveaux. Le centre propose aussi des cours découverte aux voyageurs : la demi-journée "Curious Explorer" (250 Dh) ou la semaine "Serious Explorer" (600 Dh). On y apprend les règles de base du savoir-vivre, de la prononciation ainsi que les phrases indispensables. DMG donne aussi des cours de tamazight (berbère).

L'**Arabic Language Institute** (☎ 035 624850 ; www.alif-fes.com ; stage de 3/6 semaines 4 900/8 900 Dh), propose des stages de plus longue durée pour les étrangers. Il peut aussi aider les étudiants à se loger en appartement ou dans des familles locales. Les cours ont lieu à l'**American Language Center** (carte p. 232 ; ☎ 035 624850 ; 2 rue Ahmed Hiba).

Circuits organisés

Consciente des difficultés éprouvées par les touristes pour s'orienter dans la médina, la municipalité de Fès a récemment mis en place une série d'itinéraires balisés dans la vieille ville. Il en existe cinq qui mettent chacun l'accent sur un aspect différent de la ville traditionnelle :

Bleu foncé Monuments et souks
Vert Palais et jardins andalous
Orange Fès el-Jédid
Bleu clair Riviera andalouse
Violet Circuit des artisans

Les indications, placées à hauteur des yeux et montrant la direction du prochain repère, sont faciles à suivre. À quoi s'ajoutent des panneaux explicatifs en anglais très bien faits et placés à intervalles réguliers.

Une autre solution consiste à louer les services d'un guide. Non seulement il pourra vous indiquer des bâtiments et des recoins insoupçonnés, mais il saura répondre à vos questions sur la culture locale, vous servir d'interprète et, surtout, dissuader les faux guides de vous importuner. La journée entière de visite avec un guide officiel coûte 200 à 250 Dh – demandez toujours à voir son accréditation.

La qualité des guides variant de l'un à l'autre, il importe d'être très clair sur ce que vous attendez de lui. Si les achats ne vous intéressent pas, dites-le fermement dès le début, sachant toutefois que le meilleur moyen de s'assurer sa collaboration dans ce domaine est de lui promettre un pourboire. Si possible, choisissez un guide recommandé par d'autres voyageurs ; ou bien passez par les services de l'office du tourisme, du syndicat d'initiative ou d'un grand hôtel.

Pour ceux qui disposent d'un temps limité, l'office du tourisme propose des "circuits panoramiques" de Fès qui passent par les plus beaux panoramas de la ville, notamment le Borj Nord et le Borj Sud, ainsi que le tombeau des Mérinides. Ce circuit dure 45 min et coûte 200 Dh.

Où se loger

Votre préférence se porte-t-elle sur l'ambiance colorée et chaotique de la médina ou sur la ville nouvelle, plus calme et meilleur marché ? C'est la première question à vous poser avant de choisir un hôtel à Fez. Ensuite, vous n'aurez que l'embarras du choix dans toutes les gammes de prix, de la simple pension au riad le plus fabuleux.

MÉDINA

Petits budgets

Souvent concentrés autour de Bab Boujeloud, dans Fès el-Bali, les établissements les moins chers sont aussi très sommaires. Ainsi vous risquez d'avoir à explorer les hammams alentour pour échapper aux douches froides. Il ne faut pas craindre non plus d'être réveillé très tôt par l'appel à la prière des muezzins (repérez où se trouve le minaret le plus proche). De plus les faux guides sont nombreux dans le quartier. En été les prix sont plus élevés.

Dar Bouânania (carte p. 222 ; ☎ 035 637282 ; 21 Derb be Salem ; s/d 200/250 Dh, avec douche 250/300 Dh). Un nouvel hôtel dans le style riad à prix modéré : une formule qui ravira les amateurs. Bien indiquée depuis Talaa Kebira, cette maison traditionnelle possède une série de chambres étagées sur plusieurs niveaux et décorées avec goût, une jolie cour intérieure ornée de zelliges et de stucs ainsi qu'une petite terrasse. On peut difficilement rêver mieux pour le prix. Réservez en été.

Pension Talaa (carte p. 222 ; ☎ 035 633359 ; pacohicham@hotmail.com ; 14 Talaa Seghira ; s/d 75/100 Dh). Dans l'une des rues les plus animées de la médina, juste quatre petites chambres propres avec des sanitaires communs dans des cabines en bois. L'accueil sympathique compense le côté spartiate.

Pension Batha (carte p. 222 ; ☎ 035 741150 ; 8 Sidi Lkhayat ; s/d petit-déj inclus 110/145 Dh). Dans cette haute et étroite bâtisse, une succession d'escaliers mènent à une série de chambres simples et correctes. Cette sympathique pension familiale bénéficie en outre d'une jolie terrasse où prendre le frais. À ne pas confondre avec l'Hôtel Batha voisin.

Hôtel Cascade (carte p. 222 ; ☎ 035 638442 ; 26 rue Serrajine ; s/d 60/120 Dh). Longtemps apprécié par les voyageurs pour sa situation centrale et sa terrasse à la vue imprenable, l'Hôtel Cascade est aujourd'hui passablement délabré et d'une propreté douteuse, en particulier dans les parties communes. Néanmoins convenable pour le prix.

Hôtel Lamrani (carte p. 222 ; ☎ 035 634411 ; Talaa Seghira ; ch 150-200 Dh). Très bien situé lui aussi, juste en retrait de l'agitation de Bab Boujeloud, cet hôtel pourrait être fantastique avec ses vastes chambres et ses sdb propres dotées de douches chaudes. Dommage que l'accueil soit si rébarbatif.

Hôtel Erraha (carte p. 222 ; ☎ 035 633226 ; place Boujeloud ; s/d 50/80 Dh). À quelques pas de Bab Boujeloud, cet hôtel économique dispose de grandes chambres claires et d'une terrasse. Les peintures murales égaient les lieux. Les sdb communes sont à la hauteur des prix (douche chaude 10 Dh).

Catégorie moyenne

La médina compte peu d'établissements de cette catégorie, les riads ayant tendance à basculer dans la catégorie supérieure. Seuls quelques-uns offrent des chambres plus simples à des prix raisonnables.

Hôtel Batha (carte p. 222 ; ☎ 035 741077 ; fax 035 741078 ; place Batha ; s/d petit-déj inclus 327/452 ; ❄ 🏊). En bordure de la médina, cet hôtel qui allie une décoration traditionnelle et un certain confort moderne est prisé de longue date pour son excellent rapport qualité/prix. Les chambres jouissent d'une sdb privative, où l'eau chaude n'est pas garantie. La cour aux murs blanchis à la chaux et la piscine

LE CHOIX DE L'AUTEUR

Dar Roumana (carte p. 222 ; ☎ 035 741637 ; 30 Derb el Amer, Zkak Roumane ; www.darroumana.com ; ch 700-1 200 Dh ; ❄ 💻). Parmi les nombreux riads qui se vantent d'offrir la plus belle vue sur la médina de Fès, la palme revient probablement à cette belle maison. Elle ne compte que 5 chambres immaculées. La décoration subtile met en valeur le délicat travail de restauration qui a rendu vie à cette demeure. Quelques touches de modernité, la connexion wi-fi, entre autres détails, complètent l'atmosphère réussie des lieux. La terrasse sur le toit offre un cadre fabuleux pour savourer son petit-déjeuner ou siroter un verre après le dîner. Vous pourrez même prendre des cours de cuisine marocaine avec la propriétaire, un véritable cordon bleu, après qu'elle vous aura entraîné en expédition dans les souks pour faire le marché. L'accès le plus facile s'effectue par Bab Guissa.

offrent un merveilleux havre de fraîcheur après la chaleur de la ville.

Riad Lalla Zoubida (carte p. 222 ; ☎ 035 635053 ; www.riadlallazoubida.com ; 23 rue Salaj ; ch/ste 500/800 Dh). Lalla Saoud a transformé en pension la maison de son enfance en décorant avec amour 7 chambres ou suites au moyen de tissus colorés, de cuivre et de bois. De la plus petite, vraiment douillette, à la plus grande, elles dégagent toutes un sentiment d'intimité. L'agréable patio et la terrasse contribuent à l'ambiance décontractée du lieu.

Riad Louna (carte p. 222 ; ☎ 035 741985 ; 24 Derb Serraj ; ch petit-déj inclus 650-750 Dh). Construite en 1839, cette maison traditionnelle, petite mais bien agencée, compte trois élégantes suites et trois chambres réparties autour d'une ravissante cour fleurie. La terrasse a été transformée en une salle à manger élégante avec quelques tables en plein air. Ne perdez pas de vue les minuscules indications permettant de dénicher ce riad qui se situe au bout d'un dédale de ruelles.

Riad al-Bartal (carte p. 222 ; ☎ 035 637053 ; www.riadalbartal.com ; 21 rue Sournas ; ch/ste petit-déj inclus 750/1250 Dh ; ❄). Autre petit bijou, ce riad de six chambres se trouve à côté de Bab Ziat, près d'un garage qui lui sert de parking. Le décor, soigné dans le moindre détail, utilise des objets artisanaux traditionnels. Bien sûr, il y a une terrasse.

CITÉS IMPÉRIALES, MOYEN ATLAS ET EST

Catégorie supérieure

Riad Fès (carte p. 222 ; ☎ 035 741012 ; www.riadfes.com ; 5 Derb ibn Slimane ; ch/ste petit-déj inclus à partir de 1 800/3 000 Dh ; ❄ 🏊). Ce riad labyrinthique mêle superbement une partie ancienne, au décor traditionnel, et des espaces plus modernes qui ne seraient pas déplacés dans un hôtel boutique parisien. Outre un bar branché, un restaurant, un hammam et une multitude de terrasses, ce riad possède un ascenseur, atout rare et précieux pour les voyageurs âgés ou handicapés.

La Maison Bleue (carte p. 222 ; ☎ 035 636052 ; www.maisonbleue.com ; 2 place de l'Istiqlal ; ch/ste à partir de 1 900/2 800 Dh ; ❄). Sur la place du musée Dar Batha, au bout d'un couloir orné de céramique, la porte s'ouvre sur un univers au luxe douillet : chambres somptueuses, dédale d'escaliers, mini-terrasses et décor grandiose. Le service est irréprochable. C'est aussi l'un des meilleurs restaurants de la médina.

Riad Maison Bleue (carte p. 222 ; ☎ 035 741873 ; www.maisonbleue.com ; 33 Derb el Mitter, Talaa Kebira ; s/d à partir de 1 700/1 900 Dh ; P ❄ 🏊). Cette annexe de La Maison Bleue, encore plus grande et plus luxueuse, se situe à cinq min à pied de Talaa Kebira. Ses 11 magnifiques suites ouvrent sur une cour de style andalou. Des orangers odorants entourent une belle piscine. Il fait bon s'attarder après le repas (le restaurant est réservé aux hôtes du riad) ou après une séance de soins dans le spa, sur la terrasse qui embrasse le Borj Nord.

Ryad Mabrouka (carte p. 222 ; ☎ 035 636345 ; www.ryadmabrouka.com ; ch 1 150-1 300 Dh, ste 1 600 Dh ; ❄ 🏊). Cette demeure arabo-andalouse, idéalement restaurée, jouit d'une solide réputation. Le patio, orné de plâtres ciselés, de magnifiques portes en cèdre, de mosaïques et d'une fontaine, ouvre sur un agréable jardin fleuri et ombragé. Les 7 chambres carrelées sont ornées de tissus berbères. C'est un bonheur de savourer un petit-déjeuner ou une diffa dans la véranda qui domine la médina.

Sofitel Palais Jamaï (carte p. 222 ; ☎ 035 634331 ; www.sofitel.com ; Bab Guissa ; s/d petit-déj inclus à partir de 2 490/2 680 Dh ; ❄ 💻 🏊). Cette prestigieuse demeure d'agrément de la fin du XIXe siècle se dresse dans un jardin andalou qui surplombe la médina. Si une partie de l'hôtel a perdu de son cachet, après une rénovation d'un goût un peu trop international, les chambres de la partie la plus ancienne restent ravissantes (ce sont aussi les plus chères). Si vous n'y résidez pas, allez au moins prendre un verre sur la terrasse au coucher du soleil.

VILLE NOUVELLE

À prix égal, les chambres sont généralement plus confortables dans la ville nouvelle que dans la médina. De nombreux hôtels indiqués ci-dessous offrent un excellent rapport qualité/prix.

Petits budgets

Auberge de jeunesse (carte p. 232 ; ☎ 035 624085 ; 18 rue Abdeslam Serghini ; dort 45-55 Dh ; 🕑 8h-10h, 12h-15h et 18h-22h). Une des meilleures auberges de jeunesse du Maroc. Dans le centre de la ville nouvelle, elle possède des chambres soignées et des équipements (toilettes à l'occidentale) rigoureusement propres. Les douches, froides vous amèneront à fréquenter les hammams, en particulier en hiver. Un supplément de 5 Dh est demandé aux non- membres HI (Hostelling International).

Hôtel Lamdaghri (carte p. 232 ; ☎ 035 620310 ; 10 rue Abbase El-Msaadi ; s/d 150/190 Dh). À deux pas de la très animée avenue Mohammed V, le Lamdaghri loue des chambres propres et joliment tenues avec douches privatives (les toilettes sont communes). Le dernier étage est à réserver aux sportifs car le bâtiment est tout en hauteur et n'a pas d'ascenseur.

Hôtel Central (carte p. 232 ; ☎ 035 622335 ; 50 rue Brahim Roudani ; s/d 150/180 Dh). Le petit coup de pinceau donné depuis notre précédente visite a fait beaucoup de bien au Central. La réception est lumineuse et accueillante et les chambres claires et spacieuses, blanchies à la chaux, donnent un sentiment de propreté générale. L'hôtel consent généralement un rabais sur les chambres dépourvues de douche.

Hôtel Royal (carte p. 232 ; ☎ 035 624656 ; 36 rue du Soudan ; s/d avec douche 100/130 Dh). Bien situé, près de la place de Florence, c'est l'un des hôtels économiques les plus prisés. L'état des sdb laisse parfois un peu à désirer (eau chaude le matin seulement), mais les chambres sont grandes et souvent dotées de balcons.

Hôtel Kairouan (carte p. 232 ; ☎ 035 623590 ; 84 rue du Soudan ; s/d 65/120 Dh, avec sdb 120/150 Dh). Ses couloirs sombres donnent à cet hôtel un aspect plus triste qu'il ne l'est réellement : l'accueil est chaleureux, les chambres sont correctes et possèdent au moins un lavabo quand elles n'ont pas de sdb.

Hôtel Splendid (carte p. 232 ; ☎ 035 622148 ; splendid@iam.net.ma ; 9 rue Abdelkarim el-Khattabi ; s/d 282/337 Dh ;). Un cran au-dessus dans la gamme des prix, cet hôtel a tout d'un trois-étoiles. Ses chambres grandes et confortables, avec sdb et TV, offrent tout le confort moderne. L'hôtel possède une piscine, un bar et un restaurant (petits déj d'un excellent rapport qualité/prix).

Hôtel de la Paix (carte p. 232 ; ☎ 035 625072 ; 44 av. Hassan II ; s/d 285/365 Dh ;). Il s'agit d'un hôtel pour touristes sans cachet mais qui offre un très bon service pour le prix. Ses chambres avec sdb et TV sont confortables et il possède un bar et un bon restaurant.

Hôtel Olympic (carte p. 232 ; ☎ 035 932682 ; fax 035 932665 ; angle bd Mohammed V et rue 3 ; s/d petit-déj inclus 240/289 Dh ;). Des chambres quelconques mais confortables, avec sdb, TV, tél et lits en cuivre. Une adresse qui affiche souvent complet, car elle est bien située près du marché central. Pensez à réserver.

Hôtel Perla (carte p. 232 ; ☎ 035 943641 ; www.hotelperlamaroc.com ; 15 rue de la Jordanie ; s/d 307/384 Dh ;). À quelques pas de la gare, un autre hôtel pour touristes d'une banalité rassurante. Les chambres sont modernes et sans place perdue. Le service est très satisfaisant.

Camping International (☎ 035 731439 ; fax 035 731554 ; 40 Dh/pers, plus 30/30/40 Dh par tente/voiture/caravane ;). Le meilleur terrain de camping de Fès se trouve à 4 km au sud de la ville, en direction de l'aéroport, à côté de la route de Sefrou. La qualité de ses équipements compense cette situation qui n'est pas idéale. Tout est impeccable : les emplacements, les blocs-douches et les cuisines.

Il y a un bar et un restaurant sur place. Le camping est desservi par le bus n°38, qui part de la place Atlas, au sud-ouest de la ville.

Catégorie moyenne

Hôtel Mounia (carte p. 232 ; ☎ 035 624838 ; www.hotelmouniafes.ma ; 60 bd Zerktouni ; s/d petit-déj inclus à partir de 500/600 Dh ;). Un hôtel moderne et raffiné avec son hall orné de zelliges, ses chambres lumineuses et soignées, équipées de TV sat. Le restaurant est très correct et le bar est le paradis des fumeurs de chicha. Le personnel est extrêmement attentionné. Quand il n'est pas pris d'assaut par les groupes, l'hôtel offre des rabais.

Hôtel Sofia (carte p. 232 ; ☎ 035 624265 ; fax 035 626478 ; 3 rue d'Arabie Saoudite ; s/d/tr 450/600/850 Dh ;). Le Sofia a certes du caractère, mais son décor démodé semble dater des années 1980. Néanmoins, il offre un confort quatre-étoiles et un service de qualité, ainsi que deux restaurants et un "pub anglais". En somme un très bon rapport qualité/prix.

Grand Hôtel de Fès (carte p. 232 ; ☎ 035 932026 ; grandhotel@fesnet.net.ma ; 12 bd Chefchaouni, angle bd Mohammed V ; s/d 364/456 Dh ;). Une des adresses prestigieuses de l'époque coloniale. Ce grand hôtel fait son maximum pour préserver son standing et résister à la concurrence de rivaux plus modernes. Le hall respire l'élégance d'antan. Ses vastes chambres, hautes de plafond et aux murs ornés de stucs, sont simples, mais d'une propreté impeccable. Les sdb sont belles.

Hôtel Ibis Moussafir (carte p. 232 ; ☎ 035 651902 ; www.ibishotel.com ; av. des Almohades, place de la Gare ; s/d petit-déj inclus 413/556 Dh ;). Cet hôtel offre exactement ce à quoi l'on peut s'attendre : un confort standard et un service de qualité à moins d'une minute à pied de la gare. Une assez bonne solution, si ce n'est qu'elle ne concède rien à la couleur locale.

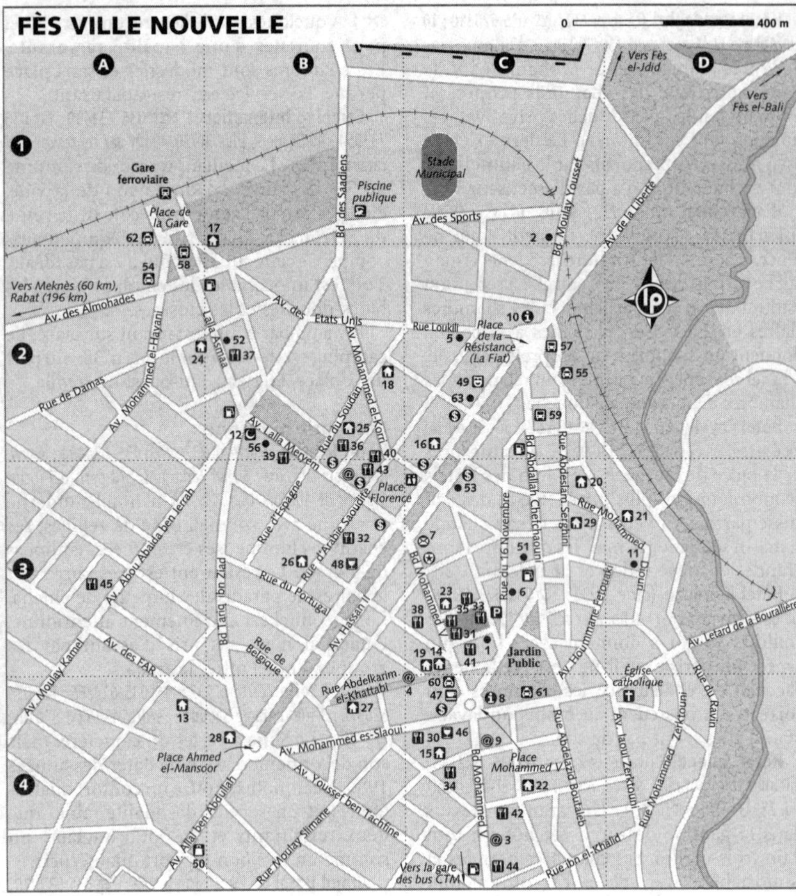

Catégorie supérieure

Hôtel Menzeh Zalagh (carte p. 232 ; ☎ 035 625531 ; menzeh.zalagh@fesnet.net.ma ; 10 rue Mohammed Diouri ; s/d petit-déj inclus 900/1 200 Dh ;). Dessinant une courbe imposante sur une petite hauteur, ce quatre-étoiles offre un panorama superbe sur Fès el-Bali, tout en restant facilement accessible depuis le centre. Ses chambres, souvent avec balcon, allient quelques touches de décor traditionnel à tous les agréments du confort moderne. Les non-résidents peuvent accéder à la piscine moyennant 60 Dh.

Hôtel Menzeh Fes (carte p. 232 ; ☎ 035 943849 ; menzeh.zalagh@fesnet.net.ma ; 28 rue Abdessalam Serghini ; s/d petit-déj inclus 900/1200 Dh ;). Les chambres sont légèrement plus petites que celles de son homologue situé en contrebas, mais pour le reste, le confort est presque identique. En réservant, précisez que vous souhaitez une chambre avec vue sur la vieille ville. Sinon, vous ne profiterez de la vue qu'en prenant l'ascenseur de verre sur le flanc du bâtiment.

Crown Palace Fes (carte p. 232 ; ☎ 035 948000 ; www.crownpalacefez.com ; 85 av. des FAR ; s/d à partir de 1 600/1 900 Dh ;). Nec plus ultra des hôtels de luxe de la ville nouvelle, il mérite bien ses cinq étoiles. Sa décoration chargée, mais raffinée, allie tradition et modernité. Les chambres combinent espace et lumière naturelle. Trois restaurants et autant de bars, un centre de fitness, une piscine et un hammam complètent l'ensemble.

RENSEIGNEMENTS
Carlson Wagonlit 1 C3
Croissant Rouge 2 C1
Cyber Club 3 C4
Cyber Club 4 C4
Institut Français 5 C2
Librarie Fikr al-Moasser 6 C3
Poste principale 7 C3
Pharmacie de nuit .... (voir 2)
Syndicat d'Initiative 8 C4
Teleboutique Cyberclub 9 C4
Office du tourisme 10 C2

À VOIR ET À FAIRE
American Language Center 11 D3
Mosquée 12 B2

OÙ SE LOGER
Crown Palace Fès 13 A4
Grand Hôtel de Fes 14 C3
Hôtel Central 15 C4
Hôtel de la Paix 16 C2
Hôtel Ibis Moussafir 17 B1
Hôtel Kairouan 18 B2
Hôtel Lamdaghri 19 C3
Hôtel Menzeh Fès 20 C3
Hôtel Menzeh Zalagh 21 D3
Hôtel Mounia 22 C4
Hôtel Olympic 23 C3
Hôtel Perla 24 A2
Hôtel Royal 25 B2
Hôtel Sofia 26 B3
Hôtel Splendid 27 B4
Sheraton Hôtel 28 B4
Auberge de jeunesse 29 C3

OÙ SE RESTAURER
Al-Khozama 30 C4
Café Renaissance 31 C3
Casa Nostra 32 B3
Marché central 33 C3
Chez Vittorio 34 C4
Crémerie Skali 35 C3
Gelatitalia 36 B2
La Cheminée 37 B2
La Médaille 38 C3
Pizza Milano 39 B2
Restaurant Bajelloul 40 B2
Restaurant le Chamonix 41 C3
Restaurant Marrakech 42 C4
Restaurant Pizza Mamia 43 B3
Restaurant Zagora 44 C4
Vesuvio 45 A3

OÙ PRENDRE UN VERRE
Café Pâtisserie New Peacock 46 C4
Hôtel Mounia .... (voir 22)
L'Entente 47 C4
Pub Cala Iris 48 B3

OÙ SORTIR
Hôtel Menzeh Zalagh .... (voir 21)
Cinéma l'Empire 49 C2

ACHATS
Ensemble Artisanal 50 A4

TRANSPORTS
Avis 51 C3
Budget 52 B2
Europcar 53 C3
Goldcar .... (voir 19)
Grand taxis pour Meknès et Rabat 54 A2
Grand taxis pour Sefrou 55 C2
Hertz 56 B2
Bus locaux 57 C2
Bus locaux 58 A2
Bus locaux pour la Medina 59 C2
Petit taxis 60 C4
Petit taxis 61 C4
Petit taxis 62 A1
RAM 63 C2

Où se restaurer

RESTAURANTS

Les restaurants de la médina se partagent en deux catégories : ceux où l'on va pour la cuisine et les "restaurants de palais" au décor fastueux. Ces derniers servent dans des décors des *Mille et Une Nuits* de véritables festins souvent accompagnés par des musiciens, voire des spectacles. Ces restaurants de palais proposent la plupart du temps un menu fixe (comptez 10% supplémentaires pour le service), mais ils servent de l'alcool. De nombreux riads tiennent également d'excellents restaurants ouverts aux non-résidents.

LE CHOIX DE L'AUTEUR

Les vendeurs de B'ssara (carte p. 222 ; soupe 3 Dh). Ne quittez pas la ville sans goûter la *b'ssara*, une fameuse spécialité fassie. Cette soupe aux fèves et à l'ail est servie dans toute la médina (nos vendeurs favoris sont du côté d'Acherbine). Remarquez les grands chaudrons dans la rue et les gaillards qui servent à pleine louche cette soupe appétissante dans des bols en terre. Délicieuse avec un filet d'huile d'olive et un bon morceau de pain, la *b'ssara* constitue le carburant idéal pour explorer la ville.

MÉDINA

Médina Café (carte p. 222 ; ☎ 035 633430 ; 6 Derb Mernissi Bab Boujeloud ; plats 70-100 Dh ; 8h-22h). Aux abords immédiats de Bab Boujeloud, ce petit restaurant, au décor traditionnel très sobre mais soigné dans les moindres détails, respire la sérénité. Parfait pour grignoter ou boire un jus de fruit dans la journée, on y vient le soir pour savourer le meilleur de la cuisine marocaine, notamment un sublime tajine de mouton aux figues et aux abricots secs ou un couscous suffisamment copieux pour deux.

La Kasbah (carte p. 222 ; rue Serrajine ; plats 40 Dh, menu 70 Dh). Face aux hôtels bon marché de Bab Boujeloud, ce restaurant sur plusieurs niveaux, jouit d'une vue superbe sur la médina depuis le dernier étage. On y sert de succulents mets classiques marocains. Sachez que le menu fixe (quatre plats) est particulièrement avantageux. Pour simplement y prendre un verre, il faut payer un supplément.

Restaurant Zohra (carte p. 222 ; ☎ 035 637699 ; 3 Derb Ain Nass Blida ; menus 70-90 Dh). Niché dans les ruelles au nord de la mosquée Karaouine, cette petite table est réputée pour son ambiance familiale et sa cuisine maison. Difficile à trouver, l'adresse mérite néanmoins que l'on demande plusieurs fois sa direction pour y arriver.

La Maison Bleue (carte p. 222 ; ☎ 035636052 ; 2 place de l'Istiqlal ; menu boisson incluse, résidents/non-résidents 500/550 Dh ; ⏲ dîner). Un élégant restaurant de riad où il est impératif de réserver. Dans ce cadre intime et romantique, vous dînerez au doux son de l'oud qui fait place, en fin de soirée, à des chants et danses gnaouas, plus animés. Les menus fixes restent classiques (salades, tajines, etc.) mais la préparation et la présentation des mets sont sans égales. La maison sert de l'alcool.

Restaurant Dar Jamaï (carte p. 222 ; ☎ 035 635685 ; 14 fondouk Lihoudi Zenjfour ; menu 100 Dh). Relativement modeste pour un restaurant de palais, ce petit établissement situé juste en contrebas du Sofitel Palais Jamaï reste un peu hors des sentiers battus. Installé dans une maison joliment restaurée, il sert une cuisine délicieuse que l'on apprécie d'autant plus qu'il y a moins de décorum. L'absence de musiciens et de spectacle sera considérée par certains comme un atout.

Dar Saada (carte p. 222 ; ☎ 035 637370 ; 21 souk el-Attarine ; plats à partir de 100 Dh, menus 135-200 Dh ; ⏲ déj). Sur Talaa Kebira, Dar Saada constitue à la fois un bon repère et une excellente table. On y sert une des meilleures cuisines de la médina dans un cadre grandiose. Parmi les spécialités figure un tajine de mouton aux amandes, exquis. Mieux vaut téléphoner avant de venir car certains plats doivent être commandés à l'avance.

Restaurant Laanibra (carte p. 222 ; ☎ 035 741009 ; 61 Ain Lkhail ; menus 120-400 Dh). Dans ce palais du XIVe siècle, restauré avec un grand raffinement, des alcôves permettent de dîner dans l'intimité. Traité avec autant d'attention et de soin, le menu a pour grande spécialité la pastilla, un riche feuilleté au pigeon, difficile à terminer si vous avez abusé des entrées (les végétariens adoreront les salades). On peut y déjeuner toute l'année, mais il n'est possible d'y dîner qu'en été.

Restaurant al-Fassia (carte p. 222 ; ☎ 035 637314 ; 21 rue Salaj ; plats à partir de 70 Dh, menus 250-500 Dh ; ❄). Cet immense et luxueux restaurant de palais est une référence. Son dîner-spectacle très élaboré est célèbre dans tout Fès. Pas moins de 10 numéros se succèdent, avec de la musique folklorique, une cérémonie de mariage traditionnelle, et les inéluctables danses orientales. Suivez les panneaux indiquant la bonne direction, depuis l'est de la place de l'Istiqlal.

La Médina (carte p. 222 ; ☎ 035 635857 ; 13 Derb el-Hammam ; menus 120-150 Dh). Relativement modeste (sans spectacle), ce restaurant doit sa réputation à l'excellence de sa cuisine : ses pastillas comptent parmi les meilleures de Fès. Le menu offre un vaste choix et le service est parfait. L'été, le restaurant accueille de nombreux groupes. Depuis Talaa Seghira, suivez les panneaux vous menant au sud-ouest du musée Nejjarine.

Ville nouvelle

Restaurant le Chamonix (carte p. 232 ; ☎ 035 626638 ; 5 rue Moukhtar Soussi ; menu 52 Dh ; ⏲ 10h-22h). Si l'adresse ne paie pas de mine, le service est sympathique (le maître d'hôtel est là depuis des années). Le menu savoureux est très bon marché. La qualité est constante et le choix varié, des tajines aux pizzas. Les quelques tables en terrasse, chose rare dans la ville nouvelle, constituent un atout supplémentaire.

Chez Vittorio (carte p. 232 ; ☎ 035 624730 ; 21 rue Brahim Roudani ; plats à partir de 80 Dh, salades à partir de 30 Dh, pizzas ou pâtes à partir de 50 Dh). Un restaurant italien dont le succès ne se dément pas. Son charme rustique, ses nappes à carreaux et ses chandelles accompagnent pizzas, pâtes et steaks – tous d'un bon rapport qualité/prix. Le service est un peu informel, mais généralement très rapide. Et l'on peut commander du vin pour accompagner son repas.

Restaurant Marrakech (carte p. 232 ; ☎ 035 930876 ; 11 rue Omar el-Mokhtar ; plats à partir de 55 Dh). Le Marrakech a récemment bénéficié d'une rénovation réussie : crépi rouge et mobilier sombre avec un salon couvert de coussins à l'arrière. Néanmoins c'est la variété du menu qui continue de faire sa force, avec d'exquis tajines de poulet aux pommes et aux olives ou du mouton aux aubergines et aux poivrons. En somme, une cuisine délicieuse dans un cadre ravissant.

La Médaille (carte p. 232 ; ☎ 035 620183 ; 24 rue Laarbi al-Kaghat ; plats 70-90 Dh, menus 110-150 Dh ; ⏲ fermé dim soir). Sa cuisine aux influences séfarades rend cette adresse franco-marocaine unique en son genre. Vous pourrez y savourer des merguez ou des saucisses de foie que vous ne trouverez nulle part ailleurs. Préférez les tables sur le devant, plus agréables que celles de la partie bar enfumée à l'arrière qui fait plus cantine que restaurant (la maison sert de l'alcool).

Restaurant Zagora (carte p. 232 ; ☎ 035 940686 ; 5 bd Mohammed V ; plats 80-100 Dh, menus 120 et 140 Dh). À l'extrémité sud du boulevard Mohammed V, ce restaurant chic a autant de succès auprès des Fassis qu'auprès des touristes. Son menu offre un large choix et sa carte des vins est sans doute la plus fournie qui soit dans la ville nouvelle. Joli cadre et joueur d'oud ajoutent à l'agrément et font monter les prix.

Vesuvio (carte p. 232 ; ☎ 035 930747 ; 9 rue Abi Hayane Taouhidi ; pâtes à partir de 60 Dh, plats à partir de 90 Dh). Lumières tamisées, murs en brique apparente, poutres et odeur de feu de bois émanant du four contribuent à la superbe ambiance de ce nouveau restaurant proche du Crown Palace Fes. Les plats de pâtes sont copieux et les steaks tendres et savoureux. On n'y sert pas d'alcool.

Casa Nostra (carte p. 232 ; ☎ 035 932841 ; 16 rue d'Arabie Saoudite ; plats autour de 80 Dh, pizza ou pâtes à partir de 35 Dh). Très fréquenté par la jeunesse branchée de Fès, ce restaurant lumineux arbore un style bistrot décontracté. Il propose surtout de la cuisine italienne, et quelques plats espagnols.

La Cheminée (carte p. 232 ; ☎ 035 624902 ; 6 av. Lalla Asmaa ; plats 70-90 Dh ; fermé sam déj ;). Très raffinée et très française, cette petite brasserie a gagné la faveur du public avec sa cuisine de grande qualité et son atmosphère raffinée. Le service stylé est assuré par un personnel portant le nœud papillon. La carte française classique est relevée d'une touche marocaine. Bien entendu, il y a une carte des vins.

PÂTISSERIES ET GLACIERS

Cafés et pâtisseries abondent dans la ville nouvelle, en particulier le long du boulevard Mohammed V et de l'avenue Hassan II. Offrez-vous des croissants ou des gâteaux et installez-vous à une terrasse pour observer l'animation de la rue. Dans la médina, les restaurants de Bab Boujeloud font souvent office de cafés, sinon vous trouverez surtout de minuscules échoppes.

Crémerie Skali (carte p. 232 ; bd Mohammed V ; petit-déj 20 Dh ; 6h-22h). C'est une adresse idéale pour prendre son petit-déjeuner. Elle est très fréquentée par les familles comme par les employés des bureaux alentour. Outre les pâtisseries et jus de fruits, on peut vous servir une chiche portion d'œufs brouillés préparée à la hâte.

Florence (1 av. Lalla Meryem ; 7h-21h30). L'une des rares adresses de la ville nouvelle à disposer de tables en terrasse. Ici, les femmes peuvent s'asseoir dehors pour observer la rue sans se sentir mal à l'aise. Un peu défraîchi, l'intérieur est moins agréable. Outre des desserts sirupeux, Florence sert des sandwichs et autres en-cas.

Café-restaurant la Noria (carte p. 218 ; Fès el-Jdid ; plats 40-60 Dh, salades 20 Dh ; 7h-21h). Nichée dans les jardins de Boujeloud, près d'un ancien moulin à eau, la Noria est parfaite pour échapper à l'agitation de la rue dans un cadre ravissant. Outre les jus de fruits et autres boissons habituelles, elle propose quelques plats simples parfaits pour combler un petit creux.

Gelatitalia (carte p. 232 ; 3 rue de la Lybie ; 6 Dh la boule). L'été, ce glacier, situé à l'ouest de la place de Florence, attire des foules de touristes et de Fassis prêts à attendre patiemment leur tour pour goûter à l'un des 15 parfums de ses authentiques et délicieuses glaces italiennes.

Café Renaissance (carte p. 232 ; bd Mohammed V ; jus de fruits à partir de 6 Dh ; 8h-24h). Le Renaissance sert des pâtisseries mais il est surtout réputé pour ses délicieux jus de fruits. Goûtez son panaché (12 Dh) : un mélange d'orange, de pomme, de banane et de toutes sortes d'ingrédients qui varient selon les jours. Sublime et très reconstituant !

EN-CAS

Accueillants et bon marché, les restaurants et les étals situés juste après l'entrée de Bab Boujeloud sont les plus fréquentés de la médina, d'autant qu'ils constituent un poste d'observation unique pour assister au défilé constant et coloré qui passe par la vieille porte. Sinon, repérez les minuscules échoppes qui vendent des brochettes grillées ou d'énormes bols de *b'sara* (voir p. 233). Dans la ville nouvelle, vous trouverez quelques estaminets sur le bd Mohammed V et alentour, en particulier près du marché central. Des vendeurs de sandwichs sont installés autour de la place de Florence.

Restaurant des Jeunes (carte p. 222 ; 20 rue Serrajine ; plats 25-30 Dh, menu 35 Dh ; 10h-22h). Un des nombreux petits restaurants populaires aux abords de Bab Boujeloud, près de l'Hôtel Cascade. Simple et bon marché, on y commande rapidement brochettes et sandwichs.

Restaurant Bajelloul (carte p. 232 ; rue d'Arabie Saoudite ; repas 30 Dh ; 🕑 12h-24h). Fréquenté par une clientèle d'habitués, ce petit restaurant sélectionne avec soin les viandes (notamment du foie et diverses saucisses) grillées devant vous, servies avec de la salade et du pain.

Pizza Milano (carte p. 232 ; 11 av. Lalla Meryem ; pizzas 35-70 Dh, shawarma 35 Dh ; 🕑 10h-22h). La maison prépare des pizzas, du poulet rôti, du poisson grillé et du *shawarma* (lamelles de mouton marinées servies dans du pain pita). Il y a plusieurs succursales dans les environs.

Al-Khozama (carte p. 232 ; 23 av. Mohammed es-Slaoui ; menu 60 Dh, sandwichs 15-20 Dh ; 🕑 7h-23h). Le point fort de ce restaurant voisin de la place Mohammed V est sa terrasse intérieure où les femmes trouvent confort et tranquillité. Menu sans surprise mais les parts sont copieuses et savoureuses.

Restaurant Pizza Mamia (carte p. 232 ; place de Florence ; salades 20 Dh, pizzas à partir de 25 Dh ; 🕑 7h-23h). Fréquenté par les jeunes couples et les familles, ce restaurant douillet sert avec diligence de savoureuses pizzas cuites au feu de bois ainsi que des salades, des burgers et d'autres plats rapides.

FAIRE SON MARCHÉ

Pour acheter fruits, légumes, épices, olives, fruits secs ou dattes charnues, rien ne vaut le **marché central** (carte p. 232 ; bd Mohammed V ; 🕑 8h30-14h30) de la ville nouvelle. Vous y trouverez aussi deux ou trois bons étals de fromage et des boissons alcoolisées sont en vente dans des boutiques voisines.

Dans la médina, les produits frais abondent. Commencez par les étals de fruits au bout de Talaa Kebira puis descendez la rue (les âmes sensibles feront attention à ne pas poser leur regard sur les têtes de moutons et de vaches trônant devant les étals des bouchers) le long de laquelle les marchands vous feront signe de venir goûter leurs dattes fraîches et leurs olives.

Où prendre un verre

CAFÉS

Les vastes trottoirs de l'avenue Hassan II et du boulevard Mohammed V sont jalonnés de cafés où se relaxer devant un thé à la menthe ou un café. La clientèle marocaine étant essentiellement masculine, les femmes ne s'y sentiront guère à l'aise et préféreront s'asseoir en terrasse – d'autant que l'intérieur est toujours enfumé. Voyez aussi la liste de cafés dans la rubrique *Pâtisseries et glaciers* (p. 235).

L'Entente (carte p. 232 ; 83 bd Mohammed V ; 🕑 6h-21h). Sur la place Mohammed V, c'est un poste d'observation idéal, mais les femmes risquent fort de sentir des regards peser sur elles. Les cafés marocains de ce type sont nombreux sur l'avenue t dans toutes les grandes villes du pays.

Café Pâtisserie New Peacock (carte p. 232 ; ☎ 035 941187 ; 29 av. Mohammed es-Slaoui ; 🕑 7h-23h). Un peu en retrait de la place Mohammed V, ce café spacieux et lumineux offre une atmosphère plus décontractée et plus chic que ceux qui bordent la grande avenue. Sa popularité auprès des Marocaines constitue un atout pour les voyageuses. Excellents jus de fruits et pâtisseries.

BARS

Les nombreux bars de la ville nouvelle sont généralement peu reluisants, enfumés et fréquentés uniquement par des hommes et des prostituées. Les bars des hôtels offrent un cadre plus agréable. Dans la médina, les seuls bars où prendre un verre sont ceux des hôtels de luxe, qui ferment tous vers 23h.

Riad Fès (carte p. 222 ; 5 Derb ibn Slimane). L'endroit le plus élégant de la ville où boire un verre reste le bar du patio du Riad Fès. Assis près du comptoir en verre ou allongé sur les coussins, c'est un ravissement de contempler la lumière reflétée par le bassin central jouer sur les stucs ciselés des colonnes, bercé par la musique de fond. Ouvert aux éléments, ce bar est un peu froid l'hiver, mais agréablement frais en été.

Sofitel Palais Jamaï (carte p. 222 ; Bab Guissa). Sa grande terrasse qui surplombe le vieux Fès en fait un endroit de rêve pour terminer en beauté une journée dans la médina en contemplant le coucher du soleil.

Pub Cala Iris (carte p. 232 ; 26 av. Hassan II). Chasse gardée des hommes, ce pub de style anglais de la ville nouvelle abrite à l'étage un bar moins douteux (mais plus onéreux).

Hôtel Batha (carte p. 232 ; place Batha). Un bar d'hôtel dans la médina, dont la grande cour est agréable pour lézarder. L'intérieur douillet est parfait dès que les nuits fraîchissent.

Hôtel Mounia (carte p. 232 ; 60 bd Zerktouni ; 🕑 happy hour 19h-20h). L'un des meilleurs bars

CHRISTINE OSBORNE

Rendez-vous des oiseaux et des flâneurs, les remparts protègent la médina d'Essaouira (p 146)

Caravane familiale sur la plage d'Agadir (p 361)

IZZET KERIBAR

CHRISTOPHER W

Mausolée de Moulay Ismaïl (p 244), à Meknès

À la sortie de Bab el-Mahrouk, l'une des portes de Fès el-Bali (p 220)

JOHN ELK III

JOHN ELK III

Entrepôt à grain de Heri es-Souani (p 245), à Meknès

Détail de la porte en bois de cèdre de la mosquée Hassan II (p 89), à Casablanca

FRANCES LINZEE GORDON

Portes à Essaouira (p 142)

CHRISTOPHER WOOD

DOUG MCKINLAY

Pavillon des jardins de la Ménara (p 294), à Marrakech

DOUG MCKINLAY

Jardin Majorelle (p 293), à Marrakech

Jardin de cactées et musée d'Art islamique dans le jardin Majorelle (p 293), à Marrakech

JOHN ELK III

DOUG MCKINLAY

Hammam du riad Farnatchi (p 301), à Marrakech

DOUG MCKINLAY

Café littéraire Dar Cherifa (p 307), à Marrakech

DOUG MCKINLAY

Un charmeur de serpent sur la place Djemaa el-Fna (p 287), à Marrakech

Danseurs gnaoui, sur la place Djemaa el-Fna (p 287)

DOUG MCKINLAY

La place Djemaa el-Fna (p 287) à la tombée de la nuit

DOUG MCKINL

CHRISTOPHER WOOD

Pilier décoratif, Aït Benhaddou (p 323)

Détail du décor en zelliges de la mosquée Hassan II (p 89)

JOHN ELK III

Fontaine en zelliges, musée de Marrakech (p 289)

DOUG MCKINLAY

DAMIEN SIMONIS

Les zelliges (mosaïque de céramique) des tombeaux saadiens (p 291)

CHRISTOPHER WOOD

Midelt (p 261), entre le Moyen et le Haut Atlas

Village montagnard dominant la ville de Setti Fatma (p 319), vallée de l'Ourika

DOUG MCKI

CHRISTOPHER WOOD

Les cultures en terrasses près de Tizi n'Tichka (p 322)

SARA-JANE CLELAND

Maisons à Tafraoute (p 387), dans la vallée des Ammeln

Porte traditionnelle à Chefchaouen (p 189)

MARK DAFFEY

CHRISTINE OSBORNE

Un Touareg portant le costume bleu traditionnel, près de Goulimine (p 384)

Mains de femmes décorées au henné (p 339)

CHRISTIAN ASLUND

Dans la casbah (p 290) de Marrakech

DOUG MCKINLAY

DOUG MCKINLAY

Médina (p 285) de Marrakech

SARA-JANE CLELAND

La djellaba (p 45) traditionnelle protège du soleil comme du froid

Nomades berbères dans le désert près de M'Hamid (p 335)

SARA-JANE CLELAND

MARK DA
L'erg Chebbi (p 355) et le désert pour horizon

La route en lacets de Tizi n'Tichka (p 322), dans le Haut Atlas
JOHN ELK III

d'hôtel de la ville nouvelle. On peut y fumer la *chicha* (narguilé).

Où sortir

Son et Lumière de Fès (carte p. 218 ; ☎ 035 763652 ; Borj Sud ; 100 Dh ; 🕑 21h30 mai-août ; 19h15 mars, avr, sept et nov). Évocation en 45 min de douze siècles d'histoire depuis la fondation de la première dynastie marocaine par Moulay Idriss jusqu'à nos jours. Les billets s'achètent à l'office du tourisme, au syndicat d'initiative ou dans les grands hôtels.

BOÎTES DE NUIT ET DISCOTHÈQUES

Les grands hôtels abritent souvent une discothèque, ouverte du mardi au dimanche de 23h à 3h. L'entrée coûte environ 100 Dh, avec une consommation. Pour une boisson supplémentaire comptez de 50 à 100 Dh. Allez-y tard, et sur votre trente-et-un, si vous voulez frayer avec la fine fleur de Fès.

Hôtel Menzeh Zalagh (carte p. 232 ; ☎ 035 932234 ; 10 rue Mohammed Diouri). L'une des discothèques d'hôtel les plus courues de Fès, même si à vos yeux il ne s'agit que d'un bar avec une boule à facettes.

Le Phoebus (carte p. 218 ; Jnan Palace, av. Ahmed Chaouki). La boîte la plus branchée de la ville se trouve dans cet hôtel cinq-étoiles. Ambiance assez décontractée même si la pop européenne n'est pas toujours à la hauteur. Le raï met le feu à la piste.

Cinéma

L'Empire Cinéma (carte p. 232 ; 60 av. Hassan II ; 20-25 Dh). La programmation fait la part belle à Bollywood et à Hong Kong.

Achats

Fès est la capitale incontestée de l'artisanat marocain. On y trouve un vaste choix d'objets de qualité à des prix intéressants. Prenez le temps de fouiner un peu dans les petites boutiques à l'écart des principaux axes touristiques (Talaa Kebira et Talaa Seghira à Fès el-Bali).

Dans la médina, de nombreux riads et fondouks superbement restaurés ont été reconvertis en magasins de tapis. Certes, ils offrent une merveilleuse occasion de siroter un thé à la menthe dans un cadre spectaculaire en regardant quelques fabuleux tapis, mais il vous sera presque impossible d'en ressortir sans rien acheter. On peut aussi bien y dénicher un tapis de grande qualité qu'un simple produit d'usine vendu au prix fort (voir *Dangers et désagréments* p. 219).

Ensemble artisanal (carte p. 232 ; av. Allah ben Abdullah ; 🕑 9h-12h et 14h30-18h30). Un peu excentré, dans la ville nouvelle, ce centre artisanal géré par l'État permet d'observer les artisans au travail et de se faire une idée des différentes qualités et prix (fixes), sans subir de pression pour acheter.

Les Poteries de Fès (Bab el-Ftouh), où sont fabriquées les fameuses poteries fassies bleu et blanc, sont une curiosité en soi. On peut suivre le processus de fabrication depuis le travail de la terre jusqu'à la délicate peinture à la main et la cuisson des zelliges. À 500 m à l'est de Bab el-Ftouh, un petit taxi vous y conduira facilement. On repère d'assez loin la fumée noire produite par les noyaux d'olives utilisés pour chauffer les fours. La boutique offre un superbe choix de poteries. Vous pourrez même commander une fontaine en mosaïque qui vous sera expédiée par bateau.

Les Mystères de Fès (carte p. 232 ; 53 Derb bin Lemssari). Cette véritable caverne d'Ali Baba, proche du musée Belghazi, regorge de bijoux, de meubles, de poteries et autres trésors. Certains sont anciens, d'autres sortent juste des ateliers.

Nour Driss (carte p. 232 ; 15 Moulay Driss). Spécialisée dans les épices, les huiles et essences parfumées, c'est l'une des nombreuses boutiques du genre aux abords du souk du henné. Les vendeurs se font un plaisir d'expliquer les différentes qualités du khôl, de l'ambre gris, et de quelques autres mixtures susceptibles de donner du piquant à votre cuisine ou à votre vie amoureuse.

Depuis/vers Fès

AVION

L'**aéroport de Fès** (☎ 035 674712) se trouve à 15 km au sud de la ville, à Saïss. **RAM** (carte p. 232 ; ☎ 035 625516 ; 54 av. Hassan II) assure des vols quotidiens vers Casablanca (945 Dh aller simple, 45 min) et vers Paris, cinq fois par semaine.

BUS

CTM

La grande gare routière des **bus CTM** (☎ 035 732992) se trouve près de la place Atlas au sud de la ville nouvelle (carte p. 218). Vérifiez toujours de quelle gare part votre bus. En haute saison, mieux vaut acheter son billet à l'avance, en particulier pour Tanger, Marrakech ou Chefchaouen.

La CTM assure sept liaisons par jour vers Casablanca (90 Dh, 5 heures) *via* Rabat (60 Dh, 3 heures 30) entre 6h30 et 16h30, et six liaisons vers Meknès (18 Dh, 1 heure) entre 8h30 et 20h30. Deux bus partent pour Marrakech (150 Dh, 9 heures), l'un le matin, l'autre le soir.

En direction du nord et de l'est, on compte trois bus pour Tanger (80 Dh, 6 heures), trois pour Chefchaouen (60 Dh, 4 heures), deux pour Tétouan (80 Dh, 5 heures), un pour Al-Hoceima (90 Dh, 6 heures), deux pour Nador (80 Dh, 6 heures) et un pour Oujda (100 Dh, 6 heures).

Les services internationaux pour l'Espagne et la France (trois fois par semaine) partent de la gare CTM.

Autres compagnies

Les compagnies autres que la CTM utilisent la **gare routière principale** (carte p. 222 ; ☎ 035 636032) devant Bab el-Mahrouk. Les tarifs sont inférieurs à ceux de la CTM et il est possible de réserver sur les itinéraires les plus empruntés. La gare dispose d'une **consigne** (5 Dh/bagage, 6h-24h). Nombreuses liaisons (au moins 6 bus par jour) vers Casablanca, Chefchaouen, Er-Rachidia, Marrakech, Meknès, Oujda, Rabat, Tanger et Tétouan. D'autres bus desservent Rissani (120 Dh, 10 heures), Ouarzazate (142 Dh, 14 heures) et Tinerhir (108 Dh, 10 heures).

Plus localement, on trouve des liaisons fréquentes vers Azrou (22 Dh, 2 heures), Ifrane (16 Dh, 1 heure 45), Moulay Yacoub (9 Dh, 30 min), Sefrou (12 Dh, 1 heure), Taza (30 Dh, 2 heures, un bus par heure) et Ouezzane (30 Dh, 3 heures, 2/j).

VOITURE

Voici quelques-unes des sociétés de location de voitures de Fès :

Avis (carte p. 232 ; ☎ 035 626969 ; avisozz@iam.net.ma ; 50 bd Abdallah Chefchaouni)
Budget (carte p. 232 ; ☎ 035 940092 ; fax 035 940091 ; bd Lalla Asmaa)
Europcar (carte p. 232 ; ☎ 035 626545 ; fax 035 626451 ; 45 av. Hassan II)
Goldcar (carte p. 232 ; ☎ 035 620495 ; rue Abdelkarim el-Khattabi)
Hertz (carte p. 232 ; ☎ /fax 035 622812 ; av. Lalla Meryem)

Des parkings permettent d'accéder facilement à la médina : immédiatement au sud de la place de l'Istiqlal, sur l'avenue des Français en face de Bab Boujeloud, et à l'intérieur même de la médina, au nord de Talaa Kebira. Dans la ville nouvelle, les parkings situés en face du marché central sont gardés.

TAXI

Il existe plusieurs stations de grands taxis dans la ville. Les taxis pour Meknès (14 Dh) et Rabat (55 Dh) stationnent devant la principale gare routière (devant Bab el-Mahrouk) et près de la gare ferroviaire. Ceux pour Taza (33 Dh) démarrent non loin de Bab el-Ftouh, la porte sud-est de la médina. La station des taxis pour Moulay Yacoub (8 Dh) se trouve sur le terrain à l'ouest de Bab Boujeloud, et celle des taxis pour Sefrou (10 Dh) est située juste en dessous de la place de la Résistance, dans la ville nouvelle. Pour Azrou (25 Dh) et Ifrane (21 Dh), vous prendrez un taxi sur le parking à l'ouest de la gare routière CTM, dans le sud de la ville nouvelle.

TRAIN

La **gare ferroviaire** (carte p. 232 ; ☎ 035 930333) se trouve dans la ville nouvelle, à 10 min à pied au nord-ouest de la place de Florence. La **consigne** (10 Dh/bagage ; 6h-20h) accepte les sacs fermés à clé ou par un cadenas.

Des trains partent toutes les deux heures de 7h à 17h vers Casablanca (97 Dh, 4 heures 15), *via* Rabat (72 Dh, 3 heures 30) et Meknès (17 Dh, 1 heure). À cela s'ajoutent deux trains de nuit supplémentaires. Cinq trains rapides directs vont à Marrakech (71 Dh, 8 heures) et un à Tanger (96 Dh, 5 heures). Trois trains directs partent tous les jours pour Oujda (107 Dh, 6 heures) *via* Taza (38 Dh, 2 heures).

Comment circuler

DEPUIS/VERS L'AÉROPORT

Un service de bus régulier (le n°16) circule entre l'aéroport et la gare ferroviaire (3 Dh, 25 min), avec des départs toutes les demi-heures environ. Un grand taxi demandera 120 Dh pour la course, d'où qu'il parte.

BUS

Fès dispose d'un très bon service de bus locaux. Toutefois, ils sont bondés à certains moments de la journée et constituent l'un des terrains de chasse favori des pickpockets. Le tarif normal est de 2,50 Dh. Voici les lignes les plus utiles aux voyageurs :

N°2 Bab Smarine (Fès el-Jédid) - av. Hassan II (ville nouvelle) - Hay Hussein.

N°9 Place Atlas *via* le bd Abdallah Chefchaouni (ville nouvelle) – musée Dar Batha (Fès el-Bali). Retour *via* la place de la Résistance, l'av. Hassan II et l'av. des FAR.

N°10 Gare ferroviaire – Bab Guissa (nord de Fès el-Bali) – Bab Sidi Boujida (nord-est de Fès el-Bali).

N°12 Bab Boujeloud – Bab Guissa – Bab el-Ftouh (trajet dans Fès el-Bali).

N°18 Bab el-Ftouh – musée Dar Batha (trajet dans Fès el-Bali).

N°19 Gare ferroviaire *via* l'av. Hassan II (ville nouvelle) et Bab el-Jédid (sud de Fès el-Bali) – place er-Rsif (centre de Fès el-Bali).

N°47 Gare ferroviaire – Bab Boujeloud (Fès el-Bali).

TAXI

Les chauffeurs des petits taxis rouges mettent leur compteur en marche sans trop de difficulté. Vous devriez payer 10 Dh environ la course entre la gare ferroviaire ou la gare CTM et Bab Boujeloud. Prévoyez un supplément de 50% pour une course de nuit. Les stations de taxis sont toutes aux portes de la médina. Seuls les grands taxis desservent l'aéroport (voir ci-contre).

ENVIRONS DE FÈS

Sefrou

40 000 habitants

À 30 km au sud-est de Fès, juste au pied des montagnes du Moyen Atlas, la pittoresque ville berbère de Sefrou donne l'occasion d'une excursion facile et agréable. Son intéressante petite médina abritait naguère la plus importante communauté juive du Maroc (jusqu'à 8 000 personnes selon certaines sources) et Moulay Idriss II y résida durant la construction de Fès. On peut facilement la visiter en une journée depuis Fès, mais les possibilités d'hébergement sont limitées pour y passer la nuit.

RENSEIGNEMENTS

BMCE (bd Mohammed V). DAB.

Club Internet Ibn Battouta (en retrait du bd Mohammed V ; 7 Dh/h ; ⌚ 9h-24h)

Pharmacie de Sefrou (bd Mohammed V ; ⌚ 8h-20h lun-sam)

Poste principale (bd Mohammed V)

Bureau de poste (rte de Fès)

À VOIR ET À FAIRE

Après la médina de Fès, celle de Sefrou vous semblera facile à parcourir. L'oued Aggaï qui coule au beau milieu lui donne un côté plus ouvert et plus lumineux que la plupart des autres médinas anciennes. Le plus pratique pour y accéder consiste à passer par **Bab el-Maqam**, au nord. Suivez le flot des passants qui descendent vers le sud-est. Vous passerez devant deux mosquées avant de traverser la rivière et d'emprunter la principale artère commerçante jusqu'à un embranchement : en allant tout droit, vous rejoindrez Bab Merba, porte percée dans l'enceinte sud de la médina, près d'une mosquée ; la rue de droite vous conduira dans une ruelle qui marque le début du **mellah**, qui s'étend vers le nord-ouest le long de l'oued. Bien que la majorité de la population juive de Sefrou soit partie, ce quartier conserve encore quelques maisons caractéristiques, avec leurs galeries en bois et des ruelles si étroites que deux personnes peuvent à peine s'y croiser. À sa grande époque, les rues du mellah étaient si sombres et si peuplées qu'il fallait les éclairer même en plein jour. Juste au sud de Bab Merba se dresse une **synagogue**, aujourd'hui fermée.

À 1,5 km à pied à l'ouest de la ville se trouvent de modestes **cascades** et un petit café qui n'ouvre que l'été. Suivez les panneaux depuis l'avenue Moulay Hassan, contournez **Al-Qala'** (un village semi-fortifié) et longez la vallée luxuriante de l'oued.

Sefrou est une ville assoupie, qui s'anime toutefois le jeudi, jour de marché, et à la fin du mois de juin, lors de la **fête des cerises** marquée par des concerts de musique folklorique, des défilés, des manifestations sportives et le couronnement de la reine des cerises.

OÙ SE LOGER

Hôtel Sidi Lahcen el-Youssi (☎ 035 683428 ; rue Sidi Ali Bousserghine ; s/d 162/200 Dh ; 🅿). Dans un quartier très tranquille de la ville, cet hôtel dispose de chambres avec sdb correctes, dont certaines avec balcon, et d'un restaurant, mais le personnel brille parfois par son absence. Si vous venez hors saison, demandez un rabais.

Hôtel Frenaie (☎ 035 661027 ; rte de Fès ; s/d 80/120 Dh). Meilleur hôtel à petit prix de la ville, le Frenaie dispose de chambres très simples mais propres, toutes équipées d'un

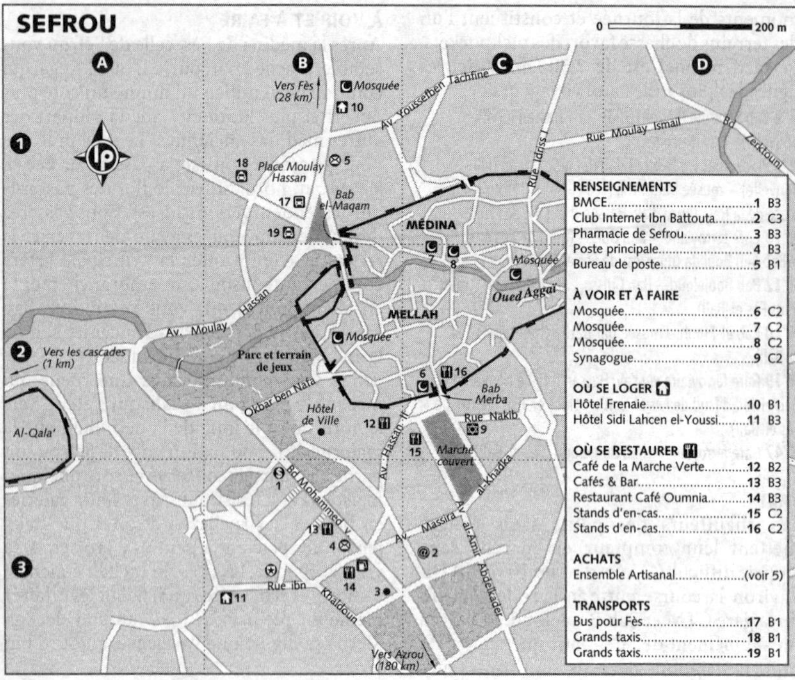

lavabo, et de sanitaires communs avec toilettes à la turque et douches chaudes (10 Dh). Personnel sympathique. Café pratique sur le devant du bâtiment.

OÙ SE RESTAURER

Plusieurs petits stands vendent de la nourriture autour du marché couvert et à l'entrée de Bab Merba.

Restaurant Café Oumnia (☎ 035 660679 ; av. Massira al-Khadka ; menu 50 Dh ; 🕗 8h-22h). Proche de la poste, l'unique restaurant de Sefrou s'étage sur deux niveaux. Le décor est propre et lumineux. Le menu quotidien comporte trois plats, excellents pour le prix.

Le long du boulevard Mohammed V s'égrènent plusieurs cafés et un bar où l'on peut prendre un café dans un environnement très masculin. Pour les pâtisseries, essayez le **Café de la Marche Verte** (av. Hassan II ; 🕗 7h-21h), dont la terrasse surplombe Bab Merba.

ACHATS

Vous ferez peut-être une affaire sur le marché qui se tient tous les jeudis, sinon, faites un tour à l'**Ensemble artisanal** (rte de Fès), qui offre l'habituelle sélection de tapis, de poteries, de vêtements et d'articles de maroquinerie à prix fixes.

DEPUIS/VERS SEFROU

Des bus réguliers (7 Dh, 40 min) et des grands taxis (10 Dh, 30 min) relient Fès (place de la Résistance) à Sefrou. Les grands taxis vont également à Imouzer (12 Dh), d'où vous pourrez en prendre un autre pour gagner Azrou.

Bhalil بهاليل

1 500 habitants

Les voyageurs motorisés ne manqueront pas la visite de ce curieux village situé à 5 km de Sefrou : il abrite de nombreuses maisons troglodytiques, creusées à flanc de montagne et peintes dans des nuances de rose, de jaune et de bleu pastel. Souvent, une grotte leur sert de pièce principale (fraîcheur garantie) et les chambres se trouvent au-dessus. Un guide officiel, facile à trouver, sera ravi de vous faire visiter le site, voire même de vous accueillir dans sa propre maison troglodytique.

MEKNÈS مكناس

680 000 habitants

Troisième cité impériale du Maroc, Meknès reste souvent ignorée des circuits touristiques, en partie à cause de sa proximité avec Fès. Pourtant c'est une ville qui gagne à être connue. Plus petite et plus calme que sa grande voisine, on s'y sent davantage hors du temps, moins harcelé pour apprécier ses attraits qui ne sont pas moins nombreux. La médina aux ruelles étroites et tortueuses, les grands édifices majestueux rappellent à chaque coin de rue son passé de capitale du sultanat marocain, avec une discrétion qui décevrait peut-être le sultan Moulay Ismaïl, architecte de la Meknès impériale, mais qui contribue à faire tomber tous les visiteurs sous son charme.

La ville tire la plus grande partie de ses ressources des plaines fertiles qui s'étalent au pied du Moyen Atlas et donnent d'abondantes récoltes de céréales, d'olives, de raisin et de citrons. Noyés au milieu de ces riches terres, les ruines romaines de Volubilis et le tombeau de Moulay Idriss comptent parmi les sites historiques les plus importants du pays.

Histoire

La tribu berbère des Meknassa (dont la ville tire son nom) s'installa dans la région au Xe siècle. C'est sous les Almohades et les Mérinides que la médina s'étendit et que furent construits certains des plus anciens monuments visibles aujourd'hui.

Toutefois, ce ne fut qu'à partir du XVIIe siècle que Meknès acquit une réelle importance, notamment en 1672, lorsque Moulay Ismaïl, frère et successeur du fondateur de la dynastie alaouite Moulay er-Rachid, fit de Meknès sa capitale.

Il y régna 55 années, faisant édifier un immense palais (jamais terminé) et 25 km d'imposantes murailles percées de portes monumentales. Moulay Ismaïl disposa du temps et des moyens nécessaires à cet effort architectural en tenant à distance les puissances étrangères, grâce notamment à ses redoutables gardes noirs (voir p. 244).

Sa mort en 1727 sonna le glas de Meknès, qui redevint une cité insignifiante après le départ de son petit-fils Mohammed III (1757-1790) pour Marrakech. Le tremblement de terre de 1755 qui dévasta Lisbonne lui porta un coup sévère. Des matériaux furent prélevés sur ses monuments pour être utilisés ailleurs. Ce n'est que durant les dernières décennies, avec l'essor du tourisme, qu'une restauration sérieuse de son patrimoine architectural a été entreprise.

Le début du protectorat, en 1912, dynamisa la ville, qui devint le quartier général de l'armée française. Des colons français s'installèrent sur les terres fertiles des alentours. Après l'indépendance (1956), elles furent réquisitionnées et louées aux agriculteurs locaux.

Orientation

Le lit de l'oued Bou Fekrane (habituellement à sec) marque la frontière entre l'ancienne médina et la ville nouvelle bâtie par les Français. L'avenue Moulay Ismaïl relie les deux avant de devenir la principale artère de la ville nouvelle, l'avenue Hassan II.

Le tombeau de Moulay Ismaïl et la ville impériale se trouvent tous deux au sud de la médina. La gare ferroviaire, la gare routière CTM, les banques et la plupart des administrations sont situées dans la ville nouvelle, de même que les hôtels les plus luxueux. Le trajet entre la médina et la ville nouvelle prend 20 min à pied, mais des bus locaux fréquents (et bondés) et des grands taxis urbains font la navette entre les deux.

Renseignements

ACCÈS INTERNET

Carting Info (carte p. 250 ; 3 rue Menton ; 8 Dh/h ; 🕒 8h30-24h)

Cyber de Paris (carte p. 250 ; Zankat Accra ; 8 Dh/h ; 🕒 9h-2h)

Meet Net (carte p. 246 ; rue Rouamazine ; 8 Dh/h ; 🕒 10h-13h et 15h-21h30 lun-sam)

Quick Net (carte p. 250 ; 28 rue el-Emir Abdelkander ; 10 Dh/h ; 🕒 10h-22h). Propose également des boissons chaudes ou fraîches.

AGENCES DE VOYAGES

Carlson Wagonlit (carte p. 250 ; 🕒 055 521995 ; 1 rue du Ghana). Pour les voyages en car, en avion ou en ferry.

RAM (carte p. 250 ; ☎ 035 520963 ; 7 av. Mohammed V). Vend des billets de la plupart des grandes compagnies aériennes.

ARGENT

Les banques, équipées de DAB, sont présentes à la fois dans la ville nouvelle (en particulier sur l'av. Hassan II et l'av. Mohammed V) et dans la médina (rue Sekkakine).

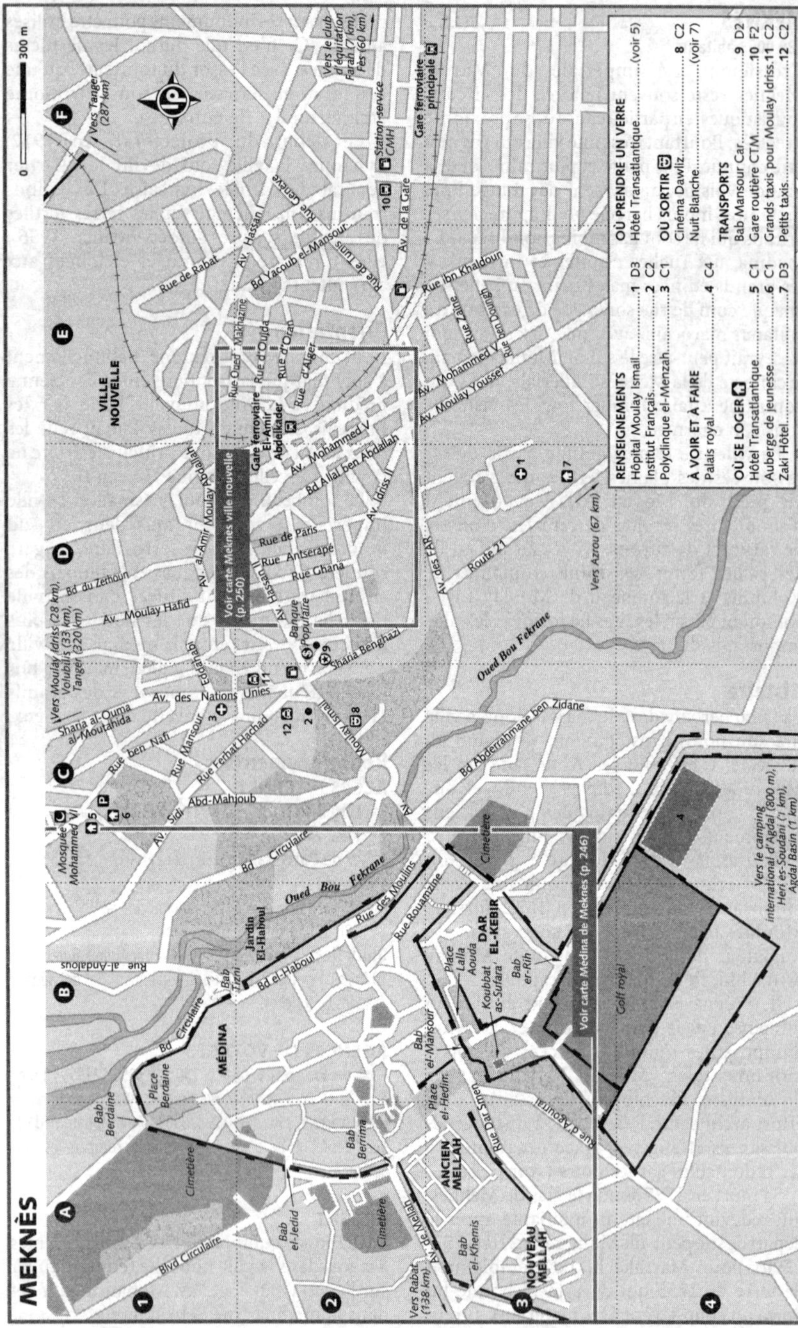
MEKNÈS
0
300 m
VILLE NOUVELLE
MÉDINA
DAR EL-KEBIR
ANCIEN MELLAH
NOUVEAU MELLAH
Jardin El-Haboul
Golf royal
Cimetière
Oued Bou Fekrane
Voir carte Meknes ville nouvelle (p. 250)
Voir carte Médina de Meknes (p. 246)
Vers Tanger (287 km)
Vers le club d'équitation Farah (7 km), Fès (60 km)
Vers Moulay Idriss (28 km), Volubilis (33 km), Tanger (320 km)
Vers Azrou (67 km)
Vers Rabat (138 km)
Vers le camping international d'Agdal (800 m), Heri es-Soudani (1 km), Agdal Basin (1 km)
Gare ferroviaire principale
Gare ferroviaire El-Amir Abdelkader
Station-service CMH
Mosquée Mohammed VI
Banque Populaire
Bab Berdaine
Place Berdaine
Bab Tizmi
Bab el-Jedid
Bab Berrima
Bab el-Khemis
Bab el-Mansour
Place el-Hedim
Place Lalla Aouda
Koubbat as-Sufara'
Bab er-Rih
Av. Mohammed V
Av. Moulay Youssef
Av. des FAR
Bd Allal ben Abdallah
Av. Hassan II
Rue de Rabat
Rue Ibn Khaldoun
Bd Yacoub el-Mansour
Av. de la Gare
Bd Circulaire
Blvd Circulaire
Bd el-Haboul
Rue des Moulins
Rue Rouamzine
Rue Dar Smen
Bd Abderrahmane ben Zidane
Route 21
RENSEIGNEMENTS
Hôpital Moulay Ismail ... 1 D3
Institut Français ... 2 C2
Polyclinique el-Menzah ... 3 C1
À VOIR ET À FAIRE
Palais royal ... 4 C4
OÙ SE LOGER
Hôtel Transatlantique ... 5 C1
Auberge de jeunesse ... 6 C1
Zaki Hôtel ... 7 D3
OÙ PRENDRE UN VERRE
Hôtel Transatlantique ... (voir 5)
OÙ SORTIR
Cinéma Dawliz ... 8 C2
Nuit Blanche ... (voir 7)
TRANSPORTS
Bab Mansour Car ... 9 D2
Gare routière CTM ... 10 F2
Grands taxis pour Moulay Idriss ... 11 C2
Petits taxis ... 12 C2

Banque marocaine du commerce extérieur (BMCE ; carte p. 250 ; 98 av. des FAR ; 10h-13h et 16h-19h). Un bureau de change aux horaires étendus, du côté sud-est de la ville nouvelle.

CENTRE CULTUREL

Institut français (carte p. 242 ; ☎ 035 515851 ; inst.fr.mek@aim.net.ma ; rue Ferhat Hachad ; 8h30-12h et 14h30-18h30 lun-sam). Centre de la vie culturelle à Meknès, avec des projections, des concerts et des expos.

LIBRAIRIE

Librairie Dar al-Kitab al-Watani (carte p. 250 ; ☎ 035 521280 ; 10-21 bd Allal ben Abdellah). Bonne sélection d'ouvrages en français.

OFFICE DU TOURISME

Délégation régionale du tourisme (carte p. 250 ; 035 524426 ; fax 035 516046 ; place de l'Istiqlal ; 8h30-12h et 14h30-18h30 lun-jeu, 8h-11h30 et 15h-18h30 ven)

POSTES

Poste principale (carte p. 250 ; place de l'Istiqlal). Le bureau d'expédition des paquets est situé à l'angle de la rue Tétouan, dans le même bâtiment.

Bureau de poste (carte p. 246 ; rue Dar Smen). Dans la médina.

SERVICES MÉDICAUX

Croissant Rouge (carte p. 250 ; rue de Paris). Au sud de l'hôtel de ville.

Hôpital Moulay Ismaïl (carte p. 242 ; ☎ 035 522805 ; en retrait de l'av. des FAR)

Pharmacie de nuit (carte p. 250 ; rue de Paris)

Pharmacie el-Fath (carte p. 246 ; place el-Hedim)

Polyclinique el-Menzah (carte p. 242 ; ☎ 035 400330 ; 10-12 av. des Nations Unies). Près de l'Institut français.

À voir

MÉDINA

Le cœur de la médina de Meknès est la place el-Hedim, face à Bab el-Mansour. Édifiée par Moulay Ismaïl, cette place où avaient lieu à l'origine les annonces royales et les exécutions publiques, est un endroit où il fait bon s'asseoir pour regarder se dérouler la vie de la ville : les enfants qui jouent au football, les colporteurs qui vendent des remèdes miraculeux et les familles en promenade. Un excellent marché alimentaire couvert (voir p. 251) borde le côté ouest de la place qui accueille aussi le trop-plein des souks situés au nord.

Au sud, la porte monumentale de Bab el-Mansour mène dans la cité impériale de Moulay Ismaïl. Les ruelles de l'ancien mellah s'étendent à l'ouest de la médina.

Musée Dar Jamaï

Dominant la place el-Hedim, le palais de Dar Jamaï fut construit en 1882 par la puissante famille Jamaï. Deux de ses membres furent vizirs du sultan Moulay el-Hassan Ier. Après la mort de celui-ci en 1894, la famille Jamaï tomba en disgrâce. Elle perdit tout, y compris son palais de Meknès qui passa aux mains de la puissante famille al-Glaoui. Les Français le transformèrent en hôpital militaire en 1912.

Depuis 1920, le palais abrite l'administration des beaux-arts et l'un des **musées** (carte p. 246 ; ☎ 035 530863 ; place el-Hedim ; 10 Dh ; 9h-12h et 15h-18h30 mer-lun) les plus riches du pays. Le bâtiment est en lui-même aussi intéressant que les collections qu'il expose. Ces dernières varient selon les saisons. Elles comprennent des céramiques traditionnelles, des bijoux, tapis, tissus, broderies et des pièces d'ébénisterie. La *koubba* (sanctuaire surmonté d'une coupole) est meublée dans le style d'un salon de la grande bourgeoisie, avec des tapis épais et des coussins destinés à accueillir les invités. Le musée possède aussi une superbe collection de tapis anciens, représentant différents styles régionaux.

La présentation de ces pièces est bien conçue, avec des explications rédigées en français et en arabe. Le musée dispose en outre d'un jardin andalou et d'une cour paisible et ombragée plantée d'orangers.

Grande mosquée et médersa Bou Inania

Face à la Grande Mosquée, la **médersa Bou Inania** (carte p. 246 ; rue Najjarine ; 10 Dh ; 9h-12h et 15h-18h) est caractéristique de l'architecture mérinide par l'extrême finesse de sa décoration intérieure. Achevée en 1358 par Bou Inan (dont une médersa à Fès, plus luxueuse et mieux entretenue, porte le nom), cette version meknassie de l'école coranique décline dans toute son élégance la décoration classique (zelliges dans la partie basse, stuc ciselé dans la partie haute et bois d'olivier sculpté au plafond).

Les élèves, âgés de huit à dix ans, vivaient à deux dans une cellule au rez-de-chaussée, tandis que les étudiants plus âgés

MOULAY ISMAÏL

Peu d'hommes ont autant marqué l'histoire de leur pays que l'imposante figure du sultan Moulay Ismaïl (1672-1727). Originaire des plaines de la région de Tafilalet, il appartenait à une famille de chérifs (descendants de Mahomet), qualité dont se prévaut encore la monarchie actuelle.

Tout autant que l'ascendance noble, un caractère impitoyable était indispensable pour devenir sultan. Succédant sur le trône à son frère Moulay er-Rashid, fondateur de la dynastie alaouite, Moulay Ismaïl entreprit de mettre un terme aux revendications de ses 83 frères et demi-frères rivaux : le jour même de son intronisation, il fit assassiner tous ceux qui refusaient de se soumettre à son pouvoir. Puis, poursuivant sa politique sanguinaire, il entama une série de campagnes dans le sud du pays, les montagnes du Rif et l'arrière-pays algérien, qui amenèrent à soumission la majeure partie du Maroc. Il mit même à sa botte les pirates de Salé, taxant largement leur butin pour renflouer les coffres de l'empire.

La paix étant assurée, Moulay Ismaïl revint dans sa capitale, à Meknès, où il entreprit d'édifier son grandiose palais impérial, en pillant tout le pays pour récupérer les plus beaux matériaux. Les portes du palais furent frappées de l'emblème du soleil, ce qui poussa certains à avancer que Moulay Ismaïl souhaitait imiter Versailles. Il engagea aussi la construction de citadelles, de casbahs et de nombreuses villes nouvelles. Cette époque florissante sur le plan culturel et artistique fut le dernier âge d'or du Maroc.

Grand amoureux autant que grand guerrier et grand bâtisseur, Moulay Ismaïl laissa des centaines d'enfants, sans avoir eu la sagesse d'organiser sa succession. À sa mort, le sultanat fut en proie à une série de luttes intestines dont les Alaouites ne se remirent jamais vraiment.

Par son action, Moulay Ismaïl a néanmoins posé les fondations du Maroc moderne. Il a libéré Tanger des forces britanniques, soumis les tribus berbères et repris aux Espagnols une grande partie du territoire marocain. En bref, il a semé les graines de l'actuelle monarchie et forgé de main de fer la première entité cohérente d'où naîtrait le Maroc moderne.

et les enseignants occupaient le premier étage. Vous pouvez accéder au toit pour admirer la couverture de tuiles vertes et le minaret de la grande mosquée toute proche, mais la médersa est interdite aux non-musulmans.

VILLE IMPÉRIALE

Bab el-Mansour

Dominant de sa masse la place el-Hedim, Bab el-Mansour est la plus grandiose porte de toutes les villes impériales marocaines. Bien conservée, la Bab el-Mansour est somptueusement décorée de zelliges (quelque peu défraîchis), surmontés d'un bandeau épigraphique. Sa construction fut achevée par le fils de Moulay Ismaïl, Moulay Abdallah, en 1732. On ne passe pas sous la *bab* elle-même, qui n'est ouverte que pour les grandes occasions, mais par une porte latérale, sur la gauche.

Mausolée de Moulay Ismaïl

La **sépulture** (carte p. 246 ; entrée gratuite, dons bienvenus ; 8h30-12h et 14h-18h sam-jeu) du sultan qui éleva Meknès au rang de capitale au XVIIe siècle se trouve à l'opposé de la koubba as-Soufara'. Le fait que Moulay Ismaïl soit l'un des plus grands souverains de l'histoire marocaine justifie que les non-musulmans puissent visiter son sanctuaire, sans toutefois pouvoir s'approcher du tombeau lui-même. Les cours, austères et paisibles, contrastent avec la somptueuse salle funéraire, où s'illustre toute la richesse des arts marocains.

Koubba as-Soufara'

Au sud de Bab el-Mansour, une rue longe le *méchouar* (place d'armes), aujourd'hui appelé place Lalla Aouda, où Moulay Ismaïl passait en revue sa fameuse garde noire. Ayant fait venir 16 000 esclaves d'Afrique noire, Moulay Ismaïl en fit des unités d'élite, fournissant des femmes à ces soldats dont les enfants étaient élevés pour servir à leur tour dans cette garde. À la mort du sultan, la garde noire avait décuplé ses effectifs. Elle s'était illustrée dans de nombreux combats, réussissant à réprimer les rébellions internes, à chasser les forces européennes du nord du Maroc et même à repousser la menace ottomane venant d'Algérie.

En suivant cette rue qui bifurque sur la droite, vous verrez une pelouse au milieu de laquelle se dresse un petit édifice, la **koubba as-Soufara'** (carte p. 246 ; 10 Dh ; 9h-12h et 15h-18h), où le sultan recevait les ambassadeurs étrangers. À côté de l'entrée, vous remarquerez des conduits qui donnent dans une immense crypte. Contrairement à la légende que se plaisent à colporter les guides, ce sombre et quelque peu sinistre réseau de salles ne servait pas de prison pour les esclaves chrétiens contraints de travailler aux constructions de Moulay Ismaïl, mais seulement d'entrepôts pour les réserves alimentaires. Munissez-vous d'une lampe torche.

Heri es-Souani et bassin de l'Agdal

À 2 km environ au sud-ouest du mausolée, les immenses magasins à grain et étables de Moulay Ismaïl, **Heri es-Souani** (10 Dh ; 9h-12h et 15h-18h30), suivent un plan d'une conception fort ingénieuse. Les étroites fenêtres, les murs massifs et l'eau circulant en sous-sol permettaient de conserver une température fraîche et une bonne ventilation. Ces bâtiments servaient d'écuries et de greniers à foin pour 12 000 chevaux, et Moulay Ismaïl les considérait comme l'une de ses plus belles réussites architecturales.

Le toit s'est effondré, il y a longtemps, mais les premières voûtes ont été restaurées. L'atmosphère qui se dégage des lieux est impressionnante, à condition d'éviter les parties trop éclairées pour se tenir plutôt dans les recoins les plus sombres. À moitié réduites à l'état de ruines, les autres arches se succèdent rangée après rangée sur un périmètre immense.

Au nord des greniers et étables s'étend un gigantesque bassin en pierre, le **bassin de l'Agdal**. Alimenté par un système complexe de canaux de quelque 25 km de long, il servait à la fois de réservoir pour les jardins du sultan et de pièce d'eau d'agrément.

En été, du mausolée jusqu'à Heri es-Souani et au lac, le chemin risque de vous paraître long. Vous pouvez opter pour un taxi ou une calèche. Si vous préférez marcher, suivez la route en direction du sud depuis le mausolée, entre les hauts murs. Vous passerez devant la principale entrée du palais royal (qui ne se visite pas) et devant un terrain de camping, puis vous verrez l'entrée du site juste devant vous.

Activités

Club Farah d'équitation (☎ 035 548844, 061 134951 ; www.clubfarah.com ; rte de Fès ; adulte/enfant 125/75 Dh/heure). Ce club d'équitation propose des leçons à l'heure ainsi que des excursions d'une journée ou plus dans la région ou autour du Maroc – il faut réserver. Le club est situé à 7 km de Meknès, dans le village de Dkhissa (demandez la dame suisse aux chevaux si vous vous perdez).

Hammam Zitouna (carte p. 246 ; rue Djemma Zitouna ; entrée 10 Dh ; hommes 7h-12h, femmes 12h30-20h). Hammam traditionnel au cœur de la médina.

Promenade à travers les souks

Le trajet de cette promenade figure sur la carte de la médina (p. 246). Pour accéder à la médina, le plus simple est de passer sous la voûte à gauche du musée Dar Jamaï, au nord de la place el-Hedim. Prenez alors la direction du nord et vous vous retrouverez presque aussitôt au milieu des boutiques de souvenirs et des marchands de tapis.

En chemin, remarquez les *kisarias* (marchés couverts) de chaque côté. Certains, réservés uniquement à la vente de tapis et de textiles, résonnent du bruit des marchandages animés le dimanche matin. Le **marché Okchen**, dans la dernière *kisaria* sur la gauche avant la rue Najjarine, est l'endroit idéal pour les amateurs de fines broderies.

En tournant à droite dans la rue Najjarine, vous atteindrez la **grande mosquée** et la **médersa Bou Inania**, mais optez plutôt pour la gauche. Vous passerez devant de multiples échoppes spécialisées dans les babouches et, juste avant la rue Sekkakine, la **kisaria ad-Dahab**, le marché aux bijoux.

Sortez de la médina par Bab Berrima et suivez la ruelle qui longe les remparts en direction du nord. Vous passerez par un **souk** coloré, où sont vendus des herbes, des épices et des fruits secs, ainsi que par un **marché aux puces** très animé. Les ateliers de l'autre côté de la rue sont spécialisés dans la fabrication des pelles servant à sortir le pain du four.

Dans les boutiques suivantes, vous remarquerez les ouvriers occupés à bourrer des matelas. Tournez à gauche, vers le nord-ouest, pour rejoindre le **mausolée de Sidi ben Aïssa**, récemment restauré (interdit aux non-musulmans). Sidi ben Aïssa instaura l'une des confréries religieuses les plus

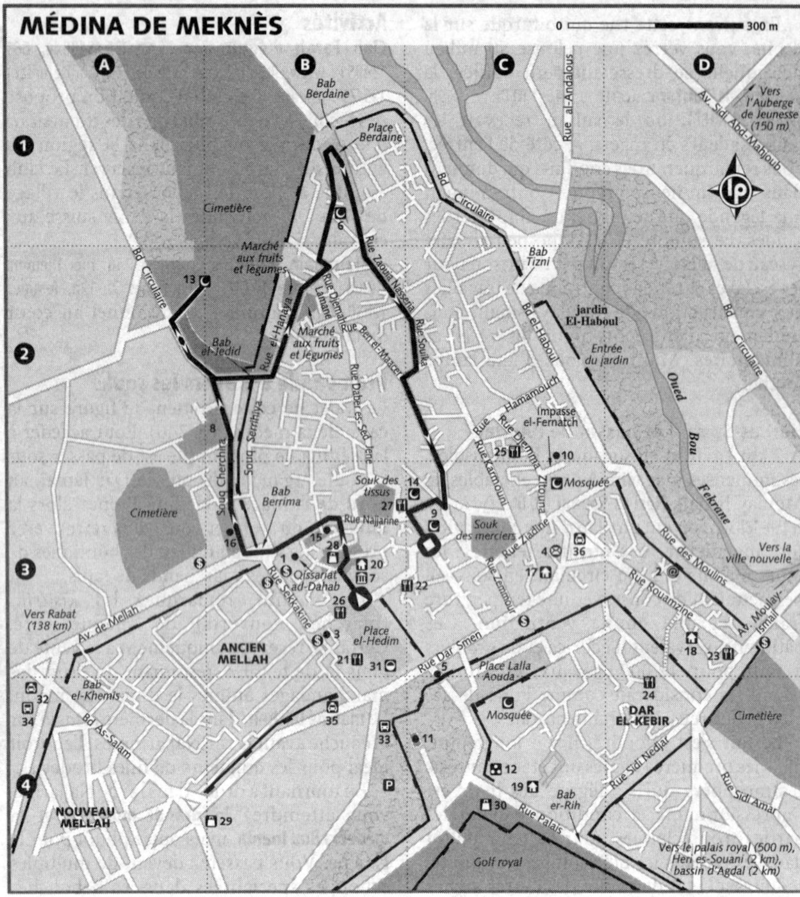

EN BREF
Départ Place el-Hedim
Arrivée Grande Mosquée
Distance 1 km
Durée 2 heures

ardentes du Maroc. En juillet, des fidèles venus de tout le pays s'y rassemblent.

Tournez à droite près des fabricants de matelas pour retourner dans la médina *via* la Bab el-Jédid, qui abrite le souk aux instruments de musique. Tournez à gauche dans la rue el-Hanaya pour passer par un **marché aux fruits et légumes** et arriver finalement à la **mosquée el-Berdaine**. Juste derrière se dresse Bab Berdaine, la porte la plus septentrionale de la ville.

Vous pouvez ensuite repartir à l'opposé par la rue Zaouia Nasseria (qui devient plus loin la rue Souika), le quartier des tailleurs et l'amusante salle d'exposition des tapis. Avec un peu de chance, vous devriez arriver près de la grande mosquée.

Circuits organisés

Comparée à celles de Fès et Marrakech, la médina de Meknès se laisse facilement découvrir. Si vous manquez de temps ou si vous souhaitez une visite détaillée, vous prendrez les services d'un guide officiel par l'intermédiaire de l'office du tourisme (250 Dh/jour). Près du mausolée de

RENSEIGNEMENTS	marché Okchen.......................15 B3	Restaurant Zitouna.......................25 C2
BMCE.......................................1 B3	Souk des herbes, noix et épices.16 B3	Sandwichs.......................................26 B3
Meet Net...................................2 D3		Snack Bounana...............................27 B3
Pharmacie el-Fath.......................3 B3	**OÙ SE LOGER**	
Bureau de poste...........................4 C3	Hôtel Regina.................................17 C3	**ACHATS**
	Maison d'Hôtes Riad............(voir 24)	Boutiques de tapis.........................28 B3
À VOIR ET À FAIRE	Maroc Hôtel................................. 18 D3	Centre artisanal.............................29 B4
Bab el-Mansour...........................5 C3	Palais Didi.....................................19 C4	Poteries......................................(voir 21)
Mosquée Berdaine........................6 B1	Ryad Bahia....................................20 B3	Boutiques de souvenirs.................30 C4
Musée Dar Jamaï..........................7 B3		
Marché aux puces.........................8 B2	**OÙ SE RESTAURER**	**TRANSPORTS**
Grande mosquée............................9 C3	Marché couvert............................ 21 B3	Calèches..31 B3
Hammam Zitouna 10 C2	Dar Sultana...............................(voir 20)	Grands taxis................................. 32 A4
Koubbat as-Sufara'......................11 C4	Restaurant Mille et	Bus locaux.....................................33 B4
Mausolée de Moulay Ismail.......12 C4	Une Nuits.....................................22 C3	Gare routière principale...............34 A4
Mausolée de Sidi ben Aïssa......13 A2	Restaurant Oumnia......................23 D3	Petits taxis....................................35 B4
Médersa Bou Inania.....................14 C3	Restaurant Riad............................24 D4	Petits taxis....................................36 C3

Moulay Ismaïl, il est facile de monter dans une calèche pour une promenade guidée dans la ville impériale moyennant 120 Dh environ pour deux heures.

Fêtes et festivals

En mai/juin, le mausolée de Sidi ben Aïssa, à l'extérieur de l'enceinte de la médina, accueille l'un des *moussems* les plus importants du pays. À cette occasion, certains dévots avalaient du verre ou des serpents. Aujourd'hui, vous pourrez rencontrer quelques zélateurs en transe, mais les pratiques les plus impressionnantes ne figurent plus que sur les photos. Cette fête n'en demeure pas moins animée et s'accompagne de fantasias (charges de cavaliers tirant au mousquet), de foires et de spectacles de chant et de danse.

Où se loger

La plupart des hébergements se trouvent dans la ville nouvelle, à l'exception d'un petit groupe d'options très bon marché et de quelques nouveaux riads superbes.

MÉDINA

La plupart des hôtels bon marché se concentrent le long des rues Dar Smen et Rouamzine. En haute saison et durant les festivals, ils peuvent afficher très vite complet. La prudence conseille d'arriver tôt dans la journée ou de réserver.

Petits budgets

Maroc Hôtel (carte p. 246 ; ☎ 035 530075 ; 7 rue Rouamzine ; s/d 60/120 Dh). Peu engageant de l'extérieur, c'est en fait un trésor pour son prix. Sympathiques et tranquilles, ses chambres (avec lavabo) sont repeintes de frais et ses sdb communes sont propres. Sa superbe terrasse et sa cour remplie d'orangers contribuent à son charme.

Hôtel Regina (carte p. 246 ; ☎ 035 530280 ; 19 rue Dar Smen ; s/d/tr 60/90/120 Dh). Adresse sommaire, mais convenable. L'ambiance est poussiéreuse et les literies plutôt fatiguées, mais les prix n'ont rien d'exagéré. Une cour centrale aére les lieux. Douches chaudes payantes (5 Dh).

Camping international d'Agdal (☎ 035 551828 ; adulte/enfant 17/12 Dh, plus 10/17/17/20 Dh par tente/voiture/caravane/camping-car). Très bien situé, à 50 m à peine de Heri es-Souani, en direction du palais royal (mais mal indiqué), le site est ombragé et bien entretenu. Parmi les services : un restaurant, un café et une petite boutique. Les douches chaudes coûtent 7 Dh et l'électricité 15 Dh.

Catégories moyenne et supérieure

Riad Meknès (carte p. 246 ; ☎ 035 530542 ; www.riadmeknes.com ; 79 Ksar Chaacha, Dar el-Kabir ; ch petit-déj inclus 500-800 Dh ;). Installé au milieu des ruines du palais Ksar Chaacha, la résidence impériale de Moulay Ismaïl datant du XVIIe siècle, ce riad fut le premier de la ville. Les 6 chambres, toutes différentes, sont décorées avec goût dans un style traditionnel. Le riad possède un excellent restaurant au rez-de-chaussée, et une petite piscine. L'adresse est indiquée depuis la rue Sidi Nedjaror Bab er-Rih.

Ryad Bahia (carte p. 246 ; ☎ 035 554541 ; www.ryad-bahia.com ; Derb Sekkaya, Tiberbarine ; ch petit-déj inclus 500-800 Dh ;). Un charmant petit riad à quelques pas de la place el-Hedim. Depuis l'entrée, on débouche sur une cour qui accueille aussi un superbe restaurant. De là, des escaliers mènent dans toutes les directions à des chambres pittoresques, restaurées et joliment décorées jusque dans les moindres détails, des équipements de sdb aux somptueux tapis. Le petit-déjeuner peut se prendre sur la terrasse.

Palais Didi (carte p. 246 ; ☎ 035 558590 ; www.palaisdidi.com ; 7 Dar el-Kbira ; ch/ste petit-déj inclus 1 200/1 500 Dh ;). Le Didi constitue le plus chic et de loin le plus spacieux des riads de la médina de Meknès. Ses 5 somptueuses suites et ses 5 chambres romantiques entourent une cour pavée de marbre étincelant. Mobilier ancien dans les chambres, zelliges et baignoire dans les sdb. Le restaurant, aménagé sur le toit-terrasse, jouit d'une vue superbe sur la ville impériale qui mérite qu'on y prenne un repas même quand on ne réside pas sur place.

VILLE NOUVELLE

La ville nouvelle compte quelques établissements bon marché convenables ainsi que des adresses plus élégantes. Un certain nombre d'hôtels, notamment ceux qui abritent des bars populaires, ne sont guère plus que des maisons de passe. Pensez à réserver si vous ne voulez pas risquer d'y échouer.

Petits budgets

Auberge de jeunesse (carte p. 242 ; ☎ /fax 035 524698 ; rue ben Nafi ; dort petit-déj inclus 50 Dh ; 8h-22h sept-juin, 8h-24h juil-août). Dans un quartier résidentiel calme, l'auberge de jeunesse dispose de dortoirs regroupés autour d'une cour ombragée, de sanitaires assez basiques (douche chaude 5 Dh), d'un petit café et d'une cuisine commune. Carte de membre HI exigée.

Hôtel Majestic (carte p. 250 ; ☎ 035 522035 ; 19 av. Mohammed V ; s/d 136/178 Dh, avec sdb 214/241 Dh). Construit dans les années 1930, ce vénérable grand hôtel porte fièrement son âge. Il bénéficie d'une variété de chambres raisonnable (toutes avec lavabos), dont le prix inclut le petit-déjeuner, d'un patio tranquille et d'une terrasse avec vue panoramique. Service attentionné.

Hôtel Palace (carte p. 250 ; ☎ 035 400468 ; fax 035 401431 ; 11 rue Ghana ; s/d 176/220 Dh). Derrière la façade austère, se cache une bonne surprise : les chambres sont grandes, claires, dotées de sdb et souvent pourvues d'un balcon. Les sofas de la mezzanine invitent à la détente.

Hôtel Ouislane (carte p. 250 ; ☎ 035 524828 ; 54 rue Allal ben Abdallah ; s/d 195/227 Dh). Propre et convenable, cette adresse n'a rien de vraiment remarquable. Les chambres spacieuses et claires sont toutefois d'un bon rapport qualité/prix.

Hôtel Touring (carte p. 250 ; ☎ 035 522351 ; 34 bd Allal ben Abdallah ; s/d 65/90 Dh, avec douche 85/100 Dh). Économique, mais un peu austère. Pour le prix, on dispose néanmoins de chambres propres, presque toutes avec douche et, la plupart du temps, de l'eau chaude. Certains lits sont si mous qu'on risque un tour de reins.

Hôtel Toubkal (carte p. 250 ; ☎ 035 522218 ; 49 av. Mohammed V ; s/d 70/120 Dh). Les confortables divans de la réception sont le seul luxe de l'hôtel. Les chambres à l'étage sont basiques et fonctionnelles, mais les sanitaires ne sont guère reluisants (toilettes à la turque ; douche chaude 10 Dh).

Hôtel Excelsior (carte p. 250 ; ☎ 035 521900 ; 57 av. des FAR ; s/d 70/95 Dh, avec douche 120/140 Dh). Avec ses tissus fleuris et ses sdb colorées, on ne saurait reprocher à cet hôtel son manque de caractère. L'endroit est propre, y compris les toilettes communes à l'occidentale, mais les femmes qui voyagent seules risquent de le trouver un peu glauque.

Catégories moyenne et supérieure

Hôtel de Nice (carte p. 250 ; ☎ 035 520318 ; nice_hotel@menara.ma ; angle rue Accra et rue Antserapé ; s/d 318/386 Dh ;). Les chambres de belle taille sont joliment décorées. Animé d'un service impeccable, cet hôtel flambant neuf avec bar et restaurant semble viser plus haut que ses prix ne l'indiquent. Profitez-en, avant que les tarifs ne soient révisés.

Hôtel Akouas (carte p. 250 ; ☎ 035 515967 ; 27 rue el-Emir Abdelkader ; s/d 310/375 Dh ;). Ce sympathique trois-étoiles familial fait un peu plus couleur locale que ses concurrents. Les chambres certes petites, sont modernes et confortables et les prix raisonnables. Vous trouverez sur place un restaurant correct et une discothèque très fréquentée.

Hôtel Bab Mansour (carte p. 250 ; ☎ 035 525239 ; fax 035 510741 ; 38 rue el-Emir Abdelkader ; s/d 342/447 Dh ;). Assez confortable, cet hôtel décoré avec goût manque un peu de caractère, si l'on excepte le mobilier des sdb dont les couleurs vives peuvent heurter. Les lieux sont bien tenus et répondent à tous les critères d'un hôtel de cette catégorie.

Hôtel Rif (carte p. 250 ; ☎ 035 522591 ; fax 035 524428 ; rue Accra ; s/d 412/523 Dh ;). Derrière son allure de pâtisserie en béton chocolat, cet hôtel cache un hall (avec un DAB bien pratique) agréablement frais, et des chambres sans caractère, très datées années 1970. L'amusante piscine a du style, mais elle est surplombée par un bar et les femmes n'auront peut-être pas très envie de s'y baigner.

Hôtel Transatlantique (carte p. 242 ; ☎ 035 525050 ; transat@iam.net.ma ; rue el-Merinyne ; s/d 580/730 Dh ;). Hôtel moderne standard visant une clientèle d'hommes d'affaires. Les chambres confortables sont impersonnelles, Vous apprécierez mieux d'y séjourner si votre chambre donne sur le joli jardin, les courts de tennis, la piscine et son café en terrasse.

Zaki Hôtel (carte p. 242 ; ☎ 035 514146 ; bd Al Massira, rte 21 ; s/d 1 200/1 400 Dh ;). Un peu à l'écart de la ville, le Zaki est entouré de jardins paysagers. Le hall, moderne et luxueux, est décoré de zelliges et de stucs. Les chambres bénéficient d'un équipement dernier cri, tout en conservant leur style marocain.

Où se restaurer

RESTAURANTS

Médina

Dar Sultana (carte p. 246 ; ☎ 035 535720 ; Derb Sekkaya, Tiberbarine ; plats à partir de 60 Dh). Dans une vieille maison de la médina, ce restaurant, petit et bien agencé, est idéal pour un dîner romantique avec son joli décor de peintures au henné et l'intimité de son patio recouvert d'un dais. Sa cuisine exquise fait la part belle aux salades marocaines. Seule fausse note, les verres à vin sur la table alors que la maison ne sert pas d'alcool.

Restaurant Riad (carte p. 246 ; ☎ 035 530542 ; 79 Ksar Chaacha ; menus 110 Dh et 160 Dh). Les riads de la médina possèdent tous de ravissants restaurants, mais celui-ci est peut-être le modèle du genre. Ouvrant sur un jardin intérieur luxuriant, c'est un havre de tranquillité. Les salades, tajines et couscous, simples et délicieux, sont servis avec la plus grande attention.

Restaurant Oumnia (carte p. 246 ; ☎ 035 533938 ; 8 Ain Fouki Rouamzine ; menu 65 Dh ; 7h-22h). À deux pas de l'artère principale de la médina, ce restaurant décontracté est installé dans une maison familiale. L'accueil est chaleureux. Le menu fixe, délicieux, comporte trois plats : une savoureuse *harira* (soupe de lentilles), des salades et un tajine à choisir parmi les recettes du jour.

Restaurant Mille et Une Nuits (carte p. 246 ; ☎ 035 559002 ; près de la place el-Hedim ; plats 45-85 Dh). Dans une ancienne maison de la médina, ce restaurant se donne beaucoup de mal pour faire honneur à son nom. Les grandes spécialités de la cuisine marocaine restent à des prix raisonnables.

Restaurant Zitouna (carte p. 246 ; ☎ 035 530281 ; 44 rue Djemma Zitouna ; menus à partir de 110 Dh). Dans le style des restaurants de palais de Fès, ce grandiose établissement, au cœur de la médina, possède une belle cour fermée richement décorée de zelliges et de stucs ciselés ainsi que plusieurs petits salons pour les dîners plus intimes. La cuisine traditionnelle marocaine y est à l'ordre du jour, la pastilla (riche feuilleté au pigeon) étant la spécialité maison.

Ville Nouvelle

Le Pub (carte p. 250 ; ☎ 035 524247 ; 20 bd Allal ben Abdallah ; plats 75-110 Dh ; 11h-24h) Dans un genre nouveau à Meknès, Le Pub propose une carte déclinant des spécialités occidentales. Pour oublier un peu les tajines vous pourrez choisir un steak, ou des plats plus inhabituels comme les raviolis de crabe, que l'on peut arroser avec une bouteille de vin rouge local. Le cadre est à la hauteur des prix.

Le Dauphin (carte p. 250 ; ☎ 035 523423 ; 5 av. Mohammed V ; plats 75-90 Dh, menu 130 Dh). Derrière une façade modeste se cache l'un des plus jolis restaurants de la ville. La salle de style français et le jardin sont tout à fait charmants. Menu international, réputé pour ses fruits de mer. La maison sert de l'alcool.

Pizzeria le Four (carte p. 250 ; ☎ 035 520857 ; 1 rue Atlas ; pizzas 38-49 Dh, plats 65-85 Dh). Les bois sombres et les murs blanchis à la chaux confèrent à cette pizzeria très appréciée l'atmosphère italienne qui sied. Les délicieuses pizzas sont servies sur des plats en bois. Un honnête choix de viandes, de pâtes et de salades figurent également à la carte. Le restaurant sert de l'alcool mais n'en abusez pas : la taxe atteint 14%.

Restaurant Gambrinus (carte p. 250 ; ☎ 035 520258 ; Zankat Omar ibn Ass ; plats 50 Dh, menu 70 Dh). Une bonne table pour savourer de la cuisine marocaine dans un cadre pittoresque. Il est d'autant plus surprenant d'apprendre qu'elle a été fondée par un immigrant tchèque en 1914. Elle connaît un beau succès qui ne se dément pas auprès des habitants qui apprécient les nombreux tajines.

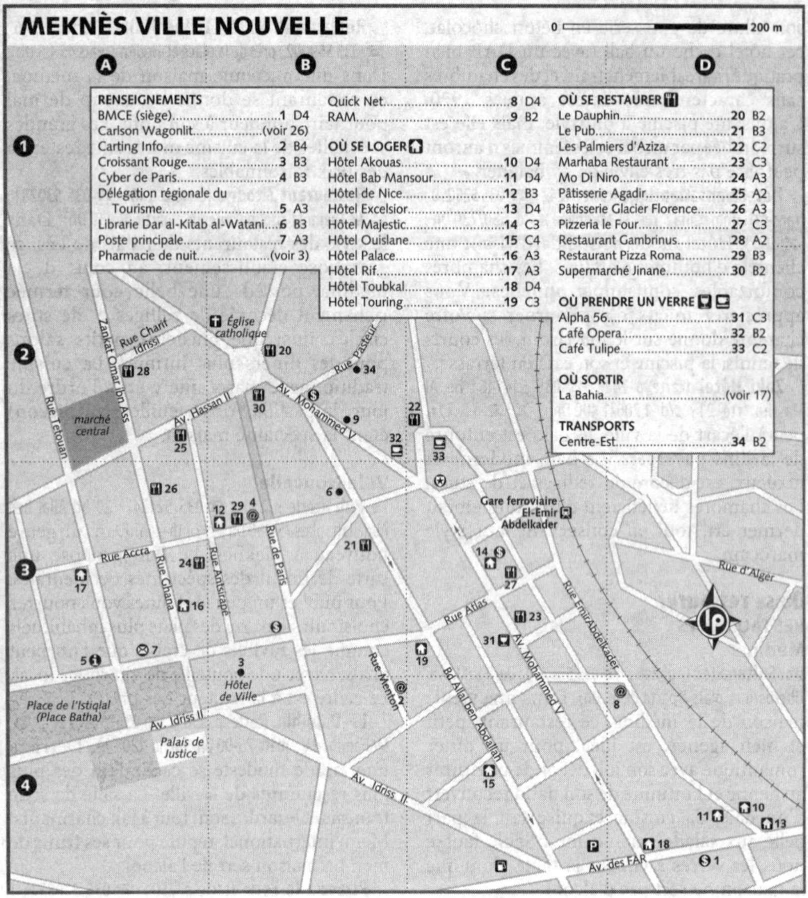

CAFÉS, PÂTISSERIES ET GLACIERS

Parmi les spécialités locales, n'hésitez pas à goûter le *marakchia*, sorte d'éclair débordant de crème et recouvert de chocolat fondant. Très sucré, mais délicieux ! Les adresses signalées ci-dessous sont situées dans la ville nouvelle. Vous trouverez aussi de bons gâteaux au marché couvert de la place el-Hedim (voir p.251).

Les Palmiers d'Aziza (carte p. 250 ; 9 rue de Tarfaya ; 6h-24h). Même si les gâteaux et pâtisseries sont appétissants, le plus grand attrait du lieu reste le jardin fleuri. Attablé sous les parasols, bercé par le frais murmure d'une fontaine, c'est l'endroit idéal pour se reposer, que l'on soit un homme ou une femme.

Pâtisserie Glacier Florence (carte p. 250 ; rue du Ghana ; petit-déj 12 Dh ; 6h30-19h30). Un bonne adresse pour prendre un petit-déjeuner rapide à base de pâtisseries, de café et de jus de fruits frais.

Pâtisserie Agadir (carte p. 250 ; angle av. Hassan II et rue Antserapé ; 8h-20h). L'endroit n'a pas d'enseigne : vous le reconnaîtrez à ses piles de gâteaux au miel. Parfait pour acheter une pâtisserie à emporter ou pour avaler une boisson rapide.

EN-CAS

Stands de sandwichs (carte p. 246 ; place el-Hedim ; sandwichs environ 20 Dh ; 7h-22h). Les petits stands groupés à l'angle nord-ouest de la place el-Hedim sont parfaits pour grignoter un en-cas. L'heure du déjeuner peut facilement se transformer en un après-midi à observer l'animation de la place. Il y a un grand choix de viandes grillées, accompagnées de généreuses portions de salade.

Snack Bounana (carte p. 246 ; rue Najjarine ; repas 40-45 Dh ; 🕑 11h-22h). Repaire populaire sur le chemin du souk, ce snack a pour principal intérêt sa situation sur la place proche de la médersa. Agrémentée de plantes grimpantes, cette dernière offre un cadre frais et reposant qui change de l'ambiance du souk.

Marhaba Restaurant (carte p. 250 ; 23 av. Mohammed V ; tajines 25 Dh ; 🕑 12h-21h). "Toujours imbattable sur les prix" pourrait être la devise de ce restaurant aux allures de cantine. Au déjeuner, il est bondé d'employés et de groupes d'écolières. La cuisine est savoureuse. Un bol de *harira* et une assiette de *makouda* (petits pâtés de pommes de terre) combleront votre appétit pour moins de 10 Dh. Une rareté !

Mo Di Niro (carte p. 250 ; 14 rue Antserapé ; pizzas à partir de 30 Dh, burgers 15-20 Dh ; 🕑 12h-15h et 17h-22h30 mar-dim). Dans le style restauration rapide à l'occidentale, cet établissement branché et non-fumeurs est idéal. Pizzas, burgers, salades et frites sont généreusement servis.

Restaurant Pizza Roma (carte p. 250 ; rue Accra ; plats à partir de 20 Dh). Pizzas copieuses et bon poulet rôti au riz ou aux frites. C'est un établissement sans prétention très apprécié des femmes.

Faire son marché

Marché couvert (carte p. 246 ; place el-Hedim). Le meilleur endroit pour acheter des produits frais à Meknès. C'est aussi une attraction en soi, avec ses pyramides brillantes et colorées, superbement agencées, de douceurs, de dattes, de fruits secs, d'olives ou de citrons confits. Fruits et légumes y sont de bonne qualité, la viande également (mais les âmes sensibles éviteront la machine à plumer les volailles à l'arrière de la halle).

Marché central (carte p. 250 ; av. Hassan II). Une bonne adresse pour faire ses courses dans la ville nouvelle : vous y trouverez des produits frais, des magasins d'alcool et des denrées importées.

Supermarché Jinane (carte p. 250 ; angle av. Mohammed V et rue de Paris ; 🕑 7h30-22h). Un grand supermarché bien approvisionné en produits de base.

Où prendre un verre

CAFÉS

Des cafés propices à la détente sont installés sur l'avenue Mohammed V et alentour. Dans les cafés que nous indiquons ci-dessous les femmes ne se sentiront pas gênées.

Café Tulipe (carte p. 250 ; rue de Tarfaya). À deux pas de l'avenue, il fait bon s'attarder une heure ou deux sur sa grande terrasse ombragée ou même à l'intérieur, agencé de façon moderne.

Café Opéra (carte p. 250 ; 7 av. Mohammed V). Clair et spacieux, ce grand café au charme désuet est une institution où les Marocains aiment venir siroter leur thé à la menthe. Prendre son petit-déjeuner en terrasse en regardant l'animation de la rue est aussi un grand moment.

Alpha 56 (carte p. 250 ; av. Mohammed V). Repaire de la jeunesse branchée, l'Alpha 56 offre un bon choix de pâtisseries. Si le rez-de-chaussée est un peu enfumé, on peut se réfugier dans le salon à l'étage.

BARS

Les nombreux bars de Meknès se concentrent dans la ville nouvelle, surtout autour du boulevard Allal ben Abdallah. La plupart sont des lieux douteux où l'alcool et le tabac défilent et où les femmes sont malvenues.

Le Pub (carte p. 250 ; 20 bd Allal ben Abdallah ; plats 75-110 Dh ; 🕑 11h-24h). Dans le style plus ou moins occidental, ce bar, où officie un personnel féminin, constitue une notable exception à la règle : vous pourrez vous enfoncer dans des sièges confortables, prendre un verre au bar ou fumer une *chicha* au niveau inférieur. Des musiciens s'y produisent le week-end.

Hôtel Transatlantique (carte p. 242 ; rue el-Merinyne). Les bars des hôtels sont la solution la plus sûre pour les femmes. Le plus attrayant est la terrasse du Transatlantique, un cadre excessivement policé, mais superbe pour contempler le coucher du soleil.

La Coupole (carte p. 250 ; 2 av. Hassan II). Lieu très animé où règne une bonne ambiance pour boire un verre ou deux. Les femmes risquent de s'y sentir un peu déplacées.

Où sortir

CLUBS ET DISCOTHÈQUES

Les boîtes de nuit les plus courues se trouvent dans les hôtels. Généralement l'ambiance démarre vers minuit, les week-ends.

La Bahia (carte p. 250 ; Hôtel Rif, Zankat Accra ; entrée 1 boisson incluse 50 Dh ; spectacle 21h30). Spectacle sur le thème des *Mille et Une Nuits*.

Nuit Blanche (carte p. 242 ; Zaki Hôtel, bd Al Massira, rte 21 ; entrée 100 Dh). Café en terrasse, avec trois pistes de danse. Musique variée, du raï à Britney.

CINÉMAS

Complexe cinématographique Dawliz (carte p. 242 ; ☎ 035 516552 ; av. Moulay Ismaïl ; 20-30 Dh). Meilleur cinéma de la ville, ce complexe comporte plusieurs salles confortables, des billards et un joli café en terrasse.

ACHATS

Moins importants que ceux de Fès ou de Marrakech, les souks de Meknès ont l'avantage d'être plus paisibles. C'est donc un plaisir de s'y balader à la recherche de souvenirs. Pour plus de détails, voir *Promenade à travers les souks*, p. 245.

Comme toujours, pour vous faire une idée des productions locales et de leurs prix, faites d'abord un tour au **Centre artisanal** (carte p. 246 ; av. Zine el-Abidine Riad ; 9h-13h et 15h-19h lun-sam), géré par l'État, qui vend des produits de qualité à prix fixes. D'autres boutiques cotoient le mausolée de Moulay Ismaïl. et des **éventaires de poteries** (carte p. 246) sont installés à l'ouest de la place el-Hedim.

Depuis/vers Meknès

BUS

La **gare routière CTM** (carte p. 242 ; ☎ 035 522585 ; av. des FAR) se trouve à environ 300 m à l'est de l'intersection avec l'avenue Mohammed V. La gare routière principale (carte p. 246) se trouve juste après Bab el-Khemis, à l'ouest de la médina. On y trouve une consigne à bagages et des stands vendant des en-cas.

Parmi les destinations desservies par les bus CTM figurent Casablanca (75 Dh, 4 heures, 6/j) *via* Rabat (45 Dh, 2 heures 30, 6/j), Fès et Marrakech (135 Dh, 8 heures, tlj), Tanger (80 Dh, 5 heures, 3/j), Oujda (108 Dh, 6 heures, 2/j) *via* Taza (53 Dh, 3 heures), Er-Rachidia (95 Dh, 6 heures, tlj) et Nador (110 Dh, 6 heures, 3/j).

D'autres bus, un peu moins chers que ceux de la CTM, partent de la gare routière principale. Les billets s'achètent aux guichets numérotés suivants :

N°5 Rabat et Casablanca (toutes les heures de 6h à 15h)

N°6 Tanger (toutes les heures de 5h à 16h), Tétouan (6/j), Chefchaouen (3/j), Ouezzane (5/j)

N°7 Fès (toutes les heures de 5h à 18h), Taza (6/j), Oujda (toutes les heures de 4h à 23h30), Nador (5/j)

N°8 Moulay Idriss (toutes les heures de 8h à 18h)

N°9 Marrakech (7/j)

TAXI

La principale station de grands taxis (carte p. 246) se trouve sur un parking non goudronné voisin de la gare routière, près de Bab el-Khemis. Ces taxis desservent régulièrement Sidi Kacem (12 Dh), Fès (18 Dh, 1 heure), Ifrane (20 Dh, 1 heure), Azrou (23 Dh, 1 heure) et Rabat (40 Dh, 1 heure 30). Les départs pour Ouezzane (55 Dh, 1 heure 30) et pour Taza (70 Dh, 2 heures 30) sont moins fréquents. Le point de départ des grands taxis pour Moulay Idriss (10 Dh, 20 min) est situé en face de l'Institut français (carte p. 242). C'est là aussi qu'il faut se rendre pour organiser une excursion à Volubilis.

TRAIN

Meknès possède deux gares ferroviaires, la plus pratique étant **El-Amir Abdelkader** (carte p. 250 ; ☎ 035 522763), à deux blocs de maisons à l'est de l'avenue Mohammed V. Au total, neuf trains desservent Fès (17 Dh, 1 heure). Trois d'entre eux poursuivent leur trajet jusqu'à Taza (55 Dh, 3 heures 30) et Oujda (124 Dh, 6 heures 30). Huit liaisons ferroviaires rallient Casablanca (81 Dh, 3 heures 30) *via* Rabat (56 Dh, 2 heures 15). Cinq services directs rejoignent Marrakech (154 Dh, 7 heures). Pour Tanger, prenez un train vers l'ouest et changez à Sidi Kacem (80 Dh, 4 heures, en fonction des correspondances).

Comment circuler

BUS

Des bus locaux bondés font la navette entre la médina et la ville nouvelle. Les lignes les plus utiles sont, notamment, les lignes n°2 (de Bab el-Mansour au bd Allal ben Abdallah et retour vers la médina par l'av. Mohammed V) et n°7 (de Bab el-Mansour à la gare routière CTM). Un ticket coûte 2 Dh.

VOITURE

Deux agences locales fiables pour la location de voitures :

Bab Mansour Car (carte p. 242 ; ☎ /fax 035 526631 ; 8 rue Idriss II)

Centre-Est (carte p. 250 ; ☎ 035 523455 ; 8 rue Pasteur)

Le parking situé au sud-ouest de Bab el-Mansour est pratique. Un autre se trouve dans la ville nouvelle, près de l'intersection entre l'av. Idriss II et l'av. des FAR.

TAXI

Les grands taxis urbains (des Mercedes gris métallisé au toit noir) relient la ville nouvelle à la médina. La course revient à 2,5 Dh par pers ou 15 Dh pour tout le taxi. Les petits taxis bleu pâle disposent d'un compteur : de la gare d'El-Amir Abdelkader à la médina, le prix affiché est d'environ 8 Dh.

Pour faire le tour de la médina, on peut aussi louer une calèche, place el-Hedim ou près du mausolée de Moulay Ismaïl. Comptez environ 60 Dh/heure.

ENVIRONS DE MEKNÈS

Volubilis (Oualili) وليلي

Au centre d'une plaine fertile, à environ 33 km au nord de Meknès, Volubilis est le site romain le mieux préservé du Maroc. En 1997, les ruines de l'antique cité ont été inscrites par l'Unesco sur la liste du patrimoine mondial de l'humanité. Les nombreuses et magnifiques mosaïques conservées in situ confèrent en effet au site une immense valeur.

La visite de Volubilis peut facilement se combiner avec celle de Moulay Idriss pour constituer une superbe excursion d'une journée depuis Meknès.

HISTOIRE

Des fouilles ont révélé qu'une première colonie a été établie par des marchands carthaginois au IIIe siècle av. J.-C. Après son annexion, aux environs de l'an 40, Volubilis fut l'un des avant-postes les plus éloignés de l'Empire romain. Selon certains historiens, Rome imposait un contrôle strict sur ce qui devait ou ne devait pas être produit dans ses possessions nord-africaines, en fonction des besoins de l'Empire. Il en résulta un déboisement intense pour permettre la culture du blé à grande échelle. D'après les estimations, la cité de Volubilis comptait, à son apogée, plus de 20 000 habitants. Les monuments les plus impressionnants du site, notamment l'arc de triomphe, le capitole, les thermes et la basilique, datent des IIe et IIIe siècles.

Les tribus berbères voisines relevèrent la tête et contraignirent les Romains à abandonner Volubilis, aux alentours de 280. La population de Volubilis, composée de Berbères, de Grecs, de juifs et de Syriens, continua à parler le latin jusqu'à l'arrivée de l'islam. Au VIIIe siècle, Moulay Idriss fonda un sanctuaire sur le site avant de transférer sa capitale à Fès. Volubilis fut habitée jusqu'au XVIIIe siècle, époque à laquelle son marbre fut pillé pour construire les palais de Moulay Ismaïl à Meknès et où les édifices s'effondrèrent à la suite du tremblement de terre de Lisbonne en 1722.

RENSEIGNEMENTS

Moins de la moitié des 40 ha du **site** (20 Dh, parking 5 Dh ; 8h-crépuscule) ont été fouillés et il arrive encore que les archéologues fassent de passionnantes découvertes. La plupart des pièces mises au jour sont aujourd'hui exposées au Musée archéologique de Rabat (voir p. 108). Curieusement le site ne recèle aucune trace d'un amphithéâtre.

Hormis dans les zones délimitées par une corde, on peut se promener librement sur le site. Hélas, la visite ne bénéficie d'aucune explication en dehors de quelques rares panneaux. Il est donc préférable de faire appel aux services d'un guide, notamment si vous êtes pressé. Sinon, consacrez au moins deux heures au site pour voir l'essentiel, mais il faut la journée entière pour en profiter réellement.

Par les chaudes journées d'été, le soleil est particulièrement ardent à Volubilis : n'oubliez pas d'emporter votre chapeau et une grande quantité d'eau. L'idéal est de venir au printemps quand les fleurs sauvages forment des taches de couleur au milieu des ruines et que verdoient les champs alentour. L'idéal pour éviter la foule est de s'y rendre tôt le matin ou au coucher du soleil, lorsque vous n'aurez plus pour compagnie que l'âne du gardien qui se promène parmi les ruines. En fin de journée, les derniers rayons du soleil illuminent les anciennes colonnes et donnent au site des allures féeriques.

Guides

Il est possible de louer les services de guides très compétents à Fès et à Meknès, qui, pour la plupart, accompagnent les visiteurs au tarif journalier habituel. Sinon, les guides qui attendent près de l'entrée proposent des visites intéressantes d'une heure pour environ 120 Dh.

À VOIR

Les monuments les plus intéressants se trouvent dans la partie nord, mais il est plus pratique de commencer par le sud. Une fois passé l'oued Fertassa, le chemin partant de l'entrée traverse un quartier résidentiel. Cette partie présente peu d'intérêt, hormis les **pressoirs à olives** qui rappellent que la richesse de l'antique Volubilis était fondée sur l'huile, comme c'est encore le cas aujourd'hui à voir l'abondance des oliveraies alentour. Près des huileries, les restes d'un **squelette de femme** (musulmane, pense-t-on, puisqu'elle a été ensevelie tournée vers La Mecque) sont encastrés dans l'un des murs et protégés par une plaque de fer.

Près de la maison d'Orphée subsistent les vestiges des **thermes de Gallien**. Bien qu'ils soient très détériorés, on peut encore voir le système de chauffage par le sol très élaboré utilisé par les Romains pour leurs bains de vapeur. Face à la salle d'étuve se trouvaient les latrines, où les citoyens continuaient de bavarder tout en faisant leurs besoins.

La basilique, le capitole et le forum de 1 300 m² sont, comme c'était l'usage, bâtis sur une éminence. Le **capitole**, dédié à la trilogie de Jupiter, Pluton et Minerve, remonte à 218. La **basilique** et le **forum** se tiennent juste au nord du capitole. Au sommet des colonnes de la basilique, qui ont été redressées, des cigognes nichent généralement au printemps (une image emblématique de Volubilis). Autour du forum, une série de socles où sont gravées des inscriptions latines supportaient des statues de personnages illustres. Remarquez aussi la plaque d'égout en pierre sculptée, bel exemple du génie civil romain.

Plus au nord encore, à gauche juste avant l'arc de triomphe, deux **mosaïques** sont protégées par une corde. L'une d'elles, dans la **maison de l'acrobate** (*desultor*) représente un athlète portant le trophée reçu pour prix d'une course acrobatique, compétition au cours de laquelle le cavalier devait sauter de son cheval et remonter en course.

L'**arc de triomphe** en marbre fut érigé en 217 en l'honneur de l'empereur Caracalla et de sa mère, Julia Domna. L'arc, surmonté à l'origine d'un char de bronze, fut reconstruit dans les années 1930, puis remanié dans

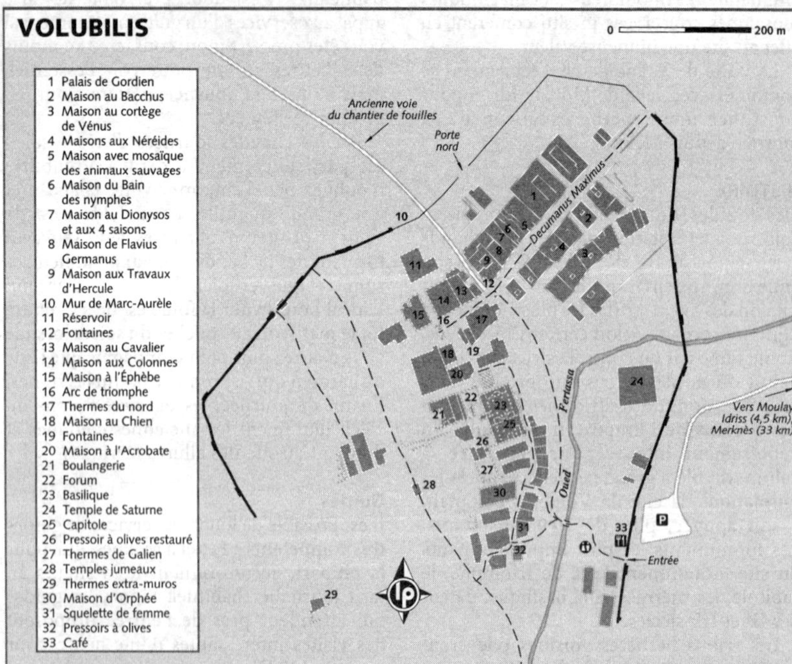

les années 1960 pour rectifier les erreurs commises lors de sa reconstruction. La petite colline située à l'est offre un panorama splendide sur le site.

De l'arc de triomphe, la grande voie cérémonielle, le **Decumanus Maximus**, suit la pente en direction du nord-est. Les maisons qui le bordent abritent les plus belles mosaïques du site. La première après l'arc de triomphe, appelée **maison à l'Éphèbe**, recèle une mosaïque de Bacchus dans un char traîné par des panthères. En raison de sa nudité, Ariane a quelque peu souffert des attentions de ses admirateurs, ou des dégradations iconoclastes des musulmans.

Les deux maisons suivantes abritent de fort belles mosaïques : les **Travaux d'Hercule** et les **Bains des Nymphes**. Certains des douze exploits accomplis par Hercule, représentés ici un peu à la manière d'une bande dessinée circulaire, auraient eu pour théâtre le Maroc, ce qui le rendait très populaire.

Les plus belles mosaïques sont les dernières. Traversez le Decumanus Maximus, puis dirigez-vous vers un cyprès solitaire qui marque la présence de la **maison de Vénus**. Parmi deux des plus belles mosaïques de cette maison, la première représente l'**Enlèvement d'Hylas par les Nymphes**. Ce beau jeune homme, dont Hercule s'était épris, est enlevé par deux nymphes alors qu'il puise de l'eau. La seconde montre le **Bain de Diane**. Furieuse d'être surprise dans sa nudité par le chasseur Actéon, la déesse se venge en le métamorphosant en cerf. La scène montre les bois qui poussent sur la tête d'Actéon avant qu'il ne soit déchiqueté par les chiens de sa propre meute. Une troisième mosaïque provenant de cette maison et représentant Vénus dans les vagues est exposée au Musée de Tanger (p. 162).

DEPUIS/VERS VOLUBILIS

Louer un grand taxi pour l'aller-retour représente le moyen le plus facile et le plus rapide de se rendre à Volubilis depuis Meknès. Une sortie d'une demi-journée (le trajet, l'attente sur place et le crochet jusqu'à Moulay Idriss) revient à environ 350 Dh.

Sinon, la solution la moins onéreuse consiste à prendre un grand taxi à plusieurs, près de l'Institut français de Meknès jusqu'à Moulay Idriss (10 Dh), puis de louer un grand taxi pour Volubilis (36 Dh). S'il ne fait pas trop chaud, le trajet à pied entre Moulay Idriss et Volubilis est agréable (compter 45 min). Ne repartez pas trop tard pour Moulay Idriss, vous risqueriez d'être bloqué.

Il n'y a pas de bus pour Volubilis.

Moulay Idriss مولاي ادريس

Située à 4,5 km environ de Volubilis, Moulay Idriss tient son nom du saint homme le plus vénéré du Maroc, un des arrière-petits-fils du prophète Mahomet et le fondateur de la plus ancienne véritable dynastie du pays.

Moulay Idriss quitta La Mecque à la fin du VIIIe siècle, pour fuir les persécutions du califat abbasside qui venait d'être instauré à Bagdad. Idriss s'installa à Volubilis, où il parvint à convertir les habitants à l'islam et à s'imposer comme leur chef. C'est de là qu'il partit pour établir la première dynastie impériale du Maroc.

Moulay Idriss est une jolie petite ville, nichée au cœur de montagnes verdoyantes, et l'un des grands lieux de pèlerinage au Maroc. Les non-musulmans y ont accès depuis 70 ans environ et peuvent depuis peu y passer la nuit, mais ils ne sont pas autorisés à pénétrer dans les mosquées et sanctuaires. Le samedi, jour de marché, les transports sont plus nombreux ; c'est aussi la journée la plus pittoresque pour une visite.

À VOIR

Bien que la ville, étagée sur deux éperons rocheux voisins, soit un véritable labyrinthe de venelles et d'impasses, il n'est pas difficile d'accéder aux différents centres d'intérêt. Le premier est le **mausolée de Moulay Idriss**, saint en l'honneur duquel a lieu le plus grand *moussem* du pays, chaque année à la fin août. Ce pèlerinage, de la plus haute importance pour nombre de Marocains, y compris les membres de la famille royale, s'accompagne de fantasias, de spectacles de danse et de chant, ainsi que de plusieurs marchés.

En partant de la rue principale (où arrivent les bus et les grands taxis), montez vers le haut de la colline en prenant à droite lorsque la rue se divise. Vous déboucherez bientôt sur une vaste place, bordée de cafés et d'étals de nourriture bon marché, parfaite pour prendre une pause et regarder la vie suivre son cours. Au bout de la place, en haut d'une volée de marches, s'ouvre la porte à trois arches qui donne accès au mausolée. Tout autour, des boutiques vendent des articles religieux pour les pèlerins. À l'intérieur, vous arriverez bientôt à la barrière qui marque la limite accessible aux non-musulmans. Construit par Moulay Ismaïl, le mausolée a fait l'objet de différents ajouts postérieurs. On dit ici que cinq pèlerinages à Moulay-Idriss équivalent à un hadj à La Mecque.

Vous pouvez maintenant vous lancer dans le dédale des rues et tenter de parvenir aux quelques sites offrant une vue panoramique sur le mausolée, la ville et les paysages environnants. De nombreux guides vous proposeront leurs services – vous pourrez ainsi bénéficier d'une visite des plus intéressantes pour à peine 30 Dh.

Il n'est toutefois pas indispensable de se faire accompagner. On peut regagner l'embranchement et prendre la route qui grimpe sur la colline où est indiquée la direction "Municipalité". Près du sommet de la colline, juste avant le magasin de photos Agfa, prenez la rue pavée à votre droite. Vous découvrirez l'unique **minaret cylindrique** du Maroc. Sur les faïences vertes qui le recouvrent, on peut lire des sourates du Coran, notamment : *la illah illa Allah* (Il n'y a d'autre Dieu qu'Allah). En haut de la colline, demandez à un passant où se trouvent la **grande** ou la **petite terrasse**, d'où vous pourrez jouir d'une vue embrassant le mausolée et presque toute la ville.

OÙ SE LOGER ET SE RESTAURER

Les principaux cafés et restaurants bon marché bordent la grande rue après l'arrêt des bus.

Maison d'Hôte Slima (☎ 035 544793 ; près des Trois Boules d'Or ; s/d 100/200 Dh). Le premier établissement à ouvrir pour profiter de l'autorisation accordée aux non-musulmans de loger sur place est une superbe maison d'hôte parfaite pour les petits budgets. Les peintures n'étaient pas encore sèches quand nous l'avons visitée : les chambres, toutes avec douches et toilettes, sont propres et lumineuses et la direction fait preuve d'un bel enthousiasme. Le petit-déjeuner coûte 30 Dh. Pour y accéder, grimpez sur la colline après le mausolée en suivant les panneaux indiquant le panorama. Vous ne pouvez pas manquer la maison.

Les Trois Boules d'Or (Panorama ; repas à partir de 25 Dh ; 🕒 fermé en fin d'après-midi). Ce café-restaurant, qui jouit de la plus belle vue sur Moulay Idriss, offre une halte reposante après la promenade autour d'un thé à la menthe ou d'une boisson fraîche, mais la restauration est limitée.

Restaurant Baraka (☎ 035 544184 ; 22 Aïn Smen-Khiber ; plats 60-70 Dh ; 🕒 déj). Seul véritable restaurant de la ville, cet établissement accueille surtout une clientèle de groupes organisés. Les portions sont très copieuses et le couscous aux fruits succulent.

Pour un grignotage, vous aurez le choix entre les stands entourant la grande place.

DEPUIS/VERS MOULAY IDRISS

Des grands taxis (10 Dh, 20 min) à destination de Moulay Idriss partent fréquemment de l'Institut français de Meknès. De même, des bus (6 Dh) quittent la gare routière de Meknès toutes les heures entre 8h et 18h. Il peut être très difficile de repartir de Moulay Idriss après 15h.

Si vous disposez de votre propre moyen de transport, vous pourrez éventuellement continuer sur Fès, en passant par Nzala-des-Béni-Ammar, ou sur Meknès *via* le village d'El-Merhasiyne. Ces deux itinéraires réservent des panoramas splendides et rejoignent les routes principales. La chaussée étant en très mauvais état dans les deux cas, cette solution n'est envisageable qu'en été, sauf si vous disposez d'un 4x4.

MOYEN ATLAS

الأطلس المتوسط

IFRANE إفران

10 000 habitants

Quand on arrive à Ifrane, où la plaine cède la place aux premiers escarpements du Moyen Atlas, on a le curieux sentiment d'avoir soudain quitté le Maroc pour les Alpes.

La ville a en effet été construite par les Français dans les années 1930 dans le style des stations alpines, avec des maisons pimpantes aux toits rouges, des massifs de fleurs et des parcs agrémentés de lacs, le tout méticuleusement entretenu. La station est très animée en hiver, durant la saison de ski, quand les Marocains aisés s'y pressent pour dévaler les pistes tandis que les moins fortunés se contentent de batailles de boules de neige. En dehors des périodes de vacances, Ifrane conserve une importante population, due à la présence des étudiants, riches et branchés, de la prestigieuse université Al-Akhaouaïn.

Orientation

La route principale qui arrive de Meknès prend le nom de boulevard Mohammed V tandis qu'elle travers Ifrane d'ouest en est. C'est là que vous trouverez la gare ferroviaire, à l'ouest, ainsi que l'office du tourisme, au carrefour de l'avenue des Tilleuls. La plupart des cafés et des hôtels sont regroupés dans le centre-ville plus au sud, le long de deux routes parallèles : la rue de la Cascade et l'avenue de la Poste. À l'est, elles croisent l'avenue Hassan II – principale route permettant de sortir de la ville vers le nord (et vers Fès).

Renseignements

BMCE (av. de la Marche Verte). L'une des banques avec DAB le long de cette avenue.
Pharmacie Mischliffen (rue de la Cascade)
Poste (av. de la Poste)
Office du tourisme (☎ 035 566821 ; fax 035 566822 ; av. Prince Moulay Abdallah ; 🕑 8h30-12h et 14h30-18h30 lun-ven)

À voir

À l'extrémité nord de la ville s'étend le campus de l'université Al-Akhaouaïn, fondée en 1995 par le roi Hassan II et par le roi Fahd d'Arabie Saoudite, afin de promouvoir la tolérance religieuse. Seuls les enfants de l'élite fréquentent ce campus modèle comme en témoignent les voitures de luxe garées sur le parking. Les cours (en anglais) suivent le système américain et une partie du personnel et des étudiants sont américains. Vous pourrez vous promener dans le parc, bien entretenu, de préférence en semaine où les étudiants prêts à vous guider sont nombreux.

Autre curiosité d'Ifrane, le **lion de pierre** qui se dresse dans un carré d'herbe près de l'Hôtel Chamonix : il fut sculpté par un soldat allemand durant la Seconde Guerre mondiale, à l'époque où Ifrane servit brièvement à l'internement des prisonniers de guerre. Se faire photographier à côté du lion est devenu un rituel pour les touristes de passage.

Où se loger

Les prix des hôtels reflètent le standing de la ville.

Hôtel Perce-Neige (☎ 035 566404 ; fax 035 567746 ; rue des Asphodèles ; s/d 343/437 Dh). Au-delà de la limite sud-est du centre-ville, cet hôtel offre les plus belles chambres d'Ifrane. Petites, mais confortables, elles sont dotées de sdb et de TV sat. Le restaurant, qui sert de l'alcool, propose une bonne cuisine (menu 120 Dh). La boutique, dans le hall, vend souvent des peintures d'artistes locaux.

Hôtel Chamonix (☎ 035 566028 ; fax 035 566826 ; av. de la Marche Verte ; s/d en demi-pension 410/550 Dh). Bien tenu et central, ce trois-étoiles dispose de chambres sans grand cachet, mais lumineuses et propres avec sdb. L'hôtel possède un restaurant convenable et un bar qui fait discothèque le week-end. Possibilité de louer sur place du matériel de ski.

Hôtel Les Tilleuls (☎ 035 566658 ; fax 035 566079 ; angle av. des Tilleuls et rue de la Cascade ; s/d à partir de 260/320 Dh). Cette vénérable institution, confortable mais un peu défraîchie, est l'hôtel le moins cher d'Ifrane. Si vous sortez de votre chambre, essayez le "tequila bar".

Hôtel Mischliffen (☎ 035 566607 ; www.concorde-hotels.com ; ❄ 🅿). Installé au milieu des pins et des chênes dans une forêt qui surplombe la ville, côté nord, cet énorme hôtel pour skieurs était fermé pour rénovation lors de notre passage. Il affichait jusque-là cinq étoiles. La rénovation devrait doubler le nombre de chambres et peaufiner son confort. Comptez à partir de 700/900 Dh pour une simple/double.

Un verdoyant **terrain de camping** (bd Mohammed V ; 7 Dh/pers, plus 8/15/30 Dh par voiture/tente/camping-car ; 🕑 fermé en hiver) se situe juste à l'ouest du terminus des bus.

Où se restaurer

Le quartier du marché, à proximité de la gare routière, regroupe quelques cafés et endroits où se restaurer à petits prix.

Rendez-vous des Skieurs av. de la Marche Verte ; plats environ 60 Dh ; 🕑 10h-22h). Proche de l'Hôtel Chamonix, ce restaurant qui sert des plats traditionnels marocains n'est pas un mauvais choix. Il se fait une fierté de sa soupe de Fès et, surtout, de ses truites du Moyen Atlas, accommodées de diverses façons, toutes savoureuses.

Cookie Craque (☎ 035 567171 ; av. des Tilleuls ; pizzas 50-60 Dh, crêpes 24-40 Dh ; 🕑 7h-24h). Extrêmement populaire, ce café offre un merveilleux choix de douceurs, de glaces et de petites collations salées à manger sur place ou à emporter. Sandwichs toastés et crêpes fourrées tiennent le haut du pavé, mais toutes sortes de plats plus substantiels figurent également à la carte. En hiver, les meilleures places sont près de la cheminée.

Café Restaurant La Rose (☎ 035 566215 ; 7 rue de la Cascade ; plats environ 45 Dh, menu 70 Dh). Cet attrayant restaurant offre un avantageux menu et sert lui aussi de succulentes truites locales. Il est toujours bondé de gens venus passer la journée à Ifrane.

Le Croustillant (rue de la Cascade). Face à La Rose, mais plus dans le genre vrai café, Le Croustillant est parfait pour grignoter un ou deux gâteaux avec un petit noir. Une personne vigilante s'occupe du nettoyage des toilettes : prévoyez de laisser un peu de monnaie.

Depuis/vers Ifrane

La gare routière et la principale station des grands taxis se trouvent près du marché, à l'ouest du centre-ville.

Tous les matins, des bus CTM partent à destination de Marrakech (125 Dh, 8 heures) *via* Beni Mellal (60 Dh, 4 heures) et de Casablanca (95 Dh, 4 heures 30) *via* Meknès (24 Dh, 1 heure) et Rabat (65 Dh, 3 heures 30).

Des bus d'autres compagnies partent toutes les heures pour Fès (15 Dh, 1 heure) et Azrou (6 Dh, 25 min). D'autres services moins fréquents desservent Beni Mellal (52 Dh, 4 heures), Marrakech (95 Dh, 8 heures) et Midelt (38 Dh, 3 heures 30).

Des grands taxis rallient très fréquemment Fès (20 Dh), Meknès (22 Dh) et Midelt (50 Dh) ainsi qu'Azrou (5 Dh).

ROUTE DES LACS

Le charmant circuit de la route des Lacs part de la grande route de Fès, à 17 km au nord d'Ifrane, pour faire le tour du **Dayet Aoua**. La route longe le lac en serpentant durant 60 km, entre la P24 et la P20. Si vous n'êtes pas motorisé, vous pouvez louer les services d'un grand taxi à Ifrane pour effectuer cette excursion qui dure environ 2 heures et devrait vous coûter autour de 250 Dh. Ceci dit, le principal intérêt de la sortie consiste à s'arrêter pour se promener à pied sur les rives du lac et contempler tranquillement le paysage. C'est une région idéale pour le VTT.

Le Dayet Aoua est entouré de bois et toute la région est remarquable pour la richesse de son avifaune. Vous avez des chances d'y voir des rapaces, notamment des aigles, des milans noirs et rouges et des busards. Le lac lui-même constitue un site d'observation privilégié. Canards et échassiers, foulques à crête, pics, sitelles et grimpereaux volent dans les arbres situés à la pointe sud-est du lac.

Le week-end, les familles adorent venir pique-niquer au bord du lac, mais en semaine le lieu est beaucoup plus tranquille. Après le Dayet Aoua, la route part vers l'est avant de revenir vers le sud, en longeant les rives du Dayet Ifrah puis celles du Dayet Hachlat, encore plus petit. La route est correcte, mais elle est parfois bloquée par la neige en hiver.

Si vous souhaitez vous attarder davantage, il existe deux bons hôtels près du Dayet Aoua, où il est conseillé de réserver en période de vacances.

Séduisant hôtel, tenu par des Français, sur la rive nord du lac, l'**Hôtel-restaurant Chalet du Lac** (☎ /fax 035 663197 ; s/d en demi-pension 330/570 Dh) possède des chambres simples avec sanitaires communs, mais son attrait tient surtout à son restaurant (plats 80 à 100 Dh, menu 190 Dh) qui, à lui seul, justifie le détour. Après avoir dégusté son formidable menu de quatre plats au déjeuner, rien ne vaut une promenade autour du lac pour digérer.

Le **Gîte Dayet Aoua** (☎ 035 604880 ; www.gite-dayetaoua.com ; ch petit-déj inclus à partir de 300 Dh, s/d en demi-pension 350/540 Dh ; plats 60-70 Dh) est un établissement rustique, charmant et paisible, à l'est du Dayet Aoua, avec cinq chambres – toutes dotées de douches chaudes – et un restaurant sympathique (avec licence) qui sert de très bons plats locaux. Les prix varient beaucoup selon le nombre d'occupants et le type de repas. Le gîte est une mine d'informations sur les randonnées locales. Si vous désirez explorer la région plus à fond, vous pourrez y louer les services d'un guide (250 Dh), des tentes (50 Dh) et des chevaux (300 Dh). Les prix s'entendent à la journée.

AZROU آزرو

50 000 habitants

Lorsque l'on quitte Fès en direction du sud jusqu'à l'accueillante petite ville berbère d'Azrou, on a vraiment le sentiment de pénétrer enfin dans le Moyen Atlas. Les abondantes forêts de pins et de cèdres environnantes, alliées à la plus grande fraîcheur du climat, en font un lieu idéal pour se délasser après l'agitation des grandes villes.

Azrou est réputée pour ses tapis berbères et accueille chaque mardi l'un des plus grands souks de la région, ce qui devrait vous inciter à venir de préférence ce jour-là. Il n'y a, sinon, pas grand-chose à voir dans la ville, du moins en attendant qu'ouvre le musée du Moyen Atlas qui était en construction lors de notre passage. La campagne environnante se prête à d'attrayantes promenades d'une journée, pour profiter du grand air et des vues magnifiques. Sans parler des quelques singes magots que l'on peut apercevoir dans les parages.

Orientation

Azrou ("grand rocher"), tire son nom de l'affleurement qui marque la limite ouest de la ville. En face, la grande mosquée Enmour, construite il y a peu, fournit un point de repère pratique. La gare routière et les stations de taxis se trouvent au nord. Plusieurs banques et cafés sont établis plus au nord sur le boulevard Hassan II. D'autres hôtels, banques et petits restaurants sont installés au sud-est, sur la place Mohammed V et aux alentours.

Renseignements

BMCE (place Mohammed V). Bureau de change et DAB.
Cyber Abridn (place Mohammed V ; 6 Dh/h ; 9h-24h)
Cyber Kawtar (gare routière ; 6 Dh/h ; 9h-24h)
Pharmacie Sakhra (place Mohammed V)
Poste (bd Prince Héritier Sidi Mohammed)

Où se loger

Malgré sa taille, Azrou offre d'étonnantes possibilités d'hébergement.

Hôtel Salame (035 562562 ; salame_hotel@yahoo.fr ; place Moulay Hachem ben Salah ; s/d 50/100 Dh). Ne vous fiez pas à votre première impression : cet hôtel vous réserve une agréable surprise. L'accueil est sympathique, les petites chambres sont gentiment mises en valeur par quelques éléments de décoration berbère et les sanitaires communs sont d'une propreté impeccable (douches chaudes 24h/24 : 10 Dh).

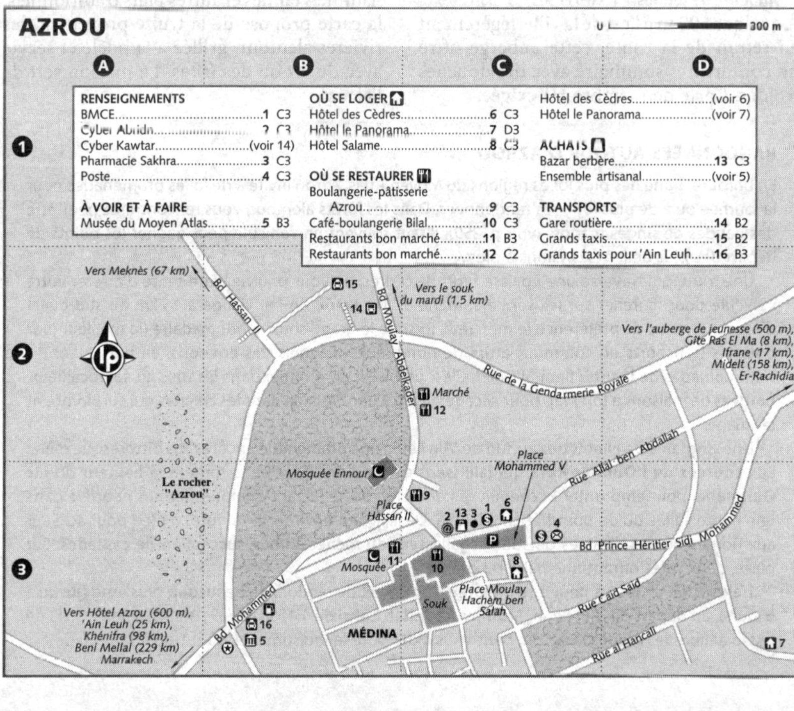

Hôtel des Cèdres (☎ 035 562326 ; place Mohammed V ; s/d/tr 75/104/161 Dh). La maison s'ouvre sur un vaste café, à l'ambiance plutôt masculine, mais, à l'étage, les chambres de taille correcte et propres sont un peu plus accueillantes. Certaines ont même un balcon avec vue sur la montagne. Sanitaires communs très corrects (douches chaudes 10 Dh).

Hôtel Le Panorama (☎ 035 562010 ; s/d 280/342 Dh). Construit dans le style d'un grand chalet alpin, l'hôtel le plus confortable de la ville est au calme, dans un environnement boisé. On y accède à pied, en se dirigeant vers le nord-est de la ville. Le personnel est aussi efficace que sympathique. Les chambres, modernes et fonctionnelles, possèdent une sdb et un balcon.

Hôtel Azrou (☎ 035 562116 ; rte de Khenifra ; s/d avec douche 91/117 Dh, avec douche et toilettes 140/168 Dh). Une adresse honnête, de catégorie moyenne, du côté sud de la ville. Une ambiance détendue règne sur les chambres confortables, le bar, le restaurant et la terrasse couverte de lierre. Si l'envie vous prend, les gérants sont des champions locaux de pétanque.

Auberge de jeunesse (☎ 035 563733 ; dort 20 Dh). À quelque 500 m à l'est de la ville, légèrement en retrait de la route, cette auberge offre un confort très sommaire avec des douches froides. Carte de membre HI exigée.

Gîte de charme Ras El Ma (☎ 035 560008 ; http://giterasalma.ifrance.com ; ch en demi-pension 200 Dh/pers). Tenu avec amour par un couple, ce gîte se situe à 8 km environ au nord d'Azrou sur la route d'Ifrane. Ses chambres attrayantes, décorées dans un style rustique, constituent une base idéale pour des randonnées d'une journée dans la région. Le soir, vous partagerez le dîner en commun dans le salon à la décoration traditionnelle, face à un bon feu de cheminée.

Où se restaurer

Les meilleures adresses où se restaurer à prix doux se concentrent dans trois quartiers : le long du boulevard Moulay Abdelkader, au sud du terminus des bus, autour de la place Hassan II et place Moulay Hachem ben Salah. Vous y trouverez les plats habituels : poulet rôti, brochettes et bols fumants de *harira*. De quoi vous rassasier pour quelque 25 Dh.

Hôtel Le Panorama (☎ 035 562010 ; menu 130 Dh). Le restaurant de cet hôtel offre le plus joli cadre de la ville pour dîner. Outre les habituels tajines et autres plats traditionnels, la carte propose de la truite provenant des rivières alentour, grillée à la poêle et servie avec du riz ou des frites. La maison sert de l'alcool.

RANDONNÉES AUTOUR D'AZROU

En bordure d'une des plus jolies régions du Moyen Atlas, Azrou invite à de jolies promenades pour la journée ou à de plus longues randonnées. Dans les forêts alentour, vous rencontrerez peut-être des bandes de singes magots (voir p. 259). Il faut souvent un véhicule pour gagner les points de départ des plus belles excursions à pied.

Une route qui traverse une épaisse forêt de cèdres, où vous pourriez être tenté d'arrêter votre véhicule pour marcher sur les sentiers, mène à **'Ain Leuh**, un joli village à 25 km au sud-ouest d'Azrou. Venez-y de préférence le mercredi, lorsque le grand souk hebdomadaire (le meilleur jour pour les transports en commun) attire de nombreux villageois des environs, en particulier les semi-nomades de la tribu Beni M'Guild. C'est un plaisir de grimper dans les rues au sol rocailleux, bordées de maisons à toit plat, pour accéder jusqu'à une cascade dans les collines qui surplombent le village.

Une vingtaine de kilomètres au sud de 'Ain Leuh, une promenade encore plus pittoresque mène aux **sources de l'Oum-er-Rbia** qui jaillissent en cascades. Quittez la route à la hauteur du **lac Ouiouane**, pour emprunter le chemin qui descend, passe devant quelques fermes et arrive dans une petite vallée où un pont franchit la Rbia. De là, il faut environ 15 minutes à pied pour accéder aux gorges où des dizaines de sources jaillissent du rocher en une succession de cascades. Sur place, deux cafés offrent une halte reposante.

L'excursion ci-dessus peut être intégrée à un circuit de randonnée beaucoup plus long (jusqu'à 6 jours), au départ de 'Ain Leuh. **Moulay Abdellah Lahrizi** (☎ 062 190889 ; lahrizi37@yahoo.co.uk) de l'Association des guides, à Azrou, peut vous aider pour la logistique et pour trouver un guide.

Hôtel des Cèdres (☎/fax 035 562326 ; place Mohammed V ; plats environ 50 Dh). Le restaurant attenant à l'hôtel propose un bon choix de tajines, dont une rare et savoureuse spécialité locale : le tajine au lapin et aux pruneaux.

Café-boulangerie Bilal (place Mohammed V). Ce grand café sert des sandwichs et pâtisseries savoureux, ainsi que des jus de fruits. À l'occasion, quand il fait chaud, il y a aussi de la crème glacée.

Boulangerie-pâtisserie Azrou (place Hassan II). Une adresse élégante, avec à l'étage une salle calme que les femmes apprécieront.

Achats

Le souk hebdomadaire se tient le mardi à environ 1,5 km au nord-est de la ville. Outre les étals de produits frais et autres denrées habituelles, vous verrez des femmes berbères des villages environnants marchander avec les revendeurs de tapis. Par temps de pluie, la place du souk peut se transformer en un véritable bourbier. Les autres jours, vous trouverez des tapis et d'autres objets d'artisanat dans les boutiques à proximité de la place Mohammed V et dans la médina.

Bazaar Berbère (7 place Mohammed V ; 🕑 10h-18h). Une belle sélection de tapis du Moyen Atlas, notamment ceux de la tribu berbère semi-nomade des Beni M'Guild. Le quartier compte plusieurs adresses similaires.

Ensemble artisanal (bd Mohammed V ; 🕑 8h30-12h et 14h30-18h30). Outre des tapis berbères, vous trouverez d'intéressantes pièces sculptées en cèdre ou en genévrier. Le futur musée du Moyen Atlas se dressera juste à côté.

Depuis/vers Azrou

Azrou se situe au carrefour de l'axe Meknès-Er-Rachidia (nord-ouest/sud-est) et de l'axe Fès-Marrakech (nord-est/sud-ouest).

BUS

La compagnie **CTM** (☎ 035 562002) assure des départs, depuis la gare routière sur le boulevard Moulay Abdelkader, pour Beni Mellal (55 Dh, 3 heures), Casablanca (100 Dh, 6 heures), Fès (27 Dh, 2 heures), Marrakech (125 Dh, 7 heures), et Meknès (25 Dh, 1 heure 30).

D'autres compagnies moins chères desservent fréquemment Fès (18 Dh), Meknès (16 Dh), Ifrane (5 Dh), Midelt (30 Dh) et Er-Rachidia (70 Dh).

TAXI

La station de grands taxis se trouve en bas d'un chemin escarpé, après la gare routière. Les taxis desservent régulièrement Fès (25 Dh, 1 heure), Meknès (26 Dh, 1 heure), Khenifra (24 Dh, 1 heure), Ifrane (8 Dh, 10 min) et Midelt (40 Dh, 1 heure 30). Les taxis pour 'Ain Leuh (12 Dh, 20 min) attendent à côté de la station-service Shell, au bord de la grande route vers le sud-ouest.

MIDELT ميدلت

35 000 habitants

Située plus ou moins au centre du Maroc, entre le Moyen et le Haut Atlas, Midelt occupe une sorte de no man's land entre le nord et le sud du pays. Quand on vient du nord, en particulier, le paysage apparaît sec et désolé mais il offre des points de vue d'une beauté à couper le souffle, notamment sur les montagnes de l'est du Haut Atlas qui semblent émerger de nulle part. Rares sont cependant les voyageurs qui songent à s'arrêter à Midelt car il s'agit plutôt du genre de ville que l'on traverse à la hâte sur son parcours.

Pour ceux qui choisiraient de s'y arrêter, Midelt constitue une étape pratique sur la route d'Er-Rachidia et du sud quand on vient de Fès ou de Meknès et peut être une bonne base pour s'aventurer hors piste, notamment dans le massif du djebel Ayachi, qu'il est possible d'escalader sans expérience technique.

Midelt se résume à une rue principale (l'av. Mohammed V au nord qui devient l'av. Hassan II au sud de la ville), un petit souk et quelques restaurants aux dimensions disproportionnées, destinés à accueillir les cars de touristes filant vers le sud.

Renseignements

BMCI (av. Hassan II). L'une des quelques banques avec DAB sur cette avenue.

Complexe touristique Timnay Inter-Cultures (☎ 035 360188 ; timnay@iam.net.ma ; rte de Zaidia). La meilleure source d'informations à l'est du Haut Atlas, avec notamment des guides de randonnée et un service de location de 4x4. Environ 20 km au nord de Midelt.

Pharmacie La Cascade (☎ 035 360877 ; 🕑 8h30-20h)

Poste (à proximité de l'av. Hassan II). Au sud de la ville.

Sawtcom (rue Ezzerqutouni ; 6 Dh/h ; 🕑 8h-24h). Accès Internet.

À voir

CASBAH MYRIEM

Les personnes à la recherche de tapis ne regretteront pas la visite de ce couvent et de son **atelier** (☎ 035 582443 ; 🕑 8h-12h et 14h-17h30 lun-jeu et sam), à environ 1,5 km de la ville. Dirigé par des sœurs franciscaines, son but est d'aider les femmes berbères de la région à se perfectionner en broderie et en couture. L'atelier met à leur disposition les métiers à tisser, les matières premières et un endroit où travailler. Les jeunes filles berbères des environs âgées d'une quinzaine d'années viennent y apprendre le métier en profitant de l'expérience de leurs aînées. Des cours d'alphabétisation leur sont également dispensés. Les articles réalisés sont en vente : les prix sont élevés, mais la qualité est excellente. Depuis la route principale, suivez les panneaux puis entrez à l'arrière du dispensaire. Le lieu est aussi connu sous le nom d'Atelier de tissage et broderie.

Il est possible de visiter le **couvent** (🕑 offices 7h15 tlj, 10h dim), où vivent cinq sœurs franciscaines, et d'apprécier la quiétude de sa chapelle. Pour appeler, sonnez à la porte à droite de l'atelier.

CASBAH DES NOYERS

Le village de **Berrem**, à 6 km à l'ouest de Midelt, est également connu sous le nom de "casbah des noyers" en référence aux arbres qui ombragent les environs. Il n'y a pas énormément à voir mais, avec sa mosquée colorée et ses anciens murs de terre, ce village pittoresque est un point d'arrivée suffisamment plaisant pour justifier une randonnée d'une journée au départ de Midelt.

Lorsque l'on marche sur ses sentiers poussiéreux et que l'on entend l'appel à la prière du muezzin, il est facile de s'imaginer revenu 500 ans en arrière. Suivez le chemin principal qui traverse la casbah jusqu'au point de vue saisissant des **gorges de Berrem**. L'Auberge Jaafar (ci-dessous) se trouve à 500 m environ après le village. Comptez quelque 30 Dh pour réaliser le trajet en grand taxi depuis Midelt.

Où se loger

Auberge Jaafar (☎ 035 583415 ; fax 035 583514 ; Berrem ; ch 225 Dh ; 🅿). Ce ravissant complexe de style casbah s'étend à 6 km à l'ouest de Midelt, juste après le village de Berrem. Idéalement, il faut un véhicule pour y accéder, mais une fois que vous aurez franchi ses portes, vous risquez de ne plus vouloir reprendre le volant. Les charmantes chambres sont disposées autour de terrasses carrelées et de cours fleuries. Les sanitaires communs sont toujours propres. La maison assure les repas, à condition de commander à l'avance. Elle peut aussi organiser des excursions dans la région.

Hôtel Atlas (☎ 035 582938 ; 3 rue Mohammed el-Amraoui ; s/d 60/90 Dh). Une délicieuse petite pension tenue de façon impeccable par une famille berbère adorable. Les chambres sont simples et d'une propreté irréprochable de même que les sanitaires communs avec toilettes à la turque (douches chaudes 10 Dh). L'hôtel possède une jolie terrasse où l'on peut vous servir la cuisine maison.

Hôtel Roi de la Bière (☎ /fax 035 582675 ; 1 av. des FAR ; s/d/tr 100/150/200 Dh, avec sdb 120/200/300 Dh). Rassurez-vous, le Roi de la Bière n'est le théâtre d'aucunes bacchanales. Il ne sert même pas de bière mais il dispose en revanche de chambres correctes, de douches chaudes et d'un restaurant pratique.

Hôtel Safari Atlas (☎ 035 580069 ; safariatlas_hotel@yahoo.fr ; 118 bd Palestine ; s/d/tr petit-déj inclus 192/241/274 Dh). Relativement nouveau, cet hôtel de catégorie moyenne, situé à l'est de la ville, loue des chambres spacieuses et soignées, toutes avec sdb, TV et mobilier en bois. Le décor est traditionnel. L'hôtel loue des 4x4 pour des excursions dans la région.

Hôtel Boughafer (☎ 035 583099 ; hotel_cafe_restau_boughafer@yahoo.fr ; 7 av. Mohammed V ; s/d 50/80 Dh, avec douche 84/138 Dh, avec douche et toilettes 164/208 Dh). Réparti sur trois niveaux, le Boughafer essaie de satisfaire tous les budgets depuis les chambres confortables avec mobilier en bois et sdb à l'occidentale du 1er étage jusqu'aux chambres plus sombres du dernier étage. Toutes sont impeccablement entretenues. Restaurant et terrasse sur le toit ajoutent un plus.

Hôtel el-Ayachi (☎ 035 582161 ; hotelayachi@caramail.com ; rue d'Agadir ; s/d 279/340 Dh). Sa façade des années 1950 rappelle que cet hôtel, qui accueille essentiellement des groupes, est l'un des plus vieux de la ville. Ses chambres n'ont pas été refaites depuis longtemps et ses sanitaires sentent un peu le renfermé.

Hôtel Kasbah Asmaa (☎ 035 580405 ; fax 035 583945 ; s/d 300/350 Dh ; 🅿 ✖). Environ à 3 km au sud de Midelt, cet hôtel, qui accueille lui aussi essentiellement des groupes, se repère facilement à son style "casbah". Ses chambres sont modernes et confortables. Sa piscine attrayante se situe au bout de la propriété, à bonne distance des chambres. Doté d'une licence, son restaurant qui occupe plusieurs salons à la décoration traditionnelle, mérite qu'on vienne y dîner même si on ne réside pas sur place.

Complexe touristique Timnay Inter-Cultures (☎ 035 360188 ; timnay@iam.net.ma ; rte de Zaïdia ; camping 18 Dh/pers, plus 15/15/25 Dh par tente/voiture/caravane, bungalows 50-80 Dh/pers, tentes berbères 25 Dh/pers, chambre chez l'habitant 70 Dh/pers ;). Environ à 20 km au nord de Midelt, ce centre belgo-marocain a pour but de développer le tourisme local. L'hébergement est simple – l'idéal étant d'avoir sa tente personnelle – mais le Camping Timnay, comme on l'appelle localement, constitue une excellente base pour explorer la région, car on peut organiser des randonnées et trouver des guides sur place. Pour les soirées, il y a un restaurant et un bar. Il suffit, pour s'y rendre, de demander au chauffeur d'un grand taxi à destination de Zaïdia de vous déposer à Timnay.

Où se restaurer

Petits restaurants et snacks sont très nombreux autour de la gare routière et du marché alimentaire voisin. Pour faire ses provisions, les grands magasins en face de l'Hôtel Roi de la Bière sont pratiques.

Restaurant Fès (☎ 062 057754 ; rue Lalla Aicha ; menu 70 Dh). La cuisine traditionnelle copieusement servie assure le succès sans faille de ce restaurant. Apparemment invariable, le menu se compose d'une salade ou d'une soupe, d'un tajine et d'un fruit. La cuisine est simple mais les produits sont frais et c'est l'une des rares adresses à préparer un tajine végétarien.

Complexe touristique Le Pin (☎ 035 583550 ; av. Hassan II ; plats 50-60 Dh, buffet 70 Dh ; 12h-17h tte l'année et 19h-22h avr-août). Ce vaste restaurant est souvent envahi de groupes qui arrivent par cars entiers à l'heure du déjeuner.On échappe au remue-ménage en s'installant dans le jardin. Le débit est un gage de fraîcheur, et les portions sont généreuses.

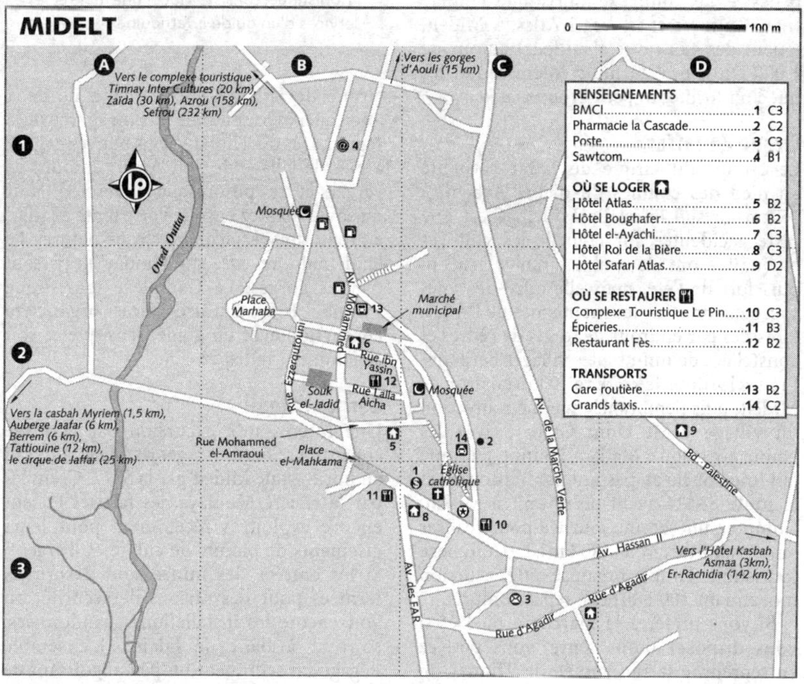

Depuis/vers Midelt

La gare routière de Midelt donne dans l'av. Mohammed V. Les bus de la CTM circulent surtout la nuit. Il y a des départs le soir vers Casablanca (110 Dh, 7 heures) *via* Rabat (85 Dh, 6 heures 30), et vers Rissani (70 Dh, 5 heures) *via* Er-Rachidia (40 Dh, 2 heures 30) et Erfoud (55 Dh, 4 heures 30). Un bus de nuit dessert aussi Azrou (40 Dh, 1 heure 30), Meknès (60 Dh, 4 heures) et Fès (70 Dh, 5 heures).

D'autres bus desservent les mêmes itinéraires, ainsi que Sefrou (40 Dh, 4 heures), à des heures plus décentes et à des prix inférieurs. Dans la journée, il y a six départs pour Fès (55 Dh, 5 heures).

ENVIRONS DE MIDELT

La situation de Midelt à la pointe du Haut Atlas oriental en fait une excellente base pour explorer cette région. Dès que l'on quitte les grands axes, les routes cèdent la place à des pistes accidentées sur lesquelles on ne peut souvent circuler que de mai à octobre, et uniquement en 4x4. C'est une région idéale pour le VTT ou pour la randonnée pédestre. Le Complexe touristique Timnay Inter-Cultures et le Safari Atlas, à Midelt, louent des 4x4 (avec chauffeur) autour de 1 000 Dh/j, une formule intéressante dès que l'on forme un petit groupe.

CITÉS IMPÉRIALES, MOYEN ATLAS ET EST

Cirque de Jaffar

Le circuit du cirque de Jaffar serpente au pied des collines du djebel Ayachi, à 25 km au sud-ouest de Midelt. C'est une piste accidentée sur laquelle les voitures ordinaires ont du mal à circuler sauf au plus fort de l'été, mais elle offre des vues spectaculaires sur les montagnes de l'Atlas, tapissées par endroits de forêts de cèdres et constellées de minuscules villages berbères. Prenez la route de Zaïdia à 10 km environ de Midelt, puis l'embranchement en direction du village d'Aït Oum Gam. Suivez les panneaux jusqu'à Matkan Tounfit. La route fait une boucle en passant par Tattiouine et la route S3424 avant de revenir à Midelt. Comptez une bonne journée pour réaliser l'intégralité du circuit (80 km). Le Complexe touristique Timnay organise cette excursion moyennant 300 Dh/pers, repas compris.

Si vous préférez la marche à pied et si vous disposez d'une tente, vous pouvez entreprendre la randonnée de Timnay au cirque de Jaffar. Une excursion de deux jours aller-retour donne un bon aperçu de la région. Depuis Timnay, vous pouvez gagner à pied le village de Sidi Amar, entouré de vergers et très pittoresque le mercredi, jour du souk. Plantez ensuite votre tente à Jaffar, au fond du spectaculaire cirque naturel. Le lendemain, revenez sur Timnay en passant par les gorges. Le Complexe touristique Timnay Inter-Cultures vous organisera l'excursion avec un guide, sans que ce soit absolument indispensable.

L'ASCENSION DU DJEBEL AYACHI

Point culminant du Haut Atlas oriental, le djebel Ayachi (3 737 m), qui se dresse au sud-ouest de Midelt, forme en fait une crête de 45 km de long. Vu son étendue, il offre maintes possibilités de randonnée, dont l'ascension de l'Ichichi n'Boukhlib, son plus haut sommet.

Les périodes idéales pour aborder le djebel Ayachi vont d'avril à mai et de septembre à novembre, sachant toutefois que la neige peut persister jusqu'en juillet au-dessus de 3 400 m. Depuis Midelt, un grand taxi vous mènera au village de Tattiouine, point de départ de l'ascension. Celle-ci est rude mais sans difficultés techniques, et peut se faire dans la journée. Un bivouac simple vous attend au sommet, mais il faut apporter son équipement.

Un guide est vivement recommandé. Le meilleur endroit pour organiser votre excursion est le Complexe Touristique Timnay Inter-Cultures (p. 261), au nord de Midelt. Les tarifs tournent autour de 250 Dh/j. L'autre solution, si vous êtes au point pour la logistique, consiste à louer une mule et les services d'un guide à Tattiouine.

Gorges d'Aouli

Une intéressante excursion par la route consiste à rejoindre les **gorges d'Aouli**, à 15 km au nord-est de Midelt par la S317. Creusées par la rivière Moulaya, les falaises étaient encore exploitées récemment pour leurs gisements de plomb, de cuivre et d'argent. Si les entrées des mines sont désormais fermées pour des raisons de sécurité, on voit encore les installations abandonnées, souvent à flanc de falaise. L'ensemble dégage un sentiment un peu angoissant de ville fantôme, en particulier à la tombée du jour. Plus loin sur la route, le petit village d'**Aouli** se détache sur le fond spectaculaire des gorges. La promenade est superbe en VTT (par moments la route n'est plus qu'une mauvaise piste). Sinon, l'excursion aller-retour en grand taxi depuis Midelt ne devrait pas coûter plus de 200 Dh.

L'EST

TAZA تازة

210 000 habitants

À première vue, cette petite ville tranquille, si étirée qu'elle semble parfois abandonnée, ne laisse pas deviner le rôle qu'elle a joué dans l'histoire du Maroc. Depuis les fortifications de la ville haute, les vues sur le Rif au nord et le Moyen Atlas au sud sont époustouflantes. Taza constitue en outre une base pratique pour explorer l'est du Moyen Atlas, et notamment le gouffre du Friouato – l'une des plus impressionnantes cavités naturelles à ciel ouvert du monde –, et le parc national de Tazzeka.

Histoire

Construite en haut d'une crête surplombant le seul col accessible entre les montagnes du Rif et le Moyen Atlas, la citadelle de Taza a joué un rôle stratégique tout au long de l'histoire, en tant que ville de garnison permettant de contrôler les confins orientaux du Maroc.

Le Tizi n'Touahar, comme on appelle le col, était la route traditionnelle des invasions vers l'ouest, venues de Tunisie et d'Algérie. C'est par là que les Romains et les Arabes pénétrèrent au Maroc. La ville elle-même servit de base aux Almohades, aux Mérinides et aux Alaouites qui, de là, déferlèrent sur Fès et partirent à la conquête des plaines marocaines pour y établir leurs dynasties respectives.

Les différents sultans du Maroc ont chacun fait fortifier Taza. Malgré tout, leur contrôle sur la région a toujours été menacé car les tribus locales, férocement indépendantes, exploitaient sans relâche la moindre faiblesse du pouvoir central pour investir la ville. Ce ne fut jamais aussi vrai que dans les premières années du XXe siècle, quand "El-Rogui" (le prétendant au titre de sultan), Bou Hamra, tenait sous son emprise la plus grande partie du Nord-Est marocain.

Les Français occupèrent Taza en 1914 et en firent leur base principale pour combattre la longue rébellion des tribus des montagnes du Rif et du Moyen Atlas.

Orientation

Que vous arriviez par train ou par bus, vous aboutirez sur la route principale qui relie Fès à Oujda. Un court trajet en taxi vous permettra de gagner le nord de la place de l'Indépendance, cœur de la ville nouvelle, où se trouvent les banques, la poste principale, la plupart des hôtels et des restaurants, ainsi que la gare des bus CTM.

La médina, aussi appelée "Taza Haute", est installée sur une colline 2 km plus au sud. Des bus locaux (2 Dh) et des petits taxis bleu ciel (5 Dh) font régulièrement la navette entre la ville nouvelle et la place Aharrach, dans la médina.

Renseignements

BMCI (carte p. 268 ; place de l'Indépendance). DAB.
Cyber Attoraya (carte p. 267 ; rue Allal ben Abdallah ; 5 Dh/h ; ⏲ 24h/24)
Guillaume Tell Cybercafé (carte p. 268 ; place de l'Indépendance ; 5 Dh/h ; ⏲ 9h/22h)
Poste principale (carte p. 268 ; près de la rue du Marché)
Pharmacie Aharrach (carte p. 267 ; place Aharrach)
Poste (carte p. 267 ; av. Moulay el-Hassan). Dans la médina.

À voir et à faire

Partiellement en ruine, les **remparts de la médina**, qui s'étirent sur 3 km de circonférence, datent de la brève période durant laquelle Taza fut la capitale des Almohades, au XIIe siècle. Le **bastion** (carte p. 267), qui fait saillie à l'est de la médina, fut ajouté quatre siècles plus tard par les Saadiens. La partie la plus intéressante des remparts se situe autour de **Bab er-Rih** (la porte du Vent ; carte p. 267), qui offre une vue superbe sur la campagne environnante. Il suffit de voir au sud-ouest, les pentes boisées du djebel Tazzeka dans le Moyen Atlas et, au nord, le Rif, pour comprendre l'importance stratégique de Taza.

Non loin, la **grande mosquée** (carte p. 267) fut construite par les Almohades en 1135, puis agrandie par les Mérinides au XIIIe siècle. Les non-musulmans ne sont pas admis à l'intérieur et il est

CITÉS IMPÉRIALES, MOYEN ATLAS ET EST

difficile de se faire une impression depuis l'extérieur du bâtiment. De là, la principale artère part vers le sud-est pour la relier à la médina. Notez au passage les perrons richement décorés et les fenêtres surélevées, agrémentées de moucharabiehs anciens en cèdre sculpté.

Les **souks** et **kisarias** sont situés à mi-chemin, près de la mosquée du marché. Certains vendent des tapis tissés par la tribu Beni Ouarain, qui habite les montagnes environnantes. C'est l'occasion rêvée d'observer la vie d'un marché berbère typique. Au bout de la rue principale, près du **méchouar**, se dresse la **mosquée des Andalous** (carte p. 267), construite au XIIe siècle.

Vous trouverez aussi un **hammam** (carte p. 267 ; place Aharrach ; 8 Dh ; ⌚ hommes 5h-12h et 19h-24h, femmes 12h-19h) dans la médina.

Où se loger

Taza n'offre qu'un choix limité d'hôtels. Les moins chers laissant parfois à désirer en matière de propreté, autant profiter du hammam dans la médina.

Hôtel Dauphiné (carte p. 268 ; ☎ 035 673567 ; place de l'Indépendance ; s/d 125/155 Dh). Sur la place centrale, cet hôtel d'une propreté impeccable constitue le meilleur choix à petit prix. Les chambres sur l'avant sont assorties d'un balcon. Toutes sont spacieuses, claires et ont des sdb de belle taille. Personnel serviable. Bar-restaurant correct.

Hôtel Guillaume Tell (carte p. 268 ; ☎ 035 672347 ; place de l'Indépendance ; s/d 50/70 Dh). Très bon marché et idéalement situé, même s'il faut tournicoter et gravir quelques marches pour accéder à l'entrée qui ne donne pas sur la rue. Les chambres, équipées d'un lavabo, sont tout à fait correctes pour le prix. Seule la propreté des sdb laisse à désirer.

Hôtel de l'Étoile (carte p. 267 ; ☎ 035 270179 ; 39 av. Moulay el-Hassan ; s/d 44/68 Dh). Tenue par des Espagnols, cette pension fait face à la poste, au cœur de la médina. Ses chambres minuscules sont équipées de lavabos et celles du dernier étage ont vue sur la médina. Si vous n'aimez pas les douches froides, il vous faudra aller au hammam.

Hôtel Tour Eiffel (carte p. 267 ; ☎ 035 671562 ; bd Bir Anzarane ; s/d 278/350 Dh ; ❄). L'hôtel porte bien son nom car c'est, de loin, le plus haut de Taza. Les chambres du dernier étage jouissent d'une vue spectaculaire sur les montagnes. Tout paraît flambant neuf, soigné et confortable. Le restaurant mérite qu'on s'y attable.

Hôtel Friouato (carte p. 267 ; ☎ 035 672593 ; fax 035 672244 ; bd Bel Hassan ; s/d 260/295 Dh ; 🏊). Perdu entre la médina et la ville nouvelle, le Friouato conviendra néanmoins à ceux qui cherchent un peu de confort et une piscine où se baigner. Il offre tous les équipements d'un trois-étoiles, à commencer par un bar-restaurant, très utile vu son isolement.

Où se restaurer

Vous ne trouverez dans la médina aucun restaurant mais une multitude de petits stands où acheter un en-cas, sans parler de tous les produits frais disponibles dans les souks. Des étals vendant des produits alimentaires sont installés autour de la mosquée du marché, et l'avenue Mohammed V compte quelques épiceries. En attendant une correspondance, vous pourrez combler un petit creux à l'une des nombreuses échoppes de restauration rapide alignées près de l'arrêt des bus, sur la route Fès-Oujda (bd Bir Anzarane).

Hôtel Dauphiné (carte p. 268 ; ☎ 035 673567 ; place de l'Indépendance ; repas 80 Dh). Sans doute le meilleur restaurant de Taza, sachant qu'il n'y a pas beaucoup de concurrence. Outre les spécialités marocaines, le Dauphiné prépare quelques plats de poissons à l'occidentale, le tout très savoureux. Le service est efficace mais la grande salle à manger manque de chaleur.

Pizzeria du Jardin (carte p. 268 ; 44 rue Sultan Abou el-Hassan ; plats 35-40 Dh ; ⌚ 12h-1h). Ce sympathique établissement sert quelques tajines, pizzas et plats rapides. Essayez ses côtelettes grillées. Très animé le soir.

Café Amsterdam (carte p. 268 ; av. Moulay Youssef). Idéal pour un petit-déjeuner, ce café n'a pas de terrasse, mais son intérieur est sobrement décoré et il offre une excellente sélection de pâtisseries pour accompagner café ou jus de fruits.

Café La Joconda (carte p. 268 ; av. d'Oujda). Un autre bon café moderne où, comme ailleurs, les femmes brillent par leur absence.

Pâtisserie Le Palais (carte p. 267 ; 65 bd Allal ben Abdullah). Ses gâteaux passent pour les meilleurs de Taza.

Café du Pacha (carte p. 267 ; Khalaq Torris). Un café tout simple. Son agréable terrasse, couverte de plantes grimpantes, permet de contempler la ville et la campagne.

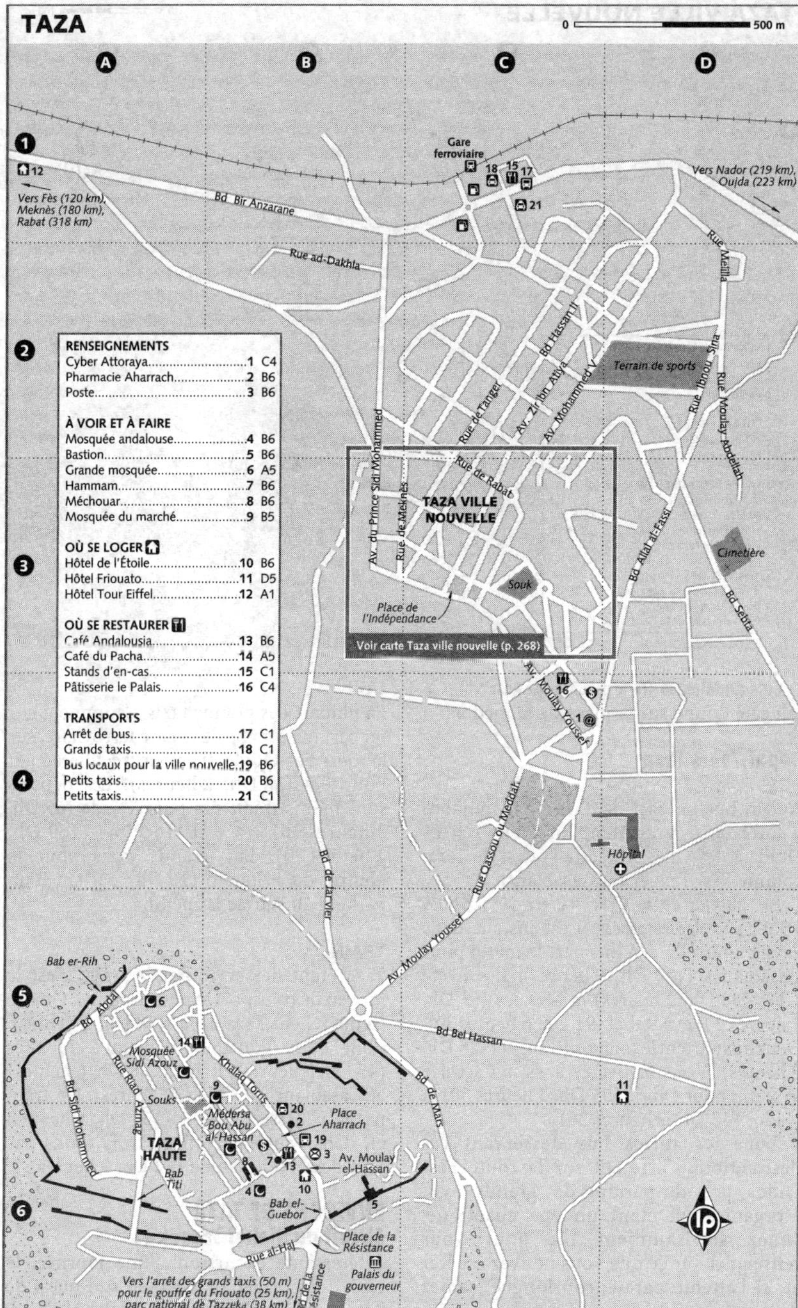
TAZA
0 500 m
A
B
C
D
1
2
3
4
5
6
Gare ferroviaire
Vers Nador (219 km), Oujda (223 km)
Vers Fès (120 km), Meknès (180 km), Rabat (318 km)
Bd Bir Anzarane
Rue ad-Dakhla
Rue Melilla
Bd Hassan II
Terrain de sports
Rue Ibnou Sina
Rue Moulay Abdellah
Av. Zir Ibn Atiya
Av. Mohammed V
Rue de Tanger
Rue de Rabat
Av. du Prince Sidi Mohammed
Rue de Meknès
TAZA VILLE NOUVELLE
Bd Allal al-Fassi
Cimetière
Bd Sebta
Souk
Place de l'Indépendance
Voir carte Taza ville nouvelle (p. 268)
Av. Moulay Youssef
Rue Oassou ou Meddah
Hôpital
Bd de Jarvier
Av. Moulay Youssef
Bd Bel Hassan
Bd de Mars
Bab er-Rih
Bd Abdal
Mosquée Sidi Azouz
Khalaq Torris
Rue Riad Azmag
Bd Sidi Mohammed
Souks
Médersa Bou Abu al-Hassan
Place Aharrach
Av. Moulay el-Hassan
TAZA HAUTE
Bab Titi
Bab el-Guebor
Place de la Résistance
Rue al-Hal
Palais du gouverneur
Bd de la Résistance
Vers l'arrêt des grands taxis (50 m) pour le gouffre du Friouato (25 km), parc national de Tazzeka (38 km)
RENSEIGNEMENTS
Cyber Attoraya....1 C4
Pharmacie Aharrach....2 B6
Poste....3 B6
À VOIR ET À FAIRE
Mosquée andalouse....4 B6
Bastion....5 B6
Grande mosquée....6 A5
Hammam....7 B6
Méchouar....8 B6
Mosquée du marché....9 B5
OÙ SE LOGER
Hôtel de l'Étoile....10 B6
Hôtel Friouato....11 D5
Hôtel Tour Eiffel....12 A1
OÙ SE RESTAURER
Café Andalousia....13 B6
Café du Pacha....14 A5
Stands d'en-cas....15 C1
Pâtisserie le Palais....16 C4
TRANSPORTS
Arrêt de bus....17 C1
Grands taxis....18 C1
Bus locaux pour la ville nouvelle....19 B6
Petits taxis....20 B6
Petits taxis....21 C1

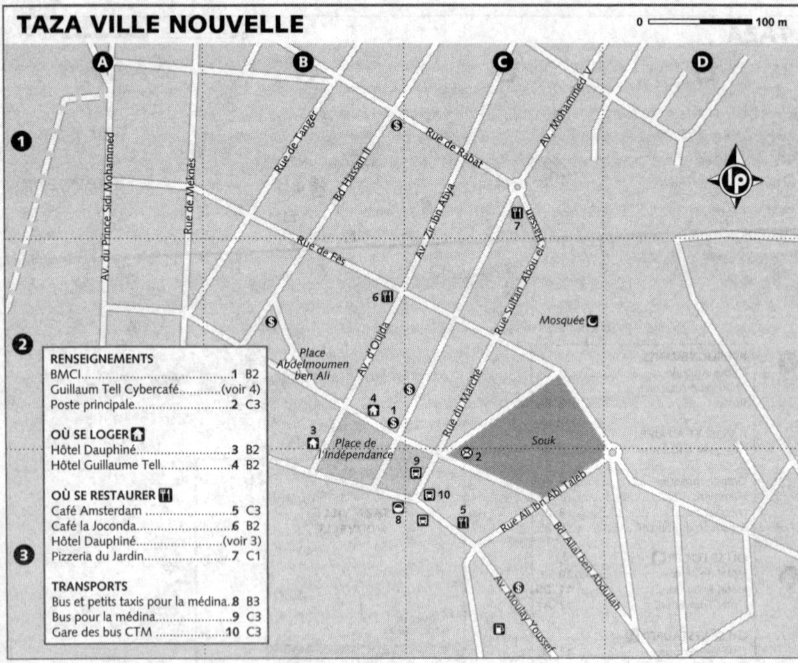

Café Andalousia (carte p. 267 ; place Aharrach). Ce joli café donne sur la place de la médina.

Depuis/vers Taza

BUS

Aucun bus ne part de Taza, mais nombre d'entre eux s'y arrêtent lorsqu'ils relient Oujda à des villes situées à l'ouest de Taza, comme Fès, Tanger ou Casablanca.

Le **bureau de la CTM** (carte p. 268 ; ☎ 035 673037 ; place de l'Indépendance) est installé dans la ville nouvelle. Un bus part le matin pour Casablanca (120 Dh, 8 heures). Il s'arrête à Fès (38 Dh, 2 heures), à Meknès (53 Dh, 2 heures 30) et à Rabat (91 Dh, 6 heures 30). Deux bus partent le soir pour Tanger (128 Dh, 8 heures). Vous trouverez aussi un service le matin pour Oujda (55 Dh, 3 heures 30) et Nador (45 Dh, 2 heures 30).

Tous les autres bus desservant ces destinations s'arrêtent sur la route Fès-Oujda, près du parking des grands taxis. L'organisation étant un peu chaotique, venez suffisamment tôt pour vous renseigner sur ce que vous pouvez espérer et, si l'attente paraît trop longue, sautez dans un grand taxi.

TAXI

La plupart des grands taxis stationnent sur un parking proche de la gare ferroviaire, sur la route Fès-Oujda. Il en part régulièrement pour Fès (38 Dh, 2 heures). Les départs sont moins fréquents pour Oujda (65 Dh, 3 heures 30) et Al-Hoceima (60 Dh, 2 heures 30). Les grands taxis pour le gouffre du Friouato (12 Dh) partent d'un parking au sud de la médina.

TRAIN

Taza étant desservie par le train, c'est le moyen de transport le plus pratique. Quatre trains relient Taza à Fès (38 Dh, 2 heures), dont deux continuent jusqu'à Meknès (45 Dh, 3 heures), Rabat (108 Dh, 6 heures) et Casablanca (133 Dh, 7 heures). Un train par jour dessert Tanger (131 Dh, 8 heures) et, dans l'autre direction, trois trains par jour desservent Oujda (72 Dh, 3 heures).

ENVIRONS DE TAZA

Circuit du djebel Tazzeka

Intéressante excursion d'une journée, le circuit du djebel Tazzeka, au sud-ouest de Taza, passe par les cascades de Ras el-Oued, en lisière du parc national de Tazzeka, la daïa Chiker, le gouffre du Friouato et les gorges du Zireg. La route (S311), goudronnée tout le long, est particulièrement étroite et sinueuse par endroits, avec de nombreux virages sans visibilité d'où l'on risque en permanence de voir déboucher un grand taxi lancé à pleine vitesse.

Vu le peu de circulation, il est impossible de faire du stop. Si vous n'êtes pas motorisé, il vous faudra affréter un grand taxi pour la journée depuis Taza, moyennant 500 Dh environ, sauf si vous trouvez près de la médina un grand taxi direct pour le gouffre du Friouato, comme il y en a parfois.

PREMIÈRE ÉTAPE

Les **cascades de Ras el-Oued**, à 10 km de Taza, constituent la première étape. Particulièrement belles au début du printemps, à la suite des pluies et de la fonte des neiges, elles se réduisent à un simple filet d'eau à la fin de l'été. Juste après les cascades, le village de **Ras el-Mar** abrite un petit café avec une vue superbe sur les montagnes. Tout à côté se trouve aussi l'entrée du **parc national de Tazzeka**, dont les forêts de chênes invitent à de belles promenades.

Après les cascades, prenez la bifurcation sur la droite pour atteindre le plateau et franchir un petit col. Vous verrez sur votre gauche l'étrange dépression de la **daïa Chiker**, un lac asséché. Au début du printemps, un lac peu profond se forme souvent en vertu d'un phénomène géologique lié aux failles de la structure rocheuse.

GOUFFRE DU FRIOUATO

Plus loin, à environ 25 km de Taza, le **gouffre du Friouato** (☎ 067 640626 ; 3 Dh, guide 100 Dh, torche 100 Dh ; 🕗 8h-18h) est bien indiqué, au sommet d'une route très pentue. Principale curiosité du circuit, ce site mérite amplement d'être visité pour la vue qu'il offre.

Ce gouffre de 20 m de large et de 150 m de profondeur serait le plus encaissé et peut-être le plus vaste de toute l'Afrique du Nord. Il fut découvert en 1935 et n'a été que partiellement exploré.

Cinq cent vingt marches assez raides (munies de rampes) conduisent jusqu'au niveau de la grotte principale (l'ascension au retour est assez pénible). Au bas des marches, une ouverture donne accès aux salles les plus intéressantes, que l'on atteint en descendant encore 200 marches. L'endroit distille une beauté sombre et légèrement inquiétante. Pour accéder aux salles les plus spectaculaires, notamment la **salle de Lixus** et la **salle des Draperies**, il faut compter au moins 2 heures 30 aller-retour. Les spéléologues ont exploré le gouffre jusqu'à une profondeur de 300 m et pensent qu'il existe d'autres grottes 500 m plus bas encore.

Le droit d'entrée vous permet d'accéder jusqu'à l'orifice de la grotte. Au-delà, il est fortement conseillé de prendre un guide. Moyennant quelque 200 Dh, Mostapha Lachhab, gardien des grottes depuis plus de 25 ans, vous emmènera plus avant et plus profond dans ces grottes. Pour ce faire, il est recommandé toutefois de se munir d'une lampe torche, de bonnes chaussures et de vêtement chauds, et de laisser sa claustrophobie à l'entrée. Dans les grottes, il faut faire preuve d'une grande prudence et ne pas craindre de grimper en s'aidant des mains et des pieds.

RETOUR À TAZA

Au-delà du gouffre du Friouato, la route commence à grimper dans des forêts de conifères après **Bab Bou-Idir**. Abandonné durant la majeure partie de l'année, ce village s'anime en été, lorsque les vacanciers envahissent son terrain de camping et ses chalets. C'est une très bonne base pour réaliser des randonnées dans la région. Des pistes balisées partent du village, où vous trouverez en été un centre d'information du parc national.

Environ 8 km après Bab Bou-Idir, une mauvaise piste part vers la droite sur 9 km jusqu'au **djebel Tazzeka** (1 980 m). Un chemin mène jusqu'au sommet mais l'ascension est rude (on peut y accéder en 4x4). Tout en haut est installé un relais de télévision et vous découvrirez un panorama magnifique aussi bien sur le Rif que sur le Moyen Atlas.

La route principale continue sur 38 km environ, avant de rejoindre la grand-route entre Fès et Taza, à Sidi Abdallah de Rhiata. Sur le trajet, vous négocierez des virages en épingle à cheveux dans une région fortement boisée, puis à travers les charmantes gorges de l'**oued Zireg**. Au croisement de Sidi Abdallah de Rhiata, vous pouvez prendre la grande route vers l'est jusqu'à Taza, puis faire halte en chemin à **Tizi n'Touahar**.

OUJDA وجدة

880 000 habitants

Oujda, la plus grande ville de l'est du Maroc, est une agglomération moderne et très vivante, où les voyageurs ne subissent pas les mêmes sollicitations que dans le reste du pays. Si elle ne présente guère d'attraits touristiques, c'est une ville décontractée où il peut être appréciable de faire une halte en redescendant des montagnes du Rif ou avant de s'engager sur la longue route vers le sud jusqu'à Figuig et jusqu'au Sahara. Terminus de la ligne de train, Oujda est bien reliée au reste du pays et elle est suffisamment proche de la Méditerranée pour permettre une excursion au bord de la mer.

Oujda doit son expansion, puis ses problèmes, à sa proximité avec la frontière algérienne. Son économie fondée sur le commerce florissant de part et d'autre de la frontière s'est effondrée quand la frontière algérienne a été fermée en 1995. Si certains produits, notamment l'essence, font encore l'objet d'une intense contrebande, les hôtels qui ont fleuri au début des années 1990, à l'apogée du commerce transfrontalier, ont énormément souffert depuis. Oujda possède une importante université, qui contribue à la vie intellectuelle de la ville.

Histoire

Oujda a longtemps joué un rôle important, du fait de sa situation géographique clé entre le Maroc et le reste de l'Afrique du Nord (une route romaine y passait). Comme Taza, la petite ville occupait une position stratégique dans le dispositif de contrôle de l'Est et sa conquête constitua souvent une étape militaire nécessaire pour s'emparer du territoire environnant Fès.

Fondée au Xe siècle par la tribu Meghraoua, Oujda fut indépendante jusqu'au XIe siècle, lorsqu'elle tomba sous la coupe des Almohades. Sous les Mérinides, les dirigeants algériens installés à Tlemcen investirent la ville à maintes reprises. Au XVIIe siècle, elle tomba sous la férule de l'administration ottomane installée à Alger.

Moulay Ismaïl la reprit en 1687. Oujda resta aux mains des Marocains jusqu'en 1907, année où des forces françaises venant d'Algérie franchirent la frontière et occupèrent la ville. Le protectorat ne devait commencer que cinq ans plus tard, mais le sultan ne parvint pas à s'y opposer.

Les Français développèrent la ville, qui profita ensuite de son double rôle de capitale provinciale et de principale porte du commerce avec l'Algérie. Ses activités industrielles reposent essentiellement sur l'extraction minière, du zinc en particulier, qui s'effectue plus au sud.

Orientation

Si l'agglomération est assez étendue, seul le centre présente un intérêt pour les voyageurs. La principale artère est le boulevard Mohammed V. C'est là, et à ses abords, que se trouvent les banques, la poste, l'office du tourisme et un grand nombre d'hôtels et de restaurants.

La gare ferroviaire est située à 5 minutes à pied à l'ouest de la médina, le long du boulevard Zerktouni. La gare routière principale se tient à un quart d'heure de marche supplémentaire vers le sud-ouest, une fois que l'on a franchi l'oued Nachef.

Renseignements

ACCÈS INTERNET

@IphaNet (carte p. 273 ; bd Mohammed V ; 5 Dh/h ; ⌚ 9h-23h30). Grands écrans.

AGENCES DE VOYAGES

Carlson Wagonlit (carte p. 273 ; ☎ 036 682520 ; fax 036 681968 ; bd Mohammed V). Pour réserver billets d'avion et de ferry.

Maroc Voyages (carte p. 273 ; ☎ 036 683993 ; fax 036 708710 ; 110 bd Allal ben Abdallah)

ARGENT

Les banques marocaines ont des succursales le long du boulevard Mohammed V ou autour de la place du 16 Août ; presque toutes sont dotées de DAB.

Western Union (carte p. 273 ; bd Mohammed V ; ⌚ 8h-12h et 14h-18h lun-jeu, 8h-11h30 et 14h30-18h30 ven, 9h-12h30 sam). Possède un bureau de change (espèces uniquement) ouvert en dehors des horaires habituels.

CENTRE CULTUREL

Institut français (carte p. 273 ; ☎ 036 684404 ; www.ambafrance-ma.org/institut ; 3 rue de Berkane ; ⌚ 8h45-12h et 13h45-18h30 mar-sam). Concerts, conférences et films, plus quelques expositions temporaires d'artistes locaux.

OFFICE DU TOURISME

Office du tourisme (carte p. 273 ; ☎ 036 685631 ; fax 036 689089 ; place du 16 Août ; ⌚ 8h30-12h et 14h30-18h30 lun-ven)

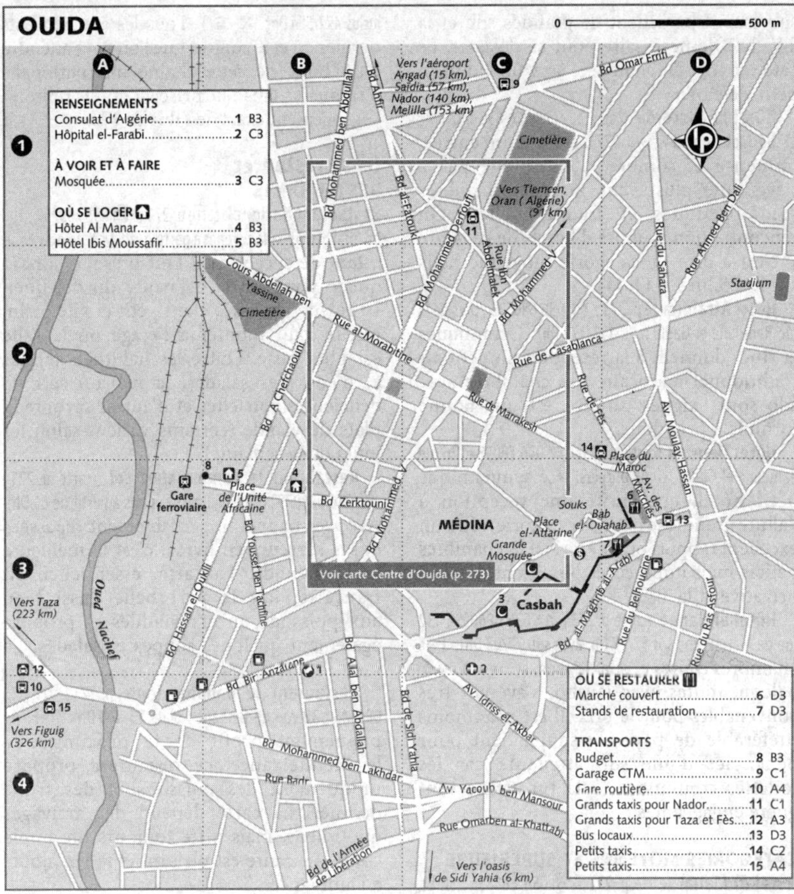

POSTE

Poste principale (carte p. 273 ; bd Mohammed V)

SERVICES MÉDICAUX

Hôpital el-Farabi (carte p. 271 ; ☎ 036 682705 ; av. Idriss el-Akbar)

Pharmacie Mouslime (carte p. 273 ; bd Mohammed V)

À voir

La petite **médina** (carte p. 273) d'Oujda mérite une exploration. Entrez par la porte est, appelée **Bab el-Ouahab** (porte des Têtes) car il était d'usage d'y suspendre les têtes des criminels exécutés, tradition qui se perpétua jusqu'au protectorat français. Cette partie de la médina est bordée d'étals de nourriture (les olives d'Oujda sont très réputées) et de cafés. Bourdonnante d'animation, mais sans excès, elle voit se côtoyer tradition et modernité. Depuis la **place el-Attarine**, traversez les souks en direction du nord en passant devant la grande mosquée édifiée au XIVe siècle par les Mérinides, pour déboucher près de la place du 16 Août, le centre de la ville nouvelle.

Où se loger

PETITS BUDGETS

Hôtel Angad (carte p. 273 ; ☎ 036 691451 ; rue Ramdane el-Gadhi ; s/d 90/140 Dh, haute saison 161/194 Dh). Ce deux-étoiles étonnamment bon marché constitue la meilleure offre dans la catégorie petits budgets. Les chambres meublées sobrement possèdent de grandes sdb et la TV, bref le nécessaire pour se délasser. Le café, au rez-de-chaussée, sert un honnête petit-déjeuner.

Hôtel la Concorde (carte p. 273 ; ☎ 036 682328 ; 57 bd Mohammed V ; s/d 177/206 Dh). Son entrée, immense et sombre, n'encourage pas à s'aventurer plus avant, mais ses chambres sont pratiques et fonctionnelles. On rencontre bon nombre d'hôtels de ce genre – c'est-à-dire de catégorie moyenne mais sur le déclin – à Oujda.

Hôtel Atrah (carte p. 273 ; ☎ 036 686533 ; près de la rue Ramdane el-Gadhi ; s/d 113/178 Dh). Céramiques et stucs donnent à la réception un petit air traditionnel marocain. Les chambres avec sdb sont exiguës. sinon c'est une bonne formule à prix doux.

Hôtel Tlemcen (carte p. 273 ; ☎ 036 700384 ; 26 rue Ramdane el-Gadhi ; ch 60 Dh/pers). Ce sympathique petit hôtel, qui abrite une réception à l'allure grandiose pour sa catégorie, offre un excellent rapport qualité/prix. Les chambres petites mais lumineuses possèdent une sdb privative et la TV.

Hôtel al-Hanna (carte p. 273 ; ☎ 036 686003 ; 132 rue de Marrakech ; s/d 57/77 Dh, avec sdb 77/93 Dh). Les chambres claires et spacieuses, souvent avec balcon, toutes avec lavabo, s'avèrent très convenables pour le prix. Il est néanmoins préférable de payer le supplément pour bénéficier d'une sdb attenante car les toilettes communes (à la turque)ne sont guère engageantes.

CATÉGORIES MOYENNE ET SUPÉRIEURE

Hôtel Al Manar (carte p. 271 ; ☎ 056 688855 ; 50 bd Zerktouni ; s/d 300/400 Dh ; ❄). Vous trouverez ici tout ce qu'on peut attendre d'un hôtel pour hommes d'affaires : des chambres modernes, propres et confortables, sans aucun charme. Ni surprise, ni déception.

Hôtel Oujda (carte p. 273 ; ☎ 036 684093 ; fax 036 685064 ; bd Mohammed V ; s/d 260/327 Dh ; ❄ 🏊). À voir son décor, sa réception "futuriste" et ses carreaux de sdb, on pourrait croire que l'horloge de l'hôtel s'est arrêtée au début des années 1970. Pourtant tout fonctionne encore et reste suffisamment confortable. Le personnel ne demande qu'à vous faire plaisir. Le restaurant bénéficie d'une vue ravissante sur le square voisin et l'église Saint-Louis.

Hôtel Ibis Moussafir (carte p. 271 ; ☎ 036 688202 ; www.ibishotel.com ; bd Abdella Chefchaouni ; s/d petit-déj inclus 472/584 Dh ; ❄ 🏊). Tous les équipements dernier cri et le confort que l'on peut attendre d'un hôtel de cette chaîne internationale. Vraiment sans surprise, l'hôtel reprend l'agencement exact de l'Ibis de Fès.

Où se restaurer

RESTAURANTS

Restaurant Nacional (carte p. 271 ; ☎ 036 703257 ; 107 bd Allal ben Abdallah ; repas à partir de 25 Dh). L'adresse a tant de succès qu'il faut presque faire la queue pour entrer à l'heure du déjeuner. Le rez-de-chaussée étant petit et vite plein, mieux vaut monter à l'étage où la salle est plus vaste. Outre les habituels tajines et d'énormes salades, la maison sert de délicieuses côtelettes et d'autres savoureux plats de viande (certains varient selon les jours de la semaine).

Restaurant le Comme chez soi (carte p. 271 ; ☎ 036 686079 ; 8 rue Sijilmassa ; plats à partir de 80 Dh). Avec ses nappes impeccablement repassées et ses serveurs en livrée, c'est la meilleure table d'Oujda. La carte, essentiellement française, fait la part belle aussi bien aux poissons qu'aux viandes et propose également quelques soupes et salades. La maison sert du vin.

Restaurant le Dauphin (carte p. 271 ; ☎ 035 686145 ; 38 rue de Berkane ; plats 75-100 Dh). Tirant pleinement profit de la proximité de la Méditerranée, ce restaurant propose uniquement des poissons et des fruits de mer. La carte dépend des arrivages quotidiens, mais offre toujours un ample choix. Le cadre est plaisant et le vin ajoute à l'ambiance.

CAFÉS, PÂTISSERIES ET GLACIERS

Le boulevard Mohammed V est jalonné de cafés-terrasses, où savourer thés à la menthe et pâtisseries en observant la rue. Deux de nos préférés sont le **Café-pâtisserie Colombo** (carte p. 273 ; bd Mohammed V ; 🕒 7h-22h) et le **Café la Défense** (carte p. 273 ; bd Mohammed V ; petit-déj 12 Dh ; 🕒 6h-22h). Les meilleures glaces d'Oujda sont celles d'**Iceberg** (carte p. 273 ; 51 bd el-Fatouki ; 3 Dh la boule ; 🕒 6h-21h30 sam-jeu, 6h-12h et 13h-21h30 ven).

SUR LE POUCE

Les deux principaux quartiers où il est possible de prendre un repas sur le pouce sont les abords de la rue de Marrakech – où il y a plein de vendeurs de kebabs et

CENTRE D'OUJDA

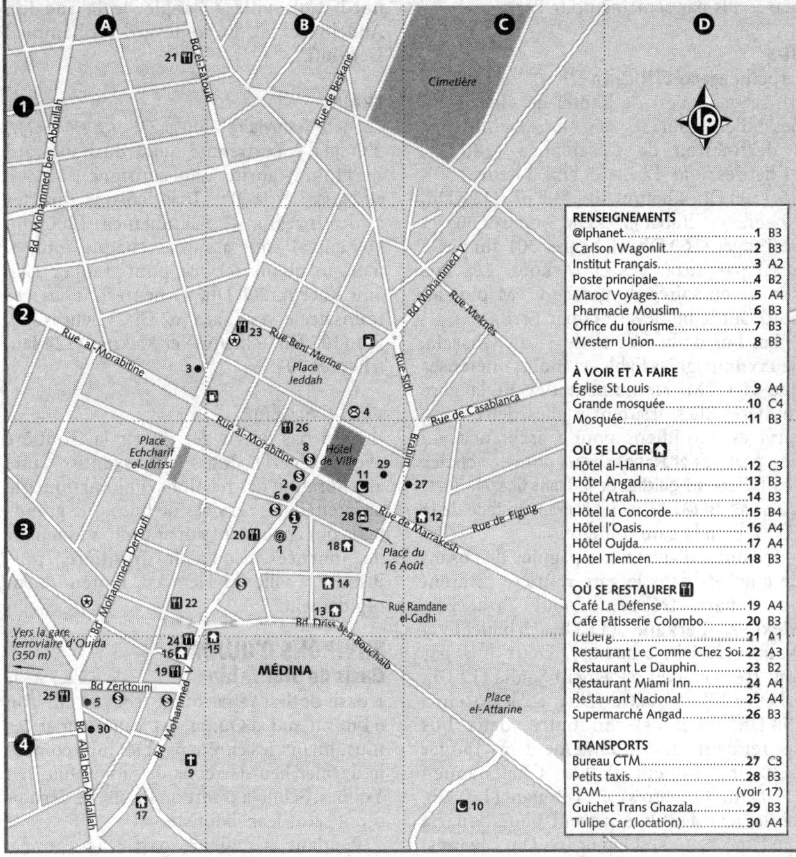

autres petites choses à grignoter – et Bab el-Ouahab dans la médina, qui abrite des étals où vous trouverez des têtes de mouton bouillies, des tripes frites et des escargots à profusion, mais aussi des mets plus familiers aux palais européens tels que soupes et omelettes.

Restaurant Miami Inn (carte p. 273 ; 67 bd Mohammed V ; repas environ 30 Dh). Ce petit restaurant bon marché, très prisé par les habitants d'Oujda, sert les salades, poulets rôtis et frites habituels.

FAIRE SON MARCHÉ

Si vous préférez pique-niquer, vous trouverez des fruits et légumes frais sur le marché couvert au nord de Bab el-Ouahab.

Le **Supermarché Angad** (carte p. 273 ; près de la place Jeddah ; 7h30-12h et 15h-20h30) offre un bon choix de denrées importées.

Depuis/vers Oujda

AVION

L'**aéroport Angad** (☎ 036 683261) se situe à 15 km au nord d'Oujda et à 400 m à l'est de la route qui mène à Ahfir et à Saïdia. Le trajet en grand taxi coûte 120 Dh (prix fixe) mais n'importe quel bus allant ver Nador, Berkane, Saïdia, etc., peut vous déposer sur la grande route pour quelques dirhams.

RAM (carte p. 273 ; ☎ 036683909 ; 45 bd Mohammed V) assure 2 vols par jour pour Casablanca (1 350 Dh, 1 heure 15). La compagnie propose aussi des vols hebdomadaires directs sur Bruxelles, Amsterdam et Marseille, ainsi que 5 vols par semaine pour Paris.

BUS

La petite **agence CTM** (carte p. 273 ; ☎ 036682047 ; rue Sidi Brahim), à l'est de l'hôtel de ville, vend des billets pour ses deux bus quotidiens, à destination de Casablanca (180 Dh, 11 heures) *via* Taza (55 Dh, 3 heures 30), Fès (100 Dh, 4 heures 30), Meknès (115 Dh, 5 heures) et Rabat (155 Dh, 9 heures 30), et de Tanger (160 Dh, 12 heures 30) qui passe aussi par Taza, Fès et Meknès. Les bus partent en soirée du garage CTM plus au nord, sur le boulevard Omar Errifi.

Les bus de la SAT et de Trans Ghazala, deux compagnies fiables et moins onéreuses que la CTM, stationnent devant la gare routière. Elles assurent à elles deux, cinq services quotidiens pour Casablanca *via* Fès, Meknès et Rabat. Vous pouvez acheter vos billets au **guichet de la Trans Ghazala** (carte p. 273 ; ☎ 036 685387 ; rue Sidi Brahim), en face de la CTM, ou à la gare routière.

Quantité d'autres compagnies disposant de guichets dans la gare routière assurent des départs fréquents pour Taza, Fès, Meknès, Berkane (11 Dh, 1 heure) et Nador (25 Dh, 3 heures). Deux bus par jour (plus en été) rejoignent Saïdia (12 Dh, 1 heure 30) et quatre rallient Al-Hoceima (58 Dh, 5 heures). En outre, deux bus se rendent quotidiennement à Tanger (130 Dh, 14 heures) *via* Chefchaouen (110 Dh, 11 heures) et Tétouan (120 Dh, 12 heures). Des bus partent pour Bouarfa (50 Dh, 5 heures) et Figuig (68 Dh, 7 heures) jusqu'au milieu de l'après-midi.

VOITURE

Voici les sociétés de location de voitures présentes à Oujda :

Avis (☎ 036 701616 ; fax 036 703922). Aéroport Angad.

Budget (carte p. 271 ; ☎ 036 681011 ; fax 036 681013). Gare ferroviaire.

Tulipe Car (carte p. 273 ; ☎ /fax 036 683861 ; bd Allal ben Abdallah). Résidence Le Paris.

TAXI

Des grands taxis, à l'arrêt devant la principale gare routière, partent régulièrement pour Taza (65 Dh, 3 heures 30), où il faut changer pour continuer sur Fès. Les grands taxis partant vers le nord, en direction de Nador (50 Dh, 3 heures), Saïdia (22 Dh, 1 heure) et Berkane (17 Dh, 1 heure)attendent au nord de la ville à l'angle de la rue ibn Abdelmalek et du boulevard Mohammed Derfoufi.

TRAIN

La **gare ferroviaire** (carte p. 271 ; ☎ 056 686737) d'Oujda, à l'extrémité ouest du boulevard Zerktouni, abrite une consigne (10 Dh/jour par bagage ; 🕐 6h-21h). **Trois** liaisons directes à destination de Casablanca (200 Dh, 10 heures) sont assurées chaque jour. Il n'existe qu'un service pour Tanger (*via* Sidi Kacem, 200 Dh, 11 heures). Tous ces trains desservent Taza (62 Dh, 3 heures 30), Fès (107 Dh, 6 heures) et Meknès (124 Dh, 6 heures 30).

VERS L'ALGÉRIE

Il n'est pas prévu de rouvrir la frontière avec l'Algérie. Mais si d'aventure une amélioration des relations diplomatiques le permettait, les services de bus et de grands taxis qui circulaient auparavant à longueur de journée jusqu'à la frontière, puis jusqu'à la ville de Tlemcen, reprendraient rapidement.

ENVIRONS D'OUJDA

Oasis de Sidi Yahia واحة سيدي يحيى

L'oasis de Sidi Yahia, qui se trouve à environ 6 km au sud d'Oujda, est vénérée par les musulmans, les chrétiens et les juifs comme le dernier lieu de repos de Sidi Yahia Ben Younes. Selon la tradition locale, ce dernier serait saint Jean-Baptiste.

Pendant la majeure partie de l'année, l'oasis, gagnée par le développement urbain et jonchée de détritus, ne donne qu'une image chaotique et bien décevante, celle d'une ville satellite d'Oujda. Cependant, en septembre (à une date qui varie en fonction du calendrier lunaire), des milliers de pèlerins investissent les lieux pendant une semaine pour le *moussem* annuel. Cette importante manifestation s'accompagne d'une fantasia et mérite vraiment le détour. Tout autour du sanctuaire (fermé aux non-musulmans), les arbres sont couverts de bouts d'étoffe attachés aux branches pour attirer des bienfaits, une tradition qui remonte aux rites de fertilité préislamiques.

Pour rejoindre Sidi Yahia depuis Oujda, prenez le bus n°1 (3 Dh) devant Bab el-

CITÉS IMPÉRIALES, MOYEN ATLAS ET EST

Ouahab. En petit taxi, comptez autour de 18 Dh.

BOUARFA بوعرفة

Le trajet de 376 km entre Oujda et Figuig, au sud, est long et chaud. Même si la route est bonne, le paysage désertique seulement hérissé de broussailles couvertes de poussière devient vite monotone. C'était naguère un axe très fréquenté, mais depuis la fermeture de la frontière, c'est une zone sensible où les gendarmes désœuvrés des nombreux postes de contrôle arrêtent chaque véhicule qui vient à passer.

Ville administrative et de garnison, Bouarfa est la plus grande localité que vous traverserez. Ce petit nœud routier du sud-est du Maroc constitue un lieu pratique pour faire le plein d'essence, se dégourdir les jambes et se restaurer.

Si vous devez passer la nuit à Bouarfa, vous trouverez deux hôtels corrects. Sur la rue principale, à 100 m au sud de l'arrêt des bus, l'**Hôtel Tamlalt** (☎ 026 798799 ; bd Massira ; d 60 Dh) offre des chambres spartiates qui se limitent pour ainsi dire au lit. Pour les douches, il faut aller au hammam situé dans les parages.

En revanche, l'**Hôtel Climat du Maroc** (☎ 036 796382 ; bd Hassan II ; d/ste 372/480 Dh ; ❄ ☒) affiche un luxe inattendu dans une zone si reculée : chambres cossues, avec sdb et TV sat, et piscine pour se rafraîchir. Le restaurant est plutôt calme et le service plutôt lent, mais c'est probablement le meilleur de la ville.

Près de la gare routière, vous trouverez les habituels vendeurs de brochettes, de poulet rôti et autres en-cas. Pour s'asseoir à table, le **Restaurant Elwafa** (bd Hassan II ; repas 20 Dh), près de l'Hôtel Climat du Maroc, est correct. Il sert tajines et couscous. Pour petit-déjeuner, vous pourrez déguster des pâtisseries au **Café Amsterdam** (angle bd Mohammed V et bd Hassan II).

Huit bus par jour relient Oujda à Bouarfa (50 Dh, 5 heures). Environ la moitié d'entre eux continue sur Figuig (22 Dh, 2 heures) au sud. Un bus part chaque matin pour Er-Rachidia (54 Dh, 5 heures), d'où vous pourrez prendre une correspondance pour Marrakech et au-delà.

Les grands taxis semblent réticents à s'éloigner beaucoup de Bouarfa. Il vous faudra peut-être affréter un taxi entier pour aller à Oujda ou à Er-Rachidia (autour de 600 Dh) ou encore à Figuig (280 Dh).

FIGUIG فجيج

15 000 habitants

Pas de doute, Figuig marque la fin de la route. L'oasis plantée de 200 000 palmiers-dattiers, alimentés par des puits artésiens, s'étend jusqu'à 2 km de la frontière algérienne. Comme Oujda, Figuig était naguère un poste-frontière actif (ainsi qu'une étape traditionnelle pour les pèlerins se rendant à La Mecque). Aujourd'hui, c'est une ville endormie qui ne sort de sa torpeur que pour la cueillette des dattes, en automne.

Figuig est formée de sept communautés qui ne cessaient autrefois de se disputer au sujet de l'eau et des pâturages. Ces querelles sanglantes ne sont plus d'actualité et la ville arbore un visage assez moderne. Les immigrés de retour investissent dans des maisons neuves en béton au détriment des anciennes casbahs qui tombent en ruine.

Pour certains visiteurs, l'attrait de Figuig tient justement à cette impression d'arriver au bout du monde. Il n'y a guère de raison de vouloir se rendre ici, et les visiteurs sont rares. La vie se déroule au rythme des carrioles tirées par les ânes et des bicyclettes, ce qui présente un certain charme quand on veut se détendre. Lorsque la chaleur du jour n'est pas trop accablante, on peut s'aventurer à la découverte des ksour (forteresses) de la ville.

Orientation et renseignements

La route principale venant de Bouarfa, qui suit un axe nord-sud, traverse l'oasis et continue en théorie jusqu'à Beni Ounif, du côté algérien de la frontière.

La station-service de la ville, la gare routière, deux hôtels et la poste se tiennent le long de l'artère principale, le boulevard Hassan II.

Unique banque de Figuig, la Banque Populaire dispose d'un DAB et pratique le change tandis que **Figuig Net** (10 Dh/h) relie la ville à Internet.

Après le deuxième hôtel de la ville, l'Hôtel Figuig, la route descend vers la "ville basse" – la cuvette couverte de palmiers qui constitue la partie la plus ancienne de Figuig. En plus de constituer un repère pratique, cette corniche offre une vue agréable sur la palmeraie.

À voir et à faire

Sept ksour, de la même couleur ocre que la terre, constituent la ville de Figuig. Chaque ksar contrôle une partie de la palmeraie et de son importante réserve d'eau. Dans le passé, les familles détournaient à l'occasion le cours des canaux pour ruiner les fondations des casbahs de leurs ennemis.

Le ksar le plus important et le plus beau est celui de **Zenaga**, qui s'étend au sud de la corniche en divisant l'oasis en deux. De nombreux sentiers suivent les canaux d'irrigation à travers les palmiers et conduisent dans des potagers impeccablement tenus. Le voyageur se retrouve tout à coup dans un labyrinthe de passages couverts. En circulant entre les maisons, prêtez attention aux belles portes anciennes en bois.

Le mauvais état de nombre de ces ksour vous permettra de voir le procédé adopté pour leur construction : les murs sont faits de troncs de palmiers recouverts de pisé et les plafonds sont en feuilles de palmiers. Ces ruelles sombres sont fraîches et étrangement calmes. Vous croiserez de temps en temps des femmes mariées, toutes de blanc vêtues, ne laissant apparaître, coutume pour le moins étonnante, qu'un seul œil. Il est très facile de se perdre, mais les enfants du village se feront une joie de vous guider pour quelques dirhams. Vous pouvez aussi organiser une excursion plus formelle d'une demi-journée avec l'Hôtel Figuig.

Dans le haut de la ville, à l'ouest de la rue principale, le **ksar el-Oudahir** est doté d'un charmant minaret octogonal érigé au XIe siècle. Il est connu sous le nom de *saoumann al-hajaria*, la "tour de pierre".

Tous les mercredis, un souk se tient dans la ville basse. Vous y trouverez quelques jolis textiles et broderies de la région. Un **Ensemble artisanal** (bd Hassan II ; ⏲ 16h-20h), vraiment peu dynamique, fait face à la poste, de l'autre côté du jardin public.

Où se loger et se restaurer

Figuig ne compte que deux hôtels.

Hôtel Figuig (☎ 036 899309 ; camping 35 Dh/pers, s/d 160/190 Dh ; 🏊). C'est l'hôtel le plus chic, mais vous pouvez aussi y camper. Il jouit d'une belle vue sur la palmeraie et l'Algérie. D'un prix très raisonnable, cet hôtel, doté d'une piscine et de chambres fraîches et confortables, avec sdb, paraît une bénédiction après une longue route dans la poussière. Il fait aussi restaurant (repas de 40 à 70 Dh), à condition de commander suffisamment à l'avance pour que le personnel ait le temps d'aller faire le marché.

Hôtel el-Meliasse (☎ 036 899062 ; bd Hassan II ; ch 60 Dh/pers). Beaucoup plus sommaire que le précédent, cet hôtel se trouve à côté du garage Shell, à 500 m au nord de la gare routière. Ses chambres sont grandes et convenablement équipées. Les douches chaudes font bon effet, mais sont souvent superflues vu le climat.

Les possibilités de restauration sont également limitées. En dehors de l'Hôtel Figuig, la meilleure adresse reste le **Café des Palmeraies** (bd Hassan II), en face de la gare routière, qui peut vous préparer des plats simples : omelettes, brochettes et frites. Pour un simple café avec un en-cas, le **Café Oasis** (bd Hassan II), dans le jardin public, à côté de la poste, sera plus agréable.

Depuis/vers Figuig

BUS

Les bus arrivant à Figuig s'arrêtent à la gare routière, qui se résume à un arrêt et à trois guichets, à l'extrémité nord de la ville. Ensuite, ils continuent vers la ville basse. Si vous séjournez à l'Hôtel Figuig, demandez au chauffeur de vous y déposer.

Essayez toujours de régler les questions de transport la veille de votre départ. Il n'y a qu'un ou deux bus par jour pour Oujda (70 Dh, 7 heures), qui partent tôt le matin et passent par Bouarfa (22 Dh, 2 heures). D'autres bus directs desservent Bouarfa, d'où, en partant le plus tôt possible le matin, vous pouvez prendre une correspondance pour Er-Rachidia.

VERS L'ALGÉRIE

La frontière avec l'Algérie est fermée. Si elle rouvrait, il faudrait parcourir 3 km pour atteindre les douanes marocaines, puis 1 km pour gagner les douanes algériennes, et 3 km enfin pour atteindre la première ville algérienne, Beni Ounif.

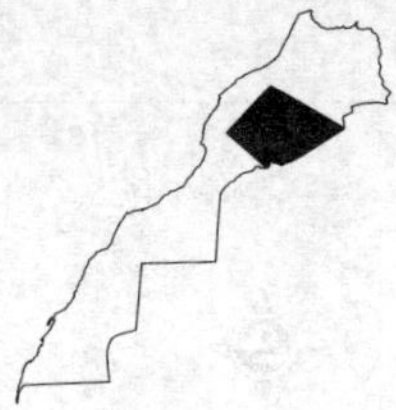

Marrakech et le Centre

Le centre du Maroc est la région la plus romantique et du pays et Marrakech, fondée il y a près d'un millénaire, attire les visiteurs comme un aimant. Cette cité qui est aussi l'une des plus grandes du Maghreb, abrite un monument religieux particulièrment vénéré : la mosquée de la Koutoubia. Adossée aux cimes enneigées du Haut Atlas, Marrakech jouit d'un environnement inoubliable, et sa célèbre place Djemaa el-Fna est une immense scène à ciel ouvert.

Une heure de route , et voici la vallée de l'Ourika, et les contrées sauvages du djebel Toubkal, domaine des bergers berbères et de leurs troupeaux. De plus en plus de randonneurs et de touristes s'aventurent dans ces montagnes pour goûter à leur beauté et à leur sérénité.

Par-delà le Haut Atlas s'étendent les premières avancées du Sahara, mais aussi les vallées du Dadès, du Drâa et du Ziz, émaillées d'imposantes casbahs de terre rouge qui dominent de riches palmeraies. De belles randonnées vous attendent dans les gorges du Dadès et du Todra, tandis que de véritables treks d'altitude sont possibles autour du djebel Toubkal, le sommet le plus haut d'Afrique du Nord, et parmi les escarpements bleutés du djebel Sarhro. Pour changer totalement d'ambiance, dirigez vos pas vers les sables du Sahara à l'extrême sud-est et laissez-vous prendre aux charmes des dunes rosées de Merzouga ou de l'erg Chigaga.

À NE PAS MANQUER

- La foule de **Djemaa el-Fna** (p. 287) à Marrakech, fascinant microcosme du Maroc traditionnel
- Les "plages" à l'extérieur de **Marrakech** (p. 295) et les discothèques les plus en vogue de la ville (p. 309)
- La **vallée de l'Ourika** (p. 317) et la vue sur le Haut Atlas depuis la **Kasbah du Toubkal** (p. 320)
- Les ksour de l'immense casbah d'**Aït Benhaddou** (p. 323)
- Une randonnée à dos de dromadaire et une nuit sous les étoiles devant les spectaculaires dunes de l'**erg Chigaga** (p. 335)
- L'étonnante **vallée des Aït Bouguemez** (p. 315), "vallée heureuse" dont la population compte parmi les plus accueillantes du Maroc et dont les vieux villages se fondent dans le paysage rocheux
- Les stupéfiantes falaises ocre des **gorges du Todra** (p. 345), qui entaillent le Haut Atlas
- La route qui traverse les magnifiques vallées du **Drâa** (p. 330) et du **Dadès** (p. 338)
- Les tambours berbères à **Merzouga** (p. 355), les teintes changeantes des dunes de l'erg Chebbi et, la nuit, le merveilleux ciel du désert

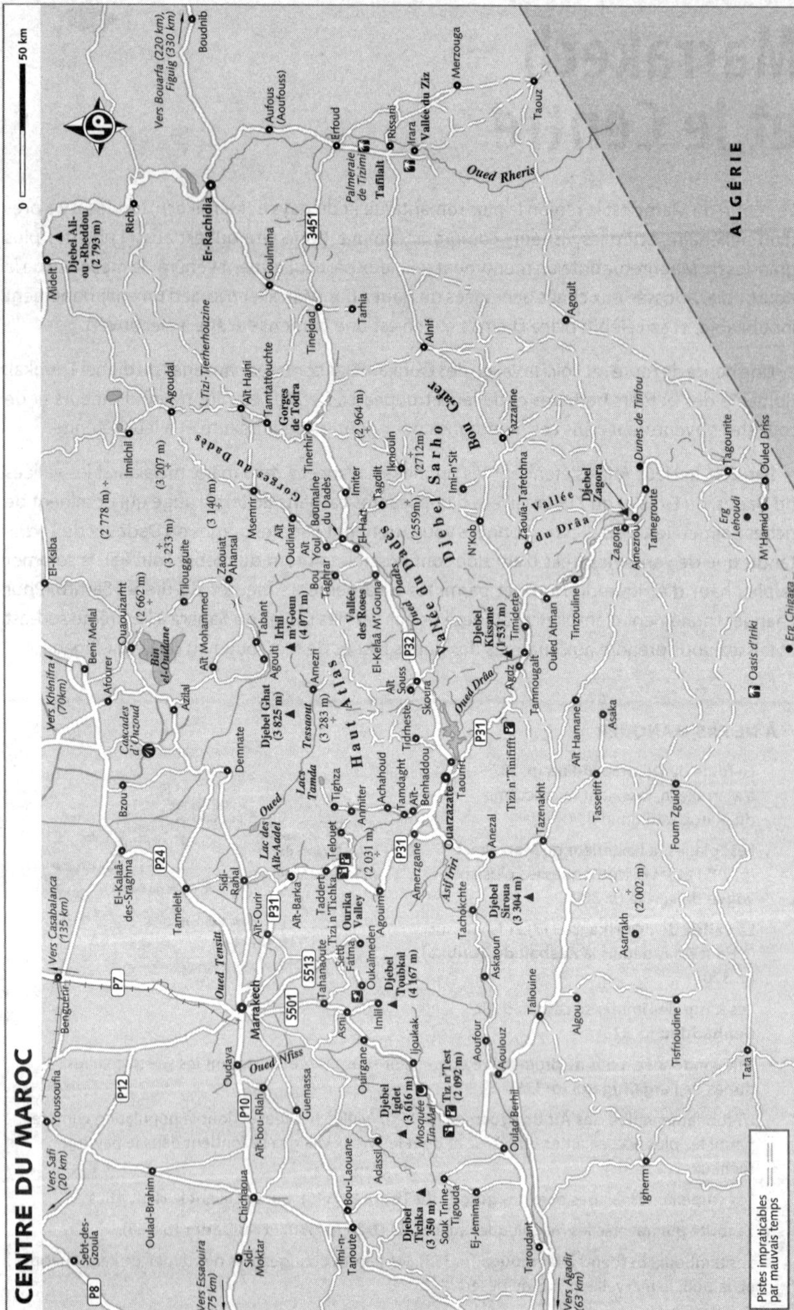
CENTRE DU MAROC
0
50 km
Marrakech
Ouarzazate
Er-Rachidia
Zagora
Erfoud
Rissani
Merzouga
Taouz
Midelt
Rich
Boudnib
Aufous (Aoufouss)
Goulmima
Tinejdad
Tinerhir
Boumalne du Dadès
El-Kelaâ M'Gouna
Skoura
Agdz
Taroudant
Taliouine
Tata
Imilchil
Agoudal
Azilal
Demnate
Beni Mellal
El-Ksiba
Afourer
Bzou
El-Kelaâ-des-Sraghna
Tameleit
Ben Guerir
Youssoufia
Chichaoua
Imi-n-Tanoute
Asni
Imlil
Ouirgane
Ijoukak
Amezrou
Tamegroute
M'Hamid
Ouled Driss
Tagounite
Foum Zguid
Tazenakht
Anezal
Alnif
Tazzarine
N'Kob
Tarhia
Haut Atlas
Djebel Sarho
Vallée du Drâa
Vallée du Dadès
Vallée des Roses
Vallée du Ziz
Gorges du Dadès
Gorges de Todra
Tafilalt
Oued Rheris
Oued Drâa
Oued Tensift
Oued Nfiss
Lac des Aït-Aadel
Bin el-Ouidane
Cascades d'Ouzoud
Irhil m'Goun (4 071 m)
Djebel Toubkal (4 167 m)
Djebel Siroua (3 304 m)
Djebel Tichka (3 350 m)
Djebel Igdet (3 616 m)
Djebel Ghat (3 825 m)
Djebel Ali-ou-Rbeddou (2 793 m)
Djebel Kissane (1 531 m)
Djebel Zagora
Tizi n'Tichka
Tizi n'Test (2 092 m)
Mosquée Tin Mal
Dunes de Tinfou
Erg Chigaga
Erg Lehoudi
Oasis d'Iriki
Palmeraie de Tizimi
ALGÉRIE
Vers Casablanca (135 km)
Vers Safi (20 km)
Vers Essaouira (75 km)
Vers Agadir (63 km)
Vers Khénifra (70km)
Vers Bouarfa (220 km), Figuig (330 km)
P8
P10
P12
P7
P24
P31
P32
S501
S513
3451
Pistes impraticables par mauvais temps

HISTOIRE

La création de Marrakech, en 1062, devait irrévocablement bouleverser l'histoire et les institutions du centre du Maroc, jusqu'alors peuplé de tribus berbères du Haut Atlas. Après avoir fondé Marrakech en tant que capitale de leur empire en plein essor, les Almoravides (des Arabes) repoussèrent progressivement les Berbères jusque dans les vallées isolées du Haut Atlas qu'ils habitent encore aujourd'hui. La cité connut une ère florissante qui dura plus d'un siècle avant de retomber dans l'oubli quand les sultans mérinides déplacèrent la capitale à Fès, au XIIIe siècle.

Son sort bascula à nouveau sous le règne des Saadiens (1524-1668) et en particulier sous celui d'Ahmed el-Mansour. Surnommé "ed Dahbi", le Doré, après sa conquête de Tombouctou, El-Mansour fit bénéficier sa capitale de toute la richesse et du pouvoir liés à sa mainmise sur le lucratif commerce des caravanes reliant le Sahara et le Sahel à la côte atlantique. Les esclaves, l'or, l'ivoire et les autres produits rapportés du Niger et du Mali comme la troupe bigarrée de marchands attirés par les profits du commerce caravanier donnèrent à Marrakech l'image d'une capitale tout droit sortie des *Mille et Une Nuits* dont elle jouit encore.

La mort d'El-Mansour sonna le glas de la grandeur de la Cité Dorée qui sombra alors dans un long déclin. Cependant sa légende survécut et fut ravivée par la cour de Thami el-Glaoui, le sulfureux dernier pacha de Marrakech (1912-1956), "seigneur de l'Atlas", roi sans couronne du Sud marocain et l'un des hommes les plus riches au monde. Ce Berbère issu de la tribu des Glaoua fit plus que quiconque pour la mystique de la ville. Partisan de la domination coloniale, qu'il sut utiliser pour affirmer son propre pouvoir régional, il était également réputé pour son sens esthétique et sa cruauté. Le pacha et son frère El-Mandani sont à l'origine de la construction de bon nombre des grandes casbahs du Sud. Contraint au départ lors de l'indépendance (1956), il fut le dernier des puissants et terribles sultans marocains.

CLIMAT

L'association de plaines désertiques et de sommets de plus de 4 000 m donne au centre du Maroc un climat extrême, avec des hivers glaciaux qui durent de septembre à juin dans le Haut Atlas, et des températures torrides, l'été, dans le désert.

Le printemps et l'automne constituent les plus belles périodes pour découvrir la région, avec des températures de l'ordre de 20 à 25 °C. Avril est toutefois le mois des tempêtes de sable. Celles-ci durent en général de trois à quatre jours, durant lesquels mieux vaut éviter de s'aventurer dans le désert. Si telle est votre intention, prévoyez à cette époque quelques jours de battement afin de pouvoir profiter d'un temps adéquat.

LANGUE

Hormis dans le Haut Atlas, où prédomine le dialecte berbère tachlahit (et, dans quelques zones, le tamazight), on parle partout l'arabe marocain ou le français.

DEPUIS/VERS MARRAKECH ET LE CENTRE

Plaque tournante des transports dans la région, Marrakech est bien desservie par les trains, les bus et les avions. Des vols internationaux directs desservent l'aéroport de Marrakech, notamment ceux de RAM et de sa compagnie *low cost* Atlas Blue (depuis Paris, Lyon ou Marseille). À quoi s'ajoutent les liaisons quotidiennes avec Casablanca qui multiplient les possibilités.

Royal Air Maroc (RAM) propose également des vols quotidiens Casablanca-Ouarzazate, plutôt destinés aux équipes de cinéma ou aux habitants de la région, les touristes préférant faire étape à Marrakech. Lors de la mise au point de votre itinéraire, sachez que la compagnie assure deux fois par semaine des vols Ouarzazate-Paris.

La ligne de chemin de fer venant de Casablanca (trois heures) relie Marrakech à toutes les grandes villes du Nord. Les bus Supratours continuent vers Essaouira, Agadir et, plus au sud, Laâyoune et Dakhla. La CTM et d'autres compagnies locales proposent des lignes identiques, mais leurs bus s'avèrent en général bondés et moins confortables.

COMMENT CIRCULER

À l'exception de la ligne qui conduit à Casablanca, le Centre est dépourvu de liaisons ferroviaires. La CTM et une foule de compagnies de bus locales assurent une bonne desserte de la ville, même si les services sont relativement lents. Le partage de grands taxis offre une autre solution. Des routes goudronnées en bon état desservent aujourd'hui toutes les destinations traitées dans ce chapitre. Pour découvrir le désert et les fameuses dunes de Chigaga et de Chebbi, il vous faudra louer un 4x4 (quelque 1 200-1 400 Dh/jour) ou des dromadaires (350-380 Dh/personne/jour).

MARRAKECH

1 091 540 habitants

Capitale du Sud et épicentre touristique du Maroc, Marrakech connaît un changement rapide. Ancien point de rencontre des caravanes venues du sud, elle comptait parmi les plus belles cités que bien des marchands eussent jamais vues. Si elle conserve aujourd'hui son exotisme, ce n'est plus ce bout du monde misérable et poussiéreux qu'elle était dans les années 1970 et 1980. Depuis que des Européens rachètent de vieilles demeures à rénover au cœur de la médina à des Marocains désireux d'habiter des logements modernes, l'argent et les emplois qui en découlent ont transformé cette ville qui sait mettre en valeur son image et ses agréments.

La médina séduit toujours, comme le confirment dès le premier regard les 16 km de remparts que les années ont lentement érodés. À l'intérieur des murs, l'atmosphère demeure en maints endroits, identique à ce qu'elle fut jadis : la place Djemaa el-Fna et les rues environnantes restent plus que jamais le cœur de la ville, le plus grand souk du sud où les promeneurs aiment tant venir se mêler à l'effervescence que connaissaient déjà les caravanes de marchands.

Cependant on assiste au développement d'une nouvelle ville, terrain de jeu des Européens qui apprécient le charme exotique des riads, dans la médina, mais veulent aussi fréquenter les cafés du Guéliz, les nouvelles piscines "beach-club", ou s'accorder une journée à la montagne avant de faire la fête toute la nuit.

Rien de tout cela pourtant n'a affecté l'esprit des lieux : la chaleur, la poussière, les Berbères, les remparts en briques de terre et tout ce qui fait de Marrakech la plus africaine des villes marocaines.

HISTOIRE

Fondée en 1062 par le sultan almoravide Youssef ben Tachfin, Marrakech devint l'un des principaux centres culturels et artistiques du monde musulman. Youssef consacra une large part du butin amassé lors de la conquête de l'Espagne par les Almoravides à agrandir et embellir la cité.

Marrakech connut un premier âge d'or sous le règne d'Ali, fils de Youssef et d'une esclave chrétienne. Outre des palais, des mosquées et des bains, celui-ci fit construire un vaste réseau d'irrigation souterrain (*khettara*), qui alimente encore les jardins de la ville avec l'eau en provenance du Haut Atlas.

Si les Almohades rasèrent presque tous ces édifices en 1147, ils épargnèrent les murs et le portail du vaste palais d'Ali. La cité fut reconstruite peu après, en grande partie par des artisans andalous. Marrakech demeura la capitale du Maroc jusqu'à la chute de la dynastie almohade, en 1269. Les conquérants mérinides transportèrent alors celle-ci à Fès.

Avec l'avènement des Saadiens, au XVIe siècle, Marrakech retrouva son statut de capitale. C'est à l'une des figures de cette dynastie, Ahmed el-Mansour – dit "le Doré" en raison de ses richesses –, que la ville doit le merveilleux palais el-Badi et les tombeaux saadiens.

Successeurs des Saadiens, les Alaouites établirent leur capitale à Meknès. Toutefois, Marrakech avait un rôle stratégique qui ne pouvait être ignoré. Si Moulay Ismaïl pilla le palais el-Badi, en quête de matériaux pour l'embellissement de Meknès, son successeur Sidi Mohammed ben Abdallah consacra une forte somme à la reconstruction des remparts, de la casbah, des palais, des mosquées et des *méchouars* (cours d'honneur), ainsi qu'à la création de nouveaux jardins, tels ceux de la Ménara.

Au XIXe siècle, Marrakech connut une nouvelle période de déclin, à l'exception de l'année 1873, lorsque Moulay el-Hassan Ier s'y fit couronner. Ensuite, sous le protectorat français, la construction de la ville nouvelle s'accompagna d'une renaissance de la médina.

Aujourd'hui, Mohammed VI encourage le renouveau de Marrakech : le jeune monarque a annoncé d'ambitieux programmes destinés à donner une nouvelle impulsion au tourisme au cours des dix années à venir. De nombreux complexes hôteliers sont en cours de construction au milieu des oliveraies, de vastes lotissements de villas bordent la route de l'aéroport, des magasins fleurissent dans la nouvelle zone industrielle et, dans cette ville où jusqu'alors il était difficile de trouver où boire un verre, les clubs et discothèques sont aujourd'hui bondés toute la nuit. En même temps, les vieilles maisons de la médina reprennent vie, les musées ont rouverts tandis que la floraison de riads et de restaurants marque l'aube d'un nouvel âge d'or.

ORIENTATION

La médina et la ville nouvelle couvrent des superficies sensiblement équivalentes. Comptez une demi-heure à pied du centre de la ville nouvelle à Djemaa el-Fna, la place principale au cœur de la vieille ville. Vous pouvez aussi utiliser les transports publics.

Le Guéliz et l'Hivernage sont les deux quartiers les plus importants de la ville nouvelle. L'Hivernage abrite la plupart des hôtels de catégories moyenne et supérieure. Le Guéliz concentre bureaux, restaurants, cafés, boutiques et quelques hôtels le long de la principale artère de la ville, l'avenue Mohammed V, ou à proximité. Pour gagner la gare ferroviaire, située au sud-ouest du Guéliz, suivez l'avenue Hassan II à partir de la place du 16 Novembre. La principale gare routière se trouve près de Bab Doukkala, à quelque 10 min à pied au nord-est de cette place et à quelque 20 min de Djemaa el-Fna.

La plupart des hôtels bon marché se regroupent dans les rues étroites au sud de Djemaa el-Fna. Les souks et les principaux édifices religieux sont situés au nord de la place et les palais au sud. Au sud-ouest se dresse le repère le plus visible de la ville, le minaret de la mosquée de la Koutoubia.

Guides

Un guide n'est pas indispensable dans la médina où une partie du plaisir consiste à se perdre. Cependant il peut se révéler doublement précieux si vous ne disposez pas de beaucoup de temps ou si c'est la première fois que vous vous retrouvez dans le labyrinthe d'une médina nord-africaine : il vous conduira là où vous voudrez aller et vous épargnera les avances des "faux guides". Pour vous assurer les services d'un guide officiel (200/300 Dh la demi-journée/journée), adressez-vous aux offices du tourisme (p. 297) ou à la réception des grands hôtels. L'accès aux monuments, les trajets en taxi, etc., sont en supplément. La plupart des agences de voyages peuvent

MARRAKECH EN...

Deux jours

Commencez la journée à la terrasse du **Café-restaurant Argana** (p. 305) puis acheminez-vous vers la **médersa Ali ben Youssef** (p. 289) et le **Musée de Marrakech** (p. 289). Rendez-vous ensuite au **Dar el-Bacha** (p. 290) avant de plonger dans le labyrinthe des **souks** (p. 295). Déjeunez à l'ombre au **Café Arabe** (p. 308). De retour sur **Djemaa el-Fna** (p. 287), contemplez toute la richesse du spectacle puis offrez-vous un repas épique au **Tobsil** (p. 304). Le lendemain, concentrez-vous sur le **mellah** (p. 290) et visitez le palais le plus célèbre de la ville, le **palais el-Badi** (p. 290), les **tombeaux saadiens** (p. 291) et le **musée d'Art marocain** (p. 292). Plus tard, dans l'après-midi, allez dans la ville nouvelle et goûtez à la tranquillité du **jardin Majorelle** (p. 293). Revenez dans la médina pour contempler le coucher du soleil depuis la terrasse du **Kosybar** (p. 308) puis finissez par un dîner on ne peut plus mémorable sur **Djemaa el-Fna** (p. 285).

Quatre jours

Reprenez l'itinéraire précédent et consacrez le troisième jour à une excursion à la **Kasbah du Toubkal** (p. 320) où vous pourrez déjeuner en profitant du magnifique panorama sur les montagnes. Le soir prenez un avant-goût du paradis au **Dar Moha** (p. 304), au bord de la piscine miroitante. Finissez la journée en beauté, en allant parader au **Pacha** (p. 309). Le quatrième jour, optez pour une **promenade à vélo** (p. 294) dans la Palmeraie, après quoi vous pourrez réconforter vos membres fatigués dans les vapeurs d'un des merveilleux **hammams** (p. 294) de Marrakech.

MARRAKECH

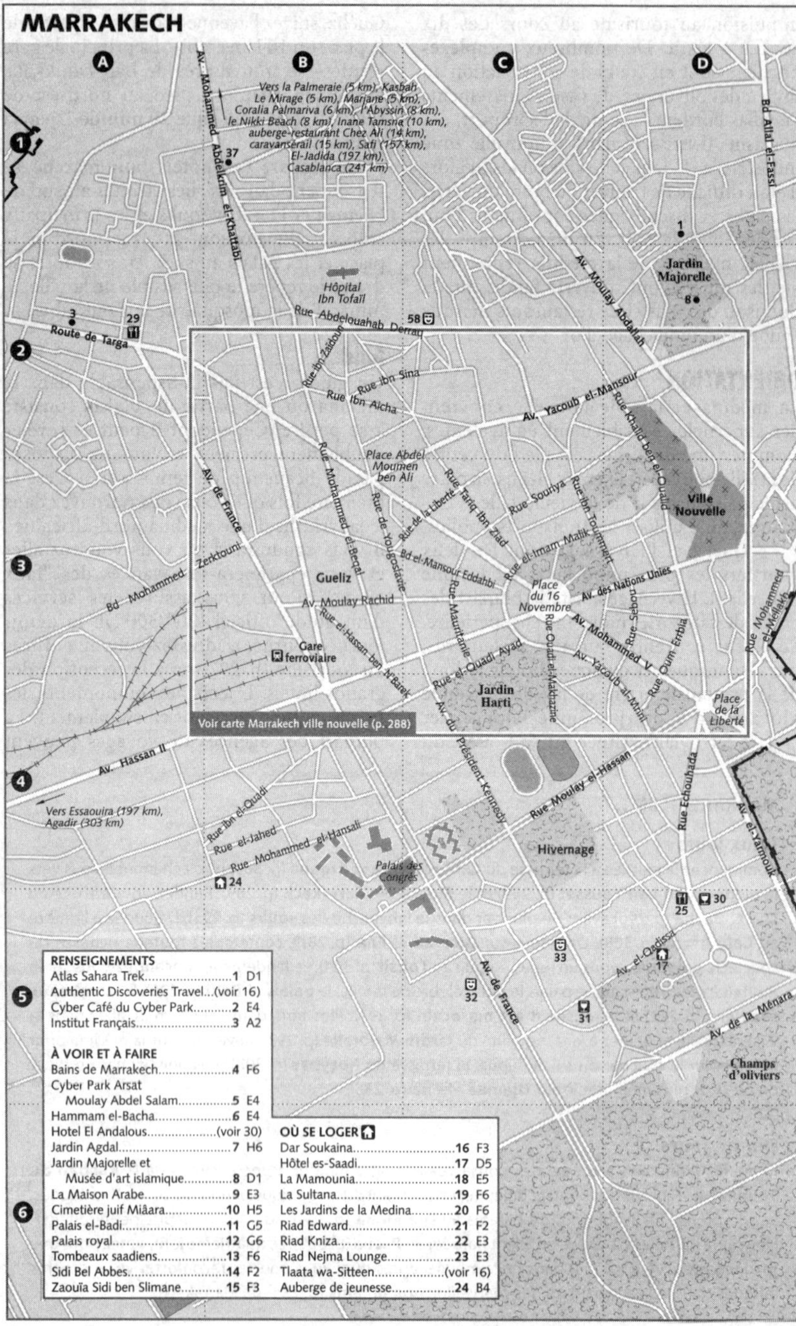

RENSEIGNEMENTS
Atlas Sahara Trek......1 D1
Authentic Discoveries Travel...(voir 16)
Cyber Café du Cyber Park......2 E4
Institut Français......3 A2

À VOIR ET À FAIRE
Bains de Marrakech......4 F6
Cyber Park Arsat Moulay Abdel Salam......5 E4
Hammam el-Bacha......6 E4
Hotel El Andalous......(voir 30)
Jardin Agdal......7 H6
Jardin Majorelle et Musée d'art islamique......8 D1
La Maison Arabe......9 E3
Cimetière juif Miâara......10 H5
Palais el-Badi......11 G5
Palais royal......12 G6
Tombeaux saadiens......13 F6
Sidi Bel Abbes......14 F2
Zaouïa Sidi ben Slimane......15 F3

OÙ SE LOGER
Dar Soukaina......16 F3
Hôtel es-Saadi......17 D5
La Mamounia......18 E5
La Sultana......19 F6
Les Jardins de la Medina......20 F6
Riad Edward......21 F2
Riad Kniza......22 E3
Riad Nejma Lounge......23 E3
Tlaata wa-Sitteen......(voir 16)
Auberge de jeunesse......24 B4

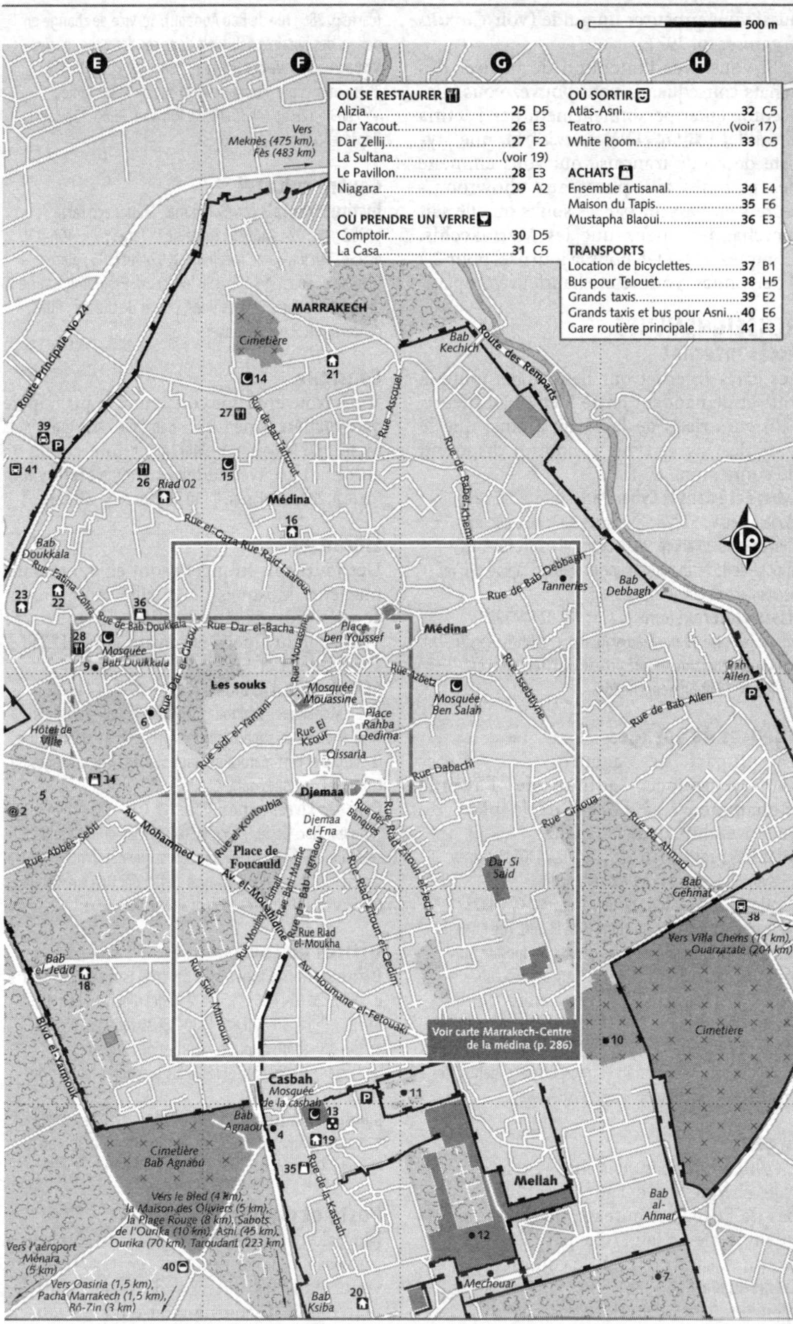

MARRAKECH ET LE CENTRE

aussi vous procurer un guide (voir *Circuits organisés*, p. 297).

Si vous avez l'intention de réaliser des achats conséquents, vous pouvez vous faire accompagner personnellement par Laetitia Trouillet (☎ 074 217228 ; www.lalla.fr), une styliste de mode française qui vous emmène des marchés aux puces aux showrooms secrets en passant par les souks où elle sait marchander mieux que les Marrakechis. Comptez 3 000 Dh pour la journée, pour 2 à 3 personnes, voiture et chauffeur compris.

RENSEIGNEMENTS

Accès Internet

Les cafés Internet ont fleuri dans toute la ville et demandent entre 5 et 10 Dh/heure. Plusieurs riads de la médina ainsi que le Café des Livres (voir ci-contre) disposent de connexions wi-fi.

Cyber Café dans le Cyber Park (carte p. 282 ; av. Mohammed V ; 5 Dh/h ; 🕑 9h30-20h). Au cœur du nouveau Cyber Park (p. 293), ce grand centre Internet dispose de 15 terminaux, d'une connexion rapide et d'un personnel très obligeant.

Hassan Internet (carte p. 286 ; ☎ 024 441989 ; Immeuble Tazi, 12 rue Riad el Moukha ; 8 Dh/h; 🕑 7h-1h). Animé et populaire, ce café proche de l'Hôtel Tazi est équipé de 14 ordinateurs rapides.

Agences de voyages

La plupart des agences de voyages sont regroupées autour de l'avenue Mohammed V, à l'ouest de la place du 16 Novembre, dans le Guéliz.

Atlas Voyages (carte p. 288 ; ☎ 024 430333 ; www.atlasvoyages.com ; 131 av. Mohammed V)

Destination-Évasion (carte p. 288 ; ☎ 024 447375 ; www.destination-evasion.com ; Villa El Borj, rue Khaled ben Oualid). Spécialisé dans les circuits sur mesure au Maroc, en particulier dans le Sud. L'agence s'occupe de réserver vols, transports et hébergements aussi bien que des circuits organisés.

Menara Tours (carte p. 288 ; ☎ 024 446654 ; 41 rue de Yougoslavie) réserve vols et transports et organise des circuits. C'est l'agent officiel de British Airways.

Argent

La plupart des banques changent les espèces et les chèques de voyage et la ville ne manque pas de DAB. Les bureaux de change pratiquent le même taux (fixé par l'État) que les banques, sans prélever de commission.

Crédit du Maroc (🕑 8h45-13h, 15h-18h45 lun-sam) ville nouvelle (carte p. 288 ; 215 av. Mohammed V) médina (carte p. 286 ; rue de Bab Agnaou). Service de change en dehors des horaires habituels dans ces deux succursales.

Voyages Schwartz (carte p. 288 ; ☎ 024 433321 ; 2e ét., Immeuble Moutaouakil, 1 rue de Mauritanie ; 🕑 8h30-12h et 14h30-18h30 lun-ven, 8h30-12h sam). Représente American Express.

Centre culturel

Institut français (www.ifm.ma ; Marrakech carte p. 282 ; ☎ 024 446930 ; route de la Targa ; 🕑 10h-12h et 15h-18h lun-sam ; médina ☎ 024 443196 ; place Djemaa el-Fna ; 🕑 15h-19h lun-sam). Programme varié de manifestations : expositions, pièces de théâtre, films, concerts, etc. Cours d'arabe.

Consigne

Vous trouverez une consigne à la principale **gare routière** (carte p. 282 ; Bab Doukkala ; gros/petits bagages 8/5 Dh/jour ; 🕑 24h/24) et une consigne automatique avec cadenas à la **gare ferroviaire** (carte p. 288 ; av. Hassan II ; 10 Dh/jour ; 🕑 24h/24).

Librairies

Des journaux étrangers sont en vente dans plusieurs kiosques de la ville, notamment ceux situés devant l'office du tourisme principal du Guéliz et devant l'Hôtel CTM, sur Djemaa el-Fna.

ACR Librairie d'Art (carte p. 288 ; ☎ 024 446792 ; 55 bd Mohammed Zerktouni, Guéliz ; 🕑 8h-19h30 lun-ven). Propose de superbes livres consacrés à l'architecture, la culture et l'art marocains, ainsi que de bons ouvrages de cuisine et quelques guides.

Café des Livres (carte p. 288 ; ☎ 024 432149 ; 44 rue Tariq ibn Ziad, Guéliz ; 🕑 9h30-21h mar-dim). Intelligente sélection de livres sur le Maroc ainsi que des livres d'occasion et de bons ouvrages de fiction. Un coin lecture et un paisible café invitent à consulter les ouvrages.

Offices du tourisme

Office national marocain du tourisme (ONMT ; carte p. 288 ; ☎ 024 436131 ; place Abdel Moumen ben Ali, Guéliz ; 🕑 8h30-12h et 14h30-18h30 lun-ven, 9h-12h et 15h-18h sam). Le principal office de la région, avec un personnel serviable et les jolies brochures inutiles de l'ONMT.

Syndicat d'initiative (carte p. 288 ; ☎ 024 430886 ; 176 av. Mohammed V ; 🕑 8h30-12h30 et 14h30-18h30 lun-ven, 9h-12h sam). Pour plus d'informations locales.

Poste et communications

Marrakech ne manque pas de téléphones publics à carte, et des cartes sont en vente dans les bureaux de poste, chez les marchands de journaux et dans les tabacs.

La ville compte en outre nombre de téléboutiques privées où l'on peut téléphoner.
DHL (carte p. 288 ; ☎ 024 437647 ; www.dhl.com ; 133 av. Abdelkrim el-Khattabi, Guéliz ; ⏲ 8h-18h lun-ven, 8h30-12h20 sam). Service de courrier international.
FedEx (carte p. 288 ; ☎ 024 448257 ; 113 av. Abdelkrim el-Khattabi, Guéliz ; ⏲ 8h-18h30 lun-ven, 8h-12h15 sam). Service de courrier international.
Poste principale (carte p. 288 ; place du 16 Novembre, Guéliz ; ⏲ 8h30-14h lun-sam). La poste restante occupe le guichet n° 3 et le bureau d'expédition des paquets (av. Hassan II) se trouve au coin de la rue (n'enveloppez pas vos colis à l'avance, afin qu'ils puissent être vérifiés au guichet ; papier et ficelle sont à votre disposition).
Bureau de poste (carte p. 286 ; rue de Bab Agnaou ; ⏲ 8h-12h et 15h-18h lun-ven). Bien placé.

Services médicaux

Phar (carte p. 286 ; ☎ 024 430415 ; Djemaa el-Fna). Cette pharmacie centrale reste ouverte jusqu'à minuit, après quoi on peut se procurer les prescriptions d'urgence à la Polyclinique du Sud.
Pharmacie de l'Unité (carte p. 288 ; ☎ 024 435982 ; av. des Nations Unies, Guéliz ; ⏲ 8h30-23h). Cette excellente pharmacie de nuit, située en face du marché Ibn Toumert, offre une vaste sélection de médicaments locaux et d'importation, de remèdes homéopathiques et de produits d'aromathérapie.
Polyclinique du Sud (carte p. 288 ; ☎ 024 447999 ; angle rue de Yougoslavie et rue Ibn Aïcha, Guéliz ; ⏲ Urgences 24h/24). Clinique privée réputée, fréquentée par les expatriés.

Toilettes

Les toilettes publiques de Marrakech ne sont pas spécialement bien entretenues. En cas de besoin, les toilettes des Terrasses de l'Alhambra (p. 305) sont propres, sinon arrêtez-vous pour prendre une boisson rapide au Café des Épices (p. 306). Le Guéliz compte de nombreux cafés élégants où l'on peut facilement entrer un instant pour aller aux toilettes.

Urgences

Ambulance (☎ 024 443724)
Brigade touristique (carte p. 282 ; ☎ 024 384601 ; rue Sidi Mimoun ; ⏲ 24h/24). Au sud de la mosquée de la Koutoubia.
Incendie (☎ 15)
Police (carte p. 288 ; ☎ 19 ; Hôtel de Police, rue Ouadi el-Makhazine). Le commissariat de police principal du Guéliz. Efficace pour régler les conflits avec les guides ou les chauffeurs locaux.

À VOIR

Tous les monuments de Marrakech se situent dans l'enceinte de sa vaste **médina**, répartis sur une quinzaine de kilomètres. Comptez au moins deux jours pour les découvrir.

L'INCROYABLE BANQUET

Au coucher du soleil, une bonne partie de Djemaa el-Fna se couvre d'étals de nourriture, l'un accumulant un monceau de brochettes et de salades, l'autre proposant des escargots fumants. Tandis que vous déambulerez en scrutant le contenu des plats, des chefs tenteront de vous attirer en vous promettant des produits frais et un thé à la menthe gratuit. N'ayez pas peur de leur répondre : ces échanges de plaisanteries font partie du jeu. Lorsque vous serez décidé, glissez-vous à l'une des tables communes. À peine aurez-vous commandé que vous serez déjà servi.

La plupart des étals de la place servent des brochettes de poulet, de bœuf ou de *kefta* (boulettes de viande) avec des frites (5 brochettes pour 20 à 25 Dh), du couscous avec des légumes et de la viande (25 Dh) et divers tajines traditionnels (25 Dh). Repérez les étals qui vendent de la *harira* (3 Dh), une épaisse soupe à base de viande, de pois chiches, de tomates et de lentilles servie avec des dattes et des gâteaux au miel, ou de la *tanjia Marrakechiya* (20 Dh), du bœuf cuit dans un plat en terre avec du *smen* (beurre clarifié). Si vous avez un peu plus d'audace, essayez le *berbouch* (soupe d'escargots, 10 Dh), ou la tête de mouton : après avoir roussi ses poils au feu, on nettoie la tête à l'eau chaude puis on la fait mijoter avec des pois chiches. C'est un mets délicat, où tout se mange, excepté les yeux.

Les grands pots de cuivre renferment du *hunja* (2 Dh), une infusion de cannelle brun-rouge, très appréciée en hiver. On l'accompagne traditionnellement de *sellou* (2,50 Dh), un gâteau sucré et épicé de couleur brune qui évoque le pain d'épices.

Regarder les échoppes constitue un divertissement. Pendant ce temps, sur la place, musiciens, acrobates, conteurs, diseurs de bonne aventure et charmeurs de serpents font leur spectacle.

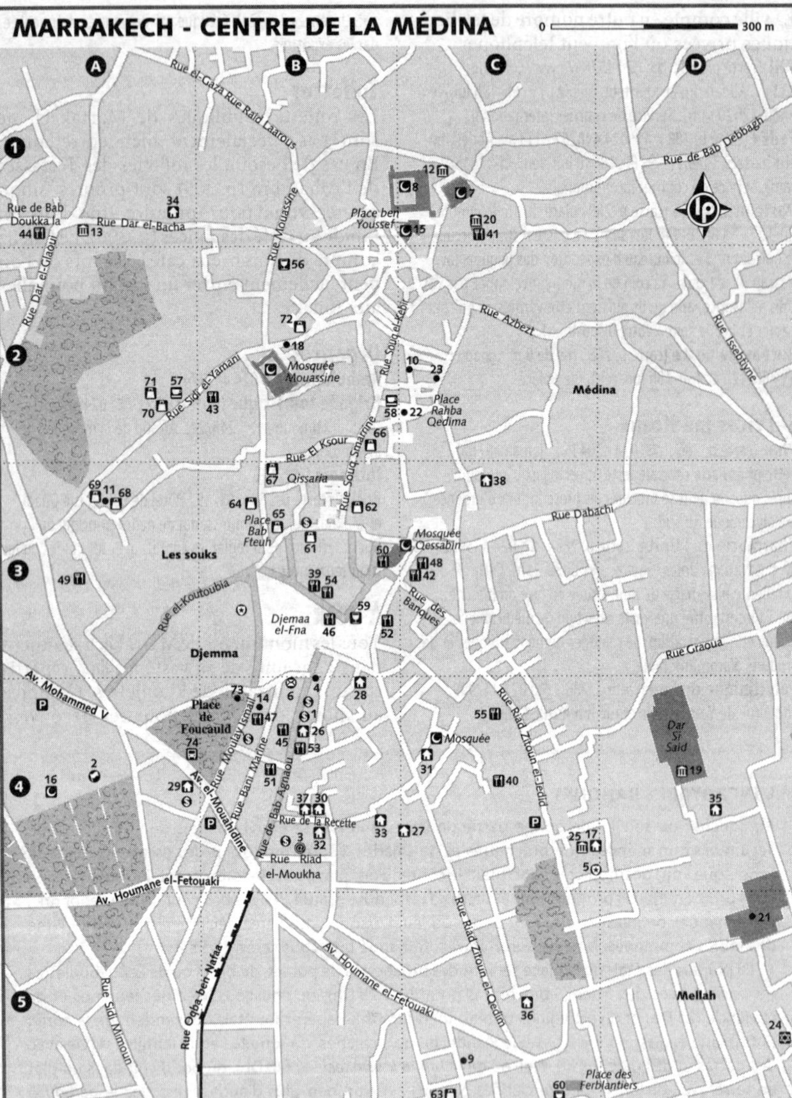

Au cœur de la médina, **Djemaa el-Fna** vous plonge dans l'ambiance la plus fascinante de la ville. Au nord de la place s'étend le dédale de ruelles qui constituent les **souks** (voir p. 295), territoires du commerce. Outre ses emplettes, on peut aussi y flâner pour découvrir la vie quotidienne des marchés et des habitants. Après une journée trépidante dans la médina, nombre de visiteurs apprécient l'atmosphère policée du **Guéliz** avec ses cafés branchés, son architecture 1930 et ses magasins élégants.

La Koutoubia

Au sud-ouest de Djemaa el-Fna s'élève le monument le plus vénéré, qui domine tout

RENSEIGNEMENTS

Crédit du Maroc (DAB et Bureau de change) 1 B4
Consulat de France 2 A4
Hassan Internet 3 B4
Guichet pour l'envoi des colis (voir 6)
Pharmacie de Garde 4 B4
Poste de police 5 C4
Bureau de poste 6 B4

À VOIR ET À FAIRE

Médersa Ali ben Youssef 7 C1
Mosquée Ali ben Youssef 8 C1
Échoppes des apothicaires 9 C5
Criée berbère (souk des tapis) 10 C2
Dar Attajmil 11 A3
Dar Bellarj 12 C1
Dar Si Said (voir 19)
Dar el-Bacha 13 A1
Institut Français 14 B4
Koubba Ba'adyin 15 C1
Mosquée Koutoubia 16 A4
Maison Tiskiwin 17 C4
Fontaine Mouassine 18 B2
Musée des Arts marocains 19 D4
Musée de Marrakech 20 C1
Palais de la Bahia 21 D5
Place Rahba Qedima 22 C2
Souk de la cuisine 23 C2
Synagogue 24 D5

OÙ SE LOGER

Dar al Sultan 25 C4
Hôtel Central Palace 26 B4
Hôtel Chellah 27 C4
Hôtel CTM 28 B4
Hôtel de Foucauld 29 A4
Hôtel Gallia 30 B4
Hôtel Sherazade 31 C4
Hôtel Souria 32 B4
Jnane Mogador Hôtel 33 B4
Marrakech Medina 34 A1
Riad Akka 35 D4
Riad Eden 36 C5
Riad Hôtel Assia 37 B4
Riad Magi 38 C3

OÙ SE RESTAURER

Café-Restaurant Argana 39 B3
Casa Lalla 40 C4
Chez Abdelhay 41 C1
Chez Chegrouni 42 C3
Dar Cherifa 43 B2
Dar Moha 44 A1
Fast Food al-Ahbab 45 B4
Échoppes de nourriture 46 B3
Hôtel Ali 47 B4
Le Marrakchi 48 C3
Le Tobsil 49 A3
Les Terrasses de L'Alhambra 50 B3
Mabrouka 51 B4
Marché 52 B3
Pâtisserie des Princes 53 B4
Stands de nourriture de Qissaria 54 B3
Ryad Tamsna 55 C4

OÙ PRENDRE UN VERRE

Café Arabe 56 B2
Café Bougainvillea 57 A2
Café des Épices 58 B2
Stands de jus de fruits 59 B3
Kosybar 60 C5

ACHATS

Akbar Delights 61 B3
Au Fil d'Or 62 B3
Aya's 63 C5
Beldi 64 B3
Belhadj 65 B3
Chez Brahim 66 B2
Fnac Berbère 67 B3
Kifkif 68 A3
Kulchi 69 A3
La Maison du Kaftan 70 B2
Ministerio del Gusto 71 A2
Souk Sebbaghine (teinturiers) 72 B2
Zenbougue (voir 68)

TRANSPORTS

Calèches 73 B4
Bus locaux 74 A4

le paysage marrakechi, la célèbre **Koutoubia** (carte p. 282 ; av. Mohammed V ; fermée à la visite). Culminant à 70 m (soit près de deux fois la hauteur de son précurseur de Cordoue), son minaret est un point de repère visible à des kilomètres à la ronde. Le terme "minaret" vient de l'arabe *al-manar*, qui désigne un phare. De son sommet, l'appel du muezzin est particulièrement émouvant au crépuscule, dans la lueur rouge du couchant.

Érigée par le sultan almohade Yakoub el-Mansour (1184-1199) sur l'emplacement d'une mosquée almoravide datant du siècle précédent, son minaret est le plus ancien et le mieux conservé des trois minarets monumentaux construits sous cette dynastie. Les deux autres, tout aussi célèbres, sont la tour Hassan de Rabat (p. 107) et la Giralda, à Séville. C'est aussi un exemple classique d'architecture hispano-mauresque. Il a souvent été copié, mais aucun minaret marocain ne l'égale en taille.

Le décor initial de plâtre peint et de zelliges (céramiques) colorés a disparu. Cependant, les panneaux décoratifs qui subsistent sur chaque face différente constituent un splendide résumé de l'ornementation musulmane.

Son nom (*kutubiyyin* signifie "marchand de livres" en arabe) est la seule trace du grand marché aux livres qui se tenait jadis sur le site. Aujourd'hui, les environs de la mosquée sont très prisés des promeneurs, le soir venu. Vous pouvez flâner dans les jardins pavés et fleuris, et sur la place, à l'ouest, où des fouilles ont révélé les vestiges de la mosquée almoravide antérieure, qui dut être abattue car elle n'était pas tournée vers La Mecque.

Djemaa el-Fna

Centre névralgique de Marrakech, **Djemaa el-Fna** est une immense place dans la médina qui offre l'un des spectacles les plus grandioses du monde. Selon l'écrivain Paul Bowles, Marrakech sans Djemaa el-Fna ne serait qu'une ville marocaine parmi tant d'autres. "La place", comme on l'appelle ici, est le centre de l'animation. C'est une place magique, où l'on peut se sentir un peu débordé au début, mais sur laquelle on finit toujours par revenir.

Bien qu'animée à toute heure de la journée, la place s'éveille pleinement à la tombée de la nuit (voir l'encadré p. 285). Le rideau se lève alors sur d'innombrables rangées d'étals de nourriture qui remplissent l'air d'alléchantes odeurs. Jongleurs, conteurs, charmeurs de serpents, musiciens et, parfois, acrobates occupent le reste de l'espace, vite entourés

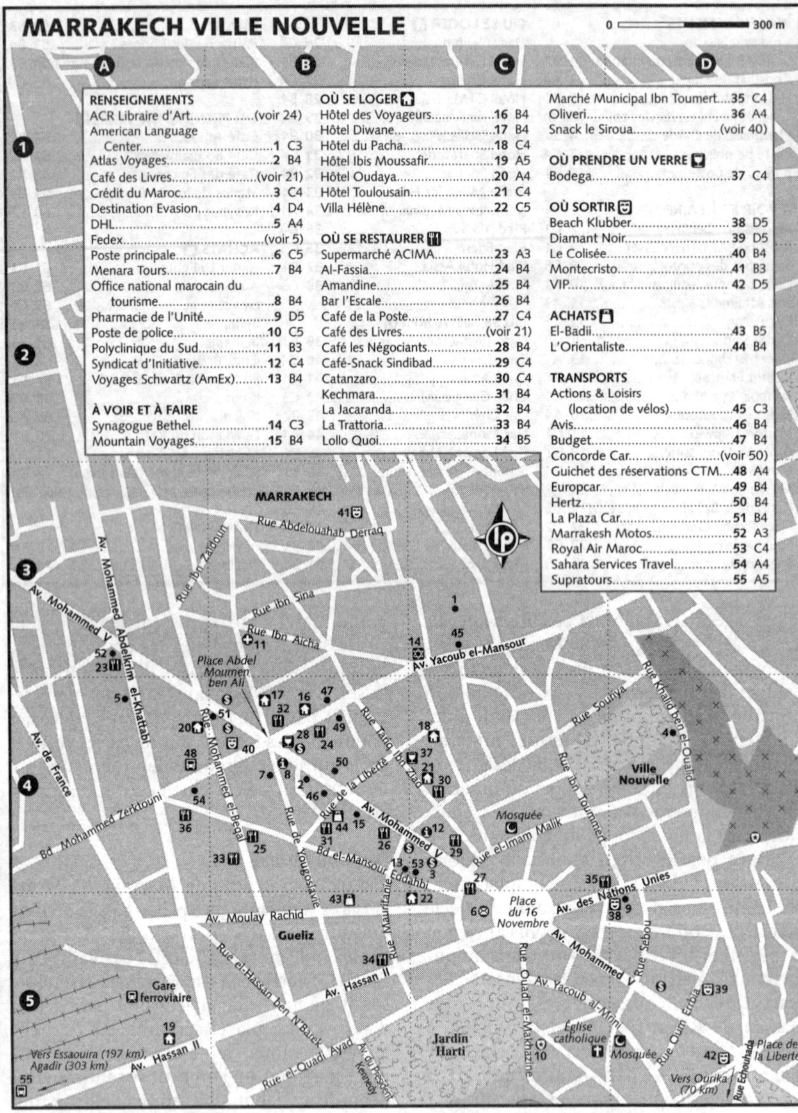

de spectateurs attentifs, qui observent ou éclatent de rire avant de passer au spectacle suivant. Bien entendu, les touristes sont vite invités à participer. Pensez à laisser quelques dirhams aux artistes.

Aux groupes de spectateurs, de dîneurs, d'acheteurs et de touristes se mêlent de temps à autre escrocs, pickpockets, camelots, vendeurs de haschisch et, parfois, des enfants "sniffant" de la colle. En bordure de la place, des lampes à pétrole éclairent les étals de jus de fruits. Derrière, assis sur le sol au milieu de leur extraordinaire marchandise, les herboristes vous prescriront une potion, quel que soit votre problème. Quand la nuit avance et que les visiteurs se raréfient, des musiciens des confréries derkaoua et gnaoua se mettent à jouer des musiques envoûtantes sur leurs tambours, leurs flûtes et leurs *guenbri* (guitare à deux ou trois cordes).

On croit souvent que ce sont les touristes qui alimentent l'activité sur Djemaa el-Fna, mais la nuit la grande majorité de la foule est constituée de Marocains : rares sont les touristes qui comprendraient les étranges et merveilleux récits des conteurs. C'est la raison pour laquelle en 2001, l'Unesco a inscrit la place au patrimoine de l'humanité en tant que "chef-d'œuvre du patrimoine oral et immatériel de l'humanité".

Après avoir fait le tour de la place, installez-vous en terrasse, dans l'un des cafés et restaurants qui occupent les toits, pour contempler le spectacle à distance.

Mosquée et médersa Ali ben Youssef

Mosquée la plus grande de la médina et cœur intellectuel et religieux de la ville, la **mosquée Ali ben Youssef** (carte p. 282) est aussi la plus ancienne de Marrakech (accès interdit aux non-musulmans). Elle fut en effet érigée dans la seconde moitié du XIIe siècle, sous le règne du sultan almoravide qui lui a donné son nom – bien qu'elle ait été, à la demande générale, presque entièrement reconstruite au XIXe siècle, dans le style mérinide.

Jouxtant la mosquée, la **médersa Ali ben Youssef** (carte p. 282 ; ☎ 024 441893 ; place ben Youssef ; 40 Dh l'entrée simple ou 60 Dh le billet groupé médersa, koubba Ba'adiyn et Musée de Marrakech ; 🕑 9h-18h hiver, 9h-19h été) possède un fabuleux décor de stucs. Après de longs et difficiles travaux de restauration, elle a retrouvé le calme et la paix propices à la méditation. Le magnifique bassin de marbre du Xe siècle qui décorait sa cour se trouve aujourd'hui au musée Dar Si Saïd (p. 292).

Fondée, au XIVe siècle, par le sultan mérinide Abu Hassan, la médersa fut restaurée, en 1564, par les Saadiens qui en firent la plus grande école de théologie du Maghreb et une rivale de l'importante médersa Bou Inania de Fès (p. 221). Longez les murs de la mosquée vers la gauche et vous trouverez l'entrée de la médersa sur votre droite.

Après y avoir pénétré par un corridor sombre, tournez à droite dans la splendide cour centrée autour d'un bassin d'ablution en marbre blanc. Comme dans les autres grandes médersas mérinides accessibles aux non-musulmans, la décoration de la cour allie un riche travail de stucs ciselés avec une base en zelliges et un plafond en cèdre sculpté. Un magnifique portail donne accès à la salle de prière.

À l'étage, les 132 cellules pour les étudiants, minuscules et dénudées, font encore ressortir par leur contraste la richesse du décor hispano-mauresque du reste de la médersa. Il est difficile d'imaginer qu'elles ont accueilli jusqu'à 900 personnes !

En face de la médersa, un panneau indique la **koubba Ba'adiyn** (carte p. 286 ; place ben Youssef ; 15 Dh ; 🕑 9h-19h). Quoique modeste par l'apparence et par la taille, la koubba (sanctuaire ou mausolée), plus ancienne que la médersa, est l'unique édifice almoravide de Marrakech qui ait échappé à la folie destructrice des Almohades.

Érigée au début du XIIe siècle, probablement pour servir aux ablutions de la mosquée, ce bâtiment petit et raffiné illustre à merveille l'inventivité de la décoration musulmane : délicates arabesques, merlons en forme de ziggourat et complexes voûtes octogonales – beaucoup de ces ornementations furent mises en œuvre ici pour la première fois avant de se populariser.

À quelques rares exceptions près, les mosquées et les médersas actives de Marrakech sont fermées aux non-musulmans.

Musée de Marrakech

Inauguré en 1997, le **musée de Marrakech** (carte p. 286 ; ☎ 024 390911 ; www.museedemarrakech.ma ; place ben Youssef ; 40 Dh ou 60 Dh le billet groupé musée, médersa ben Youssef et koubba Ba'adiyn ; 🕑 9h-19h) occupe une palais du XIXe siècle magnifiquement restauré : le Dar Mnebhi.

Ancienne demeure de Mehdi Mnebbi, très apprécié ministre de la Défense de Moulay Abdelaziz (1894-1908), ce palais tombait en ruine lorsque le mécène Omar ben Jelloun l'acheta et le remit en état. À l'intérieur, des stalactites de stuc pendent des plafonds parmi une fascinante profusion de zelliges. Autour de la superbe cour intérieure ponctuée de fontaines, des galeries abritent des œuvres d'art, tout en permettant au visiteur de découvrir des aménagements traditionnels, comme le hammam d'origine – à l'échelle des familles les plus fortunées de Marrakech, bien entendu.

Des expositions temporaires présentent un panorama des arts marocains, aussi bien traditionnels que contemporains. Le musée accueille parfois des concerts ou des manifestations théâtrales.

Il comporte en outre un agréable café installé dans une cour tranquille et une petite librairie qui vend une bonne sélection de livres d'art, d'affiches et de cartes postales.

Dar Bellarj

Proche de la médersa ben Youssef, cet ancien caravansérail, qui abrite un hôpital pour cigognes (*bellarj* signifie cigogne en arabe) au dernier étage, a été merveilleusement restauré et transformé en un centre culturel, le **Dar Bellarj** (carte p. 282 ; ☎ 024 444555 ; 9 Toulalat Zaouiat Lahdar ; 15 Dh ; 🕑 9h-13h30 et 14h30-18h). Sa belle architecture constitue un cadre parfait pour les expositions d'art marocain contemporain. La cour paisible, où l'on peut siroter le thé à la menthe offert avec le billet d'entrée, se révèle idéale pour se détendre après avoir fait des achats dans les souks.

Dar el-Bacha

Dar el-Bacha (carte p. 282 ; 1 rue Dar el-Bacha), ancien palais du fameux pacha Thami el-Glaoui (voir p. 279), en restauration depuis quelques années, devrait ouvrir, au moins en partie, au public à la fin de 2006 en tant que musée des Arts islamiques. Ce musée, dont l'entrée se situera rue Sar el-Batha, abritera la vaste collection de Patti Birch, une riche Américaine qui a consacré sa vie à l'archéologie – elle a travaillé avec le Metropolitan Museum of Art et le Museum of Modern Art de New York et vit aujourd'hui à Marrakech.

Casbah et mellah

La partie sud de la médina comprend la **casbah** (quartier royal ; carte p. 282) et, à l'est de celle-ci, le quartier juif, ou **mellah** (carte p. 282). La casbah contient les ruines du palais el-Badi, les tombes des princes saadiens et le palais royal moderne (qui ne se visite pas).

Le mellah abrite 250 juifs qui habitent encore Marrakech. C'est le sultan saadien Abdullah el-Ghalib qui déplaça les juifs en 1558 dans ce quartier sûr, voisin du palais royal, entouré d'une enceinte percée de seulement deux portes. La famille royale appréciait les talents des juifs, bijoutiers, banquiers et marchands, qui parlaient plusieurs langues. Le mellah conserve une allure spécifique et son cimetière, le **miâara**, offre un spectacle presque surnaturel, avec ses alignements de tombes blanches brillantes.

L'entrée principale du mellah se trouve à côté de la place des Ferblantiers, en passant par la *kisaria* (marché couvert). Si vous souhaitez visiter l'une des petites synagogues, il vous faudra recourir à un guide. La plus ancienne **synagogue**, dans la rue Talmud Torah, est toujours en service.

PALAIS EL-BADI

Au sud de Djemaa el-Fna le **palais el-Badi** (carte p. 282 ; place des Ferblantiers, Mellah ; palais/minbar de la Koutoubia 10 Dh/20 Dh ; 🕑 8h30-12h et 14h30-18h), érigé par Ahmed el-Mansour entre 1578 et 1602, aujourd'hui en ruine, est le plus célèbre de Marrakech. Dès sa construction, considéré comme l'un des plus beaux au monde, on le surnomma l'Incomparable.

Ce que l'on en voit aujourd'hui n'est qu'une fraction de l'ancien édifice, les palais et appartements privés de la famille royale et des courtisans étant maintenant incorporés dans l'actuel palais royal, Dar el-Makhzen. Seuls les hauts murs de pisé, surmontés de nids de cigognes, et les dimensions impressionnantes donnent une idée de sa splendeur d'antan.

Une fois entré dans le palais, on débouche dans une vaste cour centrale longue de 130 m au milieu de laquelle s'étend un bassin long de 90 m entouré d'orangeraies et de jardins fleuris en contrebas. L'énorme structure à l'ouest est la koubba al-Khamsinïa, qui tire son nom de ses 50 colonnes de marbre et servait de salle de réception officielle. En continuant vers le sud, vous vous retrouverez au milieu d'un déroutant dédale de couloirs souterrains, de réserves et de cachots – qu'une lampe électrique vous permettra de mieux explorer. Un pavillon situé dans l'angle sud-est abrite l'ancien minbar (chaire) de la Koutoubia (p. 286), un chef-d'œuvre du XIIe siècle, merveilleusement restauré, qui a inspiré nombre de poètes arabes et andalous.

Le coût de sa construction, faramineux, fut principalement financé par les rançons extorquées aux nobles portugais capturés après leur défaite de 1578 face aux Saadiens, lors de la bataille des Trois Rois. Cette victoire valut au sultan saadien le qualificatif d'"El-Mansour", le Victorieux. Les travaux, réalisés par les meilleurs artisans de l'époque, durèrent plus de 20 ans. Des piliers de marbre furent achetés leur poids en sucre et des feuilles d'or apportées par la route caravanière de Tombouctou récemment passée sous contrôle saadien. Le raffinement et le luxe de ces bâtiments éveillèrent la convoitise de Moulay Ismaïl, qui consacra 12 ans à les dépouiller.

Pour se rendre au palais, le plus pratique est d'emprunter l'avenue Houmane el-Fetouaki, du sud-est de la Koutoubia à la place des Ferblantiers, où commencent les remparts. Vous apercevrez un grand portail ; franchissez-le et tournez à droite. L'entrée et le guichet se trouvent en face.

Le palais est le principal site du Festival des arts populaires du mois de juin (voir p. 297) et du Festival du film international (voir p. 298). Ses ruines offrent un décor féerique, avec mille lumières se reflétant dans l'eau des bassins et l'arôme des fleurs d'oranger qui flotte dans l'air du soir.

TOMBEAUX SAADIENS

Longtemps cachés aux regards des curieux, les **tombeaux saadiens** (carte p. 282 ; rue de la Casbah ; 10 Dh ; 8h30-11h45 et 14h30-17h45), qui jouxtent la mosquée de la casbah, étaient à l'origine une nécropole réservée aux chérifs, descendants du prophète Mahomet.

Les tombeaux ouvragés que l'on peut admirer aujourd'hui servent de dernière demeure aux princes saadiens, notamment à Ahmed el-Mansour. À l'inverse du palais el-Badi, autre projet de ce souverain, ces tombes échappèrent aux déprédations de Moulay Ismaïl – peut-être parce qu'il répugnait à piller les morts et préféra sceller leurs tombeaux. Ceux-ci nous permettent d'imaginer l'opulence et la richesse artistique du palais.

Ils ne devaient être "redécouverts" qu'en 1917, lorsque Lyautey, intrigué par une vue aérienne du site, ordonna la construction d'un passage menant aux tombeaux. Ils ont depuis été restaurés.

Une étroite galerie mène dans le paisible et splendide cimetière où 66 Saadiens reposent dans les koubbas, à commencer par El-Mansour, ses successeurs et sa plus proche famille. S'y ajoutent, dans les jardins, plus de 100 sépultures. À l'entrée de la principale koubba se trouve une salle de prière, soutenue par quatre colonnes, où sont inhumés principalement des enfants. La pièce centrale, ou Salle des douze colonnes, passe pour l'un des plus beaux exemples de l'art décoratif hispano mauresque. Au milieu des colonnes de marbre italien et sous une coupole sculptée dorée se trouvent les tombes d'Ahmed el-Mansour, de son fils

SAINTS ET SUPERSTITIONS

La médina de Marrakech abrite les tombeaux de sept saints hommes qui font figure de patrons de la ville. Une croyance populaire veut que ces sages soient seulement endormis et qu'ils se réveillent un jour pour reprendre leurs œuvres pieuses. Chaque année, des fidèles se rendent à Marrakech pour un *ziara* (pèlerinage) d'une semaine, durant lequel ils visitent chaque jour un tombeau différent. Autrefois, quand un voyage aux cités saintes de La Mecque et de Médine paraissait presque impraticable depuis le lointain Maroc, on considérait qu'un pèlerinage sur les sept tombes de Marrakech représentait un équivalent acceptable. Le *ziara* commençait au sanctuaire de Sidi Lyad, puis se poursuivait par ceux de Sidi Youssef ben Ali, Sidi Abd el-Aziz, Sidi el-Ghazouani, Sidi es-Suhayi et Sidi ben Slimane el-Jazouli (**zaouïa Sidi ben Slimane** ; carte p. 282) avant de s'achever par le plus important de tous, celui de **Sidi bel Abbès** (carte p. 282). Même si vous n'êtes pas autorisé à pénétrer dans ces sanctuaires, vous pouvez mesurer de l'extérieur la ferveur qui continue de les entourer en assistant à la distribution quotidienne de nourriture et d'aumône aux pauvres et aux aveugles qui mendient autour du sanctuaire de Sidi bel Abbès.

La confrérie religieuse des Gnaoui tient elle aussi le chiffre sept pour sacré. Les Gnaoui croient en effet en sept *mlouk* (esprits) qui habitent l'air, l'eau, les forêts et d'autres lieux spécifiques. Chaque esprit se distingue par sa couleur : blanc, noir, bleu, vert, jaune, rouge et l'ensemble des couleurs pour le dernier. Un groupes de jeunes musiciens gnaoua de la médina a, pour la première fois, enregistré toute une *lila*, une nuit de transe et de possession, et a sorti le premier d'une série de sept CD, consacré à l'esprit de l'invisible, représenté par la couleur noire. Le CD *Marrakech Undermoon: The Black Album* est disponible chez Kifkif (p. 295) ou sur www.kamarstudios.com.

et de son petits-fils, ainsi que de 33 autres Saadiens. Un élégant second mausolée, aménagé un peu plus loin, abrite le tombeau de Mohammed ech-Cheikh et de Lalla Messaouda, les parents d'El-Mansour.

Les tombeaux sont fléchés à partir d'une ruelle située à l'extrémité sud de la mosquée de la casbah. Vous pouvez parcourir le mausolée à votre guise ou vous faire accompagner d'un guide qui vous expliquera le site (la visite est de courte durée). Prévoyez un pourboire (10 à 20 Dh). Pour éviter les groupes, allez-y de préférence tôt le matin ou le soir.

Les tombeaux étaient à l'origine reliés au palais el-Badi voisin. Il est prévu de rétablir un passage entre ces deux sites.

Rue Riad Zitoun el-Jedid

PALAIS DE LA BAHIA

Le **palais de la Bahia** (carte p. 282 ; ☎ 024 389564 ; rue Riad Zitoun el-Jédid ; 10 Dh ; 🕑 8h30-11h45 et 14h30-17h45 sam-jeu, 8h30-11h30 et 15h-17h45 ven), le "Brillant", contraste totalement avec la simplicité de son voisin el-Badi (voir p. 290). Édifié par un grand vizir Si Moussa et par son fils, Ba Ahmed, il éveilla par sa splendeur la convoitise du sultan régnant, Abdel Aziz, qui le fit méthodiquement piller à la mort de Ba Ahmed.

Les vastes pièces, salles de réception sophistiquées, appartements, jardins, fontaines et cours ombragées, bâties vers la fin du XIXe siècle, abritaient la famille de Ba Ahmed, soit quatre épouses, 24 concubines et d'innombrables enfants.

Ce palais illustre à merveille la priorité de l'architecture musulmane qui est de protéger l'intimité. Ainsi, la plupart des portes qui relient les diverses parties de l'édifice sont disposées de sorte que rien de ce qui se trouve derrière n'apparaisse, d'où l'impression d'une succession de zones indépendantes les unes des autres. Si l'ensemble manque de cohésion architecturale, cela ne gâche en rien le plaisir visuel.

On ne visite qu'une partie du palais, car il est toujours occupé par la famille royale et son personnel. Un parcours fléché vous fera découvrir une série de pièces, dont les chambres à coucher du vizir (certaines pour la sieste, d'autres pour la nuit), ainsi que des cours intérieures destinées à ses épouses et concubines. Ses quatre épouses disposaient chacune d'une chambre donnant sur une cour. Celles des concubines étaient regroupées autour d'une autre cour.

Pour vous y rendre (vous vous repérerez plus facilement du palais el-Badi), prenez la rue partant du nord-est de la place des Ferblantiers. Vous atteindrez rapidement l'entrée, sur votre droite.

DAR SI SAÏD

Au nord du palais de la Bahia, en tournant à droite dans la rue Riad Zitoun el-Jédid (suivez le panneau), le **Dar Si Saïd** (carte p. 282 ; ☎ 024 389564 ; Riad Zitoun el-Jédid ; 20 Dh ; 🕑 9h-12h15 et 15h-18h15 mer-lun) abrite aujourd'hui l'intéressant **musée d'Art marocain**.

Si Saïd, le frère de Ba Ahmed, fit construire sa résidence urbaine presque en même temps que le grand vizir faisait édifier le palais de la Bahia (ci-contre). Mais alors que ce dernier frappe surtout par son aspect extérieur et ses dimensions, le Dar Si Saïd est une demeure beaucoup plus petite, plus jolie et surtout plus impressionnante par sa décoration. Aujourd'hui, le musée abrite une exceptionnelle collection d'objets d'art, notamment des bijoux du Haut Atlas, de l'Anti-Atlas et de l'extrême Sud ; des tapis d'Haouz et du Haut Atlas ; des lampes à huile de Taroudant ; des poteries bleues de Safi ; des poteries vertes de Tamegroute ; de la maroquinerie de Marrakech.

Une série de portes de riches demeures du Haut Atlas et de l'Anti-Atlas est exposée à l'entrée. Au bout du corridor trône l'objet le plus ancien du musée, un bassin en marbre du Xe siècle rapporté de Cordoue par Ali ben Youssef (et qui figurait à l'origine dans la médersa qui porte son nom).

Viennent ensuite de fascinantes grandes roues, destinées aux enfants, que l'on utilisa durant les *moussems* (pèlerinages sur les tombes de saints hommes) locaux jusqu'aux années 1960.

Le jardin central et la cour sont flanqués de salles où sont exposés de lourds bijoux d'argent du Sud, des costumes féminins traditionnels, des ustensiles ménagers, de vieux mousquets et des dagues.Les commentaires sont rédigés en français.

MAISON TISKIWIN

Sur le chemin du Dar Si Saïd, vous découvrirez la **maison Tiskiwin** (carte p. 282 ; ☎ 024 389192 ; 8 rue de la Bahia ; adulte/enfant 15/10 Dh ; 🕑 9h30-12h30 et 15h30-17h30), appartenant à

Bert Flint, historien d'art hollandais installé au Maroc.

Dans cette maison où il vit et travaille toujours, Flint a ouvert un délicieux petit musée où il présente son étonnante collection sur les racines africaines du Maroc et de Marrakech en particulier. L'exposition permanente organisée sur le thème d'un voyage aller et retour de Marrakech à Tombouctou comporte une riche collection, bien commentée, de vanneries, de textiles, de bois sculptés, de tapis et de bijoux ethniques, regroupés par région ou par tribu. Les confortables salons et les fines odeurs de cuisine rappellent que l'on se trouve dans une maison privée, fort agréable d'ailleurs.

Jardins

Marrakech recèle davantage de jardins qu'aucune autre cité marocaine. On y apprécie le calme après l'agitation des souks et la fraîcheur de l'ombre quand frappe le soleil. Avec l'aide de paysagistes, de botanistes et d'écologistes, la municipalité multiplie les efforts pour restaurer ou dessiner encore de nouveaux jardins. Outre ceux décrits ci-dessous, les jardins de roses de la mosquée de la Koutoubia (p. 286) et de La Mamounia (p. 303) offrent un havre de fraîcheur non loin de Djemaa el-Fna. L'ethnobotaniste américain Gary Martin a par ailleurs dessiné un superbe jardin écologique au Jnane Tamsna (p. 303), dans la Palmeraie, qui regroupe fleurs odorantes, légumes, oliviers et palmiers dattiers.

CYBER PARK ARSAT MOULAY ABDEL SALAM

Créé au XVIIIe siècle par le prince et poète alaouite Moulay Abdel Salam, ce jardin a été entièrement remis en état au XXIe siècle par la Fondation Mohammed VI pour la protection de l'environnement en conjonction avec Maroc Télécom. Couvrant 8 ha (carte p. 282), il a en partie retrouvé son aspect ancien, avec ses vergers et ses oliveraies, et en partie été transformé en un jardin contemporain, avec pelouses, fleurs et jeux d'eau à quoi s'ajoutent, au centre, un cyber café et une salle d'exposition sur les nouvelles technologies. Les petites allées ombragées au milieu des bosquets sont parfaites pour goûter la fraîcheur et les allées plus larges, jalonnées de bancs, s'avèrent idéales pour observer les autres promeneurs.

JARDIN MAJORELLE ET MUSÉE D'ART ISLAMIQUE

Aujourd'hui propriété de la Fondation Pierre Bergé-Yves Saint-Laurent, le luxuriant **jardin Majorelle** et le **musée d'Art islamique** (carte p. 282 ; www.jardinmajorelle.com ; jardins/musée 30/15 Dh ; 8h-18h juin- sept, 8h-17h le reste de l'année) constituent un havre de paix à l'écart du tumulte de la vie urbaine. Ils furent conçus par le peintre français Jacques Majorelle, qui y vécut de 1924 à 1962. Au milieu des jeux d'eau, des cactus, des bambous, des majestueux palmiers et des cascades de bougainvillées se cache une villa d'un bleu intense qui abrite

ESPÈCES MENACÉES

Près de 1,6 million de personnes vivent dans les oasis du Sud, soit plus de 5% de la population totale du pays, mais leur territoire est sérieusement menacé par la sécheresse continue, la désertification, l'urbanisation et la maladie de Bayoud, un champignon fatal pour les palmiers. Durant les cent dernières années, plus des deux tiers des palmeraies du Sud ont disparu et les récoltes de dattes ont diminué de 35%. Le tourisme a joué un rôle important dans ce phénomène dans la mesure où un trop grand nombre de pompes à eau ont été installées pour alimenter les hôtels, les piscines et pour arroser les terrains de golf, sans parler du gaspillage.

La Fondation Mohammed VI pour la protection de l'environnement (www.fm6e.org) a beaucoup travaillé, en conjonction avec des organisations internationales, à la recherche de solutions à ce problème. Plusieurs projets sont actuellement en cours de réalisation pour préserver les palmeraies. À Marrakech, par exemple, 300 000 nouveaux palmiers vont être plantés cependant que les vieux arbres recevront des soins appropriés. D'autres efforts sont en cours pour limiter le gaspillage de l'eau, pour préserver la culture et les traditions propres aux oasis, pour promouvoir le tourisme écologique et pour susciter une prise de conscience de l'importance des oasis. Il est aussi prévu de créer le premier écomusée du Maroc dans la palmeraie de Marrakech. Voir aussi *Trafic de palmiers* p. 338.

MARRAKECH , VILLE ROSE

Celle qu'on surnomme à juste titre la "ville rose" a désormais remplacé Tanger comme destination privilégiée au sud de la Méditerranée pour les voyageurs gays et lesbiennes.

La plupart des clubs sont "gay-friendly". Le Diamant Noir (p. 309), le Beach Klubber (p. 309) et le **VIP** (carte p. 288 ; ☎ 068 168999 ; place de la Liberté, Guéliz) organisent régulièrement des soirées événements gays. De nombreux riads sont tenus par des couples homosexuels et bien d'autres encore visent activement une clientèle homosexuelle. Le mot clé : "discret", apparaît souvent sur les sites web des riads.

un petit musée. La collection, pleine de charme, inclut bijoux et textiles touaregs et berbères, tapis, rideaux de mariage et poteries bleues de Fès Une des salles est consacrée à l'œuvre de Majorelle.

JARDINS DE LA MÉNARA

À quelque 2 km au sud-ouest de la mosquée de la Koutoubia s'étendent les **jardins de la Ménara** (av. de la Ménara ; 10 Dh ; 🕓 8h30-11h45 et 14h30-17h45), créés au XIIe siècle par les Almohades. Très fréquentés par les Marrakechis, ils n'en restent pas moins un endroit idéal pour échapper à la canicule estivale et à la frénésie de la ville.

Au centre de ce qui n'est guère qu'une prolongation des oliveraies implantées à l'est, un grand bassin flanque un pavillon bâti en 1869 (sa photo figure dans tous les guides touristiques), offrant une vue superbe depuis son balcon. Ce jardin aujourd'hui ouvert au public était autrefois réservé aux sultans et à leurs vizirs.

MARRAKECH ET LE CENTRE

JARDIN DE L'AGDAL

Au sud du palais royal, le **jardin de l'Agdal** (carte p. 282 ; 🕓 8h30-17h30), dessiné par les Almohades en 1156-1157, s'étend sur plusieurs kilomètres et couvre quelque 16 hectares. La végétation est plus variée que celle des jardins de la Ménara, et plusieurs pavillons agrémentent l'ensemble.

Pour vous y rendre (idéalement à vélo), prenez le chemin qui part vers le sud à l'angle sud-ouest du *méchouar* (grande place), en face du palais royal.

À FAIRE

Cyclotourisme

Des vélos sont à louer à côté de la plupart des hôtels petits budgets des abords de Djemaa el-Fna ou auprès des grands hôtels de l'avenue Mohammed Abdelkrim el-Khattabi dans la ville nouvelle. Le tarif est de 70-80 Dh/jour. Les meilleurs vélos à louer sont toutefois ceux d'**Actions & Loisirs** (carte p. 288 ; ☎ 024 430931 ; app 4, 1 av. Yacoub el-Mansour, Guéliz ; 2 heures/demi-journée 140/350 Dh). Le tour de la Palmeraie, élégant quartier à 5 km au nord-ouest du centre, constitue un parcours agréable à l'écart de la circulation. Les oliviers de la Ménara offrent un parcours ombragé. Pour de longs périples, **D&O** (☎ 024 421996 ; www.dandoadventures.com) organise des randonnées cyclistes en dehors de Marrakech, aussi bien sur route qu'en montagne, longues d'une journée ou davantage, avec des bicyclettes d'importation de bonne qualité.

Hammams

Chaque mois voit l'ouverture de nouveaux hammams ou de nouveaux spas à Marrakech. Toutefois, pour goûter aux charmes authentiques et peu coûteux d'un hammam traditionnel où l'on vous traite vigoureusement, optez pour le **Hammam el-Bacha** (carte p. 282 ; 20 rue Fatima Zohra, médina ; entrée 7 Dh, massage 50 Dh ; 🕓 hommes 7h-13h, femmes 13h-21h). Dans un genre plus propre et plus chic, essayez le **Hammam Menara** (Quartier es-Saada, médina ; entrée 60 Dh, massage 60 Dh ; 🕓 hommes 10h-21h mar, jeu, sam, femmes 10h-21h lun, mer, ven, dim), mais si vous cherchez le vrai luxe, choisissez l'exquis hammam traditionnel de **La Maison Arabe** (carte p. 282 ; ☎ 024 387010 ; www.lamaisonarabe.com ; 1 Derb Assehbe, Bab Doukkala, médina ; hammam 200 Dh, massage 500 Dh/h) ou les **Bains de Marrakech** (carte p. 282 ; ☎ 024 381428 ; www.lesbainsdemarrakech.com ; 2 Derb Sedra, Bab Agnaou, médina ; gommage dans le hammam 150 Dh et massage à partir de 200 Dh), un luxueux spa qui comprend un hammam, avec toute une gamme de traitements exotiques tels qu'un massage Zen au chocolat.

Piscines

De nombreux riads disposent d'une minuscule piscine, convenable pour se rafraîchir, mais qui ne permet pas de nager vraiment. Certaines piscines d'hôtels sont accessibles aux non-résidents à condition de déjeuner sur place, notamment celles d'**El Andalous** (carte p. 282 ; ☎ 024 448226 ; av. du Président

Kennedy, Hivernage ; entrée adulte/enfant déj buffet inclus 150/75 Dh ; 8h30-18h30), de **Coralia Palmariva** (☎ 024 329036 ; Palmeraie ; entrée déj ou dîner inclus 200 Dh) et de **Jnane Tamsna** (☎ 024 329423 ; www.jnanetamsna.com ; Douar Abiad, Palmeraie ; entrée déj inclus trois plats bio et vin 350 Dh).

La dernière mode consiste à ouvrir des "beach clubs" (bar-restaurant avec piscine et parfois même avec du sable) à proximité de Marrakech. Le plus grand, la **Plage Rouge** (☎ 024 378086 ; www.lacompagniedescomptoirs.com ; route de l'Ourika par la E6, 10 km ; entrée 140 Dh) possède une immense piscine de 80 m sur 40, bordée de sable fin et de lits balinais (inclus dans le prix d'entrée), de deux bars et d'un restaurant gastronomique tenu par un chef étoilé au Michelin. Dans la journée, vous pouvez y déjeuner, bronzer, nager et montrer votre nouveau bikini (éventuellement acheté dans l'une des boutiques sur place). Le soir, l'endroit fait bar-restaurant-discothèque. Les beautés bronzées se retrouvent aussi à la **Nikki Beach** (☎ 024 301010 ; Golf Palace Hotel, Palmeraie ; entrée 200 Dh ; 9h-19h), un club branché où la piscine n'est pas destinée aux enfants. À l'**Oasiria** (☎ 024 380438 ; route d'Amizmiz, 4 km, Cherifa ; entrée adulte/enfant lun-ven 160/80 Dh la journée, sam-dim 180/100 Dh la journée ; 10h-18h, fermé en hiver), le plus vaste parc aquatique d'Afrique du Nord, vous profiterez d'une piscine à vagues de 5 000 m^3, de lagons, de rivières, d'une plage et de plusieurs restaurants au milieu d'un vaste jardin.

PROMENADE À PIED

Débordant d'animation, de couleurs, de bruits et d'odeurs, les **souks** (8h30-20h, nombreuses échoppes fermées le ven) constituent le centre névralgique de la médina de Marrakech. Réputé pour la qualité des articles artisanaux qu'on y trouve, ce labyrinthe de ruelles est un monde en soi, relativement compact, mais qui vous emporte dans un fascinant tourbillon d'échoppes dont on ne finit pas d'épuiser les charmes.

Ce circuit privilégie les ruelles commerçantes plus calmes et souvent plus intéressantes, en passant par le quartier Mouassine où les marchands et les stylistes les plus en vogue ont ouvert boutique, pour se terminer par le grand souk Smarrine très animé sur la place Rahba Kedima où règne une ambiance merveilleuse.

En partant de **Dar el-Bacha** (**1** ; p. 290), suivez la rue Dar el-Bacha jalonnée d'intéressantes boutiques d'antiquaires qui présentent d'étonnants bijoux, d'agences immobilières qui vendent des riads et, plus loin, d'une foule d'ateliers installés dans plusieurs caravansérails restés intacts. Empruntez le passage sous une maison puis tournez à droite dans la rue Mouassine. Arrêtez-vous éventuellement pour prendre un verre à la terrasse du **Café Arabe** (**2** ; p. 308) ou continuez jusqu'au bout de la rue. Tournez à gauche, dépassez la **fontaine Mouassine (3)** pour arriver dans le **souk des Sebbaghine (4)**, le souk des teinturiers, où les écheveaux de laine colorée sont suspendus entre les boutiques pour sécher. L'embranchement de droite passe au milieu des ateliers de fabrication du feutre. Au bout, prenez à gauche et encore à gauche pour voir vanniers et ébénistes. Revenez à la fontaine, passez devant la **mosquée Mouassine (5)** dont

FESTIVAL DES ARTS POPULAIRES

Le Festival des arts populaires de Marrakech (anciennement le Festival folklorique) est l'occasion pour les meilleures troupes du Maroc d'offrir de somptueux spectacles de chant et de danse. Cette manifestation unique en son genre – qui existe depuis un peu plus de 40 ans–, se déroule en juin ou en juillet dans l'enceinte du magnifique palais el-Badi.

Chaque année, le festival aborde un thème différent : cérémonies de mariage, rituels guerriers… Les chants et les danses des troupes venues de tout le Maroc témoignent de la grande diversité des groupes ethniques dans le pays et des spécificités des traditions et de la culture de chacun. Plus encore que les Berbères et les Guedra ce sont souvent les Gnaoui, qui plongent leurs racines dans l'Afrique subsaharienne, qui tiennent la vedette. Munis de luths, de tambours, de castagnettes, de coquillages et de perles, ils produisent un son envoûtant qui monte en crescendo. De temps à autre, les musiciens s'interrompent pour réaliser de superbes numéros d'acrobatie.

Des expositions, des nuits à thème et des rencontres académiques complètent le programme. C'est aussi une excellente occasion d'assister à une fantasia. Cette charge de cavaliers berbères s'effectue chaque soir au coucher du soleil à l'extérieur des remparts, près de Bab el-Jédid.

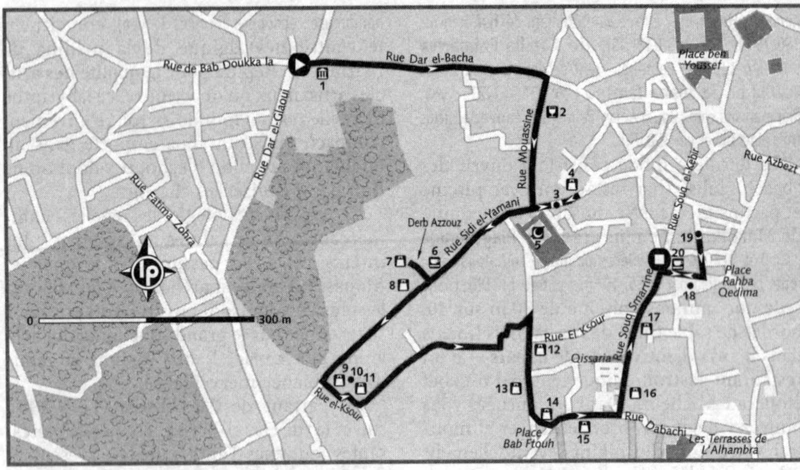

vous pouvez seulement apercevoir la cour et continuez le long de la rue Sidi el-Yamani. Tournez dans la première ruelle à droite après le **Bougainvillea Café (6)**, Derb Azzouz, qui vous emmène en zigzaguant pendant 150 m jusqu'à la plus étrange boutique de la ville, **Ministerio del Gusto (7)**, une galerie d'art qui vend aussi des meubles loufoques et des vêtements vintages, dans un riad transformé en temple africain psychédélique. Revenez rue Sidi el-Yamani et reprenez votre marche, vous dépasserez **La Maison du caftan (8)**, où vous trouverez tous les caftans de vos rêves, avant d'atteindre, 500 m plus loin sur la gauche, la rue el-Ksour. Vous y verrez **Kulchi (9)**, aux caftans et aux accessoires mode, et, plus loin, **Kifkif (10)** qui propose de superbes accessoires et T-shirts, et son voisin **ZenBougie (11)** qui vend de magnifiques bougies. Poursuivez dans cette rue qui oblique à angle droit sur la gauche. Vous verrez d'autres boutiques intéressantes avant d'arriver à la minuscule librairie **FNAC Berbère (12)**, rue Mouassine, qui vend de beaux livres d'art. Prenez la rue Mouassine (à droite), admirez le travail de **Beldi (13)**, fabricant de vêtements traditionnels haute couture. Arrivé sur la place Bab Ftouh sur la droite s'élève un fondouk (caravansérail) au premier étage duquel est installé **Belhadj (14)**, une boutique emplie de bijoux berbères, de pierres semi-précieuses et d'amulettes touaregs à des prix raisonnables. De l'autre côté de la place, **Akbar Delights (15)**, une boutique huppée, vend des chemises et robes marocaines brodées. Prenez à gauche

EN BREF

Départ Dar el-Bacha
Arrivée Rahba Qedima
Distance 1,5-2 km
Durée 3 heures ou toute la journée

au croisement avec la rue Souk Smarrine, très fréquentée, où les boutiques de textiles et les étals de souvenirs alternent avec les grands marchands de tapis et d'antiquités. Au n°10, **Au Fil d'Or (16)** vend les plus belles vestes et chemises traditionnelles du marché et au n°82, **Chez Brahim (17)**,de belles babouches.

Juste avant que la rue Souk Smarrine se divise entre la rue Souk el-Kebir et la rue Souk Smata (souk des pantoufles), une étroite ruelle sur la droite mène à la place **Rahba Qedima (18)**, dédiée aux étals d'apothicaires où les ingrédients pour les potions magiques côtoient les épices et les cosmétiques traditionnels. Au nord de la place s'étend le souk des tapis, également appelé la **criée berbère (19)**, où les esclaves étaient vendus aux enchères jusqu'en 1912. Aujourd'hui, le quartier est plus paisible. Asseyez-vous en terrasse sur la place, au **Café des Épices (20)**, et observez la vie suivre son cours

COURS

Cuisine

Vous avez adoré ce tajine de poulet aux citrons et vous voudriez savoir en faire autant ? De nombreux riads de la médina vous proposent d'apprendre auprès de leur cuisinier comment préparer un tajine ou un couscous. Le **Souk Cuisine** (carte p. 282 ; ☎ 073 804955 ; www.soukcuisine.com ; Zniquat Rahba, 5 Derb Tahtah, Médina ; 350 Dh/jour déj et vin inclus) organise de merveilleux cours soit dans sa cuisine soit, pour un groupe de six ou plus, dans celle du joli riad **Chambres d'Amis** (www.chambresdamis.com), dans la médina. Les cours sont donnés par deux Marocaines qui cuisinent pour les mariages. Les participants sont totalement impliqués dans la préparation de plusieurs plats marocains, qu'ils mangent à la fin. Ceux qui le souhaitent peuvent aller faire le marché avec le propriétaire.

D'autres ateliers de cuisine sont organisés par le somptueux **Jnane Tamsna** (☎ 024 329423 ; www.jnanetamsna.com ; Douar Abiad, Palmeraie ; cours repas inclus 450 Dh), où l'on se sert pour cuisiner des produits bio du jardin, par le **Dar Attajmil** (carte p. 282 ; ☎ 024 426966, 064 235954 ; www.darattajmil.com ; 23 rue Laksour, médina ; cours repas inclus 500 Dh) et par **La Maison Arabe** (carte p. 282 ; ☎ 024 387010 ; www.lamaisonarabe.com ; 1 Derb Assehbe, Bab Doukkala, médina ; à partir de 500 Dh/pers).

Langues

L'Institut français (p. 284) propose des cours de dialecte marocain pendant l'année scolaire (1 600 Dh) et des cours privés d'arabe à tout moment de l'année (250 Dh/h).

SPÉCIAL ENFANTS

Marrakech est une ville accueillante pour les enfants. Même s'ils sont un peu étonnés au début par le bruit, la fumée et la douce folie de Djemaa el-Fna (voir p. 287), après avoir bu un jus d'orange frais, vos petits seront subjugués par le spectacle des charmeurs de serpents, des porteurs d'eau, des musiciens et des acrobates. Peut-être vous aventurerez-vous à leur montrer les étals où rôtissent des têtes de mouton et ceux qui vendent de la soupe d'escargots avant de trouver un endroit plus adéquat pour les nourrir. Ils apprécieront aussi la médina, où il n'y a pas de voitures, mais attention au passage des vélos et des carrioles à ânes. De nombreux étalages intéresseront les petits, mais le meilleur endroit où s'arrêter avec eux reste la place Rahba Qedima : ils auront suffisamment d'espace pour courir et les caméléons et les lézards sur les stands des apothicaires (carte p. 286) ne manqueront pas de les amuser.

S'ils commencent à accuser la fatigue, arrêtez une calèche (voir p. 313) ou montez sur un bus à impériale de Marrakech-Tour (p. 298) pour faire le tour de la ville. Vous pouvez aussi les emmener faire du vélo (voir p. 294) ou se baigner, en particulier à l'**Oasiria** (voir p. 295), ou encore faire une promenade à dos de dromadaire. Ces derniers campent généralement dans la Palmeraie ; la promenade de 15 mincoûte entre 30 et 50 Dh. La **Kasbah Le Mirage** (☎ 024 314444 ; Ouahat Sidi Brahim, Palmeraie) organise des promenades à dromadaire de 90 min, à travers la Palmeraie, avec dégustation de crêpes, pour 290 Dh. Marrakech offre aussi un vaste choix de clubs équestres, à commencer par les **Sabots de l'Ourika** (☎ 060 031110 ; www.sabots-ourika.com ; route de l'Ourika, 11 km; randonnées 1heure/3heures 200/500 Dh) spécialisés dans les petites randonnées à travers la campagne.

Le soir venu, vos petits adoreront le spectacle folklorique **Al-Menara Reflets et Merveilles** (☎ 024 439580 ; 250-400 Dh, gratuit pour les moins de 12 ans, avec le dîner 400-550 Dh ; ☎ 21h lun-sam), un fantastique son et lumière avec 50 chanteurs, danseurs et acrobates, qui se déroule le soir dans les jardins de la Ménara (voir p. 294).

Dernière remarque, concernant l'hébergement : si vous avez des enfants très jeunes et bruyants, évitez de loger dans les riads (voir p. 299) de la médina, dont les petites piscines et les escaliers peuvent être dangereux, mais qui manquent surtout d'espace pour courir et où les sons se répercutent en écho dans toute la maison. Préférez un hôtel plus vaste, avec un jardin, dans l'Hivernage ou dans la Palmeraie.

CIRCUITS ORGANISÉS

Marrakech se visite aisément sans guide. Un expert local vous aidera cependant à localiser et à apprécier les médersas, les mosquées et les musées, bien cachés au cœur de la médina. La plupart des hôtels et des riads proposent des excursions à la journée ou peuvent vous conseiller un guide. Sinon, pour engager un guide officiel, adressez-vous à l'office du tourisme (pour plus de détails sur les guides, voir p. 281).

Les agences dont la liste suit proposent des visites de la ville ou des circuits au-delà, et sont pratiques pour qui manque de temps ou souhaite rencontrer d'autres voyageurs (pour les agences spécialisées dans les randonnées, voir p. 458).

Authentic Discoveries (carte p. 282 ; ☎ 024 436905 ; Résidence Palm House B, rue Imam Ali, Guéliz). Spécialisé dans le tourisme équitable et durable, travaille main dans la main avec les associations culturelles et sociales locales et avec les ONG. Ses itinéraires, à partir de 300 Dh par pers et par jour, sont adaptés à tous les budgets. Une partie de ces sommes est reversée aux organismes partenaires.

Diversity Excursions (☎ 024 329423 ; www.diversity-excursions.co.uk). Organisées par la Global Diversity Foundation et conduites par des Marocains spécialistes de la culture, de l'histoire, de la botanique et de l'écologie de la région, ces visites visent à faire découvrir en profondeur la richesse et la diversité de Marrakech et de ses environs. On peut ainsi visiter des jardins privés, un des projets mis en place par la fondation, des monuments restaurés de la médina ou une oasis plus loin vers le Sud.

Marrakech-Tour (☎ 024 339637 ; www.marrakech-tour.com ; adulte/enfant billet pour 24h 130/65 Dh, billet pour 48h 200/100 Dh ; 🕓 toutes les 30 min). Des bus à deux niveaux vous permettent de contempler Marrakech. Vous pouvez monter et descendre à volonté. Commentées en plusieurs langues, la visite "Marrakech Monumental" vous entraîne dans la médina et le Guéliz (80 min) tandis que la visite "Marrakech Romantique" vous emmène dans la Palmeraie.

Mountain Voyage (carte p. 288 ; ☎ 024 421996 ; www.mountain-voyage.com ; 2e ét, Immeuble El-Batoul, 5 av. Mohammed V, Guéliz). Forte d'une longue expérience, ce tour-opérateur s'efforce de développer une meilleure compréhension du peuple marocain et de sa culture, et organise des circuits sur mesure dans Marrakech et alentour. Elle gère aussi la Kasbah du Toubkal (p. 320).

FÊTES ET FESTIVALS

Marathon du Grand Prix Hassan II. Une course annuelle, en janvier, qui se termine sur Djemaa el-Fna.

Festival des arts populaires (☎ 024 446114 ; www.maghrebarts.ma). En juin ou juillet. Voir l'encadré *Festival des arts populaires*, p. 297.

Rencontres musicales de Marrakech (☎ 066 10 27 29 ; www.maghrebarts.ma). La première édition de ce festival a été programmée en mars 2007. L'objectif des Rencontres musicales est de faire mieux connaître la musique classique et de permettre à de jeunes concertistes marocains de faire leurs armes. Les concerts auront lieu au palais des Congrès, au palais Rhoul et au palais Mehdi.

Festival international du film (☎ 024 420200 ; www.maghrebarts.ma). Pendant une semaine, chaque automne (sept-oct), Marrakech se consacre au cinéma arabe et africain, ainsi qu'aux productions européennes, indiennes, américaines, etc. Voir p. 54.

OÙ SE LOGER

Marrakech offre un choix incroyable en matière d'hébergement, depuis les modestes petites chambres informelles jusqu'aux fabuleux palais dignes des *Mille et Une Nuits*. Un choix tel qu'il peut s'avérer difficile de trancher. En ce cas, le premier critère à déterminer est de savoir où vous souhaitez loger : dans une petite rue tranquille de la médina ou dans la ville nouvelle, où la plupart des grandes chaînes internationales ont un établissement bénéficiant d'un jardin et d'une piscine. La bonne idée peut être aussi, comme le font beaucoup de gens, de séjourner d'abord quelques jours dans l'un des merveilleux riads-hôtels (voir l'encadré, à droite), puis de passer les jours suivants dans la tranquillité de la Palmeraie ou de la vallée de l'Ourika. Dans les deux cas, la note sera élevée car l'hébergement à Marrakech revient plus cher que partout ailleurs au Maroc.

Tout le monde rêve de loger dans l'un des merveilleux riads convertis en hôtels, nichés dans les ruelles de la médina. Rien n'égale en effet l'alliance entre le charme tranquille de ces superbes demeures agencées autour d'un patio – avec décor de magazine, hammam, service aux petits soins et délicieux repas maison servis sur la terrasse – et l'animation populaire de la médina. C'est un plaisir qui justifie le prix, d'autant qu'il existe des riads pour tous les budgets. Cela dit, pour un séjour de courte durée ou pour un séjour en famille avec des enfants en bas âge, qui posent un problème de bruit, la ville nouvelle s'avère préférable si on privilégie l'espace et la piscine. Sans compter que cette partie de la ville présente elle aussi son charme après l'effervescence de la médina.

Médina

PETITS BUDGETS

Des dizaines d'hôtels à prix doux sont disséminés dans les ruelles au sud de Djemaa el-Fna. Souvent leurs chambres donnent sur une agréable petite cour et ils possèdent des terrasses sur le toit, où profiter du soleil et de la vue. Pour le reste, ils ne se différencient guère les uns des autres si ce n'est par leur propreté ou les possibilités de douches.

Vu la petite taille de ces établissements, les meilleurs affichent rapidement complet, aussi vaut-il mieux téléphoner à l'avance. Si vous êtes vraiment en panne, certains vous laisseront dormir sur la terrasse moyennant 30 à 50 Dh.

Hôtel Gallia (carte p. 286 ; ☎ 024 445913 ; fax 024 444853 ; 30 rue de la Recette ; s/d 270/420 Dh ; ❄). Ce délicieux hôtel tenu par la même famille française depuis 1929, se situe au fond d'une petite rue tranquille près de Djemaa el-Fna. Ses 20 chambres agréables s'organisent autour de deux ravissantes cours. L'établissement est récuré de fond en comble chaque jour et le petit-déjeuner est excellent. Inutile de dire qu'il faut réserver (uniquement par fax) des semaines, voire des mois, à l'avance.

Jnane Mogador Hôtel (carte p. 286 ; ☎ 024 426323 ; www.jnanemogador.com ; Derb Sidi Bouloukat,116 Riad Zitoun el-Qedim ; s/d/q 290/380/520 Dh). Installé dans un riad du XIXe siècle merveilleusement restauré, cet hôtel possède un superbe patio où gargouille une fontaine, un grand escalier de marbre, un hammam et de belles chambres décorées dans le style marocain. Ce riad compte 17 chambres vite prises d'assaut vu leur étonnant rapport qualité/prix.

Hôtel Sherazade (carte p. 286 ; ☎ /fax 024 429305 ; www.hotelsherazade.com ; 3 Derb Djamaa, Riad Zitoun el-Qedim ; s/d 160/210 Dh, s/d avec sdb 210-510/260-610 Dh, mini-app d 460 Dh). Central, mais très calme, ce riad, décoré dans le style traditionnel avec une profusion de zelliges, est tenu par un sympathique couple germano-marocain. Aussi séduisant que l'Hôtel Gallia, il nécessite lui aussi de réserver longtemps à l'avance.

Riad Hôtel Assia (carte p. 286 ; ☎ 024 391285 ; www.hotel-assia-marrakech.com ; 33 rue de la Recette ; s/d/tr/q petit-déj inclus 250/360/550/650 Dh ; ❄). Jouxtant l'Hôtel Gallia, ce riad, tenu par un personnel accueillant et serviable, offre une vue superbe depuis son toit-terrasse sur la Koutoubia et sur les montagnes de l'Atlas. Ses chambres, petites mais confortables, avec sdb et TV, sont décorées dans le style traditionnel avec zelliges au sol et *tadelakt* sur les murs.

Hôtel Chellah (carte p. 286 ; ☎ 024 442977 ; Derb Skaya, Riad Zitoun el-Qedim ; s/d/tr 80/130/180 Dh). Tranquille et reposant, avec son patio central agrémenté d'orangers et ses grands salons marocains, l'Hôtel Chellah abrite 9 petites chambres avec des sdb communes propres. Il se situe en dehors du périmètre habituel des hôtels pour petits budgets.

Hôtel Sourla (carte p. 286 ; ☎ 024 426757 ; 17 rue de la Recette ; s/d 120/160 Dh). Ce charmant hôtel dispose de 10 chambres simples et très

LA FOLIE DES RIADS

Un riad est une demeure traditionnelle agencée autour d'une cour-jardin. Nombre d'Européens (et quelques Marocains) ont restauré des riads, plus ou moins en ruine, pour leur rendre leur gloire première et les convertir, au besoin, en maisons d'hôte. Aujourd'hui, il existe officiellement 600 élégantes maisons d'hôte dans la médina, qui appartiennent en général en raison de leur prix, à la catégorie supérieure ou moyenne – et seul Allah sait combien de riads non enregistrés existent. Tous servent des petits-déjeuners marocains traditionnels avec jus d'orange frais, crêpes et croissants, et beaucoup proposent aussi des repas, souvent excellents, à la demande. Loger dans un riad vous donne le sentiment d'habiter chez un ami : la maison ne comporte qu'un petit nombre de chambres et constitue un havre de tranquillité en plein cœur de la médina. Les riads haut de gamme, tels que le Riad Farnatchi (p. 301), vous transportent dans un monde de rêve, où vous êtes traité comme un roi. Si vous le pouvez, offrez-vous une nuit dans l'un d'eux, vous ne le regretterez pas.

On peut également louer des riads à la semaine. Les tarifs démarrent autour de 5 000/8 000 Dh par semaine pour 4/8 pers, mais les adresses vraiment chic demandent plutôt 30 000 Dh, voire plus. Parmi les agences à contacter, citons : **Marrakech Medina** (☎ 024 442448 ; www.marrakech-medina.com ; 102 rue Dar el-Bacha), **Marrakech Riads** (☎ 024 426463 ; www.marrakech-riads.net) ou **Riads au Maroc** (☎ 024 431900 ; www.riadomaroc.com).

Bon nombre de riads se dissimulent dans des venelles sans nom de la médina. Cela fait partie de leur charme, mais peut aussi les rendre difficiles à trouver. Pour plus de sécurité, demandez qu'on vous indique le plan d'accès lorsque vous réservez ou, mieux, que quelqu'un vous retrouve à un point de repère proche.

bien tenues, qui donnent sur un patio envahi de plantes. La terrasse, ornée d'un patchwork de carreaux de céramique, offre une superbe vue sur les toits-terrasses de la médina. Très prisé, l'hôtel affiche souvent complet.

Hôtel de Foucauld (carte p. 286 ; ☎ 024 440806 ; av. El Mouahidine ; s/d 180/230 Dh ; ❄). Un établissement vaste, proche de Djemaa el-Fna, qui offre des chambres spacieuses et propres, toutes avec sdb. Il est très fréquenté par les groupes de randonneurs qui sortent en trombe juste après avoir pillé le buffet du petit-déjeuner (25 Dh).

Hôtel Central Palace (carte p. 286 ; ☎ 024 440235 ; hotelcentralpalace@hotmail.com ; 59 Derb Sidi Bouloukat ; d 150 Dh, avec douche/sdb 200/300 Dh). Bonne option à prix doux, le Central Palace compte 40 chambres, propres, disposées autour de la grande cour intérieure d'une vieille maison, où chuchote une fontaine. Très central, il ne désemplit pas.

Hôtel CTM (carte p. 286 ; ☎ 024 442325 ; Djemaa el-Fna ; s/d/tr 68/104/158 Dh, avec sdb 100/150/200 Dh). Une véritable institution, juste sur la place, avec vue imprenable depuis le toit et les (bruyantes) chambres de devant. La plupart des chambres donnent cependant sur une cour banale et les parties communes ont connu des jours meilleurs. Possibilité de parking (25 à 35 Dh).

CATÉGORIE MOYENNE

Dar Al Sultan (carte p. 282 ; ☎ 071 083608 ; www.daralsultan.com ; 26 Derb el-Arsa, Riad Zitoun Jdid ; d petit-déj inclus 890-1 200 Dh ; ❄ ◙). D'une élégante sobriété, ce riad possède seulement trois chambres. L'architecture traditionnelle, les zelliges et les bois sculptés ont été préservés, mais le décor minimaliste apporte une touche moderne, mettant en valeur la beauté des formes et des volumes. L'atmosphère du lieu et son charmant propriétaire en font un havre de tranquillité au cœur des souks. Le tarif grimpe à 1 500 Dh pour Noël.

Riad Nejma Lounge (carte p. 282 ; ☎ 024 382341 ; www.riad-nejmalounge.com ; 45 Derb Sidi M'Hamed el-Haj, Bab Doukkala ; d petit-déj inclus 300-600 Dh ; ❄ ◙). L'un des riads les plus en vogue de la ville, à prix tout à fait raisonnable (le tarif monte à 900 Dh autour de Noël). Les propriétaires français ont peint les murs en blanc avec des touches de couleurs vives. Les tapis sont rouge sang. Avec sa profusion de palmiers, de plantes exotiques et sa terrasse propice à la détente, cette maison attire une clientèle jeune et branchée.

Dar Soukaina (carte p. 282 ; ☎ 024 376055 ; www.darsoukaina.com ; 19 Derb el-Ferrane, Riad Laârouss ; s/d/tr petit-déj inclus 760/860/1 010 Dh). Un riad traditionnel, amoureusement restauré dans le respect de son architecture avec des portes minuscules et des plafonds bas. À l'abri derrière ses murs chaulés au liseré lilas, le Dar Soukaina est un havre de tranquillité où tout est fait pour vous rendre la vie agréable.

Riad Akka (carte p. 286 ; ☎ 024 375767 ; www.riad-akka.com ; 65 Derb Lahbib Magni, Riad Zitoun el-Jdid ; d petit-déj inclus 800-1 300 Dh ; ❄ ◙). *Akka* désigne la dernière oasis avant que la caravane n'atteigne le désert, un nom évocateur pour ce riad tranquille et délicieux. L'élégant décor conçu par le propriétaire, un architecte français, réinterprète les éléments traditionnels marocains pour créer un espace très moderne. Dans les chambres, une profusion de notes rouge et orange pimentent le sensuel *tadelakt* (enduit à la chaux poli) brun chocolat. Superbe terrasse sur le toit et délicieux petit-déjeuner marocain.

Riad Eden (carte p. 282 ; ☎ 078 447628 ; www.riadeden-marrakech.com ; 25 Derb Jdid, Riad Zitoun el-Qedim ; d petit-déj inclus 490-1 090 Dh, ste 790-1 390 Dh ; ❄). Les six chambres colorées portent des noms de fruits. Elles entourent un patio lumineux orné de palmiers. Un joli salon marocain pour lire, une terrasse pour se dorer au soleil, un chef français aidé d'un personnel marocain pour préparer de délicieux repas concourent à l'attrait de ce riad.

Riad W (☎ 065 367936 ; www.riadw.com ; 41 Derb Boutouil, Qennaria ; d petit-déj inclus 900-1 200 Dh, ste 1 500 Dh ; ❄ ◙). L'architecture du riad a été préservée mais l'aménagement qui joue sur les volumes et les lumières lui confère son allure contemporaine. Le mobilier sobre évite le mélange des styles fréquent dans les maisons réhabilitées de la médina. Les hôtes peuvent se faire servir leurs repas près du feu de cheminée en hiver ou sur le toit-terrasse en été.

Riad Magi (carte p. 286 ; ☎ /fax 024 426688 ; 79 Derb Moulay Abdelkader, Derb Debbachi ; d petit-déj inclus 800-900 Dh ; ❄). Dans ce riad à la décoration joliment peaufinée, les six chambres, toutes différentes, varient de l'aigue-marine pâle au jaune citron. Le patio central bleu et jaune est agrémenté de citronniers.

Dar Hanane (carte p. 282 ; ☎ 024 377737 ; www.dar-hanane.com ; 9 Derb Lalla Azzouna ; tr petit-déj inclus

LE CHOIX DE L'AUTEUR

Tlaata wa Sitteen (carte p. 282 ; ☎ 024 383026 ; www.tlaatawasitteen.com ; 63 Derb el-Ferrane, Riad Laarous ; d petit-déj inclus 400 Dh, ste 500 Dh). Auparavant connu sous le nom de Dar Bleue, c'était l'un des secrets les mieux gardés de la médina. C'est aussi l'un de ses plus authentiques riads. Confortables et simples, les chambres sont d'une sobre élégance. Les spacieuses sdb communes sont couvertes de *tadelakt*. Le soir, ceux qui souhaitent rester sur place peuvent déguster de délicieux couscous et tajines, souvent en compagnie du propriétaire et de ses amis. L'ambiance très décontractée vire souvent à la joyeuse fête. Familles bienvenues. Réservez longtemps à l'avance.

Riad Tchaïkana (carte p. 282 ; ☎ /fax 024 284587 ; www.tchaikana.com ; 25 Derb el-Ferrane, Azbest ; d petit -déj inclus 700-900 Dh, ste 1 300-1 500 Dh ;). Ce superbe riad, situé tout au bout d'une sombre ruelle derrière le Musée de Marrakech, comporte trois chambres et deux grandes suites ouvrant sur un vaste patio où règne une ambiance merveilleuse, magique sous les étoiles. Les chambres spacieuses sont décorées de façon sobre et avec beaucoup de goût au moyen d'objets locaux. C'est un lieu que l'on a du mal à quitter le matin, mais les sympathiques propriétaires belges connaissent la ville comme leur poche et ne demandent qu'à vous faire partager leur passion.

880-1 320 Dh, ste 1 100-1 650 Dh). Plus spacieux que ses pairs, ce riad luxueux, aux vastes chambres, reste décoré avec simplicité dans des teintes douces qui font ressortir la beauté de l'architecture. Une ambiance presque zen règne dans cette maison proche de la médersa ben Youssef. Service aimable et irréprochable.

Riad 02 (carte p. 282 ; ☎ 024 377227 ; www.riado2.com ; 97 Derb Semmaria, Sidi Ben Slimane, Sidi Ahmed Soussi, Zaouia ; d petit-déj inclus 500-1 000 Dh, ste 900-1 200 Dh ;). Un grand riad, amoureusement restauré avec une simplicité presque monacale pour mettre l'accent sur l'architecture. Après une journée dans la bousculade de la médina, on peut se détendre dans la petite piscine ou dans les vapeurs du hammam avant de se retirer dans sa chambre. Le style mêle l'esprit moderne occidental et la tradition marocaine, en particulier dans la chambre Chewing Gum. Les murs des sdb sont recouverts de *tadelakt*.

CATÉGORIE SUPÉRIEURE

Riad Edward (carte p. 282 ; ☎ 024 389797, 061 252328 ; www.riyadedward.com ; 10 Derb Marestane, Zaouia Abbassia, Bab Taghzoute ; d petit-déj inclus 1 200 Dh, ste 1 750 Dh ;). Ancienne demeure de cousins de la famille royale, ce très grand riad possède un vaste patio orné de carreaux de céramique et une piscine ombragée par un cyprès séculaire. Pleine de coins et de recoins, la maison a été restaurée avec le souci de préserver son authenticité et de garder à chaque chambre son caractère particulier. Dans chacune, vous trouverez une profusion de tableaux et de livres, des terrasses et de petits espaces privatifs où vous détendre. L'extraordinaire vieux hammam demande des heures pour chauffer : prévenez la maîtresse de maison de votre intention d'y aller pour qu'elle allume les feux à l'avance.

Riad Farnatchi (carte p. 282 ; ☎ 024 384910 ; www.riadfarnatchi.com ; 2 Derb el-Farnatchi, Qa'at Benahid ; ste petit-déj inclus 3 100-4 600 Dh ;). Cinq superbes et luxueuses suites, différentes les unes des autres, avec tout le confort et les agréments dont on puisse rêver. Accès libre au hammam pour les résidents et service d'une qualité exceptionnelle. Le maître de maison fait partie de ces personnes capables d'exaucer vos moindres désirs.

Riad Kniza (carte p. 282 ; ☎ 024 376942 ; www.riadkniza.com ; 34 Derb l'Hôtel Bab Doukala ; d petit-déj inclus 2 000-2 200 Dh, ste 2 750-3 200 Dh ;). À la différence de la plupart des hôtels de luxe de Marrakech tenus ou détenus par des étrangers, le Kniza est à cent pour cent marocain. Le riad est la maison de famille du propriétaire, célèbre guide et antiquaire, le personnel efficace est marrakechi, les objets anciens qui décorent les lieux et la chaleur de l'accueil sont typiques du pays. Les sept chambres sont spacieuses et somptueuses.Une piscine et un spa étaient en construction au moment de la rédaction de ce guide.

La Sultana (carte p. 282 ; ☎ 024 388008 ; www.lasultanamarrakech.com ; rue de la Casbah, Casbah ; d petit-déj inclus 2 561, ste à partir de 3 579 Dh ;). Derrière une façade quelconque se cache un palais de rêve avec 11 chambres luxueuses, 10 suites et un fabuleux spa, où le moindre de vos désirs sera exaucé. Le décor surchargé dans le style *Mille et Une Nuits* mêle des éléments marocains avec d'autres, d'un Orient plus lointain. Le restaurant et les boutiques sont ouverts aux non-résidents, ce qui n'est pas le cas du délicieux bar en sous-sol dont la fenêtre donne sur la piscine de belle taille.

Les Jardins de la Medina (carte p. 282 ; ☎ 024 381851 ; www.lesjardinsdelamedina.com ; 21 Derb Chtouka ; d 1 650-1 950 Dh, ste 1 950-2 250 Dh ; ❄ 🏊). Des murs blancs cachent un jardin à la végétation luxuriante, agrémenté d'une piscine d'un bleu intense. Dans ce petit hôtel de 36 chambres, la direction a préservé l'atmosphère intime des riads en proposant un confort de premier choix. Un hammam et un spa offrent un fabuleux éventail de soins. Le restaurant thaïlandais permet un changement agréable de saveurs.

Ville nouvelle

PETITS BUDGETS

Trop rares dans ce quartier, les hôtels bon marché se concentrent autour de l'avenue Mohammed V, à l'ouest de la place du 16 Novembre.

Auberge de jeunesse (carte p. 282 ; ☎ 024 447713 ; rue Mohammed el-Hansali, Quartier industriel ; dort petit-déj inclus 60 Dh). D'une propreté irréprochable, cette auberge de jeunesse a pour atouts son calme, sa cuisine et ses douches chaudes (6 Dh) et pour inconvénients son couvre-feu à 23h et son éloignement de la médina. Carte HI indispensable.

Hôtel du Pacha (carte p. 288 ; ☎ 024 431327 ; fax 024 431326 ; 33 rue de la Liberté ; s/d 275/360 Dh ; ❄). Construit en 1934, l'hôtel conserve un petit air colonial au charme suranné avec ses persiennes, ses hauts plafonds et ses vastes sdb. Il fait aussi très couleur locale avec la profusion de stucs qui ornent la réception et la fraîcheur de son patio central. Certaines chambres ont pour seul luxe la clim et, parfois, un petit balcon.

Hôtel Toulousain (carte p. 288 ; ☎ 024 430033 ; www.geocities.com/hotel_toulousain ; 44 rue Tariq ibn Ziad ; s/d petit-déj inclus 110/160 Dh, avec sdb 150/190 Dh). Joli et tranquille, cet hôtel est aménagé autour de deux cours simples. Dans l'une se dresse un vénérable bananier. Les chambres du premier étage sont plus claires et spacieuses. Petit parking.

Hôtel des Voyageurs (carte p. 288 ; ☎ 024 447218 ; 40 bd Mohammed Zerktouni ; s/d 110/160 Dh, avec douches 130/175 Dh). Un beau bâtiment, un peu fatigué. Les chambres, d'une taille honorable, sont décorées simplement avec des couvertures berbères, et ouvrent parfois sur un balcon.

CATÉGORIE MOYENNE

La majorité des hôtels de cette catégorie se trouvent dans le Guéliz ou dans l'Hivernage, quartier plus paisible et plus verdoyant. La plupart des grands hôtels avec piscine de cette catégorie reviennent moins cher si on les réserve dans le cadre d'un forfait incluant le billet d'avion.

Villa Hélène (carte p. 288 ; ☎ 024 431681 ; 89 av. Moulay Rachid, Guéliz ; app 2 à 4 pers 950-1 150 Dh ; ❄ 🏊). Très tranquille au milieu de son luxuriant jardin à l'étonnante diversité de fleurs et de plantes, cette élégante villa 1930 abrite trois petits appartements, juste derrière la grande poste. Ses propriétaires français, visiblement amoureux de l'architecture Art déco du Guéliz, ont réussi une très belle alliance entre les meubles de cette époque et les tapis berbères.

Hôtel Diwane (carte p. 288 ; ☎ 024 432216 ; www.diwane-hotel.com ; 24 rue de Yougoslavie ; s/d/ste 600/750/1 100 Dh ; ❄ 🏊). Un grand hôtel flamboyant, avec tout le confort moderne, au centre du Guéliz. Le décor des chambres joue beaucoup sur les rouges. Sa grande piscine dans un patio tranquille est très attractive.

Hôtel Oudaya (carte p. 288 ; ☎ 024 448512 ; www.oudaya.ma ; 147 rue Mohammed el-Beqal ; s/d/tr petit-déj inclus 380/500/690 Dh, ste à partir de 720 Dh ; ❄ 🏊). Très prisé des groupes, l'Oudaya assure tout le confort moderne. Les sdb sont en marbre. Sa jolie piscine privée se cache derrière des murs couverts de bougainvillées.

Hôtel Ibis Moussafir (carte p. 288 ; ☎ 024 435929 ; www.ibishotel.com ; av. Hassan II ; s/d petit-déj inclus 380/440 Dh ; ❄ 🏊). Ce trois-étoiles se révèle très pratique si vous arrivez par le dernier train. Moderne, confortable et fiable, il dispose d'une petite piscine dans un jardin tranquille planté de saules. Les tarifs incluent un copieux petit-déjeuner buffet.

CATÉGORIE SUPÉRIEURE

La ville nouvelle ne manque pas de quatre et cinq-étoiles, principalement destinés aux groupes et aux conférenciers de passage. Les établissements les plus récents se regroupent le long de l'avenue de France (près du palais des Congrès) et en dehors de la ville, sur la route de Casablanca.

La Mamounia (carte p. 282 ; ☎ 024 444409 ; www.mamounia.com ; av. Houmane el-Fetouaki ; d 2 300-4 300 Dh, ste 3 300-14 000 Dh ;). Cette institution de Marrakech a vu passer tous les grands de ce monde : Winston Churchill (venu jouir des bienfaits du climat et assouvir sa passion pour la peinture), le roi actuel, Mohammed VI, l'illustre acteur et réalisateur Eric von Stroheim... Lors de la rédaction de ce guide, l'hôtel était en cours de rénovation pour mieux rivaliser avec les luxueux hôtels-riads de la ville. De 10h à 16h, La Mamounia ouvre en général ses portes au grand public qui peut déambuler dans la fraîcheur du hall et de merveilleux jardins vieux de 200 ans. Les chaussures de sport et les shorts sont interdits ; la tenue est contrôlée à l'entrée par des portiers coiffés de fez.

Hôtel es-Saadi (carte p. 282 ; ☎ 024 448811 ; www.essaadi.com ; av. el-Qadissia ; d à partir de 1 500 Dh, ste à partir de 2 800 Dh ;). Difficilement comparable avec La Mamounia, ce charmant vieil hôtel du quartier de l'Hivernage bénéficie de services efficaces et d'un personnel d'une politesse exquise. Bien qu'impersonnelles, les chambres sont spacieuses et bien équipées et l'on peut profiter d'une grande piscine (entourée de chaises longues) et de frais jardins au retour d'une journée dans la médina. Un casino et une discothèque complètent les lieux.

Palmeraie et faubourgs de Marrakech

La plupart des hôtels qui ouvrent dans la Palmeraie, et d'une manière générale à moins de 30 min de voiture de Marrakech, se caractérisent par un luxe ahurissant. Pour aller en ville, on vous appelle un taxi, qui coûte de 60 à 100 Dh. La formule idéale serait de passer d'abord quelques jours dans un riad, au cœur de la médina, puis de poursuivre son séjour dans la béatitude de ces enclaves de luxe.

CATÉGORIE MOYENNE

Le Bled (☎ 024 385939 ; www.lebled-marrakech.com ; Douar Coucou, Oasis Hassan II Taselnatet ; ch petit-déj inclus 600 Dh, ste 1 200 Dh ;). Cette construction moderne copiant le style des riads abrite trois chambres raffinées et quatre suites dont les couleurs vives font ressortir le vert de la campagne environnante, du verger et du potager. Les animaux de la ferme ajoutent à l'authenticité du lieu. Piscine de belle taille et excellent restaurant ouvert aux non-résidents.

La Maison des Oliviers (☎ 024 375405, 061 291946 ; www.lamaisondesoliviers.com ; Douar Lagouacem, Tassoultante, route de l'Ourika, km 6 ; d 850-1 260 Dh ;). Trois villas modernes rappelant l'atmosphère des riads abritent 20 chambres spacieuses et claires (appelées suites). Elles sont implantées dans un parc de 5 ha, au milieu de la campagne. Les deux restaurants servent une excellente cuisine marocaine et méditerranéenne, avec un délicieux déjeuner-buffet marocain les sam et dim (180 Dh, gratuit pour les enfants). Petit-déj : 60 Dh. Les résidents peuvent accéder au hammam et suivre des cours allant de la cuisine à l'astronomie en passant par les hiéroglyphes égyptiens.

Villa Chems (☎ 024 331467 ; www.villa-chems.com ; 63 Lotissement el-Hamra, Amerchich, Quartier el-Ksour ; d petit-déj inclus 450-800 Dh, q/ste 700-850 Dh ;). Merveilleuse construction moderne dans l'esprit traditionnel marocain, la Villa Chems possède des chambres simples et bien tenues. Très accueillant, son hôte, un Français passionné par le Maroc comme en témoigne sa villa, se montre aussi un fabuleux conteur à table. Excellente cuisine.

CATÉGORIE SUPÉRIEURE

Jnane Tamsna (☎ 024 329423 ; www.jnanetamsna.com ; Douar Abiad, Palmeraie ; d petit-déj inclus à partir de 2 200 Dh, ste à partir de 3 700 Dh ;). Des effluves de romarin vous accueillent dès l'arrivée dans cette petite oasis, au cœur de la Palmeraie, où sont implantées plusieurs villas au luxueux confort, dotées chacune d'une piscine. Meublées avec beaucoup de goût, les chambres sont à la fois spacieuses et douillettes. Le luxuriant jardin écologique allie espèces locales et plantes potagères pour alimenter le restaurant (il n'y a pas de pelouses, grandes consommatrices d'eau !). Service sans prétention mais efficace. Sublime nourriture bio. Le genre d'endroit d'où l'on n'a plus envie de partir.

Caravanserai (☎ 024 300302 ; www.caravanserai.com ; 264 Ouled Ben Rahmoun ; s petit-déj inclus 650-1 300 Dh, d petit-déj inclus 1 300-2 600 Dh, ste à partir de 1 800-4 200 Dh ;). Bien qu'en pleine campagne, vous aurez la sensation d'être ailleurs. Le Caravanserai constitue une version très sophistiquée d'une grande maison de village, avec ses 17 chambres et suites, certaines avec piscine privée. Ses murs roses, son ameublement sobre et rustique, sa superbe piscine centrale chauffée, ses délicieux jardins en font un havre de tranquillité où l'on a envie de s'attarder quelques jours. Le personnel se montre très attentif.

OÙ SE RESTAURER

Les restaurants de Marrakech s'aventurent bien au-delà des tajines et des couscous. Il est même désormais possible d'y déguster de bons sushis ou un curry thaïlandais corsé. Depuis que le gotha international s'est entiché de la ville ocre, le choix des bonnes tables ne cesse de se diversifier ni les prix d'augmenter. Les Marrakechis le déplorent : à part dans quelques établissements fidèles, faire un bon dîner devient inabordable. Les endroits les moins chers et les plus pittoresques pour se nourrir restent les étals de Djemaa el-Fna, avec leur profusion de viandes fraîches et de salades, de têtes de mouton et de soupes aux escargots (voir *L'incroyable banquet*, p. 285). Le plus agréable, pour qui loge dans un riad, consiste à savourer la cuisine maison.

Restaurants

La médina et la ville nouvelle offrent un large choix de restaurants. Dans la médina, les restaurants-palais proposent une sorte de festin traditionnel marocain à prix fixe, qui suppose d'avoir un peu jeûné auparavant, mais de nouveaux lieux davantage dans l'air du temps fleurissent à chaque coin de rue. Dans la ville nouvelle, on trouve aussi des restaurants italiens et français traditionnels à des prix raisonnables à côté d'endroits ultrabranchés s'adonnant à la cuisine fusion. De plus en plus de restaurants ouvrent en dehors de Marrakech, à la campagne (voir p. 303). On peut y déjeuner au bord d'une piscine ou y dîner avant de danser.

MÉDINA

Le Tobsil (carte p. 282 ; ☎ 024 444052 ; 22 Derb Abdellah ben Hessaien, Bab Ksour ; menu boisson incluse 600 Dh ; dîner mer-lun). Un restaurant de grande classe, intime et élégant, qui appartient à des Français. Service impeccable, même s'il est un peu moins formel qu'ailleurs. Certains gastronomes considèrent que c'est la meilleure table de Marrakech.

Casa Lalla (carte p. 286 ; ☎ 024 429757 ; www.casalalla.com ; 16 Derb Jamaa, Riad Zitoun el-Qedim ; menu 350 Dh ; 19h-23h mar-dim). Le chef étoilé au Michelin, propriétaire de cette maison d'hôte, aime faire lui-même son marché tous les matins, pour préparer le menu du jour : six plats exquis et joliment présentés qui allient la cuisine marocaine et la gastronomie française. Il faut réserver longtemps à l'avance, apporter son vin (la table d'hôte n'a pas de licence et ne fait pas payer de droit de bouchon), et arriver à l'heure dite, un retard de 15 minutes seulement risquant de vous faire refuser l'entrée.

Dar Zellij (carte p. 282 ; ☎ 024 382627 ; 1 Kaasour Sidi Ben Slimane, Bab Taghzout ; repas 250-350 Dh ; dîner mer-lun). Dans le cadre superbe de ce riad du XVIIe siècle, avec un patio orné d'orangers, des salons traditionnels marocains aux plafonds en bois de cèdre sculpté et une terrasse qui surplombe la médina, la cuisine traditionnelle prend une saveur inédite. Le propriétaire marocain sert des plats qu'on ne trouve pas souvent ailleurs, tels le tajine de mouton aux figues fraîches ou le *trid*, du pigeon enveloppé dans une crêpe. Ménagez-

LE CHOIX DE L'AUTEUR

Chez Chegrouni (carte p. 286 ; ☎ 065 474615 ; 4-6 Djemaa el-Fna ; salades 10-15 Dh, plats 35-50 Dh ; 8h-23h). Réputé pour ses excellents tajines (souvent considérés comme les meilleurs de la ville), ce petit restaurant est presque toujours plein. Que vous choisissiez le poulet au citron et aux olives ou l'agneau aux pruneaux, ces mets arriveront brûlants et tendres à souhait. Installez-vous au coude à coude en terrasse sur la Place pour bénéficier de son animation ou montez sur le toit-terrasse pour profiter de la vue plus au calme.

Dar Moha (carte p. 282 ; ☎ 024 386400 ; www.darmoha.ma ; 81 rue Dar el-Bacha ; menu déj 220 Dh, dîner sans boisson 420 Dh ; 12h-15h et 19h30-tard mar-dim ;). Le chef s'applique à créer une "nouvelle cuisine marocaine", en revisitant, par exemple, les tajines. Les mets aux saveurs exquises sont servis avec panache sur fond de musique andalouse que les musiciens font résonner dans le cadre d'une superbe villa, avec jardin et piscine, qui a appartenu à Pierre Balmain.

vous en prévision des divines pâtisseries maison servies avec le thé.

La Sultana (carte p. 282 ; ☎ 024 388008 ; menus 400-500 Dh ; déj et dîner). Uniquement à base de produits de saison d'une grande fraîcheur, la cuisine est aussi raffinée et somptueuse que le cadre, qui mêle avec bonheur l'esprit français et la tradition marocaine. Vous aurez le choix entre un dîner sous les étoiles avec vue sur les tombeaux saadiens ou dans la douceur du patio, en hiver. Réservation indispensable pour les non-résidents.

Fondouk (carte p. 282 ; ☎ 024 378190 ; repas 200-250 Dh ; 12h-16h et 19h-24h mar-dim). Le décor gothique très tendance de ce grand riad et sa délicieuse terrasse en font un lieu idéal pour prendre un verre au coucher du soleil ou pour déjeuner quand le soleil n'est pas trop fort. La cuisine, mi-française, mi-marocaine varie de l'excellent à l'exécrable. Mieux vaut s'en tenir aux plats basiques ou prendre une bouteille de vin avec des salades, sous les étoiles.

Le Marrakchi (carte p. 286 ; ☎ 024 443377 ; angle Djemaa el-Fna et rue des Banques ; repas 150-250 Dh, menus 250-350 Dh ; 11h30-23h). Une adresse sûre pour savourer un bon couscous en profitant du merveilleux panorama sur la place et sur la ville, en particulier depuis le 2e étage. Le repas est accompagné de danses orientales le soir.

Dar Yacout (carte p. 282 ; ☎ 024 382929 ; 79 Sidi Ahmed Soussi ; menu apéritif et vin inclus 700 Dh ; dîner mar-dim). Fréquenté par la famille royale, ce restaurant-palais compte parmi les plus grandioses de la ville. Décoré par l'architecte américain Bill Willis, c'est un lieu extraordinaire avec sa terrasse illuminée, son bassin et sa superbe fontaine. La cuisine, pas tout à fait à la hauteur du cadre, est servie avec beaucoup de panache.

Le Pavillon (carte p. 282 ; ☎ 024 387040 ; www.restaurantlepavillon.com ; 47 Derb Zaouia, Bab Doukkala ; repas 250-350 Dh ; dîner mer-lun). Agencé comme un riad autour d'un patio où poussent des orangers et un magnifique figuier, ce splendide restaurant français n'a rien de marocain côté cuisine. Affiché sur une ardoise, son menu varie régulièrement, avec des spécialités comme le homard et les escalopes de foie gras. Un joyeux orchestre de jazz accompagne le service. Réservez.

Les Terrasses de l'Alhambra (carte p. 286 ; Djemaa el-Fna ; repas 100-150 Dh ; 8h-23h). La vue sur la place depuis le balcon est superbe, et le décor intérieur ne manque pas de charme avec ses plafonds en cèdre sculpté et ses tables en zelliges. Les toilettes sont luxueuses. Salades et pizzas conviendront aux végétariens. La carte inclut aussi des mets marocains plus traditionnels. Un endroit parfait pour déjeuner ou prendre un thé à la menthe.

Ryad Tamsna (carte p. 286 ; ☎ 024 385272 ; 23 Derb Zanka Daika ; repas 180-250 Dh ; 12h-24h). À la pointe de la mode, le Tamsna est fréquenté par une clientèle avertie. Sa carte inventive, influencée par la cuisine d'Afrique de l'Ouest, propose quelques merveilleux desserts. Ne manquez pas, après le repas, de siroter un thé à la menthe sur le toit-terrasse.

Café-Restaurant Argana (carte p. 286 ; ☎ 024 445350 ; 1 et 2 Djemaa el-Fna ; menus 90-140 Dh). Une adresse parfaite pour observer l'effervescence de Djemaa el-Fna en dégustant quelques spécialités locales telles que la *pastilla* (85 à 90 Dh) ou la *tanzhiya* (un ragoût longuement mitonné ; 90 Dh). On peut aussi y déjeuner rapidement d'un tajine. Offrez-vous une pâtisserie ou une glace dans le café du rez-de-chaussée avant de partir.

VILLE NOUVELLE

Dans cette oasis européenne qu'est la ville nouvelle, la majorité des restaurants servent une cuisine internationale. Les mets marocains ne sont pas pour autant absents. Tous les établissements ci-dessous servent de l'alcool.

Kechmara (carte p. 288 ; ☎ 024 434060 ; 3 rue de la Liberté, Guéliz ; menus 80-120 Dh ;). Un décor contemporain choisi avec soin, de la bonne musique de jour comme de nuit, un personnel distingué, une belle terrasse, et surtout, ce qui est rare pour un restaurant à la mode, une excellente cuisine méditerranéo-marocaine bien présentée à des prix raisonnables. Les Marrakechis adorent.

Al-Fassia (carte p. 288 ; ☎ 024 434060 ; 55 bd Mohammed Zerktouni, Guéliz ; plats 120-160 Dh ; 12h-14h30 et 19h30-23h ;). Une des rares tables du quartier vouée à la cuisine marocaine. Sa cuisine traditionnelle fait même partie des plus appréciées à Marrakech. Pour certaines spécialités, il faut commander à l'avance, mais la carte offre l'embarras du choix. Les portions sont énormes. Chose rare aussi, ce restaurant est tenu par une coopérative de femmes et ne fait travailler que des femmes.

Toutes sont habillées en *dadas*, ces femmes que les riches familles engageaient pour faire la cuisine et veiller sur leurs enfants. Réservez.

Catanzaro (carte p.288 ; ☎ 024 433731 ; 42 rue Tariq Ibn Ziad, Guéliz ; pizzas ou pâtes 50-70 Dh, plats 80-120 Dh ; 12h-14h30 et 19h30-23h lun-sam ;). Ce petit traiteur italien a su fidéliser une clientèle prête à supporte les files d'attente le week-end. La carte est sans surprise : plats de poisson et de viande, pizzas, pâtes, salades, etc. Tout est d'une excellente qualité.

Lolo Quoi (carte p. 288 ; ☎ 072 569864 ; 82 av. Hassan II, Guéliz ; plats 80-180 Dh ; h19h-1h ;). Le personnel du Lolo Quoi, très stylé, sert avec brio des mets italiano-français originaux et délicieux. Le lieu se prétend "restaurant familial" mais son décor à la mode, avec dorures et poèmes sur les murs, et sa musique pop française des années 1970, en font un lieu de rendez-vous prisé des Marrakechis branchés.

Alizia (carte p. 282 ; ☎ 024 438360, 076 516295 ; angle rue Echouhada et rue Chawki, Hivernage ; pizzas à partir de 50 Dh, plats 100-150 Dh ; 12h-14h30 et 19h-23h ;). Ce très agréable restaurant italo-marocain avec terrasse est fréquenté par des habitués. La carte fait la part belle aux poissons mais propose aussi de délicieuses pizzas cuites au feu de bois ainsi que quelques spécialités marrakechis comme la *tanzhiya*. Gardez un peu d'appétit pour les excellents desserts.

Café de la Poste (carte p. 288 ; ☎ 024 433038 ; av. Mohammed V ; entrées 75-120 Dh, plats 95-150 Dh ; 8h-1h ;). De l'extérieur, ce café-restaurant, situé derrière la poste centrale, apparaît comme un repaire usé de l'époque coloniale. Pourtant, à l'intérieur, tout est neuf et c'est l'un des endroits les plus en vogue pour déjeuner ou prendre un verre le soir. La cuisine, qui joue l'alliance Maroc et Méditerranée avec une pointe d'Asie, est excellente, mais les portions sont petites et chères.

Bô-Zin (☎ 024 388012 ; www.bo-zin.com ; Douar Lahma, route de l'Ourika, 3,5 km ; repas 220-280 Dh ; 20h-1h ;). Fréquenté par une foule très mode qui vient pour voir et être vue, c'est un des hauts lieux de la nuit, avec toutes sortes de salles et d'ambiances différentes ainsi qu'un jardin où goûter la fraîcheur en été. Le personnel et la clientèle sont au diapason, la bonne musique est quelquefois très forte, suivant le DJ, et on a toujours le sentiment que la fête va commencer (ce qui est souvent le cas). Comme il s'agit officiellement d'un restaurant, on y sert une cuisine fusion sans grand intérêt. Mais ce n'est pas vraiment pour cela qu'on vient.

Niagara (carte p. 282 ; ☎ 024 449775 ; 31 centre commercial En-Nakhil, route de Targa ; pizzas 40-50 Dh, plats 50-80 Dh ; 12h-14h15 et 19h15-23h mar-dim ;). Les familles nombreuses affluent dans ce restaurant à l'ancienne, très populaire, qui sert peut-être les meilleures pizzas cuites au feu de bois de la ville. Sur la carte interminable, pas un tajine à l'horizon, mais des pâtes, des viandes et des poissons, à des prix très raisonnables.

La Trattoria (carte p. 288 ; ☎ 024 432641 ; 179 rue Mohammed el-Beqal, Guéliz ; plats 100-250 Dh ; 19h30-23h30 ;). Quand on franchit les grilles en fer forgé de cette demeure des années 1920 magnifiquement restaurée, on a l'impression d'arrive au beau milieu d'une partie de campagne. La petite piscine et, l'hiver, les grands feux de cheminée ajoutent encore à l'ambiance. La cuisine italienne se révèle de grande qualité. Réservation recommandée.

La Jacaranda (carte p. 288 ; ☎ 024 447215 ; 32 bd Mohammed Zerktouni, Guéliz ; déj/dîner menus à partir de 85/180 Dh, fondues de bœuf/poisson 170/180 Dh ; 12h-15h et 18h30-23h ;). Ce tout petit restaurant très français cache, derrière un extérieur banal, des nappes blanches et des services de table étincelants. C'est l'une des meilleures tables de la ville, où l'on vient déguster des plats classiques : tripes, confit de canard, foie gras et quantité de poissons. Les menus du déjeuner sont très avantageux.

Cafés, pâtisseries et glaciers

Djemaa el-Fna est bordée de cafés avec vue sur la place. Le jour, les terrasses de plain-pied offrent un poste d'observation agréable. Le soir, montez sur les toits-terrasses pour jouir d'un panorama grandiose sur le spectacle en contrebas. Dans la ville nouvelle, les amateurs de caféine et d'animation urbaine se retrouvent sur l'avenue Mohammed V.

MÉDINA

Café des Épices (carte p. 286 ; ☎ 024 391770 ; place Rahba Qedima ; petit-déj 25 Dh, sandwichs ou salades 25-30 Dh ; 8h-22h). Le meilleur endroit de la médina pour apprécier le spectacle de la rue ou pour se délasser en sirotant un thé à la menthe ou un jus d'orange frais en écoutant de la musique. Les jeunes Marocains qui tiennent ce café sont de vrais enfants de la médina toujours prêts à bavarder et à s'amuser. Asseyez-vous en bas pour observer l'animation de la place ou sur les terrasses supérieures pour contempler le coucher du soleil sur la ville. Le café dispose d'une connexion wi-fi et offre une carte limitée, mais délicieuse, au déjeuner.

Dar Cherifa (carte p. 286 ; ☎ 024 426463 ; 8 Derb Cherfa Lakbir, Mouassine ; menus 140-150 Dh ; ⏰ 8h30-18h). Ce riad splendide, reconverti en café littéraire, abrite une bibliothèque où l'on peut consulter des livres sur le Maroc, ainsi qu'un espace expositions qui accueille parfois des concerts. En grignotant une pâtisserie marocaine accompagnée d'un thé à la menthe, remarquez les bois blanchis sculptés, les peintures, et les pétales de rose répandus sur le sol.

Pâtisserie des Princes (carte p. 286 ; ☎ 024 443033 ; 32 rue de Bab Agnaou ; ⏰ 5h-23h30 ;). Une des plus fameuses pâtisseries de la ville. Un choix alléchant de gâteaux et de glaces. Le petit café situé à l'arrière ravira les femmes en quête de tranquillité et quiconque souhaitant se reposer devant un café.

VILLE NOUVELLE

Café des Livres (carte p. 288 ; ☎ 024 432149 ; 44 rue Tariq ibn Ziad, Guéliz ; petit-déj 40 Dh, plats 55-75 Dh, brunch le dim 85 Dh ; ⏰ 9h30-21h mar-dim). Ce salon de thé-librairie constitue une oasis de tranquillité. Vous pourrez y consulter des livres en grignotant un excellent sandwich, une salade ou une part de gâteau maison. Délicieux brunch et bonne carte pour déjeuner. Connexion wi-fi.

Amandine (carte p. 288 ; ☎ 024 449612 ; 177 rue Mohammed el-Beqal, Guéliz ; petit-déj 40-50 Dh ; ⏰ 6h-23h). Élégante pâtisserie très courue par une clientèle d'expatriés pour ses appétissants et délicieux gâteaux français ainsi que pour ses glaces. Un café plus intime vous attend la porte à côté pour prendre un thé à la menthe, un jus de fruit frais, un café ou un petit-déjeuner.

Café Les Négociants (carte p. 288 ; ☎ 024 435762 ; 110 av. Mohammed V ; ⏰ 6h-23h). Attablé à la vaste terrasse, très parisienne, on a le sentiment d'être au centre de l'univers – on est en tout cas au centre de la ville nouvelle. Un merveilleux café si vous aimez observer la rue.

Oliveri (carte p. 288 ; ☎ 024 448913 ; 9 bd el-Mansour Eddahbi, Guéliz ; glaces à partir de 10 Dh ; ⏰ 7h-22h ;). Depuis plus de 50 ans, la maison sert ses crèmes glacées confectionnées avec des ingrédients de première fraîcheur et des fruits de saison. Goûtez-les à l'abri de la chaleur dans la salle, un peu usée par le temps, aux meubles en fer forgé et aux murs couverts de miroirs.

En-cas

MÉDINA

À midi, les étals de Djemaa el-Fna sont clos, mais vous trouverez une alternative dans la *kisaria* au nord de la place. Plusieurs vendeurs y partagent des fourneaux sur lesquels ils vous concoctent un repas rapide, par exemple de la *tanzhiya*, du poisson frit ou du poulet au citron et des frites, pour moins de 40 Dh.

Chez Abdelhay (carte p. 282 ; ☎ 071 157821 ; 46 rue el-Baroudiyenne ; repas 25-40 Dh ; ⏰ 8h-20h). Proche de la médersa ben Youssef, ce petit restaurant est spécialisé dans les grillades, les salades marocaines et la *harira* que vous pourrez manger en terrasse.

Fast Food al-Ahbab (carte p. 286 ; rue de Bab Agnaou ; salades 15-25 Dh, sandwichs 20-30 Dh ; ⏰ 7h-23h). Il y a presque toujours foule dans cette sandwicherie spécialisée dans le *shawarma* (viande ou poulet à la broche). Les tables en terrasse sont un peu trop près de l'agitation de la rue de Bab Agnaou, mais cela ne semble pas gêner les convives.

Mabrouka (carte p. 286 ; ☎ 024 442426 ; rue de Bab Agnaou ; plats 40-60 Dh ; ⏰ 6h-24h). À côté du vénérable théâtre éponyme, cette pizzeria moderne sert des plats marocains classiques et des crèmes glacées. Une loggia domine la rue de Bab Agnaou pleine de vie.

Hôtel Ali (carte p. 286 ; ☎ 024 444979 ; rue Moulay Ismaïl ; menus à partir de 60 Dh, buffet résidents/non-résidents 60/70 Dh ; ⏰ dîner). Le buffet à volonté attire les visiteurs affamés qui se jettent sur le couscous, les salades, les fruits et les desserts. Les végétariens y trouveront leur bonheur. C'est un excellent endroit pour rencontrer d'autres voyageurs quand on ne séjourne pas dans un hôtel.

VILLE NOUVELLE

Pour un plat basique, choisissez l'une des échoppes de la rue Ibn Aicha, où vous ferez un repas consistant à base de poulet rôti ou de brochettes, avec frites et salade en accompagnement. Comptez une dépense de 35 à 50 Dh.

Bar L'Escale (carte p. 288 ; ☎ 024 433447 ; rue de Mauritanie, Guéliz ; plats 30-70 Dh ; ⏰ 11h-22h30). Une petite cantine, ouverte depuis 1947, spécialisée

UN PROBLÈME CROISSANT

L'essor du tourisme et la liberté qui règne dans le monde des riads ont un revers : le tourisme sexuel, et plus particulièrement la pédophilie, se développent, principalement à Marrakech et à Agadir. Officiellement, les clients n'ont pas le droit d'amener quelqu'un dans leur chambre mais jusqu'à récemment un pourboire faisait fermer les yeux sur les diverses allées et venues. Le scandale a éclaté lorsqu'on a appris que certains propriétaires de riads étaient impliqués dans des affaires de tourisme sexuel et que d'autres laissaient tourner des films pornographiques dans leurs chambres. Le problème a pris une telle ampleur que le gouverneur de Marrakech a décidé d'intervenir énergiquement, notamment contre la pédophilie. Une politique de tolérance zéro a été décidée, appuyée par de nouvelles lois permettant l'arrestation des étrangers et leur jugement au Maroc. Les arrestations consécutives ont mis un frein à ces pratiques, mais le problème perdure. Si vous êtes témoin de prostitution d'enfants ou d'acte de pédophilie, entrez en contact avec l'organisation **Touche pas à mon enfant** (☎ 070 410364 ; www.touchepasamonenfant.org) qui dispose des moyens de mener une action directe et a déjà fait arrêter plusieurs personnes in situ.

dans les grillades, toujours bonnes et servies avec des frites et une salade de tomates.

Café-Snack Sindibad (carte p. 288 ; 3 av. Mohammed V ; plats 25-35 Dh ; 🕒 6h-23h). Malgré son air peu engageant, ce snack est toujours bondé. La nourriture est savoureuse et bon marché. Essayez la *tanzhiya* au citron ou aux pruneaux.

Snack Le Siroua (carte p. 288 ; ☎ 024 430174 ; 22 bd Mohammed Zerktouni, Guéliz ; petit-déj 18 Dh, plats 30-40 Dh, menus fixes 50 Dh ; 🕒 4h30-24h). Tajines, salades et autres plats marocains servis dans ce cadre rétro offrent un excellent rapport qualité/prix. La clientèle exclusivement masculine risque de faire fuir les voyageuses. Pour terminer le repas, il y a juste à côté l'un des meilleurs glaciers de la ville.

FAIRE SON MARCHÉ

Vous trouverez un bel assortiment de produits frais et de fruits secs sur le nouveau marché municipal Ibn Toumert, qui donne dans l'avenue Mohammed V, ou sur le marché situé du côté est de Djemaa el-Fna. Les étals de nourriture abondent également dans les souks. Quant aux produits moins répandus comme le fromage, les céréales ou l'alcool, vous en trouverez dans certains marchés de la ville nouvelle sinon dans les supermarchés tels qu'**ACIMA** (carte p. 288 ; 109 av. Mohammed Abdelkrim el-Khattabi, Guéliz) ou **Aswak Assalam** (carte p. 288 ; av. du 11 Janvier, Bab Doukkala) ou encore dans l'immense hypermarché **Marjane** (route de Casablanca), à 4 km de la ville.

OÙ PRENDRE UN VERRE

Pour déguster un jus de fruit délicieux et bon marché, il n'y a pas mieux que Djemaa el-Fna, où l'orange pressée ne coûte que 3 Dh. Les stands restent ouverts toute la journée et tard dans la nuit. Il est préférable de demander au vendeur de le presser devant vous ; certains se contentent en effet d'ajouter de l'eau et du sucre à un jus déjà pressé et mis en bouteille.

Bars

Comme partout au Maroc, la majorité des bars traditionnels de Marrakech sont des lieux plutôt sinistres essentiellement fréquentés par des hommes qui viennent boire de la bière. Les nouveaux bars chic et branchés sont en revanche fréquentables par les femmes, surtout accompagnées. La plupart des femmes sont des Occidentales, néanmoins les Marocaines sont de plus en plus nombreuses à sortir. Nombre de ces bars servent aussi à dîner et se transforment parfois en boîte plus tard dans la nuit, notamment le Fondouk (p. 305), le Bô-Zin et le Café de la Poste (p. 306).

Kosybar (carte p. 282 ; ☎ 024 380324 ; http://kozibar.tripod.com ; 47 place des Ferblantiers, Médina ; 🕒 12h-1h ; ❖). Dans un riad proche du mellah, le Kosybar regroupe un piano-bar au rez-de-chaussée, un salon marocain au premier étage et, fin du fin, une splendide terrasse qui domine la médina et les remparts de la ville où nichent les cigognes. On y commande d'honorables sushis ou des plats marocains, mais l'attrait du lieu tient plutôt à sa belle carte de vins locaux et étrangers , et à sa cave à cigares irréprochable.

Café Arabe (carte p. 286 ; ☎ 024 429728 ; 184 rue el-Mouassine, Médina ; 🕒 10h-24h ; ❖). Également dans un grand riad de la médina, cet autre salon de thé-bar-restaurant est idéal pour prendre un verre au coucher du soleil ou un repas léger arrosé d'une bière. Décoration dans le style marocain moderne, vaste patio, salons intimes et superbe terrasse avec vue sur la médina.

Comptoir (carte p. 282 ; ☎ 024 437702 ; rue Echouhada, Hivernage ; 20h-1h ;). Oubliez le restaurant du rez-de-chaussée, c'est au 1er étage que se pressent Marocains et touristes branchés en tout genre. Le *lounge* bar hyper-tendance propose des cocktails sophistiqués à des prix élevés. Le soir, il accueille des danseuses orientales, dont l'une fait tenir des bougies en équilibre sur sa tête !

L'Abyssin (☎ 024 328584 ; www.palaisrhoul.com ; palais Rhoul, Dar Tounsi, Palmeraie, route de Fès ; 20h-23h mar, 12h-15h30 et 20h-23h mer-dim ;). Un restaurant en terrasse au milieu d'un jardin et surtout un *lounge* club très calme à l'arrière du palais Rhoul – "palais d'hôte" et spa au faste très oriental. Tout est d'un blanc immaculé : les tenues du personnel, les bougies et les canapés moelleux. La cuisine reste méditerranéenne et marocaine.

Bodega (carte p. 288 ; ☎ 024 433141 ; 23 rue de la Liberté, Guéliz ; 19h-1h ;). Ce bar en vogue se distingue par sa clientèle bruyante et son ambiance sans prétention, chose rare à Marrakech. On y écoute un mélange d'airs latinos et arabes et de bons vieux rock'n roll en buvant des *cervezas* (bières) et des *mojitos* (cocktails au rhum) à prix raisonnables. En cas de petite faim, on grignote des tapas (40 à 50 Dh).

La Casa (carte p. 282 ; ☎ 024 448226 ; av. du Président Kennedy ; 19h30 4h ;). Dans l'Hôtel el-Andalous, cet amusant bar à tapas sert une honnête cuisine. Il possède également une piste de danse, plus ou moins animée selon les soirs. Programmation entraînante, mélange de musique latino et arabe.

OÙ SORTIR

Clubs et discothèques

Marrakech ne dort plus et sa vie nocturne est en passe de devenir un de ses grands attraits. Les clubs les plus en vogue se situent pour la plupart dans la ville nouvelle, ou dans une nouvelle zone à l'écart de la ville. Les prix d'entrée, qui incluent la première consommation, s'échelonnent entre 150 et 300 Dh. Chaque consommation suivante coûte un minimum de 50 Dh. Prévoyez une tenue chic et n'oubliez pas que l'animation ne démarre généralement pas avant minuit passé, voire 1h. Pour revenir d'un club à l'écart de la ville, comme le Pacha, le taxi peut coûter très cher.

Pacha (carte p. 282 ; ☎ 024 388405 ; www.pachamarrakech.com ; Complexe Pacha Marrakech, bd Mohammed VI ; entrée lun-ven avant/après 22h gratuit/150 Dh, sam-dim 300 Dh ; 20h-5h). Le Pacha Ibiza a surgi sur le scène marrakechi avec deux restaurants (ouverts au déjeuner et au dîner ; excellente cuisine), plusieurs bars où se prélasser et un gigantesque club qui attire le "Tout-Marrakech". De grands DJ sont régulièrement invités et, les week-ends, jusqu'à 3 000 personnes se pressent au Pacha.

Montecristo (carte p. 288 ; ☎ 024 439031 ; 20 rue Ibn Aicha ; entrée libre à condition de consommer ; 20h-2h). Ce club latino/bar salsa devrait être la première étape de votre découverte des nuits de Marrakech. La clientèle est agréable, mais compte quelques prostituées. Si le rythme est trop soutenu, montez prendre un cocktail ou fumer une chicha sur la magnifique terrasse sur le toit.

Beach Klubber (carte p. 288 ; ☎ 024 422877 ; av. des Nations Unies ; entrée libre à condition de consommer ; 19h30 1h). En face de la gendarmerie centrale, ce petit frère du Beach Klubber de la Côte d'Azur connaît un grand succès auprès des jeunes Marrakechis. Décor violet décadent avec une profusion de coussins et terrasse pour prendre le frais quand l'ambiance s'échauffe.

Teatro (carte p. 282 ; ☎ 024 448811 ; Hôtel es Saadi, rue Quadissia ; 150 Dh ; 23h30-5h). Un ancien théâtre transformé en temple chic de la techno. La scène fait office de piste de danse et l'orchestre de bar.

White Room (carte p. 282 ; ☎ 060 595540 ; Hôtel Royal Mirage, rue de Paris, Hivernage ; 100 Dh ; 22h-aube). C'est une grande salle blanche, comme son nom l'indique, pour autant la musique n'a rien de minimaliste : DJ résidents et, à l'occasion, DJ invités programment une sélection éclectique et très dansante de raï, de techno, de new wave et de salsa.

Diamant Noir (carte p. 288 ; ☎ 024 434351 ; Hôtel Marrakech, av. Mohammed V ; entrée à partir de 80 Dh ; 22h-4h). Même si elle a perdu beaucoup de son lustre, l'endroit reste fort appréciée pour ses trois bars et sa piste de danse plongée dans l'obscurité qui vibre au son des derniers tubes hip-hop. C'est l'un des rares clubs à accueillir une clientèle gay.

Atlas-Asni (carte p. 288 ; ☎ 024 447051 ; Hôtel Atlas, 101 av. de France ; 150 Dh ; ⏲ 24h-4h). Sombre et exotique, l'Atlas-Asni est parfait pour danser jusqu'au bout de la nuit. Clientèle et musique sont arabes, principalement. C'est l'une des adresses favorites des jeunes Marrakechis.

Cinéma

Le plus beau cinéma de la ville reste **Le Colisée** (carte p. 288 ; ☎ 024 448893 ; bd Mohammed Zerktouni ; orchestre/balcon lun 15/25 Dh, mar-dim 25/35 Dh ; ⏲ 15h, 19h et 21h30), dans la ville nouvelle, qui offre un son et un confort parfaits. Pour une bonne sélection de films français et parfois marocains, consultez les programmes de l'Institut français (voir p. 284).

ACHATS

Marrakech, ville remplie d'artisans aux multiples talents qui travaillent le bois, le cuir, la laine, l'os, le cuivre, l'argent et les autres métaux, est le paradis du shopping. La seule difficulté consiste à distinguer les merveilles des articles de pacotille.

Pour vous faire l'œil, commencez par visiter l'**Ensemble artisanal** (carte p. 282 ; av. Mohammed V ; ⏲ 8h30-19h30 tlj), dans la ville nouvelle, géré par le gouvernement. D'autres boutiques d'artisanat à prix fixes jalonnent l'avenue Mohammed V. Une fois familiarisé avec la valeur des produits, vous pourrez vous lancer dans les souks (voir *Promenade à travers les souks*, p. 295), en vous préparant à marchander dur. Certaines boutiques dans des hôtels tels que le Jnane Tamsna (p. 303) ou La Sultana (p. 301) méritent aussi une visite car elles vendent des articles de stylistes locaux qu'on ne trouve pas dans les souks. N'oubliez pas non plus les élégantes boutiques du Comptoir (p. 309) et du Ryad Tamsna (p. 305), qui exposent aussi le meilleur des créations modernes. Si vous avez en tête quelque chose de bien particulier que vous ne parvenez pas à trouver, vous pouvez louer les services d'une "acheteuse" qui vous accompagnera personnellement (voir p. 281).

Voici quelques boutiques, plus ou moins branchées, tirées du carnet d'adresses secret des habitués de Marrakech et qui, en tout cas, sortent de l'ordinaire.

Mustapha Blaoui (carte p. 282 ; ☎ 024 385240 ; 142-4 Bab Doukkala ; ⏲ 9h-20h). Après avoir frappé à la grande porte, dépourvue d'enseigne, vous pénétrerez dans une véritable caverne d'Ali Baba : c'est le meilleur magasin de la ville, le fournisseur privilégié en mobilier des riads chic. Si vous recherchez un article précis, le patron pourra le faire fabriquer dans l'un de ses nombreux ateliers.

Aya's (carte p. 282 ; ☎ 024 383428 ; 11bis Derb Jdid Bab Mellah ; ⏲ 9h-13h30 et 15h30-20h). Cette minuscule boutique reste une adresse confidentielle. Ses vêtements somptueux, et faciles à porter, en laine, en soie et en coton sont inspirés de modèles marocains traditionnels et faits main par les meilleurs tailleurs de Marrakech, qui réaliseront sur mesure le modèle de votre choix s'il venait à manquer. Vous y verrez également de superbes accessoires de stylistes locaux. La boutique est située dans une ruelle, à côté du restaurant Douiria près de la place des Ferblantiers.

L'Orientaliste (carte p. 288 ; ☎ 024 434074 ; 11 et 15 rue de la Liberté, Guéliz ; ⏲ 10h-12h30 et 15h-19h30 lun-sam, 10h-12h30 dim). Ce petit magasin est empli d'objets d'art, modernes et anciens, pour la plupart exposés au sous-sol. On y déniche de jolies babioles qui font des souvenirs originaux et de qualité.

Belhadj (carte p. 286 ; ☎ 024 441258 ; 1er ét., 22-23 Souk Funduq Ouazarzi, Bab Ftouh ; ⏲ 10h-19h). Cette boutique exiguë expose un stock incroyable de bijoux berbères en argent, de perles et de colliers provenant de toute l'Afrique, auxquels s'ajoutent les bijoux en pierres semi-précieuses confectionnés par le patron lui-même, un passionné de perles dont il connaît toutes les subtilités. Ses prix sont raisonnables et il n'aime pas trop marchander.

El-Badii (carte p. 288 ; ☎ 024 431693 ; 54 av. Moulay Rachid, Guéliz ; ⏲ 9h-19h). Une incroyable collection d'antiquités, de broderies rares, de céramiques dignes d'un musée ainsi qu'une salle consacrée aux tapis au sous-sol. Fréquenté par le gotha, ce magasin vend des articles très haut de gamme, mais les prix de certains tapis restent raisonnables et les aimables propriétaires sont de bon conseil.

Au Fil d'Or (carte p. 286 ; ☎ 024 445919 ; 10 souk Smarine, Médina ; ⏲ 9h-13h et 14h30-19h30 lun-jeu, 9h-13h sam-dim). Protégée des regards par des rideaux, à la différence des étals et des échoppes alentour, cette jolie boutique vend des babouches de la meilleure qualité, d'exquises chemises cousues main et des djellabas pour hommes et pour femmes.

HORAIRE DES BUS

Destination	Tarif (Dh)	Durée (h)	Fréquence/heures de départ	Guichet
Beni Mellal	40	3	7/jour	n°1
Rabat	80	5-6	toutes les 30min 5h-24h	n°2
via Casablanca	45-50	4	(voir Rabat)	n°2
Tanger	120-150	11	8h	n°2
Asni (pour le djebel Toubkal)	12	1h30	4/jour	n°3
Safi	30	3	7/jour, 4h30-14h	n°4
El-Jadida	37	4h30	toutes les heures 5h-16h	n°5
Ouarzazate	65	4	8/jour, 4h30-21h	n°6
Tinerhir	99	10	5h30,10h, 11h et 15h30	n°6
Boumalne du Dadès	80	(voir Tinerhir)		n°6
Er-Rachidia	125	10	10h	n°6
Essaouira	35	3	9/jour, 4h-17h	n°7
Taroudant	60	7	10h, 12h30 et 21h	n°17
Azilal	44	3	8h30, 12h30 et 15h30	n°18
Demnate	24	2	9/jour, 6h-18h30	n°18
Agadir	à partir de 70	4	toutes les heures 5h-22h	n°19
Erfoud	160	10	15h45	n°19
M'Hamid	120	8	8h30, 20h15 et 22h	n°29
via Zagora	95	8	(voir M'Hamid)	n°29
Tata	130	10	9h30	n°29

DEPUIS/VERS MARRAKECH

Avion

L'**aéroport de Ménara** (☎ 024 447865 informations vols) se trouve à 6 kilomètres au sud-ouest de la ville. Il dispose d'un **bureau de renseignements** (🕑 8h-18h), dans le hall d'enregistrement, et de banques pour changer vos devises.

RAM (carte p. 288 ; ☎ 024 436205 ; www.royalairmaroc.com ; 197 av. Mohammed V, Guéliz ; 🕑 8h30-12h20 et 14h30-19h) propose plusieurs vols quotidiens depuis/vers Casablanca (à partir de 850 Dh, 40 min), où prendre des correspondances, ainsi qu'un vol direct à destination d'Agadir (à partir de 720 Dh, 35 min). Il est recommandé de confirmer vos places (☎ 090 000800 ; 24h/24).

La compagnie dessert aussi Genève (3 heures) une fois par semaine, Bruxelles deux à trois fois par semaine (3 heures 40) et Paris (3 heures 15) tous les jours. Par ailleurs, Air France (mêmes bureaux que RAM) assure au moins un vol par jour pour Paris. La compagnie *low-cost* de RAM, **Atlas Blue** (☎ 082 009090 ; www.atlas-blue.com ; aéroport de Ménara) propose des vols entre Marrakech et les principales villes françaises (Paris, Lyon, Marseille mais aussi Nantes ou Lille). Parmi les autres compagnies desservant Marrakech figurent **British Airways**, qui assure au moins cinq liaisons hebdomadaires avec Londres, et **jet4you** (www.jet4you.com) une nouvelle compagnie *low-cost* marocaine qui vient juste de lancer des vols Marrakech-Paris.

Bus

La principale **gare routière** (carte p. 282 ; ☎ 024 433933 ; Bab Doukkala), d'où partent et arrivent la plupart des bus, est située juste à l'extérieur des remparts, une marche de 20 min ou une course de 5 à 10 Dh en taxi depuis Djemaa el-Fna. Les guichets, nombreux, vendent des billets pour toutes sortes de destinations locales et longue distance. Les bus partent en général entre 4h et 19h. Si vous envisagez de partir tôt le matin, achetez votre billet la veille car certains guichets ne sont pas ouverts à l'aube.

La gare routière comprend aussi une **consigne** (petit/grand bagage 5/8 Dh/jour ; 🕑 24h/24), des cafés, des toilettes qui laissent à désirer et… des rabatteurs.

Plusieurs compagnies de bus desservent Fès (à partir de 120 Dh, 8 heures 30, au moins 6 bus/jour) et Meknès (à partir de 110 Dh, 6 heures, au moins 3/jour).

Les bus pour Asni (10 Dh) partent d'un terrain non goudronné du côté sud de la médina, devant Bab er-Rob. Un bus rallie Telouet (45 Dh, 4 heures), au moins une fois par jour, à 15h. On le prend à côté de Bab Gehmat, dans l'enceinte sud-ouest de la médina.

La **CTM** (carte p. 282 ; ☎ 024 434402 ; gare routière de Bab Doukkala, guichet 10) propose des liaisons quotidiennes pour Fès (150 Dh, 8 heures 30, 1/jour) *via* Beni Mellal (60 Dh, 2 heures 30), Ouarzazate (70 Dh, 4 heures, 1/jour), et Tan-Tan (175 Dh, 6 heures, 5/jour) *via* Tiznit (108 Dh, 5 heures). D'autres bus partent pour Agadir (80 Dh, 4 heures, 9/jour), Casablanca (80 Dh, 4 heures, 3/jour) et Laâyoune (285 Dh, 14 heures, 4/jour). Les bus CTM pour Essaouira (60 Dh, 3 heures) affichant rapidement complet, mieux vaut acheter votre billet la veille.

Vous pouvez également acheter vos billets au **bureau de la CTM** (carte p. 288 ; ☎ 024 448328 ; bd Mohammed Zerktouni, Guéliz). C'est aussi à cet endroit que partent et arrivent les bus internationaux de la compagnie, notamment ceux qui relient la ville à Paris (à partir de 900 Dh, 48 heures) et à Madrid (à partir de 800 Dh, 36 heures), les mardi, mercredi et samedi.

Les bus **Supratours** (carte p. 288 ; ☎ 024 435525), à l'ouest de la gare ferroviaire, desservent Agadir (85 Dh, 4 heures, 5/jour), Dakhla (400 Dh, 25 heures, 1/jour), Essaouira (60 Dh, 2 heures 30, 3/jour), Laâyoune (285 Dh, 15 heures, 2/jour) et Tan-Tan (175 Dh, 10 heures, 2/jour).

Voiture

Souvent plus avantageux que les compagnies internationales, les loueurs de voitures locaux proposent des tarifs à partir de 400 Dh/jour, kilométrage illimité, voire moins au-delà de 3 jours de location. Vous devriez en outre pouvoir négocier une réduction de 10 à 20% en haute saison et de 30 à 40% en basse saison (d'oct à mi-déc et de mi-janv à fin fév). Pour un 4x4, il faut compter 700 à 1 000 Dh/jour. Si vous n'envisagez pas de conduire sur les routes marocaines ou dans les montagnes, **Sahara Services Travel** (carte p. 288 ; ☎ 024 420673, 061 776766 ; app 38, immeuble Mouttasali, 88-90 bd Mohammed Zerktouni) loue des 4x4 Toyota Landcruisers avec chauffeur (1 300 Dh/jour, tout compris) ou des minibus (pour 9 à 13 pers, 1 250 Dh/jour). Parmi les agences de locations de voitures à Marrakech, citons :

Avis (www.avis.com) av. Mohammed V (carte p. 288 ; ☎ 024 432525 ; 137 av. Mohammed V), aéroport (☎ 024 431265)

Budget (www.budget.com) bd Mohammed Zerktouni (carte p. 288 ; ☎ 024 431180 ; 68 bd Mohammed Zerktouni), aéroport (☎ 024 438875)

Concorde Car (carte p. 288 ; ☎ 024 431116 ; http://concordecar.ifrance.com ; 154 av. Mohammed V)

Europcar (www.europcar.com) bd Mohammed Zerktouni (carte p. 288 ; ☎ 024 431228 ; 63 bd Mohammed Zerktouni), aéroport (☎ 024 437718)

Hertz (www.hertz.com) av. Mohammed V (carte p. 288 ; ☎ 024 431394 ; 154 av. Mohammed V), aéroport (☎ 024 447230)

La Plaza Cars (carte p. 288 ; ☎ 024 421801 ; www.laplazacar.com ; immeuble 141, 23 rue Mohammed el-Beqal)

Taxi

Les grands taxis qui desservent les localités du Haut Atlas, telles Asni (18 Dh), Ijoukak (28 Dh), Ouirgane (25 Dh) et Setti Fatma (22 Dh), partent à l'extérieur de Bab er-Rob, près du palais royal.

Ceux qui rallient des destinations plus lointaines se rassemblent sur un terrain non goudronné au nord de la gare routière principale. Ils rejoignent notamment Agadir (100 Dh), Azilal (70 Dh), Beni Mellal (100 Dh), Demnate (50 Dh), Essaouira (100 Dh), Ouarzazate (80 Dh) et Taroudant (100 Dh).

Train

Depuis la **gare ferroviaire** (carte p. 288 ; ☎ 024 447768, 090 203040 renseignements uniquement ; www.oncf.ma ; angle av. Hassan II et bd Mohammed VI, Guéliz) il faut prendre un taxi ou un bus urbain (n° 3, 8, 10 et 14 notamment ; 3 Dh) pour se rendre dans le centre-ville.

De nombreux trains desservent Casablanca (2e classe rapide, 76 Dh, 3 heures, 9/jour) et Rabat (101 Dh, 4 heures).

Il existe aussi des liaisons directes avec Fès (171 Dh, 8 heures, 8/jour) *via* Meknès (154 Dh, 7 heures), et Safi (25 Dh, 4 h 30, 2/jour ; changement à Benguérir). Un train de nuit quotidien rallie Tanger (188 Dh) ; mieux vaut réserver deux jours à l'avance pour obtenir une couchette (supplément de 100 Dh).

COMMENT CIRCULER

Depuis/vers l'aéroport

La course en petit taxi entre Marrakech et l'aéroport (6 km) ne devrait pas vous revenir à plus de 60 Dh, compteur à l'appui mais, en pratique, mieux vaut s'entendre avec le chauffeur sur le prix avant de monter dans le véhicule. Le bus n° 11 conduit à Djemaa el-Fna, mais il est peu régulier.

Bus

Les **Bus locaux** (carte p. 286 ; ☎ 024 343393 ; billet 3 Dh) partent de la place de Foucauld, à côté de Djemaa el-Fna. Ils desservent les lieux suivants :

n° 1 et **20** av. Mohammed V, Guéliz
n° 3 et **10** gare routière de Bab Doukkala, poste principale, gare ferroviaire, Douar Laskar
n° 8 gare routière de Bab Doukkala, poste principale, gare ferroviaire, Douar Laskar
n° 11 av. Ménara, aéroport
n° 14 gare ferroviaire

CALÈCHE

En plus du plaisir d'une promenade romantique, si vous évitez les heures d'embouteillage (8h, 12h et 17h30-19h30), les calèches reviennent souvent moins cher que les taxis. Le tarif officiel est de 15 Dh pour l'aller simple intra-muros (dans l'enceinte de la médina), et de 25 Dh si vous sortez de la médina. Il existe aussi un tarif horaire de 100 Dh si vous souhaitez faire le tour des principaux sites de Marrakech. Ces calèches stationnent sur le côté nord de la place de Foucauld.

Voiture et moto

La médina de Marrakech est plus aisément accessible en voiture que bien d'autres vieilles villes du Maroc, mais il y a tout de même des rues trop étroites pour les voitures. Djemaa el-Fna est interdite à la circulation, tout comme les ruelles situées immédiatement au nord et au sud de la place. Il y a souvent des places de parking libres près des entrées de la médina.

Il est moins difficile de se garer qu'on ne pourrait le croire, du moment qu'on accepte de payer. La plupart des hôtels de la ville nouvelle disposent de parkings. En ville, il est permis de stationner dans la rue en payant 10 Dh au gardien (les habitants paient 2 Dh le jour et 5 Dh la nuit, mais les touristes obtiennent rarement ces tarifs-là). Il existe des parkings publics près de la mosquée de la Koutoubia et juste au sud de la place de Foucauld, dans l'avenue el-Mouahidine. Prévoyez de débourser 20/40 Dh par 12h/24 h.

Les amateurs de deux-roues pourront louer des scooters et des 125 cm^3, moyennant 250 à 300 Dh/jour, chez **Marrakech Motos** (carte p. 288 ; ☎ 024 448359, 061 316413 ; 31 av. Mohammed Abdelkrim el-Khattabi ; ⌚ 9h-22h), à environ 2 km du centre-ville, sur la route de Casablanca, juste après le garage Goodyear.

Taxi

Une course dans un petit taxi beige de la ville coûte entre 5 et 15 Dh par trajet. Le chauffeur est censé utiliser le compteur, mais il faut parfois insister pour qu'il le branche, en particulier si vous venez de la gare ferroviaire ou de l'aéroport. Si vous êtes plus de trois, vous devrez emprunter un grand taxi, ce qui exige une négociation préalable.

EST DE MARRAKECH

En dépit de tous ses charmes, multiples et variés, Marrakech est indéniablement bruyante, poussiéreuse et fatigante. Si vous disposez de quelques jours, ne manquez pas de sortir un peu de la ville pour aller faire une excursion dans la campagne ou dans les montagnes et goûter le contraste qu'offrent la luxuriante vallée des Aït Bouguemez ou les étincelantes cascades d'Ouzoud.

DEMNATE دمنات

Sur la route des cascades d'Ouzoud, Demnate constitue une étape intéressante, notamment le dimanche, jour du marché hebdomadaire réputé pour ses olives et ses poteries vernies. Dominant une vallée couverte d'oliviers, Demnate est une ville fortifiée animée. De là, un détour de 6 km vers l'est vous conduira jusqu'au pont naturel d'Imi-n-Ifri. Il est possible d'atteindre la gorge en contrebas et de passer sous l'arche. Un café surplombe la gorge et le gîte d'étape **casbah Imi-n-Ifri** (☎ 062 105168 ; s/d 150/240 Dh ; ⌚ juin-sept) est ouvert en saison. À l'entrée de Demnate, des minibus partent lorsqu'ils ont fait le plein de passagers (5 Dh). L'aller simple en grand taxi revient à quelque 40 Dh.

Environ 7 km plus loin s'étend le site archéologique d'Iroutane, d'une superficie de 2 ha, où l'on peut voir des empreintes de dinosaures fossilisées, et 4 km avant Demnate (à 2 km de la route principale) se trouve le centre de poterie de Boughrart.

Le **Café d'Ouzoud** (☎ 023 456087 ; av. Mohammed V), à quelque 200 m de la principale porte d'accès à Demnate, est le meilleur établissement pour déjeuner.

Les grands taxis pour Marrakech (50 Dh) et Azilal (30 Dh) stationnent devant la porte principale. Des bus (25 Dh) partent pour Marrakech, toutes les 2 heures environ jusqu'à 18h, de la gare routière (prenez à droite avant la porte principale de la ville).

CASCADES D'OUZOUD شلالات أوزود

À quelque 167 km au nord-est de Marrakech coulent les plus belles cascades du Maroc, qui méritent largement les efforts nécessaires pour y accéder. Si vous disposez d'une voiture, une journée suffira.

Bien que ces cascades constituent une attraction très courue par les touristes comme par les Marocains, surtout le week-end et l'été, le site n'est pas trop envahi. L'oued Ouzoud (*ouzoud* qui signifie "olive" en berbère fait référence aux oliveraies de la région) se jette 110 m plus bas dans le canyon de l'oued el-Abid, en formant des chutes spectaculaires qui ricochent sur trois paliers. D'en haut la vue est magnifique, en particulier s'il a plu les jours précédents, mais pour profiter pleinement du spectacle, mieux vaut descendre à pied dans le canyon et se laisser mouiller par le brouillard de gouttelettes qui se forme autour des trombes d'eau. En suivant la rivière, on atteint plusieurs trous d'eau glacée qui invitent à une rafraîchissante baignade. Le site est particulièrement beau entre mars et juin, quand l'eau abonde, mais les jeunes Marocains adorent aussi venir y camper en été. Les cascades étant dans l'ombre toute la matinée, pour voir les arcs-en-ciel qu'elles provoquent, il faut venir après 12h quand le soleil y plonge ses rayons.

Pour gagner les cascades, dépassez le riad (voir ci-contre), dirigez-vous vers le bord du précipice, et empruntez l'un des nombreux chemins qui y mènent. On vous proposera de vous "guider" moyennant quelques dirhams, mais trouver les cascades ne présente aucune difficulté. La ribambelle d'étals de souvenirs installés au fond mène aux bateaux qui traversent la rivière (15 à 20 Dh), d'où un autre sentier remonte jusqu'au village, jalonné de cafés et d'étals. En chemin, des familles de singes magots amusent les touristes et leur réclament de la nourriture. Cependant, un panneau recommande de s'abstenir de les nourrir.

Si vous disposez de la journée entière, vous pouvez poursuivre la promenade le long de la rivière par une marche facile jusqu'au pittoresque village berbère de Tanaghmelt. Il suffit d'emprunter le chemin qui part des trous d'eau, passe devant une ferme et continue de monter durant environ 1,5 km. Pour une promenade plus longue, il est possible de suivre la rivière à pied jusqu'aux grottes (2 heures), puis jusqu'aux gorges de l'oued el-Abid (encore 2 heures). Plus en aval, de petites piscines naturelles d'eau claire invitent à la baignade. Pour effectuer de plus longues randonnées, passez la nuit à Ouzoud où l'hôtel pourra vous conseiller itinéraires et guides.

Au milieu des stands de souvenirs, plusieurs cafés et des campings ombragés occupent les terrasses qui dominent les chutes. Les infrastructures sont rudimentaires, mais les jeunes Marocains et Européens adorent le site. Il y a aussi quelques hôtels simples qui organisent des treks dans la région.

Le **Riad Cascades d'Ouzoud** (☎ 023 459658 ; www.ouzoud.com ; d 600-750 Dh) est faussement rustique mais réellement chic, et dispose d'une terrasse sur le toit où vous pourrez prendre votre petit-déj (40 Dh) en admirant la vue. C'est le meilleur endroit où loger. Le patron enthousiaste se fera un plaisir d'organiser pour vous un trek, une descente en rappel dans le canyon à sec, une expédition en kayak, du rafting ou même du ski nautique sur le lac Ben el-Ouidane.

Chalal (☎ /fax 023 459660, 072 384791 ; s/d 170/200 Dh). Un hôtel simple tenu par une famille d'anciens nomades, très accueillants et prêts à vous aider à découvrir la région. Chambres propres et douillettes avec sdb commune. Dortoir sous une immense tente berbère.

Depuis/vers les cascades d'Ouzoud

De Marrakech, le plus simple est d'emprunter un moyen de transport direct pour Azilal, d'où partent des grands taxis pour

Ouzoud (15 Dh/pers, ou 200 Dh aller-retour pour tout le taxi). Si vous souhaitez regagner Azilal, repartez avant 16h.

AZILAL أزيلال

Cette agréable bourgade administrative a peu d'intérêt pour le voyageur mais elle constitue un lieu d'hébergement et un point d'accès commode pour les cascades d'Ouzoud et la vallée des Aït Bouguemez.

La **Délégation du tourisme** (☎ 023 458722 ; av. Hassan II ; ⏲ 9h-12h et 15h-18h lun-ven), près de l'Hôtel Assounfou, possède un panneau d'information utile. À proximité, vous trouverez le **Cyber Itri Internet** (8 Dh/h ; ⏲ 10h-14h et 16h-23h30), et la **Banque Populaire** (av Hassan II), équipée d'un DAB. Une agence du Crédit Agricole se trouve un peu plus loin. Le marché a lieu le jeudi.

L'**Hôtel Assounfou** (☎ 023 459220 ; fax 023 458442 ; s/d 150/300 Dh), sur la route principale, offre l'hébergement le plus confortable : chambres avec moquette, chauffage et douches tièdes. Sinon, essayez l'**Hôtel Dadès** (☎ 023 458245 ; hoteldades@yahoo.fr ; av. Hassan II ; s/d avec douche 130/150 Dh) ou l'**Hôtel Souss** (☎ 023 458917 ; d 70 Dh), aux chambres spacieuses et propres (douche chaude 5 Dh). Pour se restaurer, le mieux reste le Restaurant Ibnou Ziad.

Des bus relient Azilal à Marrakech (60 Dh, 2 à 6/jour) et trois ou quatre desservent Beni Mellal (35 Dh). Une noria de grands taxis rallie en permanence Azizal (60 Dh), depuis le parking situé derrière la gare routière de Marrakech. Les liaisons entre Azilal et Demnate (30 Dh) ou Beni Mellal (35 Dh) sont moins fréquentes.

Le trajet Azilal-Afourer, qui vous ramène sur la route principale reliant Marrakech à Beni Mellal, est splendide, notamment le panorama sur le lac formé par le barrage de Bin el-Ouidane. Ce barrage produit plus de 25% de l'électricité du Maroc.

VALLÉE DES AÏT BOUGUEMEZ وادي عيت بو غومز

On l'appelle "la vallée heureuse" et quand vous la découvrirez vous comprendrez pourquoi : il y a un petit air de pays légendaire dans cette belle et luxuriante vallée au sud-ouest de Beni Mellal, après Azilal. Ce sentiment d'atteindre une région hors du temps est d'ailleurs en partie fondé. La route n'est ouverte toute l'année que depuis 2001 ; auparavant, cette vallée était isolée par la neige quatre mois par an. Aujourd'hui encore, la route reste peu fréquentée.

Depuis cette vallée, les adeptes de trekkings pourront grimper dans le massif du M'Goun (voir p. 419).

Un réseau de gîtes d'étape établis dans la vallée élargit le champ d'action des randonneurs dépourvus de tente et permet aux visiteurs de séjourner sur place.

Le principal village de la vallée, **Tabant**, compte quelques magasins pour l'approvisionnement de base, deux cafés rustiques, et connaît surtout une grande animation le dimanche, jour de marché. À l'est du village, le Centre de formation aux métiers de la montagne est la principale école marocaine de guides de montagne.

Seul monument, le **marabout de Sidi Moussa** surmonte une colline conique, qui dresse ses 150 m au-dessus du fond de la vallée. Aujourd'hui encore, les femmes vont implorer le saint pour trouver un mari ou avoir un enfant. Le véritable attrait de la vallée tient à la beauté du paysage et l'impression de paix qui s'en dégage : les cultures de la vallée se poursuivent sur le flanc des collines, en terrasses. Des villages berbères semblent surgir de la terre et de la roche sur lesquelles ils s'accrochent. La vue sur la vallée depuis le marabout et depuis l'*agadir* (silo à grain fortifié) est spectaculaire.

Où se loger

Il existe plusieurs gîtes d'étape dans le village d'Agouti et alentour.

Chez Daoud (☎ 062 105183 ; dort 50 Dh) offre des équipements rudimentaires pour se laver et se situe en contrebas de la route, à côté de champs d'orge. Plus haut sur la route, **Flilou** (☎ 024 343796 ; tamsilt@menara.ma ; dort/d 50/150 Dh) dispose de dortoirs propres et de doubles beaucoup plus chères dans une maison berbère, avec des sanitaires irréprochables. À Tabant, le gîte **Aït Oliqdim Mohamed** (☎ 023 459326 ; dort 50 Dh) dispose de douches froides et peut servir un délicieux tajine si on le prévient à l'avance. Des trois gîtes du village voisin d'Ikhf-n-Ighir, celui d'**Outagloute Benassar** (☎ 023 459175 ; dort 50 Dh) offre des dortoirs propres, des toilettes extérieures et une sélection de cartes et de livres.

La seule adresse qui se distingue dans cette vallée reste le délicieux **Dar Itrane** (☎ 024 313901 bureau de réservation à Marrakech ; www.atlas-sahara-trek.com ; s/d demi-pension 340/500 Dh, repas 70 Dh), dans le village d'Imelghas : une charmante auberge aux murs en pisé qui offre de confortables chambres chaulées dans un cadre enchanteur. Fruit d'une collaboration franco-berbère, ce centre de trekking est tenu par un directeur aussi bon hôte que bon guide.

Depuis/vers la vallée des Aït Bouguemez

Des minibus relient Azilal à Tabant (35 Dh, 3 heures) le matin. Ils partent lorsqu'ils sont complets, depuis les abords de la mosquée centrale. Vous trouverez peut-être un grand taxi pour 50 Dh/pers. Quantité de camions rejoignent Azilal le jeudi, pour le marché du vendredi.

ZAOUIAT AHANSAL زاوية أحنصال

Si vous disposez d'un 4x4, vous pouvez poursuivre sur une piste cahoteuse jusqu'à Zaouiat Ahansal, après voir franchi le Tizi 'Tirghist, qui culmine à 2 629 m. De là, continuez vers le nord et Ouaouizarht, qui dispose d'un hôtel. Un marché s'y tient le mercredi. Vous gagnerez ensuite Beni Mellal. Le dimanche, des camions effectuent le trajet Tabant-Zaouiat Ahansal. Des minibus relient régulièrement Zaouiat Ahansal à Aït Mohammed (40 Dh) et, moins fréquemment, à Ouaouizarht *via* Tilougguite.

À Zaouiat Ahansal, vous pourrez loger au gîte d'étape de **Sidi Ahmed Amahdar** (☎ 023 459393 ; 35 Dh). Les villages voisins d'Agoudim, Amezrai et Taghia – ce dernier à 2 heures de marche en amont – sont également pourvus de gîtes. Le marché a lieu le lundi à Zaouiat Ahansal.

Des agences spécialisées dans le trekking organisent des excursions dans les environs, à la découverte d'Aqa n'Tazart et des gorges de Taghia, ou pour escalader les parois abruptes de la cathédrale du Rocher, paradis des amateurs de varappe.

BENI MELLAL

500 000 habitants

Vous passerez sans doute par Beni Mellal, à quelque 200 km au nord-est de Marrakech, si vous vous rendez dans le Moyen ou le Haut Atlas. Grâce au barrage de Bin el-Ouidane, tout proche, Beni Mellal a prospéré ces dernières années et connu un développement urbain spectaculaire. La ville ne présente guère d'intérêt pour le visiteur si ce n'est de constituer une étape pratique sur la route Marrakech-Fès.

De la gare routière, comptez 10 min de marche pour rejoindre l'artère principale, l'avenue Mohammed V. Pour gagner la médina, traversez la petite place et prenez à gauche vers la place de la Liberté. Le mardi, un immense marché, où affluent villageois et paysans de la riche plaine agricole de Tadla, recouvre toute la colline depuis la gare routière jusqu'à l'avenue Mohammed V. Les oranges de Beni Mellal passent pour être les meilleures du Maroc.

L'**office du tourisme** (☎ 023 488663 ; av. Hassan II) se trouve au sud de l'avenue Mohammed V. Les banques, pour la plupart équipées de DAB et d'un bureau de change, ne manquent pas. Citons, entre autres, la Banque Populaire, qui fait face à la gare routière. **Hansali 2000 Internet** (rue Tarik ibn Ziad ; 8 Dh/h) est installé dans la médina, en face de l'Hôtel es-Saada.

La casbah de la médina ne présente guère d'intérêt, mais en grimpant sur les hauteurs au sud de la ville, on arrive à la casbah plus petite de Ras el-Aïn et à une source voisine, Aïn Asserdoun, située au milieu de jardins.

Où se loger et se restaurer

la ville compte de très nombreux hôtels. Les plus pratiques sont regroupés en face de la gare routière. Les meilleurs restaurants sont ceux de l'Hôtel Ouzoud et de l'Hôtel de Paris (fréquenté par les groupes). Vous trouverez aussi maints endroits où vous restaurer à bon compte le long de l'avenue Mohammed V et dans la vieille ville.

Hôtel Al-Bassatine (☎ 023 482247 ; fax 023 486806 ; route de Fkih ben Salah ; s/d 330/420 Dh ; ❄ 🅿). Au nord-ouest de la ville sur la P21, ce vaste et confortable hôtel fréquenté par les groupes, donne sur des orangeraies et des oliveraies. Son restaurant n'étant pas fabuleux, mieux vaut dîner en ville.

Hôtel es-Saada (☎ 023 482991 ; 129 rue Tarik ibn Ziad ; s/d/tr 50/90/125 Dh). Des chambres petites et propres, à deux pas de l'avenue Mohammed V et de la médina, avec une douche publique (7 Dh) juste à côté. Direction chaleureuse et serviable.

Hôtel Ain Asserdoun (☎ 023 483493 ; av. des FAR ; s/d 100/150 Dh). Une jolie adresse à 5 min à pied de Zidania sur la colline en direction de la ville. Les chambres, propres et spacieuses, disposent, pour la plupart, d'une sdb et d'un balcon.

Hôtel de Paris (☎ 023 482245 ; hotel_paris@menara.ma ; rue ibn Sina ; s/d 200/290 Dh). Rénové dernièrement, c'est un hôtel propre et confortable mais sans grand caractère. Son déjeuner-buffet (100 Dh) attire beaucoup les groupes.

Hôtel Ouzoud (☎ 023 483752 ; www.sogatour.com ; route de Marrakech, km 3 ; s/d 750/950 Dh ;). Ce quatre-étoiles moderne, qui dépend de la chaîne Sogatour, possède des chambres spacieuses et confortables et un magnifique jardin. Consultez son site Internet pour bénéficier des offres spéciales.

Restaurant Tawada (av. Mohammed V ; plats 45-60 Dh). Beaucoup moins cher que ceux de l'Ouzoud et du Paris, ce restaurant, qui sert des grillades et d'excellents tajines, reste une adresse sûre.

Safa-Glace (rue Chouki II ; plats 35-55 Dh). Foin des brochettes et des tajines, joignez-vous à la jeunesse locale au Safa-Glace pour savourer une pizza, puis une glace en dessert.

Depuis/vers Beni Mellal

Les bus de la CTM partent de la gare routière principale une fois par jour pour Fès (76 Dh, 6 heures) et Marrakech (60 Dh, 3 heures 30). Des bus locaux moins onéreux et plus fréquents desservent les mêmes villes, ainsi qu'El-Jadida, Er-Rachidia, Essaouira, Meknès, Nador et Safi. D'autres rallient Azilal (35 Dh) et Demnate (38 Dh) trois ou quatre fois par jour.

Des grands taxis pour Azilal (35 Dh) et Ouaouizarht (18 Dh) partent d'un parking derrière la gare routière.

IMILCHIL املسيل

Au cœur du Moyen Atlas, le charmant petit village berbère d'Imilchil, comme il y en a tant d'autres, doit sa célébrité au *moussem* qui s'y déroule en septembre. Il s'agit d'une immense foire où les familles berbères viennent s'approvisionner avant de se retrouver isolées par les premières neiges, mais c'est aussi et surtout pour les jeunes berbères l'occasion de rencontrer celui, ou celle, qu'ils vont épouser. Même si cet événement a perdu de son authenticité, il demeure important et attire encore commerçants, chanteurs et danseurs, ainsi que des candidats au mariage des deux sexes. Les burnous rayés et les bijoux élaborés des jeunes filles contrastent avec la blancheur des djellabas masculines. Les dates des festivités qui durent trois jours, du vendredi au dimanche, lors de la troisième ou quatrième semaine de septembre, sont affichées dans tous les offices du tourisme du pays et quantité de circuits organisés sont proposés à partir des grandes villes. Depuis l'achèvement d'une nouvelle route goudronnée entre Rich et Imilchil, le nombre de touristes a crû de façon spectaculaire : ils sont des milliers à arriver par bus, générant une cohorte de rabatteurs, de faux guides et d'étals de souvenirs.

Pendant le *moussem*, mille et une tentes en toile sont dressées dans les environs pour servir de logement. Sinon, vous trouverez deux hôtels rudimentaires et quelques cafés/restaurants.

Pour vous rendre à Imilchil depuis Marrakech, prenez un bus en direction du nord-est ou empruntez un grand taxi jusqu'à Kasba Tadla. De là, prenez un autre grand taxi pour El-Ksiba. Un bus relie quotidiennement El-Ksiba à Aghbala. Une dizaine de kilomètres avant Aghbala, près de Tizi n'Isly, vous verrez la bifurcation pour Imilchil, une route goudronnée (qui remplace l'ancienne piste de terre) de 61 km qui part vers le sud. De là, les moyens de transport se réduisent à quelques grands taxis ou aux camions qui se rendent au souk, sachant que le marché d'Imilchil se tient le vendredi et le dimanche.

Si vous avez le temps, vous pouvez aussi vous rendre à Imilchil depuis Boumalne du Dadès ou Tinerhir. Le parcours de 160 km en camion ou en 4x4 est d'une beauté à couper le souffle. Des minibus circulent le samedi entre Imilchil et Tinerhir (40 à 45 Dh). La route de Rich à Imilchil, sur l'axe Er-Rachidia-Midelt, est maintenant elle aussi goudronnée.

SUD DE MARRAKECH

VALLÉE DE L'OURIKA وادة اوريكة

L'Ourika est l'une des plus belles et des plus spectaculaires vallées descendant du Haut Atlas. Elle se visite aisément en une journée depuis Marrakech (45 min de route). D'abrupts escarpements dominent les champs vert émeraude qui tapissent le fond de la vallée. L'été, les Marrakechis aiment à s'y réfugier pour camper, pique-niquer et s'amuser loin de la ville étouffante de chaleur.

Les skieurs et les randonneurs (au printemps et en été uniquement) apprécient eux aussi cette vallée à l'est du djebel Toubkal. Les principales localités sont la station de ski d'Oukaïmeden, très animée de novembre à avril, et le village en pleine expansion de Setti Fatma, plus à l'est. La vallée, et la montagne qui la domine, constitue cependant l'attrait principal de la région. L'eau y est si pure que la source de Lalla Haya, près du hameau d'Oulmes, fournit en eau gazeuse l'ensemble du pays.

En hiver, la vallée est sujette à des inondations soudaines et dévastatrices, comme celle qui, en août 1995, a fait plusieurs centaines de victimes.

Le **Centre d'informations touristiques Ourika** (☎ 068 465545), dans le village de Tnine, à 33 km de Marrakech sur la route d'Ourika, géré par une ONG locale, fournit des renseignements et une carte qui recense les centres d'intérêt dans la vallée : poteries, moulins à eau, mine de sel, carrières... Tnine accueille un souk typique chaque lundi. Le village abrite également **Dar Atif** (☎ /fax 024 444490, 077 519971 ; http://daratif.ifrance.com ; d petit-déj inclus 300-350 Dh, ste 600 Dh), maison en terre entourée de fleurs et d'arbres, qui peut constituer une base agréable pour des randonnées.

Environ 8 km plus loin, un panneau indique le plaisant **jardin de Timalizene** (☎ 024 439909, en soirée seulement ; www.timalizene.com ; ch demi-pension 400 Dh/pers), situé de l'autre côté de la rivière (franchir le pont). Le magnifique jardin (visite 15 Dh) comprend une chambre d'hôte. L'accueil est chaleureux, l'atmosphère paisible et le déjeuner (100 Dh, réservation conseillée) appétissant. Le mardi et le jeudi, le jardin de Timalizene propose des excursions d'une journée depuis Marrakech (300 Dh/pers). Au programme : départ de la ville à 9h20, randonnée de trois heures, déjeuner, visite du jardin et retour en ville. Réserver la veille entre 8h et 10h (☎ 024 439909 ou 063 564656).

Au-dessus du village, perchée sur une crête, la **Kasbah Timalizen** (☎ 024 384855, 061 252328) a été reconvertie en hébergement de luxe par le propriétaire du Riad Edward (voir p. 301). Lors de notre visite, les travaux prévoyaient dix-huit chambres, une piscine, des courts de tennis et un spa.

La très agréable **Auberge Le Maquis** (☎ 024 484531 ; www.le-maquis.com ; demi-pension 380 Dh/pers), à quelque 45 km de Marrakech, offre un panorama magnifique. Elle est appréciée des familles, avec ses jeux de société, ses lits superposés et ses menus enfants – d'autant que le tarif pour les moins de 12 ans est avantageux. L'auberge organise des randonnées pour admirer les gravures préhistoriques sur le plateau de Yaggour.

OUKAÏMEDEN اوكيمدين

Surtout connue comme station de ski, Oukaïmeden (altitude 2 650 m) constitue aussi un bon point de départ pour les randonneurs. *Art rupestre du Haut Atlas marocain*, un ouvrage d'Alain Rodrigue (l'Harmattan, 1999) sera une source d'informations érudites et précieuses pour partir à la découverte des œuvres disséminées dans les environs (lorsqu'il n'y a pas de neige). Le Club alpin français (CAF) est de bon conseil pour les randonneurs.

Oukaïmeden, la seule station de ski du pays, comprend sept pistes de divers niveaux, de la verte à la noire, six remontées et le plus haut télésiège d'Afrique (3 243 m). Mais les conditions météorologiques sont très incertaines et la neige n'est pas toujours au rendez-vous, même au cœur de la saison. Si les pistes sont ouvertes, vous trouverez en ville du matériel, des forfaits et des leçons à des prix étonnamment bas en comparaison des tarifs pratiqués en Europe.

Malgré la laideur de sa façade en béton, l'**Hôtel Kenzi Louka** (☎ 024 319080 ; fax 024 319088 ; www.kenzi-hotels.com ; s/d 750/900 Dh ; ❄ 🅿) est un quatre-étoiles bien équipé – et le meilleur établissement de la ville. On y vient davantage pour son hammam et sa piscine que pour ses grandes chambres défraîchies. Petit-déjeuner 90 Dh.

Le **refuge du CAF** (☎ 024 319036 ; www.cafmaroc.co.ma ; adulte membre/non membre CAF ou HI 95/140 Dh par pers) est bien tenu. Il compte des lits en dortoirs, quelques chambres privatives, des douches chaudes, un bar-restaurant (petit-déj 15 Dh) et une cuisine équipée. Apportez votre sac de couchage. L'établissement vend aussi une sélection de guides de randonnée et d'alpinisme. L'**Hôtel de L'Angour, Chez Juju** (☎ 024 319005 ; fax 024 319006 ; pension complète s/d 390/680 Dh) propose des chambres démodées, dotées de douches en piteux état. Les toilettes sont communes. Bon bar-restaurant.

Hors saison, les transports sont rares, voire inexistants, pour Oukaïmeden. Vous pouvez toujours affréter un grand taxi (350 à 400 Dh aller-retour de Marrakech). Sinon, prenez un bus ou un grand taxi (25 Dh) jusqu'à Setti Fatma ou Aghbalou, et terminez le trajet en stop.

SETTI FATMA ستي فتما

Situé à 24 km au sud de l'embranchement pour Oukaïmeden, ce village surplombant la route de l'Ourika est le centre touristique de la vallée. Composé à l'origine de deux villages distincts, Asagour et Ilkhrie, Setti Fatma accueille au mois d'août un important *moussem* durant 4 jours. L'occasion d'un marché marché, également

Les visiteurs viennent surtout se détendre près de la rivière ou profiter des restaurants, mais il y a de belles promenades à faire dont l'une vous conduit à sept chutes d'eau dissimulées dans la vallée voisine, de l'autre côté de la rivière.

Le village constitue une bonne base si vous préparez une randonnée plus éloignée (voir p. 416). Méfiez-vous des faux guides : votre hôtel et le **bureau des guides** (☎/fax 024 426113), 200 m après l'Hôtel Asgaour, peuvent vous fournir un guide et des muletiers. Les possibilités de randonnées d'un ou plusieurs jours abondent à l'est de Tourcht, au nord d'Imi n'Taddert, ou à destination d'Anammer et Tizi n'Oucheg dans la vallée d'Aït Oucheg. Le bureau des guides vous renseignera sur ces parcours, ainsi que sur les excursions de trois jours sur le plateau de Yaggour, avec hébergement dans des huttes de bergers à Amddouz.

Comparé aux autres hébergements du village, l'**Hôtel-restaurant La Perle d'Ourika** (☎ 061 567239 ; d 180 Dh) est agréable, quoique rudimentaire, et sert de bons plats marocains (menu 80 Dh).

Autre adresse accueillante, l'**Hôtel Asgaour** (☎ 066 416419 ; s/d/tr 60/70/100 Dh) loue des chambres simples avec douches communes. Le restaurant sert d'excellents tajines (80 Dh).

Tenu par un couple de Français, le **Dar Piano** (☎ 024 484842 ; www.darpiano.com ; s/d/tr/q 200/250/300/400 Dh, petit-déj 40 Dh ; juin-août) mêle influences françaises et marocaines, dans le décor et la cuisine. La petite demeure offre une jolie vue sur la vallée, mais les chambres sur la route sont parfois bruyantes. L'hiver, vous apprécierez le feu de bois.

Malgré l'emplacement médiocre du **Noyer** (☎ 066 720641), séparé de la rivière par la route, les foules de Marocains qui s'y pressent au déjeuner le désignent comme le meilleur restaurant de Setti Fatma. Les menus vont de 45 Dh à 100 Dh, ce qui est bon marché. Le dîner est servi sur la terrasse, ou autour d'un grand feu en hiver.

Des cafés-restaurants bordent les deux côtés de la rivière. Ils privilégient souvent la vue au détriment de la qualité des plats. Quelques-uns comptent des chambres plus ou moins convenables.

Des grands taxis pour Setti Fatma partent fréquemment dans la journée de Bab er-Rob, à Marrakech (20 Dh). Des minibus moins fréquents effectuent le trajet (10 à 15 Dh). Ces véhicules repartent dans l'autre sens dès qu'ils ont suffisamment de passagers.

DJEBEL TOUBKAL

Plus haut sommet d'Afrique du Nord, le djebel Toubkal (4 165 m) constitue une destination très prisée pour une excursion d'une journée depuis Marrakech. Pour une randonnée de plusieurs jours, reportez-vous au chapitre *Randonnées* (p. 406). Si vous souhaitez simplement prendre un bol d'air frais, loin de la pollution de Marrakech, et déjeuner en admirant les montagnes enneigées, le Toubkal et les villages rassemblés à ses pieds vous offriront le cadre rêvé.

Asni

Au carrefour de la route Marrakech-Taroudant et de celle qui gravit la vallée de Mizane jusqu'à Imlil et au djebel Toubkal, Asni a longtemps constitué une étape importante. Lors de notre dernière visite, le Grand Hôtel du Toubkal était fermé et cherchait un repreneur. Le samedi, les producteurs de fruits et de légumes et les éleveurs viennent vendre leurs produits : le souk d'Asni est l'un des plus grands de cette partie de l'Atlas. L'afflux de visiteurs a attiré des vendeurs de bijoux, de tapis et d'autres souvenirs. Le reste du temps, on s'arrête à Asni pour changer de bus ou de taxi.

La route serpente sur le bord occidental de la vallée de Mizane : plus fréquentée que d'autres cette vallée est très belle au printemps, lorsque les arbres fruitiers se couvrent de fleurs. Pour une belle promenade, suivez l'ancien sentier des muletiers qui longe une partie du côté est. Dans la vallée, plusieurs villages pourront vous ravitailler et des tables et des chambres parsèment la route.

IMLIL إمليل

La route goudronnée aboutit au village d'Imlil (altitude 1 740 m), au cœur de la vallée de Mizane, à cinq heures de marche de la base du djebel Toubkal. Aucun sentier n'attire autant de randonneurs dans tout le pays. Vous trouverez guides et muletiers à Imlil, ainsi que les magasins. De nombreux visiteurs font le trajet depuis Marrakech dans la journée pour se rendre à la Kasbah du Toubkal (voir ci-contre) L'intérêt d'Imlil est limité, si ce n'est la beauté des paysages du Haut Atlas, que vous feront découvrir les guides de l'excellent **bureau des guides** (☎ /fax 024 485626).

OÙ SE LOGER ET SE RESTAURER

Imlil, qui jadis accueillait exclusivement des randonneurs, s'est adapté au nombre croissant de visiteurs venus de Marrakech pour la journée ou la nuit. La majorité des hôtels et restaurants du village sont rudimentaires, et vous proposent un lit (souvent sans draps), un tajine et une douche – chaude si vous avez de la chance. Toutefois, plusieurs établissements plus luxueux ont ouvert leurs portes à l'extérieur du village, et la tendance se confirme. Comptez une hausse des prix de 15% en haute saison, entre avril et octobre.

Petits budgets

Dar Adrar (☎ 070 726809 ; http://toubkl.guide.free.fr/gite ; s/d petit-déj inclus 60/110 Dh, demi-pension 100 Dh/pers). Tenu par Mohamed Aztat, l'un des meilleurs guides d'Imlil, cette adorable pension en haut du village offre une vue superbe, des chambres paisibles avec eau chaude et un hammam (30 Dh par pers, réservation deux heures avant).

Café-Hôtel Soleil (☎ /fax 024 485622 ; d sans/avec sdb petit-déj inclus 150/200 Dh ; sans/avec demi-pension 150/200 Dh par pers). Les chambres sont propres mais spartiates (certaines ont simplement un matelas à même le sol), et les douches sont chaudes. Le café-restaurant (petit-déj 25 Dh, déj/dîner 60 Dh) sur la terrasse surplombant la rivière compte parmi les plus plaisants du village.

Hôtel Étoile de Toubkal (☎ 024 485618 ; s/d/tr 100/140/200 Dh, d avec sdb 230 Dh). Cet hôtel est proche du parking, à l'entrée du village. Les chambres, avec balcon, sont convenables. certaines ont des sdb. Le restaurant au rez-de-chaussée est correct. L'agence voisine Adrar Adventure (même direction que l'hôtel), loue du matériel pour la randonnée. Pour organiser une marche, adressez-vous plutôt au bureau de guides.

Hôtel el-Aïne (☎ 024 485625 ; lit sur le toit 25 Dh, ch 40 Dh/pers). Les chambres sont claires et confortables, les douches chaudes et les toilettes à la turque. Le tout est réparti autour d'une cour tranquille où pousse un vieux noyer. Derrière l'hôtel, le Café de la Source sert des plats corrects.

Hôtel Café Aksoual ☎ 024 485612 ; s/d/tr/q 70/80/100/120 Dh). Face au refuge du CAF, cet hôtel s'est agrandi pour devenir l'un des plus grands de la ville. Chambres propres et confortables, douches chaudes, petit-déj à 20 Dh.

Refuge du CAF (☎ 024 485612 ; dort membre CAF/membre HI/non-membre 30/45/60 Dh). Cet ancien établissement pour grimpeurs accueille désormais tout un chacun dans des chambres de style dortoir avec coin cuisine. Sur présentation de votre guide Lonely Planet, vous bénéficiez du tarif HI.

Auberge Chez Ait Idar Mohammed (☎ 024 485616 ; www.geocities.com/imaitidar ; d avec/sans sdb petit-déj inclus 120/50 Dh par pers, avec/sans demi-pension 160/80 Dh par pers). Sur la route d'Ouaneskra, une maison simple et accueillante avec coin cuisine.

Atlas Gîte Imlil (Chez Jean-Pierre ; ☎ /fax 024 485609 ; d avec demi-pension 150 Dh ; 🕒 mi-fév à fin oct). Quatre chambres simples et propres avec sdb communes, douillet espace de détente, bar et restaurant de qualité servant des plats marocains avec une touche bourguignonne. Réservez à l'avance pour déjeuner (80 Dh) sur la terrasse couverte.

Catégories moyenne et supérieure

Kasbah du Toubkal (☎ 024 485611, 061 343337 ; www.kasbahdutoubkal.com ; petit-déj inclus d 1 400-2 100 Dh, tr 1 750-2 450 Dh, ste 2 700-4 000 Dh). Ancienne résidence d'été du seigneur local restaurée par l'agence de voyages britannique Discover Ltd dans le respect de l'environnement et avec l'aide d'ouvriers d'Imlil, cette casbah trône à 60 m au-dessus du village et offre une vue superbe sur les montagnes.

Le personnel est attentif. Les huit luxueuses chambres doubles et les trois suites ont été décorées avec le plus grand soin. La casbah compte une bibliothèque, un hammam traditionnel (réserver deux heures avant), des cheminées, des jeux de société. Des dortoirs sont répartis sur des mezzanines, dans trois confortables salons à la marocaine (chambre à partir de 350 Dh/pers, triple 1 100 Dh). Les repas sont excellents (de 180 Dh à 250 Dh). La casbah est si prisée qu'elle impose souvent un minimum de deux nuits. Sous la même direction, Dar Toubkal (chambre 4 pers 900 Dh, double avec sdb 1 000 Dh) est située en contrebas de la casbah.

Toubkal Lodge (d petit-déj inclus 2 000 Dh). Dernier projet en date de la Kasbah du Toubkal, cette maison de trois chambres est située dans un village berbère de la vallée voisine d'Azzadene (compter quatre à six heures de marche). Sa vue somptueuse, son chauffage central et ses sdb en marbre en font la plus luxueuse demeure pour randonneurs du pays. Réservation *via* la Kasbah du Toubkal.

Dar al-Abir (☎ 024 484757, 067 413056 ; www.al-abir.com ; d demi-pension 400 Dh). Occupant la demeure d'un couple franco-berbère, dans un village à quelques kilomètres d'Asni en longeant la vallée de Mizane, cette auberge loue quatre chambres très simples. La cuisine marocaine, délicieuse, est une bonne alternative à la Kasbah du Toubkal pour une pause-déjeuner (80 à 130 Dh). Les propriétaires dirigent aussi un centre d'art rural, Al Arkam. Ils organisent des marches vers le centre et à destination d'autres villages.

DEPUIS/VERS IMLIL

La région du Toubkal dans le Haut Atlas se trouve à quelque 60 km au sud de Marrakech (de la ville on aperçoit les sommets enneigés en hiver et au printemps). Des bus locaux (10 Dh, 1 heure 30) et des grands taxis (15 Dh, 1 heure) partent fréquemment de Bab er-Rob à Marrakech (sud de la médina) pour rejoindre le village d'Asni, à 47 km au sud de Marrakech. (La route continue à travers le Tizi n'Test jusqu'à Taroudant, puis jusqu'à Agadir.) Des minibus locaux et quelques taxis parcourent les 17 derniers kilomètres entre Asni et Imlil (15 à 20 Dh, 1 heure).

La route de terre jusqu'à Imlil est en mauvais état, mais le paysage qui se déploie à mesure que la route gravit la vallée fertile de Mizane est spectaculaire. Avec un peu de chance, le voyage de Marrakech à Imlil prend 2 heures 30.

VERS LE TIZI N'TEST

La route qui conduit au sud vers Taroudant, en traversant le Haut Atlas, compte parmi les plus spectaculaires (et terrifiantes) du Maroc. Elle franchit le col du Tizi n'Test à 2 092 m d'altitude avant de plonger vers la plaine du Sous.

Elle offre maints panoramas éblouissants mais, si vous vous y rendez en voiture, prenez garde aux nombreux lacets et aux brusques changements de temps. Les nuages et le brouillard réduisent souvent la visibilité à néant au niveau du col et, l'hiver, il arrive que la neige le bloque. Vérifiez les prévisions avant votre départ.

En chemin, la jolie bourgade d'Ouirgane, à 15 km au sud d'Asni, constitue une étape agréable (elle comprend quelques-uns des meilleurs hébergements de la région). Si vous êtes motorisé, la mosquée du village de **Tin Mal** mérite un détour. Vous trouverez le village à droite de la route en venant de Marrakech, juste après deux casbahs (celle de gauche est perchée sur un promontoire rocheux).

La mosquée qui domine la vallée fut bâtie en 1156 par les Almohades en l'honneur de Mohammed ibn Tumart, l'austère père fondateur et spirituel de la dynastie. Le vendredi, elle est occupée par les fidèles mais c'est l'une des rares mosquées ouvertes aux non-musulmans et, les autres jours, le gardien se fera un plaisir de vous la faire découvrir (moyennant un pourboire). L'édifice, d'une douce couleur rose pâle, renferme des voûtes finement décorées. Sitôt franchi son imposant portail, le visiteur baigne dans une atmosphère de paix et d'intemporalité.

Tenu par la même famille française depuis plus de soixante ans, **Au Sanglier qui fume** (☎/fax 024 485707 ; www.ausanglierquifume.com ; route de Taroudant, km 61 ; s avec petit-déj/demi-pension 325/415 Dh, d avec petit-déj/demi-pension 415/595 Dh, d ste demi-pension 675-805 Dh ; 🅟) est un hôtel vieillot mais charmant comprenant 25 chambres rustiques avec cheminées et sdb. Les repas franco-marocains sont servis dans trois salles à manger où dînent les groupes de touristes en haute saison. Location de VTT (100 Dh/jour) et balades à cheval jusqu'à la très élégante station voisine de La Roserie (150/700 Dh par heure/jour).

Près du souk, au centre du village et à 150 m en retrait de la route principale, **Chez Momo** (☎ 024 485704 ; www.aubergemomo.com ; route de Taroudant, 62 km ; d/ste en demi-pension 550/680 Dh ;) est une charmante maison d'hôte comprenant six chambres douillettes, un jardin délicieux, une piscine et une terrasse. Les suites sont équipées d'une cheminée. Réservation conseillée. Les tarifs augmentent de 30% environ durant les mois d'été et les vacances d'automne.

Des grands taxis (20 Dh par pers) desservent fréquemment Ouirgane depuis Bab er-Rob à Marrakech.

VERS LE TIZI N'TICHKA

Plus haut que le Tizi n'Test, à l'ouest, la route du Tizi n'Tichka relie à travers des paysages spectaculaires Marrakech aux oasis en bordure du Sahara. Durant les mois d'hiver, la **gendarmerie du col du Tichka** (☎ 024 890615) vous informera si le col est ouvert. Soyez prudent : plusieurs touristes pris dans la neige sont morts dans leur voiture en 2005.

À environ 50 km au sud-est de Marrakech, la N9 pour Ouarzazate traverse l'oued Zat à Aït Ourir (Le Coq Hardi, vénérable hôtel-restaurant, se dresse près du pont). Si vous circulez en 4x4 ou ne craignez pas de marcher cinq heures, un adorable gîte d'étape vous attend, complètement isolé, dans la vallée de l'oued Zat.

Le surprenant **Tigmi Atlas** (☎ 061 245238 ; fax 024 376054 ; Douar Ansa, Tighrouine ; demi-pension 190 Dh/pers) a été édifié dans le style local par les villageois dans le cadre d'un projet de développement durable. Entouré de noyers, il vous propose un déjeuner pour 75 Dh, à condition de réserver. Ce petit centre de randonnée compte 2 dortoirs de 6 pers. Idéal pour se rapprocher des habitants et marcher dans cette superbe région (voir aussi *Mountain Voyage*, p. 298).

En sortant d'Aït Ourir, la route monte bientôt vers le village de Taddert, environné de chênes, de noyers et de bosquets de lauriers-roses. Après Taddert, la route devient plus raide et la végétation se raréfie. De l'autre côté du col, le spectacle change du tout au tout : c'est l'Anti-Atlas, avec ses paysages lunaires, et, au-delà, le désert.

À mi-chemin entre l'embranchement pour Telouet et Aït Benhaddou, **I Rocha** (☎ 067737002 ; www.irocha.com ; Tisseldi, Ighrem N'Oudal ; d demi-pension 320 Dh/pers ;) est une splendide pension dont la terrasse offre une vue panoramique sur la vallée verdoyante. Les propriétaires français préparent avec l'aide de cuisiniers marocains une cuisine succulente (déj 100 Dh) et proposent des cours (350 Dh/jour). La piscine et les chambres sont magnifiques, et l'ambiance est si chaleureuse que vous ne voudrez plus en repartir. Les environs se prêtent idéalement à la marche et vos hôtes – l'un, géologue, a grandi dans le village –, se feront un plaisir de vous organiser une randonnée hors des sentiers battus, par exemple vers la vallée de l'Aït Oaziz, l'oasis Flint ou les sources naturelles alentour.

Telouet

Telouet fut jadis une importante étape sur la principale route caravanière du Mali. Dominant la bourgade, la **casbah** (donation 5-10 Dh), quelque peu délabrée, servit autrefois de résidence et de quartier général aux chefs de la puissante tribu des Glaoui. Jusqu'à l'indépendance en 1956, Thami el Glaoui était l'homme le plus puissant de tout le Sud, et l'un des plus riches du pays. Cette casbah est un de ses caprices. Le gardien vous laissera admirer la stupéfiante ornementation de l'entrée principale et des salles de réception.

Si vous disposez d'un 4x4 ou d'un VTT (ou mieux, de plusieurs jours pour faire le chemin à pied), les 36 km de piste au sud de Telouet suivent l'Ouadi Ounila en passant par Anmiter et Tamdaght jusqu'à Aït Benhaddou. La plupart des hôtels de Telouet, dont l'Auberge et l'Hôtel Le Pin, peuvent vous procurer des guides et des mules pour 250 à 300 Dh/jour. Vous trouverez un hébergement à Anmiter, à 11 km de Telouet, un magnifique village fortifié, ou au **gîte** (☎ 024 445499) des frères Bouchahoud à Tighza, à 10 km au nord d'Anmiter dans la vallée de l'Ounila. Ces excellents guides de montagne organisent de belles marches dans la région. Voici d'autres gîtes rudimentaires.

OÙ SE LOGER ET SE RESTAURER

Auberge Telouet (Chez Ahmed ; ☎/fax 024 890717 ; www.telouet.com ; matelas dans le salon 30 Dh, d avec/sans toilettes 150/100 Dh). Située sur la route qui mène

MARRAKECH ET LE CENTRE

à la casbah, l'auberge est très appréciée des groupes. De l'autre côté de la route, un agréable espace de restauration est installé sous des tentes berbères (repas à partir de 60 Dh). Le nouveau bâtiment abrite des chambres plus belles, des douches chaudes communes et une terrasse offrant une jolie vue. Trois petites maisons sont louées pour des séjours plus longs.

Auberge Lion d'Or (☎ 024 888507 ; matelas sur le toit 25 Dh, s/d petit-déj inclus 50/80 Dh). Les trois chambres doubles (douches chaudes communes) de cette petite auberge, idéalement située aux portes de la casbah, sont soignées, propres, équipées de simples lits en bois. La terrasse sur le toit embrasse une vue magnifique.

Restaurant Telouet Palace (☎ 024 890714 ; plat 40 Dh). Situé sur la place centrale, ce restaurant sert des déjeuners corrects (comme l'Auberge de Telouet). L'omelette berbère est la spécialité locale : une épaisse omelette à la tomate cuite dans un plat à tajine avec des olives et des épices (30 Dh).

Depuis/vers Telouet

Depuis la N9 Marrakech-Ouarzazate, la bifurcation pour Telouet se trouve quelques kilomètres après le col (prudence en hiver : la route étroite est parfois bloquée par la neige). Un bus quotidien part de Bab Gehmat, à Marrakech (42 Dh), et regagne cette ville à 7h. Un service quitte Ouarzazate à 12h et revient également à 7h (30 à 35 Dh). Le terminus des bus est à Anmiter, à 11 km de Telouet. Vous pouvez donc prendre le bus là-bas ou vous y rendre en bus.

AÏT BENHADDOU آيت بنحدو

Peu de casbahs de la région de l'Atlas sont aussi surprenantes et aussi bien préservées que celle d'Aït Benhaddou, à 32 km de Ouarzazate. Ce n'est guère étonnant lorsque l'on sait que le site a bénéficié, sur le plan financier, du tournage d'une vingtaine de films, parmi lesquels *Lawrence d'Arabie*, *Jésus de Nazareth* (pour lequel une bonne partie du village fut reconstruite) et, plus récemment, *Gladiator*. En dépit de sa célébrité cinématographique, le village se vide. La casbah fut sans doute bâtie par les Almoravides (XIe siècle) pour contrôler la route qu'empruntaient les caravanes entre Telouet et Ouarzazate. Elle est inscrite au patrimoine de l'Unesco.

Du Complexe touristique La Kasbah, passez devant les étals de souvenirs et vous verrez la casbah sur l'autre rive de l'oued Ounila, en grande partie asséché. Certains habitants font visiter leur maison moyennant quelques dirhams. Il vous en coûtera environ 5 Dh pour pénétrer dans la casbah par l'une d'elles. Sur les hauteurs de la casbah s'élève un silo fortifié en ruine, qui offre une vue superbe sur la palmeraie et, sur l'implacable hamada (désert de pierre).

À 7 km au nord d'Aït Benhaddou, sur la route goudronnée se dresse la **casbah de Tamdaght** (10 Dh), une autre fortification glaoui, surmontée de nids de cigognes. Moins spectaculaire que celle d'Aït Benhaddou, elle est aussi moins touristique. Mais les choses changent : lors de notre dernière visite, l'endroit était envahi par l'équipe de tournage de la version italienne de *Loft Story*. Réglez le droit d'entrée au gardien. Depuis Tamdaght, un 4x4 est nécessaire pour continuer vers le nord, jusqu'à Telouet.

Où se loger et se restaurer

Dar Mouna (☎ 024 843054 ; www.darmouna.com ; s/d petit-déj inclus 350/600 Dh, s/d demi-pension 450/750 Dh, ste avec petit-déj/demi-pension 650/850 Dh ;). Cette charmante pension en pisé et sa piscine ont une vue spectaculaire sur la casbah. Les chambres sont confortables et décorées avec des objets locaux subtilement choisis, et l'ambiance est très accueillante. Le dîner, à partir de 100 Dh, est servi sur la terrasse dominant la casbah.

Complexe touristique La Kasbah (☎ 024 890302 ; hotellakasbah@yahoo.fr ; s/d petit-déj inclus 210/360 Dh, demi-pension 270/440 Dh ;). Très bien équipé (vous y trouverez même une boutique vendant pellicules et timbres) et donnant sur la casbah, cet hôtel vaste et confortable loge la plupart des touristes d'Aït Benhaddou. C'est ici qu'est descendu David Lean pendant le tournage de *Lawrence d'Arabie*. L'annexe Kasbah Restaurant, de l'autre côté de la route, propose quelques chambres moins onéreuses (simple/double 80/140 Dh). La piscine est accessible aux non-résidents pour 40 Dh.

Defat Kasbah (☎ 024 888020 ; fax 024 883787 ; camping 15 Dh/pers, camping-car 25 Dh, matelas sur le toit 30 Dh, d avec/sans sdb 140/100 Dh, ste 300 Dh ;). Une véritable institution pour les voyageurs dont le budget est limité, à 3 km en direction de Tamdaght. Dirigée par un couple franco-marocain

MARRAKECH ET LE CENTRE

charmant, elle dispose d'un choix de chambres bien tenues et joliment décorées. Piscine agréable, bar et restaurant. Accès public à la piscine 25 Dh.

Auberge Baraka (☎ 024 890305 ; fax 024 886273 ; matelas sur la terrasse 20 Dh, s/d 90/150 Dh). Chambres rudimentaires mais propres et avec sdb. Bon restaurant marocain (menu 70 Dh). L'auberge est au centre-ville.

Auberge Café-restaurant Kasbah du Jardin (☎ 024 888019 ; fax 024 884494 ; d/tr 70/90 Dh). Spartiate mais calme, à l'extrémité de la ville. Les chambres offrent un bon rapport qualité/prix, mais l'intérieur de ce bâtiment en béton manque de charme. Le gérant peut trouver des mules (120 Dh/jour) si vous souhaitez partir en randonnée au nord, vers Telouet.

Kasbah Ellouze (☎ 024 890459, 067 965483 ; www.kasbahellouze.com ; Tamdaght ; s/d petit-déj inclus 360/400 Dh ; avec sdb 550/600 Dh). Casbah récente, édifiée dans un style traditionnel, Ellouze possède des terrasses dominant les vergers d'amandiers (*louz* signifie "amande" en arabe) et la vieille casbah. Vous pouvez y déjeuner (100 Dh) ou dîner (120 Dh). L'ambiance est très paisible et les environs comptent quantité de marches possibles à travers les plantations d'arbres ou vers plusieurs villages et casbahs ignorés des touristes, comme la casbah des Juifs.

Depuis/vers Aït Benhaddou

En venant de Ouarzazate, suivez la route principale de Marrakech pendant 22 km jusqu'au panneau indiquant Aït Benhaddou. Il vous reste alors 9 km sur une route goudronnée.

Des grands taxis partent de la gare routière de Ouarzazate quand ils sont pleins (20 Dh/pers), et du carrefour (50 Dh pour le taxi entier). Affréter un grand taxi à partir de Ouarzazate coûte entre 250 et 350 Dh la demi-journée. Des minibus assurent la liaison Tamdaght-Ouarzazate le matin. Ils partent lorsqu'ils sont pleins.

Il est également possible d'effectuer le trajet à vélo depuis Ouarzazate, en trois heures environ.

OUARZAZATE ورزازت

57 000 habitants

Ouarzazate jouit d'une position stratégique au confluent de l'Atlas et des vallées du Drâa et du Dadès. En témoigne la grande casbah de Taourirt qui en constituait le centre. En 1928, la France y implanta une garnison et en fit un centre administratif.

À première vue, la ville n'offre guère d'attraits, mais les investissements et les efforts promotionnels réalisés par le ministère du Tourisme, joints à l'impulsion donnée à l'économie locale par les studios cinématographiques des environs, commencent à porter leurs fruits et Ouarzazate devient une destination touristique à part entière.

Les agences proposent les activités les plus diverses – excursions en quad ou à moto et randonnées à pied ou à dromadaire – pour découvrir les fantastiques paysages du désert, du tout proche Atlas et des vallées du Drâa et du Dadès.

Prévoyez des vêtements chauds en hiver, les vents glacés qui soufflent des sommets enneigés du Haut Atlas ne s'apaisant souvent qu'à la fin du printemps.

Renseignements

ACCÈS INTERNET

Info Ouar (8 Dh/h). Près de l'Hôtel Amlal.

Ouarzazate Web (av. Mohammed V ; 8 Dh/h). Bien situé et géré par des professionnels.

AGENCES DE VOYAGES

De nombreux hôtels bon marché et les faux guides qui rôdent en ville vous proposeront des excursions dans les gorges et dans le sud. Soyez vigilant, car les escroqueries sont monnaie courante. Mieux vaut recourir à un guide officiel, comme le font les agences suivantes.

Daya Travels (☎ /fax 024 887707 ; dayatravels@hotmail.com ; av. Mohammed V). La meilleure adresse pour louer un VTT (60/80 Dh la demi-journée/journée). Les propriétaires fournissent des renseignements et des cartes gratuites des environs. Ils organisent aussi des excursions en 4x4.

Desert Dream (☎ 024 885343, 068 961796 ; www.sahara-desert-dream.com ; 4 bd Al-Mansour ed-Dahbi). Les sympathiques propriétaires proposent des excursions dans le désert ou dans les gorges, en 4x4, à dromadaire ou à pied, sous la direction des meilleurs guides locaux, le tout à prix fixes. Face au Berbère Palace.

Désert et Montagne (☎ 024 854949 ; www.desert-montagne.ma ; Douar Talmasla, Tarmigt). Excellentes excursions, à pied ou en 4x4, dans le Haut Atlas (en particulier dans les massifs du Sarhro et du Siroua), circuits dans le désert d'une durée de 3 à 15 jours, et même de plus longues expéditions sur les routes des caravanes (jusqu'à 60 jours). Une guide, première des quatre femmes guides de montagne du pays, mène les voyageuses et les familles

HOLLYWOOD SUR SABLE

Le roi Mohammed VI, grand amateur de cinéma, est toujours prompt à promouvoir le choix du Maroc pour le tournage de films, notamment dans le Sud. Ouarzazate est le centre cinématographique du pays, et de nombreuses productions y ont été tournées : *Un Thé au Sahara, Gladiator, La Momie I et II, La Dernière Tentation du Christ, Astérix, Sahara* et *Kingdom of Heaven*, entre autres… Le tournage d'*Alexandre le Grand*, épopée historique, en 2003, apporta au Maroc plus de 60 millions de dollars en investissements étrangers. Plus récemment, plusieurs scènes de combat du film *Indigènes* ont été tournées à Ouarzazate et à Agadir. Plusieurs studios sont aujourd'hui implantés autour de Ouarzazate, dont un seul ouvert au public (en dehors des périodes de tournage), l'Atlas Studio (voir ci-dessous). Durant la visite guidée, vous verrez le monastère tibétain construit pour le film *Kundun*, de Scorsese, l'avion qui apparaît dans *Le Diamant du Nil*, et les décors égyptiens d'*Astérix*. Le North Africa Horse Show (p. 326) reproduit les acrobaties réalisées avec des chevaux et des dromadaires pour les grosses productions.

Des figurants sont parfois recherchés pendant les tournages : consultez les tableaux d'affichage dans les hôtels et dans les American Language Centers.

Le **Festival international du film** (www.festival-marrakech.com) se tient chaque année à Marrakech, mais ce n'est pas le seul du pays. Pour plus de détails, renseignez-vous auprès du **Centre cinématographique marocain** (☎ 037 289200 ; www.ccm.ma).

dans de fascinants parcours, à la rencontre des femmes berbères dans les montagnes et sur les traces des nomades en transhumance. Le siège est à Dar Daïf (voir p. 328).

Ksour Voyages (☎ 024 882840 ; www.ksour-voyages.com ; place du 3 Mars). Réservations de vols et large choix d'excursions dans la région, depuis les randonnées en montagne jusqu'aux campements dans le désert. Location de VTT à la journée.

ARGENT

Vous trouverez quantité de banques à l'extrémité nord de l'avenue Mohammed V, toutes équipées de DAB.

Banque Populaire (av. Moulay Rachid ; ☎ 8h30-11h30 et 14h30-16h30 lun-ven, 15h-18h sam, 9h-13h dim)

Crédit du Maroc (angle av. Mohammed V et av. Bir Anzaran). À l'extrémité ouest de la ville. Retraits en espèces avec votre carte de crédit.

LAVERIE

Lavanderie (rue du Marché ; 🕒 9h-12h et 14h-20h). Près de l'Hôtel Amlal, dispose de machines modernes (30 Dh) et de sèche-linge (20 Dh).

OFFICE DU TOURISME

Délégation régionale du tourisme (ONMT ; ☎ 024 882485 ; fax 024 885290 ; av. Mohammed V ; 🕒 8h30-16h30 tlj). Un office du tourisme étonnamment efficace.

POSTE ET TÉLÉPHONE

Le centre rassemble plusieurs téléboutiques.

Poste principale (av. Mohammed V ; 8h30-12h et 14h30-18h lun-ven, 8h30-12h sam). Services postaux et lignes téléphoniques directes.

SERVICES MÉDICAUX

Hôpital Bougafer (☎ 024 882444 ; av. Mohammed V). Hôpital public à l'est de l'office du tourisme.

Kabinet Kabir (☎ 024 885276). Clinique privée plus fiable prisée des expatriés.

Pharmacie de nuit (☎ 024 882490 ; av. Mohammed V)

URGENCES

Police (☎ 190 ; av. Mohammed V)

À voir

La **casbah de Taourirt** (10 Dh ; 🕒 8h-18h30), la plus grande de la tribu des Glaoui dans la région, constitue le seul site véritablement intéressant de Ouarzazate. Dans les années 1930, elle abritait bon nombre de membres de la dynastie Glaoui, ainsi que leurs centaines de domestiques et d'employés. L'Unesco a restauré quelques petites parties de l'édifice, mais seul un tiers se visite actuellement. Le "palais" des Glaoui se compose de cours intérieures, d'appartements et de salles de réception.

Vous pouvez explorer le quartier sans guide, mais certains sites sont difficiles à localiser. Cela dit, les ruelles étroites sont agréables à parcourir en elles-mêmes.

Vous pouvez aussi descendre à pied jusqu'au barrage Al-Mansour ed-Dahabi, dont les eaux encerclent désormais une casbah des plus pittoresques.

Parmi les sites intéressants, citons les **Atlas Film Corporation Studios** (☎ 024 882212/23 ; www.atlastudios.com ; adulte/réductions 30/15 Dh ; 🕒 8h30-

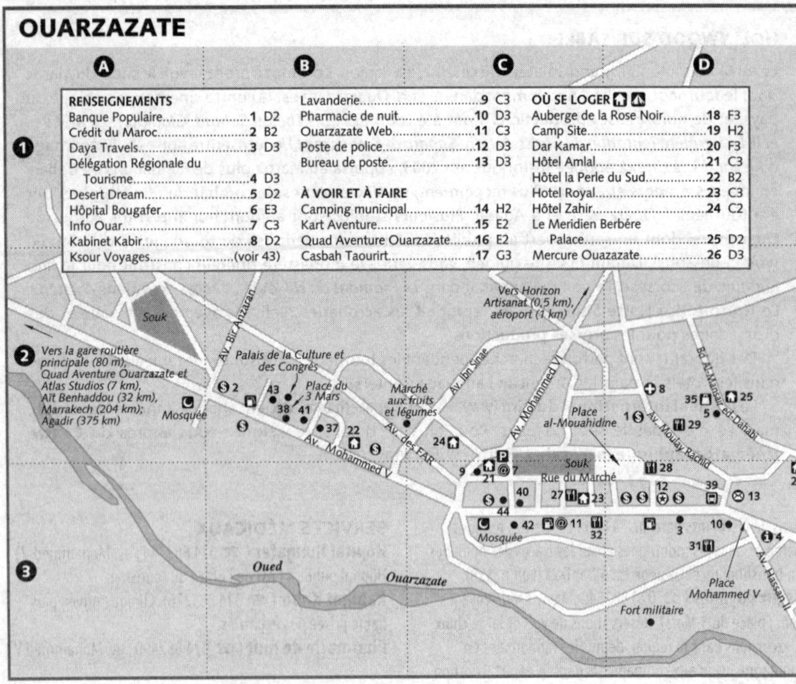

11h50 et 14h30-17h50, visites guidées toutes les 30-40 min), dont la visite fait généralement le plaisir des enfants. C'est le doyen des studios de cinéma de Ouarzazate (qui en compte plusieurs). Vous y verrez les décors et les accessoires des célèbres films réalisés ici (voir encadré, p. 325). Les studios se trouvent à 5 km à l'ouest de la ville sur la route de Marrakech, mais sont aisément accessibles par le bus jaune STUDID (voir p. 330).

À faire

Les agences de Ouarzazate offrent un large éventail d'excursions. Avec **Quad Aventure Ouarzazate** (☎ 024 884024 ; 17 av. Moulay Rachid), vous découvrirez en quad les pistes et les palmeraies des environs (1 200 Dh/jour). **Kart Aventure** (☎ 024 886374 ; www.kart-aventure.com ; 18 av. Moulay Rachid) vous emmènera pour le même prix à Skoura et à Aït Benhaddou. Quad Aventure loue aussi des VTT (160 Dh/jour).

Pour des circuits hors piste, à moto, dans le sud du Maroc, sous l'égide d'un guide chevronné, adressez-vous à **Wilderness Wheels** (☎ 024 888128 ; www.wildernesswheels.com ; 44 Hay al-Qods). Les tarifs (demi-journée/journée 800/1 400 Dh, 2 jours 3 500 Dh) comprennent des motos bien entretenues et tout l'équipement nécessaire. Le bureau de Marrakech de cette agence (☎ 024 330443) peut aussi organiser des circuits au départ de Marrakech.

North Africa Horse (☎ 024 886689, 061 168472 ; joelpro@hotmail.com ; route de Skoura, face au Golf Royal ; spectacle boisson/repas inclus 300/500 Dh), à 20 km de Ouarzazate, fournit des chevaux et des dromadaires du Mali aux grosses productions hollywoodiennes. La société propose un spectacle équestre pour les touristes, dont une fantasia à la marocaine et des reconstitutions de célèbres scènes vues dans *Alexandre le Grand* d'Oliver Stone (2005), notamment. Elle organise aussi des randonnées de 5 à 6 jours à cheval ou à dromadaire.

Fêtes et festivals

Ouarzazate accueille chaque année, au mois d'août, le *moussem* de Sidi Daoud.

Marathon des sables (www.saharamarathon.co.uk). Cette course à pied à travers le désert, se déroule pendant sept jours en mars-avril. Départ et arrivée ont lieu à Ouarzazate.

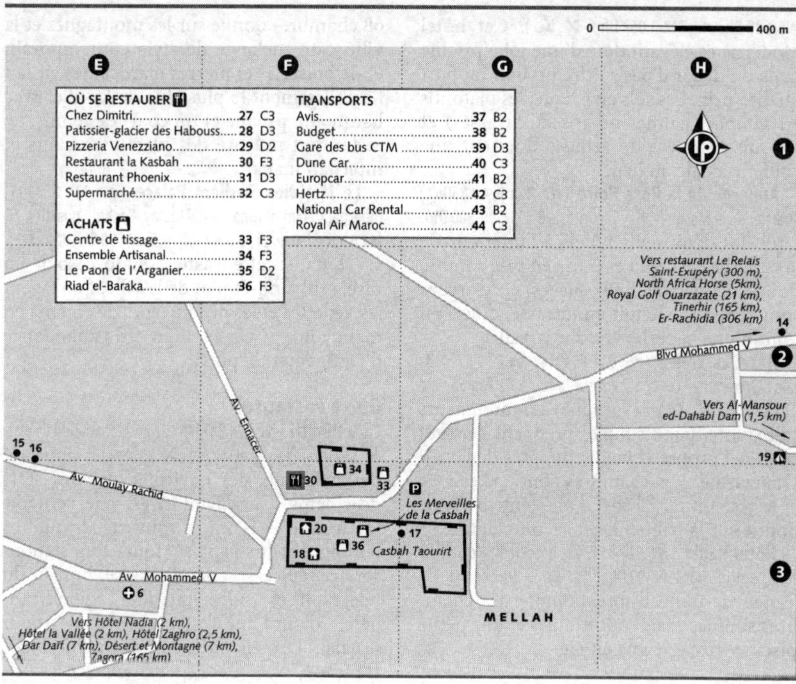

Où se loger

PETITS BUDGETS

Les hébergements bon marché se remplissent vite à Ouarzazate, pensez à réserver si vous devez arriver tard.

Hôtel Zaghro (☎ 024 854135 ; hotelrestaurantzaghro@yahoo.fr ; route de Zagora, 1,5 km ; d avec/sans TV et clim 250/150 Dh ;). Sur l'autre rive de l'oued Ouarzazate, cet établissement à prix raisonnable est confortable et assez agréable. Chambres avec sdb et piscine dans le patio central ; le rapport qualité/prix est excellent. Petit-déj 30 Dh, dîner 80 Dh. Seul inconvénient : son éloignement.

Hôtel Amlal (☎ 024 884030 ; fax 024 884600 ; hotel_amlal@yahoo.fr ; 24 rue du Marché ; s/d/tr/q 200/250/300/350 Dh ;). À une rue au nord de l'avenue Mohammed V, l'Hôtel Amlal est moderne et propre. Les chambres confortables disposent de sdb. Petit-déj (20 Dh) et parking juste devant.

Hôtel Zahir (☎ 024 885740 ; av. al-Mouahidine ; s/d/tr/ste 142/195/250/300 Dh). Au nord-ouest du marché, cet accueillant hôtel propose des chambres impeccables avec sdb. La suite peut accueillir 4 à 6 pers et comprend TV et chauffage. L'hôtel abrite un restaurant et un café.

Hôtel Royal (☎ 024 890042 ; 24 av. Mohammed V ; s/d/tr 46/82/103 Dh, avec sdb 80/122/163 Dh). L'un des meilleurs hôtels bon marché de la ville pour un emplacement assez central. Il y a un grand choix de chambres : avec ou sans sdb, ou encore avec douche. Toutes sont propres et bien tenues. Celles donnant sur la rue sont relativement bruyantes. Des jus de fruits frais, un bon café, des pizzas (45 Dh) et des tajines (40 Dh) sont servis sur une terrasse très agréable.

Camping municipal (☎ 024 888322 ; 15 Dh/pers plus 8 Dh par voiture/emplacement). Le camping est indiqué par un panneau près du "complexe touristique" (en fait un zoo et une piscine), à la sortie de la ville en direction de Tinerhir, à environ 3 km de la gare routière. L'endroit est ombragé, les sdb sont correctes et le cadre est paisible près de l'oued Ouarzazate. L'électricité coûte 10 Dh. Restaurant sans prétention.

CATÉGORIE MOYENNE

Hôtel La Perle du Sud (☎ 024 888640 ; www.laperledusud.com ; 39/40 av. Mohammed V ; d avec douche/bain

495/528 Dh, ste 742-1 062 Dh ; ⊠ ⊡). Cet hôtel moderne et élégant doté d'une jolie piscine dans un décor d'oasis offre un bon rapport qualité/prix. Les sols en brique, les plafonds en *tataoui* (palmes ou roseaux tressés) et les sdb carrelées de zelliges donnent une couleur locale au lieu.

Auberge de la Rose Noire (☎/fax 024 886067 ; quartier de la Mosquée, Hay Taourirt ; s/d 300/500-800 Dh). L'un des deux seuls hôtels à l'intérieur de la superbe casbah. Les murs en pisé sombre donnent du cachet aux pièces, et les repas sont servis sur le toit en terrasse, d'où l'on jouit d'une superbe vue sur la vallée.

Hôtel La Vallée (☎ 024 854034 ; fax 024 854043 ; zaid172@caramail.com ; à 2 km sur la route de Zagora ; s/d 210/250 Dh ; ⊠ ⊡). Les groupes de randonneurs (d'Explore, par exemple) prennent d'assaut cet hôtel propre et bien tenu, près de l'oued Ouarzazate. Les chambres sont spacieuses, et le restaurant, à l'abri d'une tente berbère, donne sur la palmeraie et les montagnes.

Hôtel Nadia (☎ 024 854940 ; hotelnadia@caramail.com ; s/d/tr 280/360/390 Dh ; ⊠ ⊡). Face au La Vallée, ce nouvel hôtel compte des chambres simples mais confortables et une petite piscine très agréable en été.

CATÉGORIE SUPÉRIEURE

Dar Kamar (☎ 024 888733 ; www.darkamar.com ; 45 Casbah Taourirt ; s 770-940 Dh, d 960-1 177 Dh ; ⊠). Ce riad rénové à l'aide de matériaux traditionnels est rempli d'objets d'art. Le restaurant (menu 200 Dh) est excellent, et la vue du soleil couchant sur la vallée, depuis le toit-terrasse, est inoubliable. L'hôtel met sur pied des randonnées ou des excursions sur mesure, avec logement sous de grandes tentes.

Dar Daïf (☎ 024 854232 ; www.dardaif.ma ; d petit-déj inclus 370-680 Dh, ste 1 000-1 400 Dh ; ⊠ ⊡). Restaurée avec soin, cette casbah se dresse au bord de la palmeraie près des ruines de la casbah des Cigognes. L'édifice en pisé s'élève sur plusieurs niveaux autour d'une cour traditionnelle. Son décor chaleureux lui vaut la faveur des familles, qui adorent se perdre dans le labyrinthe de ses pièces. Le hammam est gratuit, mais le dîner est en supplément (adulte/enfant 180/100 Dh). Suivre la route de Zagora sur 1,5 km, prendre à gauche au panneau, et parcourir 3 km hors piste. Réservation conseillée.

Mercure Ouarzazate (☎ 024899100 ; www.mercure.com ; av. Moulay Rachid ; s/d petit-déj inclus 765/980 Dh ; ⊠ ⊡). Ce quatre-étoiles ultramoderne de 68 chambres donne sur les montagnes et la ville. Son mélange de style contemporain et de boiseries et pierres marocaines en fait l'établissement le plus chic de la ville, avec hammam, piscine et un court de tennis. Le restaurant prépare des plats marocains et internationaux.

Le Méridien Berbère Palace (☎ 024 883105 ; mberpala@iam.net.ma ; av. Moulay Rachid, quartier El-Mansour ed-Dahabi ; d petit-déj inclus 2 000 Dh ; ⊠ ⊡). C'est dans cette vaste pseudo-casbah en pisé, seul cinq-étoiles de la ville, que logent les vedettes et les producteurs de cinéma en mal de luxe. Cela explique-t-il l'abondance d'équipements sportifs ?

Où se restaurer

Chez Dimitri (☎ 024 887346 ; 22 av. Mohammed V ; plats 80-130 Dh ; ◷ déj et dîner ; ⊠). Aussi apprécié des habitants des environs que des stars de cinéma, Chez Dimitri est une véritable institution. Les murs couverts de photos témoignent de son passé : tour à tour station-service, épicerie, salle de danse, bureau du télégraphe et rendez-vous de la Légion étrangère. Aujourd'hui, c'est une bénédiction pour le palais. Le menu mêle cuisine traditionnelle française, plats grecs (pour rappeler les origines du propriétaire), recettes marocaines et, plusieurs fois par semaine, des spécialités de poissons. Les desserts sont délicieux. Le service est soigné et efficace.

Le Relais Saint Exupéry (☎ 024 887779 ; 13 bd Moulay Abdallah ; menus 80-190 Dh, plats dîner 90-130 Dh ; ◷ déj et dîner, fermé mer déj et juil). Ce savoureux restaurant sert des plats français et des spécialités marocaines dans un cadre intimiste. La salle à manger est ornée d'images anciennes d'aviation qui évoquent l'auteur du *Petit Prince*. Pastilla aux fruits de mer, truite aux amandes, pain au safran, sorbets et succulents chocolats : de quoi oublier la proximité du désert.

Restaurant Phoenix (☎ 024 888313 ; plats 70 Dh). Une expérience inédite vous attend, dans un décor soigné, derrière l'hôtel de ville. Le Phoenix sert en effet des pâtes fraîches, notamment aux nombreux techniciens italiens employés dans les studios de cinéma. Vaste choix de plats végétariens.

Pâtisserie-glacier des Habouss (rue du Marché ; ◷ 6h-22h). Le meilleur boulanger-salon de thé-glacier de la ville. Baguettes, croissants et pâtisseries marocaines, mais aussi jus, crèmes glacées et café. Encore une institution.

Pizzeria Venezziano (☎ 024 887676 ; av. Moulay Rachid ; pizzas 30-45 Dh). Salle lumineuse et bon rapport qualité/prix. Au menu : pizzas correctes, plats continentaux comme le foie à la provençale (sauce à la tomate et aux aubergines, 30 Dh) et jus panaché (mélange de pommes, d'amandes, de bananes, de dattes et de raisins secs, 15 Dh).

Restaurant La Kasbah (☎ 024 882033 ; av. Mohammed V ; plats 60-80 Dh, menu 100 Dh). Occupant un emplacement à la fois charmant et stratégique, en surplomb de la casbah de Taourirt, ce restaurant jouit d'un succès prévisible auprès des touristes épuisés.

Le supermarché de l'av. Mohammed V offre un excellent choix de denrées alimentaires locales ou importées et d'articles de toilette. Fromage, viande et légumes frais peuvent s'acheter au marché central, qui se tient tous les jours rue du Marché.

Achats

Face à l'entrée de la casbah, l'**Ensemble artisanal** (⏲ 9h-12h et 15h-18h30) propose sculptures, poteries et tapis en laine, produits par les Berbères ouzguita de la région. À proximité, la **Coopérative de tissage** (☎ 024 884057 ; av. Mohammed V) produit et vend des *hanbels* (tapis en laine). Lors de votre promenade dans les rues de la casbah, prenez le temps de visiter le **Riad el-Baraka** (☎ 024 887055). Cette boutique peu fréquentée près de la place du Mariage recèle d'intéressantes trouvailles à prix corrects.

Le Paon de l'Arganier (☎ 024 884197 ; 5 bd Laayounne), face au Méridien Berbère Palace, propose une sélection de produits provenant essentiellement de coopératives de femmes de tout le pays : cosmétiques à l'huile d'argan biologique, draps de lin teints à la main et nappes damassées, *sabra* (soie artificielle tirée d'un cactus local) de Sidi Ifni.

Dans le nord de la ville, la belle boutique d'**Horizon Artisanat** (☎ 024 882415 ; 181 av. de la Victoire ; ⏲ 9h-18h lun-ven) vend des poteries, des ferronneries et des tapis faits main, produits par la branche locale d'Horizon Association, qui travaille à l'intégration d'enfants et adultes handicapés.

Depuis/vers Ouarzazate

AVION

L'**aéroport de Taourirt** (☎ 024 882383) se trouve à 2 km au nord de la ville. La **RAM** (☎ 024 885102 ; 1 av. Mohammed V) assure chaque matin un vol direct pour Casablanca (à partir de 900 Dh, 1 heure). Il existe deux vols hebdomadaires pour Paris *via* Casablanca, qui ont lieu le vendredi et le lundi. Des charters partent fréquemment de France et de Belgique pour Ouarzazate. Il n'y a pas de bus pour rejoindre l'aéroport mais un taxi coûte entre 30 et 50 Dh.

BUS

Les bus de la **CTM** (☎ 024 882427 ; av. Mohammed V), dont la gare se trouve en plein centre-ville, à côté de la poste, sont le moyen de plus pratique pour rejoindre Ouarzazate. La compagnie assure des liaisons avec Marrakech (65 Dh, 5 heures, 3/jour) et Casablanca (135 Dh, 8 heures 30, 1/jour).

Au départ de la gare routière principale, à 1,5 km au nord-ouest du centre-ville, Trans-Ghazala propose des services pour Marrakech (55 Dh, 4 à 5 heures, 6/jour) et Satas pour Er-Rachidia (65 Dh, 6 heures), à 11h. Il existe des liaisons assez fréquentes avec Agadir (95 Dh, 4 à 5 heures, 6/jour), Boumalne du Dadès (25 Dh, 5/jour) et Taroudant (65 Dh, 5 heures, 5/jour) ; l'un de ces bus passe par Tazenakht (20 Dh), Foum Zguid (35 Dh, 4 heures) et Tata (45 Dh, 5 heures). Quelques-uns desservent M'Hamid (60 Dh, 7 heures, 4/jour) *via* Zagora (35 Dh, 4 heures).

VOITURE

La route à partir de la vallée du Drâa jusqu'à Zagora et, au-delà, jusqu'à M'Hamid, étant aussi spectaculaire qu'intéressante, cela vaut la peine de louer une voiture (à partir de 250 Dh/jour) pour quitter Ouarzazate. Ainsi, vous pourrez vous arrêter où bon vous semble, afin d'explorer les nombreux ksour (forteresses) ou de prendre des photos.

En bus ou en taxi collectif, vous devrez vous contenter de traverser ces lieux pour arriver à Zagora un brin déçu. La plupart des agences de location de voitures sont rassemblées sur l'avenue Mohammed V et la place du 3 Mars. Les tarifs sont relativement bas, en particulier dans les agences locales, mais mieux vaut vérifier l'état du véhicule avant de partir. Quelques agences :

Avis (☎ 024 888000 ; www.avis.com ; angle av. Mohammed V et place du 3 Mars)

Budget (www.budget.com) av. Mohammed V (☎ 024 884202) aéroport (☎ 024 888152). Particulièrement fiable et sympathique.

Dune Car (☎ 024 887391 ; fax 024 884901 ; av. Mohammed V). Fiable et bien meilleur marché que les agences internationales. Location de 4x4.
Europcar/InterRent (☎ 024 882035 ; www.europcar.com ; place du 3 Mars)
Hertz (☎ 024 882084 ; www.hertz.com ; 33 av. Mohammed V)
National Car Rental (☎ 024 885244 ; place du 3 Mars)

TAXI

Des taxis partent de la gare routière principale à destination d'Agdz (25 Dh), d'Aït Benhaddou (20 Dh), de Boumalne du Dadès (35 Dh), de Marrakech (80 à 100 Dh), de Skoura (12 Dh), de Tinerhir (50 Dh) et de Zagora (60 Dh).

Comment circuler

Des petits taxis collectifs parcourent de bout en bout l'avenue Mohammed V pour la somme fixe de 5 Dh/pers (sur la base de trois passagers). Les grands taxis parcourent le même trajet mais peuvent demander plus. Mieux vaut fixer un prix avant de monter.

Les bus jaunes STUDID (3 Dh) remontent et descendent toutes les demi-heures l'avenue Mohammed V.

VALLÉE DU DRÂA وادة درعة

Après Ouarzazate, la N9 vous conduit vers le sud-est à travers la merveilleuse vallée du Drâa, ruban coloré de palmeraies, de vergers, de casbahs et de villages berbères. Le Drâa, la plus longue rivière du Maroc, prend sa source dans le Haut Atlas et se jette dans l'Atlantique au cap Drâa, juste au nord de Tan-Tan. En pratique, l'eau se perd en général dans le désert. Le segment le plus riche de la vallée s'étend sur quelque 95 km, entre Agdz et Zagora. Au-delà de Zagora, une route secondaire conduit au village de M'Hamid, à 96 km au sud, et à 40 km environ de la frontière algérienne.

Le trajet pour Zagora prend 3 à 4 heures. Si vous circulez en 4x4, empruntez la piste parallèle à la route et à la rivière, de Tamnougalt à Zagora : les paysages sont magnifiques.

AGDZ اكدز

À environ 20 km au sud-est du sommet du Tizi n'Tinififft (1 660 m), dans l'ombre de l'étrange djebel Kissane, le petit bourg d'Agdz (prononcer ag-a-dèz) se distingue par sa magnifique palmeraie, son souk du jeudi et sa casbah. Sur l'artère principale, plusieurs boutiques vendent les tapis couleur safran caractéristiques de Tazenakht, centre de tissage sur la route de Taliouine.

À l'extrémité d'Agdz, l'agréable **Hôtel Kissane** (☎ 024 843044 ; kissane@iam.net.ma ; s/d/tr 190/300/390 Dh ; ❄ 🅿) propose des chambres confortables, certaines pourvues de balcons donnant sur la montagne. Il y a une piscine et un bon restaurant (repas 90 Dh).

Sur la place de la Marche Verte, la plus grande de la ville, pour ne pas trop dépenser vous avez le choix entre l'**Hôtel-restaurant Drâa** (☎ 024 843153 ; s/d 35/70 Dh), offrant de grandes chambres sommaires avec douches chaudes, et l'**Hôtel des Palmiers** (☎ 024 843127 ; s/d 70/95 Dh), un peu moins défraîchi, aux chambres plus claires, la plupart sans fenêtre (110 Dh avec fenêtre sur rue). Au-delà de la casbah de la ville, on découvre la jolie **Casbah Caïd Ali** (☎ 024 843640 ; www.casbah-caidali.net ; rue Hassan II ; d 160 Dh ; 🅿), dont la famille d'origine occupe encore une aile. Les chambres simples sont très confortables et présentent un excellent rapport qualité/prix. Petit-déj 20 Dh, menus 65 Dh à 85 Dh. L'endroit constitue une base pratique pour des randonnées dans les montagnes et la campagne alentour. Dans le jardin, un camping est installé à l'ombre des palmiers (50 Dh/tente).

Des bus de la CTM et d'autres compagnies desservent la bourgade, sur la ligne Ouarzazate-Zagora, mais vous n'y trouverez pas forcément de siège. Sinon, des grands taxis relient de temps à autre cette localité à Ouarzazate (23 Dh) et à Zagora (25 Dh).

D'AGDZ À ZAGORA

Si vous disposez d'un moyen de transport, ne manquez pas de faire halte pour visiter les **ksour de Tamnougalt** (10 Dh ; guide obligatoire 50-100 Dh). Ces habitations fortifiées sont aussi belles que spectaculaires. Pour parvenir à Tamnougalt, quittez la route principale sur la gauche 5 km après Agdz, puis parcourez 3 km de piste cahoteuse. **Chez Yacob** (☎ 024843394, 066104305 ; www.chezyacob.com ; route de Zagora, Agdz ; demi-pension 250 Dh/pers), qui jouxte le ksar principal, à 4 km d'Agdz, est une magnifique et paisible auberge. Les cinq chambres, sommaires mais très douillettes, sont dotées de sdb communes propres, et une vaste terrasse donne sur le ksar et la palmeraie. Le menu est à 80 Dh. Profitez-en pour explorer la campagne environnante à pied. Proche de la palmeraie, l'accueillante **Casbah Itrane** (☎/fax 024 843614 ; merrsana@g.mail.com ; route de Zagora, Agdz ; demi-pension avec/sans sdb 220/200 Dh par pers ;) manque un peu de charme, mais les chambres propres sont situées dans un ravissant jardin avec piscine. Menu à 80 Dh.

Vous rencontrerez d'autres sites intéressants le long de la route, notamment la casbah à Timiderte, la casbah Said Arabi à Ouled Atman, et le superbe souk du lundi à Tinzouline. Environ 10 km avant Tinzouline, vous verrez une ribambelle d'enfants essayant de vendre des boîtes de dattes aux voyageurs de passage. La variété cultivée dans la région est particulièrement douce. Trente kilomètres avant Zagora, un panneau marqué "Oasis du Drâa" conduit à une vieille tour de garde qui offre une belle vue sur la palmeraie.

Avec un 4x4, vous pouvez effectuer plusieurs excursions sur la rive nord du Drâa. Ces circuits touristiques sont indiqués depuis la route. Depuis Tamnougalt, vous pouvez emprunter la route de terre qui longe le Drâa et rejoint Zagora.

ZAGORA زاكورة

34 850 habitants

La ville nouvelle de Zagora a été créée durant le protectorat français en tant que centre administratif. L'oasis a toutefois toujours été habitée et c'est de là que les Saadiens lancèrent leur expédition contre Tombouctou en 1591. Si le célèbre panneau, aujourd'hui flambant neuf, indique toujours "Tombouctou 52 jours" (en caravane de dromadaires), il en fallut 135 à l'armée saadienne pour y parvenir.

La ville moderne, dominée par le djebel Zagora, manque un peu de charme. C'est là que sont rassemblées toutes les agences de voyages, ainsi que quelques-uns des hôtels les plus anciens. De là, il est pratique d'organiser des randonnées dans la région. La ville, dont la palmeraie verdoyante tranche avec le sable du désert, dégage une impression étrange. Lorsqu'une tempête de sable s'abat sur le désert, la lumière change et tout semble irréel.

Plus authentique et mieux équipée en hôtels, Amezrou, de l'autre côté de l'oued Drâa, à 3 km au sud du centre-ville, a été absorbée par Zagora.

Un grand marché a lieu le mercredi et le dimanche à Zagora. On y vend des fruits (les dattes sont très répandues dans la région), des légumes, des herbes aromatiques, de la quincaillerie, des objets artisanaux, ainsi que des moutons, des chèvres et des ânes.

Le *moussem* de Moulay Abdelkader Jilali a lieu en même temps que le Moulid (voir p. 456), et anime toute la ville.

Renseignements

Les banques, dont la **Banque Populaire** et la **BMCE**, sont situées sur le bd Mohammed V. Toutes disposent de DAB et ouvrent aux horaires habituels.

Cybersud (av. Hassan II ; 10 Dh/h). Accès Internet.

Placenet Cyber Center (95 bd Mohammed V ; 10 Dh/heure). Accès Internet.

Pharmacie Zagora (☎ 024 847195 ; bd Mohammed V ; 8h30-13h et 15h-20h lun-ven, 8h30-13h sam)

À voir et à faire

Le spectaculaire **djebel Zagora**, qui domine l'autre côté de la rivière, offre des vues magnifiques. Si vous avez le courage d'en faire l'ascension et de vous mettre en route de bon matin, comptez deux à trois heures de marche aller-retour (45 min en voiture). À mi-chemin, vous pourrez explorer les ruines encore visibles d'une forteresse almoravide du XIe siècle. Le fort moderne, au sommet, est interdit au public. Il est également possible de gagner en voiture un point de vue – suivez la piste à droite après le Camping La Montagne.

Le pittoresque village d'**Amezrou** possède un intéressant mellah du XVIIe siècle. Les juifs, qui contrôlaient le commerce de l'argent, y vécurent pendant des siècles jusqu'à leur émigration massive vers Israël après 1948. Quelques orfèvres berbères y perpétuent la tradition. Les habitants se feront un plaisir de vous présenter le processus de fabrication (un panneau indique un atelier) dans l'espoir que vous leur achèterez un objet. Les enfants se précipitent sur les visiteurs pour leur servir de guide, mais ils ne vous importuneront pas vraiment. Dans la palmeraie, la vie suit son cours, comme inchangée depuis des siècles.

Les dattes de la région ont la réputation d'être les meilleures du Maroc, mais elles se font plus rares depuis que la maladie du Bayoud, une infection fongique, attaque et détruit les palmiers.

Cédant aux incessantes sollicitations, vous aurez peut-être envie d'une promenade en dromadaire. La plupart des hôtels et des agences de voyages proposent toute une gamme d'excursions, d'une demi-journée à deux ou trois semaines. Avant de choisir, faites-vous une idée des tarifs et des circuits possibles auprès des agences du boulevard Mohammed V. Comptez un minimum de 300 Dh par personne et par jour. Avant toute chose, demandez si l'eau potable et le couchage sont fournis, la distance que vous parcourrez et le nombre de personnes prévues au campement (au cas où vous voudriez méditer dans la solitude du désert).

Caravane Désert et Montagne (☎ 024 846898, 066 122312 ; http://caravanedesertetmontagne.com ; 112 bd Mohammed V) est une bonne agence qui élabore des parcours à thème sur mesure. Deux autres agences fiables : **Caravane Hamada Drâa** (☎ /fax 024 846031 ; www.hamadadraa.com ; bd Mohammed V) et **Caravane du Sud** (☎ 024 847569 ; www.caravanedusud.2zagora.com ; bd Mohammed V).

Où se loger

PETITS BUDGETS

Auberge Restaurant Chez Ali (☎ /fax 024 846258 ; chez_ali@hotmail.com ; s/d 70/120 Dh, avec douche 100/200 Dh). Une véritable oasis au cœur de ce désert de sable : quatre chambres d'une propreté impeccable et quatre tentes berbères entourées d'un jardin luxuriant. Vous pourrez en profiter en dégustant des plats savoureux (menu 80 Dh). L'auberge organise des promenades en dromadaire pour 350 Dh par personne et par jour. Réservation conseillée. Quittez le bd Mohammed V vers le sud, immédiatement avant l'entrée ouest, et prendre la seconde rue à gauche.

Hôtel La Palmeraie (☎ 024 847008 ; fax 024 847878 ; bd Mohammed V ; s/d 90/130 Dh, avec sdb 90/180 Dh, avec sdb et clim 120/210 Dh ; ❄ 🏊). Vaste hôtel une-étoile, dont le bon rapport qualité/prix est très apprécié des groupes à petits budgets. Ses principaux atouts : la piscine, le restaurant et le bar. Vous pouvez aussi opter pour les tentes berbères plantées près de la piscine (40 Dh).

Hôtel La Rose des Sables (☎ 024 847274 ; av. Allal Ben Abdallah ; s/d 50/60 Dh, avec sdb 60/90 Dh). Le meilleur établissement à petit prix. Chambres propres, confortables et accueil sympathique. Le restaurant est aussi très prisé (menu 60 Dh).

Camping

Zagora compte plusieurs campings mais nous indiquons ici nos préférés, tous plus ou moins ombragés.

Camping les Jardins de Zagora (☎ 024 846971, 068 961701 ; Amezrou ; 2 pers, tente et voiture incluses 50 Dh ; d 150 Dh). Jouxtant l'hôtel Ksar Tinzouline, à l'ombre des palmiers, ce camping fleuri donne sur le djebel Zagora. Les sdb communes sont très propres. Vous pouvez opter pour l'une des deux chambres simples avec sdb privatives, ou pour les lits installés sous de petites tentes berbères avec l'électricité (40 Dh/pers). L'hôtesse prépare sur commande de délicieux tajines (menu 80 Dh).

Camping de la Montagne (☎ 024 847578 ; Amezrou ; 10 Dh/pers, plus 5 Dh/tente). Au pied du djebel Zagora. Suivre le panneau à gauche après l'hôtel La Fibule. Vous y trouverez des boissons fraîches et des douches chaudes, mais le camping n'a pas l'électricité. Le gérant organise des circuits en dromadaire (300 Dh/jour). Les animaux étant gardés dans le camping, vous pourrez les approcher avant de vous décider.

Camping Prends Ton Temps (☎ 024 846543, 067 596877 ; http://campingauberge.skyblog.com ; Hay El-Mansour ed-Dahabi ; camping 10 Dh/pers plus 5 Dh/tente, hutte 30 Dh/pers, hutte avec douche et toilettes s/d 80/100 Dh, tente fixe s/d 40/60 Dh). Ce camping, propre et ombragé, offre tout un choix d'hébergements. Vous pouvez aussi planter votre propre tente. Possibilité de petit-déj (15 Dh) et de bons repas simples (60 Dh).

Catégorie moyenne

Kasbah Tifawte (☎ 024 848843, 067 596241 ; www.tifawte.com ; matelas sur la terrasse 50 Dh, demi-pension 350 Dh, avec clim 500 Dh ; ❄). Caché dans une ruelle tranquille, l'hôtel donne sur la palmeraie et la montagne. L'édifice de style casbah loue cinq chambres traditionnelles et raffinées, avec sdb modernes. Certaines ont la clim. Le propriétaire compte parmi les plus anciens guides officiels dans le sud, et connaît bien la région et son histoire. Il organise des excursions en dromadaire ou en 4x4, ou des expéditions-camping dans le désert avec dîner et musique (350 Dh/pers).

Dar Raha (☎ /fax 024 846993 ; darraha_zagora@yahoo.fr ; Amezrou ; d petit-déj inclus 350-500 Dh). Dédié au "raha" (repos), cet hôtel remplit parfaitement son rôle. Les cinq chambres occupent une magnifique casbah ancienne en pisé au cœur du village d'Amezrou. Repas possibles pour 100 à 150 Dh. Les chaleureux propriétaires franco-marocains vous feront découvrir la vie du village, l'histoire et la culture locales, vous permettront de visiter des ateliers d'artisanat et vous mettront en contact avec de bons guides de randonnée.

Kasbah Sirocco (☎ 024 846125 ; sayrriko@menara.ma ; Amezrou ; s/d petit-déj inclus 316/412 Dh ;). Chambres simples mais très douillettes décorées de textiles locaux multicolores. La vue du balcon surplombant la palmeraie est superbe et la cuisine franco-marocaine, succulente. L'hôtel propose tout un choix d'excursions (quads, promenades en dromadaire, camping et randonnées).

Hôtel Kasbah Asmaa (☎ 024 847599 ; ksbasmaa@iam.net.ma ; tente 50 Dh/pers, s/d petit-déj inclus 300/500 Dh, demi-pension 450/700 Dh ;). Agréable deux-étoiles aux allures de ksar berbère, cet hôtel possède un joli jardin, une piscine, un salon de thé en plein air et un bon restaurant. La qualité des chambres de l'ancien bâtiment, autour d'une cour intérieure, est inégale. Des lits peu chers sont aussi proposés dans des tentes dressées dans le jardin.

Kasbah Dar El-Hiba (☎ /fax 024 847805 ; ksar Tissergate, 8 km avant Zagora ; demi-pension avec/sans clim 250/200 Dh par pers ;). Ensemble de vieilles casbahs rénovées dominant le ksar et la palmeraie. Les chambres simples sont réparties sur plusieurs étages. Deux chambres avec clim et sdb sont dans le jardin. Repas à 70 Dh.

Catégorie supérieure

Villa Zagora (☎ 024 846093 ; www.mavillaausahara.com ; Amezrou ; d petit-déj inclus 500 Dh ;). Les lieux ont du caractère. Cette confortable pension compte seulement cinq ravissantes chambres ornées de superbes peintures et équipées de moustiquaires. Le personnel est sympathique. En hiver, le dîner est servi au coin du feu tandis qu'en été, la terrasse permet d'apprécier la vue magnifique sur la montagne et les palmiers (repas environ 120 Dh).

Riad Lamane (☎ 024 848388 ; www.riadlamane.com ; Amezrou ; s/d demi-pension 700/1 200 Dh, mai-oct 500-800 Dh ;). Au cœur de la palmeraie, à l'abri d'un paisible jardin, ce confortable hôtel possède des chambres spacieuses et superbement décorées, même si elles

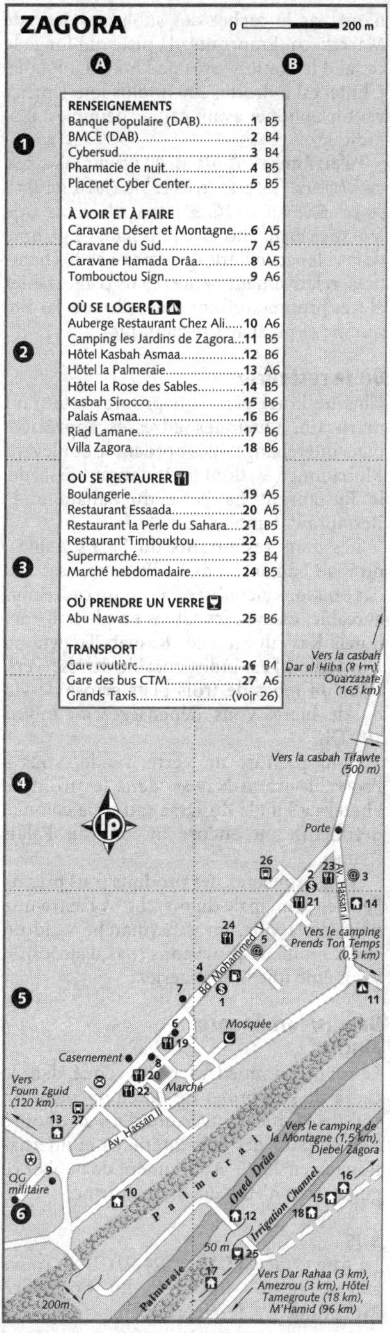

n'ont pas le cachet des sublimes riads de Marrakech. Empruntez la piste qui longe le canal d'irrigation, près de l'hôtel La Fibule. L'hôtel est à droite, 200 m plus loin (mieux vaut téléphoner avant car le chemin est mal indiqué).

Palais Asmaa (☎ 024 847491 ; www.palais-asmaa.com ; Amezrou ; s/d petit-déj inclus 510/710 Dh, s/d demi-pension 600/900 Dh ;). Installé dans une fausse casbah, l'hôtel le plus haut de gamme de la ville accueille des groupes. Les 90 chambres, relativement petites mais confortables et très propres, offrent une belle vue. Jardin, piscine et plusieurs restaurants.

Où se restaurer

Chaque hôtel gère son propre restaurant marocain. Quelques adresses appréciées mais interchangeables bordent le boulevard Mohammed V, dont le Restaurant Essaada, le Restaurant La Perle du Sahara et le Restaurant Timbouktou.

Les bons restaurants du Palais Asmaa, du Riad Lamane et de La Palmeraie servent des boissons alcoolisées. Pour un cadre plus agréable, essayez les tables en plein air des hôtels Kasbah Sirocco, Kasbah Tifawte ou Dar Raha (il est indispensable de réserver). Pour un repas de trois plats arrosé de vin ou de bière, vous dépenserez au moins 100 Dh.

Pour prendre un verre, rendez-vous à l'agréable Abou Nawas, dans le jardin de l'hôtel La Fibule du Drâa (au style colonial défraîchi), ou encore au bar du Palais Asmaa.

Vous trouverez des produits frais près de l'entrée principale du marché. À l'extrémité nord de la ville, un supermarché vend un choix limité de provisions (pas d'alcool). Il y a même une boulangerie.

Depuis/vers Zagora

AVION

Le roi Mohammed VI avait évoqué, dans le cadre de son projet de développement du sud du Maroc, l'ouverture d'un aéroport à Zagora pour des vols intérieurs et internationaux en 2007. Au moment de publier ce guide, rien n'était encore confirmé.

BUS

La **gare routière CTM** (☎ 024 847327) se trouve à l'extrémité sud-ouest du boulevard Mohammed V, la gare routière principale et la station des grands taxis à l'extrémité nord du même boulevard. Un bus CTM relie tlj la ville à Ouarzazate (40 Dh, 4 heures), à 19h, et continue vers Marrakech (90 Dh) et Casablanca (160 Dh).

D'autres compagnies assurent au moins une liaison quotidienne (le matin ou vers 21h) pour Boumalne du Dadès (70 Dh), Casablanca (170 Dh), Erfoud (80 Dh), Er-Rachidia (110 Dh), Marrakech (80 Dh, 2/jour), Ouarzazate (40 Dh) et Rabat (160 Dh). Des bus rallient aussi Rissani (75 Dh) *via* N'Kob (20 Dh) et Tazzarine (30 Dh), trois fois par semaine. Un bus à destination de M'Hamid (20 Dh, 2 heures) traverse la ville à 7h30. Des minibus plus fréquents desservent M'Hamid (25 Dh) tout au long de la journée, partant dès qu'ils sont pleins.

TAXI

Les grands taxis sont plus réguliers tôt le matin. Parmi leurs destinations figurent Agdz (28 Dh, 1 h 30), Ouarzazate (58 Dh, 3 heures), M'Hamid (25 Dh, 1 h 30), Tazzarine (42 Dh, 2 h 30) et N'Kob (34 Dh, 1 h 30).

SUD DE ZAGORA

Tamegroute تامكروت

Plus au sud, à environ 18 km de Zagora, la bourgade de Tamegroute fut, à partir du XIe siècle, une médersa très importante, dont l'influence s'étendait à toute la région du Drâa et du désert environnant. Au XVIIe siècle, c'est ici qu'Abou Abdallah ben Mohammed Naceur fonda une branche de l'ordre des Nassirya. Les Nassirya affirment que seules les études coraniques permettent de comprendre l'islam, et accordent une grande importance aux bibliothèques.

La cité se compose d'une série de ksour reliés les uns aux autres, au centre desquels se dresse la **zaouïa Nassirya** au toit vert. Cette zaouïa (siège de la fraternité religieuse) rassemble une mosquée, une médersa, la tombe de son fondateur et une bibliothèque célèbre.

Celle-ci (indiquée sur la route principale : "Librairie coranique") renferme une magnifique collection d'ouvrages religieux illustrés, de dictionnaires et de traités d'astrologie, certains calligraphiés sur des peaux de gazelle. Les volumes les plus anciens datent du XIIIe siècle. La plupart sont conservés sur des étagères derrière des portes vitrées, mais certains sont exposés dans des vitrines.

Les visiteurs sont autorisés à pénétrer dans le sanctuaire extérieur et la bibliothèque le matin et en fin d'après-midi (l'ensemble ferme en général de 12h à 15h). Une petite participation pour l'entretien des lieux sera la bienvenue. La zaouïa, réservée aux musulmans, reste un lieu de pèlerinage pour les personnes nécessiteuses et les malades espérant une guérison.

Plusieurs ateliers de potiers sont installés sur la gauche après la zaouïa en allant vers M'Hamid. Leur production originale, en émail vert, mérite le coup d'œil. Le souk de Tamegroute se tient le samedi.

L'**Auberge-restaurant-camping Jnane Dar Diafa** (☎ 024 840622, 061 348149 ; www.jnanedar.ch, en allemand ; s/d 125/170 Dh, s/d/tr/ste avec sdb à partir de 200/250/320/600 Dh) est un établissement accueillant où passer la nuit (petit-déj 20 à 35 Dh) ou déjeuner (menu 100 Dh). L'édifice traditionnel comprend diverses chambres confortables et un jardin magnifique et paisible. La cuisine à base de légumes du jardin est savoureuse.

Dunes de Tinfou كتبا

À environ 5 km au sud de Tamegroute apparaissent les premières dunes de sable du Sahara. Si vous n'avez jamais vu le désert de sable ou ne comptez pas aller aussi loin que M'Hamid ou Merzouga, Tinfou constituera une prise de contact agréable avec l'erg. Toutefois, les dunes sont petites, et vite envahies de touristes.

Le Repos du Sable (☎ /fax 024 848566 ; s/d 100/140 Dh ; 🅿). Si vous n'êtes pas trop regardant sur le confort et la propreté, l'endroit est plaisant. Un couple de peintres marocains a édifié cet hôtel en pisé dans le style casbah, avec une cour intérieure entourée d'une galerie. Leur premier fils est aujourd'hui à la tête de l'établissement, et le second propose des excursions à dromadaire. Les chambres sont spartiates mais l'ambiance est agréable.

Kasbah Sahara Sky (☎ 024 848562 ; www.hotel-sahara.com ; s/d/tr 325/390/550 Dh). Confortable trois-étoiles doté de chambres bien équipées et d'un observatoire (www.saharasky.com) sur le toit pour admirer le ciel nocturne. Il y a un restaurant qui sert de l'alcool, une table de billard et un hammam. Des excursions à l'erg Chigaga sont proposées (350 Dh par pers par jour).

De Tinfou à M'Hamid

La plupart des voyageurs parvenus à Zagora tentent de pousser jusqu'à M'Hamid, 96 km plus au sud, en passant par le village de Tagounite et le spectaculaire Tizi Beni Selmane. Tagounite compte une station-service et plusieurs cafés. Le ksar d'Oulad Driss en fait un arrêt pittoresque avant la "dernière ligne droite" (5 km) jusqu'à M'Hamid. Une maison privée abrite un petit musée (dons appréciés) présentant une petite collection d'outils et d'objets illustrant le mode de vie traditionnel.

M'Hamid المحاميد

3 000 habitants

L'oasis de M'Hamid marque le bout de la route, dernière étape d'un long voyage vers le sud. Jadis importante étape sur la route du commerce transsaharien, la ville en a hérité une grande diversité ethnique : hommes bleus, Harratines, Berbères, Chorfas et Beni M'Hamed s'y côtoient. M'Hamid Jdid, la ville moderne, a tout du petit centre administratif, et compte une mosquée, quelques restaurants, de modestes hôtels et des boutiques d'artisanat. Elle accueille un marché le lundi. La vieille ville, M'Hamid Bali, à 3 km de là, de l'autre côté de l'oued Drâa, recèle une casbah imposante et bien conservée.

Encore récemment, les touristes évitaient M'Hamid, inquiets des tensions qui opposaient le Maroc et l'Algérie. Désormais, cette ville assoupie est sans danger et fait un bon point de départ pour une excursion dans le désert. Les dunes proches de M'Hamid, comme l'erg Chigaga, n'ont rien à envier à celles de Merzouga (voir p. 355). En revanche, les escrocs et les faux guides sont plus rares, et les foules de touristes plus clairsemées (pour l'instant).

Vous pouvez organiser votre excursion dans le désert depuis Zagora, Ouarzazate ou même Marrakech, mais il est possible de la mettre sur pied directement depuis M'Hamid en collaboration avec des habitants de la région. La plupart des méharées de nuit (à partir de 350 Dh/pers) aboutissent à l'erg Lehoudi (dunes des Juifs), une chaîne de dunes de 100 m de haut, à 10 km au nord de la bourgade. Si vous disposez d'un véhicule solide, de préférence un 4x4, vous pourrez vous y rendre par une piste partant de la route principale 18 km avant

M'Hamid, mais il est préférable d'être accompagné d'un guide. Plusieurs bivouacs ont été installés par des agences de voyages près des dunes.

Une excursion plus ambitieuse consiste à rejoindre l'erg Chigaga, des dunes hautes de 300 m couvrant une étendue de 40 km, à 56 km de M'Hamid. Les dunes de sable, méritent qu'on les rejoigne en dromadaire, malgré la durée et le coût. Le trajet dure de cinq jours à une semaine aller-retour (à partir de 380 Dh/jour).

Sinon, vous devrez débourser quelque 1 200 Dh pour la location d'un 4x4, plus 220 Dh pour la nuit en campement.

Vous pouvez également visiter l'oasis d'Iriqui, non loin de l'erg Chigaga, ou les petites dunes de Mesouria, à 8 km de M'Hamid. Les plus aventureux seront peut-être tentés par la méharée de douze jours jusqu'à Foum Zguid.

Sahara Services (☎ 061 776766 ; www.saharaservices.info), agence fiable située dans la rue principale de M'Hamid, organise des excursions dans les dunes à dromadaire et en 4x4, pour une durée d'une nuit à une semaine ou plus. Le campement de l'erg Chigaga dispose de confortables tentes berbères et même de douches chaudes (l'eau est chauffée au bois). Tarifs à partir de 380 Dh/pers, pour admirer le crépuscule du haut d'un dromadaire.

OÙ SE LOGER ET SE RESTAURER

M'Hamid propose des hébergements rudimentaires. En effet, la majorité des visiteurs qui s'y rendent préfèrent, et on les comprend, passer la nuit à la belle étoile dans le désert. Mais les choses changent : un premier établissement plus haut de gamme a ouvert début 2006.

Dar Azawad (☎ 024 848730, 061 247018 ; www.darazawad.com ; Douar Ouled Driss ; s/d petit-déj inclus 550/800 Dh ; ❄). Immédiatement à l'entrée de M'Hamid, cet hôtel récent et confortable compte 13 chambres avec clim, décorées de *tadelakt* de Marrakech. Le jardin comprend plusieurs tentes (demi-pension 350 Dh/pers) avec des sdb communes. Un hammam et un spa étaient en cours d'achèvement lors de notre visite. L'hôtel gère un restaurant (menu 100 Dh) et une boutique d'objets raffinés.

Hôtel-restaurant Les Dunes d'Or (☎ 024 848009 ; place centrale ; s/d petit-déj inclus 40/70 Dh). Ce petit hôtel, jouxtant Sahara Services (le propriétaire est le même), offre trois chambres sommaires mais propres et un bon restaurant (repas 65 Dh) avec une terrasse pour regarder passer les dromadaires, les 4x4 et les promeneurs.

Jnane Le Pacha (☎ 024848696 ; www.jnane-lepacha.com ; Bounou, M'Hamid El-Ghizlane ; d tente petit-déj inclus 340 Dh, ste 1 040 Dh ;). Tout n'est que luxe et couleurs dans ce campement. Son jardin comprend aussi quatre suites dans une casbah en pisé, ainsi qu'un restaurant à l'occidentale et un autre sous une tente (menu 80 Dh).

Camping Hammada du Drâa (☎ 024 848080 ; camping 15 Dh/pers plus 20 Dh/voiture, tentes berbères 50 Dh/pers). Campement correct, installations communes propres.

DEPUIS/VERS M'HAMID

Un bus CTM part tlj à 16h30 pour Zagora (20 Dh, 2 heures), Ouarzazate (60 Dh, 7 heures), Marrakech (120 Dh, 11 à 13 heures) et Casablanca (194 Dh, 15 heures). Des bus privés partent pour Marrakech (*via* Zagora et Ouarzazate) vers 7h et 14h (110 Dh, 15 heures).

DE ZAGORA À RISSANI

Les routes qui contournent le relief pelé du djebel Sarhro permettent aux voyageurs de réaliser une boucle au départ de Ouarzazate, en passant par Zagora et Rissani et en rentrant par les gorges du Todra et du Dadès (ou dans l'autre sens, évidemment). Deux routes relient Zagora à Rissani. La plus courte part du sud de Zagora (sur la route de Tamegroute) et remonte vers Tazzarine. La plus facile, mais aussi la plus longue, parcourt la vallée du Drâa sur 98 km avant l'embranchement (près du Restaurant la Gazelle) en direction de Tazzarine. L'avantage de ce trajet est qu'il passe par le village de N'Kob, remarquable pour le nombre de ses casbahs.

Des grands taxis relient Tazzarine à Ouarzazate (60 Dh), ainsi qu'Alnif à Tazzarine (20 Dh) et Rissani (25 Dh). Si vous n'êtes pas motorisé, vous pourrez ainsi prendre des correspondances pour faire le trajet. Des bus circulent entre Rissani et Zagora *via* Alnif, Tazzarine et N'Kob, le mardi, le vendredi et le dimanche. Des minibus locaux effectuent les liaisons Alnif-Rissani (25 Dh) et Tazzarine-Zagora tous les jours, normalement tôt le matin. Ils partent à condition d'avoir embarqué suffisamment de passagers (il est possible de payer les sièges vacants pour accélérer le départ).

Si vous êtes motorisé, vous trouverez des stations-service Ziz sur la route, mais pensez à faire le plein avant de partir car elles manquent parfois d'essence. Un plein devrait largement vous permettre de relier Zagora à Rissani.

N'Kob, Tazzarine et Alnif نيكوب تزارين و النيف

La route qui s'étire au sud du djebel Sarhro était jusqu'à récemment peu fréquentée. Cela explique sans doute l'ambiance paisible et traditionnelle qui règne à N'Kob, malgré le nombre étonnant de casbahs, et le marché animé qui s'y tient le dimanche. On y trouve en effet quarante cinq casbahs, dont deux ont été transformées en résidences. Le village est connu des randonneurs en partance pour le nord, en direction de la région du djebel Sarhro (voir p. 429). Le **bureau des guides** (☎ 067 487 509) se trouve dans la rue principale. Certains hôtels indiqués ici organisent aussi des excursions dans les montagnes. Avec un 4x4, vous pouvez emprunter la piste principale vers le nord, traverser le Sarhro jusqu'à Ikniouln et Boumalne du Dadès.

Au-delà de N'Kob, Tazzarine (à 150 km de Rissani) est une modeste ville carrefour à l'intersection des routes de Zagora et Agdz. Vous y trouverez des cafés Internet et une station-service. Juste avant la ville, vous apercevrez un défilé spectaculaire et une petite palmeraie. De là, vous pourrez découvrir des gravures rupestres (à 25 km) et des fossiles (à 18 km).

Après Tazzarine vient la belle oasis d'Alnif, au cœur du bassin Mader, un des sites les plus riches en fossiles du Maroc, notamment en trilobites, les ancêtres des crabes. Des vendeurs proposent des fossiles sur le bord de la route, mais soyez circonspect, les faux sont nombreux. L'**Ihmadi Trilobites Center** (☎ 055 884116, 066 221593 ; trilobites@caramail.com ; Alnif) en propose d'authentiques à prix fixe. Le propriétaire, un géologue expérimenté, travaille aussi comme guide (150 Dh l'après-midi) et propose des excursions sur des sites des environs.

La route principale continue sur une centaine de kilomètres à travers la hamada jusqu'à Rissani. Une mauvaise piste bifurque au nord et rejoint, 47 km plus loin, la route qui relie Ouarzazate à Er-Rachidia, près de Tinerhir. L'Ihmadi Trilobites Center vous fournira des indications sur cet itinéraire, ainsi qu'une carte photocopiée.

OÙ SE LOGER ET SE RESTAURER

Ksar Jenna (☎ 024 839790 ; www.ksarjenna.com ; N'Kob ; demi-pension 1 100 Dh/pers ; ❄ 🅿). À quelques kilomètres de N'Kob sur la route de Ouarzazate, cette élégante villa offre sept chambres vastes et lumineuses équipées de grandes sdb au décor méditerranéo-marocain. Au repas, vous pouvez opter pour le jardin fleuri ou la salle à manger.

Kasbah Imdoukal (☎ 024 839798 ; www.kasbahimdoukal.com ; N'Kob ; s/d/tr 600/700/900 Dh ; ❄ 🅿). Décorée à l'aide de matériaux locaux, mais équipée de sdb modernes, d'une piscine et d'une terrasse ensoleillée donnant sur la montagne, Imdoukal est la casbah de N'Kob la plus luxueuse.

Kasbah Baha Baha (☎ 024 838463 ; N'Kob ; s/d/tr tentes berbères 80/150/210 Dh, s/d/tr 200/300/400 Dh, s/d avec douche 250/350 Dh ; 🅿). Restaurée avec soin, cette casbah comprend des chambres au décor traditionnel. Le bâtiment principal ne possède ni eau ni chauffage. L'endroit attire tellement de curieux que les non-résidents doivent payer 10 Dh la visite du petit musée ethnographique installé dans la cour.

Auberge Restaurant Enakhil (☎ 024 839719 ; N'Kob ; s/d/tr 90/130/160 Dh). Cette auberge apparue récemment à la limite de N'Kob offre une vue superbe sur le village et le djebel Sarhro. Les chambres simples, le joli jardin et l'accueil chaleureux en font le meilleur choix pour les petits budgets. Possibilité d'excursions dans les environs et de randonnées dans le Sarhro.

Hôtel Bougafer (☎ 024 839169 ; Tazzarine ; d demi-pension 250 Dh/pers). La meilleure adresse du village, avec des chambres et un restaurant convenables. Il est associé au Village Touristique Bougafer.

Village touristique Bougafer (☎ 024 839005 ; Tazzarine ; camping 15 Dh/pers plus 35 Dh/caravane, demi-pension s/d 310/580 Dh ; ❄ 🅿). Complexe géant accueillant surtout des groupes. Piscine (60 Dh pour les non-résidents) et restaurant (menu 120 Dh).

VALLÉE ET GORGES DU DADÈS

سهول داداس والمضايق

À l'est de Ouarzazate, la vallée du Dadès se fraye un chemin entre les montagnes du Haut Atlas au nord, et la chaîne du djebel Sarhro au sud. Peu avant d'arriver à la ville de Skoura surgissent à l'horizon les grandes oasis, ainsi que la ligne de casbahs qui valent à ce parcours le surnom de "Vallée aux mille casbahs".

Plus avant dans la vallée, vous découvrirez les splendides gorges du Dadès et du Todra, plantées de palmeraies, qui traversent le Haut Atlas. De là, des pistes desservent tout le Moyen Atlas.

SKOURA سكورة

Première ville à l'est de Ouarzazate (39 km), Skoura se visite souvent en une journée, mais elle mérite une halte d'une nuit ou deux. La palmeraie compte une impressionnante collection de casbahs, que vous prendrez plaisir à découvrir à pied ou, mieux encore, en VTT. Évitez toutefois le soleil ardent de midi. La plus accessible est la **Kasbah Amerdihl** (don de 10 Dh), à quelques centaines de mètres de la Kasbah Aït Ben Moro. Donnez votre contribution au gardien.

Le choix d'hébergements va en s'améliorant. Les récents **Jardins de Skoura** (☎ 024 852324 ; www.lesjardinsdeskoura.com ; d/tr demi-pension 800/950 Dh, suites d/tr/q 1 100/1 250/1 400 Dh ; 🅿), dissimulés dans la palmeraie, comptent parmi les meilleurs. Superbement restauré grâce à des matériaux locaux, cet ancien moulin joue la carte du confort et du raffinement avec cinq chambres et trois suites, une piscine et un hammam.

En venant de Ouarzazate, 7 km avant Skoura, vous pouvez faire halte pour déjeuner (60 Dh) ou pour dormir **Chez Talout** (☎ 062 498283 ; s/d demi-pension/pension complète 150/210 Dh par pers). Les chambres sont simples, et la terrasse offre une vue splendide sur la palmeraie et les montagnes. Possibilités de sorties à pied, à cheval ou en VTT.

Sur la route principale, la vénérable **Kasbah Aït ben Moro** (☎ 024 852116 ; hotelbenmoro@yahoo.fr ; s/d/tr demi-pension 700/1 000/1 350 Dh) occupe une bâtisse du XVIIIe siècle restaurée avec soin. Les chambres, avec leurs tapis berbères et leurs plafonds en *tataoui*, sont naturellement sombres, mais fraîches en été et chauffées en hiver. Le toit-terrasse offre une vue panoramique sur la palmeraie et l'Atlas, et vous pouvez y prendre vos repas (150 Dh).

Plus loin dans la palmeraie, **Sawadi** (☎ 024 852341 ; www.sawadi.ma ; petite maison s/d demi-pension 750/1 150 Dh, jusqu'à 7 pers en grande maison 2 300-3 850 Dh ; 🅿) comprend trois bâtiments traditionnels répartis dans une grande ferme. La piscine ne comporte aucun produit chimique et les cultures sont biologiques.

Les gîtes d'étape pour petits budgets ne manquent pas. Le gîte **Chez la Famille Ben Moro** (☎ 068 763521 ; s/d demi-pension 150/200 Dh), situé immédiatement après la Kasbah Aït Ben Moro, compte sept chambres sommaires et des douches chaudes.

Les bus en provenance de Ouarzazate et de Tinerhir (10 Dh) sont réguliers mais peu

TRAFIC DE PALMIERS

Tout le monde veut son palmier. Dans les riads de Marrakech restaurés par des étrangers et dans les nouveaux jardins aménagés par les Marocains qui ont quitté la médina, le palmier est synonyme de charme exotique. Or, personne n'a la patience d'attendre les 15 ou 20 ans nécessaires pour qu'un palmier atteigne sa taille adulte et tout le monde préfère donc payer le prix fort pour un arbre déjà grand.

Pour les oasis déjà mal en point (voir *Espèces menacées*, p. 293), le trafic de palmiers pour cette clientèle urbaine est une menace supplémentaire – qui leur sera peut-être fatale. Les habitants pauvres des oasis y voient une source de revenus, même si les trafiquants sont les vrais bénéficiaires. À Skoura, par exemple, un fermier recevait 70 à 100 Dh pour un arbre vieux de 25 à 30 ans, revendu à Marrakech ou Casa pour 6 000 Dh. En outre, les palmiers mâles, qui ne portent pas de fruits, sont choisis en priorité. De fait, si le trafic se poursuit au rythme actuel, on ne trouvera plus de palmiers mâles à Skoura d'ici 2008. L'organisation Save Skoura tente d'enrayer le processus. Pour plus d'informations, contacter martinecabarez@menara.ma ou anikoboehler@mac.com.

fréquents. Optez plutôt pour un grand taxi de Ouarzazate (12 Dh).

EL-KELAÂ M'GOUNA قلعة مكون

Empruntant son nom à la montagne M'Goun voisine, la petite ville d'El-Kelaâ (ou Qalaa't) M'Gouna, à 50 km de Skoura, est réputée pour ses roses : la culture des fleurs et la production d'eau de rose sont les principales activités locales. Différentes légendes courent à propos de l'origine de ces roses : certains affirment qu'elles viendraient de Perse, rapportées par les pèlerins de La Mecque ; d'autres rétorquent que les colons français les ont importées de Syrie dans les années 1930. Quelle que soit leur origine, les fleurs poussent en haies à l'abri des regards. En mai, la récolte est marquée par la fête des roses.

Outre l'eau de rose, vous trouverez crèmes, savons, et d'autres produits dans les boutiques de la ville. Méfiez-vous des produits synthétiques fabriqués à Casablanca. Mercredi est le jour du marché.

La région est depuis longtemps réputée pour sa production de poignards, en particulier le village d'Azlag. La **Coopérative Azlag des Poignards**, sur la route principale à la lisière orientale de la ville, vend des poignards de cérémonie, de 200 Dh à plusieurs milliers de dirhams. Marchandez fermement.

Les voyageurs motorisés apprécieront la vallée des Roses, jolie boucle de 40 km au nord d'El-Kelaâ M'Gouna. Une randonnée se révélera aussi agréable, surtout au printemps, quand la zone se couvre d'une mer de roses persanes. Pour plus de renseignements sur les treks dans le massif du M'Goun, reportez-vous p. 419. Le **bureau des guides** (☎ 061 796101, 062 132192), est situé à 1 km à l'ouest du village.

Où se loger

Kasbah Itran (☎/fax 024 837103 ; www.kasbahitran.com ; demi-pension s 150-300 Dh, d 210-360 Dh). Cette petite et élégante casbah, à 4 km au nord de la ville, offre une vue inoubliable sur la rivière M'Goun, Ang Ksar et la casbah des Glaouis. L'accueil est chaleureux et la cuisine savoureuse. L'hôtel propose une sélection de randonnées (le circuit de deux nuits sur le M'Goun pour deux pers, revient à 1 600 Dh, guide, transport et repas compris). Des minibus à destination du village de Torbis passent près de la casbah (5 Dh).

Hôtel Rose M'Gouna (☎ 024 836336 ; fax 024 836007 ; s/d 250/320 Dh ;). Les quatre étoiles nous semblent un peu excessives. Cet édifice en béton dominant la ville possède néanmoins une belle vue, une piscine et le seul bar de la ville.

Hôtel du Grand Atlas (☎ 024 836838 ; av. Mohammed V ; s/d/tr 45/80/90 Dh). Bon marché et sympathique, l'hôtel comprend des chambres et des sdb rudimentaires, un hammam (8 Dh) et un café-restaurant très fréquenté qui contraste avec les autres cafés de la ville, plus tristes. On vous indiquera de bons guides.

TATOUAGES BERBÈRES

L'une des images les plus célèbres des souks marocains aux plantes aromatiques et aux épices est celle des immenses pyramides de poudre de henné, couleur vert olive.

Les feuilles écrasées de la plante sont recherchées pour leurs vertus médicinales, et les femmes les utilisent pour soigner leur peau et leurs cheveux. Délayé dans des œufs, du lait ou de la pulpe de fruits, le henné est appliqué sur la chevelure pour lui donner un ton auburn ou cuivré, éclatant.

Mélangé à du jus de citron, des clous de girofle et de l'eau de rose ou de fleur d'oranger, il donne une teinture brun-rouge qui sert à décorer les mains et les pieds des femmes. Une seringue modifiée permet de dessiner des motifs compliqués.

La dernière mode est celle du henné noir, lancée surtout par les étrangers. Pour noircir le henné, les artistes ajoutent des substances chimiques, dont une teinture noire très toxique, le PPD, interdite dans la plupart des pays. Elle peut, dans les cas les plus graves, provoquer la mort. En général, elle occasionne des réactions allergiques, voire des brûlures qui créent des lésions suppurantes.

Mieux vaut éviter le "henné noir", en particulier pour les enfants, auprès desquels ce nouveau tatouage remporte un grand succès. Optez toujours pour du henné naturel. Pour en savoir plus sur les traditions et les techniques d'utilisation de cette poudre (et découvrir quelques exemples des pires méfaits du henné noir), connectez-vous sur www.hennapage.com.

Où se restaurer

La plupart des cafés-restaurants du centre-ville servent des plats basiques. L'une des meilleures tables est celle de l'**Hôtel du Grand Atlas** (av. Mohammed V), où un repas classique composé d'une soupe, d'un tajine, d'un dessert et d'un thé coûte 80 Dh.

En arrivant de Ouarzazate, 6 km avant El-Kelaâ M'Gouna, faites halte à **Rosa d'Amaskina** (☎ 024 836913) pour déjeuner ou prendre un verre et admirer la vue sur la rivière et la vallée. Les chambres sont en revanche défraîchies. Menus de 98 à 137 Dh.

Depuis/vers El-Kelaâ M'Gouna

Des bus font la navette entre Ouarzazate et Tinerhir, puis au-delà, mais ils sont souvent complets. Un grand taxi vous mènera à Ouarzazate (25 Dh), Skoura (10 Dh), Boumalne du Dadès (7 Dh) ou Tinerhir (8 Dh).

BOULMANE DU DADÈS بوملنه داده

La route de la vallée du Dadès se divise à 24 km au nord-est d'El-Kelaâ M'Gouna : la route de gauche mène aux magnifiques gorges du Dadès, tandis que la route principale franchit la rivière avant d'atteindre Boumalne du Dadès, à flanc de colline.

On peut découvrir les gorges sans s'arrêter à Boulmane du Dadès, mais cette paisible bourgade aux hébergements corrects ne manque pas d'attraits. Le marché a lieu le mercredi.

La **Banque Populaire** (av. Mohammed V) change de l'argent et possède un DAB. Dans la même rue, vous pouvez accéder à Internet chez **Taziri Net** (6 Dh/h ; 🕒 8h30-23h30). Certains hôtels organisent des randonnées. Mieux vaut contacter **Hamou Aït Lhou** (☎ 067 593292 ; hamou57@voila.fr), le seul membre du bureau des guides qui connaisse parfaitement le Sud et puisse vous proposer divers circuits à pied ou en VTT. Si vous préférez explorer les environs sans escorte, louez un vélo **Chez Youssef** (☎ 067 690214 ; av. Mohammed V ; 100 Dh/jour), derrière la gare routière.

La hamada et les plaines herbeuses au sud de Boumalne, se prêtent idéalement à l'observation des oiseaux. Engagez-vous sur la piste partant de la route principale, au sud de la ville, pour rejoindre le village de Tagdilt et la vallée des Oiseaux. Vous apercevrez peut-être des alouettes, des traquets, des lagopèdes des sables, des buses et des hiboux-aigles. Le directeur de l'auberge Le Soleil Bleu est un passionné d'ornithologie qui vous renseignera sur les meilleurs sites d'observation.

Le hammam de la ville, **Les Bains Atlas** (5 Dh ; 🕒 8h-20h), au pied d'un escalier assez raide près du bureau de la CTM, accueille les hommes et les femmes.

Où se loger

Hôtel-restaurant La Kasbah de Dadès (☎ 024 830041 ; fax 024 831308 ; kasbahdedades@yahoo.fr ; s/d/tr 150/180/220 Dh). Ainsi rebaptisé, l'ancien Chems n'a rien perdu de son accueil chaleureux ni de son cadre magnifique, en surplomb de la vallée. Les chambres et les sdb sont propres et modernes. Agréable restaurant et café en terrasse. Très apprécié des groupes.

Auberge Le Soleil Bleu (☎ 024 830163 ; fax 024 830394 ; camping 50 Dh/pers, s/d petit-déj inclus à partir de 150/200 Dh). Éloignée du centre (surtout si vous n'avez pas de véhicule), l'auberge loue des chambres au décor tape-à-l'œil, dotées de douches et d'une vue superbe. Possibilité de planter sa tente ou de dormir sur le toit-terrasse (30 Dh). Fréquentée par les ornithologues.

Kasbah Tizzarouine (☎ 024 830690 ; kasbah.tizzarouine@menara.ma ; s/d demi-pension 450/300 Dh par pers ; 🏊). Ce beau complexe qui prend l'apparence d'une casbah, est le meilleur de la ville, avec une vue magnifique sur la vallée et une jolie piscine. Les chambres sont confortables. Certaines doubles sont troglodytiques (400 Dh/pers demi-pension). Le Tizzarouine reçoit des groupes de touristes au déjeuner, mais retrouve sa sérénité le reste du temps. Possibilité d'excursions avec des guides qualifiés.

Hôtel al-Manader (☎ 024 830172 ; av. Mohammed V ; s/d/tr 120/150/180 Dh). Presque voisin de la Kasbah de Dadès. Les chambres y sont moins chères. Avec leurs nouvelles sdb et leurs jolis balcons, elles offrent un bon rapport qualité/prix.

Auberge-café Tamazirte (☎ 068 886564 ; fax 024 830131 ; av. Mohammed V ; s/d avec/sans sdb 50/40 Dh par pers). Ce vénérable café dispose de six chambres, certaines avec sdb. Celles donnant sur la rue et la mosquée sont bruyantes, mais les voyageurs à petits budgets ne trouveront pas mieux. Le restaurant au rez-de-chaussée est de bonne qualité.

Hôtel Adrar (☎ 024 830765 ; av. Mohammed V ; s/d/tr 60/120/180 Dh). Bon marché, central et rudimentaire, l'Adrar constitue une halte pratique si vous allez dans les montagnes.

Où se restaurer

Si vous voulez ménager votre budget, optez pour les restaurants implantés au rez-de-chaussée de l'Hôtel Adrar et de l'Hôtel Bougafer, où vous dégusterez un repas copieux à base de tajine ou de brochettes avec de la salade et une boisson pour 35 à 45 Dh. L'**Auberge-café Tamazirte** (☎ 068 886564 ; av. Mohammed V ; plats 35-60 Dh), plus bas dans la rue principale, bénéficie d'une terrasse à l'étage et attire une clientèle locale. En face, l'**Atlas Dadès** (av. Mohammed V ; plats 30-45 Dh) et son agréable terrasse ombragée jouissent d'une faveur égale. Les restaurants de l'Hôtel al-Manader et de l'Hôtel-restaurant la Kasbah de Dadès proposent de bons menus (65 et 76 Dh), à savourer en admirant la vue.

Depuis/vers Boumalne du Dadès

BUS

Tramesa propose des départs quotidiens pour Casablanca (170 Dh, 1/jour), Er-Rachidia (40 Dh, 3/jour), Erfoud (60 Dh, 2/jour), Fès (118 Dh, 1/jour), Marrakech (78 Dh, 4/jour) et Zagora (60 Dh, 1/jour).

Le bus TransGhazale de 18h15 dessert Ouarzazate (34 Dh), Marrakech (70 Dh), Casablanca (150 Dh) et Rabat (180 Dh).

Un bus SupraTours part pour Tinerhir à 22h (15 Dh) et pour Marrakech à 6h15 (90 Dh).

TAXI, CAMION ET MINIBUS

Vous risquez de patienter longtemps avant qu'un grand taxi ou un minibus se remplisse. Le trajet revient à 40 Dh pour Ouarzazate, 10 Dh pour Tinerhir et 10 Dh pour Aït Oudinar (au début des gorges).

GORGES DU DADÈS مخنف ا مفيق ا داد

Les gorges du Dadès, qui comptaient jadis parmi les plus beaux sites du Sud, ont beaucoup perdu de leur attrait. Le parcours qui mène aux gorges reste agréable. Il traverse des champs d'amandiers et de figuiers, longe d'extraordinaires formations rocheuses et permet d'admirer des casbahs et des ksour impressionnants.

La route grimpe doucement en lacets entre les parois des gorges et passe près d'une casbah à Aït Youl, à 6,5 km de la route principale. Quelque 2 km plus loin, la route franchit le lit d'un oued. Par cette vallée, un chemin de randonnée permet de gagner El-Kelaâ M'Gouna.

Cinq kilomètres plus loin, après un petit col, la gorge de Sidi Boubar (ou gorge de Miguirne) s'ouvre sur la droite. Cette petite gorge cachée abrite des sources et des trous d'eau, et nécessite une bonne demi-journée de marche, parfois dans l'eau, pour la parcourir. Poursuivez votre chemin sur 4 km et vous atteindrez une étrange série de formations rocheuses. Le village d'Aït Oudinar, un peu plus loin encore, compte quelques boutiques et un souk le dimanche. À cet endroit, la gorge se resserre brusquement et la route longe la rivière.

Les constructions envahissent progressivement cette partie de la vallée. Deux kilomètres après Aït Oudinar, la route pénètre dans le canyon et grimpe en épingle à cheveux, avant de s'aplanir à mesure que le paysage enchanteur disparaît derrière vous.

Jusqu'à Msemrir (63 km), la route est goudronnée mais au-delà, un 4x4 s'avère indispensable, notamment sur la piste qui se dirige vers l'est, puis le sud, en direction des gorges du Todra. Quantité de pistes sont impraticables l'hiver ou après de fortes pluies et, même par beau temps, elles requièrent une bonne dose de prudence.

Si vous disposez de suffisamment de temps, essayez de passer quelques jours dans les gorges – à regarder les nomades menant leurs chèvres paître au bord de la rivière ou à chercher des fossiles. Des randonnées assez sportives permettent d'explorer quelques-unes des petites gorges situées à l'ouest et à l'est de l'oued Dadès, menant, pour certaines, à des pâturages nomades. Un chemin très praticable part vers le nord-ouest en face du groupe d'hôtels situé à 28 km de Boumalne du Dadès, de l'autre côté de la rivière.

Une randonnée plus exigeante emprunte un circuit au nord de Msemrir, pour rejoindre le cœur du Haut Atlas et gagner Imilchil. L'excursion est longue, mais tout à fait faisable (des camions et des minibus lents mais réguliers transitent sur ce parcours). Un marché a lieu le samedi à Msemrir.

La plupart des hôtels installés dans les gorges et à Boumalne du Dadès pourront vous mettre en contact avec des guides de randonnée (150-200 Dh/jour). Ils proposent aussi souvent des expéditions en 4x4 dans les gorges du Todra et on peut y louer des bicyclettes (70 Dh/jour).

Où se loger et se restaurer

Il existe de plus en plus de possibilités d'hébergement dans la gorge et la majorité des établissements offrent un bon rapport qualité/prix. Presque tous vous laisseront passer la nuit dans le salon ou sur la terrasse (il vous faudra un sac de couchage même en été) moyennant 25 Dh, ou planter votre tente près de la rivière pour environ 10 Dh.

La plupart des hôtels proposent une formule demi-pension, et le dîner est souvent accompagné ou suivi de musique berbère. La gorge comptant peu de boutiques, faites vos courses à Boumalne ou Ouarzazate si vous souhaitez préparer vos repas.

Les indications fournies ci-dessous donnent le nombre de kilomètres à parcourir depuis Boumalne du Dadès.

Chez Pierre (☎ 024 830267 ; http://chezpierre.ifrance.com ; 27 km ; demi-pension 550 Dh/pers ;). Cossu, élégant et confortable, c'est le meilleur hôtel de toute la gorge. La casbah en pisé et ses terrasses fleuries qui s'étagent sur les flancs de la gorge défient la gravité. La piscine sur le toit et le solarium offrent une vue vertigineuse. Le restaurant est à la hauteur de sa renommée.

Auberge des Gorges du Dadès (☎ 024 831719 ; www.aubergeaitoudinar.com ; 25,5 km ; camping 15 Dh /pers, s/d 170/240 Dh). Dominant la rivière, l'auberge compte un agréable camping ombragé et des chambres décorées avec goût, dont les meilleures sont au 2e étage. Le guide de randonnée parle français, anglais et espagnol, et il a plus de 23 ans d'expérience.

Auberge Tissadrine (☎ /fax 024 831745 ; 27 km ; matelas sur la terrasse/dans le salon 25 Dh, ch s/d/tr 150/170/180 Dh). Jouissant d'un bel emplacement sur la rivière, les 13 chambres, certaines avec balcons, étaient en cours de rénovation lors de notre visite. Elles s'équipent de sdb et du chauffage central.

Hôtel La Gazelle du Dadès (☎ 024 831753 ; 28 km ; matelas sur le sol 20 Dh, s/d 90/120 Dh, demi-pension 130 Dh/pers). Les 16 chambres, décorées avec simplicité de couvre-lits berbères, offrent

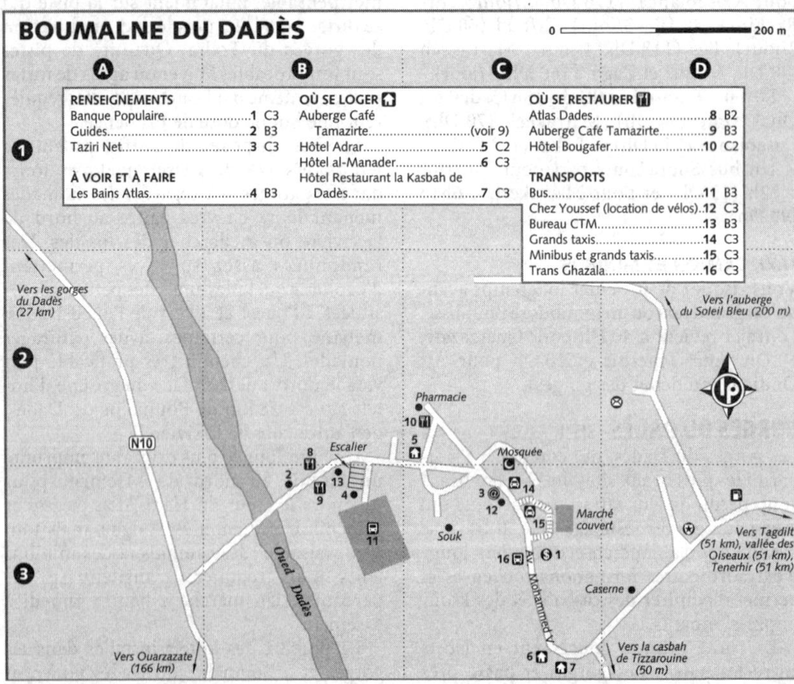

DE GORGE EN GORGE

Les 42 km qui séparent Tamtattouchte des gorges du Dadès ne sont praticables en 4x4 qu'à la saison sèche (mai -sept). Ce parcours difficile dure 5 heures, mais il traverse un paysage fascinant de collines tourmentées, ainsi que la vallée rocheuse de Tizgui n'Ouadda.

En mai, les tribus berbères nomades (certains possèdent une maison à Aït Hani) installent leurs tentes dans la vallée pour laisser paître leurs moutons. Si vous vous arrêtez, il peut arriver que des femmes intriguées par les visiteurs étrangers vous invitent à boire un thé sous leur tente.

À mi-parcours à peu près, vous franchirez le Tizi n'Uguent Zegsaoun (2 639 m), avant de redescendre en brinquebalant jusqu'à Msemrir.

Les crues brutales étant fréquentes au printemps, renseignez-vous sur l'état de la piste avant de vous mettre en route. La piste bifurque juste après Tamtattouchte, en contrebas de l'auberge qui coiffe la colline. Elle est très difficile à suivre et un chauffeur local s'avère presque indispensable.

un bon rapport qualité/prix, surtout celles sur l'avant qui donnent sur la gorge. Les douches chaudes et les toilettes communes sont impeccables.

Hôtel La Kasbah de la Vallée (☎/fax 024 831717 ; 28 km ; matelas sur le toit/dans le salon 15 Dh, demi-pension 150 Dh/pers). Cette casbah est appréciée pour ses chambres propres et lumineuses, et ses lits aux draps immaculés. Le propriétaire, tour-opérateur patenté, propose des randonnées d'une journée et des excursions en 4x4 dans le Todra. Location de VTT (100 Dh/jour).

Hôtel Le Vieux Château du Dadès (☎ 024 831261 ; fax 024 830221 ; 27 km ; demi-pension s/d/tr 180/150/130 Dh par pers). Chambres pimpantes (certaines avec balcons), et de bonnes informations sur les excursions dans les environs. L'hôtel dispose aussi d'un agréable restaurant en terrasse.

Café Mirguirne (14 km ; matelas sur la terrasse 20 Dh, d avec/sans vue 100/80 Dh). Plus bas dans la gorge, cet établissement sans chichi possède une terrasse surplombant la vallée. C'est un bon point de départ pour explorer la gorge de Sidi Boubar.

Hôtel Berbère de la Montagne (☎/fax 024 830228 ; 34 km ; camping 15 Dh/pers plus 15 Dh/tente, ch demi-pension avec/sans sdb 280/150 Dh par pers). Situé après le tronçon le plus spectaculaire de la gorge, l'hôtel dispose de chambres bien tenues et d'un jardin où l'on peut camper.

Msemrir compte deux hôtels au confort sommaire : le sympathique **Hôtel El-Ouarda** (☎ 024 831609 ; ch 60 Dh/pers) et le **Café Agdal** (ch 60 Dh/pers).

Depuis/vers les gorges du Dadès

Des grands taxis et des minibus remontent les gorges depuis Boumalne. Il vous en coûtera 15 Dh/pers jusqu'aux hôtels situés au milieu de la gorge (Kasbah de la Vallée, Tissadrine, Vieux Château) et 30 Dh jusqu'à Msemrir. Vous pouvez demander à être déposé devant l'hôtel de votre choix. Au retour, patientez au bord de la route et faites signe au conducteur. La location d'un taxi pour une demi-journée d'excursion dans les gorges devrait coûter quelque 200 Dh.

Vous pouvez atteindre les gorges en conjuguant la marche et le stop. Les plus sportifs combineront les gorges du Dadès et du Todra en parcourant à pied l'intervalle qui les sépare (deux à trois jours de marche). Sinon, vous devrez louer un 4x4.

Des minibus rejoignent fréquemment Msemrir ; le dernier repart pour Boumalne vers 16h. Des camions circulent le samedi jusqu'à Tamtattouchte et Aït Haini ; ils continuent le lendemain jusqu'à Imilchil. Tamtattouchte (voir p. 346) compte des hébergements, mais vous n'en trouverez pas à Aït Haini (marché le jeudi).

TINERHIR تنرهير

Cette ville minière à 51 km au nord-est de Boumalne du Dadès est sans grand intérêt, en dépit de son 'animation. En revanche, son choix d'hôtels en fait une bonne base pour explorer les gorges du Todra.

Plusieurs banques y disposent d'une succursale, avec DAB, à l'ouest de la ville, dont la BMCE et le Crédit du Maroc. **Tichka Internet** (10 Dh/heure) jouxte l'Hôtel de l'Avenir. La **Maison berbère** (☎ 024 834359) gère deux boutiques débordant de tapis et de bijoux dans les ruelles derrière la mosquée.

Immédiatement au sud-est du centre moderne, vous déboucherez sur la vieille ville, où vous découvrirez un souk et un intéressant ksar ancien. Sur la route d'Erfoud, à 15 km à l'est et au sud-est de la ville s'étendent des palmeraies ponctuées de casbahs et quadrillées de pistes agréables à parcourir. Vous pouvez louer des vélos à plusieurs endroits, notamment chez **Ali VTT** (☎ 024 834359 ; 100 Dh/jour).

Un immense souk se tient le lundi à environ 2,5 km à l'ouest en partant du centre-ville. Un souk aux bestiaux moins important s'installe en ville le samedi.

Où se loger

PETITS BUDGETS

Hôtel Restaurant Les Gorges (☎ 024 834800 ; www.lesgorges.tk ; av. Mohamed V ; s/d/tr 100/100/130 Dh, avec sdb 150/150/195 Dh). Sans conteste la meilleure adresse de cette catégorie. Un peu excentré, l'hôtel possède de bonnes chambres, des panneaux solaires pour chauffer l'eau et des radiateurs électriques. La cuisine est succulente et la terrasse offre une vue imprenable sur le Sarhro.

Hôtel el-Houda (☎ 024 833280, 061 776619 ; 11 rue Moulay Ismaïl ; s/d 45/80 Dh, avec sdb 80/120 Dh). Cet hôtel tranquille en retrait de l'avenue Hassan II est dirigé par un personnel charmant. Douches chaudes, couvre-lits colorés et papiers peints excentriques. Escalade dans les gorges et location de VTT (100 Dh/jour).

Hôtel de L'Avenir (☎ /fax 024 834599 ; s/d/tr 50/120/150 Dh). Cet hôtel près du marché est très apprécié. Les dix chambres agréables et propres sont disposées autour d'un espace restaurant, idéal pour faire connaissance. Possibilité de trekking et location de VTT.

Hôtel L'Oasis (☎ 024 833670 ; av. Mohammed V ; s/d 50/80 Dh, avec sdb 120/160 Dh). Chambres avec sdb, parfois avec balcons. Attention, la station-service voisine est bruyante. Le restaurant sur le toit est très prisé pour sa cuisine et son panorama.

CATÉGORIES MOYENNE ET SUPÉRIEURE

Kasbah Lamrani (☎ 024 835017 ; www.kasbahlamrani.com ; s/d demi-pension 487/574 Dh ;). Installé dans une casbah factice, ce petit hôtel est fier de sa piscine, de ses chambres claires avec sdb, TV sat et clim. Il est situé devant le souk du lundi, à 2,5 km à l'ouest de la ville.

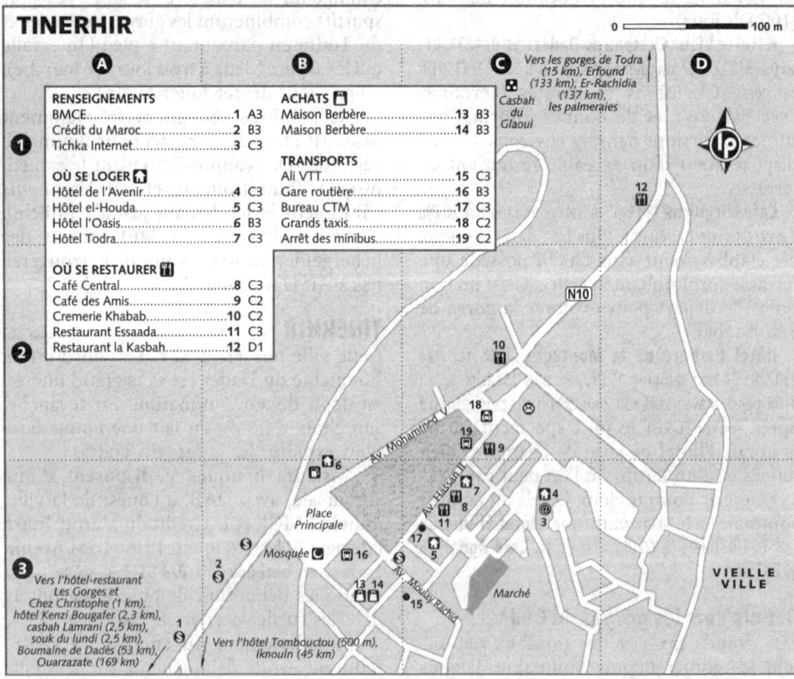

Hôtel Tomboctou (☎ 024 834604 ; www.hoteltomboctou.com ; 126 av. Bir Anzarane ; s/d/tr petit-déj inclus 355/470/600 Dh, demi-pension 430/620/825 Dh ;). Cette casbah, édifiée en 1944 par un cheikh, renferme l'hôtel le plus pittoresque de Tinerhir. Les chambres sont petites et assez sombres, le service est inégal et le restaurant très médiocre. Les résidents paient surtout le cadre. Piscine, trekking et excursions en deux-roues.

Hôtel Todra (☎ 024 834249 ; fax 024 834565 ; av. Hassan II ; s/d 50/100 Dh, avec sdb 209/252 Dh). Situé entre l'arrêt des taxis et la gare routière, cet hôtel dégage un charme suranné. La terrasse, le bar et le restaurant sont agréables. Les chambres de catégorie moyenne sont dépourvues de fenêtres.

Où se restaurer

Plusieurs restaurants sans prétention bordent l'avenue Hassan II, comme le Café des Amis, qui sert d'excellentes brochettes. Le Café Central, le Restaurant Essaada et l'Hôtel Alqods servent des plats marocains traditionnels.

Vous trouverez d'autres tables le long de l'avenue Mohammed V. À l'heure du petit-déj, optez pour la Crèmerie Khabab, bonne et peu chère.

Plus élégants, le **Restaurant La Kasbah** (☎ 024 834471) et le restaurant de l'Hôtel L'Oasis affichent tous deux un menu de trois plats pour 80 à 90 Dh. Le restaurant l'Avenir (dans le même bâtiment, mais indépendant de l'hôtel) prépare de bonnes grillades et des salades. Les meilleurs repas de la ville se font **Chez Christophe** (av. Mohammed V), le restaurant de l'Hôtel Les Gorges (plats 40 à 60 Dh, repas 80 Dh).

Pour prendre un verre, il vous faudra débourser des sommes exorbitantes dans l'un des restaurants de l'Hôtel Kenzi Bougafer (dîner environ 180 Dh).

Depuis/vers Tinerhir

BUS

Les bus partent de la place Principale, non loin de l'avenue Mohammed V.

Les bus El Fath desservent Marrakech (89 Dh, 5/jour) *via* Ouarzazate (40 Dh), Casablanca (145 Dh, départ 15h), Erfoud (30 Dh, départs 6h, 8h30 et 15h), Meknès (105 Dh, 6/jour), Rissani (35 Dh, départ 6h) et Zagora (70 Dh, départ 13h). Tous les bus en direction de l'ouest pourront vous déposer à Boumalne du Dadès (10 Dh).

La CTM assure quelques services passant par Tinerhir, en direction de l'est et de l'ouest, mais les places assises y sont rares.

TAXI ET MINIBUS

Les grands taxis pour Ouarzazate (45 Dh) et Er-Rachidia (40 Dh) partent de l'extrémité est des jardins. C'est aussi là que vous avez des chances de trouver un transport occasionnel (taxi, camion ou camionnette) vers les gorges du Todra (7 Dh) et au-delà.

Un minibus démarre à 8h pour Tamtattouchte (15 à 20 Dh), Aït Haini (20 à 25 Dh) et Imilchil (30 à 35 Dh). D'autres partent pour Tamtattouchte et Aït Haini l'après-midi.

GORGES DU TODRA مخنف ا مفيق ا تودرغة

À 15 km seulement de Tinerhir, tout au bout d'une vallée ponctuée de palmeraies et de villages berbères, vous atteindrez les magnifiques gorges du Todra. Une rivière cristalline a creusé cette faille massive (plus de 300 m de profondeur en son point le plus étroit) dans le plateau qui sépare le Haut Atlas du djebel Sarhro.

Il est préférable d'arriver le matin, lorsque le soleil pénètre jusqu'au fond des gorges et que le rose vif de la roche vire à l'ocre profond. L'après-midi, il fait beaucoup plus sombre et, en hiver, le froid est glacial.

Au-delà des gorges, la route est désormais goudronnée jusqu'à l'étonnant village berbère de Tamtattouchte.

À faire

TREKKING ET ESCALADE

Il faut environ 30 min de marche après le canyon principal pour atteindre la Petite Gorge. La région se prête à d'agréables randonnées d'une journée. L'une des plus belles débute près de l'Auberge-camping Le Festival, 2 km après la Petite Gorge.

Une randonnée plus difficile consiste à effectuer une boucle de trois heures du nord des gorges jusqu'à Tizgui, au sud de celles-ci (carte p. 346). Le départ se fait à la sortie de la gorge principale : alors que la route part sur la droite (le nord-est), empruntez le sentier qui remonte la colline sur la gauche (sud-ouest). Il demeure bien visible sur la majeure partie du parcours, car les ânes et les mules l'utilisent. Dirigez-vous vers le col, d'où vous grimperez en direction du sud-est jusqu'au col suivant. Si vous décidez de vous écarter du chemin pour contempler les gorges d'en haut, soyez prudent, car le vent souffle parfois fort. Après le second col, redescendez vers le joli village de Tizgui, d'où vous pourrez regagner les gorges en traversant la palmeraie.

Au sud, les palmeraies sont constellées de casbahs en ruine, qui offrent des vues pittoresques. Vous pouvez revenir jusqu'à Tinerhir à travers les palmeraies en trois ou quatre heures.

L'escalade de la paroi verticale des gorges est de plus en plus prisée. Cette zone offre de magnifiques parcours (de niveau 5). Le Pilar du Couchant, près de l'entrée des gorges, se prête à de longues ascensions classiques. La Petite Gorge est mieux adaptée à des itinéraires plus courts pour les novices. Les hôtels vous fourniront davantage de renseignements, mais les guides les plus expérimentés parlent essentiellement espagnol.

Assettif Aventure (☎ 024 895090 ; www.assettif.org), 700 m avant les gorges, organise des randonnées à pied et à cheval (350 Dh la journée) et loue des VTT (100 Dh/jour), ainsi que du matériel d'alpinisme. Pour une randonnée à cheval avec une nuit en bivouac, un guide et la nourriture, comptez 800 Dh. Mieux vaut réserver, surtout en haute saison.

GORGES DE TODRA

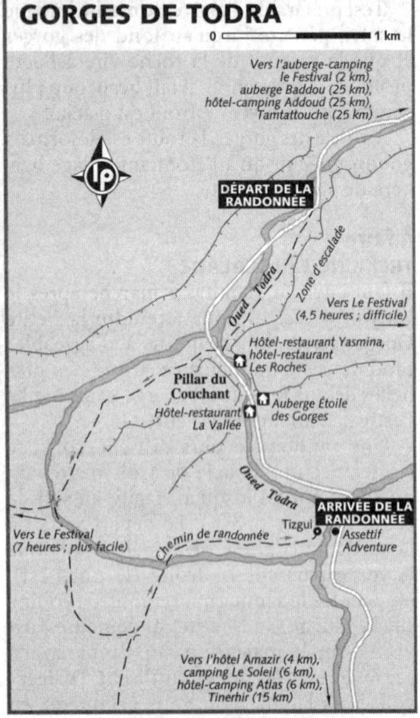

Un réseau de pistes difficiles, souvent enneigées l'hiver, relie les villages disséminés dans le Haut et le Moyen Atlas. Les deux circuits les plus fréquentés sont les pistes menant, à l'ouest, aux gorges du Dadès (voir l'encadré p. 343) et, au nord, à Imilchil. Il faut disposer d'un 4x4 pour l'un et l'autre.

Où se loger et se restaurer

Auberge-camping Le Festival (☎ 061 267251, 073 494307 ; aubergelefestival@yahoo.fr ; demi-pension s 300 Dh/pers, d avec/sans douche 230/210 Dh, camping/camping-car 25 Dh/pers). Au cœur des gorges, l'auberge occupe un merveilleux édifice en pierre. Les chambres claires et aérées, toutes avec des vues fantastiques, sont équipées de lits en fer forgé et de draps immaculés. Le charmant propriétaire, à qui l'on doit la construction de la maison, parle français, espagnol et anglais, organise randonnées et ascensions. Il prend parfois la tête d'une marche pour 150 Dh/jour. Les repas sont très convenables (35 Dh à 55 Dh).

Hôtel Amazir (☎ 024 895109 ; s/d demi-pension 370/490 Dh). Dissimulé dans un bras de la route, à l'extrémité sud des gorges, 5 km avant le rétrécissement, se dresse ce séduisant édifice en pierre. Les chambres sont confortables et lumineuses (demandez un balcon) et le restaurant en terrasse est au bord de la rivière.

Hôtel-restaurant Yasmina (☎ 024 895118 ; www.todragorge.com ; s/d/tr demi-pension 220/300/480 Dh). Dans un cadre fantastique, au pied des parois abruptes des gorges, près du gué, le Yasmina dispose de chambres petites mais fonctionnelles, et d'un bon restaurant en terrasse (menus 70 à 100 Dh), parfait pour jouir du panorama. Son emplacement attire les groupes de touristes pendant la journée.

Hôtel-restaurant Les Roches (☎ 024 895134 ; s/d/tr petit-déj inclus 150/200/275 Dh). Voisin du Yasmina, mais moins agréable et tout aussi bondé. Location de vélos (100 Dh/jour).

Hôtel-restaurant La Vallée (☎ 024 895126 ; s/d/tr petit-déj inclus 70/80/125 Dh, avec sdb 150/200/250 Dh).

Situé avant le Yasmina dans un cadre superbe près de la rivière, cet hôtel sans prétention compte 11 chambres. Certaines ont été rénovées, les autres sont un peu décrépites. Une foule de petits détails lui confèrent un certain charme : les nappes à carreaux, les tentures sur les murs, les équipements communs impeccables… Et le 2e étage offre une jolie vue sur les gorges. Renseignements sur le trekking.

Auberge Étoile des Gorges (☎ 024 895045 ; fax 024 832151 ; matelas sur la terrasse/dans le salon 20/30 Dh, s/d/tr 40/60/80 Dh, avec sdb 60/80/100 Dh). Très accueillant, cet hôtel pour petits budgets loue des chambres sommaires, parfois dotées de douches rudimentaires alimentées en eau chaude grâce à l'énergie solaire. Un restaurant confortable est installé sur la terrasse (repas trois plats 55 à 70 Dh).

La route menant aux gorges, à environ 9 km de Tinerhir, est bordée d'une rangée de campings dotés de chambres sommaires dans le cadre fabuleux de la palmeraie. Le premier qui apparaît sur la route, le **Camping Le Soleil** (☎ 024 895111 ; camping 15 Dh/pers plus 12/12/20 Dh par tente/voiture/camping-car, d avec/sans sdb 240/120 Dh), est aussi le plus sympathique. Il comporte un bon restaurant, des douches propres avec l'eau chaude, des emplacements ombragés et une machine à laver (20 Dh/machine). Voyez aussi l'**Hôtel-camping Atlas** (☎ 021 895046 ; camping 10 Dh/pers plus 15/15/20 Dh par tente/voiture/camping-car, s/d/tr 100/120/180 Dh). Le tarif comprend les douches chaudes.

Depuis que la route qui mène au sommet des gorges a été goudronnée, le choix d'hébergements à Tamtattouchte s'est amélioré. Outre la vénérable **Auberge Baddou** (☎ 072 521 389 ; www.auberge-baddou.com ; avec sdb s 50-100 Dh, d 100-200 Dh, tr 200-300 Dh, tente de nomades 20/30 Dh par pers), de couleur rose, des établissements comme **Les Amis** (☎ 070 234374 ; amistamt@yahoo.fr ; camping/camping-car 10/30 Dh, d/tr demi-pension 200 Dh/pers) ont récemment ouvert leurs portes. L'un des projets les plus intéressants (en cours de réalisation lors de notre visite) concerne l'**Hôtel-camping Addoud** (☎ 066 193368 ; oudorjousef@caramail.com ; demi-pension 150 Dh/pers, camping 30 Dh/pers). Édifié sur une hauteur qui domine le village et jouissant d'une vue fabuleuse, il proposera un appartement, des doubles dotées de sdb et de radiateurs électriques et un camping (douches chaudes comprises).

Depuis/vers les gorges du Todra

Reportez-vous à la p. 343 pour les moyens de transport vers ces gorges.

Des minibus se dirigeant vers le nord relient presque tlj Tinerhir à Aït Haini (marché le jeudi). De là, il vous faudra continuer en stop. La route est désormais goudronnée jusqu'à Aït Haini (et il est prévu de la prolonger en dur jusqu'à Imilchil). La piste continue ensuite, franchissant le Tizi Tirherhouzine pour gagner Agoudal (le village le plus élevé du parcours) et Imilchil, à un peut plus de 100 km des gorges. Vous pourrez passer la nuit à Tamtattouchte ou dans les auberges et campements rudimentaires d'Agoudal.

GOULMIMA غولميما

Capitale de la culture berbère, Goulmima mérite une visite, plus qu'Er-Rachidia, même si les sites intéressants sont rares et le choix d'hébergements restreint. Le marché a lieu les mardi, jeudi et samedi. Vous trouverez des DAB, un accès Internet et des cafés sur l'artère principale.

La principale curiosité est le **ksar Aït Goulmima**. Contrairement à de nombreux ksour et casbahs de la région, ce village fortifié et labyrinthique abrite encore plusieurs centaines de personnes. Un guide pourra vous mener dans ce labyrinthe jusqu'à la mosquée vieille de cinq siècles, puis jusqu'à la palmeraie, en traversant le mellah.

Pour gagner le ksar, tournez à gauche au grand rond-point en venant d'Er-Rachidia, juste avant le centre-ville. Après 500 m, vous atteindrez l'excellente Maison d'Hôtes Les Palmiers. Une bifurcation sur la gauche, 800 m plus loin, conduit à l'auberge de jeunesse. Le ksar se trouve droit devant.

La paisible **Maison d'Hôtes Les Palmiers** (☎/fax 035 784004 ; d avec/sans sdb 240/200 Dh, demi-pension 220 Dh/pers), occupe la demeure d'un couple franco-marocain, dans un jardin proche de la palmeraie. Les chambres sont spacieuses, impeccables et chauffées en hiver. Gratuit pour les moins de quatre ans, et demi-tarif pour les moins de 15 ans. La cuisine, principalement marocaine, est fabuleuse (dîner 90 Dh). Renseignements sur les randonnées et guides pour la visite du ksar.

Occupant également une demeure familiale reconvertie, de style marocain, l'**auberge de jeunesse** (☎ 066 908442 ; www.aub.ht.st ; Hay Othmane Secteur 3, n°4 ksar Goulmima ; dort/d 50/100 Dh par pers, camping 30 Dh/pers) déborde de décorations et de babioles. Elle dispose de quelques chambres doubles et de plusieurs chambres plus grandes. Les douches, souvent avec eau chaude, et la cuisine sont communes. Possibilité de se restaurer (petit-déj 20 Dh, autres repas 60 Dh) et de planter sa tente dans le vaste jardin intégré à la palmeraie.

Hôtel Gheriz (☎ 035 783167 ; s/d 70/100 Dh). Dans la rue principale, en plein centre-ville, c'est un établissement correct et bien tenu, dont les chambres sont équipées de sdb avec eau chaude.

Des grands taxis partent quand ils sont complets pour Er-Rachidia et Tinerhir.

VALLÉE DU ZIZ ET TAFILALET وادة زيز و تافلالت

Le Ziz coule au milieu d'un paysage aride, près du petit bourg de Rich. Il y dessine une vallée fertile qui se poursuit au-delà de Merzouga, au sud. Le trajet de Rich à Er-Rachidia est tout à fait spectaculaire, notamment dans les gorges du Ziz, qui débutent au tunnel du Légionnaire, construit par les Français à 20 km au sud de Rich. Ce fabuleux parcours traverse des villages bordés de palmiers et longe plusieurs ksour, avant de déboucher sur une série de barrages, dont le barrage Hassan Adakhil, dont on aperçoit les eaux turquoise depuis la route principale.

Après Er-Rachidia, la route dépasse la fertile source bleue de Meski, puis s'enfonce dans le désert vers les dunes de Merzouga.

La région du Tafilalet fut l'une des dernières à capituler devant les Français à l'époque du protectorat. Les tribus leur opposèrent une résistance sporadique jusqu'en 1932. Deux ans plus tard, le Maroc était considéré comme officiellement "pacifié." Soucieuses de maintenir ce statu quo, les autorités coloniales firent construire la cité administrative et militaire d'Erfoud, afin de surveiller les tribus environnantes.

ER-RACHIDIA الراشيدية

Au croisement de grands axes routiers qui traversent le Maroc du nord au sud et d'ouest en est, se dresse Er-Rachidia (qui a pris le nom du premier chef alaouite, Moulay er-Rachid). La cité fut construite par les Français pour servir d'avant-poste militaire. La ville moderne a conservé un caractère administratif et une garnison militaire relativement importante y est toujours postée.

Er-Rachidia est sans grand intérêt, mais ses infrastructures en font une halte pratique si vous vous rendez à Midelt et Meknès, dans le Nord, ou à Merzouga dans le Sud. Chaque année, au mois de mai, la ville change de visage à l'occasion du **Festival des musiques du désert** (www.festivaldudesert.ma), consacré à la musique et à la danse. Lancé en 2003 sous le parrainage du roi, il attire des artistes de tout le Sahara.

Le marché a lieu le dimanche, le mardi et le jeudi.

Renseignements

La ville compte au moins quatre banques, parmi lesquelles une **BMCE** (place Moulay Hassan) et une Banque Populaire, non loin de la rue principale vers la sortie côté Erfoud. Toutes deux disposent de DAB.

Cyber Challenge Internet (rue Sidi Bou Abdallah ; 8 Dh/h ; 9h30-20h) est installé à l'étage d'un bâtiment, à proximité du marché couvert.

Mars Travel Agency (☎ 035 571007 ; av. Moulay Ali Cherif), est la seule agence de voyages qui loue des voitures dans la région, à partir de 500 Dh/jour pour un petit modèle.

Les bains-douches Sidi Ammi se trouvent en face de la gare routière. Un autre hammam est installé à côté de la mosquée principale.

Où se loger

Hôtel Kenzi Rissani (☎ 035 572186 ; www.kenzi-hotels.com ; route d'Erfoud ; s/d 600/750 Dh ;). De l'autre côté du pont qui traverse le Ziz, ce vaste quatre-étoiles manque de charme, mais l'ambiance est chaleureuse et l'hôtel possède la clim et une grande piscine (non-résidents 70 Dh). Aux couloirs vert menthe succèdent des chambres couleur pêche dotées d'immenses fenêtres. L'agréable restaurant qui surplombe la piscine sert de l'alcool.

Hôtel Errachidia (☎ 035 570453 ; hotelerrachidia@yahoo.fr ; 31 rue Ibn Battuta ; s/d/tr 250/320/400 Dh ;). L'un des meilleurs hôtels de la ville, où les voyageuses seules seront le mieux accueillies. Situé derrière la gare routière, son cadre est peu engageant (mais idéal si vous arrivez tard ou partez tôt) et

MARRAKECH ET LE CENTRE

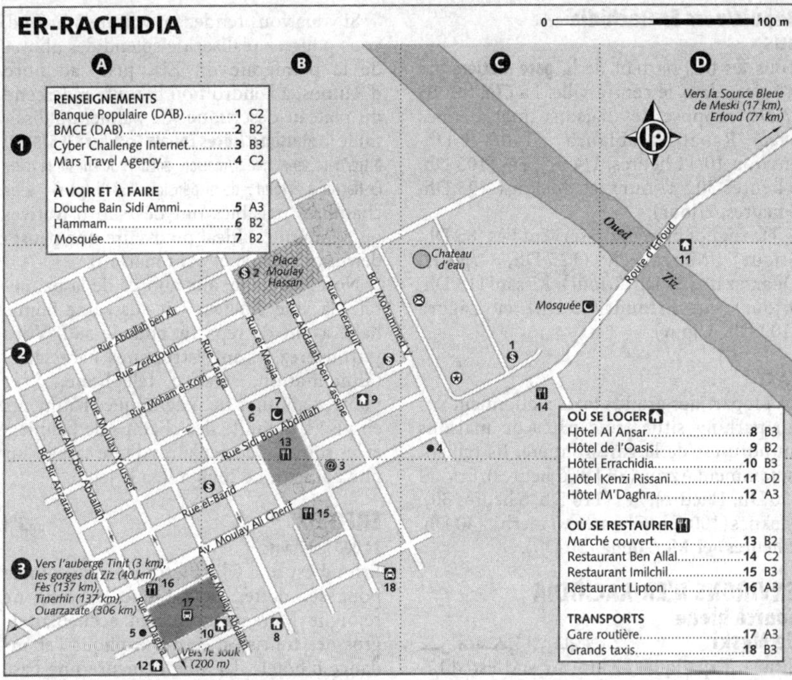

l'extérieur en béton ne vaut pas mieux. En revanche, les chambres soignées sont garnies de linge jaune. Les sdb rutilent. Seules trois des 21 chambres ont la clim.

Auberge Tinit (☎ 035 791759 ; fax 035 791811 ; tinit_auberge2000@yahoo.fr ; route de Goulmima ; s/d 300/400 Dh ;). Le plus récent des hébergements d'Er-Rachidia. Située à 3 km de la ville, cette auberge aux murs en pisé, agrémentée de décorations locales, compte 16 chambres. Le restaurant propose de la cuisine traditionnelle. Une piscine était en cours de construction lors de notre visite.

Hôtel M'Daghra (☎ 035 574047 ; fax 035 574049 ; 92 rue M'Daghra ; s/d/tr 148/182/244 Dh). Dans une rue animée menant au marché, cet hôtel constitue également un bon choix. Il loue des chambres propres et confortables équipées de douches chaudes. Certaines ont des balcons.

Hôtel Al Ansar (☎ 035 573919 ; 31 rue Ibn Battuta ; s/d/tr 50/70/90 Dh). Un établissement correct et bien tenu proche de la gare routière. Demandez une chambre avec un balcon (sauf si vous aspirez au calme). Douches chaudes communes.

Hôtel de l'Oasis (☎ 035 572519 ; fax 035 570126 ; rue Sidi Bou Abdallah ; s/d 125/148 Dh). Propre et bon marché, cet hôtel une-étoile existe depuis 28 ans et commence à accuser son âge : les chambres sont exiguës et les meubles usés. Mais les sdb sont récentes.

Où se restaurer

La table la plus chère et la plus huppée (le service se fait en tenue) de la ville est celle de l'Hôtel Kenzi Rissani où un dîner vous coûtera 120 Dh. Le restaurant sert de l'alcool. Le **Restaurant Imilchil** (☎ 035 572123 ; av. Moulay Ali Cherif) dont la terrasse fait face au marché couvert, est également apprécié et propose de bons tajines (60 Dh). Le **Restaurant Lipton** (av. Moulay Ali Cherif) est très similaire.

Le **Restaurant Ben Allal** (route d'Erfoud) sert du poulet rôti (50 Dh) et des pizzas (55 Dh) sur des tables en plein air. La pâtisserie est en prime.

Vous pourrez composer votre pique-nique en choisissant vos denrées préférées au le marché couvert. Il est aussi possible de grignoter un en-cas sur place.

Depuis/vers Er-Rachidia

BUS

Tous les bus partent de la **gare routière** (rue M'Daghra), dans le centre-ville. La **CTM** (☎ 035 572024) propose des liaisons quotidiennes avec Rabat/Casablanca (140/170 Dh, environ 10/11 heures, 1/jour), Fès (105 Dh, 8 heures 30, 1/jour) et Meknès (95 Dh, 8 heures, 2/jour).

Des lignes privées desservent Fès (85 Dh, 5/jour), Marrakech (125 Dh, 4/jour), Ouarzazate (55 Dh, 3/jour), Rissani (18 Dh, 9/jour) *via* Erfoud (15 Dh) et Zagora (100 Dh, 1/jour).

TAXI

La plupart des grands taxis stationnent sur un parking situé trois pâtés de maisons au nord-est de la gare routière. Ils rallient notamment Azrou (80 Dh, 5 heures), Erfoud (20 Dh, 1 heure), Fès (110 Dh, 6 heures 30), Meknès (100 Dh, 6 heures), Tinerhir (40 Dh, 2 heures) et Merzouga (50 Dh).

ENVIRONS D'ER-RACHIDIA

Source bleue de Meski عين مسكي الزرقاء

Située à quelque 17 km au sud-est d'Er-Rachidia, cette merveilleuse source naturelle se déverse dans une piscine (5 Dh, gratuit pour les campeurs).

Hormis le week-end, où il est pris d'assaut, l'endroit reste assez calme. Il constitue une halte appréciée des voyageurs écrasés de chaleur.

Signalons aux femmes que la piscine compte son lot de voyeurs à l'affût des nageuses.

Vous pourrez séjourner à l'agréable **Camping Source Bleue de Meski** (10 Dh/pers, plus 10/20 Dh par tente/voiture), doté d'un café et de boutiques de souvenirs.

Une jolie randonnée part du terrain de camping et conduit au ksar Meski, déserté, sur l'autre rive de l'oued.

La source jaillit à environ 1 km à l'ouest de l'axe routier principal, depuis lequel elle est signalée. Des bus publics circulent de 7h à 21h entre Er-Rachidia et le terminus situé au-dessus de la source (3 Dh). Sinon, n'importe quel bus ou grand taxi se dirigeant vers Erfoud ou Aufous (également écrit Aoufouss) vous déposera à la bifurcation. Pour repartir, faites signe à un grand taxi ou faites du stop sur la route principale.

Si vous vous rendez en voiture à Erfoud, vous pourrez réaliser de splendides photos de la palmeraie du Ziz, juste au nord d'Aufous, à l'endroit où la route redescend du plateau désertique. La palmeraie dissimule la **Maison d'Hôtes Zouala** (☎/fax 035 578182 ; http://labrisenet.free.fr/maison_zouala ; 30 km sur la route Er-Rachidia-Erfoud ; demi-pension 250 Dh/pers). Les chambres paisibles ont des sdb privatives ou communes. Idéal pour faire une pause-déjeuner(cuisine et pain maison).

Non loin de là, aux abords de la palmeraie, la ville d'**Aufous** fait aussi une bonne halte avant de repartir pour le sud. Vous y trouverez les infrastructures nécessaires (alimentation, essence, téléphone…), et pourrez admirer de magnifiques bâtiments en pisé à la limite des champs de palmiers et les ruines spectaculaires d'une casbah sur une hauteur. Le souk a lieu le jeudi.

ERFOUD ارفود

24 000 habitants

Erfoud est une ville plutôt paisible connue pour ses dattes. Avant que la route ne rejoigne Merzouga, Erfoud accueillait le gros des touristes, ce qui explique l'abondance d'hôtels. La ville demeure une base pratique pour les excursions vers le désert, à l'erg Chebbi, mais les voyageurs préfèrent loger à Merzouga ou aux alentours.

Si vous êtes motorisé, vous rencontrerez peut-être à Erfoud des habitants proposant de vous guider jusqu'à Merzouga. La route étant complètement goudronnée, il n'y a aucun besoin de recourir à leurs services.

Renseignements

Plusieurs banques sont représentées, mais seule la **BMCE** (av. Moulay Ismail) est munie d'un DAB.

De tous les cybercafés du centre-ville, **Cyber.Net Tafilalet** (100 av. Mohammed V ; 10 Dh/heure ; ⏲ 9h-24h) bénéficie de la meilleure connexion.

À voir et à faire

Les hammams sont situés derrière l'Hôtel Sable d'Or.

Erfoud est réputée pour son marbre noir constellé de fossiles, extrait d'une carrière dans le désert, non loin de là. Pour découvrir le travail des marbriers, rendez-vous à l'usine **Manar Marbre**, entre la ville et la Kasbah Tizimi. Le **musée des**

Fossiles et Minerais (☎ 061 425927, 068 757563 ; brahimtahiri@hotmail.com ; don conseillé 25 Dh ; 🕑 8h-19h), à 3km de la ville sur la route de Rissani, conserve une énorme collection de fossiles. Certains sont exposés, et d'autres proposés à la vente. Vous pouvez visiter l'atelier où l'on extrait les fossiles de la roche.

L'impressionnant **ksar M'Aadid** se dresse à 5 km au nord d'Erfoud et mérite une visite à condition d'être motorisé.

En octobre, Erfoud célèbre le festival des dattes avec des danses et de la musique.

Où se loger

PETITS BUDGETS

Hôtel Canne (☎ 035 578695 ; fax 035 578696 ; 85 av. Moulay el-Hassan ; s/d/tr 150/180/240 Dh ; ❄). Proche du centre, et tenue par des femmes (fait rare au Maroc), cette adresse est parfaite pour les voyageuses et les petits budgets. Quant au décor, les rideaux de douche sont roses et les draps turquoise. Dans le salon trône une grande TV.

Hôtel Les Palmiers (☎ 035 578894 ; hassane_hotel@yahoo.fr ; 36 av. Mohammed V ; s/d/tr 60/80/120 Dh). Situé dans le centre face au Restaurant-café du Sud et à d'autres restaurants, l'hôtel loue des chambres propres et correctes, équipées de douches (WC sur le palier).

Hôtel Sable d'Or (☎ 035 576348 ; av. Mohammed V ; s/d 150/170 Dh). Choix de chambres confortables avec sdb, certaines avec vue sur une pinède. Le café-restaurant du rez-de-chaussée a installé des tables agréables en extérieur.

Café-Hôtel Zaouia (☎ 068 758768 ; av. Moulay Ismaïl ; s/d 50/100 Dh). Les chambres propres et claires, aménagées au-dessus d'un café, offrent un excellent rapport qualité/prix (douches chaudes communes).

CATÉGORIES MOYENNE ET SUPÉRIEURE

Kasbah Xaluca Maadid (☎ 035 578450 ; www.xalucamaadid.com ; demi-pension s/d 880/625 Dh par pers, ste royale 2 900 Dh ; ❄ 🏊). Cette somptueuse fausse casbah à 6 km au nord d'Erfoud arbore une décoration extravagante : dans les chambres spacieuses, les lavabos sont en marbre fossilisé, et les lampes nichées dans des cristaux. L'hôtel possède toute une flotte de quads et peut organiser des excursions

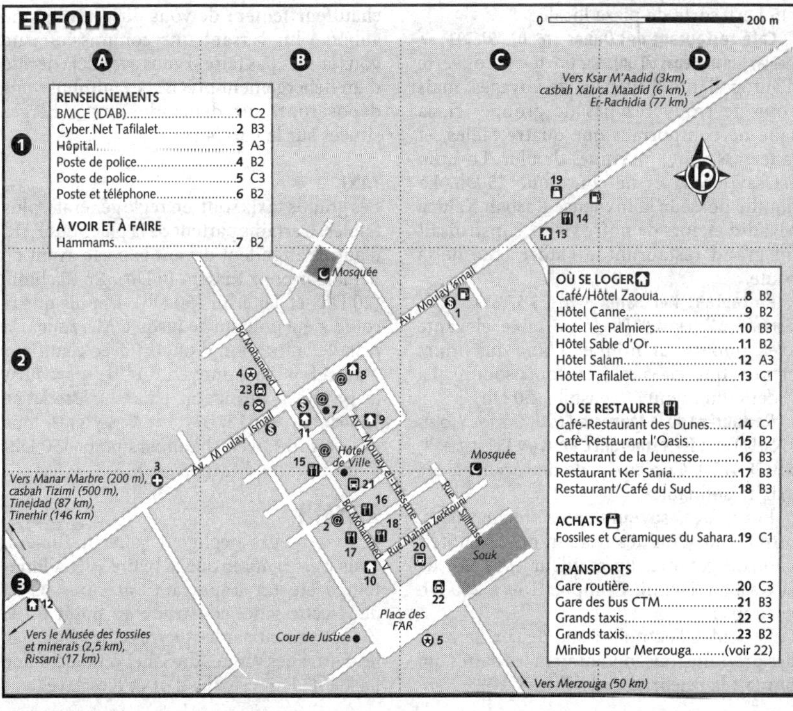

dans les palmeraies environnantes ou jusqu'aux dunes de l'erg Chebbi.

Kasbah Tizimi (☎ 035 576179 ; www.kasbahtizimi.com ; s/d 550 Dh ; s). Apprécié des guides et des groupes, cet hôtel construit sur le modèle d'une casbah est entouré de jardins. Le décor des chambres confortables, avec sdb est un peu trop chargé. Restaurant (menu 132 Dh), piscine (non-résidents 35 Dh) et bar.

Hôtel Salam (☎ 035 576665 ; fax 035 576426 ;). Sa piscine, ses jardins, son bar et son sauna lui ont valu la faveur des amateurs de 4x4. Lors de notre visite, il était provisoirement fermé.

Où se restaurer

Ne manquez pas de goûter au *kalia*, spécialité locale à base de hachis de mouton avec de la tomate, des poivrons, des œufs, de l'oignon et 44 épices, cuite dans un tajine.

Café-restaurant du Sud (19 av. Mohammed V ; plats 30-50 Dh). Proche de l'Hôtel Ziz, ce restaurant compte parmi les plus populaires de la ville. Le *kalia* (30 Dh) est succulent et, sur commande, ils préparent aussi la *madfouna* (45 Dh), sorte de pizza locale.

Café-restaurant des Dunes (☎ 035 576793 ; av. Moulay Ismaïl ; repas 60 Dh). La porte est couverte d'autocollants d'agences de voyages, mais vous ne trouverez pas de groupe ici, la salle ne comportant que quatre tables, et la terrasse quelques-unes de plus. Le *kalia* est savoureux et ne coûte que 25 Dh. La famille possède la luxueuse Kasbah Xaluca Maadid et, lors de notre visite, construisait un grand restaurantde l'autre côté de la route.

Restaurant Ker Sania (☎ 035 578539 ; 36 av. Mohammed V ; repas 90 Dh). Une table élégante avec photos en noir et blanc aux murs et musique classique en fond sonore. La vedette du menu : la pastilla (50 Dh).

Restaurant de la Jeunesse (av. Mohammed V ; plats 25-50 Dh) et **café-restaurant L'Oasis** (av. Mohammed V ; plats 30-45 Dh). Copieux plats marocains à des prix raisonnables.

Pour des saveurs plus recherchées, offrez-vous l'un des restaurants des hôtels haut de gamme. Le meilleur est celui de la Kasbah Tizimi. Compter 150 à 200 Dh par repas.

Le souk à l'extrémité sud de la ville vend des produits frais, notamment les dattes qui ont fait la célébrité de la ville.

Achats

Des objets en marbre fossilisé sont vendus dans plusieurs boutiques de la ville, dont **Fossiles et Céramiques du Sahara**, en face du Café-restaurant des Dunes, de l'autre côté de la route. Le musée des Fossiles et Minerais (p. 350) en propose aussi.

Depuis/vers Erfoud

BUS

La **gare de la CTM** (☎ 035 576886 ; av. Mohammed V) assure un service unique pour Fès (124 Dh, 7 heures) *via* Er-Rachidia (22 Dh, 1 h 15), Midelt (59 Dh, 5 heures) et Meknès (109 Dh, 6 h 30).

D'autres bus quittent la place des FAR pour Tinerhir à 8h30 (40 Dh), Ouarzazate à 15h (80 Dh) et Fès (97 Dh, 3/jour).

Un bus local part pour Zagora à 9h (75 Dh, 6 heures) *via* Rissani, Alnif et Tazzarine, à 8h30 les dimanche, mardi et jeudi. Des minibus font la navette entre Erfoud et Rissani (4 Dh, 30 min).

Un minibus rallie au moins une fois par jour Merzouga (15 à 20 Dh) ; départ vers 13h du parking de la place des FAR. Le chauffeur tentera de vous diriger vers une auberge lui versant une commission ; ne vous laissez pas faire si vous avez déjà décidé d'un hébergement précis. Les minibus vous déposeront, sur demande, aux auberges situées sur le parcours.

TAXI

Les grands taxis sont, en règle générale, plus fiables. Certains partent de la place des FAR, d'autres attendent devant la poste avant de démarrer pour Rissani (6 Dh), Er-Rachidia (20 Dh) et Tinerhir (50 Dh). Depuis que la route a été poursuivie jusqu'à Merzouga, le prix de la location d'un 4x4 avec chauffeur – autrefois seul moyen sûr de parcourir la piste – a beaucoup chuté. L'**Association Tamounte** (☎ 035 577523 ; 5 av. Moulay Ismaïl) loue des voitures avec chauffeurs pour 450 Dh/jour (coût du diesel en sus).

RISSANI الريصاني

Les voyageurs négligent souvent Rissani, mais c'est ignorer que la petite ville a longtemps été un important carrefour. C'est dans cette ville, construite au point où le Ziz est vaincu par les pierres et le sable, que les caravanes venues du Sahel vendaient une partie de leurs stocks d'or et d'esclaves.

C'est de Rissani que les Filali, dont descend l'actuelle dynastie alaouite, entamèrent leur progression vers le nord qui devait les amener à supplanter les Saadiens et à régner sur le Maroc. Dès le début du XVIIe siècle, le fondateur de la dynastie, Moulay Ali ash-Sharif, entreprit d'étendre son pouvoir en guerroyant contre les tribus voisines. Ses fils poursuivirent une lente campagne de conquête, qui fut achevée par Moulay er-Rachid, proclamé sultan en 1668. Son frère et successeur, le fou et violent Moulay Ismaïl, devint par la suite le maître incontesté du Maroc, et affirma son pouvoir en faisant de Meknès la nouvelle capitale du pays.

Le centre de Rissani est encore dominé par un important ksar. Les voyageurs trouveront toutes les infrastructures nécessaires vers le côté nord du souk, qui s'anime les dimanche, mardi et jeudi.

Renseignements

Une poste et un centre téléphonique sont installés à l'extrémité nord de l'enceinte de la médina. **Info Keys Cyber Club** (5 Dh/h), l'un des accès à Internet, se situe à 50 m au nord de l'Hôtel-restaurant Panorama.

Il y a une Banque Populaire avec un DAB en face du souk.

Circuit touristique

Ce circuit de 21 km (carte p. 354) forme une boucle au sud de Rissani. Il permet de découvrir sa célèbre palmeraie et la vie des habitants aux abords du désert. Vous rencontrerez peut-être quelques nids-de-poule, mais vous croiserez plusieurs ksour en ruine et les vestiges de la cité légendaire de Sijilmassa.

Depuis le centre de Rissani, dirigez-vous vers le nord du souk, puis suivez la route principale en direction de l'ouest. À environ 2 km au sud-est de la ville, vous apercevrez la **zaouïa de Moulay Ali ash-Sharif** (interdite aux non-musulmans), le fondateur de la dynastie alaouite qui dirige toujours le Maroc. Près de là s'élèvent les intéressantes ruines du **ksar Aber**, datant du XIXe siècle, où l'on envoyait jadis les membres indésirables de la dynastie.

Un kilomètre plus loin, vous découvrirez le **ksar Oulad Abdelhalim**, bâti vers 1900 pour le frère aîné du sultan Moulay Hassan. Quelques-unes des magnifiques décorations qui l'ornaient nous sont parvenues, assez pour nous rappeler qu'on surnommait ce ksar "l'Alhambra du Tafilalet".

La route longe ensuite une série de ksour, dont certains sont encore habités par des Filali. Le point de vue depuis le **ksar Tinheras** est magnifique.

Juste avant d'atteindre Rissani, surgissent les ruines de **Sijilmassa**. Il s'agit de l'ancienne capitale d'une principauté indépendante de fait, acquise à l'"hérésie" chiite (voir *Quelques mots sur l'islam*, p. 48) au tout début de la conquête arabe de l'Afrique du Nord.

ENTOURLOUPES À RISSANI

Eu égard à la tradition de rudesse et de ruse des tribus de la région, on ne s'étonnera guère de trouver la morne ville de Rissani peuplée de filous en tout genre.

Rabatteurs et faux guides rôdent autour de la gare routière dans l'espoir de persuader un voyageur mal informé de s'embarquer pour une excursion en 4x4 jusqu'à Merzouga. Après avoir longtemps soutenu mordicus que l'asphaltage de la route de Merzouga était loin d'être terminé, ils ont dû renoncer à cet argument. Mais on observe un effort collectif de masquage ou de vandalisation des panneaux indicateurs, afin que les visiteurs soient dans l'incapacité de trouver sans aide la route du Sud.

Plus grave, certains hôtels de Merzouga se voient boycottés. Quantité de groupes de voyageurs se sont plaints de ce que leurs "guides", recrutés à Rissani, refusaient de les emmener à l'hôtel de leur choix et insistaient pour les déposer dans les auberges leur versant une commission. Un individu s'est même fait passer pour un guide officiel de Lonely Planet. Sachez, chers lecteurs, que Lonely Planet ne soutient officiellement aucun guide ou entreprise locale.

Ces problèmes sont, bien entendu, liés à la pauvreté. Rissani, comme Erfoud, vivaient autrefois de l'escorte des voyageurs jusqu'à l'erg Chebbi. La nouvelle route goudronnée, qui se prolonge jusqu'à Taouz, au-delà de Merzouga, permet aux voyageurs de rejoindre les dunes par eux-mêmes. L'économie locale en a été grandement affectée, mais les lascars ne désarment pas : lors de notre passage, certains nous ont encore affirmé que la route de Merzouga était impraticable.

RISSANI ET MERZOUGA

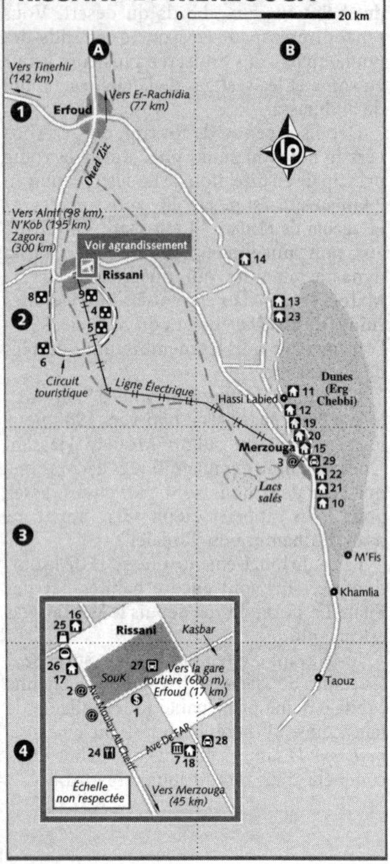

RENSEIGNEMENTS		
Banque Populaire (DAB)	1	A4
Info Keys Cyber Club	2	A4
Merzouganet	3	B3
À VOIR ET À FAIRE		
Ksar Aber	4	A2
Ksar Oulad Abdelhalim	5	A2
Ksar Tinheras	6	A2
Musée	7	A4
Sijilmassa	8	A2
Zawiya Moulay Ali ash-Sharif	9	A2
OÙ SE LOGER		
Auberge-camping Africa	10	B3
Auberge-camping l'Oasis	11	B2
Auberge-camping Sahara	12	B2
Auberge-camping Yasmina	13	B2
Auberge Kasbah Derkaoua	14	B2
Auberge La Tradition	(voir 21)	
Chez Julia	15	B3
Dar el Janoub	(voir 19)	
Dar Lamrani	16	A3
Hôtel Restaurant Panorama	17	A4
Hôtel Sijilmassa	18	A4
Kasbah Mohajut	19	B2
Kasbah Panorama	(voir 15)	
Kasbah Tombouctou	20	B3
Ksar Sania	21	B3
Lac du Sahara	22	B3
Riad Maria	23	B2
OÙ SE RESTAURER		
Restaurant Café Merzouga	24	A4
ACHATS		
Maison Berbère	25	A3
TRANSPORTS		
Camionettes pour Merzouga	26	A4
CTM	27	A4
Grands taxis	28	B4
Grands taxis	29	B3

La fondation de Sijilmassa relève de la mythologie (certains la font remonter à 757 av. J.-C.) mais il est avéré que dès la fin du VIIIe siècle, la ville jouait un rôle essentiel dans le commerce transsaharien. Des caravanes grosses de quelque 20 000 dromadaires se rendaient aux mines de sel de Taodeni et de Tagahaza (aujourd'hui au Mali), en plein désert, puis au Niger et au Ghana, troquant une livre de sel saharien contre une once d'or africain. Au retour, elles rapportaient dans les oasis du Tafilalet de l'or, des plumes d'autruche, de l'ébène, de l'ivoire, du sel et des esclaves.

Des luttes intestines provoquèrent la chute de Sijilmassa au XIVe siècle et la cité est aujourd'hui en ruine. De sa splendeur passée ne subsistent que deux portes décorées et quelques autres éléments d'architecture.

La région compte d'autres ksour, notamment le ksar al-Beidha, le ksar Haroun, et quelques autres situés sur la route de Mezguida. Il faut l'aide d'un guide pour les localiser.

Le petit **musée** (entrée libre ; 9h-16h lun-ven) du Centre d'études et de recherches alaouites, installé au nord de la place centrale de Rissani, expose une collection poussiéreuse de poteries récemment exhumées et fournit d'utiles renseignements (en français) sur la région.

Où se loger et se restaurer

La plupart des touristes choisissent de passer la nuit à Erfoud ou Merzouga. En conséquence, le choix d'hébergements est très restreint à Rissani.

Hôtel Kasbah Asmaa (☎ 035 774083 ; fax 035 575494 ; asmaabivouac@yahoo.fr ; s/d 257/334 Dh, d demi-pension 574 Dh par chambre ;). Les chambres n'ont aucun charme. Toutefois, cet hôtel situé au bord de la route à 3 km d'Erfoud, est le meilleur de Rissani. Les jardins sont magnifiques et la piscine est un enchantement lorsqu'il fait chaud. Possibilités de sorties en quad et d'excursions dans les dunes de Merzouga.

Hôtel Sijilmassa (☎/fax 035 575042 ; place al-Massira al-Khadra ; s 80 Dh, d 140-160 Dh). Les chambres avec sdb sont propres et confortables, mais parfois humides. La vue depuis le toit-terrasse est magnifique. Le restaurant sert dans l'ambiance assez lugubre du sous-sol les meilleurs plats de la ville (menu à partir de 60 Dh).

Hôtel Restaurant Panorama (☎ 035 774093, 066 351836 ; panoramahotel2000@yahoo.fr ; matelas sur le toit 25 Dh, s/d/tr 40/60/120 Dh). En plein centre, à l'est du marché, au-dessus de l'arrêt des camionnettes, cet hôtel loue des chambres vétustes. Les sdb ne valent guère mieux. L'endroit est franchement déconseillé aux femmes seules. La terrasse accueille un bon restaurant (repas 40 Dh) et l'hôtel loue des VTT (60 Dh/jour), particulièrement utiles pour réaliser le "circuit touristique".

Restaurant Café Merzouga (41 rue Moulay Ali Cherif ; petit-déj 15 Dh, menu 40 Dh). De loin la meilleure table de la ville. Le *kalia* est succulent, et les délicieuses *madfouna* rassasient 4 pers (80 Dh). Les propriétaires sont très accueillants.

Au moment de notre visite, un nouvel hôtel-restaurant, Dar Lamrani, était sur le point d'ouvrir ses portes. Dirigé par la même famille que la boutique de bijoux et de tapis, il jouxte la Maison Berbère. Il devrait compter six chambres avec sdb au 1er étage, deux autres dotées de lits jumeaux partageant une sdb au 2e, et deux salles à manger au rez-de-chaussée.

Achats

Si vous n'êtes pas trop pressé, les quelques boutiques de tapis et bijoux de Rissani possèdent des stocks intéressants. Rendez-vous par exemple dans la respectable **Maison Berbère** (☎ 061 348011), près de l'Hôtel-restaurant Panorama, face à l'entrée du souk. Le marché est l'endroit idéal pour trouver une djellaba ou un burnous de belle qualité, des objets artisanaux et des bijoux anciens.

Depuis/vers Rissani

Les bus partent de la nouvelle gare routière, à 400 m de la place, sur la route d'Erfoud. Des liaisons sont assurées avec Fès, (100 Dh, 13 heures, 2/jour) *via* Meknès (100 Dh, 9 heures), et Marrakech (140 Dh, 10 heures, 1/jour). Un bus rallie Casablanca (138 Dh, 15 heures, 1/jour) le soir. Des bus desservent Zagora (5 heures) le dimanche, le mardi et le jeudi, ainsi que Tinerhir (34 Dh, 6 heures) le samedi, le lundi et le mercredi. À cela s'ajoutent 6 liaisons quotidiennes avec Er-Rachidia (18 Dh, 3 heures) *via* Erfoud.

La **CTM** (☎ 066 367006 ; place de la Marche Verte) possède un bureau dans le centre. Un bus part tlj à 20h pour Fès/Meknès (135/125 Dh, 8 à 9 heures) *via* Er-Rachidia (25 Dh, 1 heure 30).

Des grands taxis, stationnés en face de l'Hôtel Sijilmassa, rallient fréquemment Erfoud (7 Dh), Er-Rachidia (25 Dh), Tinerhir (55 Dh), Merzouga (12 Dh) et plus rarement Taouz (20 Dh).

Vous pouvez aussi vous rendre à Merzouga en camionnette : départs toutes les heures devant l'Hôtel Restaurant Panorama (10 Dh).

ERG CHEBBI, MERZOUGA ET HASSI LABIED

À en croire une légende locale, l'erg Chebbi serait le résultat d'un châtiment divin : pour avoir refusé l'hospitalité à une femme pauvre et à son fils, une riche famille des environs aurait été ensevelie sous le sable. L'erg Chebbi est le seul véritable erg saharien du Maroc. Cette impressionnante chaîne de dunes pouvant atteindre 160 m de haut semble s'être échappée des champs de dunes plus importants qui marquent la frontière avec l'Algérie. Pour être apprécié à sa juste valeur, ce paysage féerique mérite bien plus qu'une simple excursion à l'aube ou au crépuscule. Toute la journée, les dunes se transforment insensiblement, passant du rose à l'or puis au rouge sous les rayons du soleil. Les plus grandes se trouvent près des villages de Merzouga et d'Hassi Labied. La nuit, il suffit de s'avancer un peu dans le désert, en s'éloignant des lumières, pour admirer la clarté du ciel et l'éclat des étoiles.

Les ornithologues observeront avec délices nombre d'espèces d'oiseaux endémiques au désert, comme le moineau du désert, l'engoulevent d'Égypte, la fauvette du désert, la pie fauve et le guêpier à joues bleues. Au printemps (selon les précipitations), un lac éphémère surgit parfois au nord-ouest de Merzouga, près de l'Auberge Yasmina, et attire des vols de flamants roses et d'autres espèces aquatiques.

Malgré sa petite taille, le village de Merzouga, à environ 50 km au sud d'Erfoud, compte des téléboutiques, des épiceries, un atelier de mécanique et, bien entendu, quelques marchands de tapis. **Merzouga.net** (8 Dh/h ; 8h-24h) propose également une connexion Internet. À Hassi Labied se trouve le **Dépôt Nomade**, ancien centre de commerce caravanier transformé en boutique de tapis.

Le boom touristique que connaît la région n'a pas épargné ces villages. Les rabatteurs ont la réputation d'y être les plus agressifs de tout le Maroc. Dès votre arrivée, vous serez sans doute assailli de propositions de chambres d'hôtels et d'excursions dans les dunes. La concurrence est telle que les revendeurs vont jusqu'à arrêter les voitures en provenance de Rissani, en particulier durant la saison creuse. Vous voilà averti.

La plupart des hôtels proposent des excursions dans les dunes, grâce auxquelles ils réalisent de substantiels bénéfices. Les tarifs sont parfois exorbitants. Lors de notre visite, il fallait compter un minimum de 80 à 200 Dh pour une promenade en dromadaire d'une paire d'heures au lever ou au coucher du soleil. Une formule comprenant une nuit sous une tente berbère, le dîner et le petit-déj coûte de 300 à 650 Dh/pers. Les excursions en 4x4, plus onéreuses, peuvent atteindre 1 200 Dh/jour par voiture (jusqu'à 5 passagers). Avant de convenir du prix (et, surtout, avant de payer), assurez-vous de quelques détails. Les trekkings les moins chers s'arrêtent souvent au même endroit. Par conséquent, si vous rêvez d'une soirée romantique avec les dunes et les étoiles pour seules compagnes, mieux vaut opter pour un campement isolé ou un circuit plus long. Lorsque vous convenez d'un prix, demandez jusqu'où vous irez et si les bouteilles d'eau sont incluses. Quoi qu'il en soit, mieux vaut emporter de l'eau, car c'est une denrée rare dans le désert. Un sac de couchage sera utile pour affronter les nuits froides.

Où se loger et se restaurer

Le flanc ouest de l'erg Chebbi est couvert de campings et d'auberges, la plupart arborant un style casbah, sur plusieurs kilomètres au nord et au sud des villages de Merzouga et de Hassi Labied. L'hébergement est souvent proposé en demi-pension, fort heureusement car les restaurants sont assez rares. Vous pourrez généralement dormir sur un matelas sur le toit, dans le salon ou dans une tente berbère moyennant 20 à 30 Dh/pers. Presque partout, vous bénéficierez de la vue sur les dunes et aurez de quoi vous distraire (snowboard, skis, etc.), et/ou de vélos.

Ces établissements sont disséminés le long d'un réseau de pistes qui part vers l'est depuis la route goudronnée. Les distances sont telles (Hassi Labied est à 5 km de Merzouga et certains des hôtels indiqués ci-dessous sont plus éloignés encore) qu'il est préférable de s'assurer qu'il reste de la place avant de vous y rendre. Si vous circulez en taxi, assurez-vous aussi que le chauffeur sait où il va.

HASSI LABIED

Ce minuscule village à 5 km au nord de Merzouga, à l'écart de la route goudronnée, offre un bon choix d'hébergements.

Kasbah Mohajut (☎ 066 039185 ; fax 035 578428 ; mohamezan@yahoo.fr ; s/d/ste demi-pension 210/160/220 Dh par pers). Cette ravissante petite casbah comprend deux cours et huit chambres peintes dans des tons ocre apaisants, décorées de zelliges bicolores et rehaussées de petits détails : portes anciennes, tapis berbères et fer forgé. D'un bon rapport qualité/prix (les enfants bénéficient de tarifs réduits), l'adresse est régulièrement recommandée par nos lecteurs.

Kasbah Tombouctou (☎ 035 577091 ; fax 035 578449 ; www.xaluca.com ; s/d/tr/ste demi-pension 475/355/355 Dh par pers ;). Vaste établissement bruyant mais magnifiquement situé au pied des dunes. La chaleureuse famille qui dirige l'établissement (elle possède aussi le Xaluca Maadad à Erfoud) propose de nombreuses excursions. Les chambres sont vastes, bien équipées et décorées en *tadelakt*. Les équipements communs sont impeccables. Des travaux sont en cours pour construire d'autres chambres et un hammam.

Dar el Janoub (☎ /fax 035 577852 ; www.dareljanoub.com ; s/d/tr avec sdb petit-déj inclus 580/480/380 Dh par pers ;). La plus huppée des auberges de Hassi Labied. Les 17 chambres et les quatre suites peintes dans des tons pastel sont bien équipées. Difficile de résister à la piscine lors des grandes chaleurs.

Auberge Camping Sahara (☎ 035 577039 ; s demi-pension 110 Dh, d/tr/ste demi-pension avec sdb 140/170/250 Dh, terrasse/camping 20 Dh/pers). Chambres rudimentaires mais très propres et WC à la turque. Tenu par des Touaregs, cet établissement est adossé aux dunes, aux abords du village, au sud. Les propriétaires organisent des excursions et peuvent même vous aider à acheter tout l'attirail du parfait Touareg sur le marché.

Auberge-camping L'Oasis (☎ /fax 035 577321 ; s/d avec sdb 100/120 Dh). Tout aussi agréable, cet hôtel tenu par un personnel efficace est disposé autour d'une cour et comporte un bon restaurant. Les chambres sont sobres et un peu exiguës, et les plus chères ont des sdb carrelées.

Kasbah Panorama (☎ /fax 062 085573 ; www.kasbahpanorama.com ; s/d/tr demi-pension 160 Dh/pers, tente 25 Dh/pers). Impossible de manquer cet établissement qui domine Hassi Labied, sur la route de Merzouga. Le confort des chambres est sommaire. Son nom ne ment pas : la vue est panoramique, et les dunes sont visibles depuis certains lits.

Maison Merzouga (☎ 035 577299 ; fax 035 578428 ; s/d demi-pension 360/540 Dh). Contrairement à la plupart des établissements plus proches des dunes, cette maison berbère de huit chambres ne se contente pas de vous offrir un toit et une table. Bien sûr, l'hôtel peut organiser des excursions, mais cette adresse vaut surtout pour sa chaleureuse hospitalité.

MERZOUGA

Les hébergements sont pour l'essentiel situés dans le sud du village.

Ksar Sania, Chez Francoise (☎ 035 577414 ; www.ksarsaniahotelmerzouga.com ; camping/demi-pension en tente berbère 25/175 Dh par pers, s/d/tr demi-pension 400/300/270 Dh par pers, d de luxe 400 Dh/pers, ste 450 Dh/pers ; ❄ 🅿). Tenu par des Français, cet hôtel ravissant, de catégorie moyenne, se dresse au pied des dunes. Les chambres joliment meublées (certaines climatisées) et décorées d'images et de couvre-lits occupent des bâtiments surmontés de dômes. La cuisine délicieuse est servie dans un adorable restaurant (menu 100 Dh). Précieux.

Chez Julia (☎ 070 181360 ; s/d/tr 130/160/200 Dh). Ravissante auberge au cœur de Merzouga. Les neuf chambres, d'une propreté irréprochable, sont sobrement meublées dans les tons bleu et jaune. Les Marocaines qui tiennent l'établissement concoctent de délicieuses spécialités (100 Dh ; petit-déj 38 Dh). Très apprécié, l'endroit est vite complet.

Auberge La Tradition (☎ 070 039244 ; demi-pension 150 Dh/pers). Une autre pseudo-casbah installée dans un cadre paisible, près du ksar Sania et au pied des dunes. Chambres sommaires avec sdb.

Parmi les établissements les moins chers, l'**Auberge-camping Africa** (d 80 Dh) et le **Lac du Sahara** (d 80 Dh) proposent des chambres rudimentaires et un camping. Les deux établissements prêtent des skis, des snowboards et des bodyboards pour glisser sur les dunes.

INONDATION À MERZOUGA

L'idée d'un déluge dans le désert peut sembler saugrenue, mais le problème est des plus sérieux. Le printemps apporte souvent des pluies torrentielles dans le Sud marocain, et les crues subites causent depuis toujours des difficultés aux habitants des environs et aux visiteurs. En effet, le sol est si dur qu'il n'absorbe pas l'eau. Néanmoins, l'ampleur des précipitations survenues à la fin du mois de mai 2006 a pris la région par surprise. Un orage de trois jours accompagné de pluies diluviennes a coupé la route et a fait au moins six victimes. Environ 300 des 2 000 demeures que compte Merzouga ont été détruites ainsi qu'une dizaine d'hôtels. Dans la région, ce déluge, le plus grave depuis plus d'un siècle a marqué les esprits pour longtemps.

NORD DE HASSI LABIED

Auberge Kasbah Derkaoua (☎ /fax 035 577140 ; www.aubergederkaoua.com ; demi-pension 500 Dh par pers ; 🕒 fermé jan et en partie entre juin et août ; ❄ 🅿). La plus septentrionale des auberges (l'un des premiers panneaux en venant de Rissani), la Kasbah Derkaoua est un lieu à part – est-ce parce qu'il s'agissait jadis d'un centre soufi ? Le domaine verdoyant abrite une série de pavillons d'un grand confort, décorés dans des tons doux. L'établissement est très prisé des familles et propose des excursions à dromadaire, à cheval ou en 4x4. Les plats, qui combinent influences françaises et marocaines, sont servis sous la voûte céleste lorsque la météo le permet. Le propriétaire tient aussi un superbe campement de tentes.

Riad Maria (☎ 062 232647 ; fax 035 576560 ; www.riadmaria.com ; s/d/ste demi-pension 900/600/1 400 Dh par pers ; fermé 10 juin-10 août). Lodge très haut de gamme dans un cadre magnifique, le Riad Maria est dirigé par un couple italien. Les chambres, conçues dans un style moderne sont un peu mornes mais les prestations parfaites : piscine, hammam et irrésistible cuisine italienne et marocaine.

Auberge Camping Yasmina (☎ 035 576783, 061 351667 ; yasminadesert@yahoo.fr ; demi-pension 250 Dh/pers, tentes berbères demi-pension 200 Dh/pers). Au milieu des sables balayés par le vent, l'auberge est agréable et joliment située à l'extrémité nord des dunes, sur les berges du lac. Il est sec la majeure partie de l'année, mais se remplit au printemps et attire les oiseaux (...et les ornithologues). Les chambres disposent de sdb, la cuisine berbère est remarquable et vous pouvez camper ou dormir sur le toit.

Depuis/vers Merzouga et l'erg Chebbi

La route est désormais goudronnée jusqu'à Merzouga et 25 km au-delà, jusqu'à Taouz. Les touristes n'ont ainsi plus à recourir aux rabatteurs pour effectuer le parcours.

La plupart des hôtels se trouvent à environ un kilomètre de la route, au pied des dunes, mais tous sont accessibles en voiture. Les pistes secoueront parfois votre véhicule, et il arrive que l'on s'ensable, aussi pensez à emporter de l'eau en quantité et un téléphone mobile relié à un réseau.

Si vous n'avez pas de voiture, vous devrez compter sur les grands taxis ou les minibus qui relient Merzouga à Rissani et Erfoud, et retour. Tous les minibus peuvent vous déposer à Hassi Labied ou vous y prendre – votre auberge se chargera éventuellement d'arranger votre transport. Des minibus partent de Merzouga entre 7h30 et 9h30.

Des grands taxis partent du centre de Merzouga, face au Café des Dunes, vers le nord en direction de Rissani (12 Dh) et vers le sud jusqu'au bout de la route, à Taouz (10 Dh).

TAOUZ

Taouz, au milieu d'un désert parsemé de rochers et de restes de dinosaures, dégage une impression de bout du monde. Si vous n'êtes amateur ni de roches ni de paléontologie, le seul attrait de ce village désolé est la **Casa Taouz**, derrière le hameau. Lors de notre visite, on pouvait y prendre le thé et parfois s'y restaurer, mais elle propose peut-être désormais des lits.

Le village de Khamlia, entre Merzouga et Taouz, est surnommé "village des Noirs" par les habitants des environs. Il était à l'origine peuplé d'esclaves amenés du sud du Sahara. L'endroit est sans grand intérêt, mais c'est de là que viennent plusieurs musiciens gnaoua, dont les célèbres Pigeons du Sable : vous trouverez quelques-uns de leurs CD en Europe, et aurez peut-être l'occasion d'assister à l'un de leurs concerts sur place. Ils participent aussi au Festival des musiques du désert (voir p. 348), qui a lieu chaque année. Renseignez-vous chez eux (leur maison est indiquée par une bannière).

Si vous circulez en 4x4, plusieurs possibilités d'hébergement dans le désert, autour de Taouz, sont indiquées par leurs références GPS sur le bord de la route.

Vallée du Sous, Anti-Atlas et Sahara occidental

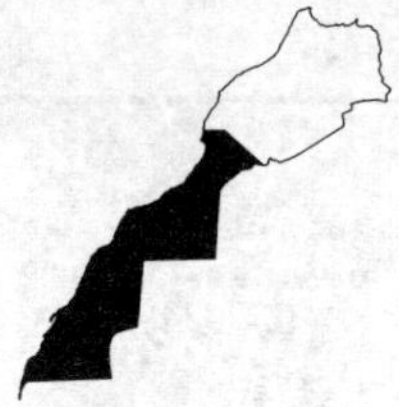

Par-delà le Haut Atlas, vous pénétrez dans le Sud marocain. La vallée du Sous et l'Anti-Atlas, outre leurs paysages spectaculaires, apparaissent très différents du reste du pays en raison de leur identité culturelle très spécifique, les communautés berbères et les nomades du désert formant ici la majorité de la population. La tranquillité qui règne ici est inconnue plus au nord. Les grands espaces, les rudes montagnes et une nature austère ont par ailleurs contribué à forger le sens de l'hospitalité légendaire des habitants.

Après Agadir, principal port du Sud et plus grande station balnéaire du Maroc, la côte oblique vers le sud-ouest sur 300 km après Sidi Ifni et ses séductions Art déco, jusqu'à la petite bourgade côtière de Tarfaya, juste au nord du Sahara occidental. Entre ces villes, s'étirent des kilomètres de plages et de côtes magnifiques. Cette bande littorale est également propice à l'observation des oiseaux. À l'intérieur des terres, le paysage de l'Anti-Atlas varie entre les pentes tourmentées du djebel Bani, les rochers sculptés de l'oasis d'Akka, les sombres escarpements du djebel Sarhro et l'idyllique vallée des Ammeln.

Toujours plus au sud, les étendues désertiques très disputées du Sahara occidental, vaste portion de *hamada* (désert de pierres), restent sous la surveillance des forces armées. Là vivent essentiellement des Sahraouis (tribus du désert) épris de liberté, des pêcheurs et des hommes en quête de travail. Ici commence le désert proprement dit, et la frontière mauritanienne n'est pas loin.

À NE PAS MANQUER

- Les vagues et un repas de poisson grillé devant la mer, à **Taghazout**, le plus beau spot de surf du pays (p. 370)
- Le coucher du soleil sur les épaves émergeant des flots, depuis la **plage de Tarfaya** (p. 393)
- Les gravures rupestres préhistoriques de **Tata** (p. 391)
- Les bancs de brume de **Mirleft** (p. 380) et ses six plages fabuleuses
- La paisible **vallée des Ammeln** (p. 391), avec ses falaises roses et ses palmeraies luxuriantes
- Les superbes contreforts de l'**Anti-Atlas** (p. 387), plissés comme un millefeuille
- La **Villa Mandala** (p. 370) d'Aourir, sa convivialité et ses projets communautaires
- Le bout de la route, au **Sahara occidental** (p. 392) et le traître cap Boujdour

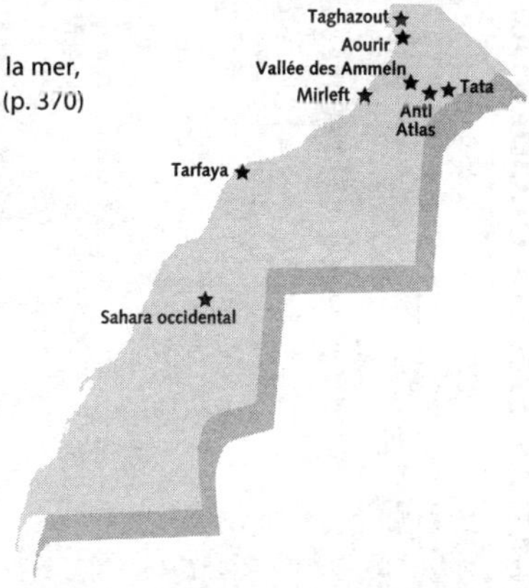

ANTI-ATLAS, SAHARA OCCIDENTAL ET VALLÉE DU SOUS

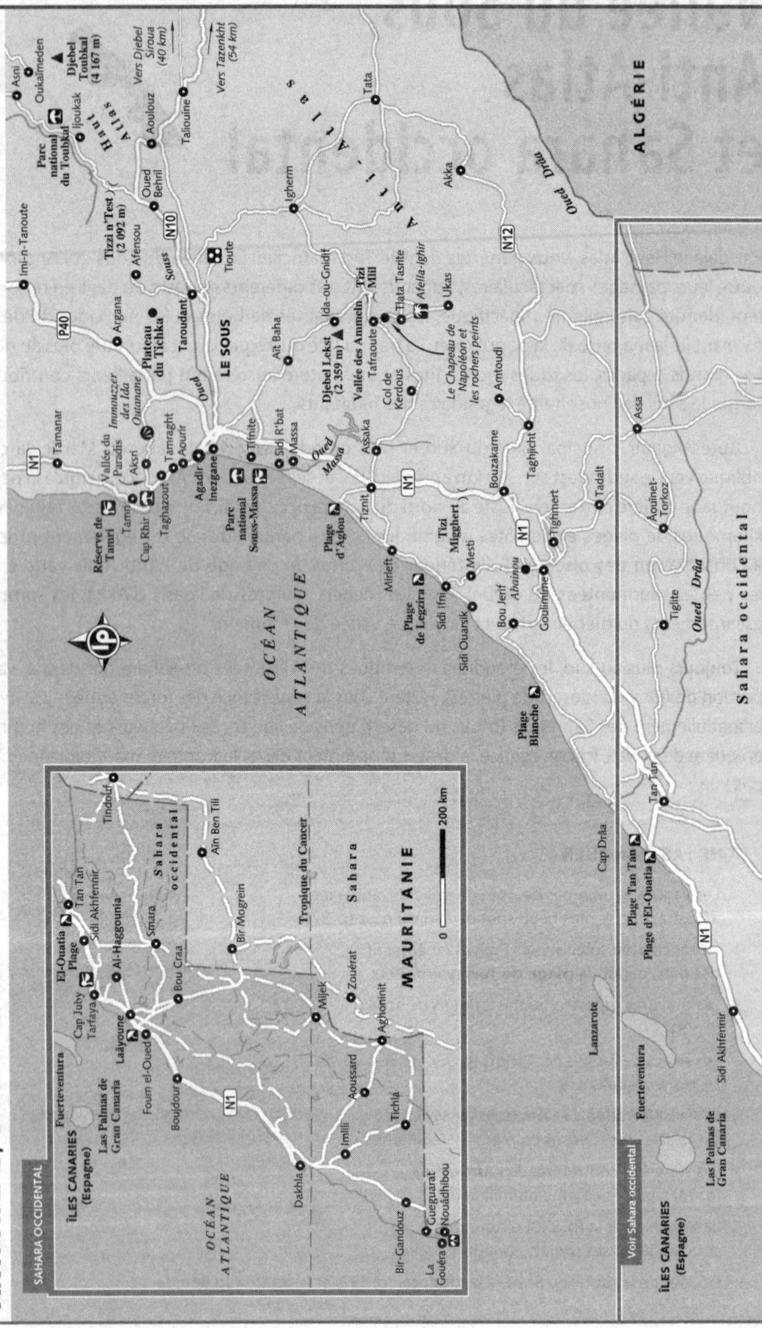

VALLÉE DU SOUS, ANTI-ATLAS ET SAHARA OCCIDENTAL

HISTOIRE

Les tribus chleuhs, dominantes dans la vallée du Sous et sur les contreforts de l'Anti-Atlas, sont les héritières d'une longue tradition de dissidence et d'indépendance ; nombre de leurs communautés refusèrent de se soumettre au pouvoir central avant les années 1930.

Plus au sud, les grandes tribus nomades du désert, connues sous l'appellation collective de Sahraouis (qui constituent la population indigène du Sahara occidental), se montraient encore plus difficiles à contrôler. Leur farouche indépendance s'exprima en dernier ressort par la création du mouvement Polisario, et leurs revendications autonomistes sur la province restent une question brûlante pour l'actuel gouvernement. Pour une meilleure compréhension de la situation actuelle, vous pouvez vous procurer les ouvrages suivants : *Le Conflit du Sahara occidental* de Maurice Barbier (L'Harmattan, 2000), et *Sahara occidental : la confiance perdue* de Martine de Froberville (L'Harmattan, 2000).

CLIMAT

Le Sud se divise en trois zones géographiques distinctes, chacune avec un microclimat spécifique. La verdoyante vallée du Sous, semi-tropicale, est chaude et humide, avec des températures variant entre 22°C et 38°C, quand la vapeur d'eau s'élève, telle une brume, des immenses orangeraies de la vallée. Les pentes désolées de l'Anti-Atlas connaissent des hivers rudes et des étés chauds et secs, tandis que le climat du Grand Sud est purement désertique.

LANGUE

L'arabe demeure la *lingua franca* dans les grandes villes du Sud, mais les Chleuhs du Sous parlent le dialecte berbère tachlahit, que vous entendrez surtout dans les villages de la vallée des Ammeln et de l'Anti-Atlas.

COMMENT S'Y RENDRE

Principal aéroport du Sud, l'aéroport d'Agadir accueille des vols internationaux, parmi lesquels beaucoup de charters européens. Il propose aussi des liaisons locales vers Laâyoune et Dakhla (1 vol hebdomadaire), assurées par Royal Air Maroc. Les vols directs reliant Agadir au Sahara occidental sont souvent plus onéreux que ceux qui passent par Casablanca.

Il n'existe pas de ligne ferroviaire au départ d'Agadir, mais Supratours, dont les bus suivent les lignes de chemin de fer, propose des bus rapides et réguliers pour Marrakech (4/j), Tiznit, Laâyoune et Dakhla. CTM dessert aussi un choix de destinations, dont Casablanca et Essaouira.

COMMENT CIRCULER

CTM dispose d'un bureau à Agadir et assure des liaisons locales en bus vers Taroudant, Tiznit, Laâyoune et Dakhla. Satas et d'autres compagnies locales disposent d'un réseau plus étendu qui inclut des destinations plus lointaines comme Tafraoute. À Agadir, les arrêts de bus se situent dans le Nouveau Talborjt, mais de nombreuses lignes locales partent d'Inezgane, grand pôle de transports à 13 km au sud de la ville.

Agadir compte parmi les endroits du Maroc les mieux indiqués pour louer une voiture. Les grandes agences de location y sont représentées.

VALLÉE DU SOUS

AGADIR

679 000 habitants

Entièrement reconstruite après le tremblement de terre de 1960, Agadir est devenue la grande station balnéaire du Maroc. Son plan en damier, composé de quartiers résidentiels et de larges boulevards, la prive de l'animation habituelle des villes marocaines, mais elle possède en revanche une immense baie sablonneuse mieux abritée que la plupart des plages de l'Atlantique. Propice à la baignade et jouissant de 300 jours de soleil par an, il s'agit d'une destination phare pour les vacanciers en séjour organisé.

Agadir mérite qu'on s'y arrête et pas seulement pour ses hébergements. Elle possède aussi une casbah en ruine et donne accès, au nord, à des plages sauvages appréciées des surfeurs et des véliplanchistes, ainsi qu'au parc national de Sous-Massa.

Histoire

La ville, qui tire son nom de l'*agadir* (grenier à blé fortifié) de la tribu Irir, a connu des hauts et des bas. Elle fut créée au XVe siècle par des commerçants portugais, pour travailler avec les caravanes. Reprise par les Saadiens originaires de la vallée du Drâa en 1541, son port servit pour l'exportation des produits du commerce saharien, en particulier le sucre de canne, le coton et le salpêtre. Cette prospérité prit fin brutalement lorsque le sultan alaouite Sidi Mohammed fit d'Essaouira la plaque tournante du commerce, entraînant ainsi le déclin d'Agadir.

Les colons français voulurent relancer le dynamisme économique d'Agadir mais c'est le terrible tremblement de terre du 29 février 1960 et ses 18 000 victimes, qui ramenèrent la ville sur le devant de la scène internationale. Les autorités ne purent faire autrement que d'abandonner les innombrables victimes dans les ruines qui les avaient emprisonnées. La cité transformée en tombeau fut ensevelie. Le tumulus, aujourd'hui appelé "Ancien Talborjt", est situé au nord de la ville moderne.

Depuis le séisme, Agadir est devenue un port de pêche en pleine expansion, particulièrement dédié à la sardine. Station balnéaire de premier plan, Agadir est promise à un succès économique encore plus éclatant avec le développement du luxueux complexe de sa marina.

Orientation

La gare routière et la plupart des hôtels bon marché sont concentrés dans le Nouveau Talborjt, au nord-est de la ville. De là, il faut compter quelque 15 min de marche pour atteindre le boulevard du 20 Août, l'artère principale, bordée de cafés, de restaurants et d'hôtels. La plupart des magasins, des bureaux et la poste principale sont situés le long de l'avenue du Prince Moulay Abdallah et du boulevard Hassan II.

Renseignements

ACCÈS INTERNET

Le tarif le plus courant est de 10 Dh/heure.

Futurenet (carte p. 365 ; av. du 29 Février ; 8 Dh/heure) dans le Nouveau Talborjt.

Internet Swiss (carte p. 363 ; bd Hassan II ; 10 Dh/heure ; ⏰ 9h-23h). Le cybercafé le plus populaire et le mieux situé.

AGENCE DE VOYAGES

Carlson Wagonlit (carte p. 351 ; ☎ 028 841528 ; 26 av. des FAR) représente toutes les grandes compagnies aériennes.

ARGENT

Vous pouvez effectuer vos retraits dans les DAB et faire vos opérations de change à l'aéroport. En ville, la plupart des banques disposent de DAB. Les grands hôtels changent les espèces et les chèques de voyage. Les banques suivantes possèdent un guichet de change.

Banque Populaire (carte p. 363 ; bd Hassan II)

Wafa Bank (carte p. 363 ; bd Hassan II)

LIBRAIRIES

Les kiosques à journaux qui jalonnent le boulevard Hassan II, notamment au croisement de l'avenue des Forces Armées Royales (FAR), vendent des quotidiens (datés de la veille ou de l'avant-veille) et des magazines de la presse étrangère.

Librairie al-Mouggar (carte p. 363 ; av. du Prince Moulay Abdallah). Sans doute la meilleure de la ville. Elle vend surtout des ouvrages en français.

OFFICES DU TOURISME

Délégation régionale du tourisme (ONMT ; carte p. 363 ; ☎ 028 846377, fax 028 846378 ; immeuble Iquenouane, av. Mohammed V ; ⏰ 8h30-12h, 14h30-18h30 lun-jeu, 8h30-11h30, 15h-18h30 ven). Excellente source de renseignements sur la ville et la région.

Guichet de renseignements (☎ 028 839077 ; aéroport Al-Massira ; ⏰ 8h30-12h, 14h30-18h30)

Syndicat d'initiative (carte p. 363 ; ☎ 028 840307 ; av. Mohammed V ; ⏰ 9h-12h, 15h-18h30). La liste des médecins et des pharmacies est affichée sur la porte ; c'est peut-être sa seule utilité.

POSTE

Poste principale (carte p. 363 ; av. Sidi Mohammed ; ⏰ 8h30-18h30 lun-ven, 8h30-12h sam)

SERVICES MÉDICAUX

Une liste de médecins et de pharmacies est affichée à l'entrée du syndicat d'initiative.

Clinique al-Massira (carte p. 363 ; ☎ 028 843238 ; av. du 29 Février)

Clinique de la Résidence (carte p. 363 ; ☎ 028 823682 ; 34 rue el-Mehdi ben Toumert, Nouveau Talborjt)

Pharmacie de nuit (carte p. 363 ; ☎ 028 820349 ; av. Sidi Mohammed, à côté de la poste). Au sous-sol de l'hôtel de ville.

URGENCES

La plupart des grands hôtels pourront vous recommander un médecin.

Ambulance (☎ 15)

Police (☎ 19 ; rue du 18 Novembre)

AGADIR

RENSEIGNEMENTS
Bank Populaire (Bureau de Change) ... 1 B5
Carlson Wagonlit & Sahara Tours ... 2 B4
Clinique al-Massira ... 3 C4
Librairie al-Mouggar ... 4 C4
Internet Swiss ... 5 C5
Poste principale ... 6 C4
Kiosque presse ... 7 B4
Kiosque presse ... (voir 10)
Pharmacie de nuit ... (voir 11)
ONMT (Office du tourisme) ... 8 C5
Police ... 9 D5
Syndicat d'Initiative ... 10 A4
Hôtel de Ville ... 11 C4
Wafa Bank (Bureau de change) ... (voir 22)

À VOIR ET À FAIRE
Musée du tremblement de terre ... 12 B3
Musée du Patrimoine Amazigh ... 13 C5
Palm Beach ... 14 B6
Sunset Beach ... 15 A6
Vallée des Oiseaux ... 16 B4

OÙ SE LOGER
Hôtel la Petite Suède ... 17 A4

OÙ SE RESTAURER
Bab Marrakesh ... 18 D5
Eis Pub ... (voir 25)
La Siciliana ... 19 B4
La Verandah ... 20 C5
SOS Pêcheur ... (voir 21)
SOS Poulet ... 21 C4
Supermarché Uniprix ... 22 B4
Via Veneto ... (voir 19)
Yacout ... 23 C4

OÙ PRENDRE UN VERRE
Piano Bar ... (voir 25)
Restaurant Jour et Nuit ... 24 A5
Tafoukt Complex ... 25 B5
The Pub ... (voir 25)

ACHATS
Grands taxis ... (voir 33)

TRANSPORTS
Afric Cars ... 26 B5
Amoudou Cars ... 27 D6
Bourida Motorent ... 28 B6
Budget ... 29 A4
Eurpocar ... (voir 29)
Grands taxis ... 30 D6
Hertz ... (voir 29)
Bus La Médina ... 31 B6
Lia Voyage ... 32 D6
Arrêt des bus locaux ... 33 D6
Marhaba Building ... (voir 29)
Royal Air Maroc ... 34 A4
Supratours ... 35 B4
Transrent ... 36 C5

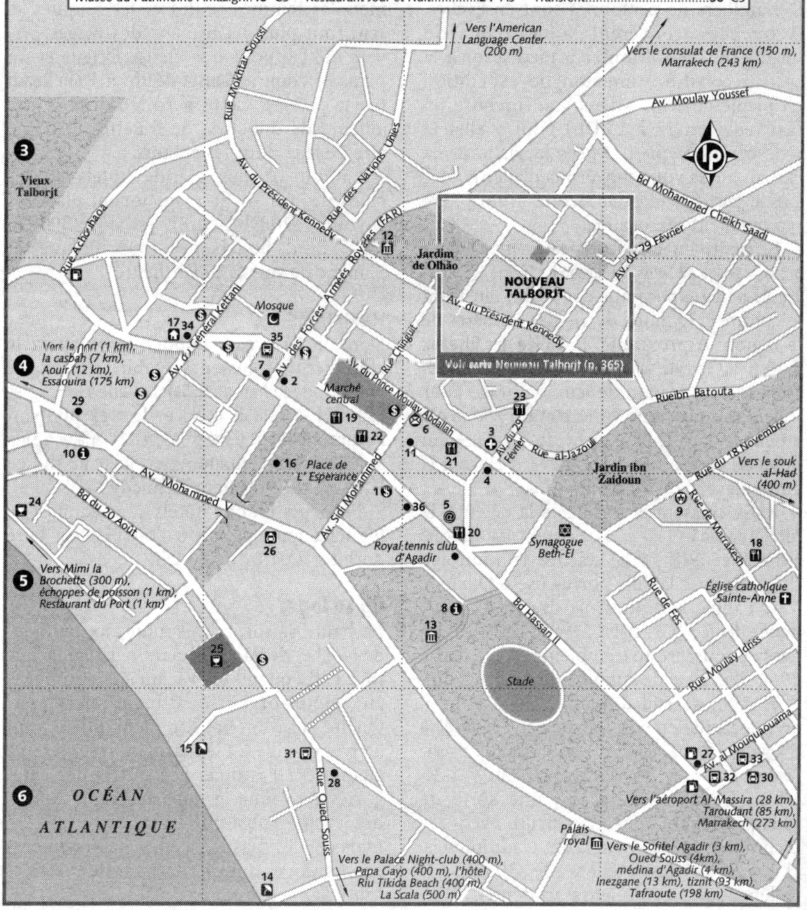

À voir

Les ruines de l'ancienne **casbah** (carte p. 363) subsistent sur une colline à 7 km au nord-ouest de la ville. Du sommet, on jouit d'une belle vue sur le port et la ville.

Construit en 1540 par le sultan saadien Mohammed ech Cheikh, le fort fut restauré en 1752 et pourvu d'une garnison par le sultan alaouite Moulay Abdallah, grand responsable du déclin commercial d'Agadir. Les casernes abandonnées abritèrent ensuite quelque 300 habitants d'Agadir ; on aperçoit encore la trace de ces logements.

Appelé **Ancien Talborjt** (carte p. 363), le secteur verdoyant que surplombe la casbah recouvre le site de la médina d'Agadir. Des milliers de personnes sont ensevelies, là où elles trouvèrent la mort lors du séisme de 1960. Monter à pied jusqu'à la casbah constitue une longue expédition en pleine chaleur. Mieux vaut prendre un taxi (environ 12 à 15 Dh) pour y aller et redescendre à pied. Après la visite de la casbah, nous vous suggérons d'aller goûter sur le **port** (carte p. 363) une atmosphère typiquement marocaine.

Le petit **musée du Patrimoine amazigh** (carte p. 363 ; passage Aït Souss, bd Hassan II ; 10 Dh ; 🕑 9h30-19h30 lun-sam) expose une collection illustrant la culture et le mode de vie des Berbères de la région. À proximité, la **Vallée des Oiseaux** (carte p. 363 ; adulte/enfant 5/3 Dh ; 🕑 9h30-12h30 et 14h30-18h), un terrain de jeux ombragé pour les enfants avec une volière et un zoo, a été aménagé dans le lit asséché de la rivière qui descend vers le sud du boulevard Hassan II au boulevard du 20 Août.

Rafraîchissant et propice à la détente, le **Jardim de Olhão** (carte p. 363 ; av. du Président Kennedy ; entrée libre ; 🕑 8h-18h30) célèbre le jumelage d'Agadir avec la ville portugaise d'Olhão.

À l'angle sud-ouest se dresse un petit **musée** (carte p. 363 ; gratuit ; 🕑 9h-12h30, 15h-19h mar-sam) consacré au tremblement de terre de 1960. Il expose des photos du vieil Agadir.

À 4 km au sud d'Agadir, Coco Polizzi, architecte italien né à Rabat, a créé la **Médina d'Agadir** (☎ 028 280253 ; www.medinapolizzi.com ; Aghroud Ben Sergao ; adulte/enfant 40/20 Dh ; 🕑 8h30-18h30). Cette "médina" est une sorte de village berbère idéal construit avec des techniques et des matériaux traditionnels. Il renferme les ateliers de 30 artisans indépendants et de leurs apprentis. Vous trouverez un café-restaurant sur place. Des navettes (adulte/enfant 60/30 Dh) partent du kiosque du boulevard du 20 Août, à Agadir, et desservent plusieurs hôtels en chemin.

À faire

PLAGES

Agadir est célèbre pour sa belle **plage** en forme de croissant, dont les eaux ne prennent pas une ride lorsque les vents de l'Atlantique font rage sur toute la côte. Très propre, elle est patrouillée en haute saison (juin-sept) par des maîtres nageurs (il y a un courant sous-marin assez fort) et la police.

Vous ne risquez guère d'être importuné, mais les femmes seules et les familles se sentiront plus à l'aise sur des plages privées (20 Dh pour une chaise longue et un parasol) comme **Sunset Beach** et **Palm Beach** (carte p. 363). Cette dernière dispose par ailleurs de douches, de toilettes et d'une aire de jeux pour les enfants.

La plupart des grands hôtels et des clubs de surf sur la plage louent planches à voile (120 Dh/heure), jet-skis (300 Dh les 20 min), bodyboards (60 Dh/heure) et planche de surf (120 Dh/heure).

HAMMAMS

Dans le Nouveau Talborjt vous aurez le choix entre plusieurs établissements de bain, dont le **hammam Salam** (carte p. 365 ; 12 rue de Tarfaya ; à partir de 10 Dh) et le très pimpant **hammam Talborjt** (carte p. 365 ; rue de Tarfaya ; à partir de 10 Dh) réservé aux femmes, juste au sud de l'avenue du Président Kennedy.

Plusieurs grands hôtels sont équipés de luxueux hammams où l'on peut se faire dorloter à partir de 80 Dh.

Où se loger

La haute saison correspond aux périodes de Noël et de Pâques (mars-avril) ainsi que tout l'été, quand les vacanciers européens en séjour organisé affluent en masse. Quand la saison bat son plein, mieux vaut arriver en ville tôt le matin ou réserver une chambre à l'avance. Les hôtels des catégories moyenne et supérieure pratiquent des rabais substantiels en basse saison, mais ce n'est pas le cas des établissements économiques dont les tarifs restent stables toute l'année.

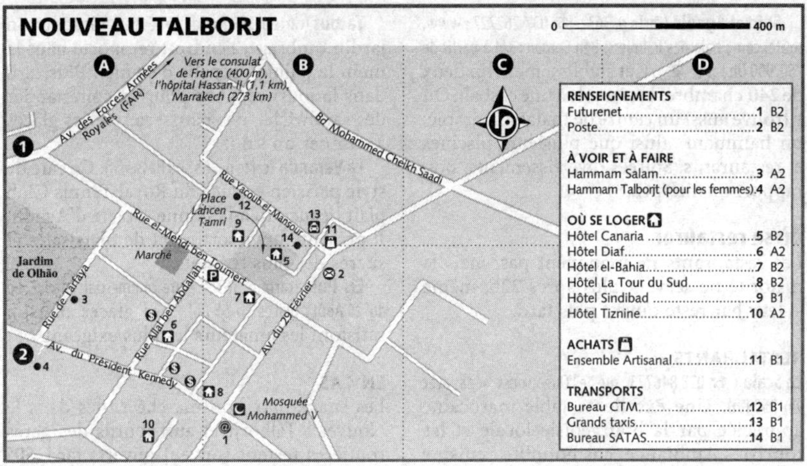

PETITS BUDGETS

La majorité des adresses petit budgets se trouvent dans le quartier du Nouveau Talborjt. La circulation des bus toute la nuit et la prostitution font en sorte que leur réception reste généralement ouverte 24h/24. Aussi, ne vous souciez pas d'arriver tard si vous avez réservé.

Hôtel Tiznine (carte p. 365 ; ☎ 028 843925 ; 3 rue Drarga ; s/d 90/120 Dh, avec douche 120/150 Dh). Très propre et soigné. Les 12 chambres immaculées entourent un patio décoré de carreaux vert et blanc et de géraniums. Les douches et les toilettes sont impeccables.

Hôtel Diaf (carte p. 365 ; ☎ 028 825851, 061 200719 ; rue Allal ben Abdallah ; s avec/sans sdb 100/70 Dh, d avec/sans sdb 130/100 Dh). Chambres nettes et confortables pour un prix modeste.

Hôtel Canaria (carte p. 365 ; ☎ 028 846727 ; pl. Lahcen Tamri ; s/d 80/100 Dh). Bonne adresse de dépannage, proche de la gare routière, sur la même place agréable que l'Hôtel el-Bahia. Les chambres, meublées en pin, sont un cran au-dessus du rudimentaire. Le patio à l'étage est agrémenté de plantes vertes.

CATÉGORIE MOYENNE

Hôtel La Tour du Sud (carte p. 365 ; ☎ 028 822694 ; av. du Président Kennedy ; s/d 189/225 Dh). Ce deux-étoiles est en fait l'ancien Hôtel de Paris. Les chambres claires de style traditionnel, entourent deux patios à l'ombre des ficus.

Hôtel La Petite Suède (carte p. 363 ; ☎ 028 840779 ; fax 028 840057 ; angle bd Hassan II et av. du Général Kettani ; s/d/tr 160/244/333 Dh). Adresse simple mais très bien située à 5 min de la plage. Service sympathique et efficace. Les chambres côté rue ont de grands balcons. Les autres, à l'intérieur, sont plus calmes.

Hôtel el-Bahia (carte p. 365 ; ☎ 028 823954, fax 028 824515 ; rue el-Mehdi ben Toumert ; s/d 130/160 Dh, avec sdb et terrasse 207/237 Dh). Un bon choix dans le Nouveau Talborjt. Les 27 chambres avec tél. et TV sat ont été modernisées avec goût. Direction accueillante.

Hôtel Sindibad (carte p. 365 ; ☎ 028 823477 ; fax 028 842474 ; pl. Lahcen Tamri ; d 283-308 Dh ; 🏊). Les chambres élégantes avec TV et tél. possèdent toutes un balcon surplombant la place. Cette adresse appréciée met à la disposition de la clientèle un bar, un restaurant, un guichet de change (espèces uniquement), et sur le toit, une petite piscine avec solariums.

CATÉGORIE SUPÉRIEURE

La plupart des hôtels haut de gamme du front de mer s'adressent à la clientèle des séjours organisés. Beaucoup accordent néanmoins des réductions sur les tarifs affichés ; n'hésitez pas à demander.

Riu Tikida Beach (☎ 028 845400 ; resabeach@tikidahotels.co.ma ; chemin des Dunes ; s/d à partir de 1 125/1 600 Dh ; ❄ 💻 🏊). C'est le meilleur du lot, dans un bâtiment bas, esthétique, au milieu de jardins paysagers donnant directement accès à la plage. Les chambres s'organisent autour de cours intérieures et l'on trouve aussi sur place un centre de thalassothérapie et la discothèque la plus populaire d'Agadir.

Sofitel Agadir (carte p. 363 ; ☎ 037 262727 ; www.sofitel.com ; baie des Palmiers, Ben Sergao ; s/d à partir de 750/900 Dh ;). Cet établissement luxueux de 240 chambres ressemble à une casbah. On y trouve aussi un centre de thalassothérapie, un hammam, ainsi que plusieurs piscines et restaurants. Soirées divertissements. Bon rapport qualité/prix.

Où se restaurer

Les restaurants ne manquent pas, mais la majorité ne servent plus après 22h, même si leur bar reste ouvert plus tard.

RESTAURANTS

La Scala (☎ 028 846773 ; rue de l'Oued Souss ; repas avec vin 350 Dh). Une excellente table marocaine appréciée par la bourgeoisie locale et les touristes.Ambiance cosmopolite, cuisine raffinée et bien présentée. Réservez.

Bab Marrakech (carte p. 363 ; ☎ 028 826144 ; rue de Massa ; tajines pour 2 pers 90 Dh, couscous 60 Dh, sandwichs 25-35 Dh). Adresse authentique aux abords du souk el-Had et à mille lieues des pièges à touristes proches de la plage. Spécialités marocaines typiques à prix honnêtes.

Mimi La Brochette (☎ 028 840387 ; rue de la Plage ; plats 70-95 Dh). À l'extrémité nord de la plage, le restaurant de Mimi reflète les origines franco-judéo-espagnoles de sa propriétaire qui cuisine avec talent. Brochettes, pâtes, anguille fumée figurent sur la carte entre autres délices (le coulis de framboise est un régal). Ambiance musicale plaisante.

Restaurant du Port (Yacht Club) (☎ 028 843708 ; repas 200 Dh). Pour rejoindre cette excellente table de poisson, rejoignez le port de pêche, prenez la première à droite après le poste de police, puis tournez tout de suite à gauche. Emportez votre passeport au cas où !

Via Veneto (carte p. 363 ; ☎ 028 841467 ; bd Hassan II ; plats 90 Dh). Cette trattoria au cadre douillet sert la meilleure cuisine italienne d'Agadir, dont de succulentes pizzas au feu de bois et un superbe choix de poissons.

La Siciliana (carte p. 363 ; ☎ 028 820973 ; bd Hassan II ; pizzas environ 50 Dh). Une petite trattoria animée qui propose une longue liste de savoureuses pizzas au feu de bois.

CAFÉS

Les cafés qui vont de pair avec la rude vie balnéaire, abondent. On peut s'y détendre en dégustant cafés et pâtisseries.

Yacout (carte p. 363 ; av. du 29 Février). Grâce à son jardin ombragé, l'endroit remporte haut la main la palme du petit-déjeuner. Plus tard dans la journée, vous pourrez commander des sandwichs, des pâtisseries et des glaces à damner un saint.

La Véranda (carte p. 363 ; bd Hassan II). Ce café de style parisien en face du Royal Tennis Club plaît beaucoup à la bonne société d'Agadir. Il présente un assortiment de plats salés et sucrés des plus tentants.

Eis Pub (carte p. 363 ; Centre commercial Tafoukt, bd du 20 Août ; glaces 20-55 Dh). Les glaces maison satisfont les amateurs les plus exigeants.

EN-CAS

Les snack-bars bon marché situés dans le Nouveau Talborjt et aux abords des gares routières restent souvent ouverts tard. **SOS Poulet** et **SOS Pêcheur** (carte p. 363 ; av. du Prince Moulay Abdallah) proposent de savoureux poulets rôtis (demi-poulet 60 Dh) et poissons frits (30-40 Dh).

Pour déguster du poisson ultrafrais, dirigez-vous vers le port où des dizaines d'**étals** (carte p. 363 ; repas environ 50 Dh) vous attendent dans une ambiance animée. Sinon, des échoppes du souk el-Had proposent de délicieux tajines de poisson (15 Dh).

FAIRE SON MARCHÉ

Le grand **supermarché Uniprix** (carte p. 363 ; bd Hassan II) vend de tout : fromages, biscuits, bière, vins, alcools… Au comble de l'animation le samedi et le dimanche, le **souk el-Had** (🕒 mar-dim) regorge de fruits et de légumes provenant de la vallée du Sous.

Où prendre un verre

Les sympathiques cafés de plage de Sunset Beach et de Palm Beach restent ouverts pour certains jusqu'à 1h en été. De nombreux bars pratiquent un *happy hour* entre 17h et 20h, proposent un karaoké ou programment des crooners au talent médiocre.

Pour vous mettre dans l'ambiance, contemplez le coucher du soleil depuis le **Restaurant Jour et Nuit** (carte p. 363 ; ☎ 028 840610 ; rue de la Plage ; 🕒 24h/24), un lieu de prédilection sur la plage qui devient glauque au fur et à mesure que la nuit avance. Essayez aussi le **Piano Bar** (carte p. 363 ; Complexe Tafoukt ; bd du 20 Août), avec un vrai pianiste jouant sous les palmiers et des bières parmi les moins chères d'Agadir. Le même complexe abrite aussi The Pub, un bar irlandais.

Où sortir

Agadir compte un honnête choix de discothèques, la plupart sur le boulevard du 20 Août ou rattachées aux grands hôtels.

Lorsque les bars baissent le rideau vers 1h, les noctambules se rabattent sur les clubs des hôtels. Le prix d'entrée s'échelonne de 50 à 150 Dh le week-end, boisson comprise. En basse saison, les touristes sont souvent admis gratuitement et les établissements ferment vers 2h.

Papa Gayo (carte p. 363 ; Riu Tikida Beach ; chemin des Dunes ; 120 Dh ; 🕑 22h-4h). La discothèque la plus prisée d'Agadir, bien considérée même dans la bonne société locale. Parfait pour danser toute la nuit et se rafraîchir sur la plage.

Palace (Dorint Atlantic Palace, chemin des Dunes ; 150 Dh ; 🕑 23h-5h). Les riches Marocains et Saoudiens en vacances adorent s'y montrer, vers 3h, quand l'ambiance est au top.

Achats

La plupart des souvenirs en vente à Agadir viennent d'autres régions et sont souvent de piètre qualité. Le **supermarché Uniprix** (carte p. 363 ; bd Hassan II) propose des objets artisanaux à prix fixe. Dans la banlieue sud-est, le **souk el-Had** (🕑 mar-dim) à l'atmosphère typique vend des souvenirs, des produits ménagers et des articles d'occasion à l'extérieur de la porte ouest. Pour une offre de meilleure qualité, rendez-vous à l'**Ensemble artisanal** (carte p. 365 ; av. du 29 Février ; 🕑 9h-13h et 15h-19h lun-sam).

Depuis/vers Agadir

AVION

De nombreux vols charters en provenance d'Europe atterrissent à l'**aéroport Al-Massira** (carte p. 363 ; ☎ 028 839122), 28 km au sud-est d'Agadir. Celui-ci comprend des banques avec guichet de change et DAB, ainsi que des agences de location de voitures, deux restaurants et un bureau d'information touristique.

Royal Air Maroc (RAM ; carte p. 363 ; ☎ 028 840793 ; www.royalairmaroc.com ; av. du Général Kettani) assure des liaisons quotidiennes avec Casablanca et Paris, de même que des liaisons hebdomadaires avec Dakhla, Marrakech et plusieurs capitales européennes.

Regional Air Lines (☎ 028 839339) dessert Casablanca et Las Palmas (îles Canaries) quotidiennement, Laâyoune (1 heure 45) en semaine et Dakhla (1 heure 45) le jeudi.

BUS

Bien que nombre de bus et de grands taxis desservent Agadir, une importante gare routière est implantée dans la ville voisine d'Inezgane (à 13 km au sud). Il est probable que votre bus vous y dépose ; renseignez-vous avant d'acheter votre billet. Toutefois, les grands taxis (5 Dh) et les bus locaux (3 Dh) reliant les deux villes ne manquent pas.

Pour l'instant, les bus s'arrêtent encore devant les bureaux de leurs compagnies respectives, rue Yacoub el-Mansour, dans le Nouveau Talborjt, mais une nouvelle gare routière est actuellement en construction dans la rue Chair al-Hamra Mohammed ben Brahim, après le souk el-Had.

CTM (carte p. 365 ; ☎ 028 822077) affrète des bus pour Casablanca (160 Dh, 9 heures, 7/j). Celui de 22h30 continue vers Rabat (175 Dh, 10 heures, 2/j). La compagnie assure aussi la desserte de Marrakech (70 Dh, 4 heures, 7/j) et, une fois par jour, d'Essaouira (50 Dh, 4 heures, 1/j), de Safi (80 Dh, 6 heures, 1/j) et d'El-Jadida (110 Dh, 9 heures, 1/j).

SATAS (carte p. 365 ; ☎ 028 842470) relie les mêmes villes.

Supratours (carte p. 363 ; ☎ 028 841207 ; 10 rue des Orangers). Des services rapides desservent la gare ferroviaire de Marrakech (80 Dh, 4 heures, départs fréquents), Tiznit (25 Dh, 4 heures, 1/j), Laâyoune (200 Dh, 11 heures) et Dakhla (330 Dh, 21 heures). Nous vous conseillons d'acheter votre billet à l'avance.

VOITURE ET MOTO

De bonnes opportunités sont à saisir, en matière de location. Comparez les agences locales, le long du bd Hassan II. Leurs tarifs débutent aux alentours de 300 Dh/jour pour les voitures les plus petites (le marchandage est toujours possible).

L'immeuble Marhaba, à l'extrémité ouest de l'avenue Mohammed V, regroupe de nombreuses agences de location.

Afric Cars (carte p. 363 ; ☎ 028 848222 ; angle bd Hassan II et av. El-Moqaouama)

Avis (carte p. 363 ; ☎ aéroport 028 839244, bureau 028 841755 ; www.avis.com ; Av. Hassan II)

Budget (carte p. 363 ; ☎ aéroport 028 839101, bureau 028 848222 ; www.budget.com ; immeuble Marhaba, av. Mohammed V)

Hertz (carte p. 363 ; ☎ aéroport 028 839071, bureau 028 840939 ; www.hertz.com ; immeuble Marhaba, av. Mohammed V)

Vous trouverez des scooters à louer chez **Bourida Motorent** (carte p. 363 ; ☎ 061 719437 ; bd du 20 Août) et **Transrent** (carte p. 363 ; ☎ 028 843378 ; bd Hassan II), qui dispose aussi de motos. Les tarifs démarrent à 50/200 Dh par heure/jour pour les scooters et 300 Dh/jour pour les motos.

TAXI

La principale station de grands taxis se tient à l'extrémité sud de la rue de Fès. Une autre, plus petite, borde la rue Yacoub el-Mansour, dans le Nouveau Talborjt. Les destinations les plus fréquentes sont Inezgane (5 Dh), Taroudant (32 Dh), Essaouira (70 Dh) et Marrakech (90 Dh).

Comment circuler

DEPUIS/VERS L'AÉROPORT

Une navette confortable relie l'aéroport à la ville. Les billets s'achètent à l'aéroport ou chez **Lia Voyage** (☎ 028 822139 ; www.almassirabus.com ; bd Hassan II ; adulte/enfant 60/30 Dh). Neuf bus partent de l'aéroport entre 8h30 et 0h30, et six quittent l'Hôtel Sahara, dans l'avenue Mohammed V, entre 4h30 et 16h30.Un grand taxi pouvant transporter jusqu'à 6 passagers vous coûtera 200 Dh de jour comme de nuit.

Le bus local n° 22 passe devant l'aéroport (tout droit à environ 500 m), à destination d'Inezgane (5 Dh), toutes les 40 min environ jusqu'à 20h30. Une fois à Inezgane, vous pouvez prendre les bus nos 20, 24 et 28 pour Agadir (3 Dh), ou emprunter un grand taxi (5 Dh).

BUS

Le principal terminus des bus locaux jouxte la gare des grands taxis, au sud de la ville. Des bus nos 5 et 6 rallient Inezgane (3 Dh) environ toutes les 10 min. Les bus Ratag nos 12 et 14 desservent Taghazout (5 Dh).

TAXI

Les petits taxis orange (3 passagers maximum) circulent intra-muros et sont équipés de compteurs. Vérifiez qu'il soit bien mis en marche.

ENVIRONS D'AGADIR

Inezgane إنزكان

Cette bourgade située à 13 km au sud d'Agadir constitue l'un des principaux axes de transports routiers de la région. Inezgane étant peu fréquentée par les touristes, certains voyageurs la préfèrent à Agadir. Un grand marché de produits frais se tient juste en face de la gare routière, où stationnent aussi les grands taxis. Il y a davantage d'ambiance le mardi, jour du souk hebdomadaire.

Si vous devez y passer la nuit, des hôtels économiques se concentrent aux abords de la gare routière.

L'**Hôtel Louz** (☎ 028 331990, fax 028 331842 ; av. Mokhtar Soussi ; s/d 80/130 Dh, avec douche 120/160 Dh) loue des chambres gaies et modernes, un peu exiguës, avec sdb et petit salon. Une salle de TV et un restaurant complètent les installations de l'hôtel.

Hôtel-restaurant La Pergola (☎ 028 271803 ; lapergola@menara.ma ; km 8 route d'Agadir ; s/d 194/226 Dh). De confortables bungalows occupent un jardin fleuri. Le restaurant (petit-déj 24 Dh, menu 115 Dh) propose de la cuisine française traditionnelle et quelques spécialités marocaines. Idéal pour se remettre d'un long trajet en bus.

Des dizaines de cafés et de restaurants bon marché se bousculent autour de la grand-place et à l'extérieur du marché.

De nombreux bus partent d'Inezgane. La gare routière est en retrait de la route Agadir-Tiznit. Les bureaux CTM et Supratours se trouvent de part et d'autre de l'avenue Mokhtar Soussi.

Des grands taxis circulent en direction d'Essaouira (50 Dh), de Tiznit (20 Dh, 2 heures) et de Taroudant (20 Dh, 2 heures 30). D'autres desservent, moins régulièrement, Goulimime (50 Dh, 4 heures 30) et Tan-Tan (90 Dh, 6 heures).

Des bus locaux (3 Dh) et des grands taxis (5 Dh) relient régulièrement Agadir à l'aéroport Al-Massira (n° 22).

PARC NATIONAL DU SOUS-MASSA منتزه سو ماسه

Le plus grand parc national du Maroc s'étend sur 70 km au sud d'Agadir, à proximité du principal axe routier. Falaises, dunes, terres cultivées, steppes côtières et forêts composent un paysage sauvage et spectaculaire. Très apprécié des ornithologues amateurs, le site se prête également fort bien à la randonnée. Mars-avril et octobre-novembre constituent les périodes les plus favorables pour une visite.

En hiver, on rencontre couramment dans le parc des balbuzards, des rassemblements de différentes espèces de canards ainsi que des flamants. Mais ce sont les ibis chauves qui constituent l'attraction majeure. Ces oiseaux, vénérés dans l'Égypte ancienne, ont longtemps peuplé l'Europe centrale, l'Afrique du Nord et le Moyen-Orient. La survie de l'espèce est aujourd'hui très menacée. Les quatre colonies d'élevage du Sous-Massa comptent 85 couples qui sont sous étroite surveillance. Si leurs terrains de reproduction ne sont pas accessibles au public, vous pourrez néanmoins voir des ibis autour de l'oued Massa et à l'embouchure de la Tamri (voir ci-dessous).

Parmi les mammifères habituels du parc, citons le chacal, le renard roux, le chat sauvage, la genette et le sanglier sauvage eurasien. Au nord du parc, une zone grillagée accueille des espèces qui ont disparu plus au sud, telles que gazelles de Dorcas, addax, autruches à cou rouge et oryx d'Arabie.

Le **siège du parc national du Sous-Massa** (☎ 028 333880) est situé à l'oued Sous, à 800 m de la nationale Agadir-Inezgane, après le Golf des Dunes.

Oued Massa

À quelque 58 km au sud d'Agadir on accède à la seconde entrée du parc, proche du village de Massa et signalée sur la nationale. Des guides (100-150 Dh) bien formés peuvent accompagner les visiteurs et des parcours à dos d'âne sont prévus pour les enfants. Le bureau du garde forestier qui jouxte le parking prend les réservations. Une piste longeant la rivière conduit à l'embouchure de l'estuaire (3 km) et au village de Sidi R'bat.

Parmi les espèces endémiques vivant aux abords de l'oued Massa, figurent des gangas unibandes, des ibis chauves et des ibis falcinelles, des sarcelles marbrées, des grues, des marouettes poussins, des fauvettes, des tchagras à tête noire, des hirondelles des sables, des flamants, des hérons et même des aigles de Bonelli. Sachez qu'il est interdit de s'écarter de la piste.

Le minuscule village de Sidi R'bat revendique deux légendes : non seulement ce serait le site où Jonas, personnage biblique, aurait été régurgité par une baleine, mais ce serait aussi ici qu'Uqba bin Nafi, le premier général arabe à fouler le sol marocain, au VIIe siècle, serait triomphalement entré à cheval dans la mer.

Merveilleusement situé sur une superbe plage au milieu du parc, le **Ksar Massa** (☎ 061 280319 ; www.ksarmassa.com ; Sidi R'bat, Oued Massa ; s/d avec petit-déj 1 120/1 440 DH, pension complète 1 170 DH/pers ; ✕ 🅿) est un gîte extraordinaire, égayé de couleurs vives. Avec ses chambres et suites vastes et luxueuses, l'endroit incite à la détente. En été, on peut aussi dormir sous une tente pour quatre (500 Dh/pers, petit-déj compris). L'établissement organise des circuits guidés dans le parc. Pour vous rendre sur place, suivez les panneaux depuis Massa.

Depuis/vers le parc national du Sous-Massa

Depuis Agadir, des excursions en 4x4 sont organisées dans le parc, mais vous pouvez parfaitement accéder à l'oued Massa et à l'oued Sous à bord d'un véhicule normal ou d'un grand taxi. D'Inezgane, le bus Gab n° 17 se rend à Massa (10 Dh) toutes les 30 min environ. De là, il vous faudra une heure de marche jusqu'à l'embouchure de l'oued Massa. Pour rejoindre l'oued Sous et le siège du parc, prenez le bus n° 40 à n'importe quel arrêt de l'avenue Mohamed V, à Agadir.

NORD D'AGADIR

Si vous recherchez des plages moins peuplées que celles d'Agadir, ou la compagnie d'autres voyageurs indépendants, dirigez-vous vers le nord de la ville : quelques belles criques sablonneuses vous y attendent.

La plupart des plages proches d'Agadir sont envahies par les Européens, qui y ont établi leurs quartiers d'hiver. Le roi Fahd d'Arabie Saoudite dispose lui aussi d'un palais dans les environs. Il a d'ailleurs financé la construction d'une nouvelle route le long de ce tronçon.

Le bus local n° 12 part de la gare routière d'Agadir (il s'arrête aussi devant le Sheraton) et remonte la côte en direction de Taghazout (5 Dh) et au-delà. Les bus quotidiens Essaouira-Agadir s'y arrêtent également.

AOURIR ET TAMRAGHT طمرات و اوريد

Connus collectivement sous le nom de "village des bananes" à cause des bananeraies alentour, Aourir et Tamraght sont respectivement à une distance de 12 et 15 km au nord d'Agadir. Ils se partagent Banana Beach, une plage idéale pour s'initier au surf.

L'**Hôtel Littoral** (☎ 028 314726 ; fax 048 314357 ; s/d avec petit-déj 205/300 Dh), dans l'artère principale d'Aourir, possède 20 chambres claires et spacieuses dotées de sdb impeccables. Si vous logez dans la partie arrière de l'hôtel, vous serez bien plus au calme.

À Tamraght, les spots de surf sont nombreux, et la villa **Surf Marokko** (☎ 068 395124 ; www.surfmarokko.de) est à 5 min à pied de la plage. La semaine en pension complète s'échelonne entre 2 600 et 3 800 Dh, plus 400 Dh pour la location de l'équipement. Également prisé des amateurs de surf, **Mamy Salerno Surf Dynamic Loisir** (☎ 028 314655 ; fax 028 314654 ; Tamraght ; cours 1 heure 100 Dh/pers) propose des cours et loue des planches.

Taghazout تاغزوت

À 6 km de Tamraght, ce paisible village de pêcheurs, s'est fait une réputation grâce à ses calamars... et ses hippies. Les passionnés de surf y ont aussi découvert une plage superbe. Les plus audacieux apprécient surtout le Killer Point, La Source et l'Anka Point, au nord. Les débutants se contentent de taquiner les vagues du côté du Hash Point, à l'extrémité nord du village. La meilleure période pour pratiquer le surf se situe de septembre à mai.

La villa de **Surf Maroc** (☎ 028 200368), devant la plage, est tenue par des surfeurs britanniques passionnés. Ses hôtes s'endorment au son des vagues et prennent le petit-déjeuner sur une vaste terrasse avec vue sur la mer. Les formules de séjour en demi-pension, surf et transferts depuis/vers l'aéroport inclus, débutent à 3 800 Dh par pers. La location d'équipement revient à 150 Dh, la session d'entraînement de 2 heures à 230 Dh.

Autrement, essayez la **Résidence Amouage** (☎ 028 200006 ; d 350 Dh), avec des chambres toutes simples pourvues d'une cuisine, ou le **camping** (camping 5 Dh/adulte, plus 10/5/15 Dh par tente/voiture/camping-car) très sommaire qui surplombe la plage sud (douches chaudes 10 Dh).

Le village ne manque pas de lieux où se restaurer, appréciés des Agadirois en week-end. Le **Sable d'Or** (repas environ 150 Dh), sur la route à 400 m au sud de Taghazout, où l'on peut goûter d'excellents poissons est très plaisant.

Tout aussi agréable, le **Panorama** (petit-déj 18 Dh, tajine 40 Dh), à l'extrémité sud de la plage, prépare du très bon poisson. Dans le village, quelques restaurants plus économiques servent des poissons grillés accompagnés de salades.

Plus au nord

Pour atteindre des rivages quasiment vierges, il vous faudra continuer vers le nord. Vous trouverez des coins agréables de chaque côté du **cap Rhir**, un promontoire de 1 200 m de long battu par les vagues (aisément repérable à son épave). Le spot de surf baptisé Boilers se situe au sud du phare.

À quelque 12 km au nord du cap Rhir, la route bifurque vers l'intérieur des terres en direction de **Tamri**. Cette lagune est le meilleur site – et le plus accessible

LE CHOIX DE L'AUTEUR

Villa Mandala (☎ 028 314773 ; www.villa-mandala.com ; Aourir ; d avec petit-déj 690 Dh). En dépit de son emplacement, près de la triste ville d'Aourir, la Villa Mandala est réputée pour son ambiance conviviale et les projets communautaires ambitieux qui s'y trament.

L'infatigable Suissesse Regina Tongola, une ancienne thérapeute corporelle, a créé cet endroit en 1999 dans le but d'aider les femmes à voyager en toute sécurité. Elle a ensuite consacré son énergie à des projets de développement durable et constitué une communauté où des artisans marocains peuvent pratiquer et développer leur savoir-faire aux côtés d'artisans européens intéressés par leurs techniques.

La villa et ses cinq chambres claires et spacieuses constituent un excellent point de chute pour les voyageurs. Les repas se prennent en commun et les hôtes peuvent se promener librement dans tout le bâtiment, y compris la cuisine où ils observeront la préparation des recettes locales. Il existe un hammam (100 Dh) sur place, mais une employée de la villa vous emmenera volontiers à celui du quartier (250 Dh). La villa organise aussi des séances de thérapie corporelle et de psychothérapie. Les visiteurs sont invités à nouer des liens avec les habitants de la ville et les artisans.

L'HUILE D'ARGAN, PRÉCIEUSE ET VERTUEUSE

La côte Haha au nord d'Agadir et la vallée du Sous sont parsemées d'arganiers, un épineux à pousse lente ressemblant à l'olivier. Spécifiques au sud-ouest du Maroc, les "forêts" d'arganiers ont récemment été classées "réserve de biosphère" par l'Unesco.

Très résistant à la chaleur, l'arganier peut survivre à des températures supérieures à 50°C, d'où son rôle crucial contre la désertification dans le sud du Maroc.

L'arganier tient une place centrale dans l'économie locale. Il fournit le bois de chauffage et le fourrage pour les chèvres – qui adorent grimper dans ses branches –, et surtout, à l'usage des humains, l'huile que l'on extrait de ses noix. Au printemps, les femmes berbères récoltent les fruits et, suivant la tradition, les donnent à manger aux chèvres, dont l'appareil digestif dissout la coque du noyau. Les noix sont ensuite récupérées dans le crottin de chèvre, les amandes sont fendues, légèrement torréfiées, réduites en pâte et pressées.

Il faut 30 kg de noix et 15 heures d'un dur labeur (effectué uniquement par des femmes) pour extraire un litre d'huile. Récemment, certaines coopératives ont décidé de ne plus utiliser de chèvres et de cueillir les fruits à la main afin de produire une huile plus délicate. Vous pourrez découvrir toutes les étapes de fabrication dans le cadre d'une visite guidée de la **Coopérative Amal** (☎ 024 788141 ; www.targanine.com en français ; Tamanar ; entrée libre ; 🕑 8h-19h lun-ven), à 80 km au nord d'Agadir, dont l'huile bio a remporté le Slow Food Award en 2001.

Depuis des siècles, les Berbères utilisent l'huile d'argan pour cicatriser les plaies et soulager les douleurs rhumatismales. Des recherches récentes ont confirmé ses vertus anti-cholestérol et son rôle préventif de l'artériosclérose. Rien d'étonnant donc si les instituts de beauté européens proposent désormais des soins à l'huile d'argan (sa teneur en vitamine E en fait un excellent antirides).

L'huile d'argan est moins connue pour ses qualités gustatives, mais elle gagne lentement les tables des grands restaurants de Paris, Londres et New York. Son délicieux goût de noisette très caractéristique fait merveille pour assaisonner les salades, les légumes grillés et les tajines. Mélangée à des amandes pilées et du miel, elle devient l'*amlou*, un délice berbère réputé pour ses vertus aphrodisiaques.

Ce produit onéreux doit être acheté dans des magasins ou des coopératives fiables ; les vendeurs de rue pratiquent des prix plus bas, mais l'huile l'argan est alors mélangée à d'autres huiles végétales.

– du Maroc pour observer le très rare ibis chauve. Parmi les autres représentants de la gent ailée, citons le goéland d'Audouin, le faucon de Barbaric, le faucon Lannier et les passereaux. Les surfeurs préféreront continuer encore sur 4 km, au nord, pour s'exercer sur une plage d'exception.

IMOUZZER DES IDA OUTANANE ايموزار ادو اوتنا

Nous recommandons fortement cette excursion de 60 km au nord-est d'Agadir jusqu'aux contreforts du Haut Atlas. En chemin, vous traverserez la magnifique **vallée du Paradis**, une gorge bordée de lauriers roses et de palmiers, très agréable pour pique-niquer et se baigner.

Les cascades auxquelles le village d'Imouzzer doit sa renommée atteignent leur débit maximal entre février et août ; en dehors de cette période, elles se réduisent à un mince filet d'eau, surtout depuis la récente sécheresse. Une seconde série de cascades succède à une retenue d'eau. Le premier villageois rencontré se fera un plaisir de vous y conduire et de vous raconter le lien entre Jimi Hendrix et le symbole Peace and Love gravé dans la roche. Immouzer, même quand il y a peu d'eau, reste un havre délicieux pour se reposer et se promener.

Les amandiers fleurissent en mars-avril et chaque juillet-août voit revenir la récolte du miel (avec un festival). À la fin du mois de novembre, les villageois investissent les oliveraies et grimpent aux arbres pour récolter les olives. Souk hebdomadaire le jeudi.

Où se loger et se restaurer

Hôtel Tifrit (☎ 028 826044 ; Paradise Valley ; s/d en demi-pension 250/390 Dh ; 🅿). Cette auberge familiale au bord de l'eau vous attend à mi-parcours d'Immouzzer après l'embranchement sur la côte. Chambres fonctionnelles avec sdb communes propres, terrasse agréable donnant sur la rivière et bonne cuisine marocaine.

Auberge à la Bonne Franquette (☎ 028 823191 ; www.labonnefranquette-maroc.com ; demi-pension à partir de 350 Dh/pers). Qui s'attendrait à manger des plats français savoureux à prix raisonnable (repas autour de 100 Dh) dans le village d'Aksri, à 15 km d'Immouzzer ? L'établissement loue par ailleurs cinq chambres douillettes donnant sur un patio. Et après le repas, rien de tel qu'une promenade digestive dans la palmeraie alentour.

Hôtel des Cascades (☎ 028 826016 ; www.cascades-hotel.com ; s/d 462/572 Dh ;). Juste à l'est d'Immouzzer, cette adresse bénéficie d'une situation splendide dominant la vallée. Les grandes chambres (les plus belles sont au 3e étage) ont une terrasse ou un balcon orienté à l'ouest. Un jardin plein d'animation, des courts de tennis et un bon restaurant (menu 180 Dh) complètent les installations. Un sentier descend à travers les oliviers jusqu'aux cascades et il existe d'autres balades possibles dans les parages (renseignez-vous à la réception).

Auberge Le Panoramic (☎ 028 826041 ; repas 25-100 Dh). Ce plaisant restaurant de cuisine marocaine jouit d'une vue magnifique sur les cascades depuis sa terrasse. Chambres simples et nettes (s/d en demi-pension 250/350 Dh).

Depuis/vers Imouzzer des Ida Outanane

Un bus local aux horaires aléatoires relie la gare routière d'Agadir à Imouzzer (20 Dh, 2 heures) : il ne circule pas s'il n'y a pas suffisamment de passagers. Mieux vaut donc partager un grand taxi (25 Dh). Tâchez de vous rendre à Imouzzer le jeudi, jour de marché. De nombreux hôtels et agences de voyages d'Agadir proposent des circuits en bus à Immouzzer.

TAROUDANT تارودانت

70 000 habitants

À l'abri de magnifiques remparts de terre rouge, avec en toile de fond les cimes enneigées du Haut Atlas, Taroudant revêt au premier abord une touche de mystère. Mais il s'agit en fait d'une ville marchande typique où transite la production agricole issue de la riche et fertile vallée du Sous.

Les souks de Taroudant sont plus paisibles que ceux de Marrakech. Vous apprécierez l'effervescence qui fait défaut à Agadir. Taroudant (à 80 km d'Agadir) peut se visiter en une journée. La ville constitue également un bon point de départ pour les randonneurs tentés par la partie occidentale du Haut Atlas (p. 429), peu explorée.

L'embranchement de la route du Tizi-n'Test (p. 321), un des cols les plus spectaculaires et les plus périlleux du Maroc, se trouve à 53 km à l'est de Taroudant. Il permet de traverser le Haut Atlas pour rejoindre Marrakech.

Histoire

Dès 1056, soit au tout début de leur conquête du Maroc, les Almoravides occupèrent Taroudant. Au XVIe siècle, la dynastie saadienne, alors émergente, en fit sa capitale durant une vingtaine d'années. Elle entreprit la construction de la partie ancienne de la cité et de la casbah. Les autres vestiges remontent essentiellement au XVIIIe siècle.

Les Saadiens préférèrent finalement Marrakech à Taroudant, mais ils avaient entre-temps transformé la fertile vallée du Sous en première région productrice de canne à sucre, de coton, de riz et d'indigo, précieuses marchandises pour les routes caravanières transsahariennes.

En 1687, Taroudant se rebella contre Moulay Ismaïl. En représailles, le sultan fit massacrer ses habitants. Seuls les remparts de la cité échappèrent à sa colère destructrice.

Taroudant devait demeurer jusqu'au XXe siècle un foyer d'intrigues et de sédition contre le pouvoir central. C'est ainsi qu'Idrissid el-Hiba, chef originaire du sud, qui tenta de se rebeller après la signature du traité de Fès (instaurant le protectorat français), en 1912, s'y réfugia.

Orientation

À la différence de nombreuses agglomérations du Sud marocain, Taroudant ne devint jamais un centre administratif ou militaire français. Vous n'y trouverez donc pas de quartier européen.

Les hôtels les moins chers sont regroupés autour des deux places centrales : la place

TAROUDANT

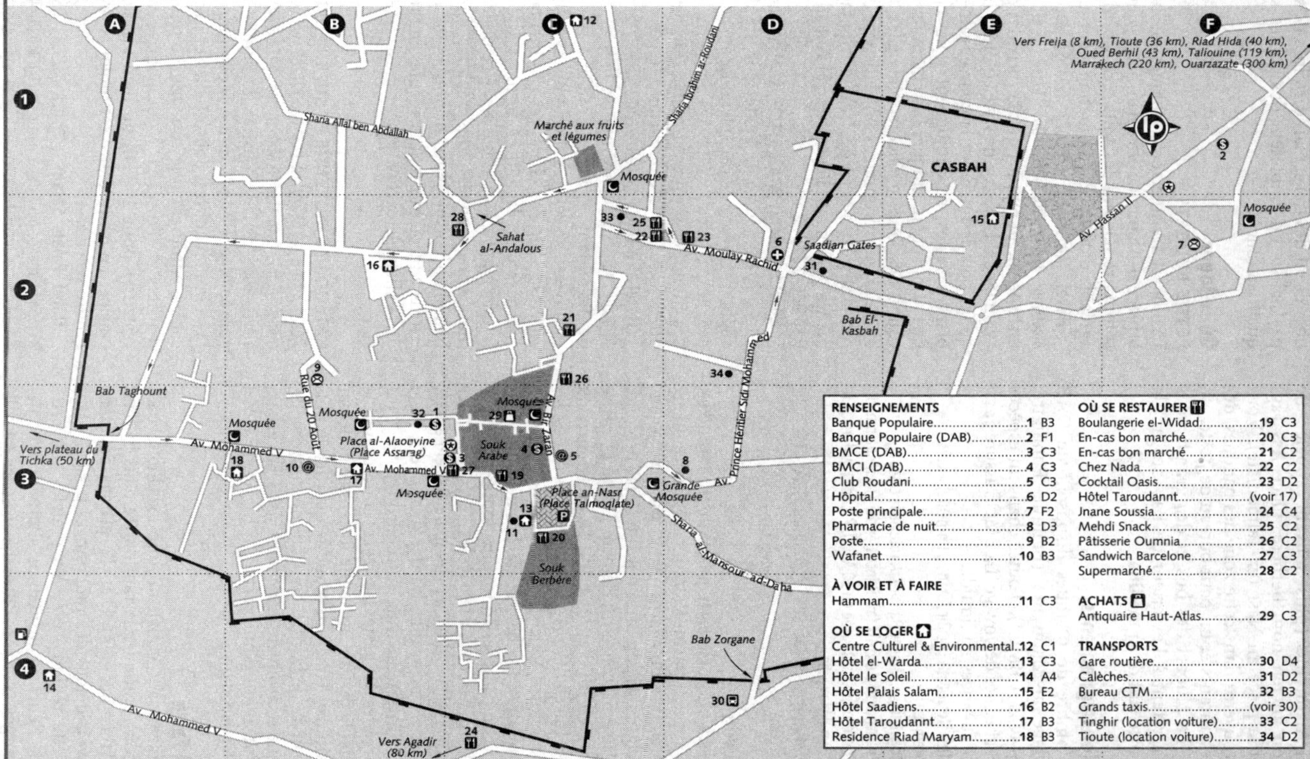
0 300 m
Vers Freija (8 km), Tioute (36 km), Riad Hida (40 km), Oued Berhil (43 km), Taliouine (119 km), Marrakech (220 km), Ouarzazate (300 km)
CASBAH
Saadian Gates
Bab El-Kasbah
Av. Hassan II
Av. Moulay Rachid
Sharia Ibrahim ar-Roudani
Sharia Allal ben Abdallah
Marché aux fruits et légumes
Sahat al-Andalous
Mosquée
Grande Mosquée
Prince Héritier Sidi Mohammed
Av. Bir Zaran
Souk Arabe
Souk Berbère
Place an-Nasr (Place Talmoqlate)
Place al-Alaoeyine (Place Assarag)
Av. Mohammed V
Rue du 20 Août
Bab Taghount
Vers plateau du Tichka (50 km)
Sharia al-Mansour ad-Daha
Bab Zorgane
Vers Agadir (80 km)
RENSEIGNEMENTS
Banque Populaire 1 B3
Banque Populaire (DAB) 2 F1
BMCE (DAB) 3 C3
BMCI (DAB) 4 C3
Club Roudani 5 C3
Hôpital 6 D2
Poste principale 7 F2
Pharmacie de nuit 8 D3
Poste 9 B2
Wafanet 10 B3
À VOIR ET À FAIRE
Hammam 11 C3
OÙ SE LOGER
Centre Culturel & Environmental 12 C1
Hôtel el-Warda 13 C3
Hôtel le Soleil 14 A4
Hôtel Palais Salam 15 E2
Hôtel Saadiens 16 B2
Hôtel Taroudannt 17 B3
Residence Riad Maryam 18 B3
OÙ SE RESTAURER
Boulangerie el-Widad 19 C3
En-cas bon marché 20 C3
En-cas bon marché 21 C2
Chez Nada 22 C2
Cocktail Oasis 23 D2
Hôtel Taroudannt (voir 17)
Jnane Soussia 24 C4
Mehdi Snack 25 C2
Pâtisserie Oumnia 26 C2
Sandwich Barcelone 27 C3
Supermarché 28 C2
ACHATS
Antiquaire Haut-Atlas 29 C3
TRANSPORTS
Gare routière 30 D4
Calèches 31 D2
Bureau CTM 32 B3
Grands taxis (voir 30)
Tinghir (location voiture) 33 C2
Tioute (location voiture) 34 D2

al-Alaouyine (plus souvent appelée de son ancien nom berbère, place Assarag) et la place an-Nasr (ex-Talmoqlate). Vous trouverez dans cette zone des banques, des restaurants et un petit bureau de poste.

La plupart des bus et des grands taxis s'arrêtent à l'extérieur de Bab Zorgan, la porte sud de la médina.

Renseignements

Nombre de banques disposent de DAB place al-Alaouyine (Banque Populaire, BMCE et BMCI). Toutes changent espèces et chèques de voyage. La BMCE assure aussi des avances en liquide.

Club Roudana (av. Bir Zaran ; 8 Dh/heure). Accès Internet.

Hôpital (av. Moulay Rachid). À côté de la casbah.

Pharmacie de nuit (av. Prince Héritier Sidi Mohammed)

Poste principale (rue du 20 Août). Près de l'av. Hassan II, à l'est de la casbah.

Wafanet (av. Mohammed V ; 8 Dh/heure). Accès Internet.

À voir

Les 5 km de **remparts** qui entourent Taroudant comptent parmi les murs en pisé les mieux préservés du Maroc. Au fil des heures, leur teinte varie du brun doré au rouge profond. Ils se parcourent aisément à pied (1 heure 30), en fin d'après-midi, de préférence, ou en calèche (voir p. 376). Bien inspirées, les brochures touristiques suggèrent d'entreprendre cette balade au clair de lune.

Cinq impressionnantes tours défensives des XVIe et XVIIe siècles constituent les portes de la ville. La principale, **Bab el-Kasbah**, ferme une avenue bordée d'orangers. Juste à l'intérieur, sur votre droite, les trois arcades des **portes saadiennes** conduisent à la vieille casbah, ancienne forteresse bâtie par Moulay Ismaïl devenue le quartier le plus pauvre de la ville. Le palais du gouverneur, qui se trouvait également dans la casbah, fait aujourd'hui partie de l'agréable Hôtel Palais Salam.

À faire

Taroudant constitue une excellente base pour pratiquer la randonnée dans le Haut Atlas occidental et le **plateau du Tichka** (voir détails des randonnées p. 417). Dans cette région isolée les prairies couvertes de fleurs au printemps alternent avec des gorges secrètes. Plusieurs agences en ville organisent des treks, mais certaines ne sont pas fiables ou emploient des guides sans qualification.

Où se loger

PETITS BUDGETS

La plupart des hôtels économiques autour de la place al-Alaouyine offrent un hébergement sommaire. Depuis les toits-terrasses il est agréable d'observer l'animation alentour.

Hôtel Taroudant (☎ 028 852416 ; place al-Alaouyine ; s/d/tr 120/140/160 Dh). Une véritable institution, au rapport qualité/prix des plus avantageux. Le décor de style colonial, bien qu'un peu défraîchi, et la cour envahie de plantes vertes, se conjuguent pour créer une atmosphère unique. Les chambres ont connu des jours meilleurs, mais elles sont d'une grande propreté. L'hôtel dispose d'un restaurant et organise des treks en montagne menés par un excellent guide, El Aouad Ali (☎ 066 637972).

Hôtel Le Soleil (☎ 028 551707 ; av. Mohammed V ; s/d 95/140 Dh). Juste à l'extérieur de Bab Taghount, avec une vue splendide au-dessus des remparts, cette adresse à petit prix loue des chambres propres et calmes. On peut y dîner sous la treille du jardin.

Hôtel el-Warda (☎ 028 852763 ; place an-Nasr ; s/d 40/60 Dh). La meilleure option bon marché de Taroudant, agrémentée d'une terrasse recouverte de zelliges surplombant la place an-Nasr, loue des chambres rudimentaires équipées d'un lavabo et de toilettes communes à la turque. Il n'y a pas de douches, mais vous pouvez vous rabattre sur le hammam voisin. Nous déconseillons toutefois l'endroit aux femmes seules en raison de la clientèle exclusivement masculine du café.

CATÉGORIES MOYENNE ET SUPÉRIEURE

Résidence Riad Maryam (☎ 066 127285 ; www.riad-maryam.fr.fm ; Derb Maalen Mohammed ; s/d 250/400 Dh, d avec douche 600 Dh). Pension de famille très appréciée près de l'avenue Mohammed V. Les cinq chambres, confortables et impeccables, entourent une cour fraîche remplie d'arbres et d'oiseaux. Vous pourrez vous restaurer pour 150 Dh ou bien utiliser la cuisine. Le propriétaire est toujours prêt à rendre service.

Hôtel Palais Salam (☎ 028 852501 ; fax 028 852654 ; s/d avec petit-déj à partir de 700/940 Dh ; 🅿). Le plus bel établissement de la ville occupe

CIRCUIT TAROUDANT–TATA–TIZNIT

En vous dirigeant vers le sud de Taroudant par la 7011, vous traverserez les extraordinaires cimes torturées de l'Anti-Atlas. À quelque 33 km de la ville, la route en lacets permet de sortir de la vallée du Sous. Cette magnifique portion du trajet dévoile au regard les plaines et les sommets enneigés du Haut Atlas. À l'approche de la ville d'Igherm, à mi-chemin, vous pénétrerez dans un étrange paysage de montagnes aux plis tourmentés. Les pentes en accordéon du djebel Bani constituent un panorama irrésistible pour les amateurs de photo.

À environ 55 km au sud d'Igherm, prenez à l'ouest, hors piste (en 4x4 uniquement), vers la vallée de Tazegzaoute, pour rejoindre Tafraoute. La vallée elle-même, verdoyante et protégée, offre d'agréables promenades. Revenu sur la route principale, dirigez-vous droit vers le sud et Tata (voir p. 391), dans la plaine saharienne.

De Tata, la 7084, asphaltée, vous conduira vers l'ouest, par Akka (p. 391), où un guide vous fera découvrir des gravures rupestres. Arrivé à Bouzakarne, tournez à droite sur la P30 en direction de Tiznit.

Si vous avez le temps, faites un crochet à 37 km au nord-est de Taghjicht par l'*agadir* d'Id-Aïssa, qui date du XIIe siècle. Cet édifice vieux de huit siècles est perché en équilibre précaire en surplomb du village d'Amtoudi. Moyennant une petite rétribution, le gardien vous fera faire, à pied ou à dos d'âne, une excellente visite guidée de ce site. Il n'y a pas d'infrastructures à Amtoudi. On peut camper au bord de la rivière ou garer son camping-car (40 Dh) dans le complexe en béton qui fait office de camping. Il est possible de commander à l'avance des repas simples, sur place ou au village.

De Tiznit, continuez vers l'ouest jusqu'à Aglou-Plage, Mirleft ou Sidi Ifni, pour une bouffée d'air marin après ce parcours brûlant et poussiéreux.

la résidence d'un pacha du XIXe siècle dans la casbah (accès à l'extérieur des remparts). Les jardins romantiques et luxuriants, les patios à l'abri des regards et la piscine, sont très agréables. En revanche, malgré leur grand confort, les chambres se révèlent un peu décevantes.

Centre culturel et environnemental (☎ 028 551628 ; 422 Derb Afferdou ; www.naturallymorocco.co.uk ; formule d'une semaine 320 €). Pour un tourisme responsable en phase avec le pays, réservez en ligne une formule d'une semaine incluant hébergement, repas, excursions et animations centrée sur la culture. Quand il n'y a pas de groupes, le personnel du Centre peut vous organiser des circuits écologiques axés sur la botanique, ou l'observation des animaux.

Hôtel Saadiens (☎ 028 852589 ; Borj Oumansour ; s/d avec petit-déj 180/240 Dh ;). Ce vaste établissement au cœur de la médina est souvent pris d'assaut par les groupes des circuits aventure. Les chambres, un peu défraîchies, restent néanmoins confortables et bien tenues. À noter aussi une piscine attrayante.

Riad Hida (☎ 028 531044 ; www.riadhida.com ; Oued Berhil ; d en demi-pension à partir de 750 Dh). Il s'agit d'un superbe palais du XIXe siècle construit pour un pacha et racheté par un millionnaire danois, 40 km à l'est de Taroudant. Les fenêtres de ses chambres spacieuses richement meublées donnent sur un jardin luxuriant avec une jolie piscine et des paons en liberté. D'un étonnant rapport qualité/prix, il se prête merveilleusement à la détente. Au centre d'Oued Berhil, tournez à droite et suivez la piste sur environ 1 km.

Où se restaurer et prendre un verre

Les terrasses des hôtels sur la place al-Alaouyine servent le petit-déjeuner ainsi que des menus avantageux comprenant couscous et salade (75 Dh).

RESTAURANTS

Jnane Soussia (☎ 028 854980 ; menu 75 Dh ; dîner ;). Un charmant restaurant à l'extérieur de Bab Zorgan, dont les tables sont installées sous une tente au bord d'une grande piscine, dans un jardin jouxtant les remparts. Parmi les savoureuses spécialités de la maison figurent un méchoui et une pastilla de pigeon qui doivent être commandés à l'avance.

Chez Nada (☎ 028 851726 ; av. Moulay Rachid ; menu 70 Dh). Cette adresse moderne et paisible, à l'ouest de Bab al-Kasbah, est réputée pour ses délicieux tajines à prix raisonnables. Essayez d'avoir une table en terrasse pour profiter de la vue sur les jardins fleuris.

Hôtel Taroudannt (☎ 028 852416 ; menus de 3/4 plats 70/90 Dh). Ce restaurant d'hôtel a une licence pour la vente d'alcool. Parfait pour un dîner à l'ancienne. Vous aurez le choix entre des spécialités marocaines ou des valeurs sûres de la cuisine française. Un conseil : cantonnez-vous aux plats les plus simples.

EN-CAS

Les petites gargotes bon marché où l'on mange tajines et salades se concentrent autour de la place an-Nasr et au nord dans l'avenue Bir Zaran.

Mehdi Snack (près de l'av. Moulay Rachid ; menus 25-45 Dh). Juste derrière Chez Nada et tenu par la même famille, ce snack-bar prépare des burgers, des salades et des sardines frites à prix doux.

Cocktail Oasis (3 av. Moulay Rachid ; petit/grand jus de fruit 7/10 Dh). Le serveur officiant derrière un comptoir croulant sous les fruits concocte toutes sortes de mélanges très rafraîchissants sous la canicule.

Sandwich Barcelone (place al-Alaouyine ; sandwich avec frites 15 Dh). Un petit bar à sandwichs qui vend de grosses baguettes garnies de kefta, de frites et de salade.

La **boulangerie el-Widad** (av. Prince Héritier Sidi Mohammed) et la **pâtisserie Oumnia** (av. Bir Zaran) confectionnent un grand assortiment de gâteaux marocains.

FAIRE SON MARCHÉ

Vous trouverez facilement de quoi pique-niquer à Taroudant. Les souks regorgent de produits frais et il existe un marché de fruits et légumes à l'extrémité nord de l'avenue Bir Zaran. Le supermarché au sud-ouest offre un choix limité de yaourts et de fromages.

Achats

Principale ville chleuh du Sous, Taroudant est l'endroit tout indiqué pour acheter des bijoux en argent de bonne facture qui font la réputation des Berbères. Ces bijoux trahissent l'influence des tribus sahariennes et celles des juifs qui formaient une part non négligeable de la population jusqu'à la fin des années 1960.

L'accès le plus facile à la médina se fait par Bab Taghoun. Au sud de la place an-Nasr, le **souk berbère** vend des légumes frais, des épices, des poteries et de la vannerie. Le plus grand marché, le **souk arabe**, à l'est de la place al-Alaouyine, dissimule dans ses rues calmes des échoppes d'antiquités et de souvenirs. Parmi elles, l'**Antiquaire Haut Atlas** (☎ 028 852145 ; 36-37 Souk Smata, souk arabe), prisé des connaisseurs européens, décline une collection impressionnante de tapis, bijoux et poteries anciennes. Ce marchand sérieux est dur en affaires, mais ne transige pas avec la qualité.

Le marché important qui se tient à l'extérieur de Bab al-Khemis le dimanche matin, attire du monde de toute la région.

Depuis/vers Taroudant

BUS

La **CTM** (bureau ; Hôtel Les Arcades, place al-Alaouyine), qui possède les bus les plus fiables, assure une liaison quotidienne avec Casablanca (150 Dh, 10 heures) *via* Marrakech (90 Dh, 6 heures).

D'autres compagnies desservent ces deux villes tout au long de la journée, ainsi qu'Agadir (20 Dh, 2 heures 30), Inezgane (18 Dh, 2 heures 30) et Ouarzazate (75 Dh, 5 heures). À noter aussi un bus pour Tata (70 Dh, 5 heures).

Tous les véhicules partent de la gare routière principale à l'extérieur de Bab Zorgan.

VOITURE

Les agences locales **Tinghir Cars** (☎ 028 850810 ; av. Moulay Rachid Ferk Lahbab) et **Tioute Cars** (av. Prince Héritier Sidi Mohammed) louent de petites voitures moyennant quelque 400 Dh/jour.

TAXI

Les grands taxis stationnent à la gare routière, près de Bab Zorgan. Ils desservent principalement Inezgane, parfois Agadir (25 Dh) et Marrakech (85 Dh).

Comment circuler

Vous pouvez faire le tour des remparts en calèche. Les calèches se rassemblent juste à l'intérieur de Bab el-Kasbah, sur la place Al-Alaouyine, et en divers lieux stratégiques. L'aller simple autour de la ville coûte entre 15 et 20 Dh, et les circuits d'une heure 50 Dh ou plus, suivant vos dons pour le marchandage.

TALIOUINE تالوين

Le village tout en longueur de Taliouine, à mi-chemin entre Taroudant et Ouarzazate, est dominé par l'imposante casbah délabrée du Glaoui, encore en partie habitée par des descendants des serviteurs du pacha. Un gardien vous la fera visiter.

Taliouine est le centre de production du safran. On peut en acheter à la **Coopérative Souktana du safran** (7h30-13h30 et 14h-20h), qui comprend un petit musée, une boutique et un lieu de dégustation. Comptez environ 15 Dh le gramme pour un produit haut de gamme, moins chez les vendeurs le long de la route. Il faut de 140 à 230 fleurs pour produire un gramme de l'épice la plus chère au monde.

Le village s'anime le lundi, jour du marché qui se tient derrière la casbah.

Grâce à ses hôtels agréables, Taliouine est en train de devenir une base populaire pour se rendre au **djebel Siroua** (voir p. 429), une des plus belles destinations de trekking de l'Anti-Atlas.

La N10 qui relie Taroudant à Taliouine en direction de l'est se révèle moins spectaculaire que le Tizi-n'Test, mais il s'agit d'un bon itinéraire alternatif si vous allez à Ouarzazate. La route au nord de Taliouine rejoint l'axe principal Marrakech–Ouarzazate près de l'embranchement pour Aït Benhaddou après avoir traversé d'immenses étendues naturelles de toute beauté.

Auberge Souktana (☎ 028534075 ; souktana@menara.ma ; s/d avec douche 150/200 Dh, s/d en bungalow 95/140 Dh, lit sous tente 80 Dh). Une famille charmante dirige cette auberge située sur la route principale à 1 km à l'est du village. Les hôtes logent dans des chambres récemment modernisées et dans quatre bungalows pourvus d'un lavabo. On peut aussi planter sa tente dans le jardin (40 Dh). Véritables mines d'informations sur la région et excellents guides, les propriétaires francophones proposent des treks en direction du djebel Siroua avec location de mules et de tentes. Réservation fortement conseillée durant la saison de trekking.

Auberge Le Safran (☎ /fax 028 534046, 068 394223 ; www.auberge-safran.fr.fm ; d/q avec douche 120/260 Dh). Un peu plus proche du centre du village, l'établissement bourdonne d'activités liées à la marche. Jolies chambres sans prétention avec douche chaude, repas copieux et treks bien organisés.

Hotel Ibn Toumerte (☎ 028 534125 ; fax 028 534126 ; s/d/ste 382/475/750 Dh ;). Juste à côté de la casbah, ce grand hôtel moderne sans cachet offre les chambres les plus confortables de Taliouine, qui jouissent en outre d'une vue superbe. Repas : 169 Dh.

Les bus Ouarzazate-Taroudant passent par Taliouine, mais ils sont souvent complets. Le mieux consiste à attendre à l'arrêt principal du village. Les grands taxis se dirigent vers Oulad Behril, à l'ouest, d'où l'on gagnera Taroudant après un changement. D'autres vont vers Tazenakht, à l'est (20 Dh), où vous attend une correspondance pour Ouarzazate (27 Dh).

TIZNIT تزنيت

53 600 habitants

Bâtie dans une zone aride de la vallée du Sous, à l'extrémité de la chaîne de l'Anti-Atlas, Tiznit a des allure d'ancienne cité malgré sa relative modernité. Le sultan Moulay el-Hassan (1873–1894) édifia d'épais remparts autour des douze casbahs existantes et fit de la ville un des centres économiques du Sud. Capitale de la province bénéficiant d'une position stratégique entre la côte et l'Anti-Atlas, il s'agit de la plus grande agglomération avant le Sahara occidental.

Histoire

En 1881, le sultan Moulay el-Hassan, qui cherchait à soumettre les tribus berbères rebelles, prit ses quartiers à Tiznit. Tout comme à Taroudant, on y installa des orfèvres juifs qui en firent un centre de fabrication de bijoux en argent.

Tiznit devint le foyer de la résistance au traité de 1912, qui transformait le Maroc en protectorat français et espagnol. El-Hiba, le "Sultan bleu" de Mauritanie, considéré comme un saint et même crédité de plusieurs miracles, prit la tête de ce mouvement.

En 1912, il se fit proclamer sultan à la mosquée de Tiznit et réussit à rallier à sa cause les tribus de l'Anti-Atlas et les Touaregs. Leur tentative pour refouler les Français échoua. Expulsé de Tiznit, El-Hiba dut s'installer à Taroudant, d'où il poursuivit sa campagne de résistance contre les Français jusqu'à sa mort, en 1919.

Orientation

À l'intérieur de la médina, vous découvrirez la place al-Méchouar et son souk de bijoutiers, ainsi que la plupart des bus et les hôtels bon marché. En sortant par la porte Bab Méchouar, vous arriverez au principal arrêt des taxis, à la poste, aux banques, aux restaurants et au marché.

Le terrain de camping et les hôtels de catégories moyenne et supérieure sont concentrés dans le sud de la médina.

Renseignements

Parmi les banques de Tiznit citons la **BMCE** (av. Mohammed V), la **BMCI** (av. du 20 Août), et la **Banque Populaire** (av. du 20 Août), toutes équipées de DAB.

La **poste principale** (av. du 20 Août) et sa petite succursale de la médina, ouvrent aux horaires habituels.

À voir et à faire

Vous pourrez vous promener dans la médina endormie ou partir en quête de bonnes affaires dans le souk des bijoutiers, tout aussi somnolent.

Le minaret de la **grande mosquée** rappelle ceux que l'on peut voir au Mali. On raconte que les âmes des défunts s'aident des perches qui dépassent de ses murs d'argile, lors de leur ascension au Paradis.

Non loin se trouvait la **source bleue**, la plus ancienne de la ville, aujourd'hui tarie. Si l'on en croit la légende, une femme aux mœurs légères, Lalla Zninia, s'arrêta pour se reposer sur un site alors désert. Elle se repentit trois jours durant et Dieu, touché par sa ferveur, marqua son pardon en faisant jaillir une source sous ses pieds. Son nom fut donné au village qui se développa sur les lieux, avant l'édification de la cité fortifiée par Moulay el-Hassan au XIXe siècle.

Il est possible d'escalader certains tronçons des remparts (5 km de long), lesquels possèdent 29 tours et 9 portes.

Depuis **Bab Targua**, par exemple, la vue sur la palmeraie luxuriante, où coule une autre source naturelle qui fait office de lavoir, est magnifique. La ville s'anime le jeudi, jour de marché.

Où se loger

De nombreux hôtels économiques donnent sur la place al-Méchouar, mais les femmes seules risquent de trouver l'endroit un peu glauque le soir.

Hôtel des Touristes (☎ 028 862018 ; place al-Méchouar ; s/d 50/90 Dh). Propriétaire charmant, atmosphère familiale, chambres impeccables et douche chaude gratuite. Les femmes s'y sentiront à l'aise.

Hôtel Atlas (☎ 028 862060 ; place al-Méchouar ; s/d 50/90 Dh). Une adresse appréciée à l'ambiance décontractée. Chambres propres, terrasse sur le toit et bon restaurant (menu 100 Dh). Pas d'eau chaude.

Hôtel Aït Maten (☎ 028 601790 ; 64 place al-Méchouar ; s/d/tr 40/60/80 Dh). Des chambres toutes simples, meublées de lits en fer, au-dessus d'un restaurant animé. Celles côté façade ont un lavabo et une vue sur la place.

Hôtel de Paris (☎ 028 862865 ; fax 601395 ; av. Hassan II ; s/d/tr 138/164/221 Dh). Une adresse de catégorie moyenne qui propose des chambres confortables d'un bon rapport qualité/prix et l'un des meilleurs restaurants de la ville. Les couvre-lits roses à fanfreluches ne seront pas du goût de tout le monde.

Hôtel du Soleil (☎ 028 600289 ; fax 048 862259 ; route de Tafraoute ; s/d 80/100 Dh). Un peu en dehors de la ville, cet établissement moderne et avantageux loue des chambres très propres avec sdb intégrée. Le bar, au rez-de-chaussée, est ouvert 24h/24 ; la clientèle est essentiellement masculine.

Hôtel Idou Tiznit (☎ 028 600333 ; www.idoutiznit.com en français ; av. Hassan II ; s/d en demi-pension 475/750 Dh ;). Marbre omniprésent dans le hall majestueux et les sdb, chambres de bon goût et piscine abritée sur la terrasse. Avec ses installations tout confort, il s'agit d'un hôtel luxueux pour la modeste Tiznit.

Où se restaurer

La plupart des hôtels petits budgets de la place principale possèdent un café où il est possible de se restaurer. Les plus prisés sont celui de l'Hôtel Atlas et celui, un peu plus chic, de l'Hôtel de Paris.

Dans la rue du Bain Maure, des stands de restauration vendent des sandwichs corrects 10 Dh environ.

Café-restaurant du Carrefour (av. Hassan II ; menu 80 Dh ;). Petit, moderne et plutôt élégant, le Carrefour prépare des plats marocains, des salades et des grillades ainsi que d'excellents jus de fruits frais et petits déjeuners incluant du pain trempé dans l'*amlou* (amandes grillée, pilées avec de l'huile d'argan). Idéal par temps chaud car il dispose de la clim et d'une fontaine d'eau bien fraîche.

Café Panoramique (27 Bab el-Khemis ; tajines 50-60 Dh). Café-restaurant animé, décoré de zelliges, dont le toit en terrasse est agréable

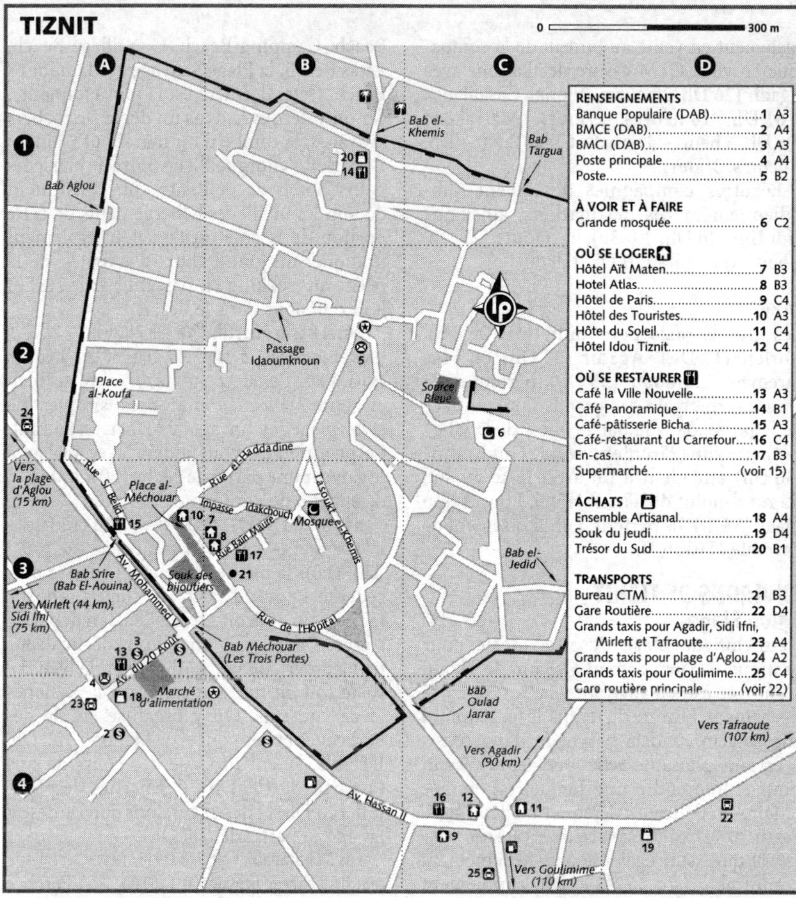

pour prendre le thé en contemplant Bab el-Khemis et les vieilles fermes au-delà.

Café La Ville Nouvelle (av. du 20 Août ; plats 25-55 Dh). Le restaurant, attrayant, propose les salades, brochettes et couscous habituels tandis que le café bondé du rez-de-chaussée n'a pas son pareil pour le café et les pâtisseries.

Pour acheter de quoi pique-niquer, rendez-vous au **marché** (av. du 20 Août) ou au supermarché, à côté du Café-pâtisserie Bicha, qui vend du fromage et des produits importés.

Achats

Fort d'une longue tradition, le souk des bijoutiers a la réputation de vendre des articles en argent de grande qualité. Les bijoux ne sont pas seulement créés ici, mais achetés également pour être troqués contre des bijoux des tribus sahariennes, plus au sud. Renseignez-vous sur les prix en vigueur et préparez-vous à marchander.

Trésor du Sud (☎ 028 862885 ; 27 Bab al-Khemis). Une adresse recommandée où seul l'argent massif poinçonné à droit de cité. On peut y voir un artisan à l'œuvre et parcourir des yeux les objets soigneusement présentés.

L'**Ensemble artisanal** (av. du 20 Août ; 🕑 8h30-13h et 14h30-20h30), en face de la poste principale, couvre toute la gamme de l'artisanat local.

Depuis/vers Tiznit

BUS

Tous les bus partent de la gare routière principale, près de la route de Tafraoute, après le souk du jeudi. Les billets de la CTM sont également en vente au bureau de la compagnie en ville. CTM assure des liaisons avec Agadir (26 Dh, 2 heures, 2/jour), Casablanca (161 Dh, 10 heures, 2/jour), Marrakech (96 Dh, 5 heures, 1/jour). et Tan-Tan (64 Dh, 5 heures, 3/jour).

D'autres compagnies desservent quotidiennement ces destinations, ainsi que Sidi Ifni (20 Dh, 1 h 30), Tafraoute (25 Dh, 3 heures) et Tata (70 Dh, 6 h 30).

TAXI

Les grands taxis pour Sidi Ifni (20 Dh), Mirleft (13 Dh), Agadir (23 Dh) et, plus rarement, Tafraoute (35 Dh), partent de la station principale des grands taxis, en face de la poste, dans la partie ouest de la ville.

Ceux qui circulent vers Goulimime (30 Dh) attendent à un arrêt juste au sud du rond-point du Tiznit Hôtel. Pour Aglou Plage (5 Dh), ils partent d'un croisement de l'avenue Hassan II.

ENVIRONS DE TIZNIT

Aglou Plage اكلو بلاج

Cette longue plage déserte, idéale pour pratiquer le surf, s'étend à 15 km de Tiznit. L'endroit est sauvage lorsque les vents se déchaînent. Le reste du temps, le fort courant sous-marin rend la baignade dangereuse. C'est une plaisante échappée depuis Tiznit pour entreprendre une longue randonnée et faire un délicieux déjeuner à l'**Hôtel Aglou Beach** (☎ 028 866196 ; Aglou beach@hotmail.com ; menu 120 Dh), qui assure également un hébergement confortable (s/d 177/250 Dh, supplément vue sur la mer 60 Dh).

Des grands taxis rallient Aglou Plage au départ de Tiznit (5 Dh).

MIRLEFT ميرلفت

6 500 habitants

À 40 km au sud-ouest de Tiznit, une superbe route côtière relie Aglou Plage à Mirleft. Apprécié des artistes, des musiciens et des voyageurs de retour du désert, ce village avec ses plages sauvages et une rue principale non asphaltée (une poste, mais pas de banque) est un endroit idéal pour se détendre.

À première vue, Mirleft ne fascine guère, mais vous vous laisserez gagner par son animation bon enfant. On prend un café en bavardant avant de se rendre sur l'une des plages : à vous de choisir entre Fish Beach, Camping Beach, Coquillage Beach, Aftas Beach, la Plage Sauvage et Marabout's Beach. Cette dernière est la plus étonnante, car on y découvre dans un décor de rochers sauvages, la tombe d'un marabout (saint).

Mirleft s'enorgueillit en outre de plusieurs petits hôtels accueillants, qui constituent de loin les meilleurs hébergements de cette portion de la côte où l'on peut également pratiquer un grand choix d'activités, de la pêche au trekking en passant par le surf et les excursions dans le désert.

Hôtel Resto Abertih (☎ 028 710304, 072 225872 ; www.abertih.com ; d sans sdb 200-240 Dh, avec sdb 260-300 Dh). Pension au décor cubiste bleu et jaune, avec 11 chambres simples de style plage, et un agréable bar-restaurant. Le propriétaire vous aidera avec plaisir à organiser une partie de pêche (50 à 100 Dh), de surf ou de parapente.

Hôtel Atlas (☎ 028 719309 ; www.atlas-mirleft.com ; s/d avec petit-déj 150/180 Dh, avec douche 180/260 Dh ; 💻). Dans la même veine que l'adresse précédente. Le grand balcon à l'étage donne sur la rue – un endroit merveilleux en début de soirée. Dans les 17 chambres, déclinaisons de bleu-vert, de jaune, d'ocre et de bleu. Le vaste toit en terrasse est garni de canapés et de coussins. On y organise en été des barbecues et des concerts. Menus à 100 Dh. L'établissement propose des cours de surf (à partir de 100 Dh), des parties de pêche (50-100 Dh) et des excursions dans le désert en 4x4 (à partir de 600 Dh).

Les 3 Chameaux (☎ 028 719187 ; www.3chameaux.com ; d/ste en demi-pension 600/1 200 Dh ; 🅿). Perchée sur une hauteur, dans un ancien fort militaire rénové, cette jolie pension offre une fabuleuse perspective au-delà du village, jusqu'à la mer. Cloisons de bois chaulé et vasques de terre cuite composent un cadre discret et relaxant.

Outre les excellents restaurants des hôtels précités, vous trouverez nombre de cafés dans l'artère principale où déguster du poisson frais.

Les bus locaux et les grands taxis effectuant le trajet Tiznit-Sidi Ifni s'arrêtent à Mirleft.

SIDI IFNI سيدي إفني

20 600 habitants

Souvent noyée dans le brouillard de l'Atlantique en juillet-août, cette bourgade déserte dotée d'une étonnante architecture Art déco

CIRCUIT TIZNIT–TAFRAOUTE–AGADIR

On peut accéder au village de Tafraoute, au creux de la vallée des Ammeln, en prenant une route partant de Tiznit (107 km) ou d'Agadir (198 km). S'il est préférable de disposer de son propre véhicule, il est tout de même possible d'effectuer ce circuit en empruntant les transports publics.

Au départ de Tiznit, la route allant vers l'est et Tafraoute traverse d'abord des terres cultivées, jusqu'à l'oued Assaka. Elle devient alors sinueuse, s'enroulant autour des montagnes qui prennent le soir toutes sortes de nuances : du rose au mauve en passant par l'ocre. Les départs en bus de Tiznit dans l'après-midi vous permettront d'admirer ces jeux de lumière.

On aperçoit, dispersés parmi les collines, les fragiles villages berbères en pisé entourés de cultures en terrasses, où s'affairent surtout des femmes, tout au long de la journée.

Parvenu à 1 100 m, vous traverserez l'impressionnant col de Kerdous et, de là, vous resterez pratiquement à la même altitude jusqu'à Tafraoute.

L'**Hôtel Kerdous** (☎ 028 862063, fax 028 600315 ; 350 Dh/pers, petit-déj inclus ;), aménagé dans une ancienne casbah, est perché au sommet du col. Il offre une vue panoramique à 360°, mais surtout en direction de Tiznit. Vous ne regretterez pas de faire une petite escale en ce lieu, le temps d'un verre ou d'un repas, juste pour admirer le paysage.

La route allant vers Agadir est tout aussi fascinante. En quittant Tafraoute, vous traverserez la moitié est de la vallée des Ammeln. Vous franchirez ensuite le Tizi Mlil, avant de suivre une boucle en épingle à cheveux, au nord-ouest, en direction d'Agadir. Le relief est généralement moins abrupt et les terres plus cultivées. La route traverse une multitude de villages, souvent dans les endroits les plus insolites.

Vous contemplerez ainsi la superbe casbah de Tizergane, qui trône au sommet d'une colline solitaire non loin de la route, à quelque 50 km de Tafraoute, près de l'embranchement pour Ida-ou-Gnidif. Bien qu'elle soit en cours de restauration (une boîte est prévue pour les dons), n'hésitez pas à faire le tour rapide de cette ancienne construction berbère.

La route descend ensuite vers Aït Baha, où elle s'aplanit pendant la dernière partie du trajet, jusqu'à Agadir.

espagnole témoigne du passé colonial ibérique. Au cœur de l'ancien Sahara espagnol Sidi Ifni servait de base au commerce des esclaves, avant de devenir l'un des grands centres d'exportation de poisson vers l'Espagne. Rendue au Maroc en 1969, elle conserve une certaine atmosphère espagnole avec sa superbe esplanade et ses *calles* (rues) endormies. Cependant, le rythme paisible de la ville attire un nombre surprenant de visiteurs et Sidi Ifni est en train de devenir un lieu de plus en plus fréquenté pour la pratique du surf et du parapente.

Histoire

À l'issue de la guerre hispano-marocaine de 1859, que le Maroc perdit, un traité accorda l'enclave de Sidi Ifni à l'Espagne (qui la baptisa Santa Cruz del Mar Pequenã). Les Espagnols ne savaient que faire de ce territoire, dont ils ne prirent possession qu'en 1934. Construite dans les années 1930, cette ville éclectique mêle l'Art déco espagnol au style marocain traditionnel.

Dans les années 1950, environ 60% de la population était espagnole mais, sous la pression des Nations unies, l'Espagne accepta de rendre l'enclave au Maroc en 1969. Ifni célèbre le jour de l'Indépendance (30 juin) par dix jours de fête qui se déroulent sur un aérodrome désaffecté.

Renseignements

Il n'y a qu'une seule banque à Sidi Ifni, la **Banque Populaire** (av. Mohammed V), pourvue d'un bureau de change et d'un DAB. Non loin de là, le **bureau de poste** (av. Mohammed V) conserve à l'extérieur une boîte aux lettres indiquant en espagnol "Correos". Vous trouverez le café Internet **Ifninet** (av. Hassan II) près de la place Hassan II (8 Dh/heure). Pour obtenir des informations sur la ville, consultez le site www.geocities.com/ifnirocks (en anglais).

À voir et à faire

Hormis se promener dans l'ancienne cité espagnole, dont la **place Hassan II** (naguère Plaza de España) constitue le centre, Sidi Ifni offre

peu d'attractions. Les plages sont désertes mais souvent jonchées de détritus ; les meilleures se trouvent au sud vers le port.

Ne manquez pas l'église – aujourd'hui transformée en tribunal –, l'ancien consulat espagnol, en piteux état, et les superbes édifices de la place Hassan II. Parmi les autres témoignages de l'époque coloniale, citons le phare et la maison en forme de paquebot dressée au bord de la falaise, à côté de l'Hôtel Suerte Loca. Les rues à l'est de la place Hassan II sont bordées de plusieurs bâtiments d'architecture Art déco.

En longeant la plage vers le sud, vous parviendrez au port. L'économie d'Ifni est basée sur la pêche à petite échelle, le gros du poisson étant vendu à Agadir. On aperçoit au large l'épave d'un convoyeur jadis utilisé pour transporter les marchandises entre les bateaux et le vieux port espagnol.

La région compte d'excellents sites de surf ; renseignez-vous à l'Hôtel Suerte Loca, ou au Café Nomad.

Où se loger

Comme Ifni elle-même, ses hôtels ont connu des jours meilleurs, ce qui fait de Mirleft une étape plus prisée. Par ailleurs, l'eau ne coule que par intermittence.

Hôtel Suerte Loca (☎ 028 875350 ; fax 028 780003 ; av. Moulay Youssef ; s/d 70/105 Dh, avec douche 130/190 Dh). La meilleure adresse et la plus pittoresque de la ville. Chambres sans prétention dont les balcons ont vue sur la plage. Le restaurant (menu 56 Dh) est très apprécié pour ses plats français, espagnols et marocains, notamment la paella. Ses aimables propriétaires, qui vous fourniront des informations sur les spots de surf ou les randonnées, organisent également des excursions dans le secteur.

Hôtel Bellevue (☎ 028 875072 ; fax 028 780499 ; place Hassan II ; s/d 89/110 Dh, avec sdb 149/184 Dh). Plusieurs catégories de chambres bien tenues (douche 10 Dh) profitant d'une vue attrayante. À côté du bar très bruyant, le restaurant (menu 80 Dh) sert souvent de la langouste (à partir de 600 Dh pour deux). Les amateurs de coucher de soleil pourront admirer le spectacle depuis la terrasset.

Hôtel Ère Nouvelle (☎ 028 875298 ; 5 av. Sidi Mohammed ben Abdallah ; s/d 30/50 Dh). Des prix défiant toute concurrence pour des chambres très correctes (préférez celles du dernier étage, plus claires). Terrasse, et honnête restaurant.

Où se restaurer

Quelques petits cafés-restaurants bordent le boulevard Hassan II, et des stands de restauration rapide s'installent le soir à l'extrémité sud de l'avenue Mohammed V. L'Hôtel Suerte Loca abrite le meilleur restaurant (prévenez si possible à l'avance).

Café Nomad (☎ 062 173308 ; 5 av. Moulay Youssef ; repas 75 Dh). La table la plus réputée d'Ifni est tenue par deux garçons décontractés qui, outre leurs talents artistiques, musicaux et leur sens relationnel, servent une cuisine de qualité. Un milk-shake ou un cocktail de fruits vous aidera à patienter. Vous pouvez aussi interroger les patrons sur la région.

Café-restaurant Mata-Rangi II (☎ 063 508561 ; av. Hassan II ; plats 48-55 Dh, petit-déj 14 Dh ; ⌚ 12h-15h). Ce petit café qui porte le nom du bateau d'un explorateur espagnol prépare des dîners sur commande, d'un remarquable rapport qualité/prix.

Le **marché aux poissons** (⌚ 17h-20h) très animé occupe le marché municipal. Le marché aux fruits et légumes jouxte Zankat Marrakech. Souk hebdomadaire, le dimanche à 1 km de la ville, sur la route du port.

Achats

Les amateurs d'artisanat s'arrêteront à l'**Ensemble artisanal** (av. Hassan II). Jetez également un coup d'œil sur les marchés pour dénicher des *mlahfa* ces voiles de couleurs vives dont se drapent les femmes du Sahara.

Depuis/vers Sidi Ifni

Les bus partent de l'avenue Mohammed V. Il existe un service pour Agadir (25 Dh, 3 h 30, 1/j) et un pour Marrakech (90 Dh, 8 heures 30, 1/j) ; tous deux passent par Mirleft (10 Dh, 30 min) et Tiznit (15 Dh, 1 heure 30). Le bus pour Legzira (3 Dh) part du terminus des bus locaux. Les grands taxis desservent Tiznit, Goulimime (20 Dh) et Mirleft (10 Dh) depuis la gare routière située au nord-est de la ville. D'autres grands taxis plus irréguliers se rendent à Agadir (45 Dh).

ENVIRONS DE SIDI IFNI

Des excursions dans la campagne alentour sont possibles depuis Sidi Ifni. Une randonnée vous conduira, par un chemin côtier, jusqu'à **Sidi Ouarsik**, à 18 km au sud, un village de pêcheurs agrémenté d'une jolie plage.

Des plages de sable plus belles encore s'étendent à 10 km au nord, dans la baie isolée de **Legzira**, célèbre pour ses deux **arches de pierre** naturelles enjambant la mer.

L'**Auberge Legzira** (☎ /fax 028 780457 ; s/d 150/300 Dh) assure le gîte et le couvert (tajine pour deux 80 Dh). Pour déjeuner à moindre coût, essayez le **Snack Les Amies** (☎ 028 875510 ; menu 35 Dh).

À Mesti, village berbère à 25 km au sud d'Ifni sur la route de Goulimime, la **coopérative Tafyoucht** (☎ 028 867252 ; ⌚ 7h-12h, 14h-18h) se visite avec intérêt. Des femmes y fabriquent de l'huile et autres produits issus de l'arganier (voir l'encadré p. 371).

GOULIMIME كلميم

96 000 habitants

En dépit de son aspect poussiéreux et de son état d'abandon, Goulimime (ou Guelmim) fut jadis la "porte du Sahara". Ville frontière entre la région agricole du Sous et le désert du sud peuplé de nomades, elle constituait alors un centre du commerce caravanier.

Par le passé, les Touaregs, les "hommes bleus", venaient du désert chaque semaine pour acheter et vendre des dromadaires au souk. Le soir, les femmes exécutaient la *guedra*, une danse fascinante, au rythme des tambours du même nom. On assiste aujourd'hui à un tel spectacle uniquement lors du *moussem* et de la fête des dromadaires,

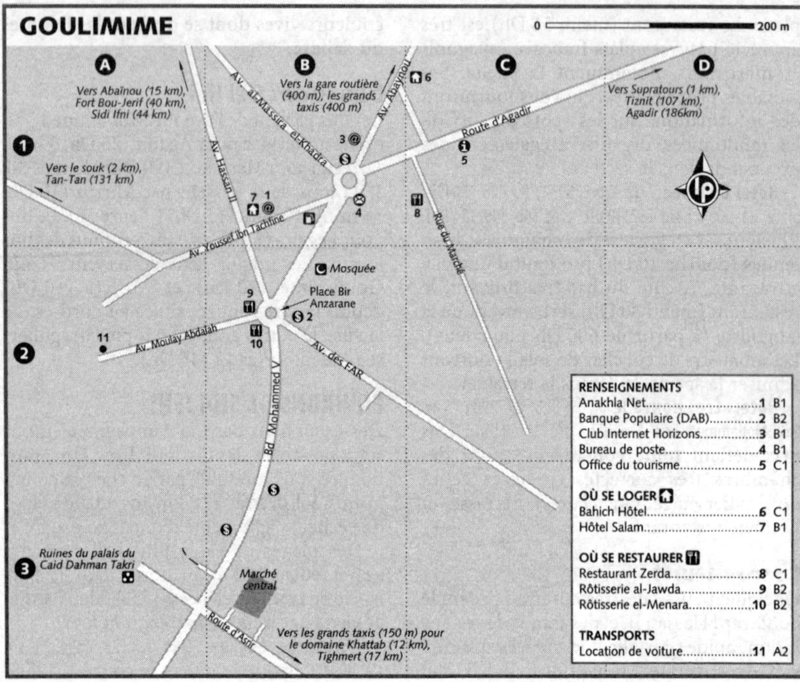

qui durent une semaine, en juillet ou en août (dates variables).

Seul site touristique, le palais du caïd Dahman (entrée libre) se dresse dans la rue derrière l'Hôtel de la Jeunesse qui borde le boulevard Mohammed V. Ces ruines sans grand intérêt ont une centaine d'années.

La ville assoupie s'ébroue le samedi matin avec l'arrivée, en provenance d'Agadir, des bus qui amènent les touristes visiter le souk à quelques kilomètres du centre, sur la route de Tan-Tan. Ce marché, qui regorge de fruits et de souvenirs à prix élevé, déçoit la plupart des visiteurs.

Renseignements

Sur la place Bir Anazarane, au centre-ville, se trouvent la poste et des banques. La gare routière principale et les stations de grands taxis se situent à 1 km au nord, sur l'avenue Abaynou.

L'**office du tourisme** (☎ 028 872911 ; 3 résidence Sahara, route d'Agadir ; 🕓 lun-ven 9h-12h et 14h30-18h) fournit des renseignements de base sur la ville et les excursions plus au sud.

Pour accéder à Internet, rendez-vous chez **Anakhla Net** (av. Youssef ibn Tachfine), à côté de l'Hôtel Salam, ou au **Club Internet Horizons** (av. Abaynou), qui facturent 8 Dh/heure.

Où se loger

Les hébergements de Goulimime se révèlent sommaires et la plupart des hôtels bon marché, pleins de commerçants transsahariens, sont déconseillés aux voyageuses.

Hôtel Salam (☎ 028 872057 ; fax 048 770912 ; route de Tan-Tan ; s/d 109/141 Dh). Assez ancien, c'est toutefois le meilleur du lot, avec de grandes chambres bien tenues autour d'une cour, un bon restaurant et l'unique bar de la ville.

Bahich Hotel (☎ 028 772178 ; www.geocities.com/hotelbahich ; 31 av. Abaynou ; s/d/tr 75/180/200 Dh). Ses chambres gaies et cosy, décorées par un artiste du cru, s'organisent autour d'un patio lumineux.. Sur le toit-terrasse, service de repas sur commande.

Domaine Khattab (☎ 061 176411 ; fax 028 873150 ; km 12 route d'Assa ; emplacement de camping 40 Dh, plus 25 Dh/tente, s/d en bungalow 150/200 Dh). Cette exploitation agricole en activité de 20 ha loue des chambres et des emplacements de camping avec des sdb impeccables où l'on peut prendre sa douche (10 Dh) à la lumière des bougies. Doté d'un mini-zoo, l'endroit est un paradis du point de vue des enfants. On peut aussi se restaurer(menus 65 Dh) sur place et le propriétaire avenant organise des randonnées dans la région.

Fort Bou-Jerif (www.fortboujerif.com ; emplacement de camping 20 Dh, plus 33 Dh/tente, ch en demi-pension avec/sans sdb 385/220 Dh par pers). Ce point de civilisation dans le désert, à quelque 40 km au nord-ouest de Goulimime (dont 9 km de mauvaise piste en fin de parcours), se tient près des ruines d'un fort français de la Légion étrangère. Il comprend des doubles de style motel ou hôtel, de nombreux emplacements de camping et un restaurant (menu 165 Dh) où vous pourrez goûter un tajine de chameau. Ses propriétaires, un couple de Français, proposent des excursions en 4x4 à la Plage Blanche, une petite plage préservée et peu fréquentée à 40 km à l'ouest.

Où se restaurer

L'Hôtel Salam est sans doute le meilleur endroit où vous restaurer. Il existe plusieurs rôtisseries sur la place Bir Anzarane, dont la **Rôtisserie al-Jawda** et la **Rôtisserie el-Menara** de qualité égale (repas autour de 30 Dh). Dépourvu d'enseigne, le **Restaurant Zerda** (av. 20 Août ; petit/grand tajine 40/60 Dh) se repère grâce à ses plats à tajines alignés à l'extérieur. Ses recettes sont savoureuses.

Depuis/vers Goulimime

BUS

CTM (☎ 028 873855), en face de la gare routière principale, assure des départs vers Marrakech (125 Dh, 7 heures) *via* Tiznit (35 Dh, 2 heures, 1/j) et Agadir (65 Dh, 4 heures, 1/j). Tan-Tan (39 Dh, 1 h 30), Laâyoune (142 Dh, 7 heures) et Dakhla (280 Dh, 15 heures) sont également desservies tous les jours.

D'autres compagnies, incluant Supratours et Satas, desservent également ces destinations.

TAXI

Des grands taxis se rendent à Abaïnou (7 Dh), Sidi Ifni (20 Dh), Tiznit (50 Dh), Tan-Tan (40 Dh), Inezgane (50 Dh) et Laâyoune (130 Dh) depuis les abords de la gare routière. Notez que les véhicules pour Tighmert (7 Dh) partent d'un point au sud-est de la ville, sur la route d'Asrir.

TAN-TAN طانطان

50 000 habitants

La route qui part au sud de Goulimime vous conduira à travers le lit asséché de l'oued Drâa dans la fournaise du Sahara. La nationale Goulimime-Tan-Tan longe pendant 125 km un inhospitalier désert de pierres (*hamada*).

Il ne serait guère étonnant que vous ne commenciez à traverser Tan-Tan sans vous en rendre compte, en manquant la plus grande partie de la ville, qui s'étend au sud de la nationale (dont le tronçon intra-muros correspond à l'avenue Hassan II).

Les nomades sédentarisés forment la majorité de la population et l'on croise de nombreux "hommes bleus".

On remarque aussi une importante présence militaire et policière due à la proximité du Sahara occidental, dont le statut continue à faire débat.

Tan-Tan eut son heure de gloire en tant que point de départ de la Marche verte (voir l'encadré p. 41) en 1975, mais il n'y a aujourd'hui pas grand-chose à faire, à part assister au *moussem* qui se déroule en septembre. Chaque dimanche, le souk hebomadaire s'installe à 1,5 km au sud de la ville.

Tan-Tan Plage (ou Al-Ouatia), à 28 km en direction du sud, est une immense plage le plus souvent battue par les vents, avec quelques hôtels et pensions.

Renseignements

Banque Populaire (av. Mohammed V)
BMCE (av. Hassan II). Banque équipée d'un DAB, à côté de la station Shell.
El-Hagounia Internet (av. Hassan II ; 8 Dh/heure)
Poste principale (av. Hassan II). À l'est de la ville.
Mondial Internet (av. Hassan II ; 8 Dh/heure)

Où se loger et se restaurer

Hôtel Sable d'Or (☎ /fax 028 878069 ; av. Hassan II ; s/d 150/200 Dh). Une adresse qui surclasse toutes les autres, et de loin. Ses immenses chambres bénéficient de lits douillets, d'une TV et d'une douche chaude. À noter aussi, un restaurant assez morne (repas 80 Dh) et, en terrasse, un café plutôt animé.

Hôtel Al-Aoubour (☎ 028 877594 ; 51 av. Hassan II ; s/d 60/90 Dh). Avec ses corridors bleu-vert et ses installations communes impeccables,

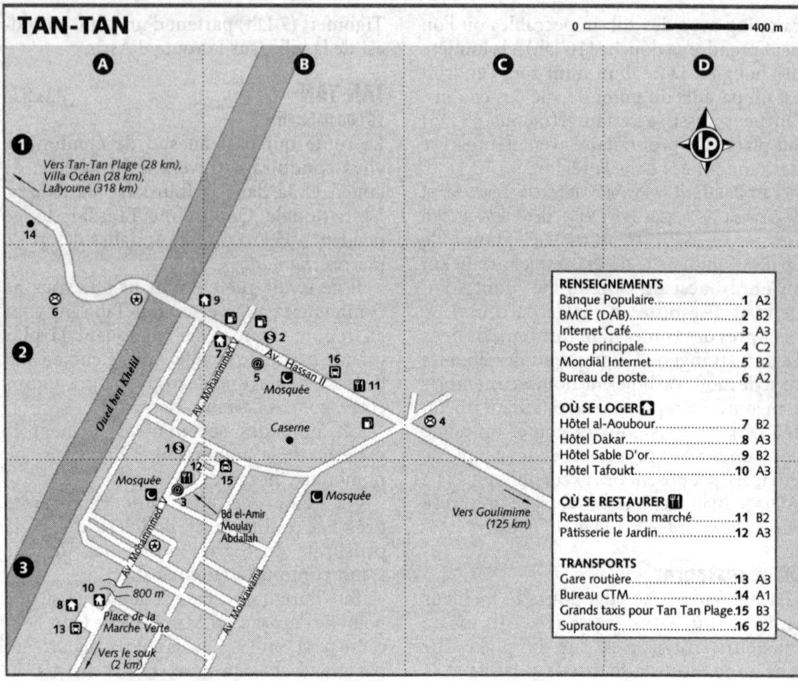

voici un assez bon choix pour ceux qui font juste étape à Tan-Tan, car il est bien placé par rapport aux arrêts des bus CTM et Supratours.

Villa Océan (☎ 028 879660, 060 943366 ; villaocean@menara.net ; bd de la Plage, Tan-Tan Plage ; s/d avec sdb 150/220 Dh, tente fixe 70 Dh/pers, emplacement 6 Dh/tente). Les chambres de cette délicieuse pension tenue par des Français sympathiques, sont claires, spacieuses, et donnent sur la mer. Bon rapport qualité/prix. On y sert du poisson grillé tout frais pêché (repas 80 Dh).

Hôtel Tafoukt (☎ 028 877031 ; 98 place de la Marche Verte ; s/d 35/65 Dh). La meilleure adresse économique, sur la place de la gare routière au sud de Tan-Tan, loue des chambres propres et convenables (douches chaudes : 10 Dh). Nous le déconseillons toutefois aux femmes voyageant seules.

Hôtel Dakar (☎ 028877245 ; place de la Marche Verte ; s/d 40/50 Dh, avec douche 90/100 Dh). Les chambres, dont certaines avec sdb, se révèlent moins élégantes que ne le laisse supposer la façade. Préférez celles de l'étage, plus claires.

Des dizaines de gargotes bon marché jalonnent les avenues Hassan II et Mohammed V, de même que la place de la Marche Verte. Pour siroter un thé à la menthe ou prendre le petit déjeuner, remontez la colline jusqu'à la **pâtisserie Le Jardin** (av. Mohammed V).

Depuis/vers Tan-Tan

BUS

Les bus **CTM** (av. Hassan II) assurent un service de nuit pour Laâyoune (100 Dh, 4 h 30) et Dakhla (238 Dh, 14 heures), et un autre pour Goulimime (34 Dh, 1 h 30), Tiznit (64 Dh, 3 h 30) et Agadir (85 Dh, 4 h 30).

Supratours (av. Hassan II), plus à l'est, dessert les mêmes destinations à des tarifs équivalents, tout comme des compagnies plus économiques, qui utilisent la gare principale, à 500 m au sud de la ville.

TAXI

Les grands taxis pour Laâyoune (85 Dh), Goulimime (37 Dh) et, à l'occasion, Tarfaya (60 Dh), Tiznit (80 Dh) ou Inezgane (100 Dh), se regroupent sur la place de la gare routière. Les grands taxis à destination de Tan-Tan Plage (12) partent du haut du boulevard el-Amir Moulay Abdallah.

ANTI-ATLAS الأطلس الصغير

L'exploration des paysages lunaires de l'Anti-Atlas compte parmi les excursions les plus enrichissantes du Maroc. Cette région encore assez isolée est le fief des tribus chleuh. Organisées en une confédération souple de villages éparpillés dans les montagnes, elles restent à l'écart de tout pouvoir central. L'Anti-Atlas ne fut pacifié par les Français que dans les années 1930.

Aussi rudes que leur cadre de vie – paysage de rochers granitiques et de coulées de lave rouge –, les Chleuh consacrent toute leur énergie à leurs fermes installées dans de luxuriantes vallées-oasis qui comptent les plus belles palmeraies du pays.

TAFRAOUTE تافراوت

5 000 habitants

Niché dans la vallée enchanteresse des Ammeln, le village de Tafraoute n'a rien d'exceptionnel, mais il est relativement prospère grâce à l'argent envoyé par les membres des familles qui travaillent dans les grandes villes ou à l'étranger.

L'endroit est plaisant et se révèle une étape parfaite lorsqu'on visite la région.

Fin février-début mars, les villages des environs de Tafraoute célèbrent la cueillette des amandes. À cette occasion, on danse et on chante toute la nuit. Les festivités se déplacent de village en village et durent plusieurs jours. Un souk très animé se tient du lundi matin au mercredi, près de l'Hôtel Salama.

Renseignements

BMCE (derrière la poste)
Banque Populaire (place Mohammed V ; ⌚ mer)
Café Internet (12 Dh/heure, route de Tazekka). L'Hôtel Les Amandiers dispose aussi d'un accès Internet.
Poste (place Mohammed V). Cabines téléphoniques à l'extérieur.

À faire

CYCLOTOURISME

La marche et le cyclotourisme constituent les deux meilleures façons d'explorer les beaux villages de la vallée des Ammeln. On peut se procurer des bicyclettes chez Abid, à côté de l'Hôtel Salama, ou à la boutique **Artisanat du Coin** (60 Dh/jour). Sinon, **Tafraoute Aventure** (☎ 061 387173) et **Au Coin des Nomades** (☎ 061 627921) louent des VTT et organisent des excursions.

HAMMAMS

Tafraoute est l'endroit type pour découvrir un hammam authentique, car rares sont les maisons équipées de l'eau courante. La ville compte trois hammams, mais ses habitants préfèrent l'ancien hammam, petit et chaleureux, situé juste derrière le marché. Deuxième choix : celui qui jouxte le rond-point principal. L'entrée revient à 10 Dh.

RANDONNÉES

Les environs de Tafraoute se prêtent merveilleusement à la randonnée. Plusieurs compagnies et guides de montagne proposent des sorties en VTT et à pied dans le djebel Lekst (2 359 m) ou le long des gorges plantées de palmiers d'Aït Mansour, qui conduisent vers les étendues désolées du sud de l'Anti-Atlas (voir p. 428).

Au Coin des Nomades (☎ 061 627921) et la **Maison Touareg** (☎ 061 387173, route de Tazekka) dont d'excellentes sources d'informations sur les randonnées et l'escalade dans la région. On peut s'y procurer des cartes.

Où se loger

Hôtel Les Amandiers (☎ 028 800088 ; hotellesamandiers@menara.ma ; s/d à partir de 307/414 Dh ; ❄ 🏊). Sur la crête qui domine la ville, cet hôtel bâti comme une casbah compte des chambres spacieuses avec sdb, une piscine jouissant d'une vue spectaculaire, un bar et un restaurant (menu 120 Dh). Adresse au top, à tous points de vue.

Hôtel Salama (☎ 028 800026 ; s/d avec sdb 115/150 Dh ; ❄). Établissement dans le style local. Grandes chambres confortables, vue superbe depuis la terrasse et salon de thé surplombant la place du marché.

Hôtel Tafraout (☎ 028 800060 ; place Moulay Rachid ; s/d 70/100 Dh). Le meilleur parmi les hôtels économiques. Le propriétaire, fort sympathique, loue des chambres cosy soigneusement entretenues. Demi-pension obligatoire en été (200 Dh pour 2 pers).

Hôtel Tanger (☎ 067 033073 ; ch 25 Dh/pers). Très rudimentaire mais accueillant. On prend ses repas sur le toit (20-60 Dh) quand le vent souffle depuis l'oued.

Où se restaurer

En dehors des restaurants d'hôtels, Tafraoute compte quelques bonnes tables.

Restaurant L'Étoile d'Agadir (☎ 028 800268 ; place de la Marche Verte ; repas 35 Dh environ ; ⌚ 8h-18h).

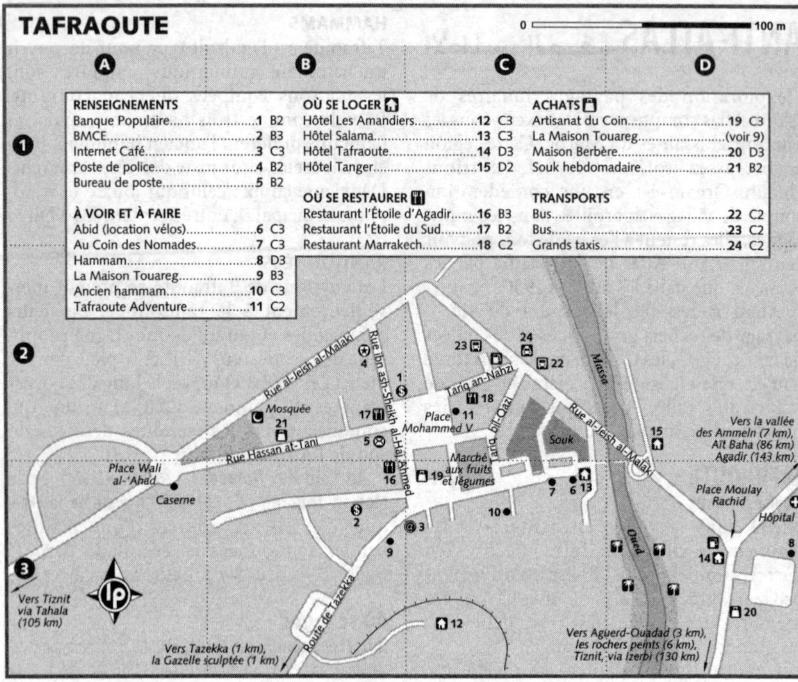

Ses succulents tajines sont réputés auprès d'une clientèle d'habitués ; c'est aussi l'endroit idéal pour bien commencer la journée.

Restaurant L'Étoile du Sud (☎ 028 800038 ; menu 80 Dh). Un excellent menu est servi sous une tente bédouine, plutôt kitsch. Les groupes touristiques forment souvent le gros de la clientèle, surtout au déjeuner. Le tajine d'agneau est délicieux et les convives peuvent apporter leur vin.

Restaurant Le Marrakech (rue Tariq an-Nakhzi ; couscous 25 Dh). Ce modeste restaurant familial, sur la route qui monte de la gare routière, attire une clientèle du cru et prépare un couscous à petit prix.

Plusieurs petites épiceries vendent du fromage et de quoi pique-niquer. Le marché fournit fruits et légumes.

Achats

Plusieurs boutiques aux abords du marché sont spécialisées dans les babouches traditionnelles en cuir (jaunes pour les hommes, rouges pour les femmes ; à partir de 90 Dh). Ne manquez pas non plus les vendeurs d'huile d'olive et d'huile d'argan.

La ville compte deux grands magasins de tapis, la **Maison Touareg** (route de Tazekka) et la **Maison Berbère** (route d'Aguerd-Oudad). L'ambiance est plus sereine qu'à Marrakech, pour faire son choix. On trouve aussi des tapis berbères au **souk** hebdomadaire.

L'**Artisanat du Coin** (Sharia ibn ash-Sheikh al-Haj Ahmed), proche de la poste, expose entre autres trésors, des bijoux berbères.

Depuis/vers Tafraoute

BUS

Les bus partent de devant les bureaux des diverses compagnies, le long de Sharia al-Jeich al-Malaki.

Trans Balady affrète des bus quotidiens pour Agadir (40 Dh, 4 heures, 4/jour) : ceux de 14h et de 18h30 passent par Tiznit (25 Dh, 3 heures) et celui de 18h par Aït Baha (20 Dh ; 2 h 30). D'autres compagnies desservent les mêmes destinations, ainsi que Casablanca (120 Dh, 14 heures, 5/jour) et Marrakech (90 Dh, 7 heures, 4/jour).

VOITURE

On peut louer des 4x4 avec chauffeur à la Maison Touareg ou à Tafraoute Aventure, moyennant quelque 1 200 Dh/jour plus le carburant (environ 300 Dh pour une journée sur les routes).

TAXI

Un grand taxi se rend occasionnellement à Tiznit dans la matinée (45 Dh) depuis Sharia al-Jeish al-Malaki. Des breaks et des Land Rover font la navette entre les divers villages de la région, en particulier les jours de marché. Ils stationnent sur la place du bureau de poste et près de la station-service Afriquia. Comptez 5 Dh/pers pour vous rendre dans la vallée des Ammeln.

ENVIRONS DE TAFRAOUTE

Avant de partir explorer la région, procurez-vous *Tafraoute en couleurs* (15 Dh), une carte sommaire qui est disponible dans presque tous les hôtels et les restaurants de Tafraoute.

Gravures rupestres

Dans les environs de Tafraoute, il est facile d'accéder à diverses gravures rupestres préhistoriques. La plus proche est la **gazelle**, en bordure du village de Tazekka. Suivez la route après la BMCE et le terrain de sport, puis le sentier vers le sud-ouest qui traverse les palmeraies. Environ 15 min plus tard, vous arriverez au village de Tazekka. Demandez qu'on vous indique la gazelle, un relief stylisé sur la face exposée d'un bloc de rocher détaché.

Pour trouver les autres sculptures, situées à **Tirnmatmat**, il faut pousser plus à l'ouest en direction d'Aït Mar (sur la route 7148). Juste avant le village, une piste non signalée (en face d'un puits) conduit à Tirnmatmat, où l'on découvre les gravures le long de la rivière (demandez aux enfants du village de vous les indiquer ou engagez un guide à Tafraoute).

Le village bénéficie d'un cadre superbe et offre maintes possibilités de promenades.

BIJOUX BERBÈRES

Les bijoux des tribus marocaines figurent parmi les plus beaux d'Afrique. Les colliers traditionnels créés dans les vallées du Sud sont particulièrement beaux. Les plus raffinés sont rehaussés de talismans en argent, en corail rouge, en amazonite, en ambre, en verre tchèque ou en perles d'ébène d'Afrique de l'Ouest.

Les bijoux berbères sont tous en argent (l'or était réputé maléfique). Ils ne servent pas uniquement de parure : ils marquent également l'appartenance à une tribu, symbolisent la richesse, reflètent les traditions et, investis d'un pouvoir surnaturel et religieux, accordent à celui qui les porte une protection contre le mauvais œil.

La jeune fille reçoit des bijoux de sa mère jusqu'au jour de son mariage. Le futur époux lui offrira des pièces rassemblées par sa propre mère, ou sa sœur, constituant ainsi la dot, qui sera enrichie tout au long de la vie de l'épouse. Elle recevra des colliers, mais aussi des bracelets, des fibules (broches sophistiquées, souvent triangulaires, utilisées pour fermer un vêtement), des anneaux de chevilles, des boucles d'oreilles et des coiffes. Certaines pièces sont portées tous les jours, mais les plus fines ne seront arborées que lors des fêtes, pèlerinages, funérailles ou autres occasions.

Les propriétés protectrices, médicinales et magiques attribuées aux bijoux revêtent une grande importance. Ainsi, les colliers renferment des talismans achetés à des magiciens ou à des sages, censés protéger du mauvais œil, éloigner les maladies et les accidents et faciliter les naissances.

De même, l'argent guérirait les rhumatismes. Le corail, symbole de fertilité, aurait diverses vertus curatives. L'ambre, emblème de richesse, préserve de la magie noire. Cette résine serait aussi un aphrodisiaque et un remède contre le rhume. L'amazonite et la cornaline servent à prédire l'avenir. Enfin, les coquillages importés d'Afrique de l'Est symbolisent la fertilité.

Les talismans sont gravés de motifs stylisés figurant des animaux et des astres (soleil, lune, étoiles), tous porteurs de divers pouvoirs surnaturels. La main de Fatima, la fille du prophète Mahomet, est l'amulette la plus répandue pour se prémunir contre le mauvais œil. Toute représentation de la main (emblème de la créativité et de la supériorité du genre humain), ou du chiffre cinq, est censée avoir le même effet : crever symboliquement le mauvais œil tout en prononçant la formule *khamsa fi ainek* ("cinq dans ton œil").

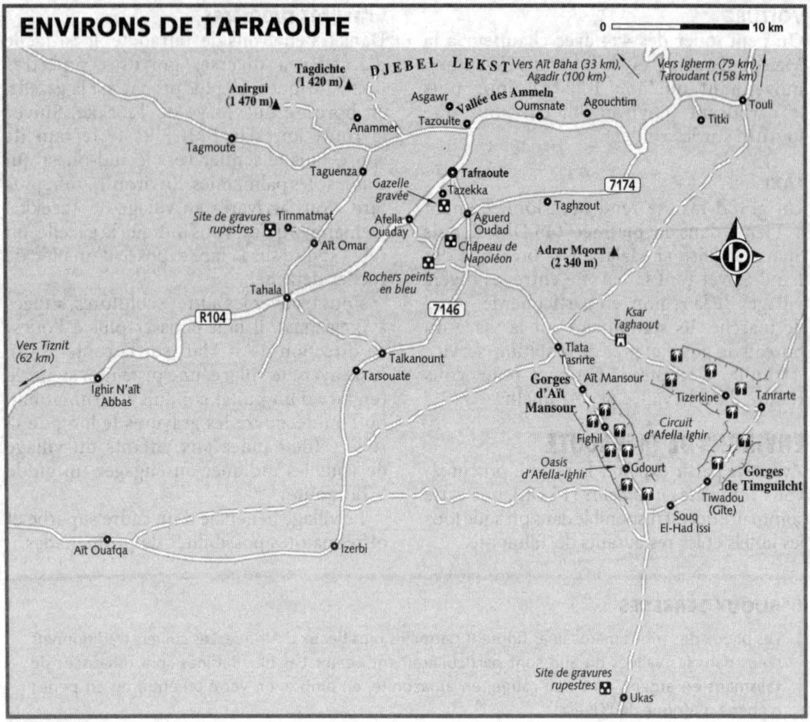

Le Chapeau de Napoléon et les Rochers peints

Le village d'Aguerd-Oudad, à 3 km au sud de Tafraoute, fait l'objet d'une plaisante excursion. En chemin, vous découvrirez sa formation rocheuse caractéristique baptisée **Chapeau de Napoléon**.

Suivez la piste balisée jusqu'à la place de la mosquée, dans le village. Tournez ensuite à droite puis à gauche pour contourner l'édifice, et empruntez la piste en longeant les lignes à haute tension et la rivière à travers la campagne. Au bout de 1,5 km, vous apercevrez sur votre gauche des rochers bleu pâle, il s'agit des **Rochers peints**, œuvre de l'artiste belge Jean Verame. Armé de bombes de peinture, cet artiste a, en 1984, coloré une série de rochers lisses en bleu et rouge. La peinture a pâli, mais l'ensemble reste impressionnant. À vélo ou en voiture, on peut emprunter une piste indiquée sur la nouvelle route de Tiznit, puis marcher pendant 10 min pour rejoindre le site.

Afella-Ighir

Au sud de Tafraoute s'étend la charmante oasis d'Afella-Ighir. On peut s'y rendre en 4x4, mais mieux vaut ne couvrir en voiture qu'une partie du trajet et continuer à pied ou en VTT. Sinon, logez dans le village de Tiwadou, à l'**Auberge Sahnoun** (☎ /fax 028 800547 demi-pension 120 Dh/pers) sans prétention tenue par un guide de montagne très compétent qui organise des treks dans la région.

Quittez Tafraoute par la nouvelle route qui passe par Aguerd-Oudad, tournez à gauche 3 km au sud du village et parcourez environ 19 km jusqu'à un col de montagne (parfois enneigé l'hiver) *via* Tlata Tasrirte pour déboucher sur l'entrée des gorges spectaculaires d'Aït Mansour. La route goudronnée poursuit vers le sud jusqu'au village d'Aït Mansour, au fond des gorges, où la rivière coupe la route marquant le début de l'oasis d'Afella-Ighir.

De là, un chemin descend pendant une dizaine de kilomètre à travers une succession de villages, jusqu'à Souk el-Had Issi (à 30 km de Tafraoute), bourgade triste qui connaît un nouvel essor depuis l'arrivée des ouvriers travaillant aux mines d'or d'Akka. De Souk el-Had Issi, vous pouvez décrire une boucle de 25 km à travers les gorges de Timguilcht pour regagner Tlata Tasrite. Une autre option consiste à rejoindre Ukas, à 12 km au sud, pour admirer d'impressionnantes gravures rupestres (vous aurez sans doute besoin d'un guide pour les trouver).

Les jours de marché, des grands taxis desservent parfois les différents villages du secteur. Autrement, vous devrez louer un de ces véhicules pour vous tout seul.

VALLÉE DES AMMELN ET DJEBEL LEKST جبل لكست و اميلن وادي

Tafraoute est située dans une cuvette bordée de falaises et de roches escarpées d'un rose doré. Au nord-ouest se dresse une crête abrupte avec, sur l'autre versant, la vallée des Ammeln. Le nord de la vallée est dominé par le **djebel Lekst** (2 359 m). De Tafraoute, on aperçoit cette formation rocheuse, qui rappelle la tête d'un lion. Les villageois vous expliqueront qu'il surveille les femmes pendant que leurs maris vont travailler.

La route d'Agadir mène à cette vallée ponctuée de villages berbères pittoresques. La route bifurque à 4 km de Tafraoute. La branche droite remonte la vallée vers l'est et aboutit à Agadir. À quelques kilomètres se trouve **Oumesnate**. Un panneau sur la gauche indique la courte piste et le sentier conduisant à la **Maison traditionnelle** (10 Dh ; ⌚ 8h30 au coucher du soleil). Frappé de cécité dans la fleur de l'âge, le propriétaire de cette demeure de trois étages, vieille de 400 ans, a décidé de l'ouvrir au public afin de faire connaître le mode de vie traditionnel. Son fils conduit la visite. En contrepartie, quelques pièces de monnaie, toute à fait méritées, seront les bienvenues.

Pour les treks dans le djebel Lekst et la vallée des Ammeln, voir p. 427.

TATA طاطا

40 000 habitants

Située dans la plaine saharienne au pied du djebel Bani, Tata était à l'origine une oasis sur la route Zagora-Tan-Tan. Proche de la frontière algérienne, la petite ville moderne, dominée par un fort militaire, dégage une atmosphère de garnison.

La palmeraie mérite d'être explorée, tout comme le Dar Infiane (voir *Coup de cœur* p. 392), une casbah restaurée abritant un petit musée.

Tata est une excellente base pour entreprendre des excursions hors des sentiers battus, à l'oasis d'Akka par exemple, bivouaquer dans le désert et admirer les gravures rupestres d'Oum el-Alek, de Tircht et d'Aït Herbil, considérées comme les plus belles du Maroc. Renseignez-vous à la **Maison du Patrimoine Tataoui** (☎ 072 130395 ; av. Mohammed V), sur l'artère principale. Si vous avez la chance de loger au Dar Infiane (voir l'encadré page suivante), sachez que le personnel organise de magnifiques excursions.

La poste et une agence de la Banque Populaire (avec DAB) sont juste en retrait de l'axe principal. Dans le même secteur, la **Délégation de Tourisme** (☎ 028 802076, 076 002699) offre à ses visiteurs une aide efficace.

Où se loger et se restaurer

Certains hôtels de l'avenue Mohammed V proposent un hébergement sommaire pour 40 Dh par personne.

Les Relais des Sables (☎ 028 802301 ; fax 028 802300 ; s/d 217/264 Dh, ste 414 Dh ; ❄ 🏊). L'hôtel le plus confortable de la ville accueille surtout des groupes. Le bar et le restaurant servent de l'alcool, et les chambres encadrent des patios fleuris. On ne regrette pas de dépenser quelques dirhams supplémentaires, même si les chambres les plus économiques (avec sdb) sont exiguës.

Hôtel Renaissance (☎ 028 802225 ; fax 028 802042 ; av. Mohammed V ; d/ste 140/320 Dh ; 🏊). Ce vaste établissement de part et d'autre de la route se compose d'une aile ancienne, d'une annexe avec des mini-suites confortables et d'un bon restaurant servant de l'alcool.

Café-restaurant el-Amal (av. Mohammed V ; plats 50 Dh). Cadre attrayant, proche du camping. Vous y dégusterez des tajines généreux ou des brochettes.

Depuis/vers Tata

Les bus et les taxis se regroupent sur la place Massira, un pâté de maisons à l'est de l'avenue Mohammed V.

Un bus Satas circule un jour sur deux vers Agadir (80 Dh, 8 heures, 3/jour) *via* Tiznit (60 Dh, 6 h 30). D'autres compagnies

LE CHOIX DE L'AUTEUR

Dar Infiane (☎/fax 028 802408 ; www.darinfiane.com ; s/d avec petit-déj 600/900 Dh ;). Nichée au cœur de la palmeraie, la vieille casbah de Tata a été transformée par son propriétaire Patrick Simon et l'architecte Latifa Maali en un gîte extraordinaire.

Voilà maintenant trois ans que tous les deux travaillent d'arrache-pied pour restaurer cette casbah menaçant de tomber en ruine. La cour centrale, jonchée de tapis, a pris à elle seule huit mois et, depuis, ils ont ajouté six chambres et une merveilleuse piscine en terrasse qui donne sur les 20 000 palmiers de Tata.

Les excursions proposées par la direction du Dar Infiane sont méticuleusement organisées. L'ULM de Patrick vous fera survoler les taches vertes des oasis du Sud ; Latifa vous entraînera sur les marchés locaux ou vous fournira un guide compétent pour découvrir les gravures rupestres. Le soir, regagnez le Dar Infiane et installez-vous sur le toit en terrasse pour jouir du calme féerique de la nuit saharienne.

desservent Marrakech (120 Dh, 1/jour) Agadir *via* Tiznit ou Taroudant (70 Dh, 5 heures, 1/jour) et Goulimime (60 Dh, 6 heures, 1/jour). Des grands taxis vont à Tiznit (100 Dh), Taroudant (70 Dh), Agadir (90 Dh) et Goulimime (80 Dh).

SAHARA OCCIDENTAL

الصحراء الغربيّة

Peu de voyageurs s'aventurent au-delà de Goulimime dans ce que les Marocains appellent les provinces sahariennes, à savoir le territoire litigieux du Sahara occidental correspondant à l'ancienne colonie espagnole et à une partie de Tarfaya. Les villes se résument ici à de simples centres administratifs et la route traverse une zone de *hamada* aussi aride qu'inhospitalière.

Malgré le cessez-le-feu de 1991 dans la lutte contre le Polisario, le désert reste occupé par l'armée marocaine. Mais, hormis les incessants barrages et contrôles policiers, se rendre à Dakhla, au sud, ne pose aujourd'hui aucune difficulté.

La région ayant le statut de zone franche, l'essence coûte quelques dirhams de moins qu'ailleurs dans le pays. La première station-service, Atlas Sahara, se trouve à 70 km au sud d'El Ouatia.

HISTOIRE

Région désolée, battue par les vents, le Sahara occidental a un passé long et violent. À l'origine occupé par les Berbères des tribus Zenata et Sanhaja, il fut islamisé au VIIe siècle par des guerriers arabes prosélytes. Le XIIIe siècle vit l'arrivée d'une seconde vague de colons arabes, les Maqil du Yémen, qui émigrèrent dans le désert et arabisèrent toute la zone.

Au XIXe siècle, le désert était passé sous la coupe d'un nouveau suzerain, l'Espagne, qui s'empara du Sahara occidental et le rebaptisa Rio de Oro – bien qu'il ne renferme ni eau ni or. Malgré la résistance contre les Français menée jusqu'en 1934 par Sheikh Ma El-Ainin et son fils El-Hiba qui contrôlaient le désert et ses tribus nomades, un semblant de paix coloniale s'instaura jusqu'à l'indépendance du Maroc en 1957. Un regain de ferveur nationaliste aboutit à la création du Front Polisario et à la guérilla anti-espagnole.

Lorsque l'Espagne jeta l'éponge, en 1975, le Maroc et la Mauritanie revendiquèrent cette région désertique. La Mauritanie y renonça rapidement, laissant Rabat lutter contre le Front Polisario. En novembre 1975, le roi Hassan II organisa la "Marche verte" de 350 000 Marocains, afin d'appuyer les revendications du Maroc sur le Sahara occidental (voir l'encadré p. 41).

Durant les années qui suivirent, jusqu'à 100 000 soldats marocains furent déployés dans cette zone pour étouffer la résistance armée. Il devint rapidement évident que Rabat dominait la situation, le Polisario ayant perdu le soutien de l'Algérie et de la Libye.

En 1991, les Nations unies ordonnèrent un cessez-le-feu censé déboucher sur un référendum devant permettre aux Sahraouis de choisir entre l'indépendance et la souveraineté marocaine. Mais rien ne s'est encore concrétisé.

Depuis le cessez-le-feu, le Maroc a renforcé sa mainmise sur le territoire en finançant divers projets d'infrastructures, notamment dans le domaine de la prospection pétrolière off-shore, et en incitant des Marocains du Nord à s'installer dans la région, à coup d'exemptions fiscales. Dans l'ensemble, le Maroc semble avoir réussi à s'imposer.

Pour les dernières informations sur le Sahara occidental ou la République démocratique arabe sahraouie (l'appellation donnée par les indépendantistes), connectez-vous sur www.un.org, www.wsahara.net ou www.arso.org.

CLIMAT

Au-delà des contreforts de l'Anti-Atlas s'étend une zone aride. Là, les températures peuvent excéder 45°C le jour pour chuter à 0°C la nuit, et les précipitations annuelles (inférieures à 125 mm) réduisent le taux d'humidité de l'air de 5% à 30% – une atmosphère assez sèche pour momifier un cadavre. En mars-avril, des tempêtes de sable se déchaînent, rendant les déplacements en voiture déconseillés. Dans cette région, on appelle le vent du désert le *chergui*, l'*irifi* ou le *sirocco*.

Pensez à toujours emmener des réserves suffisantes d'eau. L'hiver, mieux vaut aussi veiller à emporter un sac de couchage chaud, car les nuits dans le désert peuvent être glaciales.

DÉSAGRÉMENTS ET DANGERS

À Laâyoune comme à Dakhla, la présence militaire et policière se fait plus lourde et l'on n'apprécie guère les photos prises dans le périmètre des installations militaires, ou celui des camps de réfugiés où vivent encore nombre de Sahraouis. Le quartier chaud de Dakhla, situé en face de la caserne, est également interdit aux Occidentaux.

Si vous franchissez la frontière mauritanienne, les autorités de ce pays exigent que vous engagiez un guide local pour aller à Nouadhibou et ce, en raison du danger bien réel que représentent les mines.

LANGUE

Au Sahara occidental, on parle presque partout l'arabe et le français. À cause de l'ancien protectorat, l'espagnol demeure la seconde langue la plus parlée, surtout parmi les générations plus âgées. Du fait de la présence de l'ONU, on parle aussi l'anglais.

DEPUIS/VERS LE SAHARA OCCIDENTAL

Il n'existe pas de frontière officielle entre le Maroc et le Sahara occidental, et le Maroc traite cette région comme partie intégrante du pays.

Laâyoune est reliée par des vols réguliers à Casablanca. Il existe aussi des liaisons moins fréquentes avec Agadir et Dakhla. Dakhla comporte un petit aéroport, qui assure un vol par semaine vers Agadir et quelques autres vers Casablanca.

Il est question de mettre en place une ligne de bus de Dakhla à la frontière mauritanienne mais, pour l'instant, on doit encore circuler en 4x4. Emportez beaucoup d'eau et de nourriture (assez pour deux jours) et comptez au moins six heures pour couvrir les 380 km. L'Hôtel Erraha, à Dakhla, constitue la meilleure source d'informations locales. Vous trouverez des conducteurs de jeeps à l'Hôtel Sahara, qui demandent de 500 à 600 Dh/pers pour vous faire franchir la frontière. L'hiver (nov-mars), des camions vous emmèneront peut-être.

Arrivé à la frontière, il vous faudra franchir deux postes douaniers, un marocain et un mauritanien.

On peut se faire délivrer un visa mauritanien à Casablanca, mais il est vivement recommandé de le demander avant de se rendre en Afrique du Nord.

Pour plus de détails sur les passages en Mauritanie, voir p. 470

COMMENT CIRCULER

Des bus Supratours et CTM desservent Laâyoune et Dakhla (les premiers sont plus rapides et efficaces).

DE TAN-TAN À TARFAYA

Le trajet de 225 km entre Tan-Tan et Tarfaya traverse une partie particulièrement monotone du désert. Toutefois, la route est correcte et le trafic relativement fluide.

En cours de route, vous apercevrez des cabanes de pêcheurs sur les falaises (dont beaucoup vendent leur poisson sur le bord de la route), puis, plus au sud, des troupeaux de dromadaires traînant dans la *hamada*. À quelque 110 km au sud-ouest de Tan-Tan, le village de Sidi Akhfennir se partage entre les ateliers de mécanique et les cafés servant du poisson frais. C'est une bonne halte.

Si vous souhaitez prolonger le charme, l'**Auberge Pêche et Loisirs** (☎ 061 211983 ; http://peche.sudmaroc.free ; 300 Dh/per) loue quelques chambres propres et confortables et organise pour les amateurs de pêche, des sorties sur l'océan ou au Lagon Naïla, tout proche.

NAUFRAGÉS DU DÉSERT

Le 28 août 1815, le brigantin américain *Commerce* commandé par le capitaine James Riley, franchissait les minuscules détroits qui séparent les îles Canaries du dangereux cap Boujdour, cinglant vers les îles du Cap-Vert. Des vents violents et une mauvaise visibilité due au brouillard précipitèrent le navire vers les abords du cap Boujdour, l'un des sites de navigation les plus dangereux au monde.

Les douze marins du *Commerce*, naufragés au pied des falaises vertigineuses du Sahara occidental, furent capturés par des nomades du désert et menacés d'être réduits en esclavage. Ils entamèrent alors une incroyable odyssée de près de 1 200 km dans le désert, souffrant mille morts et se nourrissant d'escargots, de lait de chamelle, ainsi que du sang et de l'urine de ces animaux, avant de parvenir à Essaouira.

À l'époque, le Sahara occidental était presque inconnu et James Riley, l'un des survivants, tint malgré lui le rôle d'explorateur et d'ethnographe. Il publia ses mémoires en 1817, date à laquelle une grande partie des États-Unis tolérait encore l'esclavage. L'un de ses lecteurs, subjugué par son récit, n'était autre que le jeune Abraham Lincoln, qui plus tard cita *Sufferings in Africa* de Riley comme l'un des ouvrages qui l'avaient le plus influencé, au même titre que la Bible ou les *Fables* d'Ésope.

Quand on roule le long de la côte du Sahara occidental, en particulier entre Tan-Tan et Tarfaya et près du cap Boujdour, les épaves encore visibles dans les vagues rappellent la terrible aventure du *Commerce* et de son équipage.

Le petit port de pêche de Tarfaya était la deuxième ville de la zone sous contrôle espagnol du même nom. Une casemate au bord de l'eau, porte le nom approprié de Casa Mar (Maison de la mer). Sur le front de mer, un monument rend hommage à l'aviateur et écrivain Antoine de Saint-Exupéry, dont l'œuvre la plus connue, *Le Petit Prince* évoque un pilote perdu dans le désert. Saint-Ex compte parmi les pionniers qui, dans l'entre-deux-guerres, utilisèrent la ville comme escale sur la route aéropostale Toulouse-Dakar. C'est à Tarfaya, d'ailleurs, qu'il rédigea *Courrier Sud*.

Le nord de Tarfaya, avec ses plages sauvages sur l'Atlantique, est particulièrement pittoresque. Les épaves, visibles depuis la route, sont spectaculaires.

LAÂYOUNE (AL-'UYUN) العيون

200 000 habitants

Fondée par les Espagnols pour administrer les mines de phosphate voisines de Bou Craa, Laâyoune est aujourd'hui la ville principale du Sahara occidental. Il reste peu de vestiges de son passé espagnol, car le Maroc a consacré plus d'un milliard de dollars à son développement. Avec une population d'implantation souvent récente, appâtée par les projets gouvernementaux, les achats détaxés et des salaires confortables, Laâyoune reste un centre administratif et une ville de garnison.

S'il n'y a pas grand-chose à faire à Laâyoune, l'atmosphère de la ville est si étrange qu'elle mérite bien une halte d'un jour ou deux. Quoi qu'il en soit, les distances étant ce qu'elles sont, vous serez contraint de passer au moins une nuit sur place, que vous fassiez route vers le nord ou le sud.

Orientation

Si la vaste place du Méchouar est le point de convergence nocturne de la jeunesse oisive, la ville n'a pas de centre proprement dit. Les bureaux de poste, les banques et la plupart des hôtels sont regroupés le long du boulevard Hassan II ou du boulevard de La Mecque.

Les bus s'arrêtent en général au sud du boulevard de La Mecque. Les stations de grands taxis sont disséminées dans la ville.

Renseignements

Plusieurs banques (Banque Populaire, BCM, Wafa…) équipées de distributeurs et de guichets de change jouxtent le croisement des boulevards Hassan II et Mohammed V.

Banque Populaire (place Dchira)

BMCE (place Hassan II). Autre agence place Dchira.

Délégation régionale du Tourisme (ONMT ; ☎ 028 891694 ; av. de l'Islam ; 🕐 9h-12h et 14h30-18h30 lun-ven). Peu de prospectus mais un personnel serviable.

Poste (place Hassan II ; 🕓 8h30-12h et 14h30-18h30 sam-jeu, 8h30-11h30 et 15h-18h30 ven). On y trouve des cabines pour les appels internationaux. Une petite annexe (courrier uniquement) se situe sur la place Dchira.
Sahar@Network (bd de Mekka ; 10 Dh/heure). Accès Internet.
Telephone W@dernet (bd de Mekka ; 8 Dh/heure). Accès Internet.

À voir et à faire

L'aspect le plus remarquable de Laâyoune tient à son atmosphère – qui évoque encore très nettement celle d'une ville occupée. La ville espagnole d'origine s'étire le long du lit du Saquia el-Hamra, dominé par l'étonnante **cathédrale espagnole** (fermée), avenue Hassan II, dont la grande coupole blanche imite l'architecture locale.

Au sud-ouest de la cathédrale, le **souk Djemal**, le quartier le plus animé de Laâyoune, offre mille scènes de rue et quelques-uns des meilleurs stands de nourriture de la ville. Le contraste est étonnant avec les monuments officiels de la majestueuse place Méchouar, au sommet de la colline, comme le **palais des Congrès** ou la nouvelle **grande mosquée** (mosquée Moulay Abdel Aziz ; bd Moulay Youssef).

Des kilomètres de dunes, visibles depuis plusieurs endroits en ville ou aux alentours, s'étendent au nord et à l'ouest de Laâyoune. Pour les rejoindre, prenez la direction de Tarfaya à bord d'un 4x4 (les agences de voyages locales organisent ce genre de randonnées). Les quelques lagunes de la côte abritent une importante colonie d'oiseaux.

Où se loger

La plupart des chambres des meilleurs hôtels sont occupées par le personnel de l'ONU. Pensez donc à réserver et sachez que, en toute logique, les tarifs sont relativement élevés pour le Maroc.

PETITS BUDGETS

Hôtel Jodesa (☎ 028 992064 ; fax 048 893784 ; 223 bd de Mekka ; s/d 100/144 Dh, avec douche 144/155 Dh). Au nord de la place Dchira, cet établissement moderne loue des chambres assez spacieuses, non dépourvues de style, et dotées de sdb pour certaines. Accueil chaleureux.

Hôtel Sidi Ifni (☎ 028 893488 ; 12 rue Sanhaja, souk ez-Zaj ; s/d 35/55 Dh). Adresse très couleur locale et vraiment bon marché. La douche est froide...et salée, mais il existe heureusement des douches publiques, juste en face.

Hôtel As-Smara (130 av. Salem Bila, souk Djemal ; s/d 55/75 Dh). Des chambres spartiates plutôt propres, dans le quartier central et animé du souk Djemal.

CATÉGORIES MOYENNE ET SUPÉRIEURE

Hôtel Parador (☎ 028 892814 ; fax 028 890962 ; av. de l'Islam ; s/d 1 100/1 400 Dh ; ❄ 🏊). Dans le style hacienda des années 1960, les lieux s'organisent autour de plusieurs patios. Un bar colonial ainsi qu'un bon restaurant onéreux (menu 180 Dh) agrémentent l'ensemble. Les chambres tout confort donnent sur de petites terrasses.

Sahara Line Hotel (☎ 028 995454 ; fax 028 990155 ; bd el-Kairaouane ; s/d/tr 399/506/614 Dh ; ❄). Les chambres climatisées de ce trois-étoiles cossu ont toutes sdb, TV, et moquette. Un restaurant (petit-déj 50 Dh) vous attend au dernier étage, mais ne cherchez pas le bar, il n'y en a pas.

Hôtel Lakouara (☎ 028 893378 ; hotellak_1@menara.ma ; av. Hassan II ; s/d 300/400 Dh). Ce deux-étoiles moderne et fonctionnel loue la plupart de ses chambres de taille correcte avec sdb et TV sat, au personnel de l'ONU. Le manque de cachet est compensé par le confort et la vue sur la jolie cathédrale.

Hôtel Al-Massira (☎ 028 994848 ; fax 028 890962 ; bd de La Mecque ; s/d 1 000/1 300 Dh ; ❄ 🏊). Établissement moderne et confortable, qui accueille souvent des représentants de l'ONU. Cours fraîches, bon restaurant et piscine sont des atouts appréciables.

Où se restaurer

Les nombreux cafés et stands aux abords de la place Dchira permettent de se caler l'estomac pour environ 20 Dh. Rendez-vous dans le souk Djemal pour vous restaurer sur le pouce dans une ambiance plus animée.

Les restaurants des hôtels Al-Massira et Parador préparent des repas plus recherchés.

Le Poissonnier (☎ 028 993262, 061 235795 ; 183 bd de La Mecque ; repas 40-70 Dh). En dehors des tables des hôtels de catégorie supérieure, c'est l'adresse la plus réputée en ville, spécialisée dans le poisson frais, le homard et les fruits de mer.

La Perla (☎ 028 991191, 061 995383 ; 187 bd de La Mecque ; menu 100 Dh). Surtout du poisson et des fruits de mer, dont du homard (300-400 Dh),

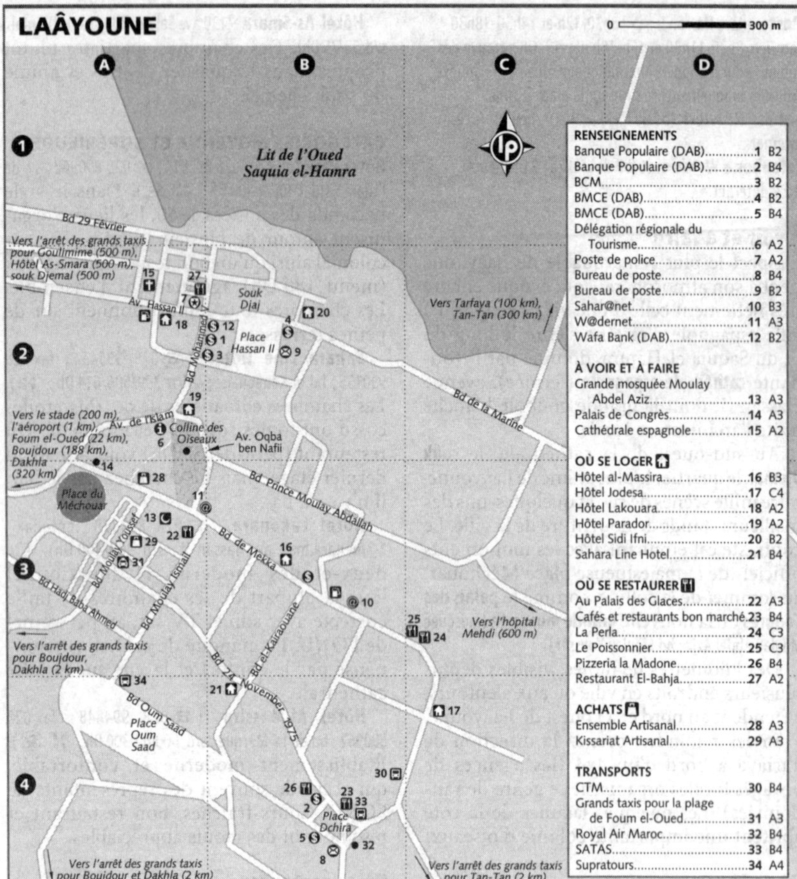

mais aussi des spécialités espagnoles comme la paella et le gazpacho.

Pizzeria La Madone (☎ 028 993252 ; 141 av. Chahid Bouchraya ; pizzas 30-50 Dh). Ambiance cosy pour se restaurer sur place, mais on peut aussi emporter les plats. Pizzas à pâte fine, *harira*, salades et omelettes, tout est excellent.

Restaurant el-Bahja (bd Mohammed V ; menu 20 Dh). De nombreux habitués viennent s'y régaler. À défaut de carte, regardez l'offre du jour. Sinon, commandez un sandwich et une salade pour 10 Dh environ.

Au Palais des Glaces (☎ 028 980476 ; bd de La Mecque ; petit-déj 10-17 Dh). Ce salon de thé moderne de style européen propose des pâtisseries et les meilleures glaces de la ville. Parfait pour débuter la journée.

Achats

L'**Ensemble artisanal** (av. Okba bin Nafa), coiffé de coupoles, regroupe des ateliers d'artisanat, essentiellement d'orfèvrerie. Tout au bout de la place, la **Kisaria artisanale** (bd Moulay Youssef), centre géré par l'État, présente des objets d'une qualité légèrement supérieure.

Depuis/vers Laâyoune

AVION

L'**aéroport Hassan I** (☎ 028 893346) se trouve à 2 km au sud de Laâyoune. **Royal Air Maroc** (☎ 028 894071 ; pl. Dchira) assure trois liaisons hebdomadaires directes vers Casablanca (1 heure 30) et une vers Dakhla (1 heure).

Regional Air Lines (à Casablanca ☎ 022 538080) propose des vols pour Agadir (1 heure 15).

BUS

CTM (bd de La Mecque) propose une liaison tous les matins avec Dakhla (141 Dh, 7 heures, 1/jour) et rallie Agadir (190 Dh, 10 h 30, 3/j) viaTan-Tan (100 Dh, 3 heures) et Goulimime (140 Dh, 6 h 30, 3/jour).

Supratours (place Oum Essad) dessert quotidiennement Marrakech (250 Dh, 16 heures, 2/jour) et Dakhla (141 Dh, 9 heures, 1/jour).

Des bus **SATAS** (bd de La Mecque) se rendent à Tiznit (130 Dh, 9 heures, 2/jour), Agadir (160 Dh, 2/j), Dakhla (140 Dh, 1/jour) et Tan-Tan (80 Dh, 2/jour).

TAXI

Les grands taxis pour Tan-Tan (70 Dh), Goulimime (105 Dh) et Inezgane (pour Agadir ; 160 Dh) partent d'un arrêt situé à 2 km au sud-est de la ville, sur le boulevard de La Mecque. Un petit taxi rouge et blanc vous y conduira moyennant 4 Dh environ ; demandez au chauffeur la place Tan-Tan.

Les grands taxis pour Boujdour (60 Dh) et Dakhla (150 Dh) partent également d'un point excentré de la ville, place Boujdour. Un petit taxi pour rejoindre la place Boudjour revient aussi à 4 Dh.

Le terminus des taxis pour Foum el-Oued (6 Dh), la plage la plus proche, est plus commodément situé près de la Grande Mosquée.

DAKHLA (AD-DAKHLA) الداخلة

40 000 habitants

Fondée par les Espagnols en 1844, sous le nom de Villa Cisneros, Dakhla se dresse juste au nord du tropique du Cancer, au bout d'une péninsule sablonneuse qui s'étend sur 40 km à partir du littoral. Préparez-vous à un trajet long et solitaire (520 km de Laâyoune et plus de 1 000 km d'Agadir) à travers une interminable *hamada*. Ce voyage n'a de sens que si vous gagnez la Mauritanie. Après avoir autant roulé, on s'étonne que Dakhla n'ait finalement pas l'air d'être au bout du monde.

Si son charme n'est pas bouleversant, la ville est tout à fait agréable, avec ses rues blanches parsemées d'arcades. L'État continue d'investir pour son aménagement : les immeubles résidentiels poussent comme des champignons, les routes sont goudronnées et le nouveau port, gigantesque, accueille désormais la plus grande flotte de pêche du pays. Des promeneurs en provenance des îles Canaries voisines débarquent en quête d'exotisme pour passer la journée à Dakhla.

Le vieux **phare espagnol** de Point Durnford offre une perspective fabuleuse.

Orientation et renseignements

On se repère assez facilement dans Dakhla. Les compagnies de bus, la poste principale et la plupart des hôtels et des cafés se concentrent aux abords du vieux marché central.

L'**office du tourisme** (☎ 028 898228 ; 1 rue Tiris ; 8h30-12h, 14h30-18h30 lun-ven) se trouve dans une rue à l'est du bureau de la CTM.

Plusieurs banques avec DAB, dont la **BMCE** (av. el-Walaa) et le **Crédit du Maroc** (av. Mohammed V) jalonnent le front de mer. Les cybercafés disséminés en ville demandent 10 Dh/heure.

La ville, surtout la partie récente au sud-ouest, compte nombre de mécaniciens qui pourront vérifier l'état de votre véhicule avant de partir pour un long périple dans le Sud.

Où se loger et se restaurer

Hôtel Aigue (☎ 028 897395 ; av. Sidi Ahmed Laaroussi ; s/d 50/60 Dh). Juste au sud du bureau de la CTM, voici l'une des meilleures adresses bon marché de la ville. Les chambres couleur pêche (avec eau chaude), sont plus propres que la moyenne.

Sahara Regency (☎ 028 931555 ; www.sahararegency.com ; av. al-Walae ; s/d/tr avec petit-déj 600/800/900 Dh ;). Ce complexe quatre-étoiles moderne se dresse à 100 m de la magnifique baie de Dakhla. Les chambres spacieuses et colorées jouissent de tout le confort. Il est possible de pratiquer différents sports nautiques, en particulier la pêche et le kitesurf. À noter aussi un restaurant sur le toit et pas moins de trois bars.

Hôtel Erraha (☎ /fax 028 898811 ; av. Beuchekroune ; s/d 167/200 Dh). Les grandes chambres (eau chaude 24h/24), certaines pourvues d'une kitchenette, sont d'une propreté irréprochable. Seul inconvénient, sa situation excentrée, à 1 km vers le sud-ouest, près de la nouvelle mosquée Edderhem.

Hôtel Doumss (☎ 028 898046 ; fax 028 898045 ; av. el-Walaa ; s/d 230/280 Dh). De grandes chambres fonctionnelles avec sdb et balcon. Prenez la direction du nord jusqu'au château d'eau et parcourez encore 200 m.

En dehors des petites échoppes autour du marché, citons un bon restaurant espagnol, **Casa Luis** (☎ 028 898193 ; 14 av. Mohammed V ; repas autour de 70 Dh), qui prépare une délicieuse salade de poulpe et une honnête paella.

Le Tout-Dakhla et les étrangers de passage se mélangent sous la pergola du **Café-restaurant Samarkand** (☎ 028 898316 ; av. Mohammed V ; plats 40-70 Dh). Le décor, composé de guirlandes électriques, de faux réverbères et de lions en pierre, représente ici le comble du raffinement. En dépit d'une carte étendue, le choix se limite d'ordinaire aux salades, poissons et omelettes, heureusement savoureux. On peut également commander du café et des croissants.

Le bar peu accueillant de l'Hôtel Doumss ferme à 19h, mais il vend de l'alcool à emporter. Le service des bars du Sahara Regency s'arrête à 22h.

Depuis/vers Dakhla

L'aéroport de Dakhla (☎ 028 897049) se situe à l'ouest de la ville. Un petit taxi jusqu'aux hôtels (presque tous accessibles à pied) revient à 4 Dh. La **RAM** (☎ 028 897049 ; av. des PTT) propose trois vols par semaine à destination de Casablanca. L'un fait escale à Agadir et les deux autres à Laâyoune.

Regional Airlines (☎ 082000080) assure chaque semaine quatre vols pour Casablanca, trois pour Laâyoune, deux pour Las Palmas (îles Canaries) et un pour Agadir.

La **CTM** (Bd du 4 Mars), **Supratours** (Av. Mohammed V) et **Satas** (Bd de Walae) assurent des liaisons quotidiennes en bus vers Laâyoune (141 Dh, 8 heures), Tan-Tan (238 Dh, 14 heures) et Agadir (320 Dh, 19 heures). Les billets doivent être achetés à l'avance.

Les grands taxis pour Laâyoune (150 Dh) partent d'une zone appelée Al-Messira, à l'extrémité sud-ouest de la ville.

Randonnée

La randonnée est l'une des activités les plus intéressantes à pratiquer au Maroc. Les nombreux itinéraires qui sillonnent les montagnes sont, pour la plupart, à la portée de tous les randonneurs, même les moins expérimentés. Les sites traversés sont splendides et pourtant, les privilégiés qui se donnent la peine d'en profiter sont assez peu nombreux. C'est donc une chance à ne pas manquer de partir à la découverte d'un relief très varié qui autorise toutes les envies, des balades tranquilles dans les forêts de cèdres du Moyen Atlas jusqu'à l'escalade des rochers les plus vertigineux du Haut Atlas.

Les contrastes climatiques du pays ne sont pas un obstacle pour les marcheurs. Quand la neige de décembre rend impraticable le djebel Toubkal (4 167 m), le djebel Sarhro, sur le versant sud de l'Atlas et en bordure du Sahara, reste accessible. L'été, tandis que la chaleur dissuade d'arpenter le Rif, le soleil fait fondre les neiges du Toubkal, permettant ainsi de grimper jusqu'au sommet.

Ce chapitre n'a aucune prétention d'exhaustivité. Il se contente de détailler les itinéraires les plus remarquables. Si certaines destinations s'imposent d'elles-mêmes – le Toubkal, par exemple – d'autres, comme le massif du M'Goun, paraissent plus inhabituelles mais elles se révèlent tout aussi fabuleuses.

Le trekking est en plein essor et, même sans recourir à une agence, vous ne rencontrerez aucune difficulté pour obtenir les services d'un guide (indispensable pour aborder les villages berbères dans les meilleures conditions). Enfin, n'hésitez pas à louer des mules, car rien n'est plus merveilleux que de marcher libre de toute charge.

À NE PAS MANQUER

- Le ciel bleu, les rochers rouges et les vallées verdoyantes du **Haut Atlas** (p. 406)
- L'ascension du **djebel Toubkal** (p. 414), point culminant de toute l'Afrique du Nord
- Les forêts de cèdres du **Rif** (p. 423) et du **Moyen Atlas** (p. 423), habitat privilégié du singe magot
- Les prés fleuris du **plateau du Tichka** (p. 418)
- Un trek sportif dans les superbes paysages déchiquetés du **djebel Sarhro** (p. 429)
- Les vallées spectaculaires du **massif du M'Goun** (p. 419) résolument à l'écart des sentiers battus

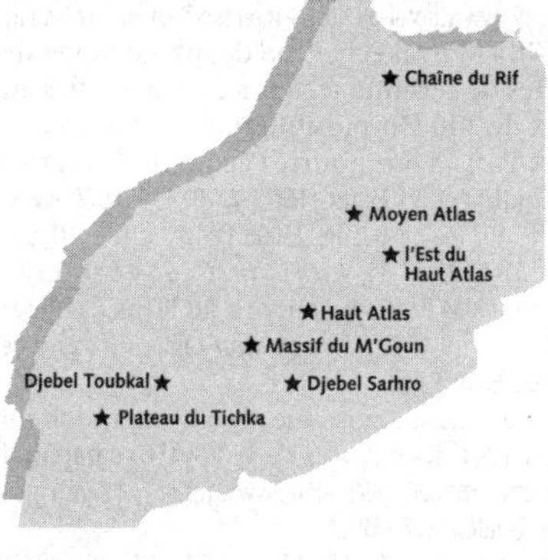

MISE EN ROUTE

CARTES

Les cartes topographiques du Maroc sont généralement établies au 1/100 000 et au 1/50 000. Celles au 1/50 000 ne sont pas toutes disponibles pour le grand public (le djebel Sarhro, l'est du Haut Atlas et le Moyen Atlas sont inégalement couverts). Des restrictions s'appliquent pour la vente des cartes, aussi est-il préférable, pour les voyageurs visitant un vaste secteur géographique, de choisir parmi les cartes au 1/100 000. La carte du Maroc au 1/100 000 établie par l'armée soviétique est assez précise, mais elle a l'inconvénient d'être rédigée en caractères cyrilliques.

La **Division de la Cartographie** (☎ 037 295034 ; fax 037 230830 ; av. Hassan II, Rabat ; www.acfcc.gov.ma en français ; 9h-15h30 lun-ven) possède toute une gamme de cartes topographiques sur le pays ainsi que des plans de ville, la plupart du temps réalisés par l'IGN. Le personnel s'intéressera aux cartes que vous achèterez. Pour les cartes concernant des secteurs dits sensibles, il vous faudra rédiger une demande (en français), précisant votre statut et vos motivations. Une commission, réunie chaque vendredi, vous donnera une réponse au plus tard le lundi matin (plus rarement dès le vendredi après-midi). Les cartes coûtent en général 70 Dh. Pensez à apporter votre passeport.

Si votre démarche à Rabat a échoué, vous pourrez peut-être trouver des cartes de la région du Toubkal, du massif du M'Goun et du djebel Sarhro dans des boutiques de Marrakech ou d'Imlil. L'**Hôtel Ali** (☎ 024 444979 ; www.hotel-ali.hostel-marrakech.co.uk ; rue Moulay Ismaïl), à Marrakech, vend des photocopies de cartes de certains secteurs du Haut Atlas au prix de 140 Dh minimum.

À Paris, vous pourrez acquérir des cartes spécialisées à l'**Espace IGN** (☎ 01 43 98 80 00; www.ign.fr ; 107 rue La Boétie, 75008 Paris), chez **Ulysse** (☎ 01 43 25 17 35, www.ulysse.fr, 26 rue Saint-Louis-en-l'Île, 75004 Paris) ou encore **Au Vieux Campeur** (☎ 01 53 10 48 27 ; www.au-vieux-campeur.fr ; 2 rue de Latran, 75005 Paris).

Il est aussi possible de commander en ligne certaines cartes de la **Royal Geographical Society** (☎ 020-7591 3050 ; www.rgs.org ; 1 Kensington Gore, London SW7 2AR).

Une carte intitulée *Mgoun Massif*, éditée par West Col, s'achète sur certains sites Internet comme Amazon (www.amazon.fr). Elle figure également sur **Omnimap** (www.omnimap.com).

SPÉCIALISTES DES CARTES ET DES LIVRES DE VOYAGE

Au Vieux Campeur (☎ 01 53 10 48 27 ; www.au-vieux-campeur.fr ; 2 rue de Latran, 75 005 Paris, France)

Géothèque (☎ 02 40 47 40 68 ; 10 place du Pilori, 44 000 Nantes, France)

Raconte-moi la Terre (☎ 04 78 92 60 20 ; www.raconte-moi.com ; 38 rue Thomassin, 69 002 Lyon, France)

Peuples et Continents (☎ 2-511 27 75 ; rue Ravenstein 11, 1000 Bruxelles, Belgique)

Librairie du Voyageur (☎ 21 323 65 56 ; 18, rue de la Madeleine ; 1003 Lausanne, Suisse)

Ulysse (☎ 514-843 9882 ; 4176 rue Saint-Denis, Montréal, Canada)

Librairie Pantoute (☎ 418-694 9748 ; www.librairiepantoute.com, 1100 rue Saint-Jean Est, Québec, Canada)

LIVRES

L'Office national marocain du tourisme (ONMT) publie une brochure très utile intitulée *Maroc : tourisme en montagne et au désert* (2005). Après une bonne introduction sur le trekking au Maroc, l'ouvrage donne la liste de tous les bureaux des guides, des offices du tourisme, des gîtes d'étape, mais aussi des abris, refuges et campings. Il recense également les loueurs de véhicules et, entre autres informations utiles, les jours de marché dans les villages. Le bureau de l'Association des guides d'Imlil, ceux de l'ONMT de Marrakech et des autres grandes villes et les offices du tourisme marocain à l'étranger délivrent ce petit livret.

Vous trouverez en encadré (ci-dessus) une liste de guides consacrés au trekking. L'ONMT et l'éditeur Edisud/Belvisi publient en outre *Gravures rupestres du Haut Atlas*, une approche de l'art pariétal du plateau du Yagour, au nord-est de Setti Fatma, *Randonnées pédestres dans le massif du Mgoun* et *Ski dans le Haut Atlas de Marrakech*. Ces ouvrages ne sont pas toujours disponibles. Tentez votre chance sur Internet, ou sur place, dans les principaux offices du tourisme, dans les librairies de Rabat et de Marrakech ou au Club alpin français (CAF). Essayez également au refuge d'Oukaïmeden.

CLUBS

La **Fédération royale marocaine de ski et de montagne** (☎ 022 203798/fax 022 474979 ; frmsm@hotmail.com ; ministère de la Jeunesse et des Sports, parc de la Ligue Arabe, BP 15899, Casablanca) gère trois refuges rudimentaires (voir p. 404) et vous fournira des informations sur la randonnée.

Le **Club alpin français** (CAF ; ☎ 022 270090 ; www.cafmaroc.co.ma en français ; 50 bd Moulay Abderrahman, Quartier Beauséjour, Casablanca) possède des refuges dans le massif du Toubkal, notamment à Imlil, Oukaïmeden et sur le Toubkal (voir p. 404). Son site Internet constitue une bonne source d'information sur le trekking et renvoie à des guides de montagne compétents.

RANDONNÉES ORGANISÉES

Vous pouvez consulter une liste d'opérateurs étrangers et marocains qui organisent des randonnées au Maroc dans le chapitre *Carnet pratique*, p. 458.

VÊTEMENTS ET ÉQUIPEMENT

Quelle que soit la saison, munissez-vous de chaussures de randonnée solides et déjà faites à vos pieds, ainsi que d'un coupe-vent imperméable – le temps peut en effet changer d'un instant à l'autre. En été (de juin à août), préférez les pantalons larges en coton léger et les chemises à manches longues. En hiver (de novembre à mars), préparez-vous à affronter des températures très basses, où que vous alliez. Et, sauf en

LES SITES DE RANDONNÉE

TOP DES GUIDES DE RANDONNÉE

- *Le Massif du Toubkal* (Edisud/Belvisi), de Jean Dresch et Jacques de L'Épiney, surtout utile pour les montagnards attirés par les sommets autour du Toubkal.
- *Le Haut Atlas central*, de André Fougerolles, édité par le Club alpin français. Ouvrage très complet sur la région du M'goun.
- *Great Atlas : Traverse Morroco*, de Michael Peyron (en anglais). L'auteur a vécu au Maroc pendant plusieurs décennies et son livre en deux volumes (le tome 1 couvre la région du Toubkal) est une référence. Moins utile pour les trekkeurs occasionnels.

plein été, vêtements chauds, bonnet de laine et gants sont indispensables dans le Haut Atlas. Même en été, à 1 800 m, on apprécie une petite laine la nuit. À tout moment de l'année, prévoyez un chapeau, des lunettes de soleil et un écran solaire.

En planifiant votre itinéraire, il importe de prévoir la nécessité ou non de bivouaquer. Une bonne tente vous donnera une grande liberté de parcours ; presque tous les opérateurs et certains guides en louent. On peut aussi se procurer une tente au départ de certains circuits de trekking, notamment à Imlil. Sinon, il existe des gîtes d'étape et des logements chez l'habitant dans la plupart des régions. Si les chambres de ce type disposent parfois de lits comme à Imlil, il arrive aussi qu'il n'y ait même pas un matelas sur le sol, surtout dans les zones les plus isolées.

Que vous campiez ou non, optez pour un sac de couchage bien chaud si vous marchez dans le Haut Atlas ou le djebel Sarhro de septembre à avril : les températures descendent couramment jusqu'à –10°C. Dans les chaînes moins hautes, emportez un duvet conçu pour des températures de l'ordre de 0°C, même en été. Comme le sol est très rocailleux, un bon matelas de sol, voire un fin tapis en mousse, vous apportera un peu de confort.

Toute ascension de sommets supérieurs à 3 000 m entre novembre et mai nécessite une solide expérience d'alpiniste en conditions hivernales. Crampons, piolets, pelles à neige, etc. sont indispensables. Vous pourrez en louer à Imlil ou dans la plupart des agences de voyages.

En général, les gîtes disposent d'équipement de cuisine, mais un réchaud se révèle utile en camping. Préférez ceux qui fonctionnent avec différents types de combustible : si l'alcool à brûler est presque introuvable, on s'approvisionne sans difficulté en kérosène. Pour des raisons écologiques, les petites bonbonnes de butane ne sont pas recommandées. Votre guide saura vous le rappeler.

Joignez à votre trousse à pharmacie classique des comprimés stérilisants ou un filtre mécanique. L'eau doit impérativement être traitée, à moins de la prendre à la source même.

Si vous combinez trekking et visite de zones urbaines, vous pourrez confier une partie de vos bagages à votre hôtel, moyennant une petite rétribution. Vous trouverez également des consignes à bagages dans les gares ferroviaires des grandes villes. Attention : nombre d'entre elles acceptent uniquement les bagages fermés à clé.

GUIDES

En l'absence de cartes fiables, il est indispensable de recourir aux services d'un guide. Et même pour les randonneurs chevronnés habitués à lire des cartes, ce n'est jamais une bonne idée de se passer d'un accompagnateur qui saura également être utile comme interprète, et négociateur, et dissuadera les faux guides. En outre, grâce à lui, des Berbères vous inviteront certainement à prendre le thé ou un repas, ce qui vous permettra d'approcher leur mode de vie authentique. Bref, quelle que soit votre expérience, ne partez jamais seul en randonnée dans la montagne.

Gardez aussi à l'esprit qu'un pseudoguide polyglotte rencontré à Marrakech n'aura pas la même compétence qu'un guide de la région, connaissant parfaitement le secteur de votre randonnée. Les guides officiels sont détenteurs d'une carte officielle avec photo. Votre guide doit être agréé par la Fédération royale marocaine de ski et montagne ou l'Association nationale des guides et accompagnateurs en montagne du Maroc. Il doit avoir le statut de "guide de montagne", obtenu après six mois d'apprentissage au Centre de formation aux métiers de montagne, une école installée à Tabant

AVIS AUX PIEDS TENDRES

En randonnant dans les montagnes du Maroc, vous remarquerez que de nombreux Berbères portent des sandales. Gardez-vous de les imiter car ils ont derrière eux une vie entière de pratique. Les ampoules, provoquées par des chaussures inadaptées, constituent le problème le plus fréquent chez les trekkeurs. Si vous allez au-delà d'une simple promenade dans la vallée, nous vous conseillons fortement de prévoir des chaussures de marche imperméables (goretex de préférence) déjà faites à vos pieds. Et même ainsi, vous ne serez pas forcément à l'abri des ampoules. Dans ce cas, les pansements "seconde peau" (sous forme de pellicule plastique) vous empêcheront de souffrir. Rappelez-vous que des pieds à l'aise font un marcheur heureux.

dans la vallée d'Aït Bouguemez. Notez que les "accompagnateurs" dont la formation se résume à une semaine, ne sont pas assurés pour les circuits en montagne. De même, les "guides touristiques" ne sont pas qualifiés pour conduire un trek.

Les guides de montagne officiels sont formés au secourisme. Aussi, en cas de conditions climatiques défavorables ou en cas d'urgence, ils seront plus aptes à faire face à la situation qu'un guide local, pris au hasard de vos rencontres. Si un guide rechigne à vous présenter sa carte officielle, cela signifie sans doute qu'il n'en a pas ou que celle-ci a expiré (elle est renouvelée tous les trois ans).

On dénombre au Maroc plus de 400 guides de montagnes accrédités, dont beaucoup peuvent être contactés aux bureaux des guides d'Imlil, Setti Fatma, Azilal, Tabant (vallée d'Aït Bouguemez) et El-Kelaâ M'Gouna.

Certains ont une spécialité : canyoning, escalade ou alpinisme. Tous parlent français et parfois anglais, espagnol et allemand. Récemment, des femmes ont obtenu le diplôme, mais leurs services sont très demandés.

Lors de notre passage, le tarif officiel des guides assermentés était de 250 Dh/jour (par groupe et non par personne). Ce tarif peut varier au gré des saisons et des secteurs et s'entend hors frais de nourriture et d'hébergement.

Les guides sont le plus souvent logés gratuitement dans les refuges et les gîtes, mais on peut vous demander de prendre en charge leurs repas. Si votre parcours ne vous ramène pas à votre point de départ, il vous faudra régler les frais de retour de votre guide.

Négociez tous les tarifs avant de partir, sans oublier les détails tels que le point de départ et d'arrivée pour chaque jour de randonnée, la répartition des tentes (la plupart des guides possèdent une tente ou un sac de couchage), la nourriture, les provisions d'eau, le nombre de mules et l'équipement au sein du groupe. Si vous êtes nombreux, le guide insistera peut-être pour s'assurer les services d'un cuisinier moyennant 100 Dh/jour. On ajoute habituellement un pourboire de 10% à l'issue du circuit.

MULES

Les mules et les baudets servent couramment au transport des charges à travers les montagnes, et peuvent servir d'animaux de bât. Si vous comptez vous équiper lourdement ou si vous voyagez en groupe, il est conseillé de louer un mulet (qui peut, en principe, porter les bagages de quatre personnes). À titre indicatif, une mule peut transporter jusqu'à 120 kg mais, si l'itinéraire est escarpé ou éprouvant, le muletier insistera sans doute pour réduire le poids de la charge. Il en va de la santé de son gagne-pain, même si les Marocains se montrent rarement sentimentaux envers les animaux de bât.

Certains itinéraires sont toutefois impraticables par des bêtes de somme qui, dans ce cas, font seules le détour. Si les cols élevés sont enneigés, il est préférable d'engager des porteurs, qui peuvent transporter 18 kg chacun. Comptez d'ordinaire 100 Dh/jour pour une mule et son propriétaire.

Comme pour les guides, vous devrez payer le trajet de retour du muletier si votre itinéraire ne fait pas une boucle.

EN RANDONNÉE

HÉBERGEMENT

Dans le Haut ou le Moyen Atlas, les randonneurs logent généralement dans des gîtes. Quand il y en a peu, comme dans le Rif et l'Anti-Atlas (moins fréquenté) il faut envisager de dormir sous la tente ou chez l'habitant.

Les gîtes sont des modes d'hébergement rudimentaires. Ils se composent généralement d'une pièce nue, d'une terrasse ou d'un balcon où sont disposés des matelas de mousse, et d'une sdb très sommaire munie de W.-C. et, parfois, d'une douche chaude. Si vous en faites la demande à l'avance, on vous préparera un tajine pour le dîner. Comptez 30 Dh/pers la nuitée (ce prix varie suivant les saisons et les régions). Repas du soir (30 à 50 Dh/pers) et douche chaude (10 à 15 Dh) sont en supplément. Les gîtes privés, moins spartiates, demandent jusqu'à 100 Dh pour l'hébergement et autant pour les repas. De nouveaux gîtes, luxueux, proposent des doubles à 200 € (voir p. 320).

Le CAF possède cinq refuges dans la région du Toubkal/Oukaïmeden. Officiellement, il faut réserver sa place par l'intermédiaire du **refuge d'Oukaïmeden** (☎ 024 319036; ouka@cafmaroc.co.ma) mais, en pratique, on peut d'ordinaire se renseigner à Imlil sur les disponibilités dans les autres refuges du Toubkal (ils affichent en général complet en juillet-août). Les membres du CAF et ceux des autres clubs et organismes alpins affiliés ou reconnus bénéficient des tarifs plus avantageux. Les détenteurs de la carte HI ont aussi droit à une réduction. Les enfants de 5 à 15 ans paient demi-tarif.

La Fédération royale marocaine de ski et de montagne gère des refuges (50 Dh/pers, petit-déj 20 Dh) à Oukaïmeden (confortable et bien entretenu) et au djebel Bou Iblane (moins confortable mais doté d'un gardien) dans le Moyen Atlas, à 60 km au sud de Taza. L'ancien refuge d'Ain Aflafal, sur le flanc sud de l'Irhil M'Goun, abrite désormais en été une boutique d'eau et de boissons.

RAVITAILLEMENT

Hormis le lait en poudre, les fruits séchés et, de temps à autre, des sachets de soupe, les aliments lyophilisés sont extrêmement difficiles à trouver au Maroc (tentez votre chance dans les hypermarchés des grandes villes, très bien approvisionnés). Si vous comptez vous ravitailler sur place, attendez-vous à un régime à base de biscuits, thon, sardines, pain, olives, dattes et fromage fondu. En prenant un mulet, vous pourrez opter pour des produits locaux plus lourds à porter (et certainement meilleurs) incluant toutes les denrées utiles pour cuisiner des tajines.

Avec un peu de chance, vous trouverez du pain, des œufs, des légumes, ainsi que des provisions de base (thon en boîte, thé...) dans certains villages, mais ne comptez pas trop sur les ressources locales. Vous pourrez obtenir un repas (environ 30 Dh/pers) dans les gîtes et les refuges, à la condition d'en avoir fait la demande à l'avance. Encore une fois, à moins d'avoir tout organisé, ne comptez pas uniquement sur les provisions que vous pourrez acheter en route.

Changez vos devises dans les grandes villes les plus proches et prévoyez de la monnaie. Si vous vous retrouvez à court d'argent local, sachez que les billets en euros sont parfois acceptés.

TREKKING RESPONSABLE

Le potentiel du Maroc en matière de randonnée étant à peine exploité, les régions isolées sont extrêmement vulnérables aux effets du tourisme. De nombreux voyageurs rentrent chez eux enchantés par l'hospitalité berbère mais, au fur et à mesure que le nombre de touristes augmente, le comportement des habitants se modifie. En tant qu'étranger, veillez à vous conformer aux usages locaux.

Questions interculturelles

Le code vestimentaire joue un rôle très important, en particulier dans les sociétés profondément conservatrices des tribus montagnardes. Dans les villages, il est conseillé de préférer une chemise boutonnée ou un T-shirt à un débardeur, considéré comme un sous -vêtement et surtout un pantalon à un short (pour les femmes comme pour les hommes). On n'insistera jamais assez sur le respect de ces principes. Quel que soit votre avis à ce sujet, le respect des traditions locales vous vaudra davantage de contacts chaleureux avec la population.

En montagne, on vous conviera souvent à prendre un thé ou à partager un repas. Un guide local a souvent des amis dans différents villages, ce qui présente un avantage considérable. Si vous êtes invité, c'est toujours gracieusement. N'oubliez pas que l'économie de ces régions repose sur une agriculture de subsistance et que les villages peuvent manquer de nourriture. Aussi, le fait d'offrir à vos hôtes des cadeaux tels qu'une boîte de thé vert chinois "gunpowder", du sucre (de préférence en cône), des fruits secs ou d'autres denrées importées, ne manquera pas d'être apprécié. Prévoyez donc large en faisant votre stock de provisions.

Dans les zones reculées, on vous demandera souvent désinfectant, pansements, crème hydratante (de nombreux enfants ont la peau sèche), antalgiques et autres médicaments. Veillez toujours à ce que votre guide explique aux intéressés les conditions d'utilisation de ces produits pharmaceutiques.

Au sujet de l'alcool, des photos et des cadeaux, consultez l'encadré p. 437.

GLOSSAIRE POUR LA RANDONNÉE

La liste de termes qui suit peut vous être utile lors de vos randonnées au Maroc ; (A) indique un mot arabe, (B) désigne un terme berbère. Vous trouverez un glossaire berbère moins spécialisé p. 498.

adfel (B) – neige
adrar (B) – montagne (pluriel : *idraren*)
afella (B) – sommet
agdal (B) – pâturage (variante : *aougdal*)
aghbalu (B) – source
'ain (A) – source
aman (B) – eau
anzar (B) – pluie
argaz (B) – homme
asserdoun (B) – mulet
assif (B) – cours d'eau, rivière
azaghar (B) – plaine, plateau (variante : *izwghar*)
azib (B) – estive
brhel (A) – mule
châba (B) – ravin
djebel (A) – montagne ou colline
iferd (B) – lac
ifri (B) – grotte
kerkour (B) – cairn
taddart (B) – maison
talat (B) – ravin ou cours d'eau asséché
tamada (B) – lac
tigm (B) – maison
tizi (B) – col

Questions environnementales

DÉTRITUS

Transportez tous vos détritus, ne les enterrez pas et ne les brûlez pas (les emballages brûlent mal). Dissuadez votre guide de les jeter dans le ravin le plus proche, car de tels comportements nuisent gravement à l'environnement, d'autant que le Maroc connaît un nombre croissant de randonneurs. Limitez la quantité de déchets en n'emportant que les emballages indispensables et en choisissant dans la mesure du possible des récipients réutilisables. Faites aussi l'effort de ramasser les déchets laissés par les autres.

Évitez de prendre des bouteilles d'eau en plastique, source de pollution importante au Maroc. Prévoyez plutôt des comprimés stérilisants.

DÉCHETS D'ORIGINE HUMAINE

L'eau contaminée par les matières fécales humaines peut transmettre l'hépatite, la typhoïde et des parasites intestinaux. Ce problème est particulièrement grave dans les régions de randonnée les plus habitées. Quand il y a des toilettes, il est préférable de les utiliser. S'il n'y en a pas, enterrez vos déchets.

En pratique, creusez un trou d'environ 15 cm de profondeur, à au moins 100 m d'un éventuel point d'eau – il s'agit d'un détail important dans la mesure où de nombreux itinéraires de trekking suivent des cours d'eau. Pensez à emporter une truelle légère, surtout si vous devez creuser le sol aride de l'Atlas. Rebouchez le trou avec de la terre et une pierre. N'utilisez que le minimum de papier toilette, brûlez-le si possible ou enterrez-le aussi. Sur un terrain enneigé, pensez que la neige finira par fondre.

LAVAGE

Ne jetez ni détergent ni dentifrice dans les rivières (ou à proximité), même s'ils sont biodégradables. Pour votre toilette, utilisez un savon biodégradable à 50 m au moins des cours d'eau. Dispersez bien l'eau sale, afin que le sol puisse la filtrer totalement avant qu'elle ne rejoigne un oued. Faites votre vaisselle avec un tampon abrasif, du sable ou encore de la neige plutôt qu'avec un détergent. Encore une fois, vérifiez que vous êtes à plus de 50 m de tout cours d'eau.

ÉROSION

Les flancs des collines et des montagnes, en particulier à haute altitude, sont soumis à l'érosion. Il est donc important de suivre les pistes existantes et d'éviter de couper les virages en empruntant des raccourcis. En effet, en créant un nouveau chemin dans la pente, vous ouvrez la voie à un ruissellement dès la première pluie un peu forte, ce qui favorisera l'érosion du sol et marquera la montagne de manière irrémédiable.

CAMPER ET CUISINER

Évitez de couper du bois pour préparer votre repas. Comme vous le verrez au fil de votre marche, la déforestation est importante au Maroc. L'idéal est de préparer ses repas sur un réchaud léger fonctionnant au kérosène ou à différents combustibles. Évitez ceux qui utilisent des recharges de gaz jetables. Assurez-vous de bien éteindre le feu après usage. Éparpillez les braises et arrosez-les d'eau. Un feu ne présente plus aucun danger à partir du moment où vous pouvez tranquillement poser la main dessus.

En altitude, la flore est très fragile. Lors d'un bivouac, si vous ne déplacez ni ne dérangez la végétation autour de votre camp, vous limiterez votre impact sur l'environnement. Les zones de pâturages se réduisent de plus en plus au Maroc. Ne lésinez pas sur la quantité de fourrage (orge) que vous achèterez pour chaque mulet et chaque âne. Renseignez-vous à ce sujet avant de partir.

HAUT ATLAS

Cette région est le paradis des randonneurs. Il s'agit de la chaîne de montagne la plus élevée d'Afrique du Nord. Elle traverse le Maroc en diagonale, de la côte atlantique (au nord-est d'Agadir) jusqu'au nord de l'Algérie. Long de près de 1 000 km, le massif comprend plusieurs sommets dépassant 4 000 m et plus de 400 au-dessus de 3 000 m. Son relief forme un panorama spectaculaire qui permet de combiner randonnées et ascensions. Les points culminants se trouvent dans l'environnement du Toubkal, la région la plus visitée du Haut Atlas. Les transports publics vous y conduiront après 2 heures de route depuis Marrakech.

Les Berbères appellent le Haut Atlas Idraren Draren (la montagne des montagnes) et leur présence dans la région constituera un des aspect mémorable de votre périple. Ils occupent depuis longtemps ce territoire rude et sauvage, vivant dans des maisons de terre au toit plat accrochées à flanc de montagne, au-dessus de cultures en terrasses et de vergers plantés de noyers et d'arbres fruitiers.

La première route, celle qui escalade le Tizi n'Test, ne fut construite dans cette contrée reculée qu'au début du XXe siècle. Un important réseau de sentiers muletiers relie les villages, certains ayant sans doute accueilli des caravanes et des pèlerins qui circulaient entre le Sahara et les plaines du Nord.

FLORE ET FAUNE

Ce massif de montagnes à la végétation clairsemée présente une étonnante diversité de paysages : crêtes déchiquetées, plateaux étagés, canyons vertigineux, sommets aplanis par l'érosion. Certaines parois à vif révèlent une couche importante de roches sédimentaires et volcaniques, entrecoupées de granit. Le calcaire du jurassique prédomine mais les blocs de granit de la région de l'Ourika (près de Setti Fatma), vieux de 610 millions d'années, lui sont antérieurs. Des glaciations mineures ont eu lieu il y a quelque 45 000 ans.

Les flancs des montagnes et les vallées ont été transformés au fil des siècles par les paysans berbères, qui ont aménagé en terrasses les pentes abruptes, et irrigué les cultures à l'aide d'un ingénieux système de petits canaux (*targa*) captant l'eau des ruisseaux et des rivières.

En dépit de la rigueur de son climat, glacial l'hiver et caniculaire l'été, les terres de l'Atlas sont extrêmement fertiles et productives.

Dans les vallées les plus basses poussent des amandiers et des abricotiers, à côté de cultures d'appoint telles que la caroube, le coing, la grenade, la pomme, la cerise et la figue. On trouve également des plantations de pommes de terre, de carottes, de navets, d'oignons, de lentilles et de haricots. En octobre, on sème l'orge d'hiver, que l'on récolte à la fin du mois de mai ou en juin. Les noyers occupent une place importante dans la production agricole des villages d'altitude. La récolte a lieu fin septembre.

Le pâturage intensif, l'agriculture et le ramassage du bois de chauffage ont considérablement appauvri le Haut Atlas, au point qu'une partie de la végétation d'origine a disparu. Dans la zone subalpine (entre 2 400 m et 3 200 m), vous verrez les genévriers thurifères (*Juniperus thurifer*), arbres épais et noueux souvent sculptés par le vent en des formes extraordinaires. Leurs racines en partie dénudées frappent la roche comme des doigts impatients. Plus haut, les épineux prédominent. Ces buissons ronds et piquants, adaptés à la sécheresse, fleurissent quelques jours au printemps. La lavande, le romarin et le thym sont également répandus. Leur parfum font partie intégrante des randonnées.

Le Haut Atlas est quasiment dépourvu de grands mammifères, bien que l'on puisse trouver des mouflons, des sangliers et des gazelles dans certaines zones. On observe également des geckos mauresques, des lézards ibères et des grenouilles colorées. Les petits serpents ne sont pas rares, mais les guides les font fuir avant que vous ne les ayez aperçus.

Les oiseaux de la zone subalpine comprennent les diamants phaétons et les rouges-queues de Moussier. Les régions boisées abritent des piverts de Levaillant. Les corbeaux sont omniprésents et vous pourrez parfois apercevoir de magnifiques oiseaux de proie, tels que le gypaète barbu, le vautour percnoptère ou encore l'aigle royal.

PRÉPARATION

Quand partir

On peut en principe randonner toute l'année dans le Haut Atlas, chaque saison offrant un intérêt différent. Les températures inférieures à 0°C sont à redouter entre novembre et mai au-dessus de 2 000 m, lorsque la neige tapisse les sommets et les cols les plus élevés. Seules les basses vallées sont alors praticables, à moins d'avoir prévu cordes et crampons.

La période qui s'étend de fin avril à fin juin est la saison idéale pour visiter la région. Au printemps (avril-mai), vous profiterez de la floraison et de températures plus clémentes dans la journée. En juin, quand Marrakech est déjà écrasée de chaleur, les journées sont tout simplement agréablement chaudes.

Au cœur de l'été, les journées sont longues et la neige inexistante (pas toujours du côté du Toubkal) mais, dans les vallées les plus basses, la chaleur devient parfois insupportable et l'eau fait cruellement défaut. Le débit des rivières atteint son maximum en novembre et en avril-mai, après la fonte des neiges. En été, d'impressionnants orages transforment souvent un filet d'eau en un oued tumultueux (il faut s'en souvenir avant de décider d'un emplacement pour camper). Malgré la canicule, c'est en juillet-août que le Haut Atlas et Marrakech connaissent leur plus forte fréquentation. Pratiquer le trekking à cette période peut être formidable, à condition de marcher très tôt le matin et tard l'après-midi, ce qui laisse pas mal de temps pour déjeuner et se reposer à l'ombre, en milieu de journée.

Guides et mules

Imlil est sans conteste le meilleur endroit pour embaucher un guide et, le cas échéant, louer une mule. Le petit **bureau des guides** (☎/fax 024 485626), sur la place du village, vous fournira la liste des guides officiels, photos à l'appui, ce qui décourage toute imposture. Les guides travaillent par roulement, de sorte que, si vous avez une demande spécifique, mieux vaut vous entendre à l'avance sur le guide qui sera susceptible de vous accompagner. Sur les 60 guides officiels basés dans la région du Toubkal, on n'en trouve à Imlil qu'une dizaine à la fois. Certains des guides les plus demandés sont rattachés à la casbah du Toubkal et peuvent être contactés par l'intermédiaire d'Aztat Treks et de Discover (voir p. 458).

La location de mules pose rarement problème et c'est d'ordinaire le guide qui s'en charge une fois embauché. Sachez néanmoins que ces animaux ne peuvent pas passer le Tizi n'Ouanoums, à l'est du lac d'Ifni, ni le Tizi n'Taddate, entre les refuges du Toubkal et de Tazaghart. Ces bêtes de somme doivent faire de grands détours, ce qui vous obligera à porter une partie du chargement, notamment votre nourriture, pendant une journée. Éclaircissez cette question avant le départ avec votre guide et le muletier. Prévoyez une journée dans votre emploi du temps pour trouver les services d'un guide et organiser votre périple.

Où se loger

Imlil constitue la base la plus pratique et la mieux équipée pour les randonnées dans le Haut Atlas et le Toubkal. Au sujet de l'hébergement et de la restauration à Imlil, reportez-vous p. 320.

À 3 km en amont d'Imlil et désormais accessible par une piste carrossable, **Aroumd** (ou Armed), à 1 960 m d'altitude, est un village entouré de vergers et de champs en terrasses, à l'entrée d'une large vallée montant vers le Toubkal. Il sert de point de départ à plusieurs organisateurs de treks dans le Toubkal. Avec ses quatre gîtes, il s'agit également d'une étape commode quand on entreprend l'ascension de ce sommet.

Gîte Atlas Toubkal (☎ 024 485664, 068 882764 ; dort en demi-pension 60 Dh). Un grand bâtiment de plusieurs étages au cœur du village, tenu par la famille aussi accueillante qu'efficace de Mohamed Id Balaïd, un guide de montagne chevronné. Sanitaires propres (douche chaude 10 Dh) et chambres plutôt confortables.

Les Roches Armed/Chez Lahcen (pas de tél ; dort 30 Dh/pers ; repas à la demande). Il faut grimper une pente abrupte pour rejoindre cette adresse au sommet du village, mais la vue sur la montagne le vaut bien. Les chambres nettes, garnies de matelas, ont été redécorées récemment et de nouvelles pièces sont en construction. La douche chaude coûte 10 Dh.

Hôtel Armed (☎ 024 485745 ; idbelaid@menara.ma ; s/d 80/100 Dh). Géré par un tour-opérateur établi de longue date dans le Haut Atlas, cet hôtel-restaurant de l'autre côté de la vallée jouit d'une perspective sur Aroumd et la montagne. Chambres sommaires avec matelas, douches chaudes, terrasse panoramique et cuisine marocaine roborative. Chaudement recommandé à ceux qui voyagent en famille.

Camping-Auberge Atlas Toubkal/Chez Omar le Rouge (☎ 024 485750/066 936488 ; omar_le_rouge@hotmail.com ; dort 30 Dh/pers, camping 15 Dh/tente). Voisin de l'Hôtel Armed. Ses 10 chambres spartiates sont équipées de matelas. Une cuisine et des douches chaudes communes (10 Dh). À noter aussi un terrain de camping rudimentaire de l'autre côté de la piste, avec possibilité d'utiliser les douches. De nouvelles chambres devraient bientôt être achevées.

CIRCUIT DU TOUBKAL *VIA* LE LAC D'IFNI

Outre la découverte de majestueux sommets et de paysages époustouflants, ce circuit permet de se familiariser avec le mode de vie des habitants du Haut Atlas. Emportez une tente et du matériel de camping, bien qu'à certains endroits vous puissiez passer la nuit dans des gîtes villageois rudimentaires ou des refuges de montagne, au prix de petits détours. Cette solution est d'ailleurs préconisée en début et en fin de saison, quand les températures chutent.

L'itinéraire étant assez éprouvant, prévoyez un jour de repos dans votre programme. Il est également possible de raccourcir le parcours. Si l'option proposée vous semble trop ardue, préférez l'ascension du Toubkal depuis Imlil, soit deux jours de marche facile (voir p. 414).

Presque tout le parcours se déroule au-dessus de 2 000 m, avec plusieurs cols à plus de 3 000 m. L'ascension du Toubkal s'effectue le sixième jour, ce qui vous laisse cinq jours pour vous acclimater. En effet, le mal des montagnes est susceptible d'apparaître au-dessus de 3 000 m d'altitude. Le circuit décrit ci-après se fera de préférence à la fin du printemps ou en été. Nombre d'autres itinéraires se greffent sur celui-ci, vers l'est, le sud ou le nord.

Préparation

Organisez de préférence votre randonnée depuis Imlil (p. 320). L'itinéraire décrit prend 7 jours, mais il est possible de le

PRÉSENTATION DE LA RANDONNÉE

Durée : 7 à 9 jours
Distance : 60,2 km
Niveau : moyen à difficile
Départ/arrivée : village d'Imlil
Point culminant : djebel Toubkal (4 167 m)
Ville la plus proche : Marrakech
Hébergement : camping, gîtes et refuges de montagne
Transports publics : oui
Résumé : Facilement accessible depuis Marrakech, ce circuit autour du djebel Toubkal (dont on peut entreprendre l'ascension) traverse des paysages variés alternant vallées verdoyantes, villages berbères, sommets impressionnants et cols désolés. Cette randonnée est éprouvante, car les ascensions sont longues et pénibles, et le terrain rocailleux. À moins d'être très expérimenté, faites-vous accompagner d'un guide. Une bonne condition physique est indispensable.

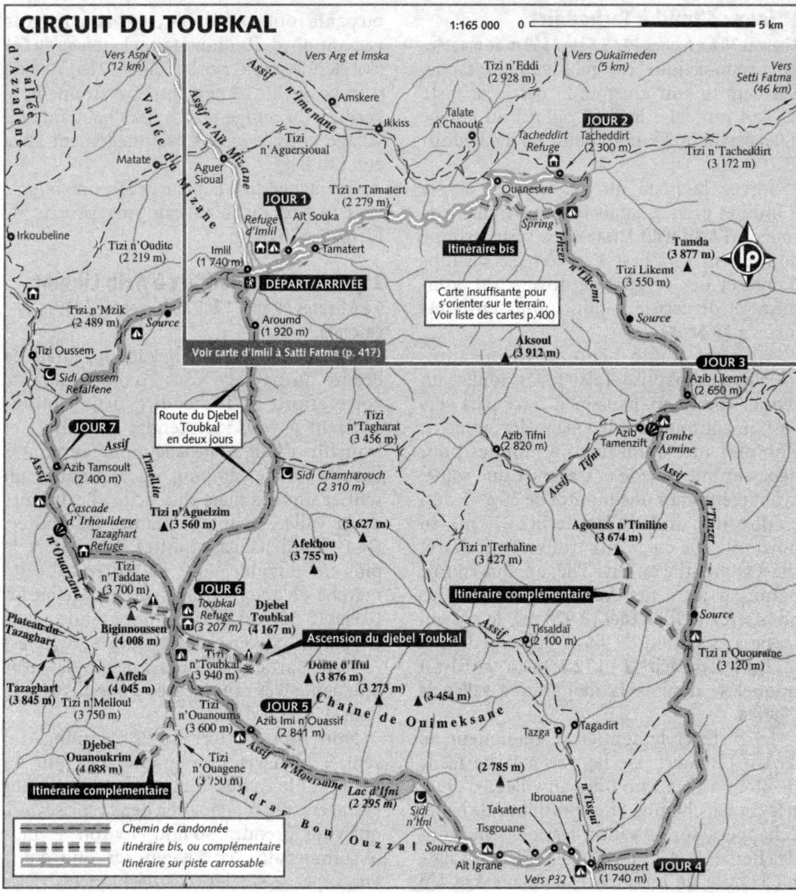

raccourcir ou de l'allonger. À partir d'Azib Likemt, on peut prendre la direction de l'ouest pour rejoindre Sidi Chamharouch *via* le Tizi n'Tagharat (3 465 m), ce qui donne un circuit de trois jours au départ d'Imlil (on passe la deuxième nuit à Azib Tifni). Si, après l'ascension du Toubkal, vous évitez le tronçon entre le Tizi n'Taddate et le refuge du Tazaghart, vous économiserez deux jours. Il est possible d'allonger le parcours, soit en effectuant l'ascension de tous les pics, soit en empruntant les sentiers secondaires, tels ceux du plateau du Tazaghart. Les guides de montagne adapteront l'itinéraire à la durée de votre séjour, à votre niveau et aux conditions météorologiques.

Cartes

La carte au 1/50 000 intitulée *Djebel Toubkal* couvre l'ensemble du circuit du Toubkal. Le Bureau des guides, à Imlil, dispose parfois de quelques exemplaires de cette carte. Si vous le pouvez, procurez-vous l'édition de 1994, plus claire et plus précise.

On peut généralement se procurer la *Carte des randonnées dans le massif du Toubkal* (1/100 000) éditée par la Division de la Cartographie, à Rabat (voir p. 400).

La *Carte des randonnées dans le massif du Toubkal*, au 1/100 000, éditée par le gouvernement marocain, indique les itinéraires de randonnée, mais manque de précision sur le plan topographique.

1er jour : d'Imlil à Tacheddirt

3 heures 30 à 4 heures 30 / 9,5 km / 560 m de montée

Le premier jour est relativement facile. L'itinéraire suit en grande partie la piste de 4x4 qui relie **Imlil** (1 740 m) au village d'**Ouaneskra**, à 2 km à l'ouest de Tacheddirt (2 300 m).

Suivez la piste qui traverse le centre d'Imlil et prenez à gauche pour franchir la rivière, l'**Assif n'Aït Mizane**. La piste grimpe doucement vers l'est à travers des champs d'orge et des vergers de noyers, de pommiers et de cerisiers, puis monte en lacets jusqu'à **Aït Souka**.

Au bout d'une heure environ, après un ruisseau baptisé Talat n'Aït Souka, un sentier rocailleux mais bien tracé part vers l'est en contournant le village de Tamatert. Comptez une quinzaine de minutes pour dépasser une pinède et traverser une route, avant d'entamer une montée de 30 à 45 min en direction du **Tizi n'Tamatert** (2 279 m), au nord-est. Au col, vous trouverez sodas et thé à la menthe au Bivi Thé, un abri en tôle battu par les vents. Vers le nord-est, vous admirerez le **Tizi n'Eddi** (2 928 m), le col qui mène à la station de ski d'Oukaïmeden, et le **Tizi n'Tacheddirt** (3 172 m), au nord-est duquel se déploie la magnifique **vallée de l'Ourika**.

La piste et le sentier se rejoignent au Tizi n'Tamatert. De là, une marche facile de 45 min vous conduira au village d'Ouaneskra. En chemin, vous profiterez de belles échappées sur la vallée, les jolies maisons des Berbères et les terrasses fertiles de Talate n'Chaoute, de Tamguist et d'Ouaneskra. Un peu avant d'atteindre Ouaneskra, le sentier bifurque, le chemin muletier sur la droite traversant le côté sud de la vallée. Si vous souhaitez camper, installez-vous le long du sentier muletier, au bord de l'**Irhzer n'Likemt** (un cours d'eau propre). C'est aussi le point de départ de l'étape du lendemain. De ce fait, après le passage du Tizi n'Tamatert, les campeurs pourront longer le versant nord de la vallée (des sentiers indiquent le chemin) pour éviter Ouaneskra et Tacheddirt. Doté de trois gîtes et d'un petit restaurant agréable, Ouaneskra donne envie de faire étape pour la nuit. L'étape suivante étant très longue, il est préférable d'y faire simplement une pause-déjeuner, et de poursuivre un peu votre route. À 2 km de là, **Tacheddirt** est desservi par un chemin muletier bien tracé ou par la route praticable en 4x4 qui longe le versant nord. Rudimentaire, le **refuge du CAF** (dort 26/39 Dh pour les membres CAF/HI, 52 Dh plein tarif) peut accueillir 23 personnes. Autrement, le gardien du refuge ou d'autres habitants du village vous logeront éventuellement chez eux (30 Dh).

De Tacheddirt, la piste décrit une boucle vers le sud jusqu'au camping proche de l'Irhzer n'Likemt.

2e jour : de Tacheddirt à Azib Likemt

5 à 6 heures / 9 km / 1 200 m de montée / 900 m de descente

Ce parcours monte beaucoup, mais la beauté du paysage vous récompensera de votre effort. À Tacheddirt, deux options s'offrent à vous : descendre tout droit et franchir l'**Assif n'Imenane** pour remonter ensuite vers le camping, ou bien suivre un sentier sinueux mais plus facile à l'extrémité de la vallée, avant d'entamer la montée. Dans les deux cas, quittez Tacheddirt le plus tôt possible pour entreprendre cette marche de deux à trois heures jusqu'au **Tizi Likemt** (3 550 m). Bien qu'une grande partie du parcours soit ombragée, la montée est rude, en particulier pour les néophytes, avec une pente très raide semée d'éboulis vers le haut. Un vrai défi !

Non loin du terrain de camping, un sentier bien visible remonte, au cœur du ravin, sur la rive est du lit de la rivière (vous la traverserez cependant à deux reprises), ce qui vous prendra 50 min environ. Depuis le sommet du Tizi Likemt, on jouit d'une vue superbe sur les pics déchiquetés et les vallées verdoyantes jusqu'à Oukaïmeden et, par temps clair, sur le djebel Toubkal au loin.

Puis le sentier bifurque à gauche (vers le sud-est) pour atteindre le col. On redescend sur l'autre versant (vers le sud-est) par un chemin assez rocailleux. Au bout de 30 min, vous verrez peut-être une source sur la gauche. Environ une heure plus tard, vous atteindrez les premiers pâturages irrigués au-dessus d'**Azib Likemt**. Un *azib* est une estive (pâturage d'été), et les bêtes paissent à Azib Likemt (2 650 m) de la première semaine de mai à la dernière semaine d'octobre. Les maisons très simples, en pierre, les terrasses bien cultivées et la beauté de la vallée dessinent un paysage superbe.

Vous trouverez peut-être à loger chez l'habitant ou pourrez planter votre tente à Azib Likemt. Sinon, redescendez par les terrasses jusqu'à l'**Assif Tifni**. Franchissez-le, tournez à droite et remontez le courant jusqu'à de gros rochers ; un terrain plat vous permettra de planter votre tente.

3e jour : d'Azib Likemt à Amsouzert

6 heures à7 heures 30 / 15,2 km / 470 m de montée / 1 380 m de descente

Moins éprouvant que celui de la veille, le parcours qui conduit directement à **Amsouzert**, au sud, traverse des paysages contrastés alternant vallées profondes, sommets impressionnants et chemins de crête.

À Azib Likemt, le sentier bien marqué part à l'arrière du terrain de camping et gravit le flanc de la montagne en direction du sud, pour atteindre les impressionnantes gorges creusées par l'**Assif n'Tinzer**. Surplombant la berge est de la rivière, il mène au-dessus des **cascades de Tombe Asmine** (camping autorisé), avant de regagner les rives que vous longerez pendant 2 heures, entre d'étonnantes falaises et des pâturages. Ensuite, un sentier bien visible grimpe jusqu'au **Tizi n'Ououraïne** (3 120 m ; également appelé Tizi n'Ouaraï).

Ce col offre une vue superbe sur la face est du Toubkal, le **dôme d'Ifni** (3 876 m) et le reste de ce massif tourmenté auquel s'opposent, au nord-ouest, les formes arrondies de l'**Agounss n'Tiniline** (3 674 m), à 1 heure 30 de marche, ainsi que d'autres sommets et crêtes moins élevés, à l'est. Des sentiers de crête ou un long circuit regagnent Azib Likemt depuis le Tizi n'Ououraine.

Au-delà du col, le chemin contourne l'extrémité de la vallée pour atteindre un éperon où se rejoignent plusieurs sentiers. L'un d'eux part au sud-ouest pour longer la crête jusqu'à **Tagadirt** (au bout de 50 m, admirez la vue superbe sur le **djebel Siroua**). Tournez à gauche (vers le sud-est) et suivez le sentier muletier vers le sud. Vous contournez le début d'une nouvelle vallée et longerez un éperon pour atteindre la crête après 90 min de marche environ. Le **lac d'Ifni** se dessine à l'ouest. Un quart d'heure plus tard, juste avant deux affleurements pointus, le sentier se divise. Prenez à droite et poursuivez tranquillement votre descente vers le sud jusqu'à un grand cairn (offrant une vue magnifique). Continuez en direction du sud-ouest, puis de l'ouest jusqu'au bout de l'éperon rocheux, et vous atteindrez Amsouzert (1 740 m) en 30 minutes.

Village prospère et relativement important, Amsouzert compte une mosquée et une demi-douzaine de paraboles. Il s'étend de chaque côté de la rivière. Si vous envisagez une journée de repos, voilà l'endroit rêvé. Près de l'école, un café est installé sous un immense noyer – où il est possible de **camper** (20 Dh/tente). Autre option : le **Gîte Himmi Omar** (dort 30 Dh, tajine 30 Dh). La même famille a ouvert un nouveau gîte, un peu plus loin sur la route.

Surplombant le village juste au-dessous du sentier menant au lac d'Ifni, se dresse l'**Hôtel Igroute** (dort 40-50 Dh).

Le village compte quelques petites échoppes et plusieurs cafés situés à proximité de l'école, à l'ouest de la rivière. Tôt le matin, des transports collectifs rejoignent la N10 (Taroudant-Ouarzazate). À 3 km au sud d'Amsouzert, un autre village appelé Imlil (à ne pas confondre avec le point de départ de cette randonnée, au nord de la chaîne) s'anime lors de son souk hebdomadaire, chaque mercredi.

ITINÉRAIRE COMPLÉMENTAIRE : L'AGOUNSS N'TINILINE

Du Tizi n'Ououraïne, un sentier monte à l'assaut de l'**Agounss n'Tiniline** (3 674 m), au nord-ouest. On atteint le sommet en une heure et demie, après avoir dépassé plusieurs pics moins importants. La vue sur la crête du Toubkal est impressionnante.

4e jour : d'Amsouzert à Azib Imi n'Ouassif

5 heures 30 à 6 heures / 10,5 km / 1 100 m de montée

Si vous avez loué des mules, elles ne pourront pas continuer au-delà de 2 km à l'ouest du lac d'Ifni. Elles vous rejoindront au refuge du Toubkal *via* Sidi Chamharouch et vous devrez porter vous-même le nécessaire jusqu'à **Azib Imi n'Ouassif**, puis, au-delà du **Tizi n'Ouanoums** (3 600 m) jusqu'au refuge. Vous vous consolerez toutefois en contemplant, entre autres, le lac d'Ifni, le plus grand lac de l'Atlas, qui tranche agréablement avec l'aridité des alentours.

On quitte Amsouzert par la piste nivelée et bien marquée des 4x4 en direction du nord-ouest. Elle mène au lac d'Ifni en surplombant la berge nord de la rivière. Vous passerez par les villages d'**Ibrouane**, **Takatert** et de **Tisgouane** avant de rejoindre **Aït Igrane**, doté d'un lieu d'hébergement sommaire, le **Gîte Belaïde** (dort 30 Dh), et de deux cafés. À noter aussi un camping ombragé (30 Dh) sur un terrain plat pierreux, juste après le Café Toubkal, qui dispose d'une douche froide basique et de toilettes.

En quittant Aït Igrane, poursuivez votre chemin sur la piste de 4x4 qui longe la rivière vers le nord-ouest. À l'extrémité de la vallée, la végétation disparaît brusquement et la piste franchit la rivière (vous trouverez une source au nord) avant de bifurquer à gauche toute. Obliquez sur le sentier muletier étroit qui mène au nord du lac d'Ifni. Au milieu d'un paysage rocailleux et inhospitalier vous grimperez pendant une heure. Le sentier d'abord très sec, redescend ensuite à la pointe nord-est du lac d'Ifni (2 295 m). Il vous faudra deux à trois heures pour gagner cette vaste étendue d'eau immobile et verte, fort accueillante après ce rude parcours. Après avoir aperçu le lac mais avant d'atteindre son rivage, vous verrez une sorte d'estaminet indiqué comme "café", mais où l'on ne peut acheter que de l'eau et des rafraîchissements et commander un tajine, à condition qu'il y ait quelqu'un.

Sur la petite plage de la rive nord, des rochers offrent ombre et repos le temps du déjeuner. Le sol pierreux est dépourvu de végétation, mais vous pouvez vous baigner dans les eaux fraîches du lac.

Chaque année, un *moussem* réunit, trois jours durant en octobre, les habitants des villages des environs. Ils se rassemblent autour du lac d'Ifni pour célébrer le marabout dont la tombe trône dans un splendide isolement au sud-est du lac. Un sentier y mène depuis la berge nord-est. Le reste de l'année, des pêcheurs viennent taquiner les truites réputées du lac.

Au nord-ouest du lac, un itinéraire pénible (d'environ 1 km) traverse la vaste partie asséchée du lac. Ensuite s'amorce la montée très raide qui mène au **Tizi n'Ouanoums**. Lorsqu'on ne voit plus le lac, le sentier grimpe au cœur d'une gorge rocheuse, longeant la berge sud du cours d'eau, dont le murmure apporte un certain réconfort. **Azib Imi n'Ouassif** (2 841 m ; indiqué sur la carte au 1/100 000 par son altitude uniquement) se trouve à 3,5 km du lac, au croisement de deux gorges spectaculaires. Au-delà de ce site, le chemin grimpe sans relâche jusqu'au Tizi n'Ouanoums. Il existe quelques petites cascades dans les environs, très froides même en été, et vous trouverez plusieurs zones plates (mais rocailleuses) où planter votre tente, ainsi que des abris naturels dans les roches alentour, utilisés par les bergers depuis des siècles.

5e jour : d'Azib Imi n'Ouassif au refuge du Toubkal

3 à 4 heures / 4 km / 759 m de montée / 393 m de descente

Le sentier qui conduit au Tizi n'Ouanoums (3 600 m) part juste au nord-est de l'emplacement de camping. Il mène à un secteur particulièrement rocailleux et accidenté. La montée est raide et éreintante pendant quasiment tout le chemin, mais vous serez largement récompensé par la vue sur l'**Assif n'Moursaïne**, bordé par les crêtes dentelées de l'**Adrar bou Ouzzal** et de l'**Ouimeksane**. Le sentier traverse le cours d'eau à plusieurs reprises, pour atteindre le col en 1 heure 30 à 2 heures (on peut faire halte au bout d'une heure sous un abri de pierre proche d'une source). Même en plein été, il fait souvent frais au sommet, avec un vent violent, et la neige subsiste dans les crevasses qui ne voient pas le soleil.

Sur l'autre versant du col, vous descendrez au milieu d'un pierrier et de passages enneigés jusqu'en juillet. Le djebel Toubkal s'offre au regard. À l'ouest, un chemin conduit au **Tizi n'Melloul** (3 850 m). Une fois en bas, le parcours, plus facile, s'oriente vers le nord jusqu'au refuge du Toubkal (3 207 m). Comptez deux heures de marche à partir du Tizi n'Ouanoums.

Le **refuge du Toubkal** (☎ 061 695463 ; camping 6 Dh/pers, plus 12 Dh/tente, dort membres CAF/HI/non-membres mai-oct 80/100/130 Dh, nov-avr 40/60/80 Dh, douche chaude 10 Dh), anciennement connu sous le nom de Neltner, entièrement reconstruit en 1999, peut accueillir plus de 80 personnes. Un nouvel abri doit bientôt augmenter la capacité de ce gîte. Les hôtes ont à leur disposition des douches chaudes, des W.-C. avec chasse d'eau, une cuisine (gaz 7 Dh/heure) et un groupe électrogène. Il est possible d'y prendre un repas et une boutique vend du chocolat, des sodas, des biscuits et quelques autres denrées. Prévoyez un sac de couchage. Vous arriverez peut-être à joindre le gardien sur son portable, mais rien n'est moins sûr. Mieux vaut réserver par l'intermédiaire du **refuge d'Oukaïmeden** (☎ 024 319036 ; ouka@cafmaroc.co.ma).

Il est possible de camper en aval ou bien de planter sa tente sur un pâturage à 20 min au sud du refuge. Cette dernière option est préférable mais, dans ce cas, vous n'aurez pas accès aux équipements du refuge.

Vous atteindrez normalement le refuge avant l'heure du déjeuner. Vous aurez le choix entre plusieurs randonnées pour l'après-midi : rejoindre Imlil en trois ou quatre heures de marche assez pénible, si vous voulez éviter l'ascension du djebel Toubkal ; vous attaquer à la montée jusqu'au refuge de Tazaghart, à l'extrémité de la vallée de l'Azeddene, *via* le col de Tizi n'Taddate ; ou encore grimper jusqu'au sommet du djebel Ouanoukrim (4 088 m), ascension que l'on entame d'ordinaire tout de suite après la descente du Tizi n'Ouanoums. Mais il est plus sage de consacrer cet après-midi au repos, en prévision de l'ascension du lendemain (voir p. 414) – surtout si vous avez encore trois jours de randonnée devant vous.

Si vous comptez effectuer le tour du Toubkal avec vos mules *via* le refuge du Tazaghart, vous devrez vous séparer de celles-ci pour l'ascension du Toubkal. Autre possibilité : congédier vos bêtes de somme une fois ravitaillé au refuge du Toubkal, voire au lac d'Ifni (les deux cols élevés qui suivent ne pouvant être franchis par les mules, cette solution est sans doute la plus adéquate). N'omettez pas de compter dans vos frais le retour des mules et des muletiers jusqu'à Imlil.

ITINÉRAIRE COMPLÉMENTAIRE : ASCENSION DU DJEBEL OUANOUKRIM

Les dernières étapes du circuit sont assez épuisantes, mais ceux qui se sentent encore en forme pourront employer l'après-midi à grimper jusqu'au sommet du djebel Ouanoukrim (4 088 m, 5 à 6 heures aller-retour), le plus élevé de la région après le djebel Toubkal.

Dans ce cas, prenez à gauche à hauteur de la rivière après la descente du Tizi n'Ouanoums et remontez la vallée vers le sud. Il est conseillé d'être accompagné d'un guide ou, du moins, de se renseigner avant le départ. Suivez le sentier de la vallée au-delà de la bifurcation vers le Tizi n'Ouanoums et continuez votre ascension jusqu'au Tizi n'Ougane (3 750 m). De là, longez la crête jusqu'au sommet.

6ᵉ jour : du refuge du Toubkal à Azib Tamsoult

5 heures 30 à 6 heures / 6 km / 493 m de montée / 1 300 m de descente

Un sentier muletier part du refuge en direction du nord-ouest, puis gravit tranquillement la pente vers le nord. Passé le premier ravin, étroit et accidenté, vous vous retrouvez en surplomb du cours d'eau. Tournez à gauche en suivant la crête vers l'ouest et un second ravin que vous longerez au début sur le côté sud. Mais, rapidement, ce rude sentier s'infléchit vers le nord et impose une progression difficile au milieu des cailloux.

Au bout de quelque 80 min, après avoir dépassé plusieurs zones plates et une source, vous atteindrez les éboulis d'une pente large et relativement difficile (en particulier si vous êtes chargé). Suivez le vague sentier qui serpente vers un petit escarpement faisant face au nord-est et dirigez-vous vers la gauche, jusqu'au **Tizi n'Taddate** (3 700 m), un col venté. À gauche se dresse le **Biginoussen** (4 008 m). Le sentier continue tout droit, enjambe la source de l'**Assif n'Timellite** pour atteindre un autre col. Cette région est enneigée jusqu'au milieu du mois de juin et même parfois un peu plus tard). En partant du deuxième col, vous entamerez une descente pentue et peu commode le long du côté nord de l'éboulis (il faut parfois s'aider des mains pendant la première heure). Lorsque les escarpements s'évasent, une pente moins éprouvante mène au sympathique petit **refuge CAF de Tazaghart** (☎ 067 852754 ou par l'intermédiaire du Chalet CAF à Oukaïmeden 024 319036 ; dort 36/54 Dh pour les membres CAF/HI, 72 Dh plein tarif), à deux pas d'une splendide cascade.

Un itinéraire alternatif relie depuis peu le refuge du Toubkal à celui de Tazaghart. En descendant le sentier muletier pendant une quinzaine de minutes, vous parviendrez à une fourche près d'un muret arrondi utilisé pour les moutons. Tournez à gauche, vers l'ouest, et suivez le chemin qui monte en zigzaguant jusqu'à **Tizi n'Aguelzim** (3 560 m), à 2 heures de marche ; le col offre une vue panoramique étonnante : à l'est sur le sommet du Toubkal, au nord-est sur la vallée d'Imlil, au nord-ouest sur Azzadene et à l'ouest sur le plateau de Tazaghart. À partir de là, le chemin descend en décrivant quelque 72 épingles à cheveux et franchit un ruisseau. Vingt minutes plus loin, prenez l'embranchement sur la gauche et tournez à nouveau à gauche au bout de 15 min. À partir de là, le sentier grimpe pendant environ 10 min pour rejoindre le refuge de Tazaghart.

Malheureusement, le gardien du refuge habite à Tizi Oussem. Il faut donc téléphoner au préalable, ou lui faire parvenir un message par l'intermédiaire d'un muletier ou d'un berger passant par là. Cette solution est plus facile quand on arrive du nord. Si vous n'avez pas pris la précaution de réserver, vous trouverez sans doute porte close. Le refuge peut proposer des matelas pour 22 personnes, des lampes à gaz et une cuisine rudimentaire (l'utilisation du gaz est payante). Il est possible de planter sa tente à côté ou sur les terrains plats au-dessus de la cascade.

Ce refuge est surtout fréquenté par des alpinistes qui s'attaquent aux falaises du Tazaghart (3 845 m), dont le sommet est accessible aux randonneurs. Ne manquez pas cette occasion d'explorer le magnifique **plateau du Tazaghart**, à l'ouest.

Au sud-est du refuge, le **Tizi n'Melloul** (3 850 m) est une voie plus difficile pour parvenir au refuge du Toubkal, mais il donne aussi accès à l'**Afella** (4 045 m), vers le sud-est, ainsi qu'au chemin de crête menant au Biginnoussen, plus au nord.

La descente sur **Azib Tamsoult** (2 400 m) ne pose pas de difficulté. Juste après les impressionnantes **cascades d'Irhoulidene**, la végétation s'épaissit et la forêt devient plus dense. À 5 min des chutes d'eau, une zone boisée très agréable fera le bonheur des campeurs. Le village se trouve à 10 ou 15 min à pied au nord.

7e jour : d'Azib Tamsoult à Imlil

4 heures 30 à 5 heures / 6 km / 89 m de montée / 749 m de descente

Si vous êtes dans les temps et que vos jambes vous le permettent, vous pouvez entamer la descente vers Imlil à la fin de la sixième journée. En partant des potagers d'Azib Tamsoult, avec l'**Assif n'Ouarzane** en contrebas sur la gauche, vous verrez au nord, le sentier muletier bien marqué qui traverse les pentes boisées à l'est de la vallée. Traversez le village et le cours d'eau pour l'atteindre et suivez-le en évitant les chemins qui partent vers la gauche, en direction de la vallée.

Une montée douce et régulière en direction du nord-est (avec le **Tizi Oussem** plein ouest) vous conduira au **Tizi n'Mzik** (2 489 m), où il est possible de camper. On peut rejoindre Imlil en 90 min en descendant un sentier muletier bien tracé. Vous trouverez à 20 min de marche, une source sur votre droite.

ASCENSION DU DJEBEL TOUBKAL تساق جبل توبقال

Point culminant de l'Afrique du Nord, le djebel Toubkal est gravi par plusieurs centaines de personnes chaque année, été comme hiver. Il s'agit moins d'une ascension au sens propre que d'une randonnée exigeante. Toute personne en bonne condition physique peut donc prétendre parvenir au sommet. Les trekkeurs aguerris peuvent effectuer l'ascension depuis Imlil en quelques heures tandis que les promeneurs en baskets, venus de Marrakech le temps d'une excursion avec une nuit sur place, mettront davantage de temps. Si le parcours ne présente pas de difficultés techniques, méfiez-vous néanmoins du climat rude et des longues pentes abruptes formées d'éboulis

PRÉSENTATION DE LA RANDONNÉE

Durée : 2 jours
Distance : 22 km
Niveau : moyen à difficile
Départ/arrivée : village d'Imlil
Point culminant : Djebel Toubkal (4 167 m)
Ville la plus proche : Marrakech
Hébergement : camping et refuges
Transports publics : oui
Résumé : L'ascension du djebel Toubkal est aussi la randonnée la plus appréciée du Haut Atlas. Et pour cause : les vues du sommet sont imprenables. Le chemin est assez simple et accessible aux débutants (hormis en hiver et au printemps), même sans guide. Ne sous-estimez cependant pas cette randonnée, car l'ascension au milieu de pierriers n'a rien d'aisé, certaines personnes peuvent souffrir du mal des montagnes et les conditions climatiques sont parfois extrêmes (il peut neiger au mois de juin).

de rochers bruns, rouges et presque noirs d'origine volcanique. Par ailleurs, l'altitude du djebel Toubkal (4 167m) peut provoquer le mal des montagnes, d'où l'importance d'adopter une allure lente et régulière.

Il existe de multiples variantes au circuit classique que nous décrivons ici. Ainsi, il est possible d'associer le djebel Toukbal et d'autres sommets voisins de moindre importance, comme l'Ouanoukrim (4 088 m), particulièrement prisé des randonneurs (en grande forme physique). Si vous n'êtes pas pressé par le temps, vous pouvez envisager de faire une étape supplémentaire entre Imlil et le refuge du Toubkal, en campant ou en passant une nuit à Sidi Chamharouch.

Cartes

Nous vous recommandons les mêmes cartes que celles utilisées pour le circuit du Toubkal (voir p. 409).

1er jour : d'Imlil au refuge du Toubkal

4 à 6 heures / 10 km / 1 467 m de montée

Le Toubkal se dresse au-dessus de vous dès que vous vous engagez sur le sentier de randonnée, à Imlil (voir p. 320). Quittez Imlil le plus tôt possible pour monter vers le refuge du Toubkal. Le parcours n'est pas très raide, mais il grimpe sans discontinuer et il n'y a pas beaucoup d'ombre après Aroumd. Les personnes peu entraînées ou encore mal acclimatées trouveront ce trajet pénible. Suivez la piste qui traverse Imlil en direction d'**Aroumd** (Armed). En haut du village, un sentier muletier sur la gauche monte en lacets parmi les champs d'orge, les noyers et les pommiers, et passe devant l'imposante casbah du Toubkal (voir p. 319). Au-delà, l'ascension continue en zigzag jusqu'à Aroumd et la route, dans la vallée profondément encaissée.

Après Aroumd, traversez la grande plaine rocheuse et empruntez le sentier muletier bien tracé qui gravit un très gros rocher (visible depuis la vallée) au-dessus de la rive est de l'Assif Reraya et mène au hameau de Sidi Chamharouch abritant le tombeau du marabout qui a donné son nom à la localité. Les origines de **Sidi Chamharouch** (2 310 m) remonteraient à l'époque préislamique, mais il s'agit désormais d'un lieu de pèlerinage musulman. L'afflux de pèlerins et de trekkeurs a donné naissance à la localité, à mi-chemin entre Imlil et le refuge du Toubkal. Quelques échoppes vendent de la nourriture et, parfois, des bijoux et des souvenirs. Juste après le sanctuaire, interdit d'accès aux non-musulmans, et sur la gauche du sentier, coulent deux jolies cascades formant des piscines naturelles. On peut y déjeuner à l'ombre des rochers.

Après le pont de Sidi Chamharouch, le sentier caillouteux s'éloigne de la rivière pendant quelques kilomètres pour zigzaguer au-dessus de la vallée. Il s'aplanit ensuite légèrement et rejoint le cours d'eau. Lorsqu'on aperçoit le refuge (p. 412), installé juste au pied du versant ouest du djebel Toubkal, on n'est plus qu'à 1 heure de marche du but.

2e jour : l'ascension

6 heures / 12 km / 960 m de montée et de descente

Une certaine excitation règne habituellement au refuge, car les trekkeurs anticipent l'ascension. Deux vallées glaciaires parcourent la face ouest du Toubkal, séparés par une crête orientée ouest-nord-ouest qui part du sommet. On emprunte le plus souvent le chemin qui démarre derrière le refuge. Mieux vaut partir dès potron-minet pour éviter les morsures du soleil (vous ne trouverez pas d'ombre, sinon celle des rochers...). Prévoyez de l'eau, des en-cas et des vêtements chauds, car un vent glacial souffle souvent au sommet. Attention aussi au mal des montagnes : vous n'avez qu'une seule journée de randonnée derrière vous, ce qui n'est pas suffisant pour vous adapter à l'altitude. Adoptez un pas lent et régulier. Si les symptômes dépassent la simple indisposition (maux de tête ou vomissements), redescendez au plus vite. Ne cédez pas à la tentation de vous allonger pour dormir.

La piste du sud commence derrière le refuge, où il faut franchir la rivière et prendre la direction de l'est vers la pente éboulée clairement visible. Débutez l'ascension en empruntant le sentier bien défini qui part à gauche de la pente.

Franchissez le cours d'eau qui coule derrière le refuge et prenez à l'est jusqu'aux éboulis. Commencez l'ascension sur le sentier bien visible qui part à gauche de la pente. Vous traverserez un "champ" de gros rochers avant d'atteindre le chemin qui monte en lacets jusqu'au **Tizi n'Toubkal** (3 940 m), à l'aplomb. Ensuite, le sentier s'incurve à gauche (vers le nord-est) et suit la crête jusqu'au sommet (4 167 m). Sauf en cas de brume de chaleur, vos efforts seront récompensés par un panorama magnifique, encore plus spectaculaire le matin. Comptez 2 heures 30 à 3 heures 30 (selon votre forme et la météo) jusqu'au sommet.

Redescendez par le même chemin et obliquez à gauche quand vous arrivez en vue du refuge. Cette descente prend une heure ou deux, après quoi vous pouvez regagner directement Aroumd ou Imlil. Si vous prévoyez de passer une deuxième nuit au refuge, vous pouvez descendre par le circuit sud (*Ihibi sud*), plus long, en deux ou trois heures de marche.

D'IMLIL À SETTI FATMA إمليل إلى ستي فاطم

Bien que n'incluant l'ascension d'aucun sommet majeur du Haut Atlas, ce circuit permet de découvrir des paysages de montagne où se succèdent des cols d'altitude battus par les vents, de sauvages crêtes rocheuses et des vallées verdoyantes. La route traverse plusieurs villages, certains sans électricité, ce qui permet d'approcher le mode de vie traditionnel berbère. Il faut compter deux heures pour venir de Marrakech par les transports publics.

PRÉSENTATION DE LA RANDONNÉE

Durée : 3 jours
Distance : 30 km
Niveau : facile à moyen
Départ : village d'Imlil
Arrivée : Setti Fatma
Point culminant : Tizi n'Tacheddirt (3 172 m)
Ville la plus proche : Marrakech
Hébergement : camping et gîtes
Transports publics : oui
Résumé : Cette magnifique randonnée de trois jours, sans grande difficulté, traverse les régions les plus spectaculaires du Haut Atlas. Le parcours ne compte qu'un col rocheux de haute altitude, suivi d'une descente vers la haute vallée de l'Ourika, région très agricole où d'innombrables terrasses vertes et des plantations de noyers dégringolent le long des flancs de la montagne.

Préparation

Trois jours suffisent pour cet itinéraire, voire deux pour les randonneurs confirmés. Parcours annexes et variantes sont envisageables, en particulier autour de Timichi. Si vous comptez prolonger votre séjour, pensez à vous munir des provisions qui vous seront nécessaires. Cette région est couverte par la carte au 1/100 000 *Oukaïmeden-Toubkal*, établie par le gouvernement.

Setti Fatma possède un **bureau des guides** (☎/fax 024 426113), plusieurs petits hôtels (avec douches chaudes) et nombre de cafés (voir *Vallée de l'Ourika*, p. 319). Bus et grands taxis (20 Dh) desservent régulièrement Setti Fatma depuis Bab er-Rob, à Marrakech (67 km).

1er jour : d'Imlil à Ouaneskra

3 heures à 3 heures 30 / 7 km / 560 m de montée

La première étape de cette randonnée est presque identique à la première journée du circuit du Toubkal (voir p. 410). Une fois franchi le **Tizi n'Tamatert** (2 279 m), il vous reste 45 min de marche facile jusqu'au village d'**Ouaneskra** avec, en prime, une vue superbe sur la vallée.

Ouaneskra possède maintenant trois **gîtes** (30 Dh/pers, repas 30 Dh, douche chaude 10 Dh) bien tenus. Le premier est juste avant la rivière, les deux autres marquent l'entrée et la sortie du village. Votre guide vous dirigera vers l'un ou l'autre gîte selon les liens avec sa famille.

Si vous avez rejoint Ouaneskra le matin, vous pourrez passer l'après-midi dans la **vallée d'Imenane**, qui s'étend d'Ouaneskra et de Tacheddirt vers Asni, au nord-ouest. Fertile et bien arrosée, cette vallée cultivée est parsemée de villages berbères.

Sinon, prenez de l'avance sur le trajet du lendemain en parcourant les 2 km qui restent jusqu'à **Tacheddirt** (2 300 m). Pour cela, suivez la nouvelle route qui part sur la droite avant Ouaneskra et traversez le plateau d'Amagdoul, lieu de bivouac apprécié en été. À Tacheddirt, l'hébergement est assuré par un **refuge du CAF** (dort 26/39 Dh pour les membres CAF/HI, 52 Dh plein tarif) ou chez le gérant du refuge (30 Dh).

2e jour : d'Ouaneskra à Timichi

6 à 7 heures / 12 km / 900 m de montée / 1 300 m de descente

Suivez le sentier muletier bien marqué qui mène d'Ouaneskra à Tacheddirt, en traversant une contrée de cultures en terrasses. À la sortie du village, le sentier entame une montée régulière d'environ 850 m jusqu'au **Tizi n'Tacheddirt** (3 172 m), visible tout au long du parcours. Le sentier rocailleux suit la berge gauche du cours d'eau, puis s'élève en lacets pendant une demi-heure environ en direction de la face sud du **djebel Angour** (3 616 m). Balayé par les vents, le col offre un panorama fabuleux. Comptez trois heures au moins pour l'exaltante descente vers **Timichi**. Vous tomberez sur un endroit idéal pour déjeuner, à l'abri du vent, 30 min après le Tizi n'Tacheddirt.

Le sentier poursuit sa descente entre des genévriers noueux et contourne le versant est du djebel Angour, où moutons et chèvres paissent dès le début du printemps. Si vous ne voyez pas les bergers, eux vous repèreront certainement. Quoique bien repérable, la voie est très caillouteuse et, par moments, semble quelque peu suspendue au flanc de la montagne. Les tons du paysage passent progressivement du brun pâle au rouge, puis au vert. En fin de parcours, vous apercevrez les cultures en terrasses de **Labassene.** Dirigez-vous vers le vieux noyer à l'entrée du village et suivez le chemin qui longe les maisons avant d'obliquer vers le nord-est. Timichi n'est plus qu'à 2 km. Un **gîte** (dort 30 Dh) à Labassene et un autre à Timichi vous attendent pour faire étape. Le sympathique **gîte** (dort 30 Dh environ) de Timichi est installé sur la berge sud de la rivière, en face du village. Sa terrasse constitue un bon point d'observation. Il est possible de commander des repas simples dans l'un ou l'autre gîte.

3e jour : de Timichi à Setti Fatma

4 à 4 heures 30 / 11 km / 370 m de descente

Traversez le lit de la rivière et tournez à droite pour emprunter un sentier facile qui se dirige vers l'est au-dessus de la vallée plantée de champs de maïs et de noyers. Vous traverserez Tiourdiou, Tadrart et d'autres petits villages, dont Tiwediwe et Anfli. On jouit alors d'une vue plongeante sur l'enchevêtrement des terrasses et des canaux d'irrigation. Fin mai et début juin, juste avant la récolte, l'or des champs d'orge offre un magnifique spectacle. À mesure que la vallée s'épanouit, le sentier monte le long des flancs dénudés de la montagne.

La voie devenant de plus en plus caillouteuse, vous pouvez décider de suivre à partir de Tadrart la piste de terre qui conduit à **Setti Fatma** (p. 319) en une heure et demie de marche. Autrement, il est aussi possible de suivre le cours de la rivière depuis Tiwediwe.

OUEST DU HAUT ATLAS الأطلس الكبير الغربي

Introduction

L'ouest du Haut Atlas englobe officiellement le parc national du Toubkal, mais on note une grande différence entre la région des plus hauts sommets marocains et les massifs moins élevés qui s'étirent à l'ouest vers les plaines du Sous. Plus chaudes et plus verdoyantes, ces contrées présentent aussi de belles possibilités de randonnées dans un environnement magique de montagnes

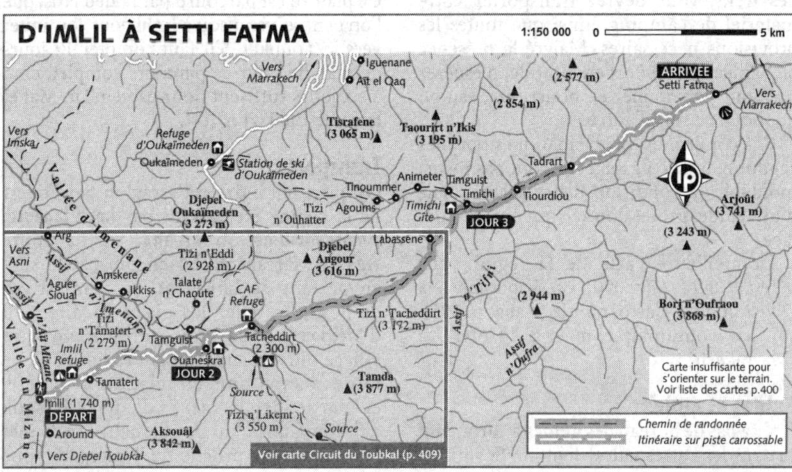

déchiquetées, de gorges vertigineuses, d'immenses forêts, de vallées fertiles où poussent dattes, amandes, olives et noix, et de villages berbères typiques. Si le relief est moins accidenté, il réserve toutefois quelques défis aux marcheurs, ainsi que beaucoup de plaisir.

À ne pas manquer

Les hauts pâturages enchanteurs du plateau du Tichka, tapissés de fleurs sauvages au printemps, constituent le joyau de la région. La plupart des treks sont moins exigeants ici que dans la région du Toubkal, tout en traversant de remarquables paysages animés de gorges profondes et boisées, de pics montagneux et de villages berbères.

Renseignements

Les itinéraires qui sillonnent la région comptent parmi les plus isolés du Maroc. Certains villages sont réellement coupés du monde et loin de connaître le même flux de visiteurs étrangers que le Toubkal, voire le M'Goun.

Cette situation hors des sentiers battus ne va pas sans inconvénient : les possibilités pour se loger sont réduites car il n'y a pas de refuges officiels et pratiquement aucun hôtel en dehors des deux bases que sont Taliouine et, à proximité de Taroudant, Tioute (voir p. 375). Cependant, Afensou peut désormais accueillir les visiteurs dans une sorte de riad charmant. Dans d'autres villages de montagne, les hôtes sont les bienvenus chez l'habitant. Pour la plupart des treks, vous devrez transporter votre matériel de camping, ainsi que toutes les provisions nécessaires. Malgré la présence de hameaux berbères en altitude, n'espérez pas vous y ravitailler en nourriture, eau ou quoi que ce soit d'autre.

Ces conditions, problématiques pour les randonneurs de passage, ne sont pas insurmontables à condition d'être accompagné d'un guide professionnel qui sait y faire face.

La meilleure carte de la région, *Tizi n'Test et Igli* (1/100 000), est disponible à la Division de la Cartographie (Rabat p. 105), sur www.omnimap.com et à l'Hôtel Ali (Marrakech).

Guides et mules

Il n'y a pas de bureau des guides à Taroudant ni dans les autres villes alentour. Si vous ne participez pas à un circuit organisé, vous pouvez organiser un trek par l'intermédiaire du bureau des guides d'Imlil (☎/fax 024 485626).

Comme ailleurs dans les montagnes du Maroc, les muletiers ne manquent pas et il suffit généralement de les prévenir un jour à l'avance. Votre guide s'en chargera.

Itinéraires

En dehors du camping, les options sont réduites. Il est possible d'effectuer plusieurs randonnées en boucle d'une journée depuis Afensou qui possède un hôtel. On peut notamment se rendre à Imoulas pour le souk du dimanche (9 km aller-retour) ou entreprendre le trek de deux jours jusqu'au village de Zaouïat Tafilalet, avec logement chez l'habitant et retour le lendemain *via* Tazoudot.

Au départ d'Afensou, le plateau du Tichka peut être parcouru à une allure tranquille en une semaine de la manière suivante : 1er jour, marche jusqu'à Tazoudot et nuit chez l'habitant ; 2e jour, marche jusqu'à Imamarn, montée de la vallée de Medlaoua pour rejoindre le plateau et bivouac sur place ; 3e jour, traversée du plateau et bivouac ; 4e jour, ascension du djebel Amendach (3 382 m) ; 5e jour, descente du plateau dans les gorges spectaculaires de Nfis et bivouac près du village d'Imi n'Oksar ; 6e jour, descente jusqu'à Souk Sebt Talnakant, où vous devriez trouver un moyen de transport pour rentrer, surtout après le marché du samedi. Ce plateau est parcouru par l'oued Nfis, que l'on peut suivre jusqu'à Imlil pour continuer vers le Toubkal. S'il faut compter 12 jours de marche pour ce parcours complet, cinq à six jours suffisent pour gagner Tin Mal et la route du Tizi n'Test.

Transports

On peut rejoindre cette région par l'ouest de la chaîne en passant par **Imi n'Tanoute**, **Timesgadiouine** ou **Argana**, sur la route Agadir-Marrakech, ou encore par le sud, en partant de **Taroudant**. Si vous arrivez de l'ouest, prenez les pistes en direction d'**Afensou** (à ne pas confondre avec un autre village plus au sud), où la proximité d'une mine assure une circulation régulière, en particulier le mercredi, pour le souk hebdomadaire du lendemain. **Souk Sebt Talnakant**, plus proche de Timesgadiouine et d'Argana, représente un autre point de départ possible, plus à l'ouest. Les transports commencent le vendredi pour le souk du samedi.

En venant de Taroudant (au sud), l'accès est un peu plus facile, car des camionnettes circulent sur la route le long de l'oued Ouaar, en direction de **Tasguint** et d'**Imoulas** (souk le dimanche) ou, plus loin, de **Tagmout** et de **Souk Tnine-Tigouga** (souk le lundi).

CENTRE DU HAUT ATLAS – MASSIF DU M'GOUN الأطلس الك - جبل المكون

Certes, les randonneurs convergent en nombre vers le djebel Toubkal, attirés par son statut de point culminant du Maroc et sa proximité avec Marrakech. Toutefois, un nombre croissant de personnes met désormais le cap sur le centre du Haut Atlas et le **massif du M'Goun**. Le M'Goun offre en effet mille possibilités encore relativement inexplorées. Le cadre naturel est spectaculaire : les roches sédimentaires forment des escarpements étonnants, où l'érosion a sculpté des crêtes et de magnifiques gorges aux parois pourpre et orangé. Parmi les sites-phares de la région, certains sont aisément accessibles aux randonneurs (il arrive cependant qu'on doive marcher avec de l'eau jusqu'à la taille) et laissent un souvenir impérissable. On peut aussi remonter une rivière jusqu'à sa source, franchir la montagne, puis suivre un autre cours d'eau jusque dans sa vallée.

Préparation

CARTES

Les cartes au 1/100 000 *Azilal*, *Zawyat Ahansal*, *Qalat M'Gouna* et *Skoura* couvrent les principales zones de trekking. Le gouvernement publie aussi une carte au 1/100 000 intitulée *Carte des randonnées de Zaouiat Ahansal*, qui s'étend d'Agouti, à l'est, à Zaouiat *Ahansal*, à l'ouest, mais n'est pas d'un intérêt primordial pour la plupart des randonneurs.

Plus facile à trouver et plus utile, le *Mgoun Massif* (1/100 000) de West Col Production constitue une référence en matière d'itinéraires et aide bien à préparer son circuit, malgré l'absence de courbes de niveaux. Parfois en vente au Maroc, cette carte est disponible sur le site Internet Omnimap (www.omnimap.com).

La carte *Kultur Trekking in Zentralen Hohen Atlas*, en allemand, détaille la randonnée d'Aït Bouguemez à El-Kelaâ (Kalaat) M'Gouna, et classe les gîtes de la chaîne.

Dans la plupart des grandes villes du pays, vous pourrez vous procurer aisément le guide de randonnée en français *Randonnées pédestres dans le massif du M'Goun*.

ÉQUIPEMENT ET RAVITAILLEMENT

Les denrées de base (viande, fruits, légumes et eau minérale) sont disponibles à Tabant. Pour tout le reste, y compris les bonbonnes de gaz, ravitaillez-vous à l'hypermarché de Marrakech ; pétrole, gazole et kérosène sont en vente à Azilal.

L'eau en bouteille est disponible partout, mais en choisissant de traiter l'eau des sources que vous croiserez en chemin, vous respecterez davantage l'environnement (voir *Détritus* p. 405).

À défaut de gîte, il existe à Rougoult un excellent camping près de la rivière. Votre guide devrait pouvoir se procurer des tentes, si besoin. Sinon, il vous faudra passer la nuit à Sebt Aït Bou Wlli, ce qui rallongera de beaucoup le parcours du lendemain.

Au printemps, voire à d'autres périodes de l'année, un bâton vous sera utile pour franchir d'un bond les nombreux ruisseaux et garder votre équilibre en sautant d'une pierre à l'autre au-dessus de l'eau. Si la rivière est haute, vous devrez peut-être nager. Le fond étant pierreux, des sandales en plastique vous rendront alors service.

GUIDES ET MULES

Conséquence de la présence à Tabant du Centre de formation aux métiers de montagne, de nombreux guides connaissent le M'Goun. Un **bureau des guides** est établi à Azilal (☎ 023 459430), mais des guides du Dadès et du Sarhro, au sud, ou d'Imlil et de Marrakech, plus à l'ouest, ont les compétences et l'enthousiasme nécessaires pour conduire des randonnées dans la région.

Tous peuvent se charger de recruter des muletiers.

TRAVERSÉE DU M'GOUN سلسلة جبال المكون

Le massif du M'Goun comprend certains des sommets les plus hauts et les plus rudes du Maroc.

Ce circuit s'adresse pourtant aux randonneurs de tous niveaux, y compris aux familles (les enfants adoreront grimper les pentes les plus raides et franchir les rivières à dos de mule). Le paysage est d'une incroyable diversité, alternant vallées luxuriantes et parois rocheuses dénudées. L'architecture berbère de certains villages de cette vallée est tout à fait particulière et ne connaît d'équivalent qu'au Yémen ou en Afghanistan.

Jour d'arrivée

Si vous venez de Marrakech, vous serez sans doute impatient de vous dégourdir les jambes. À condition de disposer d'un matériel de camping, vous pouvez alors entamer le premier jour de marche en piquant dans la vallée jusqu'à Agerssif. Un site épatant vous attend pour planter votre tente au bord de la rivière, à l'ombre des noyers, à deux pas du pont. Sinon, suivez pendant une heure la route paisible en directiond'Agouti. Vous passerez par Tabant, où un café sommaire et des magasins fournissent du ravitaillement. Continuez ensuite jusqu'au marabout et à l'*agadir* (silo collectif fortifié) de Sidi Moussa, situé au sommet d'une colline pyramidale caractéristique qui se dresse au nord-ouest du village. Sidi Moussa aide, dit-on, les jeunes filles à trouver un mari et à procréer. À cet endroit, la vallée d'Aït Bouguemez (p. 315) se révèle de toute beauté, surtout au printemps, et la vue sur le marabout fait vite oublier le trajet long et sinueux.

Il existe plusieurs **gîtes** à Agouti et dans le village voisin de Talsnant. Le plus calme, **Chez Daoud** (☎ 062 105183, 50 Dh), se situe à une courte marche en aval de la route, à côté de champs d'orge, et dispose d'installations basiques pour se laver. **Flilou** (☎ 024 343796 ; tamsilt@menara.ma ; dort/d Dh50/150), sur la route, propose des dortoirs propres et des doubles beaucoup plus chères dans une coquette maison berbère aux sanitaires impeccables.

PRÉSENTATION DE LA RANDONNÉE

Durée : 4 jours
Distance : 57 km
Niveau : moyen
Départ : Agouti
Arrivée : Aït Alla
Point culminant : Tizi n'Rougoult (2 860 m)
Hébergement : camping et gîtes
Transports publics : oui
Résumé : Cet itinéraire contrasté au cœur du M'Goun convient aux trekkeurs de tout niveau, y compris les plus jeunes. Il inclut une longue journée de marche, mais traverse de superbes paysages montagneux, franchit des gorges, remonte une rivière et descend un autre cours d'eau pour rejoindre de belles vallées fertiles.

1er jour : d'Agouti à Rougoult

6 à 7 heures/17 km/326 m de descente/montée

Agouti marque l'entrée de la vallée d'Aït Bouguemez. Le séduisant parcours le long de la route pour sortir du village vous permet de contempler à loisir la Vallée Heureuse, dont le nom s'impose vite comme une évidence. Au bout d'une heure et demie de marche à pas tranquille, une piste descend sur la gauche. Un peu plus loin, vous avez le choix entre suivre la piste ou emprunter un chemin plus court mais plus escarpé qui zigzague jusqu'au fond de la vallée, rejoignant la piste à **Agerssif** (1 489 m). Le trajet d'Agouti à Agerssif prend normalement moins de trois heures. Agerssif se situe au confluent des rivières Lakhdar et Bouguemez, enjambé par un pont. Ce site au bord de l'eau se prête bien au repos et au bivouac.

La vallée du Lakhdar se rétrécit considérablement tandis que la piste, assez large pour les véhicules, grimpe son flanc sud. Environ une demi-heure en amont, le pittoresque village de **Taghoulit** (1 519 m), entouré de genévriers, abrite un **gîte** (30 Dh/pers) sans prétention. La piste continue à remonter la gorge et débouche sur la vallée supérieure, plus fertile et évasée, jusqu'à atteindre **Sebt Aït Bou Wlli**. Ce bourg surplombant la rivière comporte une école (repérable à ses drapeaux), un marché du samedi et, depuis 2005, l'électricité. Si vous ne souhaitez pas camper, le **Gîte d'Etape Adrar** (☎ 023 458479 ; 30 Dh/pers) se trouve le long de la piste principale et un autre gîte est installé à Rougoult.

Le village occupe le point de rencontre de plusieurs vallées : on peut monter jusqu'au djebel Rat (3 797 m) en passant par Abachkou. Notre piste part sur la gauche,

TRAVERSÉE DU M'GOUN

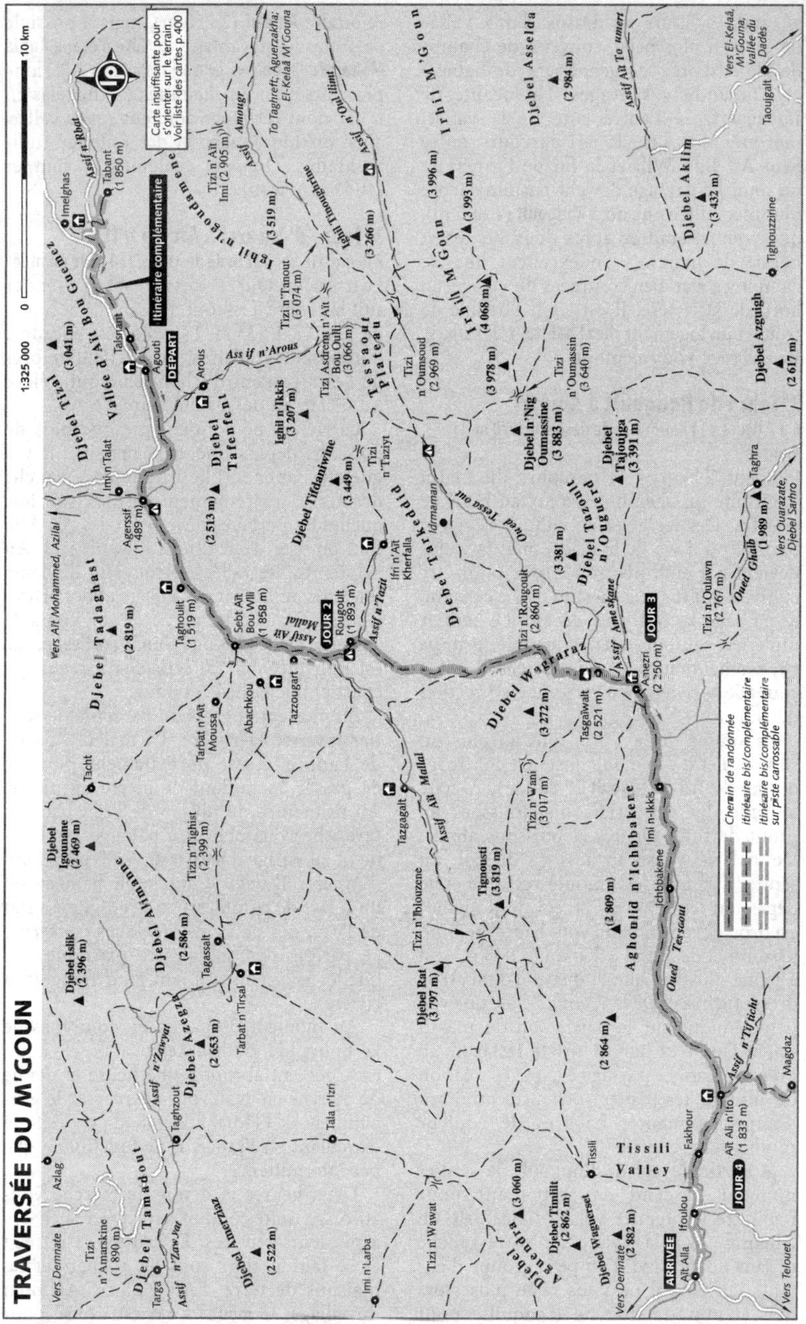

au sud, et sinue au-dessus d'une vallée de plus en plus belle, couverte de champs de blé et d'orge, de genévriers, de figuiers et d'amandiers sauvages. La localité de **Tazouggart**, de l'autre côté de la vallée, marque plus que la mi-parcours entre Sebt Aït Bou Wlli et la fin de l'itinéraire du jour. Le paysage devient ensuite encore plus merveilleux jusqu'à **Rougoult** (1 893 m), que vous atteindrez après deux heures et demie de marche. Un excellent lieu de camping s'étend en contrebas du village, au bord de la rivière. Il est aussi possible de trouver un logement **chez l'habitant** (30 Dh/pers). Renseignez-vous alentour.

2e jour : de Rougoult à Amezri

6 à 7 heures/14 km/600 m de descente/970 m de montée

Pendant 2 heures, le parcours du matin emprunte un chemin pierreux au bord de la Tifra. Des terrasses en culture s'étagent partout où il y a de la place, mais la vallée devient par endroits trop étroite pour être cultivée. Au fur et à mesure de l'ascension, le paysage se fait plus désolé. Le sentier muletier, toujours bien repérable, grimpe par moments au-dessus des gorges. Il suit le cours de la rivière peu ou prou en direction du sud.

La source de la Tifra, tout au plus un simple filet d'eau, coule juste en contrebas du col de **Tizi n'Rougoult** (2 860 m). À cette altitude, les genévriers disparaissent au profit de rares plantes et buissons alpins. De la large passe au-dessous du col, un sentier à gauche (est) monte vers une crête dépassant les 3 500 m. Le col de Rougoult est droit devant. Quand vous l'aurez rejoint, le sommet de l'Ighil M'Goun (4 068 m, soit à peine plus bas que le djebel Toubkal) se dresse plein est. Devant vous s'étale une vue panoramique sur la partie sud du massif du M'Goun et sur la **rivière Tessaout**, au premier plan. Le paysage évoque la création du monde, les pentes rocheuses arborant d'impressionnantes balafres de couleur rouille, verte et grise.

À partir du col de Rougoult, le sentier muletier descend en serpentant pour rejoindre le premier village, **Tasgaïwalt**, en 2 heures. Avec la rivière sur votre gauche et sans doute suivi d'un petit groupe d'enfants curieux, il ne vous reste plus alors que 40 min de marche tranquille pour rejoindre **Amezri** (2 250 m), mais il possible de s'attarder davantage. Le **Gîte d'étape Agnid Mohamed** (30 Dh/pers, petit déj 15 Dh, repas 35 Dh) loue plusieurs grandes chambres (24 matelas en tout), dont certaines donnent sur la vallée, ainsi qu'une douche et des toilettes rudimentaires. On peut également y camper (10 Dh environ).

3e jour : d'Amezri à Aït Ali n'Ito

6 heures/18 km/427 m de descente/150 m de montée

Le troisième jour est très agréable. Le sentier suit la rivière Tessaout, passant doucement de 2 250 à 1 833 m. La vallée est encadrée d'imposantes falaises, en particulier près de l'escarpement d'Ichbbakene qui s'élève à 1 000 m au-dessus du cours d'eau.

La rivière ne contient presque plus de poissons depuis une crue massive, il y a quelques années. Elle irrigue en revanche des terres extrêmement fertiles sur lesquelles les Berbères de la tribu des Aït Atta font pousser des cultures saisonnières. Au printemps, les vallées se couvrent de fleurs sauvages au milieu des noyers et des arbres fruitiers. Dans cette partie de son cours, la Tessaout coule plus ou moins vers l'est et elle est alimentée par une série de ruisseaux qui charrient de la neige fondue.

En plusieurs points du parcours, le sentier traverse la rivière. La majeure partie de l'année, il est normalement possible de passer en sautant de pierre en pierre. Au printemps, le niveau de l'eau peut en revanche vous obliger à patauger, notamment au village d'**Imi n'Ikkis**, à environ 5 km d'Amezri. Il s'agit d'un simple hameau où un fonds de commerce sans enseigne vend de l'eau, des boissons, quelques conserves et, parfois, des sandales en plastique vert que les villageois utilisent pour franchir la rivière.

Au moment de passer en contrebas de la bourgade d'**Ichbbakene**, adossée à un escarpement abrupt à une heure et demie de marche en aval, vous apercevrez le gros bâtiment de l'Hôtel Edare. Son propriétaire travaillant en France, il ne fonctionne que par intermittence.

Deux heures et demie de marche vous auront ensuite conduit à traverser la rivière à plusieurs reprises. Le sentier se rétrécit et se faufile alors sous les rochers et les maisons de terre d'Aït Hamza. Au bout du village, le **moulin à eau** est utilisé pour moudre la récolte annuelle de blé. Une autre heure de marche très agréable conduit à Aït Ali n'Ito. Le **Gîte d'étape Assounfou** (☎ 066 075060, 024 385747 ; fax 024 385744 ; 30 Dh/pers ; petit-déj 20 Dh), un des meilleurs de la région, offre une vue splendide sur la vallée. Il dispose de l'électricité, de douches chaudes (10 Dh) et d'une boutique.

Si vous avez le temps, un détour intéressant vous mènera à **Magdaz**, au sud d'Aït Ali n'Ito, en 3 heures aller-retour. Le jeu en vaut vraiment la chandelle car c'est l'un des plus jolis villages de l'Atlas. Hormis la beauté du cadre, vous pourrez admirer l'architecture exceptionnelle de ses maisons-tours qui s'étagent sur des degrés en pierre et en bois, une technique que vous retrouvez à Fakhour (voir itinéraire du 4e jour).

4e jour : d'Aït Ali n'Ito à Aït Alla

2 heures 30 à 3 heures/8 km/150 m de descente

Une route de terre descend doucement le long de la rivière jusqu'à la fin du trek. Elle monte toutefois un peu avant d'atteindre le petit village de **Fakhour**, avec ses maisons à flanc de montagne et son *agadir* ouvert à la visite (une obole de 10 Dh au gardien est tout à fait justifiée).

À moins d'une heure, Ifoulou se dresse dans une courbe de la rivière et de la route. Cette localité somnolente abrite un débit de boissons et accueille le lundi un grand souk qui draine les villageois des vallées voisines. Une demi-heure après Ifoulou, la piste rejoint la principale route Demnate-Skoura à côte du nouveau pont routier sur la Tessaout, en contrebas d'Aït Alla. Vous n'aurez plus qu'à emprunter un moyen de transport pour aller dans un sens ou dans l'autre, mais le temps d'attente est imprévisible.

MONTAGNES DU RIF جبل اريف

Le Rif, la plus septentrionale et la moins élevée des chaînes montagneuses du Maroc, ne constitue pas la destination favorite des randonneurs. C'est bien dommage, car la région se prévaut de massifs, de sommets, de gorges et de vallées absolument magnifiques, ainsi que de larges étendues boisées de cèdres, de pins et de chênes-lièges. Soumise à un climat méditerranéen, mais bien arrosée, cette zone de montagnes est la plus verdoyante du pays. Elle se couvre au printemps d'un véritable tapis de fleurs des champs qui crée l'émerveillement de tous ceux qui ont la chance de s'y promener.

Même si la culture du kif occupe les trois quarts des terres cultivables à l'est de Chefchaouen, il y a peu de raisons de se sentir menacé, en particulier si vous êtes accompagné d'un guide. Surpris de vous voir, les villageois vous marqueront même un intérêt sincère. L'itinéraire que nous recommandons au départ de Chefchaouen ne pose aucun problème de sécurité.

Si le sommet le plus haut du Rif, le djebel Tidiquin culmine à 2 448 m, la plupart des randonnées restent en deçà de 2 000 m. Vous n'avez donc pas à craindre le mal des montagnes.

FLORE ET FAUNE

Le Rif jouit d'un climat méditerranéen et ressemble beaucoup aux sierras du sud de l'Espagne. Une espèce rare de cèdre, vestige d'une période plus froide, l'*Abies maroccana* (voisine de l'*Abies pinsapo* espagnol) pousse au-dessus de 1 500 m. Sur la roche calcaire croissent des chênes-lièges, des pins et des oliviers sauvages. Le sol pierreux est dur à cultiver et la déforestation constitue un problème écologique.

Vous entendrez peut-être dire qu'il y aurait des loups dans la montagne, mais n'y croyez pas. En revanche, vous aurez peut-être la chance de croiser un renard roux ou un chien sauvage aux abords d'un village. Bien présents, les sangliers sont difficiles à apercevoir car ils préfèrent s'isoler. Les mammifères les plus célèbres du Rif sont incontestablement les magots du Maroc (*mgou*, en dialecte local), qui vivent également dans le Moyen Atlas.

Parmi les oiseaux, vous observerez des rapaces comme l'élanion d'Australie, l'aigle royal et la buse féroce qui tournoient dans les courants ascendants. Des corbeaux se perchent parfois sur les falaises calcaires.

Les scorpions présentent moins de danger dans le Rif que plus au sud. Méfiez-vous de la morsure du scorpion rouge, très douloureuse, et de la vipère fer à cheval (appelée ainsi car les écailles de sa tête dessinent ce motif). Cette dernière aura cependant tendance à fuir plutôt qu'à attaquer.

PRÉPARATION

On peut randonner toute l'année dans la région, mais il peut faire très froid et même neiger entre novembre et mars. De fin septembre à juin, il pleut fréquemment, tandis qu'une chaleur extrême règne en plein été, y compris sur les sommets, au point d'assécher un certain nombre de sources et de cours d'eau.

Bien que la pratique de la randonnée demeure relativement peu développée dans le Rif, de nombreux villages proposent un gîte simple. Une tente peut par ailleurs s'avérer très utile. Quelle que soit la saison, prévoyez un sac de couchage et un vêtement imperméable léger pour affronter les averses fréquentes. Il sera judicieux de préparer la totalité de votre ravitaillement à Chefchaouen, qui est aussi l'endroit idéal pour organiser votre trek.

L'**Association des guides du tourisme** (☎ 062 113917 ; guiderando@yahoo.fr ; circuit d'une demi-journée 120 Dh) de Chefchaouen vous mettra en rapport avec un guide. Contactez directement le président de l'association, Abdeslam Moude. Comptez 250 Dh par jour pour le guide, plus 170 Dh pour l'hébergement en gîte, dîner et petit-déj inclus. Il est également possible de se charger soi-même du logement au cours d'une randonnée, mais sachez que les gardiens des gîtes s'absentent couramment pendant les périodes froides et creuses de l'année.

La location de mules, une bonne idée si vous campez, coûte plus cher qu'ailleurs (environ 200 Dh/jour, muletier compris) et doit être organisée à l'avance, surtout à l'époque de la récolte du kif (d'août à octobre), période durant laquelle les prix augmentent encore.

Les cartes topographiques officielles au 1/50 000 *Chaouen* et *Bab Taza* couvrent l'itinéraire décrit ci-dessous.

DE CHEFCHAOUEN À BAB TAZA شفشاون إلى باب تازة

Cette randonnée facile au pays du kif vous fera découvrir quelques-uns des paysages les plus spectaculaires du Rif, dont le pont de Dieu, grande arche naturelle creusée par l'oued Farda. Très joueurs, les magots du Maroc, qui vivent dans le parc national de Talassemtane, attirent également les visiteurs.

Le parcours décrit ici s'étale sur cinq jours, mais rien n'empêche d'en réduire la longueur ou la durée. Si vous manquez de temps, vous trouverez aisément un moyen de transport à Akchour pour retourner à Chefchaouen au bout du deuxième jour. Vous pouvez aussi demander à un grand taxi de Chefchaouen de venir vous chercher à un moment précis. Sinon, il suffit simplement de revenir à pied par un autre itinéraire.

1er jour : de Chefchaouen à Afeska

5 heures 30 à 6 heures 30 / 14,5 km / 1 200 m de montée / 600 m de descente

Le premier jour, vous suivrez une piste de 4x4 qui démarre derrière le camping Azilane (carte p. 190) par une pente raide à travers les arbres. La vue sur la médina de Chefchaouen est superbe.

En contournant le versant sud du **djebel el-Kelaâ** (1 616 m), la piste s'égalise pour longer le ruisseau et passe par le hameau d'**Aïn Tissimlane**, avant d'atteindre un col élevé près des rochers calcaires abrupts et déchiquetés proches de **Sfiha Telj**. Du col, la perspective, splendide, s'étend dans toutes les directions et, par temps clair, jusqu'à la Méditerranée. On trouve là un terrain dégagé propice au bivouac mais sans point d'eau. La montée, la plus dure du parcours, n'est pas de tout repos avec un sac à dos plein – un départ tôt le matin s'impose donc.

La piste se dirige ensuite vers l'est, puis entame une descente. Sans oublier de

PRÉSENTATION DE LA RANDONNÉE

Durée : 4 à 5 jours
Distance : 56 km
Niveau : moyen
Départ : Chefchaouen
Arrivée : Bab Taza
Point culminant : col de Sfiha Telj (env. 1 800 m)
Hébergement : camping et gîtes
Transports publics : oui
Résumé : Cela vaut la peine de résister au charme nonchalant de Chefchaouen pour entreprendre cette randonnée relativement aisée qui englobe des paysages spectaculaires du Rif, ponctués de villages, de forêts, de gorges et de curieuses formations géologiques.

faire des haltes régulières pour admirer le paysage, prenez l'embranchement de droite (au sud) à la bifurcation. Vous atteindrez ainsi en une heure environ le gîte du village d'**Azilane**. Si vous ne souhaitez pas y loger, marchez encore une heure en terrain presque plat jusqu'à **Afeska** ; une aire de camping spartiate sous les pins jouxte le terrain de football.

2e jour : d'Afeska à Akchour

3 heures 30 à 4 heures 30 / 10 km / 860 m de descente

D'Afeska, la large piste empruntée jusque-là cède la place à un modeste sentier. En allant vers le nord, vous traversez une forêt de pins et de chênes jusqu'à **Sidi Meftah**, doté d'un marabout et d'une source. Une descente part en zigzaguant vers **Imizzar**, au bord de l'**oued Farda**. Arrivé près de la rivière, le sentier à gauche vous éloigne vers le nord-ouest du village, puis franchit la rivière sous d'impressionnantes falaises. Il faut poursuivre vers le nord-ouest jusqu'à ce que vous croisiez un sentier muletier menant au vieux **pont Farda**, sur l'oued Farda.

Traversez pour rejoindre la rive ouest de la rivière et continuez vers le nord au milieu d'un paysage grandiose. Au bout d'une heure, le chemin oblique sur la gauche en direction d'**Ouslaf**, dominé par un énorme promontoire rocheux. La même voie tourne ensuite à droite et rejoint le cours d'eau à la périphérie d'**Akchour** (398 m), qui se déploie le long de l'**oued Kelaâ**.

À l'approche du village, vous tomberez d'abord sur un petit café, qui propose des boissons rafraîchies dans la rivière, et sur un petit barrage délimitant un profond bassin invitant à la baignade. Attention, l'eau est froide. Pour planter votre tente, remontez le cours d'eau jusqu'à son confluent avec l'oued Farda.

Akchour compte deux autres cafés qui peuvent vous préparer un tajine simple et louent des chambres sommaires pour la nuit au tarif négociable de 50 Dh.

D'Akchour, il est d'ordinaire possible de dénicher un moyen de transport pour rentrer à Chefchaouen, le plus souvent une des camionnettes ou un des 4x4 qui rivalisent sur la piste. Sinon, **Talembote**, 2 km plus au nord, bénéficie de liaisons régulières avec Chefchaouen (15 Dh) le mardi, jour de marché. La plupart des véhicules de passage accepteront de vous prendre en stop moyennant finance. Vous devrez probablement changer de véhicule à Dar Ackoubaa, sur la P28, à quelque 10 km au nord de Chefchaouen.

ITINÉRAIRE COMPLÉMENTAIRE : LE PONT DE DIEU

En partant tôt d'Afeska, vous pouvez atteindre Akchour à l'heure du déjeuner, ce qui vous laisse le temps d'entreprendre une courte randonnée (1 heure 30, 3 km aller-retour) jusqu'au **pont de Dieu**, une curieuse formation géologique à ne pas manquer.

Le sentier qui remonte l'oued Farda vers le sud depuis Akchour est difficile par endroits, mais vos efforts seront récompensés. Vous devrez traverser la rivière deux fois, ce qui ne pose pas de problème vu la faible profondeur (au printemps, vérifiez toutefois à Afeska que l'oued n'a pas été rendu infranchissable par la fonte des neiges). Le pont de Dieu se dresse à 45 min d'Akchour. Cette immense arche de 25 m de haut a été creusée au cours des millénaires par le cours d'eau, jadis souterrain.

3e jour : d'Akchour aux pâturages d'Abou Bnar

4 heures 30 à 6 heures / 12 km / 977 m de montée

De bon matin, dirigez-vous vers le nord, puis empruntez le pont sur l'oued Kelaâ et suivez à droite (au sud-est) le chemin qui mène à Izrafene. Le tronçon qui grimpe le **djebel Azra** (1 375 m) est particulièrement pittoresque. Le regard passe des gorges abruptes déjà parcourues aux paysages d'altitude qu'il s'agit d'atteindre. Si vous êtes en forme, ajoutez une demi-heure de montée pour rejoindre le sommet, où vous attend un autre panorama grandiose. Jusqu'à Izrafene, vous ne rencontrerez pas de source : veillez à bien remplir vos gourdes à Akchour.

Le chemin continue ensuite vers le sud au milieu de collines ondoyantes. **Izrafene** marque la moitié du parcours de la journée. Juste avant le village, un sentier part vers l'est au niveau d'un col ; les plus aventureux peuvent laisser de côté la randonnée de Bab Taza et pousser jusqu'à Taourarte et **Bou-Ahmed**, sur la côte, à deux jours de marche.

Après Izrafene, le sentier se transforme en piste de 4x4, la première depuis Afeska.

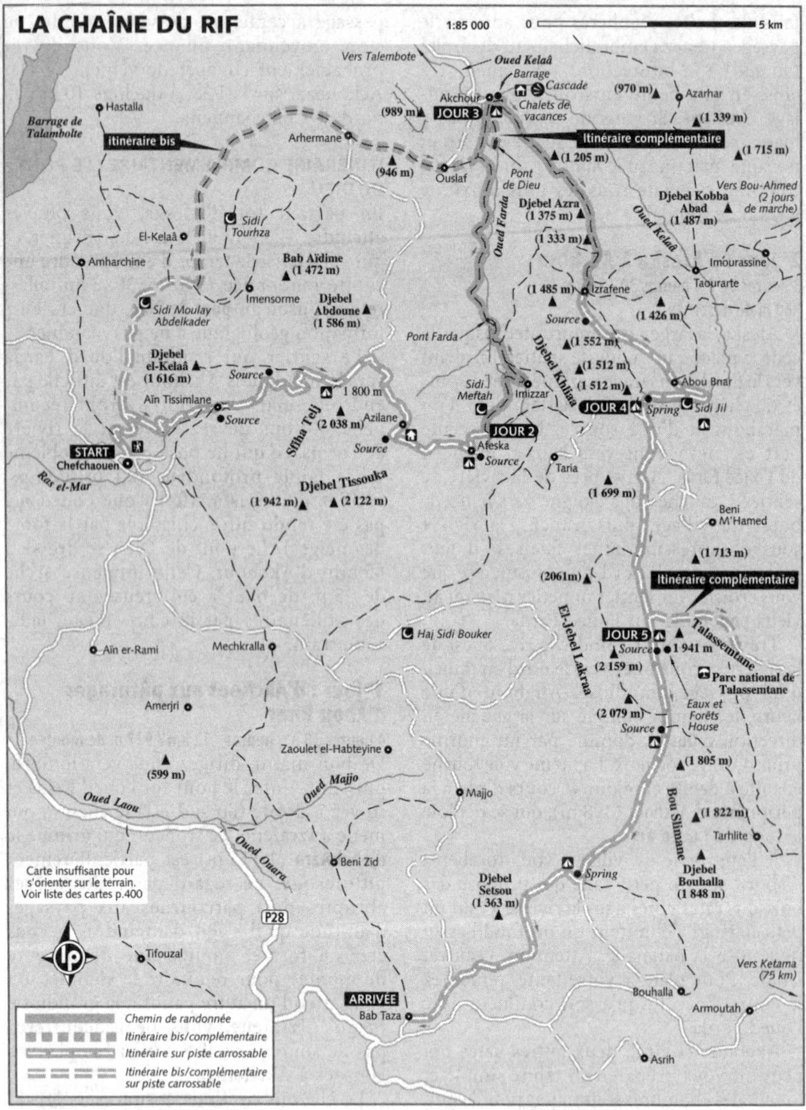

Vous longerez une étroite vallée, montant progressivement vers l'est sur une crête découvrant un joli panorama.

Au premier embranchement, prenez à gauche. Faites 25 m, puis obliquez sur un sentier à droite en direction du sud-est. Après avoir franchi un col ombragé de chênes verts, vous atteindrez **Abou Bnar** où rien n'est susceptible de vous retenir. Poursuivez le long de la rivière (pas sur la piste de 4x4) à travers une zone de pâturages jusqu'au marabout de **Sidi Jil**. L'endroit est agréable pour camper, mais une prairie plus idyllique encore, près d'une source, vous accueillera pour la nuit à 30 minutes de là.

VARIANTE : RETOUR À CHEFCHAOUEN

Il est possible de retourner à Chefchaouen depuis Akchour en un seul jour par un itinéraire alternatif. Ce parcours traverse les villages d'**Ouslaf**, d'**Arhermane** et d'**El-Kelaâ**, où vous découvrirez la splendide **mosquée Srifiyenne**, à l'étonnante tour penchée. Ce circuit prend environ six heures sans montée ou descente difficiles.

4e jour : des pâturages d'Abou Bnar au parc national de Talassemtane

2 heures à 2 heures 30 / 6 km / 352 m de montée

En quittant l'aire de bivouac au sud-ouest d'Abou Bnar, rebroussez chemin et reprenez la piste. Allez à gauche, afin de traverser la rivière, et pénétrez dans une forêt de pins. Arrivé au croisement en "T", prenez à droite (l'embranchement de gauche descend vers Beni M'Hamed) le sentier qui recommence à monter.

Poursuivez votre route, en ignorant les diverses intersections et chemins latéraux. En franchissant plusieurs petits cols, vous profiterez à nouveau de la vue avec, à l'ouest, le majestueux **djebel Lakraa** (2 159 m).

En fin de matinée, vous atteindrez la lisière du **parc national Talassemtane**. Un petit panneau sur la piste de 4x4 indique à gauche la maison du gardien des Eaux et Forêts. Cet homme vous renseignera sur les courtes randonnées dans le parc. Vous pourrez en outre planter votre tente devant chez lui et vous y procurer de l'eau.

ITINÉRAIRES COMPLÉMENTAIRES

Cette courte étape vous laissera du temps pour explorer les environs et observer les animaux. C'est dans le parc national de Talassemtane que vous aurez le plus de chance d'apercevoir des singes magots.

Suivez la piste pour 4x4 vers le nord, au-dessus de la maison du garde, jusqu'à une clairière, puis un embranchement où la voie de droite, vers l'est, vous conduira au pays des singes magots, qu'on appelle ici les *mgou*. Ces singes sans queue se réfugient vite dans les arbres si l'on s'approche trop.

Le sentier qui s'incurve vers le sud découvre largement la vallée. Il suit la longue crête du **djebel Taloussisse** (2 005 m), avant de s'infléchir brièvement vers l'est. À ce niveau, un sentier part sur la droite en direction du sud, longe l'éperon de **Talassemtane** (1 941 m) avant d'arriver sur un terrain de football (!) aménagé en terrain plat. De là, il est possible de traverser une zone pierreuse pour revenir au bivouac.

Autre suggestion pour les mordus de trekking : l'ascension du **djebel Lakraa**. La meilleure voie passe par le versant nord. Empruntez la crête, puis redescendez en suivant le lit d'un torrent, au sud-est du sommet. En raison de l'absence de sentier, la progression s'avère difficile par endroits. Ce parcours vous prendra environ 3 heures 30 aller-retour.

5e jour : du parc national de Talassemtane à Bab Taza

2 heures 30 à 3 heures 30 / 13,5 km / 825 m de descente

Cette dernière étape consiste en une descente rapide, le long d'une piste de 4x4, jusqu'à Bab Taza, haut lieu de la culture du kif. Le sentier traverse une vaste prairie et la forêt de chênes-lièges du **djebel Setsou** (1 363 m), avant d'atteindre **Bab Taza**.

SINGERIES

Le singe magot du Maroc (*Macaca sylvanus*) ou singe de Berbérie, est une sorte de macaque, dépourvu de queue. C'est le seul primate non humain implanté en Europe (à Gibraltar), même si le plus grand nombre de ses représentants vivent au Maroc et en Algérie.

Les forêts de cèdres et de chênes du Rif et du Moyen Atlas constituent pour ces singes un habitat idéal où ils vivent en groupes d'environ trente individus. Friands de graines, de fruits, de chenilles et de bulbes au printemps, ils doivent se contenter l'hiver d'aiguilles de pin et d'écorces. À l'inverse d'autres macaques, les magots passent l'essentiel de leur temps au sol, ne se réfugiant dans les arbres que pour dormir et à l'approche d'un danger potentiel.

Ces singes cohabitent selon un système social régi par une femelle dominante. Les femelles choisissent leur partenaire avec une préférence pour les bons pères : contrairement aux autres macaques, les singes magots mâles jouent un rôle actif dans l'éducation des jeunes. On les voit souvent porter leurs nouveau-nés et en prendre soin.

La bourgade compte un certain nombre de cafés et deux hôtels peu engageants le long de la route principale. Son activité majeure semble être le commerce de gros sacs d'engrais destinés aux champs de kif. Les grands taxis qui desservent régulièrement Chefchaouen (12 Dh, 30 min) stationnent à la sortie ouest de la localité.

ANTI-ATLAS

الأطلس الصغير

Dernière chaîne de montagnes avant le Sahara, les massifs arides rose et ocre de l'Anti-Atlas n'attirent guère de monde. Ils offrent cependant aux randonneurs de merveilleux itinéraires. **Tafraoute** constitue le point de départ idéal pour le massif quartzeux du **djebel Lekst** (2 359 m ; p. 391), la "montagne d'améthyste" qui se dresse à environ 10 km au nord, ainsi que pour les sommets jumeaux de l'aride **Adrar Mqorn** (2 344 m), à 10 km au sud-est, qui contrastent vivement avec les oasis et les vallées irriguées en contrebas.

Le **djebel Siroua** (3 305 m) dresse sa silhouette austère à l'extrémité orientale de l'Anti-Atlas, pratiquement au sud du djebel Toubkal. Ce volcan spectaculaire forme le clou d'un long trek diversifié. Reportez-vous à la rubrique *Tafraoute* (p. 387) pour de plus amples renseignements.

ENVIRONS DE TAFRAOUTE

La multitude d'itinéraires de trekking dont s'enorgueillit le Maroc explique sans doute pourquoi le secteur de Tafraoute reste encore peu exploité malgré son gros potentiel. Les marcheurs aventureux pourront cependant entreprendre dans ce coin de l'Anti-Atlas, riche en escarpements rocheux et vallées verdoyantes, des randonnées exigeantes qui les combleront.

Le massif quartzeux du djebel Lekst, la "montagne d'améthyste", constitue l'attraction-phare, au nord-ouest de Tafraoute. Malgré la rudesse du paysage, les Berbères des villages comme Tagoudiche cultivent blé, orge, olives, figues et amandes. Aisément accessible depuis Taroudant et Agadir, le djebel Aklim (2 531 m), au nord-est de Tafraoute, a l'avantage de s'inscrire dans une zone encore plus reculée, émaillée de villages berbères dans des vallées gardées par de vieilles casbahs. Du sommet, la vue embrasse le Haut Atlas et le djebel Siroua.

Il s'agit d'une région plus difficile que le M'Goun et le plateau du Tichka, où les trekkeurs doivent faire face au manque de commodités et aux rigueurs du climat. Aussi près du Sahara, les étés sont d'une chaleur cuisante et les hivers marqués par des chutes de neige occasionnelles sur les cols et les cimes. Mieux vaut donc choisir la fin de l'hiver, fin février étant la période idéale. Si les températures diurnes peuvent atteindre les 20°C, il gèle parfois la nuit.

Hormis dans quelques petits magasins, vous aurez du mal à trouver des provisions et le grand défi consiste à transporter assez de nourriture et d'eau pour tenir la distance. Comme beaucoup d'endroits isolés du Maroc, on peut souvent loger chez des villageois, mais attendez-vous à devoir camper malgré tout.

Pour cela, il est conseillé d'engager un guide et de louer des mules. Il n'y a pas de bureau des guides à Taliouine ni à Taroudant, ce qui n'empêche pas la présence de guides en ville (et de pseudo guides encore plus nombreux). Une fois de plus, insistez pour voir la carte officielle de votre interlocuteur avant d'envisager quoi que ce soit. En règle générale, les guides de montagnes professionnels ne cherchent pas leurs clients dans la rue. Bien que les mules soient peu utilisées dans l'Anti-Atlas, votre guide pourra se charger de trouver des bêtes pour porter votre équipement.

Le djebel Lekst, ainsi que les environs de Tafraoute, sont couverts par les cartes au 1/50 000 *Had Tahala et Tanalt*. Sinon, toute la région est représentée sur les feuilles au 1/100 000 *Annzi, Tafrawt, Foum al-Hisn* et *Taghjijt*.

Les 26 villages nettement espacés dans la vallée des Ammeln, le long du versant sud du **djebel Lekst**, composent un itinéraire intéressant. Le tour complet demanderait des semaines, mais vous pouvez entreprendre un magnifique circuit de cinq jours depuis **Oumesnate**, qui englobe plusieurs localités et monte jusqu'à Tagdichte, point de départ de l'ascension d'une journée du djebel Lekst. Mieux vaut inclure cette randonnée ardue dans un parcours plus agréable vers l'est, à travers la vallée – au départ, par exemple, de Tirnmatmat (dont les environs offrent de belles promenades d'une journée), jusqu'à

Oumesnate, ces deux villages se situant non loin de la route 7148. Cette région est particulièrement attrayante.

Le sud-est de Tafraoute offre de très belles randonnées comme l'**adrar Mqorn**, une montée difficile mais vous ne regretterez pas vos efforts. Au sud de ses sommets jumeaux, on peut aussi rejoindre les gorges plantées de palmiers d'**Aït Mansour** et de **Timguilcht**, qui forment l'oasis d'**Afella-Ighir**.

Le djebel Aklim peut faire l'objet d'une belle randonnée de quatre ou cinq jours au départ d'Irghem, qui abrite des mines de cuivre.

Le transport dans cette partie de l'Anti-Atlas pose problème. Des camionnettes assurent des liaisons peu fréquentes avec certains villages et des grands taxis circulent les jours de marché (le reste du temps, vous devrez peut-être louer un véhicule pour rejoindre le début de votre parcours de randonnée).

DJEBEL SIROUA جبل السروة

Au sud du Haut-Atlas, à la lisière orientale de l'Anti-Atlas, s'élève le **djebel Siroua** (3 304 m), un sommet volcanique propice à d'exaltantes randonnées. Les villages isolés, les gorges magnifiques et l'ascension vers le sommet, plutôt ardue à son terme, séduiront les amateurs de solitude, de paysages austères et de treks dignes de ce nom.

L'ascension finale constitue certes un objectif, mais il est possible également d'apprécier la beauté luxuriante des vallées environnantes, l'hospitalité berbère, les jeux de lumière sur la roche et la proximité du Sahara. Ainsi, il n'est pas nécessaire de vaincre le sommet du djebel Siroua pour profiter pleinement du circuit.

Pour se renseigner, engager un guide, ou même louer des mules, adressez-vous à l'**Auberge Souktana** (p. 377), à quelques kilomètres à l'est de Taliouine, sur la route principale. Tenue par un couple franco-marocain, l'auberge sert de point de départ au circuit.

Les cartes *Taliwine* (1/100 000) et *Sirwa* (1/50 000) couvrent cet itinéraire.

Les températures hivernales pouvant être très basses, préférez programmer votre randonnée au printemps. Pour plus d'informations, reportez-vous à la rubrique *Taliouine* (p. 377). Vous trouverez de quoi vous ravitailler sur les marchés de Taliouine et Aoulouz (le mercredi), Askaoun (le jeudi). Tazenakht et Igli (le dimanche).

On peut louer des mules au dernier moment, généralement la veille pour le lendemain, dans les villages alentour.

De Taliouine, un trek exigeant d'une semaine emprunte un chemin de terre qui remonte la **vallée de Zagmouzine** en direction de l'est jusqu'à **Tagmout**. Par la suite, il s'infléchit vers le nord-est et **Atougha**, d'où un parcours de six heures conduit au sommet du djebel Siroua (3 304 m). Si vous progressez à un rythme régulier, vous entamerez l'ascension du sommet dans la matinée du quatrième jour, puis descendrez dans les gorges pour passer la nuit, et traverserez le village extraordinaire de **Tisgui**, accroché aux falaises, pour gagner **Tagouyamt** le cinquième jour.

Vous trouverez des provisions de base à Tagouyamt. Si vous ne trouvez pas de place pour loger chez l'habitant, vous pourrez camper dans le fabuleux site des **gorges du Tislit**. Après Tagouyamt, suivez la vallée jusqu'à **Ihoukarn**, d'où vous pourrez soit vous diriger vers le sud et retrouver, au niveau du Tizi n'Taghatine, la route Taliouine-Ouarzazate (et donc trouver un moyen de transport), soit continuer vers l'ouest en direction de Taliouine, votre point de départ.

Un itinéraire alternatif encore moins fréquenté débute au village de Tamlakout (équipé d'un gîte), et englobe Aït Tigga, l'Assif Mdist et le pied du djebel Siroua. Il escalade ensuite la montagne, continue jusqu'à Aziouane et termine *via* Amassines. Certaines portions se révèlent épuisantes, mais ce trek ne devrait pas nécessiter plus de six heures de marche par jour.

Taliouine et Anezale (pour Tamlakout), sur le principal axe routier Agadir-Taroudant-Ouarzazate, sont desservis régulièrement par des bus et des grands taxis.

DJEBEL SARHRO

جبل صغرو

L'austère massif du **djebel Sarhro** forme le prolongement de l'Anti-Atlas. Cette chaîne de toute beauté s'élève entre le Haut Atlas et la vallée du Dadès, au nord, et le Sahara, au sud.

En marge du tourisme de masse, cette région peu développée et peu visitée vous fera découvrir une grande variété de reliefs : mesas plates, gorges escarpées, aiguilles volcaniques déchiquetées, bref un paysage rude qu'adoucissent çà et là des palmiers-dattiers et des amandiers. Cette contrée sauvage et isolée, bastion des Aït Atta, a permis à ces célèbres guerriers du Sud de résister aux Français jusqu'à la bataille du **djebel Bou Gafer**, en 1933.

PRÉPARATION

Si le djebel Sarhro offre l'embarras du choix en matière d'itinéraires grandioses, veillez à emprunter un circuit couvrant le cœur du massif, entre **Igli** et **Bab n'Ali**. Bien qu'il s'agisse d'une destination praticable en hiver, sachez qu'il peut neiger et geler parfois dès 1 400 m d'altitude, mais pas systématiquement comme dans les régions plus élevées de l'Atlas. L'idéal reste toutefois le printemps, car il y a encore de l'eau et les températures nocturnes sont supérieures à 0°C, ou encore la fin de l'automne, quand les Berbères quittent les hautes montagnes pour s'installer plus bas. L'été, quand la chaleur est intenable (plus de 35°C), les sources se tarissent et les serpents et les scorpions pullulent. Quelle que soit la période de l'année, prenez vos précautions contre la déshydratation.

Le djebel Sarhro comprend trois centres de trekking, les villes d'**El-Kelaâ M'Gouna** (p. 339) et de **Boumalne du Dadès** (p. 340), sur le versant nord, et le village de **N'Kob** (p. 337),

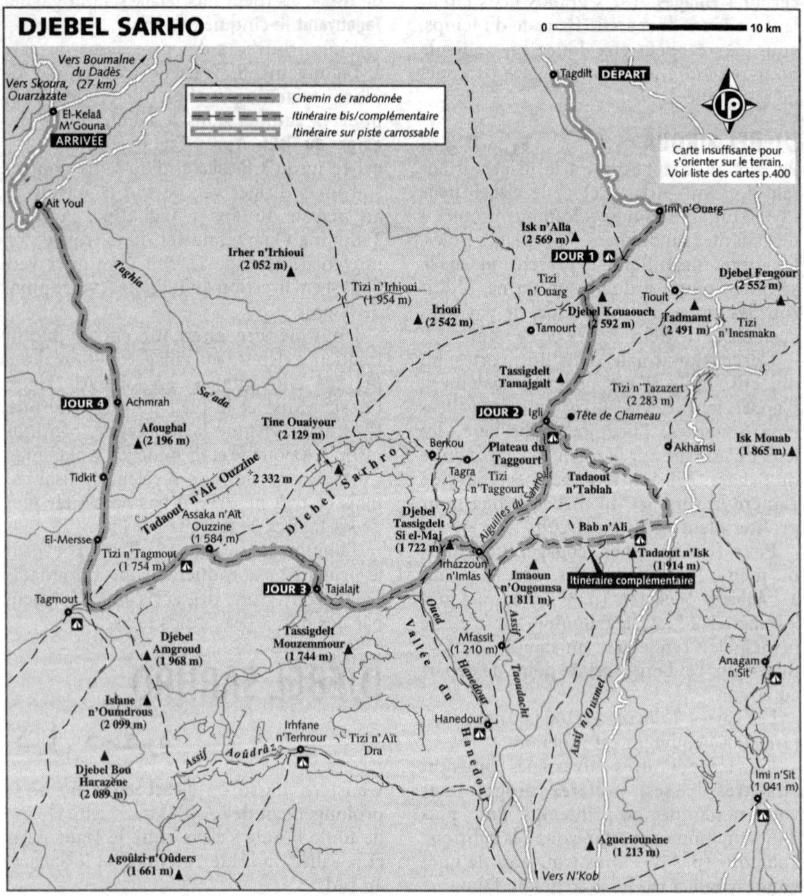

au sud. Des tour-opérateurs organisent des circuits d'un bon rapport qualité/prix et chacune des localités précédemment citées possède un **bureau des guides** (El-Kelaâ ☎/fax 061796101/062132192 ; Boumalne ☎ 067 593292 ; N'Kob ☎ 067 487 509).

Achetez vos provisions avant de quitter Ouarzazate ou Marrakech (à N'Kob vous ne trouverez guère que du thé, des conserves de poisson, des biscuits et du pain) et prévoyez des réserves pour toute la durée de la randonnée. Vous trouverez cependant en route des œufs, des dattes, des amandes, du pain et des conserves. Dans ces conditions, la location d'une mule pour porter les provisions et les réserves d'eau est recommandée.

Les cartes *Boumalne* et *Tazzarine* (1/100 000) couvrent la région, mais *Randonnée culturelle dans le Djebel Sarhro* ((1/100 000) de Mohamed Aït Hamza et Herbert Popp (écrite en français, éditée en Allemagne et disponible au Maroc) se révèlera beaucoup plus utile. Outre sa qualité, les indications historiques et autres informations qu'elle contient justifient son prix élevé (150 Dh).

Des minibus circulent entre Boumalne du Dadès et Ikniouln (20 Dh), au nord de la chaîne, vers midi, et effectuent le trajet en sens inverse tôt le lendemain matin. Le souk hebdomadaire d'Ikniouln a lieu le mercredi.

LA BOUCLE DU SARHRO

Le trek classique traverse le centre du massif, de Boumalne du Dadès ou d'El-Kelaâ M'Gouna jusqu'à N'Kob. Il s'agit d'un circuit magnifique que proposent désormais beaucoup d'agences locales et étrangères.

Tout aussi intéressante et variée, la boucle du Sarhro a cependant le gros avantage de débuter et de s'achever sur le même versant montagneux, permettant ainsi de poursuivre vers les gorges du Dadès ou vers Merzouga et les dunes. On peut en outre l'entreprendre dans un sens ou dans l'autre. Rien ne vous empêche de prévoir une tente, mais il existe des gîtes et logements chez l'habitant fort appréciables par temps de neige.

PRÉSENTATION DE LA RANDONNÉE

Durée : 5 jours
Distance : 56 km
Niveau : moyen à difficile
Départ : Boumalne
Arrivée : El-Kelaâ M'Gouna
Point culminant : Tizi n'Ouarg (2 300 m environ)
Hébergement : camping et gîtes
Transports publics : oui
Résumé : Cette excellente alternative à la classique traversée du Sarhro donne un aperçu de la beauté et de la diversité du massif. Elle comporte de longues journées de marche et quelques rudes montées, mais il est possible d'inclure une nuit supplémentaire dans le parcours.

1er jour : de Tagdilt à la vallée d'Assif Ouarg

4 heures/17 km/200 m de montée

Avec ses trois gîtes et la camionnette qui le relie chaque jour à Boumalne, le village de **Tagdilt** constitue un point de départ très pratique. La rivière presque asséchée depuis plusieurs années n'empêche pas la culture des amandes, des pommes, des figues et des prunes dans la vallée en contrebas. On peut suivre pendant au moins deux heures et demie la piste empruntée par les camionnettes qui se rendent à N'Kob ou le sentier qui s'écarte par endroits de cette piste pour la rejoindre plus haut. À **Imi n'Ouarg**, le troisième village en amont de Tagdilt, le sentier quitte la route (celle-ci continue le long des câbles électriques jusqu'aux mines voisines de Tiouit) et tourne à droite (au sud-ouest) près de l'école surmontée du drapeau marocain. Une aire agréable pour déjeuner vous attend juste après le village, sur la droite du sentier.

Le chemin suit le côté droit de la vallée sinueuse d'Assif Ouarg, sous le sommet du **djebel Kouaouch** (2 592 m). Au bout d'une heure et à peine plus de 3 km, vous atteindrez une ferme coquette surplombant des cultures en terrasses. Il est ici possible de loger **chez l'habitant** (☎ 061 082321 ; 30-50 Dh/pers) et de prendre un repas. Les fils de la famille peuvent être engagés comme muletiers.

2e jour : de la vallée d'Assif Ouarg à Igli

6 à 7 heures/19 km/620 m de montée/860 m de descente

Passé la première demi-heure de marche, la portion ardue de cette journée, par ailleurs inoubliable, commence par une montée vers des maisons de pierres éparpillées, et les rochers de ce qui semble être le haut de la vallée. De là, un sentier conduit sur la gauche (au sud). Le djebel Kouaouch, point culminant d'une série de sommets, domine le paysage qui s'étale droit devant vous. Serpentant au-dessus d'un ruisseau, le sentier monte vers Kouaouch et un gros genévrier solitaire (un bon endroit pour souffler). En fonction de votre forme physique et du temps, il peut falloir encore une heure pour se hisser jusqu'au col. On aperçoit d'abord une belle échappée en direction de Tagdilt puis, une fois sur la crête, le Haut Atlas et le djebel Sarhro.

À partir de là, un chemin descend en pente abrupte, mais la piste que vous devez emprunter oblique à droite (au sud-ouest), franchit l'épaulement de la vallée puis une autre crête. La vue, magnifique en direction du sud, embrasse tout le massif jusqu'à **N'Kob.** Ensuite, vous rejoindrez **Igli**, qui se trouve grosso modo vers le sud, après une succession de pentes et les impressionnantes falaises dénudées de la **Tête de Chameau**. Igli dispose d'un **gîte** (pas de tél. ; 30 Dh) composé de trois bâtiments bas renfermant dortoir, toilettes et douche chauffée au bois (10 Dh). Ces abris spartiates ne comportent ni matelas ni électricité, mais le propriétaire, accueillant, tient une boutique qui vend des articles de première nécessité, y compris des fers pour les mules. Le panorama sur la montagne au coucher du soleil est à couper le souffle.

ITINÉRAIRE COMPLÉMENTAIRE

On peut effectuer l'aller-retour à Bab n'Ali, une des formations rocheuses les plus spectaculaires du Sarhro, et passer une seconde nuit à Igli ou bien pousser jusqu'au **gîte** (pas de tél. ; 30 Dh) d'Irhazzoun n'Imlas, ce qui réduit un peu la marche du lendemain.

3e jour : d'Igli à Tajalajt

7 heures à 7 heures 30/24 km/350 m de montée/400 m de descente

La Tête de Chameau forme le clou de la première partie du trek. Sur la droite s'élève le **djebel Amlal**, pic sacré de la tribu berbère des Aït Atta qui s'y rassemble chaque mois d'août. La randonnée du matin, plus douce que celle de la veille, conduit à travers de larges vallées rocheuses. Au bout de 90 min environ, en contrebas du modeste village de Taouginte, le sentier contourne les tumulus de pierres du cimetière des Aït Atta. Au-delà, vous avancerez sous les **aiguilles du Sarhro**. Cette longue falaise impressionnante que vous longerez encore pendant une heure et demie, rejoint la rivière Amguis. Point de rencontre de plusieurs vallées, ce superbe site planté de palmiers et de lauriers roses compose un cadre idéal pour camper. En descendant la vallée vers le sud pendant 30 min, vous arriverez à **Ighazoun**, petite localité surplombant des champs bien entretenus et une aire plaisante pour déjeuner au bord de la rivière.

À Ighazoun, le sentier rejoint une piste carrossable qui se dirige à gauche vers N'Kob, à droite vers le Dadès. Prenez à droite (au nord-ouest) en direction de la falaise sur la gauche ; le sentier rocheux conduit en contrebas de celle-ci et grimpe jusqu'à une vallée qui s'évase. La piste contourne le versant nord du djebel Tassigdelt Si el-Haj (1 722 m) et part ensuite au sud vers Tiguiza, où vous attend un **gîte** (☎ 071 728006 ; 30 Dh) sommaire. Avant Tiguiza, une autre piste mène à droite (à l'ouest) au village d'Akerkour et à une vallée fertile qui va en rétrécissant, puis gravit une pente de plus en plus raide jusqu'au village magnifiquement situé de **Tajalajt** où vous pourrez loger **chez l'habitant** (pas de tél. ; 30-40 Dh/pers ; repas simples s'il y a des provisions).

4e jour : de Tajalajt à Achmrah

8 heures à 8 heures 30/26 km/200 m de montée/300 m de descente

Cette longue journée de marche dans un cadre merveilleux commence par emprunter la piste qui monte la vallée depuis Tajalajt, au-dessus de champs de maïs, de palmeraies et de vergers d'amandiers. À moins de 90 min, **Assaka n'Aït Ouzzine** (1 584 m) et sa grande casbah surplombent la vallée splendide. La piste quitte ensuite la vallée pour déboucher sur un paysage de steppe rocheuse souvent battu par les vents, qui rappelle l'Asie centrale. À 1 heure 30 d'Assaka, en avançant entre des crêtes de 2 000 m, vous parviendrez à **Tagmout**, parfois appelé Amgroud, du nom de la montagne qui domine le secteur. Son **gîte** (30 Dh/pers ; petit-déj 25 Dh) bien tenu, avec électricité, matelas et couvertures, sert habituellement un déjeuner sans prétention (25-30 Dh).

De Tagmout, la piste carrossable se dirige au nord-ouest vers la vallée du Dadès et au sud vers N'Kob. Des moyens de transport circulent pour se rendre au souk de Boumalne le mercredi et à celui de N'Kob le dimanche. Le trek met alors le cap plein nord, grimpant en un peu plus d'une heure jusqu'au sommet du Tizi n'Tagmout (1 754 m). La vue, somptueuse, embrasse le M'Goun, le djebel Siroua et le Toubkal. Au moins une heure plus loin, la piste rejoint **El-Mersse**, ombragé et pourvu d'une source.

La piste descend progressivement plein nord, avec une montée de temps à autre. Moins de 90 min après El-Mersse, une autre aire de bivouac s'offre à vous à **Tidkit**, au bord d'une rivière et à l'ombre des arbres. Il est possible de loger chez l'habitant ici ou à **Achmrah**, à 1 heure de marche en aval. Sachez cependant que les Berbères semi-nomades de ce côté du djebel Sarhro s'absentent à l'occasion. Si les maisons sont désertées, les abris destinés aux animaux feront quand même l'affaire.

5e jour: d'Achmrah à la vallée du Dadès

4 heures/14 km/légère montée/450 m de descente

Le début et la fin de cette matinée de trek en constituent les meilleurs moments. La piste se dirige au nord d'Achmrah, montant brièvement avant de dévoiler soudain le M'Goun et le Siroua à vos yeux éblouis. Elle croise moins de 30 min plus tard une piste carrossable de bonne facture qui dessert une mine d'anthracite. Ignorez-la et poursuivez vers le nord, parfois le nord-ouest, sur une piste bien marquée qui descend un ravin en direction de la vallée du Dadès. À l'approche de celle-ci, vous apercevrez sur votre gauche le village d'Aït Youl, sur votre droite celui d'Aït Haroun. La vallée est émaillée de vieilles casbahs. Prenez le chemin d'Aït Haroun, où un pont enjambe le Dadès. La route Boumalne-El-Kelaâ M'Gouna se situe à proximité.

Carnet pratique

SOMMAIRE

ACHATS

Les souks marocains sont une source inépuisable d'exploration pour les amateurs de shopping. Des bijoux en argent aux ustensiles en cuivre ou en laiton, en passant par l'immense choix des tapis, il est difficile de ne pas se laisser tenter. La qualité des produits étant très variable, il vaut mieux prendre son temps avant d'acheter. Pour mieux connaître l'artisanat marocain, voir *Arts, artisanat et architecture* (p. 53).

Les herbes et les épices vous attireront sûrement, de même que les affiches touristiques rétro et les vêtements marocains. Pour certains amateurs de shopping, l'achat d'un panier qui permettra de transporter les autres emplettes peut être une des premières dépenses à envisager.

Demandez toujours une facture pour les acquisitions importantes, notamment les tapis. Sinon la douane peut vous demander de payer une taxe à l'export (surtout si vous avez fait de nombreux achats). Il se peut aussi que l'on vous réclame des frais de douane pour le tapis au moment du retour dans votre pays d'origine.

Marchés

Comme dans la majorité des pays d'Afrique et du Moyen-Orient, chaque petite ville et village marocain a son jour de marché, (souk hebdomadaire), où les gens de la campagne environnante viennent vendre leurs produits et acheter ce qu'ils ne produisent pas eux-mêmes. Ces marchés, qui diffèrent des marchés couverts permanents de la plupart des villes, permettent d'observer les coutumes et les costumes locaux.

Parmi les souks les plus intéressants, citons :

Localité	Jours de marché
Agadir	samedi et dimanche
Azrou	mardi
Chefchaouen	lundi et jeudi
Figuig	mercredi
Larache	dimanche
M'Hamid	lundi
Midelt	dimanche
Moulay Idriss	samedi
Ouarzazate	dimanche
Ouezzane	jeudi
Oujda	mercredi et dimanche
Sefrou	jeudi
Tafraoute	mercredi
Taroudant	dimanche
Tinerhir	lundi
Tinzouline	lundi
Tiznit	mercredi
Zagora	mercredi et dimanche

RÈGLES À NE PAS OUBLIER

Trois règles essentielles sont à respecter lorsque vous allez faire des achats dans un souk : la patience, la patience, et encore la patience. Le marchandage fait partie intégrante de la vie au Maroc. Les commerçants marocains excellent en la matière, grâce à leur ruse, leur persistance et des techniques de vente ingénieuses. Pour eux, marchander est avant tout un plaisir et un acte social, alliant prouesses théâtrales et rhétorique. En tant que touriste, jouer le jeu facilite les choses !

Préparation

Visiter en premier lieu l'Ensemble artisanal, une boutique d'artisanat gérée par l'État que l'on trouve dans la plupart des villes, est un bon moyen de vous faire une idée des prix avant de vous rendre au souk. Les objets y sont de bonne qualité et les tarifs fixés d'avance. Les réceptionnistes dans les hôtels ou encore des amis marocains peuvent également vous aider à évaluer le juste prix local de telle ou telle marchandise. Vous pourrez ainsi vous fixer une limite pour vos négociations et ne pas en démordre.

Entraînement

Commencez par vous promener dans les souks pour faire du repérage. Une fois un objet déniché, engagez la conversation avec le commerçant en le saluant tout d'abord par un *salam ou aleikoum* (que la paix soit avec vous). Il vous demandera ensuite très certainement d'où vous venez et sera ravi de vous apprendre qu'un de ses frères, cousins, amis habite dans la même ville que vous. Puis viendra la question fatidique, à savoir depuis combien de temps vous séjournez au Maroc. Loin de nous l'idée de vous faire mentir, mais sachez que plus vous aurez passé de temps dans le pays, moins vous aurez de risques de vous faire avoir. Après cet échange, commencez par regarder ses étals de façon désintéressée (si vous manifestez le moindre signe d'intérêt, le marchandage commencera – à moins d'être avec un guide, auquel cas il vous fera payer une commission sur le prix obtenu).

Le grand jour

Quel que soit le prix proposé, divisez-le par trois. Si cela s'avère vraiment trop bas (et même si ça ne l'est pas), le vendeur rira puis secouera la tête et vous regardera d'un air peiné. Si votre prix l'a réellement insulté ou s'il pense qu'il fera de meilleures affaires avec le bus de touristes qui vient d'arriver, les négociations s'en tiendront là. Mais il est plus probable qu'il se montrera prêt à baisser le prix de quelques dirhams soit parce que (a) vous êtes son ami, (b) il aime les habitants de votre pays, (c) les affaires ne vont pas très bien en ce moment et qu'il n'a pas le choix, ou (d) vous êtes son premier/dernier client de la journée. Ne soyez pas trop crédule et jouez le même jeu que lui, en lui disant que vous avez vu le même objet chez un commerçant pour un dixième du prix, ou faites-le rire, et il descendra son tarif. Une autre solution consiste à s'éloigner, ou à faire semblant de partir. Si vous êtes avec quelqu'un, jouez par exemple le coup du mari voulant rapporter un souvenir et de l'épouse tenant les cordons de la bourse. Quoique vous fassiez, ne revenez pas sur le prix maximal que vous vous êtes fixé, même si vous désirez vraiment cet objet. Il ne vous laissera partir que si le prix est réellement trop bas. Dans ce cas, ravalez votre fierté et remontez les enchères. Quoi qu'il en soit, gardez toujours votre calme. 10 Dh représentent toujours plus pour un Marocain que pour un touriste. Si vous obtenez votre objet pour 60% du prix de départ, alors vous aurez bien marchandé.

Après coup

Une fois votre achat effectué, d'autres touristes vous diront certainement que vous l'avez payé trop cher. Mais rappelez-vous une chose : le marchandage est l'affaire de deux parties, et le prix qui en découle est le résultat du consentement de ces deux personnes.

Si vous avez le temps, passez par la boutique le lendemain, pour prendre le thé ou discuter. La pression de la veille passée, vous pourrez peut-être découvrir l'homme qui se cache derrière le vendeur, ce qui n'a pas de prix.

ACTIVITÉS SPORTIVES

Le Maroc est une destination rêvée pour les amateurs de trekking. Le pays présente en effet une palette impressionnante de paysages autorisant des randonnées de tous niveaux. Mais le trekking est loin d'être la seule activité disponible et les amateurs d'ornithologie, de golf, de vélo, d'escalade, de glisse ou de farniente trouveront d'innombrables occasions de pratiquer leur sport favori.

Cyclotourisme

Le cyclotourisme sur un vélo ordinaire est possible, mais un VTT augmente considérablement le nombre de possibilités. Les routes sont bien entretenues, quoique souvent étroites. Pour les plus sportifs, les pistes et les sentiers du Haut Atlas offrent sans doute les promenades les plus belles. L'Anti-Atlas, les plateaux du djebel Sarhro et la vallée du Drâa abritent aussi d'excellents chemins de randonnée. Oualidia (p. 136) compte également quelques possibilités.Des agences de voyages et hôtels de catégorie moyenne louent des VTT (100 Dh/jour) mais la qualité laisse à désirer pour des randonnées de longue durée. Les cyclotouristes peuvent contacter les agences locales citées dans l'encadré p. 458 pour organiser un circuit.

Descente en eaux vives

Les rivières du Haut Atlas, près du barrage Bin el-Ouidane, dans les environs d'Azilal et d'Afourer, sont réputées pour leur beauté, mais la descente en eaux vives reste peu pratiquée au Maroc.

Seules quelques agences spécialisées organisent des sorties rafting. Essayez la très réputée **Water by Nature** (www.waterbynature.com), qui dispose de bureaux au Canada. Leurs sorties s'adressent aussi bien aux débutants qu'aux kayakistes expérimentés.

Équitation

Le sud du Maroc est une destination très prisée pour les promenades à cheval, que ce soit le long des plages de Diabat (p. 154) et d'Agadir, dans les vallées luxuriantes du Sous et d'Ouirgane dans le Moyen et Haut Atlas, ou encore dans les spectaculaires gorges du Todra et les paysages désertiques.

Cavaliers du monde (☎ 01 42 76 03 45 ; www.cavaliers-du-monde.com ; 5 rue des Tournelles, 75004 Paris), propose un grand choix de randonnées équestres traversant les plus beaux sites du Maroc. Environ 1 300 € pour 8 jours.

Escalade

L'escalade n'est pas encore très développée au Maroc, mais le pays réserve quelques sites splendides aux amateurs. Il est nécessaire d'avoir un très bon niveau et d'apporter son matériel personnel.

Les régions de l'Anti-Atlas et du Haut Atlas sont à même de satisfaire les sportifs les plus difficiles, mais il est fondamental de posséder une bonne expérience de ce type de terrain. Les gorges du Dadès (p. 341) et du Todra (p. 345) offrent un cadre exceptionnel aux grimpeurs.

Si vous n'aimez pas grimper seul(e), les adresses suivantes vous permettront de rencontrer d'autres varappeurs :

La **Fédération royale marocaine de ski et montagne** (☎ /fax 022 474979 ; ministère de la Jeunesse et des Sports, parc de la Ligue Arabe, PO Box 15899, Casablanca) organise des compétitions de varappe dans les gorges du Todra.

Le Club Alpin Français (CAF ; x022 270090 ; www.cafmaroc.co.ma en français ; 50 bd Moulay Abderrahman, Quartier Beauséjour, Casablanca) possède des refuges dans le massif du Toubkal, notamment à Imlil, Oukaïmeden et sur le Toubkal (voir p. 404). Son site Internet constitue une bonne source d'information sur le trekking et renvoie à des guides de montagne compétents.

Hammams

Se rendre dans un hammam est autrement plus séduisant que de se morfondre sous la douche froide d'un hôtel bon marché. Ce sont des lieux animés et conviviaux où le personnel prodigue nettoyage de peau et massages. C'est également un lieu intéressant pour bavarder avec des Marocains et, notamment pour les femmes, l'endroit idéal pour se détendre loin des petits tracas de la rue.

Chaque ville compte au moins un hammam. Il s'agit en général d'établissements séparés pour les hommes et les femmes, mais il arrive également qu'un même hammam ouvre à des horaires ou des jours différents selon les sexes. Il est parfois difficile de les trouver : certains ne possèdent pas d'enseigne et d'autres se contentent de faire figurer sur le mur extérieur le dessin d'un homme ou d'une femme. Mieux vaut donc demander son chemin aux habitants. La plupart des hammams sont très accueillants, mais certains (souvent près des mosquées) montrent parfois quelque réticence à accepter les visiteurs étrangers.

Apportez vos serviettes (dans un sac étanche), un petit tapis en plastique ou quelque chose pour vous asseoir et des tongs. On vous remettra un seau et une écope ; utilisez le baquet commun pour remplir votre seau d'eau chaude ou froide. Il est parfois possible d'acheter des objets de toilette sur place, ainsi qu'un mélange pâteux d'argile,

RESPECT DE LA CULTURE ET DE L'ENVIRONNEMENT

Le Maroc ne cesse d'affirmer sa vocation touristique, mais le nombre croissant de ses visiteurs va de pair avec une mise en danger de ses atouts naturels et son patrimoine écologique. En septembre 2006, un Comité marocain du tourisme responsable a vu le jour, ainsi qu'une charte et un label "tourisme responsable" encadrant les activités proposées aux touristes. Ces derniers sont pour leur part, invités à prendre connaissance de quelques règles fondamentales rassemblées dans un *Guide du voyageur responsable*. Une initiative qui place désormais le Maroc dans le camp des pays soucieux d'allier tourisme équitable et développement durable.

Voici, d'un point de vue très pratique, nos recommandations pour vous aider à effectuer un parcours sans faute, au cours de vos randonnées :

- Portez une tenue correcte respectant les usages locaux (p. 45).
- Servez-vous de cartes topographiques récentes et montrez-les si possible à quelqu'un de la région, à même de pouvoir vérifier leur exactitude quant aux points d'eau et de vous indiquer les rivières désormais à sec.
- Ne campez que dans les endroits prévus à cet effet. Les champs appartiennent à des familles locales et sont leur source de revenus.
- Achetez ou ramassez le bois (ne le coupez pas) et utilisez-le avec parcimonie (c'est un bien rare !).
- Les scorpions se cachent sous les pierres et potentiellement dans les chaussures et les sacs de couchage. Vérifiez bien vos effets, tout en sachant que ces petites bêtes ne piquent pas à moins d'être provoquées.
- Faire sa lessive ou se laver dans les rivières et ruisseaux pollue ce qui représente la première source d'eau pour un village.
- Emportez vos détritus dans le village ou la ville la plus proche. Ne les abandonnez pas sur place.
- Certains villages considèrent les photos comme une injure alors que dans d'autres, un appareil photo fait de vous un roi. Il est très mal venu de photographier quelqu'un sans lui demander sa permission au préalable, en particulier les femmes qui peuvent le vivre comme une véritable offense.
- Évitez de nourrir ou de toucher les animaux, y compris les singes magots, même s'ils sont très attirants !
- Évitez de faire de l'auto-stop. En outre, sachez que si vous faites signe à un grand taxi, vous n'êtes plus un auto-stoppeur mais un client et la course sera donc payante.
- Réfléchissez aux impacts des 4x4 sur l'environnement avant de vous embarquer pour une excursion hors piste (voir l'encadré p. 83).
- Ne donnez pas d'argent, de bonbons ou de cadeaux aux enfants. Cela les incite à mendier et à harceler les touristes. À la place, souriez-leur et parlez-leur gentiment. Si vous souhaitez les aider, faites plutôt un don à une association ou à une école locale.
- Ne buvez pas d'alcool dans les villages reculés où cette pratique est souvent perçue comme une offense.

HAMMAM, MODE D'EMPLOI

Le hammam est souvent vécu comme un véritable choc culturel par les Occidentaux non initiés. Où s'asseoir ? Où regarder ? N'est-on pas trop près des autres ? Autant de questions qui peuvent susciter un peu d'appréhension.

Il convient de signaler que les musulmans sont loin d'être aussi embarrassés par la nudité entre personnes du même sexe que la plupart des Occidentaux. Dans cette société par ailleurs si prude, il peut paraître étonnant de constater que certaines femmes n'éprouvent aucune gêne à demander aux visiteuses étrangères pourquoi leur pubis n'est pas épilé ! D'un point de vue plus pratique, on notera que la plupart des maisons n'ayant pas l'eau courante, le hammam est souvent le seul endroit où il est possible de se laver.

Dans les villes, les "bons" hammams sont souvent modernes et spacieux. Lorsqu'ils s'y rendent, les Marocains apportent en général un gant de crin ou de crêpe (le *kis*), du savon noir à base d'olives (très piquant si l'on s'en met dans les yeux), du henné (pour les femmes) et du *ghassoul* (mélange d'argile, d'herbes, de roses séchées et de lavande).

Après s'être déshabillé (vous pouvez garder vos sous-vêtements), on se dirige vers la pièce chaude et l'on délimite sa place avec sa serviette et ses affaires. Imitez simplement ce que font les autres. C'est-à-dire se passer au savon noir et profiter de la chaleur pour assouplir sa peau avant le massage. Après cinq minutes, il est temps de demander que l'on vous prodigue nettoyage de peau et massage. L'opération est énergique et le masseur (ou la masseuse) retire parfois presque autant de peau morte que de savon ! Mieux vaut ne pas être trop pudique car la poitrine et l'intérieur des cuisses sont frottés avec aussi peu de cérémonie.

Après le rinçage, les femmes se rendent dans la salle tiède pour l'application du henné et/ou du *ghassoul*, qui sert également à laver les cheveux. D'un fort pouvoir adoucissant, ce sont là deux produits qui n'ont rien à envier aux meilleurs soins capillaires des grands laboratoires !

Passée la première expérience, on souhaite souvent renouveler une visite au hammam. C'est un endroit convivial qui se prête idéalement à la détente et aux conversations entre amis. Pour les femmes, notamment, c'est une pause appréciable pour se reposer des tâches ménagères ou échapper aux tracas du quotidien.

d'herbes, de roses séchées et de lavande, le *ghassoul*, utilisé pour laver les cheveux.

L'entrée au hammam coûte en général 10 Dh. Comptez environ 15 Dh de plus pour un massage. La plupart des établissements proposent aussi des douches. Quelques hôtels de catégories moyenne ou supérieure possèdent un hammam. Il faut cependant prévenir parfois jusqu'à 24 heures à l'avance, le temps que l'endroit chauffe. Comptez jusqu'à 100 Dh par personne pour un minimum de quatre ou cinq personnes.

Méharées et safaris dans le désert

Les randonnées chamelières dans le Sahara font partie des activités les plus typiques du pays. Les régions du Sahara les plus représentatives se situent à Zagora (p. 331) et Tinfou (p. 335) dans la vallée du Drâa, à M'Hamid, dans les dunes de l'erg Chigaga (p. 335), à 95 km au sud ainsi que dans celles de l'erg Chebbi (p. 355) près de Merzouga, au sud-est de Rissani.

Les randonnées chamelières organisées dans le sud du pays sont une expérience unique en leur genre. Vous pourrez y consacrer de 2 jours à 2 semaines, selon la tolérance de votre postérieur à la selle des dromadaires.

Seuls l'automne (de septembre à octobre) et l'hiver (de novembre à début mars) se prêtent vraiment à ce type d'excursions. Une sortie d'une journée revient au minimum à 300 Dh par personne (ou 350 Dh, avec la nuit) mais tout dépend du nombre de participants, de la durée de la randonnée et de votre capacité à négocier. L'agence organise le bivouac, parfois dans un campement permanent pour les excursions courtes, avec éventuellement de la musique berbère et un méchoui.

Les expéditions en dromadaire sont proposées un peu partout. Si rien ne presse dans votre emploi du temps, il est possible d'arriver à Zagora, M'Hamid ou Merzouga et de vous mettre en quête d'un guide local et de faire des provisions sur place. Ce type d'excursion a l'avantage de bénéficier à la communauté locale et d'éviter que les jeunes guides quittent leur foyer pour chercher du travail dans une ville plus touristique au nord. Pour faire votre choix, fiez vous aux recommandations des autres voyageurs. Une excursion coûte autour de 350 Dh avec une nuit incluse, mais les expéditions plus longues se montent à 300 Dh par pers et par jour. M'Hamid est probablement la ville la plus tranquille pour faire votre choix. À Zagora (qui compte trois tour-opérateurs) et Merzouga le choix est encore plus grand.

Si vous n'avez ni le temps ni l'envie de négocier, vous pouvez organiser votre escapade à l'avance, par le biais d'un tour-opérateur international ou d'une agence locale ayant pignon sur rue à Ouarzazate ou à Marrakech. Pour plus d'informations sur les tour-opérateurs, voir l'encadré p. 458, ou *Zagora* (p. 332), *Ouarzazate* (p. 324) et *Marrakech* (p. 297).

De nombreuses agences proposent des expéditions en 4x4. Il est bon de ne pas oublier les conséquences environnementales de ce type d'excursion. Pour plus de détails voir l'encadré p. 83.

Moto, quad et karting

Les grands espaces et les paysages extraordinaires du sud et du centre marocains attirent un nombre croissant de fondus des sports mécaniques. À Ouarzazate, **Wilderness Wheels** (☎ 024 888128 ; www.wildernesswheels.com ; 44 Hay al-Qods, Ouarzazate) propose des circuits dans les vallées du Dadès et du Drâa, ou dans le désert à Merzouga. Il vous en coûtera 800/1 400/3 500 Dh la demi-journée/journée complète/l'expédition de 2 jours.

Le quad et le karting sont des activités en plein essor, de plus en plus proposées par les agences à Ouarzazate (p. 326), Merzouga (p. 355), Zagora (p. 332) et Erfoud (p. 350).

Observation des oiseaux

Le Maroc est un véritable paradis pour les amateurs d'ornithologie. Quantités d'espèces étonnantes occupent les différents écosystèmes du pays, en particulier les marais côtiers. Quelque 460 espèces ont été recensées dans le pays, parmi lesquelles de nombreux oiseaux migrateurs qui passent par le Maroc au printemps et à l'automne. Certains voyagent entre l'Afrique subsaharienne et la Scandinavie, le Groenland ou le nord de la Russie, d'autres s'arrêtent au Maroc en attendant la fin de l'hiver dans le nord de l'Europe. En hiver, les marais sont particulièrement peuplés d'oiseaux mais l'époque la plus agréable pour s'y rendre se situe entre mars et mai, en raison du climat et de la grande variété d'espèces présentes . Pour plus de renseignements sur l'observation des oiseaux au Maroc, voir p. 79.

Planche à voile et kitesurf

Les vents au large d'Essaouira (p. 147) sont plus propices aux véliplanchistes qu'aux surfeurs. C'est encore plus vrai à Sidi Kaouki (p. 154). Il est possible de louer une planche sur la plage (150 Dh l'heure pour une planche à voile et 250 Dh l'heure pour un kitesurf). On y rencontre toute l'année d'autres véliplanchistes. Les environs d'El-Jadida (p. 134) sont plutôt favorables. Pour des cours de kite, rendez-vous à Surfland, à Oualadidia (voir p. 137).

Randonnée

Pour des informations complètes sur les fantastiques possibilités de trekking offertes au Maroc, reportez-vous à la page p. 399.

Ski

Bien que les stations de ski marocaines ne soient pas du dernier cri, il est possible de chausser des skis entre novembre et avril.

Le ski de randonnée est en plein essor. La meilleure saison s'étend de fin décembre à février. La vallée des Aït Bouguemez (p. 315) recèle certains des meilleurs sites du pays.

Oukaïmeden (p. 318), à environ 70 km au sud de Marrakech, est une station de ski cotée, qui possède les remontées mécaniques les plus élevées d'Afrique du Nord. On peut louer des équipements sur place. Il existe également quelques stations aménagées pour les sports d'hiver dans le Moyen Atlas.

Surf

Le Maroc possède des centaines de kilomètres de côte, propices au surf. Les plages de Kenitra (p. 120) sont une valeur sûre.

Celle de Mehdiya (p. 121), à 7 km à l'ouest, est praticable toute l'année. On trouve également d'autres plages propices au surf en remontant la côte vers Larache.

Anchor Point, à Agadir, nous a été recommandé, mais la mer y est parfois capricieuse. Non loin de là, Taghazout (p. 370) est une plage isolée très prisée des surfeurs. Tamraght (p. 369), à 15 km au nord d'Agadir, abrite un surf lodge tenu par des Allemands.

Essaouira est le spot de prédilection de nombreux surfeurs, mais ses eaux attirent principalement les véliplanchistes.

C'est sans doute au nord de Safi qu'il faut aller chercher les plus belles vagues, en particulier sur la plage de Lalla Fatna (p. 142) dont les gigantesques tubes ont attiré certains des plus grands noms internationaux du surf. D'autres plages dans les environs de Safi valent le détour. **Surfland** (☎ 023 366110 ; avr-mi-nov) à Oualidia, vous indiquera de bons tuyaux. C'est l'endroit parfait pour prendre des cours dans la baie si vous êtes débutants Pour plus de détails, voir p. 137. Rabat (p. 120) et El-Jadida (p. 134) disposent de quelques bons spots.

Pour plus d'informations, contactez le **Oudayas Surf Club** (☎ 037 260683 ; fax 037 260684 ; Rabat). L'endroit est convivial et le club organise des cours et des compétitions. Une liste plus détaillée des endroits où surfer figure dans le *Storm Rider Guide to Europe*.

ALIMENTATION

Les restaurants de ce guide ont été classés selon leur situation géographique, puis leur catégorie. À l'intérieur de chaque catégorie, ils sont indiqués selon un ordre préférentiel. En règle générale, les établissements de classes moyenne et supérieure des grandes villes se situent dans la ville nouvelle, avec quelques exceptions notables à Fès et Marrakech.

Pris à plusieurs et dans le même plat, le repas revêt une grande importance sociale et familiale. Quand vient l'heure, la plupart des Marocains rentrent chez eux pour partager leur repas en famille (voir p. 69). Pour les classes populaires, sortir au restaurant n'est donc réservé qu'aux grandes occasions. Cela explique le fossé qui sépare les petits cafés bon marché (où les Marocains viennent boire un verre ou manger un sandwich sur le pouce) et les restaurants, souvent onéreux et généralement fréquentés par les touristes, les expatriés français et les riches Marocains.

Si l'on trouve, dans les petits cafés, des sandwichs et des brochettes pour une somme comprise entre 30 et 50 Dh, il faut compter un minimum de 75 à 150 Dh pour un menu dans un établissement bon marché en dehors des grandes villes. Un repas avec vin dans un restaurant de catégorie moyenne à l'intérieur d'une grande ville coûte généralement de 200 à 300 Dh. Les bons restaurants de cette catégorie sont assez rares. Ce n'est pas le cas des établissements de la catégorie supérieure, parmi lesquels on trouve des restaurants de palaces et de riads ainsi que quelques adresses tenues par des Français. Comptez entre 400 et 600 Dh par personne pour un repas dans l'un de ces établissements (vin compris). Comptez même davantage à Marrakech. Une bouteille de vin au restaurant coûte en moyenne entre 150 et 250 Dh. Le service est compris, ainsi que la TVA.

Pour des informations détaillées sur la nourriture marocaine et les habitudes culinaires locales, reportez-vous p. 67.

AMBASSADES ET CONSULATS

Pour obtenir des détails sur les ambassades du Maroc à l'étranger ou les ambassades et consulats étrangers au Maroc, consultez le site du ministère marocain des Affaires étrangères et de la Coopération, www.maec.gov.ma.

Ambassades et consulats du Maroc à l'étranger

Le Maroc est représenté diplomatiquement dans les pays suivants :

Belgique (☎ 02-736 11 00 ; sifamabruxe@euranet.be ; 29 boulevard Saint-Michel, 1040 Bruxelles)

Canada (☎ 613-236 7391, www.ambassade-maroc.ottawa.on.ca ; 38 Range Rd, Ottawa, Ont KIN 8J4)

Espagne (☎ 91 563 1090 ; www.maec.gov.ma/madrid ; Calle Serrano 179, 28002 Madrid)

France (☎ 01 45 20 69 35 ; www.amb-maroc.fr ; 5 rue Le Tasse, 75016 Paris)

Mauritanie (☎ 525 14 11 ; sifmanktt@mauritel.mr ; av. du Général de Gaulle, BP 621, Nouakchott)

Suisse (☎ 31-351 0362 ; www.amb-maroc.ch ; Helvetiastrasse 42, 3005 Berne)

Tunisie (☎ 01-782 775 ; sifamatunis@embmaroc.intl.tn ; 39 av. du 1er Juin, Mutuelleville, Tunis)

Ambassades et consulats au Maroc

La plupart des ambassades et des représentations diplomatiques se trouvent à Rabat. Sauf mention contraire, les ambassades sont ouvertes du lundi au vendredi de 9h à 12h.

CE QUE PEUT FAIRE VOTRE AMBASSADE

Il est important de comprendre ce que votre ambassade peut et ne peut pas faire pour vous en cas de problème. D'une manière générale, l'ambassade ne pourra vous être d'aucune aide si vous êtes responsable de la situation. Rappelez-vous que vous êtes tenus de respecter les lois du pays dans lequel vous vous trouvez. Vous ne disposerez d'aucun recours si vous avez commis un acte illégal localement, fût-il permis chez vous.

En cas d'urgence, vous ne pourrez obtenir d'aide que si tous les autres recours ont été épuisés. Par exemple, pour un rapatriement d'urgence, il est fort peu probable que l'ambassade vous paie le billet retour (car elle attendra de vous que vous ayez une assurance). En cas de vol ou de perte de vos papiers et de votre argent, elle vous aidera à obtenir un nouveau passeport, mais n'espérez pas un prêt pour payer le vol de retour.

Des ambassades avaient l'habitude de tenir à jour une lettre d'informations pour les voyageurs et de mettre à leur disposition une petite salle de lecture avec les principaux journaux nationaux, mais cette pratique a tendance à disparaître.

Algérie (☎ 037 661574 ; algerabat@iam.net.ma ; 46-48 av. Tariq ibn Zayid, Rabat ; 🕒 8h30-16h lun-ven) ; Oujda (056 710452 ; bd Bir Anzarane)

Belgique (☎ 037 268060 ; info@ambabel-rabat.org.ma ; 6 av. de Marrakesh, Rabat) ; Casablanca (☎ 022 223049 ; 9 rue al-Farabi) ; Tangier (☎ /fax 039 941130 ; 2e ét., 41 bd Mohammed V)

Canada (☎ 037 687400 ; fax 037 687430 ; 13 rue Jaafar as-Sadiq, Agdal, Rabat ; 🕒 8h-12h et 13h30-17h30 lun-jeu, 8h-13h30 ven)

Espagne (☎ 037 633900 ; emb.rabat@mae.es ; rue Ain Khalouiya, route des Zaers, Km 5 300 Souissi, Rabat). Consulats également à Agadir, Casablanca, Nador, Rabat, Tanger et Tétouan.

France (☎ 037 689700, www.ambafrance-ma.org ; 3 rue Sahnoun, Agdal, Rabat) Consulat général (☎ 037 268181 ; rue Alla Ben Abdallah, Rabat ; 🕒 8h30-11h30 pour les visas et 13h30-15h pour les retraits lun-ven). Consulats à Agadir, Casablanca, Tanger, Marrakech et Fès.

Mali (☎ 037 759125 ; fax 037 754742 ; 7 rue Thami Lamdaouar, Soussi I, Rabat ; 🕒 8h30-12h et 14h30-17h30 lun-ven)

Mauritanie (☎ 037 656678 ; ambassadeur@mauritanie.org.ma ; 7 rue Thami Lamdaouar, Soussi I, Rabat ; 🕒 8h30-15h lun-jeu et 8h30-12h ven)

Suisse (☎ 037 268030 ; fax 037 268040 ; place Berkane, Rabat)

Tunisie (☎ 037 730636 ; fax 037 730637 ; 6 av. de Fès, Rabat ; 🕒 9h-12h et 14h-17h30 lun-ven)

ARGENT

La monnaie nationale est le dirham (Dh), qui se subdivise en 100 centimes. Les billets les plus gros sont ceux de 200 Dh. On trouve des pièces de 1, 2 et 5 dirhams, et de 10, 20 et 50 centimes.

À l'heure actuelle, l'exportation de dirhams est interdite. Il n'est donc pas possible d'en trouver en dehors du pays. Néanmoins, la monnaie est assez stable et les taux de change ne connaissent pas de fluctuations importantes. L'euro et le dollar sont les devises les plus faciles à changer.

Des taux de change sont donnés à titre indicatif sur la deuxième et la troisième de couverture du présent guide. Vous trouverez également un guide des prix à la p. 19.

Cartes de crédit

Dans les grandes villes et dans les lieux touristiques, les principales cartes de crédit internationales sont acceptées presque partout, mais les commerces marocains prélèvent souvent une commission de 5%.

Les cartes les plus courantes sont les MasterCard et les Visa.

Change

L'importation ou l'exportation de dirhams marocains est interdite, mais il n'existe aucune limitation d'importation de devises étrangères. La devise des enclaves espagnoles de Ceuta et de Melilla est l'euro. Si vous partez pour ces enclaves ou si vous en revenez, sachez que les banques marocaines installées à la frontière ne changent que du liquide. Il est difficile et coûteux d'acheter des devises marocaines en Espagne, alors que les banques de Melilla et de Ceuta vendent les dirhams à des taux plus intéressants qu'au Maroc.

Les services bancaires marocains sont relativement rapides et efficaces. Les taux varient peu d'un établissement à l'autre.

Généralement, les agences de la BMCE (Banque marocaine du commerce extérieur) et du Crédit du Maroc sont les plus pratiques. Elles disposent souvent de bureaux de change ouverts le week-end. Les principales agences des grandes banques ouvrent le samedi matin.

Munissez-vous de votre passeport pour changer vos chèques de voyage (il vous faudra parfois également le reçu des chèques) ou pour retirer des espèces au guichet. Certaines banques vous le demanderont aussi pour changer des devises.

L'exportation de devises marocaines étant interdite, il vaut donc mieux calculer au plus juste son budget en devises. Conservez tous vos reçus de change : ils vous seront demandés pour convertir le reste de vos dirhams dans les banques marocaines.

Chèques de voyage

Certes moins utilisés aujourd'hui que par le passé – la plupart des voyageurs préfèrent en effet se servir de leurs cartes de crédit pour obtenir du liquide – les chèques de voyage présentent l'avantage de vous protéger en cas de perte ou de vol.

Les chèques de voyage Amex, Visa et Thomas Cook sont acceptés presque partout et leur remplacement en cas de perte ou de vol est aisé. Il est bien entendu essentiel de conserver à part le reçu des numéros de chèques et de noter ceux qui ont été utilisés. Veillez à conserver ce reçu séparément de vos chèques de voyage. Avant chaque opération, demandez au guichet si la banque prend une commission. La plupart des banques prennent une commission d'environ 10 Dh par chèque de voyage, mais certaines banques prélèvent 10 Dh par transaction.

Distributeurs automatiques (DAB)

Les distributeurs automatiques sont très répandus au Maroc. Ils acceptent les cartes Visa, MasterCard, Electron, Cirrus, Maestro et InterBank, ceux de la BMCE et du Crédit du Maroc offrant généralement les meilleures possibilités. Certaines banques prennent une commission pour chaque retrait effectué à l'étranger. Renseignez-vous auprès de votre banque. Le montant que vous pouvez retirer dépend souvent des conditions propres à votre carte, mais la plupart des cartes disposent d'une autorisation de 2 000 Dh par jour. Les distributeurs sont régulièrement à court de billets durant les week-ends.

Vous pouvez également retirer de l'argent sur présentation d'une carte Visa ou MasterCard aux guichets de plusieurs banques, dont la Banque Populaire, la BMCE, la Banque marocaine pour le commerce et l'industrie (BMCI) et la Wafa Bank.

Espèces

Rien n'est évidemment plus pratique que de voyager exclusivement avec des espèces. Mais rien n'est plus risqué, également. Rares sont les polices d'assurance couvrant la perte ou le vol d'espèces. Cela dit, il est toujours nécessaire d'avoir une certaine somme d'argent liquide avec soi. Le plus sûr consiste à conserver quelques billets en petites coupures dans son portefeuille pour les achats courants et à garder le reste dans une ceinture à billets ou tout autre endroit sûr. Veillez également à disposer de suffisamment de liquidités si vous voyagez dans des régions isolées où les possibilités de retrait d'argent sont limitées.

Il peut également être utile de garder quelques petites coupures en euros en réserve.

Enfin, mieux vaut prévoir beaucoup de menue monnaie pour payer les taxis, les guides, les pourboires ou pour donner aux mendiants. Faites le plein à la banque dès votre arrivée.

Marché noir

Les possibilités légales pour acheter des dirhams au Maroc laissent peu de place au marché noir. On vous proposera néanmoins de changer de l'argent dans la rue, surtout à Casablanca, à Tanger et à la frontière des enclaves de Ceuta et de Melilla. À moins d'être désespérément à court de liquide à une heure où les banques sont fermées, mieux vaut éviter ce genre de transaction car les escroqueries sont courantes.

Pourboires

Le pourboire fait partie intégrante de la vie marocaine. Pratiquement tous les services justifient un pourboire mais ne vous laissez pas forcer la main. Toutefois, quelques dirhams en échange d'un service rendu facilitent parfois grandement la vie.

Au restaurant, il est correct de laisser un pourboire équivalant à 10% environ du montant de l'addition (à moins, bien sûr, que le service ait été exécrable), et 1 dirham environ pour un café. Les guides des musées, les gardiens de parking, les porteurs des hôtels et les pompistes s'attendent aussi à recevoir une gratification en espèces (de 3 à 5 Dh, 10 Dh pour un parking d'une nuit). Gardez à l'esprit que le revenu moyen journalier au Maroc est d'environ 2,50 €.

ASSURANCES

Il peut être intéressant de souscrire à une police d'assurance couvrant les vols, les pertes et les frais médicaux. En effet, les services marocains de santé publique ne sont pas des plus efficients et les quelques bons hôpitaux privés pratiquent des tarifs élevés. Vérifiez que votre police d'assurance couvre bien les transports en ambulance et le rapatriement d'urgence en avion. Il est également important de toujours porter sur vous une preuve quelconque que vous êtes assuré afin d'éviter tout retard de traitement en cas d'urgence.

Il est important de souscrire le plus tôt possible. En souscrivant une semaine à peine avant votre départ, vous pourriez par exemple découvrir que vous n'êtes pas couvert pour les retards consécutifs à une grève entamée avant la date de souscription. Si vous deviez en prolonger la durée en route, faites-le avant que votre assurance n'expire afin de ne pas avoir à payer un supplément.

Payer son billet avec une carte de crédit permet souvent de bénéficier d'une assurance supplémentaire. Cela vous permettra de demander un remboursement en cas de non-livraison du billet.

Certaines assurances excluent les "activités dangereuses", au nombre desquelles peuvent figurer la plongée, la moto et même le trekking. Un permis moto obtenu sur place n'est pas valable auprès de certains assureurs.

Vous pouvez contracter une assurance qui réglera directement les hôpitaux et les médecins, vous évitant ainsi d'avancer des sommes que vous ne pourriez récupérer qu'à votre retour. Dans le cas d'une assurance qui rembourse uniquement au retour, veillez à conserver tous les justificatifs nécessaires. Quelques compagnies demandent qu'un appel téléphonique (frais remboursés) alerte leur centre dans votre pays de résidence pour procéder immédiatement à l'évaluation des frais à engager – le cas échéant, pensez à emporter le numéro de téléphone d'urgence de votre assureur et gardez-en une copie ailleurs que dans votre bagage principal. De toute façon, renseignez-vous sur le service médical proposé par votre assureur au Maroc. Vous pourrez ainsi l'appeler directement en cas d'urgence.

Si vous conduisez, assurez-vous de posséder l'assurance nécessaire tant pour la voiture que pour vous (voir p. 480).

BÉNÉVOLAT

En France, quelques organismes offrent des opportunités de travail bénévole sur des projets de développement ou d'environnement, parfois sur des périodes courtes, de une à quatre semaines. Certaines associations s'adressent plus spécifiquement aux jeunes. Les chantiers proposés vont de la réfection d'une école aux travaux liés à l'environnement. Il s'agit d'une bonne formule pour s'immerger dans le pays, connaître l'envers du décor touristique, et bénéficier d'une ambiance internationale (les volontaires viennent de divers pays en général). En revanche, les conditions de vie sur un chantier sont spartiates. Prenez garde au décalage fréquent entre le programme et la réalité. La fouille archéologique peut rapidement se transformer, une fois sur place, en coup de peinture donné à la Maison des jeunes locale. Le matériel est parfois rudimentaire, et la réalité du terrain souvent plus dure qu'on ne l'imaginait.

Comité de coordination pour le service volontaire international (CCVIS, ☎ 01 45 68 49 36, fax 01 42 73 05 21, ccivs@unesco.org, www.unesco.org/ccivs), Maison de l'Unesco, 1 rue Miollis, 75732 Paris Cedex 15.

Association Rempart (☎ 01 42 71 96 55, www.rempart.com ; 1, rue des Guillemites 75004 Paris). Propose quelques places sur des chantiers centrés sur l'aménagement de sentiers ou la restauration de villages traditionnels.

Jeunesse et reconstruction (association créée après la Seconde Guerre mondiale pour la paix en Europe ; ☎ 01 47 70 15 88 ; www.volontariat.org ; 10, rue de Trévise 75009 Paris). Activités socio-éducatives auprès d'enfants, chantiers centrés sur l'environnement, la rénovation et la consolidation de sites.

Plusieurs organismes marocains et internationaux proposent de travailler bénévolement dans le cadre de projets de développement régional. Ils n'offrent en général aucune rétribution et parfois pas de logement.

Ils s'adressent principalement à des jeunes qui veulent se rendre utiles quelques semaines pendant les vacances d'été. Ces organisations sont parfois de véritables camps de vacances qui mettent sur pied des programmes d'échange international.

Volunteer Abroad dispose sur son site Internet d'une page sur le Maroc (www.volunteerabroad.com/Morocco.cfm), avec des liens vers des ONG proposant des programmes spécifiques au Maroc.

Jeunesse des Chantiers Marocains (JCM, BP 680 Safi principal 46000, Safi. ☎ 212 70 96 27 57 Fax 212 24 62 10 90). L'objectif de cette ONG est de promouvoir les échanges culturels au moyen de cours d'arabe marocain, pendant un séjour de 3 à 4 semaines au cours duquel les étudiants sont hébergés dans des familles locales et participent à des événements culturels.

Chantiers Sociaux Marocains (☎ 037 297184 ; ccsm@planete.co.ma ; BP 456, Rabat). Une ONG locale bénéficiant d'un réseau international.

International Cultural Youth Exchange (www.icye.org). Vous permet de trouver des offres de bénévolat au Maroc.

CARTES

Il est difficile de trouver sur place de bonnes cartes du Maroc. Mieux vaut donc en acquérir une avant de partir.

Parmi les cartes du Maroc, la Michelin n° 742 (anciennement n°959) est sans doute la meilleure. Outre la carte au 1/4 000 000 qui couvre la totalité du pays, y compris le territoire disputé du Sahara occidental, elle comporte un agrandissement au 1/1 000 000 du Maroc et des gros plans au 1/600 000 des régions de Marrakech, du Haut Atlas, du Moyen Atlas et de Meknès. Marchés hebdomadaires, casbahs et marabouts (mausolées sacrés) sont également indiqués.

Certains voyageurs préfèrent la carte *Morocco* du GeoCenter World Map (parfois disponible au Maroc), qui propose des détails similaires mais souvent plus clairs, sur une carte du pays au 1/800 000, une échelle très pratique. La carte *Morocco* de Hildebrand couvre tout le pays à une échelle de 1/900 000, inclut sept petites cartes de villes et comprend le Sahara occidental.

Il est également possible de se procurer des relevés topographiques et des cartes aériennes russes du Maroc au 1/200 000 auprès des bons magasins de cartes, mais il faut commander à l'avance et les cartes peuvent mettre jusqu'à six semaines pour arriver.

Il existe de nombreuses cartes de l'ensemble du Nord-Ouest africain, couvrant une partie de l'Égypte et du Soudan. La carte Michelin n°741 (anciennement n°s 953 et 153) au 1/4 000 000, notamment, a été mise à jour en 2003. Kümmerley & Frey édite également une bonne carte, *Africa, North and West*, à la même échelle.

Pour des indications concernant les cartes de randonnée, voir p. 400.

CARTES DE RÉDUCTION

La plupart des auberges de jeunesse accueillent les voyageurs sans carte de membre, moyennant 2 ou 3 dirhams supplémentaires. Inutile, par conséquent, d'en acquérir une spécialement pour votre voyage.

La carte internationale d'étudiant n'est pas un excellent sésame au Maroc (tout au moins dans les musées). Si toutefois vous avez moins de 30 ans, elle permet de bénéficier de réductions allant jusqu'à 60% sur les vols intérieurs (et certains vols vers l'étranger) de la Royal Air Maroc (RAM). Il existe des cartes pour étudiants valables sur les trains à destination du Maroc et des cartes de réduction pour les moins de 26 ans valables sur les réseaux intérieurs ferroviaire et aérien (voir p. 469).

Le Maroc ne pose pas de difficultés particulières pour les seniors. Les plus de 60 ans bénéficient en outre de réductions sur les ferries vers/depuis l'Espagne.

CLIMAT

Le climat marocain est aussi divers que sa géographie. Généralement doux le long du littoral, le temps peut devenir parfois frais et humide, en particulier au nord. Les précipitations sont surtout abondantes dans le Rif et au nord du Moyen Atlas, où seuls les mois d'été sont vraiment secs. Le Moyen et le Haut Atlas sont dominés par un climat classique de montagne avec des hivers neigeux et des étés frais. Ailleurs, la pluie se manifeste surtout entre novembre et mars. Toutefois, les précipitations sont impossibles à prévoir et la sécheresse demeure une préoccupation pour beaucoup de Marocains. Le long de la côte atlantique, les bourrasques de vent sont fréquentes. L'intérieur du pays connaît des étés particulièrement

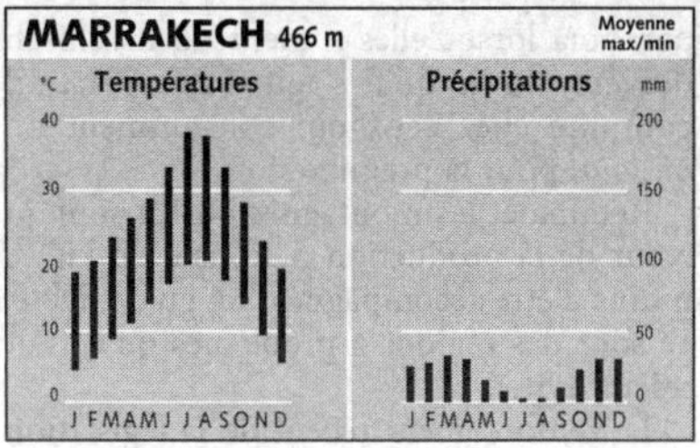

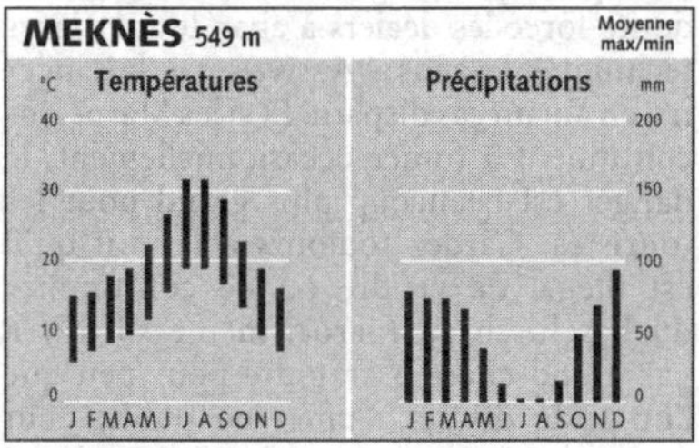

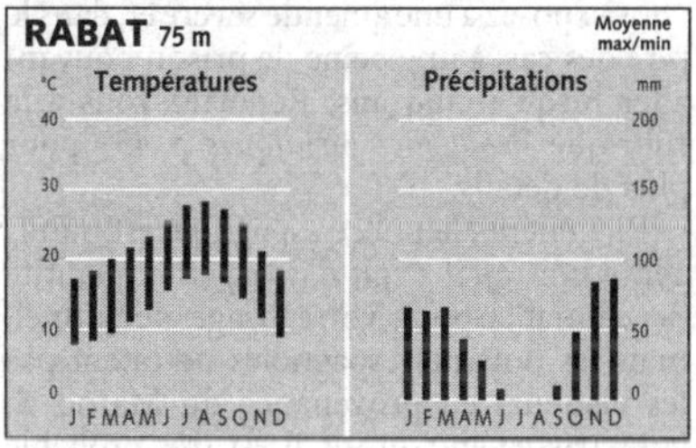

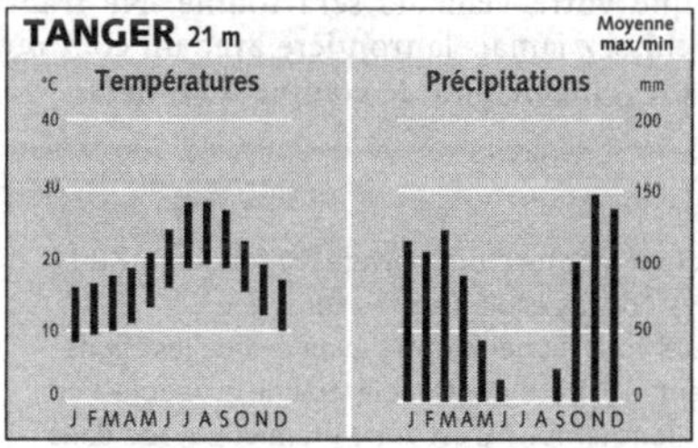

chauds avec des températures dépassant facilement 40°C. Faisant face au désert, ces plaines sont parfois sujettes à des tempêtes de sable au printemps (souvent en avril), avec un vent soufflant à plus de 10km/h, le célèbre sirocco, également baptisé *chergui* ou *irifi*.

Reportez-vous à la p. 18 pour connaître les meilleures périodes pour se rendre au Maroc.

COURS

Le pays propose d'excellents cours de cuisine et de langues.

Cuisine

À Marrakech, vous aurez l'embarras du choix pour prendre des cours de cuisine marocaine. Parmi les meilleurs, notez Souq Cuisine (p. 296) et Chambres d'Amis (p. 296). Les gourmets qui ne regardent pas à la dépense, s'adresseront au Rhode School of Cuisine (www.rhodeschoolofcuisine.com) qui propose une semaine de stage tout compris pour 2 395 $US.

Langue

Des cours d'arabe moderne sont dispensés dans la plupart des grandes villes, en particulier à Rabat (p. 108), Casablanca (p. 93) et Tanger (p. 166) où l'on peut suivre des stages plus ou moins longs.

À Fès également, **DMG Arabophon** (☎ 035 603475 ; www.arabicstudy.com ; programme intensif d'un mois 3 600 Dh) est l'une des meilleures écoles de langues du pays (elle dispense également des cours de Tamazight berbère) et l'**Arabic Language Institute** (www.alif-fes.com ; programme de 3/6 semaines 4 900/8 900 Dh) propose des programmes plus longs destinés aux étrangers. Ils peuvent également vous aider à trouver un hébergement dans une famille locale.

Si vous avez entre 18 et 30 ans, la **Jeunesse des Chantiers Marocains** (http://perso.menara.ma/youthcamps) de Safi (p. 140), dédiée au tourisme culturel, dispense des cours d'arabe moderne de 3 à 4 semaines qui vous feront vous immerger dans la vie locale.

Certaines branches de l'Institut français assurent des cours d'arabe, notamment celles de Tanger et de Marrakech. L'**École Assimil-Formation** (☎ 022 312567) et le **Centre international d'étude de langues** (CIEL ; ☎ 022 441959 ; ciel@iam.net.ma) sont deux écoles privées de Casablanca, où il est possible d'apprendre l'arabe et d'autres langues.

DÉSAGRÉMENTS ET DANGERS

Le Maroc est une destination plutôt sûre mais quelques pièges guettent tout de même les voyageurs. Les conseils ci-dessous devraient vous aider à les éviter.

Tanger et Casablanca abritent des populations très pauvres et il est déjà arrivé que des touristes soient physiquement agressés. Évitez les médinas de nuit.

Drogue

L'ère où le Maroc était le paradis des hippies est révolue. Le cannabis (kif) pousse toujours dans les montagnes du Rif, mais aujourd'hui la police se montre plus intransigeante et le Maroc n'est pas exactement l'endroit rêvé où séjourner en prison.

La plupart des affaires de chantage et de vol sont liées à la drogue. Une technique consiste à vous faire fumer, puis à vous forcer à acheter une grande quantité de cannabis et enfin à vous dénoncer (ou du moins à menacer de le faire) aux autorités. Les dealers savent pertinemment que vous n'irez pas appeler la police si vous avez consommé du haschisch.

Certains quartiers de Tanger ne sont accessibles qu'aux initiés. Mieux vaut donc s'abstenir de les visiter si tel n'est pas votre cas. Les dealers savent extorquer un maximum d'argent aux voyageurs fraîchement débarqués et peu rassurés. Ces pratiques ont également cours à Tétouan, Asilah, Casablanca et Marrakech. Le haschisch est communément appelé "chocolate" (de l'espagnol) ou, comme en France, "shit".

On vous proposera peut-être du *majoun*, sorte de pâte collante évoquant la mélasse, fabriquée à partir de graines de kif broyées. Une cuillerée de cette substance suffit à vous mettre la tête à l'envers. Pour s'en convaincre, il suffit de lire la description qu'en fait Paul Bowles dans *Leurs mains sont bleues* et *Après toi le déluge*. Toutes les personnes ayant une légère tendance à la paranoïa lorsqu'elles fument du haschisch doivent savoir qu'il s'agit d'une réaction courante chez ceux qui consomment du *majoun* pour la première fois.

Ketama et les montagnes du Rif sont au cœur de la production nationale du kif. À moins d'être accompagné d'un guide fiable, ce sont des régions à problèmes qu'il vaut mieux éviter.

Le renforcement récent de la législation et la politique du gouvernement ont sans doute forcé les dealers à abandonner leurs techniques les plus agressives mais le danger n'a en aucun cas disparu. Et si les Marocains continuent à fumer occasionnellement, le danger est beaucoup plus grand pour les touristes. Gardez toujours à l'esprit qu'il est illégal de vendre ou de consommer du haschisch au Maroc, même s'il n'y a pas grand-chose à craindre pour peu que l'on reste discret. Fumer en public peut en revanche vous attirer des ennuis. Vous vous exposez à une amende sévère et, dans le pire des cas, à une peine de prison pouvant aller jusqu'à cinq ans. Reportez-vous à la rubrique *Problèmes juridiques* p. 459 pour plus de détails.

En général, la police espagnole est indulgente tant qu'il s'agit d'une petite quantité de cannabis pour votre usage personnel, mais les douanes espagnoles ne ratent pas les visiteurs en provenance du Maroc. Si vous passez en voiture, il est très probable que votre véhicule sera fouillé. Ne franchissez jamais la frontière avec un colis ou un véhicule pour le compte d'un tiers.

CHASSE AUX PIGEONS

Pour de nombreux Marocains, certains Occidentaux font montre d'une naïveté confondante. Aussi, la tentation est grande pour les fameux "faux guides", de les exploiter sans vergogne.

À peine entrés en contact avec vous, les rabatteurs vous jaugent. Après avoir évalué les "signes extérieurs de richesse" (montre, chaussures, vêtements…), ils soumettent la victime probable à un véritable interrogatoire : Êtes-vous au Maroc depuis longtemps ? C'est votre premier voyage dans le pays ? Quel est votre métier ? Vous avez des enfants ? (ce qui, selon eux, peut être un signe de fortune)... Le meilleur moyen de ne pas se faire escroquer est de se méfier des personnes qui s'intéressent à vous de trop près sans que vous leur ayez demandé quoi que ce soit et de prétendre bien connaître la ville. Quelques mots en arabe suffiront sans doute à les convaincre.

Outre les méthodes d'approche classiques, telles que proposer de vous faire visiter la ville, de vous amener dans un magasin bon marché ou un bon hôtel, les rabatteurs peuvent vous demander de les aider à lire un document officiel ou une lettre d'amis de l'étranger. Si vous les repoussez, certains essayeront de vous donner mauvaise conscience en suggérant que vous êtes raciste et que vous n'aimez pas les Marocains ou les musulmans. Ne vous laissez pas prendre au piège. Restez ferme, mais courtois. Une piste : apprenez quelques mots d'arabe...(voir p. 492).

TOURISTES AU BORD DE LA CRISE DE NERFS

Les conseils ci-dessous vous aideront à éviter d'être poursuivi en permanence et à limiter les situations embarrassantes :

- Déclinez poliment les offres. Évitez de serrer les mains et d'entamer de longues conversations. L'humour (si possible en arabe) s'avère très efficace.
- Donnez l'impression que vous savez où vous allez ou expliquez que vous avez engagé un guide le premier jour et que vous connaissez maintenant suffisamment la ville pour l'explorer seul.
- Portez des lunettes de soleil et, si vous vous sentez proche de la crise de nerfs, allez reprendre votre calme dans un café ou un restaurant… ou fuyez en taxi ! Dans les situations extrêmes, prononcer le mot "police" et manifester son intention ferme d'y faire appel est généralement très efficace.

Escroqueries fréquentes

Certains auto-stoppeurs professionnels, prétendant souvent être en panne, hantent les routes touristiques les plus fréquentées, en particulier celle qui relie Marrakech à Ouarzazate. Une fois dans votre voiture, leurs techniques varient : certains essayent de vous vendre quelque chose, d'autres vous proposent un détour prétendument intéressant qui finit inévitablement dans le magasin, le restaurant ou l'hôtel d'un complice, etc.

Des escroqueries plus sournoises sont parfois pratiquées par certains commerçants qui trafiquent les factures payées par cartes de crédit (la plupart du temps, en ajoutant un zéro au prix) ou envoient des tapis de moindre qualité aux voyageurs rentrés chez eux.

Pour les escroqueries liées à la drogue, reportez-vous à la rubrique précédente, *Drogue*.

Perdre son chemin

Depuis quelques années, les anciens noms français, espagnols et berbères sont remplacés par des noms arabes. Selon votre interlocuteur, votre carte, ou l'endroit de la rue où vous vous trouvez, vous pourrez donc entendre jusqu'à trois noms différents pour une même artère.

Le nom arabe généralement utilisé pour les rues est *sharia* (*zankat* pour les plus petites), mais vous rencontrerez souvent, notamment dans le Nord, les termes espagnols de *calle* et *avenida* et, plus souvent encore, les appellations françaises.

L'arabe semble se généraliser dans certains endroits. Nous en avons tenu compte dans ce guide, où certaines rues prennent le nom de *sharia* ou *zankat* si l'usage local le justifie.

Les noms des rues ne vous aideront guère dans le labyrinthe des médinas. Le mieux, si vous commencez à avoir l'impression d'être perdu, est de rester dans les rues principales, relativement fréquentées dans les deux sens. Vous atteindrez ainsi rapidement un point de repère ou une sortie.

Plomberie

La patience est de rigueur dès lors que l'on aborde la plomberie marocaine. Dans les hôtels bon marché hors catégorie, il n'y a souvent que de l'eau froide.

Ailleurs, la revigorante douche chaude promise se résume parfois à un filet d'eau tiède… Dans de nombreux hôtels, l'eau chaude n'est disponible qu'à certaines heures et il arrive à la campagne que l'eau soit chauffée au feu de bois, combustible onéreux sans compter que la déforestation est un problème important au Maroc. Dans les petites villes et les zones rurales, le hammam est donc souvent la meilleure solution.

Racoleurs, rabatteurs et faux guides

Les trop fameux rabatteurs (ou faux guides) du Maroc restent un phénomène auquel il semble difficile d'échapper.

Formée il y a quelques années, la brigade touristique est spécialement chargée des faux guides et des rabatteurs. Toute personne opérant comme guide non officiel encourt une peine de prison ou une forte amende.

Si cela a eu pour effet de sensiblement réduire le problème, il ne l'a pas pour autant éliminé. Souvent en situation très précaire, ces personnes ont désespérément besoin d'argent. C'est pourquoi elles peuvent se montrer très insistantes et parfois fort déplaisantes. Vous les trouverez toujours aux abords des médinas des grandes villes et des gares routières ou ferroviaires.

Attendez-vous aussi à être assailli par des rabatteurs dans le port d'embarcation de Tanger (voir p. 161). Ceuta et Melilla sont des ports plus calmes pour entrer au Maroc.

Inutile, toutefois, de fuir les rabatteurs et les guides comme la peste. En arrivant dans un lieu pour la première fois, les services d'un guide, officiel ou non, sont parfois bien utiles. Les guides officieux ne sont pas nécessairement des imposteurs (voir l'encadré p. 220). Beaucoup d'entre eux sont très compétents, manient plusieurs langues et recherchent principalement les commissions touchées dans certains hôtels ou sur des articles que vous achetez dans les souks. Avant de commencer la visite, mettez-vous bien d'accord sur un prix, sur ce que vous souhaitez voir et sur le nombre de boutiques que vous souhaiteriez visiter. Une journée avec un guide officieux coûte généralement de 50 Dh à 100 Dh (le tarif doit toujours s'entendre par guide et non par personne) ; quelques dirhams suffisent pour se faire conduire à un point précis (la sortie de la médina, par exemple). Quelle que soit la somme que vous leur donnerez, les rabatteurs demanderont certainement davantage. Indiquez-leur simplement que c'est déjà bien assez. Gardez votre sens de l'humour et après quelques jours dans un même lieu, les rabatteurs se feront moins insistants.

Pour louer les services d'un guide officiel, adressez-vous aux offices du tourisme ou à certains hôtels. Le tarif pour un guide local/national est d'environ 300 Dh par jour, pourboire en sus. L'appel à un guide est pleinement justifié dans le dédale des ruelles des médinas de Fès et de Marrakech. Ils connaissent la ville par cœur et vous éviteront d'être importuné par les rabatteurs. Précisez clairement avant la visite si vous ne désirez pas faire d'achats.

Si vous conduisez, sachez que des rabatteurs motorisés guettent les touristes sur les routes à l'entrée de Fès et de Marrakech. Ils proposeront de vous trouver un hôtel, un terrain de camping ou n'importe quel autre service avec autant d'insistance que leurs collègues à pied.

Tabac

Comme dans la plupart des pays arabes, fumer est un passe-temps national et les restaurants ou hôtels non-fumeurs sont on ne peut plus rares.

Cette habitude est toutefois plus fréquente dans les endroits populaires que dans les hôtels de catégorie supérieure ou les restaurants de standing qui disposent de zones non-fumeurs. Les restaurants et les cafés populaires disposant souvent de terrasses, la gêne s'en trouve réduite.

L'hotellerie de luxe (les Sofitel, par exemple) pratique généralement une politique antitabac.

Comme dans la plupart des pays musulmans, il est mal vu de fumer pour une femme. Il est d'ailleurs assez rare de voir une femme fumer en dehors des grandes villes (et encore !). Il s'agit plus d'un tabou social que d'un interdit religieux. Toutefois, il convient de signaler que la plupart des chefs religieux condamnent le tabac autant que l'alcool. L'interdit (*haram*) est beaucoup plus sérieux durant les heures diurnes du ramadan.

Bien entendu, cela ne concerne pas les voyageurs, mais il reste préférable pour les femmes étrangères de s'abstenir de fumer chez des particuliers et de se montrer discrètes en la matière en tout autre lieu.

Vol

Dans l'ensemble, le pays ne connaît pas vraiment de problèmes de vol. Vous pourrez encore en minimiser les risques en étant particulièrement vigilant dans les grandes villes et en suivant les consignes suivantes.

Prenez le moins d'objets de valeur possible lors de vos sorties et gardez tout ce que vous prenez avec vous bien caché. Faites particulièrement attention lorsque vous retirez de l'argent d'un distributeur automatique. Les sacs bananes et les sacoches attirent l'attention des voleurs :préférez les ceintures à billets et les poches qui s'accrochent autour du cou et se portent sous les vêtements pour garder argent, passeports et autres papiers importants.

Dans certaines médinas (comme celles de Marrakech, Casablanca ou Tanger, particulièrement réputées pour le vol à la tire), une tactique courante consiste à attirer votre attention tandis qu'un complice vous fait les poches. Il n'y a pas lieu de se promener dans un état d'alerte permanent mais mieux vaut garder une certaine vigilance.

Les autres objets de valeur, comme les appareils photo, peuvent être laissés à la réception de l'hôtel lorsque vous n'en avez pas besoin. Si vous le préférez, vous pouvez également laisser vos affaires dans votre chambre (neuf fois sur dix, il n'y a aucun danger). Lorsque cela est possible, n'hésitez toutefois pas à enfermer sous clé tout ce que vous pouvez. Enfin, pour ne pas tenter le diable, ne laissez jamais rien dans votre voiture, même hors de vue.

DOUANE

Les visiteurs sont autorisés à importer 200 cigarettes, ou 50 cigares, ou 440 g de tabac, plus un litre d'alcool et une bouteille de vin.

Il n'y a aucune restriction sur les entrées de devises étrangères dans le pays.

ENFANTS

Si l'acclimatation au continent africain est parfois difficile pour les adultes, il n'en va pas de même pour les enfants. Leur première impression est souvent celle d'un lieu où les gens sont aimables et chaleureux. De nombreux Marocains ont en effet grandi dans des familles nombreuses et les enfants aident souvent à briser la glace. Les Marocains sont généralement très gentils et protecteurs vis-à-vis des enfants. Partir au Maroc avec des enfants ajoute une nouvelle dimension à votre voyage.

Pratique

La plupart des hôtels ne font pas payer pour un enfant de moins de deux ans. Entre deux et douze ans, les enfants bénéficient d'une réduction de 50% par rapport au tarif adulte, à condition qu'ils dorment dans la chambre de leurs parents. Préférez les établissements de catégorie moyenne pour avoir accès à des sanitaires corrects.

En cherchant bien, vous devriez pouvoir trouver tout le nécessaire pour les enfants en bas âge. Emportez toutefois avec vous des aliments adaptés et des crèmes solaires à indice de protection élevé. Vous trouverez sur place les principales marques de couches occidentales, à environ 20 Dh les dix.

Pour éviter les troubles intestinaux, tenez-vous en à l'eau purifiée ou en bouteille. Les laits UHT, pasteurisés et en poudre, sont courants au Maroc. Choisissez bien votre restaurant et évitez les salades, auxquelles vous préférerez les plats chauds tels que les tajines, les couscous, les soupes ou les omelettes. Les marchés regorgent de fruits et de légumes délicieux, mais assurez-vous de les laver et de les peler avant de les donner à votre enfant.

Il est préférable d'éviter de voyager dans l'intérieur du pays en plein été. En effet, les températures y dépassent fréquemment 40°C. Méfiez-vous des problèmes de déshydratation et des coups de soleil, qui peuvent survenir même par temps nuageux.

Le Maroc possède une excellente infrastructure ferroviaire. Le train constitue certainement le moyen de transport le plus facile et le plus agréable, car il permet aux enfants de bouger un peu et les tablettes rabattables sont pratiques pour jouer ou dessiner. Les taxis collectifs et les bus sont peu adaptés aux enfants. En effet, ces derniers y semblent plutôt considérés comme des bagages que comme des passagers et, à ce titre, ils doivent la plupart du temps voyager sur les genoux de leurs parents. En outre, ces transports ne sont pas des plus sûrs et circulent sur des routes généralement en piètre état. Les compagnies de location de voitures proposent rarement des sièges pour enfants. Pensez donc à apporter le vôtre et vérifiez qu'il soit compatible avec la voiture que vous louez.

Il existe peu de possibilités officielles de baby-sitting, mais il est généralement possible de trouver une solution dans les hôtels haut de gamme ou en faisant appel au réseau d'expatriés, particulièrement actif à Marrakech.

Un lecteur nous a rapporté que laisser son enfant courir dans un magasin de tapis peut s'avérer une excellente technique de négociation.

À voir et à faire

Voyager avec des enfants demande un certain effort de préparation. N'en prévoyez pas trop et assurez-vous que vos enfants pourront participer aux activités. Le principal est de trouver quelque chose qui retienne leur attention (ce qui n'est pas difficile au Maroc).

Les promenades à cheval ou à dromadaire le long des plages d'Essaouira (p. 148) et d'Agadir (p. 364) ou dans les dunes de M'Hamid (p. 335) ou de Merzouga (p. 355) remportent toujours un franc succès, tout comme, pour les plus grands, le quad ou le karting à Ouarzazate. Les promenades en calèche autour des remparts de villes comme Marrakech (p. 313) ou Taroudant (p. 376) plaisent beaucoup également.

L'agitation qui règne dans les souks de Fès et Marrakech est toujours intéressante et constituera une expérience en soi pour les enfants. De même, une nuit autour d'un feu de camp au son de la musique berbère leur laissera un souvenir impérissable.

Parmi les autres attractions dignes de susciter l'intérêt des petits, citons le parc d'attractions Yasmina, à Casablanca (p. 93), le parc zoologique national de Rabat (p. 120), Surfland (p. 137) à Oualidia, le Parque Marítimo del Mediterráneo (p. 180) à Ceuta, la vallée des Oiseaux (p. 364) à Agadir, les Studios Atlas (p. 325) à Ouarzazate et le spectacle folklorique Reflets et Merveilles (p. 297), à Marrakech.

Vous trouverez de nombreuses visites appropriées pour les enfants tout au long de ce guide, notamment dans les pages consacrées à *Marrakech* (p. 297), *Casablanca* (p. 93) et *Rabat* (p. 109).

Enfin, un hôtel avec piscine sera des plus agréables après une journée de promenade, pour vous comme pour eux.

FÊTES ET FESTIVALS

Le calendrier marocain est truffé de *moussems*, fêtes qui donnent aux foules l'occasion d'honorer un marabout (saint local). Il ne s'agit parfois que d'un simple jour de marché particulièrement animé, mais nombre d'entre eux ont pris une importance régionale, voire nationale. Ces célébrations sont particulièrement fréquentes chez les Berbères durant les mois d'été.

Le plus souvent, elles mêlent sacré et profane. Bien que les musulmans sunnites réprouvent la vénération des saints, ces célébrations puisent leur inspiration tant dans les traditions berbères préislamiques que dans le mysticisme soufi.

Certaines des manifestations les plus excessives, telles que l'automutilation au cours de transes, jadis relativement fréquentes au cours de ces rassemblements, ont presque totalement disparu face à la réprobation officielle.

Renseignez-vous auprès des offices du tourisme pour connaître les dates et lieux des *moussems* et autres fêtes locales. Cela vaut vraiment la peine d'y assister. Voici, dans l'ordre chronologique, la liste des plus importants d'entre eux :

Février

Fête des amandiers en fleur (fin fév à fin mars). Très belle célébration dans la vallée des Ammeln recouverte de fleurs, près de Tafraoute.

Mars/avril

Marathon des sables (mars/avr). Une course de six jours et 243 km dans le désert. Départ et arrivée à Ouarzazate.

Festival nomade (mars/avr). Célébration de la culture nomade à M'Hamid, accompagnée de spectacles de rue, de cuisine typique, d'artisanat et de randonnées chamelières.

Moussem de Sidi Abdallah ibn Hassoun (veille du Mouloud, anniversaire du Prophète). Grande procession de lanternes de cire portées par les confréries de la grande mosquée locale au milieu de chants et de danses.

Mai/juin

Fête des roses (en mai, suivant les moissons, dans les environs d'El Kelâa M'Gouna, près de Ouarzazate). Une fête colorée qui célèbre la récolte des roses persanes dans la vallée. Des pétales de roses pleuvent sur les danseurs tandis que les enfants vendent des guirlandes aux passants.

Festival du désert (en mai ; www.festivaldudesert.ma). La musique et la danse y sont célébrées. Des musiciens viennent de tout le Sahara.

Festival gnaoua et musiques du monde (3e week-end de juin ; www.festival-gnaoua.co.ma). Une célébration passionnée des musiques du monde à Essaouira, avec de nombreux concerts de stars locales et internationales ainsi que des expositions artistiques.

Moussem de Sidi Mohammed Ma al-Ainin. Ce rassemblement qui se tient à Tan-Tan est l'occasion rêvée de voir des Touaregs. Cette manifestation joue aussi un rôle commercial pour les tribus nomades.

Moussem de Ben Aïssa. L'un des plus importants *moussems* du pays se tient à la koubba de Sidi Ben Aïssa, à Meknès. Fête empreinte de paganisme médiéval, elle fait la part belle aux illusionnistes et aux cascadeurs à chevaux.

Fête des cerises. Trois jours d'une fête annuelle avec beaucoup de musique et de danse. Elle atteint son paroxysme avec la cérémonie pittoresque du couronnement de la reine des cerises.

Juillet

Festival international de Rabat. Un excellent festival où se produisent des musiciens venus de toute l'Afrique. Des pièces théâtrales traditionnelles sont également jouées. Un festival cinématographique se tient en marge.

Moussem de Sidi Bousselham. À Moulay Bousselham, près de Larache, cet autre *moussem* important célèbre la mémoire du saint local dans un cadre superbe qui domine la mer.

Festival de Fès. Le "festival des musiques sacrées du monde" attire pendant neuf jours une foule internationale de connaisseurs. Les concerts ont lieu au musée Dar Batha, au grand Méchouar et à Volubilis.
Festival de Casablanca. Un festival axé sur le théâtre de rue, la musique et le cinéma.
Le festival des arts populaires de Marrakech (www.maghrebarts.ma). Un immense festival célébrant la musique et la danse berbères, où viennent se produire des artistes de tout le pays.
Moussem et marché aux chameaux. Le grand marché aux chameaux de Goulimime tient autant de la foire commerciale que du rassemblement religieux.
Festival culturel international. Asilah accueille chaque année un festival d'art contemporain avec plusieurs manifestations publiques, des ateliers (dont certains pour les enfants), des concerts et des pièces de théâtre.

Août

Moussem de Moulay Abdallah. Tenu dans le petit village de Sidi Bouzid, au sud d'El-Jadida, cet immense *moussem* attire les habitants de tous les villages alentour.
Moussem de Sidi Ahmed. La très religieuse fête de Tiznit est principalement consacrée à la prière.

Septembre

Fête du mariage. Cette fête, qui se tient à Imilchil, accueille chaque année des milliers de cœurs solitaires en quête de l'âme sœur. Fait peu commun pour un pays musulman, ce sont ici les femmes qui choisissent leur compagnon.
Moussem de Moulay Idriss II. Le plus grand *moussem* urbain a lieu à Fès. Des milliers de badauds viennent assister à la procession des reliques du saint.
Festival international du film (www.festivalmarrakech.wanadoo.ma). Ce festival, qui se tient chaque automne pendant une semaine, met à l'honneur le cinéma arabe et africain, mais il fait aussi la part belle aux autres nationalités.

Octobre

Fête des dattes. Événement majeur dans ce coin du désert, cette grande fête qui a lieu à Erfoud célèbre, avec force danses et musique, la cueillette des dattes, véritable joyau des oasis.

FORMALITÉS ET VISAS

Les Français, les Belges ainsi que tous les ressortissants des pays de l'Union européenne, les Suisses et les Canadiens, sont dispensés de visa pour entrer au Maroc et peuvent résider dans le pays durant 90 jours à partir de leur date d'entrée. Les visiteurs doivent se munir de leur passeport qui doit être valide 6 mois au-delà de la date d'entrée dans le pays.

Les ambassades marocaines insistent pour que les visas s'obtiennent dans le pays d'origine du demandeur, à moins de posséder un visa de travail ou de résident pour le Maroc. Dans le cas contraire, vous vous exposez aux errements de la bureaucratie et risquez d'attendre des semaines un visa qui s'obtient normalement en 48 heures.

En Espagne, les visas sont délivrés par les consulats de Madrid, de Barcelone, d'Algésiras et de Las Palmas (Grandes Canaries). En Mauritanie, on peut obtenir un visa à l'ambassade du Maroc à Nouakchott sous un délai de 48 heures.

Prorogation de visas

Si les 90 jours de séjour autorisés au Maroc ne vous suffisent pas, vous pouvez demander une prorogation de séjour ou même une autorisation de résidence. Soyez prévoyant, car cette dernière ne s'obtient pas sans peine. Rendez-vous à la préfecture de police la plus proche avec votre passeport, trois photos et une lettre de votre ambassade demandant une extension de visa à votre nom. Cette procédure peut prendre des heures, voire des jours, et les formalités varient légèrement d'un poste de police à l'autre. Bien qu'il soit conseillé aux voyageurs munis d'un visa de le proroger en cas de besoin, il est certainement plus facile de se rendre en Espagne ou dans l'une des enclaves espagnoles (voir rubrique suivante) et de rentrer de nouveau au Maroc après quelques jours. Des personnes nous ont signalé des difficultés pour revenir dans le pays par le même itinéraire, mais c'est rarement le cas.

Visas pour Ceuta et Melilla

Les demandes de visa pour ces deux enclaves espagnoles requièrent les mêmes formalités que pour l'Espagne. En vertu des accords de Schengen de 1995, un seul visa couvre maintenant tous les pays membres de l'Union européenne, sauf le Royaume-Uni, la république d'Irlande et le Danemark.

Certificat de santé international

Si vous arrivez au Maroc en provenance de régions d'Asie, d'Afrique ou d'Amérique du Sud, où une recrudescence de fièvre jaune ou de choléra a été signalée, vous aurez besoin du livret jaune international. Destiné à consigner vos vaccinations récentes, il s'obtient auprès de votre médecin ou du ministère de la Santé. Le certificat de vaccination contre la fièvre jaune se présente parfois sous forme d'un document séparé. Voir p. 485 pour de plus amples informations sur les vaccinations.

HANDICAPÉS

Les équipements destinés aux handicapés sont rares et il est difficile de faire moins accueillant pour un fauteuil roulant que les ruelles tortueuses des médinas. Cela ne doit pas pour autant vous faire renoncer à visiter le pays, surtout si vous avez le goût de l'aventure. Peu d'hôtels (notamment les moins chers) sont équipés d'ascenseur. Aussi est-il essentiel de réserver suffisamment longtemps à l'avance une chambre au rez-de-chaussée. Seuls quelques hôtels très haut de gamme disposent de chambres spécialement conçues pour les handicapés. Le transport en voiture est le plus indiqué, même si vous devriez pouvoir vous faire aider dans les bus et les trains (moyennant un petit pourboire). Certains tour-opérateurs peuvent organiser pour vous un voyage sur mesure qui réponde à vos besoins.

Avant de partir, prenez contact avec un organisme spécialisé (de préférence avec le "responsable des voyages" s'il en existe un). Vous devriez ainsi pouvoir vous procurer une documentation afin de préparer votre voyage et vous mettre en contact avec des agences de voyages spécialisées.

Il n'existe au Maroc aucune infrastructure (indications en braille, passages piétons sonores, etc. ...) pour aider les mal-voyants et les mal-entendants. Voici une liste des différentes organisations auprès desquelles vous pourrez trouver aide, conseils et information sur le voyage pour personnes à mobilité réduite.

En France, l'**APF** (Association des paralysés de France, 17 bd Blanqui, 75013 Paris, ☎ 01 40 78 69 00, fax 01 45 89 40 57, www.apf.asso.fr) peut vous fournir des informations utiles sur les voyages accessibles. Deux sites Internet dédiés aux personnes handicapées comportent une rubrique consacrée au voyage et diffusent d'utiles informations. Il s'agit de Yanous (www.yanous.com) et de Handica (www.handica.com).

Il existe des agences de voyages spécialisées. Par exemple, **Handi Cap Evasion** (☎ 04 78 22 71 02, www.hce.asso.fr, 32 chemin de la Creuzette, 69270 Fontaines-sur-Saône) propose un voyage dans le Sud marocain (26 déc 2007-6 jan 2008).

HÉBERGEMENT

Pour ce guide, nous avons divisé les établissements en trois catégories : la catégorie "petits budgets", où une double coûte moins de 200 Dh ; la catégorie moyenne, où les prix varient entre 200 Dh et 500 Dh ; et la catégorie supérieure, avec des chambres à plus de 500 Dh. Les villes de Casablanca, Essaouira, Fès, Rabat et Tanger sont toutefois beaucoup plus chères. Dans ces villes, comptez moins de 400 Dh pour les "petits budgets", entre 400 Dh et 1 000 Dh pour la catégorie moyenne, et plus de 1 000 Dh pour la catégorie supérieure. Les prix augmentent encore à Marrakesh où il faut compter plus de 500 Dh pour une double " petits budgets ", entre 500 et 1 200 Dh pour la catégorie moyenne et plus de 1 200 Dh pour les établissements de luxe.

Au Maroc, l'hébergement varie de la chambre chez l'habitant ou l'auberge de jeunesse aux riads et palaces des plus luxueux. Mais il est également possible de trouver une maison d'hôte ou un riad à prix raisonnable. Ces établissements de catégorie moyenne sont en plein essor dans les grandes villes telles que Fès et Marrakech. Comme beaucoup d'endroits touristiques, le Maroc possède également son lot de complexes hôteliers gigantesques destinés à accueillir les hordes de vacanciers européens qui affluent pendant l'été. À l'inverse, des maisons particulières se sont également converties à l'hôtellerie sans licence.

Les tarifs que vous trouverez dans ce guide sont les tarifs officiels (taxes comprises). Ils sont uniquement indiqués à titre de repère. En effet, quantité d'hôtels pratiquent régulièrement des "offres promotionnelles", en particulier dans les grands complexes comme Agadir ou en basse saison (mai-oct). N'hésitez pas à demander lors de la réservation.

Il peut être difficile de trouver un hôtel durant la semaine de Pâques et le mois d'août, périodes auxquelles le pays est envahi de touristes français et espagnols. Noël et le Nouvel An sont également des périodes très animées dans le Sud, notamment à Marrakech.

Pour les réservations, les hôtels exigent souvent une confirmation par fax ou e-mail et un numéro de carte de crédit.

Appartements

Si vous voyagez en petit groupe ou en famille, les locations équipées peuvent constituer une option intéressante, surtout en basse saison, période à laquelle les tarifs baissent sensiblement. Agadir, El-Jadida, Asilah et les principaux centres touristiques des côtes méditerranéenne et atlantique disposent d'appartements équipés.

Auberges de jeunesse

La **Fédération royale marocaine des auberges de jeunesse** (☎ 022 470952 ; fax 022 227677 ; frmaj@iam.net.ma) gère des établissements à Asni, Azrou, Casablanca, Fès, Goulimime, Marrakech, Meknès, la plage de Mehdiya, Rabat et Tanger. Certaines auberges disposent de cuisines et de chambres familiales. C'est une des options les plus économiques pour les personnes voyageant seules (entre 20 et 45 Dh la nuit), mais les établissements sont souvent mal situés.

Camping

Il est possible de camper pratiquement partout au Maroc, à condition d'avoir l'autorisation du propriétaire du terrain. Il existe par ailleurs bon nombre de terrains de camping disséminés dans le pays et la plupart des grandes villes en sont équipées. Souvent assez éloignés de l'agglomération, certains valent le détour, mais la plupart, sans ombre et sans infrastructures, sont principalement destinés aux camping-cars. Avec de la chance, vous aurez accès à une piscine.

La majeure partie des campings disposent de l'eau courante, de l'électricité et, en été, d'un petit restaurant et d'une épicerie. Comptez en général de 10 à 20 Dh par personne, plus 10 à 20 Dh pour planter votre tente et 10 à 15 Dh pour garer un véhicule. (Pour un camping-car ou une caravane, le prix peut monter de 20 à 30 Dh, parfois même à 45 Dh). Il faut encore ajouter 10 ou 15 Dh, voire 25 Dh pour l'électricité. L'eau chaude coûte également entre 5 et 10 Dh supplémentaires. Bien entendu, plus vous vous rapprochez de Marrakech, et plus ces prix tendent à augmenter.

Gîtes d'étape, chambres chez l'habitant et refuges

Les gîtes d'étape – des maisons particulières appartenant souvent à des guides de montagne – assurent l'hébergement (en général un simple matelas sur le sol) le long des principaux itinéraires de trekking de l'Atlas. Ils disposent souvent d'une salle de bains rudimentaire et, parfois, de douches avec eau chaude. Les prix officiels commencent à 30 Dh mais varient selon la saison et le lieu. Il vous faudra généralement payer pour votre repas (entre 30 et 50 Dh) et l'eau chaude (entre 10 et 15 Dh). En revanche, certains gîtes privés plus confortables facturent jusqu'à 100 Dh la nuit et autant pour les repas.

Plus spacieux, les refuges de montagne sont tenus pour la plupart par le Club alpin français (CAF). L'hébergement se fait en dortoirs, les douches sont communes et l'atmosphère de la salle à manger est en général conviviale.

Si vous faites une randonnée dans le Haut Atlas ou si vous voyagez dans des régions reculées, sachez qu'il est également possible de loger chez l'habitant. Dans la plupart des villages, les maisons n'ont ni eau chaude ni électricité, mais l'hospitalité y est souvent incomparable. Les tarifs pratiqués sont à peu près les mêmes que dans un gîte d'étape ou un refuge de montagne.

Hôtels

Bon marché, les hôtels à une étoile ou non classés se nichent souvent dans les médinas des grandes villes. Si certains étincellent de propreté, d'autres semblent ne pas avoir vu de serpillière depuis des années. Ici encore, les prix dépendent des équipements. Si les sanitaires en commun sont la règle dans les établissements bon marché, les adresses plus onéreuses disposent souvent de douches privatives. À l'occasion, il est possible d'avoir une très bonne douche chauffée au gaz moyennant 5 à 10 Dh. Enfin, même si l'hôtel est totalement dépourvu d'eau chaude, le personnel pourra toujours vous indiquer le hammam ou les douches publiques les plus proches (voir p. 436).

Dans le Sud, nombre d'hôtels bon marché louent des matelas sur leur toit en terrasse, moyennant 25 à 30 Dh environ. Beaucoup d'établissements possèdent également un salon marocain traditionnel, garni de banquettes et de coussins, où les voyageurs à petits budgets peuvent dormir pour le même prix.

Les hôtels marocains de catégorie moyenne sont généralement de niveau supérieur. Il peut s'agir d'hôtels modernes de type chaîne occidentale sans grand caractère mais également de maisons d'hôte de style marocain confortables et pleines de charme. Dans cette catégorie, les chambres sont généralement grandes et équipées de douches.

Dans les régions isolées, certains hôtels assurent la demi-pension (petit-déjeuner et dîner) pour une somme parfois à peine plus élevée que la chambre seule.

Il est d'usage d'inscrire sur le registre les détails de son passeport lors de son arrivée à l'hôtel. Les hôtels agréés appliquent en outre une taxe gouvernementale (incluse dans les tarifs indiqués dans le guide), qui va de 3 à 35 Dh par personne et par jour, selon le classement de l'hôtel.

Pour les prix pratiqués dans les hôtels, reportez-vous ci-dessus, en tête de la rubrique *Hébergement*.

Dans certains établissements, les résidants marocains ont droit à une remise de 25% sur leur troisième nuit.

Riads et casbahs

Le Maroc possède un excellent choix d'hébergements de charme, de catégories moyenne et supérieure. Ces riads, très appréciés, se sont multipliés depuis quelques années, en particulier à Marrakech, Fès, Essaouira et Rabat. Vous pourrez également en trouver quelques-uns à Tanger, Meknès et Taroudant. Pour un prix à peu près équivalent, les riads sont beaucoup plus pittoresques que les quatre ou cinq-étoiles standard. Essayez de réserver bien à l'avance (la plupart ne possèdent que quelques chambres) et demandez que l'on vienne vous chercher à l'extérieur de la médina ; les riads sont en effet difficiles à repérer au milieu des ruelles labyrinthiques.

Des casbahs (vieilles citadelles) reconverties en hôtels existent dans les principaux centres touristiques du Sud. Petites et sombres, en raison de l'architecture des bâtiments, les chambres sont toutefois jolies et fraîches l'été.

Dans le même esprit, les maisons d'hôte vont de quelques chambres à louer dans une habitation privée à d'opulents hôtels particuliers spécialement aménagés.

Vous pourrez vous faire une idée des lieux et des tarifs sur les sites Internet de ces deux organisations :

Riads au Maroc (☎ 024 431900 ; fax 044 431786 ; www.riadomaroc.com ; 1 rue Mahjoub Rmiza). Un choix impressionnant de riads et de casbahs disséminés à travers le pays. L'agence de location se double d'une agence de voyages permettant en outre d'organiser des itinéraires et des excursions.

Marrakech Médina (☎ 024 442448 ; fax 044 391071 ; www.marrakech-medina.com ; 102 rue Dar el-Bacha). Spécialiste de la médina de Marrakech, cette agence propose une belle sélection de riads agréablement restaurés. La location se fait à la semaine.

Voir également la rubrique *Séjours* (p. 475) du chapitre *Transports*.

HEURE LOCALE

Le Maroc observe toute l'année l'heure de Greenwich (GMT). N'oubliez pas que l'Espagne et les enclaves espagnoles de Ceuta et de Melilla sont en avance de deux heures en été. Vérifiez bien les horaires des ferries, car cette différence peut avoir des répercussions. Pour plus d'informations, voir p. 526.

Les Marocains sont beaucoup moins pressés que les Occidentaux. Plutôt que de vous en agacer, essayez de vous couler dans le rythme du pays.

HEURES D'OUVERTURE

Bien que le Maroc soit un pays musulman, la semaine de travail va du lundi au vendredi. Toutefois, le vendredi étant le jour de la prière, la plupart des entreprises marquent une pause-déjeuner plus longue ce jour-là. Durant le ramadan, le rythme du pays change. Les horaires de travail sont alors, en général, de 8h à 15h ou 16h.

Pour plus de renseignements sur les heures d'ouverture des magasins, des banques, des bureaux de poste et des restaurants, reportez-vous à la rubrique *Bon à savoir*, en 2e de couverture.

Les heures d'ouverture varient selon les banques. En fin de matinée, certaines peuvent fermer assez tôt, à 11h. Dans les villes les plus touristiques, les bureaux de change ferment quelquefois à 20h et ouvrent pendant le week end.

Les souks des médinas et les marchés des villes nouvelles des grandes agglomérations ont souvent une activité réduite le jeudi après-midi et sont généralement fermés le vendredi. Dans les petits villages, les souks commencent tôt pour fermer avant les chaleurs de l'après-midi.

Les administrations sont généralement ouvertes de 8h30 à 12h et de 14h à 18h30. Le vendredi, la pause du déjeuner dure de 11h30 à 15h.

La plupart des musées sont ouverts tous les jours de 9h à 18h, bien que certains ferment entre 12h et 14h30. Des médersas (écoles coraniques) ferment le vendredi à 12h. Téléboutiques (téléphones privés) et cybercafés ouvrent jusqu'à 22h environ.

HOMOSEXUALITÉ

Les pratiques homosexuelles (baisers inclus) sont officiellement interdites au Maroc. En théorie, vous pouvez être emprisonné ou vous voir infliger une amende. Cela dit, et même si elle n'est pas ouvertement admise ou affichée, l'homosexualité masculine est relativement courante et les démonstrations platoniques d'affection ne sont pas rares, surtout chez les hommes. Il est toutefois conseillé aux homosexuels de rester discrets car des cas d'agressions à l'encontre de voyageurs gays ont été rapportés. À noter également que certaines villes, telles que Marrakech (pour plus de renseignements, voir l'encadré p. 294) et Tanger, sont plus accueillantes que d'autres avec les gays.

Les voyageurs gays suivent les mêmes itinéraires que les autres et semblent désormais privilégier Fès et Marrakech. On trouve des bars gays ici et là et la vie nocturne au Maroc tend à satisfaire tous les goûts.

Les lesbiennes ne devraient pas rencontrer de difficultés particulières, d'autant que les Marocains sont convaincus que l'homosexualité féminine n'existe pas dans leur pays. Sachez également qu'afficher votre homosexualité ne fera malheureusement pas reculer les aspirants Roméo.

Il convient aussi de rappeler que la pauvreté qui règne dans le pays pousse de nombreux jeunes hommes à se prostituer contre de l'argent ou des cadeaux. Aussi détestable soit-elle, cette forme d'exploitation humaine n'en est pas moins une composante réelle de la scène gay marocaine.

INTERNET (ACCÈS)

Très peu d'hôtels au Maroc proposent un accès Internet à leurs clients, mais on en trouve tout de même dans les grands hôtels quatre et cinq-étoiles. Parmi ces derniers, certains offrent même des connexions Internet directement dans les chambres. Vérifiez la tension et apportez un adaptateur universel. Certains riads et maisons d'hôtes de catégorie supérieure mettent à la disposition de leurs clients un ordinateur ou une connexion wi-fi (p. 284).

Si vous voyagez avec un ordinateur portable, il est possible que votre modem ne fonctionne pas à l'étranger. La solution la plus sûre est d'acheter un modem "international" avant de partir ou une carte modem PCMCIA locale si vous devez rester quelque temps sur place.

Les accès publics à Internet sont très répandus, efficaces et bon marché (en général, de 5 à 10 Dh de l'heure). Malheureusement, la connexion dans les cybercafés est parfois horriblement lente.

Si vous résidez en ville un certain temps, vous ferez des économies en achetant une carte prépayée, valable plusieurs heures. En général, les cybercafés facturent au minimum une demi-heure de connexion.

Pour des adresses de sites intéressants, reportez-vous à la p. 21

JOURS FÉRIÉS

Durant les principaux jours fériés, les banques, les bureaux de poste et la plupart des boutiques ferment. Les transports sont rarement affectés. Plus importantes, les grandes fêtes religieuses sont très suivies et influent généralement sur le calendrier de nombreux services de bus.

Comme en Europe, la côte atlantique est prise d'assaut lors de la période estivale par des familles marocaines. Les stations autour d'Asilah, El-Jadida, Oualidia, Safi et Essaouira sont particulièrement fréquentées. Réservez bien à l'avance si vous prévoyez de venir à Pâques ou à Noël car il est souvent difficile d'y trouver une chambre.

Fêtes nationales

Jour de l'an 1er janvier.
Manifeste de l'Indépendance 11 janvier.
Fête du Travail 1er mai.
Fête du Trône 30 juillet – commémoration du couronnement de Mohammed VI.
Allégeance au Wadi Eddhahab 14 août – célébration du "retour à la mère-patrie" de la région du Wadi Eddhahab, dans l'extrême sud du pays, jadis réclamée par la Mauritanie.

Révolution du roi et du peuple 20 août.
Fête de la Jeunesse 21 août – anniversaire du roi.
Anniversaire de la Marche verte 6 novembre – commémoration de la marche de novembre 1975 pour revendiquer le Sahara occidental.
Fête de l'Indépendance 18 novembre – célébration de l'indépendance du pays et du retour d'exil de Mohammed V.

Fêtes musulmanes

Les principales fêtes musulmanes, qui sont célébrées dans tout le pays, varient en fonction du calendrier lunaire de l'hégire. Le terme "hégire" se réfère à la fuite de Mahomet de La Mecque à Médine en 622, qui marque l'an 1 de l'ère musulmane.

Le calendrier de l'hégire est plus court d'environ 11 jours que le calendrier grégorien. Les fêtes musulmanes ne sont donc jamais aux mêmes dates d'une année à l'autre. Alors que la plupart des horaires de travail et certains aspects de la vie quotidienne sont régis par le calendrier grégorien, les rythmes religieux de la société musulmane suivent strictement le calendrier lunaire. Prévoir la date exacte du début des fêtes religieuses est donc impossible puisqu'elle dépend du moment précis où apparaît la nouvelle lune, ce dont les autorités religieuses de Fès sont les seuls juges.

RAS AS-SANA

Le Nouvel An musulman est célébré le premier jour du *moharram*, premier mois du calendrier lunaire.

ACHORA

Jour de deuil public observé par les chiites le 10 *moharram*, Achora commémore l'assassinat de Hussein ibn Ali, petit-fils de Mahomet et prétendant au califat, qui fut à l'origine du schisme entre sunnites et chiites. Pour les enfants, toutefois, c'est un deuil synonyme de réjouissances. Ils y reçoivent en effet jouets et bonbons et paradent dans les rues au son du tambour.

MOULID AN-NABI

Cette fête, qui n'a pas l'importance des autres, commémore la naissance de Mahomet et a lieu le 12 *rabi al-awal*, troisième mois du calendrier musulman. On désigne également cette fête sous le nom de Mouloud an-Nabi.

RAMADAN

La plupart des musulmans respectent, avec plus ou moins de rigueur, le jeûne du mois de ramadan, période où toute la communauté des croyants est invitée à réaffirmer son lien avec Dieu. Le ramadan correspond au mois au cours duquel Mahomet reçut la première révélation du Coran et observer le jeûne pendant cette période constitue l'un des cinq piliers de l'islam.

Du lever au coucher du soleil (c'est-à-dire la période pendant laquelle il y a suffisamment de lumière pour distinguer un fil noir d'un fil blanc), les musulmans adultes doivent s'abstenir de manger, de boire, de fumer et d'avoir des relations sexuelles. C'est une ascèse difficile, dont sont exemptées les personnes de santé fragile, celles qui sont en voyage ou qui doivent fournir un travail physique éprouvant.

Le jeûne se dit *sawm* en arabe. Si l'on vous demande "*Inta sa'im ?*" ("Jeûnez-vous ?"), et que vous répondez "*La, ana faatir*" ("Non, je ne jeûne pas"), il est possible que certains musulmans particulièrement fervents vous incitent à le faire mais, naturellement, les non-musulmans ne sont en aucun cas tenus de pratiquer le jeûne.

Voyager au Maroc pendant le ramadan implique beaucoup de changements, en premier lieu le fait que de nombreux restaurants soient fermés jusqu'à la tombée de la nuit (pour plus de renseignements sur les repas pendant le ramadan, voir

CALENDRIER MUSULMAN

Jours fériés	2007	2008	2009	2010
Début du Ramadan	13 sept	2 sept	22 août	11 août
Aïd el-Fitr	14 oct	3 oct	20 sept	9 sept
Tabaski	19 déc	8 déc	28 nov	17 nov
Moulid an-Nabi	31 mars	20 mars	9 mars	27 fév
Nouvel An (année)	21 jan (1428)	10 jan (1429)	31 déc (1430)	20 déc (1431)
Aïd el-Adha	21 déc	10 déc	30 nov	19 nov

l'encadré p. 73). Le rythme général du pays est également différent. De nombreux bureaux et magasins changent leurs horaires, ouvrant en continu de 8h à 15h, parfois jusqu'à 16h. Les transports publics réduisent également leurs horaires (les conducteurs sont moins enclins à travailler et de nombreux Marocains ne voyagent pas pendant le ramadan). La plupart des tour-opérateurs poursuivent leurs activités mais mieux vaut tout de même vous renseigner si vous avez réservé. Lors du ramadan, les guides des petits villages sont également moins enthousiastes pour partir en randonnée, bien que les voyageurs soient normalement exempts de jeûne. Certains Marocain d'habitude polis peuvent paraître particulièrement renfrognés pendant cette période et tout semble tourner au ralenti, en particulier lorsque le ramadan tombe en été, où le jour semble alors interminable.

Chaque soir donne lieu en quelque sorte à une fête. La rupture du jeûne – *iftar* ou *ftur* – est un moment d'intense activité au cours duquel les membres de la communauté locale se rassemblent pour boire, manger et prier.

AÏD EL-FITR

La fin du ramadan – ou, plus précisément, les premiers jours du mois suivant : *shawwal* – est marquée par l'Aïd el Fitr, fête de la fin du jeûne, également connue sous le nom d'Aïd es-Saghir, ou "petite fête". On rompt traditionnellement le jeûne avec un repas composé de *harira* (soupe) et de *griouach* (gâteau à base de dattes et de miel). L'Aïd dure généralement quatre ou cinq jours pendant lesquels presque toute activité est interrompue. Si ce n'est pas un moment favorable pour voyager, cela peut être une expérience inoubliable si vous êtes invité à participer aux festivités dans une famille. Cette fête a, en effet, un caractère familial, tout comme le Noël des chrétiens.

HADJ ET AÏD EL-KEBIR

Devoir sacré pour tous ceux qui peuvent se le permettre, le cinquième pilier de l'islam consiste à accomplir le *hadj*, c'est-à-dire le pèlerinage à La Mecque. Il peut s'effectuer à n'importe quel moment mais au moins une fois au cours du *dhul-hidja*, le douzième mois du calendrier musulman. Le temps fort du *hadj* est le sacrifice rituel d'un mouton en commémoration du sacrifice d'Abraham. Ce rite marque la fin du pèlerinage et le début de l'*Aïd el-Kebir*, ou fête du Sacrifice (également connue sous le nom de "Grande Fête"). À la même époque dans le monde musulman, chaque famille sacrifie un mouton. La fête dure du 10e au 13e jour du *dhul-hidja*.

LIBRAIRIES SPÉCIALISÉES

À Paris, il est aisé de se documenter sur le Maroc.

Institut du monde arabe (☎ 0140 51 38 38 ; :www.imarabe.org ; 1 rue des Fossés-Saint-Bernard, 75005 Paris). L'IMA met à la disposition de ses visiteurs une librairie boutique, mais aussi sa prestigieuse bibliothèque, dont le fonds Ninard, spécialisé sur le Maroc, rassemble près de 2 500 titres couvrant principalement la période du protectorat.

Librairie Avicenne (☎ 01 43 54 63 070 ; www.libavicenne.com ; 25, rue Jussieu 75005 Paris). Un choix vaste et exigeant d'ouvrages de référence sur le monde arabe et musulman, en langue arabe comme en français. La section Maroc comprend près de 500 titres.

OFFICES DU TOURISME

Office du tourisme au Maroc

L'**Office national marocain du tourisme** (ONMT ; ☎ 037 673756 ; angle rue Oued El Makhazine et rue Zalaka, Agdal ; 8h30 12h et 15h-18h30 lun-ven) dispose de bureaux dans les principales villes du pays. On les appelle souvent Délégation régionale du tourisme. Le siège se trouve à Rabat. On trouve également une vingtaine de syndicats d'initiative dans les villes de moindre importance. La majorité des offices se contentent de distribuer les brochures standard de l'ONMT et les cartes touristiques les plus élémentaires.

Offices du tourisme à l'étranger

L'ONMT dispose également de bureaux à l'étranger. Ils diffusent des brochures, quelques cartes touristiques attrayantes et la liste des tour-opérateurs qui organisent des voyages au Maroc. Voici les coordonnées de certains des bureaux de l'ONMT :

Belgique (☎ 02-646 6320, fax 646 73 76, av. Louise 402, 1050 Bruxelles)

Canada (☎ 514-842 8111 ; onmt@qc.aira.com ; place Montréal Trust, 1800 rue MacGill, ste 2450, Montréal, Québec H3A 3J6)

Espagne (☎ 91-542 7437 ; www.turismomarruecos.com ; Calle Ventura Rodriguez 24, 1 Izq 28008 Madrid)
France (☎ 01 42 60 63 50 ; www.tourisme-marocain.com ; 161 rue Saint-Honoré, place du Théâtre-Français, 75001 Paris ; lun-ven 9h-18h, sam 10h-13h)
Suisse (☎ 01-252 77 52, fax 251 10 44, Schifflande 5, 8001 Zurich)

PHOTO ET VIDÉO

Le Maroc est un terrain de rêve pour les photographes. Cela dit, ne braquez jamais votre appareil sur tout ce qui présente un aspect vaguement militaire ou pourrait être considéré comme "stratégique" : aéroports, ponts, édifices publics, représentants de la police et des forces armées, notamment. Cela est d'autant plus valable au Sud, dans le Sahara occidental.

Demander leur avis aux personnes que l'on souhaite photographier relève de la plus élémentaire des politesses. Si les habitants se laissent plus ou moins facilement photographier en ville, ce n'est pas forcément le cas à la campagne, où les femmes et les personnes âgées refusent très souvent d'être prises en photo. Respectez leur droit à l'intimité et abstenez-vous.

On trouve facilement des cartes mémoire et des piles pour appareils photo numériques dans les magasins photo des grandes villes (notamment à Casablanca et Marrakech). Rien ne vous empêche pour autant de prendre les vôtres si vous faites un court séjour. Vous pourrez graver vos CD dans la plupart des cybercafés marocains même si, encore une fois, ceux que l'on trouve dans les grands centres sont plus fiables que ceux des endroits plus reculés.

Pour les fidèles utilisateurs d'appareils argentiques, les pellicules Kodak et Fuji (35 mm et APS) et les cassettes vidéo sont commercialisées dans les grandes villes, mais elles sont sensiblement plus chères qu'en Europe. Les diapositives sont plus rares. Si vous en achetez au Maroc, vérifiez la date limite d'utilisation. Les labos photos professionnels offriront la meilleure qualité de tirage.

POSTE

Vous repérerez les bureaux de poste à leur enseigne "PTT" ou "La Poste". Vous pouvez également acheter des timbres dans les bureaux de tabac et les kiosques à cigarettes ou à journaux disséminés dans les centres-ville.

Le système postal fonctionne relativement bien mais il est un peu lent. Une lettre pour l'Europe arrivera à destination au bout d'une semaine environ ; pour l'Amérique du Nord, il lui faudra le double. Le courrier expédié de Rabat ou de Casablanca arrive plus rapidement.

TOUR-OPÉRATEURS MAROCAINS

Atlas Sahara Trek (☎ 024 393901 ; www.atlas-sahara-trek.com ; 6 bis rue Houdoud, Marrakesh) propose en hiver des randonnées chamelières à Erg Chigaga ainsi que des treks en été dans la vallée reculée du M'Goun.
Aztat Treks (☎ 024 760165 ; http://toubkl.guide.free.fr). Possibilités de treks dans l'Atlas depuis un camp situé à Imlil. Le guide (qui parle couramment le français, l'anglais, le berbère et l'espagnol), emmènera aussi bien des familles à basse altitude à travers la vallée du M'Goun, que des randonneurs et des alpinistes expérimentés sur les sommets les plus pentus.
Centre culturel et environnemental (☎ 028 551628 ; 422 Derb Afferdou ; ecotours@iam.net.ma). Ce centre de Taroudant propose des écovisites axées sur la botanique, l'observation des oiseaux, la flore et la faune ainsi que des cours de cuisine. Ils pourront éventuellement vous arranger une visite localement s'ils ne sont pas occupés avec un groupe.
Mountain Voyage (☎ 024 421996 ; fax 024 421995 ; www.mountain-voyage.com ; Imm El Batoul, 2e ét., 5 av. Mohammed V, Guéliz, Marrakech). Mountain Voyage dispose de guides de confiance et organise des treks sur mesure, équipement fourni.
Nature Trekking Maroc (%024 432477 ; www.maroctrekking.com ; Marrakech). Des treks très bien organisés par une équipe expérimentée de guides de montagne.
Sahara Expédition (☎ 024 427977 ; www.saharaexpe.ma ; Marrakech). Propose des excursions en dromadaire dans la vallée du Drâa et au-delà, ainsi que des treks dans le Haut Atlas.
Vous trouverez d'autres tour-opérateurs locaux spécialisés dans les treks ou dans les safaris à Ouarzazate (p. 326) et à Marrakech (p. 297).

Envois express

Il existe habituellement un service d'envoi express du courrier (poste rapide) dans le bureau des colis postaux. Au Maroc, ce service est assuré par **Chronopost** (☎ 022 202121 ; www.chronopost.com). Un paquet de 500 g revient à 312 Dh pour la France et 417 Dh pour l'Amérique du Nord. Prévoyez un délai de deux ou trois jours.

Des sociétés privées, plus chères, disposent de bureaux dans les grandes villes. **DHL** (☎ 022 972020 ; www.dhl.com) est l'un des plus fiables.

Tarifs postaux

L'envoi d'une carte postale coûte 7 Dh vers la France, l'Espagne ou le Portugal, 7,50 Dh vers le reste de l'Europe et 9 Dh vers l'Amérique du Nord. À destination de l'Europe, une lettre de 20 g revient au même tarif qu'une carte postale. Comptez en revanche 12 Dh pour l'Amérique du Nord.

Un colis de 1 kg vous coûtera 110 Dh vers l'Europe et 150 Dh vers l'Amérique du Nord.

Recevoir du courrier

Vous devriez pouvoir vous faire adresser du courrier à l'adresse "Poste restante, poste principale" dans toutes les villes d'une certaine importance. Sachez toutefois que certains bureaux de poste ne conservent les paquets qu'une quinzaine de jours avant de les retourner à l'expéditeur. Votre courrier vous sera remis moyennant une petite taxe et la présentation de votre passeport.

Il est peut-être plus sûr de recevoir son courrier par American Express, représenté au Maroc par les agences de voyages Schwartz, que vous trouverez à Casablanca, Marrakech et Tanger. Pour avoir droit au service courrier clients, vous devez en principe posséder des chèques de voyage American Express ou une carte AmEx. En pratique, la seule formalité exigée est la présentation de votre passeport et il n'y a pas de taxe.

Envoyer du courrier

L'envoi de paquets se fait généralement dans un bureau à part, à l'enseigne "colis postaux". Inspection de la douane oblige, mieux vaut ne pas fermer votre paquet. Si vous désirez envoyer vos souvenirs chez vous, il vous faut acheter un colis et un bordereau d'envoi au bureau de poste et apporter le tout au magasin où vous avez fait vos achats. Sur place, on saura emballer vos objets de manière adéquate avec journaux et cartons. Si vous avez acheté des tapis, le vendeur se doit de les enrouler et de les emballer dans du plastique. Sinon, demandez-lui de le faire. Les colis ne doivent pas peser plus de 20 kg ni mesurer plus de 1,5 m de hauteur, largeur ou épaisseur. Indiquez la nature du contenu et l'adresse de destination (précisez très clairement le pays !) au marqueur indélébile. Vous pouvez aussi indiquer la valeur du contenu mais des frais à la livraison pourront vous être demandés. Ne fermez pas le colis avec du ruban adhésif car les douanes doivent pouvoir en vérifier le contenu ! Votre colis sera pesé et les frais d'envoi par avion vous seront facturés à moins que vous ne choisissiez l'envoi par voie terrestre (nettement moins cher mais cela peut prendre jusqu'à trois mois).

Les objets de valeur, tels que des meubles, peuvent être dédouanés. Le gérant du magasin pourra s'occuper de tout, même de l'envoi. Veillez simplement à bien garder des copies de tous les papiers.

PROBLÈMES JURIDIQUES

Selon la loi marocaine de 1954, la possession, l'offre, la vente, l'achat, la distribution et le transport de cannabis sont punis de peines pouvant aller de trois mois à cinq ans de prison et/ou d'amendes comprises entre 2 400 et 240 000 Dh. L'ONG britannique **Fair Trials Abroad** (FTA ; ☎ 020-8332 2800 ; www.fairtrialsabroad.org) dispense une assistance et des conseils juridiques aux citoyens européens incarcérés à l'étranger.

En cas de problème, appelez en priorité votre consulat. Si vous êtes arrêté par des policiers marocains, vous ne bénéficierez guère de soutien juridique. FTA affirme par ailleurs que les violences physiques sont courantes pendant la garde à vue.

TÉLÉPHONE ET FAX

Téléphone

Grâce à d'importants investissements ces dernières années, le système téléphonique fonctionne parfaitement bien. L'indicatif national du Maroc est le ☎ 212.

APPELS NATIONAUX

Les communications sont relativement chères, notamment les appels interurbains longue distance.

Pour un appel local depuis un téléphone à pièces, comptez au minimum 1,50 Dh. Les prix se calculent en unités (une unité vaut 0,90 Dh). La somme initiale de 1,50 Dh permet de téléphoner trois minutes.

Les appels longue distance s'échelonnent de 0,70 Dh (jusqu'à 35 km) à 2 Dh par minute. Le coût des communications locales et longue distance diminue de moitié le week-end et de 20h à 8h durant la semaine. Une réduction de 70% est appliquée le premier jour des fêtes nationales et religieuses ; elle tombe à 50% le deuxième jour.

Les indicatifs régionaux sont les suivants :
Agadir: 028
Casablanca: 022
El Jadida: 023
Fès: 035
Laâyoune: 028
Marrakech: 024
Meknès: 035
Oujda: 036
Rabat: 037
Tanger: 039
Tétouan: 039

APPELS INTERNATIONAUX

Pour appeler le Maroc depuis l'étranger, faites l'indicatif d'accès à l'international (00 depuis la France, la Belgique et la Suisse, 011 depuis le Canada) suivi du ☎ 212 (indicatif du Maroc), puis le code régional, en omettant le zéro (voir ci-dessus) et du numéro de l'abonné.

Pour appeler la France depuis le Maroc, composez l'indicatif d'accès à l'international (00) suivi de l'indicatif du pays (33) et numéro du correspondant à 9 chiffres (sans le 0 initial).

Pour appeler d'autres pays : Belgique : ☎ 00+32, Suisse : ☎ 00+41, Canada : ☎ 00+1

Si la communication ne passe pas, appelez l'opérateur international (☎ 120), qui vous connectera moyennant une commission.

L'ÂGE LÉGAL, AU MAROC, POUR...

Voter 21 ans

Se marier 18 ans

Conduire 21 ans

Les appels internationaux émis du Maroc sont relativement chers. Pour des tarifs plus abordables (20% moins chers), téléphonez pendant les week-ends, les jours fériés ou entre 20h et 8h en semaine.

Les prix des appels vers l'étranger figurent dans l'Annuaire officiel des abonnés au téléphone, que vous pourrez consulter dans les principaux bureaux de poste. En voici quelques-uns (tarif plein par min) : France, Espagne, Italie (8 Dh) ; Belgique, Suisse (15 Dh) ; Canada (22,50 Dh).

APPELS EN PCV

Vous pouvez téléphoner en PCV (paiement contre vérification) depuis le Maroc, mais cela suppose une longue et pénible attente dans un centre téléphonique.

De nombreuses compagnies téléphoniques hors du Maroc fournissent des services internationaux vous permettant de composer un Numéro vert qui vous connecte avec des opérateurs de votre pays d'origine. Vous pourrez leur demander un appel en PCV ou un appel payable par carte de crédit. Avant de partir, renseignez-vous auprès de votre opérateur pour connaître le numéro à appeler.

CABINES, CARTES ET ANNUAIRES

Quelques villes possèdent un centre téléphonique public, généralement à proximité du bureau de poste, mais les téléboutiques privées sont désormais plus répandues, même dans les villages. Elles pratiquent des prix légèrement plus élevés que les téléphones publics, mais ferment plus tard. Le personnel vous fournira de la monnaie si nécessaire.

Vous pouvez acheter des cartes pour les téléphones publics dans les bureaux de poste, les bureaux de tabac et dans certains hôtels haut de gamme. Vous pouvez passer des appels locaux depuis les hôtels, mais cela peut coûter jusqu'à deux fois plus cher.

Rédigé en français, l'Annuaire officiel des abonnés au téléphone couvre tout le Maroc. Vous en trouverez un exemplaire dans la plupart des centres téléphoniques et les principaux bureaux de poste. Un équivalent des Pages jaunes, intitulé *Télécontact* (www.telecontact.ma) se trouve dans certaines librairies. Vous pouvez aussi appeler les renseignements (☎ 160), où une opératrice vous répondra en français.

INDICATIFS TÉLÉPHONIQUES

Il est indispensable de composer les trois chiffres de l'indicatif local (☎ 024 pour Marrakech, par exemple), même si vous téléphonez dans la même ville ou zone. Chaque numéro de téléphone indiqué dans ce guide est précédé de son indicatif.

Pour appeler les enclaves espagnoles de Melilla et de Ceuta, composez d'abord l'indicatif international (☎ 00), puis le code de l'Espagne (☎ 34), suivi du numéro à neuf chiffres.

Le ☎ 10 permet d'obtenir l'opérateur marocain.

Téléphones portables

Il existe deux réseaux GSM au Maroc : Méditel et Maroc Telecom. Ils couvrent maintenant les principales zones urbaines du pays, mais une grande partie de l'Atlas et du Sahara marocain n'en profitent toujours pas.

Si vous souhaitez utiliser votre téléphone portable, vérifiez auprès de votre opérateur si le Maroc est couvert par votre réseau. Ce type de service est toutefois hors de prix et pas aussi simple d'utilisation que les compagnies le laissent entendre.

Vous aurez peut-être intérêt à vous procurer un téléphone portable marocain prépayé. Sachez toutefois que le téléphone avec une carte à 200 Dh vous reviendra entre 500 Dh et 600 Dh. Ensuite, vous pourrez acheter une carte prépayée dans l'une des nombreuses agences Méditel ou Maroc Telecom, dans les tabacs ou les téléboutiques.

Les numéros de portables au Maroc commencent par les codes ☎ 061 à ☎ 068.

Fax

La plupart des téléboutiques proposent un service de fax, mais ceux-ci sont exagérément coûteux. En moyenne, le prix de la page s'élève à 12 Dh pour une communication locale, à 23 Dh pour le reste du pays, à 55 Dh pour l'Europe et l'Afrique du Nord et à 78 Dh pour l'Amérique du Nord. Certains établissements vous feront payer l'envoi d'un fax à la minute. Recevoir un fax revient habituellement à 5 Dh.

TOILETTES

En dehors des grandes villes, les W.-C. publics sont rares. Il s'agit principalement de sanitaires à la turque. Vous n'y trouverez généralement pas de papier hygiénique, mais un robinet, un tuyau ou un seau d'eau. Les toilettes avec chasse d'eau constituent un luxe dans ce pays qui souffre souvent de pénurie d'eau. Gardez toujours avec vous une petite provision de papier. Après usage, ne le jetez pas dans les toilettes mais dans la poubelle. Les femmes indisposées devront prévoir des sachets plastiques pour jeter leurs tampons ou leurs serviettes hygiéniques.

TRAVAILLER AU MAROC

En raison de l'important taux de chômage et du grand nombre de jeunes sans emploi, le Maroc n'est pas l'endroit idéal pour dénicher un emploi. La connaissance de l'arabe est un avantage certain. Si vous parvenez à vous faire embaucher, votre employeur devra vous aider à obtenir un permis de travail et vous trouver un logement, ce qui peut s'apparenter à un véritable parcours du combattant. Le bénévolat (voir p. 443) et l'enseignement du français (mal payé) sont sans doute les deux domaines qui offrent le plus de possibilités.

VOYAGER EN SOLO

Le Maroc est un pays merveilleux pour qui désire voyager seul. Très prisé des voyageurs indépendants et des baroudeurs, le pays compte un grand nombre d'hôtels bon marché où il est facile de lier connaissance avec d'autres voyageurs (Fès et Marrakech se prêtent particulièrement à ces rencontres).

Les Marocains sont ouverts, curieux et aimables, aussi serez-vous rarement tout à fait seul. Hors des villes, les tarifs de nombreux hôtels sont indiqués par personne, et non à la chambre ; louer une chambre pour une seule personne pose rarement problème. En revanche, les riads ne disposant que de peu de chambres simples, les réductions pour les personnes seules sont généralement limitées.

Pour les femmes voyageant seules en revanche, l'expérience est plus fatigante que pour les hommes bien que tous nos lecteurs s'accordent à dire que le jeu vaut vraiment la chandelle. Il faut être prudent, et non parano, car refuser le contact avec la population locale réduit considérablement l'intérêt du voyage.

FEMMES SEULES

Avant le mariage, les Marocains n'ont guère l'occasion de faire des rencontres féminines, ce qui explique en grande partie pourquoi les femmes occidentales voyageant au Maroc attirent leur attention. La femme occidentale n'est pas contrainte par la structure sociale marocaine ni par les lois de l'islam : pour les Marocains, elle semble alors d'une indépendance provocante, synonyme d'exotisme et de disponibilité.

La population marocaine se compose de 70% environ de jeunes de moins de 30 ans. À la fin de leur séjour, la plupart des femmes auront l'impression d'avoir rencontré la quasi-totalité des hommes de cette classe d'âge. Si vous ne connaissiez pas le Maroc avant votre voyage, les commentaires et les regards déplacés de certains hommes vous choqueront sans doute les premiers jours, mais vous vous blinderez rapidement. Il est extrêmement rare que les importuns aillent au-delà des mots. Mais si tout cela devait être trop pesant, de plus en plus d'établissements sont là pour vous accueillir, familiers avec la condition de la femme seule au Maroc. L'étage d'un salon de thé, nombre de cafés et de restaurants ou la terrasse d'un hôtel par exemple. Les hammams sont aussi un bon endroit pour éviter la présence masculine.

Les Occidentaux sont souvent considérés comme la voie de sortie la plus sûre de ce pays très touché par le chômage. Les jeunes (et moins jeunes) oisifs n'ont donc pas grand-chose à perdre en tentant de séduire les femmes qui pourraient leur offrir la possibilité de vivre ailleurs. Si cette idée n'est pas à la base de toutes les relations mixtes (il existe de très belles histoires), il ne faut pas ignorer que certains Marocains n'hésitent pas à courtiser plusieurs femmes en même temps.

Une femme qui voyage en compagnie d'un homme ne connaîtra pas ce problème. Toutefois, mieux vaut prétendre être mariés même si vous n'êtes qu'amis (une situation qui peut sembler inconcevable à beaucoup de Marocains).

Si vous êtes marocaine (ou maghrébine) et que votre mari ne l'est pas, il est préférable d'avoir une copie de votre certificat de mariage avec vous. Les relations sexuelles prénuptiales sont interdites pour les musulmans et le Maroc connaît une prostitution croissante.

Malgré tous ces problèmes, il y a un avantage considérable à voyager seule au Maroc : vous aurez maintes fois l'occasion de rencontrer des femmes et donc de découvrir un aspect fascinant et peu connu de la société marocaine. Pour plus d'informations, voir p.52.

PRÉCAUTIONS

Les Marocains sont très hospitaliers. Naturellement accueillants, ils sont prêts à aider tout voyageur et le fait d'être une femme représente un avantage certain, notamment en cas de problème. Désintéressés, ils peuvent donc se montrer très attentionnés et vous offriront protection et soutien si vous vous sentez en situation délicate.

Malgré une augmentation de la consommation d'alcool et de drogues au Maroc, les femmes se font très rarement agresser physiquement. Un peu plus courante, la violence verbale s'exerce de la part des femmes comme des hommes. Sans tomber dans l'excès, quelques précautions s'imposent donc aux femmes :

- Ne faites pas d'auto-stop.
- Méfiez-vous de certains hôtels bon marché qui font aussi office d'hôtel de passe. C'est généralement le cas des hôtels modestes situés au-dessus d'un bar local prisé. L'économie ne justifie pas le risque.
- Dans les transports publics, essayez de vous asseoir près d'une femme, particulièrement dans les bus bondés et dans les trains, où les compartiments constituent un lieu isolé. Dans les grands taxis, payez pour deux places et voyagez seule en vous installant à l'avant. Il faut pourtant reconnaître que beaucoup de femmes prenant les grands taxis n'ont jamais eu de problème, quelle que soit leur place dans la voiture.
- Ne vous promenez pas seule après la tombée de la nuit : les femmes "respectables" doivent être à la maison. Prenez un taxi si besoin est.
- Évitez de vous retrouver seule dans les lieux isolés tels que les plages, les forêts et les dunes de sable.
- Ne vous rendez pas dans les bars affichant clairement qu'ils sont uniquement fréquentés par des hommes, les seules femmes que vous pourriez y rencontrer

sont des prostituées. Choisissez plutôt un grand hôtel si vous désirez prendre un verre.

- Les lunettes de soleil vous aideront à éviter de croiser les regards mais ne passez pas votre séjour à vous cacher derrières elles.
- L'agressivité n'est jamais la bonne réponse et pourrait se retourner contre vous. Un *non merci* ou un *la shukran* (non merci en arabe) lancé avec un sourire se révèle plus efficace que les insultes.

Une alliance au doigt peut être un accessoire utile. Avoir avec soi la photo de son "mari" et de ses "enfants" est également un atout, bien que le fait que vous soyez sans eux attire la suspicion. Parez à cette éventualité en expliquant que vous allez les retrouver à votre prochaine étape. Toutefois, un Marocain attachera peu d'importance au fait que vous soyez mariée ou non. Il cherchera juste à être aimable et ira peut-être même jusqu'à vous inviter chez sa mère, par exemple.

Le " respect " est un mot clé et une valeur à laquelle les Marocains sont très attachés. Il faut savoir l'utiliser à bon escient mais comme nous le rapportait une rédactrice du guide : " J'ai souvent mis fin à l'attention indésirable que je pouvais attirer en demandant aux hommes de me respecter ."

Veillez à vous vêtir discrètement et évitez les bikinis dans les piscines – publiques ou d'hôtel – qui attirent généralement des groupes d'hommes venus nager ou simplement siroter un verre au bar. À l'inverse, porter un foulard, voire une djellaba, vous vaudra le respect, particulièrement à la campagne, de même qu'une multitude de questions sur vos raisons de la porter : êtes-vous musulmane ? Marocaine ? mariée à un Marocain ? Pour plus d'informations sur les tenues à porter lors de votre séjour au Maroc, voir p.45.

Transports

SOMMAIRE

DEPUIS/VERS LE MAROC

En 2006, le Maroc a ouvert son espace aérien à plusieurs transporteurs européens à bas prix. Dans le même temps, la compagnie nationale Royal Air Maroc (RAM) a lancé sa propre filiale économique, Atlas Blue, pour faire face à la concurrence. Le Maroc est à environ trois heures de vol depuis la France. Air France assure plusieurs liaisons quotidiennes avec Casablanca, Marrakech, depuis Paris mais aussi depuis Lyon, Marseille et Toulouse, en partage avec Air Maroc. On peut bénéficier de tarifs très compétitifs en voyageant en ferry depuis le sud de la France ou l'Espagne, à l'instar des grandes compagnies de bus ainsi que de nombreux touristes en camping-car.

ENTRER DANS LE PAYS

À la descente de l'avion les formalités d'entrée sont assez simples puisqu'aucun visa n'est requis, mais on vous demandera de remplir un formulaire en spécifiant le motif de votre visite et votre profession.

Si vous transportez du matériel électronique coûteux, ce sera mentionné sur votre passeport. En cas de perte pendant votre séjour, on considérera que vous les avez vendus et vous devrez payer 100% de droits de douane, à moins de présenter une déclaration de vol. En repartant, veillez à ce que tout soit clairement indiqué sur votre passeport afin d'éviter d'éventuelles difficultés lors d'un voyage ultérieur.

Muni des documents requis, vous devriez franchir sans encombre le poste-frontière entre l'extrême sud du Maroc et la Mauritanie.

Les automobilistes doivent détenir une carte verte attestant que leur véhicule (même en location) est couvert par une assurance. Ils peuvent la demander à leur assureur avant de partir ou l'acheter sur place aux postes-frontières. Voir p. 478 pour des informations complémentaires.

Passeport

Les détenteurs d'un passeport français, belge, suisse ou canadien n'ont pas besoin de visa pour entrer au Maroc. Le passeport doit être valide 6 mois au-delà de la date d'arrivée. Vérifiez bien ce détail, suffisamment à l'avance, car si vous devez renouveler votre passeport, les démarches peuvent parfois prendre plusieurs semaines. En cas de perte pendant votre séjour, faites-en immédiatement la déclaration à la police (veillez à vous faire remettre une déclaration pour l'assurance) et contactez votre consulat le plus proche. Si le séjour au Maroc dépasse trois mois, un permis de séjour temporaire, délivré par les autorités marocaines, est obligatoire.

VOIE AÉRIENNE

Aéroports

Quinze aéroports permettent d'atterrir au plus près de votre destination finale : Agadir, Al-Hoceima, Casablanca, Dakhla,

ATTENTION, TOUT CHANGE...

Particulièrement sujettes aux changements, les informations fournies dans ce chapitre restent purement indicatives et ne vous dispensent aucunement d'une prospection minutieuse. Faites-vous préciser les modalités du billet auprès de la compagnie aérienne ou de l'agence de voyages et tenez compte des conditions de sécurité en vigueur pour les vols internationaux.

CIRCULATION AÉRIENNE ET CHANGEMENTS CLIMATIQUES

Les changements climatiques représentent une menace sérieuse pour les écosystèmes dont dépend l'être humain et la circulation aérienne contribue pour une large part à l'aggravation de ce problème. Si Lonely Planet ne remet en aucun cas en question l'intérêt des voyages, nous restons toutefois convaincus que nous avons tous, chacun à notre niveau, un rôle à jouer pour enrayer le réchauffement de la planète.

Le "poids" de l'avion

Pratiquement toute forme de circulation motorisée génère la production de CO^2 – principale cause du changement climatique induit par l'homme. La circulation aérienne détient de loin la plus grosse responsabilité en la matière, non seulement en raison des distances que les avions parcourent, mais aussi parce qu'ils relâchent dans les couches supérieures de l'atmosphère quantité de gaz à effet de serre. Ainsi, deux personnes effectuant un vol aller-retour entre l'Europe et les États-Unis contribuent autant au changement climatique qu'un ménage moyen qui consomme du gaz et de l'électricité pendant un an !

Programmes de compensation

Climatecare.org et d'autres sites Internet (comme www.actioncarbone.org ou www.co2solidaire.org) utilisent des "compteurs de carbone" permettant aux voyageurs de compenser le niveau des gaz à effet de serre dont ils sont responsables par une contribution financière à des projets de développement durable menés dans le secteur touristique et visant à réduire le réchauffement de la planète. Des programmes sont en place notamment en Inde, au Honduras, au Kazakhstan et en Ouganda.

Lonely Planet, en association avec Rough Guides et d'autres partenaires de l'industrie touristique, soutient les opérations à l'initiative de www.climatecare.org. Lonely Planet "compense" d'ailleur la totalité des voyages de son personnel et de ses auteurs. Pour plus d'informations, consultez notre site en anglais : www.lonelyplanet.com.

Essaouira, Er-Rachidia, Fès, Laâyoune, Marrakech, Nador, Ouarzazate, Oujda, Rabat-Salé, Tanger et Tétouan. Vous trouverez des informations complètes concernant l'ensemble des aéroports marocains, leurs services et les réglementations et procédures douanières sur le site Internet de l'**Office national des aéroports** (www.onda.org.ma). Situé à 30 km au sud-est de Casablanca, l'**aéroport international Mohammed V** (☎ 022 539040) est le principal aéroport international du Maroc. Des trains réguliers le relient à Casablanca et à Rabat.

L'aéroport met à la disposition des visiteurs un petit **bureau d'information touristique** (☎ 022 43 58 58 ; 🕑 7h-22h).

La BMCE (Banque marocaine du commerce extérieur) dispose d'un bureau de change (avec DAB) dans les halls des départs et des arrivées. La Wafa Bank (DAB) et la Banque Populaire sont également représentées.

L'aéroport compte plusieurs cafés et kiosques, ainsi qu'un guichet de la RAM (Royal Air Maroc), une téléboutique et une boutique de journaux qui vend des timbres (en face des départs). La gare ferroviaire se situe en bas des escaliers, à droite en sortant de la douane.

L'**aéroport de Ménara** de Marrakech (☎ 024 44 78 65) est de mieux en mieux desservi par des vols directs au départ de Paris et de diverses villes françaises, de Bruxelles et de Genève. La RAM et les autres transporteurs se trouvent désormais en concurrence avec les compagnies à bas prix.

Depuis Paris, Air France et la RAM desservent quotidiennement l'**aéroport de Rabat-Salé** (☎ 037 80 80 90), situé à 10 km au nord-est de Rabat. L'**aéroport Boukhalef** (à Ibn Batouta ☎ 039 39 37 20) est à 15 km au sud-est de Tanger et draine des vols directs vers Amsterdam, Bruxelles, Londres, Madrid, Málaga et Paris. L'aéroport de Marrakech, la **Ménara** (☎ 024 44 78 65), dessert directement Londres, Genève, Grenade, Málaga et Paris.

L'**aéroport Saïss** de Fès (☎ 035 674712) assure des vols directs à destination de Paris.

De nombreux charters atterrissent à **Al-Massira** (☎ 048 83 91 12), le nouvel aéroport situé à 22 km au sud d'Agadir. Il existe des vols directs pour Paris, Zurich et Genève.

Des vols internationaux relient occasionnellement Ouarzazate à Paris ; Nador à Bruxelles ; Al-Hoceima à Bruxelles ; Oujda à Paris, Marseille, et Bruxelles.

Compagnies aériennes

Pour le trafic aérien à destination du Maroc, la période de juillet à fin août et les deux dernières semaines de décembre correspondent à la haute saison, tandis que la basse saison dure de novembre à mi-décembre et de janvier à mi-février.

Des vols directs partent des grandes villes d'Europe, du Moyen-Orient, d'Afrique occidentale et d'Amérique du Nord. Ils atterrissent pour la plupart à Casablanca et Marrakech. La compagnie marocaine Royal Air Maroc et Air France se taillent la part du lion en matière de liaisons aériennes, mais les compagnies à bas prix (dont Atlas Blue, filiale de la RAM) occupent une part croissante du marché.

COMPAGNIES INTERNATIONALES BASÉES AU MAROC

Air Algérie (AH ; ☎ 022 314181 ; www.airalgerie.dz ; base aéroport Houari Boumediene, Alger)
Air Europa (UX ; ☎ 902 401 501 en Espagne ; www.air-europa.com)
Air France (AF ; ☎ 0 820 820 820 ; www.airfrance.fr ; 119 av. des Champs-Élysées, 75008 Paris)
Alitalia (AZ ; ☎ 022 314181 ; www.alitalia.it ; base aéroport Leonardo da Vinci, Rome)
Atlas Blue (BMM ; ☎ 082 009090 ; www.atlas-blue.com)
British Airways (BA ; ☎ 022 229464 ; www.britishairways.com ; base aéroport de Heathrow, Londres)
Corsair (☎ 0 820 042 042/ 0,12 €/mn ; www.corsair.fr.
EasyJet (EZY ; ☎ 0870 600 0000 au Royaume-Uni ; www.easyjet.com)
Edelweiss Air (EDW ; ☎ 044 277 4100 en Suisse ; www.edelweissair.ch)
EgyptAir (MSR ; ☎ 022 315564 ; www.egyptair.com ; base aéroport du Caire)
Gulf Air (GF ; ☎ 022 491212 ; www.gulfairco.com ; base aéroport international de Bahreïn, Émirats arabes unis)
Iberia (IB ; ☎ 022 279600 ; www.iberia.com ; base aéroport Barajas, Madrid)
KLM–Royal Dutch Airlines (KL ; ☎ 022 203222 ; www.klm.com ; base Schiphol, Amsterdam)
Lufthansa Airlines (LH ; ☎ 022 312371 ; www.lufthansa.com ; base aéroport de Francfort)
Regional Air Lines (RGL ; ☎ 022 536940 ; www.regionalmaroc.com ; base aéroport Mohammed V, Casablanca)
Royal Air Maroc (RAM ; ☎ 022 311122 ; www.royalairmaroc.com)

> **TAXE DE DÉPART**
>
> L'administration marocaine ne prélève pas de taxe de départ et les formalités sont assez simples. Vous devez remplir une carte de sortie et faire tamponner votre passeport avant de quitter le territoire.

Royal Jordanian (RJ ; ☎ 022 305975 ; www.rja.com.jo ; base Queen Alia International Airport, Amman)
Ryanair (FR ; ☎ 0871 246 0000 au Royaume-Uni ; www.ryanair.com)
Thomsonfly (BY ; ☎ 0870 190 0737 au Royaume-Uni ; www.thomsonfly.com)
Tunis Air (TU ; ☎ 022 293452 ; www.tunisair.com.tn ; base aéroport Tunis-Carthage, Tunis)

Billets

Le billet d'avion est généralement la dépense la plus importante d'un budget voyage au Maroc. Il a toutefois beaucoup baissé depuis l'arrivée des compagnies européennes à bas prix. En réservant votre vol le plus tôt possible, vous obtiendrez les prix les plus avantageux. Si vous prévoyez de vous rendre au Maroc en haute saison, réservez votre place au moins deux mois à l'avance. Vous aurez des chances de dénicher des places peu coûteuses sur Internet, mais les voyagistes établis sont susceptibles d'offrir les tarifs les plus avantageux.

Le marché aérien étant assez limité au Maroc, le prix des billets varie très peu entre les agences de voyages et les compagnies aériennes car les rabais sont rares. Les plus économiques sont les billets aller-retour valables un mois et non les allers simples. Pour toutes les destinations, la RAM domine le marché.

Les vols directs sont les plus coûteux. Nombre de compagnies aériennes ont passé des accords de partage, et les vols les moins chers impliquent généralement un changement d'avion (et de transporteur) dans une ville européenne. Casablanca est la destination la moins chère. Les étudiants et les moins de 26 ans bénéficient parfois de réductions.

Depuis l'Europe

FRANCE

Les vols directs pour Casablanca, Agadir, Rabat, Tanger, Fès, Marrakech, Oujda et Ouarzazate sont nombreux depuis Paris et les autres grandes villes françaises. La durée du voyage oscille entre deux heures 45 min et trois heures 15 min. En général, les agences proposent des formules intéressantes, comme "avion plus voiture". Du fait de l'importance du trafic, la France est le pays qui offre les meilleurs tarifs.

La **RAM** (☎ 08 20 82 18 21 ; www.royalairmaroc.fr), **Air France** (☎ 08 20 82 08 20 ; www.airfrance assurent chacune au moins trois liaisons quotidiennes directes de Paris à Casablanca (230 à 800 € l'aller-retour). La RAM propose aussi des vols Paris-Tanger et Paris-Agadir à des prix similaires. Les deux compagnies relient également Casablanca à Bordeaux, Lille, Lyon, Marseille, Nantes, Nice, Strasbourg et Toulouse. Des vols directs sont également assurés entre Paris et les aéroports de Fès, Marrakech, Ouarzazate et Rabat. Air France assure deux vols par jour entre Rabat-Salé et Paris et des liaisons quotidiennes entre Marrakech et Paris (environ 300 € l'aller-retour). Signalons qu'une nouvelle compagnie *low-cost* marocaine **jet4you** (www.jet4you.com) vient juste de lancer des vols Marrakech-Paris tandis qu'**Easyjet** (www.easyjet.com) propose désormais des vols entre Marseille et Marrakech.

Aigle Azur (☎ 0 810 797 997 ; www.aigle-azur.fr) Cette compagnie française dessert Marrakech et Oujda, Agadir et Casablanca au départ de Paris Orly Sud en vols réguliers, tout en assurant les vols charters pour de nombreux tours opérateurs

corsair (☎ 0 820 042 042/0,12 €/mn ; www.corsair.fr) assure des liaisons vers Fès, Marrakech et Agadir. (Paris-Marrakech à partir de 150 €).

Voici quelques agences de voyages recommandées :

Voyageurs du Monde (☎ 01 73 00 81 88 ; www.vdm.com ; 55 rue Sainte-Anne, 75002 Paris).

Nouvelles Frontières (☎ 0 825 000 747 ; www.nouvelles-frontieres.fr ; 87 bd de Grenelle, 75738 Paris cedex 15, et de nombreuses autres agences).

Voyageurs Associés Marseille (☎ 04 91 47 49 40 ; fax 04 91 47 27 68 ; 39 rue des Trois-Frères-Barthélémy, 13006 Marseille) ; Strasbourg (☎ 03 90 23 67 00 ; 7 rue de Bonnes-Gens, 67000 Strasbourg).

Thomas Cook (☎ 01 53 29 40 00 ; fax 01 47 03 32 13 ; www.thomascook.fr ; 26 av. de l'Opéra, 75001 Paris).

STA Travel (www.sta.com). Réservations au départ de différents pays européens.

Sont plus spécifiquement destinés aux jeunes et aux étudiants :

OTU Voyages (☎ 0 820 817 817 ou 01 44 41 38 50 ; www.otu.fr; 39 av. Georges-Bernanos, 75005 Paris ; ainsi que 28 agences réparties en France).

BELGIQUE

Quelques adresses utiles :

Airstop (☎ 070 23 31 88 ; fax 09/242 32 29 ; www.airstop.be ; 28 rue du Fossé-aux-Loups, Bruxelles 1000)

Connections (☎ 070/23 33 13 ; www.connections.be) Bruxelles (☎ 02/647 06 05 ; fax 02/647 05 64 ; 78 av. Adolphe-Buyllan, Ixelles 1050) ; Gand (☎ 09/223 90 20 ; fax 09/233 29 13 ; Hoogpoort 28, Gent 9000) ; Liège (☎ 04/223 03 75 ; fax 04/223 08 82 ; 7 rue Sœurs-de-Hasque, Liège 4000).

Éole (☎ 02/227 57 80 ; fax 2 219 90 73 ; 35/43 chaussée de Haecht, Saint-Josse-Ten-Noode 1210)

ESPAGNE

Compte tenu de la proximité du Maroc avec l'Espagne, il existe quantité de liaisons entre les deux pays. La **RAM** (☎ 902 21 00 10 ; www.royalairmaroc.com) se rend à Madrid et à Barcelone au départ de Casablanca et de Marrakech, et couvre aussi la ligne Tanger–Barcelone. **Iberia** (☎ 902-400 500 ; www.iberia.com) dessert Casablanca depuis Madrid, Barcelone et Valence. La compagnie à bas prix **Air Europa** (☎ 902-401-501 ; www.air-europa.com) rallie Marrakech depuis Madrid et Barcelone. Enfin, **Regional Airlines** (www.regional-maroc.com) propose des vols Málaga-Casablanca, Nador ou Tanger.

Parmi les agences conseillées pour l'achat de billets, citons **Viajes Zeppelin** (☎ 91 542 51 54 ; www.viajeszeppelin.com en espagnol), **Barcelo Viajes** (☎ 902 116 226 ; www.barceloviajes.com en espagnol) et **TIVE** (☎ 91 543 74 12 ; www.madrid.org/juventud/tive.htm en espagnol), l'organisme de voyage des jeunes et des étudiants.

On peut également rejoindre par voie aérienne les enclaves espagnoles de Ceuta et de Melilla. Iberia Regional, filiale d'Iberia, relie Melilla à Madrid, Málaga et Grenade. On peut également gagner Ceuta depuis l'Espagne en prenant un hélicoptère de **Helicopteros del Sureste** (aéroport de Málaga ☎ 95 204 870 ; www.helisureste.com) à Málaga.

SUISSE

Jerrycan (☎ 022/346 92 82 ; fax 022/789 43 63 ; www.jerrycan-travel.ch ; 11 rue Sautter, Genève 1205)

STA Travel propose des vols à prix négociés pour les étudiants jusqu'à 26 ans et des vols charters pour tous. Genève (☎ 058/450 49 20, 022/818 02 00 ; www.statravel ; 10 rue de Rive Genève 1204)

Swiss (☎ 0848 85 2000 ; www.swiss.com)

Depuis le Canada

Cinq vols directs de la RAM couvrent chaque semaine la ligne Montréal-Casablanca. Certaines compagnies européennes assurent aussi des liaisons avec une escale dans la ville où elles sont basées.

La solution la plus économique pour se rendre au Maroc depuis l'Amérique du Nord consiste à acheter un aller-retour pour Paris (Orly) ou Londres (Gatwick) et, de là, un billet pour le Maroc.

Au Canada, **Travel CUTS** (☎ 866-246 9762 ; www.travelcuts.com), l'organisme national du voyage étudiant, possède des bureaux dans toutes les grandes villes.

Air Canada (☎ 1 888 247 2262 ; www.aircanada.ca)

Travel Cuts – Voyages Campus (☎ 514-281 6662 ; fax 514-281 8090 ; www.travelcuts.com; 225 Président Kennedy PK-R-206, Montréal, Québec H2X 3Y8)

La RAM propose des allers-retours Montréal-Casablanca, pour environ 2 042 $C. Prévoyez une halte probable dans une ville européenne.

Depuis l'Afrique

La RAM dessert de nombreuses destinations africaines depuis Casablanca et compte parmi les meilleures compagnies du continent. Des vols aller-retour directs partent de Casablanca pour Bamako (Mali), Nouakchott (Mauritanie) et Dakar (Sénégal), Douala (Cameroun), Niamey (Niger), Abidjan (Côte-d'Ivoire), Libreville (Gabon) et Cotonou (Bénin). Vers l'Afrique du Nord et le Moyen-Orient, des vols desservent Alger (Algérie), Tunis (Tunisie), Tripoli (Libye) et Le Caire (Égypte).

VOIE TERRESTRE

Passage des frontières

Malgré sa longue frontière avec l'Algérie, le Maroc n'est accessible par voie terrestre que depuis la Mauritanie, *via* un poste situé entre Dakhla et Nouadhibou. Le passage de la frontière, qui ne nécessite plus désormais d'autorisation ni de convoi militaire, se fait assez facilement et constitue l'itinéraire routier le plus emprunté pour se rendre en Afrique de l'Ouest (voir détails p. 470).

Les nombreux ferries qui relient le nord du Maroc au sud de l'Europe et à l'Espagne en particulier permettent de rejoindre le pays en bus, en train ou avec son propre véhicule. Les renseignements sur les liaisons maritimes figurent p. 471.

Bus

Les bus à destination du Maroc empruntent tous des ferries à partir de l'Espagne. Les passagers doivent se présenter aux services de la douane et de l'immigration. Des moyens de transport publics circulent entre Dakhla et Nouadhibou pour le passage de la frontière mauritanienne.

Voiture et moto

Les automobilistes se muniront de la carte grise, du document d'assurance responsabilité civile et des permis de conduire national et international. La plaque minéralogique du pays d'immatriculation doit figurer sur le véhicule. Obligatoire en Europe, le triangle de présignalisation peut s'avérer utile en cas de panne.

Renseignez-vous avant de partir sur les papiers nécessaires, en particulier la carte verte pour l'assurance, et reportez-vous p. 480 pour plus de détails.

Pour bénéficier des prix de location les plus avantageux, réservez votre voiture avant de partir (les sociétés de location internationales sont indiquées p. 480). Quelle que soit votre agence de location, faites-vous préciser les prestations incluses dans le prix et vos responsabilités, notamment si vous comptez conduire hors-piste (une activité rarement couverte par les assurances).

Notez que les compagnies de location européennes n'autorisent généralement pas l'entrée de leurs véhicules en territoire marocain.

Le Maroc est un pays fait pour être parcouru, d'où les nombreux camping-cars que l'on voit sur la route ou débarquant des ferries à Tanger. Le tourisme à moto devient aussi de plus en plus populaire, mais certains engins (en particulier les grosses cylindrées) sont peu courants sur place et peuvent poser problème en cas de réparation. Mieux vaut donc posséder quelques connaissances de base en mécanique et prévoir des pièces détachées (câbles et leviers, chambres à air, kit pour réparer les pneus percés, démonte-pneu, pompe, fusibles, chaîne, filtre à air lavable, attaches de câble) ainsi qu'une bonne trousse à outils. À moto comme en voiture, vérifiez que vous disposez bien d'une assurance responsabilité civile.

Le Maroc compte un bon nombre de stations-service, mais celles-ci se font plus rares et espacées du sud de Tan-Tan à la frontière mauritanienne (voir *Mauritanie* p. 470). Le gasoil coûte beaucoup moins cher que l'essence contenant du plomb. Si vous entrez au Maroc *via* Ceuta ou Melilla, profitez-en pour remplir votre réservoir de carburant détaxé.

Depuis l'Algérie

Le Maroc a fermé sa frontière avec l'Algérie au début des années 1990 et ne semble pas prêt à la rouvrir malgré la fin de la guerre civile. Dans l'éventualité d'un changement de situation, consultez **Sahara Overland** (www.sahara-overland.com), la source d'information en ligne incontournable pour les voyages transsahariens (en anglais).

Depuis l'Europe

BUS

On peut gagner le Maroc en bus depuis Paris, mais le trajet est long et le billet ne coûte pas beaucoup moins cher qu'une place en avion négociée.

Représenté dans toutes les grandes villes européennes, **Eurolines** (www.eurolines.com) est un consortium de compagnies européennes dont les bus desservent l'Europe et le Maroc. Vous pouvez contacter une agence Eurolines locale ou consulter le site web pour connaître les prix, les forfaits et les agences de voyages habilitées à vendre des billets Eurolines A titre indicatif, un A/R Paris -Tanger revient à 199 € (départ à 12h30, arrivée le lendemain à 20h30) hors promotions.

Ce consortium fonctionne en collaboration avec les bus de la CTM (Compagnie de transports marocains).

Basé au Royaume-Uni, **Busabout** (☎ 020 7950 1661 ; www.busabout.com) couvre une soixantaine de villes européennes et propose des *pass* à usage illimité, de durées variables et valables sur l'ensemble de son réseau de bus. Ceux-ci circulent entre les villes d'Europe occidentale, dont Madrid, Grenade, Málaga, La Línea (pour rejoindre Gibraltar) et Tarifa. Les voyageurs de moins de 26 ans et les étudiants bénéficient d'une réduction de 13% environ.

La fréquence des départs et le nombre d'arrêts augmentent entre avril et octobre. Vous pouvez acheter une extension de trajet ou réserver un hôtel à bord ou sur le site web.

Busabout propose en outre un circuit de 7 à 14 jours au Maroc, traversée Algésiras-Tanger incluse. Les passagers reçoivent un coupon Busabout à leur point de départ, qu'ils doivent ensuite échanger contre un billet de ferry auprès de **Viajes Marruecotur** (☎ 56 65 61 85 ; nouveau terminal maritime) à Algésiras.

Pour la poursuite du trajet au Maroc, Busabout travaille avec **Marco Polo Travel** (☎ 039 944799 ; 72 av. d'Espagne, Tanger), sur l'artère principale à la sortie du port.

La **CTM** (à Casablanca ☎ 022 45 80 80 ; www.ctm.co.ma) relie Casablanca et la majorité des grandes villes marocaines à la France, la Belgique, l'Espagne, l'Allemagne et l'Italie. La plupart des bus partent de Casablanca ou s'y arrêtent avant de gagner l'Europe *via* Tanger ou, plus rarement en effectuant la traversée Nador-Almería.

Des bus pour l'Espagne partent de Casablanca tous les jours sauf le dimanche. Comme ils font partie du réseau Eurolines, il est possible d'acheter des billets pour Paris et Bruxelles. Réservez une semaine à l'avance et davantage si votre voyage coïncide avec des vacances en Espagne ou en France, car les bus se remplissent alors d'immigrés marocains. Autre compagnie de bus fiable, **Tramesa** (☎ 022 245 274 ; www.tramesa.ma) assure de nombreuses liaisons vers l'Espagne.

TRAIN

Les cartes InterRail et Eurail ne sont guère avantageuses si vous les utilisez uniquement au Maroc. En revanche, elles peuvent vous être utiles si vous faites un détour par la France ou l'Espagne.

InterRail (www.interrailnet.com) subdivise l'Europe et l'Afrique du Nord en zones. La formule de 22 jours pour 2 zones (327/460 € pour les moins/plus de 26 ans) permet de voyager de façon illimitée sur les réseaux ferroviaires français, espagnol et marocain. Toutefois, vous n'y avez droit que si vous résidez en Europe depuis plus de 6 mois (emportez votre passeport et votre carte d'identité).

Une carte InterRail de 22 jours pour 1 zone coûte 215/323 € pour les moins/plus de 26 ans, et couvre le Maroc et l'Espagne. La carte donne droit à des réductions sur le réseau du pays d'achat.

La carte **Eurail** (www.eurail.com) s'adresse aux non-résidents de l'UE et permet de circuler dans 17 pays européens. Elle n'est donc pas valable au Maroc, mais uniquement jusqu'à Algésiras.

Les liaisons ferroviaires gérées par l'**Office national des chemins de fer** (ONCF ; www.oncf.org.ma en français) coûtant très peu cher, il n'est guère avantageux d'utiliser la carte InterRail uniquement pour circuler au Maroc. Si vous prévoyez de nombreux trajets en train dans le pays, mieux vaut acheter sur place une carte Jeune ou une carte Fidélité selon que vous avez moins ou plus de 26 ans (voir p. 484).

Depuis la France, le TGV dessert Algésiras ou Málaga *via* Madrid (environ 162 € l'aller simple en couchette, 25 heures) au départ de Paris (gare Montparnasse). On peut réserver ses billets sur le **site de la SNCF** (www.voyage-sncf.com) et les faire envoyer n'importe où en Europe, mais pas en Amérique du Nord.

Plus confortable, et de plus en plus apprécié, le Trainhôtel Francisco de Goya relie Paris (gare d'Austerlitz) à Madrid. Le Trainhôtel est une nouvelle formule proposée par le groupe franco-espagnol **Elipsos** (www.elipsos.com) dans les trains de nuit. Ceux-ci partent en début de soirée et arrivent à Madrid à 9h. Vous avez le choix entre un lit dans un compartiment simple ou double en 1re classe ou dans un compartiment de quatre couchettes en 2e classe (137 € l'aller simple). Le train comprend un restaurant et un café-bar. Pour plus de détails sur les tarifs réduits et les points de vente, consultez le site web.

De la gare Madrid Chamartin, le train Estrella del Estrecho de la **RENFE** (www.renfe.es) rallie Algésiras. D'un confort équivalent à celui du précédent, il comprend des compartiments à 6 couchettes (38 € l'aller simple) et des cabines simples ou doubles avec salle de bains (plus chères). Vous arrivez à 9h30 à Algésiras, d'où vous pouvez embarquer sur un ferry.

Les allers simples en train depuis Casablanca et à destination de l'Europe coûtent plus cher (la différence est parfois minime) que les places de bus. Les étudiants et les moins de 26 ans bénéficient de réductions importantes. Au Maroc, les réservations de billets internationaux sont ouvertes 2 mois avant le départ.

Vous trouverez des informations actualisées concernant les trains sur www.seat61.com (en anglais).

Depuis la Mauritanie

VOITURE ET MOTO

L'itinéraire désormais le plus prisé pour rejoindre l'Afrique subsaharienne depuis l'Afrique du Nord passe par la Mauritanie et attire des centaines d'intrépides chaque année.

Au sud du Maroc, longez la côte depuis Dakhla sur 460 km jusqu'à Nouadhibou, à la frontière. Descendez ensuite le long du littoral jusqu'à Nouakchott, la capitale mauritanienne. Jusqu'à une période récente, les personnes circulant au sud de Dakhla devaient le faire en convoi militaire, mais ce n'est plus le cas. Circuler en convoi de plusieurs véhicules paraît toutefois plus prudent. Il faut aussi partir tôt afin d'atteindre la frontière avant le crépuscule, surtout si vous ne roulez pas en 4x4. Il est également prudent de faire le plein à chaque poste d'essence. Notez que certaines pompes peuvent être à court de carburant au sud de Dakhla, notamment la dernière station, située à 50 km de la frontière.

Côté marocain, les formalités s'effectuent dans la localité sommaire de Guergarat. La frontière, à 15 km de là, est lourdement minée ; ne vous éloignez pas de la route. L'ancienne piste a cédé la place à une route goudronnée jusqu'à Nouakchott, à l'exception du tronçon de 3 km qui traverse le no man's land entre les deux postes-frontières.

Le visa mauritanien s'obtient à la frontière moyennant 20 €, mais il arrive que les gardes y ajoutent des "frais" (si on vous la demande, sachez que la déclaration de devises n'est plus requise). L'alcool est illégal en Mauritanie et les fouilles de véhicules fréquentes. La première ville mauritanienne importante, Nouadhibou, se situe à 50 km de la frontière.

MINIBUS ET JEEP

Il existe des moyens de transport pour se rendre de Dakhla à la frontière mauritanienne et au-delà. Des minibus et des 4x4 partent du poste de contrôle militaire à la sortie de Dakhla – comptez entre 250 et 400 Dh pour une place dans un véhicule à destination de Nouadhibou et autour de 700 Dh jusqu'à Nouakchott. Quelques grands taxis assurent aussi la liaison avec la frontière, mais vous devrez faire du stop pour rejoindre le poste de contrôle mauritanien car il est interdit de traverser la frontière à pied.

De Nouadhibou, les taxis-brousse demandent environ 1 750 UM jusqu'à la frontière.

LES TRAVAUX D'HERCULE

Selon la mythologie, c'est Hercule qui serait à l'origine de la séparation des continents africain et européen. Ses efforts semblent cependant sur le point d'être réduits à néant. En effet, un projet prévoit la construction d'un tunnel sous-marin de 24 km de long, à 300 m de profondeur, entre cap Malabata, à l'est de Tanger, et Punta Paloma, 40 km à l'ouest de Gibraltar, créant un cordon ombilical qui relierait à nouveau l'Afrique à l'Europe. Ce tunnel estimé à 10 milliards d'euros (le pont suspendu d'abord envisagé a été abandonné car trop dangereux) ouvrira la possibilité de prendre le train depuis Londres ou Paris, jusqu'à Marrakech.

L'idée date des années 1970, mais ce n'est qu'en 2004 que l'Espagne et le Maroc ont commencé à la concrétiser. Pour l'instant, seul un tronçon-test de 500 m a été creusé et chaque pays n'a débloqué que 10 millions d'euros pour cette étude de faisabilité. Si le chantier est finalement lancé, l'UE devrait être sollicitée pour en financer une grande partie.

Le tunnel pourrait contribuer grandement à la promotion du commerce et du tourisme. Il pourrait aussi rapprocher les deux pays dont les relations se sont détériorées ces dernières années en raison de désaccords sur les eaux territoriales, le terrorisme et l'immigration.

Vous avez cependant intérêt à vous renseigner dans les hôtels car il y a souvent de nombreux hommes d'affaires mauritaniens en partance pour le nord prêts à vous prendre à leur bord, moyennant finance.

L'Amicale des Sahariens, **La Rahla** (larahla.online.fr) fournit des informations sur l'actualité saharienne, et renvoie également vers divers autres sites utiles pour vous informer sur la région.

VOIE MARITIME

Le ferry demeure un moyen prisé pour se rendre au Maroc. En été, la ligne la plus fréquentée, Algésiras-Tanger, est prise d'assaut par les touristes en excursion et les vacanciers en camping-car. Il est assez aisé de prendre un ferry de Sète ou des villes et des enclaves espagnoles de Ceuta et Melilla. Vous pourrez acheter le billet dans les nombreuses agences de voyages ou dans les ports.

Des réductions sont souvent accordées aux étudiants (carte ISIC), aux détenteurs des cartes InterRail et Eurail, et aux retraités de l'UE sur les liaisons maritimes entre l'Europe et le Maroc. Au Maroc, ces réductions ne sont pas signalées ou pas toujours accordées : que cela ne vous empêche pas d'en faire la demande. Tous les billets de ferry achetés au Maroc incluent une taxe de 20 Dh.

La haute saison pour les ferries correspond à la période estivale européenne (juin à août), à Noël et au Nouvel An. Vu le nombre accru de bateaux pour satisfaire la demande, les passagers à pied peuvent souvent acheter leur billet en arrivant au port. En revanche, mieux vaut réserver pour les véhicules.

Depuis la France

SÈTE-TANGER

Des car-ferries, avec piscine et discothèque à bord, autrement plus luxueux (donc plus chers) que ceux reliant l'Espagne au Maroc, partent du port de Sète, dans l'Hérault (à 2 heures de train de Marseille).

Deux compagnies, **Comarit** (www.comarit.com en français et en espagnol) et **Comanav** (www.comanav.ma en français), couvrent cette ligne tous les quatre ou cinq jours. Leurs bateaux quittent le port entre 18h et 19h dans chaque sens. La traversée dure 36 heures et coûte quelque 220/410 € l'aller simple/aller-retour en cabine pour 4 personnes, repas inclus, en haute saison (de mi-juillet à mi-septembre). Une taxe portuaire de 5 € est prélevée à chaque trajet. Les enfants âgés de 2 à 12 ans voyagent à moitié prix. Hors saison (de novembre à février), les tarifs baissent de 50%. Le prix du passage d'une berline ordinaire s'élève à 380 €. Si vous ne craignez pas la fatigue, la Comarit propose aussi des places assises autour de 82 €.

Les étudiants, les jeunes de moins de 26 ans et les Marocains expatriés ont droit à une réduction de 20%, valable également pour leur véhicule. Il existe aussi des tarifs spéciaux pour les groupes de 4 personnes en voiture.

Contactez la **SNCM Ferryterranée** à **Marseille** (☎ 04 91 56 32 00 ; fax 04 91 56 36 66 ; 61 bd des Dames, 13226) ou à **Sète** (☎ 04 67 46 68 00 ; fax 04 67 74 93 05 ; 4 quai d'Alger, 34202)

À Tanger, la **Comanav** (☎ 039 940504 ; 43 av. Abou al-Alâa el-Maâri) et la **Comarit** (☎ 039 320032 ; av. des FAR) vendent des billets et fournissent des horaires détaillés. Les guichets sur le quai fournissent aussi tous les renseignements.

Depuis Gibraltar

La compagnie de catamarans **FRS** (www.frs.ma) prétend relier chaque semaine Tanger à Gibraltar (ou plus précisément La Línea, en territoire espagnol), mais le service semble être continuellement suspendu. S'il reprend, les prix devraient tourner autour de 35/54 € par passager/voiture pour un trajet de 90 minutes.

En attendant, la FRS assure un service de remplacement à destination d'Algésiras et de Tarifa (voir plus bas). Pour savoir ce qu'il en est au moment de votre voyage, renseignez-vous auprès de la **FRS** (en Espagne ☎ 956 68 18 30, à Tanger ☎ 039 942612 ; gare maritime), notamment à sa billetterie principale située sur le port de Tanger. En cas de reprise de la liaison Tanger-Gibraltar, sachez que **Bland Travel** (☎ 77012 ; 81 Irish Town), à Gibraltar, vend aussi des billets.

Depuis l'Espagne

Les ferries font de nombreuses navettes entre l'Espagne et le Maroc. Ils sont affrétés par la société nationale espagnole Trasmediterránea et par Islena de Navigación SA, Buquebus, Comanav, Comarit, EuroFerrys FRS, et Limadet. Très utilisés, mais plus chers que les autres ferries, les hydrofoils (ou ferries rapides) et les catamarans ne naviguent pas toujours par temps de forte houle.

Algésiras-Tanger est la liaison la plus fréquentée. Le port de Tanger avait auparavant mauvaise réputation, mais il a été largement débarrassé des filous en tout genre. Le voyageur n'a donc plus de raisons d'appréhender son entrée au Maroc (voir p. 157). Certains automobilistes préfèrent passer par Ceuta pour acheter l'essence hors taxe. Autres itinéraires possibles : Tarifa-Tanger, Almería-Melilla ou Nador et Málaga-Melilla. Entrer au Maroc *via* Melilla (puis Nador) depuis l'Espagne est indiscutablement le plus aisé, mais la traversée peut durer 8 heures et revient deux fois plus cher que les liaisons bien plus fréquentes Algésiras-Ceuta ou Algésiras-Tanger.

En haute saison (mi-juin à mi-septembre), le nombre de traversées s'intensifie sur la plupart des lignes. En août et à Pâques, période de forte affluence, les automobilistes devront réserver longtemps à l'avance. En dehors de ces périodes, ils devraient trouver des places sans difficulté.

Trasmediterránea (dans tout le pays ☎ 902 45 46 45 ; www.trasmediterranea.es ; Calle Alcalá 61) possède des agences à Madrid et dans plusieurs ports espagnols dont Almería, Algésiras, Ceuta, Melilla et Málaga. Les billets de la plupart des compagnies peuvent être réservés sur Internet (voir plus loin le détail des lignes). En France, **Iberrail** (☎ 01 40 82 63 63 ; www.iberrail.es en espagnol ; 57 rue de la Chaussée d'Antin, 75008 Paris) renseigne sur les ferries et vend des billets.

Un supplément est exigé pour les véhicules de plus de 6 m de long et 1,8 m de

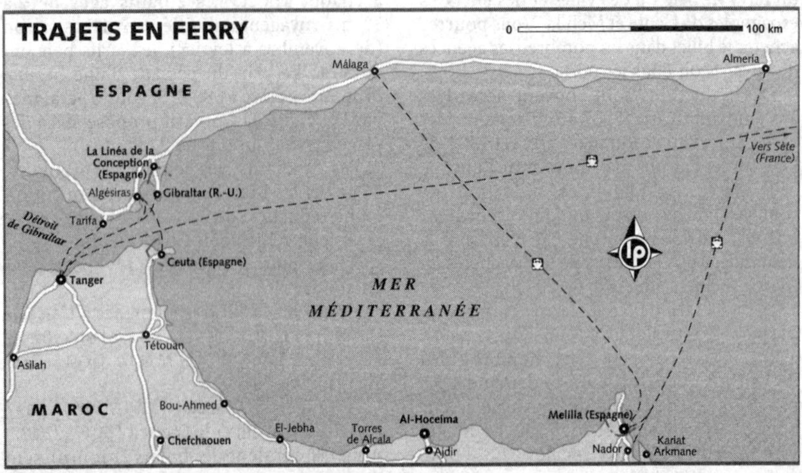

hauteur. Pour les camping-cars, le droit de passage est variable. Quant aux motos, le tarif dépend de leur cylindrée, tandis que les bicyclettes bénéficient de tarifs modiques.

Le contrôle des passeports en Espagne est assez simple, mais les personnes non ressortissantes de l'UE doivent obtenir un tampon de sortie avant d'embarquer. Une fois à bord, remplissez un formulaire d'embarquement et faites tamponner votre passeport avant de débarquer. Armez-vous de patience pour le passage à la douane espagnole en venant du Maroc.

ALGÉSIRAS-TANGER

Il s'agit de la ligne maritime la plus fréquentée entre l'Espagne et le Maroc. Les ferries circulent au moins toutes les 90 min et toutes les heures en été, de 7h (6h l'été) à 22h. Il arrive même que le service fonctionne 24h/24 au mois d'août. La traversée dure de 80 min à 2 heures 30 selon le bateau.

Toutes les sociétés travaillent en synergie afin d'unifier leur tableau horaire et vendent des billets pour les différents ferries. En classe standard, vous devriez débourser environ 31 € pour un aller simple. Les enfants de moins de 4 ans voyagent gratuitement, ceux de moins de 12 ans payent demi-tarif. Comptez entre 60 et 80 € pour le passage d'une voiture de taille moyenne, 105 € pour un camping-car. Certaines compagnies proposent des trajets en 1re classe moyennant un surcoût de 20%, mais cela ne vaut guère la peine sur un voyage aussi court.

À Tanger, les billetteries sont alignées à l'extérieur du terminal des ferries, ce qui permet de comparer les offres. On en trouve aussi dans le bâtiment du terminal proprement dit. Dans Tanger même, des rabatteurs tentent d'entraîner les touristes chez l'agent de voyages qui les commissionne ; ignorez-les.

À Algésiras, achetez vos billets à l'**agence Trasmediterránea** (☎ 956 58 34 07 ; Recinto del Puerto, Algésiras) ou directement au port.

ALGÉSIRAS-CEUTA

Trasmediterránea, EuroFerrys, Buquebus, entre autres, assurent plus de 20 rotations à grande vitesse (35 min) depuis Ceuta, entre 7h et 22h, et autant de traversées depuis Algésiras, de 6h à 22h. Au besoin, des services supplémentaires viennent s'ajouter le dimanche soir et en août.

Au moment où nous mettons sous presse, le tarif s'élève à 25 € par personne (les résidents locaux bénéficient d'une réduction de 50%), et à 30 € par voiture. Certaines compagnies proposent des places en classe Club légèrement plus chères. En dessous de 2 ans, les enfants voyagent gratuitement, et jusqu'à 12 ans, ils payent moitié prix.

Dans le terminal des ferries de Ceuta (Estación Marítima) et à ses abords, nombre d'agences vendent des traversées. Le bâtiment principal abrite les bureaux des compagnies de ferries : c'est l'endroit pour acheter un billet à la dernière minute, mais seulement auprès des compagnies en question.

ALMERÍA-MELILLA

Moins populaire que Tanger et Ceuta, Melilla est desservie par Trasmediterránea. En basse saison, un ferry assure la liaison tous les jours sauf le vendredi. Dans l'autre sens, il ne navigue pas le jeudi ou le samedi, en fonction de l'horaire. En haute saison, deux traversées quotidiennes sont assurées.

Le trajet dure entre 6 et 8 heures. Le tarif le moins onéreux (*butaca turista*, tarif pont) est de 35 € l'aller simple. Vous pouvez aussi opter pour une cabine double ou quadruple, certaines avec W.-C., pour environ 85 € par personne. En 1re classe (*preferente*), les couchettes reviennent à 110 € par personne. Les enfants de moins de 2 ans voyagent gratuitement, ceux de moins de 12 ans payent demi-tarif.

Comptez entre 139 € pour le passage d'une voiture de taille moyenne, 200 à 220 € pour un camping-car(selon sa longueur), et 30 à 40 € pour une moto. Les vélos voyagent gratuitement.

Achetez votre place à la Estación Marítima (à 10 ou 15 min à pied des gares ferroviaire et routière), dans les agences de voyages ou au **bureau Trasmediterránea** (☎ 956 690902 ; Plaza de España), au centre-ville.

Le trafic augmente à la demande en haute saison. Durant cette période, les prix grimpent de 25% et les ferries rapides entrent en service.

ALMERÍA-NADOR

Il est aussi possible de passer par Nador, plus à l'est sur la côte. Ce port est beaucoup moins fréquenté que celui de Tanger, mais les liaisons avec le reste du pays s'avèrent plus limitées. Pour les voyageurs motorisés, Nador a toutefois l'avantage d'être proche de Melilla où ils peuvent faire le plein de carburant détaxé.

Plusieurs compagnies maritimes effectuent la traversée de 6 à 7 heures entre le port de Beni Enzar, à Nador, et Almería. Trasmediterránea, **Ferrimaroc** (à Almería ☎ 950 27 48 00, au Maroc ☎ 036 348100 ; www.ferrimaroc.com), la Comarit et la Comanav se partagent le trafic de cette ligne avec deux liaisons quotidiennes en basse saison et jusqu'à quatre en été.

Le tarif pont s'élève à 28 €. Les autres prix ne varient guère de ceux des parcours concurrents (vers Melilla), mais il faut ajouter environ 15% en haute saison.

MÁLAGA-MELILLA

Trasmediterránea assure un service quotidien de Málaga à Melilla, mais sa fréquence est susceptible d'augmenter en haute saison.

La durée habituelle de la traversée est de 6 à 7 heures. Toutefois, un service rapide (4 heures) est mis en place en haute saison (juin-sept) et revient à 28/416 € par passager/voiture.

À Málaga, les billets s'achètent de préférence à la Estación Marítima, située grosso modo dans la partie sud de la ville. À Melilla, achetez vos billets au bureau de la **Trasmediterránea** (☎ 956 690 902 ; Plaza de España) ou à la Estación Marítima.

TARIFA-TANGER

Tarifa est désormais une destination régulière desservie en 35 min par un catamaran.

Affrété par **FRS** (www.frs.es ; à Tarifa ☎ 956 68 18 30, à Tanger ☎ 039 942 612), un ferry rapide (35 min) circule de 2 à 5 fois par jour selon la saison (davantage le lundi).

Comptez 22 € par passager (demi-tarif pour les enfants de 3 à 12 ans), 68 € par voiture, 109 € par caravane et 12/22 € par vélo/moto.

VOYAGES ORGANISÉS

CIRCUITS

Un grand nombre de tour-opérateurs organisent des circuits au Maroc. Ils proposent les classiques visites des cités impériales (Rabat, Marrakech, Fès et Meknès), des séjours balnéaires, des circuits golf, randonnée, observation ornithologique ou des safaris dans le désert. Des organismes locaux réputés se font de plus en plus nombreux (voir *Circuits locaux* dans les chapitres régionaux pour plus de détails). L'Office national marocain du tourisme (ONMT, www.tourisme-marocain.com) peut aussi être une bonne source d'information sur les agences locales.

Nullement exhaustive, la liste suivante est fournie à titre indicatif :

Voyages culturels

Clio (☎ 0 826 10 10 82 ; fax 01 53 68 82 60 ; www.clio.fr; 27 rue du Hameau, 75015 Paris). Circuits de 8, 9 ou 13 jours, en compagnie d'un conférencier. Compter autour de 1 400 à 1 900 € par pers.

Terra Incognita (☎ 04 72 53 24 90 ; www. ; 36 quai Arloing 69256 Lyon Cedex 09). Plusieurs circuits thématiques, en petits groupes, avec des guides spécialisés. Tour-opérateur adhérent à la charte éthique du voyageur. Environ 1 500 € pour 15 jours.

Aventure et randonnée

Allibert (☎ 0825 090 190 (0,15 €/min) ; www.allibert-voyages.com ; Paris; ☎ 01 44 59 35 35 ; 37 bd Beaumarchais, 75003 Paris ; autres agences à Chamonix, Chapareillan et Toulouse ; en Belgique ☎ 02 526 92 90 ; en Suisse ☎ 0 22 849 85 51).Une bonne douzaine d'offres sur le Maroc. Randonnée, marche et découverte de 8 à 15 jours, accompagnés par des guides professionnels. Circuit adapté aux familles, ou aux montagnards avertis. Environ 650 € par personne.

Atalante Paris (☎ 01 55 42 81 00 ; fax 01 55 42 81 01 ; www.atalante.fr ; 5 rue du sommerard, 75005 Paris) ; Lyon (☎ 04 72 53 24 80 ; fax 04 72 53 24 81 ; 36-37 quai Arloing, 69256 Lyon Cedex 09) Bruxelles (☎ 02 218 24 84 ; Continents Insolites, rue César Franck, 44A, 1050 Bruxelles, Belgique). Pas moins de 28 propositions de voyages. Randonnées chamelières dans le Sahara marocain de 8, 10 ou 15 jours. À partir de 600 €.

Club Aventure (☎ 0 826 88 20 80, 0,15 €/min ; fax : 01 44 32 09 59 ; www.clubaventure.fr ; 18 rue Séguier, 75006 Paris). Randonnées dans les villages berbères, l'Atlas à cheval. Voyage d'initiation au désert (Marrakech-palmeraie de Tazzarine).

Déserts (☎ 0 892 23 66 36 (0,34 €/min), fax : 01 55 42 78 40; www.deserts.fr ; 75 rue de Richelieu, 75005 Paris .Circuits individuels ou en groupes accompagnés. Randonnée en famille dans l'Atlas (8 jours à partir de 755 €), randonnée chamelière "Un thé au Sahara" (8 jours à partir de 555 €).

Esprit d'aventure et Terres d'aventure Paris (☎ 0825 847 800(0,15 €/min) ; 01 53 73 77 73 ; fax 01 43 25 69 37 ; www.terdav.com ; 6 rue Saint-Victor, 75005 Paris) ; Lyon (☎ 04 78 37 15 01 ; 5 quai Jules Courmont,

69002 Lyon). Randonnées sahariennes à prix très étudiés (8 jours à partir de 600 €).

Explorator (☎ 01 53 45 85 85 ; fax 01 42 60 80 00 ; www.explo.com ; 16 rue de la Banque, 75002 Paris). Divers circuits accessibles aux familles. "Les rivages de l'océan" empruntent les sentiers muletiers au sud d'Essaouira.

Grand Angle (☎ 04 76 95 23 00 ; fax 04 76 95 24 78 ; www.grand-angle.fr; Zone artisanale, 38112 Méaudres). Nombreux voyages à pied, accompagnés, sur les sites naturels les plus remarquables du Maroc. Formule liberté pour voyager à deux.

Hommes et montagnes (☎ 04 38 86 69 19 ; fax 04 76 19 07 11 ; www.hommes-et-montagnes.fr ; 10 bd Gambetta 38000 Grenoble). Des randonnées sur des parcours classiques (groupes de 7 à 12 participants) et possibilité de circuits sur mesure.

La Burle (☎ 04 75 38 82 44 ; fax 04 75 38 82 38 ; Laburle@wanadoo.fr ; www.laburle.com ; Village, 07510 Usclades). Cette organisation implantée en Ardèche fait partie du réseau "Vagabondages", www.vagabondages.com. et propose 8 jours de randonnée dans la vallée des Roses (à partir de 625 €).

Nomade Paris (☎ 0826 100 326 (0,15 €/min) ; fax 0826 100 366 ; www.nomade-aventure.com ; 40 rue de la Montagne Sainte-Geneviève, 75005 Paris). ; Toulouse (☎ 05 61 55 49 22 ; 06 07 14 02 68, fax 05 62 26 58 44 ; 43 rue Peyrolières, 31000 Toulouse). De nombreux programmes, dont des randonnées chamelières "tranquilles". Prix étudiés

Nomade Expérience (☎ 026 913 98 00 ; fax 026 913 17 00 ; www.nomade.ch ; 26 Grande-Rue, CH - 1630 Bulle, Suisse). Programme sur mesure ; marches et méharées dans le désert saharien, avec un accompagnateur.

Sindbad Voyages (☎ 01 43 38 19 94 ; fax 01 43 38 93 56 ; www. sindbad-voyages.com ; 50 rue Servan, 75011 Paris). Randonnée dans le djebel Sarhro accompagnée par un guide berbère, un cuisinier. Portage par mulets. Environ 1 300 € par personne ; groupes de 6 à 12 personnes.

Tamera (☎ 04 78 37 88 88 ; fax 04 78 92 99 70 ; www.tamera.fr; 26 rue du Bœuf, 69005 Lyon). Différents niveaux de difficultés pour trekkeurs plus ou moins entraînés. (Le Toubkal, en 15 jours, 920 €, randonnée chamelière dans l'Iriki, 15 jours, 840 €)

UCPA (☎ 0830 820 830 ; www.ucpa.com ; 28 bd Sébastopol, 75004 Paris). Trek djebels et palmeraies, 8 jours à moins de 600 € ; rando pédestre dans Marakech, 8 jours à partir de 674 €. Les marcheurs aguerris opteront pour le programme Azimut 180°, vers la vallée du Drâa.

Yallah (☎ 024 431338 ; www.yallahmorocco.com). Ce tour-opérateur marocain sérieux propose des safaris dans le désert, des visites de villes et des treks en groupe ou sur mesure.

Zig Zag Randonnées (☎ 01 42 85 13 93 ; fax 01 45 26 32 85 ; www.zig-zag.tm.fr ; 54 rue de Dunkerque, 75009 Paris). Spécialiste du Sahara. De nombreux programmes à durée modulable et combinables entre eux. Huit jours en randonnée chamelière à partir de 490 €. Méharées. Départs de Paris et province, Bruxelles et Genève.

SÉJOURS

Les possibilités de séjour sont innombrables, et les tour-opérateurs ont plus d'une proposition dans leur catalogue pour séduire les voyageurs désireux avant tout de se détendre. Prix et "promos" concernant les séjours en hôtels, avec ou sans cure de thalassothérapie, clubs ou résidences proposés par les grands tour-opérateurs sont souvent largement concurrentiels avec le prix des vols secs : une escapade de quelques jours à Marrakech ou au bord de la mer, devient alors une tentation facile. Les tours généralistes que nous indiquons proposent des formules de qualité. Vous pouvez aussi rechercher à louer directement une chambre d'hôte typique, dans un riad par exemple.

Comptoir des voyages (☎ 0892 239 339 Comptoir du Maroc ☎ 0892 237 737, 0,34 €/min ; fax 01 53 10 21 61 ; www.comptoirs.fr/voyages 344 rue Saint-Jacques, 75005 Paris). Circuits et séjours à thème, hébergement de charme pour des escapades de 4 ou 8 jours à partir de 660 €. Comptez environ le double pour un itinéraire individuel, en 4x4.

Voyageurs du Monde (☎ 01 42 86 16 00, fax 01 42 86 17 88 ; www.vdm.com ; 55 rue Sainte-Anne, 75002 Paris, (☎ 01 42 86 16 00, fax 01 42 86 17 88 (☎ 01 42 86 16 00, fax 01 42 86 17 88) . Séjours de 4 jours à Marrakech, Fès ou Tanger à partir de 500 €.

Location villa ou riad (www.portail-des-vacances.com, www.riads.fr). Ces sites vous permettent de louer une chambre dans un riad, une villa ou de procéder à un échange d'appartements. Vous pouvez aussi accéder aux offres de séjours thalasso, spa et balnéo. Voir également la rubrique *Hébergement* dans le *Carnet pratique*, p.452, et *La folie des riads*, dans les pages consacrées à *Marrakech*, p. 299.

COMMENT CIRCULER

Se déplacer au Maroc ne pose pas de problème particulier. Le réseau de transport est bon entre les villes et permet même souvent de se rendre hors des sentiers battus. Des vols intérieurs décollent de Casablanca, un excellent système ferroviaire relie les principales agglomérations et de grandes compagnies de bus comme CTM offrent un service efficace et confortable. Les transports locaux, plus modestes et économiques,

TRANSPORTS

fonctionnent également de manière correcte. Les routes sont le plus souvent goudronnées, sauf dans les zones reculées de la montagne ou du désert, qui sont simplement desservies par des pistes. Louer une voiture coûte assez cher, mais permet davantage de liberté malgré le stress que constitue la conduite dans les grandes villes.

AVION

La **Royal Air Maroc** (RAM ; ☎ 022 912000 ; www.royalairmaroc.com) règne sur le ciel marocain, timidement concurrencée par **Regional Air Lines** (à Casablanca ☎ 022 536940 ;www.regionalmaroc;com), une compagnie locale plus chère, centrée sur une clientèle d'affaires. Résultat : des prix peu compétitifs et un choix réduit. Les deux compagnies ont pour plate-forme l'aéroport Mohammed V de Casablanca. L'absence d'un vol direct Fès–Marrakech se fait cruellement ressentir.

La RAM dessert les aéroports suivants : Agadir, Al-Hoceima, Casablanca, Dakhla (Ad-Dakhla), Essaouira, Fès, Laâyoune, Marrakech, Nador, Ouarzazate, Oujda, Rabat et Tanger. La plupart des liaisons intérieures comportent une correspondance à Casablanca, notamment pour les villes les plus fréquentées, soit Marrakech, Tanger et Agadir (avec plusieurs vols par jour). Les horaires sont disponibles dans les bureaux de la RAM ou sur son site Internet.

La réservation des vols intérieurs se fait dans n'importe quelle agence de voyages ou dans les locaux de la RAM. Veillez à confirmer votre départ 72 heures à l'avance. Les étudiants et les jeunes de moins de 26 ans bénéficient d'une réduction de 25% sur tous les vols intérieurs de la RAM s'ils achètent leur place à l'avance dans ses agences. Les enfants de 2 à 12 ans voyagent à demi-tarif.

Voyager en avion ne se justifie que pour les destinations lointaines comme Laâyoune ou Dakhla, au Sahara occidental. Pour 2 225 Dh (202,50 €), vous rejoindrez Laâyoune depuis Casablanca en un peu plus de 1 heure 30 au lieu de 19 heures en bus.

BUS

Vous prendrez souvent les bus locaux si vous passez un certain temps au Maroc. Peu chers et extrêmement pratiques, ils sont généralement sûrs bien que le chauffeur ne conduise pas toujours avec prudence. Sur les anciens modèles, les longs trajets risquent d'être pénibles pour les personnes dépassant 1,80 m en raison de l'exiguïté de l'espace réservé aux jambes.

La majorité des trajets en bus de plus de 3 heures incluent un arrêt pour se dégourdir les jambes et se restaurer.

Dans la journée, surtout en été, choisissez une place à l'ombre. Si vous descendez vers le sud, asseyez-vous à droite le matin et à gauche l'après-midi. Asseyez-vous du côté droit si vous voyagez d'est en ouest, du côté gauche dans l'autre sens. Beaucoup de véhicules n'ont par ailleurs que de minces rideaux. Des bus de nuit, plus rapides et plus frais, circulent sur de nombreuses lignes interurbaines.

Il n'existe pas à proprement parler de compagnie de bus nationale, ce rôle étant occupé par la Compagnie des transports marocains (CTM), la seule à couvrir tout le pays. Parallèlement, de petites compagnies locales se partagent le marché, dont certaines, comme Supratours et Satas, jouissent d'une bonne réputation à l'échelle nationale.

Certaines gares routières donnent le tournis, avec leurs rabatteurs gesticulant et hurlant les destinations des bus sur le départ. Nombre de villes ou de bourgs disposent d'une gare routière unique. Mais il arrive que la CTM possède sa propre gare dans certaines villes. Certains bus assurant une desserte locale peuvent aussi avoir une gare différente.

Les rabatteurs à la solde des compagnies vous accompagneront volontiers jusqu'au guichet. Ne prenez pas leurs indications pour argent comptant et vérifiez que le bus où l'on vous propose de voyager est bien le plus confortable, le plus direct et le plus approprié.

Les gares routières et ferroviaires des principales villes abritent des consignes parfois ouvertes 24h/24. Cadenassez vos bagages. Les bus transportent les vélos moyennant 10 Dh sur un trajet moyen.

Compagnies

COMPAGNIE DES TRANSPORTS MAROCAINS

Société la plus fiable, la **CTM** (à Casablanca ☎ 022 45 80 80 ; www.ctm.co.ma) offre le meilleur service et dessert l'essentiel des destinations touristiques.

Les enfants paient plein tarif à partir de 4 ans, soit 15 à 30% plus cher que chez les concurrents ou l'équivalent d'une place de train ordinaire en 2e classe. On peut acheter les billets à l'avance. Les liaisons interurbaines se distinguent souvent par des heures de départ tard dans la nuit.

Dans l'ensemble, les bus CTM sont plutôt modernes et confortables. Certains bus de 1re classe disposent de la vidéo (un agrément discutable), de la climatisation et du chauffage (dont l'usage est la plupart du temps abusif).

Un supplément de 5 Dh s'applique à chaque bagage. Après avoir payé votre billet, vous devez conserver le reçu jusqu'à l'arrivée.

En partenariat avec Eurolines, la CTM assure aussi des liaisons entre les grandes villes marocaines et l'Espagne, la France, l'Italie et le nord de l'Europe (voir *Voie terrestre* p. 469).

SUPRATOURS

Les bus **Supratours** (☎ 037 68 62 97 ; www.supratourstravel.com) de l'ONCF relayent son réseau ferroviaire. Ainsi, un bus relie Nador, près de Melilla sur la côte méditerranéenne, à la gare de Taourirt, sur la ligne ferroviaire Oujda-Casablanca.

Un autre bus fait la liaison entre Tétouan et Tnine Sidi Lyamani, où passe la principale ligne en provenance de Tanger. Les passagers peuvent rejoindre le Grand Sud en prenant le train jusqu'à Marrakech, puis la correspondance en bus pour Essaouira, Agadir, Laâyoune et Dakhla. Vous pouvez acheter vos billets de bus en même temps que ceux du train.

Supérieurs à ceux des bus ordinaires, les tarifs de Supratours restent comparables à ceux de la CTM. Les bus Supratours ne partent pas de la gare routière, mais des bureaux de la compagnie, au centre-ville (voir les différentes villes). Des billets combinés train-bus sont possibles (par exemple Nador-Fès) ; les voyageurs munis de billets de train avec correspondance ont la priorité.

AUTRES COMPAGNIES

Toutes privées, les autres sociétés assurent uniquement une desserte régionale. La plus grande, Satas, qui opère au départ de Casablanca et vers le sud vaut bien la CTM. D'autres compagnies proposent des bus 1re classe, modernes et confortables, entre les grandes villes.

Sur les courts trajets, plusieurs compagnies très bon marché assurent un service sommaire dans des bus qui ne sont plus de première jeunesse. Il faudra se passer de climatisation et de sièges confortables. Contrairement aux bus CTM, ils ont une fâcheuse tendance à multiplier les arrêts et ne démarrent qu'après avoir fait le plein de passagers. Vous aurez sûrement la "chance" d'en prendre un ou deux, à moins d'étudier minutieusement les horaires de la CTM.

Ces véhicules sont rarement chauffés, même ceux qui traversent le Haut Atlas en hiver. Des vêtements chauds vous seront utiles, surtout si le bus reste bloqué par la neige sur un col, un incident plutôt courant sur la route Marrakech-Ouarzazate.

Classes

Certaines compagnies proposent une 1re et une 2e classe, souvent avec une petite différence de prix et de confort. Si vous ne prenez pas un bus en début de ligne, vous pouvez acheter votre place à bord, quitte à voyager debout.

Tarifs

Le bus permet de parcourir de longues distances à peu de frais. Les trajets de Casablanca à Agadir, Marrakech, Fès et

CODE DU VOYAGEUR

Dans les transports en commun, il est considéré comme égoïste et incorrect de manger sans rien proposer aux voisins. Prévoyez toujours un extra, par exemple des fruits.

Ensuite, respectez le rituel. Si vous offrez une friandise à des passagers, l'étiquette exige qu'ils la refusent. Renouvelez votre offre avec plus d'insistance. Ils la déclineront de nouveau. La troisième fois, ils seront libres d'accepter.

Si l'on vous offre quelque chose dont vous ne voulez pas, il serait mal vu de refuser. Prenez-en ne serait-ce qu'une miette tout en touchant votre estomac avec contentement pour indiquer que vous n'avez plus faim. Prendre part à ce rituel vous vaudra du respect et une amicale attention.

TRANSPORTS

Tanger coûtent respectivement 150 Dh, 70 Dh, 90 Dh, 120 Dh.

On vous demandera généralement 5 Dh pour charger votre bagage, surtout s'il faut l'installer sur le toit du véhicule.

Réservations

Prenez si possible vos places à l'avance sur les bus CTM, surtout si les liaisons sont peu fréquentes ou si l'endroit que vous quittez n'est pas en début de parcours.

Faites de même pour les bus Supratours, assez rares (un par jour) et très appréciés. Sur des lignes très fréquentées comme Marrakech-Essaouira et Casablanca-Marrakech, il faut parfois réserver deux jours à l'avance en haute saison.

VÉLO

La découverte du Maroc à VTT, donne à ceux qui en ont l'énergie, l'assurance d'une expérience extraordinaire. Aucun code spécifique ne s'applique aux cyclistes, traités avec peu d'égards par les automobilistes. Généralement en bon état, les routes goudronnées sont souvent poussiéreuses et étroites. Attendez-vous à quelques frayeurs au passage d'un conducteur kamikaze !

Mais les occasions de s'échapper ne manquent pas grâce aux milliers de kilomètres de pistes isolées… à condition d'être entraîné. Il vous faudra en effet transporter sur de longues distances tout ce qui vous est nécessaire ainsi que beaucoup d'eau. Prévoyez, entre autres pièces de rechange, rayons, patins de freins et chambres à air.

Dans les régions reculées, on déplore le cas de cyclotouristes assaillis à coups de cailloux par des bandes d'enfants. Soyez vigilant !

Le plus souvent, les compagnies de bus acceptent volontiers de considérer votre vélo comme un bagage, moyennant un supplément de 10 Dh. En train, votre engin devra obligatoirement voyager dans un wagon de marchandises. Le prix dépend de la distance et représente quelque 40% du tarif passager. La plupart des campings font payer environ 5 Dh pour les bicyclettes.

Quelques tour-opérateurs proposent des circuits en VTT (voir p. 458).

Location

Les villes se visitent de préférence à pied, mais on peut louer des vélos dans les grandes agglomérations (de 60 à 100 Dh par jour). Vous pourrez les garer dans des parcs surveillés. Ne vous attendez pas à des VTT dernier cri.

VOITURE ET MOTO

Disposer d'une voiture permet de gagner du temps et de quitter les sentiers battus. Particulièrement utile dans le Sud, elle vous épargnera les désagréments des voyages en bus locaux. Grâce à votre autonomie, vous n'aurez pas à tenir tête aux chauffeurs de taxi ou aux rabatteurs désireux de modifier les plans des voyageurs pour les orienter vers certains hôtels.

Entre les principales agglomérations, les routes sont généralement excellentes et le réseau autoroutier se développe. Le taux d'accidents de la route est élevé. Attention aux piétons et aux cyclistes, car ils vous couperont la route et feront des embardées devant votre véhicule. Surtout dans les villes, la conduite parfois fantaisiste des automobilistes a de quoi terrifier les piétons souhaitant traverser.

Venir avec son véhicule

Il est assez aisé de venir au Maroc avec son véhicule. En plus de la carte grise et du permis international (plusieurs permis étrangers, dont celui des ressortissants européens suffisent), les automobilistes doivent se munir d'une carte verte d'assurance internationale (votre assurance automobile vous couvre peut-être, surtout si vous vivez en Europe continentale, renseignez-vous auprès de votre assureur). Cette carte ne coûte pas très cher (environ 45 € pour un mois), mais elle ne couvre que les accidents du fait d'un tiers, l'incendie et le vol. Vérifiez que votre compagnie couvre ses assurés au Maroc.

Si vous n'avez pas de carte verte, vous devez souscrire une police temporaire dans un port espagnol ou marocain, auprès d'**Assurance Frontière** (siège à Casablanca ☎ 022 470810 ; 28 bd Moulay Youssef) et moyennant 800 Dh pour un mois. Toutefois, mieux vaut vous préoccuper de cette question avant votre départ.

À votre arrivée au Maroc, on vous remettra un permis d'importation temporaire, valable 6 mois. Vous devrez ensuite le présenter en quittant le pays avec votre véhicule. Le formulaire d'importation peut être téléchargé depuis le site des **douanes marocaines** (www.douane.gov.ma en français). Un carnet de passage en douane n'est pas nécessaire lorsqu'on pénètre sur le territoire marocain, algérien

RÉSEAU FERRÉ, ET LIGNE DES BUS SUPRATOURS

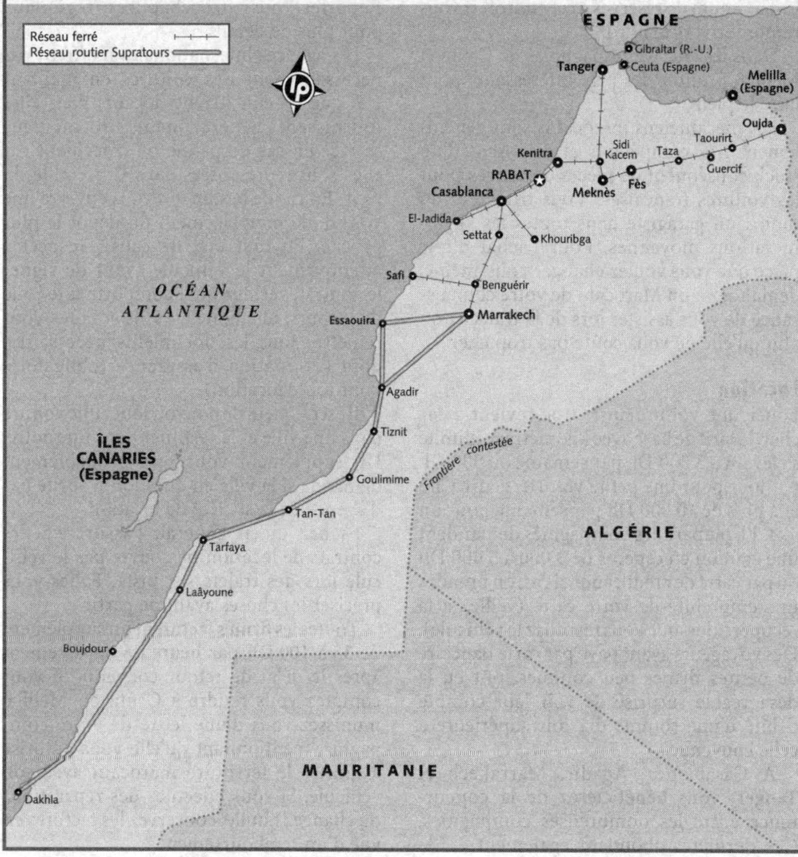

ou tunisien, mais ce document sera exigé dans d'autres pays africains.

Permis de conduire

L'âge requis pour conduire au Maroc est 18 ans. Les loueurs de voitures refusent toutefois les conducteurs qui ont moins de 21 ans. Ne vous séparez jamais de votre permis ni de votre passeport. Le permis international n'est pas obligatoire, mais la police voudra le voir si votre photo ne figure pas sur votre permis national.

Essence et pièces détachées

On vend de l'essence dans toutes les localités importantes. Cependant, si vous quittez les grands axes, faites le plein chaque fois que l'occasion se présente, surtout dans le désert, où les postes d'essence peuvent être à court de carburant (pensez à emporter des jerrycans de réserve). Le super et le sans-plomb valent environ 10,50 Dh le litre et le diesel, 7 Dh. Le super est beaucoup plus courant que le sans-plomb, disponible uniquement dans les grandes stations-service telle Afriquia.

Les prix grimpent à mesure que l'on s'éloigne du nord-ouest du pays. Exception notable, le Sahara occidental, où l'essence est vendue par la chaîne Atlas Sahara : détaxée, elle coûte environ 30% moins cher que dans le reste du Maroc.

Au sud de Tan-Tan, la première pompe à essence se situe à la sortie de Tarfaya,

TRANSPORTS

sur la route de Laâyoune. Vous devrez faire le maximum de réserves à cet endroit si vous remontez vers le nord.

Dans les enclaves espagnoles de Ceuta et Melilla, profitez des prix intéressants pour faire le plein.

Les mécaniciens marocains sont généralement très compétents et disposent d'un stock conséquent de pièces détachées pour les voitures françaises. Vous trouverez au moins un garagiste dans toutes les agglomérations moyennes. Pour l'achat d'une pièce que vous voulez changer vous-même, demandez à un Marocain de votre connaissance de vous assister lors de la transaction afin qu'elle ne vous coûte pas trop cher.

Location

Louer une voiture au Maroc revient assez cher, le tarif de base avec kilométrage illimité s'élevant à 3 500 Dh par semaine ou 500 Dh par jour pour une petite voiture, genre Clio et à plus de 10 000 Dh par semaine pour un 4x4. La plupart des compagnies demandent une caution en espèces de 3 000 à 5 000 Dh ou par carte de crédit, auquel cas, on prendra une empreinte de votre carte (veillez à la récupérer lorsque vous restituez le véhicule). Des voyageurs ayant payé par carte bancaire de petites firmes peu connues, ont eu la désagréable surprise de voir leur compte débité d'une somme dix fois supérieure à celle convenue.

À Casablanca, Agadir, Marrakech et Tanger, vous bénéficierez de la concurrence entre les nombreuses compagnies. Ces dernières abondent également à Fès et Ouarzazate. Pour le prix minimum, vous aurez droit à une Fiat Uno et, dans certains cas, à une Renault Clio ou une Logan. Vous ferez probablement des économies en réservant un véhicule auprès de l'agence de voyages qui vous vendra le billet d'avion. Les grandes compagnies internationales, comme **Hertz** (www.hertz.com), **Budget** (www.budget.com), **Europcar** (www.europcar.com), **National** (www.nationalcar.com) et **Avis** (www.avis.com), assurent le même service par le biais d'un numéro vert ou à prix réduit et de leur site Internet. Les prix, guère négociables, varient d'une enseigne à l'autre. Les réductions peuvent atteindre 30% si vous réservez votre véhicule sur Internet.

Les agences locales ne manquent pas. Vous pourrez négocier les prix aux nombreux comptoirs alignés dans les aéroports. Reportez-vous aux chapitres régionaux pour plus de détails.

Les agences internationales n'offrent pas nécessairement des voitures en meilleur état que les concurrents locaux, mais elles fournissent généralement un meilleur service en cas de panne ou d'accident car elles sont représentées dans l'ensemble du pays. En cas de besoin, on vous enverra une voiture de remplacement du dépôt le plus proche. En tout état de cause, inspectez attentivement le véhicule avant de signer le contrat, vérifiez qu'il comporte une roue de secours, une boîte à outils et faites-vous remettre tous les documents nécessaires, dont l'attestation d'assurance (obligatoire pour toute location).

Il est fréquent de pouvoir louer une voiture dans une ville et la restituer dans une autre. Un supplément vous sera probablement demandé si la ville en question n'abrite pas d'agence de la société de location.

Sachez qu'en général, l'assurance des contrats de location ne couvre pas le véhicule lors des trajets sur piste. Faites-vous préciser les choses avant de partir.

Toutes les firmes facturent un supplément de 35 à 100 Dh par heure de dépassement après le délai de retour convenu. Si vous comptez vous rendre à Ceuta ou Melilla, munissez-vous d'une lettre de votre compagnie, mentionnant qu'elle vous autorise à quitter le territoire marocain avec son véhicule. Si vous effectuez des réparations ou changez l'huile, conservez les factures en vue d'un remboursement.

Certaines sociétés louent des cyclomoteurs (300 Dh par jour pour une Yamaha DT 125) et des scooters (200 Dh par jour). À Agadir, les agences de location côtoient les grands hôtels.

Assurance

La loi marocaine exige la souscription d'une assurance pour toute location de véhicule. Vous devez prendre une assurance tiers collision (de 80 à 110 Dh par jour), souvent assortie d'une franchise de 3 000 à 5 000 Dh (selon les compagnies). Il faudra payer les dégâts à hauteur de ce montant si vous êtes responsable de l'accident. Pour éviter cette franchise, la police d'assurance vous coûtera une cinquante de dirhams supplémentaires par jour. Il est recommandé de souscrire une assurance personnelle (environ 30 Dh par jour). Lors des négociations, assurez-vous que le contrat de location inclut cette dernière, l'assurance collision et la taxe de 20%.

Parking

De nombreuses villes comportent des zones de stationnement surveillées par des gardiens en uniforme bleu. Le tarif minimum s'élève à 3 Dh pour quelques heures et à 10 Dh la nuit. La présence de gardiens ne garantit pas la sécurité de votre voiture, mais vous assure une relative tranquillité. On vous proposera certainement de la laver.

Les parcmètres (le long des trottoirs marqués de lignes bleues) se multiplient dans le centre des grandes villes, ils ne fonctionnent pas le dimanche. Comptez 2 Dh/heure pour un stationnement maximum de 2 heures 30.

Il est interdit de se garer le long des lignes rouges et blanches, et de stationner le long des lignes vertes et blanches. Les amendes pour stationnement non autorisé peuvent atteindre 1 500 Dh.

Postes de police routiers

Des postes de police et de douane se tiennent sur les grands axes routiers, à l'entrée des agglomérations importantes. Arrêtez-vous en arborant votre plus beau sourire et, avec un peu de chance, on vous fera signe de repartir. Dans les zones sensibles, comme le Sahara occidental, les environs de la Ketama (région du Rif productrice de haschisch) et la route de Figuig, à la frontière algérienne, on vous demandera peut-être de présenter votre passeport, de spécifier votre profession, le motif de votre visite, votre point de départ et votre destination.

Les contrôles sont généralement plus longs sur les bus que sur les grands taxis.

Dangers de la route

Attention, la conduite au Maroc reste un exercice dangereux. Les accidents de véhicules impliquant des touristes sont nombreux, en particulier sur les routes de montagne autour de Marrakech.

La conduite de nuit est particulièrement risquée : à moins de 20 km/h, les véhicules peuvent circuler sans éclairage. En outre,

TRANSPORTS

DISTANCES KILOMÉTRIQUES

	Agadir	Al-Hoceima	Casablanca	Dakhla	Er-Rachidia	Essaouira	Fès	Figuig	Marrakech	Meknès	Nador	Ouarzazate	Oujda	Rabat	Safi	Smara	Tan Tan	Tanger	Tarfaya	Tétouan
Agadir	---																			
Al-Hoceima	1091	---																		
Casablanca	511	536	---																	
Dakhla	1173	2264	1684	---																
Er-Rachidia	681	616	545	1854	---															
Essaouira	173	887	351	1346	745	---														
Fès	756	275	289	1920	364	640	---													
Figuig	1076	669	920	2249	395	1081	719	---												
Marrakech	273	758	238	1448	510	176	483	905	---											
Meknès	740	335	229	1913	346	580	60	741	467	---										
Nador	1095	175	628	2260	510	979	339	516	822	399	---									
Ouarzazate	375	992	442	1548	306	380	687	701	204	652	816	---								
Oujda	1099	293	632	2272	514	983	343	326	826	403	104	820	---							
Rabat	602	445	91	1775	482	442	198	877	321	138	535	528	541	---						
Safi	294	792	256	1467	683	129	545	1078	157	486	884	361	888	347	---					
Smara	551	1642	1062	746	1232	724	1307	1627	824	1291	1646	926	1650	1153	845	---				
Tan Tan	331	1422	842	842	1012	504	1087	1407	504	1071	1426	705	1430	933	625	220	---			
Tanger	880	323	369	2053	608	720	303	988	598	287	1086	811	609	278	625	1431	1211	---		
Tarfaya	544	1635	1055	633	1225	517	1300	1620	817	1284	1639	919	1643	1146	838	331	213	1424	---	
Tétouan	892	278	385	2065	604	736	281	931	675	258	437	820	555	294	641	1443	1223	57	1436	---

en début de soirée, les routes fourmillent de piétons (y compris de groupes d'écoliers), de vélos, de charrettes, d'ânes. Restez constamment sur vos gardes, quelque chose ou quelqu'un pouvant toujours obstruer le passage à l'improviste.

Nombre de petites routes secondaires sont si étroites qu'on ne peut les emprunter avec un véhicule normal sans empiéter sur le bas-côté. Quand une voiture vous croise, méfiez-vous des projections de cailloux sur votre pare-brise. Dans la *hamada* (désert de pierres), les routes asphaltées cèdent souvent brutalement la place à des pistes de sable et de graviers criblées de nids-de-poule. Attention aussi à la vitesse, responsable de nombreux accidents.

Quand le *chergui* (vent sec du désert, venant de l'est) chargé de poussière se lève et souffle avec violence, il peut endommager gravement votre voiture : arrêtez-vous et attendez l'accalmie.

En hiver, il arrive souvent que les cols du Haut Atlas soient fermés à cause de la neige et du verglas. Avant de vous lancer, observez les panneaux signalant l'état de la route à la sortie de Marrakech ou appelez le **service des Travaux publics** (à Rabat ☎ 037 711717).

Certaines pistes sont praticables en voiture classique. Sur de nombreuses voies, une 4L suffit (grâce à ses hautes suspensions), mais sur d'autres, un 4x4 s'impose. Quel que soit votre véhicule, vous ne progresserez que lentement. Plusieurs tronçons situés en montagne seront inaccessibles par mauvais temps ; ils figurent généralement sur la carte Michelin n°742 (anciennement, n°959).

En toute saison et avant chaque départ, interrogez les gens du pays sur l'état de la route, vérifiez vos pneus, votre roue de secours et emportez des réserves d'eau et d'essence.

Code de la route

Comme en Europe continentale, les Marocains conduisent à droite. La circulation de jour ne pose généralement pas de problème et n'occasionne pas trop de stress, si ce n'est que l'on vous coupe constamment la route dans les grandes villes.

En cas d'accident, notamment s'il y a des blessés, les conducteurs doivent rester sur place et les véhicules ne peuvent être déplacés avant l'arrivée de la police, ce qui peut prendre des heures.

En ville, si vous êtes engagé dans un rond-point, laissez la priorité aux véhicules venant de la droite. Les voitures ne semblent guère prêter attention aux passages piétons. La vitesse peut être limitée à 40 km/h dans les agglomérations.

En dehors de celles-ci, on ne doit pas dépasser 100 km/h, ou 120 km/h sur les autoroutes. Il y a deux tronçons principaux, de Tanger à Casablanca le long de la côte atlantique et de Rabat à Fès *via* Meknès. Il est prévu d'étendre le réseau autoroutier jusqu'à Marrakech, Agadir et Oujda. Toutes les autoroutes sont payantes, comptez 60 Dh de Rabat à Tanger, et 20 Dh de Rabat à Casablanca. On prend un ticket à l'entrée et on paye à la sortie.

Sur la route, des panneaux jaunes rappellent au conducteur de respecter la loi et d'attacher leur ceinture, mais la plupart préfèrent remettre leur sort entre les mains d'Allah pour parvenir sains et saufs à destination.

TRANSPORTS LOCAUX

Bus

Casablanca, Rabat, Marrakech, Fès, Meknès entre autres grandes villes, disposent d'un réseau public d'autobus, très pratique pour aller de la ville nouvelle à la médina. Les ticket coûtent environ de 2 à 3 Dh.

Grand taxi

Les vieilles Mercedes qui sillonnent les routes et stationnent en grand nombre près des gares routières sont des taxis collectifs (grands taxis ou *taxiat kebira* en arabe). Ils relient les villes aux localités voisines et constituent l'un des pivots du système de transport en commun marocain. Plus rarement, ils couvrent des trajets plus longs sur demande, en démarrant aux aurores. Les grands taxis ne partent qu'après avoir pris à bord 6 passagers (2 à l'avant et 4 à l'arrière). Il est possible de payer deux places pour accélérer le départ et disposer de plus d'espace. Les femmes seules pourront, ainsi, s'asseoir sur le siège avant.

Leurs tarifs fixes (indiqués dans les rubriques correspondantes des villes) excèdent légèrement ceux des bus mais restent très raisonnables.

Lorsque vous vous renseignez sur les prix, précisez que vous souhaitez payer pour une seule place dans un taxi collectif, c'est-à-dire que voulez voyager *ma'a an-nas* ("avec d'autres personnes", en arabe) et non louer tout le taxi. Les rabatteurs et les chauffeurs de taxi incitent parfois les touristes à le faire, dans ce cas, souriez et ne vous laissez pas convaincre, à moins d'être intéressé. Cela se justifie sur certains trajets, surtout si vous voyagez en groupe : vous vous déplacerez à votre rythme, en vous arrêtant à votre gré.

Avant d'embarquer, négociez patiemment un tarif correct (si vous louez un grand taxi, multipliez par six le prix d'une place) et vérifiez que des arrêts sont prévus en cours de route. Vous profiterez ainsi pleinement de la traversée des vallées du Ziz et du Drâa, ainsi que du col Tizi-n'Test et de la chaîne du Rif.

Les chauffeurs de grands taxis jouent souvent les fous du volant. Ils se font un point d'honneur à doubler sans visibilité et ne se plient aux limitations de vitesse qu'à l'approche d'un barrage de police. Évitez les trajets de nuit car de nombreux accidents sont provoqués par des chauffeurs éreintés qui s'endorment au volant. Les ceintures de sécurité restent une rareté, mais le déplorer ouvertement peut être pris pour une mise en doute de la compétence du conducteur.

Petit taxi

Dans les agglomérations d'une certaine importance, on trouve des petits taxis urbains, dont la couleur varie selon la localité. Ces véhicules ne quittent pas le périmètre urbain. Ils sont autorisés à prendre trois passagers et ne disposent pas toujours de compteurs, aussi faut-il déterminer à l'avance le prix de la course. Si le conducteur refuse d'utiliser le compteur ou de fixer un prix, demandez-lui de s'arrêter et descendez. Si la majorité des chauffeurs de petits taxis se montrent parfaitement honnêtes, ceux de Marrakech ont la réputation d'être gourmands avec les touristes.

Ils prennent souvent en route d'autres clients qui vont dans la même direction. Ainsi, vous pouvez monter dans une voiture à moitié pleine si elle va vers votre destination (pour le même tarif). Après 20h (souvent 21h en été), les prix augmentent de 50%.

Pick-up et 4x4

Dans les zones les plus reculées du Maroc, notamment l'Atlas, la population locale circule entre les villages à bord de camionnettes, de vieilles fourgonnettes ou à l'arrière des camions. Inconfortable, mais original, ce moyen de transport permet de se familiariser avec le pays et ses habitants. Toutefois, prévoyez de longues attentes (parfois plusieurs jours) entre chaque passage. Pour rejoindre des bourgs isolés, démarrez tôt le matin un jour de marché (une ou deux fois par semaine). Des taxis 4x4 empruntent les pistes les plus retirées, inaccessibles aux taxis ordinaires.

TRAIN

Le Maroc possède un excellent réseau ferroviaire, qui compte parmi les plus modernes d'Afrique. Dirigé par l'**Office national des chemins de fer** (ONCF ; www.oncf.org.ma), il relie les grandes villes marocaines et comprend deux lignes Tanger-Marrakech, orientée du nord au sud, et Oujda-Marrakech, du nord-est au sud, qui convergent vers Sidi Kacem. Le projet d'étendre la ligne de chemin fer vers le sud jusqu'à Agadir et le Sahara occidental semble toujours d'actualité. Des bus Supratours relient au réseau ferré de nombreuses villes au sud et à l'est de Marrakech (dont Essaouira et Laâyoune) et le long de la côte méditerranéenne (dont Tétouan et Nador).

Rapides et confortables, les trains respectent les horaires. Les tarifs sont par ailleurs raisonnables. En conséquence, quand le choix est possible préférez le train au bus. Des boissons et des en-cas sont disponibles à bord, mais il est interdit de fumer. Si les gares sont bien indiquées par des panneaux, soyez quand même attentif car les annonces (en français et en arabe) s'avèrent fréquemment inaudibles.

Les gares se trouvent habituellement dans la ville nouvelle. Il est en général posssible de déposer les bagages cadenassés à la consigne.

Vous trouverez les horaires en français ainsi qu'une brochure *Horaires des trains*, concernant l'ensemble du réseau national, dans la plupart des gares. Le guichetier peut également imprimer les horaires d'une destination particulière.

Le site Internet de l'ONCF, en français et en arabe, fournit des horaires et des tarifs qu'on peut télécharger. Il ne fonctionne hélas pas très bien.

Classes

Il existe deux types de trains : ordinaire (Train Navette Rapide, TNR) et rapide

(Train Rapide Climatisé, TCR). Les TCR couvrent les lignes interurbaines tandis que les TNR assurent un service limité à quelques trajets de nuit et liaisons locales.

La principale différence entre le train ordinaire et le rapide ne tient pas à la vitesse (à peine supérieure), mais au confort et à la climatisation. Les prix cités dans ce guide concernent les trains rapides TCR (les TNR coûtent environ 30% de moins).

Les tarifs 1re et 2e classes varient avec les trains, mais la différence de confort n'est pas énorme. Les compartiments de 1re sont conçus pour 6 passagers, ceux de 2e classe accueillent 8 voyageurs.

Une navette assure des liaisons régulières entre Kenitra, Rabat, Casablanca et l'aéroport international Mohammed V. Elle complète le service des trains rapides sur cette ligne. Douze liaisons quotidiennes relient Casablanca à l'aéroport, de 5h15 à 20h45 environ, ce qui coïncide avec la plupart des vols. Pour en savoir plus, voir *Comment circuler*, sous *Casablanca* (p. 101) et *Rabat* (p. 115).

Tarifs

On peut voyager en couchette sur les trains ordinaires de nuit Marrakech-Tanger et Oujda-Casablanca. Les compartiments à six couchettes méritent bien le supplément de 90 Dh. Il existe aussi un rapide de nuit, plus cher, au départ d'Oujda.

Exemples de tarifs en 2e classe : Casablanca-Marrakech (75,50 Dh, 3 heures), Rabat-Fès (72 Dh, 3 heures 30) et Tanger-Marrakech (188,50 Dh, 9 heures 30).

Les enfants de moins de 4 ans voyagent gratuitement, ceux de moins de 12 ans bénéficient d'une réduction de 10% à 50% selon le service.

Réservations

Il vaut mieux acheter vos places à la gare plutôt que dans le train où l'on vous facturera un supplément. Les billets peuvent être achetés jusqu'à un mois avant le départ. Il est plus prudent de réserver les couchettes pour les trajets de nuit (Tanger–Marrakech en particulier) ou durant les fêtes de l'Aïd.

Les billets étant valables 5 jours, vous pouvez vous arrêter en route, en demandant un "bulletin d'arrêt" à la gare étape. Conservez votre billet pour les contrôles à bord et pour le donner à l'arrivée.

Abonnements

Il existe deux types de cartes de réduction. La carte Fidélité (149 Dh) s'adresse aux plus de 26 ans et donne droit à une ristourne de 50% sur 8 allers-retours ou 16 allers simples (validité d'un an). La carte Jeune (99 Dh) offre des avantages identiques aux moins de 26 ans. Pour l'obtenir, munissez-vous d'une photo d'identité et d'une photocopie de votre passeport.

Santé

SOMMAIRE

Mieux vaut prévenir que guérir, et quelques précautions s'imposent avant de partir en voyage. Vous éviterez par exemple certains déboires en rendant visite à votre dentiste si vous soupçonnez un problème de carie. Pensez également à mettre dans vos bagages des lentilles ou des lunettes de rechange ainsi que vos prescriptions médicales. Si l'on recense certaines maladies infectieuses au Maroc, elles sont généralement liées aux conditions de vie difficiles des populations les plus démunies, et menacent peu les voyageurs. Pour ces derniers, les risques les plus sévères concernent les accidents de la circulation : les voitures ne sont pas toujours bien entretenues et les routes sont mal éclairées et pleines de nids-de-poule. Les infrastructures médicales peuvent être excellentes dans les grandes villes, mais les zones reculées sont peu équipées.

AVANT LE DÉPART

ASSURANCES ET SERVICES MÉDICAUX

Il est vivement conseillé de souscrire une police d'assurance qui vous couvrira en cas d'annulation de votre voyage, de vol, de perte de vos affaires, de maladie ou encore d'accident. Les assurances internationales pour étudiants sont en général d'un bon rapport qualité/prix. Lisez avec la plus grande attention les clauses en petits caractères : c'est là que se cachent les restrictions.

Vérifiez notamment que les "sports à risques", comme la plongée, la moto ou même la randonnée ne sont pas exclus de votre contrat, ou encore que le rapatriement médical d'urgence, en ambulance ou en avion, est couvert. De même, le fait d'acquérir un véhicule dans un autre pays ne signifie pas nécessairement que vous serez protégé par votre propre assurance.

Vous pouvez contracter une assurance qui réglera directement les hôpitaux et les médecins, vous évitant ainsi d'avancer des sommes qui ne vous seront remboursées qu'à votre retour. Dans ce cas, conservez avec vous tous les documents nécessaires.

Attention ! Avant de souscrire une police d'assurance, vérifiez bien que vous ne bénéficiez pas déjà d'une assistance par votre carte de crédit, votre mutuelle ou votre assurance automobile. C'est bien souvent le cas.

QUELQUES CONSEILS

Assurez-vous que vous êtes en bonne santé avant de partir. Si vous partez pour un long séjour, faites contrôler l'état de vos dents. Nombreux sont les endroits où l'on ne souhaiterait pas une visite chez le dentiste à son pire ennemi.

Si vous suivez un traitement de façon régulière, n'oubliez pas votre ordonnance (avec le nom du principe actif plutôt que la marque du médicament, afin de pouvoir trouver un équivalent local, le cas échéant). De plus, l'ordonnance vous permettra de prouver que vos médicaments vous sont légalement prescrits, des médicaments en vente libre dans certains pays ne l'étant pas dans d'autres.

Attention aux dates limites d'utilisation et aux conditions de stockage, parfois mauvaises et aux faux médicaments, fréquents en Afrique. Il arrive également que l'on trouve, dans des pays en développement, des produits interdits en Occident.

VACCINS

Plus vous vous éloignez des circuits classiques, plus les précautions s'imposent. Il est important de faire la différence entre les vaccins recommandés lorsque l'on voyage dans certains pays et ceux obligatoires. Au cours des dix dernières années, le nombre de vaccins inscrits au registre du Règlement sanitaire international a beaucoup diminué. Seul le vaccin contre la fièvre jaune peut encore être exigé pour passer une frontière, parfois seulement pour les voyageurs qui viennent de régions contaminées. Faites inscrire vos vaccinations dans un carnet international de vaccination que vous pourrez vous procurer auprès de votre médecin ou d'un centre.

Planifiez vos vaccinations à l'avance (au moins six semaines avant le départ), car certaines demandent des rappels ou sont incompatibles entre elles. Même si vous avez été vacciné contre plusieurs maladies dans votre enfance, votre médecin vous recommandera peut-être des rappels contre le tétanos ou la poliomyélite, maladies qui existent toujours dans de nombreux pays en développement. Les vaccins ont des durées d'efficacité très variables ; certains sont contre-indiqués pour les femmes enceintes.

Voici les coordonnées de quelques centres de vaccination à Paris :

Hôtel-Dieu Vaccins obligatoires en France : centre gratuit de l'Assistance publique (☎ 01 42 34 84 84), 1 parvis Notre-Dame, 75004 Paris. Vaccins pour les voyageurs : centre payant (☎ 01 45 82 90 26), 15-17 rue Charles Bertheau, 75013 Paris.

Assistance publique voyages, service payant de l'hôpital de la Pitié-Salpêtrière (☎ 01 45 85 90 21), 47 bd de l'Hôpital, 75013 Paris.

Institut Pasteur (☎ 01 45 68 81 98), 209 rue de Vaugirard, 75015 Paris.

Air France, centre de vaccination (☎ 01 43 17 22 00), aérogare des Invalides, 2 rue Robert Esnault-Pelterie, 75007 Paris.

Il existe de nombreux centres en province, en général liés à un hôpital ou un service de santé municipal. Vous pouvez obtenir la liste de ces centres de vaccination en France en vous connectant sur le site Internet www.diplomatie.gouv.fr/voyageurs, émanant du ministère des Affaires étrangères.

SANTÉ SUR INTERNET

Il existe de très bons sites Internet consacrés à la santé en voyage. Avant de partir, vous pouvez consulter les conseils en ligne du ministère des Affaires étrangères (http://www.france.diplomatie.fr/voyageurs/etrangers/avis/conseils/default2.asp) ou le site très complet du ministère de la Santé (www.sante.gouv.fr). Sur les maladies rares, vous pouvez vous informer sur le site www.orpha.net, constitué d'une encyclopédie en ligne rédigée par des experts européens. Vous trouverez, d'autre part, plusieurs liens sur le site de Lonely Planet (www.lonelyplanet.fr), à la rubrique *Ressources*.

AU MAROC

DISPONIBILITÉ ET COÛT DES SOINS MÉDICAUX

Il n'est pas toujours évident d'obtenir les premiers soins en dehors des grandes villes marocaines. En revanche, les pharmacies sont généralement bien fournies et les pharmaciens de bon conseil. De nombreux médicaments, uniquement disponibles sur ordonnance en Occident, sont également en vente libre dans les pharmacies marocaines.

Si vous faites appel à un médecin à domicile, ou vous rendez dans une clinique, attendez-vous à devoir acheter vous-même le matériel médical nécessaire, comme les tenues stériles et les produits d'injection par intraveineuse par exemple. En cas de problème médical, n'hésitez pas à solliciter votre hôtel qui sera certainement en mesure de vous aider à trouver un médecin. En cas d'urgence, mieux vaut contacter directement votre ambassade ou le consulat.

Les soins dentaires sont plutôt aléatoires. N'oubliez pas que votre assurance voyage ne vous couvrira généralement que pour les urgences dentaires. Il va sans dire que les dentistes de rue autour de la place Djemaa el-Fna à Marrakech ne sont pas recommandés !

AFFECTIONS LIÉES À L'ENVIRONNEMENT

Coup de chaleur

De longues périodes d'exposition à des températures élevées peuvent vous rendre vulnérable au coup de chaleur. Symptômes :

SANTÉ

malaise général, transpiration faible ou inexistante et forte fièvre (39 à 41°C). Là où la transpiration a cessé, la peau devient rouge. La personne qui souffre d'un coup de chaleur est atteinte d'une céphalée lancinante et éprouve des difficultés à coordonner ses mouvements ; elle peut aussi donner des signes de confusion mentale ou d'agressivité. Enfin, elle délire et est en proie à des convulsions. Il faut absolument hospitaliser le malade. En attendant les secours, installez-le à l'ombre, ôtez-lui ses vêtements, couvrez-le d'un drap ou d'une serviette mouillés et éventez-le continuellement.

Dans le désert ou en altitude, les coups de soleil sont fréquents, même par temps couvert. Utilisez un écran solaire et pensez à couvrir les endroits qui sont habituellement protégés, les pieds par exemple. Si les chapeaux fournissent une bonne protection, n'hésitez pas à appliquer également un écran total sur le nez et les lèvres. Les lunettes de soleil sont souvent indispensables.

Eau

Dans les grandes villes, l'eau courante, traitée au chlore, est potable. Au restaurant, préférez les eaux minérales et les boissons gazeuses, tout en vous assurant que les bouteilles sont décapsulées devant vous. Évitez les jus de fruits, souvent allongés à l'eau.

Vous pourrez vous procurer des bouteilles d'eau à peu près partout, bien que leur consommation ait un impact écologique plutôt important à en croire les montagnes de bouteilles en plastique usagées (et non recyclées). Ailleurs, ne consommez que de l'eau traitée, soit en la filtrant ou en utilisant des comprimés pour la purifier. Un simple filtrage peut être très efficace mais n'éliminera pas tous les micro-organismes dangereux. Aussi, si vous ne pouvez faire bouillir l'eau, traitez-la chimiquement. Le Micropur (vendu en pharmacie) tuera la plupart des germes pathogènes. Pour stériliser l'eau, la meilleure solution est de la faire bouillir durant quinze minutes. N'oubliez pas qu'à haute altitude elle bout à une température plus basse et que les germes ont plus de chance de survivre.

Si vous vous aventurez hors des sentiers battus, l'eau des puits et des pompes est plutôt saine, mais ne buvez en aucun cas l'eau des cours d'eau ou des lacs, car elle peut contenir des bactéries et des virus responsables de troubles digestifs importants.

Attention au lait, rarement pasteurisé. Pas de problème pour le lait bouilli et les yaourts. Thé et café, en principe, sont sûrs, puisque l'eau doit bouillir.

Coupures et égratignures

Les blessures s'infectent très facilement dans les climats chauds et cicatrisent difficilement. Coupures et égratignures doivent être traitées avec un antiseptique et du désinfectant cutané. Évitez si possible bandages et pansements, qui empêchent la plaie de sécher.

Les coupures de corail sont particulièrement longues à cicatriser, car le corail injecte un venin léger dans la plaie. Portez des chaussures pour marcher sur des récifs, et nettoyez chaque blessure à fond.

Mal des montagnes

Lors d'une randonnée, prévoyez le temps nécessaire à votre acclimatation et assurez-vous que votre guide sait reconnaître le mal aigu des montagnes, et y remédier. Il est fréquent, lors de l'ascension très prisée du djebel Toubkal, un sommet de 4 167 m, que les randonneurs soient atteints de symptômes, même légers. Les randonneurs du massif du M'Goun, s'élevant à 4 000 m d'altitude, sont également exposés. En revanche, les treks dans les montagnes du Rif ou le djebel Sarhro, se déroulant à une altitude beaucoup moins élevée, sont donc moins risqués. Voir le chapitre *Randonnées* (p. 399) pour plus d'informations.

En cas de symptômes légers, restez à la même altitude jusqu'à leur disparition ou redescendez. Parfois, 500 m suffisent pour rétablir votre équilibre.

Piqûres

Les piqûres de guêpe ou d'abeille sont généralement plus douloureuses que dangereuses. Une lotion apaisante ou des glaçons soulageront la douleur et empêcheront la piqûre de trop gonfler. Certaines araignées sont dangereuses mais il existe en général des antivenins. Les piqûres de scorpion sont très douloureuses et parfois mortelles. Inspectez vos vêtements et vos chaussures avant de les enfiler.

Serpents
Il est assez peu probable que vous vous fassiez mordre par un serpent. Toutefois, les régions désertiques du sud abritent quelques espèces particulièrement dangereuses, telles que la vipère cornue. Les serpents aiment se prélasser sur les rochers et sur le sable, et se cachent généralement pendant les heures les plus chaudes de la journée. Portez toujours bottes, chaussettes et pantalons longs pour marcher dans la végétation à risque. Ne hasardez pas la main dans les trous et les anfractuosités, et faites attention lorsque vous ramassez du bois pour faire du feu. Les morsures de serpent ne provoquent pas instantanément la mort, et il existe généralement des antivenins. Il faut calmer la victime, lui interdire de bouger, bander étroitement le membre comme pour une foulure et l'immobiliser avec une attelle. Trouvez ensuite un médecin, et tâchez de lui apporter le serpent mort. N'essayez en aucun cas d'attraper le serpent s'il y a le moindre risque qu'il morde à nouveau. On sait désormais qu'il ne faut absolument pas sucer le venin ou poser un garrot.

MALADIES INFECTIEUSES ET PARASITAIRES

Diarrhées
Le changement de nourriture, la chaleur et la fatigue rencontrés pendant un voyage sont souvent responsables de troubles digestifs.

Il est possible de boire l'eau courante dans les grandes villes mais partout ailleurs, ne buvez que de l'eau traitée (voir p. 487). Évitez également les buffets, où la nourriture est susceptible de manquer de fraîcheur. Mieux vaut consommer la cuisine de rue cuite sous vos yeux ou ne fréquenter que les restaurants prisés. Soyez vigilant, sans tomber dans la paranoïa. La cuisine fait partie des grands atouts du Maroc et la peur de tomber malade ne doit pas gâcher ce plaisir.

L'hygiène personnelle est également très importante. Vous devrez à de nombreuses reprises manger avec les doigts. Lavez-vous toujours les mains avant de passer à table et en sortant des toilettes. Le gel antibactérien sans rinçage est d'un grand secours lorsque vous n'avez pas la possibilité de vous lavez les mains.

Diphtérie
Elle prend deux formes : celle d'une infection cutanée ou celle d'une infection de la gorge, plus dangereuse. On l'attrape au contact de poussière contaminée sur la peau, ou en inhalant des postillons d'éternuements ou de toux de personnes contaminées. Pour prévenir l'infection cutanée, il faut se laver souvent et bien sécher la peau. Il existe un vaccin contre l'infection de la gorge.

Hépatites
L'hépatite est un terme général qui désigne une inflammation du foie. Elle est le plus souvent due à un virus. Dans les formes les plus discrètes, le patient n'a aucun symptôme. Les formes les plus habituelles se manifestent par une fièvre, une fatigue qui peut être intense, des douleurs abdominales, des nausées, des vomissements, associés à la présence d'urines très foncées et de selles décolorées,presque blanches. La peau et le blanc des yeux prennent une teinte jaune (ictère). L'hépatite peut parfois se résumer à un simple épisode de fatigue sur quelques jours ou semaines.

Hépatite A. C'est la plus répandue et la contamination est alimentaire. Il n'y a pas de traitement médical ; il faut simplement se reposer, boire beaucoup, manger légèrement en évitant les graisses et s'abstenir de toute boisson alcoolisée pendant au moins six mois. L'hépatite A se transmet par l'eau, les coquillages et, d'une manière générale, tous les produits manipulés à mains nues. En faisant attention à la nourriture et à la boisson, vous préviendrez le virus. Malgré tout, s'il existe un fort risque d'exposition, il vaut mieux se faire vacciner.

Hépatite B. Elle est très répandue, puisqu'il existe environ 300 millions de porteurs chroniques dans le monde. Elle se transmet par voie sexuelle ou sanguine (piqûre, transfusion). Évitez de vous faire percer les oreilles, tatouer, raser ou de vous faire soigner par piqûres si vous avez des doutes quant à l'hygiène des lieux. Les symptômes de l'hépatite B sont les mêmes que ceux de l'hépatite A mais, dans un faible pourcentage de cas, elle peut évoluer vers des formes chroniques dont, dans des cas extrêmes, le cancer du foie. La vaccination est très efficace.

Fièvre jaune
Il existe un risque d'attraper la fièvre jaune dans la province rurale de Chefchaouen, mais il est si faible que le vaccin n'est pas recommandé par l'Organisation mondiale de la santé (OMS).

Toutefois, les touristes arrivant au Maroc pendant une épidémie de fièvre jaune se verront demander leur certificat de vaccination au poste de douane.

À noter que si vous arrivez directement de Mauritanie où la fièvre jaune est endémique, votre carnet de vaccination devra être en règle. Pour obtenir une liste de tous les pays où sévit la fièvre jaune, consultez le site internet de l'**OMS** (www.who.int/ith/fr/), ou celui du **ministère français des Affaires étrangères** (www.diplomatie.gouv.fr/fr/conseils-aux-voyageurs 909/index.html).

La fièvre jaune est une maladie infectieuse grave transmise par des moustiques vivant dans des régions boisées. Les premiers symptômes ressemblent à ceux de la grippe : fièvre, frissons, maux de tête, douleurs musculaires, douleurs dorsales, perte d'appétit, nausées ou vomissements. Généralement, ces symptômes régressent au bout de quelques jours. Cependant, environ une personne sur six entre dans une deuxième phase, caractérisée par une fièvre récurrente, des vomissements, de l'apathie, une jaunisse, une défaillance rénale et des hémorragies pouvant entraîner la mort dans la moitié des cas. Il n'existe aucun traitement sinon symptomatique.

Le vaccin contre la fièvre jaune ne peut être effectué que dans des centres spécialisés, autorisés à valider le certificat de vaccination international (livret jaune). La vaccination doit être pratiquée au moins dix jours avant toute exposition potentielle au virus de la fièvre jaune. Elle assure une protection durant une dizaine d'années. Les réactions provoquées par le vaccin restent généralement légères : maux de tête, douleurs musculaires, petite fièvre ou gêne à l'endroit de l'injection. Des réactions graves demeurent extrêmement rares. Aussi est-il vivement conseillé de se faire vacciner. Consultez également plus haut l'encadré sur les vaccinations.

Les mesures de protection contre les piqûres de moustiques jouent un rôle essentiel dans la prévention de la fièvre jaune.

Leishmanioses

Au Maroc, la leishmaniose touche les zones rurales de l'Atlas, les mouches des sables étant particulièrement présentes entre juin et octobre. Cette maladie parasitaire existe sous trois formes : la leishmaniose viscérale (kala-azar), la leishmaniose cutanée et la leishmaniose cutanéo-muqueuse (espundia ; cette dernière forme ne se présente pas au Maroc).

La leishmaniose viscérale sévit sur le pourtour méditerranéen. La durée d'incubation va de 1 à 6 mois. La maladie se caractérise par des accès de fièvre irréguliers, une altération importante de l'état général, une augmentation de volume de la rate et du foie et une anémie. La maladie est mortelle sans traitement ; elle est plus fréquente chez les enfants de moins de 5 ans et les personnes atteintes de déficiences du système immunitaire, tels les malades du sida.

Les leishmanioses cutanées sévissent aussi dans tout le bassin méditerranéen. L'incubation s'étend d'une semaine à un an. La forme sèche de la maladie se caractérise par des rougeurs sur la peau qui s'ulcèrent et se recouvrent d'une croûte. Dans la forme humide, l'ulcère est généralement plus important et la surinfection plus fréquente.

Les leishmanioses sont transmises par des insectes (phlébotomes) qui se sont contaminés en piquant un homme ou un animal malade. La meilleure précaution consiste à éviter de se faire piquer en se couvrant et en appliquant une lotion antimoustiques. Ces insectes sont surtout actifs à l'aube et au crépuscule. Les piqûres ne sont généralement pas douloureuses, mais provoquent des démangeaisons. Si vous pensez souffrir de la leishmaniose, consultez un médecin, des analyses en laboratoire étant nécessaires pour poser un diagnostic et décider d'un traitement.

Leptospirose

Cette maladie infectieuse, due à une bactérie (le leptospire) qui se développe dans les mares et les ruisseaux, se transmet par des animaux comme le rat et la mangouste.

On peut attraper cette maladie en se baignant dans des nappes d'eau douce, contaminées par de l'urine animale. La bactérie pénètre dans le corps humain par le nez, les yeux, la bouche ou les petites coupures cutanées. Les symptômes, similaires à ceux de la grippe, peuvent survenir 2 à 20 jours suivant la date d'exposition : fièvre, frissons, sudation, maux de tête, douleurs musculaires, vomissements et diarrhées sont les plus courants. Du sang dans les urines ou une jaunisse peuvent apparaître dans les cas les plus sévères. Les symptômes durent habituellement quelques jours, voire quelques semaines. La maladie est rarement mortelle.

Évitez donc de nager et de vous baigner dans tout plan d'eau douce, notamment si vous avez des plaies ouvertes ou des coupures.

Rage

Très répandue, cette maladie est transmise par un animal contaminé : chien, singe et chat principalement. Morsures, griffures ou même simples coups de langue d'un mammifère doivent être nettoyés immédiatement et à fond. Frottez avec du savon et de l'eau courante, puis nettoyez avec de l'alcool. S'il y a le moindre risque que l'animal soit contaminé, allez immédiatement voir un médecin. Même si l'animal n'est pas enragé, toutes les morsures doivent être surveillées de près pour éviter les risques d'infection et de tétanos. Un vaccin antirabique est désormais disponible. Il faut y songer si vous pensez explorer des grottes (les morsures de chauves-souris peuvent être dangereuses) ou travailler avec des animaux. Cependant, la vaccination préventive ne dispense pas de la nécessité d'un traitement antirabique immédiatement après un contact avec un animal enragé ou dont le comportement peut paraître suspect.

Tuberculose

Bien que très répandue dans de nombreux pays en développement, cette maladie ne présente pas de grand danger pour le voyageur. Les enfants de moins de 12 ans sont plus exposés que les adultes. Il est donc conseillé de les faire vacciner s'ils voyagent dans des régions où la maladie est endémique. La tuberculose se propage par la toux ou par des produits laitiers non pasteurisés faits avec du lait de vaches tuberculeuses. On peut boire du lait bouilli et manger yaourts ou fromages (l'acidification du lait dans le processus de fabrication élimine les bacilles) sans courir de risques.

Typhoïde

La fièvre typhoïde est une infection du tube digestif. La vaccination n'est pas entièrement efficace et l'infection est particulièrement dangereuse.

Premiers symptômes : les mêmes que ceux d'un mauvais rhume ou d'une grippe, mal de tête et de gorge, fièvre qui augmente régulièrement pour atteindre 40°C ou plus. Le pouls est souvent lent par rapport à la température élevée et ralentit à mesure que la fièvre augmente. Ces symptômes peuvent être accompagnés de vomissements, de diarrhée ou de constipation.

La deuxième semaine, quelques petites taches roses peuvent apparaître sur le corps. Autres symptômes : tremblements, délire, faiblesse, perte de poids et déshydratation. S'il n'y a pas d'autres complications, la fièvre et les autres symptômes disparaissent peu à peu la troisième semaine. Cependant, un suivi médical est indispensable, car les complications sont fréquentes, en particulier la pneumonie (infection aiguë des poumons) et la péritonite (éclatement de l'appendice). De plus, la typhoïde est très contagieuse.

Mieux vaut garder le malade dans une pièce fraîche et veiller à ce qu'il ne se déshydrate pas.

VIH/sida

L'infection à VIH (virus de l'immunodéficience humaine), agent causal du sida (syndrome d'immunodéficience acquise) est présente dans pratiquement tous les pays et épidémique dans nombre d'entre eux. Au Maroc, le taux d'infection par le VIH se situe autour de 0,1%, soit environ 30 000 personnes. La population est encore très mal informée sur le sida, bien que des efforts récents aient été réalisés en la matière. La transmission de cette infection se fait : par rapport sexuel (hétérosexuel ou homosexuel – anal, vaginal ou oral), d'où l'impérieuse nécessité d'utiliser des préservatifs à titre préventif ; par le sang, les produits sanguins et les aiguilles contaminées. Il est impossible de détecter la présence du VIH chez un individu apparemment en parfaite santé sans procéder à un examen sanguin.

Il faut éviter tout échange d'aiguilles. S'ils ne sont pas stérilisés, tous les instruments de chirurgie, les aiguilles d'acupuncture et de tatouage, les instruments utilisés pour percer les oreilles ou le nez peuvent transmettre l'infection. Il est fortement conseillé d'acheter seringues et aiguilles avant de partir.

Toute demande de certificat attestant la séronégativité pour le VIH (certificat d'absence de sida) est contraire au Règlement sanitaire international (article 81).

VOYAGER AVEC DES ENFANTS

Les enfants étant particulièrement sujets aux problèmes gastriques pendant les voyages, soyez particulièrement attentif à leur régime alimentaire.

De même, les risques de coups de soleil, d'insolation et déshydratation ne doivent pas être négligés.

Les enfants doivent éviter de toucher les chiens ou tout autre mammifère durant leur séjour en raison des risques de rage et autres maladies, à l'exception des dromadaires lors d'une expédition et des mules circulant dans les médinas (comme à Fès par exemple).

SANTÉ AU FÉMININ

Grossesse

La plupart des fausses couches ont lieu pendant les trois premiers mois de la grossesse. C'est donc la période la plus risquée pour voyager. Pendant les trois derniers mois, il vaut mieux rester à distance raisonnable de bonnes infrastructures médicales, en cas de problème. Les femmes enceintes doivent éviter de prendre inutilement des médicaments. Cependant, certains vaccins et traitements préventifs contre le paludisme sont nécessaires. Mieux vaut consulter un médecin avant de prendre quoi que ce soit.

Pensez à consommer des produits locaux, comme les fruits secs, les agrumes, les lentilles et les viandes accompagnées de légumes.

Le voyage en ferry, entre la France et le Maroc, en raison de la longueur du trajet (36 heures) est fortement déconseillé. L'accès à bord peut même vous être refusé. Renseignez-vous auprès des compagnies (voir *Transports* p. 471).

Problèmes gynécologiques

Une nourriture pauvre, une résistance amoindrie par l'utilisation d'antibiotiques contre des problèmes intestinaux peuvent favoriser les infections vaginales lorsqu'on voyage dans des pays à climat chaud. Respectez une hygiène intime scrupuleuse, et portez jupes ou pantalons amples et sous-vêtements en coton.

Les champignons, caractérisés par une éruption cutanée, des démangeaisons et des pertes, peuvent se soigner facilement. En revanche, les trichomonas sont plus graves ; pertes blanches et sensation de brûlure lors de la miction en sont les symptômes. Le partenaire masculin doit également être soigné.

Il n'est pas rare que le cycle menstruel soit perturbé lors d'un voyage.

Langues

SOMMAIRE

LANGUES DU MAROC

La langue officielle du Maroc est l'arabe, bien que le français, héritage du protectorat demeure largement employé en ville (beaucoup moins chez les Berbères ruraux), notamment dans l'enseignement, les affaires et la presse, en raison des liens étroits qui unissent les deux pays.

On dénombre trois dialectes berbères, surtout parlés dans les montagnes du Rif et de l'Atlas. Les moyens de communication modernes ont permis l'arabisation, et le bilinguisme domine désormais chez les Berbères. Voir p. 498 quelques notions de berbère.

Dans une moindre mesure que le français, l'espagnol s'est maintenu dans le nord du pays, sous administration de l'Espagne jusqu'en 1956. On l'utilise également sur le territoire de l'ex-Sahara espagnol, restitué en 1975, et dans l'ancienne enclave de Sidi Ifni. Dans des villes comme Tétouan, par exemple, vous vous ferez probablement mieux comprendre en espagnol qu'en français.

Les réformes du système éducatif ayant introduit l'apprentissage de l'anglais plus tôt dans le cursus scolaire, cette langue devrait connaître une plus large diffusion. Dans les grandes villes, vous rencontrerez beaucoup d'individus polyglottes maîtrisant, entre autres, l'anglais, l'allemand et l'italien. Il s'agit, la plupart du temps, de rabatteurs avec lesquels vous n'aurez pas forcément envie de discuter.

ARABE MAROCAIN

L'arabe marocain (*darija*) est un dialecte dérivé de l'arabe classique. Mais il en diffère tellement qu'il constitue presque une autre langue, notamment dans le parler de la vie quotidienne. Les langages plus spécialisés ou plus littéraires varient peu d'un pays arabe à l'autre, même si la prononciation change considérablement. Ainsi, un Jordanien ou un Irakien n'aura guère de difficultés à discuter politique ou littérature avec un Marocain instruit, mais il aura sans doute du mal à commander son déjeuner.

Certains mots du dialecte marocain ont une origine française, c'est le cas de *lkar* dérivé du mot "car" ou "autocar".

L'essor de la radio et de la télévision a permis à un nombre croissant de Marocains de se familiariser avec ce que l'on appelle couramment l'arabe moderne unifié ou standard. Issu de la langue classique du Coran et de la poésie, l'arabe moderne unifié est la *lingua franca* écrite et parlée dans tout le monde arabe, assez proche de la langue de tous les jours des pays arabes du Levant. C'est aussi celle des médias et de la majeure partie de la littérature arabe moderne.

Les étudiants étrangers désireux d'apprendre l'arabe hésitent toujours entre commencer par l'arabe moderne, puis passer au dialecte (ils devront donc attendre un certain temps avant de pouvoir dialoguer avec un commerçant), ou se contenter d'apprendre à parler ce dernier.

Connaître ne serait-ce que quelques mots et expressions facilitera et enrichira votre découverte du Maroc. Le simple fait d'essayer de parler la langue témoigne d'un respect de la culture locale. Marque que les Marocains sentent trop rarement de la part des visiteurs.

L'ALPHABET ARABE

Finale	Médiane	Initiale	Seule	Transcription	Prononciation
ـا			ا	**â/aa**	comme le "a" de *pâte*
ـب	ـبـ	بـ	ب	**b**	correspond au "b" français
ـت	ـتـ	تـ	ت	**t**	correspond au "t" français
ـث	ـثـ	ثـ	ث	**th**	analogue au "th" dur anglais de *thing*
ـج	ـجـ	جـ	ج	**zh**	se prononce "j" comme dans *jouet*
ـح	ـحـ	حـ	ح	**H**	"h" fortement expiré, comme un soupir de soulagement
ـخ	ـخـ	خـ	خ	**kh**	correspond à la *jota* espagnole ou au "ch" allemand de Bach
ـد			د	**d**	correspond au "d" français
ـذ			ذ	**dh**	analogue au "th" anglais de *this*
ـر			ر	**r**	un "r" roulé, à l'instar du "r" de *caro* en espagnol
ـز			ز	**z**	correspond au "z" français
ـس	ـسـ	سـ	س	**s**	correspond aux deux "s" français comme dans *asseoir*
ـش	ـشـ	شـ	ش	**sh/ch**	se prononce "ch" comme dans *char*
ـص	ـصـ	صـ	ص		"s" emphatique (voir ci-dessous)
ـض	ـضـ	ضـ	ض		"d" emphatique (voir ci-dessous)
ـط	ـطـ	طـ	ط		"t" emphatique (voir ci-dessous)
ـظ	ـظـ	ظـ	ظ		"z" emphatique (voir ci-dessous)
ـع	ـعـ	عـ	ع	**'**	la lettre arabe 'ayn ; elle se prononce par un coup de glotte semblable à la fermeture du larynx avant de dire "Oh-oh !" (voir *Autres sons*, page suivante)
ـغ	ـغـ	غـ	غ	**gh**	son guttural comme le "r" de parisien
ـف	ـفـ	فـ	ف	**f**	correspond au "f" français
ـق	ـقـ	قـ	ق	**q**	correspond au "k" très guttural, souvent prononcé comme un coup de glotte
ـك	ـكـ	كـ	ك	**k**	correspond au "k" français
ـل	ـلـ	لـ	ل	**l**	correspond au "l" français
ـم	ـمـ	مـ	م	**m**	correspond au "m" français
ـن	ـنـ	نـ	ن	**n**	correspond au "n" français
ـه	ـهـ	هـ	ه	**h**	correspond à un "h" fortement expiré
ـو			و	**w**	correspond au "w" anglais de *why*
				û	comme le "ou" long de *jour*
				aw	comme le "aou" de *raout*
ـي	ـيـ	يـ	ي	**y**	correspond au "y" français
				î	comme le "i" anglais de *bee,* mais moins prononcé
				ay	comme dans *faïence*

Voyelles. Toutes les voyelles arabes ne sont pas représentées dans ce tableau. Voir la rubrique *Prononciation* page suivante.
Consonnes emphatiques (sonores). Pour simplifier le système de transcription de ce guide, nous n'avons pas inclus les consonnes sonores.

Pour une meilleure compréhension de l'arabe parlé dans le Maghreb, vous pouvez vous procurer le *Moroccan Arabic Phrasebook* de Lonely Planet.

PRONONCIATION

La prononciation de l'arabe est très difficile pour qui n'est pas familiarisé avec les intonations et les combinaisons phoniques.

Le petit guide qui suit devrait vous être utile, mais il reste approximatif tant les règles de prononciation et d'usage des voyelles sont nombreuses.

Voyelles

a comme le "a" de *chat*
e comme le "e" de *dé*
i comme le "i" de *rite*
o comme le "o" de *pot*
u comme le "ou" de *chou*

L'accent placé au-dessus d'une voyelle symbolise un son long :

â comme le "a" de *pâte*
î comme le "i" anglais de *bee*, mais moins appuyé
û comme le "ou" de *jour*

Consonnes

L'encadré *L'alphabet arabe* (page précédente) indique la prononciation de toutes les consonnes arabes. Vous noterez que les doubles consonnes sont toujours prononcées. Ainsi, le mot *hammam* se prononce "ham-mam".

L'arabe marocain écrit comporte une consonne de plus que l'arabe classique, il s'agit de la lettre *qaf* coiffée de trois points, correspondant au "g" de Agadir.

Autres sons

L'arabe utilise deux phonèmes très difficiles à prononcer pour le néophyte : le *'ayn* et le coup de glotte. Sans équivalent en français, le son *'ayn* ressemble au coup de glotte (non représenté dans l'alphabet), mais il s'obtient par une plus forte contraction des muscles du fond de la gorge. Dans nombre de systèmes de transcription, ce son est représenté par un guillemet simple ouvert ('), tandis qu'un guillemet fermé (') signale le coup de glotte.

Pour simplifier les choses, nous n'avons pas fait de distinction entre le 'ayn et le coup de glotte, tous deux représentés ici par un guillemet fermé (').

HÉBERGEMENT

Où est...?	*fin kayn...?*
le camping	*shî mukheyyem*
l'hôtel	*shî ûtayl*
l'auberge de jeunesse	*dâr shshabab*
Je cherche un hôtel bon marché.	*kanqelleb 'ala shî ûtayl rkhays*
Quelle est l'adresse ?	*ashnû hûwa l'unwan ?*
Notez-moi l'adresse s'il vous plaît.	*kteb l'unwan 'afek*

Avez-vous une chambre de libre ?
wash kayn shî bît khawîya ?

Je voudrais une chambre...	*bghît shî bît...*
simple	*dyal waHed*
double	*dyal zhûzh*
avec salle de bains	*belHammam*
Puis-je voir la chambre ?	*wash yemkenlî nshûf lbît ?*

Où sont les toilettes ?	*fin kayn lbît lma?*
Quel est le prix de la chambre par jour ?	*bash Hal kayn gbayt l waHed nhar ?*

Cette chambre est trop chère.	*had lbît bezzaf ghalî*
Cette chambre est jolie.	*had lbît mezyana*
Nous souhaitons nous en aller maintenant.	*bghîna nemshî daba*

climatisation	*klîmatîzasîyun*
lit	*namûsîya*
couverture	*bttânîya*
complet	*'amer*
eau chaude	*lma skhûn*
clé	*sarût*
chambre	*bît*
drap	*îzar*
douche	*dûsh*
toilettes	*bît lma*

SALUTATIONS ET CIVILITÉS

Quand deux Arabes se rencontrent, ils commencent souvent par s'adresser des salutations plus longues et plus cérémonieuses que celles des Européens. L'utilisation d'une ou deux de ces formules (à bon escient ou non) sera toujours perçue favorablement.

Si l'on s'adresse à un homme, la politesse veut que l'on dise *asîdî* (ou *sî* suivi du nom), équivalent approximatif de monsieur. Pour parler à une femme, on utilise *lalla* suivi de son prénom. C'est ainsi qu'on peut s'adresser à vous en vous disant "M. Pierre" ou "Mme Anne". Pour interpeller un homme dans la rue ou le serveur dans un café, on emploie généralement *shrîf*.

"m/f/pl" sont les abréviations de masculin/féminin/pluriel.

Salut.	*la bes*
(réponse)	*bekhir*
Bonjour.	*es salama 'lekum* ("que la paix soit sur vous")
(réponse)	*wa alaykum salam* ("et que la paix soit sur vous")
Au revoir.	*bessalama*
Au revoir.	*m'a ssalama* ("en paix")
Bonjour (le matin).	*sbaH lkhîr*
Bonsoir.	*mselkhîr*
S'il vous plaît.	*'afak/'afik/'afakum* (m/f/pl)
Merci (beaucoup)	*shukran (bezzef)*
Je vous en prie.	*la shukran 'la wezhb*
Oui.	*îyeh/na'am* (*na'am* signifie aussi "comment ? " au sens de "plaît-il ?")
Oui, d'accord.	*wakha*
Non.	*la*
Non, merci.	*la shukran*
Excusez-moi.	*smeH lîya*
Comment allez-vous ?	*labas ou kîf Halek ?*
Bien, merci.	*labas, barak llâhû fîk*
Si Dieu le veut.	*ensha'llâh*
Continuez/allez !	*zid !*
Comment vous appelez-vous ?	*asmîtek ?*
Je m'appelle...	*smîtî...*
Quel âge avez-vous ?	*shHal f'merek ?*
J'ai (20 ans).	*'a andî ('ashrîn) 'am*
D'où venez-vous ?	*mnîn nta/nti/ntûma?* (m/f/pl)
Je suis/nous sommes de...	*ana/Hna men...*

DIRECTIONS

Où est...?	*fîn kayn...?*
la plage	*laplazh*
la mosquée	*al-zhami'*
le musée	*al-matHaf*
la vieille ville	*lmdîna lqdîma*
le palais	*al-qasr*
le parc	*'arsa*
Comment aller à...?	*kîfesh ghâdînuwsul l...?*
À quelle distance se trouve ?	*bshHal b'ayd ?*
Allez tout droit.	*sîr nîshan.*

SIGNALISATION

Entrée	مدخل
Sortie	خروج
Ouvert	مفتوح
Fermé	مغلق
Interdit	ممنوع
Renseignements	معلومات
Hôpital	مستشفي
Police	شرطة
Toilettes hommes	حمام للرجال
Toilettes femmes	حمام للنساء

Tournez...	*dor...*
à gauche/droite	*'al lîser/'al lîmen*
à l'angle	*felqent*
au feu	*fedo elHmer*
ici/là-bas	*hna/hunak*
près de	*Hedda*
opposé	*'eks*
derrière	*men luy*
nord	*shamel*
sud	*zhanûb*
est	*sherq*
ouest	*gherb*

SANTÉ

Je suis malade.	*ana mrîd*
J'ai mal là.	*kaydernî henna*
Je suis...	*ana...*
diabétique	*fîya merd ssukkar*
asthmatique	*fîya ddîga*
Je suis allergique à/aux...	*'andî lHsasîya m'a...*
la pénicilline	*lbînselîn*
abeilles	*nHel*
produits laitiers	*makla llî fîha lHlîb*
antibiotiques	*'antîbîyotîk*
aspirine	*asperîn*
préservatif	*kapût*
contraceptifs	*dwa dyal lHmel*
diarrhée	*sshal*
mal de tête	*rras*
médicament	*ddawa*
crème solaire	*lomber*
tampon	*fota dyal dem lhîd*

QUESTIONS DE LANGUE

Parlez-vous français ?
wash kat'ref faranciya?

Quelqu'un parle t-il français ?
wash kayn shî Hedd henna lî kay'ref faranciya ?
Comment dit-on... en arabe ?
kîfash katgûlû... bel'arabîya?
Qu'est-ce que cela veut dire ?
ash kat'anî hadhî ?

J'ai compris.	*fhemt*
Je n'ai pas compris.	*mafhemtsh*
Écrivez-le.	*ktebha lîya*

Montrez-le moi sur la carte s'il vous plaît.
werri liya men l kharita 'afak

NOMBRES

Les chiffres arabes sont assez faciles à apprendre et, contrairement à la langue écrite, se lisent de gauche à droite.

Ancien protectorat français, le Maroc utilise le système numérique occidental, contrairement à d'autres pays arabes.

0	*sifr*
1	*wahed*
2	*jooj*
3	*tlata*
4	*reb'a*
5	*khamsa*
6	*setta*
7	*seb'a*
8	*tmenya*
9	*tes'ood*
10	*'ashra*
11	*hdaash*
12	*tnaash*
13	*teltaash*
14	*rba'taash*
15	*khamstaash*
16	*settaash*
17	*sbe'taash*
18	*tmentaash*
19	*tse'taash*
20	*'ashreen*
21	*wahed oo'ashreen*
22	*tnayn oo'ashreen*
30	*tlateen*
40	*reb'een*
50	*khamseen*
60	*setteen*
70	*seb'een*
80	*tmaneen*
90	*tes'een*
100	*mya*
200	*myatayn*
300	*teltmya*
400	*rba'mya*
1000	*alf*
2000	*alfayn*
3000	*telt alaf*

(le) premier	*lûwel*
second	*tânî*
troisième	*tâlit*
quatrième	*râbi*
cinquième	*khâmis*

FORMALITÉS

adresse	*'unwaan'*
nom	*smîya*
nationalité	*zhensîya*
passeport	*pasbor*
visa	*t'shîra*

Je suis venu au Maroc pour...	*zhît l lmaghrîb fe...*
le travail	*felkhedma*
les vacances	*fel'otla*

FORMES INTERROGATIVES

Qui ?	*shkûn ?*
Pourquoi ?	*'lash ?*
Comment ?	*kîfash ?*
Quel ?	*ashmen ?*
Où ?	*fin ?*
Est-ce qu'il y a...?	*wash kayn...?*
Qu'est-ce que c'est ?	*ash dak shî ?*

COMMERCES ET SERVICES

Où est (le/la/l')...?	*fin kayn...?*
banque	*shî bânka*
librairie	*shî mektaba*
coiffeur	*shî Hellaq*
ambassade de	*ssifâra dyal...*
marché	*lmarshay*
pharmacie	*farmasyan*
commissariat	*lkûmîsarîya*
poste	*lbûstâ*
restaurant	*ristura/mat'am*
boutique de souvenirs	*bâzâr*
agence de voyages	*wekâlet el asfâr*

Je veux changer...	*bghît nserref...*
de l'argent	*shî flûs*
des chèques de voyage	*shek sîyaHî*
Puis-je payer par carte bancaire ?	*wash nkder nkhelles bel kart kredî ?*
Combien ça coûte ?	*bshHal ?*
C'est très cher.	*ghalî bezzaf*
Je regarde seulement.	*ghîr kanshûf*
Cela ne me plaît pas.	*ma'zhebatnîsh*
Puis-je la voir ?	*wakhkha nshûfha ?*
Je voudrais acheter...	*bghît nshrî...*

LANGUES

Avez-vous...?	*wash 'andkom...?*
des timbres	*ttnaber*
un journal	*zharida*
grand/petit	*kabîr/saghîr*
ouvert	*meHlûl*
fermé	*masdûd*
suffisant	*kafî*

DATES ET HEURES

Quelle heure est-il ?	*shHal fessa'a ?*
quand ?	*fuqash/îmta ?*
aujourd'hui	*lyûm*
demain	*ghedda*
hier	*lbareH*
le matin	*fessbaH*
dans l'après-midi	*fel'ashya*
après-midi	*'ashya*
jour/nuit	*nhar/lîl*
semaine/mois/année	*l'usbu'/shshhar/l'am*
après	*men b'd*
à l'heure	*felweqt*
tôt	*bekrî*
tard	*m'ettel*
rapidement	*bizerba/dghîya*
lentement	*beshwîya*

lundi	*nhar letnîn*
mardi	*nhar tlut*
mercredi	*nhar larb'*
jeudi	*nhar lekhmîs*
vendredi	*nhar zhzhem'a*
samedi	*nhar ssebt*
dimanche	*nhar lHedd*

janvier	*yanâyir*
février	*fibrâyir*
mars	*mâris*
avril	*abrîl*
mai	*mâyu*
juin	*yunyu*
juillet	*yulyu*
août	*aghustus/ghusht*
septembre	*sibtimbir/shebtenber*
octobre	*uktûbir*
novembre	*nufimbir/nu'enbir*
décembre	*disimbir/dijenbir*

TRANSPORTS

Transports publics

Quelle est l'heure de départ/d'arrivée du/de...?
wufuqash kaykhrezh/kaywsul...?

bateau	*lbabûr*
bus/l'autocar	*ttubîs/lkar*
train	*tran*
l'avion	*ttayyyâra*

URGENCES

Au secours !	*'teqnî !*
Aidez-moi s'il vous plaît !	*'awennî 'afak !*
Appelez la police !	*'ayyet 'la lbûlîs!*
Appelez un docteur !	*'ayyet 'la shî tbîb!*
Au voleur !	*sheffar !*
J'ai été volé.	*tsreqt*
Où sont les toilettes ?	*fîn kayn lbît lma ?*
Partez !	*sîr fHalek !*
Je suis perdu.	*tweddert*
Il y a eu un accident !	*uq'at ksîda!*

Je voudrais un ticket... pour
'afak bghît waHed lwarka l

Casablanca.	*ddar lbayda (kasablanka)*
aller/retour	*bash nemshî û nzhî*
1re classe	*ddarazha llûla*
2e classe	*ddarazha ttanîya*

Où est (le/la/l')...?	*fîn kayn...?*
aéroport	*matâr*
gare routière	*mHetta dyal ttobîsat*
bureau de vente des billets	*maktab lwerqa*
gare ferroviaire	*lagâr*

rue	*zenqa*
ville	*medîna*
village	*qerya*
arrêt du bus	*blasa dyal ttobîsat*
gare	*mHetta*
numéro	*raqem*
ticket	*werqa*

Combien coûte le billet ?	*shHal taman lwarka ?*
Quel est le bus pour...?	*ashmen kar ghâdî til...?*
Ce bus dessert-il ...?	*wash had lkar ghaadî l...?*

Prévenez-moi lorsqu'on arrive à...
'afak îla wselna l...

s'il vous plaît	*gûlhalîya*
Je veux acheter une seule place.	*bghît nkhelles blâsâ waHeda*
Arrêtez-vous ici, s'il vous plaît.	*wqef henna 'afak*
Attendez-moi, s'il vous plaît.	*tsennanî 'afak*
Cette place est-elle libre ?	*wash had lblâsâ khawîya ?*

TRANSPORTS PRIVÉS

Où puis-je louer un/une..?	*fîn yimkin li nkri...?*
bicyclette	*bshklit*

dromadaire	*zhmel*
voiture	*tumubîl*
âne	*Hmar*
cheval	*'awd*

Comment puis-je aller à...?
kîfesh ghâdî nuwsul l
Où se trouve la prochaine station-service ?
fin kayna shi bumba dyal lisans griba ?

Je voudrais... litres.	*bghît... itru 'afak*
Veuillez vérifier...	*'afak shuf...*
l'huile	*zzit*
l'eau	*lma*

Puis-je me garer ici ?
wash nqder nwakef hna ?
Combien de temps puis-je stationner ?
sh-Hal men waket neqder nstatiun hna ?
Nous avons besoin d'un mécanicien.
khesna waHed lmikanisyan
La voiture est tombée en panne
tumubîl khasra
Mon pneu est à plat.
'ndi pyasa fruida

AVEC DES ENFANTS

Je voudrais une voiture avec un siège bébé.
bghît waHed ttomobîl belkorsî dyal drarî sghar
Existe-t-il des équipements pour enfants ?
wesh kayn tshîlat dyal ddrarî sghar ?
Je voyage avec ma famille.
ana msafer m'a l'alla dyalî
Cela convient-il aux enfants ?
wesh mnaseb l drarî sghar ?
Existe-t-il des activités pour les enfants ?
wesh kayn shî tanshît dyal drarî sghar ?
Les enfants sont-ils admis ?
wesh mesmuH l drarî ?
Y a-t-il une aire de jeux par ici ?
wesh kayn shî ssaha dyal ll'eb qrîba ?

LE BERBÈRE

On compte chez les Berbères trois principaux dialectes, qui servent également de points de repère pour départager approximativement les grands groupes ethniques.

Au Nord, dans la région du Rif, le principal dialecte est le rifain, parlé jusqu'à Figuig, à la frontière algérienne. Dans le Moyen et le Haut Atlas, ainsi que dans les vallées aux portes du Sahara, le dialecte prédominant est désigné par plusieurs noms, parmi lesquels braber ou tamazight.

Les peuples plus sédentaires du Haut Atlas, de l'Anti-Atlas, de la vallée du Sous et des oasis du Sud-ouest parlent généralement tachelhit ou chleuh. Les expressions suivantes sont en tachelhit, le dialecte dont vous êtes le plus susceptible d'avoir besoin.

CONVERSATION ET PHRASES ESSENTIELLES

Bonjour.	*la bes darik* (m)
	la bes darim (f)
Bonjour. (réponse)	*la bes*
Au revoir.	*akayaoon arbee*
S'il vous plaît.	*barakalaufik*
Merci.	*barakalaufik*
Oui.	*yah*
Non.	*oho*
Excusez-moi.	*samhiy*
Comment allez-vous ?	*menik antgit?*
Bien, merci.	*la bes, lhamdulah*
Bien.	*l fulki/ichwa*
Mal.	*(khaib) ighchne*
À bientôt.	*akranwes daghr*
Y a-t-il... ?	*is ila...?*
Grand	*mqorn*
Petit	*imzi*
Aujourd'hui	*(zig sbah) rass*
Demain	*(ghasad) aska*
Hier	*idgam*
Avez-vous... ?	*is daroon...?*
Beaucoup	*bzef*
Un peu	*imik*
Nourriture	*tiremt*
Mule	*aserdon*
Un endroit où dormir	*kra lblast mahengane*
Eau	*arman*
Combien ça coûte ?	*minchk aysker?*
Ce n'est pas bien	*oor ifulki*
Trop cher	*ighla*
Donnez-moi...	*fky...*
Je voudrais...	*righ...*

NOMBRES

1	*yen*
2	*sin*
3	*krad*
4	*koz*
5	*smoos*
6	*sddes*
7	*sa*
8	*tem*
9	*tza*
10	*mrawet*
11	*yen d mrawet*

12	*sin d mrawet*
20	*achrint*
21	*achrint d yen d mrawet*
30	*achrint d mrawet*
40	*snet id achrint*
50	*snet id achrint d mrawet*
100	*smoost id achrint/miya*

TRANSPORTS

Je voudrais aller à...	*addowghs...*
Où est (le/la)... ?	*mani ghila...?*
village	*doorwar*
rivière	*asif*
montagne	*adrar*
col	*tizee*
Est-ce proche/loin ?	*is iqareb/yagoog?*
Tout droit	*nichan*
À droite	*fofasi*
À gauche	*fozelmad*

LANGUES

Glossaire

Ce glossaire contient une liste de termes arabes (A), berbères (B), français et espagnols (E) utilisés dans ce guide. Pour le vocabulaire spécifique à la randonnée, consultez l'encadré p. 405. Pour les termes culinaires, reportez-vous au paragraphe *Les mots à la bouche*, p. 75.

abou (B) – "frère".
agadir (B) – grenier collectif fortifié
aïd (A) – (ou *eid*) fête
'ain (A) – source
aït (B) – "fils ou famille (de)". Précède souvent le nom des villes et des tribus.
Al-Andalus – Espagne et Portugal musulmans
Alaouites – dynastie héréditaire qui règne sur le Maroc depuis la fin du XVIIe siècle
Allah (A) – Dieu
Almohades – d'origine berbère, cette dynastie musulmane rigoriste (1147-1269) s'opposa à la corruption des Almoravides
Almoravides – dynastie musulmane (1054-1147) qui gouverna l'Espagne et le Maghreb
assif (A) – cours d'eau, rivière

bab (A) – porte
banu (A) – voir *beni*
baraka (A) – bénédiction, protection divine, faveur, chance
Barbarie – terme européen désignant la côte de l'Afrique du Nord, du XVIe siècle au XIXe siècle
ben (A) – (ou *ibn*) "fils de"
bendir (B) – tambourin berbère
beni (A) – (ou *banu*) "fils de" au pluriel. Précède souvent le nom de la tribu
Berbères – premiers habitants de l'Afrique du Nord
bocadillos (E) – sandwichs
borj (A) – fort (littéralement "tour")
brigade touristique – police touristique
burnous (A) – long vêtement de laine pourvu d'une capuche

caftan (A) – manteau orné de broderies porté par les femmes sur leurs vêtements
caïd (A) – voir qaid
calife – successeur de Mahomet ; autorité suprême du monde islamique
calle (E) – rue
camarade – immigrant d'Afrique de l'Ouest
capitole – temple principal d'une ville romaine, généralement situé dans le forum
caravansérail – vaste gîte doté d'une cour intérieure où les marchands logeaient et effectuaient leurs transactions (voir *fondouk*)
casa de huéspedes (E) – pension
casbah (A) – (ou kasbah) fort, citadelle. Désigne aussi le centre administratif
chergui (A) – vent sec du désert venant de l'est
chérif (A) – descendant du Prophète
chicha – narguilé, pipe à eau
chiisme – une des deux principales branches de l'islam, née du schisme des partisans d'Ali. Ceux-ci n'admettaient que la légitimité des califes descendants d'Ali, gendre du Prophète (voir *sunnisme*)
CTM (Compagnie des transports marocains) – compagnie nationale de bus
Coran – livre sacré de l'islam
corniche – route côtière
corsaires – groupe de pirates basé à Salé au XVIIIe siècle

dar (A) – maison citadine traditionnelle
Délégation régionale du tourisme –office du tourisme
djebel (A) – colline ou montagne
djedid (A) – nouveau (parfois prononcé *jdid*)
djellaba (A) – vêtement ample couramment porté. Celle des hommes est généralement en coton ou en laine. Les djellabas féminines sont en tissu synthétique fluide.
douar (A) – terme généralement employé pour désigner un village du Haut Atlas

Ensemble artisanal – boutique d'artisanat étatique
erg (A) – dunes de sable

fantasia (E) – exercice militaire consistant en une charge de cavalerie, il est désormais destiné aux touristes
Fatimides – dynastie musulmane qui régna au Xe siècle
foum (A) – embouchure de rivière ou vallée (du mot arabe désignant la bouche)
frontera (E) – frontière
fondouk (A) – caravansérail (souvent employé pour désigner l'hôtel)

ghassoul (A) – argile mêlée d'herbes, de roses séchées et de lavande utilisée au hammam pour se laver le corps et les cheveux
glaoua (A) – (ou *zanafi*) tissage à plat allié à une haute laine moelleuse
Gnaouas (A) – descendants d'anciens esclaves constitués en confréries pratiquant musique, divination, danse de possession et transe.

grand taxi – taxi collectif longue distance
griouash (A) – gâteau au miel traditionnellement préparé pour célébrer la fin du ramadan

hadj (A) – pèlerinage à La Mecque. D'où les termes *hadj* et *hadja* pour désigner celui ou celle qui a effectué le pèlerinage
halqa (A) – théâtre de rue
hamada (A) – désert de pierre
hammam (A) – bains de style turc avec sauna et massage. Également appelé "bain maure"
hanbel (A) – voir kilim
haram (A) – littéralement "interdit". Il peut désigner un lieu sacré ou interdit, comme la salle de prière d'une mosquée. De même racine, le mot "*harem*" désigne l'espace où vit la famille et, surtout, les appartements des femmes
hégire – fuite du prophète Mahomet de La Mecque à Médine en 622, elle marque le début du calendrier musulman
hunja (A) – thé rouge-brun à la cannelle

ibn (A) – "fils de" au singulier (voir *ben*)
Idrissides – dynastie marocaine qui instaura un État stable dans le nord du Maroc au IXe siècle
iftar (A) – (ou *ftur*) rupture du jeûne au coucher du soleil pendant le ramadan
imam (A) – chef religieux musulman
Interzone – mot inventé par l'écrivain William Burroughs pour désigner la période au cours de laquelle neuf pays contrôlaient Tanger (1923-1956)
irifi (A) – vent sec du désert, également appelé *chergui*

jami' (A) –mosquée du vendredi (ou *djemaa, jemaa* et *jamaa*)

kasbah (A) – voir *casbah*
khutba – prêche prononcé le vendredi par l'imam d'une mosquée
kif (A) – haschisch
kilim (A) – (ou *hanbel*) tapis ou couverture tissée
kisaria (A) – marché couvert, constituant parfois le centre commercial de la médina
koubba (A) – (littéralement "coupole") sanctuaire ou mausolée (voir marabout)
ksar (A) – forteresse (*ksour*, au pluriel)

Maghreb (A) – l'Ouest (littéralement "là où le soleil se couche") ; désigne l'ensemble géographique Maroc, Algérie, Tunisie et Libye
majoun (A) – pâte collante à base de graines de kif écrasées
marabout – saint. Désigne aussi son tombeau, lieu de pèlerinage
masjid (A) – autre appellation de la mosquée, en particulier dans une médersa (voir aussi *jami'*)

méchouar (A) – place de réunion royale
médersa (A) – (ou *madrassa*) école coranique où sont enseignés la théologie, le droit, la littérature et la grammaire arabes
médina (A) – ville. Terme aujourd'hui utilisé pour décrire la partie ancienne (arabe) d'une ville
mellah (A) – quartier juif de la médina
mendîl (A) – pièce d'étoffe colorée et rayée
Mérinides (A) –dynastie marocaine (1269-1465) qui fit édifier de nombreuses médersas
mihrab (A) –niche de prière dans le mur de la mosquée indiquant la direction de La Mecque (*qibla*)
minbar (A) – chaire de mosquée du bas de laquelle l'imam prononce son sermon (le Prophète délivrait le sien du haut du minbar)
moulay (A) – dirigeant
mouloud – période de fête islamique célébrant la naissance de Mahomet
moussem (A) – pèlerinage sur la tombe d'un *marabout* ; fête en l'honneur d'un marabout
muezzin (A) – fonctionnaire religieux chargé de lancer l'appel à la prière depuis le minaret
muqarna (A) – ornement décoratif en plâtre

ONMT – Office national marocain du tourisme ou Délégation régionale du tourisme
ordinaire – train moins confortable et un peu plus lent que le *rapide*
Ouatassides –dynastie marocaine (du milieu du XVe siècle au milieu du XVIe siècle)
oued (A) – (parfois *wad* ou *wadi*) lit de rivière, souvent à sec
oulad (A) – "fils de" (au pluriel), précède souvent le nom d'une tribu ou d'une ville

pastilla – riche plat sucré-salé, à base de pigeon ou de poulet enveloppé dans une feuille de brick ; dessert feuilleté garni de cannelle et d'amandes servi dans les banquets
pacha – haut fonctionnaire de l'empire ottoman
petit taxi – taxi local
pisé – matériau de construction formé d'argile ou de boue séchée au soleil
Prophète (Mahomet) – fondateur de l'islam, il vécut de 570 à 632

qaid (A) – (ou *caïd*) chef local, équivalent approximatif du maire dans certaines parties du Maroc
qasba (A) – voir *casbah*
qibla (A) – direction de La Mecque indiquée par le *mihrab*

ramadan (A) – 9e mois de l'année musulmane et période de jeûne
rapide – train plus confortable et un peu plus rapide que l'*ordinaire*

Reconquista (E) – reconquête chrétienne de la péninsule Ibérique occupée par les Maures
riad (A) – maison citadine traditionnelle dotée d'un jardin intérieur
ribat (A) – monastère fortifié

Saadiens –dynastie marocaine qui régna au XVIe siècle
seffa (A) – couscous sucré
sharia (A) – rue
shedwi (A) – tissage composé de bandes noires et blanches
sidi (A) – (ou *si*) terme honorifique correspondant à "monsieur"
skala (A) – forteresse
souk (A) – marché
soufisme – courant mystique de l'islam préconisant une quête intérieure pour parvenir à la communion avec Dieu
sunnisme – principale branche de l'islam issue des partisans du califat des Omeyyades (voir *chi'isme*)

tabac – vendeur de tabac et de journaux
tadelakt (A) – enduit étanche à la chaux teinté et poli à l'aide d'une pierre pour lui donner un aspect lustré et lisse. Réservé à l'origine aux hammams, on l'utilise désormais volontiers pour la décoration d'intérieur
tapas (E) – en-cas variés et savoureux que servent traditionnellement les bars espagnols
tarik (A) – route, avenue
terz Fezzi (A) – broderie géométrique élaborée de Fès
tizi (B) – col montagneux
Touaregs – Berbères nomades du Sahara. Ils doivent leur nom d'"hommes bleus" à leur tunique teinte à l'indigo

vizir – autre terme qui désignait le gouverneur d'une province de l'Empire ottoman ou le conseiller du sultan du Maroc

wali (A) – homme pieux ou saint de l'islam

zanafi – voir *glaoua*
zaouïa (A) – congrégation religieuse rassemblée autour d'un marabout ; lieu de la congrégation
zelliges (A) – carreaux de céramique ornementaux

GLOSSAIRE

En coulisses

À PROPOS DE CET OUVRAGE

La sixième édition française de ce livre a été réalisée à partir de la huitième édition en anglais du guide *Morocco*, rédigée par Anthony Ham (auteur et coordinateur) Alison Bing, Paul Clammer, Etain O'Carroll et Anthony Sattin.

CRÉDITS

Responsable éditorial : Didier Férat
Coordination éditoriale : Maja Brion-Raphaël
Coordination graphique : Jean-Noël Doan
Maquette : Aline Risco
Cartographie : Cartes originales de Joshua Geoghegan assisté par Jacqueline Nguyen, sous la supervision de Shahara Ahmed. Cartes adaptées en français par Florence Bonijol
Couverture : Rebecca Dandens
Adaptation en français : Jean-Noël Doan, Sébastienne Ocampo
Remerciements à Dominique Bovet et Dolorès Mora pour leur précieuse contribution au texte.
Merci également à Xavière Quincy pour son travail de référencement, à Dorothée Pascalin pour le suivi du courrier des lecteurs, à Dominique Spaety, Jean-Noël Doan et Christophe Corbel qui ont chacun apporté leur pierre à l'édifice.
Toute notre gratitude à Debra Hermann du bureau australien, à Clare Mercer et Ellie Cobb, du bureau londonien.
Traduction : Thérèse de Cherisey, Julie Chevalier, Frédérique Hélion-Guerrini et Mélanie Marx

UN MOT DES AUTEURS

ANTHONY HAM

J'adresse un grand merci à Kerryn Burgess de Lonely Planet, avec qui c'est toujours un plaisir de travailler, et à tous les coauteurs pour leur aide précieuse, avec une mention spéciale pour Etain que je remercie pour ses suggestions pertinentes sur le paragraphe *Femmes seules* du *Carnet pratique*. Je tiens également à remercier Jan pour sa passion du Maroc qui m'a accompagnée tout au long de mon premier séjour là-bas, et Marina, ma femme, pour sa compréhension face à mes nuits blanches passées à travailler, l'une des innombrables raisons qui me font chaque jour remercier le ciel de l'avoir épousée.

ALISON BING

Shukran bezzef à Anthony Ham ; à mes parents, à Tony et June Bing, pour ce voyage au Maroc où tout à commencé ; et à Marco Flavio Marinucci.

PAUL CLAMMER

À Lonely Planet, toute ma reconnaissance va à Kerryn Burgess pour m'avoir permis de retourner au Maroc, et à Judy Slatyer et Stefanie Di Trocchio qui m'ont accompagné par la pensée sur les routes. Merci également à Carolyn Hunt pour ses remarques enrichissantes. À Fès, je tiens à remercier Jen et Sebastian. Un merci tout particulier à Jillian York. Merci encore à Cezarina Jaussoin. L'*Opium Tea* de Nick Cave fut une inspiration marocaine

LES GUIDES LONELY PLANET

Tout commence par un long voyage : en 1972, Tony et Maureen Wheeler rallient l'Australie après avoir traversé l'Europe et l'Asie. À l'époque, on ne disposait d'aucune information pratique pour mener à bien ce type d'aventure. Pour répondre à une demande croissante, ils rédigent le premier guide Lonely Planet, écrit sur le coin d'une table.

Depuis, Lonely Planet est devenu le plus grand éditeur indépendant de guides de voyage dans le monde et dispose de bureaux à Melbourne (Australie), Oakland (États-Unis) et Londres (Royaume-Uni).

La collection couvre désormais le monde entier et ne cesse de s'étoffer. L'information est aujourd'hui présentée sur différents supports, mais notre objectif reste constant : donner des clés au voyageur pour qu'il comprenne mieux les pays qu'il visite.

L'équipe de Lonely Planet est convaincue que les voyageurs peuvent avoir un impact positif sur les pays qu'ils visitent, pour peu qu'ils fassent preuve d'une attitude responsable. Depuis 1986, nous reversons un pourcentage de nos bénéfices à des actions humanitaires, à des campagnes en faveur des droits de l'homme et, plus récemment, à la défense de l'environnement.

providentielle. Enfin, un grand merci et tout mon amour à Jo, qui a pu voir le Maroc sous un nouvel angle, cette fois.

ETAIN O'CARROLL

Merci à Mustapha et Simohamed de Casablanca pour leur conversation, leur excellente table et pour m'avoir fait découvrir les nuits torrides de Casablanca. Merci également au personnel d'Azayla à Asilah pour leur aide et leurs conseils, ainsi qu'à Bousselham Laarichi de Moulay Bousselham pour ses bons plans. J'adresse mes remerciements à Hafidia Shaiti et Nida, d'El-Jadida, et à Lisa et Séan pour leur compagnie et leur bonne humeur pendant la dernière partie du voyage. Enfin, un grand merci à l'imperturbable Mark qui a su tenir des délais intenables malgré des pannes informatiques inopportunes.

ANTHONY SATTIN

Comme toujours, de nombreuses personnes m'ont rendu le voyage et les recherches à la fois plus faciles et plus agréables, à commencer par ma compagne, Sylvie Franquet. Au Maroc, je tiens à remercier les directeurs et le personnel des offices du tourisme de Marrakech, d'Agadir et d'ailleurs, à l'extraordinaire guide Mohamed Aztat, à Abdel Khalek Benalila et Beaubeau, Aniko Boehler, Damian Breen, Bert Fint, Kadir Guiray, Kamal Laftimi et Laetitia Trouillet, Damien et Bénédicte, Lecire et Azilal, Meryanne Loum-Martin et Gary Martin, Mike McHugo, Rosena McKeown, Lynn Perez, Catherine Rophé et Ahmed Agouni, ainsi que Regina Tongola. Au Royaume-Uni, ma reconnaissance va à Ali el Kasmi, Aziz Mnii et le personnel de l'office du tourisme marocain. Merci encore à Mike Wynne de Walks Worldwide et à Hamish Brown du service d'information de l'Atlas. Enfin, merci à Lonely Planet, en particulier à mes compagnons de plume Anthony Ham, Paul Clammer et Alison Bing, et le roi des cartes Shahara Ahmed.

À NOS LECTEURS

Merci aux nombreuses personnes qui ont pris la peine de nous écrire leur expérience marocaine en compagnie du guide Lonely Planet :

A Sylvie Aucel **B** M. Baleix, Rosemai Beauregard-Langelier, Matthieu Bender, Françoise Bochereau, Marie Bonneville, Anne-Chantal Boisseau **C** Hélène Caron, Hervé Chabert, Paul Cornaro, Magali Cotoni **D** Julie Dartigues, Sylvain Deuwel, Claire Doillon, Philippe Dubien **F** Maryline et Christian Faure, Ellen Foucher, Virginie Freton-Collard **G** Karine Gane, Didier Gérard, Brigitte Gerat **H** Françoise Haeck, Joanneke Heineman, Eric Homer **L** Charles Lacroix, Claude Laffon, Julien Lamotte, Fanny Lenoire, Jeroen Louwers **N** Patrick Naveaux **O** Jean Ouahim **P** Nathalie Paterne, Claire Pathe, Christian Peuziat, Christine Pierron, Damien Pincon, Hubert Pissavy-Quernault, Florent Poultier **R** Françoise Reynier, Chrystele Rives **S** Emmanuelle Sarrazin, Christophe et Laurence Schneiter, Maurice Secretain, Stéphanie Serra, Christine Shasser, Sophie Simon, Sinou, Mme Soghomonian, Dominique et Annie Sotty **W** Mike Wartelle **Z** E. Bernard-Zecchinon

VOS RÉACTIONS ?

Vos commentaires nous sont très précieux et nous permettent d'améliorer constamment nos guides. Notre équipe lit toutes vos lettres avec la plus grande attention. Nous ne pouvons pas répondre individuellement à tous ceux qui nous écrivent, mais vos commentaires sont transmis aux auteurs concernés. Tous les lecteurs qui prennent la peine de nous communiquer des informations sont remerciés dans l'édition suivante, et ceux qui nous fournissent les renseignements les plus utiles se voient offrir un guide.

Pour nous faire part de vos réactions et prendre connaissance de notre catalogue, de notre revue d'information et des mises à jour, consultez notre site web : **www.lonelyplanet.fr.**
Nous reprenons parfois des extraits de votre courrier pour les publier dans nos produits, guides ou sites web. Si vous ne souhaitez pas que vos commentaires soient repris ou que votre nom apparaisse, merci de nous le préciser. Pour connaître notre politique en matière de confidentialité, connectez-vous à notre site.

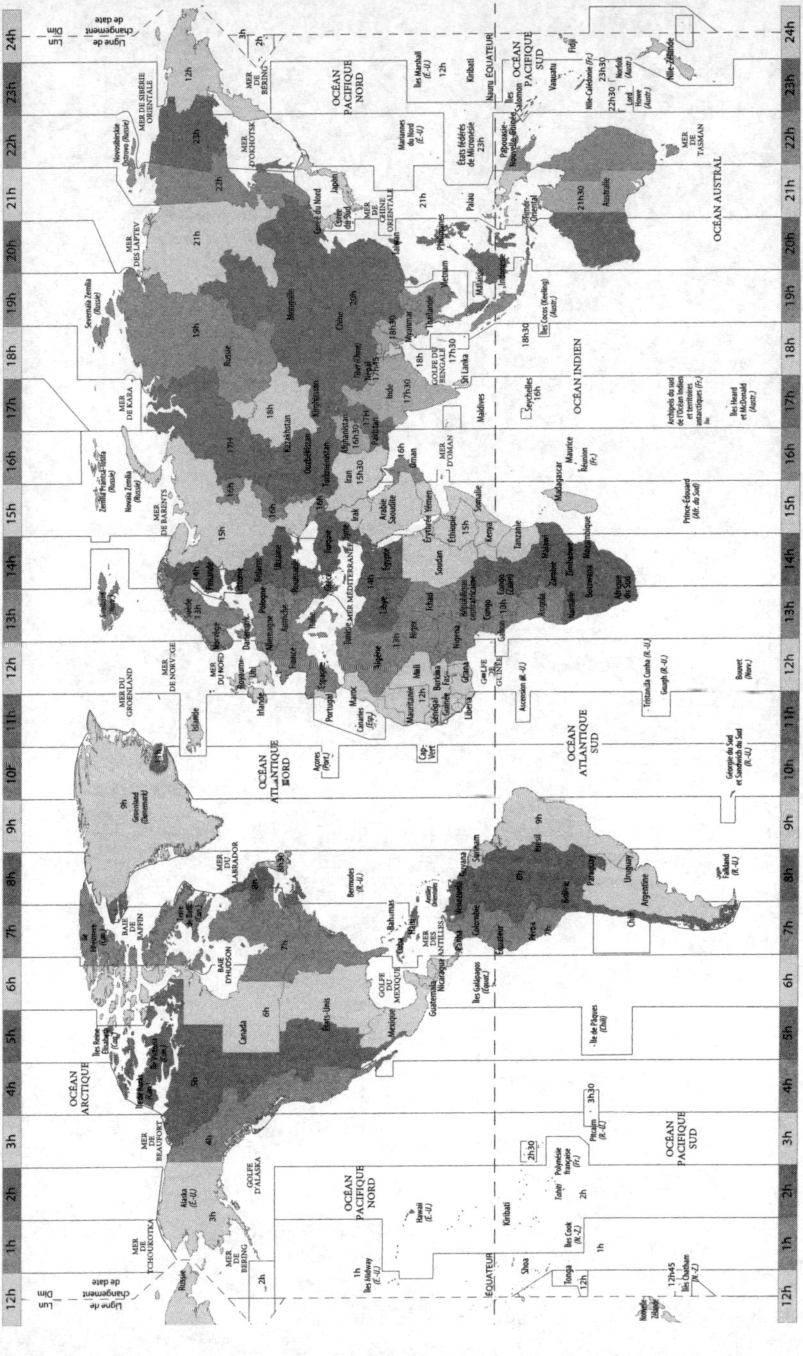
12h
1h
2h
3h
4h
5h
6h
7h
8h
9h
10h
11h
12h
13h
14h
15h
16h
17h
18h
19h
20h
21h
22h
23h
24h
Ligne de changement de date
Lun Dim
OCÉAN ARCTIQUE
MER DE TCHOUKOTKA
MER DE BEAUFORT
GOLFE D'ALASKA
MER DE BERING
Alaska (É.-U.)
Russie
BAIE DE BAFFIN
BAIE D'HUDSON
MER DU LABRADOR
Canada
États-Unis
Mexique
GOLFE DU MEXIQUE
MER DES ANTILLES
Cuba
Bahamas
Haïti
Bermudes (R.-U.)
Groenland (Danemark)
OCÉAN PACIFIQUE NORD
Hawaii (É.-U.)
Îles Midway (É.-U.)
Kiribati
Polynésie française (Fr.)
Tahiti
Pitcairn (R.-U.)
Îles Cook (N.-Z.)
Tonga
Îles Chatham (N.-Z.)
Nouvelle-Zélande
OCÉAN PACIFIQUE SUD
Île de Pâques (Chili)
Îles Galápagos (Équat.)
ÉQUATEUR
Colombie
Venezuela
Guyana
Surinam
Équateur
Pérou
Brésil
Bolivie
Paraguay
Chili
Argentine
Uruguay
Falkland (R.-U.)
Géorgie du Sud et Sandwich du Sud (R.-U.)
OCÉAN ATLANTIQUE NORD
OCÉAN ATLANTIQUE SUD
Açores (Port.)
Cap-Vert
Canaries (Esp.)
Islande
MER DU GROENLAND
MER DE NORVÈGE
MER DU NORD
MER DE BARENTS
MER DE KARA
Irlande
Royaume-Uni
Portugal
Espagne
France
Allemagne
Norvège
Suède
Finlande
Pologne
Ukraine
Italie
Grèce
Turquie
MER MÉDITERRANÉE
Maroc
Algérie
Libye
Égypte
Mali
Niger
Tchad
Soudan
Éthiopie
Somalie
Kenya
Tanzanie
Nigeria
Ghana
Libéria
Mauritanie
Sénégal
GOLFE DE GUINÉE
Gabon
Congo
Angola
Namibie
Botswana
Zambie
Zimbabwe
Mozambique
Malawi
Afrique du Sud
Madagascar
Maurice
Réunion (Fr.)
Ascension (R.-U.)
Tristan da Cunha (R.-U.)
Gough (R.-U.)
Bouvet (Norv.)
Prince-Édouard (Afr. du Sud)
Russie
Kazakhstan
Iran
Irak
Arabie Saoudite
Yémen
Oman
MER D'OMAN
Afghanistan
Pakistan
Inde
Népal
Sri Lanka
GOLFE DU BENGALE
Maldives
Seychelles
OCÉAN INDIEN
Îles Heard et McDonald (Austr.)
Îles Cocos (Keeling) (Austr.)
Mongolie
Chine
Myanmar
Thaïlande
Vietnam
Malaisie
Indonésie
Philippines
Taïwan
Japon
Corée du Nord
Corée du Sud
MER DE CHINE ORIENTALE
MER D'OKHOTSK
MER DES LAPTEV
MER DE SIBÉRIE ORIENTALE
Australie
MER DE TASMAN
OCÉAN AUSTRAL
Papouasie-Nouvelle-Guinée
Îles Salomon
Vanuatu
Fidji
Nlle-Calédonie (Fr.)
Nlle-Zélande
Norfolk (Austr.)
Palau
États fédérés de Micronésie
Mariannes du Nord (É.-U.)
Îles Marshall (É.-U.)
Nauru
OCÉAN PACIFIQUE SUD

Index

Les références des cartes sont indiquées en gras.

INDEX

INDEX

INDEX

guide de conversation
Croate
Pour ne pas garder sa langue dans sa poche !
guide de conversation
Allemand
Pour ne pas garder sa langue dans sa poche !
guide de conversation
Espagnol latino-américain
Pour ne pas garder sa langue dans sa poche !
guide de conversation
Grec
Pour ne pas garder sa langue dans sa poche !
Pour voyager en V.O.
Et la collection
"Petite conversation en"
Allemand
Anglais
Espagnol
Italien
guide de conversation
Italien
Pour ne pas garder sa langue dans sa poche !
guide de conversation
Japonais
Pour ne pas garder sa langue dans sa poche !
guide de conversation
Mandarin
Pour ne pas garder sa langue dans sa poche !

lonely planet
guide de conversation
Anglais
Pour ne pas garder sa langue dans sa poche !
lonely planet
guide de conversation
Vietnamien
Pour ne pas garder sa langue dans sa poche !
lonely planet
guide de conversation
Turc
Pour ne pas garder sa langue dans sa poche !
lonely planet
guide de conversation
Portugais et brésilien
Pour ne pas garder sa langue dans sa poche !
lonely planet
guide de conversation
Russe
Pour ne pas garder sa langue dans sa poche !

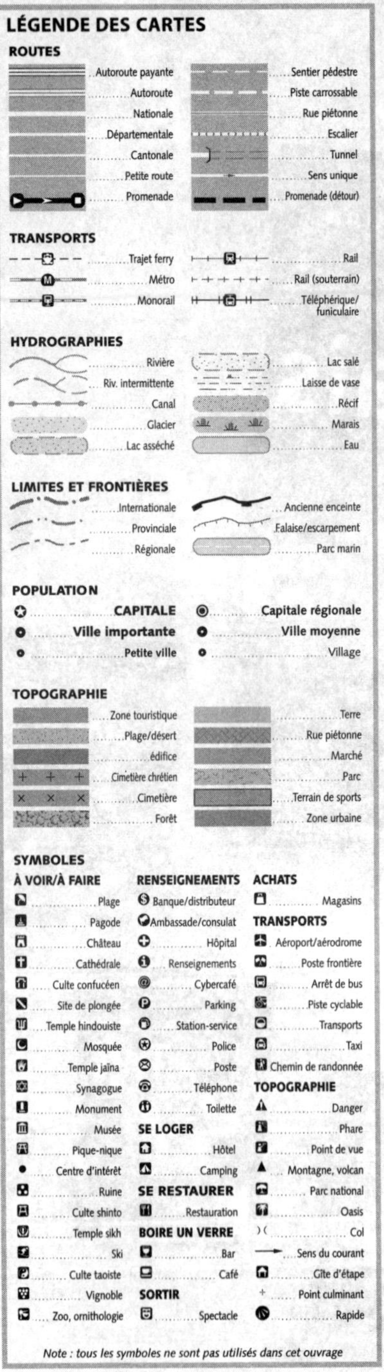

Maroc
6e édition
Traduit de l'ouvrage *Morroco* (*8th edition*), *February 2007*

Traduction française : place des éditeurs

12 avenue d'Italie, 75627 Paris cedex 13
☎ 01 44 16 05 00
lonelyplanet@placedesediteurs.com
www.lonelyplanet.fr

Dépôt légal
Mars 2007
ISBN 978-2-84070-605-2

Photographie de couverture : Berger de l'Atlas, avec un agneau dans les bras, Sylvain Grandadam. La plupart des photos publiées dans ce guide sont disponibles auprès de notre agence photographique Lonely Planet Images : www.lonelyplanetimages.com.

Imprimé par Hérissey, Évreux, France